U0745879

《三亚史》编纂委员会

三亚史

【上卷】

中国人民政治协商会议三亚市委员会 编

人民出版社

责任编辑:侯俊智　侯　春
封面设计:肖　辉　欢　欢
版式设计:周方亚
责任校对:史　伟

图书在版编目(CIP)数据

三亚史(上、下卷)/中国人民政治协商会议三亚市委员会 编;赵普选 主编.
-北京:人民出版社,2015.9
ISBN 978-7-01-015081-9

Ⅰ.①三…　Ⅱ.①中…②赵…　Ⅲ.①三亚市-地方史　Ⅳ.①K296.63

中国版本图书馆 CIP 数据核字(2015)第 168172 号

三　亚　史

SANYA SHI

(上、下卷)

中国人民政治协商会议三亚市委员会　编
赵普选　主编

人民出版社 出版发行
(100706　北京市东城区隆福寺街 99 号)

北京新华印刷有限公司印刷　新华书店经销

2015 年 9 月第 1 版　2015 年 9 月北京第 1 次印刷
开本:710 毫米×1000 毫米 1/16　印张:70.5
字数:1020 千字　插页:5

ISBN 978-7-01-015081-9　定价:168.00 元(上、下卷)

邮购地址 100706　北京市东城区隆福寺街 99 号
人民东方图书销售中心　电话 (010)65250042　65289539

南山海上观音（黄克峰／摄）

落笔洞遗址（黄克峰／摄）

天涯海角风景区（黄克峰 / 摄）

大小洞天风景区（黄克峰 / 摄）

崖州故城（黄克峰／摄）

盛德堂遗址（杨威胜／摄）

官沟和广济桥遗址（杨威胜／摄）

崖城骑楼街（黄克峰／摄）

鹿回头雕塑（黄克峰／摄）

目　　录

上　　卷

序　　言

张　琦

由三亚市政协主持编写的《三亚史》即将出版，我由衷欣喜；同时，也对殚精竭智淬成此书的同志们表示衷心感谢和深切敬意。

三亚是镶嵌在海南宝岛南端的璀璨明珠。这里有雄伟壮阔的山海形胜，有层次参差的沃饶壤土，有得天独厚的自然资源，养育着一代又一代三亚人。这里居住着富有包容、进取精神的汉、黎、回、苗等各族人民，不断开创三亚文明进步的新历程。特别是1984年建市以来，三亚勇立改革开放潮头，开拓前进，奋力前行。其间不乏敢闯敢试、改革创新的经典之作，如亚龙湾国家旅游度假区的高水准开发；举办第53届世界小姐总决赛，向世界展示改革开放进程中的中国形象；中国国家领导人在三亚举行“最美国事活动”以及金砖国家领导人第三次会晤，彰显美丽中国、美丽三亚的独特魅力；创新“政府主导土地一级开发”模式，加快海棠湾“国家海岸”的开发建设等等。三亚从一个古代边陲“蛮荒烟瘴”小城，演变而成为今天具有较高国际知名度、美誉度的新兴热带滨海旅游城市，不仅书写了经济社会发展的历史篇章，也积累了值得我们倍加珍惜的丰富经验。

《三亚史》记录了三亚的历史演进过程和三亚人顽强拼搏的足迹，让我们从中得到启迪和激励，进一步增强发展的自信心、自豪感和使命感。同时，它还展示了三亚迷人的自然之美和深厚的文化底蕴，打开了宣传三亚的一扇窗口，将吸引更多的海内外人士了解三亚、热爱三亚、畅游三亚、参与建设三亚。

怀古以励志，掩卷当奋发。当前，三亚正处在加快推进国际化热带滨海旅游精品城市建设的关键时期，面临着协调推进全面建成小康社会、全面深化改革、全面依法治国、全面从严治党这“四个全面”战略布局的新形势，面临着国家建设“一带一路”（丝绸之路经济带和21世纪海上丝绸之路）战略把三亚列为海上合作重要战略支点的新机遇，面临着加快推进建设“双修”（城市修补、生态修复）、“双城”（海绵城市和综合管廊建设试点城市）的新任务。我们应以史为鉴、助行大道，凝心聚力、提神追梦，加快推进国际化热带滨海旅游精品城市建设，共创更加美好明天，续写三亚发展新篇。

2015年7月15日

（张琦同志是中共海南省委常委、三亚市委书记）

序章　三亚概览

一、中国南方边陲的滨海古城

三亚市位于中国海南岛最南端，地处北纬 18°09′34″~18°37′27″、东经 108°56′30″~109°48′28″之间，东邻陵水黎族自治县，北靠保亭黎族苗族自治县，西连乐东黎族自治县，南临南中国海，古称“岭表之绝徼，滇南之奥区”。[①] 位于三亚市榆林港口的锦母角是海南岛的最南端点。

三亚市是海南省的第二大城市，是海南省南部的经济、文化中心和交通枢纽，对外贸易通商口岸，海南国际旅游岛建设的排头兵。全市陆地面积 1919. 6 平方公里；陆域东西长 91. 6 公里，南北宽 51. 2 公里。辖境北靠五指山脉，自北向南逐渐斜降，东西延展布列，中部向北突出。滨海平原和丘陵、台地、谷地为较发达经济带。三亚管辖的海域面积 3500 平方公里，海岸线长 258. 65 公里（其中海岛岸线 30. 4 公里），近海岛屿 42 个。

三亚市区三面环山，北有抱坡岭，东有大曾岭、豪霸岭和海拔高达 393 米的狗岭，南有南边岭，形成环抱之势。山峦绵延起伏，层次分明。

“三亚”名字的由来，说法不一。一般认为，并行穿越市区的三亚河和临春河在近海处汇合成港（即今三亚港），形状如三股枝桠，

---

① 引自（清）顾祖禹撰《读史方舆纪要》。

这一带便约定俗成被称为“三椏”，久而文字记称“三亚”。又有人考究，今三亚市区一带古代也是黎族聚居地，“三亚”名称来自黎语地名的汉语方言音译。诸种说法尚难定论，但“三亚”名称由来已久则是肯定的，明代正德《琼台志》已有“三亚水”“三亚里”“三亚村”的记载。

（一）行政建置

三亚市原辖六镇二区：海棠湾镇（镇政府驻地原称藤桥）、吉阳镇（镇政府驻地原称田独）、凤凰镇（镇政府驻地原称羊栏）、天涯镇、崖城镇、育才镇，河东管理区、河西管理区。市政府驻河东区新风街。为整体促进三亚的城市化建设，国务院于 2014 年 1 月批准三亚市撤镇设区，将原六个镇改设为海棠区、吉阳区、天涯区和崖州区四个区。海棠区管辖原海棠湾镇行政区域；吉阳区管辖原河东管委会行政区域、吉阳镇行政区域；天涯区管辖原河西管委会行政区域和凤凰镇、天涯镇、育才镇行政区域；崖州区管辖原崖城镇行政区域。三亚市境内还有四处隶属海南省农垦总局统辖的国营农场：南田农场，南新农场，立才农场，南滨农场。

三亚市区月川以南古称临川里，其北为三亚里，唐代曾在此设立临川县，有三亚、番村、月川、港门等古村寨。因地傍三亚河、临春河、三亚港、榆林港，自古鱼盐贸易集市十分繁盛。中华民国时期为榆亚特区。1951 年称三亚镇，1954 年成为崖县县治所在。1984 年三亚建市后，撤销三亚镇，成立河东、河西街道办事处；1988 年改为河东、河西区管委会，直属市政府管辖。

（二）历史沿革

三亚市有着悠久的文明历史。据位于境内的落笔洞考古发现，早在一万年以前，就有古人类在此繁衍生息。在漫长的历史长河中，黎、汉、回、苗等各族居民陆续迁入，用智慧和汗水在这片神奇的土地上披荆斩棘，劈海破浪，勤耕力作，抵抗风、涝、旱、疫等自然灾害；用鲜血和生命同海盗、倭寇、外国侵略者和反动势力进行英勇的斗争，共同推动社会进步，创造美好的今天。

海南岛自汉武帝元封元年（前110）正式置郡设县，西南部地区先属儋耳郡，后统属珠崖郡，今三亚地区其时为临振县境域。但是南北朝以前中央政权在这里的统治时断时续，较长时期实际上处于俚人（唐宋以后称黎人）部落各自为治的自然状态。直至隋朝以后，由于岭南俚族首领冼夫人的抚绥，中央政权在海南的统治才逐渐加强，至唐代而健全州县设置，形成琼州都督府统领全岛的格局，与内地的联系也越来越紧密，宋元以后遂成为“南溟要区”。随着历史的变迁，今天的三亚市境域，曾先后属于珠崖郡、临振郡、振州、崖州、吉阳军、崖县的辖境。历代建置名称屡经变易，辖地也盈缩不一。三亚地区称“崖州”，始于北宋开宝五年（972），后又改称珠崖军、吉阳军。到了明朝初年，崖州建制才稳定下来，直至清末。古代崖州辖境广阔，东邻陵水，西接感恩（今东方市），北抵五指山南麓，南向远至被称为“千里长沙”、“万里石塘”的西沙群岛以至南沙群岛。因为远离中原，“孤悬”海外，被形容为“天涯”“海角”，是中国的南境边陲要地，也是隋唐至宋元封建王朝贬谪、配流臣子和罪犯的地方。州城在今天的崖城，那里有水源丰沛的宁远河水系，是传统农业发达地区。中华民国后崖州改称崖县，1935年划出北部和西部地区归属新建的保亭县、白沙县、乐东县，经济中心也逐渐东移至榆林——三亚一带（简称榆亚地区）。中华人民共和国成立后，1954年10月县城从崖城东迁至三亚镇，1959年3月西沙、中沙、南沙群岛划归广东省政府派出机构（委托海南行政区管理）西南中沙群岛办事处管辖。经20世纪50年代末期的一再调整，崖县辖境于1961年初稳定下来。1984年5月19日，中华人民共和国国务院批准撤销崖县，设立三亚市，以原崖县行政区域为三亚市行政区域。

三亚地区的古今隶属关系变化不一。大体上隋代属扬州司隶刺史；唐代隶琼州都督府，属岭南道；宋代隶琼管安抚司（安抚都监），属广南西道；元代隶琼州路，先后属湖广中书行省、海北海南道宣慰司、广西行省；明代、清代隶琼州府，属广东省；中华民国时期先后隶琼崖道、琼崖行政专员公署、南区善后公署、琼崖绥靖公署、广东第九区督察专员公署、海南特别行政区，均属广东省；中华人民共和国成立初年隶海南行政公署，1954 年改隶海南黎族苗族自治州，均属广东省。1984 年 5 月设立县级三亚市，仍隶海南黎族苗族自治州；1987 年 11 月国务院批准三亚升为地级市，1988 年 4 月海南建省，三亚市直属海南省管辖。

（三）地形地貌

海南岛是一个大陆岛，200 万～300 万年以前与大陆相连，后因地壳运动引发琼州海峡沉陷，才与大陆分离。中南部崛起的五指山脉雄奇险峻，三亚就在其南麓滨海地区。

三亚枕山面海，地形总体上北高南低，山川形胜雄伟壮阔。古称崖州“左拥回风之雄，右挹龙栖之秀，南山雄压重溟，鞍岭远连五指”。其中龙栖岭在今西部与乐东县交界处，回风岭在东部吉阳镇境，马鞍岭在崖城以北，南山则在崖城南濒临大海。

全境地貌自北至南分布着山地、丘陵、台地、河川谷地和滨海平原。其构成大体上山地占 33. 4%，丘陵占 25. 2%，台地占 15. 5%，河流谷地占 2. 6%，阶地平原占 23. 3%。

1. 山脉

北半部山地的山岭大多为东北至西南走向，大小 200 多座，山峰多数在海拔 300 米以上，最高的山峰是尖岭，海拔 1019 米；其次是林鼻岭，海拔 1000 米。在北部山地的南缘，自东至西由福万岭、黄岭、云梦山连成一线，将南部沿海丘陵、台地、平原与北部山地分开。在市境南半部，又有两条由北走南的山系将其分为两部分：一是鹿回头岭、田岸后大岭、海圮岭、牙龙岭，一是荔枝岭、塔岭。

著名的山岭有南山、马岭、鹿回头岭，都是旅游胜地所在。

南山在崖城南面 10 公里海滨，距三亚市区西南方向 40 公里，主峰海拔 476. 7 米，东南蜿蜒 10 余公里，方圆 26 公里。山峰傍海耸立，气势雄伟，古称州城屏障。元代被贬谪到这里的皇朝参政王仕熙以其山势延伸入海，在《崖州八景》诗中称之为“鳌山”，遂成为南山的又名。大小洞天旅游区在其滨海西侧，南山文化旅游区在其滨海东侧，都是三亚久享盛名的旅游景区。南山林木荫茂，满目苍翠。山上盛长龙血树，俗称“不老松”。

马岭位于天涯海角风景区北面，古称“下马岭”，是古崖州东西部往来的关隘。这里距三亚市区西26公里，由主峰马岭以及簸箕岭、角岭等组成，最高山峰海拔415.5米。南面延伸至海岸处，岩石嶙峋，突起的石阵与洁白柔软的沙滩、浩瀚无涯的大海相互映衬，给人以时空上的无尽遐思。古代摩崖石刻“天涯”“海角”闻名遐迩，吸引着中国乃至世界上的亿万游客，使这里成为三亚市标志性的历史文化景观。三亚凤凰国际机场就在马岭东侧的近海平原上。

鹿回头岭，也称鹿回岭，突起于三亚湾与大东海之间，渐南渐高，将两者区隔。南端高峰海拔300余米，可俯视三亚市区全景。上建鹿回头公园，有“鹿回头”雕塑，是三亚市区的标志物。“鹿回头”的名字源于一个古老的黎族民间传说：在很早很早以前，一位英俊的黎族青年猎手自五指山追逐一头坡鹿来到这里，悬崖峭壁之下就是大海。坡鹿前无去路，蓦然回头幻化为美丽的少女。于是，他们结为夫妻，生儿育女，过着幸福美满的生活。

2. 河流

三亚市境内有河流12条，大都发源于北部山地，南流入海，流程均在100公里以内，落差较大，水流湍急。沿河修筑的水库溪塘星罗棋布，如藤蔓结瓜，蓄水以利灌溉和民用。

宁远河是境内最大的河流，在市境西部，俗称“大河”，发源于保亭县好把钮山东南麓，西南流，绕崖城南，从港门港汇郎芒河入崖州湾，全长89.09公里（市境内62.45公里），流域面积1093平方公里（市境内818平方公里）。沿河有叔爹溪、抱乱溪、红安溪、雅边溪、卡把溪、龙潭溪等十多条大小溪流汇入，在市境内的主支流上共修筑中小型水库20余座，山塘十余处。流域区内有人口密集的高峰、育才、雅亮、崖城、保港、港西等乡村和城镇，有立才、南滨两个国营农场，耕地面积达4.3万多亩，自古就是境内传统农业相对发达的区域。古代崖州州城（今崖城）就在宁远河下游。

藤桥河在市境东部，是市境内的第二大河流，因古代曾用巨藤编织为桥而得名。分东河和西河，以东河为主流。东河发源于保亭县的昴岭南麓，自西向东南流，进入市境黎场、田湾，至藤桥南田官头村与西河汇合，注入合口港入海，全长 57 公里（市境内 17 公里）。市境内流域面积 197 平方公里，国营南田农场即在其中。沿河建有小型水库和山塘 9 处，其中赤田水库是市区供水主要水库。

三亚河在市境南部，由六罗水、水蛟溪、半岭水三条溪河汇流而成，以六罗水为主流。六罗水发源于三亚市与保亭县交界的中间岭右侧高山南麓，曲折南流，汇合水蛟溪，在月川村汇入半岭水，又分派临春河（也称三亚东河），与主流三亚河东西并行南下穿越市区，至近海处汇合，经三亚港入海。三亚河自然岸线曲折多姿，上游水网纵横交错，两岸自然生长的红树林绿影婆娑，景致优美，生机盎然。总流程 28. 8 公里，流域面积 337 平方公里；流域人口 9 万余人，耕地面积达 5. 7 万余亩。各支流上建有福万、半岭、水源池等中小型水库及山塘 14 处。高峰、羊栏、荔枝沟等较大乡村，国营南新农场，以及河东区、河西区，都在流域之内，是三亚市人口相对密集的区域。

此外尚有大茅水、龙江河、九曲水、六道水、烧旗水等，均发源于境内山地，流程较短，流域面积约 100 平方公里。

3. 港口

三亚市滨海，东从海棠区的土福湾起，西至崖州区的角头湾止，漫长的海岸线上毗连分布着 19 个大小港湾，主要港口有榆林港、三亚港、铁炉港、南山港、六道港等。除榆林港作为军港、三亚港作为商港、南山港正在建设成为深水货运港口外，其他港口均只作为渔港、小型船舶停靠和海产品养殖基地使用。

榆林港位于市区东南部，湾口西为鹿回头角，东为锦母角，在群山环抱中向东北方向曲折延伸，面积约 37 平方公里。左右对立的六道角与榆林角之外为外港，亦称榆林湾，大东海即在其西侧。榆林港是中国南方的天然良港，港湾水深浪静，自古就是保卫南部海疆的国防要地，是著名的“榆林要塞”所在，现在是中国人民解放军海军南海舰队的重要基地之一。

三亚港古称毕潭港、临川港，约在明末清初始称三亚港，近代曾称榆亚港。该港自古以来是著名的盐、渔港。1953 年改造为商港，担负海南岛东南部客货运输的主要任务；现在是海南岛南部吞吐量最大的对外开放民用港口，已先后同世界上 30 多个国家和地区的港口通航。三亚港位于市区东南，三亚河经此入海，东隔鹿回头岭与榆林港毗邻，陆路往来仅 4 公里。港外海中有东西玳瑁洲作为屏障，近海处有排礁作为天然防浪堤，东面有鹿回头岭挡住东南风吹入。港内风平浪静，水域宽阔，建有完备的现代化港口设施。三亚港曾作为通往海口、广州、香港的客运码头，渔轮也在此辏集。

港门港旧称保平港，位于市境西部，距市区 45 公里，宁远河从此流注入海。西部崖城古镇近在咫尺，水陆交通均甚为方便，是古代崖州州城通往沿海各地的重要口岸。港内避风条件较好，但近代以来因宁远河沿岸水库山塘蓄水，河水流量逐年减少，港门淤积，水浅变狭，只能容纳小吨位渔船进出，同时利用港面发展海水养殖。

铁炉港在市区东 25 公里，位于海棠湾南端。这里离田独废铁矿不远，港南岭上石井经常有铁锈水流出，地因得名，港也随之。港内航道弯曲狭窄，机帆船可在内避风。古时为渔、货两用港口，现在只有近处渔船在内栖泊。港内适宜海水养殖，浅海处尤其适宜放养虾蟹。

4. 海湾

三亚海湾诸多，东西沿岸展列，大多为沙质海岸，湾弧柔美，湾面开阔，沙滩洁白细软，海水湛蓝澄澈，映衬着青山绿树，风光旖旎迷人，是难得的热带滨海观光旅游和休闲度假胜地。自 20 世纪 90 年代以来，海湾旅游开发的热潮逐浪高涨。主要的海湾有海棠湾、亚龙湾、大东海湾、三亚湾、崖州湾等。

海棠湾在市境东部，北与陵水县属陵水湾相隔，南跨牙龙岭与牙龙湾相望，海岸线长达 21.8 公里，呈勾弧形。藤桥河从海棠湾北部入海，冲积形成三角洲湿地，俗称椰子洲。海棠湾沿岸原是一片风光旖旎的滨海渔村，2005 年以后国内外大企业竞相投入开发，如今已初具规模，道路四通八达，十余家国际高端度假酒店先后开业迎宾。这里将建成综合配套旅游度假区，未来的发展会更快。

亚龙湾原称牙龙湾，古称琊琅湾，位于市区东南方约 20 公里处，在海棠湾西南，相隔牙龙岭。亚龙湾是一处半月形海湾，东起牙龙角，西偏南至六道岭白虎角，岸线长 19.5 公里。湾口向东南敞开，形成半月弧状。水域面积约 82.5 平方公里，浅海区宽达 50～60 米。这里海水清澈，能见度达 7～9 米，水温 25.1 摄氏度，终年可游泳。岸沙洁白细软，绵延 7 公里，平缓宽阔。湾内波平浪静，青山环绕，是国内外知名的海滨浴场和休闲度假胜地，被称之为“东方夏威夷”。自 20 世纪 90 年代中期起，这里被确定为中国国家级热带滨海旅游区，许多国内外高档连锁酒店在此兴建，吸引着大批中外游客前来休闲度假，是三亚市开发最早的一处现代化国家级热带滨海旅游景区。

大东海湾在市区南，榆林外港的西侧，东为榆林角，西为鹿回头岭，长约 2 公里。因其邻近市区，交通方便，又三面环山，山水相映，水质优良，自改革开放之后即陆续有旅游酒店和游乐设施在沿岸兴建，现已鳞次栉比，每日游客熙熙攘攘。

三亚湾在市区西南，与大东海湾相隔鹿回头岭，东起三亚港，西至天涯海角风景区，绵延 22 公里。这里湾长沙细，海面碧水若绸，远望东西玳瑁洲如浮海中。连接市区的滨海大道依湾延伸，沿岸椰林婆娑，绿草如茵，被称之为“椰梦长廊”。三亚湾是三亚市作为滨海旅游城市的一道美丽风景线，游客日间在此徜徉于椰风海韵之中，夜间又可观赏渔火点点。

崖州湾在市境西部，因地处古崖州城西南而得名，东起南山岭，西北至梅山角头，岸线长 25 公里，是三亚市最大的海湾。湾口向南敞开，北有高山，东有南山屏障，港门附近是东北季风期最好的渔货轮停泊处，现正在修建崖州中心渔港。崖州湾渔产丰富，宜于发展近海捕捞和滩涂海水养殖。

5. 岛屿

由三亚市管辖的近海岛屿40座，主要有：位于三亚湾内的西玳瑁洲岛（简称西岛）、东玳瑁洲岛（简称东岛），位于亚龙湾内的野猪岛、东洲岛，位于海棠湾内的蜈蚑洲岛。

西玳瑁洲岛位于三亚市区西8公里的海面上，面积2.12平方公里，岸线长6050米，最高峰海拔122.5米，为辖境内最大岛屿。岛上有地可耕，滩涂可养殖；岛内有居民3000多，亦耕亦渔。现已开辟为海岛旅游景区。

东玳瑁洲岛在西瑁洲岛东偏南侧，两相对峙，面积0.56平方公里。岛上林木浓密，沿岸沙滩洁白，风光宜人。

蜈蚑洲岛又称"古崎洲"，位于海棠湾中部海域、距海棠区后海村约2.7海里的海面上。岛东西长1500米，南北宽1100米，面积1.05平方公里。东部高处海拔78.3米，悬崖壁立；西部和北部地势平坦，近海沙滩洁白如雪，海水清澈，水下珊瑚密布，斑斓可见。岛上乔木参差，椰树成林，花草繁茂，有水源可供饮用。自20世纪90年代初，这里就已经开发成为海岛休闲旅游胜地。

（四）气候

三亚市地处低纬度地区，属于热带海洋性季风气候，阳光充足，长夏无冬，秋春清凉，古时候被称为"炎州"，是中国名副其实的热带气候地区，最理想的天然温室。明代琼州府知府方向《海天春晓》诗云："海外风光别一家，四时杨柳四时花。寒来暑往无人会，只看桃符纪岁华。"对三亚而言，这是十分恰切的景象。北部五指山脉挡住了冬季南下的寒流，每当海南岛北部寒冷潮湿、阴雨连绵时，这里却仍然艳阳高照，温暖如春。

年平均气温25.4摄氏度。7月气温最高，平均28.3摄氏度；一月气温最低，平均20.7摄氏度。据当代记载，极端高温是1990年6月4日35.8摄氏度，极端低温是1974年1月2日5.1摄氏度。大体上从2月中旬至12月上旬为夏季，长达10个月；但真正炎热季节在5月下旬至9月中旬，平均温度26.3摄氏度。从12月中旬至翌年2

月上旬为春秋季，只两个月，平均温度也在20摄氏度以上，而且干爽少雨，阳光明媚，是旅游的黄金季节。全年湿度变化比较稳定，约在72%~90%之间。

年平均降雨量1280.6毫米。雨季集中在5月至10月，降雨量约占全年的90%。5月至7月为前汛期，以区域性的雷阵雨为主，雨过天晴，晴而复雨，谚云“牛头落雨牛尾晒”；8月至10月为后汛期，以台风为主。台风带来的日降水量常达50毫米以上，极端量曾达300毫米以上。三亚极少绵延不绝的连阴雨季，11月之后则进入旱季。雨季集中，容易发生春旱；骤雨多发，降水容易流失。因此明清以来官民均重视兴修水利，蓄水灌田，不失农耕，利济民用。

三亚全年多东风，次为东北风。台风季节从每年的6月份开始，10月份结束，也有延至11月份者。台风多东风、东北风、东南风，也有西南、西北风。台风古称飓风，“或一岁累发，或累岁一发”。年均四五个，曾多至10个，也有终岁不发的年份。大多为热带风暴型，12级以上的破坏性台风相对较少。北宋文士苏轼贬海南，其子苏过陪同，曾作有《飓风赋》，绘声绘色描述台风之凶暴。台风固然容易成灾，但是带来丰沛的雨水，满塘盈库；无台风则容易缺水受旱。

累年统计，年平均晴日在300天以上，全年日照时间约2563小时，辐射总量达160.6千卡/平方公里。

古代崖州之所以成为封建王朝贬谪罪臣和流放囚犯之地，一是以其僻远，二是以其“瘴疠甚重”。据清代张渠所著《粤东见闻录》描述，“瘴疠”是一种“水土之恶”，“中之者每致不起”；岭南各地均有“瘴疠”，唯琼州府所属之崖州及感恩、昌化、陵水三县为重。实际上，所谓“瘴疠”者，固然与外来官员和兵弁骤入其地不服水土、不习惯当地炎热气候变化有关，更主要的原因是地方湿热，疟疾等传染病容易滋生传播，古代防疫和医疗卫生条件落后所致。中华人民共和国成立之初，海南大力开展传染病防疫工作，疟疾等多种传染病已在20世纪五六十年代基本消灭。三亚阳光充足，空气新鲜，环境温润，既是休闲观光的旅游胜地，也是健康养生的宜居之地。

（五）自然资源

三亚市资源极其丰富，具备发展热带农业、海洋产业、现代新型工业和以旅游业为龙头的现代服务业等诸多条件。

三亚市有着丰富的土地资源。全市土地总面积 19.15 万公顷，其中农用地 16.33 万公顷。广阔的土地为发展热带林业、热带种植业和滨海旅游业提供了优越的条件。土壤成分主要为砂壤土和粉砂壤土。

三亚地处热带地区，有着明显的生物多样性现象，物种资源丰富。在茂密的热带雨林、季雨林和灌木丛中，生长着 340 多种禽鸟、80 多种兽类。鸟类中的海南山鹧鸪、山鸡、鸢、枭、白鹭，兽类中的海南坡鹿、水鹿、猕猴、穿山甲，爬行两栖类中的蟒蛇（蚺蛇）、金钱龟（三线闭壳龟），都属于国家一二级保护野生动物。有热带林木 1000 多种，其中经济价值较高的有 500 多种，如子京、荔枝、母生、花梨、苦梓、石梓、柚木、陆均松、红罗、红稠等都是珍贵的特一类林木。药用植物有 2000 多种，占全国药用植物的 30%左右，如沉香、槟榔、益智、草砂仁等。三亚是繁盛的热带作物产地，橡胶、椰子、甘蔗、胡椒等经济作物，以及芒果、荔枝、龙眼、菠萝蜜等果树植物，都有大规模的种植。

三亚海域内有渔场 1.6 万平方公里，有鱼类 1064 种，虾类 350 种，蟹类 325 种，软体动物 700 种。其中经济价值较高的有 402 种，如鱼类中的马鲛鱼、石斑鱼、乌鲳鱼、金枪鱼、带鱼、大黄鱼等，虾类中的斑节对虾、龙虾等，贝类中的牡蛎、鲍鱼、珍珠贝等，软体类的乌贼、鱿鱼、海参、海胆等。海洋生物种类繁多，龟鳖类的海龟、玳瑁等受到有效保护；海底活珊瑚璀璨斑斓，珊瑚保护区面积达 85 平方公里。三亚港湾多，滩涂面积广，海水养殖得天独厚，如崖州湾的鲍鱼养殖，铁炉港的石斑鱼养殖，以及虾、蟹、贝类的养殖，均有相当规模。

三亚市已探明的金属矿产、非金属矿产和燃料矿产有 20 余种。陆地经开发利用的矿物有铁、钛、磷、金、水晶、花岗石、石灰石、大理石、石英砂等10余种。田独铁矿为中型富铁矿床，产磁铁矿和赤铁矿，主矿体大部分已在日占时期被日本侵略者所盗采，深部残余矿体也已于20世纪60年代基本采完。尚未开采的有高峰红石铁矿、羊栏新村镜铁矿等处。砂钛矿主要分布于东、西部滨海地区。三亚西部南山岭附近海域中蕴藏着丰富的天然气资源，现已探明的崖13~1气田，储量1077亿立方米，可采量700亿立方米；最早开发的崖13~1气流井日产天然气120万立方米。

（六）交通运输

古代海南岛“孤悬海外”，交通不便。从大陆登岛须“涉险鲸波”，渡过琼州海峡，到南部三亚地区又须“再涉鲸波”。一般从岛西陆行至昌化江口，再乘船南行。因为中部有五指大山难以逾越，东部有牛岭、西部有尖峰岭等高山大林阻隔。至明代成化、万历年间开通牛岭古道，崖州才可由陆路东北行至琼州府城。

今天的三亚已经成为海南岛南部海陆空立体交通枢纽。海南东、中、西线国道公路，环岛高速公路，以及环岛铁路（东线为高铁），均以三亚为南端终点。公路、铁路经琼州海峡轮渡达雷州半岛，与大陆公路、铁路网连接。铁路已开通三亚直达北京、上海、西安、广州、成都、哈尔滨等地线路。位于市区西24公里的三亚凤凰国际机场，是国内大型地级市城市机场，1994年建成通航，经一再改扩建，已开通201条航线，与国内外110个城市通航，高峰期日出入港客流量达6万人次以上，2013年旅客吞吐量突破1200万人次，正式跻身大型民用航空港的行列。海运以三亚港为对外开放港口，航线可达大陆沿海各大港口以及香港、新加坡、马来西亚、日本以至西北欧各地。三亚港古代就是中国东南沿海各地通往东南亚的海运中转港。在现代海洋产业的发展中，三亚港作为海上运输中转港口和南海开发后方基地的地位越来越显重要。

二、南海诸岛主权维护和南海资源开发的战略前沿

海南是海洋大省，除海南岛外，还管辖着西沙群岛、中沙群岛、南沙群岛及其附近200万平方公里海域。三亚市在海南岛最南端，濒

临浩瀚的南海，自古以来就是中国东南沿海经南海前往印度洋、阿拉伯海以至东非海岸的“海上丝绸之路”的重要站点，是中国维护南海诸岛主权和海洋权益、开发南海资源的战略前沿，海洋文明在三亚的历史发展中有着鲜明的印记。在建设海洋大国的今天，三亚具有重要的区位优势，面临着重大的发展机遇。

南海，国际上通称“南中国海”（South China Sea）。南海被中国大陆、中国台湾岛、菲律宾群岛、大巽他群岛及中南半岛所环绕，是西太平洋的一个陆缘海。中国隋唐以前称南海为“涨海”，称南海诸岛的岛、礁、沙、滩为“崎头”。至唐宋年间，许多历史地理著作则将西沙和南沙群岛相继命名为“九乳螺洲”“千里长沙”“万里石塘”等。其中“长沙”大多指今西沙群岛，“石塘”大多指今南沙群岛。清代以后才逐渐改称南海。中国对南海与东海的区分，一般以广东南澳岛至台湾岛南端一线为界。

南海海域分布着多达200个以上大小不等的岛屿、沙洲、暗礁、暗沙、暗滩，有的露出水面，有的隐伏水下。按照它们分布的位置，分为东沙群岛、西沙群岛、中沙群岛、南沙群岛，通称为南海诸岛。东沙群岛在海南岛的东部偏北，邻近广东东部，在汕头市南310公里处，自来属广东省管辖；西沙群岛、中沙群岛、南沙群岛（曾称团沙群岛、珊瑚群岛）属海南省三沙市管辖，三沙市政府机构设在西沙群岛的永兴岛上。

南海诸岛由海底火山喷发堆积、珊瑚繁殖和海底沙泥堆积等综合作用而形成。西沙群岛和中沙群岛在南海中部。永兴岛是西沙群岛最大的岛屿，面积2.13平方公里。中沙群岛仅黄岩岛露出水面，其余淹没在水下。南沙群岛位于南海的南部，是暗礁、暗沙、暗滩最多的一组群岛，最大的岛屿是太平岛，面积0.49平方公里。南沙群岛中的曾母暗沙，是中国最南端的疆域。

南海正当亚洲、大洋洲和欧洲、非洲海上交通的要冲，是亚洲东北部各港口通往东南亚、印度半岛、阿拉伯半岛、非洲以至欧洲海洋航线的必经之地，在经济上、军事上具有极其重要的意义。

自秦汉以来漫长的历史上，南海一直是“海上丝绸之路”的必经要道。所谓海上丝绸之路，指的是中国同东南亚各国、印度半岛国家、阿拉伯半岛和波斯湾国家以至东非国家之间贸易和友好往来的海上航线。中国东南沿海的远海航船，途经南海，到达东南亚各国，又穿越马六甲海峡，进入孟加拉湾，到达缅甸、印度、斯里兰卡，再进入阿拉伯海、波斯湾，到达非洲东海岸的许多国家和地区。“海上丝绸之路”开辟于秦汉时期，至唐朝时期形成，宋代以后遂成为中外交往的主要线路。但明代以前大抵只到斯里兰卡即返航，明代郑和七次下西洋，才进一步延伸至波斯湾沿岸、阿拉伯半岛，以至东非海岸。

据历史记载，行驶在“海上丝绸之路”上的航船，经过海南岛，常在北部的海口、清澜或南部的榆林、三亚等港口避风，补充淡水和食物，然后继续前行。明代正德《琼台志》记载，崖州的毕潭港（今三亚港）和望楼港（今属乐东县）是南海周边国家朝贡贸易船只的湾泊之处。光绪《崖州志》记载，州城（今崖城）东南滨海的乐盘湾，法兰西人的船舶常于此取水。可见经南海和印度洋往来贸易的外国商船多停泊三亚地区沿岸港口。西沙群岛附近海域是南海丝绸之路海道上最危险的水域，伴随着大量航海活动的开展，总有一些船舶触礁或遇风沉没海底，成为海上丝绸之路的一处处文物遗存，见证中国与周边国家、地区、民族友好往来和文化交流的历史。

南海诸岛自古以来就是中国领土不可分割的组成部分，是南方沿海先民开疆拓土谋求生存之地。中国是历史上最早发现并命名、最早开发经营和最早管辖南海诸岛的国家。海南岛渔民在明代以前就远航到南海诸岛海域从事海洋捕捞作业。《更路簿》是包括三亚在内的海南岛渔民在西沙和南沙群岛进行生产活动的航海指南，其中有些地名为后来中外地理学所承袭，是中国人民明清以来开发南海诸岛的有力证明。渔民在一些岛屿上定居或季节性居住，至今在许多地方留存着民俗遗迹。中国政府很早就对南海诸岛实行有效管辖，自唐代以来已将包括南沙群岛在内的南海诸岛列入了中国的版图。历代皇朝通过海南地方政权行使管辖权。唐朝中央政权在海南岛崖州（后改在琼州）设置都督府，把西沙、南沙、中沙群岛纳入其行政辖区，隶所属振州（今三亚属其境域）管辖。《旧唐书》地理志记载振州疆域“西南至大海千里”，西沙群岛自然包括在内。宋代“长沙、石塘隶于琼州”，将西沙群岛以至南沙群岛列入广南西路琼管安抚司的行政辖区，划归所属万安州（军）管辖，并加强对南海诸岛的监管，开始派水师巡察南海海域。至元世祖忽必烈更派同知太史院事郭守敬到南海进行天文测量。明清时期，西沙群岛以至南沙群岛及其海域一直划归琼州府属崖州管辖。明代郑和七下西洋历经南海，清末李准率水师巡航南海，都是中国拥有南海诸岛及其附近海域主权和管辖权的宣示。清代驻守崖州的琼州镇崖州协标水师营，所巡洋面直达西沙。清代所绘制的地理图籍，把西沙、中沙、南沙群岛及其海域画为琼州辖境，外国图籍也将南海诸岛明确标为中国所属。民国八年（1919），广东省政府宣布西沙群岛归崖县管辖。民国二十四年（1935），中国政府公布了《中国南海各岛屿华英名对照表》，这是中国对南海诸岛的第一次“准标准化”命名。一直到1959年3月，原属崖县管辖的西沙群岛才划归广东省政府派出（委托海南行政区代管）的西沙、南沙、中沙群岛办事处管辖。2012年6月21日，国务院决定撤销海南省西沙、南沙、中沙群岛办事处，设立地级三沙市。

三亚市濒临南海，天然港湾多，西临北部湾与越南相望。经南海向南，是印度尼西亚、马来西亚、文莱，再经澳大利亚至南太平洋；向东经菲律宾，至西太平洋；向西南经中南半岛至印度洋以至大西洋。三亚有着独特的海洋区位优势，航海和海外贸易的条件得天独厚。但是由于地理上存在海峡屏障的制约，海南岛孤悬海外，三亚僻处一隅，缺乏广深的腹地；在漫长的封建社会中，农耕文明占据社会思想的主流，经济长期落后，消费能力有限，因此难以成为对外贸易的中心。尽管宋元时期三亚港曾经樯橹云集，明清时期在实行海禁的政策背景下也仍然有贡船货舶往来停靠，但三亚始终只能成为海上贸易的中转站和停靠点，自身的海外贸易则甚少开拓。除此以外，对南海资源的开发，也只是海洋捕捞而已，近代则有岛屿鸟粪磷酸钙的挖掘利用，都属于初级形态的经营，海洋产业的能量远远没有释放出来。

中国对南海诸岛及其附近海域拥有无可争辩的主权，在古近代历史上是世界公认的。进入20世纪以来，随着世界经济的发展和海洋科技的进步，南海蕴藏丰富的海洋资源，包括海产资源、能源资源（石油天然气和可燃冰）、金属资源，越来越为周边国家政府所重视。一些国家无视历史事实，强占中国岛屿，制造事端，侵犯中国在南海的主权和权益。维护中国在南海的主权和权益，面临着复杂而严峻的形势。

三亚是中国的南大门，是开发和保护南海诸岛及其海域的后方基地，在维护中国南海诸岛主权和海洋权益的斗争中，始终处于极为重要的战略地位。宋元时期中央政权已在此加强武备，明清时期更成为海防军事重镇，朝廷在崖州设参将署或水师署，以维护南海诸岛主权和安全。中华民国时期对南海诸岛主权的维护和宣示行动，也无不以三亚榆林港为后方基地。中华人民共和国成立以后，崖县军民参与维护南海诸岛主权的军事斗争，建立过功勋。维护中国在南海的主权和权益，服务南海资源开发，三亚将担负起神圣的国家使命。

海洋是海南的优势所在，也是三亚未来发展的巨大潜力所在。自古滨海而居的三亚人，有着很强的海洋意识，接受海外文明较快。三亚地区最早从印度、越南引种棉花（海岛棉），从占城引进耐旱的水稻优良品种占城稻，从马来西亚引进橡胶等热带作物。在中国提出建设海洋强国的今天，三亚面临着建设海洋强市的新契机。三亚要为加快南海资源开发做好服务基地建设，做优做强海洋产业，为实施海洋强国战略作出应有的贡献。

三沙市的设立，是中国对西沙群岛、中沙群岛、南沙群岛的岛礁及其海域行政管理的加强。中国渔政的护渔编队在南沙海域巡航，执行常态化维权护渔任务；中国海监编队也在西沙海域海岛立体巡查，进行海岛保护联合执法。南海诸岛及其海域，在中国特色社会主义现代化建设中，将迎来灿烂的明天。

三、多民族聚居的共同家园

古代崖州地僻人稀，据地方史志记载，明洪武年间崖州（宁远县）在籍的人口才1万有余，入清之后的雍正年间也才约有2.7万。乾隆、嘉庆年间自然增长加快，加上内陆移民迁入，黎人编户入籍日多，因此道光年间在籍人口已有5.4万余人。进入中华民国以后，1929年编办保甲，清查户口，崖县在籍人口增至9.7万人，其时五指深山黎族苗族人口因难以统计仍未包括在内。1935年设置乐东县、保亭县和白沙县，从崖县辖境划出半幅区域（西部和北部），崖县人口随之降减。到了1950年崖县人民政府统计，全县总人口还是保有90912人，不过这时山区黎族、苗族人口已基本包括在内。

此后历经60余年的建设和发展，至2013年年末统计，全市常住人口为73.2万人，户籍人口为57.69万人。在户籍人口中，汉族33万人，占57.2%；黎族22.93万人，占39.7%；回族0.92万人，占1.6%；苗族0.4万人，占0.7%；其他民族0.44万人，占0.8%。全市城镇人口占68.89%。

古今聚居三亚境内者是汉、黎、回、苗四个世居民族；其他民族多为当代前来三亚参加建设和置业的定居者，人口尚少。汉族主要分布在沿海丘陵台地和平原，以及山区农场；黎族主要分布在北部和东部丘陵山区；苗族主要分布在天涯区的高峰、育才和雅亮地区；回族主要分布在天涯区的回辉和回新两个居委会。由于政治、经济、文化等多方面的原因，在漫长的历史演进过程中，各民族逐步形成了小聚居、交错杂居的格局。沿海地区较早开发，民族杂居的现象更为普遍。

由于多民族聚居和历史上人口迁入路径的不同，三亚市居民所使用的语言也呈现多样性。大体上汉族使用海南话、军话、迈话、疍家话，都是汉语方言的地方语音，以海南话为主，海南话属于汉语闽南方言；黎族使用黎语，又有杞、哈（也称侾）、润、赛、美孚五种方言，三亚黎族主要使用哈方言，海棠湾镇北部地区黎族也使用赛方言；回族使用回辉话，苗族使用苗话，都是特殊的本民族方言。在共同的社会经济生活中，海南话也为黎、回、苗族居民所使用。普通话和规范汉字是各族通用的语言文字。对外开放中的三亚，普通话有较高的普及率。

居住在三亚的各民族，在漫长的历史进程中，在共同的经济社会生活中，相互交流借鉴和吸收融合。少数民族学习汉族的农耕技艺，汉族学习黎族的棉纺技艺。黎汉之间的贸易往来，在鸡鸣犬吠相闻的民族杂居地区更为密切。崖州民歌不仅汉人唱，黎人也唱。中华人民共和国成立以后，实行民族平等政策，各民族共同发展，彼此更为融洽。

海南岛是一个移民岛，三亚汉、黎、苗、回各族，实际上都是在历史的不同时期从岛外迁徙来的。

三亚最早的古人类是落笔洞人，其后代繁衍的状况因缺乏考古材料不得而知。其后约4000年前，黎族先民陆续迁入，他们是开发海南岛的先驱。黎族先民主要来自于岭南俚人，是“百越”中属于“骆越”的一部分。从地域上说，海南属于岭南，黎族先民就近渡海迁入，拓展生存空间，因此一般也称黎族为海南岛最早的居民。历代地方史志都指出他们“本南、恩、藤、梧、高、化诸州人”，也即今天的广东西部和广西东部地区的古代“俚人”。迁入的俚人被称为“黎”，唐代末年的史籍中才出现，至北宋而普遍见称。宋代苏轼谪居海南时所著诗文中，即称俚人为“黎”。黎族先民乘坐独木舟、竹木筏、腰舟等工具，跨琼州海峡而来。最早居于沿海，后来才逐渐进入山区。辗转迁徙进入海南岛南部地区的黎族先民，面对“高山大林”和浩瀚的海洋，在莽荒中披荆斩棘，以渔猎为生，今人的考古中有诸多物证。久而逐渐在滨海平原和山间平衍沃地种植水稻，在丘陵地带种植山兰旱稻和薯类作物，饲养禽畜，一步步走向农业文明。隋唐以后封建王朝的统治逐渐加强，部分黎峒民众编户入籍，承担赋役，或者只纳赋不供役；居住深山的黎人，则仍不受官府管辖，不供赋役，不服“王化”，至清代仍然有部分深山黎峒处于原始部落状态，其人口数量也始终难以准确统计。据史籍记载，深山黎人性格犷悍，出入手不释弓刀；以刻箭为信誓，信守不渝，不欺人也不受人欺；住船形茅屋，织吉贝布为衣衫，有自己民族独特的风貌和文化传统。清末冯子材开通五指山“十”字大道，“风气渐开”，深山黎人与外界的往来才日渐增多。中华人民共和国成立以后，人民政府派出干部深入黎区帮助发展生产，进行民主改革，黎区社会实现跨越式发展，黎族同胞与各族同胞一道步入社会主义社会。

汉族人口迁徙进入琼南三亚地区，比起黎族先民要晚得多。秦代海南为“象郡之外境”，秦始皇派遣赵陀率50万大军戍守岭南。明代海南先贤唐胄据《史记·秦始皇本纪》和《汉书·地理志》所记以及海南民俗论证，秦代已有汉人商贾到珠崖贩买玳瑁、珍珠、银铜、果布等“异产”以逐利。① 这是汉族入琼的发端。之后历朝历代，或商贾，或戍边，或为官，或贬流，或避乱，迁入并落籍的汉人越来越多。特别是中原地区每逢改朝换代战乱频仍，而“孤悬海外”的海南岛相对平静而且地广人稀，避乱南迁的中原仕宦人家接踵而来，或直接落脚或由他处一再迁徙。汉族移民带来了中原文化，传播先进的生产技艺，兴办教育，繁荣经济，在政治、经济、文化诸方面促进了海南的开发。明代海南先贤丘濬在《南溟奇甸赋》中有生动的描述：“魏晋以后，中原多故，衣冠之族或宦或商，或迁或戍，纷纷日来，聚庐托处。薰染过化，岁异而月不同；世变风移，久假而客反为主。”宋元明清时期，从闽南、粤东一带移民迁入的规模更大，成为这一时期崖州人口数量较快增长，经济、社会、文化繁荣的重要原因。20世纪的五六十年代，为发展橡胶和各种热带作物种植，成建制的转业军人和大批广东、广西的城乡青年，有组织地来到三亚参与创办多个国营农场，构成当代的又一次移民高潮。

回族迁居三亚，史籍记载始自唐代，而以宋、元期间为盛，大多来自占城国，也可能有来自阿拉伯的穆斯林。占城国是位于今越南中

① 见（明）唐胄主纂《琼台志》卷三《沿革考》。

部的一个古国，《元史》记载称“近琼州，顺风舟行，一日可抵其国”。占城人擅长海上贸易，三亚是他们航行来往中国东南沿海的首站停泊地。占城人或因经商，或因逃避与邻国安南的战乱，或因海上遇风暴漂泊而至，多落户于今天的琼南沿海岸地区，被称之为“番民”。东自陵水西至乐东沿海，至今仍残留着他们的祖先墓葬遗迹。明万历《琼州府志》卷三记载：“番民本占城回教人，宋元间因乱挈家泛舟而来，散番村、番浦。今编户入三亚，皆其种类也。”回民有同族聚居的传统。据学者考证，“番民”登岛后多居住在崖州，散居于望楼、酸梅铺、保平（大疍港）、藤桥等地，后聚居所三亚里番村，如今则聚居天涯区的回辉和回新社区。回族保持着穆斯林传统，有本民族独特的风俗习惯。

苗族迁徙入琼，则来自明朝从广西和粤西北调来的苗、瑶官兵戍琼后落籍为民。史籍记载，明万历四十三年（1615），调广西药弩手300名屯守崖州西北部的乐安营，并以“征黎”后清丈的黎田30顷屯田。苗族从此在三亚的北部山区落脚，多居深山密林，刀耕火种，经常迁徙，居无定所，过着艰难困苦的生活。中华人民共和国成立不久，1954年崖县人民政府即派出工作组深入苗族居住的深山密林，动员其下山定居，安置好生产和生活，发放耕牛、种子、农具，帮助他们组织农业生产互助。

住民的民族多元化，也带来了宗教信仰的不同。三亚市现有三个宗教教派，即佛教、伊斯兰教、基督教。佛教在三亚地区的传播历史悠久，唐高僧鉴真和尚曾在此登陆久留，修庙授徒，得到冯冼氏后人的支持。自唐代以来，几乎历代都在州城（今崖城）附近建造过佛寺，如大云寺、开元寺、三昧庵、广度寺等（现皆不存），弘扬律宗佛法。佛教信徒多为汉族，现有活动场所主要在南山寺。伊斯兰教为回族所信奉，现有南寺、南开寺、古寺、北大寺、西寺、东寺等六处清真寺。基督教在三亚的传播，始于清光绪七年（1881），在原崖州乐罗（今乐东县境）修建教堂；中华民国年间始以榆亚为活动中心。信徒多为汉族，也有黎族，现有红沙教堂和南边海渔村教堂两处活动场所。

黎族和苗族没有形成完整的宗教体系，流行祖先崇拜和自然崇拜，而以祖先崇拜为主。黎族的宗教信仰多种多样，迷信鬼神，信尚巫鬼，有的也崇信佛教。拜祖求神、占卜禳灾渗透社会生活的各个方面。每逢农历初二、十六，都要给祖先烧香祈佑。

三亚的多民族聚居，多元宗教、多元文化的融合，形成了三亚人文特有的斑斓色彩。古老的崖城学宫，庄严的南山佛刹，耀眼生辉的清真古寺，鹿回头岭上动人的黎族青年男女雕塑，都在默默地告诉游客，三亚是各民族共同创造的美好家园。

与海南岛北部侨乡不同，三亚本土历史上出国谋生者少，归侨大多是清末民初从广东各地前来的，多数从事于办盐场、建糖厂，经营椰子、橡胶等热带作物种植。中华人民共和国成立以后，从新加坡、马来西亚、泰国、印度尼西亚、越南、柬埔寨等地回国到崖县参加垦荒种植橡胶的归侨有所增加，这些归侨大多分布在各个国营农场。

四、发展热带产业的重要基地

三亚地处低纬度热带地区，北有高山屏障阻隔北来秋冬寒潮，南有南海送来海洋性暖风，终年温热湿润，阳光充足，十分有利于热带作物的生长，是中国著名的天然橡胶种植基地，热带水果、冬季瓜菜生产基地和南繁育种基地。

（一）传统农业经营

传统农作物主要为水稻、甘蔗、花生、薯类，玉米、山兰禾以及椰子、槟榔、香蕉、菠萝等。

三亚是海南重要的粮食生产基地之一。粮食作物以水稻为主，在全市范围内均有种植，达 20 多万亩，主要产地在崖城、羊栏、林旺、田独、天涯、梅山等地。尤其是宁远河等河流入海处冲积平原地区，河谷地区，土壤肥沃，水利条件较好，更为适宜。多采用早晚二造加冬季瓜菜或甘薯、玉米等杂粮轮作制度。薯类（番薯、木薯等）是粮食作物的补充，也做饲料和工业原料，是作物中的大宗。

甘蔗本是三亚传统的热带经济作物，近代以来有较大规模种植，高峰年度曾达六七万亩，在海南岛各县处于领先地位。崖城、羊栏、藤桥为主要产蔗区，崖城早年建有甘蔗育种场。旧时土法榨糖遍地开花，近代发展机榨，曾有崖城、藤桥二处机榨糖厂。但是由于比较经济效益的下降，近年只有少量果蔗的种植了。

另一是椰子和槟榔，种植历史比甘蔗更为悠久。山区平原、房前屋后均广泛栽种，是农民致富的门路之一。现有槟榔种植面积约为1万~2万亩，主要销往外省，经炮炙后用作医药，是四大南药之一。

（二）热带作物种植

三亚是最适宜种植热带作物的地方，近代以来广为农业经营者所重视。清末民初即有华侨在东部藤桥河入海口处开辟农场，种植橡胶、椰子、咖啡、胡椒等热带作物。中华民国局势稍为稳定之后，当时的崖县政府曾成立农业垦殖公司，成为三亚近代农业开发的雏形。即便是在20世纪50年代至70年代“以粮为纲”的时期，地方政府也一再强调发展热带作物种植以增加农村收入。

热带作物经营以种植橡胶为主。清末民初崖县已有橡胶园的经营，但大规模种植橡胶，则与海南岛的其他地方一样，肇始于中华人民共和国成立之初。朝鲜战争爆发后，帝国主义西方世界对中国实行封锁禁运，橡胶作为重要的国防战略物资也在禁运之列。为此中央决定快速发展国家的天然橡胶事业，以打破帝国主义国家的垄断。1952年中国人民解放军林业工程部队成建制开进海南从事橡胶垦殖，后集体转业改建国营橡胶农场；1955年以后又有大批来自广东的移民参与国营橡胶农场建设。各国营橡胶农场后来集中于省农垦总局旗下。崖县种植橡胶的区域主要分布在北部山区的高峰、雅亮、育才和东部的藤桥地区，1962年曾达到6万多亩。后因台风、干旱及管理水平等原因，种植面积有所减少。改革开放以后，随着国内市场需求的增加和国际市场价格的不断攀升，以及农村经营体制的变革，橡胶种植才由农场扩展到农户，规模逐步恢复。现种植达5万余亩，年收获干胶万余吨。

除了橡胶、椰子、槟榔外，三亚还大力发展热带水果种植。主要以芒果种植为主。改革开放以后，三亚农业部门对农业产业结构进行调整，在抓紧粮食作物生产的同时，促进热带作物的发展。粮食作物播种面积有所减少，但通过提高土地质量和实行科学种田，努力提高单产，粮食总产量仍比改革开放以前有所增加；热带经济作物播种面积则有了较大扩展。

（三）南繁育制种基地

三亚拥有全国独一无二的温热和光照资源，正是植物生长之所必须。这里既没有亚热带的连绵阴雨，也没有冬季的阵阵寒流，是中国冬季加代选育良种不可替代的地方：在中国北方，由于受到光热资源的限制，每年只有一段时间可以进行育种研究，培育一个新的农作物品种需要若干年，而到三亚及其附近加代育种，周期可以缩短一半。北方秋收之后，农业专家们把种子带到海南，11 月种，来年 2 月收获；甚至可以在 2 月再种一季，5 月收获。

从 1963 年起，每到秋后，便有来自全国各地的农业科研单位和种子繁育单位的人员，在崖县从事南繁育种和制种工作。20 世纪 60 年代，还只是从事小面积的水稻、玉米、高粱、小麦、棉花等新品种的加代繁育和培育新品种试验；到了 70 年代以后，大面积的杂交水稻、玉米、高粱、小麦和瓜菜、棉花等良种繁育在崖县和邻近县展开，一个又一个农业奇迹在这片温暖的土地上被创造出来。进入 80 年代，主要分布在崖城、羊栏和荔枝沟的三亚南繁育种基地，已成为中国农业部门所确认的三大南繁育种基地之一，育种面积达到 8 万多亩。此后，逐渐采用了育制种单位与当地农民联营代繁的经营形式，每年都有 20 多个省、自治区、直辖市的大批学者和科研人员前来。生产和科研活动也不限于加代选育，还从事制种、种子鉴定等项目；南繁的品种也从农作物扩展到水产和动物繁殖。南繁加快了中国农业科研的进程。

三亚植物种类繁多，物种资源丰富，为农业科学家们的南繁育种创造了又一优越条件。令三亚人津津乐道的是，“中国杂交水稻之父”袁隆平培育成功的杂交水稻新品种，就是在三亚选育和繁殖的。

1970 年 11 月 23 日，在袁隆平科研思路的指导下，在崖县南红农场发现了花粉败育型野生稻（简称“野败”），从而为杂交水稻的“三系”配套打开了突破口，随后袁隆平率领的科研团队于 1974 年培育成功强化“三系”杂交水稻新品种，自此开辟了中国以至世界水稻高产种植的新天地。

（四）冬季瓜菜生产基地

三亚的冬季瓜菜生产，始于 1970 年，当时的崖县外贸部门组织冬季瓜菜出口香港等地，此后冬季瓜菜种植逐渐兴旺。当北方秋后气候寒冷田间百物凋零、市场缺乏新鲜蔬菜供应的时候，三亚却正好是菜蔬生长的旺季，因此被称之为“反季节”。作物生长的时间差异让三亚占尽了天时地利。到了 20 世纪的最后 10 年，高速公路的兴起和交通运输设施的改善为瓜菜外运提供了便利，在政府的大力扶持下，三亚各地利用晚造稻田收获之后的闲耕时段，大面积种植冬季瓜菜以供应内陆城市。主要种植冬瓜、节瓜、青瓜、青椒、豆角、茄子、丝瓜等容易保鲜的耐藏品种。每年种植近 10 多万亩，远销港澳以及广东、上海、北京以至东北各地，三亚成为全国人民的冬季“菜篮子”。有大型的公司化赁地经营，也有农户的承包经营，方式多种多样，而且逐渐形成了可观的产、运、销产业链，以大吨位汽车运输为主。每到运销季节，交通部门开辟“绿色通道”，给予陆路通行上的诸多优惠。

崖城是三亚最大、全省著名的冬季瓜菜生产基地和集散地。每年进入 11 月便热闹起来，各地客商云集，熙熙攘攘。中介服务来往穿梭，大型运输车辆进进出出。这里距三亚市区 45 公里，地处宁远河出海口的冲积平原上，土壤肥沃，水源充足，是三亚市传统的农业大镇。每天一早采摘的瓜菜，经过长途运输，三天以后就会出现在北京的菜市场上。

（五）热带水产养殖业的兴起

与热带种植业的兴起并行的，是水产养殖业的蓬勃发展。三亚农村历来有在水库、山塘养殖淡水鱼类的作业，但只是小规模经营或家庭副业。近二三十年来发展较快且具有一定规模的，是海水养殖业的经营。三亚海岸线长200多公里，大小港湾沿岸排布，浅海滩涂面积宽广，水质优良，是实施海水养殖的理想之地。而且海水表层年平均水温在21~30摄氏度之间，年平均盐度在28%~33%之间，适合终年养殖。养殖方式有建闸筑池饲养虾类，也有在港湾或浅海区设置网箱养殖石斑鱼等名贵鱼类，以崖州湾、三亚湾、铁炉湾等处较为集中。此外还有少量海藻江蓠菜和珠母贝的养殖。

热带产业是三亚经济发展的优势产业之一。三亚的目标是加快农业设施建设，以“设施农业”加产业化经营来提升热带农业的素质，提高农民的组织化程度。在产品结构上，集中力量发展热带水果和特色瓜菜，加快发展畜牧业、水产业和兰花产业，推进南繁育种业。在此同时，实施农产品品牌战略，加快优质农产品加工、销售基地建设，做强做大热带农业产业链。

五、建设海南国际旅游岛的排头兵

2009年12月，国务院颁布《关于推进海南国际旅游岛建设发展的若干意见》，明确提出将海南建设成为中国旅游业改革创新的试验区、世界一流的海岛休闲度假旅游目的地、全国生态文明建设示范区、国际经济合作和文化交流的重要平台、南海资源开发和服务基地、国家热带现代农业基地。海南国际旅游岛建设列入了国家发展战略。

建设海南国际旅游岛，毫无疑问三亚站在前列，是义不容辞的排头兵，其地位具有不可替代性。这是因为，无论是从地理区位上说，还是从自然景观、生态环境上说，三亚都占有优势。从海南本省来看，大部分旅游资源都集中在以三亚为中心的区域及其周边市县。这里有面朝浩瀚大海，洋溢着椰风海韵的美丽海湾和洁白宽阔的沙滩；这里有全国唯一的热带气候，一年四季阳光明媚，从无寒冬，也少阴霾；这里有湛蓝的海水，纯净的空气，满目苍翠的原野，生态环境始终保持一流。除了这些滨海旅游最基本的要素、也是最强大的优势之外，三亚还有热带雨林的独特风光，有色彩斑斓的汉黎回苗民族风情，有饱经历史沧桑的古代贬官遗迹。可以说，三亚是海南国际旅游岛王冠上的明珠。

古代的官员，不管是委任、巡视还是流贬官宦，许多人都为崖州滨海旖旎的风光和万顷碧波所倾心，留下了游览的足迹和赞美的诗篇。宋代吉阳军守周鄘、毛奎先后开辟大小洞天胜景。宋太祖朝宰相卢多逊被流放到崖州，心境平静之后，以脍炙人口的诗篇，赞美当地田园风光："珠崖风景水南村，山下人家林下门。鹦鹉巢时椰结子，鹧鸪啼处竹生孙。鱼盐家给无墟市，禾黍年登有酒樽。远客杖藜来往熟，却疑身世在桃源。"至清代以后，又有官员先后在马岭滨海石阵上题镌"海判南天""天涯""海角""南天一柱"等摩崖石刻，为后人留下了长盛不衰的"天涯海角"历史文化胜景。

但是，由于历史的原因，这里作为海防前哨，加上交通的阻塞，三亚丰富的旅游资源长期处于半自然状态，没有得到有效的开发。真正把旅游服务业作为一项重要产业，并且进而置于地方经济发展的龙头地位，则是近二三十年的举措。三亚建市以前，仅有几家普通旅店和招待所，接待人数极其有限，而且还谈不上旅游管理。1984 年建市前后，才明确提出建设国际热带滨海旅游城市的发展目标。1985 年以后，着手对大小洞天、天涯海角、鹿回头、大东海等旅游风景区进行开拓性建设，并通过招商引资兴建三亚湾大酒店、三亚国际大酒店、南中国大酒店等旅游接待酒店，立项建设三亚凤凰国际机场。热带滨海旅游业从此起步。

1993 年，中国为控制经济平稳发展，出台紧缩银根的金融政策，缺乏产业基础支撑的海南房地产泡沫破灭，三亚也不能幸免。中共三亚市委、三亚市政府从本地的资源优势出发，及时地将注意力转移到旅游业和热带农业上来，明确以旅游服务业为三亚经济发展的龙头产业，着力把三亚打造成为国际热带滨海旅游城市。1996 年 1 月 1 日，中国度假休闲游开幕式在刚刚投入开发的亚龙湾举行，拉开了三亚发展国际性热带滨海度假旅游的序幕。亚龙湾、南山、蜈蚑洲岛等旅游景区相继大规模投入建设，第一座五星级旅游度假酒店凯莱大酒店在亚龙湾兴建，三亚凤凰国际机场、海南东线高速公路先后建成使用。旅游基础设施建设取得了重大进展，旅游管理也日渐规范，国内外游客逐年增多，三亚旅游的知名度越来越高。

进入21世纪以后，特别是近10年来，三亚的旅游服务业进入高速发展的快车道。作为旅游城市显著标志之一的高端度假酒店已达数十家，遍布亚龙湾、大东海、三亚湾、海棠湾等片区，其他各类星级酒店也超过200家，三亚成为酒店业最密集的城市之一。就旅游景区景点而言，包括被赋予坚贞爱情理想的天涯海角景区，首批国家级滨海度假区亚龙湾景区，体现不同宗教文化色彩的南山佛教文化苑景区和大小洞天景区，以及蜈蚑洲岛和西岛海洋旅游景区、亚龙湾热带天堂森林公园等，原有的被优化，新建的靓丽登场。与此同时，一批专项旅游产品，如会展旅游、婚庆旅游、节庆旅游、生态旅游、保健旅游等陆续兴起，有的已形成一定的规模。国内外大集团、大企业的年会、订货会、交流会纷纷选择来三亚举行。随着多届世界小姐总决赛、世界沙滩排球巡回赛、沃尔沃环球帆船赛等赛事在三亚举办，年轻、健康、时尚、美丽的三亚越来越吸引国内外游客；三亚的城市知名度和美誉度，旅游市场的国际化程度，都在迅速提高。

先后开发建成的高品质旅游景区景点和富有三亚特色的旅游产品体系，使三亚旅游的内涵更加丰富，旅游产业的结构得到优化。以观光游为主、国内游客为主的阶段，正在向着休闲度假游、国内外游客并重的方向发展。热带滨海度假休闲产品逐步成为三亚主导性旅游产品，同时旅游观光产品质量也在不断提高。

在旅游城市的建设和发展过程中，吸引了越来越多的外地人迁居三亚，他们有的为养老，有的为投资创业。每年入秋以后，便有大批北方“候鸟”老人到三亚来避寒过冬，春暖之后离去，成为三亚社会的一幅独特风景。

随着国务院《关于推进海南国际旅游岛建设发展的若干意见》的颁布，三亚作为国际旅游城市的建设进入发展的崭新阶段。基础设施不断完善，综合实力显著增强。海棠湾度假区大规模的开发建设，吸引着海内外目光，这里被定位为“国家海岸”。离岛免税政策得以实施，购物和娱乐消费作为旅游的一部分，大型购物中心和旅游娱乐设施的建设正在积极推进之中。凤凰岛国际邮轮码头被多家国际邮轮公司选为停靠站点，游艇旅游、高尔夫旅游、高端旅游房地产相继兴起。多项涉外国事活动在三亚举行。国际热带滨海旅游的各项基本要素协调配套发展，三亚作为国际旅游城市的形态正在形成，其国际可进入性大大加强。三亚的目标是成为中国一流、亚洲首选、世界著名的旅游城市。

2013 年，三亚全年接待过夜游客 1228. 4 万人次。游客中以散客游为主，约占 80%，基本达到“成熟旅游度假地”的标准。全市实现旅游总收入 233. 3 亿元，占到全省旅游收入的 59. 5%。

作为国际旅游城市，旅游服务业成为拉动三亚整体经济发展的龙头产业和主导产业。旅游服务业的收入已占到全市生产总值的 2/3。旅游业带动了相关产业，包括创新创意产业、商贸业、文化产业、房地产业、热带高效农业、海洋产业等，这些产业在三亚国民经济中所占的地位越来越重要。三亚充分利用优越的自然环境和国际旅游城市的战略定位，努力拓展产业空间，寻找新的经济增长点，对于产业趋向有明确的规划和策略：以高端产业为取向，以旅游业为龙头，以创新创意产业、商贸业、文化产业、房地产业、现代农业、海洋产业等为支撑，鼓励和培育总部经济、金融中心等与旅游相关的其他各类产业，在保护良好生态环境的前提下，构建符合三亚市发展需要的现代产业体系。三亚走上了一条科学发展、绿色崛起的道路。

三亚统筹城乡发展，全面建设小康社会。旅游产业的快速发展给三亚注入了源源不断的活力。在三亚向着国际性热带滨海旅游城市迈进的同时，三亚市民对于大量外来游客所采取的接纳、包容、诚信和热情，体现了文明素养和对外沟通交流能力的不断提高。建设中外游客的度假天堂和三亚百姓的幸福家园，是三亚人民共同的心愿。

第一章　原始社会时期的三亚地区

史前时期三亚地区经历过漫长的原始社会。大约在1万年前，生活在三亚地区的古代人类是落笔洞人，亦称“三亚人”。其后，约在商周时期黎族先民来到海南岛以至三亚地区；秦汉时期海南归入中国版图，在此前后，汉人从大陆陆续迁入。

落笔洞人属晚期智人，从事狩猎、捕捞和采集经济活动，穴居野处，已懂得人工取火，处在原始社会的母系氏族公社阶段。他们在三亚大地上生息繁衍，揭开了三亚历史发展的序幕。

黎族先民是中国南方古越族的一支，大约在距今3000～4000年期间，经由岭南两广地区跨海迁徙来到海南岛，直至岛南三亚地区。他们带来了有肩石器生产工具和几何印纹陶，与岛上的原住民交流融合，继承和创造了具有地域特点的百越族传统文化“釜文化”，主要从事渔猎和采集生产活动，以后又开始经营原始农业，已进入母系氏族社会较为发达的阶段，后又逐渐发展到父系氏族社会。

第一节　三亚地区的早期人类

一、三亚落笔洞人的考古发现

落笔洞在今三亚市区东北10公里处，这是迄今为止所发现的海南历史上最早的一处古人类生活遗址，称之为“落笔洞遗址”。落笔洞在落笔峰下。落笔峰是一座石灰岩孤峰，高约110米，垂崖如削。

山上林木荫翳，洞穴层布，洞内岩石多奇形怪象。落笔洞在山峰南壁下层，为石灰岩溶洞。洞口朝南，高 12.5 米，宽 7~9 米；洞深 16 米，洞顶高 20 米。洞顶极高处有两根钟乳石向下垂伸，状如悬笔，洞穴因此得名，山峰也随之。钟乳石现仅存半截残迹，其一被入侵日军击折，另一在“文化大革命”中被毁。

1983 年，海南开展文物普查，在落笔洞穴内发现含有螺壳、蚌壳及小哺乳动物化石的灰色胶结层堆积。① 1992 年复查落笔洞遗址，发现了 5 枚人牙化石和数件打制石器，还采集到水鹿、赤鹿、松鼠等脊椎动物化石和贝壳等。② 1992~1993 年间，又对落笔洞遗址进行了两次考古发掘，在洞穴内灰色胶结层堆积中，发现了 8 枚人牙化石，出土了包括华南虎、亚洲象、豹、熊等哺乳动物在内的动物化石，十分丰富。同时，还发现一批石制品、骨角制品等文化遗物及用火遗迹，出土了几万枚贝类壳体。经碳十四年代测定，遗址时代距今约一万年左右。③ 这是中国目前已知分布在最南端的一处史前人类活动文化遗存。

落笔洞遗址发现的人类化石中，有 13 枚牙齿和 1 块距骨。其中人牙化石包括门齿、犬齿、前臼齿、臼齿等，其磨耗程度不一，有的磨损较严重，有的已全部磨耗。经初步鉴定，从牙齿磨蚀程度判断，至少代表了老年、中年、青年各生命阶段的三个个体。其形态特征与现代人基本一致，但尺寸偏小。齿尖发育良好，次尖比原尖稍小，但并不退化。由此判断，落笔洞人已进入晚期智人（亦称新人、真人）阶段，即属于早期现代人，考古学上被命名为三亚“落笔洞人”。

二、落笔洞人的生存环境

落笔洞大约生成于寒武纪大茅群的石灰岩中。在其形成初期，只

---

① 杨式挺：《海南自治州文物普查散记》，载《广东文物考古资料选辑》1989 年第 2 辑，第 285 页。

② 冯永驱：《三亚地区考古调查》，载《中国考古学年鉴》1993 年，第 312 页。

③ 郝思德、黄万波：《三亚落笔洞遗址》，南方出版社 1998 年版，前言第 1 页。以下本节凡未注明引号出处者，皆引自该书。

是深藏于海洋中的深保水带地层下，并未露出海平面。之后随着地壳变动，山体不断抬升，洞穴才逐渐脱离深保水带的控制而接近浅水层。受燕山运动的影响，在地壳深部物质上涌挤压的作用下，海底向上隆起，产生张力并形成断裂，导致这里的石灰岩地层不断上升。落笔洞所依附的落笔峰，乃是断裂的上升岩所致。在逐渐抬升的过程中，落笔洞也慢慢地升出海平面。

大约在距今 4000 万至 5000 万年的时期，落笔洞逐渐露出地表，此后又经历了漫长的地质作用过程，并受到新构造运动的影响以及风雨的不断侵蚀。到第四纪中更新世时期，三亚地区属热带地域，季风活动加强，雨量不断增加，地面广泛发育有喀斯特地形，加上流水地质营力的作用，较普遍地形成了砾石层和黏土层的河流二元结构。同时，随着石灰岩洞穴发育比较活跃，落笔洞逐渐形成了保存至今的石灰岩溶洞景观。

距今约 10 万年至 1 万年时，全球进入最后一次冰期（中国称之为大理冰期），气候变得异常寒冷，造成了冰川性的海平面下降。到距今约 2 万年至 1 万多年时，随着地球上冰川发育，海平面降至最低点。这时，南中国海海平面比现今大约要低 132 米左右①，琼州海峡陆桥就在这个时期出现。落笔洞人可能就在这一时期，通过琼州海峡陆桥，从岭南迁徙进入海南，来到三亚地区。距今不足 1 万年时，随着大理冰期结束，全球气温逐渐上升，气候转暖，冰川融化，大量水流涌入海洋，形成了海侵，使得海平面又不断提升。② 琼州海峡再度形成，三亚地区也受到影响，其海岸线一度内侵到落笔洞附近一带。

落笔洞人生存的前期，正值晚更新世之末的大理冰期后期，气候仍然比较寒冷。活动在华南地区属于东洋界动物区系中较为典型的动物，如华南虎、亚洲象、长臂猿、貘、熊、果子狸、灵猫，以及一些

---

① 乔晓勤、张镇洪等：《华南史前考古若干问题的思考》，载《纪念黄岩洞遗址发现三十周年论文集》，广州旅游出版社 1991 年版，第 65 页。

② 袁靖：《中国大陆沿海地区史前时期人地关系研究》，载《古代文明》第 1 卷，文物出版社 2002 年版，第 58 页。

小哺乳动物如树鼩、扫尾豪猪等，适应不了气候变冷的影响，有的便通过琼州海峡陆桥南下，迁徙来到相对温暖的三亚地区。南迁而来的这些动物，逐渐适应了当地的自然生态环境，大都存活下来，并形成了岛屿动物所具有的某些形态特征。

从动物的生活习性特点来看，华南虎、亚洲象、豺、长臂猿、猕猴、黑熊、小灵猫、椰子猫等是林栖性动物，栖息于森林之中；水鹿、赤鹿、毛冠、羚羊、水牛等动物适应潮湿炎热气候，栖息于疏林、草丛丘陵或沼泽地带；豪猪、松鼠较适应凉爽甚至偏冷气候，生活在小型湖沼附近的竹丛中。鸟类则大多属于热带亚热带类型。哺乳类动物和爬行类动物时常活动在落笔洞附近地区，成为穴居在这里的落笔洞人的捕猎对象，是他们主要的食物来源。

在动物种群中，存在如此多样的不同栖息习性的动物种属，表明当时三亚地区具有森林、灌木丛、草地、水塘湖沼等自然生态环境。大面积的乔木森林分布在落笔峰附近，周边是较为开阔的平原地带。林间洼地有水塘湖沼，谷地间为乔木、竹类、灌丛相混杂的疏林，山岩上密布灌藤类植物，缓坡上有茂盛的草本植物。

三亚地处亚洲热带的北缘，受到热带海洋气候的影响，终年气温较高，温暖湿润，降雨量充沛，十分有利于植物生长。这里分布有茂密的以常绿阔叶林为主的热带雨林，也有部分果树植物。这些热带雨林资源，既为动物的生息繁殖提供了生存空间和食物来源，也为落笔洞人的采集活动提供了丰富的生活资料。

到了全球冰川末期（即地质年代全新世早期），气候渐暖，降雨量增大，海平面回升，海水漫侵到落笔洞附近一带，浅海沿岸和湖沼地区的水域也相应扩展，加之适宜的气温条件，促使这里的鱼类和贝类等水生动物大量繁殖，捕捞贝类生物便成为落笔洞人的一种基本生产方式，螺蚌等生物成为当地古代居民新的食物来源之一。

三、落笔洞人的经济生活

从大陆岭南地区迁徙到三亚的落笔洞人，为了维持群体的生存和自身繁衍发展，逐渐适应了当地的自然生态环境，并学会了制作石器、骨角器等生产工具，从事以狩猎、捕捞和采集为主的经济活动，用人工取火来烧烤食物，过着原始的穴居生活。这一时期的落笔洞人，已处于原始社会的母系氏族公社早期阶段。

（一）制作生产工具

落笔洞人依赖当时所处的自然地理环境，制造出与其经济活动相适应的生产工具。制造的工具可分为石器制品和骨角器制品两大类，石器是生产中的主要工具，骨角器作为辅助工具。

落笔洞附近有丰富的石材，这是制作石器的天然原料。落笔洞人到河流滩地拾取砾石，或上山选取岩石，然后采用原始的打击方法制作石器，这是延续了岭南旧石器时代古人类所使用最简单的石器制作技术。但是落笔洞人的打制技术已经有了一定进步，部分石器器形加工较为规整，刃部也较锋利。少量石器采用了磨制工艺，这在当时是一项比较进步的加工技术。

落笔洞出土的90余件石器工具，可分为砾石石器和石片石器两类，器形主要有砍砸器、敲砸器、石锤、刮削器、尖状器等。

砍砸器是落笔洞人经常使用的工具，有器形较厚重的“厚体砍砸器”和短刃的“薄刃砍砸器”，部分器物刃端上遗有明显的使用痕迹。

敲砸器多选用完整砾石打制而成，形状似斧，在一侧边加工出单厚刃，有的刃端遗有使用过的砸痕。

石锤是用石片打击成的一种工具，器身较厚重，其中部有使用后留下的锤击坑疤。

石片工具一般是用来采集或加工食物的，器形较小。因用途的不同，有弧刃、直刃、凸刃、凹刃、多边刃等器型，其中尖状器尖刃比较锋利。不少器具有使用痕迹。

落笔洞人已初步掌握了磨制技术。他们以砾石为材料，制作出经凿打后加磨穿孔的环状石器，又称穿孔重石或飞索石，这是一种原始的磨制石器工具。

骨角器也是落笔洞人主要的生产工具，主要选用牛、鹿、麂类肢骨和角为原料，利用切割、打击和刮磨等加工方法，制作出铲、锤、矛形器、锥、尖状器、镞、匕等多种器形。其中的骨铲是采集活动中用于挖掘植物茎根的工具，其上遗留使用过的痕迹；骨矛和骨镞是一种复合工具，狩猎时用以投掷或射杀动物；骨锥是加工食物时所用的辅助工具。角铲、角锤也是采集活动时用以挖掘的工具。这些都反映了落笔洞人在从事经济活动时已十分重视骨角器工具的制造和使用。

（二）狩猎动物

落笔洞周围地区植物的多样性及丰富的动物群，为三亚地区古代人类提供了赖以生存的天然食物来源。

落笔洞人在生产的实践活动中，已经能够改进一些狩猎工具，制作出骨镞和骨矛形器。镞是与弓一起组合使用的狩猎工具，射出速度很快，射程较长，能在较远的距离射杀动物。骨矛形器则是一种复合的投掷工具，狩猎时具有较大的杀伤力。箭镞和骨矛形器的出现，帮助古人类克服自身能力的局限，扩展了人体手臂的长度和力量，拓宽了狩猎活动的范围，表明当时狩猎技术已有一定的进步。

落笔洞人也把穿孔石器作为狩猎时的投掷工具来使用，在追击野兽时，挥动手中穿孔石器上的绳索，瞄准猎物后放手让其飞出，击伤野兽而捕获之。有时也在石孔中插进一根削尖的木棒，从事采集活动时用来挖掘植物的根部块茎。此外也把它当作石锤，用来敲砸动物骨骼，取出骨髓食用。

随着狩猎工具的改进，落笔洞人捕猎的动物种类较多。除了部分体型较小的爬行类、龟鳖类、鸟类动物外，猎取的哺乳类动物中，有较温顺的鹿、麂、水牛、羚羊等偶蹄目动物，也有凶猛的食肉目华南虎、豹、熊等较大型兽类，还能捕捉到大型的长鼻目动物亚洲象。

（三）捕捞贝类生物

落笔洞人的活动时期，正是大理冰期末期。随着气候变暖和降雨量增加，海平面上升，落笔洞地处近海沿岸，贝类水生动物繁殖兴盛。落笔洞人从山林采集扩展到水域捕捞，贝类生物成为日常食物的重要来源之一。从浅海沙滩和附近河沼捕捞得来的螺蚌类水生动物，为当时的人类提供了所需要的蛋白质营养。在洞穴遗存的堆积物中，发现了大量的贝类水生软体动物遗骸，螺蚌堆积层丰厚而且十分密集。出土的贝壳竟达 7 万枚之多，其种类也十分丰富，主要是螺、蚌、蚶、蛤等。可见捕捞贝类作业已是落笔洞人经济生活中比较重要的生产方式之一。

（四）采集植物类食物

三亚地区热带植物种类繁多，采集植物根茎和果实是落笔洞人一项重要的经济活动。较轻便的采集活动多数由妇女和儿童来担任，他们常到山地丛林中去采摘可食用的植物果实和草籽，挖取植物根茎，捕捉可食用的昆虫。较笨重和费力的采集活动则由男子来进行，他们使用砍砸器、敲砸器等工具来砍伐树枝，寻找可食用的果实。在日常的采集活动中，落笔洞人对各种野生植物的认识也逐渐提高，一般能选择好吃和无毒的品种。植物类食物主要采食其根部（尤其是块根）、茎部（特别是块茎、球茎）、叶片、果实（水果、坚果）及种子、草子等。

落笔洞人从事的是一种混合的自然经济。动物类食物通过狩猎来获得，水生贝类全靠捕捞取得，植物类食物则靠采集而来，所需食物全部从自然界直接获取。这是属于依赖天然物的一种攫取性经济，反映了当时落笔洞人的社会生产力十分低下。

（五）用火烧烤食物

落笔洞人在获取兽类和贝类食物之后，需要进行拾掇加工。他们用刮削器、石片切割兽肉、剥削兽皮，用尖状器、锥等剔挖肉末，并用敲砸器、砍砸器敲破兽类动物骨头，吸食其中的骨髓。敲砸器也用来敲砸螺壳获取其肉，或砸破坚果外核以食用果仁。

当时，落笔洞人已开始学会人工取火，在洞穴内用三块砾石支搭起一处烧火堆，在火堆上支架粗树木来悬挂烧烤兽肉。遗存的烧火堆内发现有红烧土、灰烬层、炭屑等，其中杂含一些烧黑的螺壳、脊椎动物烧骨等。有的石制品、骨角制品也经火烧黑。这些现象反映出落笔洞居民在生活中已经能够比较广泛地用火来烧烤食物，经常食用熟食，为自己提供较多富于营养的食物。用火熟食有利于落笔洞人自身体质的健壮，延长人类的寿命，并在一定程度上促进了大脑的发育，提高了智力。落笔洞人使用火，表明三亚地区第一次有人支配了一种自然力，这是早期人类征服自然能力的一种象征，在海南社会历史发展史上是具有决定意义的一个进步。

（六）穴居生活

迁徙到三亚地区的落笔洞人，还不能自己建造居所，只能选择适当的天然洞穴作为栖身住所。落笔洞洞口朝南，洞穴内阳光充足，洞口又高于地面，有利于回避猛兽的侵袭，同时也可避免雨季洪水的冲击，还便于瞭望洞外动物和气候情况。洞外下方的缓坡较利于落笔洞人的日常进出。

落笔洞是一个天然洞穴，在当时是比较适宜古代人类居住的一处自然场所。落笔洞人居住在洞穴内，形成一个氏族小群体。为了维持生存，白天，男人们外出狩猎和捕捞，妇女则带着儿童去采集植物块根及果实。洞穴内发现的红烧土、炭屑、灰烬层堆积厚约 20 厘米，这是人们长时期用火遗留下来的痕迹，反映了落笔洞人曾较长时间地占有该洞穴，过着相对稳定的穴居生活。

四、落笔洞人的原始社会

生活在距今约 1 万年前的落笔洞人，当时正处在原始社会后期——母系氏族社会初步发展的阶段。当时，社会组织以母系血缘为纽带，组成一个以妇女居支配地位的氏族公社。在氏族内部禁止通婚，实行族外婚制，所生子女只知其母不知其父。全部财产都归氏族成员集体所有，共同劳动，共同享受，没有阶级和阶级剥削，属于原始共产主义社会。

在落笔洞人的母系氏族社会内部，已出现简单的社会分工。男子一般从事生产工具制造和狩猎、捕捞等活动，妇女则大多从事采集活动，儿童也随着一起去。同时，妇女在日常生活中还要担负起炊煮食物、缝制衣服、抚育后代和管理家务等劳动，这些劳动都是为氏族成员服务的，具有公共的性质，是维系氏族生存的基本保证。妇女在当时的母系氏族公社内拥有支配地位，掌管着氏族内部大部分事务的决定权。氏族的繁衍也以母系血缘为纽带，妇女承担生育繁殖后代的任务，在氏族成员中受到特别的尊敬，在社会生活中享有崇高的地位。落笔洞人选择天然洞穴作为自己相对固定的住所，以血缘关系维系氏族公社组织，过着母系氏族社会的原始生活。

在落笔洞人的生活中已出现原始艺术的萌芽。他们用哺乳动物肢骨加工成骨管，当作装饰品来使用；也用蚌壳制成近似圆形的蚌饰，开始在生活中简单地打扮自己。落笔洞遗址内发现的红褐色染料石和几件涂抹深红色的动物碎骨，反映了当时已出现原始宗教的萌芽。

五、落笔洞人与岭南古代人类的文化联系

考古发现表明，落笔洞遗存与岭南地区同时期洞穴遗存存在着较多相似的文化因素，反映了落笔洞人与岭南古人类在文化交流上产生过较密切的关系，并受到后者的一定影响。他们都具有古代华南洞穴文化相近似的基本内涵特征，同属于岭南地区中石器时代砾石石器文化范畴。

岭南两广地区，发现过不少古代人类的洞穴文化遗存，主要分布在广东西北部和广西东北部一带。如广西柳州白莲洞二期文化、大龙潭鲤鱼咀下文化层、广东阳春独石仔、封开黄岩洞等地文化遗址。这些遗存均与落笔洞遗址一样，具有较多的岭南中石器时代洞穴文化的共同因素。

白莲洞遗址分为三个不同时期的考古文化，包含了自旧石器晚期经中石器时代过渡到新石器早期（或更晚）的文化发展序列。① 其第二期文化堆积属于岭南古代洞穴遗存，以打制砾石石器、穿孔石器和磨刃石器为主要文化特征。石制品以打制石器居多，加工方法被称为“白莲洞式打片法”。器形仅有敲砸器、砍砸器、刮削器和石核等。

---

① 参考柳州白莲洞洞穴科学博物馆等编著《广西柳州白莲洞石器时代洞穴遗址发掘报告》第 158、159 页；谢崇安、张小骅：《试论白莲洞石器时代遗存——兼论相关的问题》第 162、1163 页。均载《南方民族考古》1987 年第一辑，四川大学出版社 1987 年版。

加磨石器除穿孔石器外，还出现了磨刃的切刻器。另外还有一些磨制骨、角器。发现的哺乳动物群均为现生种类。洞穴堆积中含有大量螺壳及一些用火遗迹。经济生活也是以狩猎、捕捞和采集生产为主。白莲洞第二期文化属于中石器时代，时间距今约 1 万年前后。

大龙潭鲤鱼嘴遗址、独石仔遗址、黄岩洞遗址也都发现有中石器时代遗存。在这三处洞穴遗存的文化层堆之中，出土的石器、骨器及大量动物遗骸与白莲洞遗址大体相似，发现的人体骨骼、人牙化石均属晚期智人，存在许多用火遗迹。

包括落笔洞遗址在内的属于岭南中石器时代洞穴文化范畴的诸遗址，其古代人类（晚期智人）所创造的史前文化，概括起来主要有以下基本特征①：

首先，在古代人类居住的洞穴中发现有大量螺壳堆积，这是全球最后一次冰期（大理冰期）行将结束及全新世气候转暖的一个重要标志，表明他们在进入中石器时代的时间是比较一致的。

其次，出土的人类化石均属晚期智人，使用的生产工具有石器和骨器、角器等。石器多为打制的砾石工具，采用单面直接打击，器形基本组合包括砍砸器、石钻、石锤、刮削器、尖状器等。出现了磨制穿孔石器和磨刃切刻器等。发现的哺乳动物化石几乎全是现生种类。

再次，岭南洞穴遗址的人类经济生活以狩猎、捕捞和采集为主，已用火来烧烤食物，过着相对稳定的穴居生活。当时的人类已进入到氏族社会，母系氏族公社开始形成，并有了初步发展。

落笔洞遗址与岭南地区同期洞穴遗址在文化上的联系，主要体现在制作石器工具的特征上。落笔洞人与岭南古代人类使用的生产工具，都是以砾石石器居多，采用比较原始的锤击打制技术。砾石工具器类较简单，仅有砍砸器、石锤、刮削器、尖状器等，主要用于采集经济活动和加工食物。打制石器基本上承袭了华南旧石器时代的技术传统风格。

---

① 郝思德：《三亚落笔洞洞穴遗址文化初探》，载《南方文物》1997 年第 1 期。

落笔洞遗址与岭南洞穴遗址都发现了一种加磨的穿孔石器，加工技术和器形特征很接近，都是狩猎时作为投掷工具来使用的，反映了落笔洞人与岭南古代人类在生产工具制作技术上的共同进步。

生活在岭南洞穴遗址的古代人类已能够采用磨制技术来制造骨、角器，而落笔洞人也学会磨制加工骨铲、骨镞、骨锥、角铲等生产工具。尤其是新的捕猎工具镞的出现和使用，表明这个时期两地的古代人类在狩猎技术上已经有了很大的改进。

此外，落笔洞人与岭南古代人类生存时期的自然地理环境十分相近，他们都选择了从事狩猎、捕捞和采集的生产活动，选择天然洞穴作为住所，过着原始的母系氏族社会生活，创造出南方地区的远古文化。

随着更新世末期至全新世早期自然气候条件和生态环境的不断变化，岭南和海南洞穴文化也随之发生了一定的变化，都具有比较明显的承前启后的相似关系。箭镞的出现及加磨钻孔技术的运用，是这个特定过渡阶段的重要标志之一。在华南地区自旧石器时代末期至新石器时代的文化发展时序中，存在一个中间的衔接阶段，而由落笔洞人与岭南古代人类共同创造的全新世早期洞穴遗址文化，正是这两者之间的一个过渡性文化发展阶段。

第二节　跨海而来的黎族先民

一、黎族先民的来源

约1万年前生活在今三亚地区的落笔洞人，其后代繁衍发展的状况，由于缺乏考古材料的发现，今天尚且难以描述。

在距今大约3000~4000年前的夏商时期，南方古越族先民中的一支跨海而来，迁徙到包括三亚地区在内的海南岛。这支南来的古越族先民，与岭南古越族存在着直接的渊源联系，尤其是与以后的百越族分布在西南部的重要一支——骆越人在文化上产生了较多的联系，有着十分密切的亲缘关系，他们在文化乃至族源上可能是一脉相承的。而古越族原始文化的形成，可以追溯到史前河姆渡文化，两者之间当是一种延续发展而来的前后传承关系。

（一）古越族文化源于河姆渡文化

河姆渡文化大致分布在今天的浙江省宁（波）绍（兴）平原的东部地区，时间距今约 7000 年。① 出土遗物十分丰富，包括有石、骨、木、陶等各种生产工具，数量达几千件。其中农具骨耜多达上百件，有的在其顶部加工出似带双肩的提手把，有的在骨板上琢磨出浅槽并安装木柄。这是当时主要的农耕工具，说明农业生产已处在比较进步的耜耕阶段。遗址中发现了稻谷遗存，厚约 20~50 厘米，属于人工栽培稻的籼亚种晚稻型，表明河姆渡遗址的居民在从事原始农业生产中，主要种植水稻。在遗址堆积中出土了成堆的橡子、菱角、酸枣、桃子、薏仁米等遗物，反映了采集活动在经济生活中仍显得较为重要，是获取食物不可缺少的辅助来源。

河姆渡遗址先民经营的家畜饲养业已发展到一定的规模，其中猪、狗等家畜遗骨在遗址中均有发现。另还有多种野生动物遗骸，说明渔猎和捕捞活动在经济领域中仍占有一定的比重。从事渔猎的工具有骨镞、骨鱼鳔、木矛、石丸、陶球等。

河姆渡遗址先民居住在一种立桩架板高于地面的干栏式建筑中，很适宜于南方地区潮湿多雨的自然环境条件。这种干栏式建筑，是中国南方地区新石器时代文化比较流行的建筑形式，它影响了以后古越族先民的居住建筑样式和形制，在岭南地区考古发掘中发现有类似的干栏式建筑居住遗迹。

遗址中发现的 6 件柄叶连体的木桨②十分重要，它表明这里的原始居民已有了舟楫之便。当时的人们开始认识和了解江河湖海的水

① 《中国大百科全书·考古学》，中国大百科全书出版社 1986 年版，第 188、190 页；浙江省文物考古研究所编《浙江省考古五十年主要收获》，载《新中国考古五十年》，文物出版社 1999 年版，第 169 页。

② 中国社会科学院考古所编：《新中国的考古发现与研究》，文物出版社 1984 年版，第 148 页。

情，能够制造出用以航行的舟船工具，这也为原始居民的迁徙提供了便利。善于用舟和习于水性是河姆渡遗址居民较重要的一种生活习俗。

河姆渡遗址出土的陶器都是日常生活用具，器形有釜、罐、钵、盘和支座等。人们把圜底釜作为炊器，与陶支座（又称陶支脚）配合使用。在陶器上一般刻有划纹、绳纹及镂孔等纹饰。已开始采用拍印技术来装饰陶器，其纹饰主要有动植物纹及斜线、短线、连续曲线和凹弦纹等，还出现了几何形印纹陶的早期萌芽。①

河姆渡文化属于古越族先民创造的原始文化②，它影响了后来的越民族群体古代文化的形成。河姆渡人的农具骨耜，其顶部似带双肩的形式，当为以后石器上出现有肩特点的初步形态；流行使用的圜底陶釜，对形成古越族所创造的“釜文化”产生了直接影响；陶器上出现拍印技术的萌芽也导致南方早期几何形印纹陶的产生。河姆渡人居住的干栏式建筑，世代传承而成为南方地区古越族居住建筑的基本形式。在生活中善于用舟也逐渐成为今后古越人重要的习俗特征之一。所以说，古越族文化的形成与其先民创造的河姆渡文化有一定关系。

（二）古越族文化

中国南方地区史前文化发展到新石器时代晚期，活动在这一地域的古代越族先民，因其所处的自然条件和生态环境较为相似，并受到一定的社会经济文化的相互影响，使他们在不同的时期里共同创造出早期几何形印纹陶器，形成了比较相近的文化面貌特征。南方史前文化发展到这一时期，大体相当于中原的商周时期，几何印纹陶已处在十分兴盛的阶段。虽然活动在南方各个地域的古代先民在经济文化发展上存在不平衡现象，但是所具有的共同文化因素仍较为明显。这种历史文化现象，不仅表明南方不同地区文化之间有着十分广泛和密切

① 彭适凡：《中国南方古代印纹陶》，文物出版社 1987 年版，第 32、33 页。

② 翁独健主编：《中国民族关系史纲要》，中国社会科学出版社 1999 年版，第 28 页。

的联系，而且还反映了他们很早以前可能就属于一个大部族的共同体。从其所创造的共同文化特征来看，应当是一个族的“族文化”，即是这个古越族所共有的一种地域文化。①

古越族先民创造的以几何形印纹陶为基本特征的族文化，产生地主要在闽江流域、太湖流域、赣江流域及珠江流域的部分地区。考古发现的地区分布包括浙江、江苏、福建、江西、广东、广西、湖北、湖南、台湾、海南岛等地，以及今天的越南北部。这正与中国古典文献史料所记载的古越族分布和活动范围大致相一致。

这种以几何印纹陶为基本特征的文化，已开始具有较为明显的区域特征，正处于古代民族的初步形成时期。总的来看，他们都制作几何形印纹陶器作为生活器皿，使用磨制的有段石锛和有肩石斧、有肩石锛等石器工具，在农业生产中较普遍种植人工栽培稻，并兼营渔猎和采集经济，过着相对定居的原始氏族公社生活。这表明当时南方地区的古代先民已形成了一个大的族群共同体，即古越族族群。他们具有相近的社会心理和生活习俗，所从事的生产、生活等方面的情况也基本上相一致，如营造干栏式房屋、善于用舟、断发文身、凿齿成风、图腾崇拜等。根据历史文献记载，这些文化习俗都是南方地区古越人所共同具备的族群特点，是族文化上的一种具体表现。② 同时，也表明从那时起中国东南和南方地区就已活动着以几何印纹陶为族群标志物、具有共同文化特征的古越族群体，并在氏族、部落的社会基础上逐步形成更大的部落联盟。

越族作为中国南方地区的古代民族之一，大约在殷商时期就已出现。在河南省殷墟出土的甲骨上，发现一些刻有“戉”字；考古发现中也有不少石钺（戉）工具。在古文字中，“戉”即为“越”。古越族先民首先发明和使用石戉作为生产工具或兵器，故被称作“戉”，而“越”是后起字。中原华夏民族因古越族所用“戉”的器

① 彭适凡：《中国南方古代印纹陶》，文物出版社 1987 年版，第 320 页。

② 王文光：《中国南方民族史》，民族出版社 1999 年版，第 25 页。

具而名其族称，后来才有了“越”的族名。[①] 卜辞中也不乏记载有与“戉人”发生的战事。据《逸周全书》中的篇章记载，当时已知道商朝的东南方居住有九夷十蛮部族，而其中提到有“沤深”、“越沤”的名称，国内史学界一般都指他们应是越族群体中的一部分。“越”这个名称不是自称，而是中原人对南方古越族的他（被）称，这表明了古越族至迟在商代就已出现了。郑州商代前期遗址中出土的几何印纹硬陶，与古越族文化有一定的关系。

在江苏、浙江、江西、福建、广东、海南、台湾等省，普遍发现了以几何印纹陶为特征的古代文化，其有肩石器也有一定的地域特征，这就是古代越人所创造的文化。[②] 当时他们已经活动在商王朝的南部和东部一带，中原的华夏民族与南方古越族会有较多的接触和交流，故在中国古代文献中也出现了与古越族活动相关的记载。

（三）岭南两广地区是古越族的活动地域

岭南两广地区史前文化的新石器时代遗存，按其所处的地理环境不同，大致上可分为贝丘、砂丘、台地、岗坡等几种类型。不同区域的新石器时代遗存，虽呈现出一定的区域特征和较为浓厚的地方色彩，但它们也都体现出相同或相近的共性文化特色。尤其是发展到了新石器时代晚期阶段，其文化内涵中都较普遍存在有几何印纹陶器，出土通体磨光的有肩石器生产工具，居民都已开始经营原始稻作农业。这就表明，岭南两广地区新石器时代晚期遗址都属于以几何印纹陶为代表的古越族先民所创造的“族文化”范畴，这里正是古越族先民的主要活动地域。

在岭南新石器时代晚期的广东石峡文化中，出现了早期几何形印纹陶。其生产工具以磨制石器为主，器形有铲、镢、锛、镞、钺、刀等，其中大石铲、有肩石锛、有段石锛等石器工具较有特点。陶器中流行圜底器和三足器。圜底釜是较为常见的炊煮器，器物表面拍饰几

---

① 董其祥：《巴史新考》，重庆出版社 1983 年版，第 9 页。

② 郭沫若：《中国史稿》第一册，人民出版社 1976 年版，第 42 页。

何形印纹，纹饰图案复杂多变。① 广西桂南、桂西地区新石器时代晚期遗址出土的石器也是以磨制为主，较流行双肩石器，常见的是有肩石锛、有肩石斧、有肩石铲等生产工具。陶器也是以深腹圜底的夹砂粗陶釜和罐为主，有的陶器外表也拍印几何形纹饰。②

岭南地区是几何形印纹陶最早产生的地方之一，广东石峡文化开始出现的几何形印纹陶，在经过一定的发展后，又不断向邻近地区进行传播和扩散。到商周时期，以几何印纹陶为代表的古代文化又发生了迅速的发展和变化，并逐渐形成较为发达的古越族文化。古越族富有地域特色的几何形印纹陶，作为族文化的重要特征之一，在向周边地区传播的进程中，也向南部海南岛扩散，并影响到南部的三亚地区。

（四）黎族族源来自岭南两广地区古越族

在距今约3000~4000年前后，岭南两广地区古越族中的一支陆续跨海迁徙到海南岛以至三亚地区。③ 他们带来了以几何印纹陶为主要特征的古越族文化。考古发现，三亚古代文化面貌及其发展情况与岭南地区非常相近。尤其是这里发现的有肩石器，多属于经过磨制的比较进步的生产工具类型，在岭南及大陆东南沿海一带均有发现。这正印证了三亚地区以几何印纹陶为基本特征的黎族先民文化源于岭南，它是两广地区几何印纹陶文化不断向南扩展的结果，受到岭南大陆古代文化的直接影响，彼此有着十分密切的关系。他们在与本地原始住民（诸如落笔洞人以后的古代先民）在长期的历史融合过程中逐渐发展起来，成为三亚地区黎族的远古祖先，对以后黎族的形成和

---

① 朱非素：《广东新石器时代考古若干问题的探讨》，载《广东省博物馆建馆三十周年论文集》（1959~1989），紫禁城出版社1989年版，第54页；《中国大百科全书·考古学》，中国大百科全书出版社1986年版，第475页。

② 中国社会科学院考古所编：《新中国的考古发现与研究》，文物出版社1984年版，第167、168页；韦江：《广西考古60年》，载《中国考古60年》，文物出版社2009年版，第406、407页。

③ 《黎族简史》，广东人民出版社1982年版，第14页；吴永章：《黎族史》，广东人民出版社1997年版，《前言》第1页。

发展产生了重要影响。

古越族的语言，中国古代史籍中称为“越语”，它是壮侗语族各民族语言的早期共同语。由于古越族当时尚未产生文字，所以有关古越族语言情况的记载仅散见于历代汉文史籍中。从中可以看到，当代黎族语言与古越语在语法结构上有某些共同的特点，如修饰语一般放在中心词之后。东汉袁康《越绝书》载：“朱余者，越盐官也，越人谓盐曰‘余’。”① “朱余”是由两个名词结合而成的合成词，后者修饰前者，这正是黎语语法结构上的主要特点。又如虚上而实下，“鸡肉”曰“肉鸡”，“县前”曰“前县”，也体现出这一语法特点。黎语属于汉藏语系壮侗语族中的黎语支，与同一语族的壮语、布依语、傣语、侗语、水语等有较密切的亲缘关系，表现在语音、语法、词汇等方面都有共同的特征。在语音方面，声母比较简单，韵母比较复杂，每一个音节都有一个辅音起头的声母，没有真正元音起头的音节。在语法方面，语序基本与汉语相同，但定语一般位于中心词之后。在壮、傣、侗、水、黎等语支的基本词汇中有不少是同源词，如水、火、风、雨、子女、鸡、狗、猪等，其声母、元音、韵尾大都相对应。语言上的共同性是民族的重要特征之一，与其民族的形成和发展有着十分密切的关系。既然黎语与壮侗语族各民族语言存在比较直接的亲属关系，可以判断黎族与壮、布依、傣、侗、水等民族有着渊源相承的共同族源关系。一般认为，这些少数民族都起源于古代的越族，而黎族先民也就是由古越族南迁的一支发展而来的。②

从人类遗传基因技术的角度来分析考察，也可基本推定黎族与百越族有着一定的渊源关系。人类生物学专家选取了黎族美孚、润、杞3个方言群体的部分个体作为研究对象，采用先进的基因分型技术，对205例样本Y—DNA的10个Y—SNP位点进行基因分型，将所得单倍群分布频率与其他相关群体进行比较和进行主成分分析。研究结

---

① 袁康：《越绝书》卷八，见《钦定四库全书·史部》，第九页。

② 韦庆稳、覃国生：《壮语简志》，民族出版社1980年版，第21~23页；吴永章：《黎族史》，广东人民出版社1997年版，《序》第4页。

果显示，在黎族群体中共检出5种单倍群，其中以H9和H11所占比例最高，在3个方言群体中二者总和均超过了80%，主成分分析中3个方言群体都聚合紧密。从单倍群分布频率与主成分分析来看，美孚、润、杞黎3个方言群体有共同的父系起源，与百越族群的关系十分密切。①

中国科学院遗传学所于2001年进行的一项DNA研究成果表明，海南黎族与台湾4个少数民族也有着共同的祖先，都是7000多年前发源于浙江河姆渡文化的古代越人的后代，因此他们是“兄弟”的关系。研究人员对台湾采集的5个少数民族部分人血样和海南黎族人的血样进行DNA分析研究，发现台湾少数民族中的阿美、泰雅、布农、排湾男性的主要Y染色体类型与海南黎族男性的主要Y染色体类型完全一致。DNA研究结果表明，海南黎族主要有3种类型的Y染色体，台湾阿美人只有其中一种Y染色体，泰雅、布农、排湾有其中两种类型的Y染色体。他们这种相对较纯的Y染色体类型，与发源于浙江河姆渡古代百越人后代简单的Y染色体类型较相一致，而不同于南洋各民族的复杂类型。② 由此可以看出，黎族的族源同百越族有着密切的渊源关系，他们是百越族群向南迁徙发展起来的一支。

二、黎族先民的迁徙

在三亚原始社会时期，黎族远古祖先的迁徙南来是陆续进行的。在不同的历史阶段，岭南古越族的一支，以及以后的百越民族及其骆越人先后跨海迁徙而来，在适应当地的自然地理和人文环境下，从事生产活动并定居下来，经过较长时期的社会经济文化发展，逐渐形成具有共同地域文化特征的黎族先民。

---

① 杨波：《黎族三个支系Y—SNP多态性研究》，第三军医大学2007年硕士毕业论文。

② 庄斐、胡辛：《DNA研究表明：海南黎族与台湾四民族有共同祖先》，新华网，2001年10月31日。

（一）较早的黎族先民迁徙

在距今3000~4000年前后，黎族远古祖先就已越过琼州海峡迁徙到海南岛。到达三亚地区的黎族先民，主要活动在今宁远河中上游沿岸一带。这里发现的河头、卡巴岭、沟口、大弄、二弄、高村、大茅①、从毛、二毛②等原始文化遗址，应是当时黎族先民活动后留下的遗迹。这些遗址大都分布在河流两岸近旁的坡地上，相距并不太远，有的还很近，表明当时黎族先民生活在宁远河沿岸地区，居住地是相对集中的。此外，在三亚藤桥河沿岸及邻近南海边的沙坡上也发现了走马园、长枕、东方红和亚龙湾等遗址③，虽在分布上比较稀疏，但也表明这里曾是黎族先民活动的地方。与三亚相邻的陵水县发现的石贡、移辇④、桥山⑤等新石器时代遗址，都位于邻近南海的沙丘坡上，其分布范围达1万~2万平方米以上，这也是黎族先民在此生活居住时面积比较大的原始聚落遗迹。

三亚地区发现的新石器时代遗址，都属于较单纯的夹粗砂陶文化遗存。遗址中一般都发现有磨制或磨光的有肩石器，主要为石斧、石锛、石铲等生产工具，其中斧、锛比较流行。发现的陶炊煮器大都为圜底釜和圜底罐，也发现了简单的拍印几何印纹陶器。当时这里的古代居民主要从事渔猎经济生活。迁徙到三亚地区的黎族远古祖先，在经济文化上的发展，一直受到来自岭南大陆的重要影响。其使用的有肩石器和釜、罐及几何形印纹陶器，与两广地区古代文化有着一脉相承的关系，体现出古越族先民文化的基本特征，同属于岭南地区一个

① 广东省博物馆：《广东海南岛原始文化遗址》，载《考古学报》1960年2期；三亚市博物馆编：《三亚市第三次全国文物普查工作报告》。

② 海南省文物考古研究所编：《三亚大隆水利枢纽工程淹没区考古调查》，待刊稿。

③ 国家文物局主编：《中国文物地图集·海南分册》，初稿第3册《三亚市部分》。

④ 郝思德、蒋斌：《陵水县移辇村新石器时代遗址》，载《中国考古学年鉴·2008》，文物出版社2009年版，第345~346页。

⑤ 桥山遗址联合考古队编：《桥山遗址考古发掘汇报》，2013年4月。

大的原始族群文化系统。

（二）黎族先民的再次迁徙

自商代开始，广泛活动在中国南方地区的古越族，经过长时期的迁徙、分化、交融及重新组合，诸多族群突破了以血缘关系为纽带的限制，各自以地域关系为基础，形成了繁多的种姓支系，这就是所谓的“杨汉之南，百越之际”。在“百越”民族中，又可分为闽越、瓯越、南越、于越、骆越等支系。“百越”是中原华夏民族对当时活动在南方地区古越族的一种泛称，而“骆越”则主要是分布在今越南北部、中国广西及广东西部高、雷一带，其中也包括陆续迁徙到海南岛及三亚地区的一支。百越各民族的形成有其长期的历史发展过程，包括各有种姓、不相统属的众多支系，这是一个既有联系又有区别、错居杂处的庞大族群的共同体。他们来源于各地区的原居住民，在文化特征与社会习俗上逐渐形成了一定的地域差异性。百越族支系众多，各有种姓，有着自己不同的称谓，而且往往因世异名，随地殊号。《汉书·地理志下》引臣赞的话说：“自交趾至会稽七八千里，百越杂处，各有种姓”。① 也就是说，百越族的活动范围，大致在中国东南部和南部，包括海南岛、台湾岛在内的广大地区，这正是几何印纹陶文化的主要分布区域。出土文物表明，在几何印纹陶文化发展的兴盛时期，不同地域的各类型几何印纹陶所表现出的文化面貌特征上存在着一定差异性，又正是百越族种姓繁多的具体反映。

春秋战国时期，列国诸强相互争霸称雄，后发展为连年不断的割据混战，造成了社会的长期动荡不安，也带来了人口的不断迁徙流动，这就形成了中国历史上各地古代民族之间的分化和融合。诸侯列强在逐鹿中原的同时，其势力也不断向南征讨。活动和居住在两广地区的百越族群难免受到一定的冲击和影响。

到战国晚期，随着社会政治剧烈动荡，“百越”各族群迫于自己的生存发展，迁徙活动显得更加频繁。这时，在中国长江中下游以

① 班固：《汉书·地理志下》，中华书局标点本，1962年版，第1669页。

南，直至台湾岛与广大东南亚地区，都分布着百越族群。他们在其后的融合、发展进程中，形成了一些诸如使用铜鼓，擅长造船、操舟，短发文身，居住干栏式建筑，奉龙蛇为图腾等较多相同的传统文化特征。后来由于不断迁徙和血统混杂等原因，百越族群因活动地域的不同，经过一定时期的融合和发展进程，分布在各地的百越人逐渐演变成众多种姓支系的民族。①

《史记·吴起列传》记载：楚悼王在重用吴起进行改革之后，军力日益强大，曾派遣吴起领兵南平百越。② 随后，百越族群被迫向各地迁移，其中也有部分支系迁徙到南方，跨海迁入到海南岛。又据《史记·越王勾践世家》记载：前 334 年，楚威王灭了越国，尽有其地，"而越以此散，诸族子争立，或为王，或为君，滨于江南海上，服朝于楚"。③ 这也导致了越民族群体分布区的新变化。除大部分融合于华夏民族外，他们中的一些贵族或酋长集合了新人和旧人，被迫向其他地区迁徙，组成了部落或部落联盟，或自称君王。这一时期，百越族分化后的这些社会集团较广泛地活动在岭南地区，其中也会有部分族群再次渡海迁徙来到海南以至三亚地区。

秦汉之际，随着中原地区楚汉势力再度南下征讨，占据了百越族群的生存活动空间，造成了一部分越人不得不退却而遁入山林中生活居住。④ 在西楚征讨南方百越之后，又有越人大批南下，迁徙到南方各地，包括广东、广西及越南北部的一些地区，也有的不得不又一次跨海迁徙来到海南岛，其中会有部分再从本岛北部、西北部沿海地区迁居到三亚地区，并与先前来到这里的黎族先民相互交流融合，共同形成了进入海南岛的骆越人分布最南的一支。

随着黎族先民在各个时期不断跨海南迁，给海南岛带来了古越族

---

① 王锺翰：《中国民族史》，中国社会科学出版社 1994 年版，第 304 页；中国百越民族史研究会编：《国际百越文化研究》，中国社会科学出版社 1994 年版，第 1 页。

② 司马迁：《史记·吴起列传》，中华书局标点本，1982 年版，第 2168 页。

③ 司马迁：《史记·越王勾践世家》，中华书局标点本，1982 年版，第 1751 页。

④ 柴焕波：《洞庭湖区文化与东南亚环太平洋文化的交汇和古代族属》，《中国文物报》2009 年 11 月 27 日。

较先进的文化，同时也在一定程度上促进了三亚地区古代文化的发展。黎族先民加工制作有肩石器，烧造几何印纹陶器，并改变了这里的生产经济方式，开始出现原始农业生产，推动了当地的社会经济发展。在与先期存在的原住民长期的文化交往和融合中，生活居住在这里的黎族先民不断地生息繁衍，逐渐成为当时三亚地区的本土族群。

三、黎族先民的文化

百越文化是百越各族群所共同创造的传统文化，是构成百越族群特征和部族文化的基本精神纽带。虽然各部族社会发展不平衡，文化面貌特征也不尽相同，但诸文化区之间共同的因素更显得突出，构成了百越文化内涵特征的重要内容。黎族先民南下迁徙到海南以至三亚地区，带来了百越族富有代表性的族文化——“釜文化”，其中主要包括有肩石器、几何形印纹陶、圜底釜、干栏式建筑等文化因素，形成了当地以“釜文化”为基本特征的黎族原始社会文化。

（一）使用有肩石器

有肩石器是百越族文化的基本特征之一，也是区别其族群各个种姓分支族文化比较明显的标志物。有肩石器作为百越民族生产活动中使用的主要工具，是具有一定地域特色的社会物质文化之一。百越族先民创造的以有肩石器为代表的古老文化，随着百越族群的迁徙，不断影响和传播到周边地区。

三亚地区黎族先民制作的有肩石器，器形主要有石锛、石斧、石铲等，其中石锛、石斧比较流行。三亚黎族先民把百越族群使用石器带“双肩”的技术带到了这里，并结合从事生产活动的实践，熟练地制造有肩石器工具。在海南文化遗址考古中发现的有肩石器，其制作方法和型制明显受到了岭南百越文化的直接影响，与两广地区古代文化中的同类器物比较相近或完全一致，表明两者之间有着一脉相承的密切关系。①

三亚宁远河和藤桥河两岸的聚落遗址中发现的有肩石斧、有肩石

① 杨式挺：《试从考古发现探索百越文化源流的若干问题》，载《岭南文物考古论集》，广东省地图出版社 1998 年版，第 82 页。

锛均为磨制或磨光，双面弧刃，上为短方柄，用以捆绑木把。在邻近的陵水县发现的石贡、移辇和桥山等遗址，也出土了较多的有肩石斧、有肩石锛，还出现了长身型的双肩石斧。这些有肩石器大都为磨制加工而成，器形颇为规整，表明当时的石器制作技术较为进步。这种生产工具主要用于采集活动。

在三亚古代黎族先民遗址中还发现器形硕大的有肩石铲，弧形双面刃，带双肩，肩上有短方柄，为通体磨光加工。与三亚相邻的陵水、乐东、五指山等地，也发现了类似的有肩石铲，磨制精细。这是一种较为特殊的大型生产工具，黎族先民用它来开垦荒地，从事原始农业生产。此类大石铲在岭南地区一般出现在新石器时代晚期遗址，其分布区域也正是几何印纹陶的分布范围，都是百越先民频繁活动的广大地域。三亚地区发现的有肩石铲是岭南大石铲分布最南的地域，与两广地区在文化特征上有着较密切的关系，表明这里的黎族先民与活动在雷州半岛、粤西、桂南等地百越族“大石铲文化”的主人有一定的交流。黎族先民使用这种比较先进的大型石器工具经营原始农业生产，有时还把它作为祭祀时用的礼器。

在与三亚相邻的陵水、保亭、五指山、乐东、昌江等市县，也发现了很多有肩石斧、有肩石锛、有肩石铲等生产工具。这类有肩石器的分布地域，是当时海南岛黎族先民的主要活动范围，也是现今黎族分布聚居较为集中的区域。这不是一种偶然的历史巧合，而是有着内在的共同历史文化因素所造成。

（二）传入的几何印纹陶

几何形印纹陶是南方古越族所创造的“族文化”中的重要内容，以后又发展为百越文化的基本特征之一。几何形印纹陶产生于新石器时代晚期，兴盛于中原商周时期，衰落于秦汉。几何形印纹陶分布在中国新石器时代晚期的南方广大地区，在广东、广西、湖南、福建、江西、浙江等地都曾发现有代表性的几何印纹陶文化遗址。两广地区是几何印纹陶文化较为兴盛的区域，并相继向南部传播扩散。几何印纹陶文化发源于南方及东南沿海地区，创造几何印纹陶文化的古代居民都属于或大部分属于由古越族繁衍而来的百越族的范畴。

黎族先民迁徙到三亚地区之后，几何印纹陶也随着流传过来，并逐渐形成了百越几何印纹陶文化在这里的一个分支。在三亚宁远河、藤桥河沿岸及相邻地区近海一带的新石器时代遗址，都发现了夹砂粗陶器，烧造的温度仍较低，其中有部分陶器施有纹饰。纹饰的制作以刻画技术为主，大都显得比较简单。部分刻画有几何形纹样，其图案主要是方格纹、水波纹、条纹、篮纹、绳纹等，表现出比较粗放、原始的风格。其时，海南黎族先民一般还不能制作拍印的几何形印纹硬陶器，也未发现岭南地区常见的曲尺纹、云雷纹、夔纹、复线方格纹等比较典型的几何形印纹。

在黎族先民陆续迁移海南岛之初，岭南几何印纹陶正处于发展的初始时期。由于琼州海峡的分隔和海南岛南北交通的阻隔，在一定程度上阻碍和延缓了岭南古代文化向三亚地区的浸染。加之当地原始社会发展缓慢，古代文化的进展也相对滞后，因此迁徙南来的黎族先民还难以认识和掌握制作较典型的几何形印纹硬陶的技术。

（三）黎族先民的“釜文化”

陶器的出现是史前时期古代文化发展到新石器时代的一个重要标志，是原始人类文化发展史上的一大进步。陶器的发明和使用，显示人类能够利用自己的能力改变自然界天然物，是一种创造性活动。尤其是陶炊煮器的使用，在很大程度上改变了人类的饮食方式，对当时经济生活的发展起到了重大的推动作用，在史前人类发明史上具有十分重要的里程碑意义。

在三亚邻近的东方市新街新石器时代遗址中已出现了陶器，时间距今约有六千多年或更早些，这是海南岛已知最早使用陶器的原始文化遗址。新街遗址的古代居民制作的陶器全为夹砂粗陶，手制，火候一般不高，显得粗放古朴，器类仅见少量釜和罐等。①

---

① 海南省文物保护管理委员会编：《海南省的考古发现与文物保护》，载《文物考古工作十年》，1991 年版，第 244 页；郝思德：《海南史前考古概述》，载《海南历史文化》第 1 卷，南方出版社 2011 年版，第 34 页。

黎族先民迁徙来到三亚地区，主要活动在宁远河、藤桥河沿岸一带，在考古发现的遗址中都有夹砂粗陶器，一般为手制，火候较高。器形主要有圜底釜、圜底罐等，部分陶器上流行装饰桥状耳。陶器纹饰有绳纹、划纹及简单几何形印纹。其中较多流行使用的是夹砂粗褐陶釜，器形硕大，盘口、深腹、圜底，是黎族先民日常生活中很重要的一种炊煮器。在与三亚相邻近的陵水县石贡、移辇二处遗址，发现了用几块石头堆砌在一起近似灶的遗迹，其近旁就出土了夹粗砂红褐陶釜和有肩石器，另有贝壳和动物遗骨。[①] 这正是古代三亚地区流行"釜文化"的真实生活写照，反映了迁移南来的黎族先民延续了百越族所具有的"釜文化"生活习俗。

夹砂粗陶圜底釜是百越文化的基本特征之一，伴随着三亚原始社会新石器时期文化发展的全过程。以之作为日常生活最重要的一种炊煮器，始终是黎族先民长期保持和延续的生活习俗之一。以圜底为特点的夹砂陶釜所代表的"釜文化"，是种姓繁多的百越族群最具有地域特色的一种文化印记，也是百越族最明显的共同点。它与古代中原和楚地的"鬲文化"形成了鲜明的地域文化对比。[②] 虽然百越文化区的不同分布受到了北来的中原地区古代文化的影响，但"釜文化"的传统始终在百越族分布区内保持和发展着，其固有的文化因素并未衰落或消失，而中原地区的"鬲文化"也始终未能波及和传入百越地域。

黎族先民先后来到三亚地区后，把百越文化融入当地文化中，并逐渐发展成当地的原住民文化，但仍保持着百越文化的基本特征，依然流行"釜文化"。夹砂圜底陶釜甚至一直沿用到汉代。在邻近三亚的东方市荣村汉代遗址出土了33件夹砂圜底陶釜，另外还发现一座用两件陶釜作为葬具的儿童瓮棺墓。[③] 这表明黎族先民及其后裔在相

---

① 郝思德：《海南新石器时代考古若干问题的探讨》，载《海南省文博学会文集》第二辑，南方出版社2011年版，第25页。

② 邱立诚：《百越文化传播与交流的考古学证据》，载《越文化实勘研究论文集》，中华书局2005年版，第108页。

③ 海南省文物考古研究所编：《海南东方市荣村遗址发掘简报》，《考古》2003年第4期。

当长的时间中仍保留着先民所习惯使用的炊煮器风俗，一直使用着陶釜。“釜文化”作为百越族群所共有的文化，是一种向心力和认同感的重要体现，也是形成民族文化特征和内部族群纽带关系的主要因素。

四、黎族先民的经济生活

黎族先民相继迁徙到三亚地区后，带来了百越民族较为先进的生产活动方式。他们先是经营渔猎和采集活动，以后又从事原始农业生产，有了手工业的初步分工。制陶业得到一定发展，开始出现原始纺织业。人们过着相对稳定的定居生活，男子主要从事渔猎活动，妇女一般从事原始农业、采集和制陶、纺织等经济活动。原始社会正处在母系氏族公社较为发达的阶段，后又发展到父系氏族社会。

（一）从事原始农业和渔业生产

三亚宁远河和藤桥河沿岸黎族先民活动遗址中先后出土的有肩石斧、有肩石锛，是当地黎族先民从事农业生产的主要工具。宁远河和藤桥河一带气候湿润多雨，土壤肥沃，宜于农耕。古代居民在从事原始农业生产活动中，制作和使用较为进步的有肩石器工具，并在石器上安装木柄使之成为一种复合工具，以方便种植时砍伐和挖掘，不容易脱落。石器通身磨光，可减少使用时的阻力；有的器身加长，显然是为了翻土时挖得更深些。生产工具的改进，表明黎族先民在从事原始农业生产活动中，可以较大地提高生产效率。

黎族先民在丛林分布的地方，使用有肩石斧、长身石斧和有肩石锛等工具砍倒林木，然后“钻木取火”引燃干枯的枝叶、树木，空出可供耕作的地面。经火焚烧过的土地比较松软又布满灰肥，不必深翻便可耕种。播种时用尖木棒戳土成穴，按穴点播，这就是后来文献上所记载的“刀耕火种”，又称“刀耕火耨”，是一种最原始的农业耕作方式。由于生荒耕作，又受使用生产工具的限制，当时的农业生产规模还很小。“人消灭植物，是为了腾出土地播种五谷……他们知道这样可以得到多倍的收获。”① 在以后的黎族农业生产活动中，还

① 《马克思恩格斯选集》第3卷，人民出版社2012年版，第996页。

可以看到这种落后的“坎山栏”耕作方式，即是此种古老农耕技术的残留遗迹。

据考古发现，在黎族先民从事的经济活动中，还制作出多种形制的网坠捕鱼工具，如单腰、双腰、带槽等石网坠和单孔、双孔、带槽陶网坠，使用它们在河流或近海水域张网捕鱼。作为捕鱼工具的织网和网坠的出现，一次可以捕获较多的鱼类，表明当时捕捞技术已有了一定提高。在海水退潮后，人们也到海边岩岸旁采集海生贝类生物。在三亚相邻的陵水县石贡、移辇、桥山等遗址中都发现了较丰富的贝类遗壳和鱼骨的堆积，可见捕渔业在当时的经济生活中是比较重要的生产活动，捕捞鱼类和捡拾贝类是黎族先民获取食物的主要来源之一。

三亚地区的丘陵山地分布着繁茂的丛林，时常出没哺乳动物和爬行动物。黎族先民在进行狩猎活动时，一般使用磨制较为锋利的石镞工具来猎获动物。狩猎的对象主要是鹿、麂、野猪、水牛等哺乳动物。这里遍布茂密的热带植被，盛产多样的野生植物果实，采集野生植物果实和茎根仍然是一种经常性的经济活动。采集工具也有所改进，石斧可用来砍伐树木，尖木棒可用于挖掘植物块根，竹器可剥取植物果茎。获取的植物浆果、坚果、根茎等采集品，可用来弥补所需食物的不足。

当时的原始农业还处在初始阶段，但它已属于生产性的经济范畴，而渔猎和采集活动则仍停留在从大自然直接攫取食物的经济阶段，只是由于工具的改进，规模较以前有了一定的发展。生活在三亚地区的黎族先民，经营着一种混合类型的经济，其社会生产水平已有了一定程度的提高。

（二）制陶业的初步发展

黎族先民在制作陶器时，一般采用手制方法，小型器物直接用手捏制成胚，大型器物则使用泥条盘筑法。烧造的夹砂粗褐陶器火候较高，外形也较为规整。器形主要有圜底釜、圜底罐、钵、盆、碗及纺轮、网坠等，基本上都是日常生活器皿和生产用具。其中十分流行圜底釜一类的炊煮器。在陶器表面装饰较多样式的几何花纹，纹饰比较简单，有方格纹、水波纹、弦纹、篮纹、划纹等。黎族先民烧制的几何纹陶器，表明百越族“族文化”的基本特征在三亚地区仍得到延续。

黎族先民烧制陶器时，一般采用平地堆烧的原始方法，在地面上用树枝搭架，铺上树叶、干草等易燃物，其上堆放陶胚，直接进行露天烧造。在今天海南岛南部黎族聚居地区，仍有一些村寨沿用这一古老的原始制陶技术。① 三亚市天涯镇布曲、布带、道德三个村的黎族村民至今仍自行烧制陶器。此项工作一般由妇女承担，先选料制成陶坯，然后选择平地，堆集柴火，将经过干燥的陶坯置于柴火堆上，举行简单的祈祷仪式后点火烧制。这是典型的平地堆烧法，属于古老的露天烧陶技艺。海南黎族保存下来的这种原始制陶技艺，当同黎族先民古老的烧陶方法有一定的因袭和继承关系。

黎族先民的制陶业在当时虽已有了初步的发展，但还没有达到较为发达的水平，这与广西地区同属百越民族的西瓯人与骆越人的情形也十分相似。先秦时期，以采集、渔猎和原始农业为主的西瓯人，与骆越人以及后世使用铜鼓的越人一样，日常生活中不会使用成套的陶制日用器皿，这应是由于人们经常迁徙住所的生活习性所决定的。近年的考古发掘也证明，两广地区的西瓯、骆越人一直没有发达的陶器制造业②。

（三）纺织业的出现

原始纺织业是黎族先民手工业中的一个重要组成部分，其发展经历了从无纺织的树皮布到纺线和织布相结合的漫长历程。

黎族先民在无纺织布的时期，制作树皮布来裹身遮体，这在当时是一项较重要的发明创造，表明人们已能利用天然物来加工制作衣

---

① 王翠娥：《试谈黎族原始制陶》，载《首届黎族文化论坛文集》，民族出版社2008年版，第319页。

② 容达贤：《广西平乐银山岭墓群的时代与墓主》，载《百越文化研究》，厦门大学出版社2005年版，第410页。

服。树皮布是一种无纺织布，以植物的树皮为原料，经过浸渍拍打加工制成，还不是真正意义上的纺织品。[①] 制作树皮布一般选用当地的楮树或箭毒树皮为原料。制作时先用石锛、石刀把树皮剥落下来，用巨石压平，后经浸泡、揉软、洗净、晒干，留下了较柔软的纤维，再用石拍反复敲打，加工出树皮布料，用来制作遮体的衣服。[②] 三亚新石器时代遗址中出土了较多的石锛，可能是用来剥去树皮的一种工具。在三亚近邻的五指山、白沙、昌江等黎族聚居市县，曾发现一些有肩石拍，器身呈长方体，通体磨光，上部加工成双肩形制，带一较长的石柄，两侧带有多条竖向凹槽，这是拍打加工树皮布原料的一种重要工具。有肩石拍工具的发现，反映了生活在三亚及近邻地区的黎族先民以"木皮为布"[③] 的历史事实。

以后，黎族先民学会了纺线，迈出了掌握纺织技术的第一步。三亚近邻的陵水县石贡、移辇遗址出土了较多的陶纺轮工具[④]，表明当时的妇女已学会把植物纤维作为原料，使用纺轮来捻制出纺线。线不仅便于缝制树皮布衣服，也为今后的编织活动提供了条件，甚至还可以纺织出穿着的衣物原料。

发现的陶纺轮有大有小，可分为算珠式和高身式二种，外形呈扁圆体，中间穿孔。小型纺轮可能是纺纱的工具，大型纺轮可能是纺线的工具。纺轮的使用，标志着生活在岛南地区的黎族先民已掌握了一定的纺织技术，开始出现原始纺织业。纺线工具又称纺缚，由缚盘（即纺轮）和缚杆组成。纺轮平面呈圆形，中间有一小圆孔，孔内插有一木杆（即缚杆），杆上方有一倒钩。使用时，在缚杆底部拴住植

---

① 邓聪：《海南岛树皮布的几个问题》，载《琼粤地方文献国际学术研讨会文集》，海南出版社 2002 年版，第 291 页。

② 宋兆麟等：《中国原始社会史》，文物出版社 1983 年版，第 162 页；李露露：《海南黎族的树皮布》，载《文物天地》1997 年第 1 期。

③ 乐史：《太平寰宇记》卷一六九，《儋州》《琼州》条目。

④ 郝思德：《陵水县石贡新石器时代遗址》，载《中国考古学年鉴·2007》，文物出版社 2008 年版，第 388～389 页；郝思德、蒋斌：《陵水县移辇村新石器时代遗址》，载《中国考古学年鉴·2008》，文物出版社 2009 年版，第 345～346 页。

物纤维，然后将纺轮下垂，人手用力转动缚杆，使缚盘也随着快速转动。由于纺轮自身的重力，可将纤维拉直拉细，再加上缚盘旋转时所产生的力偶，将纤维捻成麻花状。当停转时，把捻好的纱线缠绕在缚杆上，成为纺纱线。①

黎族先民在学会织布以前，已能使用网坠工具张网捕鱼，可知当时已学会了编织渔网的技术。从出土陶器上所施篮纹、方格纹、菱形纹等纹饰来看，也反映当时已掌握了编织技术。在此基础上，黎族先民才逐渐发展到纺织生产的阶段。当时人们可能使用的是一种原始织机，即水平式的踞腰织机，又简称腰机。从黎族保存至今的织作工具资料来看，它主要是由藤腰带、腰力棍、木刀、拉经棍、竹梳、竹纬线针、整绒梳等机件组成。② 机织品的织纹和编织纹原理是相同的，只是交织方法不同，机织无疑是从编织演变而来的。③ 当时的原始纺织业主要由妇女来操持，她们不仅要从事采集和制陶等活动，也要进行纺织生产，因为纺和织等等当初是农业中的副业。

原始的纺织技术早在河姆渡文化中就已出现。河姆渡遗址中曾出土与原始腰织机相近似的木质构件，其中就有机刀、梭子、卷布轴、分经木、综杆等织机工具。④ 远在7000多年前，生活在长江下游地区的河姆渡文化古代居民已经运用腰织机来织布。后在浙江史前良渚文化墓地中发现了一套较为完整的原始腰织机的玉质构件，共有三对六件（副），从其断面可以推断，这些构件应分别是卷轴、开口杆、经轴等。⑤ 如果再添加必要的定经杆和梭杆部件等，它就是一台较为完整的原始腰织机。这些考古发现表明，到距今约4000～5000年时，活动在长江下游一带的河姆渡文化继承者良渚文化古代居民，仍在传承和沿用这种古老的纺织技术。黎族先民是百越族南下迁徙到海南以

① 宋兆麟等：《中国原始社会史》，文物出版社1983年版，第166页。

② 王建成：《海南民族风情》，民族出版社2004年版，第21页。

③ 陈维稷：《中国纺织科学技术史》，科学出版社1984年版，第25页。

④ 中国社会科学院考古研究所编：《新中国的考古发现与研究》，文物出版社1984年版，第147页。

⑤ 陈维稷：《中国纺织科学技术史》，科学出版社1984年版，第25页。

至三亚地区的一支，同河姆渡遗址的古代居民及其继承者百越族群在文化上有着传承和延续的渊源关系，受到百越文化的直接影响和濡染是无疑的。其中百越文化的纺织技术也随着黎族先民的迁徙而传播到海南岛；这种踞腰纺织的技术，又一直延续了很长的历史时期，传承至今。在今天三亚部分黎族聚居地区，依然保留着这种古老的纺织技艺。

三亚地区有十分丰富的野生苎麻和植物纤维资源，黎族先民选用野麻和草本木棉为纺织原料，用纺轮捻出纱、线，再经腰机织成布，制作出日常所穿用的服饰。古代史籍中记载的所谓“岛夷卉服，厥篚织贝”，其中的“卉服”，指的便是这种用麻和棉之类的植物纤维制成的衣服；“织贝”即“吉贝”，此词源自梵语或马来语的音译，意为棉布。① 这说明早在先秦时期，黎族先民就以麻和木棉为原料制作成纺织品来做服饰了。

（四）相对的定居生活

黎族先民在衣食住行中，建造住所是一项比较重要的活动。住所不仅提供了氏族公社内部活动和夜间休息的场所，也是保护火种和进行炊事的场所。在建造住所时，黎族先民一般选择宜于生活的自然环境条件，既方便进行经济生产活动，又是靠近水源的地方。三亚邻近地区的陵水石贡、移辇贝丘遗址，发现了部分较浅的洞穴，分布排列不甚规则，可能是用来搭建简易茅草屋的柱洞。在柱洞近旁还保存有用三块石头堆置成近三角形的灶址遗迹，地表遗留有红烧土面、灰粒、灰烬及火烧土堆积等，周围散布着陶釜、石器和不少贝壳遗物。这反映了当时黎族先民在简易茅草屋住所内置有较简单的堆石烧火的灶址，其上支架圜底陶釜炊煮食物。在移辇遗址，灶址的周围还发现部分居住面遗迹，用黑褐色沙泥土平铺而成，较为板结坚硬，表面很平整，厚近 0.4 厘米。这应是当时遗址的主人在此生活居住的地方。

---

① 胡亚玲：《海南黎族风情》，海南出版社 2006 年版，第 50~51 页。

活动在三亚地区的黎族先民所搭建的简易茅草屋，一般是先在地面上挖出一些小穴做柱洞，洞内置放木柱，其上再搭置木架，摆放茅草。这是一种比较简易的“窝棚式”住屋。屋内地面也经过一定的加工修整，并支灶架火烧煮食物。这种临时性的“窝棚”建筑，比较符合渔猎、采集经济活动要时常流动迁徙的特点，人们过着半定居的原始氏族生活。

在以后经营“刀耕火种”原始农业生产时，黎族先民才开始过着相对稳定的定居生活，住所一般选择在适合农业经济活动的地方修建。“刀耕火种”采取的是原始轮耕方式，随着新耕地的开辟，黎族先民的住所也会不时迁移。人们在耕地近旁搭建简单的茅草屋居住，以便于进行农耕和看护农作物，又可以从事渔猎和采集活动，获取日常生活所需的食物。

在这一时期，人们也在树上筑巢为屋，临时栖息，即所谓“构木为巢”。这也是三亚地区黎族先民较早的一种居住形式。如史书所记载：“亘古皆穴处，有圣人教之巢居，号大巢氏。今南方人巢居，北方人穴处，古之遗俗也。”① 后来，巢居又有了较大的改进，在地面上栽树木桩取代树木，进而“搭巢而居”，把巢居演变成了一种具有地域文化特色的住宅建筑形式，即所谓的“依树积木，以居其上，名曰‘干栏’”。② 这种干栏式建筑是流行在南方地区百越族群中的一种建筑形式，与南方潮湿多雨的自然环境条件有关。以后，干栏式建筑就成为黎族先民传统的民居建筑形式之一，并一直沿用至近现代。

五、黎族先民的原始社会

迁徙南来的黎族先民活动在海南岛的不同地域，其经济文化水平有着一定差别，在原始社会发展的阶段上也呈现出不平衡的情况。总体上讲，黎族先民的原始社会是从母系氏族公社阶段逐渐发展到较为

① 李昉等：《太平御览》卷七八，引项峻《始学篇》，中华书局影印本。

② 李延寿：《北史·蛮僚传》，见《钦定四库全书·史部》。

发达的母权制时期，并出现了原始氏族社会组织——“峒”；此后，有的地区又进入父系氏族公社阶段，“峒”的社会组织也突破血缘纽带关系的界限，逐渐形成具有地域关系的氏族部落组织——“大峒”，并出现了一种新的生产和社会组织——“合亩”。由于受到历史和地理等因素的局限，黎族先民的原始社会发展始终比较缓慢，直到先秦时期，三亚地区的社会形态还一直停留在父系氏族社会阶段，未能向前发展而跨入阶级社会。黎族先民的原始宗教信仰主要是自然崇拜、图腾崇拜、祖先崇拜等，它一直延续了很长的时间，并影响到其后的黎族社会文化习俗。

（一）前期较发达的母系氏族社会

黎族先民的原始社会同中国和世界上的许多民族一样，都曾经历过血缘群婚和血缘家族的初级阶段。生活在这里的人们从事渔猎和采集活动，依赖攫取自然物以维持生存。与这种落后的生产方式相适应，人们共同劳动，抗御侵掠，收获的产品平均分配；依靠母系血缘关系为基本纽带，组成一个由一位女性祖先繁衍下来（包含本氏族女性和别氏族男性）的血缘集团，形成了母系氏族公社，这是原始社会的一个生产和消费的基本经济单位。一个母系氏族共同居住在一个地方，其成员共同劳动，集体分享，平等互助，财产公有，享有共同的利益和义务。

在当时的黎族先民原始社会中，以母系血缘纽带为基础的社会组织是“峒”。这是由单一的血缘集团所组成的原始氏族公社组织，主要依靠母系亲族血缘关系来维持。其初峒的规模并不大，可称为小峒。小峒具有一定的经济功能、文化功能和宗教功能，规范着峒内各氏族成员的生产和生活、行为操守和宗教信仰，同时还联结着每个氏族成员之间的关系。① 在古代文献的记载中，可以看到一些有关峒的

① 詹贤武、邢植朝：《海南黎族和台湾少数民族民俗比较》，南方出版社 2010 年版，第 51 页。

简略描述："自来黎峒田土，各峒通同占据，共耕分收，初无文记……"① "峒"作为社会组织的存在，表明母系氏族社会已处在较为发达的阶段。虽然"峒"这一社会组织也是发展变化的，但在以后的历史时期中仍保留着一定的氏族社会组织的残余痕迹。

在黎族先民的母系氏族公社时期，每个峒都有自己固定的传统地域，一般以山岭、河流为界，被视为神圣不可侵犯。峒内的氏族成员有责任共同保卫峒的疆界。峒在当时是一个有机的社会整体，其内部成员的个人安危系于氏族组织，血缘关系是成员之间相互扶助的强有力因素。峒设有峒首，组织全峒的生产和生活等各方面的活动，管理全峒的事务，调解内部纠纷，维持社会秩序，同时负责对外关系，如同后来的氏族部落中的酋长。② 直到宋代，在海南岛黎族聚居地区，有的峒首仍由妇女来担当，如："王二娘者，黎之酋也，夫之名不闻，家饶于财。善用其众力，能制服群黎，朝廷赐封宜人。琼管有令于黎族峒，必下达王宜人，无不贴然。二娘死，女也能继其业。"③ 在历史文献的记述中，也可以看到某些母权制的残留遗痕："其俗贱男贵女，有事则女为政。""遇有事妇人主之，男不干预也。"④ 这些历史记载都反映了黎族先民在经历母系氏族公社的发展进程中，一些母权制的社会习俗遗留了较长的时间，表明妇女在当时的社会上仍受到人们的尊崇，具有很高的社会地位。

在婚姻关系上，黎族先民的母系氏族内部有一定的规范制约，必须严格遵守不同血缘集团的人才能通婚，即实行族外婚制，氏族集团内部禁止通婚。这种族外婚俗，在部分黎族地区，如保亭县毛道乡和白沙县喃劳峒一带，一直至20世纪前期仍在沿袭，这是母系氏族公社时期婚姻制度的一种残余。黎族女子出嫁后，仍被视为原来母亲家

---

① 李焘：《续资治通鉴长编》卷三百一十，《朱初平奏言》，上海古籍出版社1986年版。

② 《黎族简史》，广东人民出版社1982年版，第22页。

③ 周去非：《岭外代答》卷二，《海外黎蛮》条，上海远东出版社1996年版。

④ 张长庆：《黎岐纪闻》，广东高等教育出版社1992年版，《序》第1、4页。

族中的成员。出嫁女子以后不论死在夫家或娘家，其遗体都要埋葬在娘家的氏族公共墓地，遗物必须送回娘家由她的兄弟来继承，娘家后代也要把她作为自己家族中的祖先鬼来祭拜。① 这种习俗正是黎族先民母系氏族社会亲属关系残留的一种反映。

（二）进入父系氏族社会

随着社会生产力的不断提高，三亚地区黎族先民的原始社会也在发生变化，经过较长时期的历史沿进，从母系氏族社会逐渐演变为父系氏族社会。导致氏族社会转变的决定因素是当时生产力的发展，其根本原因在于男女在生产中所处的地位有了很大变化。当时男子已成为社会生产的主要承担者，而且生产品有了剩余，男人认为这是自己所创造。随着这种私有观念的逐渐形成，男人要把积蓄的财富留给自己的亲生子女。这就必须废除族外对偶婚制，变革婚姻制度，实行一夫一妻制，妻随夫居，世系按父方排列。由于男子成为家庭的主宰，于是出现了父系氏族公社及家长制家庭。②

进入父系氏族社会之后，黎族先民在劳动实践中积累了经验，生产工具的制作技术也有了很大改进，普遍使用有肩石器，其中斧、锛的数量明显增多，还制作较先进的大型有肩石铲，从事原始的刀耕火种农业活动。原始农业生产逐渐成为重要的社会经济部门，而渔猎经济的作用和地位已经降低，逐渐成为辅助性的生产部门。男子从渔猎活动转入原始农业生产领域，真正成为社会生产的主要承担者，而妇女则逐步退居次要的经济地位，主要从事制陶、纺织、炊煮和生育抚养儿女等家务劳动。在生产活动中男女社会地位所发生的这种根本性转化，对原始社会制度的改变起到了重要的决定性作用，导致了父权制取代母系制，逐步推动黎族先民从母系氏族社会向父系氏族社会过渡。所有这一切，都是在经济因素的影响和作用下，经历长期而充满矛盾与冲突的过程才完成的。三亚地区的黎族先民迈入到父系氏族社

① 《黎族简史》，广东人民出版社 1982 年版，第 24~25 页。

② 方志钦、蒋祖缘：《广东通志》，广东高等教育出版社 1996 年版，第 73 页。

会，与此同步，生产力有了较大的提高，社会经济也得到了发展。

父系氏族公社是一个由父系血缘组成的社会集团。起初，它既是一个依靠父系血缘纽带为基础的氏族社会集团，又是一个生产和消费的基本社会单位。后来，随着生产的发展和人口的增加，尤其是氏族内部私有观念的不断形成，促使黎族先民的父系氏族公社又分化为若干个父系家长制家庭。

在黎族先民母系氏族社会时期，小峒作为一种社会组织，原来是一个单一的血缘集团，也是一个生产和消费单位。进入父系氏族社会，峒的组织形式仍然沿袭和延续下来，但是随着外部血缘集团的成员不断加入，经济和地域的社会关系逐渐取代了原先的母系血缘纽带关系，峒的内部组织在实质内容上也发生了很大的变化。小峒逐步发展成为大峒，变成了主要以父系血缘为纽带，也吸收不同血缘集团的氏族成员加入，成为父系氏族制的一种新的社会组织。大峒实际上成为一定人群在相对固定地域里居住在一起的社会集团，已开始具有某种部落的组织形式，是黎族先民在原始社会发展中一种比较古老的氏族部落组织。从“峒”的组织形式和社会职能来看，它是黎族先民在由渔猎和采集经济生活向定居的原始农业经济过渡的进程中逐渐形成的。“黎地多以峒名，峒内散处各村，并附有一峒，明所属也。惟崖州曰村，陵水曰弓。其散处各村并附于一村一弓，亦如峒制”。①峒有大峒、小峒之分，大峒一般是由几个小峒组成，并都有自己较为固定的分布地域。

三亚地区邻近的五指山腹心地域，即保亭、乐东、琼中三县交界处，原先存在一种称为“合亩”的生产和社会组织，具有父系家庭公社的某些残余痕迹。“合亩”在黎语中意为“大家一起做工”，是一种从事农业生产的基本单位，由若干户有血缘关系的父系小家庭所组成。可以看出，合亩一般是同宗同姓血缘家庭组成的集体，是大家一起从事农业生产的共耕组织。有的合亩还可以接受非血缘关系的外

① 张长庆：《黎岐纪闻》，广东高等教育出版社1992年版，第116页。

来户参加。合亩的规模大小有所不同，最小的仅二三户，最大的可达30多户，一般为五六户。[①] 这也是黎族先民在原始社会父系制家庭残留下来的一种特有形式，它的解体和消失一度延迟到中华人民共和国成立以后。

合亩制内的主要生产资料是土地，共有三种形式：起初是合亩共有，以后又出现合亩内几户伙有或一户所有，其中土地共有在合亩中是主要形式。在进行农业生产时，属于生产资料的土地、耕牛等，一般都归合亩统一使用，不计报酬。合亩的全体成员都要参加集体劳动，收获的农产品基本上按户平均分配。每个合亩都有一个叫“亩头”的首领，通常是由父系家庭中的男性长辈来担任，他是集体生产的组织者和领导者，负责指挥合亩的成员进行农耕作业。亩头还主持分配产品，处理合亩内的一切公共事务，以及对外交涉等活动。亩头死后，由其子继承，或兄终弟及。亩头以外的合亩成员都称作亩众，都是血缘亲属各户家庭的成员。此外，非血缘关系的外来户经合亩全体同意，也可成为合亩成员，被称为“龙仔”。合亩的农事活动，一般需由亩头妻子先举行原始宗教仪式后，再由亩众和“龙仔”按严格的男女分工来进行。这种仪式的存在，反映了黎族先民原始社会进入父系氏族家庭公社阶段后，仍然残留着某些母系氏族制度下的社会风俗痕迹。

黎族先民因所处的地域及自然环境有所不同，社会经济发展不平衡。沿海地区因地理交通的便利，最先受到岭南大陆文化的影响，社会生产力发展较快，这里的父系氏族社会瓦解进程要早于其他地区，逐渐从原始社会向阶级社会过渡。而深山区尤其是五指山腹地的黎族先民聚居地区，由于交通的阻隔，与岭南大陆文化接触较少，社会经济发展显得十分缓慢，父系氏族公社的社会形态延续了相当长的时期。原始社会的瓦解在不同地区呈现出不平衡性。

随着秦汉时期郡县制的建立以及隋唐之后的逐步推进，三亚地区

---

① 《中国大百科全书·民族》，中国大百科全书出版社1986年版，第239页。

的封建制度也随之推行，促进了当地黎族聚居地区原始社会的加速瓦解。由郡县直接管辖的三亚部分沿海地区的黎族先民，开始向阶级社会过渡，逐渐迈进了封建社会的门槛。

（三）原始宗教

宗教是一种社会意识，它“是在最原始的时代从人们关于他们本身的自然和周围的外部自然的错误的、最原始的观念中产生的”。[①]一般来说，原始宗教的产生，大体上与原始氏族公社的初步形成相一致。

黎族先民在原始社会漫长的发展过程中，生产力低下，在大自然面前软弱无力，产生了对自然力的盲目依赖，把自然现象超自然化并进行崇拜，以求得精神上的慰藉，从而出现了原始宗教信仰。黎族先民的原始宗教信仰主要是自然崇拜、图腾崇拜、祖先崇拜等。

在氏族社会时期，最古老的崇拜对象是自然力，是那些经常与自己日常生产活动有直接利害关系的自然现象。黎族先民一般把自然物和自然现象视作具有生命力、意志力和超能力的对象进行崇拜。比较流行的自然崇拜对象，一般是对自己最有影响的自然力，包括日月星辰、天地山川、风雨雷电、江河湖海、水火云石等宇宙中的万物。人们以为万物皆有灵，相信自然界中存在超自然的奇特能力，即所谓神的力量；希望通过敬拜和祷告，借助神的力量改变自然条件，对人的生存和生产、生活等方面施加影响，改变自己的命运，获得一定的庇佑和保护。

随着原始宗教观念的发展，图腾崇拜在自然崇拜的基础上逐渐形成。图腾崇拜是在母系氏族社会时期产生的。人们相信本氏族族群与某些动物、植物有着比较密切的特殊关系，并认为这些动植物就是本族群的祖先，神圣不可侵犯，是本族群最好的保护神。这种动植物图腾也就成为氏族的一种标志，能够把氏族内部的成员紧密地凝聚在一起，起到降灾庇护和赐福安康的目的。全体成员要对本氏族图腾无条

---

① 《马克思恩格斯选集》第 4 卷，人民出版社 2012 年版，第 260 页。

件顶礼膜拜，不准残害或食用属于图腾崇拜之列的动植物。黎族的图腾崇拜种类很多，主要是动物和植物两种。动物图腾主要有蛇、龙（鱼）、鸟、蛙、牛、猫等，植物图腾主要有葫芦瓜、木棉、芭蕉、薯、竹子等。每个图腾几乎都有一个或多个富有传奇色彩的传说故事。[①] 比较重要的是蛙图腾、鸟图腾、牛图腾、蛇图腾等，其中的蛙图腾、牛图腾对黎族古老的传统文化产生过很深远的影响。在发现的青铜鼓、陶缸、陶瓮和龙被、服饰等民族文物的装饰图案上，都打上了所崇拜的动物图腾烙印，这是当时黎族氏族社会原始信仰中氏族图腾标志的再现，而且延续了相当长的历史时期。

在自然崇拜和图腾信仰中，人类认为天地间万物都有灵魂。万物有灵的观念正是宗教思想发展的初级阶段，灵魂不灭的观念是当时较为重要的一种原始宗教。在黎族原始社会中有鬼魂崇拜，认为人死后灵魂自然脱离肉体，要送到祖先居住过的地方，并举行有关的安葬和送灵魂仪式。同时，祖先崇拜也是黎族先民对自己血亲先辈的敬仰，它“是在鬼魂崇拜的基础上，由生殖崇拜的传宗接代意识，加上图腾崇拜的氏族寻根意识和后期的男性家族观念，而逐渐形成并发展起来的……当人们确认氏族本源在人类自身并且认为祖灵可以保护子孙时，便是祖先崇拜”。[②]

黎族一般把祖先的魂灵称为“祖先魂”或“祖宗魂”进行祭拜。祖先崇拜或祖灵崇拜是黎族社会中十分重要的精神支柱，影响到社会生活的各个方面，成为人们精神生活的一部分。黎族主要把父系血缘男性正常死亡的始祖及后代祖先的鬼魂视为“祖先魂”，认为祖先的魂灵支配着子孙后代的生存和祸福，庇佑着自己子孙的安康。“祖先魂”在黎族社会中被看作最高的灵魂，比其他灵魂更令人敬畏，平时禁忌念祖先的名字，否则会触怒祖先，招致祖先灵魂回到人间作祟，导致族人患病。如果外氏族的人有意说出自己祖先的名字，则可

① 林日举：《海南民族概论》，海南出版社 2008 年版，第 258 页。

② 牟锺鉴等：《中国宗教通史》，社会科学文献出版社 2000 年版，第 47 页。

能引起械斗。黎族十分信仰“祖先魂”，把它分为“大祖先魂”、“中祖先魂”、“小祖先魂”几等。人们认为现实生活中许多违反常理的事情，如灾病一类现象，都与祖先魂灵有密切的关联；要根据患病轻重的程度，举行相应的仪式来祭拜祖宗魂，以此来解除病痛或灾难。

第二章　秦汉时期的三亚地区

秦始皇灭亡六国，建立统一的中央集权国家，接着又出兵征伐百越各部族，在今广东、广西等地设置桂林、南海、象三郡，开始经略岭南。包括三亚在内的海南岛都属于象郡之“外境”。秦末汉初，赵佗在岭南地区建立南越国，其时三亚地区属南越国统领。汉武帝元鼎六年（前111），伏波将军路博德受命率兵平定南越之乱，在岭南地区设置九郡，其中珠崖、儋耳两郡就在海南岛上，三亚地区设有临振县，先属儋耳郡，后属珠崖郡统辖。东汉光武帝时，又命伏波将军马援率兵讨伐岭南地区的叛乱，抚定交趾，设置珠崖（朱崖）县统领海南，隶属合浦郡，三亚属珠崖县所统领。

秦汉时期，活动在中国南方的百越族众多支系，因社会经济文化发展的不平衡，处在分化和重新组合的过程中。活跃在岭南西南方的骆越族，是百越民族群体中人数很多、分布地域最广的一支。生活在海南岛包括三亚地区的黎族先民，也是骆越族的一部分，以后又演变称“里”、“俚”等名称，到唐朝末期始有“黎”这一专有的族称，并在宋代固定下来，一直沿用至今。

自秦汉尤其是隋唐以后，中原封建王朝在三亚推行郡县制，实施行政管辖。中原的先进文化也随之向南方传播，带来了先进的农业生产工具和技术。尤其是铁器的输入和使用，推动了三亚地区黎族先民社会生产力的提高，同时也加速了黎族先民原始社会的进一步瓦解，在沿海一带开始出现了封建社会制度。但部分地区仍然保留着父系氏族家庭公社，延续落后的原始氏族社会。

第一节　秦象郡的遥领之地

一、秦略定岭南

前221年，秦始皇统一六国，建立封建的中央集权国家。此时，中国南方地区仍由强大的百越族群所各自统领。这里又盛产犀角、象齿、翡翠、珠玑等中原人视为十分珍贵的物品。从政治和经济的双重利益考虑，秦朝开始派兵进军岭南，征讨百越。

前218年，秦始皇命郡尉屠睢统率50万大军南下，征伐岭南。军事行动分东西两线展开。但秦军此次南下征伐，遭到了岭南地区百越人的顽强抵抗。“（秦军）三年不解甲弛弩，使监禄无以转饷，又以卒凿渠（即灵渠）而通粮道，以与越人战……（越人）夜攻秦人，大破之，杀尉屠睢。”① 在越人的有力抵抗下，秦军第一次南征岭南的军事行动遭到严重的挫败。

前214年，秦始皇又命任嚣为统帅，赵佗佐之，再次发兵征讨岭南。经过激烈的战争过程，秦军终于平定岭南，占领了越人分布的广大地区。从此以后，岭南开始归属中央封建王朝统一管辖。秦朝中央政权采取了相应的统治措施。首先在这一地区建郡立县，开置桂林、南海、象三郡。桂林郡治所在今广西桂平县西南，南海郡治所在今广州市，象郡治所在今广西崇左市境内。此后，为了加强对岭南地区的治理以及便利往来交通，又开辟新道，修筑秦关，推行统一的文字与度量衡。前213年，秦王朝下令“适治狱吏不直者，筑长城及南越地”②，即将部分罪人谪徙岭南。秦王朝在桂林、南海、象三郡的谪徙民众“与越杂处十三岁”③，从此，戍越将士和谪徙罪人落籍岭南，

① 《淮南子·人间训》，载《诸子集成》第七册，上海书店1986年版，第322页。

② 司马迁：《史记·秦始皇本纪》，中华书局标点本1982年版，第253、254页。

③ 司马迁：《史记·南越列传》，中华书局标点本1982年版，第2967页。

镇守秦朝的南疆边地。岭南地区纳入秦中央集权统治之后，开始改变境内许多地方互不统属的分散状态，各部落越人逐渐告别聚族而居的氏族社会生活，陆续转变成为郡县编民，并同南下的“中县之民”相融合，共同创造岭南的古代文化。秦时随着造船业的兴起，海上航行往来，已经有部分越人或南迁汉人继续迁徙来到海南岛以至三亚地区。

二、三亚地区属象郡遥领之地

秦朝在征讨和略定南越地区之后，于前214年建置三郡，对岭南实施行政管辖，中原的封建经济文化影响也随之到达两广地区。从地理位置上看，海南岛位于今广西东南部，与象郡所属的雷州半岛一衣带水，隔海相望，因此，明清广东通志和海南府州志均笼统指称海南“秦爲越郡外境”。而明永乐年间编纂的《琼州府志》，则肯定“秦皇略定，（海南）始属中国”。[①] 正德《琼台志》更载明海南属象郡：“然秦於越置桂林、南海、象三郡，《（大明）一统志》以雷为象郡地，则琼当附雷。”至清代以后的地方史志，则多略称海南为“象郡之外徼”。“外境”“外徼”多被论者视之为境外，但理解为“外围边境”似也无不可。这些都是明清时人对早期海南历史沿革不甚清晰的表述，毕竟秦时海南岛上尚未设置郡县，秦汉史籍也未见有秦时海南统属的记载，因此海南即便属象郡，以秦朝统治力量而言，也只能是视野所至，名义上的“遥领”而已。海南岛孤悬海外，虽然当时已有人员泛海往来，但显然远处中原的秦王朝对这里的认识尚且不甚明了，所知者多属传闻。诸多原因使秦王朝统治者没有在本岛推行郡县制，也未有建立地方政权。但秦王朝已把政治视野扩展到茫茫大海中的海南。地处海南岛南部的三亚，在当时也应同属于象郡的“遥领”之地。

在秦军略定岭南的过程中，为了保障转运粮饷，加快征伐战争的

---

① （明）永乐：《琼州府志》已逸，此据正德《琼台志》卷三《郡邑沿革考》所引。

进程，曾委派监郡御史史禄在今广西兴安县开凿灵渠①，沟通了湘江与桂江支流漓江之间的交通航道，解决了南北粮运的困难。灵渠的修凿和开通，把中原与岭南两地的交通和经济联系起来，促进了岭南越人地区与中原的经济文化交流和往来。地处象郡海外的海南岛，其社会经济文化也受到一定的波及。生活在海南岛南部三亚地区的黎族先民，其落后的原始氏族社会生活方式或迟或早要受到冲击。

据史籍记载，当时秦朝已在岭南以濒临南海的南海郡和象郡为依托，开始进行中国早期的海上贸易交通活动，开启“海上丝绸之路”的航行。到汉代，以岭南合浦、徐闻两地为起点，航行到东南亚、印度半岛等地的“海上丝绸之路”已开通。居住在岭南的越人与水上生活关系密切，有很强的水上活动能力，善于造船，擅长航海。在长期往来于南海的航海实践中，越人不但能够制造技术水平很高的大船，而且积累了丰富的航海经验。广州考古发现的秦汉造船工业遗址，表明那时造船工场规模很大，船台的结构形式也颇为先进，可建造身宽近5~8米、载重约25~30吨的大型木楼船。② 可见，大陆及海南岛至中南半岛地区的海上贸易往来已具备了一定条件。

当时，进行海上贸易航运的船只，一般是沿海岸线航行。三亚地区濒临南海，具有海上航行交通的便利，是“海上丝绸之路”的停靠点，在早期海上商贸航运中地理位置十分重要。秦代“海上丝绸之路”的开辟，对三亚地区的社会经济发展必然会产生较大影响，只是留存至今的史籍记载缺失罢了。

秦王朝统治岭南所采取的一系列政策措施，促进了越人社会的政治、经济、文化发展及民族融合。秦朝在岭南实行郡县制统治之后，迁徙大批汉人进入三郡，与越人杂居共处，其中必会有部分汉人渡海来到象郡“遥领”的边远地区海南岛。史籍记载“越处近海，多犀

---

① 黄增庆：《广西兴安县灵渠徒堤调查》，载《广西文物考古报告集（1950~1990）》，广西人民出版社1993年版，第338~339页。

② 《广州文物志》，岭南美术出版社1990年版，第50~51页。

象、玳瑁、珠玑、银铜、果布之凑，中国（指中原）往商贾者多取富焉”，逐利的商人也会到海南岛贩买玳瑁、珠玑等奇珍异宝，因此秦时应有汉人来到海南岛以至三亚地区从事商贸经济活动。① 他们主要生活居住在沿海一带，与这里的黎族先民交往贸易。明代海南地方志记载："海南自秦并天下，始为南越境，通于中国。秦以水德王，其数用六，今琼人行使铜钱犹用六数，以六文为一钱，以六十文为一两，六百文为一贯。又田禾以六把为半担，十二把为一担，亦用六数，皆秦时旧俗也。"② 在近现代黎族聚居的一些地区，黎人仍保留传统的六进制计算法，如稻谷的数量以束为最小单位，六束为一攒，六攒为一对，这是秦时旧制在当地的一种遗俗。由此可知，秦文化随着中原汉人的南下，已经传播到海南以至三亚地区。由于古代海南相对封闭，这些习俗被遗传下来，成为传递秦文化南下的历史信息。

第二节　汉初属南越国

秦末，陈胜、吴广为反抗秦王朝的暴政，率众揭竿而起，中原大地爆发了中国历史上第一次大规模农民起义。随着各地群雄并起，纷纷争夺势力范围。面对当时中原群雄逐鹿的纷乱局面，病重中的南海郡尉任嚣，对时任该郡下辖龙川县县令的赵佗委以重任，让他代理郡尉一职，并告知在适当时机"可为国"。

赵佗原籍中原真定（今河北正定县），秦兵出征岭南时为屠睢的副将，岭南平定后被任命为南海郡龙川县令，隶属于南海郡尉任嚣。赵佗代理南海郡尉，在掌管地方军政大权之后，采取断然措施巩固自己的地位，并乘中原战事纷乱、秦王朝无暇顾及之机，出兵兼并桂林、象郡，实际上继承了秦朝在岭南的统治。前204年，面对北方陷入战争动乱的局势，赵佗闭关五岭，自立为南越武王，定都番禺

① 《黎族简史》，广东人民出版社1982年版，第33页。
② （明）正德《琼台志》卷七《风俗》。

（今广州市）。南越立国，维护了岭南的安定，使秦王朝开拓的成果得以巩固，境内各民族的融合和中原文化的传播得以持续进行。

南越建国时正当刘邦灭秦建汉之初。汉王朝为了稳定社会，巩固政权，在政治上采取“无为而治”的策略，经济上实行“休养生息”，以期迅速恢复和发展社会经济。因此，对赵佗僭建南越国割据一方的举动，汉朝采取了承认其既成事实而实施招抚的对策，派陆贾出使南越，封赵佗为南越王，授予君王印玺，“与剖符通使，和集百越，毋为南边患害”。① 赵佗接受西汉中央王朝的招抚政策，以诸侯国的地位奉事汉王朝，与汉王朝保持较好的君臣隶属关系。

赵佗为了岭南社会安定和维持封建割据势力，在行政设置上沿用汉朝的郡县制，先后在岭南设置了桂林、南海、交趾、九真四郡，郡下辖县；又仿汉制分封王侯，在整个岭南地区建立起较为完善的行政管理体制。其时包括三亚在内的海南岛实际上也纳入南越国统领的范围。《汉书·昭帝纪》即注“儋耳本南越地”。② 清代道光年间张岳崧编纂的《琼州府志》，在《沿革考》中也指出海南“秦末属南越”。但是海南岛上仍然未有任何行政建置，属于四郡中的哪一郡也无从得知，大体上也还只是名义上的“遥领”而已，更何况南越王并不反对地方族群各自为治，对海南也就很难说存在实际意义上的行政管辖。

为了维持南越国的社会稳定，面对岭南地区百越杂处的社会状况，南越王赵佗对其统治下的百越民族采取了“和辑”政策，怀柔安抚各族群。其中就包括百越族分布在岭南西南方、大体上活动在交趾、九真郡的一支——骆越人。“骆越”又作“雒越”，其称呼得名于战国末年。这一越族支系善垦“雒田”（即“骆田”），据称“交趾昔未有郡县之时，土地有雒田，其田从潮水上下，民垦食其田，因名为雒民”。③ 可见，骆越支系名称的由来，与其时所从事的生产方

① 司马迁：《史记·南越列传》，中华书局标点本1982年版，第2967、2968页。

② 班固：《汉书·昭帝纪》，中华书局标点本1962年版，第223页。

③ 《水经注·交州外域记》，上海古籍出版社标点本1990年版，第694页。

式相关，也就是说，“骆（雒）越”是以垦耕雒田为生存的雒民，他们是越民族群体中的一部分。

秦朝在边远地区的统治力量十分薄弱，对骆越族群的社会组织基本上没有触动，任其各自为治。赵佗统一岭南后，将原象郡析置为交趾、九真二郡，但鉴于骆越人活动地区的特殊情况，仍沿袭秦朝时让其各自为治的做法，采取“和辑”政策。史籍记载：“越王令二使者典主交趾、九真二郡民。”[①] 当时南越王仅派二名使者前来“典主”这些地方，实际上就是让其各自为治，“诸雒将主民如故”。

其时生活在三亚地区的黎族先民，属于骆越部族的一支，当然也处于“自治”管理的状态。在南越国治理岭南近百年的时间里，正是由于采取了这种“和辑”政策，包括三亚在内的海南岛黎族先民得以与岭南汉文化有较多的接触往来，并在一定程度上同百越诸多族群进行交流和整合，为以后黎族的形成提供了十分重要的社会基础。

海南“秦末属南越”的史实，从考古发现中也得到一定反映。赵佗建立南越国并定都番禺（今广州市）后，仿汉制大兴土木，修建宫苑。从广州市南越国宫署遗址发掘出土的建筑构件筒瓦上，发现拍印有人脸形图案。[②] 这种纹饰图案，一是有奇大无比的双耳，二是头上长“角”。这是当时负责制作的工匠拍印上去的，是一种制作者表示籍贯的做法。有关专家研究认为，这种筒瓦的制作者，应是来自海南岛北部地区的工匠。其大耳（即所谓“儋耳”）是当时海南部分黎族先民一种重要的习俗特征，而椎髻（即所谓长“角”）则是岭南越人较普遍的发式特征。这一时期黎族先民没有文字，故以最简单的图像符号来区分自己制造的产品。[③] 这与史籍记载“儋耳本南越地”是相符合的。在建筑南越王宫苑时，能够从南越国的属地海南岛上被称作“儋耳”的地方征调黎族先民来到都城番禺服役，说明南越国

---

① 《水经注·交州外域记》，上海古籍出版社标点本 1990 年版，第 693 页。

② 《广州发现西汉南越国宫署遗址》，见《中国文物报》1996 年第 6 期第 1 版。

③ 吴凌云：《南越文物研究三题》，载《古越国史迹研讨会论文选集》，文物出版社 2005 年版，第 10 页。

与海南有所往来，其时的海南岛包括三亚地区，当属于南越国“遥领”的区域。

第三节 西汉在海南设郡置县

西汉王朝国力日渐强盛，北逐匈奴，南控百越。汉元鼎年间，南越国丞相吕嘉反对内属汉王朝，发动叛乱，汉武帝遂派兵出击南越，平定吕嘉之乱，统一了岭南地区。汉武帝在原南越国境域内设置九郡，其中珠崖、儋耳二郡即在海南岛上。二郡所领属县史籍记载不一。今三亚地区设临振县，先属儋耳郡，后统属珠崖郡。自此三亚地区随海南正式纳入汉中央封建王朝的统治版图。

一、西汉平定南越国

赵佗建立南越国后，在统治岭南近 60 多年的时间里，一方面同汉中央王朝保持臣属关系，另一方面采取和辑百越的政策，怀柔辖境内各民族，并实施一定的“越化”措施，促进百越民族之间的交流和融合。西汉王朝初年对南越国的宽容和赵佗正确的政治经略，促进了岭南社会的相对安定，使当地经济文化有了很大发展。但汉王朝到了吕后专政时期，对南越国实行经济封锁政策，禁止向岭南地区输出铁器农具，引起了南越王赵佗的不满，遂兴兵抗拒，从此形成了与西汉政权互相对峙的政治局面。

到汉武帝元鼎年间，汉朝建立已 90 余年，经过多年休养生息，社会经济发展，国力日益强盛。在基本平定北疆匈奴边患之后，为了加强对岭南的控制，汉武帝派出使者抚定南越。南越国晚期，其丞相吕嘉为越族人，对汉王朝存有戒心，力阻南越国内属汉朝。汉武帝元鼎五年（前 112），吕嘉发动叛乱，杀南越国王赵兴、王太后及汉使者，拥立赵建德为王。

平定南越国吕嘉的反叛，一统岭南，势在必行。汉武帝派遣大兵压境，命伏波将军路博德、楼船将军杨仆等率汉兵及楼船水兵号称十万人，分四路出击南越，约定同会于番禺（今广州市）。元鼎六年

（前 111），路博德与杨仆二将军会兵番禺城下，大败南越国兵，纵火焚城。吕嘉与其拥立的南越王赵建德率数百人逃亡，入海西走，后被伏波将军路博德和南越国降官所虏获。同年，汉军从合浦、徐闻渡海进入海南岛，追讨南越国残余势力。至此南越国灭亡，岭南全境遂告平定。汉武帝为了保障岭南地区的社会政治稳定，对南越降官仍封其为侯，并继续对岭南各越族部落实行羁縻之治。从此岭南正式纳入汉中央封建王朝的管辖版图。包括海南在内，分布在今广东、广西以至越南北部地区的岭南百越诸族，遂成为西汉王朝统治下的少数民族。

二、西汉在三亚地区设置临振县

汉武帝平定南越国后，于元封元年（前 110）以其地分置儋耳、珠崖、南海、苍梧、郁林、合浦、交趾、九真、日南九郡，又置交趾刺史总领之，其中儋耳、珠崖两郡就设在海南岛上。《汉书》记载："儋耳、珠崖郡，皆在南方海中洲居，广袤可千里，合十六县，户二万三千余。"① 新开儋耳、珠崖两郡，标志着海南岛正式纳入西汉王朝直接统治的政治版图，是海南历史发展的重要里程碑。其中珠崖郡治所大约在今海口市琼山区东南一带，其管辖区域约在今海南岛的北部、东部和东南部；儋耳郡治所大约在今儋州市西北三都镇附近，其辖区约在今海南岛的西部和西南部。

在汉代郡县的设置中，有所谓内郡和外郡的区别，即"中国（中原）为内郡，缘边有夷狄障塞者为外郡"。② 汉王朝在海南岛上新开置的珠崖、儋耳两郡，均属外郡。两郡的基本职能，除管理当地事务外，儋耳郡还要负责维护通夷道路，以保障海上丝绸之路的交通往来；珠崖郡则是向朝廷贡献地方珍奇特产的重要供应地，官员要负责征调当地贡品。地处海南岛南端的三亚地区，濒临南海，出产珍珠、玳瑁等地方特产，是岛上奇珍异宝重要产地之一。

开置儋耳、珠崖二郡之初，三亚地区其时属于哪一郡所辖，《汉

---

① 班固：《汉书·贾捐之传》，中华书局标点本 1962 年版，第 2830 页。

② 班固：《汉书·宣帝纪》，中华书局标点本 1962 年版，第 41 页。

书》等早期史籍并无明确记载，明清时期的琼州府志多以为属儋耳郡。

儋耳、珠崖二郡所领属县，史籍记载不一。《汉书》卷六《武帝纪》注文引用《茂陵书》，记儋耳、珠崖郡下领县五，但在卷六十四《贾捐之传》中又有“合十六县”一说，具体县名均未详，后代研究者所列名称则互有参差。至于三亚地区其时究竟属于哪一县所辖，后人说法也不一致。《汉书》卷九《元帝纪》载“珠崖郡山南县反”，明万历《广东通志》以为山南县就在明朝时的崖州境。又据唐代《元和郡县志》及北宋《太平寰宇记》记载，后之宁远、延德、临川等县均为“汉临振县地”，则今三亚市境及乐东县境西汉时属临振县辖区。

据当代学者研究，临振县治所在今三亚市崖城。临振县的开置，固然也是为了满足宫廷对奇珍异宝的搜求，但这是三亚地区历史上最早开设的县级行政机构，表明三亚地区已正式归属中央封建政权的管辖。汉代临振县的辖区分布，大致应在海南岛的南部和东南部一带，以今天的三亚市境为主，并包括邻近的陵水、乐东、保亭等县的部分地区，基本涵盖了海南岛南部沿海区域。临振县以东是山南县，大部在今陵水县境，属珠崖郡。临振县之西，则是乐罗县，在今乐东县一带，也属儋耳郡，治所故址在明朝时的德化驿（即今乐东县乐罗村附近）。

汉武帝对于新纳入皇朝统治疆域的儋耳、珠崖两郡，按封建制度实行行政治理。临振县的设置，为三亚地区带来了中原先进的生产技术和汉文化，有利于当地社会经济的发展和黎族先民氏族社会的进步。当时黎族先民仍处在原始社会末期，汉王朝政府采取“以其故俗治”的管辖措施。但是汉朝政权委派的地方官吏歧视少数民族，并没有进行适当的治理和开发，不重视经济生产的发展，只是强制征收和掠夺犀、布、玳瑁、珍珠等土特产品，从而引起当地黎族先民的强烈不满和反抗。黎族先民连年不断的武装暴动和官方的暴力镇压，造成了当地社会的动荡不安，直接动摇了汉王朝在海南岛上的统治。

第四节　西汉罢两郡及置朱卢县

一、西汉罢儋耳、珠崖两郡

为加强对海南岛的统治，西汉王朝从内地派遣官吏到儋耳、珠崖两郡任职。这些官吏大肆搜刮岛上的奇珍异宝，残暴欺压和奴役民众，给当地带来了深重的灾难。据史籍记载，西汉王朝统治海南郡县的吏卒“皆中国（中原）人，多侵凌之”①，“中国（指来自中原的官吏）贪其珍赂，渐相侵侮”。② 更有令人发指者，“朱（珠）崖人多长发，汉时郡守贪残，缚妇女割头取发”。被欺虐的民众“由是叛乱，不复宾状”。③ 黎族先民为反抗官吏的欺压和侵凌，一再发起暴动。汉王朝在海南岛设置郡县后的60多年中，当地黎族先民掀起的较大规模的反抗就达十次以上。站在西汉王朝统治者立场上的《汉书》如此记载：“其民暴恶，自以阻绝，数犯吏禁，吏也酷之，率数年一反，杀吏，汉辄发兵击定之。自初为郡至昭帝始元元年，二十余年间，凡六反叛。”④ 其中规模最大的一次，发生在汉武帝后元二年（前87），珠崖郡太守孙幸贪婪财物，强征广幅布向朝廷进献，引发黎族先民的激烈反抗。“蛮不堪役，遂攻郡杀幸。”⑤ 孙幸遭到诛杀，孙幸之子孙豹率兵进行镇压，“讨击余党，连年乃平”，黎族先民的反抗活动坚持了若干年。

正是汉朝官吏的连年横征暴敛，迫使黎族先民“数岁一反”。官府屡次派兵镇压，但反叛始终未能制止，耗费了朝廷的大量兵力和财力物力，也加剧了珠崖、儋耳郡民众与汉朝官吏之间长期存在的矛盾和冲突。这种不稳定的社会局面，动摇了汉王朝政权在海南岛的统

---

① 司马光编纂：《资治通鉴》，影印文渊阁《四库全书》，第304册，台湾商务印书馆1983年版，第511页。

② 范晔：《后汉书·南蛮西南夷列传》，中华书局标点本1962年版，第2835页。

③ 李昉：《太平御览》卷三七三，中华书局标点本1960年版，第1722页。

④ 班固：《汉书·贾捐之传》，中华书局标点本1962年版，第2830页。

⑤ 范晔：《后汉书·南蛮西南夷列传》，中华书局标点本1962年版，第2836页。

治，不得不仓促调整行政管理机构。汉昭帝始元五年（前 82），撤销位于本岛西部的儋耳郡，将其辖地并归珠崖郡。① 此后，珠崖郡成为管辖全岛仅有的一个郡级地方行政机构，三亚地区也随之归珠崖郡统辖。

但是汉朝官吏并没有放弃对珠崖的歧视和掠夺，对抗状态仍未缓和，社会矛盾没有得到根本的改变。到宣帝、元帝时期，珠崖郡诸县民众又反叛不断。至宣帝神爵三年（前 59），“珠崖三县复反。反后七年，甘露元年（前 53）九县反，辄发兵击定之。元帝初元元年（前 48），珠崖又反，发兵击之。诸县更叛，连年不定”。② 到初元三年（前 46），珠崖郡山南县（今陵水县境）黎族先民再次反叛，且有蔓延扩大的趋势，严重威胁汉王朝在海南岛的统治。正值此时“关东大困，仓库空虚，无以相赡”。在这种严峻的形势下，如何处置远在数千里之外“海上洲居”的珠崖郡黎族先民的反叛，成为汉朝中央政权十分棘手的问题。在朝廷议政时，待诏贾捐之先是对珠崖郡的社会民俗和水土作一番歧视性的诋毁，认为“本不足郡县置也”，接着又针对朝廷对“海外”奇珍异宝的嗜好，提出“又非独珠崖有珠犀、玳瑁也，弃之不足惜，不击不损威”。③ 这些高谈阔论当然只是自欺欺人而已，但他对远程征伐珠崖郡所必须付出的巨大人力物力代价，以及当时封建王朝面临的内外困境，却作出了理智的分析，认为武力征讨并无必胜的把握，“又以动兵，非特劳民，凶年随之”，建议不要再发兵攻伐，应当“罢弃”珠崖郡的设置。这一提议得到了丞相于定国的赞同。汉元帝终于采纳了贾捐之的建议，于初元三年（前 46）下诏：“珠崖虏杀吏民，背畔（叛）为逆。今廷议者或言可击，或言可守，或欲弃之，其指各殊……其罢珠崖郡。”④ 西汉王朝在海南岛上的郡县设置就此收场。随着珠崖郡的罢弃，原在三亚地区

① 班固：《汉书·昭帝纪》，中华书局标点本 1962 年版，第 223 页。
② 班固：《汉书·贾捐之传》，中华书局标点本 1962 年版，第 2830 页。
③ 班固：《汉书·贾捐之传》，中华书局标点本 1962 年版，第 2834 页
④ 班固：《汉书·贾捐之传》，中华书局标点本 1962 年版，第 2835 页。

设立的临振县也随之废置。

“罢弃珠崖”是海南岛行政管辖历史长河中的一次曲折。尽管存在地理远近，官吏、民情和治理策略等诸多方面的制约，有其客观的原因，但总体上说这是一次历史倒退。西汉政权的罢郡之举，使得海南岛上失去了郡一级行政管理机构的设置，以后长时期处于由海北“遥领”的状态。“罢弃珠崖”使黎族先民暂时摆脱了压迫和剥削，缓解了黎汉直接冲突。但是，罢郡使海南岛脱离了与汉中央政权的直属管辖关系，减少了与中原地区的直接往来交流；开郡以后随之而来的官属、戍卒、商贾等所谓的“善人”，也不得不随“罢郡”之举而撤离。这在很大程度上影响了以后很长一段时期内海南岛的经济文化发展，使海南社会进步严重滞后。“罢弃珠崖”客观上也造成了海南岛黎族先民原始氏族社会瓦解进程的停滞，社会的封建化历史被延缓了。

二、朱卢县与珠崖县

汉元帝下诏罢弃珠崖郡后，又另置朱卢县，属合浦郡管辖，以便“民有慕义欲内属，便处之”。[①] 实际上汉朝中央政权对海南岛的管辖已成虚名，黎族先民的氏族社会依然处于各自为治的原始自然状态。其时三亚地区名义上也是在朱卢县的统辖之下。

关于朱卢县设立的具体位置，史籍记载不详。今所见者唯明万历《琼州府志》载：“（珠崖）郡罢，因颜卢为朱卢，温处慕义内属者。”颜卢在今琼山颜村。但古今学者对朱卢县的所在有不同说法，一说在海北徐闻境内，一说仍在海南岛上。“朱庐执刲”银印在岛内的发现，似乎又为朱卢县设在海南岛内提供佐证。

（一）“朱庐执刲”银印的发现

1984年5月，在与三亚毗邻的乐东县志仲区潭培乡（今志仲镇潭培村）发现一枚银印，印面上铸有“朱庐执刲”4个篆体汉字。[②]

---

① 班固：《汉书·贾捐之传》，中华书局标点本1962年版，第2835页。

② 陈高卫：《西汉朱庐执刲银印小考》，载《海南自治州民族博物馆馆刊》1987年总第1期（创刊号）。

其印面呈正方形，通高 1. 9 厘米、边长 2. 4 厘米、厚 0. 8 厘米。印纽近似兽首蛇身，高 1. 1 厘米，通体布鳞，尾部做鬣纹，呈曲身爬行状。西汉“执刲”印目前全国仅发现二枚，另一枚“劳邑执刲”印在 1975 年出土于广西合浦县的西汉晚期墓葬。① 该印为蛇纽琥珀印，通高 2. 1 厘米、边长 2. 3 厘米，属墓中随葬的明器，据推测其墓主人很可能是郡守一级的官吏。二枚西汉“执刲”印在大小、形制上基本相同。

“执刲”或作“执圭”，也作“执珪”，原是楚国的一种官爵名称。春秋战国时期，朝廷依诸侯爵位，以圭赐给功臣，使其持圭朝见，故称之为“执圭”。西汉沿袭古制，大都是为了褒奖对朝廷立有战功的臣子，赐予执珪爵位。刘邦在起兵至当上汉王之前，曾封功臣曹参、夏侯婴、灌婴等人为“执珪”。② “朱庐执刲”银印在海南岛本土的发现，当与汉代在此罢弃珠崖郡后又置朱卢县有一定的关联。古代“庐”与“卢”二字通假，“朱庐”也即为“朱卢”。按秦汉官制，郡守掌治其郡，秩二千石，后更名为太守；郡尉掌佐守典武职甲卒，秩比二千石，后更名为都尉。“凡吏秩比二千石以上，皆银印青绶”。③ 这表明郡守（太守）、郡尉（都尉）皆可被授予银印。“朱庐执刲”印为银质，可见佩带此银印的主人职位较高，应与郡守、都尉相当，其行政地位应是相当于郡一级的官吏。

《汉书》记载，西汉时设置的合浦郡，其下辖徐闻、高凉、合浦、临允、朱卢等五县，其中“朱卢”县即为罢弃珠崖后所设。《汉书》在“朱卢”之下特别注明为“都尉治”。④ 汉官制中都尉（郡尉）职务为典武备，掌握军权。汉朝罢废珠崖郡后，又设立朱卢县，面对当时岛上严峻的社会动乱状况，为维持仅有的一个县级政权设

---

① 广西壮族自治区文物工作队编：《广西合浦县堂排汉墓发掘简报》，载《广西文物考古报告集》，广西人民出版社 1993 年版，第 428 页。

② 班固：《汉书·曹参传》《汉书·夏侯婴传》《汉书·灌婴传》，中华书局标点本 1962 年版，第 2014、2077、2080 页。

③ 班固：《汉书·百官公卿表上》，中华书局标点本 1962 年版。

④ 班固：《汉书·地理志下》，中华书局标点本 1962 年版，第 1630 页。

置，需要派军队全力保护维持，故在朱卢县实行“都尉治”，这也是有可能的。同时，也说明朱卢不仅是一个县级行政机构，其治所的地理位置可能也是一处军事要地，当有重兵驻守拱卫。“朱庐执刲”银印是西汉晚期中央封建政权给予立有战功的朱卢县守官的赐印，持有该银印的主人是身为朱卢都尉又受封为执刲爵位的军政官员。至于其佩印为何在此失落，则难以考实。也许是执印主人率兵到此，在战阵中丢失遗落？或许是别的原因，都无从得知。

“朱庐执刲”银印的发现，当与朱卢县的存在有一定的关联，起码增加了朱卢县设在岛上或执印官员曾在岛上巡视的可能性。这反映了西汉政权“罢弃珠崖”之后并没有完全放弃对海南岛的管辖，其政治影响和军事势力仍在一定程度上存在并延续着，海南岛也始终没有脱离汉朝中央政权的统治版图。“朱庐执刲”银印的发现地乐东县邻近三亚，表明这一地区当时起码在名义上仍在西汉王朝的管辖范围之内。

（二）马援“抚平珠崖”置珠崖县

东汉光武帝年间，交趾郡民众不满当地官吏为政苛暴，群起反抗。建武十六年（40）春，交趾麊冷县徵侧、徵贰二姐妹率兵反叛，攻占交趾郡城。随之，岭南九真、日南、合浦等郡民众纷纷响应，很快占领岭南六十余座城池，威势大振，徵侧自立为王。东汉建武十八年（42），汉光武帝派遣伏波将军马援率兵南下征讨，破交趾，斩徵侧、徵贰二人，接着乘胜追击叛兵残部，遂平定交趾。马援率部所过地方，均恢复郡县统治，申明汉律，建设城郭，兴修水利，安定民生。建武二十年（44）秋，马援凯旋还京师。①

伏波将军马援在征伐交趾过程中，其军队的一部曾经来到海南岛“抚平珠崖”，在岛上“调立城郭，置井邑，立珠崖县”。珠崖（也称“朱崖”）县仍属合浦郡管辖，而原朱卢县则省去。珠崖县复置后，当地民众（所指当主要为汉人）随之“慕义来归”。历史上的珠崖郡县

---

① 范晔：《后汉书·马援传》，中华书局标点本1962年版，第839页。

罢而复置，后代琼崖民众遂认为马伏波功同路伏波（路博德）。海南民俗流行崇祀伏波将军，庙宇一般同祀“两伏波”，分布在海南岛各地。

但是，珠崖县的县治是不是在海南岛本土上，古今多有争议。明代海南先贤王佐认为，珠崖立县不在海南，而是在海北雷州半岛的徐闻境内，乃是属于招抚县。也就是说，只是象征性地宣示对海南的行政管辖。地处海南岛南端的三亚地区，名义上也是在珠崖县的管辖之下，同在东汉王朝的统治区域之内。

第五节　汉代三亚地区社会

西汉在海南开郡设县，三亚地区曾设置临振县，与政治措施相伴随的是中原地区先进经济文化不断传入，尤其是铁器农具和耕作技术输入，推动了当地犁耕农业的发展，也带动了制陶、纺织等手工业的进步。在中原封建经济文化的冲击和影响下，黎族先民原始氏族社会也不断趋向瓦解，三亚社会缓慢地向封建社会渐进。

其时，生活在海南岛的黎族先民仍延续着百越—骆越族断发文身的古老习俗。为适应岛上高温炎热、潮湿多雨的自然环境，他们在生活中形成了某些具有地域特点的风俗，如着贯头衣和喜大耳饰及椎髻、跣足等。其中，有的习俗延续了很长时间，在近代黎族社会生活中还遗留下来。

一、社会经济

（一）农耕技术的进步

临振县地处滨海地区，沿海交通较为便利，容易直接受到经岭南传来的中原先进文化的影响，当地黎族先民有条件较早与汉人进行接触和交流。在农业活动中，已出现铁制农具的使用和犁耕技术，农耕生产得到了较快发展。“男子耕农，种禾稻苎麻，女子桑蚕织绩。亡马与虎，民有五畜。”① 当时，黎族先民已开始形成男耕女织的社会

① 班固：《汉书·地理志下》，中华书局标点本1962年版，第1670页。

分工，并在经济活动中出现了畜牧业生产。

受汉族经济文化的直接影响，在实行郡县制管辖下的骆越人分布地区内，社会生产得到了很大的进步。据史籍记载，郡县制设置初期，九真郡内的骆越人一般“以射猎为业，不知农耕”，时任郡太守的任延面对这样落后的生产状况，“乃令铸田器，教之垦辟。田畴岁岁开广，百姓冲给”。[①] 这一史实反映汉代九真郡的经济生产方式已经有了改变，开始从事犁耕农业。与九真郡相邻的交趾郡，其郡内的骆越人种植水稻已实行更为先进的“二造制”耕作方法，能够“一岁冬夏再种”。[②]

海南岛是骆越人分布最南的地区，岛上珠崖、儋耳两郡在地理上又毗邻交趾、九真两郡，自然生态环境也十分相似，并都同属于汉代交趾刺史总领，“二造制”农耕技术也会从岭南传入，三亚地区沿海的黎族先民同样受到这种农耕文明的影响。但是三亚较偏远的北部山区，紧倚崇山峻岭，交通不便，岭南先进的经济文化还难以播及和影响到这里，当地黎族先民还停留在刀耕火种的原始农业生产阶段，生产工具仍然主要是磨制的有肩石器，没有出现先进的铁制农具和犁耕技术。

（二）手工业的发展

汉代三亚地区的手工业已有长足进步。陶器的制作水平有了一定提高。纺织业则处在较为发达的阶段，部分织物已成为朝廷的贡品。开始使用青铜器。还出现了以物易物的最初形态的商贸活动。

制陶业是当时较为重要的手工业部门。从陶器的烧造技术、成型工艺及使用功能来看，三亚地区黎族先民的制陶技术已有了较大提高，能烧制泥质几何印纹硬陶，且器物种类也有所增加。在三亚及邻近市县汉代遗址中都发现了泥质几何印纹硬灰陶，烧制温度很高，质地较坚硬。陶器装饰的几何印纹图案采用较先进的拍印技术，主要有

---

① 范晔：《后汉书·任延传》，中华书局标点本1962年版，第2462页。

② 蒋炳钊等编：《百越民族文化》，学林出版社1988年版，第137页。

方格纹、米字纹、水波纹、菱形纹、篦纹、弦纹等种。[①] 能够烧制这类几何印纹硬陶，表明当时已摆脱了古老的露天平地堆烧的原始方法，采用了较为先进的烧陶技术，当是建造了半地穴式的陶窑来烧制。器形主要有釜、罐、甑、瓮、盆、鼎、钵、碗等。在三亚玡琅（亚龙）湾、长忧等汉代遗址中都采集到这类几何印纹陶器用具。[②] 另外在三亚市海棠湾镇发现的番岭坡汉代瓮棺墓群，其葬具组合有三种形式，一种为三釜一甑相套，一种为五釜相套，另一种为三釜二罐相套。釜、甑为素面夹砂粗灰陶，圜底；罐为灰色四耳硬陶罐，肩部饰两道弦纹。有的还随葬夹砂粗陶小釜。这些陶器葬具全是人们日常生活所使用的器皿。

纺织业是当时最重要的手工业生产部门。汉代三亚生长的木棉属于热带锦葵野生植物，纤维细长，平滑而有光泽，抗拉力较强，是纺纱织布的上好原料。黎族先民在发展本民族古老的纺织工艺技术中，又有所创造。妇女们用这种野生木棉纤维织成布料，即所谓的"广幅布"。这种宽幅布料深受中原地区人们的喜爱。珠崖郡太守孙幸为牟私利对"广幅布"苛征无度，激起民变。"广幅布"是海南盛产的一种代表性纺织品，一直被作为朝廷贡品。

黎族先民在"广幅布"的基础上，后来又进一步改进，用植物浸渍染出五彩斑斓的颜色，被称为"五色斑布"。"五色斑布似丝布，吉贝木（即木棉树）所作。此木熟时，状如鹅毛，中有核，如珠绚，细过丝绵。人将用之，则治其核。但纺不绩，任意小轴牵引，无有断绝。欲为斑布，则染之一色，织以为布，弱软厚致。"[③] 这种五色布料纹理细密，质地柔软平整，上有五彩缤纷的艳丽纹饰图案，表明黎族先民的纺织工艺技术已发展到相当高的水平。工艺精湛的"五色斑布"是当时朝廷官员十分钟爱的一种服饰布料，后成为官府所征

---

① 郝思德、王大新：《海南省近五十年文物考古工作概述》，载《新中国考古五十年》，文物出版社 1999 年版，第 350 页。

② 国家文物局主编：《中国文物地图集・海南分册》初稿第 3 册三亚市部分。

③ 万震：《南州异物志》。

调的一种特有贡品。

当时的纺织原料除主要采用野生木棉外，也选用苎麻和蚕丝为原料。据史书记载，汉代珠崖、儋耳两郡内的黎族先民男子种植苎麻，妇女则进行养殖桑蚕和纺织，而珠崖郡下辖的临振县，也应有桑麻种植活动。广州南越王墓中曾出土一批纺织品，其中部分织物有可能就是来自南越国管辖下的海南岛的进贡品，当为黎族先民妇女所织造。

（三）青铜器的使用

汉代，海南岛黎族先民已开始使用青铜器。在与三亚毗邻的陵水、乐东及昌江等地，先后发现过一些汉代青铜器，都是形制基本相同的生产工具青铜斧。器形较小，呈方銎、圆弧刃，斧身装饰网纹。① 这种小型青铜斧工具铸造技术较为简单，仅用一般的合范法制作即可成，应为海南岛本地冶炼生产。

此外，与三亚毗邻市县的黎族聚居地区，曾相继出土20余件汉代青铜釜和青铜鼓，形制均硕大，铸造工艺颇为精细。其中青铜鼓属于广西北流型和灵山型鼓的范畴，圆形鼓面上都铸有四对或六对立蛙或蹲蛙装饰。一般认为，北流型铜鼓是骆越人（即俚人）使用的一种乐器。史书载："俚僚铸铜为鼓，鼓惟高大为贵，面阔丈余。"② 史书又记：马援征交趾，建武二十年（44）秋还京师，"于交趾得骆越铜鼓"。③ 三亚地区黎族先民是骆越人的一支，这些铜鼓亦应当是当地黎族先民所使用的一种乐器；而鼓面上的蛙纹装饰，则与其流行蛙图腾崇拜的习俗有一定关联。

二、社会习俗

（一）贯头衣

西汉时，海南岛上珠崖、儋耳两郡"民皆服布如单被，穿中央

① 海南省文物保护管理委员会编：《海南省的考古发现与文物保护》，载《文物考古工作十年》1991年版，第245页。

② 李昉：《太平御览 · 广州记 · 引文》卷七八五，中华书局影印本。

③ 范晔：《后汉书 · 马援传》，中华书局标点本1965年版，第840页。

为贯头”。[①]“贯头”即为“贯头衣”，就是直接在一块布料上开一个洞，穿着时头部从其洞口而贯之，再用带子系住。这是一种无领无袖的坎肩式短衣。到东汉时，当地黎族先民乃至百越先民仍沿袭穿着贯头短衣的习惯。“凡交趾所统，虽置郡县，而言语各异，重译乃通……以布贯头而著之。”[②] 两汉时期穿贯头衣是海南岛黎族先民十分盛行的服饰习俗。

黎族先民的这种贯头衣服饰，是在纺织产生后较早时期的一种服装样式，类似于人类最早出现的“套头衣”。先秦时期，中原地区流行的是一种着袖带衽服饰，当时人们对南方地区百越民族的生活习俗不太了解，加之海南岛距中原地区又十分遥远，经过道听途说及夸张想象，常错将岛上着贯头衣的黎族先民误作所谓的“穿胸人”。到汉代，中央封建政权将海南岛纳入统治版图，随着汉人迁入数量较多，相互间有了接触交流，中原汉人对岛上的黎族先民才有了较为清楚的认识，方知所谓的“穿胸人”，其实是对这里的住民服装穿着习惯的误解。“其衣则缝布二幅，合二头，开中央，以头贯穿，胸不突穿。”[③] 这是与中原地区完全不同的一种服饰样式。

三亚位于亚热带地区，气候炎热，高温多雨。为适应当地的自然气候环境，黎族先民所穿着的服饰以简单自然为习俗。贯头衣的制作简便快捷，无须缝制，又能起到遮身暖体的作用，于是成为黎族先民日常生活中比较流行的一种服装式样。这种着贯头衣的古老生活习俗，在海南岛延续了很长的历史时期。至今在海南岛的部分黎族聚居区域，仍保留着这种类似贯头衣的服饰。

（二）文身

文身习俗在南方地区百越族群中出现的时间较早。据《山海经》记载：“伯虑国、离耳国、雕题国、北朐国，皆在郁水南。”在“离

---

① 班固：《汉书·地理志下》，中华书局标点本 1962 年版，第 1670 页

② 范晔：《后汉书·南蛮西南夷列传》，中华书局标点本 1962 年版，第 2836 页。

③ 杨孚：《异物志》，广东人民出版社 1982 年版。

耳国”下注云：“即儋耳，在珠崖海渚中。”又于“雕题国”下注云：“黥涅其面，画体为鳞采，即鲛人也。”① 这里所提的珠崖、儋耳，即西汉在海南岛所设置的两郡，而这里的“离耳”之民与“雕题”之民，则是指在海南岛上生活的骆越人，即黎族先民。所谓“雕题”，是指先秦时期在人体上刺刻纹饰图案的一种装饰现象，实际上这是古代百越族较为流行的一种生活习俗。海南黎族先民中流行文身，是古代百越族“雕题”习俗的一种延续。

杨孚著《异物志》载，先秦时，“剪发文身，错臂左袵，瓯越之民也”。文后《索隐》中又曰：“今珠崖、儋耳谓之瓯人，是有瓯越。”又说“文身断发避龙”。② 文身，主要是指在人的额头、胸脯和四肢等刺刻花纹图案，又被称作“雕题”、“黥面”、“涅面”、“扎青”、“文面”等。可见，文身是百越族社会习俗中较明显的文化特征。

古老的文身习俗在黎族先民中也十分流行。到汉代，黎族先民把文身看作是自己所属族群的一种独特符号，用来作为区分不同氏族的标志。他们在文身时所装饰的部位、纹饰图案各不相同，只有施相同文身图案的人们，彼此才被认为是同属一个氏族。同时，文身也是一种特殊的原始文化现象，在氏族图腾崇拜中具有重要的社会功能。文身所记录的丰富图案符号，在一定意义上体现出黎族先民自身的原始宗教信仰和历史文化发展信息。

（三）耳饰

先秦时期，已有部分黎族先民活动在本岛的西部地区。他们流行一种较为奇特的耳饰习俗，被称作为“儋耳”。古籍记载，“离耳国”在郁水南，又注曰：“镂离其耳，分令下垂以为饰，即儋耳也，在朱崖海渚中。”这里的“朱崖”即指海南岛，表明先秦时期海南岛上存在一个喜欢“儋耳”习俗的“离耳国”，亦称作“儋耳国”，当时的

---

① 《山海经》卷十《海内南经》，中华书局标点本 2009 年版，第 205 页。
② 司马迁：《史记·赵世家》，中华书局标点本 1982 年版，第 1809 页。

人们以耳坠大且又垂下为美。

汉武帝平定南越国后，于海南岛上设置两郡，其中设在岛西部的儋耳郡，其郡名就是因为这里的黎族先民流行“大耳”、“垂耳”的独特耳饰习俗所得。史籍记载：“珠崖、儋耳二郡在海洲上，东西千里，南北五百里。其渠帅贵长耳，皆穿而缒之，垂肩三寸。”① 由此可知，汉代居住在儋耳郡的黎族先民，无论是部落首领或是氏族平民，耳坠都很大，能下垂其耳。

（四）椎髻、跣足

“椎髻徒跣”是骆越人常见的一种生活习俗。三亚地区气候炎热，潮湿多雨，居住在这里的黎族先民为了适应环境，把头发盘绑在头顶或脑后，结成类似椎状的发髻形式，使头部比较凉快，这就是所谓“椎髻”（又称“椎结”）。同时，日常赤足行走，此即所谓“徒跣”或“跣足”。椎髻、跣足的广泛流行，是汉代三亚地区黎族先民延续了骆越族原有的生活习惯，并成为具有地域特色的社会风俗。

三、社会形态

西汉王朝在海南岛沿海一带设置郡县后，随着汉人相继迁入，带来了中原的先进文化。沿海地区的黎族先民在与汉人的接触和交流中，较早受到了汉文化的影响，三亚地区也一样。在沿海居住的部分黎族先民被地方政权编入户籍，接受汉朝的行政管理，按时向官府缴纳赋税和提供徭役，较早地被纳入封建化的统治范围，这就是后代所称的“熟黎”。他们即是黎族先民中较早接受汉化的一部分。而交通往来不便，封建统治影响还未能到达的三亚北部山区及偏远地区，受中原先进经济文化的波及较少，仍保留着落后的自然经济生产方式，社会形态还停留在父系氏族社会阶段。生活在这里的黎族先民并没有真正归附于汉王朝地方封建政权的直接管辖，没有成为郡县的编户，也不向官府提供赋役，这就是没有迈入封建社会的门槛、后代所称的“生黎”。尤其是北部五指山区，还继续保留着落后的“合亩制”生

① 范晔：《后汉书·南蛮西南夷列传》，中华书局标点本 1962 年版，第 2835 页。

产和社会组织，停留在原始社会末期父系家庭公社阶段。汉代，因三亚地区“多高山大林”，自然是“生黎多”，“熟黎少”。

汉人进入海南岛之前，黎族先民主要生活在环岛沿海的平原丘陵地带，过着原始的氏族社会生活。随着郡县制的设立及汉人的到来，改变了岛上黎族先民环岛临海而居的状况，打破了原先单一黎族先民的空间分布格局。黎族先民开始从环岛沿海四周向腹地山区转移，经过漫长的历史演进，逐渐形成所谓“汉外黎内”的民族空间分布格局。这种“汉外黎内”的地域分布，在一定程度上影响了黎族先民原始社会的瓦解进程，也阻碍了海南全岛的封建化进程。就三亚地区而言，由于山海相连的地形特点，北部山区是所谓“生黎”的主要聚居地区，而沿海平原狭窄而分散，更多的是小区域范围内的黎汉杂居及汉人村社聚居。所以，三亚原始社会的解体进程呈现出一定的不平衡性和特殊性，不同区域内的社会性质会有所不同。从总体上来讲，汉代三亚社会只是初步迈进了封建社会的门槛。

第三章 汉末至隋唐五代时期的三亚地区

从东汉末年的三国到魏晋南北朝、再到隋唐五代，这是一段长达740年（220~960）的历史时期。中国社会经历了无数次的分裂与统一，冲突与融合，战乱与休养生息，其间的隋唐两朝，把中国封建社会的政治、经济、文化推向了一个新的高峰。在中原漫长而又激烈动荡的历史演进过程中，僻处溟南的海南以至三亚地区，经过置郡辟县，相对缓慢而平稳地完成了由秦汉之际跨入封建社会门槛之后的转型，移民增多，人口增长，受中原经济、文化的影响越来越深。隋唐之后中央政权在海南以至三亚地区的统治越来越趋于稳定，三亚社会由长期的原始村峒酋领各自为治的状态逐步向郡县制过渡，从中央王朝的“遥领之地”逐渐变成“王化之地”。以冼夫人为代表的冯冼家族等地方豪酋顺应历史潮流，在推进这一历史进程中发挥了重要的作用，加快了对海南以至三亚地区的开发和治理。

第一节 汉末至隋朝时期的三亚地区

汉末中原战乱频仍。自三国鼎立至魏晋南北朝，历经近370年（220~598），几乎是连年战乱，以致“白骨蔽平原”、“千里无鸡鸣”。中原中央政权你争我夺，无暇顾及海南。海南仍处于原始村峒酋领各自为治的自然状态，彼此不相统属，各为雄长。在怀有正统偏见的儒家史官看来，珠崖等郡仍“依作寇盗，专为亡叛逋逃之薮”。①然而，包括三亚地区在内的海南，没有遭受大规模、长时间军阀混战的伤害，反而有机会接纳避难的移民、接受中原先进文化的启蒙。海南处于相对平和的自然状态，成为人们避难求安之地。这种状况一直延续到冯冼家族崛起，才翻开历史的新篇章，直至唐代完成对海南地方的郡县化。

一、孙吴时期的三亚地区遥领于海北州郡

东汉末年，交趾太守士燮“董督”岭南七郡，合浦、九真、南海诸郡太守及徐闻县令均为其弟，岭南实为“士氏集团”所控驭。士燮“体器宽厚，谦虚下士，中国（中原）人士往依避难者以百数”。史称其“学问优博，又达于从政，处大乱之中，保全一郡，二十余年疆场无事，民不失业，羁旅之徒皆蒙其庆”。② 其时名义上统辖海南全境的朱崖县属合浦郡所领，士氏集团控驭的岭南，当包括今日三亚地区在内的海南。东汉建安十六年（211），岭南成为三国之一的吴国势力范围。士燮集团与孙吴精诚合作，共同治理，岭南政治相对稳定。东吴黄武五年（226），控驭岭南40多年的士燮去世，孙权遣吕岱为交州刺史，排挤“士氏集团”，引发士燮子弟的反抗，被吕岱“大破之”，岭南属地皆为其所治。

吕岱取代士氏集团统御岭南，然而对孤悬海外的海南抚控不力，朱崖县仍然名存实亡。好大喜功的孙权对此并不满意，意欲出兵征服珠崖，但遭到大臣陆逊、全琮的强烈反对。孙权固执己见，一意孤行，于赤乌五年（224）秋七月“遣将军聂友、校尉陆凯以兵三万讨珠崖、儋耳”③，结果“军行经岁，士众疾疫死者十有八九，权深悔之”。④

《三国志·吴书·诸葛恪传》载：“丹阳太守聂友，素与恪

① 《三国志·吴志·薛综传》。
② 《三国志·吴志·士燮传》。
③ 《三国志·吴志·孙权传》。
④ 《三国志·吴志·全琮传》。

善……友，字文悌，豫章人也”。南朝宋人裴松之具体注解说，聂友年轻时当过县吏，受县令之命送虞翻徙官交州，言谈中虞翻很赏识他，修书向豫章太守谢斐推荐。谢斐用聂友当功曹，使至都城，又与吴国大臣诸葛恪友善。后来因诸葛恪的推荐，随陆凯征讨儋耳有功，被提升为丹阳太守，年三十三卒。

《三国志·吴书·陆凯传》载：“陆凯，字敬风，吴郡人，丞相陆逊族子也。黄武初（222），为永兴、诸暨长，所在有治迹，拜建武都尉，领兵……赤乌中，除儋耳太守，讨朱崖，斩获有功，迁为建武校尉。”

唐代文献记载：“（吴赤乌五年）九月，遣将军陆凯讨定朱崖、儋耳郡。”①

明代地方志载：“及孙权将围珠崖，恪荐友为太守，诏加将军，与校尉陆凯同往。既奏捷，留友治之。友虑师久致疫，简其精锐自卫，余先遣还。权大说（悦），征为丹阳太守。”②

上面所列文献，有时称“儋耳、珠崖”，有时只说“珠崖”或“朱崖”，都是对海南全岛的泛称，从侧面反映当时吴国政权在珠崖并没有确定的建置，只能泛泛而言。综合上面文献可以看到，所谓聂友、陆凯任珠崖太守、儋耳太守，不过是临阵授命；所谓“讨定”，也只是一时的武力慑服。三万大兵“死者十有八九”，讨定之后随即遣还。《三国志》记载孙权“深悔之”，这是不听陆逊、全琮忠告留下的悔恨。

尽管如此，孙吴政权到底是废除朱崖县，重新设置珠崖郡，为后世史家所认可。《晋书·地理志》载：“吴主大皇帝初置郡五：临贺、武昌、珠崖、新安、庐陵南郡。”复置珠崖郡的时间，《晋书·地理志》“交州”条目下认定为吴赤乌五年，而唐《元和郡县志》却错以为赤乌二年，显然是“五”与“二”字形讹误所致。

---

① 许嵩：《建康实录》卷二，中华书局 1996 年版。

② （明）万历《广东通志》卷六十一《郡县志四十六·琼州府·名宦·吴》。

《元和郡县志》记载东吴征讨珠崖之后仍不有其地，招抚其人也不从化，只能在徐闻立珠崖郡、珠官县，却是事实。① 去三国不远的晋代王范在《交广二州记》中也说："珠崖在大海中，南极之外。吴时复置太守，住徐闻县遥抚之。"② 可见，赤乌五年（242）武力"讨平"海南岛之后，却仍无力在岛上设置郡县有效治理，所置珠崖郡治只能设在海南岛对岸的徐闻。

隶属交州的珠崖郡，下领徐闻、朱卢、珠官三县，包括三亚地区在内的海南岛，名义上为朱卢③（实即东汉之朱崖县）、珠官所辖。当时三国纷争，都自称为正统，对于他国州郡都在名义上"遥领"，一概自欺欺人地划在自己的名分下。实际隶于吴国的交州，在这种政治风气之下，也曾被蜀、魏和晋所"遥领"过。④ 但不管是哪一方面的主张，处于遥领地位的海南，这一时期没有参与中原政权的纷争，始终维持着原始村峒各自为治的社会状态。值得一提的是，广州（从交州分置）刺史吕岱于赤乌六年（243）遣宣化从事朱应、中郎康泰航行南海，出访了东南亚各国。《梁书·海南诸国》载："吴孙权时，遣宣化从事朱应、中郎康泰通焉。其所经及传闻，则有百数十国，因立记传。"两人都撰述了自己的见闻，朱应著有《扶南异物志》，康泰著有《扶南记》。孙吴时期在南海辽阔海域航行，遣使访问南海周边各国，是今天研究南海具有重要意义的史实。

二、两晋宋齐时期三亚地区不改自然状态

西晋太康元年（280），晋武帝分兵六路大举破吴，吴末帝孙皓出

① 见《舆地纪胜》卷一二四"琼州"转引《元和郡县志》云："赤乌二年于徐闻县立珠崖郡，于其地立珠官一县招抚其人，竟不从化。又于徐闻县立珠崖郡，竟不有其地。"

② 《初学记》卷八《岭南道第十一·极外海中》引。

③ 后代学者对于朱卢县实即东汉之朱崖县有诸多考证。（清）嘉庆《重修一统志》卷四五二《琼州府一·建置沿革·琼山县》亦云：（朱卢）"汉初朱崖郡地，后置朱卢县，属合浦郡。后汉曰朱崖县，三国吴复曰朱卢县"。

④ 如《通典·州郡十四·古南越》载："汉末，其地并属吴，仍分为广州，领郡三，理番禺。后蜀以建宁太守遥领交州。晋平蜀，亦然。"

降，东吴灭亡，汉末以来割据局面就此结束。西晋平吴后，撤销珠崖郡，并入合浦郡。《晋书·地理志下·交州》载："（西晋）平吴后，省珠崖入合浦。"省入时间，据清代方志记载为太康元年（280）。

《晋书·地理志下》载合浦郡领六县：合浦、南平、荡昌、徐闻、毒质、珠官。而清代雍正《广东通志》则载："太康元年省珠崖郡，以朱卢、珠官二县属合浦郡。旋改朱卢为玳瑁县。"① 据《晋书·地理志下》所载，这个时期属于海南岛的建置实际上只有毒质县。毒质县，明代地方史志材料有说是汉紫贝县②，有说是汉瑇（玳）瑁县③，从音义及字形上当与瑇（玳）瑁县同。④ 但实际上，两晋时期不管是称毒质还是称玳瑁，都只是整个海南岛徒有虚名的象征。包括今三亚地区在内的海南全岛，在西晋长约50年间，虽在中原朝廷的视野之内，朝廷却仍然无力控驭，只是在名义上隶于虚设的合浦郡玳瑁县。

东晋偏安，上层士族力柔质弱，很快被下层军官起家的刘裕取而代之，于永初元年（420）废东晋恭帝司马德文，自立为帝，国号"大宋"，定都建康。

10年后的元嘉八年（431）春正月，宋文帝"于交州复立珠崖郡"。⑤

---

①（清）雍正《广东通志》卷五《沿革志·琼州府·琼山县》。又见（清）乾隆《琼州府志·沿革表》。

②（明）万历《广东通志》卷五十七《郡县志四十四·琼州府·沿革》："文昌县，本汉紫贝县地。晋为瑇質县。"

③（清）嘉庆《重修一统志》卷四五三《琼州府二·古迹》"琼山故城"条："在今琼山县南。《元和志》：本汉玳瑁县地……按汉玳瑁县无考，《晋志》合浦郡有毒质县，疑即玳瑁，盖晋亦省珠崖入合浦也"。

④《汉书·地理志下》载："近海多犀、象、毒冒"。颜师古注："毒，音代；冒，音莫内反。"《汉书·郊祀志下》载："毒冒、犀、玉二十余物"。可见玳瑁常写作毒冒。道光《广东通志》卷四《郡县沿革表四·晋》按语："吴复立珠崖郡，置珠官县。今廉州合浦县、钦州及琼州府全境地。晋时并入合浦郡，毒质县无可考，疑是汉之玳瑁县误为毒质，或者晋并省时改名'瑇质'，又省'瑇'为'毒'耳。"

⑤《宋书·文帝纪》。也见（唐）许嵩：《建康实录》卷十二：宋文帝元嘉八年春正月，"置朱崖郡，以属交州"。

元嘉二十二年（445），宋文帝又撤销珠崖郡，省入合浦郡。清代学者徐文范研究则称，宋文帝元嘉二十二年“置宋寿郡，省珠崖”。①

大明四年（460），宋孝武帝派费沈、武期讨伐岭南，拟打通珠崖道。此举可见，宋文帝省珠崖郡，乃是由于控驭无力。宋孝武帝拟打通珠崖道，结果依然有心无力，无功而返。《宋书·夷蛮列传》载：

> 广州诸山并俚、獠，种类繁炽，前后屡为侵暴，历世患苦之。世祖大明中，合浦大帅陈檀归顺，拜龙骧将军。四年，檀表乞官军征讨未附，乃以檀为高兴太守，将军如故。遣前硃提太守费沈、龙骧将军武期率众南伐，并通硃崖道，并无功，辄杀檀而反，沈下狱死。②

《宋书·州郡志》记载，合浦郡“先属交州。领县七”，其中有硃卢长，硃卢即朱卢，硃卢长即朱卢县令。海南名义上是朱卢县的境域。地处海南南端的三亚地区，仍为海北政权所遥领，而实际上却完全在其管辖治理之外，处于自然村峒各自为治的原始状态。

479年，齐代宋，仍然没有什么变化。直到萧梁时期，南越地方势力冯冼集团崛起后，朝廷通过与冯冼集团合作，海南乃至三亚才重新不可逆转地融入中国历史演进的大潮之中。

三、梁陈隋时期三亚地区的行政统属

萧齐（479~502）统治年代不长，国祚延续仅23年，齐和帝中兴二年（502）即为萧梁所取代。萧梁（502~557）立国55年，武帝萧衍一人秉政47年，梁朝几乎是他一个人的朝代。然而正是在萧梁一朝，包括三亚在内的海南迎来了一次历史性的转折，重新走向辟郡开县的历史新时期。这个转折的关键，并非萧梁比吴晋宋齐更强大或更进取，而是岭南继汉末士燮集团之后的第二个豪族——冯冼家族的

---

① 《东晋南北朝州郡表》卷四《交州》。

② 《南史·夷貊上·海南诸国》亦载。

崛起，并仰慕中原地区的儒家文化，主动向中原政权靠拢的结果。梁武帝对于冯冼家族的“向化效忠”，给予充分的信任和相应的名分，致使继之者——陈、隋以至唐初，都能够在冯冼家族的合作之下，将中原的行政制度和礼教文化渐次在海南、首先是在沿海各地奠基、开拓、浸染、发展起来。

（一）梁、陈至隋初重新在海南本土上置立崖州

萧梁代齐后，梁武帝萧衍励精图治，前期一度府库殷实、士马强盛。10 年之后，到天监十年（511）就完整据有了三国吴时的疆域，并平定了岭南的俚人。《隋书·地理志上》载：

> 梁武帝除暴宁乱，奄有旧吴。天监十年有州二十三，郡三百五十，县千二十二。其后务恢境宇，频事经略，开拓闽越，克复淮浦，平俚洞，破牂牁。又以旧州遐阔，多有析置。大同年中，州一百七，郡县亦称于此。

唐李吉甫《元和郡县志》载：“梁于徐闻县立珠崖郡。”① 梁朝据有岭南之后，因袭前朝而治，仍在海北置珠崖郡，时间当不晚于天监十一年（512）。又载：三国孙吴至晋及宋、齐期间设置的朱卢县，“梁、陈时废”。② 萧梁在置立珠崖郡的前后，废除了朱卢县。

虽然，萧梁比起宋、齐来，统治势力强大得多，但武力平定并不能怀附各处峒俚，暂时还只能跟宋、齐一样，在海北设郡“遥领”海南，实际上也还是“不有其地”。明代海南先贤王佐在所著《琼台外纪》中，就曾论证在得到岭南俚族首领冼夫人的合作以前，东汉以来各朝关于海南所设的朱崖、朱卢等郡县，只是招抚性质的建置。③ 三亚地区亦在其中。

然而就在萧梁于天监十年（511）据有岭南的 10 年以后，即普

---

① 见（南宋）王象之：《舆地纪胜》卷第一百二十四《广南西路·吉阳军·沿革》所引。

② 见《舆地纪胜》卷四五二《琼州府一·琼山县》下注所引。

③ （明）正德《琼台志》卷三附录所引王佐《外纪·四论》。

通二年（521），中国历史上杰出的政治家、岭南俚人首领冼英出生。[①] 又过二十年左右，冼夫人怀集百越，岭南“政令有序，人莫敢违”，“海南、儋耳归附者千余峒”。[②] 据历史文献记载，就在梁大同年间（535~546），冼夫人向朝廷请命，在海南西部的儋耳地方设置崖州。

明代正德《琼台志》、万历《琼州府志》及《大明一统志》，都在建置沿革卷记载了萧梁就儋耳地方设置崖州、统属于广州，时海南、儋耳归附冯冼氏千余峒的历史事实。清雍正《广东通志》记载得更为详细。

> 梁大同中，就废儋耳地置崖州，统于广州。时儋耳归附冯冼氏者千余峒，请命于朝，故置州。按：孙吴、刘宋置珠崖，都只在徐闻遥领之耳。至是置崖州于儋耳，而琼、崖、儋、万入焉。[③]

当然，琼、崖、儋、万四州并列是明清时海南政治建置的格局，这里的意思是这时海南全岛都在崖州的统辖之下。萧梁朝廷应冼夫人所请，在归附于冼夫人的汉儋耳郡地方置立崖州，其历史意义非同一般。有冯冼家族的合作，崖州的行政施为可以通过冯冼家族的控驭来实现，再不是名义上的招抚设置；海南本土上的行政建置及其实际运行，从此落在实处，此后再未中断过。梁于儋耳地方设置崖州，自来被视为海南历史进程中的重要里程碑。[④]

请置崖州约十年后，梁武帝太清二年（548），侯景叛乱，萧梁政权风雨飘摇，自顾不暇。但岭南、包括海南，却因冯冼家族的抚控有力，反而“数郡晏然”，社会相对安定。

---

① 冯冼家族的具体事迹详见后文。

② 《隋书·谯国夫人传》。

③ （清）雍正《广东通志》卷五《沿革志·琼州府》。后来，琼州府志多抄袭这种说法，如（清）道光《琼州府志·历代沿革表》。

④ 《大明一统志》在《建置沿革》卷肯定梁于废儋耳地（义伦）置崖州，同时又在《古迹》卷记载“古崖州城在府城东南三十里，梁置州于此”。因此后代有学者认为，至迟在梁武帝中大通四年（532）以前，梁先置招抚州于海南岛东北部，依然无所作为，“不有其地”；大同年间才应冼夫人之请“移置”崖州于岛西部儋耳。

又两年后，梁大宝元年（550），岭南高州刺史李迁仕、杜平虏趁侯景之乱造反，被冼夫人用计击败。冼夫人因此与梁朝长城侯陈霸先在赣石结识。侯景叛乱十年后（557），陈霸先取代萧梁，在占康建立陈朝，是为陈武帝。第二年，即陈武帝永定二年（558），冼夫人派遣九岁的儿子冯仆率领岭南诸少数民族首领到丹阳朝见陈武帝。又十年后，即陈宣帝太建元年（569），广州刺史欧阳纥谋反，冼夫人起兵助陈平定叛乱。从永定三年（559）冼夫人的丈夫冯宝卒，到陈后主祯明元年（587）子冯仆卒，再到陈灭（589），其间30多年，正值冼夫人盛年。作为地方少数民族首领，冼夫人遵从中央政权的统辖，岭南、海南也出现尊奉冼夫人而相对安定的政治局面。这种安定的局面，使得梁朝时“就废儋耳地置崖州”的建制得以维持。

由于冼夫人的统率和影响，南陈对海南岛的管理也似乎较前代切实。期间有任崖州太守名袁洪者，地方志有记载，且见诸小说家言。[①] 又《陈书·南康愍王传》记载，陈宣帝大建四年，迁广州刺史陈方泰持节都督广、衡、交、越、成、定、明、新、合、罗、德、宜、黄、利、安、建、石、崖十九州岛诸军事。这一记载反映南陈时确已拥有崖州，纳入军事管辖。在此期间，今三亚地区毫无疑问已属冯冼集团的势力范围。据《隋书》及《资治通鉴》载，陈灭后的第二年，隋文帝开皇十年（590），即“赐夫人临振县汤沐邑，户一千五百”。

（二）临振县成为冼夫人“汤沐邑”

581年，北周静帝禅位于杨坚，这就是隋文帝。文帝开皇九年（589）二月南渡俘虏陈后主，陈亡。第二年，开皇十年（590）九月，隋文帝派总管韦洸安抚岭南，受阻后徘徊逗留不敢进。杨广让当了俘虏的陈后主寄信物告知冼夫人陈国已亡。冼夫人见到信物，才召集数千首领哭祭陈朝，之后派孙子冯魂率众迎接隋朝使节，岭南诸州悉数归隋。但很快又发生王仲宣带领各首领反隋和番州总管赵讷贪虐

① （明）万历《琼州府志》卷九《官师表》、（清）道光《琼州府志》卷二十三《职官志一·文职》、（唐）牛僧孺所著传奇《玄怪录》卷三《袁洪儿夸郎》都有记载。

之事，风波很快被冼夫人平定。冼夫人亲赴十余州招抚亡叛，岭南方才安定下来。隋文帝重赏冯冼家族，其中与海南和三亚地区紧密相关的事项有：赐冼夫人临振县汤沐邑，户一千五百，追赠冼夫人之子冯仆为崖州总管，事在开皇十年（590）年底。这时候所称的临振县，约相当于今天的三亚市和乐东县、陵水县的部分辖境；而设置于今天的儋州市境的崖州，则统辖海南全境。

隋平陈入岭南后，因袭梁、陈建制，仍置崖州，但罢去了设于海北的珠崖郡。珠崖郡的废置，乃是隋文帝实施“州统县”建制的结果。隋文帝开皇三年（583）“罢郡，以州统县”①，“遂废诸郡”。②只是珠崖郡的废置不是在这一年，因为这一年海南岛还属南陈（陈后主至德元年），离隋总管韦洸入岭南还有七年。所以，珠崖郡的废置应当是在开皇十年（590）统一岭南之后。③

隋初开皇至仁寿年间，在今三亚地区重置临振县，属于治所在古儋耳郡的崖州所辖。

隋初有临振县的设置，最早的记载见于唐代镌刻的高州冼夫人廟传记碑，其中就说到隋高祖赐临振县为冼夫人湯沐邑一事。唐代修纂的《隋书》中的《谯国夫人传》也记载其事。南宋王象之编著的《舆地纪胜》即提出隋初有临振县之设，其后“或改县为郡（指大业年间置临振郡）亦未可知”。至清代《大清一统志》，也肯定“隋开皇初置临振县”，顾祖禹撰《读史方舆纪要》更指出临振县“隋置，或曰梁、陈间置”。④

---

① 《隋书·百官志下》。

② 《隋书·地理志上》。

③ 编纂于明代万历年间的《广东通志》和《琼州府志》，以及清代康熙、乾隆年间先后编纂的《崖州志》，都在“沿革”项下载“隋开皇初置临振郡”，这是不准确的说法。因隋文帝开皇三年罢郡之设，以州统县，而这时海南尚属南陈。

④ 隋初有临振县的设置，因《隋书》地理志不载，后代论者遂存疑。唐胄在明正德《琼台志》卷三“沿革考”按语中即说道：“若《谯国传》则撰於唐人，其曰‘赐临振县户’者，犹云赐临振郡之县户也，盖指言当时所赐宁远、延德之县地耳。”受其影响，现存明清府州志多未有隋初设临振县的记载。

赐临振县为冼夫人汤沐邑，追赠冯仆为崖州总管，都是朝廷对冯冼家族的褒奖。自秦加强中央集权、改分封制为郡县制以后，食邑（汤沐邑）者一般不具有采邑地的行政权。但是事实上，自梁、陈时期以至隋初，中央政权虽然已在海南本土上设立崖州，却尚且无暇顾及海南岛的行政布局，更何况地处极南的三亚地区。可以肯定的是，海南岛的西部和西南部地区，包括三亚地区在内，如上文所述，已为冯冼家族势力之所及。赠冼夫人临振县汤沐邑和赠冯仆崖州总管一事，从朝廷角度看，具有招抚意义，从冯冼家族角度看，则具有荣誉和恩威性质。据此可以判断，此时的三亚地区，已非萧梁以前设朱卢、珠（朱）崖县时"遥抚"的辖地，而是实实在在地被隋朝统治者纳入辖境。《隋书》中明确记载了隋文帝时崖州土贡珍珠一案，也从侧面说明海南岛与中央政权的关系已发生了实质性的变化。①

中央政权对海南岛统治的加强、郡县行政建置的全面拓展，在等待一个新的时期，这就是冼夫人辞世、隋炀帝登基之后的大业年间。

（三）隋炀帝于三亚地区置郡设县

隋文帝仁寿初（602）②，冼夫人卒。两年后（604）隋炀帝杨广登基，改元"大业"。大业三年（607）四月，又"改州为郡"③，实行郡县二级政治统治体制。当此之际，"崖州"也改成"珠崖郡"。《隋书·地理志下》明确记载珠崖郡下设十个属县：

> 珠崖郡，梁置崖州。统县十，户一万九千五百：义伦，感恩，颜卢，毗善，昌化，吉安，延德，宁远，澄迈，武德。

十县中，延德和宁远大体上就是北宋以后的崖州境，也就是今天的三亚、乐东、保亭一带地方。

《元和郡县志》则记载，大业六年（610）"隋炀帝更开置珠崖

① 《隋书·杨伯丑传》："崖州尝献径寸珠，其使者阴易之，上心疑焉，召伯丑令筮。"

② 《隋书》载冼夫人仁寿初卒，高州冼夫人庙碑载"仁寿二年寿终"。

③ 见《隋书·炀帝纪上》。又《隋书·地理志上》载："炀帝嗣位……既而并省诸州，寻即改州为郡。"

郡，立十县”；“又置儋耳、临振二郡”。[①]

《隋书》与《元和郡县志》均成书于唐代，记载详略和年代认定略有出入。但“又置儋耳、临振二郡”一事《隋书》不载。据其他唐宋文献及地方史志，三郡（崖、儋、振）并存的格局要到入唐之后才形成，而隋大业中析珠崖郡西南地置临振郡，且临振郡领有延德、宁远二县，治宁远，诸种历史文献的记载却是明确而肯定的。[②]

据考证，隋朝时宁远县治在今三亚崖城，延德县治在崖城“西一百五十里白沙铺西南黎白港”，即今乐东县西南尖峰镇白沙村南边。[③] 这是三亚地区历史上的大事，设置临振郡和延德、宁远二县，三亚地区具有了行政建置上的架构层次。

四、汉末至隋朝时期三亚地区社会状貌

汉末至隋初，海南包括三亚地区虽在中原政权的视野之内，却在实际控制之外，传世的历史文献及考古材料极少，只能从各种文献的片言只语中窥探其社会状貌。有些资料虽非正史，未必传信，但因为是这个时代作者的文字，多少可以折射这一时期书写者对这片南溟绿洲的认知。

（一）人口

魏晋之际，海南在朝廷的实际控制之外，确切的户口统计无从谈起，但是当时的人有过一个估计的概数。据东晋王范所著《交广春秋》[④] 载：“朱崖、儋耳二郡……人民可十万余家。”如果以这个数字计，岛南的三亚地区应有一万家上下，但这是不可能的。这时所指的户口，当然主要是黎族先民，其时汉人能进入者尚且寥寥无几。海南在这一时期，对于东晋朝廷而言，连羁縻都不算，许多关于海南情况

---

① 以上参见《舆地纪胜》，分别自卷一二四至卷一二七引用。

② 《通典》卷一八四《州郡十四・古南越・延德郡振州》：“隋置临振郡。”《旧唐书・地理志四》：“振州：隋临振郡……宁远：州所治，隋旧县。”

③ 李勃：《海南岛历代建置沿革考》，海南出版社 2005 年版，第 148~149 页。

④ 《交广春秋》为东晋王范所著岭南地方志书。原书已失传，今所引多转自《水经注》。王范为南海郡（番禺）人，曾任广州大中正，熟悉岭南事物。

的了解，大多是道听途说而已。这“人民可十万余家”的数字，显然高估了。到清代末期，黎族大部分已编户入籍了，整个崖州才有1万多户。

到了隋代，就有了比较具体确切的编户数字。《隋书·地理志下》载珠崖郡“统县十，户一万九千五百”。全岛十县户数近两万，三亚地区的延德、宁远平均下来也就大约两千户。这一数字比较前代的晋文献记录要少得多，但两者不具可比性，前者只是对全岛住民模糊的整体估计，后者则大概是官方有了比较可靠的编籍统计。再者，已编户入籍者也不代表全部，还有“化外”黎民。但这一编户数可能也还是高估了。

这些人口中，值得关注的是其构成。主要的结构成分是黎族先民和海北新移民，文身与否是其重要区别，主体是黎族先民。黎族先民的社会基层组织为“峒”，是具有某种血缘或地缘关系的人们共同组成的一定领地，也是黎族远古先民由采集、渔猎生活向定居的原始农业过渡后逐步形成的一种氏族部落组织。峒有峒首，后代黎语称为“奥雅”，意为有威望的“老人”，由峒众推选产生，以管理峒内及对外的公共事务，具有不带强制性的行政权力；峒首死后，可以由其后裔继承。峒与峒之间不相统属，常常相互劫掠。

《隋书·地理志》描述过岭南二十多郡黎族先民大致的社会结构和族群性格：

> 其俚人则质直尚信，诸蛮则勇敢自立，皆重贿轻死，唯富为雄。巢居崖处，尽力农事。刻木以为符契，言誓则至死不改。父子别业，父贫，乃有质身于子。诸獠皆然。并铸铜为大鼓，初成，悬于庭中，置酒以招同类。来者有豪富子女，则以金银为大钗，执以叩鼓，竟乃留遗主人，名为铜鼓钗。俗好相杀，多构仇怨，欲相攻则鸣此鼓，到者如云。有鼓者号为‘都老’，群情推服。

质直尚信、重贿轻死、勇敢剽悍等描述，与后代地方志描写的黎族性格颇相吻合；铸铜为鼓，也被考古挖掘所证实。

这个时期的社会人口结构仍以黎族先民为主，同时继续有中原汉人渐次徙入。汉武帝在海南设立郡县后，“颇徙中国（中原）罪人杂居其间”。[①] 这一现象在三国至隋时期依然存在。虽然，史籍可查考到的第一个被贬逐海南的人是隋宗室杨纶，但在南北朝时，珠崖作为流徙罪人的地方，已有人提及。文学家江淹于南朝刘宋元徽二年（474）所作《被黜为吴兴令辞笺诣建平王》一文曾感叹：“罪溢朔方，尚驻一等之刑，咎过朱崖，犹缓再重之施。”可见，珠崖与朔方一样，在当时都已是罪犯流徙的地方。

此外，还有经商、仕宦、戍卫及自然迁徙等南来落籍者。明代海南先贤丘濬在脍炙人口的《南溟奇甸赋》中写道：

> 魏晋以后，中原多故，衣冠之族，或宦或商，或迁或戍，纷纷日来，聚庐托处。熏染过化，岁异而月不同；世变风移，久假而客反为主。剷犷悍以仁柔，易介鳞而布褛。

丘濬当然描述的是从魏晋到元明的大历史趋势，起点是从三国魏开始的。但据学者研究，到唐代为止，入琼的汉人数量有限，隋唐以前仅有 2 万人左右。[②] 以此估算三亚地区汉人，当不会超过 2000。汉人移民虽少，却对儒家文化的传播和海南的文明演进有着重要影响，尤其为辟郡置县提供了各种条件。

（二）物产

记录魏晋南北朝时期三亚地区物产的史籍很难找到，能看到的只是对海南和南海的一些记录。就此也是吉光片羽，钩求不易。

1. 夜明珠、珍珠、珊瑚、金、磁石

海南岛的奇珍异产，一直是中央王朝嗜好的贡品，至南北朝仍不能免。据一些文献记载，这一阶段的海南岛出产夜明珠和珍珠。

《太平御览》卷八零二载：“《吴录·地理志》曰：朱崖朱官县，出夜明珠。”

---

① 《三国志·吴书·薛综传》。

② 参见司徒尚纪：《开疆文化在海南的地域扩散与整合》，载《珠江文化与史地研究》，中国评论文化有限公司 2003 年版。

西晋文学家左思《吴都赋》有曰："渊客慷慨而泣珠。"唐代人李善注解说：

> 朱崖海中有渚……水居，鲛人水底居也。俗传鲛人从水中出，曾寄寓人家……临去，从主人索器，泣而出珠满盘，以与主人。

这显然是将水居采珠人献宝过程神话化了。唐徐坚《初学记》引晋代稽含所著《南方草木状》则更写实：

> 凡采珠常三月，用五牲祈祷。若祠祭有失，则风搅海水，或有大鱼在蚌左右。白蚌珠长三寸半，在涨海中。其一寸五分，有光色，一旁小形似覆釜，为第一；珠凡三品。其一寸三分，虽有光色，形不圆正，为第二；滑珠凡三品。

剔除各种想象和传说成分，可以将今天三亚仍然出产珍珠一事上溯到这个时期。

另外，《隋书》卷七十八记载海南向隋朝廷进贡直径一寸的大珠，且质圆而色光。进贡途中使者贪为己有，被名噪一时的卜者杨伯丑所揭发。这则故事显示，海南沿海州郡盛产珍珠，体大质优，是向朝廷进贡的特产之一。

吴主孙权"遣将军聂友、校尉陆凯以兵三万讨珠崖、儋耳"的第二年，赤乌六年（243），交广刺史吕岱遣宣化从事朱应、中郎康泰"南宣礼化"，康泰回去后著《扶南传》，其中提到了有关南沙群岛珊瑚礁的记载："涨海中，到珊瑚洲，洲底有盘石，珊瑚生其上也。"

海南岛上也出产黄金。据晋刘欣期《交州记》载："金华出珠崖，谓金有华采者。"其后唐代振州土贡有金一项，上溯魏晋，那时海南就出产精金了。到明代唐胄编纂《琼台志》，说金银皆非海南特产。① 但古时地方向朝廷的贡物，一般是本地的特产，这就是所谓的"任土作贡"，可能古今有异。

---

① （明）正德《琼台志》卷九《土产下》。

2. 柑、薯蓣、椰子、槟榔、桄榔、大瓠

文献记载，这一时期海南产黄柑、平蒂柑和甘薯。

晋郭义恭《广志》引《珠崖传》曰："有黄甘（柑），一核。有成都平蒂甘（柑），大如升，色苍黄。"

西晋稽含《南方草木状》称：

> 甘薯，盖薯蓣之类，或曰芋之类。根叶亦如芋，实如拳，有大如瓯者。皮紫而肉白。蒸鬻食之，味如薯蓣，性不甚冷。旧珠崖之地，海中之人皆不业耕稼，惟掘地种甘薯。秋熟收之，蒸晒切如米粒，仓圌贮之，以充粮糗，是名薯粮。北方人至者，或盛至牛豕脍炙，而末以甘薯荐之，若粳粟然。大抵南人二毛者，有无一二，惟海中之人寿百余岁者，由不食五谷而食甘薯故尔。

这里所说的"海中之人"，即指海南岛住民，他们因多食薯类而长寿。

东晋初，学者郭璞注《山海经·海内南经》中的"离耳国"说："锼离其耳，分令下垂以为饰，即儋耳也，在珠崖海渚中。不食五谷，但啖蚌及薯蓣也。"王逸注《楚辞·招魂》"以其骨為醢些"句时说："南极之人，雕画其额，齿牙尽黑，常食蠃蜯。"这显然是环海岛居民众的生活写照。那时中原五谷尚未普遍传入海南，人们靠山靠海以给养，食海蚌及薯芋。

薯芋无疑是黎族先民的主粮。据宋代《太平寰宇记》追记，黎族先民还用薯芋的成熟来判断时岁："占薯芋之熟，纪天文之岁"。这一记载在农作物种植史上有重要意义。

周祖谟校释《齐民要术》卷十，引晋代刘欣期著《交州记》载："椰子有浆，截花以竹筒承其汁，作酒饮之，亦醉也。"

桄榔树干去皮后出淀粉状物，如麦面，可食，被称为桄榔面。左思《蜀都赋》描写四川的物产，说是"布有橦华，面有桄榔"。但成都没有桄榔树，应为珠崖、两粤所产，而桄榔有面则早为北人所知。唐代诗人皮日休在《寄琼州杨舍人》一诗中有句："清斋净溲桄榔面，远信闲封豆蔻花。"可见，桄榔面确为古时海南特产。光绪《崖州志》卷三《物产·木类》引唐刘恂《岭表录异》所载，也说到“（桄榔）皮中有屑，如面，可为饼食”。唐代贬官李德裕也曾写到“桄榔椰叶暗蛮溪”①，可见椰树、桄榔树与民居相掩映，自古就是海南民居环境的一种独特风光。

珠崖还出产一种大瓠。据《太平御览》引晋代文献《太康地志》记载：“朱崖儋耳无水，惟种大瓠。藤断，其汁用之亦足。”《岭南异物志》也记载说“儋、崖种瓠”，不知是否属于同一物。

3. 五色鹦鹉、鸥、水蛇

吴国康泰出使岭南，后所写《扶南传》记录南海上有一种水鸟——五色鹦鹉：“涨海，时出五色鹦鹉。曾见其白者，大如母鸡。”

南朝沈怀远的《南越志》② 记录了南海中的鸥鸟：“江鸥，一名海鸥，涨海中随潮上下。”

海南出产一种水蛇。李善注《文选·吴都赋》引《异物志》载：“朱崖有水蛇，鲛鱼出合浦，长二三尺，背上有甲，珠文坚强，可以饰刀，口可以为鑢。”朱崖即珠崖。唐代也有类似的记载。

4. 五色斑布、鲛绡

三亚地区历史上一直以纺织印染闻名于世。汉代就有男耕女织的记录：“男子耕农，种禾稻、苎麻，女子桑蚕织绩。”③ 三国时期，黎族先民还利用木棉制作出“五色斑布”。三国时人万震所著《南州异物志》中载：

> 五色斑布，吉贝木所作。此木熟时，状如鹅毛，中有核，如珠绚，细过丝绵。人将用之，则治其核。但纺不绩，任意小轴牵引，无有断绝。欲为斑布，则染之一色，织以为布，弱软原致。

可见，其时黎族先民已能加色印染。

---

① 李德裕：《谪岭南道中作》，《全唐诗》卷四七五。有人认为这是李德裕贬谪潮州路上所作，但从诗中如“桄榔椰叶”“畬田火米”等物事看，当是岛上所作。

② 沈怀远为吴兴武康（今浙江省德清县西）人，初为始兴王嗜征北长流参军，因坐事徙广州，后官至武康令。《南越志》是他在广州时所撰写。

③ 《汉书·地理志下》。

五色斑布之外，还出产一种奇特的纱材——绡。传说是“鲛人”所织，故名鲛绡。西晋的左思在《吴都赋》中写道：“穷陆饮木，极沉水居。泉室潜织而卷绡，渊客慷慨而泣珠。开北户以向日，齐南冥於幽都。”南朝梁任昉《述异记》卷上对“泉室潜织而卷绡”做过更详细的演绎：“南海出鲛绡纱，泉室潜织，一名龙纱。其价百余金。以为服，入水不濡。”唐李善在为左思《吴都赋》作注时，直接指出这是海南岛的一种物产：“朱崖海中有渚，东西五百里，南北千里……水居，鲛人水底居也。俗传鲛人从水中出，曾寄寓人家，积日卖绡。绡者，竹孚俞也。”今天看来，所谓“水底居”的“鲛人”，实即水居疍民；绡，大概是古代海南疍民用竹白之类材质做的一种轻薄防水的纱。

在这一时期的文献中，刘欣的《交州记》提到了扶留，嵇含的《南方草木状》提到了砂竹，三亚地区均有产，见诸光绪《崖州志》。但《交州记》所载未必特指海南，文献并未载明是海南特产。

（三）生活

这一时期，海南居民过着较为原始的生活，社会风貌与古百越民族一脉相承，同时又有自己的特色。

1. 巢居、水居与木饮

上文引《隋书·地理志》提到岭南二十多郡皆“巢居崖处”。这二十多郡中的珠崖，有多处记录这种居处习惯。如晋代郭义恭《广志》载：“朱崖人皆巢居”。

所谓“巢居”，实际上指干栏式居住结构。如《魏书》卷一零一载：“（僚人）依树积木，以居其上，名曰‘干栏’。”海南瓦舍建筑出现得很晚。据新旧《唐书》记载，唐德宗贞元年间，岭南节度使李复遣兵收复琼州后，才“教民作陶瓦”，“劝导百姓，令变茅屋为瓦舍”。

“巢居”之外，还有水上一族。他们在西晋左思《吴都赋》中被称为“水居”之“渊客”，这应该就是历代被称作“龙户”、“马人”的疍民。他们靠采珠、捕鱼为生，居住在船上，常常要潜水劳作。

还有文献记载，这一时期岛上一些地方的民众有“木饮”的习惯。左思《吴都赋》所谓“穷陆饮木”，李善作注指出，这是描述当时海南人的生活：“无水泉，有大木，斩之，以盆瓮承其汁而饮之。”或许一些干旱地区有此情形。

2. 文身、徒跣、椎髻、披发等

东晋王范《交广春秋》载：“朱崖、儋耳二郡，……被发雕身，而女多姣好，白皙，长发美鬓。”

《初学记》卷八引《珠崖传》载：“男女或被发徒跣。”

《隋书·地理志》描述过岭南二十多郡的大致生活风貌：“椎结踑踞，乃其旧风。”

《三国志·吴志·薛综传》说珠崖郡的人“椎结徒跣，贯头左衽”。

可见，这一时期的海南黎族先民保存着文身、赤脚、或披发或椎髻、穿贯头装、或者左衽的生活习俗。学者认为，后代黎族的筒裙是古代先民服装习俗的延续。①

3. 逸乐、寿考与婚姻自由

《隋书·地理志》载：“自岭以南二十余郡，大率土地下湿，皆多瘴疠，人尤夭折。”但西晋稽含《南方草木状》却又称：“大抵南人二毛者，有无一二，惟海中之人寿百余岁者，由不食五谷而食甘薯故尔。”可见，当时的岭南人多夭折（实由多种传染病所致），唯独海南岛上居民多寿考。宋代的范成大在《桂海虞衡志》中也记录了这一传说：“相传其（指黎母山）上有人，寿考逸乐，不与世接。”至今统计世界的长寿人口比例，海南依然是世界上位居前列的地区。可见海南、三亚的这一长寿文化，可溯源到这一时期。

又据可能到过海南岛的东吴名臣薛综亲述：

> 珠崖除州县嫁娶，皆须八月引户，人民集会之时，男女自相可适，乃为夫妻，父母不能止。

① 吴永章：《黎族史》，广东人民出版社1997年版，第6页。

黎族先民的这种婚姻自由习俗，与《周礼》描绘的周代人生活有些相似。《周礼·地官·媒氏》记载：“仲春之月，令会男女，于是时也，奔者不禁。若无故而不用令者，罚之。司男女之无夫家者而会之。”但到魏晋南北朝时期，岭南设郡置县的地方，受中原儒家礼教思想的影响，已经习染“父母之命、媒妁之言”了。据薛综描述，东汉时交趾太守锡光“教其耕犁，使之冠履；为设媒官，始知聘娶；建立学校，导之经义，由此已降，四百余年颇有似类”。① 海南此时名义上隶于交州，但中央政权鞭长莫及，中原文化的影响，还只能通过汉人聚居之所在逐渐辐射传播。以三亚地区而言，今宁远河下游应该就是中原礼教传播的重要节点。

第二节　冼夫人与“汤沐邑”临振县

三亚地区在隋初设临振县，冼夫人晚年被赏赐临振县为汤沐邑，后代三亚人遂尊奉冼夫人为“郡主”，可见这位中国历史上杰出的少数民族领袖与三亚的关系有多么深厚。

一、请命于朝设置崖州

据《隋书·谯国夫人传》和高州冼夫人庙唐代碑碣所记，冼夫人为高凉人，生于梁武帝普通二年（521）。这一年，萧梁据岭南已有十年。冼氏家族世为岭南少数民族首领，势力范围跨据山峒，附属部落多达十余万家。② 冼夫人从小就贤明智慧，富有韬略。还在冼氏母族时，即能抚控部众，晓通军事，亲自披挂上阵，行军用师，压服诸越。而且她善于恩威并用，以德服人，常常劝止相互侵掠，用信义结纳相邻部族。

罗州刺史冯融为稳固本家族在岭南的地位，听闻冼氏事迹，赏爱其才德识见，便让其子高凉太守冯宝娉娶为妻。冯融本是北燕苗裔，

---

① 《三国志·吴书·薛综传》。

② 《隋书·谯国夫人传》、《北史·谯国夫人传》、《资治通鉴》卷一六三。

刘宋文帝元嘉十三年（436），北燕王冯弘失国投奔高丽，后又派遣冯融的祖父冯业带三百人浮海南下到广东新会。刘宋封冯业为怀化侯，任新会太守①，后封罗州刺史（治石龙县、化县，即今廉江、茂名等地），冯氏历任牧守，三传至冯融。由于是客族，据《北史·谯国夫人传》所述，冯氏家族“他乡羁旅，号令不行”。

两个家族的联姻有很深的政治背景。事实证明，联姻成功壮大了冯冼家族的势力和影响，更有益于中华民族的内部融合。冼夫人到冯家后，劝诫规约本族部众要尊重朝廷律令，依礼行事。她常常与夫君冯宝一起处理诉讼纷争，折中公允，即使本族犯法的人，也一律依法办事，不徇私情。这样，冯氏在当地的威信建立起来，“政令有序，人莫敢违”。②

冼夫人未嫁佐兄，既嫁相夫，和辑百越，怀附峒俚，以致岭南“海南、儋耳归附者千余峒”。冼夫人遂向萧梁朝廷请命，于废儋耳地置崖州。据清以后文献记载，崖州的设置在梁大同年间（535～546），因冼夫人“请命于朝，故置州”。这是冼夫人为海南、为国家作出的政治贡献中最为卓著的重要事项。

由于冼夫人“请置崖州”事件重大，自明清以来，众多学者都在考证冼夫人请置崖州的时间、州治所在等重大问题。关于请置崖州的时间，现在可查考的只有明清文献。有两说：其一，清雍正时的文献说冼夫人“请命于朝，故置州”，时为梁武帝大同中（535～546）③；其二，乾嘉时的学者徐文范，将崖州首置的时间具体到梁武帝中大通四年（532）。④

① 《北史·谯国夫人传》载：“（冯弘）遣（冯）融大父（冯）业以三百人浮海归宋，因留于新会。”《新会县志》职官表载：“（冯业），宋封怀化侯，任新会太守。”

② 《隋书·谯国夫人传》。

③ （清）雍正《广东通志》卷五《沿革志·琼州府》载：“梁大同中，就废儋耳地置崖州，统于广州。时儋耳归附冯冼氏者千余峒，请命于朝，故置州。按：孙吴、刘宋置珠崖，都只在徐闻遥领之耳。至是置崖州于儋耳，而琼、崖、儋、万入焉。”

④ 徐文范：《东晋南北朝舆地表》卷七载：“梁中大通四年，置崖州及崖郡于朱崖。”

萧梁之后的陈朝以至隋朝前期，都保持崖州统辖全岛的状态。中央政权对海南的控驭，通过冯冼家族势力的影响得以实现。冼夫人“请置崖州”之举，隋唐以后得到历代政权的充分肯定和高度评价。

设置崖州只是中央政权重新进入海南的开始。到了隋炀帝大业六年，全面布局海南郡县设置，又有了根本性的改变。

二、率领部众平叛，维护国家统一

（一）忠于梁朝，巧除叛贼李迁仕

梁太清二年（548），爆发侯景之乱，梁武帝被围困于台城。广州都督萧勃征兵援助武帝，高州刺史李迁仕却假称有病，据大皋口不肯前往。李迁仕派人召冯宝，佯为勤王，实心怀二志。冯宝不知是计，正准备前往。冼夫人洞察时局，认为“刺史无故不合召太守，必欲诈君共为反耳”，劝阻冯宝。冼夫人分析说：“刺史被召援台，乃称有疾，铸兵聚众，而后唤君。今者若往，必留质，追君兵众。此意可见，愿且无行，以观其势。”果然，几天后李迁仕举兵反梁，遣主帅杜平虏率兵入灨石，与侯景呼应。冼夫人为其夫冯宝献计：

> 平虏，骁将也，领兵入灨石，即与官兵相拒，未得还。迁仕在州，无能为也。若君自往，必有战斗。宜遣使诈之，卑辞厚礼，云身未敢出，欲遣妇往参。彼闻之喜，必无防虑。于是我将千余人，步担杂物，唱言输赕，得至栅下，贼必可图。

冯宝依计而行，李迁仕亦如冼夫人所料，麻痹大意而不加防备。① 冼夫人亲率千余人“步担杂物，唱言输赕”，前往大皋口。至灨石，突然出击，大获全胜。叛贼李迁仕败走。

（二）慧眼识英，为陈朝平叛靖边

平定李迁仕、杜平虏叛乱后，冼夫人与长城侯陈霸先会合。冼夫人敏锐地察觉到陈霸先是可结纳的豪杰，回来对冯宝说：“陈都督大可畏，极得众心。我观此人必能平贼，君宜厚资之。”②

---

① 《隋书·谯国夫人传》。

② 《隋书·谯国夫人传》。

10年后，陈霸先与王僧辩合力击溃侯景，扶湘东王萧绎即位，是为梁元帝。陈霸先不久又趁西魏败梁之际，于梁敬帝太平二年（557）代萧梁称帝，国号“陈”，是为陈武帝。冯冼家族因此而在混乱时局中再一次脱颖而出。

两年后，陈永定三年（559），冯宝去世。① 冼夫人子冯仆年方9岁，因冼夫人的威名得以率百越首领前往丹阳拜见陈武帝。冯仆被陈武帝封为阳春郡（今广东阳江）郡守。这是冼太夫人顺时权变、能谋善断的结果。

冯宝去世后的十年间，正值盛年的冼夫人以其高超的政治才华稳定了岭表和海南，并再次成功地平定了欧阳纥的反叛，维护了国家的统一。

陈太建元年（569），广州刺史欧阳纥谋反，把冯仆召至高安，企图引诱他一同反陈。冯仆紧急遣人告知乃母。冼夫人得知后，斩钉截铁地说：“我为忠贞，经今两代，不能惜汝，辄负国家。”② 于是发兵拒境，率百越诸部与陈朝派来征讨的将领章昭达内外夹击，使欧阳纥军溃被擒。冯仆因母亲平叛有功，被陈霸先封为信都侯，加平越中郎将，转任石龙（治所在今广东化州东北）太守。冼夫人被封为中郎将石龙太夫人，赏赐绣幡油络驷马安车一乘，鼓吹一部，并麾幢旌节，出行时的扈从仪仗一如刺史之规格。

（三）败王仲宣，为国家不拘一朝一姓

隋开皇九年（589）正月，隋师攻陷建康（今南京市），陈朝灭亡。

二月，隋文帝派江州总管韦洸安抚岭南，被陈将徐璒阻于南康。韦洸至岭下，徘徊不敢进。文帝杨坚命令被俘的陈后主写信给冼夫人，“谕以国亡，令其归化”，随信还有冼夫人当年献给陈主的犀杖兵符等。冼夫人验明信物确知陈亡后，“集首领数千，尽日恸哭”。③

---

① 据朱熹：《通鉴纲目》。

② 《隋书·谯国夫人传》。

③ 《隋书·谯国夫人传》。

随后派其孙冯魂率部迎韦洸入广州，岭南因此全境归顺隋朝。冯魂被隋朝封为仪同三司，冼夫人被册封为“宋康郡夫人”。

隋开皇十年（590），番禺将领王仲宣举兵反隋，岭南很多部族首领纷纷起兵响应。王仲宣围韦洸于广州，驻军衡岭，韦洸中流矢而卒。冼夫人遣其孙冯暄将兵救广州。冯暄因与王仲宣的部将、泷水（今广东罗定）豪门陈佛智关系亲密，按兵不动，贻误战机。冼夫人发现后大怒，派人把冯暄抓起来投入州狱，改派另一孙冯盎出讨叛将陈佛智，随后与隋朝官军鹿愿会师，共败王仲宣。

冼夫人利用个人的政治影响力助隋朝抚定岭南，尤其是军事平定之后的政治归附，更是冼夫人个人政治影响力所致。这时冼夫人已年近古稀。隋文帝赞叹冼夫人明达忠勇，特降敕书慰劳，独孤皇后也赐赠冼夫人首饰及宴服。其孙冯盎因协助隋军平叛有功，拜为高州刺史，次孙冯暄也被赦，拜为罗州刺史。冯宝被追赠为广州总管、谯国公，冼夫人则被册封为谯国夫人，并“开谯国夫人幕府，置长史以下官属，给印章，听发部落六州兵马，若有机急便宜行事”。隋文帝还特下诏书慰勉冼夫人：

> 朕抚育苍生，情均父母，欲使率土清净，兆庶安乐。而王仲宣等辄相聚结，扰乱彼民，所以遣往诛翦，为百姓除害。夫人情在奉国，深识正理，遂令孙盎斩获佛智，竟破群贼，甚有大功。今赐夫人物五千段。暄不进愆，诚合罪责，以夫人立此诚效，故特原免。夫人宜训导子孙，敦崇礼教，遵奉朝化，以副朕心。①

冼夫人在夫、子俱逝的情况下，率孙辈再一次顺应历史大势，维护国家的统一和岭南的安定。她自己也在中国历史上破天荒地以女子之身开衙建府，都督六州兵马，成为百越之一的海南永远崇敬的历史荣耀。

三、四抚百越，食邑临振

陈永定二年（557），冯宝去世，岭南大乱，百越无首，相互劫

---

① 《隋书·谯国夫人传》。

掠。冼夫人抚循百越，号召各部族相安共处，稳定了百越各部，使境内数州安然无事。

冯仆死后不久，陈朝也亡于隋。但此时隋文帝并未统一中国，尚且无暇顾及岭南地区。这个时期，虽天下淆乱，然而岭南社会却稳定有序，人民安居。这一局面的维持，全赖冼夫人的再抚百越，保境安民。史书记载，当时岭南各部族共奉冼夫人为“圣母”。①

入隋之初，经历一度战乱的岭南，人心不定。王仲宣叛乱，有不少首领响应。朝廷亟待平息纷争、弥合怨怼。冼夫人为说服各部族承认隋朝统一中国的大势，不顾年事已高，三抚百越，披甲乘马，张锦伞，领彀骑，亲自护卫隋朝招抚专使裴矩巡抚各州。“苍梧首领陈坦、冈州冯岑翁、梁化邓马头、藤州李光略、罗州庞靖等皆来参谒。”岭南因此才得以“重归王化”。

之后，朝廷依然依托冼夫人及其他大小首领统属各部落。但随着国力的强盛，隋朝对南方的控制已不再满足于羁縻之治了。一方面继续倚重冼夫人坐镇岭南地区，一方面改广州为番州，由朝廷派赵讷为番州总管，综辖地方政务，目的在于在岭南更好推行中央集权下的郡县制。可是赵讷贪虐害民，岭南诸部多有亡叛。冼夫人遣长史张融上书朝廷，予以揭发，使赵讷受到制裁。隋文帝降敕委托冼夫人招慰亡叛。冼夫人再次不顾年高，亲载诏书历十余州宣述圣旨，四抚百越。冼夫人以“圣母”之威望，所到之处无不降附。“高祖嘉之，赐夫人临振县汤沐邑，一千五百户；赠仆为崖州总管、平原郡公。”

至此，临振县由官方正式册封为冼夫人食邑。据《太平寰宇记》和《记纂渊海》等宋代地理文献的记载，西汉临振县包括后来的宁远、临川、延德等县地域，即今天三亚全部和陵水、乐东部分地区。隋初所设的临振县应当是因循旧名故地。

汤沐邑是古代食邑的一种。秦汉以前，采邑之地是立大功者享有的封地，充当世袭世禄之源，还有行政权力。秦汉实行郡县制，食邑

---

① 《隋书·谯国夫人传》、《北史·谯国夫人传》、《资治通鉴》卷一百七十亦载。

者在其封邑内无统治权，只是以征敛封邑内民户赋税拨充食禄，但仍可世袭。隋初的岭南，实际上由朝廷官僚和地方豪酋共治，极南的三亚地区更是如此。这个时候赐予冼夫人“食邑”，其性质更接近秦汉之前的封地，也就是说临振县属冯冼家族的世袭领地。得出这一结论的证明是，自隋炀帝大业六年（610）首置临振郡，下辖延德、宁远等县，郡县制在三亚地区重新展开，但一直到唐太宗年间，振州别驾、万安州大首领等职，都是冯家的后代——冯崇债、冯若芳等充任，冯宝也从追赠广州总管到追封崖州总管。虽说到了唐代已不可能有实际的裂地而封，但却昭示在中央集权的郡县制推进过程中，三亚地区仍是冯冼家族势力之所在。

四、走上神坛的冼夫人

隋文帝仁寿二年（602），冼夫人去世，享年80岁。朝廷赙物1000段，谥号曰“诚敬夫人”。

冼夫人以南方少数民族首领历事梁、陈、隋三朝，明大体、识大义，安抚百姓，绥靖地方，泽被岭南，功勋卓著。冼夫人对于海南岛的影响力之大，使得她在海南和三亚地区民众心中已经升华为神。冼夫人本是高凉人，今考古确证为广东电白县山兜丁村。但隋文帝封赐其食邑却在海南岛南端的古邑临振，因此冼夫人被后代崖州人尊奉为“郡主夫人”。① 如上文所述，在隋唐中央政权统治力量日益强大、郡县行政体制日趋完善的大势下，今三亚地区仍存在冯冼家族的势力和影响。

今天，海南岛民间主要的节日——“军坡节”，就是纪念冼夫人的。据统计，海南各地奉祀冼夫人的庙宇最多时达到100座左右。②目前所知尚有51座，分布在9县2市。③ 有的直称冼夫人庙，有的则

---

① （明）正德《琼台志》卷二十六《坛庙》载，明成化十四年（1478），崖州重修冼夫人庙，“判官赖宣以夫人在隋曾赐临振县为汤沐邑，改额曰‘郡主’”。

② 司徒尚纪、许挂灵：《冼夫人与海南开发》，载广东省社会科学界联合会等单位编《岭峤春秋》，香港出版社2006年版，第408页。

③ 陈雄：《冼夫人在海南》，中山大学出版社1992年版，第47页。

称宁济庙、柔惠庙、慈佑庙等。这些庙宇自古有之，见于海南诸多方志的古迹、祠庙篇。冼夫人在海南有很多尊称：冼太夫人、谯国夫人、诚敬夫人、圣母娘娘、清福夫人、显应夫人、懿美夫人、正顺夫人、梁沙婆、儋耳婆等。而今三亚地区则特别称其为“郡主冼太夫人”、庙曰“郡主夫人庙”①，显示冼夫人与三亚地区的特殊关系。

有学者考证，冼夫人来过海南。② 海南流传着各种有关冼夫人的传说，诸如营根比武、二月出师，授农经水利知识、垦荒种植、教化百黎伦常德义、劝诫规约等等。虽然只是传说，无史料文物为证，却至少能够反映海南人民对冼夫人的怀念和爱戴。她对海南、对三亚历史进程的巨大影响，至今无出其右者。

冼夫人一方面维护一方平安，促进部族和睦，让百姓安居乐业，一方面坚持国家统一、平定叛逆、惩治贪虐。她智勇双全、恩威并用、公正无私、仁义爱民，使得她不仅在海南历史上成为神圣人物，而且在中国历史上同样是无可争议的巾帼英雄。

从大历史角度审视，冼夫人对中华民族大一统作出了巨大贡献。据史籍记载，冼夫人把梁、陈、隋三朝所赠礼品分三库保管，每逢年节总要取出展示在庭中，用以教育子孙后代：“汝等宜尽赤心向天子。我事三代主，唯用一好心。今赐物具存，此忠孝之报也，愿汝皆思念之。”③ 这决不仅仅是谋略上利用中央政权法统来维护家族的威望，更重要的是昭示高尚的政治伦理：维护国家统一。她心中的天子不拘一姓，这实际上表明了冼夫人“从道不从君”，以忠孝之道维护国家统一，同时又以仁德信义、平等互爱处理民族关系。这些使得不论是各族百姓，还是历代朝廷，或者是后来的史学家，都对冼夫人高度评价。时至当代，周恩来还赞誉冼夫人为“中国巾帼英雄第一人”。④

---

① （明）万历《琼州府志》卷四《坛庙》。

② 白苗：《冼夫人和海南黎族》，载《海南日报》1982 年 5 月 3 日。

③ 《隋书・谯国夫人传》。

④ 《中国妇女报》2005 年 8 月 29 日第 12 版。

第三节　唐五代时期振州的行政设置和治理

冼夫人逝世后18年，隋亡唐兴，其孙冯盎奔回岭南，冯冼家族再次成为实际的岭南一方首领。又五年，唐高祖武德五年（622）七月，李靖奉命南进，分道招慰岭南，下檄文给冯盎。冯盎“承李靖檄”①，号召大小酋领派子弟去谒见李靖②，“以南越之地来降，岭表悉定”。③ 唐朝廷将冯盎的领地重新划分为“高、罗、春、白、崖、儋、林、振八州”。④ 朝廷“授盎上柱国、高州总管，封越国公；拜其子智戴为春州刺史、智彧为东合州刺史。盎徙封耿”。⑤

也就是说，隋炀帝大业年间辟置的临振郡，以及原有的珠崖郡，整个海南在隋亡后由冼夫人之孙冯盎领属五年，之后于武德五年（622）成为大唐王朝的疆域。就在这一年，临振郡更名为振州，崖州移置于岛东北颜卢地方，儋耳义伦则另置儋州，海南形成崖、儋、振三州共治的格局。振州除下辖原有宁远、延德二县外，这一年又新置临川、陵水二县，也归振州所辖。

宁远县，其地本属汉临振县，初置于隋大业六年，为振州治所，因宁远水而得名。《崖州志》记载“去水南村二里有县址”。⑥

延德县，其地本属汉临振县，隋大业六年首置。据《新唐书·地理志》载，延德县因延德水得名，故址在明清崖州城“西一百五十里白沙铺西南黎白港”（今乐东县西南尖峰镇白沙村南边）。⑦

临川县，其地本属汉临振县，唐武德五年（622）首置。故址在

① 《资治通鉴》卷一九零。

② 《旧唐书·李勣列传》。

③ 《旧唐书·高祖本纪》。

④ 《资治通鉴》卷一九零。

⑤ 《新唐书·冯盎传》。

⑥ 见（清）光绪《崖州志》卷五《建置志·公署》。

⑦ 见（明）正德《琼台志》卷二十七《古迹》等方志记载。

明清崖州城“东南一百三十里盐场西南山中”。[①] 大约就在今三亚市区附近。

陵水县，唐武德五年（622）首置。《嘉庆重修一统志》载：“唐初县治陵水峒博吉李村，在今县东北。”[②]

从上可知，入唐之后，海南的政区得到拓展，郡县官僚体制向前推进，中原文化也随之得以传播和发展。

一、政区的进一步开拓与废置

（一）吉阳县的析置

在海南归属唐朝统治的第四年，武德九年（626），唐室发生著名的玄武门之变，李世民登基，第二年改元“贞观”。就在这一年，于岛东北的崖州置都督府，统领振州、儋州及稍后置建的琼州的军政。

改元第二年，即贞观二年（628），新置吉阳县，属振州。新旧《唐书》均载吉阳县从振州所属的延德县析出，但唐代《元和郡县志》则载吉阳县从振州所属宁远县分置。据明清文献记载，延德县在宁远县之西北，吉阳县在宋元时期州城之东，从宁远县析出似更合理。[③]

（二）于陵水属地置富云、博辽二县

析置吉阳县后三年，即贞观五年（631），海南的州县设置又有新的进展。先是于今琼山境设置琼州，析出文昌县南境设置万安县，又新置富云、博辽二县。富云、博辽二县从哪里析置出来？明代地方志多说该二县在后来设置的万安州境内[④]，清代道光《琼州府志》则说得更具体，富云县在清陵水县治南八里南山头龙头村，博辽县在陵

---

① 见（明）正德《琼台志》卷二十七《古迹》等方志记载。

② 《嘉庆重修一统志》卷四五三《琼州府二·古迹》。

③ 学者李勃在其所著《海南岛历代建置沿革考》（海南出版社 2005 年版）中，以为宁远县居于吉阳县和延德县之间，吉阳县只能是自宁远县析置。此说似更合理，但由于遐方辟县，又处在少数民族错综聚居地带，殊难厘清。

④ 见（明）正德《琼台志》卷二十七《古迹》等方志记载。

水县治东北一百里那亮乡亮一图。[①]这一说法并不矛盾，因为陵水县于龙朔年间即划归新设置的万安州管辖。总之，富云、博辽都是从陵水县析出。这与《舆地纪胜》、《大明一统志》等的记载是一致的。[②]《舆地纪胜》引《太平寰宇记》说，到了五代南汉废富云、博辽二县，重入陵水县。

可见，贞观五年海南岛东南地区增置的三县，万安县从文昌县析出，而富云、博辽二县则从陵水县析出。陵水县这时仍属振州所辖。陵水从振州分出归属万安州，要到龙朔二年（662）始置万安州之后。也就是说，原来属于文昌、陵水县境的岛东南地带，随着唐王朝势力的推进，又细分出了万安、富云、博辽三县，说明唐王朝对海南南部的管理，已从西南部转而东南部，又取得了比以前更有效的进展。

（三）陵水县改属万安州

唐高宗龙朔二年（662），在万安县设置万安州。[③]但这时的陵水县依然属于振州。《舆地纪胜》记录，初置万安州时只“领县三，曰万安、富云、博辽”，并没有陵水，可见这时析置富云、博辽二县之后的陵水仍属振州，与海南地方志记载陵水是年即归属万安州有异。《元和郡县志》记载万安州“开元九年（721）移理陵水”，即将州治移至陵水县境，则这时陵水县已属万安州无疑。

可见，陵水县并不是一开始就改隶新设的万安州，而是在其后迟至唐玄宗开元九年（721）以前，才从振州划出归万安州管辖。具体年月已不可考。

（四）振州一度改州为郡

742年，唐玄宗在位已届三十年，改元“天宝”，并敕“天下诸

---

① （清）道光《琼州府志》卷之十一《建置志九·古迹》。

② 《舆地纪胜》卷一二六《万安军·古迹》、《大明一统志》卷八十二《琼州府·古迹》、嘉靖《广东通志》卷五《古迹·琼州府》、《大明一统名胜志》卷十《广东名胜志·琼州府·陵水县》等，都笼统说二县在陵水县。

③ 多数方志都将置县时间当置州时间。王象之在《舆地纪胜》中已指出这一混乱。

州改为郡，刺史改为太守”。海南岛五州（含崖、儋、振三州和贞观五年设置的琼州、龙朔二年设置的万安州）中，崖州改为珠崖郡，儋州改为昌化郡，琼州改为琼山郡，万安州改为万安郡。振州改作何名？文献记载不一。《旧唐书》、《元丰九域志》说是改为“临振郡”。《新唐书》则记载：“振州、延德郡，下。本临振郡，又曰宁远郡，天宝元年更名（延德郡）。”《广西郡邑志》也说：“天宝改名延德郡，是为宁远郡。”王象之《舆地纪胜》引用这个说法时曾下按语：“《唐志》、《元和志》、《通典》、《寰宇记》诸书第有宁远县而无宁远郡之文，今不取。”也就是说，先改为临振郡，后更名延德郡。

其实，《新唐书》所谓“又曰宁远郡”既可以理解为“故临振郡又曰宁远郡”，更可以理解为“唐延德郡又曰宁远郡”。唐玄宗改州为郡，纯粹是志得意满时的瞎折腾。14 年之后，“渔阳鼙鼓动地来”，玄宗仓皇西逃，肃宗于灵武即位，第三年改元乾元元年（758），即又复郡为州，三亚地区依然称“振州”。所以，短暂的更易，各种文书都没有来得及统一，导致史料记载不一，或曰临振郡，或曰延德郡，或曰宁远郡，但三种不同称谓都不会有实质性的歧义，当以延德郡为正。《古今图书集成·琼州府部》的编撰者按照自己的理解，记载为：“天宝初，改为延德郡，又改宁远郡。”这是一种折中处理的说法。

（五）增置落屯县，振州五属县格局形成

天宝后，三亚地区又增置落屯县。《元和郡县志》记载说，落屯县首置于唐高宗永徽元年（650）。考虑到落屯所在属于黎族聚居的山区，置县不易，以天宝后置县一说较为可靠。据《元和郡县志》，落屯县因落屯峒而得名。《太平寰宇记》载，落屯县在振州的“东北二百里”。又据《舆地纪胜》载，“落屯岭在（宋）吉阳县”。明清方志基本上都认为落屯县故治在明清崖州治（今三亚市崖城）东北五十里的“落屯村”或“落屯峒”。① 这些记载被后来考古挖掘出来

① 见（明）正德《琼台志》、万历《琼州府志》、万历《广东通志》，（清）雍正《广东通志》、道光《琼州府志》、光绪《崖州志》等的“古迹”记载。

的文物所证实。据明万历《琼州府志》卷四《建置志·古迹》记载，万历四十四年（1616），崖州知州张宿疏沟获落屯县印，后来将此印贮存在官方府库中。

至此，振州由唐初领县四，即宁远、延德、临川、陵水，后陵水往属万安州，却又先后增置吉阳、落屯二县，变成领县五，终唐之世，格局未变。到德宗贞元五年（789），李复收复陷落“山洞蛮”百年之久的琼州后，都督府也由崖州移至琼州。至此，形成了海南岛的五州格局，即琼州、崖州、儋州、万安州、振州，这是海南岛后世行政建置的基本框架。

（六）南汉省并振州五属县为二

振州置落屯县时，唐朝国力已臻于鼎盛。此后，终唐之世，州县格局未变，只是挨着内陆山区的黎人聚居区多有动荡。“安史之乱”后，唐朝国力衰退，宦官专权、藩镇割据，末年的黄巢起义再给予致命一击，唐朝也就气息奄奄了。天祐四年（907），朱全忠逼哀帝李祝禅位，改国号“梁”，唐亡。中国历史又进入“五代十国”的军阀割据时期。岭南地区的割据政权属于十国之一的南汉。

在唐末北方藩镇混战之际，南方的军阀也趁机割据一方。僖宗年间贺水镇刘谦手握精兵，成为广西的军阀，死后其子刘隐继续快速地将势力范围扩大至岭南大部分地区。唐亡前12年的昭宗乾宁二年（895），改岭南东道节度使为清海军节度使，治广州。唐亡前三年的昭宗天复四年（904），崛起于粤西的刘隐成为清海军节度使。唐亡10年后的后梁贞明三年（917），刘隐之弟刘龑称帝，号大越。次年改国号为汉，以广州为国都，史称“南汉”。南汉据有今广东、广西和海南三省之地，共有47州。直至北宋开宝四年（971），南汉为北宋所灭，历四代，统治了55年。

这55年中，三亚地区乃南汉之振州。只是原五属县被省并为二：宁远和吉阳。欧阳修《新五代史·职方考》所列南汉47州只有琼、崖、儋、万安4州，缺振州。明代方志也因循旧说，于南汉不录振州。如万历《琼州府志》卷二《沿革志》载：“五代南汉分琼、崖、儋、万安四州。”正德《琼台志》卷二、卷三则直接说，南汉“省宁远郡”。但宋灭南汉时却是明确记载有振州的。据《续资治通鉴长编》载，北宋开宝四年（971）二月，“师至白田，南汉主素服出降”；四月，“以岭南儋、崖、振、万安等四州隶琼州，令广州择官分知州事”。第二年，开宝五年（972）初，“命太子中允周仁浚知琼州，以儋、崖、振、万安四州属焉”。半年后，即将岛东北部的崖州并入琼州，而将振州改称崖州①，这时振州才“被废”。② 还有一条很重要的证据，宋灭南汉后，海南五州的知州都是南汉故吏。《宋会要辑稿·职官四七》之二载：“开宝五年，初平岭南，以其地有瘴毒，艰于命吏，诏以太子中允周仁浚领琼管五州。仁浚言，请以伪命官骆崇璨等分知州事。乃以崇璨知崖州，谭崇知儋州，杨舜卿知振州，朱光毅知万安州，仍各授检校官。”杨舜卿既然是前朝振州伪命官，则振州当然存在于南汉。只是南汉割据政权荒淫腐朽，贪图享乐，并无心思经略海南，更何况极南的振州！期间海北政权对海南的统治力削弱，省并属县即是其表现。正德《琼台志》载：“南汉省延德、临川、落屯三县。”

但这三县分别省入哪个县呢？据《舆地纪胜》载：“临川水，在（宋）吉阳县。”则可见南汉临川县废入吉阳县。据《记纂渊海》卷十六载，唐高宗永徽年间分吉阳置落屯县，并属振州；“本朝并省入宁远”。则可见落屯县省入宁远县。据《读史方舆纪要》载，延德县在“州（明清崖州）西百五十里。隋置县，属崖州，以延德水为名。唐属振州，南汉初县废。”可见延德县域位于振州（明清崖州）之西北，南汉只能是废入州治宁远县。

由此可以得出结论：唐振州五属县，到了南汉时，延德、落屯省入宁远县，临川省入吉阳县。唐用“进两步退一步”方式戮力抚定的地区，在南汉倒退回去不少，从中可见南汉政权在三亚地区统治力

---

① 《续资治通鉴长编》卷十二《太祖》。

② 又见《宋史·地理志一》、《宋会要辑稿·职官四十七·方域七》之二十四。

之薄弱。当然这种薄弱的统治，比起动荡的中原，客观上反而更平静和平。这也是三亚等地迎来不少中原避乱之人的原因。这种过渡时期的倒退，并不能逆转历史的大势。宋元之后，三亚地区的文明进程还是沿着唐王朝的路线继续演进。

二、郡县制的巩固和发展

隋唐对海南和三亚地区的统治，因为有冯冼家族的政治基础，所以比以往任何朝代都更切实。但海南岛地方势力和广大黎族聚居地区的封建化依然是一个漫长反复的过程。剿与抚、仁政与暴政、安定与动乱，始终是隋唐五代海南历史进程的主要内容。海南和三亚地区，就是在这种政治环境中，逐步推进和巩固发展郡县制。

（一）从崖州都督府到琼州都督府

唐武德五年（622），啸署岭南的地方酋领冯盎以其20多州、数千里的南越地降附唐朝，冯冼家族控驭的岭南地区被分为高、罗、春、白、崖、儋、林、振八州。[1] 地处三亚地区的临振郡改置为振州。振州隶于高州总管府，冯盎任高州总管，振州仍在地方势力冯冼家族的掌管之中。此时的振州正处于从传统酋领制向郡县制过渡的阶段。

贞观元年（627），唐朝在岛东北部的崖州设都督府。《旧唐书·地理志》载，贞观元年于崖州置都督府，“督崖、儋、振三州”（此时琼州、万安州尚未设立）。振州从此置于崖州都督府的督领之下。

就在崖州设都督府、振州析置吉阳县，唐王朝统治势力向前推进的贞观元年（627），冯冼家族与唐王朝之间差点反目、兵戎相见。据《新唐书·冯盎传》载：

> 贞观初，或告盎叛，盎举兵拒境。太宗诏右武卫将军蔺暮发江淮甲卒将讨之。

冯盎此时任高州总管，冯冼家族在岭南仍存在一定的势力和影响。但大唐正进入盛世，强大的中央政权决不会坐视地方势力坐大抗

---

① 《资治通鉴》卷一九零。

逆。此次事端后来在魏徵的谏议下，才改用和平招抚的手段，化解了一场巨大的兵祸，但冯盎不得不把儿子冯智戴遣送朝廷当人质。事件可能存在表层情节上的迷雾，但其实质则反映了中央政权与地方士族势力之间的平衡逐渐被打破。在唐王朝的强盛面前，冯冼家族的势力已走向衰落。这是唐王朝在海南和三亚地区实行封建化的郡县统治所取得的成功，是历史的演进。

唐朝在海南推行郡县制不是一帆风顺，不断遭到地方士族势力的反抗。其中最为典型的事例是唐置琼州 36 年后，即高宗乾封二年（667），岭南山峒俚陷琼州。而且这一陷落竟长达 122 年之久，三世不向唐朝称臣贡献，直到德宗贞元五年（789）才被岭南节度使李复率兵收复。这次陷落的直接原因，据李复的表奏所说，乃是统领全琼的崖州都督李逸统驭无方、不能节制所致。①

在李复之前，据《唐书》载："珠崖黎民三世保险不宾，佑讨平之。召拜尚书右丞。"② 杜佑所处的德宗朝，海南已无正式的行建置称"珠崖"。这里所称的"珠崖"应是代指整个海南岛，振州自然涵盖其中。"保险不宾"之黎民，所指非沿海地带，而是内陆山区。"三世"之久，当是从琼州陷落后的高宗乾封二年（667）算起。可见，海南山区黎族 122 年间皆处于"化外"各自为治的状态，三亚地区的黎族也一样。而"佑讨平之"，则可见杜佑取得了较大的成功。

就是在杜佑讨平的基础上，五年后，德宗贞元五年（789），岭南节度使李复组织兵将苦战"克复琼州"。

《全唐文》中收录的李复《收复琼州表》记载了这次事件的原委：

> 琼州本隶广府管内，乾封中，山洞草贼反叛。（崖州）都督

---

① 在《唐书·地理志》中所载李复《收复琼州表》没有提李逸控驭失所，但《全唐文》卷六百二十和《唐会要》卷七十一《州县改置下》所收录的李复《收复琼州表》都有"琼州本隶广府管内，乾封中，山洞草贼反叛。都督李逸控驭失所，遂致沦陷，已经一百余年"句。

② 《新唐书·杜佑传》。

李逸控驭失所，遂致沦陷，已经一百余年。臣差判官监察御史姜孟京、崖州刺史张少逸等悉力致讨。累经苦战，方克旧城，便令降人开翦荆榛，建立城栅，屯集官军。臣窃观琼州控压贼洞，若移镇军在此，必冀永绝奸谋。伏望升为下都督府，仍如琼、崖、振、儋、万安等五州招讨游奕使，其崖州使额请停之。①

德宗准其奏。都督府由崖州移置琼州，这是王朝统治势力由琼东向琼北、琼中推进的重要手段。后来遂有于五指山区设置忠州之举，这是唐朝政权从琼州向五指山北麓深入的结果。只是以唐朝后期的国力，无法固守忠州。据《新唐书》记载，李复不只剿灭叛乱，他还用安抚的方式晓谕黎民百姓，最终绥定其民。

随从节度使李复征讨的，有岭南道判官、监察御史姜孟京和崖州刺史。收复旧琼州城后，他们组织归降黎民开荒修城，重新屯集官军。琼州从贞观五年（631）首置，几番废置、陷落，终于在158年后的德宗贞元五年（789）取代崖州，成为全岛的首府，置都督兼五州招讨游奕使。

崖州都督府是年作废，振州从此改隶于琼州都督府。从贞观元年（627）海南归唐到大越乾亨元年（917）归南汉的290年中，振州前162年隶于崖州，后128年隶于琼州。

都督一般由所在州的刺史兼领。唐德宗贞元年间，各州有招讨使之设，琼州都督还兼任各州招讨游奕使。据贞元五年李复《收复琼州表》载："伏望升（琼州）为下都督府，仍如琼、崖、振、儋、万安等五州招讨游奕使。""仍如"两字，说明在设立琼州都督府之前，崖州都督府长官已兼领"琼、崖、振、儋、万安等五州招讨游奕使。此前的天宝七年（748），流寓振州一年的鉴真大和尚北上崖州时，"州游奕大使张云出迎"，此张云即各州招讨使之例证。

崖州、琼州先后作为海南全岛最高军政机构，唐代主政可考者有

① 李复《收复琼州表》，《全唐文》卷六二零。这段文字在新旧《唐书》的地理志和李复本传、《读史方舆纪要》卷一五零《广东六》、《资治通鉴》卷二三三都有记载，但详略不等，唯《全唐文》《唐会要》卷七十一最为翔实。

冯世接、李逸、张云、张少逸、贾继宗、黄僚、韦公干、韩约之女婿、贾师由、张鹏和韦明，以及不知名字的李氏等12人。冯世接，太宗贞观中任崖州都督；李逸，高宗乾封年间任崖州都督；张云，玄宗天宝九年（750）前后任崖州游奕大使；张少逸，德宗贞元五年（789）前后任崖州刺史：李氏，中唐时，琼州刺史兼五州招讨使；黄僚，敬宗宝历二年（826）前后任琼州刺史；贾继宗，文宗大和六年之前任琼州招讨使；韦公干，文宗大和或开成年间任琼州郡守、州牧，即琼州都督，兼领招讨使；韩约之女婿，韦公干的继任者；贾师由，宣宗大和六年（852）前后任琼州刺史；张鹏，懿宗年间（860~873）任琼州刺史，兼任五州招讨使；韦明，琼州刺史。①

统治架构虽然是铺设好了，但实际有效行使行政管理却是一个漫长的过程。其设计政略的高下、铨选官吏的优劣，直接影响到海南以至三亚地区的文明进步。

（二）安抚更相劫掠的振州土族

1. 宋庆礼安抚土族

琼州置废，只是当时海南岛政治环境的一个侧影，其时包括振州在内的全岛各州县的地方部族势力还是相当强大。他们时常互相劫掠，滋扰治所。一般的官员使节，因为害怕岛上的瘴气疾疫，不敢前去约束调解。武则天当政时，振州尚隶属于崖州都督府，岭南采访使宋庆礼为了稳定边防、抚慰百姓，冒着生命危险来到崖州、振州等地区，召集各地部族首领，结以大谊，晓以大义，各部族首领因此冰释仇怨相安无事。史载“州土以安，罢戍卒五千”。宋庆礼亲自吊民弥怨，对稳定海南的局面有着正面的意义。宋庆礼死后，出身岭南的朝廷重臣张九龄充分肯定宋庆礼的平生功绩，为其改谥号曰“敬”。考诸《唐书》，宋庆礼出任岭南采访使是在桓彦范当侍御史时，即武则天长安元年之前，故宋庆礼深入振州等地招抚的时间应该在这一时期。

① 见周泉根：《隋唐五代海南人物志》，海南出版社2006年版。

当然，宋庆礼这种恩抚带来的州土相安的局面乃是一种没有约束的信任，基础十分脆弱，很容易被打破。真正的长治久安，仍需中央政权的实力做保障，并始终执行和解共生的民族政策。

2. 赵昌献振州等黎峒归降图

德宗贞元五年（789）琼州成为都督府后，不到20年，宪宗元和二年（807），深受朝廷信任和南方少数民族推戴的甘肃天水人赵昌，迁任岭南节度使。如同他曾在安南都护任上一样，继续抚绥岭南，尤其是海南的少数民族。《新唐书》说他“降辑陬荒”。[①]《旧唐书》记载他在宪宗元和二年（807）向朝廷进奉海南岛上“琼管、儋、振、万安（等）六州《六十二峒归降图》”。[②] 宋代文献《武经总要》载：

> 唐宪宗朝，琼管六州六十二峒归顺，复置刺史治之。[③]

《册府元龟》则记载为五州：

> 赵昌，为岭南节度使。元和二年四月，昌进琼、崖、儋、振、万安五州三十二洞归降图。是日，宰臣表贺，请付史官。从之。[④]

除琼州、崖州、儋州、振州、万安州五州外，其所谓“六州”者，实即加上设置不久即废置的镇州。据万历《琼州府志》卷七《兵署》载：

> 唐都督府凡二：镇州都督府，在感恩境，今陷黎峒；琼州都督府，治城中，在今旧州。

从上面记载可见，唐宪宗朝海南西南山区确曾一度有镇州的设置。从中也可见，第一，唐宪宗朝曾在振州的西北感恩县（治所在今东方市感城镇）境内置镇州；第二，振州的黎族少数民族也在赵昌的抚定下有不少归附。

---

① 《新唐书》卷一八三。

② 《旧唐书·宪宗本纪》。

③ （宋）曾公亮等撰：《武经总要》前集卷二十一《广南西路·琼州琼山郡》。

④ 《册府元龟》卷四三四《将帅部·献捷一》。

（三）向深山腹地的推进遭到反抗

宪宗元和二年（807）赵昌献六州《六十二洞归降图》后，大唐的国势却日渐衰微。50多年后，懿宗咸通五年（864），蒋玉璘率深山黎人再次掀起波及广泛的反抗唐朝统治的斗争。朝廷派辛、傅、李、赵四将前来剿抚。他们兵分四路向黎母山围剿。

这次军事围剿取得了成功，蒋玉璘被擒遇害，唐在琼山南境（今屯昌、定安境内）设置忠州。民间一直流传一些四将征讨的传说。① 这从侧面说明四将军“平黎”对当时的海南岛产生过深远的影响。

但在与官兵正面交锋失败后，深山黎人并未放弃小股力量进行的反抗行动。据道光《广东通志》载，守备官兵长期受侵扰，以致七年后因伤亡惨重不得不废弃忠州，忠州的建置不满十年。②《读史方舆纪要》载：

> 废忠州在县（指琼山县）西南，古獠境。唐咸通五年，遣兵擒黎峒蒋玉璘等，遂定其地，置忠州。兵还即废。

大兵的征讨并不能保证长久的控制，历史的脚步显然还没有到大踏步前进的时刻。民族融合和演化是一个长期的过程。不仅是忠州，宪宗时的镇州也一样只是昙花一现，以致消失在主要史籍中。而有的州县治所不得不反复迁徙。据《舆地纪胜》载：

> 唐志（指《唐书》）云：显庆五年置乐会县，隶琼州。《琼管志》云：黎人屡攻破县城，迁徙不一。今见治南管村。③

其他如儋州境内的洛场县、振州境内的落屯县，均处深山，因黎人反抗，形同虚设，有名无实，置而又废。

三、坚定推进并维护郡县制治理

自秦代以来，中原政权对一些边疆少数民族地区实行羁縻政策，

---

① 如传说白马井是辛、傅、李、赵四将平黎的遗迹，见《方舆胜览》卷四十三。

② （清）道光《广东通志》卷二一七《古迹略二·城址二·琼州府·定安县》。

③ （宋）王象之：《舆地纪胜》卷一二四《琼州》。

给予地方部族相当的自治权，首领血缘世袭、可拥有部族武装。这是郡县制的重要补充。这种补充在中央是权宜，在地方是妥协。唐朝疆域广大，多实行羁縻政策。

《新唐书·地理志》载：

> 唐兴，初未暇于四夷，自太宗平突厥，西北诸蕃及蛮夷稍稍内属，即其部落列置州县。其大者为都督府，以其首领为都督、刺史，皆得世袭。虽贡赋，版籍多不上户部，然声教所暨，皆边州都督、都护所领，著于令式。

这样的羁縻州府，大凡856个。其中“隶岭南者，为州九十三”。但海南从汉武初置郡县以来，从未设置羁縻州。征讨不成，就移州郡治于海北，宁愿民众“慕义内属”，也不柔性管理。究其原因，一则是由于岛屿疆土无延展，不像内陆羁縻地区可以象征性绵延漠外，餍足统治者的虚荣；二则由于海南岛部族细碎，不相统属，没有称雄一方的豪族。萧梁以来岭南冯冼家族虽然一定程度上协调了中央政权和海南土族的关系，但终究也是外来势力，三代之后，尤其是冼夫人之后，或者再绵延至其孙冯盎之后，岛上的部族又回到据峒自治的自然状态。所以，海南岛的历史演进的脚步就是郡县制艰难推进的过程，中间未曾实行羁縻政制。当然在实际管治时，依然离不开地方峒酋的支持，不得不使用某些羁縻手段，但都是州县所主导。

不管是孙吴时期的聂友、陆凯，还是刘宋时期的费沈、武期，或者唐代李复、赵昌，以至后代“治黎”论者，都是以开辟州县为目的。在这种历史大背景下，唐代三亚地区从冯盎入朝后，一直就督隶于崖州或琼州都督府，统于广州，而从未隶于羁縻府性质的安南都护府。《旧唐书·地理志》两处记载振州曾隶于羁縻性质的安南都护府，但这是不可信的。这种偶一说法不见于更精审的新唐书，也与越南文献相左。① 相关的其他文献如《唐六典》等倒是都从不同时段记

① 据黎崱：《安南志略》卷第一《唐安南都护元隶州郡》，中华书局1995年版，第36~38页。

录了振州属于广州这一史实。①

另外，抚平海南的宋庆礼、杜佑、李复、赵昌等都是广府派出的军政官长。所以说，唐代的振州，先是作为地方豪酋的冯冼家族血缘世袭的领地，但随着历史的演进，冯冼家族的势力在逐渐退出地方政治的主导地位，取而代之的是封建官僚体制的推进。这种推进遇到冯冼家族失去酋领地位后不相统属的散落黎峒的反抗，但代表朝廷政治势力的州县仍然得以缓慢地开辟。

不采用羁縻政制的另一面，便是推进郡县制，但不拒绝任用地方豪酋。郡县制的治理除了设置州（郡）县外，至少采取了以下几种管治措施：任用地方豪酋、剿抚兼用和筑城屯军。

（一）任用地方豪酋

李唐代隋之初，高祖利用少数民族首领冯冼家族的管理来实现对海南岛的治权。太宗时代，随着中央与地方势力的消长，海南岛很快就实现了主要由中央派遣官员进行治理。但这并不意味着，地方豪酋或更底层的村峒首领就退出了政治舞台。唐代海南刺史、县令、司户等州县各级官员，今见诸史籍者甚少，但从宋元时期大量委任土官的记载可以推知，当是文献阙如以致不可征考的缘故。不可能宋代需要委任土官，前此数百年的唐代反而不需要。事实上，冯盎之后，冯冼家族在海南岛的势力虽然逐渐衰落，但也可谓余波绵绵，后人中可考者不乏振州别驾、万安州首领等等。冯冼家族乃中古绵延数百年的岭南豪族，自然容易为史籍所载记，其他与朝廷官员共治的地方首领则多埋没无闻。《太平广记》中曾记载唐文宗前后有一个叫陈武振的地方首领，虽然有不甚光彩的掳掠人口财货的记录，但掌握军权的招讨使韦公干都要以兄事之。而且这些人物多活跃在岛南的振州地区。可见三亚地区当时较之岛北，重用村峒首领的治理策略尤其突出。

（二）剿抚兼备，教化为主

自三国孙吴到南朝刘宋，单纯的征剿劳而无功，既延缓了岛内的

---

① 《唐六典》卷三《尚书户部·郎中员外郎》《新唐书·方镇表六·岭南》《太平广记》卷二六九《酷暴三·韦公干》。

文明进步，也消耗了人财物力。入唐以来，政治之得失，无不与剿抚之施为相关。如岭南节度观察使李复针对海南一些地方的反叛，一方面"遣兵剿其元恶"①，一方面"累遣使谕之，因奏置琼州都督府以绥抚之"。② 绥抚不是空洞的姿态，必须有实际行动使人悦服，如"教民陶瓦为屋"等，导其进步开化。③ 再如早年在治理安南时就深谙绥抚之道的赵昌，之所以能让振州等六州俚峒归降，也是其"往来鲸海，抚安备至"的结果。不仅从中原政权的角度要"降辑陬荒"，还要使岛内各部族之间"无复侵掠"，因此"琼人尤德之"。④ 武则天朝的岭南采访使宋庆礼在化解部族之间的矛盾地、制止相互劫掠的风习上尤其有贡献。当时振州等各地方村峒更相侵掠，宋庆礼"躬至其境，询问风俗，示以祸福"⑤，"谕首领大谊，皆释仇相亲，州土以安"。⑥ 振州之外，贬谪儋州吉安县的王义方针对"蛮夷"的"梗悍不驯"，"召首领，稍选生徒，为开陈经书，行祭奠礼，清歌吹龠，登降跽立，人人悦顺"⑦，以致"蛮酋大喜"。⑧ 教谕地方，传播中原儒家文化，也是贬官或地方官职责所在。

（三）筑城屯军

筑城屯军乃是拥有治权的标志、维持政权的保障。唐代的振州治宁远县，州城城墙非常简陋，明清府州志均称"宋以前，系土城。"《城邑考》甚至说"州旧无城，仅以木栅备寇"。⑨

这是有可能的。李复贞元间收复琼州后，"令降人开翦荆榛，建立城栅，屯集官军"。⑩ 琼州与振州都是草莱初辟的州郡，琼州也只

① （清）道光《琼州府志》卷二十九《官师志一》。
② 《旧唐书·李复传》。
③ （清）道光《琼州府志》卷二十九《官师志一》。
④ 道光《琼州府志》卷二十九《官师志一》。
⑤ 《旧唐书·宋庆礼传》。
⑥ 《新唐书·宋庆礼传》。
⑦ 《新唐书·王义方传》。
⑧ 《旧唐书·王义方传》。
⑨ 引自（清）顾祖禹《读史方舆纪要》卷一零五《崖州》。
⑩ 《唐会要》卷七十一《州郡改置下·岭南道》。

是剪开荆棘之后设“城栅”而已。

唐王朝在地方上设有镇戍的武装力量。镇有镇将、镇副、仓曹、兵曹参军事等职位，戍有戍主、戍副等武职。据《新唐书·地理志》载，唐在崖州“西南有勤连镇兵”。在《新唐书·宋庆礼传》中称振州屯军为“戍卒”，《旧唐书》则称“镇兵”。曾一度因宋庆礼绥抚得当，振州裁抑了不少屯军。振州同海南其他州一样，屯军受都督府节制，前为崖州都督府，后为琼州都督府。德宗贞元后，都督府刺史也因此兼领五州招讨游奕使①，也有时简称“游奕大使”或“招讨使”。②

此外，唐王朝还设有黎兵，由民户丁壮充任。正德《琼台志》卷二十《兵防下》记载，明代的“民壮”即“唐宋元黎兵”，可见唐代已有黎兵。该志还记载唐代“黎兵无额”，即可随所需征调。光绪《崖州志》记载咸通间辛、傅、李、赵四将平蒋璘之乱时，也提到“黎兵无额，置都督府及五州招讨使领之”。可见黎兵不是常备军，没有定额，只在应急时征调，同样受州郡军政长官节制。

五代时海南属于南汉刘氏政权的领地，南汉的末代皇帝刘鋹在海南置清化军和澄海军，前者戍黎，后者戍海。

如果说，武德五年（622）隶于高州总管府（冯盎任总管）的振州还带有地方豪酋统治迹象的话，那么，武德七年（624）振州改隶广州，则标志着郡县制的实质性进展。而到贞观初，随着李唐王朝实力的强大，以冯冼家族为代表的卖方豪酋势力在地方治理中的影响逐渐退居其次，振州便完成了向封建制度下的郡县制的转变。如上文所述，这期间的振州，由隋代宁远、延德二县，增置陵水、临川，又增置吉阳，再析出富云、博辽二县归崖州。这种有步骤推进的行动，正是振州走向郡县制、走入中央行政体系的具体细节和表征。后来陵水的归属万安州和落屯县的增置，也正是封建政体向海南岛东南和三亚

① 《全唐文》卷六二零李复《收复琼州表》。

② 分别见《唐大和上东征传》《太平广记·酷暴》第五十五《韦公干》。

东北黎族山区进一步推进的结果。

唐王朝依然利用地方豪酋与土官共同治理振州。因为曾作为冼夫人的食邑，冯冼家族在振州的势力一直余波绵绵，对三亚地区的开发和治理一直起着重要的影响。

四、冯冼家族与三亚的开发治理

中原政权对海南的渗透、开发，是一个漫长渐进的过程，三亚地区亦如此。秦始皇派屠睢率领50万大军南下岭南，设立了桂林、南海、象三郡，海南不过是象郡的“外徼”。汉武帝元封元年（前110），伏波将军路博德和楼船将军杨仆平定南越后设置郡治，这是中原政权对海南岛实际管制的开始。此后，海南岛上黎族先民的地方族群势力与中原政权反复消长，对海南岛的开发、管治也屡有进退。至隋统一中国后，在海南设置珠崖、临振郡，建十县于环岛沿海，这是中原政权在海南的一大推进。至唐五代时期，剿与抚、仁政与暴政、安定与动乱，始终贯穿其历史进程。地方势力与中原政权的消长虽然是一个漫长的过程，但以冯冼家族崛起为界，中原与海南或三亚地区的关系明显成为两个截然不同的阶段。因为有冯冼家族的政治基础，唐、南汉时期比往代任何时候都更实际地治理着海南。

与三国时期岭南士燮集团随着首领士燮的逝世而土崩瓦解不一样，冯冼集团在冼夫人逝世并极尽哀荣之后，其孙冯盎有能力继承其政治遗产，折中于战阵与樽俎之间，以至于岭南、海南能够相对稳定平和地发展封建官僚体制。曾经作为冼夫人汤沐邑的今三亚地区，也正是在这种背景下走进了新的历史阶段。而冯盎无疑是促进三亚地区过渡到郡县制的关键历史人物。

（一）振州平稳走进郡县制

冯盎（571~646），字明达，冯仆之子，冯宝、冼夫人之孙。少年时即英勇善战、富有谋略。隋开皇中任宋康（今广东阳西织篢至电白电城之间）县令。

冯盎是继冼夫人之后又一个既具有战略眼光又能征善战的家族掌舵者。在隋唐两朝交替大动荡的政局中，冯盎以非凡的政治眼光和手段，始终掌控着岭南的局势，并微秒地平衡着中央与地方、汉族与俚族的关系，在与隋文帝、杨素、林士弘、李靖、唐太宗、魏徵等当世豪杰的较量与协作中始终立于不败之地。

他的脱颖而出首先要归因于他的兄长冯暄的政治短视。如前所述冯暄在讨伐王仲宣叛乱时因私谊屯兵不前。冼夫人废除不识大体的冯暄的兵权，改遣冯盎，并最终讨平王仲宣叛乱。冯盎也因功封为高州刺史。

隋文帝仁寿二年（602），潮（今潮阳县西北）、成（今封开县东南贺江口）等五州俚人造反。时冼夫人刚刚亡故，冯盎驰赴请旨讨伐。文帝诏左仆射杨素与他议论敌方形势。据《旧唐书》冯盎本传载：

素曰："不意蛮夷中有此人，大可奇也。"即令盎发江、岭兵击之。

平乱后，朝廷授予冯盎金紫光禄大夫、汉阳（今甘肃礼县西南）太守衔职。事实上，东边的潮州，西边的封开，本不属高凉郡管治，冯盎主动请缨，旨在剪除异己、扩充地盘，同时解决两翼对高凉郡的遏制。"尊王则名正，平叛而自安"，冯盎高明地继承了冼夫人一贯的安邦策略。

隋炀帝大业后期，冯盎从征辽东，迁左武卫大将军，其子冯智戴"尝随父至洛阳，统本部锐兵宿卫"。① 这是中原政权"以夷制夷"的高招，但也让冯盎借力稳固自己在朝廷的地位。当时，岭南不少溪峒豪族亦率部编入炀帝禁军，有的还从征辽东。

隋末天下大乱，冯盎与子冯智戴奔回岭南，聚集各部落酋长，拥兵五万。《旧唐书・丘和传》载："会炀帝为化及所弑……冯盎以苍梧、高凉、珠崖、番禺之地附于林士弘。"依附林士弘只是稳住局势的权宜之计。虽然其时岭南豪强众多，但冯冼家族利用数代人积攒的恩威，很快成为酋领，珠崖也在其势力范围之内。

---

① 《新唐书・冯盎传》。

唐高祖武德三年（620），唐兵未抵五岭，番禺（广州）、新州（新兴）的高法澄、冼宝彻起兵叛乱，杀地方官吏。冯盎率兵平定高、冼的叛乱。冼宝彻侄智臣又聚兵于新州拒战，冯盎继续率兵征讨。交战时，冯盎在阵前，除去铠甲大声喊话："尔等颇识我否?"智臣的士兵一看是冯盎，纷纷放下武器，袒胸露背，下跪投降。至此，从番禺到苍梧（今广西梧州），至朱崖（今雷州半岛、海南岛一带）等地全部归附于冯盎。冯盎自称总管。冯冼家族世代恩威并用，以武力和信义管制岭南，才有这样强大的慑服力。

冯盎承继冼夫人的传统，始终恪守忠于朝廷一统天下、也就是国家统一的原则，在名分上从不僭越。当时，有人游说冯盎称王。据《旧唐书》本传载：

> 或有说盎曰："自隋季崩离，海内骚动。今唐虽应运，而风教未浃，南越一隅，未有所定。公克平五岭二十余州，岂与赵佗九郡相比！今请上南越王之号。"

但冯盎秉承冼夫人内政外交的大原则，坚决拒绝称王。他说：

> 吾居南越，于兹五代，本州牧伯，唯我一门，子女玉帛，吾之有也。人生富贵，如我殆难，常恐弗克负荷，以坠先业。本州衣锦便足，余复何求？越王之号，非所闻也。

其实，这是非常高明的，居其实而不擅其名，使得这个家族始终能够被各个朝代所接受。岭南豪族虽然是一支盘根错节的强大地方政治势力，但对抗中原政权则力不从心。所以，冯冼家族尊王而不僭越的传统，在政治上既显得睿智，客观上也维护了国家的统一，稳定了岭南、海南的社会。

其结果是隋灭唐兴，冯冼家族仍然占有自己家族的政治地位，牢牢地把握着岭南地盘。武德五年（622）七月，冯盎归降高祖。唐朝以其所辖之地划分为高、罗、春、白、崖、儋、林、振八州，授盎为上柱国、高州总管，封吴国公，后改越国公；封其子智戴为春州（今阳春）刺史、智彧为东合州（今雷州）刺史，不久，又改封盎为耿国公。

但是这种酋豪各自为治的状态，在历史大进程中必然走向衰落，这是不以某个人的意志为转移的历史规律。冯冼集团的衰落恰恰发生在唐朝，根本原因在于封建郡县体制的管理模式与土族世袭的管理模式必然发生冲突。唐初一些南方的总管府（后又称都督府）乃是专为岭南著名豪族而设置的，实际上制约了唐中央对岭南的统治。这与唐朝高度中央集权的政治制度存在着矛盾。① 地方豪族势力具有浓厚的奴隶制残余。冯盎在岭南“啸署首领，有众五万，克平二十余州”，其“所居地方二千里，奴婢万余人”。② 这也是与封建制度相矛盾的。其结果，就是中原政权与冯冼家族的角力。太宗朝终于发生了一次危机。

如前所述，振州原来隶于高州总管府（冯盎任总管），贞观元年（627）改隶广州。这是由土族管治转向官僚政权统治的过程。这时有人诬告冯盎反叛，说盎已发兵拒境。太宗诏示右武卫将军蔺薯率领江岭甲兵准备讨伐。魏徵不信冯盎造反，劝唐太宗罢兵。《新唐书·冯盎传》载：

> 魏徵谏曰：“天下初定，创夷未复，大兵之余，疫疠方作。且王者兵不宜为蛮夷动，胜之不武，不胜为辱。且盎不及未定时略州县，摇远夷，今四海已平，尚何事反未状？当怀之以德，盎惧，必自来。”

太宗于是派遣散骑常侍韦叔谐③前往安抚冯盎。冯盎即派其子冯智戴入朝侍帝，实质是以子做人质，表示归降之意。唐太宗事后说：“魏徵一席话，胜于十万兵。”

三年后的贞观五年（631）正月，冯盎上京朝见，太宗宴赐很丰盛。冯盎归唐后，其实每年都遣子入朝为质。④

---

① 王承文：《唐代“南选”与岭南溪洞豪族》，载《中国史研究》1998 年第 1 期。

② 《新唐书·冯盎传》；《资治通鉴》卷一九三“贞观五年”。

③ 《资治通鉴》载为“李公淹”。

④ 这些事件可见于唐太宗给冯盎的两篇敕文。敕文载于《文馆词林残卷》，后一敕亦载《全唐文新编》，名曰《命高州都督冯盎入朝敕》。

冯盎与朝廷差点兵戎相见，最终化干戈为玉帛。第二年，振州就析延德置吉阳县。而就在冯盎入朝后的第三年，贞观五年（631），振州划出属县陵水县的东南区域为设置富云、博辽二县，归新成立的琼州管辖。又两年后的贞观七年（633），冯智戴作为人质待命于长安。据载：

（唐太宗）从太上皇（李渊）置酒故汉未央宫。上皇命突厥颉利可汗起舞，又命南越首长冯智戴咏诗。既而笑曰："胡、越一家，自古未有也！"①

可见，与梁、隋两代相比，朝廷与冯冼家族虽然依然和平相处，但岭南地方势力已处于下风，只能顺应时势自我约束。一些本来习见的施政和行军活动在中央集权的体制下显得不忠不法了。冯冼家族在梁隋时期对周围州郡的抚定，受到朝廷的认可，甚至褒奖，但到了唐朝就变成了侵略。贞观五年，唐太宗有敕文指斥冯盎"侵掠不已，新州以南多被毒害"。② 以至于冯盎后来不得不自己前往朝廷表白心迹，于贞观五年（631）率陈頵等酋长入朝见唐太宗。不仅如此，朝廷还责令冯盎率部落二万为诸军先锋征讨岭南罗、窦诸洞僚。这其实是唐朝"以夷制夷"政策的又一实例。冯盎也只能靠立功自显。《新唐书》载：

罗、窦诸洞獠叛，诏盎率众二万为诸军先锋。贼据险不可攻，盎持弩语左右曰："矢尽，胜负可知矣。"发七矢毙七人，贼退走。盎纵兵乘之，斩首千余级。③

取得巨大战功后，唐太宗才让冯智戴回岭南慰劳，赏赐冯盎不可胜数，实际是放还了人质。

贞观二十三年（649），冯盎去世，赠左骁卫大将军，荆州都督。冯盎从长安回来后，在将近二十年的时间里勤于民政，并取得了非常

① 《资治通鉴》卷一九四"太宗贞观七年"。

② 《文馆词林》卷六六四。亦可参见岑仲勉《唐史余审》卷一，中华书局1960年版。

③ 《新唐书·冯盎传》。

好的政绩。据《新唐书》载：“盎善为治，阅簿最，擿奸伏，得民欢心。”[①] 这也再一次证明冯冼家族成就大业并非偶然，是建立在高超的内政外交能力之上的。此间，海南州郡一直在其势力范围之内。冯盎统领时期，中原与岭南各方面博弈的过程，也正是三亚地区深深地走进中国封建社会的进程。而三亚地区百姓能够避免战乱和纷争，也是有幸得益于冯盎正确判断大局的政治谋略。

（二）冯冼家族在振州的势力余波绵绵

冯盎之后很长一段时间里，海南岛的地方政权，依然有冯冼家族后裔在掌握。其中可以稽查的有：崖州都督云南公冯世接、振州别驾冯崇债、万安州首领冯若芳、赐紫金鱼袋冯公。其中，冯崇债到玄宗朝后期依然是振州别驾。虽非刺史，但别驾实为刺史之副，鉴真一行流寓振州期间，所有活动都是冯崇债主导完成的。可见，当时的岛南，依然在振州别驾冯崇债与邻近万安州的首领冯若芳的掌控之下，他们是冯冼家族从岭南退守海南、退守三亚地区的代表，也是冯冼集团顺应郡县制发展的酋豪政治的余波。

冯冼家族在高宗朝依然是豪族，主要体现在政治地位和实际的财富上。据《资治通鉴》唐高宗咸亨三年（673）载：“许敬宗……又以女嫁蛮酋冯盎之子，多纳其货。”许敬宗乃是高宗、则天朝的首席宰相，肯与冯家联姻，可见当时的冯冼家族依然在政治上有显赫的一面。到则天朝，冯冼家族的声势逐渐减弱，在政治历史舞台上的影响也就渐渐式微了。

由高凉冯氏到振州冯氏的巨变，正是唐朝势力一点点渗透海南以至三亚地区，冯冼家族逐渐退守的路线图。曾为冯冼家族先祖冼夫人汤沐邑的临振，成为冯冼家族的政治归宿。千年之后，人世代谢，冯氏后裔在海南岛各地开枝散叶，甚至远播南洋，而海南和三亚对冯冼家族的深刻记忆，主要还是集中在恩德无限的冼夫人身上。

---

① 《新唐书·冯盎传》。

第四节　唐五代时期的振州社会

一、人口与族群

随着历史发展，唐五代时期振州的人口与族群不断移动。振州的人口主要由渐次内徙山区的黎人、南来移居的汉人、以船为家的疍民和航海而来的穆斯林番客所构成。汉人则又有屯军、流贬、避乱、仕宦、商客等人群之分。其户数与人口数难以统计，但族群却日渐分明。除汉族外，以前不相统属的骆越后人渐渐被视作一个独立族群“黎”，黎族的族称就是在唐代开始确立的。稀稀落落在不同时代流落振州的番人，也渐渐聚合成一个独立族群——振州回民；而传统的以船为家的疍民，其群体特色也越来越清晰。

（一）户口更确切，移民更频繁

唐代的都督府和州（郡）县，根据辖区编户数分为上、中、下三等。虽然随着人口繁衍增殖，标准一再调整，但终唐一代，海南岛上所设的都督府和州县都被列为下等。人口极盛的开元、天宝年间，朝廷规定不满二万户者为下都督府。可见，唐朝海南的编户总数不超过二万户。具体到振州，则不满一千户。

据《旧唐书·地理志》载，振州819户、821口。口数显然所记数字有讹漏，《新唐书·地理志》记载即纠正为振州819户、2821口。《太平寰宇记》一六九卷记载也是这个数字，且注明是开元时的数据。据《旧唐书·地理志》和《太平寰宇记》一六九卷载，当时整个海南岛也只有6646户，但也有人认为这个数字只是都督府所在的崖州一州的编户数。从所记各州县统计的结果为，《旧唐书》记载15067户，《太平寰宇记》记载11535户。[①] 陈铭枢等人编纂的《海南岛志》认为，唐代海南岛汉人就有7万人。[②] 因年代久远，加之版

---

① 司徒尚纪：《海南岛历史上土地开发研究》，海南人民出版社1987年版，第86页。

② 《海南岛志》第三章《人民·户口·海南历代丁口比较表》。

籍荒阙，这些数字与历史真实的出入已难厘定。唐王朝官方所统计的，也只是编入户籍能够统计的数字，未入版籍的深山黎人当不在其中。振州在唐朝时属县尚且处于盈缩析合阶段，有时边界都模糊不清，其人口、户数的统计自不可能准确。而黎峒，或“化外”，或羁縻，当不在造册范围之内。但比较各州户数，也确实可见振州人口较琼北稀疏；黎族丁口实际按比例应占大头，却未登版籍之上。这正是唐代振州人口的实情。

从趋势上分析，一则黎峒日益“归化”入籍，二则移民日渐增多，总体上人口在增加是毫无疑问的。振州远离中原，虽是和平时代的贬谪地，却也是战乱时期的避风港。

《新五代史·南汉世家》的刘隐本传载：

> 是时天下已乱，中朝士人以岭外最远，可以避地，多游焉。唐世名臣谪死南方者往往有子孙，或当时仕宦遭乱不得还者，皆客岭表。

另一方面，振州作为最南端的边海州郡，却也是海外来客北上的第一站。一些番舶客商，以波斯穆斯林为主，不少人因遭海上风涛或海贼劫掠而定居振州。此外，密集的港口也让以船为家、以海为生的疍民在振州的大疍港等港湾附近形成聚落，成为振州人口结构中的一部分。

（二）“黎族”族称的正式确立

关于黎族的族源和早期发展，学界仍有分歧。有学者认为，唐代海南岛黎族的族群主体，主要来源有三：史前进入海南的古越族人；西汉时期进入海南的以南越国吕嘉集团为核心的岭南越族人；梁以来随冯冼家族进入海南的俚人。[①] 其前后族称包括：早期的“雕题”“离耳”或“儋耳”，“穿胸国”或“贯胸国”；汉以后的“骆越”“蛮”或“蛮夷”，“俚”“僚”或“俚僚”。[②] 真正以“黎”作为专属

---

① 林日举：《海南史》，吉林人民出版社 2002 年版，第 65 页。

② 吴永章：《黎族史》第一章《黎族族名的由来与嬗变》，广东人民出版社 1997 年版。

名称，却是始于唐。曾在唐昭宗朝任广州司马的刘恂所撰著的《岭表录异》中，将儋州、振州少数民族称为黎："紫贝，即蚜螺。儋、振夷黎采以为货。"

宋代所修纂的《新唐书》，在《杜佑传》中也称"珠崖黎民三世保险不宾"。[①] 这个称谓不见于《旧唐书》，可能非唐旧文。但自唐开始有"夷黎"之称后，"黎"之名称即为后世不易之专名，且昭示了作为一个族群共同体的正式形成。此后宋元的文献可以印证：北宋初乐史氏所编《太平寰宇记》中，已有生黎、熟黎之分；范成大成书于淳熙二年（1175）的《桂海虞衡志》，有"黎"专目；元修《宋史》，也有"黎峒"一条，等等。

三亚地区一直是黎族的聚居区。唐振州所辖落屯县，到明代都是黎族聚居的地方。明嘉靖《广东通志初稿》卷五《古迹》载："故落屯县，在万州东五十里。唐置，五代省。即今落屯村，熟黎居之。"熟黎是熏习汉族文化、已编户在府册的黎人，其中也混有少数内迁黎地因土俗而定居的汉人。史上有李德裕、韦执谊的后人"化黎"的传说，但这一传说存在争议。

（三）回族开始定居振州

随着海上丝绸之路的日渐成熟，从南海北来的番人越来越多。唐代的番客主要是穆斯林。广州是伊斯兰教民海路东来的聚集地，而海南尤其是振州，乃是伊斯兰教民海道进出路线上的重要站点。他们主要是商人，也有少数专业传教者。他们侨居的地方多半叫"藩（番）坊"、"藩（番）市"。自唐至明，三亚沿海陆续有番客落籍定居。三亚缘海地带，不少地名带"番"字，即是其遗迹。唐代回族开始定居三亚地区，可以从考古资料和传世文献两方面得到印证。

1983年前后，海南岛的三亚市和陵水县濒海沙滩地带连续出土了梅山墓葬群、干教坡墓葬群、番岭坡墓葬群和土福湾墓葬群等4处古代穆斯林墓葬群。自陵水县英州镇土福湾村至三亚藤桥镇（今为

---

① 《新唐书·杜佑传》。

海棠区）番岭坡的墓葬群，东西长约 2.5 公里，南北宽 40～60 米不等，现被列为全国重点文物保护单位。海南伊斯兰古墓群的不断发现，引起了国内外考古学界和民族学界的极大重视，为研究海南伊斯兰文化历史尤其是早期海南穆斯林的状况，提供了大量准确而可靠的实物佐证。这些古墓群以其特殊的造型、丧俗、文字及墓碑材料，与当地其他民族的葬式明显相区别。墓碑全以珊瑚石为原料，竖于墓穴前后；碑文用阿拉伯文或波斯文书写，单面镌刻，有些铭刻有死者的名字。葬式都为竖式土坑，不封土。墓穴的位置都是头南脚北，死者的脸朝西，没有任何随葬品。① 这批墓葬有年代早晚之别，据考证，其断限可追溯到唐代。

传世文献也记录了唐时波斯商人进出振州的活动。万安州的冯若芳和振州的陈武振都曾劫掠波斯商船，占据财物，人则成为他们的奴婢。《唐大和上东征传》载："（冯若芳）每年常劫取波斯舶三二艘，取物为己货，掠人为奴婢。"② 冯若芳是万安州的地方豪酋，而万安州的陵水县早期属振州所辖。陵水县考古发掘出来的穆斯林墓葬，多在陵水县南，挨着三亚境。

又据《太平广记》载：

> 贾舶经海路，与海中（海南）五郡绝远，不幸风漂失路，入振州境内，振民即登山披发以咒咀。起风扬波，舶不能去，必漂于所咒之地而止，武振由是而富。③

陈武振的魔法诅咒当然是无稽之谈，但发海难财，劫掠人口，却是事实。且一般振州之民难拒诱惑，也参与过类似的活动。但《太平广记》也说道，振州穆斯林并非都是被劫掠上岸的，很多是"西域贾漂泊溺至者"。振州是他们避风逃难的救命地。

另外，据《宋史·南汉世家》记载，南汉末代皇帝刘𬬮昏庸腐朽，曾宠爱一名波斯女子，与之淫戏于后宫，叫她"媚猪"，而自称

① 李健彪：《天涯海角的穆斯林》。

② ［日］真人元开著、汪向荣校注：《唐大和上东征传》，中华书局 2000 年版。

③ 《太平广记》卷第二八六《幻术三》。

“萧闲大夫”。“无名之费，日有千万。”这也可见，到晚唐五代，波斯人在岭南越来越多，有的甚至进入朝廷宫苑。唐朝中前期曾授予过波斯回民“中郎将”等官职，他们还为平定安史之乱出过力，但是长安的穆斯林多从陆路抵达，而广州的多从海上来。中外交通越频繁，振州作为海路补给和停靠点，其招致落籍的回民也自然相应增加。这些回民与宋元明清的穆斯林继续辐辏聚居，慢慢成为三亚的一个少数民族族群。

（四）疍民继续在振州聚居

疍民是闽粤琼和越南北部沿海地区一个以船为家、以渔为业的群体，虽松散流动却有自己独特的文化。其来源较复杂。从落笔洞及多处贝丘遗址可以看出，海南早期的沿海居民就有部分以海为生。黎族先民并非都是深山部落，也有部分缘海而居，因外来人口的压力，才一步步退缩山区。部分依然没有上岸，漂泊在各个港口之间，他们可能也是海南疍民来源的一部分。唐李善注解左思的赋文时说：“朱崖海中有渚，东西五百里，南北千里……水居，鲛人水底居也。”这些文身的鲛人，即是早期蜑（疍）人之一部分。黎族文身的起源之一，也可能与其先民有水居者相关。

除了坚守在船上的黎族先民外，闽粤间疍民缘海游弋移徙海南，也是海南疍民的重要来源。他们掌握着更先进的航行捕采技术和知识。还有一部分，据说是马伏波南征时留下的士卒，所以也称“马人”、“马留人”。明代罗曰褧著《咸宾录》中的《南夷志》载：“马人，其先中国（中原）士卒随马援南征，羁留未归，散处南海，岁成部落。其人深目猳喙，以采藤捕牡蛎为业，产与黎同。”这部分因马援部队流落而成的疍民，从其深目蓝晶等形貌来判断，可能有的是遇困流寓的波斯人。

《南夷志》载：“蜑人，儋、崖海上水居蛮也。”唐代的振州州治选择在与宁远河、大疍港、保平港密不可分的河口地区，且其港口名曰“疍”，疍民自然是重要的群体之一。

二、物产与经济

自然物产，往往古今相沿。但有三类物产值得研究，一是与贡赋有关的，再则与产业有关的，三则与物种移徙有关的。三亚地区远离中原，依山傍海，物产富饶，自古有渔盐之利，特色农业、手工业也别具一格，这使得其贡赋特殊，对外贸易也较早开启。

（一）自然物产

1. 金、香料、盐

唐代振州出产金、香木和盐。

明万历《琼州府志》载："唐贡曰金，五州俱有。"①

《唐大和上东征传》载，万安州首领、冯冼家族后裔冯若芳会客，"常用乳头香为灯烛，一烧一百余斤。其宅后苏芳木露积如山"。② 这里说的是海南香木之盛，今天海南的沉香木依然闻名于世。

《新唐书·地理志》载，振州（延德郡）所辖宁远县"有盐"。《崖州志》亦载："乾元元年，宁远（振州）等县有盐，近海百姓煮海水为盐，远近取给。"③ 古近代三亚盐业的开辟，至晚在唐代就开始了。

2. 乌文、菠萝蜜等木材和瓜果

唐振州地区出产乌文、呿陀等珍贵木材，还有橄榄、木威、菠萝蜜等珍奇果树。尤其是关于海南菠萝蜜树的记载，能够消除人们一直以其为外来物种的认识。

《投荒杂录》中的"韦公干"条载："既牧琼，多乌文、呿陀，皆奇木也。公干驱木工沿海探伐。"乌文、呿陀木质结实沉重，都是罕见的优质木材。

清光绪《崖州志》引唐代段成式著《酉阳杂俎》中的话说，"珠崖橄榄，以枝南向者为橄榄，东向者为木威"，以为橄榄和木威是两种物种，两者相伴而生，可能是共生的物性。

---

① （明）万历《琼州府志》卷五《赋役志·土贡》。亦见《新唐书·地理志》。

② ［日］真人元开著、汪向荣校注：《唐大和上东征传》，中华书局2000年版。

③ （清）光绪《崖州志》卷七《经政志二·盐法》。

至于瓜果则种类繁多。《唐大和上东征传》记载海南物产：

彼处珍异口味，乃有益智子、槟榔子、［椰子］、荔支子、龙眼、甘蔗。拘莚楼头大如钵盂，甘甜于蜜，花如七宝色。胆唐香树丛生成林，风至，香闻五里之外。又有波罗捺树，果大如冬瓜，树似［槟］楂。毕钵草，子同今见，叶如水葱，其根味似干柿。①

这里值得注意的是结果大如冬瓜的波罗捺树，实即菠萝蜜树。这是较早记录海南产菠萝蜜的资料。关于菠萝蜜的树种，多以为传自海外：《隋书·四夷传》载“百济（古代朝鲜）有异树，名波罗婆”。唐代段成式著《酉阳杂俎》中的《异木篇》所载，则称波罗婆（菠萝蜜）树“出波斯国，亦出佛林国，呼为阿菩鞞树”：

树长五六丈，皮色青绿，叶极光净。冬夏不凋，无花结实，从树实出。有壳裹之，壳上有刺。瓤至甘甜可食。核大如枣，一壳裹中有数百枚。核中仁如栗，炒黄食甚美。

另有传说称，菠萝蜜是唐代波罗婆国（古印度王国）僧人达奚司空携入，栽于南海庙前。② 诸种说法不一。来自百济（古代朝鲜）的婆罗婆树，未必就是海南的菠萝蜜，因为百济与海南的地理气候环境不同，南北差异悬殊。那么，鉴真在海南时吃到的波罗捺（菠萝蜜），究竟是波斯引进的，还是波罗婆国（古印度王国）引进的，还是热带海南本土所产，尚难确证。但是至迟隋唐时海南已有菠萝蜜，不至于如明代海南名贤王佐在《菠萝蜜》诗序中所言，要到元代中叶才传播开来。

3. 蛇、孔雀、乘鲎等山海动物

唐代文献中提到海南或振州的山海动物有蚺蛇、蜈蚣、孔雀、鹧鸪、乘鲎、玳瑁、紫贝等。但出自于对异方遐域的神秘想象，记载有虚有实。其中一些关于形体特异而无名的大蛇大鱼的叙述，颇有童话

① ［日］真人元开著、汪向荣校注：《唐大和上东征传》，中华书局2000年版。
② 见（清）光绪《崖州志》物产篇引《桂海虞衡志》。

一般的传奇色彩。

在唐代人段公路所著《北户录》中，有关于蚺蛇的形状、习性及当地土人如何擒杀、如何爱重其胆、其牙的记载。其中“蚺蛇牙”条载：

> 蚺蛇，大者长十余丈，围可七八尺，多在树上，候麞鹿过者吸而吞之。至鹿消，即缠大树上，出其头角，乃不复动。夷人伺之，以竹签签杀之，取其胆也。故南裔《异物志》曰：蚺蛇，牙长六七寸，土人尤重之，云辟不祥、利远行。卖一枚，直牛数头。

“蛇红”条载：

> 公路至雷州对岸，倚舟候风势，见群小儿簇二巨蛇，各长丈余。其一如孔雀尾，毛色金翠夺目；一如真红色，鲜明若血。又有十余头白蛇。前后相次，若导从，俱入一榕藤窍内，竟不复去。

此外，还有海中大蛇的记载。据《太平广记》载：

> 海中有山，周回数十里。每夏初，则有大蛇如百仞山，长不知几百里。开元末，蛇饮其海，而水减者十余日。意如渴甚，以身绕一山数十匝，然后低头饮水。久之，为海中大物所吞。①

这显然已如童话，其夸张想象之丰富，令人称奇。

唐孟琯撰《岭南异物志》还记录了须长四五十尺的蜈蚣：“珠崖人，每晴明，见海中远山罗列，皆如翠屏，而东西不定，悉蜈蚣也。虾须长四五十尺，此物不足怪也。”②《岭表录异》也引用《南越志》的记载，描述了关于岭南蜈蚣的故事：“阁者，其皮可以鞔鼓。取其肉曝为脯，美于牛肉。”又云：“长数丈，能啖牛。俚人或遇之，则鸣鼓燃火炬以驱逐之。”这些记载多虚构称奇，难以实证。

在唐代文献中，提到海南的鸟类有孔雀、鹧鸪。前者珍奇，后者

---

①《太平广记》卷四六四“南海大鱼”条引《广异记》。

②《太平御览》引。

常见。

唐代李善注解左思的《吴都赋》说：“孔雀，尾长六七尺，绿色有华彩，朱崖、交趾皆有之，在山草中。”此处朱崖当泛指整个海南岛。

海南的动植物中，进入诗文意象的还有鹧鸪。唐李商隐为李德裕写的诗《李卫公》有句：“今日致身歌舞地，木棉花暖鹧鸪飞。”东汉杨孚《异物志》、晋崔豹《古今注》、唐段成式《酉阳杂俎》和唐刘恂《岭表录异》皆有鹧鸪的记录，而明确说到海南鹧鸪的，则见于李商隐的上述诗句。

海南四面环海，鱼类贝类资源丰富，载诸唐代文献的有乘鲎、玳瑁、紫贝等，其中振州所产玳瑁最为知名。

唐李善注解左思《吴都赋》说：

> 鲎，形如惠文冠，青黑色，十二足，似蟹；足悉在腹下，长五六寸。雌常负雄行，渔者取之必得其双，故曰乘鲎。南海、朱崖、合浦诸郡皆有之。

唐段成式《酉阳杂俎》则讲到振州玳瑁：

> 南中玳瑁，斑点尽模糊，唯振州瑇瑁如船上者。尝见卫公先白书，上作此瞱帽字。

唐刘恂《岭表录异》明确记载振州人采紫贝为货：“紫贝，即蚜螺。儋、振夷黎采以为货。”① 东晋的顾微在《广州记》中曾评说紫贝：“贝凡八种，紫贝最为美。”紫贝很多时候都是特供贡品，到宋代才罢免。

此外，唐人著作中，刘恂的《岭表录异》提到了倒捻子、麻竹、砗磲、蚶等，段成式《酉阳杂俎》提到了黄杨，杜佑《通典》提到了秦吉了。这些物种物产皆见于三亚地区。

（二）农林渔猎

振州地处热带，有山有海，物种丰富，物产也因地宜呈现多样

① 曾慥《类说》所载作“砑螺之紫贝”。

性。随着移民的定居，与当地居民融合，形成了唐代三亚地区的产业。除了传统的农林、水产和山地狩猎之外，养殖技术也有跟进，新的农桑经济开始展开。

1. 种植稻、粟

唐代以前，海南的主要粮食是薯芋。到了唐代，可以见到稻、粟种植的记载。

鉴真流寓期间，海南“十月作田，正月收粟。养蚕八度，收稻再度”。①

唐徐坚《初学记》卷八岭南“三田”条引晋人郭义恭《广志》记“交州”曰：“南方地气暑热，一岁田三熟，冬种春熟，春种夏熟，秋种冬熟。”清道光《琼州府志》卷二《舆地志》注曰：“今惟琼郡则然。”“十月作田”当属冬种；“收稻再度”则为复种，可见唐代海南就已有二熟、三熟稻或稻与其他粮食作物间种了。当然，与水稻在沿海地区推广的同时，传统的刀耕火种依然盛行于黎峒。李德裕贬谪时就见到“五月畬田收火米”的情形。

2. 养殖

唐代的岭南各郡有收集鱼种从事淡水养殖的记录。据《北户录》“鱼种”条载：

> 南海诸郡人，至八九月，于池塘间采鱼子，着草上，悬于灶烟上。至二月春雷发时，却收草浸于池塘间，旬月内如虾蟆子状，鬻于市，号“鱼种”。育池塘间，一年内可供口腹也。

从随季节、潮汐的捕捞作业到围海、蓄水养殖，是渔业的一大进步。

3. 蚕桑纺织

三亚的纺织史具有极高的文明史价值。唐代的振州因气候等缘故，其蚕桑纺织业就为世人所关注。鉴真流寓海南时曾看到当地的人们“养蚕八度，收稻再度”。养蚕八度，这在中原乃至江南都是不可

① ［日］真人元开著、汪向荣校注：《唐大和上东征传》，中华书局2000年版。

想象的。《周礼·夏官》有“禁原蚕”的说法。原，再也，再养的意思。《淮南子·泰族训》曰：“原蚕一岁再收，非不利也，然而王法禁之者，为其残桑也。”为了保护桑树的再生而禁再蚕。但海南因为气候的缘故，桑树生长茂盛，不仅原蚕不禁，还可养八度。

唐刘恂《岭表录异》记载：“吉贝木，其花成对，如鹅毛。抽其绪纺之，与苎无异。多紫、白二种，亦有诸色相间者。蛮女喜织之，文最繁缛。”桑蚕的养殖与传统吉贝棉和种植，无疑推进了纺织业的进步，振州地区的棉纺和丝织业尤其知名。据《投荒杂录》中的“韦公干”条载：“执业者太半，有织花缣文纱者。”当地女子多“着布絮”。

（三）手工业

唐代振州地区的手工业，现在能够根据文献查知的有：制盐业、金银锻造业、藤编织和角木器加工业等。产品大多作为当时的特色土贡，或是闻名海内，因而得以在史籍中留下记录。更多的则湮没无闻，无可查考。当时的手工制作规模很小，难以形成产业，大多是自给自足的物什器具。

1. 藤器编织

藤器编织加工的物品主要有：五色藤盘、书囊、红藤簟、斗笠。《新唐书·地理志》载：“唐贡……曰五色藤盘，曰斑布食单。俱振州。”《北户录》“五色藤筌蹄”条载：“琼州出五色藤盒子、书囊之类，细于锦绮，亦藤工之妙手也。”此处琼州当指代整个海南。《隋书·地理志》载：“昌化有藤山。”正德《琼台志》卷九《土产下·工作属》载：“藤作出万州，穿织俱精致，擅名天下。”隋代昌化和明代万州地域与唐振州或毗邻或重叠，唐贡品中具体指明只为振州所产。

红藤簟，见载于唐段公路《北户录》：“琼州出红簟，一呼为笙，或谓之籧篨，亦谓之行唐。其色殷红，莹而不垢。”正德《琼台志》作“红竹簟”，且说“惟万州万宁、陵水产”。可见《北户录》之琼州泛指整个海南岛，而具体乃是在唐万安州、陵水一带，而陵水一度属于振州。①

据鉴真弟子所记见闻，当时海南地区人们“男着木笠，女着布絮”。② 可见，木斗笠也是他们的日用之物。

2. 角木器加工

角木制品以兽角、果壳、木材为原材料，经过加工制作成各种实用或装饰用品。《投荒杂录》“韦公干”条记韦公干自海南离职东去，大舟满载坚木器物的情形：

> 前一岁，公干以韩约婿受代，命二大舟，一实乌文器杂以银，一实呿陀器杂为金，浮海东去，且令健卒护行。将抵广，木既坚实，金且重，未数百里，二舟俱覆，不知几万万也。

采伐来的木材制作成各种乌文器、呿陀器，木质结实沉重。

此外，还有椰子酒杯。椰树乃热带海岛土产，果汁果肉供饮食之外，椰壳也成为加工利用的重要材料。唐陆龟蒙在《奉和袭美寄琼州杨舍人》诗中写道：“酒满椰杯消毒雾，风随蕉叶下泷船。”③ 当时已用椰子壳做酒杯了。据明代唐胄在正德《琼台志》中描述：“椰树有一种专产小子，壳坚厚，劕制为杯。”④ 至晚到明代，这种酒杯还会用银镶嵌装饰。明曹昭著《格古要论》载：“或银或金镶之，小者贵。”据说可以防毒，有毒即裂，此即唐陆龟蒙诗所谓的“消毒雾”。

3. 冶炼锻造

冶炼锻造方面的记录并不多，但因为振州贡金，其冶炼也必不可少。《投荒杂录》“韦公干”条载“有镕锻金银者”，可见当时锻造手工业还是有一定规模的。

能够产业化的部分手工业，多是跟官府需索量大和奴仆臧获集体作业相关。《投荒杂录》载：“郡守韦公干者，贫而且酷。掠良家子为臧获，如驱犬羊。有女奴四百人，执业者大半。”这种现象的普遍

---

① （明）正德《琼台志》卷九《土产下·器用之属》。

② ［日］真人元开著、汪向荣校注：《唐大和上东征传》，中华书局2000年版。

③ 《全唐诗》卷六二五。

④ （明）正德《琼台志》卷九《土产下·器用之属》。

程度，现在难以考知。

三、贡赋和商贸

（一）贡赋

海南在唐代尚处于中原农业引进的初期，垦荒殖民，因俗而治，没有条件实行均田制。但贡赋却因土宜地利一点不少。《唐六典》卷三载：

> 儋、崖、琼、振，已上广府管内……凡赋役之制有四：一曰租，二曰调，三曰役，四曰杂徭……凡岭南诸州税米者，上户一石二斗，次户八斗，下户六斗；若夷、獠之户，皆从半输。

税米分三等按户征收，汉人全输，在编黎人半输。振州当时当也如此。

至于土贡，上文所举《新唐书·地理志》载明有金、五色藤盘、斑布食单。其中五色藤盘和斑布食单“俱振州”所贡。

《通典》卷六《食货六·赋税下》载：“延德郡贡藤盘一，今振州。”

藤器的制作，穿织精致。《北户录》说：“五色藤盒子、书囊之类，细于锦绮，亦藤工之妙手也。”虽然体现了制作者的才智妙手，同时也费尽了劳苦。到明代时犹且“官司货贡无时，军民苦之”。①

但这只是史载明文者，实际的土贡当不止这些。譬如海南传统的贡品如玳瑁、珍珠等是否为常例未可知，但作为地方贡献是不可能阙如的。陆龟蒙《奉和袭美寄琼州杨舍人》诗“吏有珠官出俸钱”句②，可为证。

唐初赋税实行租庸调制，以“人丁为本”，“有田则有租，有身则有庸，有户则有调”。后积弊太多，建中元年（780）改以土地、业产等财富的多寡，按每户的贫富差别进行课征的两税法，确立了“唯以资产为宗，不以丁身为本”③，“户无主客，以见居为簿；人无

---

① 俱见（明）正德《琼台志》卷九《土产下·工作属》。

② 《全唐诗》卷六二五。

③ 《陆宣公集》卷二十二《均节赋税恤百姓》第一。

丁中，以贫富为差”的征税原则。海南也实行了两税制，只是税额不可能太高。

终唐一代，海南所有州府郡县，都居于法定“上中下”之下等，主要是人口稀疏而编户数少。所以，所收税赋微薄，以致官府和驻军常入不敷出，不能自给，要靠海北接济。据《投荒杂录》载：

州（琼州）东南四十里至琼山郡，太守统兵五百人，兼儋、崖、振、万安五郡招讨使。凡五郡租赋，一供于招讨使。四郡之隶于琼，琼隶广。海中五州岁赋，廉使不得有一缗，悉以给琼。军用军食，仍仰给于海北诸郡。每广州易帅，仍赐钱五十万以犒秩。琼守虽海渚，岁得金钱，南边经略使不能及。①

由此可见，振州租赋要上缴琼州都督府。而军队的给养，得靠海北的岭南都督府补给。

五代南汉刘氏政权穷奢极欲，税赋和土贡都大大超过李唐王朝。首先是对玳瑁、珍珠追求无度。唐胄曾写诗讽刺“瑁宫珠殿尤苦刘”。②《宋史·南汉世家》载刘宋“所居宫殿以珠、玳瑁饰之”。其次是税率高。《宋史·南汉世家》载：“乾德元年（963）……赋敛繁重，邕民入城者人输一钱，琼州米斗税四五钱。”其税率甚至比内陆还高出一倍多。而且“以豪民为课户，供宴犒之费”，利用豪强暴力强征。

（二）商业

唐代的振州虽物产丰富，已经有了各种手工业，但经济落后，贸易并不发达，更多是自足自给，或者只是为了完成贡赋，很难说得上是产业，因而也就少有商业意义上的交换流通。即便有交易，多是延续原始的物物交换的形式。但各州县统治区内，统一的货币也开始流通。唐代宗大历之前，商品流通除了统一货币外，传统的一般等价物如金、银、珍珠、象牙、丹砂，在交易中依然通用。实施两税法之

① 《太平广记》引。

② 见（明）正德《琼台志》卷九《土产下·工作属》。

后，统一货币开始在更大范围适用和通行。① 但振州比较儋、崖地区更迟滞，振州自身的内陆地区又比沿海迟滞。

随着海上丝绸之路的日益兴盛，海南沿海港口时常成为补给站，有时还是交易点。在陵水的海滩，考古发现过不少唐代的瓷碗和陶罐。振州的保平港、大疍港时常成为海上商队补给、交易或者避风之地。振州沿海是东来番舶在发生海上气象灾害时临时停泊之所，一些船舶抵御不住飓风暴雨的袭击，被迫靠岸避险直至居留当地，鉴真一行就是漂泊到振州的。不管是避难者，还是补给者，无疑都促进了振州的商贸活动和文化交流。

四、唐五代时期振州的宗教

唐五代时期，外来宗教开始在振州传播。其时黎族同胞奉行祖宗崇拜，祭祀人鬼，村峒则各自信仰地祇。外来宗教是新移民带来的，有佛教、道教和伊斯兰教。虽然伊斯兰教是7世纪兴起的宗教，但据地下考古发现，很快就传入海南。海南岛在唐朝已有伊斯兰教传教士，而且以振州地区为主。道教随着李唐王朝统治势力的加强，在唐初就进入海南岛，海南贬官中不乏炼丹之士。文宗朝还有一个臭名昭著的道士赵归真，后因邪术干政被流放到儋州。佛教的传入至晚在则天朝。武后为篡唐做舆论准备，宗教是一个非常重要的方面。她用佛教来反对李家所尊崇的道教，在全国各地大造大云寺，就是天涯海角的振州也不例外。当然，天宝年间的鉴真和尚在振州登岸，寓琼一年，对海南岛的佛教传播起到关键性的作用。

（一）鉴真和尚在振州传教

玄奘西行，鉴真东渡，乃是佛教史、中外文化交流史上的胜迹。鉴真东渡，前五次都告失败，第六次才劈波斩浪、成功登陆东瀛。前五次的失败，一方面表现了鉴真大和尚为传播文化而愈挫愈勇的坚毅精神，另一方面在其曲折辗转的历程中，随行施教，传播了佛法。据《唐大和上东征传》载，鉴真第五次东渡失败，漂泊到今三亚地区登

① 《新唐书·食货志二》。

岸。“大和上从南振州来至杨府，所经州县立坛授戒，无空过者。”[①] 鉴真登陆振州，促进佛教在海南的传播，也使得唐代振州因为鉴真的出现而闻名遐迩。

鉴真，唐代著名高僧，生于则天朝垂拱四年（688），卒于代宗朝广德元年（763）。俗姓淳于，广陵江阳县（今江苏扬州）人，据说是战国时齐国辩士淳于髡的后代。其父在扬州大云寺从智满禅师受戒为居士，修习禅法。则天朝长安元年（701），鉴真14岁，受熏染也出家为沙弥，拜智满为师。是年朝廷有诏，命天下诸州度僧，鉴真遂编籍于大云寺。唐中宗即位恢复李唐皇朝后，“大云寺”改称“龙兴寺”

中宗神龙元年（705），鉴真18岁，从道岸律师受菩萨戒。景龙元年（707），鉴真20岁，游学东都洛阳，继入西京长安；翌年三月于长安实际寺登坛，由弘景律师任戒和尚受具足戒。道岸、弘景都是当时精通佛教戒律的著名律师，鉴真受到这些名师的熏陶，数年之间便通达了三藏教法。此后鉴真巡游两京，访师求学，深入学习佛教经、律、论“三藏”，尤重律学。[②] 此外，他精研梵声音乐、庙堂建筑、雕塑绘画、行医采药、书法镂刻等各类知识和技艺。他不囿于宗派门户，转益多师，更从高僧融济、义威、远智、大亮、全修、慧策等请教，遂能博学益智、境界高远，成一代宗师。

两京游学之后，鉴真回扬州大明寺，时年27岁。他兴戒坛、缮道场、建寺舍、造佛像、修塔宇、讲法诵经、写经刻石、广施医药、普济众生不遗余力，46岁继道岸、义威之后成为一方宗首，持律授戒前后略计4万人有余，“江淮之间，独为化主”。[③]

鉴真虽然年届半百，但事业似乎刚刚开始。他超度众生的志愿，并不局限于江淮之间，他的事业在广阔的东南和东洋。

---

① ［日］真人元开著、汪向荣校注：《唐大和上东征传》，中华书局2000年版。

② 《宋高僧传》卷十四《鉴真传》。

③ ［日］真人元开著、汪向荣校注：《唐大和上东征传》，中华书局2000年版。

到鉴真东渡，佛教已在日本流传了200多年。开始主要受到天皇和贵族的信奉，后来逐渐传播到平民之中。① 日本天平五年（唐开元二十一年），圣武天皇敕兴福寺僧荣睿和大安寺僧普照搭乘遣唐使的船到中国留学并邀请律僧赴日传授戒律。到唐玄宗天宝元年（742），日僧荣睿、普照在中国留学已达10年之久，一直留心寻觅能够到日本传律的高僧，希望早日回日本复命。他们听说鉴真的盛名和学问，决定前往扬州礼请鉴真赴日传法。他们先约请长安安国寺僧道航、澄观，洛阳僧德清，高丽僧如海随他们同到日本。又通过宰相李林甫之兄李林宗写信给扬州仓曹李凑（主管漕运的官员），请他负责造船、备粮，作东渡的准备。此后他们与同学日本僧玄朗、玄法一起出发到扬州大明寺，郑重邀请鉴真东渡传法。他们说：

佛法东流至日本国，虽有其法，而无传法人。日本国昔有圣德太子曰：二百年后，圣教兴于日本。今锺此运，愿和尚东游兴化。②

自从鉴真接受他们的邀请，决定赴日传法，到最后到达日本，前后东渡六次，其中五次遭遇风浪失败，第六次才东渡成功。其间，他双目失明，爱徒病逝，却无怨无悔。

第五次东渡的失败，却给海南岛带来了一次莫大的佛缘。这一次东渡失败登陆振州的历史，被日本真人元开详细记录在《唐大和上东征传》中。文献记录虽然有的地方存在夸张，但对了解海南当时的风物、人情、经济、交通和地方治理，是难得的宝贵资料。根据弟子的回忆，鉴真漂泊流寓振州及北上的前后经过大致是这样的：

唐玄宗天宝七年（748）春，荣睿、普照从同安郡（今安徽潜山县）至扬州鉴真和尚的住所崇福寺。他们一起造舟、买香药，备办百物，准备第五次东渡。鉴真之外，同行还有14人，水手18人，加上别的愿意同行者，总共35人。六月二十七日从崇福寺出发，至扬

① 杨曾文：《鉴真大和尚东渡》，载《闽南佛学》2002年第1期。

② ［日］真人元开著、汪向荣校注：《唐大和上东征传》，中华书局2000年版。

州新河乘舟，下至常州界狼山遇风浪，第二天随风漂至今浙江定海中的小洋山。停住一个月后，继续出发到舟山，又停住一个月。十月十六日早上继续出发，却又遇风，还被海市蜃楼所迷惑。风浪更急，船行海面犹如一下上高山一下跌深谷，又遇到许多陆地上无法想象的海洋生物。众人疲惫不堪，又缺淡水，只能干嚼米粒。很多人沮丧地躺在甲板上，奄奄一息。就在众人意志几乎要崩溃时，荣睿鼓励大家说，他梦到神人要赐他们雨水。第二天午后，果然下了一场救命的及时雨。就这样在大海上一直漂流到冬十一月，停泊在海南岛振州一处入海的江口。唐代的振州治所在今三亚市崖城，鉴真一行乘船的停靠点，就在离崖城不远的宁远河口附近，此处后来称“晒经坡”。

停靠后，振州别驾冯崇债派出四百多人的队伍盛迎鉴真一行到州城。冯崇债将鉴真迎入宅内，设斋供养，又于官府大厅临时设坛受戒，后将众人安置在大云寺。

当时振州大云寺已经坏废。鉴真带领众僧舍衣物造佛殿，开坛讲经，历时一年有余。之后，冯崇债自备甲兵八百余人，护送鉴真北上。到万安州后，地方豪酋冯若芳请住其家，供养三日。冯若芳干着抢劫财货掳掠人口的海盗勾当，富甲一方，奴婢附庸不计其数，会客时常用名贵的乳头香为灯烛，且一烧100余斤。

冯崇债一直护送鉴真一行到岛北的崖州地界（南至今琼海市）才回去。鉴真一行继续从海路行，辗转经四十余日，才到达设于岛东北部的崖州州治。崖州游弈大使张云出迎拜谒，安置住在开元寺。僚属都设斋施舍，物品堆满一屋，很多是海南特产，如益智子、槟榔、荔枝、龙眼、菠萝蜜等。鉴真一行还看到了海南岛独特的农桑方式和生活习俗，如“十月作田，正月收粟；养蚕八度，收稻再度；男着木笠，女着布絮；人皆雕蹄凿齿，绣面鼻饮”等，这些记述对了解唐代海南社会很有价值。

在岛北崖州，鉴真又受张云委托，主持重修遭火灾焚毁的寺庙。振州的冯崇债听说后，还从遥远的岛南资助造寺材质。建好佛殿、讲堂、砖塔后，他们还塑造了释迦文丈六佛像。与此同时，作为律宗的传人，鉴真登坛授戒，讲解戒律。离开海南时，大使张云又特意派遣澄迈县令送鉴真一行上船。三日三夜后抵达雷州。既是派澄迈县令送行，澄迈县治在今老城，可能就在此渡海北返。

鉴真的一段海南行备受礼遇，也遍施功德，造寺传法，是海南佛教史上具有里程碑意义的事件。鉴真离开海南北上的过程中，又经历不少变故和磨难，如荣睿病逝，自己双眼被庸医治坏，且一度想先搁置东渡大愿，尝试从南边直接去印度。但后来，鉴真还是排除种种善意的阻扰、挑战无数艰险后第六次成功东渡。

鉴真东渡，引起日本朝野僧俗的极大震动。鉴真两度总领全日本的佛教事务，而且以自己丰富的知识深刻地影响了日本国的医药、建筑、绘画等诸多方面。鉴真被日本人民誉为“天平之甍”，意为日本天平时代文化的高峰，至今仍是中日文化交流的象征符号。

从上面记载可知，鉴真到振州前，振州就已有佛教大云寺，只是圮坏不堪。大云寺乃是武则天为篡唐做各种舆论准备时下令天下州郡修造的。天授元年（690）十月，敕两京、诸州各置大云寺，藏《大云经》，请义学沙门登座讲解。① 大云寺遍及州郡，就连天涯海角的振州也都响应修建了。不过，这种官方的宗教指令很难长久，唐中宗即位后，很多寺庙就更名了。

虽然佛教在三亚初期发展缓慢，但鉴真流寓振州却成就了一段佛缘盛事。1000余年后的今天，在大唐和尚流寓振州的遗迹上，建起了南山佛教文化苑。在南山西峰，矗立着鉴真及其弟子的群像石雕，名曰《登岸》。从雕像那刚毅慈悲的脸上，人们依稀可以看出九死不悔、博大无忧的圣贤气象。

鉴真在振州受到了极高的礼遇，但多来自官方。佛教在民间的传播，尚需一个漫长的过程。

（二）唐五代振州其他宗教活动

道教是中国本土宗教，融入了华夏各族的民间信仰因素。在海南

① 《资治通鉴》卷二零四《唐纪·则天后》。

岛，道教与作为骆越后裔的黎族民间信仰、与南迁汉人在海南岛形成的各种民间信仰，很难简单区分。唐代海南的道观，今天能见到的记载，只有昌化县的景昌观一处。据光绪《昌化县志》载："景昌观，唐乾封中置。"振州未见关于道教的记录，但是李唐皇朝崇信道教，振州应有道观之建，只是湮没无闻而已。

五代三亚地区属于南汉政权。南汉政权腐败昏庸，佞佛慕仙；尤其是南汉高祖刘龑，笃信周易算卦，甚至自己的名字都动辄因卦而变更。① 南汉皇朝曾诏封海南岛西南部峻灵山为镇海广德王，乡人建山神庙祀之。② 可见其统治视野已延伸至海南西南部。但振州地区其时道教信仰的状况仍无从考知。

伊斯兰教传入中国，一般认为是在唐永徽年间。③ 传入的途径分陆路、海路两途，也形成了长安、广州两个伊斯兰教民中心。广州是伊斯兰教民海路东来的聚集地，海南是伊斯兰教海路传播路线上的重要站点。1983 年前后，在唐代属振州辖区的今陵水县英州镇土福湾村至三亚的藤桥镇番岭坡发现了古代穆斯林墓葬群，其中有一块墓碑上刻着"殉教者伊本·赛爱德·宛葛斯巴巴，归真于十二月"，据传墓主是第一个到海南岛来传教的穆斯林，是第一位到中国广州传教的阿拉伯传教士宛葛斯巴巴的儿子。海南回族老一辈人有这样的传述：唐朝时，伊斯兰教创始人穆罕默德之甥宛葛斯巴巴，奉穆罕默德之命，率 30 余名阿拉伯传教师到广州传教。后来有一部分人到海南岛来传教，海南岛才出现了伊斯兰教。如果这一传述可靠，那么伊本·赛爱德·宛葛斯巴巴就是现在可知的海南岛第一个伊斯兰教传教者。④ 唐代三亚地区已经有波斯商船经过，有的因灾搁浅，有的被掳

① 《宋史·南汉世家》。

② 见周文奇：《峻灵王及海南西北部道教文化》，政协海南省昌江黎族自治县委员会编：《昌江文史》第八辑。（宋）苏轼：《峻灵王庙碑》、（清）徐松：《宋会要辑稿》、（清）顾祖禹：《读史方舆纪要》均有记载。

③ 梁鸿飞、赵跃飞：《中国隋唐五代宗教史》，人民出版社 1994 年版，第 160～161 页。

④ 江青武：《初探海南回族先民的来源及其去向》，载《回族研究》2003 年第 2 期。

掠，但只要滞留或定居，其伊斯兰信仰必然随之而在，属于不须传习的本来信徒。

五、唐五代时期振州的社会生活

唐代振州已经形成内陆黎族聚集区、沿海或州治汉人聚集区、少量流寓的回族聚落以及港湾船户疍民聚集区。其生活风貌差异很大，呈现了多元的文化色彩。

（一）水陆交通

唐代在海南岛大力推行郡县制，交通开辟是有效管治的重要途径。唐代中期以后，各州之间的交通网大致形成。只是地处南部的振州，陆路交通依然不安全，一则是高山隘要地方剪径劫掠的寇贼，一则是黎区族群关系尚且复杂。鉴真北上时，“别驾冯崇债自备甲兵八百余人，送经四十余日，至万安州……行到［崖］（岸）州界无贼，别驾乃回去”。[①]

即使没有寇贼，山路也不好走。唐刘恂《岭表录异》卷上载：

> 自琼至振多溪涧，涧中有石鳞次，水流其间。或相去二三尺，近似天设，可蹑之而过。或有乘牛过者，牛皆促敛四蹄，跳跃而过，或收打随流而下，见者皆以为笑。彼人谚曰：“跳石牛骨碌，好笑又好哭。”

这种情景，是振州陆行艰难的写照。陆行且多雾霭瘴气，“大率土地下湿，皆多瘴厉，人尤夭折”。[②]“愁冲毒雾逢蛇草，畏落沙虫避燕泥”[③]；“使者至，辄苦瘴疠”[④]，都是这一类的描述，让人望而生畏。

水路也有风险。一般水路往来振州，多从西边来东边回。其风险除了风波不测之外，还有地方豪强在海上劫掠财物人口，有的在海行客遇到风浪时趁火打劫。

---

① ［日］真人元开著、汪向荣校注：《唐大和上东征传》，中华书局2000年版。

② 唐修：《隋书·地理志》。

③ 李德裕：《谪岭南道中作》，《全唐诗》卷四七五。

④ 《新唐书·宋庆礼传》。

在各种文明的碰撞融合演进过程中，这类落后野蛮的行为，还表现在部族之间的更相劫掠上。据载："则天朝，崖、振五州首领更相掠。"① 宋庆礼、王义方、杜佑、孙戣等为缓和部族矛盾、推进文明进步作出过贡献。宪宗和宣宗朝强力禁止人口贩卖行为，对振州的社会治理也有影响。

唐代振州的交通工具中，水路用船，有的已经是大型船只，能够长途载重到广州，造船业已较发达。前述《太平广记》记载韦公干离任时命二大舟，一载乌文器杂以银，一载呿陀器杂为金，浮海东去。所载均为坚实重物，可见都是吃水较深的大舟。②

陆路交通多用畜力，以人骑牛载或牛车驾驶为主。《岭表录异》载：

> 琼州不产驴马，人多骑黄牛，亦饰以鞍鞯，加之衔勒。可骑者即自小习其步骤，亦甚有稳快者。③

（二）居处环境

黎族民居大多还是以古越族干栏式建筑为主。皮日休《寄琼州杨舍人》诗中有曰"居逢木客又迁家"。④ 所谓"木客"，正是巢居在干栏式建筑中的人。鉴真流寓到振州、崖州时，用其丰富的建筑知识，帮助建寺造像，说明砖石土墙等中原建筑技术刚刚传入。唐德宗贞元年间，岭南节度使李复遣兵收复琼州后，"教民作陶瓦"，"劝导百姓，令变茅屋为瓦舍"。⑤ 可见，砖石瓦舍此时尚在推广阶段。这些干栏式家居多半掩映在芭蕉、桄榔、椰树之间，与野生动物为邻。

一些唐人的文献，从多方面展示这一时期人们的生活风貌。

陆龟蒙《奉和袭美寄琼州杨舍人》诗："酒满椰杯消毒雾，风随蕉叶下泷船。"⑥

---

① 《新唐书·宋庆礼传》。

② 出自《投荒杂录》，原缺，据谈氏初印本附录。

③ 《太平御览》卷九零零引。

④ 《全唐诗》卷六一四。

⑤ 《新唐书》卷七十八及《旧唐书》卷一一二。

⑥ 《全唐诗》卷六二五。

无可《送李使君赴琼州兼五州招讨使》诗："猿鹤同枝宿，兰蕉夹道生。"①

皮日休《寄琼州杨舍人》诗："清斋净溲桄榔面，远信闲封豆蔻花。"②

李德裕《谪岭南道中作》："岭水争分路转迷，桄榔椰叶暗蛮溪。愁冲毒雾逢蛇草，畏落沙虫避燕泥。五月畲田收火米，三更津吏报潮鸡。不堪肠断思乡处，红槿花中越鸟啼。"③

这些描写海南生活的意象，有的是传闻，有的是见闻，有的是想象，但却可以借此窥测出当时振州民众生活的大致风貌。

（三）饮食服饰等

饮水方面，木饮、鼻饮和掘井而饮，都有记载，有的或者只是传说。"改邑不改井"，凿井是文明演进的重要标志。海南前有东汉马伏波白马刨沙得泉，后有北宋苏轼指凿双泉的传说。凿井取泉的故事之所以得以流传，正因为井饮对改进蛮荒生活有重大意义。唐代也有关于井的传说。唐懿宗咸通中，辛、傅、李、赵四将平黎，"兵马渴甚，有白马嘶嘶，以足刨沙，美泉涌出"。④ 可见唐代在海南的旱区，掘井而饮还刚刚开始。难怪唐人笔记中仍记载有所谓"木饮"。段成式《酉阳杂俎》记载"木饮州"云："珠崖一州，其地无泉，民不作井，皆仰树汁为用。"但可以肯定，委派而来的朝廷官员治所及各色南迁移民的聚集区，一定已是掘井而饮了，只是推广效仿的范围可能有限。

至于所谓"鼻饮"，则是岭南土人的故习。鉴真流寓海南，看到"人皆雕蹄凿齿，绣面鼻饮"。⑤ 唐李善注左思《吴都赋》也说："儋耳人，镂其耳匡。"其中的"雕蹄、凿齿、绣面、镂耳"是海南岛黎

① 《全唐诗》卷八一四。

② 《全唐诗》卷六一四。

③ 李德裕：《谪岭南道中作》，《全唐诗》卷四七五。

④ 《方舆胜览》卷四十三。

⑤ ［日］真人元开著、汪向荣校注：《唐大和上东征传》，中华书局2000年版。

族先民遗留下来的风习。

服饰方面，“男着木笠，女着布絮”。[1]

此外，当时的人们都能歌善舞。李商隐称海南岛为“歌舞地”。（唐李商隐诗《李卫公》）

（四）巫蛊、占卜等

还有一些奇特的传闻，如巫蛊、媚术、幻术。

陆龟蒙《奉和袭美寄琼州杨舍人》诗中有“人多药户生狂蛊”句。[2] 这里所表达的是中原人对瘴疠横行的黎区的一种想象，但岭南民族历史上一直有养蛊下蛊的记录。

《太平广记》有一则提到善厌媚的“海中妇人”：

> 海中妇人善厌媚，北人或妻之。虽蓬头伛偻，能令男子酷爱，死且不悔。苟弃去北还，浮海荡不能进，乃自返。（出《投荒杂录》）

这种荒诞不经的媚术记述，其背后所曲折反映的，却是北人落籍海岛真实的无奈。

如前所述，《太平广记》还记录振州人具有呼风掀浪、借以乘人之危劫掠海舶的巫术。魔法诅咒不可信，自欺欺人而已，却也从一个侧面反映地方豪强在海上行劫的能力，以及称霸一方、为所欲为的强大势力。

唐代文献《北户录》记录岭南有鸡卵卜、鸡骨卜等占术。这些古老的物占之术，一直在黎族地区流行。

第五节　唐代开始向振州流贬官员

流放和贬谪，是中国古代法治和吏治的重要惩罚手段。细说起来“流”与“贬”是有区别的，“流”是一种刑法，一体施行于官民士

---

① ［日］真人元开著、汪向荣校注：《唐大和上东征传》，中华书局2000年版。

② 《全唐诗》卷六二五。

庶；“贬”只适用于公职人员，是一种区别于刑事惩处的行政惩罚，常常与谪、降、左迁、放黜相联系。中国古代的流贬地，随着以黄河为轴的中原政权的辐射范围的变化而变化，总的趋势是向四方渐行渐远。先秦流放地东不过苏北鲁南，西不过敦煌，南不过湘西，北不过北京。这就是当时天下的“四极”。秦汉时期已有部分流贬到岭南地区，如合浦（郡治在今广西合浦市北）、日南（郡治在今越南中部顺化市北）、九真（郡治在今越南中部清化附近）等地，但主要流贬地还是在西北边疆地区，以河西走廊、河套平原为主。隋唐时期，尤其是“安史之乱”后，西域在中央政权的羁縻能力之外，更多的犯人、罪臣便被发往岭南。

海南作为流贬地，始于隋炀帝，盛于唐宋，余波不尽，一直延续至明代中期。历史上的三亚地区，乃是海南岛南端的蛮荒之地。从淮南到江南到岭南再到海南，再从岛北到岛南，官吏流贬三亚地区，是人生巨大的不幸。流贬官吏在三亚的文化史上有着独特的意义。流贬三亚地区的官员，大多数与当时朝廷重大政治事件有关，所以三亚历史上的贬官每见高官重臣。唐代至少有 14 位宰相先后流贬海南，而到三亚地区来的就有 3 位；另外王室有 5 位，其中到三亚地区来的有两位，还有一位外戚。如今可查考到的流贬三亚地区的唐代贬官，除唐地文之外，其他流贬人员都是宰相、王室，或与宰相、王室有牵连者。

一、唐代流贬振州的官员

配流、贬谪到三亚地区来的官员，唐以前未见文献记载，首见者为唐高宗显庆二年（657）的当朝宰相韩瑗，被贬逐为振州刺史。目前可稽查到的唐朝流放或贬谪振州的官员共有 12 位，其中两位未出行就自缢而亡：一是李渊十九子李灵夔，垂拱四年（688）欲起兵反抗武周政权，事泄，配流振州，自缢而死；另一是因得罪宰相韦保衡而贬为振州司马的京兆尹温璋，也是未行而死。其他 10 位贬官中有三位宰相，即韩瑗、李昭德和崔元综；两名王室成员，即李茂、李灵夔；一名外戚，即武则天的同父异母兄武元爽。其他流贬官员是：太子洗马刘讷言，奸佞李义府的儿子李津，与拥兵自重事件相牵连的唐地文，还有宰相兼驸马于琮的侄子于棁。

（一）流贬振州的宰相

唐因隋制，“以三省之长中书令、侍中、尚书令共议国政，此宰相职也”。[①] 但可称宰相职者名号诸多，一般以“同中书门下平章事”为宰相头衔。

“天下安否，系乎朝廷；朝廷轻重，在宰辅。”[②] 宰相位高权重，他的动处升降皆关乎天下。所以宰相被贬，而且贬到不能再南的振州，就是重大的政治事件了。

1. 韩瑗

韩瑗（606~659），字伯玉，京兆三原（今陕西省三原县）人，出身官宦世家。《旧唐书》韩瑗本传记载说，韩瑗少年时即负有节操，博学有吏才，贞观中即官至兵部侍郎，还继承了父亲颍川公的爵位。高宗永徽三年（652）拜黄门侍郎，四年（653）与中书侍郎来济同拜中书门下三品，监修国史，成为宰相。五年（654），加银青光禄大夫。六年（655），迁侍中，兼太子宾客。韩瑗可谓顺风顺水一路升迁。

被贬的导火线是，高宗李治要废除王皇后、册立武则天为后，韩瑗一再苦谏，甚至“涕泣俱下”，触怒了李治，命人把他拖出去。尚书左仆射褚遂良也犯颜极谏，气恼到扔下笏板要辞官，在帘子后面的武则天竟要人扑杀他，最后被贬为潭州都督。韩瑗又再上疏为褚遂良辩解，晓以大义，却不被高宗所理会。于是他也忧愤上表，请归田里，但不被允许。显庆二年（657），许敬宗、李义府秉承武则天的旨意，诬奏韩瑗与褚遂良潜谋不轨，当初故意授褚遂良为桂州刺史，以之作为日后起事的外援。于是，又贬褚遂良为爱州刺史（治今越南清化）、韩瑗为振州刺史。唐代振州管辖宁远、延德、临川、陵水

① 《新唐书》卷四十六《百官志一》。

② 《新唐书·皇甫镈传》。

等县，州治在宁远。韩瑗在振州刺史任上两年，于高宗显庆四年（659）死于贬所，年54岁。

一代忠良即便转徙死于天南，依然不得安宁。武后制造舆论，废除了当年柳奭与褚遂良、韩瑗、长孙无忌、于志宁等请立的皇太子李忠①，然后继续对当年阻止她上位的老臣进行清算。山川阻塞，京城长安并不知道韩瑗已死，韩瑗依然被除去官职，当年七月朝廷还派御史去振州，要把韩瑗用枷锁押解进京，并命当地官员“簿录”其家人充当官奴。使者到了振州才知道韩瑗已死，经开棺验尸后才回去，抄没全家子孙配徙岭表。

韩瑗贬死海南振州，其忠义和冤抑，世人皆知。此事对当时的官场风气影响极坏，据说“自褚遂良、韩瑗之死，中外以言为讳，无敢逆意直谏，几二十年”。② 武后自己更是了然在心。唐中宗李显神龙元年（705）“革命”后，被逼退位的武则天在风烛残年中留下诏书：“去帝号，称则天大圣皇后。王、萧二族及褚遂良、韩瑗、柳奭亲属皆赦之。”算是亲自恢复了韩瑗的名誉和官爵。③ 宣宗大中初年（847），续图凌烟阁画像三十七人，韩瑗排第六。④ 而迫害韩瑗的李义府、许敬宗则被史家列入《奸臣传》。

2. 李昭德

李昭德是贬谪振州放还后才升任宰相的官员。李昭德是长安人。父李乾祐，永徽初曾任御史大夫，为人强悍，为官正直，能干练达。李昭德是他的庶子，举明经入仕，精明强干有父风，早期官至御史中丞。但不知什么原因，则天朝永昌初年（689）被贬为振州陵水尉。⑤ 但贬谪来海南没多久，就被放还了，而且官拜夏官侍郎。至则天如意元年（692）拜凤阁侍郎、同凤阁鸾台平章事，正式加入宰相行列。⑥

---

① 《新唐书·燕王李忠列传》。
② 《资治通鉴》卷一九九《唐纪十六》。
③ 事迹见《旧唐书》本传。
④ 《新唐书·忠义列传》。
⑤ 《新唐书·李昭德传》。
⑥ 《新唐书·李昭德传》。

李昭德反对武则天立武氏族裔为皇储，武承嗣怀恨，在武皇面前进谮言，但武则天说："吾任昭德而获安枕，是代我劳，非而（你）所知也。"①

李昭德性格与其父极为相似：正直强悍，精明能干。他的强人作风很快就得罪各级官员。曾经被他控告讥议过的来俊臣和曾被他羞辱责骂过的皇甫文备，后来诬告他谋反，李昭德竟于周武则天万岁通天二年（697）六月初三日受诛戮。与他同日受诛的，还有诬告之后自己也被告谋反的来俊臣。② 时人无不以李昭德为冤，而对来俊臣的死却欢欣鼓舞。

李昭德从被贬为陵水尉，到放回起复成宰相，到再次贬谪钦州，最后死于诬告，都在武周一朝发生。神龙二年（706），武则天又降敕为李昭德平反，公正地说他勤恪在公，强直自达，政绩良多，死而不朽；对他的性格也给予正面评价，称他"立朝正色，不吐刚以茹柔，当轴励词，必抗情以历诋"，并追赠李昭德为左御史大夫。德宗建中三年，又加赠李昭德为司空。③

传说陵水县名就是李昭德任县尉时简化"陵栅水"为"陵水"而来。但这种说法并不可靠，隋时已有陵水县了。④

3. 崔元综

崔元综，郑州新郑人，则天朝长寿元年（692）迁鸾台侍郎、同凤阁鸾台平章事，成为宰相。崔元综勤于政事，任宰相时，一到中书省就工作到晚上。他外表刻意装作严谨宽厚，其实非常刻薄，断案常常吹毛求疵，以致轻罪重判，很多人既看不起他的伪善又害怕他的苛刻。第二年，即长寿二年（693），崔元综因罪配流振州，朝野莫不称庆。不过不久就被赦还了，任监察御史。中宗时，累迁尚书左丞、

---

① 《新唐书·李昭德传》。

② 《新唐书·李昭德传》。

③ 《新唐书·李昭德传》。

④ 据《元和郡县志》，陵水县是隋炀帝大业六年首置；（清）杨守敬：《隋书地理志考证附补遗》卷八"珠崖郡"载："隋有陵水县，今陵水县东北。"

蒲州刺史，因年老多病退休。①

（二）流放振州的王室及外戚

1. 李茂

淮南王李茂，唐高祖第十子徐王李元礼之子。李元礼擅长骑射，恭谨勤政，声誉很好，屡受褒奖，永徽四年（653）加授司徒兼潞州刺史。然而李元礼教子无方，反受其虐。李茂浅薄无行，早就觊觎乃父李元礼姬妾赵氏的美色，等到元礼患病时即逼奸赵氏。李元礼知道后严厉责备他，但李茂不思悔改，反而做主撤除了父亲的侍卫，并丧尽天良断其药膳，还无耻地说："既得五十年为王，更何烦服药？"②竟把他父亲活活饿死，事在高宗咸亨三年（672）。高宗上元年间（674~676），李茂丑行败露，被配流振州而死。这是唐朝海南贬官中不多几个罪有应得者之一。

2. 李灵夔

睿宗垂拱四年（688）四月，为了配合武则天登基，一些人开始伪造各种天象符瑞以营造气氛。③ 李唐宗室感到岌岌可危，与其坐以待毙，不如先发制人。诸王于是开始酝酿起兵反对武则天。但在博州刺史琅琊王李冲仓猝起兵后，只有豫州刺史越王李贞响应，其他均未发兵，也没有得到百姓的支持。武则天发兵征讨，起事诸王很快就失败了。武则天"斩贞及冲等，传首神都，改姓为虺氏"。④ 邢州刺史鲁王李灵夔乃是高祖李渊第十九子，因欲起兵应接越王贞，事泄后配流振州，行前自缢而死，实际上没有执行。

3. 武元爽

武元爽是高宗朝的外戚。武则天的父亲武士彟元配相里氏，生了两个儿子，武元庆、武元爽；后又续娶杨氏，生武则天。武士彟卒后，侄子武惟良、武怀运及儿子武元爽对杨氏母女刻薄违礼。武则天

---

① 事见《旧唐书》卷九十四。

② 《旧唐书》卷六十八。

③ 《资治通鉴》卷二零四"则天后垂拱四年"。

④ 《旧唐书·则天皇后本纪》。

夺了皇后位后，追赠父士彟为太尉，母杨氏为荣国夫人。杨氏对武元爽兄弟往日薄待自己怀恨不已，要武则天为其解恨。于是贬元庆为龙州刺史，元爽为濠州刺史。武元庆至州病卒，而武元爽又进而配流振州而死。①

（三）流贬振州的其他官员

1. 刘讷言

刘讷言于乾封中任都水监主簿，曾以《汉书》教授沛王李贤。等到李贤任太子时，他任太子洗马，兼充侍读。但他不陪太子读圣贤书，反撰《俳谐集》十五卷进献。等到太子被废后，高宗李治不反省自己的昏庸，反而迁怒于刘讷言，说："以《六经》教人犹恐不化，乃进俳谐鄙说，岂辅导之义邪?"② 下诏将其削籍除名。诏曰：

> 刘讷言收其余艺，参侍经史，自府入宫，久淹岁月，朝游夕处，竟无匡赞。阙忠孝之良规，进诙谐之鄙说，储宫败德，抑有所由。情在好生，不忍加戮，宜从屏弃，以励将来。可除名。

后来刘讷言又因其他事由，被配流振州而死。但究竟是什么事，史未载明。但其真实原因，还是与李贤被废相关。李贤被废的重要原因是注释前后《汉书》，可能是通过注释《汉书》，用书中外戚干政的史实来讽议当时的朝政。而向李贤进献《汉书》的正是刘讷言。所以，刘讷言的配流振州，很可能是武后在打击太子党的过程中，找了个罪名将他处治。

2. 李津

李津的官职是太子右司议郎。高宗龙朔三年（663），李津受父罪株连，被除名长流振州。他的父亲乃是有大功于武则天的大奸臣李义府。李义府貌似温恭，与人说话都温言笑语，其实笑里藏刀，极其阴险。后来李义府因非法聚敛事发，除名长流巂州，死后武则天才又为他平反。李义府虽才思缜密，但史官鄙薄他不过是"猩猩能言"。

① 《旧唐书》卷一八七《外戚》。

② 《资治通鉴》卷二零二《唐纪十八》永隆元年庚辰。

李义府的儿子李津，利用其父权势肆无忌惮，作恶多端。配流李义府的制书说道："其子太子右司议郎津，专恃权门，罕怀忌惮，奸淫是务，贿赂无厌，交游非所，潜报机密。亦宜明罚，屏迹荒裔。可除名长流振州。"李津流放振州实属罪有应得。高宗上元元年（674），逢大赦得还洛阳。

3. 唐地文

玄宗开元十九年（731），因王毛仲拥兵自重受连累，唐地文被贬为振州员外别驾。王毛仲本高丽人，一直是玄宗的家臣。玄宗登基后，他执法严明，治军有方，官爵至开府仪同三司，兼殿中监、霍国公、内外闲厩监牧都使。但到后来，王毛仲求为兵部尚书一职不成，便心怀怨恨，而且不正当地向太原军器监索要甲仗，为玄宗所忌惮，遭流贬赐死。左监门将军卢龙之子唐地文，与王毛仲过从甚密，因此被当作同党处理，贬谪振州。①

4. 温璋

温璋为唐初名臣温大雅（即温彦宏）六世孙，任京兆尹时与刘瞻友好，被宰相韦保衡衔恨贬逐为振州司马。温璋为官正直，为政严明，切谏慎刑。咸通十一年（870）秋，就在贬逐振州的制书下达的当夜，温璋感叹自己"生不逢时，死何足惜"，自缢而卒。死后还不许归葬，制敕曰："苟无蠹害，何至于斯？恶实贯盈，死有余责。宜令三日内且于城外权瘗，俟经恩宥方许归葬，使中外快心，奸邪知惧。"② 可见韦保衡之刻薄和懿宗之寡恩。

5. 于棁

于棁，字拱臣，河南人，唐初元勋于志宁的八世孙，宣宗驸马兼懿宗宰相于琮（字礼用）之侄，家世显赫。于棁旧名韬玉，曾贬谪为振州司户。③ 贬谪振州之后才改名于棁。他的身世和贬谪原因不甚

① 《旧唐书》卷一一零。

② 《资治通鉴》卷二五二。

③ 据孙棨唐：《北里志》，见《唐五代笔记小说大观》，上海古籍出版社2000年版。

清楚，可能与其品行不端有关。据记载，于棁的叔父于琮娶唐宣宗女广德公主，公主“视之如己子”，到处打通关节，想帮他科举上榜，叔父于琮作为宰相也“为力甚切”，以致众议喧然。唐僖宗广明初（880），公主要帮他“力取鼎甲”，发榜之前已准备庆贺，但于棁并未及第，结果空欢喜一场。① 另据《北里志》记载，于棁此人品行不端，与其叔父的婢妾乱伦私通。可见这个被贬振州司户的于棁，乃是一个无情无义的纨绔之徒。

考察唐朝贬官，大都表现了强烈的时代性，与重大的政治历史事件有关。唐代的政治历史进程中，“武周篡唐”“中宗复辟”“韦后擅权”“安史之乱”“永贞革新”“牛李党争”“反宦官斗争”等重大事件，都产生过大量的流贬官员。② 这一点在唐朝的振州贬官群中有鲜明的体现。综合以上振州流贬官员，大多数是武周篡唐时期，因政权争夺而罹祸流贬。

这些只是今天可以查考到的贬官，实际被贬谪和流放的，应该远远多于这个数字。尤其是一般配流人员、充军罪人，则更是无从跻身史籍记载而淹没在历史长河之中。这些人多落籍流贬之地，成为振州历代移民中的一个特殊群体，许多便是后来三亚地区汉族诸姓的来琼始祖。

另外，光绪《崖州志》引用旧志所载，说李德裕被贬为崖州（时州治在琼东北）司户时居于琼南毕兰村，有后裔在岛上，并且流落到振州西部地区，被黎族同化。“李德裕贬崖，居于毕兰村，后故归葬。其弟德禧寓崖，因水冲毕兰，徙抱班。后又见抱劝田地肥饶，移居焉。今其村李姓百余家，俱化为黎。德裕遗物尚存。副使李德至崖，招出验之，再三叹息。”③ 毕兰村今不可考，抱劝即今乐东黎族自治县大安镇多港李氏村。光绪《崖州志》还说村中有李阁老祠。④

---

① 《唐摭言》卷九《恶得及第》。

② 李兴盛：《中国流人史》，黑龙江人民出版社 1996 年版，第 181 页。

③ （清）光绪《崖州志》卷二十二《杂志二》。

④ （清）光绪《崖州志》卷十三《黎防志一·村峒》。

两广总督张之洞于光绪十三年（1887）出巡海南，指示当时的崖州知州唐镜沅咨询乡绅，确定此事，嘱咐唐镜沅寻访李德裕后裔及遗物。据称遗物遭匪乱已失落，只找到两个李姓小青年，带往广州。张之洞拟赡养他们，并加以教育，二人却不乐意接受。① 李德裕贬崖时居毕兰村缺乏实证，后裔流落抱班、抱劝历来引以为奇，却也存在诸多异议，只能多说并存。但是古代三亚官民尊崇李德裕，官方将李德裕列入名宦祠崇祀，州志有明载；民间尊之为名贤，康熙年间知州张擢士倡修五贤祠，将李德裕与宋代的赵鼎、胡铨，元代的王仕熙，明代的王倬一同入祀。这是三亚历史文化中的又一独特现象。

二、唐代官员流贬振州的路线

见诸史籍的唐代海南贬官，除少数（如李邕、李德裕等）乃是一贬再贬而到海南外，大多从京官直接贬谪海南州县，任司户、司马、县丞之类的底层杂职官吏，行程则从京师长安径发海南。唐朝规定流贬人员必须走驿路，贬降诏令上多要求“驰驿发遣”、“驰驿赴任”②，“仍差纲领，送至彼所，勿许东西”③，且“日驰十驿”，一路画押签到，姑息迁就者别有处分。④ 所以，贬官从帝都长安到贬所海南的路线是相对固定的。

唐代由长安通往江淮至岭南诸地的道路有二：一为“两都驿道”，从长安出通化门，经长乐驿、滋水驿至昭应县，再东出潼关，经由洛阳南行（或经汴河水路南行）。此为当时全国第一驿道。另一为“蓝武驿道”，从长安出延兴门或春明门，至太宁驿，经故驿、五松驿至蓝田县，出蓝田过韩公堆、蓝桥驿、商州、四皓庙到武关，再

---

① 许同莘编：《张文襄公年谱》，商务印书馆1946年版。

② 如《贬韦执谊崖州司马制》：“（韦执谊）不顾宪章，敢行欺罔。宜投荒服，以儆无良……可崖州司马员外置同正员，仍即驰驿发遣。”见《全唐文》卷五十六。再如《再贬李德裕崖州司户参军制》：“（李德裕）可崖州司户参军，所在驰驿发遣，虽逢恩赦，不在量移之限。”见《全唐文》卷七十九。

③ 《第五琦长流夷州制》，见《唐大诏令集》卷五十七。

④ 《唐会要》卷四十一《天宝五载七月六日敕》。

由武关至邓州南行。[①] 唐德宗时更明令规定，蓝武驿道为全国第二驿道。两驿道是南北交通的大动脉。[②]

“两都驿道”宽畅易行，但比“蓝武驿道”里程要远许多；贬逐之臣须速行速达，不得求安适，因此多走蓝武驿道，比前者狭险，旅途自然比较艰辛。

蓝武驿道至岭南又有两条路，即南行邓州至襄州后分东南、正南两线。

其一，东南行经随州（今随县）入淮南道的安州（今安陆）、沔州（今汉阳），经江南西道鄂州（今武昌）、淮南道的黄州（今新洲）、蕲州（今蕲春），复入江南西道的江州（今江西九江）、洪州（今南昌）、吉州（今吉安）、虔州（今赣州市），出大庾岭入岭南道的韶州（今韶关市）、广州（今广州）或潮州。

其二，自荆州南入江南西道，经岳州（今岳阳）、潭州（今长沙）、衡州（今衡阳）、郴州（今郴州），东南入岭南道韶州、广州，大体与今天的京广线相合。又有道自衡州西南行，经永州（今零陵）西南入岭南道桂州（今桂林）、柳州（今柳州）、浔州（今桂平），复折向东经梧州（今梧州）。[③] 如懿宗咸通十四年（873），郓州蔡京以统御无方，为军士所逐，贬崖州司户，还至零陵，敕令自尽。[④] 显然，他走的就是这条路。

自岭南至海南，大都是从梧州南行到雷州半岛的徐闻，然后渡海抵琼。如果自大庾岭南来，则先行至广州后乘船上溯西江，抵达梧州再南行至徐闻，然后渡海。

从梧州南行至徐闻，要经过今天的藤县、容县、北流。据《旧

---

① 严耕望：《唐蓝田武关道驿程考》，载《中央研究院历史语言研究所集刊》第39本下册1969年。

② 戴伟华：《唐代文学研究中的文人空间排序及其意义》，载《扬州大学学报》1999年第1期。

③ 王育民：《中国历史地理概论》，人民教育出版社1987年版，第406~408页。

④ 《资治通鉴》卷二五零。

唐书·地理志四》载：

隋置北流县。县南三十里，有两石相对，其间阔三十步，俗称“鬼门关”。汉伏波将军马援讨林邑蛮，路由于此，立碑石龟尚在。昔时趋交趾，皆由此关。其南尤多瘴疠，去者罕得生还。谚曰：“鬼门关，十人九不还。”①

鬼门关，《舆地纪胜》作“桂门关”②，元代一度改名为“魁星关”，明宣德中改名“天门关”。鬼门关地踞险要，控扼岭南，是通往钦（今广西钦州）、廉（今广西合浦）、雷（今雷州半岛）、交（今越南的中北部）各州的要道。唐沈佺期在《入鬼门关》一诗中写道：“昔传瘴江路，今到鬼门关。”③ 被贬为崖州司户的杨炎，南行路上曾作诗《流崖州至鬼门关作》，诗云：“崖州在何处？生渡鬼门关。”④ 可证杨炎贬琼路线乃经永州、桂州、梧州南下雷州，然后从徐闻下海。唐以后有很多诗篇描绘过徐闻遥望琼州的情形，具体登船则是在沓磊驿，但唐代是否也在沓磊驿入海，犹待考证。

早期从徐闻渡海后，一般在烈楼港（今琼山长流镇海村）登岛，据传是汉楼船将军杨仆焚船励志的地方。旧《徐闻县志》载：“相传伏波平南粤，军既济渡，乃焚自舟，以示必胜。”清道光《琼州府志》载：“烈楼港在府城县西三十里烈楼都，乃汉军渡海之处。有大石在海边，北有三墩，名曰烈楼嘴。海南渡徐闻此为最近。”

后来航线西移，今澄迈县通潮湾成了南渡海南的主要登陆点。澄迈县设立于隋大业三年（607），治所即今之老城，城西门外通潮湾畔有古渡驿站，名“通潮驿”，是隋、唐、北宋时期以至南宋前期的主要登陆口岸。从海安到老城，如果顺风顺流，半天即可抵达。南宋中后期，海口白沙津形成，渡海航线东北移，占据琼岛连通大陆的海

① 亦见《太平寰宇记》卷一六七、《文献通考》卷三二三《舆地考九》、《徐霞客游记·粤西游日记》等。

② 此关当为“桂门关”，因地势险要，谐音俗变为“鬼门关”。

③ 《全唐诗》卷九十七。

④ （清）光绪《崖州志》作李德裕诗，但《李卫公别集》不见载。计有功《唐诗纪事》卷三十二列为杨炎所作。《全唐诗》卷一二一亦署名杨炎。

上交通枢纽地位的老城古津渡“通潮驿”，才渐渐被“海口浦”所替代。所以，唐代贬官应该是在通潮湾登岸，从通潮驿进入各自贬所的。

据《通典》载：“（珠崖郡）去西京（长安）七千四百里。”① 在靠人畜脚力赶路的古代，从帝都至海南是十分遥远的。难怪李德裕在《登崖州城作》一诗中说：“独上高楼望帝京，鸟飞犹是半年程。”② 幸好唐代邮驿制度较前代完备，“三十里一置”，陆驿备有马，水驿备有船，供官员往还和政府文书的传递。贬官“日驰十驿”，就是一天要走三百里，显然行程是非常紧迫的。最大的困难是渡海和登岛，因为海上风险大，风浪颠覆和海盗劫掠都令人畏惧。他们渡海前往往要向海而祷，祈求平安。③ 唐朝的岛上交通也还很困难，由岛北至岛南，据现有资料考查，主要走西线，且因高山大林阻隔，往往要“再涉鲸波”。一般是从通潮湾登岛，走陆路到昌化江口，然后重新走海路南行至振州宁远。

三、流贬官员的历史影响

海南包括三亚地区在周代只是荒服之表，秦皇之世亦不过是象郡之外境，这里孤悬海外，被视之为炎炎遐方。但是历经沧桑，发展到了明清两代，海南沿海各州县包括崖州，已有“海滨邹鲁”之艳誉。在这一历史进程中，历代贬官的文化影响与之息息相关，唐代还只是开始。

两伏波开琼后，冼夫人再抚而定，中原文化随之北风南渐。但这期间海南本土文化仍然落后，到了隋代才有第一个名姓俱全的岛籍人物王万全见诸史册。可以说，唐以前中原礼乐文化对海南的影响非常弱小。明代海南名贤锺芳记载：“自唐以前学校之政未立，造士之方多阙。”④ 岛上没有学校，民众也不知孔孟为何许人。从魏晋南北朝

---

① 《通典》卷一八四《州郡十四》。

② 《全唐诗》卷四七五。

③ 《旧唐书》卷一九三。

④ （明）锺芳：《琼州府学科目题名记》，见《锺筠溪集》卷八，海南出版社2006年版。

到明清，中间主要隔着唐宋，而唐宋正是大量贬官谪琼的历史时期。据各类正史、方志、笔记、典志、家谱、碑铭等史料，仅唐朝流贬海南各地的官吏有记载的就近 70 名，且多数为高官宗室，宰相则不下 15 人。[①] 其后五代至宋元，明文史载的贬官更不下 130 名，且不少是道德典范、文章巨擘。可以说，唐宋是海南文化由蛮荒到焕然的过渡阶段，而唐宋贬官是海南文化的播种者和培育人。

海南本土诗文的创作，要到唐太宗贞观二十年（646）才出现，这就是贬谪儋州吉安县（今昌江县）的县丞王义方的祷海词。王义方也是有史可查的海南历史上第一个教育家。据载，王义方安全抵达吉安后，目睹田野荒芜、道路梗塞，人民梗悍不驯，无礼法秩序，即以传播儒学为己任。上任后他召集地方首领共商文教事宜，说服各黎酋，举可造之才入学，教化荒俗。[②]

如果说，辟郡置县为海南包括三亚地区融进中国历史的大格局提供了基础框架的话，那么，贬官所携带和传播的儒家文化思想则是这个硬件框架上的软件，使得海南包括三亚地区从形式到内容缓慢融进中原儒家文化圈。这正是唐代开始的向海南包括三亚地区流贬官员的正面意义和积极影响。

① 周泉根：《隋唐五代海南人物志》，海南出版社 2006 年版。
② 《旧唐书·王义方传》。

第四章　宋元时期的崖州（吉阳军）

宋元时期是三亚地区发展史上极为重要的历史时期。北宋灭掉南汉政权、占领海南以后，对海南的行政区划进行调整，将原来地处岛东北部的崖州就近并入琼州，将地处岛南的振州改称为崖州，从此以后崖州专属琼南，“崖州”遂成为三亚历史上使用时间最长、知名度最高的称谓。同时，由于军事地位的提升，北宋熙宁之后至终元之世，崖州先被改称为珠崖军，后改称吉阳军。

与中原相比，边远的崖州尚且落后，宋元间依然是朝廷贬谪官员和配流罪犯的首选地，但是经济、社会和文化都有长足的进步。由于崖州属少数民族聚居地区，百姓的各种赋税虽然沉重，却又和内地有所区别，有时候统治者不得不根据实际情况予以一定程度的特殊对待。因此，北宋王安石变法虽然对崖州有所影响，但是影响不大。崖州的人口在这一时期有较快增长，一方面是统治者对黎区以招抚和征伐手段加强管理，使得不少“化外”的黎人被编入户籍；另一方面则是大量的移民，包括因政治、军事原因避乱南迁的汉人和浮海而来的“番客”（回民），改变了崖州的人口构成。崖州回民的来源，一是来往于海上丝绸之路从事贸易的番客，因为种种原因落籍崖州；再是一水之隔的占城（今越南中部），因为动乱的缘故，也有不少居民迁往崖州。

随着经济的繁荣与人口的增加，这一时期崖州的水陆交通得到很大发展，也推动了人们对海洋的认识，朝廷加强对南海诸岛的管理。

海上丝绸之路对崖州的影响越来越大，形成了迥异于前朝的崖州“海洋经济”。当然，这也有赖于北宋建立的广南南巡海水军的护卫作用。

崖州的文化教育也得以推进。崖州儒学的创建、南来贬官的热心施教，乃至地方政府针对黎区设立的寨学，都有效地推动了当地教育的发展与文明进步，从而缩小了与内地的差距，促进了地方文化与中原文化的交流融合。崖州职官对当地风景名胜的开发，以及众多文人的诗文咏赏，提升了崖州的知名度。

但是，崖州毕竟是少数民族聚居的地方，如何实施管理一直是统治者为之困扰的问题。地方官长对黎汉百姓的压榨盘剥激起民众的反抗，持续了八年之久的“三巴大王”割据政权将黎汉百姓的反抗推向了前所未有的高度。为达到有效管理，宋朝对黎区主要采取“招抚”政策。元朝统治者则实行严厉的民族歧视政策，采取大规模血腥镇压手段，造成“黎乱终元之世”。元朝统治者还在海南实行屯田制度，一方面加强了统治，另一方面又客观上推动了当地农业的发展。

崖州自古以来纺织业就比较发达。宋末元初黄道婆向黎汉百姓学习纺织技艺，改进纺织工具，并在晚年传播到上海吴淞地区，推动了中国纺织技术的革新与发展，也为崖州带来了美誉。

宋元时期历经400余年的发展，为崖州明清时期的繁荣奠定了坚实的基础。

第一节　宋元时期崖州（吉阳军）的行政建置及其沿革

一、宋初改振州为崖州

五代时期，军阀竞相逐鹿，各自割据一方，海南属南汉政权。960年，宋太祖赵匡胤发动“陈桥兵变”夺得后周政权，建立宋朝，以开封为都城，是为北宋。随着国力的增强，宋太祖开始逐步实现一统天下的宏愿。宋开宝三年（970）九月命名将潘美率兵伐南汉。[1]开宝四年（971）二月攻克广州，南汉政权自此覆灭，所属60州214县均入宋朝版图。同年四月，宋王朝派遣太子中允周仁浚任琼州知州，并以儋、崖、振、万安四州隶属于琼州（琼管安抚司），从此海南正式纳入宋朝的统治。

宋王朝任命周仁浚“知琼州”后，并没有任命其他四州的知州。在宋太祖看来，海南属遐荒烟瘴之地，一时“不必别命正官，且令仁浚择伪官，因其俗治之”即可。周仁浚列上骆崇璨、谭崇、杨舜卿、朱光毅等四人分知崖州、儋州、振州、万安州事，宋太祖又下令：“各授检校官，俾知州事，徐观其效可也。”[2] 从这里可以看出，宋初琼州知州周仁浚对海南的治理具有相当的自主权。

宋开宝五年（972），宋王朝对海南的行政建置进行调整，撤销位于岛东北部的崖州，就近并入琼州，而改振州为崖州，从此海南形成四州（琼、崖、儋、万安）十三县的基本格局。崖州依循振州下辖宁远、吉阳二县。

“崖州”作为海南历史上的政区建置，其治所和辖区历经多次变迁：如果从西汉珠崖郡说起，其治所在岛北今之琼山东潭，后罢弃；梁朝大同年间于原西汉儋耳郡地方设置崖州，治所在岛西今之儋州中和镇，管辖全岛；唐朝初年调整行政区划，在岛西增设儋州，崖州移置岛东北，治所在今之琼山颜村；至宋初此时，岛东北的崖州并入相邻的琼州，改振州为崖州，崖州治所才落定在宁远（今崖城）。从此崖州乃在岛南，直至清末；“崖州”遂成为今日三亚的古称或历史文化符号。在历史阅读中，忽略崖州治所的历史变迁，往往容易出错，“崖州”之所在是需要从年代上分辨的。

按照宋太祖“择伪官，因其俗治之”的指令，“知振州事”的检校官、南汉伪官杨舜卿，是否成为调整行政设置后的首任崖州知州，

---

① 《宋史》卷二《太祖纪二》。

② （清）毕沅撰：《续资治通鉴》卷七《宋纪七·开宝五年》。

诸本地方志《职官》均未列入，不得而知。

二、从崖州到吉阳军

（一）宋代崖州的行政沿革

宋朝的地方行政建制比较复杂，大致可以分为路、府（州、军、监）、县三级，此外还有节镇、镇、寨等。宋初为了加强中央集权，将全国划分为若干路，海南隶属于广南西路。府一般设在首都、陪都以及重要城市。州在宋朝根据地位轻重、辖区大小、经济人口等综合因素，分为辅、雄、望、紧（以上四种均设在京师及附近地区）、上、中、中下、下，共八个等级，海南的琼、崖、儋、万均为下州，这自然和海南的经济发展以及人口数量、政治地位等有着极大的关系。"军"作为行政区划单位多设于军事要冲之地，其后宋朝在海南所设昌化、万安、吉阳（先称珠崖）三军，其行政地位与下州相同。"监"作为行政单位多设于坑冶、铸钱、牧马、盐田等地区，终宋一代海南岛没有设监。宋朝的县主要根据人口多寡分为赤、畿、望、紧、上、中、中下、下八个等级，海南所设的县中唯有琼山县为中县，其余均为下县。镇和寨则属于相对特殊的县级区划，镇一般由废县改成，寨则带有更强的军事要塞性质，多设置于边区，海南曾先后多次设立"镇"和"寨"。①

宋朝300余年，崖州的行政设置和名称有诸多变化。

宋初崖州下领宁远、吉阳二县的建制稳定了100多年，至宋神宗熙宁六年（1073），改崖州为珠崖军，所属吉阳县、宁远县废为藤桥镇和临川镇。此后即以保留"军"的建制为趋向，不断有所调整。

崇宁五年（1106），于黄流、白沙、侧浪间复置延德县。县址在崖州"城西一百五十里白沙铺西南黎白港（今乐东县尖峰镇白沙村南）"。②

大观元年（1107），改延德县为延德军，分置通远县，为军治所

① 本段文字综合参考李昌宪：《中国行政区划通史》宋西夏卷，复旦大学出版社2007年版；李勃：《海南历代建置沿革考》，海南出版社2005年版。

② （清）光绪《崖州志》卷五《建置志·古迹》。

在。同时将原属昌化军的感恩县划属延德军。

政和元年（1111），废弃延德军的设置，将其直辖境域划入感恩县，隶属昌化军；通远县则废为通远镇，隶属珠崖军。

政和六年（1116），设置延德寨（砦），又以通远镇为通远寨，分别隶属昌化军和珠崖军。珠崖军此时辖藤桥、临川二镇和通远一寨。

政和七年（1117），改珠崖军为吉阳军。

绍兴六年（1136），废吉阳军，恢复临川镇为宁远县，以军使知县事；恢复藤桥镇为吉阳县。两县同隶属于琼州（琼管安抚都监）。

绍兴十三年（1143），恢复吉阳军建置，宁远、吉阳二县仍还属。① 这一建制此后又延续一百多年，至 1278 年海南由宋入元，又为元朝所承袭。

（二）元代吉阳军的行政沿革

崛起于北方的蒙古汗国在成吉思汗的率领下东征西伐，于 1234 年消灭了金朝；1271 年，忽必烈改国号为元，定都大都（今北京）；1276 年正月，元兵逼近南宋首都临安（今浙江杭州市），南宋朝廷奉表投降。宋帝昺群臣流亡海上，海南成为他们的支持基地之一。今崖城镇城西村东北有南宋驸马陈福仔的坟墓，陈福仔可能就是随南宋末代皇帝漂泊海上而落籍吉阳。继续南下的元兵为了切断宋帝昺群臣的最后供给线，元将阿里海牙于至元十五年（1278）进兵海南岛。时任南宋琼管安抚使的赵与珞在海口白沙港拼死抵抗，一时使得元军寸步难进。赵与珞后被叛卖，与部将谢明、谢富、冉安国、黄之杰等兵败被擒杀，自此海南归属于元朝。虽然岛内仍有小股抵抗，终不敌元兵压境。次年（1279）元朝廷派朱国宝为定远大将军、海北海南道宣慰使，到达琼州后“立官程，更弊政，训兵息民，具有条制”，以致后来“黎民降者三千户，蛮峒降者三十所”。② 同时，朱国宝对尚

① 《宋史》卷九十《地理志六》。

② 《元史》卷一六五《朱国宝传》。

未顺服者施以军事征伐，终于在两三年之后使得整个海南岛的局势安定下来。朱国宝也因此被加封为镇国上将军，晋升海北海南道宣慰使都元帅。

元朝的行政建置，大致可以分为行省、路、府、州（军）、县等五级。此外，在行省和路、府之间设置道（分为宣慰司道和肃政廉访司道），在少数民族地区设置安抚司和招讨司等机构。元朝各级地方政权多有军政合一的特点。

终元之世，承袭宋代的建制，吉阳军的设置再没有改变，只是隶属关系及属县有所变更。

至元十五年（1278），也就是由宋归元之年，吉阳军属琼州路安抚司，隶湖广行中书省，下仍辖宁远、吉阳二县。

至元二十八年（1291），撤销吉阳县，只辖宁远一县。

至正（1341～1368）末，吉阳军改隶海北海南道宣慰司，属广西行中书省。① 此后再无变化，元朝也很快为明朝所代替。

（三）吉阳军在三亚政区史上的地位

从崖州到吉阳军，从“州制”到“军制”，自宋熙宁六年改崖州为珠崖军始，至明洪武元年十月改吉阳军为崖州止（1073～1368），吉阳军（珠崖军）建制在宋元时期的三亚地区延续了近300年。

崖州行政建制的沿革，固然是宋元中央政权对地方区划统一调整的产物，但也折射出中央政权对海南乃至崖州地位的认识和重视程度所发生的变化。改“州”制为“军”制，一定程度上体现了统治者对崖州军事地位的重视。

宋代的地方行政建置承袭唐制，只是将地方最高行政设置“道”改称为“路”。不一样的地方则是出现了诸多“军”，成为宋朝行政区划的一个重要特征。“军”作为行政区划，究其实，也起源于唐代的“军镇”，属于军事系统，多设于边区，只管军事不管民政。“安史之乱”之后，这些戍边的军事系统设置也得以在内地州郡增设。

---

① 《元史》卷六十三《地理志六》。

“后世因习，以军目地，而没其州名。”① 到了五代时期，“军”不但管辖军队，也管辖土地、民政等，相当于县级行政单位。宋朝时的“军”，基本上延续了五代政制。总体上说，设“军”一般有三种情况：或者由州降级，或者由镇等升级，或者由县改设。作为行政建制的军，地位比州低，因此改州为军，称之为“降”。军与县大致相当，但是其地位又比县要高。据《宋史·地理志》所载，全国的“军”至少有71个。宋朝在海南设立南宁军、万安军以及吉阳军，它们的地位都“同下州”。② 海南同时设立三个“军”，体现其军事地位的重要。

崖州作为当时中国最南端的政区，军事地位之所以重要，其原因大致有二：其一，崖州属于黎、汉、回等多民族聚居地带，民族间的矛盾冲突时有发生，军事控扼成为维持地方稳定的手段。在宋元时期，崖州多次发生“黎乱”，最终都遭到军事镇压。其二，崖州地处沿海，宋元时期已多次出现海盗登岸劫掠惨相，对当地居民的生命财产安全带来严重祸害，海岸和近海军事防御越来越引起统治者的重视。宋元设置吉阳军，反映了封建王朝政治视野中三亚地区所处地位的提高。尤其是宋室南迁以后，中国经济重心南移，地处“南极”的吉阳军，是其中重要的受益者之一。从这个层面上讲，宋元时期是崖州（吉阳军）发展史上最为重要的时期之一。宋元时期打下的良好基础，终于使得崖州厚积薄发，在明清进入封建经济文化的鼎盛时期。

三、境域与州（军）城建设③

宋元时期的崖州（吉阳军），是在唐五代振州的基础上建立的，管辖宁远、吉阳二县。元至元二十八年（1291）撤销吉阳县建制，但县境并未外划，由吉阳军直辖。崖州（吉阳军）管辖的境域虽然

---

① 《新五代史》卷六十《职方考第三》。

② 《宋史》卷九十《地理志六》。

③ 宋元时期崖州建制由州制而军制，州城转而为军城，本章以下将按习惯总称为“州城”。

时有盈缩，主要是北宋崇宁、大观、政和年间西部延德军的设立和析并所造成；下辖区域称谓也时有变动，或称县或称镇、寨，但是州（军）境基本确定，州（军）治所一直在宁远县。这正是封建统治进入稳定发展期的象征。

宁远县因宁远河而得名，最早设立于隋大业年间，一直到明朝正统年间方才裁撤。在相当长的历史时期内，宁远县一直是振州、崖州（吉阳军）的行政中心所在。州城背靠大山，面朝大海，傍宁远河而城而居。"附郭"的宁远县沃土千顷，阡陌相连，水源丰沛，港湾布列，具有传统农业社会繁盛的诸多优良条件。

按照明代正德《琼台志》的说法，崖州境域"东西广四百五十里，南北袤一百二十里"。[①] 其四至为：东至石赖铺与陵水县分界，西至今乐东佛罗与感恩县交界，北至五指山麓与定安县相接，南至大海。这一境域"四至"大略即从宋代开始。

从以上描述可以看出，崖州（吉阳军）境域东西狭长，成弧状分布于海南岛南部滨海地区，宁远县的中心位置自然显现。东部略长于西部，沿海地势也相对平坦，而且港湾较多。宋元时期交通相对发达，邮驿制度成熟，使得治所设在宁远县的崖州（吉阳军）官厅能够实现对整个管辖区域的有效管理。

（一）宋代修筑崖州城

宋代崖州州城就在宁远河畔。明正德《琼台志》载，州城"旧只以木栅备寇，至宋庆元戊午始筑土城"。清代顾祖禹著《读史方舆纪要》也引《城邑考》称"州旧无城，仅以木栅备寇"。[②] 多种府州志则称崖州州城"宋以前系土城"。"只以木栅备寇"也罢，垒土为城容易崩塌也罢，都说明在南宋庆元以前的漫长岁月里州城的城卫十分简陋。这种状况一方面彰显崖州经济条件相对落后，另一方面则体现民风之古朴，"木栅"即可起到"备寇"之功用，表明地方治安总

---

① （明）正德《琼台志》卷第四《境域》。

② （清）顾祖禹：《读史方舆纪要》卷一零五《广东六・琼州府》。

体上是好的。北宋宰相丁谓被贬谪为崖州司户参军，曾写《到崖州》诗，描绘当年崖州的州城："今到崖州事可嗟，梦中常若住京华。程途何啻一万里，户口都无二百家。夜听孤猿啼远树，晓看鹘没乱烟斜。吏人不识朝中礼，麋鹿时时入郡衙。"诗中极力表现崖州的遥远和当年冷落、荒凉的景象，虽然不可避免带有人生低落时期的情感渲染，但是州城"户口都无二百家"却是真实的写照。据《崖州志》记载，唐朝时振州所辖四县"户八百一十九，口二千八百二十一"；宋熙宁六年（1073）降崖州为珠崖军，"户主三百四十，客一十一"；至元丰年间（1078～1085），珠崖军也才只有"户二百五十一"。当然这些记载都只是簿籍上的户口，尚未"向化"的广大黎区不计在内。到了淳熙年间（1174～1189），吉阳军知军周鄘到任伊始，曾经在家书中描绘对吉阳军的第一印象："抵郡，止茅茨散处数十家，境内仅三百户。无市井，每遇五七日，一区黎峒贸易，顷刻即散。僚属一二，皆土著摄官，不可与语。左右使令辈，无非贷命黥卒，治稍严，则为变幻莫测。"① 周鄘作为地方行政长官，而且是在私信中对任所进行的描述，总体上是真实可信的。可以说，终宋一代，州城规模都不大。

到了南宋庆元四年（1198），州城才进行了一次规模较大的修筑。据《吉阳军修城志》碑②记载：

> 军城颓圮经年。庆元戊午十一月丁未，因兴修。邦人翰夫板筑陶砖，之后悉募营兵。仍创女墙四百四十有奇。以己未八月辛酉日吉成，谨志。

"庆元戊午"即南宋庆元四年（1198），这一年的十一月兴工修筑，至次年（己未）八月才完成，并树碑为志。据记载这一次修城采取"板筑陶砖"的工艺。所谓"板筑"也就是夹板夯土成墙，这是中国古代建筑的基本技艺，取材方便，施工简单。近年对崖州古城

---

① （宋）周辉撰、刘永翔校注：《清波杂志校注》卷七，中华书局 1994 年版，第 302 页。

② 见（明）正德《琼台志》卷二十《城池》所载。

文明门城址的考古发掘，也发现宋庆元年间的夯筑遗存。所谓“陶砖”者，明代崖州举人裴崇礼为《吉阳军修城志》碑记所作《跋》①认为，指的是“庆元戊午兴修，但以板筑土城，而女墙独用砖耳”。女墙是城墙上面的里外矮墙，用以保护巡城将士。也就是说，这一次修城，土城乃是以夯土板筑而成，同时还陶砖“创女墙四百四十（丈）有奇”。

板筑土城相对坚固，毕竟还是不耐风雨剥蚀。“庆元七年八月，飓风毁城门、公署、民舍殆尽。”② 接连不断的台风使得州城损毁严重，到了绍定六年（1233）不得不再次“拓址重新筑修”，并且有了城墙“始砌砖”之举。③ 新修筑的州城“乃用砖瓦增筑，自东门起至海南道止，周二百四十二丈，高一丈六尺，开东、西、南门”。④ 今崖城镇城西村南的儒学塘宋代窑址，东临崖州故城护城河，曾采集到“吉”字款长方形青灰城砖。这应当是南宋庆元或绍定年间，为修建吉阳军城，因砌筑城墙需用大量青砖，而专门修建的砖窑。延至淳祐年间（1241~1252），崖州黎族反抗封建统治，危及州（军）城。为了稳固民心，知军毛奎曾发动民众修固城池。之后历朝历代不断加以扩展、修筑，成就了古崖州城的千年辉煌。⑤

宁远县署设在州城内州（军）署西北。明洪武间曾一度迁至水南村，但不久又迁回州城内旧址，直至正统间县裁撤。水南村的宁远县署旧址遂成为古迹。

崖州古城和水南村隔河相望，许多朝廷贬官就住在水南村，见证三亚的古代历史。崖州古城和水南名村，共同成为今天三亚著名的历史文化旅游胜地。

---

① 见（明）正德《琼台志》卷二十《城池》。裴崇礼《跋》称，《吉阳军修城志》碑“竖于州门之左，郡主冼夫人庙前”。

② （清）光绪《崖州志》卷二十二《杂志一・灾异》。

③ （清）顾祖禹：《读史方舆纪要》卷一零五《广东六・琼州府》。

④ （清）乾隆《崖州志》卷二《建置志・城池》。

⑤ 关于崖州城之所在，有学者以为北宋以前在水南，南宋时才迁至水北建城。因史籍记载不甚清晰，留待探讨。

（二）元代续建崖州城

崖州城在南宋期间以砖瓦砌筑，中间屡经风雨侵蚀，再加上社会动荡造成的破坏，不断需要重修。同时，随着政府官僚体制的日渐成熟和官僚机构的日益膨胀，官房也需要增加，这就使得续建崖州城成为必要。各路移民不断迁入崖州，商业贸易和礼俗文化的兴起，也一定程度上推动崖州城规模的扩大。

光绪《崖州志》记载了元代对崖州城的续建："元天历二年知军杜亮、元统元年判官李泌续修。"① 地方志同时记载："元元统元年，判官李泌创建谯楼。"② 谯楼是古代在城门上建造的用以远望的建筑。按照中国传统城建的基本格局，大多城池都建有谯楼。谯楼地势较高，不仅是为了瞭望敌情，也能够体现城池的雄伟和封建统治的威严。

元朝的崖州城仍然规模较小。按照学者综合各种地方史志的说法，崖州城建设可以划分为三期工程：第一期为南宋之前的板筑土城，至始砌砖，创女墙，开东西南三门，元代之后又创建谯楼。第二期为明代复加砖石，上建敌楼，外浚壕堑，添筑月城。第三期为清代之重建城楼，修葺月城。③ 但是，宋元时期的"第一期工程"具有开创性，为后世的续建打下了基础。

四、水陆交通的发展

在宋代城乡经济繁荣活跃的大背景下，随着崖州城的建设以及经济的进步，崖州（吉阳军）的水陆交通有了较快的发展。

（一）境内交通概况

宋代交通总体上比较发达，海南也是如此。宋人赵汝适著《诸蕃志》载："熟黎之外，海南四州军镇，其四隅地方千里，路如连环。"④ 明代人记载"琼环海为郡，北始琼山，南极崖州，道虽分东

① （清）光绪《崖州志》卷五《建置志·公署》。

② （清）光绪《崖州志》卷五《建置志·城池》。

③ 黄家华：《崖州从前》，海南出版社 2007 年版，第 4 页。

④ 赵汝适著、杨博文校释：《诸蕃志校释》，中华书局 1996 年版，第 221 页。

中西三路，然皆自北抵南，东西横则各限黎海”①，这一交通格局在唐代已开辟，大体在宋代已经成形。虽然史志没有留下宋元时期海南驿站铺舍的系统记述，但是正德《琼台志》在关于明初海南驿递和铺舍设置路线的罗列中，很多站点都注明是宋元旧驿，如琼山的星轺驿、澄迈的通潮驿、儋州的伦江驿等都是宋驿，琼山的烈楼驿、白沙驿则是元驿。沿海州县与村落之间也已经有道路相通，作为岛南重镇的崖州自然也不例外。邮驿制度发达，崖州境内多处驿站的设置，使当地交通纳入全岛以至全国系统之中，为政治、军事信息的传递和人员往来提供了必要的保障，也促进了文化交流和经济发展。

崖州地处五指山南麓，有诸多河道源自五指山，然后经崖州境内入海，这些河道虽然短促，但也为崖州开辟水路交通提供了便利条件。崖州境内最长的河流当为宁远河，宋元时期河岸设立了多处停靠码头，这是当年水路的重要站点。《诸蕃志》中说，南宋吉阳军知军周鄘倡导黎汉之间互市，黎人“乘桴而来，与民贸易”②，表明内陆少数民族也以船只为交通工具。

崖州地域面向大海，河道港湾甚多，桥梁津渡也不少。据正德《琼台志》所载，崖州的万里桥、平地桥、镇南桥、义兴桥、多零桥、刘家桥、多银桥等均为元朝以前所建，多为木质结构，明清时又予以续建和整修。③ 这些都反映了当时人们重视交通，地方政府在改善交通环境上做出了一定的努力。

（二）对外交通

崖州对外交通主要包括三个部分，其一是崖州与京城的交通，其二为崖州与岛内各地尤其是琼州的交通，其三是崖州与海外的水路联系。

宋朝时期，驿路发达，因此从京城往全国各重要城市比较方便。

---

① （明）正德《琼台志》卷十四《驿递》。

② 赵汝适著、杨博文校释：《诸蕃志校释》，中华书局1996年版，第218页。

③ （明）正德《琼台志》卷十二《桥梁》。

北宋以东京（开封）为京都，南宋以临安（杭州）为京都，因此自京城到海南岛，北宋需要从中原到雷州半岛，南宋需要从东南沿海到雷州半岛，而这两条线路，和唐代一样，都需要先到梧州。据《中国古代交通图典》中的《宋代主要交通路线图》① 所示，北宋从东京（开封）到达雷州半岛的路线大致是：汴京—信阳军—鄂州—岳州—潭州—衡州，或者是汴京—唐州—襄州—江陵—岳州—潭州—衡州。从衡州往梧州，也有两条路线，或者经广州，或者经桂州。而南宋从京城临安（杭州）到雷州半岛的路线大致是：临安—衢州—景德镇—洪州—吉州—韶州—广州—梧州。到梧州之后折而向南往雷州半岛，大致路线为：梧州—滕州—容县—北流（鬼门关）—廉州—雷州—徐闻。从徐闻渡海，北宋一般至澄迈老城通潮驿登岸。当年苏轼、胡铨都是从这里登岸的；南宋以后则逐渐移往海口白沙津。

从广州到海南，同时还有海上航线可供通行。宋朝时通往广州的海路已经非常发达，来往的商贸船只密集，因此中央政府特地在广州设置市舶司进行管理。从广州可以顺海路南下至琼州。广州至琼州的航海水道比较艰难。“自广州而东，其海易行。自广州而西，其海难行。”② 但是海道艰难没有阻止人们对海上交通的利用。生活在宋太宗时期的张鉴当过广州知府，他曾经自白：“有亲故谪琼州，每以奉米附商舶寄赡之。”③ 这说明宋朝时广州至琼州的海运已经比较发达，往来频繁。又有记载称：“自廉（州）东南渡海，曰琼州、万安、昌化、吉阳军。”④ 这表明位于北部湾的廉州与海南各州之间也有航路往来。曾于嘉定十七年（1224）任福建路市舶提举并于次年兼权泉州市舶长达四年的赵汝适，以自己的所见所闻记录了泉州和琼州之间的海运往来：“泉舶以酒、米、面粉、纱绢、漆器、瓷器等为货，岁

① 周成编编著：《中国古代交通图典》，中国世界语出版社1995年版，第16页。
② 周去非：《岭外代答》卷一。
③ 《宋史》卷二七七《张鉴传》。
④ 周去非：《岭外代答》卷一《并边》。

杪或正月发舟，五六月间回舶。若载鲜槟榔抢先，则四月至。”① 岁杪或正月发东北风，五六月转西南风，往来帆船均顺风航行。

从琼州到岛南的崖州，走陆路也分东线和西线，沿途已有驿铺。西线沿西海岸的驿道前行，经过澄迈、临高、儋州，最后到达崖州。赵鼎、胡铨当年就都是沿西线一路南行至贬地吉阳军的。西路陆行很不容易，有丛林阻挡，要沿着海边沙滩行走，夏季灼热难耐，因此也多从昌化江口转乘船舶海行，三日可到吉阳军城。东线则取道文昌，至万安、陵水，再到崖州。东线陆路“道由生黎峒山”，而且牛岭山高林密，险隘多劫匪，安全不能保障，因此多选择走西路；若走东路，也往往从文昌铺前或潭门泛海南下至崖州。“行者必自文昌县泛海，得风便三日可达（万安军）”。② 《诸蕃志》有如此说：“琼管（至吉阳军）虽有陆路可通，然隔越生黎居峒，再涉海而后至，胡澹庵谓‘再涉鲸波’险是也。”③

崖州与海外的交通，体现在崖州作为海上丝绸之路的重要中转站的作用上。南宋笔记中说到崖州海滨旧有相公亭，舶船每泊其下，“且为藩商游集之地云”。④ 相公亭乃是宋太宗时被贬崖州司户参军的丁谓所建。宋元时期，崖州境内的番坊港、望楼港、大疍港、保平港、临川港等都是有名的港口，在崖州对外海运交通上占有重要的地位。有不少番客因为各种原因落籍崖州，表明崖州附近过往船只比较频繁。

第二节　宋元两朝在崖州（吉阳军）的统治

相比唐朝，宋元朝廷对崖州（吉阳军）的管理更加有效。这首先体现在如前述改“州制”为“军制”、重视军备建设上。同时，宋

---

① 赵汝适著、杨博文校释：《诸蕃志校释》，中华书局1996年版，第217页。
② 李纲：《南渡次琼管序》。
③ 赵汝适著、杨博文校释：《诸蕃志校释》，中华书局1996年版，第218页。
④ 周辉：《清波杂志·别志》，中华书局1985年版，第137~138年。

元两朝都强化对黎区的开发与管理。总的来说，统治者对处理与黎族的关系，终宋一代以实行招抚政策为主，相对比较和缓；而元朝统治者则实行民族歧视政策，对黎族民众的反抗野蛮征伐，造成“黎乱终元之世”。地方官员以兴办教育、传播儒教、化民成俗为重要职责。中国对南海诸岛的认识与管理也在逐步深入。

一、崖州（吉阳军）军备建设的加强

（一）宋元两朝在海南的军事布局

唐代，中央政权已在海南驻兵镇守，宋元时更进一步加强了海南的兵备。宋朝的兵制分为禁军、厢军和乡兵三种。其中禁军乃“天子之卫兵”，厢军为“诸州之镇兵”，乡兵则“选于户籍或应募，使之团结训练，以为在所防守”。[①] 海南宋初由琼州知州统管全岛四州军政。宋神宗于熙宁六年（1073）设置琼管安抚司之后，由其掌管全岛军政。政和年间（1111~1118）曾升琼州驻军为靖海军，置节度使，管理全岛军事。宣和五年（1123），罢去靖海军节度，改设琼管安抚都监，作为督率全岛军事的专门机构。

宋代驻守海南的步军戍兵，宋初设有守卫海防的澄海军、预防“黎乱”的清化军，至天圣年间（1023~1032）又增置清江军。后来三军合并，通称为清化军，分戍各州军，上隶广南西路指挥。崇宁四年（1105），广南西路经略司还在桂州（今广西桂林）置营训练刀牌手 3000 人，派往海南诸州戍守。驻守的地方称镇、寨、栅，全岛设镇二、寨八、栅二。崖州东部的藤桥镇、临川镇，西部的延德寨、通远寨，都是驻守营兵的地方。这些地方因为驻军，熙宁至政和的 50 年间（1068~1118），行政建制屡有变动。

除上述正规营兵外，还有土军、黎兵、疍兵。土军由充军的罪人组成，集中在儋州置翼驻守。黎兵由土民（主要为黎人）组成，属乡兵性质，助营兵守戍地方。疍兵由疍人组成，取其善操舟楫，用于海南海北间的水上运输。

---

① 《宋史》卷一八七《兵志·禁军上》。

宋朝将崖州先后改为珠崖军、吉阳军，虽然地位比先前略低，但是却更加彰显其军事上的重要性。甚至于政和六年（1116）在吉阳军设立了延德寨和通远寨。作为军事要地的寨，都部署有较强的军事力量。“凡诸寨之戍，或用官军，或峒丁，或寨丁。寨官或巡防使臣，或都监，或知寨。或一寨有长贰官属，是皆系乎寨之大小也。诸寨行事，动关化外，法制不得不少宽，威权不得不稍重。夫诸寨迥居于诸峒之中，寨丁更戍不下百人。”① 可见延德、通远二寨设置的重要，而且置于崖州（时称珠崖军）的西部，主要为“防黎”。元丰三年（1080），担任琼管体量安抚使的朱初平考虑到海南四州军备尚且薄弱，还向朝廷建议说：“黎峒宽敞，极有可为良田处，欲候将来事定选官，拣愿耕少壮之人，籍成保甲，与黎人杂处分耕。各限以顷亩，教以弓矢武艺，足以枝梧边寇。”② 意思是招集“愿耕少壮”之汉人进入黎区，与黎人杂居，给予田地，编成保甲，教习武艺以备边寇。朱初平的建议应当是对王安石变法中“保甲法”的响应，也是提倡汉黎融合的“黎议”先声。

元朝实行民族歧视政策，将军队也分为蒙古军、探马赤军、汉军和新附军。③ 元初驻守海南的镇戍军，是从内地冠州、许州、冷水河等翼调来的湖广戍兵，轮差管军万户一员，率千百户，统汉军一千，轮替镇戍海南，军事衙门就设在琼州城内。开始是一年更替一次，后来考虑到“岁一更代，往来劳苦”，改为“给俸钱，选良医，往治其疾病者，命三二年一更代之”。④ 同时收编南宋祥兴败兵设靖海营，又以占城降兵组建南番营，靖海营和南番营被称之为土汉军。

镇戍军和土汉军主要驻守琼北各地：除驻守琼州城外的靖海营、驻守海口浦的南番营、驻守白沙津的水军镇外，还有驻守澄迈的永靖寨、保义寨，文昌的八角寨，乐会的万全寨。这些驻军主要用于防

---

① 周去非：《岭外代答·外国门下·寨丁》。
② 李焘编：《续资治通鉴长编》卷三一零《元丰三年》。
③ 柯劭忞编著：《新元史》卷九十八《兵志一》。
④ 柯劭忞编著：《新元史》卷九十九《兵志二》。

海。而西部、西南部和南部的驻军，则主要依靠“佥土民为黎兵”以“防黎”。

为了加强对黎族地区的控御，元朝统治海南之初，即承继唐宋朝的做法，招募土人为黎兵，额无所定，至元二十四年（1287）安抚使陈仲达还调黎兵助征交趾。但黎兵的主要任务是戍守地方防御“黎乱”。至元三十年（1293）阔里吉思率土汉军在海南大举“平黎”之后，又设立“黎蛮屯田万户府”，招募民户和新附士兵屯守，并且编佥黎兵，设黎兵万户府，在全岛分设十二个翼的千户所和更多的百户所，其间当然会有一些设置在吉阳军。“万千百户兼用土人（指黎人），至是冗滥，民甚苦之。”① 遍布各地的土人（主要为黎人）千百户欺压黎汉百姓，引起民众的强烈反抗，五年之后，到了大德二年（1298）二月，不得不“罢海南黎兵万户府及黎蛮屯田万户府，以其事入琼州路军民安抚司”。② 但惠宗元统年间完泽再次大举“平黎”，又恢复设置黎兵万户府。③ 元朝统治者使用黎兵镇压海南黎汉百姓的反抗，甚至还征调他们远赴日本、占城、安南等地进行征伐，给黎汉百姓带来深重的灾难，也造成“终元之世黎乱不止”。

（二）澄海军与广南南巡海水军

根据宋朝海南军制，澄海军主要用以戍海，清化军则为防黎，后统合为清化军以统一指挥。④ 海南于开宝四年（971）纳入宋朝统辖范围之后，曾设澄海军以戍海。海南隶属广南西路，史料有关于广南西路澄海军的记载。如熙宁八年（1075）十二月己酉，“诏广南西路经略司，遣使臣分诸州军，选配军少壮有胆勇堪披挂者赴桂州，每约五百人团成一指挥教阅，以新澄海为名”。⑤ 这里说的是从广南西路各州军选择配流充军人犯中的精壮者，派遣至桂州教阅，以充任新澄

---

① （明）正德《琼台志》卷十八《兵防上·兵制》。

② （清）道光《广东通志》卷一八一至一八八《前事略》。

③ （清）道光《广东通志》卷一八一至一八八《前事略》。

④ （清）道光《琼州府志》卷十七《经政志十三·兵制》，（清）光绪《崖州志》卷十一《政经志六·兵制》。

⑤ 李焘编著:《续资治通鉴长编》卷二七一。

海军，海南各州军当也在选择之列。考虑到海南以及崖州的实际情况，澄海军的规模应该不是很大。

随着崖州经济和社会的发展，海防成为一个重要的话题。崖州滨海，历来常有海寇之患，沿海居民饱受剽掠之苦。海寇出没无常，飘忽不定。为了防海御寇，宋仁宗庆历年间（1041～1048），曾“招收广南南巡海水军，予以旗鼓训练，备战守之役。”①

关于广南南巡海水军，地方史志言之甚略，很难从中了解其具体情况。宋代曾公亮撰述的《武经总要》“广南东路”记载，广南南巡海水军驻扎在广州，其管辖巡察范围极为宽泛：

> 东南至大海四十里，东至惠州四百二十里，西至端州二百四十里，南至恩州七百五十里，北至韶州二百五十里。东南海路四百里至屯门山……从屯门山东风西南行，七日至九乳螺洲，又三日至不劳山。又南三日至陵山东。其西南至大食、佛师子、天竺诸国，不可计程。②

从中可见，今天的广东、广西、海南沿海乃至南海诸岛海域，均属于广南南巡海水军管辖的巡海范围。宋代“海上丝绸之路”贸易的繁荣，给官府带来了“市舶之利”，广南南巡海水军就是为这条水路保驾护航而设立的。位处海南岛南端的崖州，东南均面朝大海，与西边的占城、交趾等只是一水之隔，又是海上丝绸之路的重要中转站，理所当然属于广南南巡海水军的巡视范围。应该说，广南南巡海水军在打击海盗、海上遇险救护、保护过往商船安全方面发挥了重要作用。历代《崖州志》上并没有关于宋代崖州（吉阳军）出现海盗的记录，一方面可能是资料欠缺，另一方面也可能是受广南南巡海水军所威慑。

二、扩大对黎区的控制和管理

（一）宋朝对黎区加强开发和管理

隋唐中央政府虽然已经形成了对海南的有效管理，但是偏重于海

---

① （清）光绪《崖州志》卷十二《海防志一》。

② 曾公亮：《武经总要前集》卷二十一。

南岛北部、西北部以及东南沿海地区，而中部黎母山及周边黎人聚居区的管辖则相对松散或者说远未深入。随着南方经济的不断发展、中原文化在海南的传播与推行，宋朝统治者逐步加大对黎区的开发和管理。

海南岛开发较晚，各地的经济社会发展水平明显不平衡，处于岛南的崖州（吉阳军）更面临诸多发展障碍。《诸蕃志》如此记载："地狭民稀，气候不正，春常苦旱，涉夏方雨"；"耕种不粪不耘"。① 这种情况使得当地的粮食生产严重不足，驻军每年都要"拨昌化军丁税米输之"。② 百姓生活基本上处于自给自足的状态："妇人不事蚕桑，惟织吉贝、花被、缦布、黎幕；男子不喜营运，家无宿储。"③ 但是移民越来越多，对于以土地为主的自然资源的占有越来越被重视；官员和驻军的增加也加重了地方赋役负担，须要开辟财源，这就使得对黎区的开发与治理显得非常必要。

随着中央政权对黎区控制的加强，宋代黎峒的归附空前增加。宋徽宗曾洋洋得意于边疆少数民族地区的"归顺"："凡前世羁縻而弗可隶属者，莫不稽颡踢蹶，顺附王化，奄有夷峒殆千余所，怀保丁民逾十万计。"④ 此中也应包括黎族地区。宋朝廷将黎民划分为"生黎"和"熟黎"两种，划分的依据无非是归附封建王朝的统治、受到地方官府的直接控制与否。生黎、熟黎当然是封建统治者对黎族带有歧视性的一种区分，但也反映了宋王朝逐步向黎区推进行政管理的动向。如崇宁五年（1106）设置了延德县，后来将其改为延德军，又分置通远县为治所，表明其地位上升。而这些地方正是崖州西部的黎族聚居区。当然延德设"军"，也可能是因为宋王朝在对黎区推进过程中矛盾冲突更加剧烈的原因。对黎区的招抚，使得在籍户口数大幅增加，同时大量农田得以垦辟。如前所述此前元丰三年（1080）

---

① 赵汝适著、杨博文校释：《诸蕃志校释》，中华书局1996年版，第218页。
② 李焘编著：《续资治通鉴长编》卷三一零"元丰三年"。
③ 赵汝适著、杨博文校释：《诸蕃志校释》，中华书局1996年版，第218页。
④ 《宋会要辑稿》，大观元年十一月二十五日诏。

担任琼管体量安抚使的朱初平就上奏朝廷说“黎峒宽敞，极有可为良田处”，应当迁入汉人“与黎人杂处共耕”。① 元丰六年（1083），琼州又上奏：“珠崖军土脉肥沃，欲乞委本军，除旧系黎人地不许请射外，余许招诱客户，请系官旷土住家耕作，仍立赏格激劝。从之。”② 宋朝廷鼓励汉族移民在黎区垦种的政策措施，一定程度上促成了珠崖军的土地开发，但是也因为土地之争导致黎汉之间矛盾的加剧，最终引起黎人的反抗。

宋朝地方官府总体上也鼓励黎汉互通贸易，因此当地黎人“时出与郡人互市”。③ 史志记载，吉阳军生黎“时有侵扰之害。周侯（周鄘）遣熟黎峒首谕之，约定寅、酉二日为墟市，率皆肩担背负，或乘桴而来，与民贸易。黎人和悦，民获安息”。④

（二）宋朝对黎区实施招抚政策

从西汉王朝正式在海南建立统治开始，黎人及其先民与封建王朝的关系，始终是历代统治者治理海南必须面对的问题。隋唐以后郡县制的推进和封建化的深入，到宋朝时期激起的矛盾已经远甚历代。但是宋朝廷自身积贫积弱，一直处于内忧外患之中，使得它对海南的管理深感鞭长莫及，因此终宋一代，统治者虽然对黎区也屡有征伐行为，但总体上采取的是招抚启导的政策，大致体现在两个方面。

其一，官员深入黎峒抚谕，以黎峒“本土之法”治理黎区。

太平兴国二年（977）冬十月，左卫大将军李崇矩为邕、贵、浔、横、钦、宾等州都巡检使，未几徙为琼、崖、儋、万等州都巡检使。当时，黎峒扰动，“崇矩悉至峒穴抚谕，以己财遗其酋长，众皆怀附”。⑤ 李崇矩因为抚黎有功，历代被海南祀于名宦祠。

大中祥符二年（1009）十一月，琼、崖等州同巡检使王钊向朝

---

① 李焘编著：《续资治通鉴长编》卷三一零，“元丰三年”。
② 李焘编著：《续资治通鉴长编》卷三三九，“元丰六年”。
③ 《宋史》卷四九五《蛮夷列传三》。
④ 赵汝适著、杨博文校释：《诸蕃志校释》，中华书局1996年版，第219页。
⑤ 李焘编著：《续资治通鉴长编》卷十八，“太平兴国二年”。

廷上书报告："黎母山蛮递相雠劫，臣即移牒委首领捕送为恶者，悉还剽夺赀货及偿命之物，饮血为誓，放归溪峒，皆已平静。"宋真宗御批："朕常戒边臣无得侵扰外夷，若自相杀伤，但用本土之法；苟以国法绳之，则必致生事。羁縻之道，正在此尔。"① 由皇帝亲自明确提出用"本土之法"治理少数民族地区的"羁縻之道"，其意义之重大，从中可知。

景祐三年（1036），宋仁宗朝，又"诏广南西路珠崖军开示恩信，许生黎悔过自新"。②

至南宋嘉定末年（1224），招抚政策仍为地方官员所执行。"崖守周鄘遣熟黎入谕，招抚得五十余峒，出城贸易。"③

不少地方官一再向朝廷建议，减轻海南民众的赋役负担，以利民众安居乐业。在宋代，这些要求主要还是针对黎人而言，毕竟海南黎族人口仍然占大多数。比如曾担任琼管体量安抚使的朱初平就多次向朝廷上奏，要求减免海南赋税。他的有些建议得到朝廷批准。

其二，信任黎族首领，并且授予一定的官职，依靠他们招引黎峒"向化"，管理黎区事务，以达到"黎人治黎"的效果。《岭外代答》中有如是记载："峒中有王二娘者，黎之酋也，夫之名不闻。家饶于财，善用其众，力能制服群黎，朝廷赐封宜人。琼管有令于黎峒，必下王宜人，无不帖然。二娘死，女亦能继其业。"又如："淳熙元年，五指山生黎峒首王仲期，率其旁八十峒、丁口一千八百二十人归化。诸峒首王仲文等八十一人诣琼管公参，就显应庙斫石歃血，约誓改过，不复抄掠。琼管犒遣归峒。"再如："熙宁中，王祖道抚定黎峒，其酋亦有补官，今其孙尚服锦袍银束带，盖其先世所受赐而服之。"④ 这里所说的王二娘、王仲期等人，都是朝廷所安抚的黎族首领，由他们对黎人进行管理，不至于出现激烈的矛盾冲突。

---

① 李焘编著：《续资治通鉴长编》卷七十二，"大中祥符二年"。

② （清）光绪《崖州志》卷十四《黎防志三·抚黎》。

③ （清）光绪《崖州志》卷十四《黎防志三·抚黎》。

④ 周去非：《岭外代答》卷二《海外黎蛮》。

朝廷授予黎族首领以下层官吏的职名，以表示对他们的器重，从而加强抚黎效果。如史籍记载，五峒黎族首领陈被，实力强盛，对官府统治压力很大。桂州知州张颉“命一摄官过海，呼出陈被等，补以牙校而去”。有人还担心“牙校”官太小，但结果“海外果无事”。①

（三）宋元时期黎族社会发展的不平衡状况

宋元时期，不同地区的黎族社会发展水平很不平衡，存在封建化程度的差异。大致可以分为三种类型。

第一，与汉族杂居的“黎裔汉人”。主要分布在沿海平原和河口地区，少数居住在集镇或附近河谷地带，已经编入官府户册，纳粮当差，有些已与汉人同化，被视为“黎裔汉人”。他们的经济形态，也是以农业为主的封建经济占主导地位，与汉人无异。在崖州（吉阳军）州城的周围，以及从藤桥、林旺、红沙、羊栏、马岭，直到梅山、九所、冲坡、黄流、佛罗等沿海一带，都有这一类型的黎族群体。

第二，“熟黎”社会。“耕作省地供赋役者，名熟黎，各以所迩分隶四郡。”② 熟黎以农业生产为主，渔猎和采集占相当的比重。他们和汉族贸易，从汉区输入铁器工具，但生产水平比汉区落后。这类地区“土地峒内公有”的制度已被打破，土地私有和买卖已经出现。崖州（吉阳军）的情况是，黎区土地大多为黎族上层首领及富户所拥有。这类地区主要在藤桥、林旺以北，田独以北至保亭县的三道地区，马岭至崖城以北地区，黄流、九所至乐东县的千家地区。这些地区的黎族民众由于受汉族经济文化影响不同，接受封建王朝统治的时间长短不一样，封建化的程度也不一样。但他们的经济生活和当地汉族已密不可分，互相依赖，基本上属于封建经济的范畴。

第三，“生黎”社会。“其去省地远，不供赋役者，号生黎”。③

---

① 李焘编著：《续资治通鉴长编》卷三零九“元丰三年”。

② 范成大：《桂海虞衡志》“志蛮”。

③ 范成大：《桂海虞衡志》“志蛮”。

"生黎"居于较远的深山中，不受州县统治，不供赋役。他们的经济生活已有农业生产，但捕鱼、狩猎、采集仍占重要地位，贸易以物物交换为主。农业生产主要还是刀耕火种。生产关系以公有制为主，"田土各峒通同占据共耕分收"。① 生产方式和生活习惯上保留原始的特征较多。他们基本上还处在原始社会向封建社会的过渡之中，有的甚至还处在原始氏族社会阶段。"生黎"分布在崖州（吉阳军）的北部区域。从今天的乐东千家至万阳、毛阳地区，保亭县的大部分地区直至五指山南麓，宋元至明清以前都属于崖州（吉阳军）的辖地，"生黎"主要居住在这些地区的深山之中。

这三类发展水平不同的黎族地区，他们所占的地域和人口，很难具体划分并用数字来说明。但从总体情况和开发程度来看，属于州县编户管理的黎族人口只占少数。文献记载当时"黎地不可得，亦无路可通"。② 在距州城五七里许地方，不受州县统治的黎族就"不啻数百峒"。③

三、州学的设立与学校教育的成就

宋代的教育，从改革科举、振兴学校，到南宋的私学兴起，在中国教育史上是一个十分重要的时期，对后代的社会文化有着深远的影响。地方官员以兴办教育、传播儒教、化民成俗为重要职责。崖州（吉阳军）的学校教育，也从宋代兴起。

（一）崖州州学的设立与建设

宋朝之前，尚未有关于海南学校教育方面的记载："学校之政未立，造士之方多阙。"④ 但是，这并不意味着宋以前的海南不存在文化教育。明代正德《琼台志》转引《宋进士题名记》说："琼管在古荒服之表，历汉及唐，至宣宗朝，文化始洽。"⑤ 这表明至少在唐宣

---

① 李焘编著：《续资治通鉴长编》卷三一零，"元丰三年"。

② 范成大：《桂海虞衡志》"志蛮"。

③ 赵汝适著、杨博文校释：《诸蕃志校释》，中华书局1996年版，第217页。

④ 锺芳：《琼州府学科目题名记》，载（清）光绪《崖州志》卷十九《艺文志一》。

⑤ （明）正德《琼台志》卷七《风俗》。

宗时期（847~859），中原文化在海南的传播已经相当兴盛，作为岛南重镇的振州自然也不例外。北宋早期贬放崖州的卢多逊住在水南村。他在诗歌中写道："谁知绝岛穷荒地，犹有幽人学士家。"盛赞黎伯淳的人品与才学，黎伯淳受过良好的教育应当是不争的事实。

北宋的兴学运动始自"庆历新政"。庆历三年（1043），范仲淹向仁宗上奏《答手诏条陈十事》，提出改革措施，包括改革科举、选拔人才、兴办学校。庆历四年（1044），仁宗皇帝下诏州县皆设立学校，参加科举的人必须先接受学校教育，士人须在学校学习三百天才能应试。一系列兴学举措的实施，"学校之设遍天下，而海内文治彬彬矣"。①

海南的州县学大多数在北宋兴学热潮中创办，到南宋时期进一步完善。南宋高宗时期曾一度将贡举权下放至各州②，琼州也开始设立贡院开科取士，每科录取 13 人，一直到南宋末年方才停止。这些举措当然与南宋的政治、经济中心南移有关系，但都在很大程度上推动了海南乃至吉阳军教育事业的发展。

在"庆历新政"的推动下，崖州也在州城外东南设立了州学，这可以说是崖州最早的官办学校。在崖州改为珠崖军、吉阳军之后，崖州州学也随之改称为珠崖军学、吉阳军学。

在兴办学校的过程中，崖州（吉阳军）的地方官积极主持倡导。宋元时期由于办学条件困难，自然灾害也多，州（军）学迁徙频繁。始办时设在州城外东南，后佥判慕容居中移到城北，知军莫豫又移回城东南原址。南宋淳熙十四年（1187），周鄘重修军学，扩大了规模。淳祐五年（1245），知军毛奎又把军学移到城西南，并且提供经费以保障办学，即《崖州志》中所说的"移学养士"。元朝大德十一年（1307），学正齐孟坚为设在军学里的孔庙铸造铜爵祭器。③ 泰定

① 《宋史》卷一五五《选举志》。

② （明）正德《琼台志》卷二十七《古迹·贡院》。

③ 裴崇礼：《文庙铜爵记》，载（清）光绪《崖州志》卷十九《艺文志一·疏记》。

三年（1326），知军达鲁花赤脱脱木、军判王起、学正陈世卿等人再把军学移回城东故址。至正五年（1345），同知罗伯颜又将军学重移至城外西南。

从《崖州志》的记载可以看出，宋元时期崖州（吉阳军）学至少有这样几个特点：其一，地方官重视州学建设，以办好州（军）学作为重要政绩，不少知州（知军）有助学举措。其二，学校管理比较规范，设有学正、学录等官职，具体实施教学和管理学校事务，薪俸由地方财政支出。其三，学校的经费来源有保障，地方官厅拨给一定数量的田地，由学校出租或请人耕种，所得收入作为学校的日用开支。宋神宗熙宁四年（1071），"诏诸路置学官，州给田十顷为学粮，原有学田不及者益之，多者听如故。"① 这项制度在元朝时得以延续。元天历年间（1328~1329），吉阳军判罗伯龙曾为吉阳军儒学撰写《赡学田记》记其事。

元朝为了缓和社会矛盾和民族矛盾，仿照宋制设立学校，尊孔兴儒。在教育教学的管理上，州（军）县学校设立教授、学正、学录等相应官职。凡是通经之士，经过考察之后给予儒籍，征为学官，免除杂役，并招收其子弟入学当生徒。泰定四年（1327），担任安抚副使的张珣清根据朝廷的政策复置儒学田，作为各官学的经费。② 在这一政策背景下，吉阳军学得以续办并有所提高。在元朝统治者对海南"黎乱"大加征伐之后，湖广行省根据员外郎乌古逊泽的建议，于至元三十年（1293）在黎族地区设立"寨学"："至元癸巳阔里吉思还，从乌古逊泽议，立各寨学，命儒学分掌。"③ 寨学由官方创办，目的在教育黎族子弟，具有社学性质。寨学的设立，对黎族地区文化教育的推动和进步具有积极作用。但史籍未予详记，后人难以了解其全貌。

宋元时期除官办州（军）县学外，海南各地还设有社学、私学，

---

① 李焘编著：《续资治通鉴长编》卷二二一。

② （明）正德《琼台志》卷十五《学校上·府学》。

③ （明）正德《琼台志》卷十七《社学》。

书院教育也开始兴起。这些学校有官办也有民办，都同属儒学教育的共同组成部分，明代纂修的地方志有相关记述。值得注意的是，这一时期南来贬官日多，他们大多是饱学之士，善诗能文。来到崖州（吉阳军）之后，很多人调整心态，投身到当地的文化教育中去，教学授徒，传播儒家文化，对当地文明进步起到了重要的推动作用。例如丁谓“教民读书著文”①；胡铨“日以训传经书为事”，“黎酋闻之，遣子入学”。② 虽然属于私学性质，但是影响很大，具有不可替代的地位。

（二）宋元时期崖州（吉阳军）教育的成就

宋代官办州学在崖州的设立，地方官对教育的重视，加上众多饱学之士因贬谪南来，使得中国传统儒学教育得以在崖州推行，崖州（吉阳军）教育出现了崭新气象，起到了传播文明、淳化民风的作用，为当地培养了人才。南宋宝祐四年（1256），寄居琼管（琼州）、本籍吉阳军宁远县临川里人陈国华考中进士，在崖州（吉阳）应有一定影响。古代教育培养人才，主渠道是科举选拔，另一是通过荐举。宋元时期崖州（吉阳军）通过科举上进者史籍不多见，但在科举之外的各种人才荐举中，崖州（吉阳）有不少被选录重用者。如：

陈中孚，字子正，以“举文学”任官职，南宋绍兴年间被任命为万宁县知县。在任期间，他致力于治安治理，维护社会稳定，政绩卓著，升任为昌化军知军。在任时“政举民安”，得到民众的称颂。参政李光从琼州再贬昌化军，陈中孚与之友善，“休沐未尝不杖屦往来”。

陈中孚的儿子陈适，饱读经书，经乡荐征辟为临高县尉。当时儋州人王高“作乱”，陈适在加强防备的同时，对王高晓之以理，终于使他归顺，不再造反。陈适因政绩突出升迁为昌化军知军，继其父职。他们“父子相继，时人荣之”。后代陈氏父子被入祀乡贤祠。

裴闻义，字子迁，水南村人，因父辈的政绩，被朝廷荫封为官，

---

① （宋）王象之编著：《舆地纪胜》卷第一百二十七《广南西路·吉阳军·风俗形胜》。

② （清）光绪《崖州志》卷十七《宦绩志二》。

出任昌化军知军。任职9年，他勤政为民，积劳成疾，死在任上，受到当地民众的爱戴。

慕容居中，字正直，以德高望重、学有所长，被朝廷征辟为官，先任承事郎，后在吉阳军任佥判，再任宾州通判、昭州劝农使等职。告老归乡后，建书舍，设私学，训导乡人子弟读书，热心于家乡的教育事业。

邢梦璜，咸淳年间（1265～1274）以文学受荐举，任吉阳军佥判，后升万安军知军，元灭宋后继续留任。卸任后定居崖州黄流，从事乡村教育，推动了当地文化的发展。邢梦璜著《节录磨崖碑记》、《至元癸巳平黎碑记》流传至今，为史料相对欠缺的海南宋元史提供了珍贵的文献资料。《邢氏家谱》评价他"居官廉介，吏畏民怀；淹贯经史，诗文有出塵之趣"。邢梦璜墓在黄流村西水井山。

宋代崖州（吉阳军）受征辟为官的还有陈端章、陈继先等人。陈端章是进士陈国华的父亲，曾经被朝廷征为通直郎。陈继先，字显翁，曾在吉阳军知军毛奎手下任学录官，跟随毛奎游历开发大小洞天。

崖州（吉阳军）兴教滋养的人才，不仅走向官场从政，还有许多学有所成的儒士，默默隐居家乡，成为当地的文化资源。例如有被卢多逊称为"幽人逸士"的黎伯淳、元朝时期号为"守素居士"的裴氏后人裴豫等。

宋元时期崖州（吉阳军）教育事业的崛起，推动了文化发展，缩小了与内地的差距。正因为这一时期奠定的基础，才使得明清时期崖州人才辈出、文明昌盛，与海南一起获得"海滨邹鲁"的美誉。

四、对南海诸岛的认识与管理

南海诸岛自古以来就是中国的领土。但是由于距离大陆遥远，同时又受制于航海技术，朝廷对其的认识和管理，有一个逐步深入的过程。

（一）宋代之前对南海诸岛的认识与管理

人们对海洋、海岛的认识是随着造船和航海技术的进步而逐步提高的。

早在先秦时代，海南岛以及南海诸岛就已经被发现。成书于春秋战国时期的《山海经·海内南经》记载："伯虑国、离耳国、雕题国、北朐国皆在郁水南。郁水出湘陵南海。"秦始皇完成统一大业之后，将全国划分为42郡，其中管辖岭南的有南海郡、桂林郡和象郡，南海诸岛属于岭南三郡。秦朝末年，南海诸岛归南越国。汉朝时，伏波将军路博德、马援率领的部队，在军事行动中曾先后涉渡南海。汉王朝多次派遣使者，偕同译员以及商贾，乘船经南海诸岛远赴东南亚、印度洋沿岸国家和地区展开商贸活动，从而打造了海上丝绸之路的雏形。特别值得一提的是，1973年出土于长沙马王堆汉墓的文物资料显示，南海海域已经出现在汉朝地图上。

三国时期，广州成为海上丝绸之路的主要港口。孙权曾经派遣康泰、朱应作为使者出使扶南（今柬埔寨）等国，亲历南海诸岛部分岛屿，并考察"珊瑚洲"成因，写成《扶南传》。书中说道："涨海中，到珊瑚洲，洲底有盘石，珊瑚生其上也。"自三国至南朝，皆以岭南为大后方，南海成为行军布师和对外贸易之要津。"用兵交州、临邑，唯海师是赖"，而保卫海上安宁，"自亦恃海师"。大诗人谢灵运还记录了宋武帝率水军在南海海域作战的情景。

隋朝大业年间，炀帝杨广曾派遣常骏、王军政出使赤土国（今马来半岛泰国东南一带），航程经过西沙和南沙群岛。隋朝在海南岛上设立珠崖、临振二郡，南海诸岛归临振郡。唐太宗设立崖州都督府总管海南事务，南海诸岛列入崖州都督府管辖，隶属于振州，从而正式确立了中国对南海诸岛的主权。《旧唐书·地理志》说振州疆域"西南至大海千里"，并记载贞元五年（789）改以琼州为都督府，"至吉阳，乃海之极……东则千里长沙、万里石塘，渺茫无际，天水一色"。中国已将南海诸岛列入版图。

（二）宋元时期对南海诸岛的认识与管理

宋元时期，中国造船技术已经有了很大进步，这对人们认识和管理南海诸岛提供了诸多便利，同时也推动了海上丝绸之路的发展。

宋朝时，南海诸岛作为海南行政区划的重要组成部分，属于琼管安抚司（都监）的管辖范围。为了加强海防，宋朝组建广南南巡海水军。曾公亮的《武经要略》对其巡查范围做了明确记载：广南南巡海水军驻扎在广州，今广东、广西、海南沿海乃至南海海域，均属于它的巡海范围。海水军的巡海保护了海上航线的安全，加强了对南海诸岛的管理，同时也加深了人们对南海诸岛的认识，有着非常重要的意义。南宋时，南海诸岛属万安军管辖。

元朝至元十六年（1279），同知太史院事郭守敬（1231~1316）上奏元世祖忽必烈说："唐一行开元间令南宫说天下测景，书中见者凡十三处。今疆宇比唐尤大，若不远方测验，日月交食分数时刻不同，昼夜长短不同，日月星辰去天高下不同，即目测验人少，可先南北立表，取直测景。"在忽必烈的支持下，郭守敬在全国开展天文测量："东至高丽，西极滇池，南逾硃（珠）崖，北尽铁勒，四海测验凡二十七所。"① 最终在南海诸岛上"测得南海北极出地一十五度"，这是一项在中国乃至世界天文史上具有领先意义的科学测量。郭守敬"南逾珠崖"的南海测量点，据今人考证，当为西沙群岛或者中沙黄岩岛。这一历史事实充分证明中国对南海诸岛所实施的行政管辖。至元二十九年（1293），元将史弼"以五千人合诸军发泉州……过七洲洋、万里石塘，历交趾、占城界"。② 这表明元代军队在南海海域进行巡海活动。至大、延祐年间（1308~1321），朱思本绘、罗洪先增补的《广舆图》，将千里石塘、万里长沙绘入其中。"石塘"、"长沙"是中国古代对南海诸岛的泛称，石塘即环礁中的泻湖，长沙则是珊瑚沙洲。史籍记载说明，元朝和前朝一样将南海诸岛纳入版图。以后各朝代也都将南海诸岛绘入地图，且多标以"千里长沙，万里石塘"。

总体上讲，中国对南海诸岛的认识与管理是逐步深入的。在这一过程中，宋元是重要时期，期间的管辖活动为中国确立南海诸岛的主

---

① 《元史》卷一六四《郭守敬传》。

② 《元史》卷一六二《史弼传》。

权提供了充分的历史依据。海南民众自唐代以来就一直在南海诸岛及其附近海域从事捕捞生产活动。宋元时期的努力开拓，加深了人们对南海诸岛的认识，为后代对南海诸岛的开发打下了基础。

第三节　宋元时期崖州（吉阳军）的经济发展

宋元时期是海南岛经济开发的重要阶段。由于唐末五代中原动乱，人口大量南迁，中原和东南沿海先进的生产技术向海南传播，加上海南社会相对稳定，宋代海南的经济有了较快的发展。元朝统治中国，虽然存在严重的民族歧视，把人民分为四个等级，但是海南相对较为缓和，经济发展也曲折上升。

崖州与整个海南的经济步伐基本一致，许多方面具有一定的先进性，如棉纺织业就是明显的例子。宋元时代官僚机构臃肿，军队庞大，民众的赋役负担沉重，但是海南乃至崖州（吉阳军）因为地域的特殊性，基本情况应当略好于内地。因为海上交通的开辟，崖州（吉阳军）的商贸业得以快速发展。唐宋时期三亚地区成为朝廷流贬官员的重要选择地，到了元朝时期由于经济文化已有较大发展，流贬吉阳的官员数量大为减少，并最终在明清时期得以绝迹。

一、农业经济的发展

（一）农业生产规模的扩大和耕作技术的进步

人口的增长，劳动力的增加，必然加快土地垦殖，扩大生产规模，促进农业经济的发展。封建统治者历来重视户口的繁衍和管理。北宋时期，全国人口增长迅速，大观四年（1110）达到峰值 2088 万户。[①] 但是户口不实是封建社会的通病。由于农民的极端贫困，他们想方设法隐漏户口，以减少赋税和徭役；地方官员减少上报户口，则是为了既截留钱粮，又减轻征集的负担。这种状况崖州也不例外。朱

---

① 漆侠编著：《宋代经济史》，上海人民出版社 1987 年版，第 45 页。

初平就曾在给朝廷的奏折中说到“海南四州军诸县簿书不整齐”。[1]宋元时期是北民南移的重要时期，资料显示，广南西路在北宋元丰年间（1078~1085）为25.8万户，至南宋嘉定十六年（1223）就膨胀为52.8万户[2]，翻了一倍有余。属广南西路所辖的崖州，人口虽无相应记载，由于移民的迁入和繁衍，肯定也会有较快增长。

劳动力的大量补充，很大程度上推动了当地的土地开发和农业的发展。宋朝政府多次发布垦田诏令，如太祖乾德四年（966）闰八月诏：“所在长吏告谕百姓，有能广植桑枣、开垦荒田者，并只纳旧租，永不通检。”宋太宗至道元年（995）六月诏：“应诸道州府军监管内旷土，并许民请佃，便为永业，仍免三年租调，三年外输税十之三。”宋仁宗天圣初（1023）诏：“民流积十年者，其田听人耕，三年而后收赋，减旧额之半。”后又诏：“流民能自复者，赋亦如之。”“既而又与流民期，百日复业，蠲赋役五年，减旧赋十之八；期尽不至，听他人得耕。”[3] 这些政策诏令，对可垦耕地较多的海南乃至崖州，必然推动田地的开垦。

宋代的土地分为公田和民田，政府控制的土地称为公田或官田，地主、官僚、贵族、寺院以及自耕农等占有的土地都称为民田。两宋时期户籍制度分为主户和客户两大类。占有一定土地的都称为主户，以占有土地多寡分为五等，必须向封建官府缴纳赋税。客户是靠租种地主土地，向主户交一定数额租粮的佃户。由于北宋政府从建立伊始就实行“不抑兼并”的政策，土地兼并现象极为严重，全国三分之二的土地集中在贵族、官僚、地主手中，至南宋后期已有三分之二的农户失去土地，沦为官府和地主的佃客。海南的土地占有情况与大陆不同，自唐朝以来就有官庄、官田，但主要是民田。据《元丰九域志》显示，宋代海南在籍人口数量较少，但是其中94%是主户，客

---

① 李焘编著：《续资治通鉴长编》卷三一零，“元丰三年”。

② 漆侠编著：《宋代经济史》，上海人民出版社1987年版，第69页。

③ 以上分别见《宋会要辑稿》《续资治通鉴长编》《文献通考》。转引自漆侠编著《宋代经济史》，上海人民出版社1987年版，第60~61页。

户只占6%①，说明宋代海南农户绝大多数都拥有自己的土地，自耕农占绝大多数。以吉阳军为例，正德《琼台志》记载，宋代吉阳军只有251户，其中主户240户，客户才11户。这一户籍统计总数偏低，并不可靠，但“主户”与“客户”比例悬殊则可能是真实的，这或许是海南土地资源相对丰富，可垦耕荒地较多的缘故。海南气候地理条件优越，岛外移民和无地农民，都可以通过辛勤的开垦拥有自己的土地。海南岛的这种有利条件对大陆流民有很大的吸引力。元代在海南实行屯田制，进一步推动荒地的开垦。据明代正德《琼台志》记载，至元代吉阳军（宁远县）有1439户，5735口人，131顷62亩土地。比起宋代的户口记录，有了大幅度增长；土地因宋代失载，无从比较。

随着劳动力的增加和土地的开垦，农业生产技术也有了显著的进步。宋代以前，农业生产还停留在粗放的阶段。据《诸蕃志》记载：吉阳“地狭民稀”，“耕种不粪不耘”②，绝大部分地区还是靠天吃饭。宋代之后，大陆移民带来了中原汉族地区先进的生产工具和生产技术，如锄、犁、耜等农业工具，也懂得深耕灌溉之法。据载，元朝时，吉阳军落机村农民已经能够用木塞陂引宁远河水灌溉。③ 宋真宗时，优良水稻品种“占城稻”引进吉阳种植。占城稻的优点是耐旱、耐涝、早熟以及抗瘟病，收获期早，产量高，适合于吉阳地区的山田生长。原来的稻谷生产是“冬种夏收曰小熟，夏种冬收曰大熟”，引种占城稻后变为“夏种秋熟”，而且有一年三熟者。④ 元人王仕熙在崖州八景诗《水南暮雨》中写有“稻田流水鸦濡翅”句，说明有水利灌溉的稻田连成一片。生产技术的改进、品种的优良、水利灌溉的推广，以及可耕田地的增加，稻谷总产量大大增加了。

---

① 王存：《元丰九域志》卷九《琼州琼山郡军事》显示，整个琼州主户为8433户，客户为530户。

② 赵汝适著、杨博文校释：《诸蕃志校释》，中华书局1996年版，第218页。

③ （明）正德《琼台志》卷七《水利》。

④ （明）正德《琼台志》卷七《风俗》。

除了稻谷生产，吉阳民众还普遍种植薯芋，作为主食之一。王仕熙在《水南暮雨》诗中有“明日买山添薯蓣”句。经济作物方面，吉阳还较多种植苎麻，将其织成麻布。“今其民除耕水田外，地利之博者惟麻苎尔。麻苎所种，与桑柘不殊，既成宿根，旋擢新干，俟枝叶裁茂则刈获之。周岁之间，三收其苎。复一固其本，十年不衰。始离田畴，即可纺绩。”但是由于交通不便，织物卖不出去，并不值钱：“然布之出，每端止售百钱，盖织者众、市者少，故地有遗利，民艰资金。”真宗咸平年间，任广南西路转运使的陈尧叟“劝谕部民广植麻苎，以钱盐折变收市之”①，从而促进了苎麻的种植与麻布的生产。棉花也已经在海南大面积种植，棉纺织业得到进一步发展，用木棉纺织的吉贝布备受欢迎。经济作物的种植以及相关物品的生产，一定程度推动了吉阳农业经济的发展。

元朝的农业生产备受统治者重视，在中央设立了专门掌管劝课农桑、水利等事务的机构——劝农司。为了推广先进技术指导农业生产，还编成《农桑辑要》一书颁行全国。元朝在海南以至吉阳的农业成就，最突出的是屯田制的建立，促进荒地的开垦，使耕地大量增加；来自大陆各地的屯军带来了先进的农耕技术和耕作方式，对海南农业生产技艺的改进起到辐射传播和带动作用。

（二）宋元时期黎汉经济的相互交流和促进

宋元时期黎族地区虽然存在不平衡的社会发展状况，但经济开发的趋势比较明显，黎汉杂居区和“熟黎”地区经济进步比较快。黎区中能耕种的土地得到垦辟，变为水田。朱初平在给朝廷的奏折中提议汉人“与黎人杂处共耕”，“黎峒宽敞，极有可为良田处”，指的主要是这些地区。黎人用土特产品与汉人交流贸易，换来汉区的牛、铁器等生产工具，提高了生产技术，懂得选育和改良稻种，使粮食增产自给。黎人的家畜饲养业也较为发达。《诸蕃志》记载，黎人祭神以

① 《宋史》卷二八四《陈尧叟传》。

牛、羊、鸡、彘，“多至百牲”。[①] 富者用以祭神的杀牲一次达到一百只，可见饲养业已有一定的规模。

宋元时期黎族最负盛名的手工业，当是棉纺织业，许多织物成为外界追求的工艺品。有人记述黎族的织布方法：“复其经之两端，各用小圆木一条贯之，长出布阔之外。一端以绳系圆木，而围于腰间，一端以双足踏圆木两旁而伸之，于是加纬焉。以渐移其圆木而成匹，其亦自有匠心也”。[②] 用这种方法生产的织品，在当时已经达到相当高的水平，其中有“黎单”、“黎锦”、“黎幕”等。“黎人得中国（中国内地）锦彩，拆取色丝，间木棉挑织而成，每以四幅联成一幕”，这就是“黎幕”。黎族妇女制作的这些棉织品以精良细密、色彩鲜明、图案美观、形式多样而闻名于世，不仅作为贡品受到朝廷的青睐，而且在内地十分受欢迎。“桂林人悉买以为卧具”。[③] 黎族的纺织技艺在汉族和“番民”（回民）聚居区也流行开来，使棉纺织品成为崖州的名产；后来黄道婆将崖州的纺织技艺和工具传至松江乌泥泾，在江浙一带发扬光大。时至今日，黎锦仍然是琼南少数民族的代表性工艺品牌，被列入非物质文化遗产的重要保护对象。

在宋代崖州（吉阳军），黎汉之间的贸易有固定的地点、日期。交易地点称“墟”或“墟市”，一般设在交通要道。“每遇五、七日，一区黎峒贸易，顷刻即散”。[④] 州（军）城也设有黎汉市集。周鄘知吉阳军时，以寅、酉二日为墟市，黎人“率皆肩担背负，或乘桴而来，与民贸易”。“熟黎能汉语，变服入州县墟市，日晚鸣角，结队而归。”[⑤] 可见当时吉阳军黎汉之间的商品交易已颇为繁盛。集市贸易促进了黎族社会的经济发展。

---

① 赵汝适著、杨博文校释：《诸蕃志校释》，中华书局 1996 年版，第 220 页。

② 张庆长：《黎岐纪闻》。

③ 范成大：《桂海虞衡志》“志器”。

④ 周辉撰、刘永翔校注：《清波杂志校注》卷第七，中华书局 1994 年版，第 302 页。

⑤ 范成大：《桂海虞衡志》“志蛮”（《文献通考》存录佚文）。

黎族与汉人交易的商品，有沉香、黎锦、黎幕、槟榔等土特产品。当时宫廷、官府、寺院、豪宅焚香木成风，对沉香的需求量激增。自东南亚进口的“香药”成为消费时尚，但是质量低劣，“不及海南中下品”。① 海南所产的香料中，又以黎区所产质量最好。吉阳军辖区在五指山脉南麓，出产香料甲于天下。北宋天圣年间，丁谓谪居崖州，撰写了《天香传》，被收录于《四库全书》的《陈氏香谱》中，流传至今，具有相当的文献价值。由于香价昂贵，采香业在黎人经济生活中占有重要地位，出现不少“香户”，即采香专业户。宋朝《太平广记》记载：“南海郡有香户，香洲在朱崖郡，洲中出诸异香。”“汉商多以牛、铁器与黎人易香”②，黎人颇受益。

二、宋朝赋役制度与王安石变法在崖州的推行

（一）宋朝的赋役制度

宋朝所需要缴纳的岁赋，分为五大类，即：公田之赋，“凡田之在官，赋民耕而收其租者是也”；民田之赋，“百姓各得专之者是也”；城郭之赋，“宅税、地税之类是也”；丁口之赋，“百姓岁输身丁钱米是也”；杂变之赋，“牛革、蚕盐之类，随其所出，变而输之是也”。③ 海南岛的岁赋收取与大陆不尽相同。如公田之赋，海南基本上是有地即有主户，不设公田，所以没有公田之赋。赋税主要是征收农民的田赋，即民田之赋，按照主户占有土地的数量和质量分夏秋二季征收。夏税征钱、布帛等实物，秋税征米谷。“岁赋之物，其类有四：曰谷，曰帛，曰金、铁，曰物产是也。谷之品七：一曰粟，二曰稻，三曰麦，四曰黍，五曰穄，六曰菽，七曰杂子。帛之品十：一曰罗，二曰绫，三曰绢，四曰絺，五曰絁，六曰绸，七曰杂折，八曰丝线，九曰绵，十曰布葛。金铁之品四：一曰金，二曰银，三曰铁、镴，四曰铜、铁钱。物产之品六：一曰六畜，二曰齿、革、翎毛，三曰茶、盐，四曰竹木、麻草、刍菜，五曰果、药、油、纸、薪、炭、

---

① 范成大：《桂海虞衡志》“志香”。

② 见《太平广记》卷四一四。

③ 《宋史》卷一七四《食货志·方田赋税》。

漆、蜡，六曰杂物。”① 可见冲抵赋税的物品很多，但也从另一方面说明百姓负担之繁重，常见物产均被纳入统治者征收的视野。海南由于地僻人稀，农业生产比较落后，因此征收量都不超过全国平均水平。

田赋之外，还要交丁口赋和杂变赋。海南包括崖州在内，与广南各路一样，都要缴纳丁口之赋（人头税），规定不论主、客户，20~60 岁的男丁都要缴纳，但税额各地不一致。杂变之赋，就是蚕盐钱、牛皮钱、农器钱等杂税。海南民众缴纳的杂税主要是丁盐钱。封建社会“天下之赋，盐利居半”。宋代的盐法有“官办官卖”和官督商卖两种，海南实行的都是官办官卖。海南产盐，盐利是海南一项重要的财政收入。早期海南四州军盐场所产之盐，均卖给本州军，数额不定。北宋治平年间（1064~1067），海南卖盐数额共计 10968 贯 590 文，但这是其他三州的数字，独不见崖州的统计。宋仁宗朝以后，海南地方官府为增加收入，擅自提高盐额，增加了煎盐户的负担，许多盐户无力承担而破产，盐也大量积压。元丰三年，安抚使朱初平奏请在海南实行计丁买盐，官府按户等分配一定数量的盐强卖给民众，规定一至三等户每丁每月买盐一斤，四至五等户每丁每月买盐半斤。元丰七年（1084），户部下令减半。由此，海南在官办官卖盐法的基础上，逐渐形成了一种流传后代的杂税——丁盐钱。南宋时期，官府对人民所征丁盐钱倍增，激起民众的反抗。嘉定六年（1213），朝廷才下诏蠲免丁盐钱。

此外，海南也缴交部分杂税，如“加耗”“支移”“折变”等。海南与广南地区一样规定，农民缴纳一石田赋，要另加纳二升“鼠耗”，即多收 2%。所谓“支移”，是政府借口边疆军事需要，强令税户将税粮运送到沿边指定城镇缴纳，人畜盘缠自备，不送者要缴纳道里脚钱附加税。据《宋史·食货志》记载，珠崖军（吉阳军先称珠崖军）由于税粮不足供应驻军所需，官府令琼州、昌化军两地民众

---

① 《宋史》卷一七四《食货志·方田赋税》。

将应在本州县缴纳的丁税粮运到吉阳军缴纳。而吉阳军可以就地缴纳以供驻军所需，也就不存在“支移”了。“折变”是收税时不收原定实物，根据不同地方，将物折钱或将钱折物。吉阳军（珠崖军）由于税米不足驻军需要，其他州军“支移”补给，有劳民之苦，而且转运路上可能会遭到打劫，当时的琼州安抚使提出支移改为折变，交纳现钱输送到吉阳军以自籴。折变虽然减少了民众的运输之苦，但须依官价“每斗算钱三四百”，同样增加了人民的负担。

宋朝对往来通商的船只收取商税。开始以船只大小作为收税的依据，这对于需要运入粗重日常生活物资的海南来说十分不利。后来琼管安抚使朱初平才建议朝廷以货物品种价值征收。“宋置万安、珠崖、琼各一务（征税部门)。熙宁十年以前，商税岁额，三务皆五千贯以下。”①

宋代初期实行差役法，又称职役，主户轮流到官府当差。这种职役，有掌管官物的衙前，督税的里正，捕盗的弓手、壮丁等，一般由一、二、三等户充役。由于当差役者往往要赔偿官物的损失和代垫赋税，上等户往往设法逃避，差役就落到下等农户身上，成为烦扰下户农民的繁重负担。上户逃役，户等不公，法弊民怨。王安石才变法推行“免役法”，目的在于以钱充役，减轻百姓负担。但是由于海南经济薄弱，少数民族人户众多，纳钱反而加重百姓负担，“免役法”无法执行，只能恢复当初的差役法。

（二）王安石变法在崖州（珠崖军）的推行

宋朝官僚机构臃肿，冗员大量存在；军队庞大，军费严重不足。为了满足朝廷的需要，全国各地每年的赋税，除了必要的留存外，其余均解送京城，使得地方财政枯竭，无力从事建设。在这些积弊面前，朝廷一些有为之士，希望通过改革图新以自强，“庆历新政”和“王安石变法”就是在这种背景下发生的。

庆历三年（1043）八月，宋仁宗任命范仲淹为参知政事，范仲

---

① （明）正德《琼台志》卷十一《田赋·商税》。

淹等人上呈《答手诏条陈十事》，提出改革的基本方案。但由于保守势力的阻挠，“庆历新政”在一年多之后便宣告失败。熙宁二年（1069）二月，宋神宗任命王安石为参知政事，实行变法。王安石得到宋神宗的支持，但是变法触及大地主、大商人的利益，守旧势力的攻击一直没有停止过。元丰八年（1085）神宗病逝后，新法尽废。

王安石变法涉及社会的各个方面，大体上分为青苗法、农田水利法、募役法、市易法、方田均税法、均输法、保马法、保甲法、将兵法等九项。根据史料显示，青苗法、募役法、保甲法等对海南乃至吉阳有一定的影响。

青苗法是指在春天青黄不接的时候，政府予农民低息贷款或者谷物以度荒，旨在抑制豪富之家的高利贷盘剥并导致土地兼并。琼管体量安抚使朱初平在元丰三年（1080）曾上奏朝廷说：“会四州军见有宽剩钱七千二百五十余贯，如每年依青苗法，只令琼管一处给散，所得息钱，尽椿四州军官员接送。如此，则接送不出于民，而足有赢余。”① 朱初平是说如何在海南四州军实施青苗法，即“只令琼管一处给散”，这样说来青苗法在崖州（珠崖军）也得以实施了。与王安石同一时期的苏轼在《居儋录》中记录了一则儋州（昌化军）村民唐允从和儋州隐士黎子云就青苗法所做的辩论：“城北十五里许，有唐村庄民之老曰允从者，年七十余，问子云曰：‘宰相何苦以青苗钱困我于官，有益乎？’”百姓以“困我”质问政策的合理性，这表明青苗法在实际执行中存在强制现象，百姓并未从中获利。昌化军如此，珠崖军也应差不多。

募役法又称免役法，主要是针对北宋前期的差役法而设定。先前的差役法规定按户等轮流充当州县差役，但不少富户逃避差役转嫁到老百姓身上。王安石推行的募役法，改由州县官府自行出钱雇人应役，雇员所需经费由民户按户分摊。原来不用负担差役的女户、寺观，也要缴纳半数的役钱，称为“助役钱”。这种做法使得农民从

① 李焘编著：《续资治通鉴长编》卷三一零，“元丰三年”。

劳役中解脱出来，保证了劳动时间，促进了生产发展，初衷是很好的，因此曾经在海南推行。但是在实际执行中贫户出不起役钱，最终只好废止。“琼、崖、儋、万，越在海外，道路不通，民既贫苦，仍出役钱，其少人处不免依旧轮差。以投雇为名，其间大半贫困，不曾输纳，甚者逃入黎峒，欲乞朝廷且令比不行役法处轮差。”① 朱初平认为免役法不切合海南地方实际，不但没有减轻老百姓的负担，反而成为更加痛苦的事情，不少人为了躲避免役钱而逃入黎峒，因此奏请朝廷废止，恢复先前的做法。《岭外代答》中也说：“自免役法行，天下无复有乡差为吏之州，独海南四郡不行焉。”② 正德《琼台志》也记载北宋时任广西提点刑狱的崔与之，谈及“熙宁免役之法独不及海外（海南）”。③ 这些都证明了免役法在海南没有最终得到推行。

王安石的保甲法很早就在广南西路得以实行。朱初平曾经上奏朝廷并得到批准：“黎峒宽敞，极有可为良田处，欲候将来事定选官，拣愿耕少壮之人，籍成保甲，与黎人杂处分耕。”④ 一方面有利于民族融合，另一方面又可以作为一种准军事力量存在。但是这一新法也遭到非议，认为“徒足以困百姓，而实无益于军实”。⑤ 在崖州（珠崖军）可能也不会有明显的效果。

王安石变法是中国封建统治集团内部的一次利益调整，甚至可以说是政治上的一次小阳春，成为中国封建社会发展史上非常重要的事件。但因为面临封建大地主及其上层人物的重重阻力，以及实施过程中的用人不当，持续时间不长而最终失败。海南由于地方偏远，户籍人口稀少，黎族散处广大山区，王安石变法虽然对崖州（珠崖军）有所影响，但是总体上影响并不大。

---

① 李焘编著：《续资治通鉴长编》卷三一零，“元丰三年”。

② 周去非：《岭外代答》卷四《南海役法》。

③ （明）正德《琼台志》卷二十九《秩官上》。

④ 李焘编著：《续资治通鉴长编》卷三一零，“元丰三年”。

⑤ 马端临：《文献通考》卷一五三《兵考五》。

三、元朝的赋役制与屯田制

（一）元朝的赋役制度

元朝统治势力进入海南，一方面把统辖范围内所有民众纳入赋税征缴对象，另一方面从安抚的角度出发，也曾适当减轻民众赋役负担，以利休养生息。但是，元朝的统治是蒙古贵族和汉人地主的联合统治，生产关系具有民族压迫和阶级压迫的双重性质，两宋以来松弛的人头税制被广泛推行，徭役加重。① 因此，实际上是“宋有赋而元益增”。②

元朝实行南北不同的赋税制度，南方保留了南宋的夏、秋两税制。“秋税止命输租，夏税则输以木绵布绢丝绵等物。”③ 以秋税输粮为主，夏税则分摊物或钱。据正德《琼台志》载，元代海南官民田、地、塘共 15519 顷，征秋粮 16511 石。其中吉阳军（宁远县）官民田、地、塘 131 顷 62 亩，征秋粮 460 石。④ 从这些相对模糊的数据来看，当时吉阳军包括田地塘在内的土地数量统计可能有误（人均偏少），否则田亩所负赋税明显高于全国水平。

除了两税之外，元朝在江南也征收“加耗”等杂税。“江南民田税石，依例每石带收鼠耗，分例七升”⑤ 即增加 7%；而且有不断加重的趋势，如在延祐七年（1320）下令“凡科粮一斗上添答二升”⑥，即增加 20%。这些在海南地方志中没有记载，但是作为制度应当在吉阳同样存在并实行过。

元朝还征收其他税种。如政府严格控制和垄断盐的生产与销售配给，实行“食盐法”和“行盐法”，都是预先按人头收取盐税，因此，“国之所资，其利最广者莫如盐”。⑦ 另一项是船税。早在宋朝

---

① 参考郑学檬主编：《中国赋役制度史》，厦门大学出版社 1994 年版，第 444 页。
② （明）正德《琼台志》卷十一《田赋》。
③ 《元史》卷九十三《食货志》。
④ （明）正德《琼台志》卷十一《田赋》。
⑤ 《元典章》卷二十一《户部》七。
⑥ 《元史》卷二十七《英宗纪一》。
⑦ 《元史》卷九十四《食货志二·盐法》。

时，海南就已经对过往船只收税，元朝进一步加强管理。“至元三十年乙丑，立海北海南博易提举司，税依市舶司例。”①

元代杂税统称为额外课，“谓之额外者，岁课皆有额，而此课不在其额中也，然国之经用，亦有赖焉”。②《崖州志》记载说，元朝时崖州需要向朝廷上土贡拔踉子和干良姜③，这也是加在百姓头上的负担。

元代农民所服徭役种类很多。有户役，如军户、站户；有职役，如里正、仓官、库子；有力役，如开河筑填的杂泛之劳；有和雇和买，向民户摊派劳力和物资等等。这些都是杂泛差役。嘉靖《广东通志》中讲到元统二年（1334）实施屯田时，“官给田土、牛、种、农器，免其差徭”，这里所说的“差徭”就是上面所说的“杂泛差役”。《元史》记载：“（海南）黎兵屯田万户府，统千户一十三所，每所千人，屯户五百，皆土人为之。”④ 这表明，元朝推行的“杂泛差役”扩及黎族地区，黎族人民也深受其害。

（二）元朝在吉阳军的屯田制

屯田制古已有之。元朝统治者在海南少数民族聚居的地区推行屯田，目的不在垦荒，主要是为了镇戍黎境。

海南实行屯田制，始于元世祖至元三十年（1293），即陈仲达率兵大规模征伐黎人暴动之后，“召募民户并发新附士卒，于海南、海北等处置立屯田”，并成立屯田万户府。但是时隔不久，成宗元贞元年（1295），“以其地多瘴疠，纵屯田军二千人还各翼，留二千人与召募民屯种”。大德三年（1299），“罢屯田万户府，屯军悉令还役，止令民户八千四百二十八户屯田”。⑤ 也就是说，元朝政府在海南实行军事屯田只持续了几年便停止了，剩下的只是民屯。这时海南共有

---

①（明）正德《琼台志》卷十一《田赋·商税》。

②《元史》卷九十四《食货志二·额外课》。

③（清）光绪《崖州志》卷七《经政志二·土贡》。

④《元史》卷三十八《顺帝纪一》。

⑤《元史》卷一百《兵志三·屯田》。

屯田民户 5011 户，屯田 292 顷 98 亩。

至顺三年（1332），“完泽平黎，复奏立屯田府，以土人吴斌为万户”。[①] 因为黎人造反频繁，军事屯田得以恢复。元统二年（1334），湖广行省上奏：“海南僻在极边，南接占城，西邻交趾，环海四千余里，中盘百洞，黎獠杂居，宜立万户府以镇之。”这一建议得到中书省的批准：“依广西屯田万户府例，置黎兵万户府。万户三员，正三品。千户所一十三处，正五品。每所领百户所八处，正七品。”[②] 至正二十七年（1367），“复立屯田府，以张贤为万户”。[③]

总体上讲，屯田制贯穿了元朝始终。虽然没有明确的史籍记载屯田制在吉阳实施，但是考虑到吉阳是黎族聚居的重要区域，实施屯田是必然的。屯田制的主要目的在于军事，但是对海南发展还是起到了非常重要的作用：其一，为军队提供必要的军饷，一定程度上减轻当地百姓的负担；其二，开垦了大量农田，并带来内地耕作技术，推动了吉阳农业的发展；其三，有些屯军就此落籍，一定程度上丰富了吉阳的移民构成。

四、海上丝绸之路与吉阳的商业贸易

（一）宋元时期海上丝绸之路的持续繁荣

汉朝张骞出使西域（中亚），开辟了中国与西亚之间的陆上交通路线。西去的主要物品是中国的丝绸，因此有“丝绸之路”之称。由于西方对中国丝绸、瓷器等需求量日益增加，陆上运输量少、时长、成本高，这就使得开辟海上航线成为必要。汉朝造船技术已经比较成熟，“豫章大船可载万人，船上起宫殿”。[④] 西汉王朝多次派遣使者，偕同译员以及商贾乘船经南海诸岛到东南亚、印度洋沿岸国家和地区展开商贸活动，从而打造了海上丝绸之路的雏形。东汉末年以来，中原战乱频仍，陆上丝绸之路受阻，岭南相对稳定，使得海上丝

---

① （清）道光《琼州府志》卷十三《经政志五・屯田》。

② 《元史》卷九十二《百官志八》。

③ （清）道光《琼州府志》卷十三《经政志五・屯田》。

④ 李昉：《太平御览》卷七六八《汉宫殿疏》。

绸之路在魏晋六朝时得到进一步发展。吴国孙权先后多次派使团访问东南亚诸国，双方互动往来频繁，文化交流和商贸活动同时进行。南朝的宋、齐、梁、陈，因为地域狭小，国力较弱，都积极发展对外贸易来推动经济发展和扩充国力。“商货所资，或出交部，泛海陵波，因风远至。”① “海舶每岁数至，外国贾人以通货易。”② 这一时期，中国出口的物品除了丝织品外，陶瓷、漆器、铜铁器等数量大大增加，而输入的物品，如象牙、犀角、珠玑、玳瑁、棉布、香料等也日渐增多。隋唐时期，从广州起航，经西沙、南沙群岛到波斯湾、红海的海上丝绸之路航线更为发达，时人称为“广州通海夷道”。以今天的地理称谓，这一通道的大致路线是：从广州出发进入南海，经过马六甲海峡进入印度洋，到达斯里兰卡，再沿印度西海岸北上，经阿曼湾到达波斯湾的奥波拉和巴士拉，然后沿底格里斯河到达巴格达，或者穿越波斯湾，经过巴林、阿曼、也门，最终抵达非洲东海岸。③ 唐朝是中国古代国力最为强盛的朝代，这一时期的航线大致可以说明海上丝绸之路的基本情况。

宋朝官僚机构臃肿，财政支出繁重，至南宋时由于统辖境域狭小，且战争连年，国家财力更为紧张，拓展海外贸易成为财政收入的重要来源。同时，指南针的普遍使用也进一步推动航海技术的发展，为海上丝绸之路的航行提供了更为可靠的技术保障。海上丝绸之路的持续繁荣，在经济上给宋朝带来了极大的“市舶之利”。元朝对海外贸易继续实行开放、鼓励的政策，进一步推动海上丝绸之路的发展。

（二）海上丝绸之路对吉阳商贸业的推动

宋元时期是海上丝绸之路发展的重要阶段，作为海上丝绸之路重要中转站的崖州（吉阳），也因此在商贸业上得到很大的促进。

北宋时期，广州港是全国第一大港。南宋政治中心南移，泉州港地位上升，但是广州依然是最重要的商港之一。宋元时期附属于广州

---

① 《宋书》卷九十七《蛮夷传》。

② 《梁书》卷三十三《王僧儒传》。

③ 对具体线路的详细描述，可以参见《新唐书》卷四十八《地理志》。

市舶司的港口主要有雷州半岛上的雷州、徐闻，以及海南岛上的琼州、吉阳军、万安军等。位处海南岛最南端的吉阳军港口，自然具有重要地理意义。

南海番船前来中国贸易，时常途经海南岛停泊休息。宋人诗歌中如此说及琼管："晓行不计几多里，彼岸往往夕阳春。琉球大食更天表，舶交海上俱朝宗。势须至此少休息，乘风径集番禺东。不然舶政不可为，两地虽远休戚同。"① 其中"势须至此少休息"，说的正是今三亚等海南岛东南沿岸港口。崖州（吉阳）作为岛南重镇，自然成为停泊的重要站点，会给崖州（吉阳）带来商机。为了征收"舶税"和管理海外贸易，宋朝在消灭南汉政权后，于开宝四年（971）沿唐制在广州设立市舶司，"掌蕃货海舶征榷贸易之事，以来远人，通远物"。② 海南沿海港口为其所属。南宋时，番商来海南岛的更多，为了防止逃税，孝宗乾道九年（1163）七月提举市舶司黄良心曾奏请朝廷在琼州设立分司，"以专一觉察市舶之弊，并催赶回舶抽解"。③ 但是没有获得批准。为了加强管理海外商人，琼州特地设立了番民所。这一机构在元朝时得以延续。元朝沿袭宋朝做法，在广州设立市舶司管理海外贸易，并于至元三十年（1293）在海南设立海北海南博易提举司。④

在宋代的海外贸易中，最具吸引力的商品仍然是瓷器、陶器和丝绸等手工业品，海南土特产所占比重很少。崖州（吉阳军）所能获利者，主要是中国大陆与南海诸国的转口贸易。近年来考古打捞的南海沉船中，发现大量宋元时期的瓷器、陶器，即是这一时期海外贸易

---

① 楼钥：《送万耕道帅琼管》，载《攻媿集》卷三（四部丛刊刻本）。

② 《宋史》卷一六七《职官志七》。

③ 徐松编著：《宋会要辑稿》，《职官》四四之二九、三十。

④ 《元史》卷十七，《世祖十四》。但是《元史》卷九十一《百官志七》中说："三十年，立海南博易提举司。至大四年罢之，禁下番船只。"海北海南博易提举司和海南博易提举司应当是一回事。《元史》卷十八《成宗一》又载：至元三十一年（1294）甲子，罢海北海南市舶提举司。由此可以推断，博易提举司是替代市舶提举司管理海外贸易的机构。

的重要证据。

除此之外，便是崖州（吉阳军）通过海路与内地的商贸往来。海南与广州、泉州等沿海港口航线的开发，使得吉阳和内地之间的贸易往来成为常态。海南的土特产如槟榔、椰子、苎麻等都是“航货于广”“货及海北”。[①]“从泉福湖广来的船只满载金银匹帛，有时达万余贯。”曾于嘉定十七年（1224）任福建路市舶提举并于次年兼权泉州市舶长达四年的赵汝适，以自己的所见所闻记录了泉州和琼州之间的海运往来：“泉舶以酒、米、面粉、纱绢、漆器、瓷器等为货，岁杪或正月发舟，五六月间回舶。若载鲜槟榔抢先，则四月至。”[②]当时海南（包括吉阳）输往大陆的土特产品主要有沉香、黎帜、青桂木、花梨木、海梅脂、琼枝菜、海漆、高良姜、鱼鳔、黄蜡、石蟹等。最大宗的商品要数槟榔和吉贝。“惟槟榔、吉贝独盛，泉商兴贩大率仰此”。[③] 每年输往福建、广东的槟榔不计其数。“非槟榔之利，不能为此一州也。”[④] “海商贩之，琼管以其征，岁计居十之五。”[⑤]海南收取过海商人贩运槟榔商税，每年占商税总额的一半，可见槟榔在当时是海南的重要经济作物之一，崖州（吉阳军）也不例外。

运来海南的商品，北宋时有自泉、福、两浙、湖广来者，载来的是金银、匹帛、药物；自高州、化州载来的，是米包、瓦器、牛畜之类。南宋时，泉州运来海南的商品有酒、米、面粉、绢、纱、漆器、瓷器等。北宋时海南稻米生产不足自给，从内地输入的大宗商品是米粮。

海南对贸易的征税，最初以商船船身的长度分等级征收，但货物贵贱不同，泉福两浙湖广来者，一色载金银匹帛，船虽小而得厚利，所值及万余贯；而自高化来者，唯载米包瓦器牛畜之类，船虽大而所

---

① （明）正德《琼台志》卷九《土产》。

② 赵汝适著、杨博文校释：《诸蕃志校释》，中华书局1996年版，第217页。

③ 见《诸蕃志·货物》。

④ 王象之：《舆地纪胜》卷一二四《广西南路·琼州·风俗形胜》。

⑤ 周去非：《岭外代答》卷八。

值无几，相对税收偏高。因为税收的不合理，久而高化客商不来，海南严重缺米，正如苏轼诗中所说“北船不到米如珠”。后来安抚使朱初平提出改进意见：“使客船须得就泊琼崖儋万四州水口，不用丈尺，止据货。”① 客船再不以尺寸丈量计税，而以货物的贵贱缴纳，显然更加公平合理，有利于推动商贸往来。

商税在财政收入中占有很大的比重，当时州（军）的开支主要依靠商税。据《宋会要辑稿·食货十七》记载，四州军的商税额是：神宗熙宁（1068）前，珠崖军（吉阳）为 200 贯；至熙宁十年（1077），珠崖军（吉阳）增至 1237 贯 145 文，比万安军还高。税收的快速增长，说明吉阳军商业贸易的繁荣。

在元代的商品贸易中，手工业品、土特产品仍然是主要的外销商品。其中吉阳的棉纺织品、藤竹产品及木材产品在大陆极为畅销，获利可观。据记载，当时任海北海南道宣慰使的云从龙，曾要求家人在一月之内“办藤席一万片”、一批竹杖和花梨木托运至广州，可见吉阳的商品在广东销路顺畅。

海上丝绸之路提升了崖州（吉阳军）在海上交通中的地位，同时也推动了吉阳的商贸业，呈现出迥异于前朝的“海洋经济”的萌芽。

第四节　黄道婆“南艺北传”

在中国卷帙浩繁的史籍、地方史志中，生活于宋末元初的黄道婆只是一介平民微不足道，但是她却以自己的纺织技艺彰显了崖州，放大了崖州，影响了江浙以至中国北方的纺织业，被人们尊称为“先棉”。

一、崖州的纺织业

中国很早就懂得使用丝、麻纤维制作衣料，在纺织技术上处于世界领先地位。跨海而来的黎族先民，很快便利用海南的植物所产制作

---

① 李焘编著：《续资治通鉴长编》卷三一零，“元丰三年”。

出了有地域特色和民族特色的广幅布，受到广泛的欢迎，进而成为汉代朝廷的贡品。

广幅布什么时候开始出现已不可考。史籍记载："武帝末，珠崖太守会稽孙幸调广幅布献之，蛮不堪役，遂攻郡杀幸。"① 从"蛮不堪役"可以看出，当时广幅布很受欢迎，统治者需求量很大，搜索无度，成为民众的沉重负担。这表明至少西汉时广幅布已经广为流行。据考古发现，早在新石器时代，黎族同胞就已经掌握了以植物纤维为原料的纺织技术，进而制作和使用最早的纺织工具——纺轮和原始纺织机——腰机。据专家考证，汉代黎族同胞所织广幅布的宽度为70厘米左右，这是非常难得的。② 考虑到当时农业发展水平和交通条件，广幅布的制作原料应当是就地取材，即本地的野生麻或者海岛棉（也称为树棉）。③

后代海南黎汉同胞在很长时间内以生产吉贝布闻名于世。"吉贝树类小桑，萼类芙蓉，絮长半寸许，宛如鹅毛，有子数十。南人取其茸絮，以铁筋碾去其子，即以手握茸就纺，不烦缉绩，以之为布。最坚厚者谓之兜罗锦，次曰番布，次曰木棉，又次曰吉布。或染以杂色，异纹炳然。幅有阔至五六尺者。"④ 苏轼被贬儋州时，就曾写诗说一位黎族老人在寒冬赠他吉贝布："遗我吉贝布，海风今岁寒。"宋代，织吉贝布已成为黎汉同胞的重要生产活动，而官府的需索也使之成为一种官役："琼人以吉贝织为衣食，工作皆妇人役之。（官役）有至期年者，弃稚遗老，民尤苦之。"⑤ 宋方勺《泊宅编》中记载："今所货木棉特紧者，当以花多为胜，横数之得一百二十花，此为上

① 《后汉书》卷八十六《南蛮西南夷列传》。

② 刘兴林：《先秦两汉织机的发展与布幅的变化——兼论海南岛汉代的广幅布》，载《中国历史文物》2009年第4期。

③ 谭珍良：《黎族工艺文化的嬗变——汉代黎锦贡品"广幅布"类型及特征的比较研究》，载《琼州学院学报》2010年第3期。

④ 赵汝适著、杨博文校释：《诸蕃志校释》，中华书局1996年版，第192页。

⑤ 《宋史》卷四零六《崔与之传》。

品。海南蛮人织为巾，上出细字杂花卉，尤工巧，即古所谓白叠布。”① 海南黎汉同胞所种木棉为“上品”，又能纺织出精美的“白叠布”，自然成为统治阶级上层社会的消费追求。或官役或实物贡赋，一方面加重了当地百姓的负担，但另一方面却又客观上推动了纺织技艺的不断进步。

环居在黎母山周围的黎人，“纯织木棉吉贝为布……与省民博易”。② 能够用所织的棉布上市贸易，说明纺织业已经较为发达。宋元时期的海南妇女，已经把棉麻织品作为上市贸易的商品。崖州疍人中的妇女也“织纺布被为业”，纺织业已经作为疍人的谋生手段之一。其时崖州城中有集市：“崖州城中市，每日晨发”，“在城东二里三汊河边”。而纺织品则是市集中的重要交易物品。由此可见，宋元时期纺织业在崖州具有一定的发展规模，崖州是海南南部纺织业和纺织品交易的中心。

二、黄道婆在吉阳

崖州有着悠久的纺织艺术传统，但是古时多以野生木棉、麻为基本原料。其后海岛棉的推广种植，为闻名于世的吉贝布和黎锦工艺打下了坚实的原材料基础。

根据文献资料显示，棉花传入中国大约在前 2 世纪或者更早一些。但是在宋朝之前的一千余年中，棉花的种植始终局限于边疆少数民族地区，未能广泛传播。棉花由南北两路传入中国，北路由印度经河西走廊传入黄河流域，南路则由东南亚经海南岛及云南等地传入广东、福建以至长江流域。至宋朝时，棉花已经在江南得以大面积种植。元朝曾于至元二十六年（1290）设立木棉提举司，以推广棉花种植和征收棉布实物。海南岛可谓是抓住了“天时”与“地利”，宋元间棉花种植业得到迅速发展。在此之前，中国的纺织业多以丝、麻为原材料。棉织品质地比丝绸温暖，比葛麻轻柔，染色制衣鲜艳泽

---

① （宋）方勺：《泊宅编》卷三，中华书局 1983 年版，第 16 页。

② 赵汝适著、杨博文校释：《诸蕃志校释》，中华书局 1996 年版，第 220 页。

亮，但是工序复杂，“厥功甚艰”，因而不可多得。在棉花大面积种植前，海南纺织多以木棉为原材料。木棉的纤维较短，纺织过程中费工费力，生产效率低。这恐怕是当时海南百姓感到“民尤苦之”的原因之一。

棉花的大面积种植为吉阳棉纺织业的发展提供了优质原材料，但是吉阳（崖州）棉纺织业被推向新的技术高度，却是因为黄道婆对棉纺织技艺的改革。

对于以帝王将相为主角的封建正史来说，出身卑微的黄道婆难以从中找到有关记载，人们只能通过当时文人的笔记以及文学创作了解一些若隐若现的信息。最早以文字记载黄道婆的是元朝的陶宗仪。他在《南村辍耕录》中写道：

> 闽广多种木棉，纺绩为布，名曰吉贝。松江府东去五十里许，曰乌泥泾。其地土田硗瘠，民食不给，因谋树艺，以资生业，遂觅种于彼。初无踏车、椎弓之制，率用手剖去子，线弦竹弧置案间，振掸成剂，厥功甚艰。国初时，有一妪名黄道婆者，自崖州来，及教以造捍、弹、纺、织之具。至于错纱配色，综线挈花，各有其法。以故织成被、褥、带、帨，其上折枝团凤、棋局字样，粲然若写。人既受教，竞相作为，转货他郡，家既就殷。未几，妪卒，莫不感恩洒泣，而共葬之。又为立祠，岁时享之。越三十年，祠毁，乡人赵愚轩重立。今祠复毁，无人为之创建。黄道婆之名，日渐泯灭无闻矣。①

文中称黄道婆“自崖州来”，是对三亚地区的习惯称呼，其时实为吉阳军。

这段文字并没有对黄道婆的身世予以详细揭示，只有简短的“自崖州来”四字。但是对黄道婆在纺织上的贡献却说得很明白，即在纺织工具和纺织技法上都具有革新性的创造。黄道婆向人们传授纺织技艺，改善了当地百姓的生计，人们对她感念不已。

---

① 陶宗仪：《南村辍耕录》卷二十四。

几乎与陶宗仪同时代的王逢曾见证黄道婆祠的重建，并用诗歌来称颂黄道婆：

黄道婆，松之乌泾人，少沦落崖州，元贞间始遇海舶以归。躬纺木棉花，织崖州被自给。教他姓妇，不少倦。未几，被更乌泾，名天下，仰食者千余家。及卒，乡长者赵如珪为立祠香火庵。后兵毁。至正壬寅，张君守中迁祠于其祖都水公神道南隙地，俾复祀享，且征逢诗传将来。辞曰：

前闻黄四娘，后称宋五嫂。道婆异流辈，不肯崖州老。崖州布被五色缫，组雾紃云粲花草。片帆鲸海得风归，千轴乌泾夺天造。天孙漫司巧，仅解制牛衣。邹母真乃贤，训儿喻断机。道婆遗爱在桑梓，道婆有志覆赤子。荒哉唐元万乘君，终醮长衾共昆弟。赵翁立祠兵火毁，张君慨然断绝祀。我歌落叶秋声里，薄功厚飨当愧死。①

陶宗仪和王逢生活的时代距离黄道婆并不久远，王逢还亲眼见过黄道婆祠的兴衰与重建。他们都没有详细记载黄道婆的身世。据当代学者考证，黄道婆应当生于南宋淳祐五年（1245），《上海风物志》和上海县《龙华志》则以四月初六日为黄道婆生日。《辞海》也以为黄道婆生年为“约 1245 年”。据此，则元元贞年间（1295～1297），黄道婆在乌泥泾传授纺织技艺。这时，她已 50 多岁了，几年后即于当地逝世。这样推算，黄道婆应当是 14 世纪初去世，享年 60 岁左右，在世时间为宋末元初。

现在学术界对黄道婆的籍贯、生平等颇有争议，但是黄道婆在崖州曾经生活很长时间（应当是 30 年左右），在纺织技术上作出巨大贡献并将其传播至上海地区，则是不争的事实。

崖州有着悠久的传统纺织技艺，黄道婆在崖州向当地黎汉百姓学习纺织技术，并结合自己的理解和实践操作加以改进，将崖州的纺织技艺提升到新的高度。根据陶宗仪的相关记载推测，黄道婆北上松江

① 王逢：《梧溪集》卷五《黄道婆祠并序》。

制作传播的纺织工具以及纺织技艺，都应当是在崖州时期已经定型并且熟练掌握，这才为日后到乌泥泾传授打下坚实的基础。

南宋以临安（今杭州）为都城，江浙闽沿海与海南沿海之间往来频繁。崖州的大疍港在宋元时期已经是一个成熟的海港码头。黄道婆的落脚地，可能就在水南村，也有论者考证就在水南高山村。当时的水南村以及吉阳军城内外居民，有来自全国各地的众多移民，有商贾也有官员、望族、兵士等，人员庞杂，所操语言各异，最合适外来人口居住。

在崖州的岁月里，黄道婆向当地人民学习纺织技术，掌握了一套完整的棉纺织技法，并且在生产实践中有所创新。她的勤劳和出色的技艺至今还在崖州当地民众中传颂。黄道婆在崖州的传闻，大致可以归结为以下几点：

其一，她吃苦耐劳，不畏艰险。按照王逢的说法，黄道婆“少沦落崖州”，应当是命途多舛。但是她并没有向命运低头，在滨海边境顽强生活几十年，而且掌握了当地民众的纺织技艺。

其二，她勇于创新，大胆改革。她没有满足于当地已有的技术水平，能够在生产实践中加以改进。

其三，她虚心学习，善于融入当地社会。黄道婆“沦落崖州”，如果没有一颗包容之心，很难在当地存活，更难于学习到当地百姓的娴熟技艺。

其四，无私奉献，造福桑梓。黄道婆北上乌泥泾，看到乡人依靠纺织来维持生计，但“厥功甚艰”，即毫无保留地将自己掌握的纺织技艺“教他姓妇，不少倦”。正是这种精神气度，才最终获得“衣被天下”的不朽功绩，才最终被人们尊奉为“先棉”。

三、黄道婆北上传艺

黄道婆北上松江乌泥泾之后，传播先进的纺织技艺，使得“乌泥泾被”天下闻名，造福了一方百姓，也造成了“衣被天下”的举世影响。

（一）“被更乌泾名天下”

黄道婆从崖州北上松江乌泥泾，无疑有条件使得崖州的纺织技术从偏处海岛一隅走向全国，从而发扬光大。

当然，从历史事实和人物动机去考察，黄道婆北上松江乌泥泾之后积极传播崖州棉纺织技艺，目的也许只在于减轻乡邻生计的艰辛，至于技术传播所产生的巨大效益以及对后代的影响，可能她想也没有想到。陶宗仪说当时的松江“土田硗瘠，民食不给，因谋树艺以资生业”，百姓勉强掌握了纺织技艺，但是由于生产手段落后，“初无踏车、椎弓之制，率用手剖去子，线弦竹弧置案间，振掸成剂，厥功甚艰”，产品质量也无独特之处，于生活并没有本质的提升。黄道婆到达松江之后，毫无保留地将自己掌握的纺织工具、纺织技艺传授给当地百姓，使得生产效率大大提高，最终才能够“转货他郡，家既就殷”。

根据陶宗仪的描述来考察，黄道婆关于纺织工具和纺织技艺的改进，大致可以归结为四点，即捍、弹、纺、织。

捍：轧棉去籽的方法。之前乌泥泾人用手剖子，当然既烦苦又低效率。黄道婆在吉阳时，将搅车去籽的技术加以改进，创造出二轴相轧的新搅车，大大提高了轧棉的生产效率。

弹：弹弓和弹椎，用来弹松棉花的工具。原来用线弦小竹弓振弹，工效很低，黄道婆改为大的绳弦木弓，又用弹椎，敲击弓弦开棉。这种工具后来远传日本，被称为“唐弓”。

纺：即纺车。吉阳原来使用的是单缍纺车，只能纺一条纱线，黄道婆在实践中创造发明了脚踏的三缍纺车。这是当时世界上最先进的纺纱工具，是一项重大的技术发明，比西方早四五百年。

织：即织布方法。黄道婆在吉阳使用腰织机的基础上改进成了大型高效的脚踏提综织机，操作之时“错纱配色，综线挈花，各有其法”，不仅能够织出被、褥、带帨等织物，还能织出折枝、团凤、棋局、字样等精美图案，光彩夺目。

黄道婆北上传艺，但是在以儒教为中心的封建社会，奇巧技艺的传播不可能登大雅之堂，黄道婆多半是一对一耳提面命式的私相授受而已，这恐怕才是王逢所说的“教他姓妇，不少倦”。按照王逢的说法，“崖州被”的织造多半是为了自身的需要，包括当年黄道婆在崖州时也是如此，因此“崖州被”虽然质量上乘，上市量却有限，以至被当作珍品。黄道婆北上后，因为松江（上海）独特的地理位置和发达的商贸，“乌泥泾被”很快便名闻天下了。

“乌泥泾被”名闻天下，是对黄道婆精湛纺织技艺的肯定，同时也是对黄道婆造福桑梓、“志覆赤子”情怀的认可。当然，囿于当时黄道婆时代的传授方式，很可能需要若干年之后，松江的棉纺织业和棉花种植业才能真正繁盛起来，黄道婆“衣被天下”的不朽功绩才真正被人们所认可。作为一介平民的黄道婆自然不可能进入正史，但是黄道婆的不朽功绩于民间有目共睹，因此在她逝世后得到人们的纪念，并且随着时代的推移，其影响越来越大，占有了中国古代纺织技术史的显赫地位。

（二）黄道婆对后世的影响

黄道婆传授的纺织技艺传播四方。为了永久纪念她，逝世后人们特地为其立祠，“岁时享之”。至元三年（1337），乡人赵如珪为黄道婆塑像，重建黄道婆祠。但是不久又毁于战火。再到至正壬寅年（1362），乌泥泾世儒望族张守中将黄道婆祠迁往其祖都水公墓神道南隙地重建，并让诗人王逢为之赋诗记事。王逢将自己亲眼所见亲耳所闻均写入诗中，从而为正史上缺少记载的黄道婆留下了相关的文字。

明朝成化年间，上海知县刘琬再次重建黄道婆祠。万历年间，张之象又捐地两亩重建黄道婆祠于听莺桥畔，并撰有《听莺桥重立黄道婆祠记》，对黄道婆的功绩做出高度评价：“吾松之民，仰机利以食，实此道婆发之。”并且由衷地感慨：“苟被其泽者，无忘追本之思，则祠祀可不废矣。”天启年间，上海龙华人张所望将黄道婆祠迁往宁国寺西偏殿，并为之作《移建黄道婆祠记》。至清代，黄道婆祠多次重建、改建。中华人民共和国成立后，当地政府重建黄道婆墓，并为之立碑："元代纺织家黄道婆之墓"。1991 年，上海市文管会在黄母祠的基础上翻修建设黄道婆纪念馆，其内开设"先棉馆"，建"仰黄亭"，成为国内外缅怀、瞻仰黄道婆功绩的纪念地。这些纪念性建筑和场所，表明了黄道婆在人们心中的地位，彰显了她在后世的影响。

历代民众对黄道婆的真诚感恩与热爱，也体现在对黄道婆的尊称上，直至将她神化。例如明朝后期的张所望在《移建黄道婆祠记》中就将黄道婆尊称为"黄母"，强调是她给人们带来"衣食之源"，号召人们要"以母道事之"。到清朝时，上海地区都对黄道婆组织集体祭拜。"邑之女红，岁时群往拜礼，呼之曰黄娘娘。"① 再到后来，黄道婆被尊称为"先棉"（即掌管棉花的神）。黄道婆被神化了，但也表达了民众朴素的感情。民间还流传很多和黄道婆有关的故事与歌谣。

黄道婆的贡献，由乌泥泾扩展到整个松江地区。到了明代，松江成为中国棉纺织业的中心，继后，棉织业又推广至全国。1980 年发行的"中国古代科学家"纪念邮票，黄道婆和张衡、祖冲之等古代最著名的科学家排列在一起。中国中小学语文、历史教科书和多种中国通史，都载入有关黄道婆的记述。黄道婆的历史贡献，于 2006 年被国务院列入首批"中国非物质文化遗产保护目录"。英国著名科学家李约瑟编著的《中国科学技术史》一书中对黄道婆在棉纺织史上的贡献高度评价。联合国教科文组织更将黄道婆称为"世界级的科学家"。

时间已经过去七百年了，作为纺织家的黄道婆还是那么熠熠生辉。有一首流传至今的民谣，最能够恰如其分地表达人民大众对黄道婆的真诚怀念：

黄婆婆，黄婆婆，
教我纱，教我布，
两只筒子两匹布……

---

① 褚华：《木棉谱》，上海通社 1935 年版，第 889 页。

第五节　宋元时期的崖州（吉阳军）移民

宋元时期是海南移民史上非常重要的时期，数量相当可观。据学者研究，在这一时期，中原内地向海南移民达 10 万人以上。其主要动因有以下几个方面：第一，躲避中原战乱，携家南下海南定居；第二，沿海渔民或商民因为海上遇险，漂流至海南定居；第三，宋元时期加强海南防卫，驻军增加，有些军人就地落籍；第四，部分任职海南的朝廷命官或佐杂官吏，因路途遥远战乱难行，在海南择地落籍定居，或者是朝廷贬官、配流人犯终老海南，亲属落籍不归；第五，占城动乱导致回民迁居崖州；第六，海上丝绸之路上的外国商人，往返中国东南沿海经商贸易，或为海南丰富的资源所吸引，或因为海上遇险而定居海南。上述诸多方面的移民中，不少落籍崖州（吉阳军），尤其是驻军和流贬官员的后代、海上遇险客商，以及相邻占城等国战乱迁来的穆斯林，移民崖州（吉阳军）者最多。

一、中原战乱频繁，民众不断南迁

宋朝结束了五代十国政权更替频仍、战争接连不断的局面，中原和江南出现了不可多得的和平景象。但是宋王朝积弱不振，在对外战争中连连败北，尤其在抗辽、抗金南侵的战争中耗尽国力。“靖康之难”使得黄河以北土地尽归金所有，康王南渡后更无力收复故土。宋金之战连年不断，大批中原人民因此南迁，其中不乏迁居岭南乃至海南者。“时中原士大夫避难者多在岭南，上数诏有司给其廪禄。”①战乱中民众流移之惨更不可形状。于 1206 年建国的蒙古国代金而起，四处征伐，北方和中原地区为其所驰骋，也使得百姓迁居岭南以至海南终宋一代不断。

宋朝以前，中国历代人口峰值长期在六七千万上下徘徊。宋朝时由于城市经济的繁荣，人口得以剧增，崇宁元年（1102）全国总户

① 李心传编著：《建炎以来系年要录》卷六十三。

口为2026万户[①]，如果以每户5口计，全国保有人口数当达1亿以上。[②] 其人户分布，因唐后期至五代北方战乱而南方相对和平，经济增长快于北方，造成南方在全国户数中所占比重上升，达65.8%，而北方则降至34.2%。[③] 南方人口密集导致人均占有耕地面积减少，出现无地或者少地的住户。当北方人口因战乱大批南迁的时候，南方人口因生存环境的挤压也大量向外迁徙，而且达到相当的规模。[④] 在南方，两浙、福建、江西等地人口密度大，而广南东、西两路（大体即后之广东、广西）人口密度则相对较低，这便导致南方福建、江西等地的人口向广南东、西两路（海南属西路）大量移入。日本学者小叶田淳在《海南岛史》中说："和北方民族战争的结果，宋室南渡，汉人大量向南方转移，譬如福建方面，户口飞跃的增加，文化也急速开发。此一影响同时远远地波及海南岛。"究其"波及"的原因，在于南宋时期海外贸易以泉州为中心，福建商人从海路频繁来往海南岛，"所以从福建商人开始，和一部分浙江、广东商人，都成为海南岛的土著居民。此不止于商人，同时农业移民的增加乃至于文化人的留住，也大有关系"。[⑤]"闽人得宋元航运之便，先入为主，移居岛北部和东部沿海，以后深入内地，成为这一带平原台地地区的主要居民，连地理上比他们更接近的两广大陆居民也望尘莫及。"[⑥] 北宋徽宗崇宁元年（1102），海南所属的广南西路，户口数为24.2万，至

① 《宋史》卷八十五《地理志一》。

② 参见吴松弟编著《中国人口史》第三卷（辽宋金元时期），复旦大学出版社2000年版，第162页。

③ 参见吴松弟编著：《中国移民史》第四卷（辽宋金元时期），福建人民出版社1997年版，第6页。

④ 参考吴松弟编著：《中国移民史》第四卷（辽宋金元时期），福建人民出版社1997年版，第8页。

⑤ 〔日〕小叶田淳：《海南岛史》，张迅齐译，台湾学海出版社1979年版，第44页。

⑥ 司徒尚纪：《海南岛历史上土地开发研究》，海南出版社1992年版，第111页。

南宋宁宗嘉定十六年（1223）就膨胀至 52.8 万。[①] 短短 100 余年，翻一倍有余。这中间自然有少数民族被编户入籍的情况，也有人口自然繁衍的可能，但溯其源头，主要是移民迁入的原因。

南宋末年，福建沿海不少居民不堪“元兵扰攘”，又一批闽南人迁入海南。元兵攻陷临安后，百姓流离失所，其中就有部分民众迁居海南。同时，也会有少量仕宦因为遗民心态而迁居当时仍臣服于流亡海上的南宋小朝廷的海南。

此外，据学者考证，南宋景炎二年（1277）末，宋端宗赵昰在元军的追击下，从福建、广东沿海败退到西沙群岛，曾经在西沙的洲岛上生活两个多月，才又返回今天湛江的硇洲岛。[②] 赵昰君臣的流亡王朝自景炎元年（1276）从福州入海，“时正军十七万，民兵三十万有奇”。在不断逃亡的路上，人马也不断损失，这中间会有部分人员漂移至海南以至吉阳安身。如果“败退到西沙群岛”一说成立，那么距离西沙群岛最近的吉阳，肯定会有溃散军士辗转至此而落籍。他们同样也是南宋末年吉阳移民的组成部分。

元朝时仍然不断有海内外移民因乱迁居吉阳。元朝在中原确立统治地位后，统治者好大喜功，不断发动对外战争，实行民族歧视政策，中原民众为躲避兵祸和民族歧视而迁居岭南，也有的来到元朝统治相对薄弱的海南。

元朝在海南实行屯田制，始于世祖至元三十年（1293），“召募民户并发新附士卒，于海南、海北等处置立屯田”，并成立“屯田万户府”。所谓“新附士卒”，其实就是南宋败兵。但是时隔不久，成宗元贞元年（1295），“以其地多瘴疠，纵屯田军二千人还各翼，留二千人与召募民之屯种”。[③] 元朝屯田制度时废时立，这中间应当有部分兵士因此落籍海南。

---

① 吴松弟编著：《中国移民史》第四卷（辽宋金元时期），福建人民出版社 1997 年版，第 686 页。

② 韩振华：《宋端宗与七洲洋》，载《南洋问题研究》1981 年第 3 期。

③ 《元史》卷一百《兵志三・屯田》。

宋元时期海南岛人口大幅度增长。北宋元丰年间（1078～1085），海南四州军共有10317户，其中珠崖军（后称吉阳军）只有251户。至元世祖至元二十七年（1290），海南总户数增加到92244户、166257人，其中吉阳军增加到1439户、5735人。① 就户数而言，近200年间全岛增长10倍有余，吉阳军则增长5倍有余。人户的剧增，除自然增长因素外，一方面是宋元两朝间有越来越多的黎人成为编户齐民，但移民迁入是主要原因。“赵宋以来，闽越江广之人，仕、商流寓于此者，子孙多能收家谱是征。至元戍守之士，又多中原人。及文宗潜邸时，公卿宰辅相从来琼者盖不少，而气化浸改。”② 在迁居的过程中，靖康之乱导致的难民入迁应当是主要因素。“靖康之乱阶段的北方人口南迁，其规模之大，迁入人口之多，影响之深远，无疑要超过以后的任何一个时期和任何一个阶段。”③

宋元时期移民迁居海南，许多成为海南诸姓始祖。如宋太宗年间被流放到崖州的卢多逊，全家亲属随行，落籍水南村，遂成为海南卢姓姓祖之一。裴瑑于宋宣和、绍兴年间，任雷州太守、知吉阳军，落籍崖城水南村，成为海南裴姓始祖，后裔繁衍于琼。但是客观地讲，宋元时期迁居入琼的诸姓始祖，落籍于琼北的琼山、文昌等县者为大多数，吉阳尚未作为他们安居的首选之地。

二、占城动乱与回民迁居吉阳

古占城国位于今越南中南部，与海南岛隔海相望。《宋史》记载，其地东西长700里，南北宽3000里，所统大小州38个，不盈3万家。其国无城郭，有百余村，村落户三五百，或至700，亦有县镇之名。④ 占城在秦朝时隶属于象郡，汉朝时属于交州的日南地区，并称为象林邑。占城于2世纪末建国，被当时的汉朝称为林邑国；唐朝

---

① 据《宋史·地理志》、《元史·地理志》记载。

② （明）正德《琼台志》卷七《风俗》。

③ 吴松弟编著：《中国移民史》第四卷（辽宋金元时期），福建人民出版社1997年，第273页。

④ 《宋史》卷四八九《占城列传》。

时将其称为环王国，也被称为占婆。至1697年（清康熙三十六年）占城国被越南灭亡，大约维系了1500年的历史，大多时候和中国保持着“宗藩关系”。中国宋朝时期，伊斯兰教传入占城，人们由信奉大乘佛教改奉伊斯兰教。

（一）占城与吉阳的往来关系

占城的历朝统治者都力图向北扩张领土，因此历史上与统治今天越南北部的中国封建政权发生过频繁的战争，但是也不时向中国朝贡，从事贸易往来。尤其是五代宋元时期，占城和中国的往来更为频繁。《宋史·占城列传》记载了占城国多次遣使赴中国朝贡的史实。

海南因为与占城地域上接近，互动往来比较密切。“崖之南，二日接占城外番”；“顺风舟行，一日可抵其国。”① 古崖州文化，曾注入了占城元素。元代贬谪崖州的名宦王仕熙，在题咏崖州八景之一“鲸海西风”诗中，曾用“占城日出鱼龙静，儋耳人来草树腥”的句子，抒写崖州与占城一海连波的毗邻关系。地理的接近和海上交通的便利，使得两地交往成为常态。同时，由于占城和吉阳都近海，海上遇险常常彼此就近避难救助。《宋史》记载了这则事件：

> （南宋乾道）七年（1171），闽人有浮海之吉阳军者，风泊其舟抵占城。其国方与真腊战，皆乘大象，胜负不能决。闽人教其王当习骑射以胜之。王大说（悦），具舟送之吉阳，市得马数十匹归，战大捷。明年复来，琼州拒之，愤怒，大掠而归。淳熙二年，严马禁，不得售外蕃。三年，占城归所掠生口八十三人，求通商，诏不许。②

事件中的闽人是因为台风的缘故与占城往来，实际上说明两国在文化上的交汇融通。中国人教会占城人骑射，使得他们在战争中获胜。《崖州志》更是将这个“闽人”具体记载为乾道③年间任吉阳军知军的林宝慈。《文献通考》、《宋会要辑稿》还记载林宝慈“令王三

① 《元史》卷二一零《占城列传》。

② 《宋史》卷四八九《占城列传》。

③ 乾道，（清）光绪《崖州志》错记为“乾祐”。

俊指引占城国人买马图利”。虽然史料之间存在龃龉之处，但是却也大抵说明了占城与吉阳之间的交往。宋朝末年，“三巴大王”在吉阳率众反抗封建统治时，也与占城有联系，在战争失利时曾一度逃往占城。

（二）占城动乱与回民迁居吉阳

因为地域上的接近，占城人入迁吉阳，早已有之。五代宋元之际，不少占城人往返中国东南沿海经商贸易，吉阳是途中的停泊站，其中会有人口定居吉阳。但是占城人群体性入迁吉阳，却是因为国内发生战乱的缘故。

《崖州志》记载：“番民，本占城回教人。宋元间因乱挈家泛舟而来，散居大疍港、酸梅铺海岸。后聚所三亚里番村。”① 7～10世纪是占城国的鼎盛时期。在这段时期里，占城主要通过出口铁器和芦荟获利。与此同时，占城人也会通过袭击来往商船或对外用兵掠取财物。后来占城成为海上丝绸之路的重要中转站。10～12世纪，占城和真腊（今泰国）不断发生战争，同时和北方的交趾（今越南北部）也经常发生领土之争。占城曾多次向中国求援，遣使多由海道入境。元世祖至元年间（1271～1294），广南西道宣慰使马成旺还曾经请求率军兵3000人、马300匹讨伐占城。可以说，在中国的宋元时期，占城一直处于动乱之中，这就直接导致了不少占城人为避乱泛舟前来一水之隔的吉阳定居。史书记载，北宋雍熙二年（985）秋，“占城人蒲逻遏率族百人内附，言为交州所逼故也”。② 元朝至元初，“驸马唆都右丞征占城时，纳其国人降，并其父母妻子发海口浦安置，立营籍为南番兵。其在崖（吉阳）、万者，亦皆元初因乱，挈家驾舟而来，散泊海岸，谓之‘番方’、‘番浦’”。③ 这些从占城漂泊至吉阳的居民，成为吉阳回民的重要组成部分。

---

① （清）光绪《崖州志》卷一《舆地志一·风俗》。

② 《宋史》卷四八九《占城列传》。翦伯赞认为他们实际上迁居海南的儋州，见《中国历史年表》，三联书店1958年版，第385页。

③ （清）道光《万州志》卷四《海防略·建置略·边海外国》。

（三）吉阳回民的来源构成

回族是聚居三亚的少数民族之一。三亚回族的构成，基本上在宋元时期得以定型。考察吉阳回民的来源，可以发现有两大基本构成：一是从海上迁入的外籍穆斯林，一是从大陆南迁的回族居民。

以波斯、阿拉伯人为主体，从海上迁入海南乃至吉阳的外籍穆斯林，其迁入的原因，大致有这样几个方面。

其一，海上遭遇抢劫，被迫落籍当地。唐宋时期海上丝绸之路发达，东南亚、波斯、阿拉伯等地商船往来频繁，商船被劫事件经常发生。如唐玄宗时期盘踞万安州的大海盗冯若芳、振州的陈振武，都是家累万金的海中豪者。随着宋元经济的发展，中外商贸更加发达，海盗也就更加猖獗。这使得不少外籍穆斯林遇险被劫而落籍海南岛东南沿海，即今天的万宁、陵水、三亚等地。

其二，自然灾害导致海外穆斯林落籍当地。古代受航海技术的限制，抵御海上风浪的能力差，每次遇到台风暴雨，常常漂流至海南岛东南沿岸。时至今日，三亚的羊栏回族聚居地，还流传着各自的先祖漂流而来的诸多传说：

> 我们的先祖原是阿拉伯阿拔斯哈里发时代的一个渔民部落，因国家内乱，生活十分困苦，而移居一个称为安南的地方。后因发生一次瘟疫，死了很多人，所以他们离开了那个地方，出海寻找良地，不幸遇到台风，飘散到海南岛。
>
> 据老一辈的人讲，我们的祖先最早居住在马来西亚，后来漂泊到了越南南部，从事渔业。一次遇到台风，有几只船被吹到海南岛崖州，其中一只船翻了，一只漂到今田独海面，一只漂到三亚海面，一只漂到崖城海面。在田独的那部分人被当地人赶走，后来去儋县定居；在三亚的看到当地环境很好，就住下来了；在崖城的那部分人不久也迁来三亚一起住下。
>
> 我们祖先原是“西域人”，唐朝时由于大食内乱移居占城。宋元间因海外捕鱼为台风所逼，船只被漂泊至海南岛滨海各地，主要好似崖州、万州、儋州。先在崖州的六盘、西岛、大蛋、回

辉里，后来全部迁移聚集在三亚街回辉里居住，距今约有七八百年的历史。①

其三，为了躲避战乱而迁居吉阳。上面分析的占城国居民“絜家驾舟而来”即属这一类。

元朝在海口设立番民所②，这表明“番民”已经具有相当的规模，需要专门的机构进行管理。时至今日，海南三亚至陵水沿海尚存多处穆斯林墓葬，也证明了当年“番民”之盛。

至于从大陆南迁定居吉阳的回族先民，主要为蒲姓家族和海姓家族。蒲姓家族是名门望族，宋、元时期在闽粤地区久负盛誉，对东南沿海地区的政治、经济、航运都产生过重要的影响。可能是因为商贸的缘故而落籍海南。海姓家族则迟至明初才落籍海南琼山，逐渐繁衍至全岛。

三、移民与崖州（吉阳军）经济文化的发展

宋元时期的大量移民来到崖州（吉阳军），对当地社会经济文化的发展起到了积极的的推动作用。

在农业方面，移民导致人口以及开垦田地的增加，推动了农业经济。南来移民带来内地的农耕技术和手工业制作技术，促进当地经济的进步。这一群体中不少是江南江北望族或者官宦人家，他们的消费需求要通过集市交易得到满足，从而在一定程度上推动了吉阳（崖州）商业的繁荣。他们对教育的热心与重视，也对提升吉阳（崖州）的文化教育水平起到了重要的作用。

宋元时期的移民以汉族为主，但是也有不少回民，逐渐使吉阳形成了汉、黎、回多民族融汇共存的局面。虽然因为种种原因民族间的矛盾冲突不可避免，但是总体上能够平和相处，一定程度上加速了民族融合的趋势。

大陆各地人口迁居吉阳（崖州），带来了各种语言。宋元间闽广

---

① 姜樾、董小俊主编：《海南伊斯兰文化》，中山大学出版社 1992 年版，第 29~30 页。

② （明）正德《琼台志》卷七《风俗》。

人迁徙落籍海南者多，他们分布于环岛沿海州县，逐渐形成了“客话”这一海南方言。客话即今所谓的海南话，因为外来落籍，被原住民称为“客人”，所操持语言也就被称之为“客话”。客话在语言上属于闽方言中的闽南语系，但是又融入部分中原的发音以及海南黎族发音，从而成为海南各地通用的方言，这正是海南各民族和区域文化融合的体现。海南话形成定型于海南移民高潮期的宋元时期。在今天的三亚东部和南部沿海，仍然流行海南话。除了海南话，当时的吉阳还有黎语、军话、迈话、回辉话等，形成多种方言并存的局面。

移民促成了吉阳（崖州）多种宗教信仰并存的局面。早先黎族盛行自然崇拜和祖先崇拜，这是一种原始的宗教信仰。道教作为中国的本土宗教，形成于东汉末年，在宋朝时传入海南。先后出任吉阳知军的周鄘、毛奎，都深受道家思想影响。传说道教南宗始祖白玉蟾也曾在崖州南山的“石室”进行修炼。佛教在唐朝时传入海南，鉴真在振州登岸弘扬佛法，对佛教在当地的传播有所推动。到了宋元时期，随着大量内地和东南沿海居民的入迁，佛教在崖州才有了进一步发展。海外穆斯林“番客”落籍崖州，共同构成了崖州回民的群体，所信奉的伊斯兰教在当时也比较盛行。时至今日，陵水和三亚沿海尚留有四座唐宋时期的伊斯兰墓葬群，这是当时回民之多、伊斯兰教之盛的重要证据。

第六节　宋元时期在崖州（吉阳军）的流贬官员

对获罪官员的处罚，宋朝一般不用极刑，但是被流放、贬谪者大大增加。宋朝在中国历史上属于疆域相对较小的朝代，其中东北地区先后为辽、金所占据，西北为西夏所统领，因此以“僻远”而言，岭南便成为最重要的流贬地。据不完全统计，整个宋朝300多年，被流贬岭南的官员至少有400人之多（实际上其中也包括被流放的无职“布衣”）。而地居岭南极边的海南，则是对负罪官员处罚更重的流贬地。终宋一代，因为各种各样原因，被流贬到海南的各级官宦，大约有80人，而这其中就有不少被流贬至最南端的崖州（吉阳军）。这些官员中不乏名宦重臣，如赵鼎、胡铨等人。他们不仅带来了中原文化，不少人调适心态安居下来，为当地的文化教育作出了自己的贡献。

元朝时期疆域辽阔，相比较而言，海南只是边远地区中的一处而已。同时由于宋朝以来全国经济重心不断南移，海南的经济文化较以前已有很大改观，再不是昔日的“穷荒绝岛”。因此，元朝时期被流贬到海南的官员数量已经大大减少。但是其中仍然不乏重量级的人物，如登基之前的元文宗，曾担任参知政事的王士熙等人。

一、宋朝在崖州（吉阳军）的流贬官员

终宋一朝，因为各种各样原因被流贬至崖州（吉阳军）的官员，有记载的共20多人。由于人生观以及所处地位不一样，他们在崖州（吉阳）的影响也各不相同。有的留下诸多传说，有的则对崖州（吉阳）乃至海南产生过实质性影响。

（一）宋朝崖州（吉阳军）流贬官员系年

1. 宋太宗太平兴国七年（982）四月，卢多逊被流放崖州。

卢多逊为宋太祖朝宰相，至宋太宗朝因勾结藩邸获罪，在身官爵及三代封赠、妻子官封均被削夺追毁，一家亲属全部配流崖州，雍熙二年（985）死于流放地，年52岁。

2. 宋太宗至道二年（996），韩拱辰“杖脊黥面”配流崖州。

宦官王继恩为剑南西川节度使，镇压王小波、李顺农民起义。中书省提议给予宣徽使职务。宋太宗说：“朕读前代史书，不欲令宦官预政事。”布衣韩拱辰到京城上书说：“继恩有平贼大功，当秉机务，今止得防御使，赏甚薄，无以慰中外之望。”宋太宗大发雷霆，将韩拱辰定罪为妄言惑众，“杖脊黥面配崖州”。①

3. 宋真宗咸平四年（1001）闰十二月，杨琼削官，长流崖州。

杨琼本是军人出身，任鄜州观察使，因西夏军围困清远城（今

---

① 《宋史》卷四六六《王继恩传》。

甘肃灵武县东南）时救援不力，畏葸不前，被削官、长流崖州。景德中被召回。①

4. 宋真宗咸平六年（1003）二月，盛梁流崖州。

“屯田员外郎盛梁坐受赇枉法，流崖州。”② 即因受贿枉法，配流崖州。

5. 宋真宗大中祥符元年（1008）九月，齐化基流崖州。

“知晋州齐化基坐贪暴削籍，流崖州。”③

6. 宋真宗大中祥符六年（1013）三月，魏刚决配崖州。

因科场弊案，“进士魏刚决配崖州”。④

7. 宋真宗大中祥符八年（1015）八月，崔白决杖，配崖州牢城。

平民崔白是京城开封一无赖，勾结官府，厚赂胥吏，制造冤案，凌胁群小，取财以致富。后被“皇城司兼知以闻，诏捕白付御史台”立案鞫理，最终“白决杖，配崖州牢城；白子端决杖，配江州本城”。⑤

8. 宋仁宗天圣元年（1023）七月，丁谓被贬谪为崖州司户参军。

丁谓于宋真宗朝末年官至同中书门下平章事、昭文馆大学士，监修国史，封晋国公。宋仁宗登基当年，“坐与宦官雷允恭交通，及与巫师出入事”，被贬为崖州司户参军。约于天圣八年（1030）才奉诏回内地安置。

9. 宋哲宗绍圣二年（1095）正月，陈衍徙配珠崖军。

陈衍是开封人，原“以内侍给事殿庭”，后曾出任文州刺史、真定路都监。因陷入元祐党争，新党重新执政后被贬外放，先监郴州酒税务，绍圣元年编管白州，次年正月二十六日配流珠崖军。元符元年（1098）又被上奏其大逆不道，“乃诏处死，令广西转运使程节莅其

---

① 《宋史》卷二八零《杨琼传》。

② 《宋史》卷七《真宗纪二》。

③ 《宋史》卷七《真宗纪二。

④ 李焘编著：《续资治通鉴长编》卷八十“大中祥符六年”。

⑤ 李焘编著：《续资治通鉴长编》卷八十五“大中祥符八年”。

刑”。[1] 这年三月，陈衍在珠崖军被处死。[2]

10. 宋哲宗绍圣四年（1097）二月，司马光被“追贬”为珠崖军司户参军。

元祐党争中的新党执掌朝政后，便向旧党发难，于绍圣四年将已死的宰相司马光“追贬”为清远军节度副使，不久再贬为珠崖军司户参军。徽宗立朝后，才为司马光平反，重新封他为太子太保。至靖康元年（1126），朝廷恢复了司马光的赠谥。[3]

11. 宋哲宗元符二年（1099）正月，“祝望杖脊，配珠崖军。”

元祐中陈州别驾汤馘曾上书，乞除扬王为左仆射；临江军草泽祝望上书，乞用扬王为师，荆王为保。结果都因为“妄议朝政”受处罚，“诏汤馘除名，送新州编管，永不放还；祝望杖脊，配珠崖军。[4]

12. 宋徽宗政和元年（1111），释惠洪削籍刺配珠崖军。

政和元年，因为党争，张商英罢相，谪任河南知府；释惠洪受张商英牵连，被削籍刺配珠崖军，三年后被赦免还籍。

13. 宋徽宗宣和三年（1121）二月，赵霆贬吉阳军。

方腊率领的农民起义军攻陷杭州，知州赵霆逃遁。次年，赵霆因坐弃杭州罪，贬吉阳军。[5]

14. 宋钦宗靖康元年（1126）七月，童贯窜吉阳军，于南雄途中被杀。

童贯在徽宗朝助蔡京为相，权倾内外，时称“六贼”之一。徽宗南逃、钦宗即位后，童贯先被流放到英州，后又转至吉阳军。但是童贯还在路上，朝廷又公布其十大罪状，命监察御史张澄跟随至广东南雄将其处死。

15. 宋高宗建炎元年（1127）六月，许亢谪吉阳军，至南康谋变

---

① 本段文字均引自《宋史》卷四六八《陈衍传》。

② 《宋史》卷十八《哲宗纪二》。

③ 《宋史》卷三三六《司马光传》。

④ 李焘编著：《续资治通鉴长编》卷五百五“元符二年”。

⑤ 《宋史》卷二十二《徽宗纪四》。

被杀。

京西提刑许高、河北提刑许亢，负责巡防黄河军务而私自逃遁，分别被贬谪琼州和吉阳军。行至南康时谋变，“守倅戮之”。[1]

16. 宋高宗建炎三年（1129）四月，时希孟除名，吉阳军编管。

时希孟为浙西安抚司主管机宜文字官吏，被人告发卷入“明受之变”，被除名，流放到吉阳军编管。所谓“明受之变”是南宋建炎三年苗傅和刘正彦发动的一次宫廷政变，他们逼迫宋高宗传位给三岁的太子，并改元“明受”。后来这次政变被韩世忠、张浚平息。

17. 宋高宗绍兴十一年（1141）七月，耿著“杖脊刺配”吉阳牢城。

耿著本是抗金名将韩世忠部下，曾任左武大夫等职，为秦桧所忌。韩世忠被罢军权后，耿著的昔日好友、后投靠秦桧任总领财赋官的胡纺告发他“鼓惑众听”，秦桧下令逮捕耿著，对他严刑逼供。经韩世忠上奏干预，才免死罪，“杖脊刺配”吉阳了事。[2]

18. 宋高宗绍兴十四年（1144）六月，张伯麟“杖脊刺配”吉阳军。

太学生张伯麟因不满宋高宗、秦桧等人投降以求苟安，曾在太学壁上题写“夫差，尔忘越王杀尔父乎”，被秦桧等人杖脊刺配吉阳军。[3] 在吉阳军贬所，张伯麟和同在崖州的胡铨多有诗词唱和。

19. 宋高宗绍兴十二年（1142）九月，赵鼎移吉阳军安置。

赵鼎于宋高宗朝前期曾两任尚书左仆射（宰相）。因主战不合高宗意，为秦桧所忌恨，绍兴十年（1140）贬为清远军节度使、潮州安置。十二年（1142）九月，又徙赵鼎吉阳军安置，住在水南村裴氏宅；十七年（1147）八月卒于贬所。

20. 宋高宗绍兴十八年（1148）十一月，胡铨谪移吉阳军。

胡铨为宋高宗朝枢密院编修，绍兴八年（1138）因反对和议

① 《宋史》卷三五八《李纲传》。

② 李心传编著：《建炎以来系年要录》卷一四一。

③ 李心传编著：《建炎以来系年要录》卷一五一。

“抗疏切直”，连遭贬窜，十八年（1148）诏送海南吉阳军编管，居裴氏宅赵鼎故寓。至绍兴二十五年（1155）秦桧死后，才内移衡州。

21. 宋高宗绍兴二十六年（1156）正月，曹泳移吉阳军编管。

曹泳是秦桧的得力爪牙，秦桧临死前还推荐其子秦熺续任宰相，受到宋高宗的惩处，被移置吉阳军编管。曹泳先寄宿在盛德堂，后来在水南村南二里的高山筑室安身，并写诗《怀高山之作》叙述这一经过：“筑室开窗伴桔香，要令清洁似江乡。偏宜南漏春朝雨，犹近裴公盛德堂。健犊踏基如铁石，老奴编屋耐风霜。迹安心定无余事，莫话归期路更长。”

22. 隆兴元年（1163），江孚自吉阳军逃归。

江孚是宿松人，“登绍兴乡试为官，榷坊酤（管理酒类专卖的官），以捕私酒格斗杀人，黥隶吉阳军。隆兴元年逃归。”①

23. 宋孝宗乾道元年（1165）正月，顿遇夺官，刺面配吉阳军牢城。

“淮西守将孔福以遇敌弃城伏诛，顿遇夺官，刺面配吉阳军牢城。”②

24. 宋宁宗开禧三年（1207）十一月，韩侂胄除名勒停，送吉阳军安置。

韩侂胄于宋宁宗朝曾掌握军政大权长达十三年，并于开禧二年（1206）发动对金国的北伐。但因准备不充分，加上投降派的阻挠，北伐失败，韩侂胄被指责“轻启兵端”而罢平章军国事。后来礼部侍郎史弥远等以密旨诛杀韩侂胄于玉津园。③ 但是宁宗尚不知道韩已被杀，第二天下诏将其“责为和州团练副使，郴州安置”，第三天又下诏“改送英德府安置”，第四天再诏“韩侂胄除名勒停，送吉阳军安置”。④ 嘉定元年（1208），宋金议和，南宋朝廷以韩侂胄的头颅和

① （明）正德《琼台志》卷三十五《罪放》。

② 《宋史》卷三十三《孝宗纪一》。

③ 《宋史》卷三十八《宁宗纪二》。

④ 徐日霖：《走进古崖州》，中国文联出版社2006年版，第91页。

岁贡三十万白银换取金军退兵，签订宋金和议史上最为屈辱的“嘉定和议”，被称为“函首议和”。当时即有太学生作诗讽刺：“自古和戎有大权，未闻函首可安边。生灵肝脑空涂地，祖父冤仇共戴天。晁错已诛终叛汉，于期未遣尚存燕。庙堂自谓万全策，却恐防边未必然。”作为坚定的抗金派，韩侂胄因此成为悲剧性的人物，并以奸臣的名义进入《宋史》。但是作为对手的金国却敬其忠贤威烈，厚葬其首级，谥曰“忠谬侯”，说他“忠于为国，谬于为身”。

25. 宋宁宗嘉定二年（1209）五月，罗苏僧吉阳军收管。

忠义军统制罗日愿因不满专擅朝政的史弥远降金，秘密结约宫廷内外下级官兵、临安府学生员等，企图发动政变，杀掉史弥远等投降派官员。因被告密，罗日愿被凌迟处死，妻子被杖脊发封州牢城编管，儿子罗苏僧被收管于吉阳军。

26. 宋恭帝德祐元年（1275）三月，翁应龙全家籍没，杖脊刺配吉阳军。

翁应龙是南宋理宗朝权臣贾似道的同党。宋恭宗德祐元年（1275），贾似道抽诸道精兵13万出师应战元军于丁家洲（今安徽铜陵东北江中）大败，乘单舟逃奔扬州，后被贬为高州团练副使，循州安置；翁应龙下临安府狱，三月己卯籍没全家，杖脊刺配吉阳军。①

（二）宋朝崖州（吉阳）流贬官员的基本分析

从上所列可知，宋朝官宦被流贬至崖州（吉阳），大致有以下主要原因：其一，在政治斗争中失利。如太宗朝的卢多逊和赵普之争，真宗朝的寇准和丁谓之争，仁宗朝的新政和反新政之争，神宗朝的革新派和保守派之争，南宋时期的主和派和主战派之争等，其失势者往往被流放远谪。其二，官吏贪赃枉法或者施政暴虐引起民怨，如真宗咸平年间的盛梁、齐化基等都是因为贪污贿赂被流放崖州。其三，军人战败或者失职。宋朝在对外战争中常常失利，军队战斗力低下，社

① 《宋史》卷四十七。

会阳刚之气不足，军官贪生怕死受惩罚。

从身份上进行分析，宋朝崖州（吉阳）贬官大致可以归结为几大类型：其一为宰辅一级的人物，计有宰相卢多逊、丁谓、司马光、赵鼎、韩侂胄等五人。其二为军官，如杨琼、耿著、顿遇等。其三为内侍，如陈衍、童贯等人。其四为其他朝臣。其五为其他身份，如布衣韩拱辰、祝望，僧人惠洪等。

从总体上讲，位高权重者被流贬崖州（吉阳）后，对当地产生的影响也更为明显。从现有史料看，在崖州（吉阳）乃至海南留下史迹和传说的人物主要有卢多逊、丁谓、赵鼎、胡铨等，都是朝廷重臣。他们被远谪崖州，在朝廷以至全国引起很大震动，也使贬地崖州一再为外界所瞩目，有“崖州地望重”的无奈说法。这些贬臣饱读诗书，深受儒家思想熏陶，来到贬所后，在政治约束允许的条件下，一般都会在文化教育上有所作为，在促进崖州（吉阳）乃至海南的社会经济文化发展上作出贡献。正如后人所反讽的：“唐宋君王非寡恩，海南人民有奇缘。”他们所留下的诗文，或者抒发自己的流贬心态，或者描摹海南的风物人情，构成了海南文化遗产珍贵的一部分。

（三）赵鼎与胡铨

赵鼎和胡铨是南宋贬谪崖州（吉阳）影响最大的两位重要朝臣。他们和李纲、李光并称为南宋“中兴四大名臣”，却都因为遭受秦桧的迫害而远谪海南。李纲为宋室南渡前后的重臣，因积极备战最早被贬，责授单州团练副使、万安军安置；李光自滕州移琼州安置，因刚劲不屈再移昌化军安置。他们四人和唐代被贬为崖州（在今琼山）司户的李德裕并称“五公”。海口五公祠（海南第一楼）因祀奉他们五位而名闻海内。

赵鼎（1085~1147），字元镇，自号得全居士，解州闻喜（今山西闻喜）人。宋徽宗崇宁五年（1106）进士，累官至河南洛阳令。高宗即位后，任户部员外郎。因知枢密院事张浚的推荐，又任司勋郎官，建炎三年（1129）升至御史中丞，四年（1130）签书枢密院事。绍兴四年（1134），“以赵鼎为尚书右仆射、同中书门下平章事兼知枢密院事”。[1] 继又升左仆射，首为宰相。后因罢免大将刘光世一事，与时任右仆射兼知枢密院事的张浚意见不合，以观文殿大学士身份外放为绍兴知府。绍兴七年（1137），张浚因淮西兵变而引咎辞职，赵鼎因此又再度出任宰相。赵鼎有政治才干，处理军国大事得心应手，曾一度让岌岌可危的南宋王朝出现中兴气象。同时，他擅长慧眼识人，著名的抗金将领岳飞就是在他的大力举荐下走上历史舞台的。但是，赵鼎中兴宋室的雄心大志却因为秦桧的南归而夭折，自身命运也发生陡转。绍兴八年（1138），金人遣使议和，朝廷很多大臣认为金人多欺诈不可信，让倾向于议和的宋高宗无所适从。宋高宗让赵鼎主持宋金和议，赵鼎以一颗拳拳爱国之心，在岁币、划界以及礼节等诸多问题上与金方发生了激烈的争执，使得急于求和的宋高宗产生了强烈的不满，再加上秦桧的排挤，赵鼎最终在这一年罢相，“以忠武节度使出知绍兴府，寻加检校少傅，改奉国军节度使”。

客观地说，赵鼎和秦桧之争并不完全是主战和主和之争。赵鼎在职积极备战，指挥若定，但鉴于国力的衰弱他也不反对和议。同秦桧不同的是，赵鼎是有民族气节的人，他所坚守的和议，一方面是为了恢复国力，另一方面又努力追求相对公平和尊严，因此自然会在岁币、边界以及礼节等方面不肯对金人一味相让，这才成为一心求和的宋高宗和秦桧的绊脚石。秦桧先找机会将赵鼎贬为泉州知州，不久又谪居兴化军（今福建莆田），再移漳州，然后又责授清远军节度副使、潮州安置。绍兴十四年（1144），中丞詹大方诬陷赵鼎曾经受贿，因此再移海南吉阳军安置。

赵鼎被贬潮州五年以后再贬海南吉阳军安置，在给朝廷的谢表中仍说：“白首何归，怅余生之无几；丹心未泯，誓九死以不移。”他的雄心壮志并没有因为个人的际遇而动摇。秦桧看到这则文字之后也感慨“此老倔强犹昔”。[2] 在吉阳军三年，心力交瘁的赵鼎寄居在水

① 《宋史》卷二十七《高宗纪四》。

② 《宋史》卷三六零《赵鼎传》。

南村裴氏家宅，基本上过着一种与世隔绝的生活。其门人故吏因为惧怕秦桧，都不敢同他来往，只有广西将军张宗元不时给他馈送酒食。这让秦桧非常恼火，他一方面将张宗元调离，另一方面责令吉阳军每个月将赵鼎的生存状况上报。绍兴十七年（1147），又“诏赵鼎遇赦永不检举”。[①] 赵鼎知道秦桧不会放过自己，这样下去只会连累自己的子孙，于是派人告诉儿子赵汾说：“桧必欲杀我。我死，汝曹无患；不尔，祸及一家矣。”赵鼎只能以死抗争、以死明志。他给自己书写了墓志铭：“身骑箕尾归天上，气作山河壮本朝。”不久便因病绝食而死，死前留遗言“属其子乞归葬”。赵鼎的慷慨死难，史称“天下闻而悲之”。

《宋史·赵鼎传》论曰：“及赵鼎为相，则南北之势成矣，非有灼然可乘之衅，则养吾力以俟时，否则徒取危困之辱。故鼎之为国，专以固本为先，根本固而后敌可图、仇可复，此鼎之心也。惜乎一见忌于秦桧，斥逐远徙，卒赍其志而亡，君子所由痛心也。”这是历史的公论！

赵鼎死后，其子嗣将他葬于昌化县（今海南昌江）旧县村，第二年（1148）才“得旨归葬”，昌化的赵鼎墓便成为衣冠冢，至今犹在。绍兴二十六年（1156）追复赵鼎旧职。宋孝宗即位后，追赠赵鼎太傅，谥号忠简，并追封丰国公，配享高宗庙庭。

胡铨（1102～1180），字邦衡，号澹庵，庐陵（今江西吉安）人。绍兴五年（1135）担任枢密院编修官。绍兴八年（1138），宰相秦桧决策主和，且一味退让投降，这让胡铨义愤填膺，向朝廷上奏抨击：“臣备员枢属，义不与桧等共戴天，区区之心，愿断三人头，竿之藁街，然后羁留虏使，责以无礼，徐兴问罪之师，则三军之士不战而气自倍。不然，臣有赴东海而死尔，宁能处小朝廷求活邪！”胡铨要求斩杀王伦、秦桧、孙近三人之头，并示众以警世，同时对宋高宗也颇有微词。胡铨这篇被称为“斩桧书”的《戊午上高宗封事》，因

① 《宋史》卷三十《高宗纪七》。

义正词严使得朝野为之震动。秦桧认为胡铨“狂妄凶悖，鼓众劫持”①，将他派往广州监管盐仓。绍兴九年（1139）改任威武军判官，十二年（1142）被除名编管新州（今广东新兴）。在新州，胡铨仍不屈服，他关心时政，坚信自己的抗金救国立场。秦桧的私党、新州守臣张棣诬告胡铨在新州与友人的诗词唱和中“谤讪怨望”。宋高宗又一次听信谗言，将胡铨移谪至更为偏远的吉阳军，时当绍兴十八年（1148）十一月。秦桧死后的绍兴二十五年（1155）十二月，胡铨才得以量移衡州（今湖南衡阳），三十一年（1161）正月得以自便。淳熙七年（1180），胡铨以资政殿学士致仕，不久去世，谥“忠简”。

胡铨由新州启程前往新贬谪地吉阳军的路途上，一家人“徒步以涉瘴疠，路人莫不怜之”。历经艰难险阻到达吉阳军后，胡铨居住在赵鼎曾经寄居过的水南村裴闻义家，在那里待了八年。在“量移衡州”临走前，为感谢裴氏家族的恩德，特地为这所住宅命名为“盛德堂”。在水南村，胡铨传播儒家文化，宣传息兵安民，调和民族矛盾，尊贤爱士。他和当地名流士人友好往来，曾与人在崖城西南二里的水池上筑亭，以杜甫的诗句“净洗甲兵长不用”命名为“洗兵亭”。他还在洗兵亭东边开辟竹峒，命名为“逸贤峒”。在吉阳贬所，胡铨心态平静，“日以训传经书为事”，“黎酋闻之，遣子入学”。② 胡铨竭尽所能帮助民众改进耕作技术，倡导兴修水利以抗天灾。他以坚强的意志、乐观的精神从容自如地生活在边鄙之地，使贬谪吉阳时期成为他诗文创作的高峰期，“日率作诗十数首”。③ 他的创作一方面表现铮铮铁骨，抒发爱国情怀，以及因此产生的落寞心境，另一方面也描写海南的风土人情以及自然风貌，表达自己对当地景物的热爱。

记载于《容斋随笔》的一则胡铨谪居吉阳时的故事，为历代海

---

① 《宋史》卷三七四《胡铨传》。
② （清）光绪《崖州志》卷十七《宦绩志二》。
③ （清）光绪《崖州志》卷十七《宦绩志二》。

南地方志所引述，传为佳话。说的是吉阳军知军张生不尊重胡铨，对胡铨“指使”“遇之亡状”。胡铨每旬要到张生那里报到，张生就像对待囚犯一样凌辱胡铨。但是，胡铨贤名远播，当地黎人首领也遣子就学。黎人首领居住在离城 30 多里的地方，曾邀请胡铨入山家访。胡铨到了黎人首领家中，见到张生荷枷被捆绑在西庑下。黎人首领指着张生对胡铨说：“此人贪虐已甚，吾将杀之，先生以为何如？”胡铨说服他不可擅自杀人：

其死有余罪，果若此，足以洗一邦怨心。然既蒙垂问，窃有献焉：贤郎所以相从者，为何事哉？当先知君臣上下之名分。此人固亡状，要之为一州主，所谓邦君也。欲诉其过，合以告海南安抚司，次至广西经略司；俟其不行，然后讼于枢密院。今不应擅杀人也。

听了胡铨的一席话，黎人首领省悟过来，释放了张生，只是“令自书一纸引咎”。次日，胡铨回城。张生诣门悔谢，殊感再生之恩，自此待胡铨为上客。这则故事所体现的封建法制观念和胡铨的豁达胸襟，殊为可贵。

在海南的日子里，胡铨同在他之前早就贬谪到琼州的前辈李光曾有交往。他在澄迈登岛之后，先到琼州拜访李光，那时李光就住在今天的海口五公祠园区北宋苏轼所掘双井附近。胡铨留有《别琼州和李参政韵》诗：“肯悔从前一念差，崖州前定复何嗟。万山行尽逢黎母，双井浑疑似若耶。行止非人十载梦，废兴有命一浮家。此行所得诚多矣，更愿从公泛此槎。”表示自己将追随老前辈，坚持自己的抗金主张。又如《寄参政李光》：“海风飘荡水云飞，黎婺山高日上迟。千里孤身一壶酒，此情唯有故人知。”更是把李光当作知己倾诉衷肠了。赵鼎在他到来之前已经离世，胡铨被放回内地之后仍动情地写下《哭赵忠简》诗来缅怀他，表示自己对前辈的钦佩：“以身去国故求死，抗议犯颜公独难。阁下大书三姓在，海南惟见两翁还。一丘孤穴留穷岛，千古高名屹泰山。天地只因悭一老，中原何日复三关？”

（四）卢多逊、丁谓、释惠洪

宋代崖州（吉阳）的贬官中，有较大影响的还有卢多逊、丁谓、释惠洪等人。

卢多逊（934~985），怀州河内（今河南泌阳）人，宋太祖开宝六年（973）由翰林学士迁中书舍人、参知政事，加吏部侍郎；至太宗太平兴国初年，官拜中书侍郎、平章事，加兵部尚书。卢多逊是宋太祖朝的宰辅权臣，但一直和当朝宰相赵普不和，明争暗斗。后来，宋太宗因为卢多逊私交皇弟秦王赵廷美，于太平兴国七年（982）四月下诏将他流放到崖州："其卢多逊在身官爵及三代封赠、妻子官封，并用削夺追毁；一家亲属并配流崖州，所在驰驿发遣。纵经大赦，不在量移之限。"卢多逊到崖州后，居住在水南村，和当地民众友善往来，也创作了一些赞美海南风物的诗歌，对海南文化产生了一定影响。雍熙二年（985）卢多逊病死在贬所，大中祥符三年（1010）归葬于襄阳。卢多逊被奉为卢姓过琼始祖。水南村现有卢多逊纪念馆。

丁谓（966~1037），字谓之，又字公言，苏州长洲（今江苏苏州）人。天禧三年（1019），以吏部尚书参知政事。时值宋真宗晚年，寇准为宰相。丁谓"媒孽其过"，借助昏庸的宋真宗将寇准赶出朝廷，贬为雷州司户参军，而自己则升至同中书门下平章事、尚书左仆射、昭文馆大学士，代寇准为宰相，并于乾兴元年（1022）封为晋国公。仁宗年幼登基，太后垂帘听政，丁谓结交宦官，"权倾中外，众莫敢抗"。[①] 后来终因与宦官雷允恭"交通"，及结交女道士刘德妙进"妖诞"之语事露，于天圣元年（1023）七月被贬为崖州司户参军。丁谓被贬逐崖州，京城有人传唱："欲得天下宁，当拔眼中钉。欲得天下好，莫如召寇老。"[②] 丁谓之奸恶可见一斑。《宋史纪事本末》甚至专辟一卷作"丁谓之奸"。丁谓在崖州贬所，尚能保持平

---

① 陈邦瞻编著：《宋史纪事本末》卷二十三。

② （清）光绪《崖州志》卷十七《宦绩志二·谪宦》。

和心态。史书说他“专事浮屠因果之说，其所著诗并文亦数万言”。①“公自迁谪，日赋一诗，号《知命集》”。② 其中有名句“草解忘忧忧底事，花能含笑笑何人”，既见机锋又见情志，倍为后人所赞赏。丁谓在崖州另有《青矜集》，还曾作《天香传》，被收录于《四库全书》的《陈氏香谱》中，流传至今。在崖州三年后，丁谓被内迁至雷州、道州、光州。

释惠洪（1071～1128），字觉范，后易名德洪，俗姓彭，筠州新昌（今江西宜丰县）人。出身于“一门六进士”的名门大家，十四岁时因父母暴病身亡而剃发受戒。政和元年（1111）因为党争，张商英罢相谪任河南知府，惠洪受张商英牵连被削籍刺配珠崖军，三年后才被赦免还籍。惠洪命途多舛，一生著述颇丰，有“晋唐以来诗僧之冠”③ 称誉，在海南也时有新作。如他有一首《青玉案》：“凝祥宴罢闻歌吹。画毂走，香尘起。冠压花枝驰万骑。马行灯闹，凤楼帘卷，陆海鳌山对。当年曾看天颜醉，御杯举，欢声沸。时节虽同悲乐异。海风吹梦，岭猿啼月，一枕思归泪。”这首词作于政和三年（1113），惠洪身为游子迁客，于穷乡僻壤宴罢人散时生出去国怀乡之情，表达了流贬者比较普遍的心理情绪。另有不少作品抒写海南风物，有明显的地域色彩和一定史料价值。

二、元朝在吉阳的流贬官员

元朝统一全国后，把境内各族人民分为四等十级。根据流刑的基本原则，“南人迁于辽阳迤北之地，北人迁于南方湖广之乡”④，被流贬海南的官员基本上都是蒙古族人。整个元朝期间，现存记载被流贬海南者有 13 人，其中只有两人是汉人。因为人数较少，对海南没有产生大的影响，有的贬官甚至连具体的贬所也无从查考。有姓名可考被贬至吉阳的仅有王仕熙和帖木儿不花两人。

① 《宋史》卷二八三《丁谓传》。
② 《中吴纪闻》卷一《丁晋公》。
③ 《大元一统志》卷九。
④ 《元史》卷一零二《刑法志一》。

王仕熙，字继学，北海东平（今山东东平）人，是元朝被贬海南权臣中较有影响的一个。至治三年（1323）八月，御史大夫铁失、知枢密院事也先帖木儿等人杀死元英宗，扶立世孙铁木儿，是为泰定帝。致和元年（1328）七月，泰定帝病死。武宗次子图帖睦尔在京师称帝后，清理朝中泰定帝时期的大臣，时为参知政事的王仕熙因此于当年九月辛未被流放到吉阳军。他在天历二年（1329）初到达吉阳，年底十月戊申即被“放还乡里”①，次年六月重新被起用。②

王仕熙到达吉阳，先被地方官员安排在城中官舍居住，但是“恶其完美”，于是借居于城西陋地茅屋，并取名为“水北新居”，同时还在附近筑江亭作为游息地。王仕熙在吉阳军时期，能够保持平和的心态，“惟劬书酷咏为娱，恬然不见其去国之意”。③ 他曾写有崖州八景诗，弘扬崖州自然风光，功不可没。《崖州志》也记载，王仕熙在吉阳时，除非是因为公事或者宴请，不轻易出门。他对待地方官员和老百姓都很有礼貌，虽然屡屡被知县陈元道所侮辱，但是仍然以礼节相待，不与计较。王仕熙赢得了当地百姓的尊重，人们收藏他的文字，可惜都已经无从寻觅了。

帖木儿不花，也是因为元朝宫廷废立纷争而被流放至吉阳军。帖木儿不花是元世祖忽必烈第四世孙、世袭云南王，其父乃梁王王禅。在“两都之战”中，王禅拥立上都皇帝，奉命率军攻打大都，于天历二年（1329）十一月被擒获处死。次年二月，因受父亲牵连，帖木儿不花从上都被流放至吉阳军。④

三、水南村与盛德堂

水南村在崖州城“南二里许”⑤，因在宁远河南岸而得名。经过漫长岁月的冲积，宁远河两岸形成了方圆百里的平原地带，成为崖州

① 《元史》卷三十三《文宗纪二》。

② 《元史》卷三十六《文宗纪五》。

③ （清）光绪《崖州志》卷二十一《艺文志三》。

④ 《元史》卷三十四《文宗三》。

⑤ （清）光绪《崖州志》卷五《建置志》。

（吉阳）最为沃饶的传统农业区域，承载万千百姓在此安居乐业。宁远河是古崖州的母亲河。从隋唐五代一直延续到明正统五年（1440）裁省的宁远县，因河而名。

水南村出现在什么时候无从查考。水南村之所以知名，在于它的历史包容性。据记载，唐宋以来至少有 14 名被贬逐或流放到崖州（吉阳军）的官员寄居在水南村。

水南村第一次真正意义上引起世人关注，乃是因为卢多逊。卢多逊住在水南村，徜徉于雄山秀水之中，欣赏美丽的田园风光，创作了脍炙人口的七律诗《水南村》（二首）。其一："珠崖风景水南村，山下人家林下门。鹦鹉巢时椰结子，鹧鸪啼处竹生孙。鱼盐家给无墟市，禾黍年登有酒樽。远客杖藜来往熟，却疑身世在桃源。"其二："一簇晴岚接海霞，水南风景最堪夸。上篱薯蓣春添蔓，绕屋槟榔夏放花。狞犬入山多豕鹿，小舟横港足鱼虾。谁知绝岛穷荒地，犹有幽人学士家。"诗题下注"为黎伯淳题赠"，黎伯淳是卢多逊在水南村居住三年交谊甚厚的当地士人。前面一首描写水南村优美的自然风光以及村民自给自足的田园生活，让人有置身桃源的感觉。诗人从朝廷高官下贬为地方小吏，世事的变幻使得他艳羡村民自得其乐的生活。第二首描写黎伯淳家幽雅的环境以及主人怡然自得的乡居生活，同样充满着浓烈的向往之情。

作为贬臣，唐朝的韩瑗、刘纳言，宋朝的丁谓、赵鼎、胡铨，元朝的王仕熙，都先后寄居在水南村。他们在水南村得到当地百姓的善待，不少人调整了心态，安定地生活下去。东渡日本弘扬佛教的唐朝高僧鉴真，因为遭遇大风漂落到振州，曾在水南村附近居住一年多。宋末元初的黄道婆，也是在水南附近向黎汉同胞学习纺织技艺。水南村不仅是一个古村落，更是崖州（吉阳）人豁达包容的体现。也正因有如此深厚的文化孕育，水南村及其周围才在宋元以至明清时代人才辈出，如被称为岭海巨儒的锺芳就诞生在这一带。

北宋时期的水南村，裴姓家族是一方望族。如同海南许多世居族姓一样，裴姓也是从大陆移居而来。北宋末年，河东闻喜（今山西闻喜）人裴瑑由雷州太守改知吉阳军，从而安家于水南村。裴瑑乃唐朝晋国公、名相裴度的十四世孙。绍兴年间，裴瑑之子裴闻义荫补为昌化军知军。南宋遭受秦桧迫害被贬吉阳的赵鼎、胡铨，都先后寓居在裴闻义家。当时朝廷内外害怕遭到秦桧一党的迫害，不敢与赵鼎、胡铨往来，裴闻义以不畏权势的侠肝义胆接待他们，赢得世人的尊重。绍兴二十五年（1155）秦桧死后，胡铨得以“量移衡州”，为感谢裴氏家族的恩惠，特地为裴氏家宅命名为“盛德堂”，并亲书匾额，撰写门联：“史记威名震四夷源流有自，堂颜盛德垂千古继述无疆”。胡铨还作《盛德堂铭》，刻石立碑以赞之：“猗欤休耶，儋守裴公。震风凌雨，大厦帡幪。迁客所庐，丞相赵公。后来云谁？庐陵胡铨。三宿衔恩，矧此八年。绍兴丙子夏五月镌。”胡铨取《左传》“盛德必百世祀”之意，通过亲题匾、铭、联等，盛赞裴度功业，彰显了裴度后裔在海外吉阳军的相门懿德。从此以后，“盛德堂”便成为裴氏宅院的代名词，得到世世代代的景仰。赵鼎、胡铨在裴氏宅度过自己的南贬岁月，而盛德堂也因接待名臣而“蓬荜增辉”。可以说，盛德堂已经成为尊崇先贤、弘扬盛德的象征。

元朝的王仕熙贬谪吉阳军时，和当地隐逸之士裴豫友善。裴豫字时敏，号守素居士，乃盛德堂裴氏后人。王仕熙曾赠诗曰：“唐家晋国擅勋名，几叶诸孙海外行。盛德有堂留客往，故乡无地待春耕。青毡千古诗书在，绿野孤云草棘生。投我骊珠惊入手，爱才怀古不胜情。”诗歌真诚吟咏了裴氏家世及才学。

清顺治年间，盛德堂毁于抗清战火，后于康、乾年间重建。南宋以来，吟咏盛德堂的诗文不计其数，它们与盛德堂古建筑一起成为三亚的文化遗产。明朝景泰七年（1456），时任琼州府学教授的冯炜曾创作《盛德堂记》，叙述了盛德堂的来历以及历史功绩，府州志均有载。

四、流贬官员对琼南的文化浸染

海南由于地理交通的偏远以及社会经济的落后，隋唐以前文化状况默默无闻。宋代以后开设学校教育，风气一新；同时南来移民、特别是流贬官宦，对海南文化尤其是琼南文化产生了重要的浸染作用。

在宋元两朝文化繁荣的背景下，崖州（吉阳军）文化也逐渐兴盛。其形成的过程，是多种文化、多种作用力融合的结果。此中有黎族文化、回民文化，而起主导作用的是汉民族的中原儒家文化。大体来自四个方面：其一，得益于宋代、尤其是南宋，政治、经济、文化重心不断南移。一些饱受儒家思想文化浸染的中原移民落籍崖州（吉阳军），使崖州（吉阳军）的社会风俗逐渐改变，民智开化，中原儒家文化在崖州（吉阳军）得到尊崇。这是崖州（吉阳军）儒家文化形成的基础。其二，元代的大举屯田和移民。参与屯田的新附军和移民多是从中原迁来的，使宋代移民在崖州（吉阳军）沉淀的中原文化得到补充和加强，基础更加厚实和稳固。其三，官办州学通过科举制度传授中原儒家文化。这是政府行为，作用更为强大。中原儒家文化在崖州（吉阳军）得到推崇和弘扬，成为官方文化、主流文化。其四，宋元两朝的贬流官员，许多重臣名宦也是儒家文化的精英，影响很大。他们是中原儒家文化的当然传播者。他们的言行举止、社交活动和所作诗文，都从正面影响着崖州（吉阳军）儒家文化的形成。流贬官宦秉承儒家文化传统，在“穷则独善其身”的同时努力弘扬儒教，这既是他们自觉的历史使命，也是他们所可能做的事。卢多逊、丁谓等人在贬所倡导文教，胡铨在谪居吉阳军期间收黎酋子弟入学。① 这些学问深厚的知识分子被流贬海南之后，在当地设坛讲学，对海南文化教育的推动作用功在千秋。历史文献所透露的虽然只是一鳞半爪，却是海南对贬官最为感激的历史贡献。所谓“东坡不幸海南幸”，实即指此。宋元崖州（吉阳军）从宋初的“吏人不知中朝礼”，到南宋时便有了进士和诸多荐举人才的出现，这是多么大的变化。这种变化正是宋元崖州（吉阳军）文化开始兴盛的标志。

流贬官宦对海南历代文学创作产生了重要影响。这些饱读诗书的

---

① （清）光绪《崖州志》卷十七。

官员大多能诗擅文，在遭贬期间抒写自己心境情怀，描摹秀美的自然风光，赞叹当地的风土人情，留下了大量诗文作品。他们的文学创作是海南、三亚地方文学史的重要组成部分。这些文学遗产，一方面为研究三亚乃至海南提供了富有价值的史料，另一方面对海南的文学创作产生了重要的示范作用。流贬官宦的人生际遇以及他们在海南留下的遗迹，也成为后世文人创作的重要题材。

流贬官宦为琼南旅游胜景的开发留下了宝贵的遗产。古代因为海南僻远，地处“海外”，交通不便，外界很少了解。流贬官宦描写海南独特地理环境和优美自然风光的诗文在中原流传之后，吸引了一些爱好山水的人士前来观光旅游。这些流贬官宦在精神困厄中移情于山水，行迹所至，歌吟赞咏，客观上提升了景点的知名度。为了追思、纪念他们，后人所建设的一些人文场所，后来也都成为著名的旅游景点，今天也仍然是海南旅游的重要目的地。

第七节 宋元职官开辟崖州（吉阳军）胜景

崖州独特的滨海风光，受到历代职官或贬官的注目。他们或寄情山水，留下了吟咏的篇章，或着意开辟游览景区，为后人所称道。三亚如今成为具有世界知名度的滨海旅游城市，他们是功不可没的先行者。

一、周鄘与“石船”“石室”

周鄘字其乂，海陵人，南宋淳熙年间（1174~1189）任吉阳军知军。周鄘初到吉阳，看到郡城“止茅茨散处数十家，境内仅三百户”；僚属都是本地土人，言语不通，衙卒由黥面流徙的内地罪人充当，心中多少有些失望。但是，吉阳的落后激发了他的使命感，使他终有所为。周鄘亲民爱民，发展生产，治理社会环境，一方百姓安居乐业。他重视教育，重新修建吉阳儒学，扩大办学规模，吸收更多的民间子弟入学，读书识字知礼义，由教育而带动社会风尚的文明向上。他深入黎峒走访，了解黎族民众的生产和生活情况，促进黎汉融合，最终“谕生黎归化者五十余峒”。①

周鄘更为人们所称道的是他对吉阳胜景的开发。周鄘乐于仕途，也迷恋山水，曾“寻访洞天，作《磨崖石船记》”。② 因为欣羡滨海南山独特的自然风光，他在淳熙丁未年（1187）的重阳日，与同僚友人登高游览，发现了山上巨石和一处幽深的岩洞。巨石长两丈，宽三尺，形同大船。周鄘将其命名为“石船”，在其上刻“石船”二字。之后意犹未尽，又刻上157字的《磨崖石船记》。离石船不远处的岩洞，周鄘将其命名为“石室”，遂再刻上203字的《洞口记》。周鄘所谓的“石室”，即现今三亚市大小洞天景区中“海山奇观”石室。其间有巨石三面壁立，如掌扇覆盖，气势非凡。其下有平坦洞室，可容多人安坐纳凉。“石船”和“石室”背后不远处有石峰，被称为“试剑锋”，乃是南山的登高点。由于时代久远，周鄘当年所刻《磨崖石船记》和《洞口记》已经漫灭不可识认，但是石船和石室却见证了历史的沧桑和自然风貌的永恒。时至今日，人们游览大小洞天，在石室旁仍然可以清晰辨认47字石刻：“海陵周鄘其乂，与郡僚王霈然泽之，都领周丕承师武，淳熙丙午重九日来观石船，因以见山水之奇，可为海邦之盛纪也。”人们依稀可以想象当年周鄘和友人登高发现“山水之奇”时的兴奋以及对国泰民安的期盼。

明成化年间的崖州举人、水南村人裴崇礼居近南山，对景区十分熟悉，曾重作《石船记》，现抄录如下，以见石船当年景观：

> 石船长丈余，首尾皆尖，腰阔四尺，中深陷，盖天然，非人为之也。宋淳熙丙午，吉阳知军周鄘寻访得名，刻石纪胜。历元至今，年代久，俗人罔知，谓为仙作，故樵猎过者以为有神，往往以石投置船腹，积累高至二三尺。船之堆亦如丘，不称观者。成化戊戌岁重九日，溪南裴崇礼率同游者令仆十余人，撤其石堆，散弃远地，芟其荆棘，俾船腹及傍地平净。惟船侧野树一株

① （清）光绪《崖州志》卷十七《宦绩志一·名宦》。

② （清）光绪《崖州志》卷十七《宦绩志一·名宦》。

为荫，庶观者得以循抚四周焉。是为记。①

裴崇礼的这段文字表明，石船被发现后，在相当长时间内被当地百姓“谓为仙作”，越发增加了景观的神秘感。

石船、石室作为海南岛上的古代人文胜迹、自然景观，融入了周鄘对中国道教思想的理解，为后代大小洞天景区成为中国最南端的道教圣地打下了基础。其后又一位吉阳军知军毛奎在周鄘发掘石船和石室的基础上进一步开拓，终于形成今天大小洞天的风景名胜。

“吉阳地多高山，峰峦秀拔。”② 周鄘钟情于吉阳山水，经常和友人外出寻访风景名胜，“石盘”是另一处他经常前往赏玩的地方：“石盘去城十三里。面平如掌，非磨琢所能功。周围数丈，可坐十客。林木茂密，可蔽日光。傍有涧水，秋夏不竭，清冷甘洌，可濯可饮。周使君尝至其处，爱其清绝，伐木诛茅，结亭石盘之北，榜曰‘清赏’。”③《崖州志》还记载周鄘当年所建石版山亭：“石版山亭在州东南十里石版山上。旁有横石，其平如版。”④

周鄘是三亚历史上风景名胜开发的先行者，为之倾注了自己的心血。后来周鄘“得疾乞归”，“行至琼管（琼州），竟殂；三女继亡，诸丧皆寄湖广不得归”。因此周鄘曾被当时的中原仕宦消极地视为“行远宦者之戒”。随着时间的流逝，众多“远宦者”都已经湮没于历史长河之中，但是周鄘因为给三亚留下丰厚的山水精神文化，却常常被人们记起。

二、毛奎与“大小洞天”

毛奎是继周鄘之后，又一个开发吉阳风景名胜的地方职官。

毛奎字子文，一字文通，昭州富川（今广西富川）人，南宋淳祐年间（1241~1252），为吉阳军知军。他在任期间勤政爱民，“修城

---

① （明）正德《琼台志》卷六《山川下》。

② 《舆地纪胜》卷一二七《广南西路·吉阳军·风俗形胜》。

③ 《舆地纪胜》卷一二七《广南西路·吉阳军·景物上》。

④ （清）光绪《崖州志》卷五《建置志·古迹》。

池，移学养士”①，深得民心。《崖州志》说，毛奎“能文章，通术数”，应该是个多才多艺的人。毛奎在吉阳值得后人景仰的是，他与大小洞天的开发结下了不解之缘。他在周鄌之后继续探访、考察南山，开发出大小洞天这一风景名胜。他对小洞天情有独钟，有人写诗夸他“古今只有毛知军，偏爱崖州小洞天”。他在大小洞天留下诸多手迹于摩崖石刻上，勒石工程量之大自可想象。由于毛奎的开发经营，洞天胜景从此闻名于世。继其后，历代文人名士到大小洞天游览探胜，留下了许多诗词题赋，增添了洞天胜境的文化内涵。

大小洞天景区以石景为主，布列于海滩的石景约有2里之长。景区紧挨南山（又称鳌山），有古木茂林陪衬，处处引人入胜。主景小洞天石室，高约5米；洞口呈半圆形，径约5.6米。洞口上方镌刻“小洞天”三个斗大的字，那是毛奎的手迹。其右刻有“大宋淳祐丁未秋九月，郡守富川毛奎，率僚属黎植、民志、王怀开山”26字。洞口开阔，洞内阴凉；内进向左拐弯，才变黑变窄；继续前走，出现一个小洞口，一缕光线映入眼帘，豁然开朗，可以由此爬出，享受小洞天的神奇感受。

小洞天南有一岩石临海伸出，石平可坐，名为“钓台”。岩上刻有“钓台”两个大字，左刻“淳祐丁未仲秋”、右刻“郡守毛奎经始”12个小字。钓台岩石右面，有一平石可坐10余人，向上仰望，洞天全境尽收眼底。当年毛奎刻石为“岩瞻”，现已风化不可辨识。

从小洞天向西北，沿着崎岖的小路攀登，有一巨岩立于半山腰。岩如撑扇覆盖，岩壁三面向内倾斜，气势非凡。后半部有廊室相通，像一座天然石室。这就是当年周鄌发现的石室，毛奎在其正面镌刻亲自题写的“海山奇观”四个大字，其下石壁刻有毛奎所撰《大小洞天记》，对游览经历以及景观的描述较为翔实，今人从中可以了解当年景区的基本情况：

吉阳形势甲乎海外。南山盘踞，气象雄伟。意其中必有深崖

① （清）光绪《崖州志》卷十七《宦绩志一·名宦》。

幽洞之奇，而屡加访问，未获也。一日，属权尉黎民志搜寻，始于周使君石船磨崖后山巅，得一石室，前瞰大海，后环曲巷，峭壁在南，小洞附北，实为海山之奇观也。继而僧善庆又于山麓石峰之阴，近石船，得一岩，由西北委蛇数十丈以通后洞。岩之外临海，有平石可钓，因为"钓台"。对岩之前，有石奇怪，其下可坐十客。仰望八景，皆在目中。以其与岩相望，名以"岩瞻"。是皆小有洞天之佳致也。昔周使君以淳熙丁未，屡于石船登赏，磨岩题名，以为胜绝。今予亦以淳祐丁未，经营此胜概，适与石船同一处，遂成八景。由今视昔，似或胜之，岂非天实相知之耶。因叙其本末，以识之奇观石岩。七客者，黎植挺之、陈同祖显宗、黎正宗大、陈继先显翁、卢斗南少梁、黎民志少良、王怀惠卿。二僧谓谁？富川秀峰清凉山住持善庆冷溪与维那祖果也。是年十月郡守富川毛奎书。①

"海山奇观"右边有石梯向上，即所谓"仙梯"。登上"仙梯"，巨岩右侧平斜的岩壁下刻有毛奎五言《大小洞天诗并序》。

石室的后部，天光穿漏，有洞口可出，洞口后面有一石峰，垂直矗立，高达数十米，如同剑削，这就是毛奎发现的"试剑峰"。

毛奎《大小洞天记》未言及大洞天，1962 年曾前往实地考察的郭沫若在点校清光绪《崖州志》时改为《小洞天记》。综合地方志以及地方文人的文字描述、实地考察，小洞天指的是以"小洞天"岩洞为中心，包括钓台、岩瞻亭在内的景区；大洞天当是指以"海山奇观"岩洞为中心，包括大洞天亭、仙梯、试剑峰在内的景区。上述七景，加上石船，大概就是所谓的大小洞天"八景"了。石船似是其时大小洞天景区的入口处，既是大洞天的"洞口"，也是小洞天的"洞口"。明代崖州本地文人裴崇礼在实地考察后写有《洞口记》，就刻在石船北面的岩石上，只是年久也已经湮没，但可以从正德

① 这里所录毛奎《大小洞天记》，由（清）光绪《崖州志》、（明）正德《琼台志》等多个版本综合而成。

《琼台志》读到。

毛奎在吉阳任满离去，“至南山铺，不知所终。后人于铺前山中立祠祀之”。[①] 这就是所称“毛知军祠”。《崖州志》中有记：“毛知军祠，在南山铺前山中，祀宋知军毛奎。林木幽翳，俗号暗山庙。”[②] 毛奎因为对吉阳的实际贡献而被人们纪念，因此毛知军祠后代多次修葺重建。毛奎被道家神仙化了。相传在石船附近，有峭石如屏，上面留有两只清晰的脚印，此即毛奎“羽化升天”处，被人们称为“仙人脚”。作为一个历史上真实的人物，毛奎如此酷爱大小洞天，任满后不知所终，这就给后人留下了想象的空间。从毛奎的诗文中可以感知，他是一个深受道家思想影响的人，也许这种“不知所终”正是他追寻的极致。

相传道教南宗第五代传人白玉蟾曾隐居大小洞天修炼身心，传法布道，使得大小洞天具有了相当的道教气息。但是如果没有之前周鄘对石船、石室的发现，以及继后毛奎对大小洞天各景致的开发，大小洞天是不可能赢得今天“中国最南端道家文化发祥地”的美名的。

三、云从龙与落笔洞

宋朝过琼诗人倭倭才曾就吉阳落笔洞写有一首诗：“峭壁凌空望渺微，层层烟锁雾云衣。深林古木高千丈，怪石青苔绕四围。空有石衔仙骨在，想应人逐彩鸾飞。洞中仙子今何在？欲上雕鞍不忍归。”诗中除了抒发诗人流连落笔洞的深情之外，似乎对关于落笔洞的美丽传说欲言又止。淳熙年间（1174～1189），担任吉阳军佥判的许源曾就此和诗一首：“袖拂仙风上翠微，山禽窥我怪儒衣。岩编石壁真奇趣，烟盖云幢似远围。彩笔不随仙子去，青峰空伴野云飞。我来续就《承天赋》，铁笛一声横雁归。”倭倭才除了留下这首张扬落笔洞美名的诗歌外，至今尚未发现他在海南活动的其他记载。但是从他和许源的诗歌唱和来看，至少在南宋淳熙年间，落笔洞就已经是具有一定知

---

① （清）光绪《崖州志》卷十七《宦绩志一·名宦》。

② （清）光绪《崖州志》卷五《建置志·坛庙》。

名度的风景区了。

落笔洞位于今天三亚市荔枝沟东北的印岭。山岭四周是高低不平的开阔地带，唯有此峰独耸，海拔高110米。山体呈方柱形状。巨大的岩层从地面一直伸展到山顶，岩壁几乎呈垂直状态。岩间树木傲立，百鸟栖息。据正德《琼台志》记载：“州东百余里，官道北五里。石峰独耸，高数十丈。中有石洞，俗传有僧于此坐化。又有悬石，击之如磬。高处一石门，有石马首。入其中，有二石，形如悬笔，笔尖水滴不断。东行十数步，复有一洞，俯入仅容一人。门内如屏，仰望其上，高可十丈。内房甚暗，外有石窍通光，可辨纤毫。极处有井，深不可测。昔人刻木为志，沉井中，后于大海中得之。”① 这段文字描述了落笔洞所处的地理位置和地形地貌，说明“落笔洞”名称的由来。经现代科学考证，落笔洞是中国最南端的一处史前文化洞穴遗存。它是目前已知海南岛最早的古人类活动遗址，1万多年前即有古人类在落笔洞生存与活动，被称为“落笔洞人”。2001年，国务院公布落笔洞古人类遗址为全国重点文物保护单位。

按正德《琼台志》的记载，落笔洞名称的由来当是“有二石，形如悬笔，笔尖水滴不断”。古人拟景起兴，遂有许多关于“神笔”的美丽遐想和传说。

据《崖州志》记载：“洞左壁刻‘落笔洞’三字，字大尺余，未知何人题。旁只有‘维山’二字，余模糊莫辨。”“维山”是何人或何意，在相当长时间里无从查考。今人经仔细拓片考证后发现，“落笔洞”三字左边刻有“至元癸未”，右边所刻“维山”乃是元朝大将云从龙。由此断定，“落笔洞”三字是云从龙于元至元二十年（1283）所题刻。

云从龙（？～1296），字无心，号维山，蒙古族，祖籍甘肃陇西，其祖父是成吉思汗第四子拖雷。在中央权力的残酷争夺中，云从龙的祖母为日后能够留下拖雷的根脉，将一子寄养于陇西的汉人家，改名

① （明）正德《琼台志》卷六《山川下》。

云海。云从龙为云海之子。海南文昌云氏奉云海为入琼始祖，云从龙为入琼二世祖。据初修于明朝永乐年间的《云氏族谱》记载：“吾宗自琅琊徙西蜀，至先祖海，以进士官陕西路总管。生二世祖从龙，登进士试，邕州判。”云从龙于南宋景定三年（1262）考中进士，并曾于南宋咸淳年间担任广东钤辖，于咸淳十年（1274）参与镇压“三巴大王”的军事行动，不久便卸甲归隐。元朝建立后，因为皇族身份，云从龙得到朝廷重用，至元十六年（1279）被提升为怀远大将军，任琼州安抚使。为抚平当年官兵征讨“三巴大王”而造成的战争创伤，云从龙在崖州“抚余党，相阴阳，造庐舍，捐徭税，劳来民旅，乃疆乃理”。云从龙的努力得到民众的认可。① 在吏治之余，云从龙游览落笔洞胜景，并题诗一首：“地极南溟阔，洞天琳宇奇。好山如绣画，野路自逶迤。不见飞仙蜕，空留谪客诗。清风驾归羽，乘此访安期。”此诗为云从龙于至元十七年（1280）所作。三年之后，也即至元二十年（1283），云从龙故地重游，依韵和旧作：“落笔古仙峒，天开一段奇。林深云挂搭，石乱路委蛇。仿佛禅僧骨，糊涂墨客诗。何当了公事，相望问仙期。”② 同时题刻“落笔洞”三字。云从龙当为落笔洞的命名者。

鉴于云从龙的政绩，元朝廷先后授其为广东海北海南道宣慰使、昭勇大将军、湖广中书行省参知政事、征南大将军等职。云从龙死后，葬于今广州白云山后峰梅林，后人曾建有“维山公祠”。云从龙墓是广东地区唯一保存的元代皇帝御旨赐葬古墓，现为广东省文物保护单位。

落笔洞因云从龙题刻之后名气更大，吸引后世众多职官和文人前往赏玩，多次被人以“落笔凌空”为题赋诗。清朝末年的崖州知州钟元棣还将落笔洞列为“崖州八景”之一。

---

① 邢梦璜撰《磨崖碑记》，载（清）光绪《崖州志》卷十九《艺文志一·记》。

② 此据《永乐大典》一三零七五卷《崖州郡志》。（明）正德《琼台志》以之为许源作。

四、王仕熙与“崖州八景”

王仕熙在元泰定帝朝曾担任参知政事，因受“两都之争”的牵连而被流放吉阳军。在吉阳军期间，王仕熙“惟劬书酷咏为娱，恬然不见其去国之意”。[1] 他曾写有《云山辞》：“山氤氲兮出云，又泠泠兮以雨。倏日出兮云飞，山青青兮极浦。横浮云兮水粼粼，搴杜若兮采白蘋。葺荷宇兮桂为栋，临江皋兮怅怀人。”在极力描摹自然景观的同时，表现自己与古人同伍的安适心境。

王仕熙在吉阳军泰然处之，与世无争，获得当地人的尊重。但是他最为人所记住的，则是写有《崖州八景》，首创以“八景”歌咏崖州的自然风光。王仕熙的《崖州八景》诗，本书下卷所附《历代名人歌咏三亚诗词选》有摘。

“八景”是中国古代约定俗成的一种风物景观，也是人文文化的一种历史体现。据考察，“八景”之说起于宋朝：“度支员外郎宋迪工画，尤善为平远山水。其得意者有平沙雁落、远浦帆归、山市晴岚、江天暮雪、洞庭秋月、潇湘夜雨、烟寺晚钟、渔村落照，谓之‘八景’。”[2] 自此以后，各地以“八景”来概括一地之山川名胜，逐渐成为传统。王仕熙将自己所感知的吉阳风景名胜概括为“崖州八景”，其中除了“鳌山白云”和“南山秋蟾”来自对南山的描摹外，其余都只是对水南村周边环境的抒写，毕竟放流身份所限，他不可能周游四境。在“八景”诗中，王仕熙极力赞颂吉阳优美的自然风貌，以及恬适自乐的当地居民，颇有天人合一的意象，凸显了诗人虽然遭逢逆境却心态安适的情绪。

地处南荒的吉阳（崖州），很长时间内都被人们视为“畏途”。虽然宋元以来经济文化有了较大发展，但是全面吟咏吉阳（崖州）风物者仍然较少，除了上面所说的卢多逊、周鄘、毛奎、云从龙等贬官或者职官曾有诗文表达之外，剩下的就只有少量过琼文人的点缀。

① （清）光绪《崖州志》卷二十一《艺文志三》。

② 沈括：《梦溪笔谈》“书画”。

王仕熙应当是全面盘点吉阳（崖州）胜景的第一人，之后即有不少文人继绪续作，扩展张扬。清乾隆三十八年（1763）始任崖州知州的江苏人嵇震，也曾以王仕熙盘点的“八景”做《崖州八景》诗。人们习惯上将其称为“崖州旧八景”。

清代崖州本地文人吉大文（1828~1897）曾以“鳌山叠翠”“抱郭双流”“洞天幽胜”“落笔凌空”“镜湖秋月”“玉井温泉”“灵山腾云”“峻岭回风”为题重做八景诗，选景更加开阔。光绪二十五年（1899）担任崖州知州的锺元棣与之唱和，也有八景诗。吉大文和锺元棣笔下的“八景”，被称为“崖州新八景”。虽然新旧八景各有千秋，但是王仕熙的开创之功不可没。清代崖州曾修建“五贤祠”祀李德裕、赵鼎、胡铨、王仕熙、王倬，可见王仕熙在崖州士民心中的地位。

五、崖州胜景开辟和文人题咏的历史意义

崖州（吉阳军）虽然地方偏远，但是早就纳入封建王朝的视野。因为其窎远，而且要一再“渡鲸波”才能到达，具有神秘感，很早以来就有不少文人表达对它的关注。隋唐时期，中央政府已经对海南进行有效管辖，但是除了少数职官和贬官逐臣到达海南乃至振州，进行过有限的文学表达之外，海南还只是处于文人的文学想象之中，甚至许多时候以讹传讹。总的印象是气候炎热、路途遥远，物产迥异于内地，民俗风情尤其独特。宋代以来，崖州定址琼南，使得崖州（吉阳）获得人们更多的关注。诸多文人在实地考察后进行如实描写和诗意表达，使得崖州（吉阳）放射出迷人的风姿和文学光彩，文人笔下的崖州（吉阳）才获得一种实体性的存在。

宋元时期吟咏崖州（吉阳）的文学作品，有被贬南来的官宦对置身环境的吟咏，通过山川风物的叙写寄托自己的心境，如前述卢多逊歌咏水南村的诗歌，丁谓、惠洪、胡铨、赵鼎、曹泳等人也都有诗作传世；有职官对吉阳名胜名人的吟咏，石船、石室、大小洞天、落笔洞等都是他们歌吟唱和的对象，其他自然景物也多入他们的诗眼；有过琼文人对吉阳（崖州）风景名胜的吟咏，如前述倭倭才就是宋

朝过琼诗人，为落笔洞写下了传颂至今的第一首诗歌，号称“元诗四大家”之一的范梈则写有诗歌《盛德堂》：“有后深知晋国贤，伤心不为海南边。相逢莫笑无多赠，犹是词垣旧俸钱。”总体上说，宋元以来，文人对崖州（吉阳军）的诗作已相当丰富。这些创作是崖州文学遗产中的重要部分。

崖州（吉阳军）胜景的开辟和文人官宦的吟咏，有助于改变人们对崖州（吉阳军）僻陋的陈旧看法。宋元期间，崖州（吉阳军）的水陆交通、农业经济、内外贸易日益发展，东南沿海移民大量迁入，前来琼南的官宦、文人渐多，崖州（吉阳军）在政坛、文坛，官方、民间的形象开始发生改变，这种改变是历史性的。宋元之后，明清两朝不再把崖州当作流贬之地，与外界对崖州（吉阳军）认识上的改变有很大关系。

另一方面，胜景开辟和文人题咏开启了对崖州（吉阳军）旅游资源的开发。宋之前，面对荒凉海滩和巨石，官员和民众无所施为。《崖州志》讲：“崖州岩疆僻处，规画良难。”自周鄘起，通过对大小洞天景观的开辟，才逐渐视之为胜景，又是命名，又是题咏，又是勒文，赞美有加，辟为胜地，赋予儒家文化、道家文化内涵，从此影响人们对这片土地的情感，开发出新的天地。

第八节　崖州（吉阳军）人民的反压迫斗争

宋元两朝在崖州（吉阳军）的统治，最后都在动乱中结束。宋朝官僚机构臃肿，民众赋役负担沉重，土地兼并愈演愈烈，官民矛盾越积越深，不断激起人民群众的反抗。吉阳在宋末爆发“三巴大王”割据之乱，历时 8 年之久。平息“三巴大王”之乱后，宋朝在吉阳的统治很快也就结束了。而元朝始终在吉阳军实行民族歧视政策和军事镇压行动，不断引发黎族民众反抗，“黎乱终元之世”。① 元朝在吉

① 顾炎武：《天下郡国利病书·广东下》。

阳的统治，最后也是在动乱中结束。

一、宋代黎族民众反抗压迫的斗争

宋王朝对黎区进行开发治理，总体上符合经济文化发展的历史方向，客观上推动了黎区社会的进步，但是在这一过程中常常对黎区居民的利益带来损害。宋王朝出台了不少关于黎区开发治理的政策，许多时候需要伴以武力才得以施行，这就直接导致了黎民的反抗。

宋朝在中国历史上以官僚机构臃肿、军队数量庞大著称，使得民众赋役负担极为沉重，“贫弱者尤以为患”。① 宋神宗时担任琼管体量安抚使的朱初平曾多次向朝廷上奏，申述海南赋税徭役的沉重，尤其是对黎区民众的土地掠夺：

> 自来黎峒田土，各峒通同占据，共耕分收，初无文记。今既投降入省地，止纳丁身及量纳苗米。而海北之民，乃作请田文字，查其田土，使无所耕种。又或因商贩以少许物货令虚增钱数，立契买峒民田土，岁久侵占，引惹词讼。比及官司追逮，往往拔刀相杀……

宋王朝对黎区的治理经常采用以汉治黎、以黎治黎的策略，许多地方下层官吏在执行中为非作歹，不但无助于民族融合和地方稳定，相反进一步扩大了民族矛盾。同时，黎族居民内部在封建化过程中也因为贫富不均而导致群体日益分化，各种盘剥压迫以至抢掠在所难免。

面对沉重的赋税徭役和尖锐的民族矛盾、阶级矛盾，终宋一代，吉阳黎区的各种反抗斗争接连不断。下面是《宋史》及地方史志的一些记载。

开宝五年（972）九月，“崖州牙校陆昌图作乱，烧劫牙署。知琼州周仁浚遣兵击平之”。②

至和初（1054），“有黎人符护者，边吏尝获其奴婢十人，还之。

---

① 《宋史》卷一七四《食货志·方田赋税》。

② 李焘编著：《续资治通鉴长编》卷十三，“开宝五年”。

符护亦尝犯边，执琼崖州巡检慕容允则及军士，至是以军士五十六人与允则来归。允则道病死，诏军士至者贷其罪”。① 且自符护侵边事件之后，“本军西北一带道路至今不通，近龙见、符只等峒尤甚”。②

熙宁九年（1076）秋七月，“珠崖军黎人黄婴入寇，诏广南西路严兵备之”。③

元丰七年（1084），吏部侍郎熊本“请选将练土兵以代戍卒，益市马以足骑兵，宜州遂无事，而珠崖黎人之围解”。④ “珠崖黎人之围”的具体史实未见记载，应当也是一次不小的动乱。

宋元时期黎族人民的反抗，主要针对汉族封建统治者的民族歧视和残酷压迫，因此多为民族矛盾。但是随着社会经济的发展，黎族内部也出现了贫富不均的现象，富有者往往对贫苦黎人欺压剥削。部分被朝廷“封官授爵”的黎族上层首领，成为封建统治者镇压当地百姓的帮凶，因此也是黎族人民抗争的对象。

黎区百姓接连不断的反抗斗争，打击了宋朝统治者。他们在进行武力镇压的同时，也不得不变换统治方式，因此从宋代开始，“治黎”“抚黎”成为地方官员向朝廷上书的一项重要话题。

二、“三巴大王”割据一方

黎族人民既受到民族歧视也遭受本民族上层的压迫剥削，而唐五代以至宋元时期移居吉阳的汉、回民众，也同样受到封建统治者的层层盘剥，因此吉阳人民反抗封建统治，往往体现出黎、汉、回多民族共同斗争的局面。南宋末年的“三巴大王”占据临川镇（今三亚市区一带），割据一方，对抗朝廷，就是一例。

据明正德《琼台志》记载：“咸淳三年，陈明甫、陈公发窃据临川，自驾双龙大舟，衣服、器用逾法越制，大书榜文自号‘三巴大

---

① 《宋史》卷四九五《蛮夷列传》。

② 李焘编著：《续资治通鉴长编》卷三二四，“元丰五年”。

③ 《宋史》卷十五《神宗纪二》。

④ 李焘编著：《续资治通鉴长编》卷三四六，“元丰七年”。

王’，睥睨军印，占本军五十余村税户。”① “三巴大王”割据临川达八年之久，但地方史志记载甚为简略，后人很难了解当时实际情况。历代海南府州志所载入的《节录磨崖碑记》，详细记载了“三巴大王”割据规模之大，反抗斗争之激烈，以及失败之后遭到镇压的惨状。磨崖碑记为同时代吉阳人、万安军知军邢梦璜所撰写。

根据碑文所载可知，“三巴大王”实际上是一个与朝廷对抗的割据政权，自咸淳三年至咸淳十年（1267~1274），时间持续八年之久。陈氏兄弟曾在临川镇海边郎凤岭凿石为栏，养殖玳瑁②，后来不堪官府的压迫而占据鹿回头岭，建“连珠寨”，自号“三巴大王”，组织黎汉农民、渔民对抗官府。他们的衣服器用车船都模仿帝王仪制，并且建造双龙战船，“服器僭越，榜称王号”。“三巴大王”势力最盛的时候，其沿海贸易和劫掠曾远及广南东路、西路的潮州、惠州、广州、钦州、廉州、雷州、化州等八州，并且与占城、交趾等都有往来，给南宋朝廷带来很大威胁。虽然崖州有军队五六千人，也镇压不下去，朝廷不得不下令由钦州太守马成旺出兵进行剿灭。咸淳六年（1270）春，马成旺带着自己的儿子抚机和应麟以及申命钤辖云从龙征讨三巴大王。经过3年的筹划，长达70余天的交锋，多次激烈的水战、陆战，陈氏兄弟以及子孙多人寡不敌众而被捕。统治者对陈氏兄弟及子孙施以极刑，企图达到对黎汉百姓威慑的效果。用邢梦璜的话说：“列郡诸民，峒落诸黎，始知有朝廷台阃州郡。”马成旺本来是钦州太守，因为镇压黎民有功而主政琼管，在镇压“三巴大王”之后再次官升两级。

历代修志者皆封建正统文人，《节录摩崖碑记》的作者邢梦璜也是深受儒家正统思想浸染的封建知识分子，当然会顺应封建统治者旨意将陈氏兄弟称之为“贼”为“寇”。③ 根据当时崖州的情况以及邢梦璜的碑文记录进行判断，陈氏兄弟实际上是南宋末年发生在吉阳的

---

① （明）正德《琼台志》卷二十一《海道·海寇》。

② （清）光绪《崖州志》卷二《舆地志二·山》。

③ （明）正德《琼台志》、（清）道光《琼州府志》均称“三巴大王”为“海寇”；（清）光绪《崖州志》称“三巴大王”为“土贼”。

一次规模较大的黎汉民众起义。陈明甫的父亲死后葬在城东一处山岭，后来被人们称之为“豪霸岭”，这在一定程度上体现了民众对“三巴大王”的情感态度。“三巴大王”起义失败后不久，南宋王朝也就灭亡了。现今三亚鹿回头和羊栏村仍有连珠寨、马踼井①等遗迹。

三、元朝的民族歧视政策与吉阳人民的抗争

元朝实行民族歧视政策，根据被征服的先后顺序将全国百姓分为四个等级，即蒙古人、色目人、汉人、南人，并在政治、经济、法律等方面加以区别对待。海南居民作为南人，属于被压迫和歧视的对象，而黎族所遭受的压迫和歧视更有甚于汉族居民。

元朝统治者称黎族为“黎蛮”或者“黎獠”，一开始就反对宋朝沿用的以招抚为主的政策，对黎族的反抗进行武力镇压。在占领海南之后，即设置“屯田总管府”，实行屯田制，以方便对黎族地区就近进行戍守控御。元朝统治者的高压政策，加上驻军经常出现的杀戮、骚扰行为，激起海南人民的强烈不满和反抗。面对反抗，元朝统治者大多时候采用武力血腥镇压予以平息。为迫使黎族屈服，元朝多次出兵对黎区进行武力围剿。其中规模最大的一次当属至元二十八年（1291）开始、历时三年的军事行动。这次征伐以湖广行中书省平章政事阔里吉思为监军，以陈谦亨为统帅，共出动蒙古军200人，汉军2000人，顺化新附军5万人，加上海南的土兵1.4万人（包括部分黎兵），规模庞大，亘古未有。这一年十一月，征伐行动开始，从北到南对各个黎族聚居区进行扫荡。至元二十九年（1292）十二月，元军进驻吉阳军，并于次年正月攻入五指山腹地，在黎母山刻石记事以还。时至今日，乐东的尖峰岭山脚下仍留存“大元军马下营”的摩崖石刻，成为历史的见证。这次军事征伐行动异常残酷，元军

---

① （清）光绪《崖州志》卷二《舆地志二》载：“马踼井，城东羊栏村后，深四尺。三四月间，诸井皆涸，此井源源不竭，足供村人汲取。相传宋陈明甫避兵至此，因马踼得水而名。”

“深入人迹不到之处，黎巢尽空”。[①] 吉阳当地文人邢梦璜在《至元癸巳平黎碑记》中对这次征伐行动有较为详细的记载。其后元军还多次在海南对黎族的反抗肆行征讨，如至顺元年至元统二年（1330~1334），完泽、谭汝楫镇压澄迈黎王官福起义，调江西、湖广、福建、广东兵进讨，对起义黎人“草薙而禽獮之，绝其根株”[②]，残酷杀戮。

在以暴力手段达到“治黎”目的同时，元朝统治者还不断征集黎兵参与海外的军事征伐。例如至元二十年（1283）就曾有黎兵1600人参与征讨占城，至元二十四年（1287）八月又有黎兵1700人参与征讨交趾。

元朝统治者在海南设置黎兵屯田万户府，启用部分黎族首领为千户、百户等地方武装骨干，使得他们成为镇压本族民众反抗的工具。黎族首领担任相应职务，导致大量土官的出现。这些黎族土官仗势欺人，“以黎治黎”加剧了黎族社会内部矛盾的不断激化。不少黎族首领拥黎兵自重，相互征伐，与州县争治权，成为“黎乱终元之世”[③]的一个重要方面。

元朝统治者在海南实施民族歧视政策，同时赋役也相比前朝更加沉重，“宋有赋而元益增”[④]，激起当地百姓的不满和反抗。虽然屡经武力镇压，但反抗从未停止。据统计，从大德十年（1306）开始到至正二十三年（1363）的57年间，共爆发“黎乱”大小21次，平均两年多就发生一次，而且是越到后期规模越大，坚持的时间越长，分布的面积越广。[⑤] 吉阳人民反抗元朝的苛政、暴政，也可谓是自始至终。其中史籍明文记载的是，至治元年（1321）四月己未，“吉阳黎蛮寇宁远县”。[⑥] 其他发生在吉阳的“黎乱”虽然没有明确记载，

---

① 顾炎武：《天下郡国利病书·广东下》。

② （清）道光《琼州府志》卷二十二《海黎志·平黎》。

③ 顾炎武：《天下郡国利病书·广东下》。

④ （明）正德《琼台志》卷十一《田赋》。

⑤ 参阅汤开建：《元代对海南岛的开发与经营》，载《暨南学报》1990年第4期。

⑥ 《元史》卷二十七《英宗纪》。

但是诸多黎族人民反抗压迫的斗争，以及统治者的残暴镇压，实际上都与作为海南黎族主要聚居地的琼南地区有关。史志记载，“自至顺元年以来，东西黎皆乱”，“黎峒自是不靖”。①

元朝到了惠宗（顺帝）时期，已经是风雨飘摇了。朝廷内部皇权斗争剧烈，吏治腐败，都深深动摇其根本。与此同时，民族歧视、民族压迫愈演愈烈，阶级压迫进一步加深，再加上连年天灾，各地反元斗争接连不断。最终朱元璋率领的农民起义军实力不断壮大，于1368年正月在南京建立明朝，改元洪武，进而率领明军于当年八月攻破元大都，元朝灭亡。就在这一年年末，明军征进海南，接收各郡县城池，海南由元入明。

① 顾炎武：《天下郡国利病书·广东下》。

第五章　明代崖州

元朝末年，经过近20年的反元战争，朱元璋于1368年在南京称帝，建立大明王朝，改元洪武，史称明太祖。是年春二月，命征南将军廖永忠自海道略取广州，并派使者招降海北海南道。五月，廖永忠和参政朱亮祖先后攻克高州、梧州、郁州、藤州、浔州各地。六月，在明军强大的军事压力之下，前元海北海南道元帅罗福遣使求降；七月，海南守臣、同知海北海南道宣慰使司副都元帅陈乾富也相继纳款投降。十二月，朱亮祖、耿天璧统明军征进海南，接收各郡县城池。唯有乐会小踢峒长王观太屯集黎兵不散，为耿天璧所部击溃。自此海南正式入明，地方绥定。

明太祖朱元璋重视对海南的统治和经略，曾在《宣谕海南敕》中肯定海南“习礼义之教，有华夏之风”，一改历代王朝视海南为蛮荒瘴疠之地、“疏而不亲”① 的偏见。后在慰劳海南驻军的敕文中又称誉海南岛为“南溟奇甸”，美誉有加。旋将海南由广西改隶广东，置一府三州十三县（后于英宗正统五年，即1440年，改为一府三州十县），位于岛南的吉阳军复名为崖州。从此在相对完善的封建体制下，明代崖州较平稳地发展了270多年。虽然期间多次经历“山海之乱”，遭受倭寇和海盗的袭扰，也经历民族矛盾激化时所带来的社会动荡，还有天灾人祸、各种社会积弊的危害，但总的来说，崖州的政

① 明代海南先贤唐胄语，见其所主纂正德《琼台志》卷十《户口》中的论按。

治、经济、文化、军事诸方面的建设，在其封建社会发展史上，仍是最为辉煌的历史时期。

第一节　明朝对崖州的政治统治

明初，明太祖朱元璋为了迅速建立起以皇权为中心的封建集权体制，从中央到地方实行一系列的政权建设。洪武二年（1369）四月，改乾宁安抚司为琼州，吉阳军为崖州，南宁军为儋州，万安军为万州，仍隶广西行省。洪武三年（1370）十一月，升琼州为府，统领三州十三县（正统五年改并为十县），改隶广东行省（洪武七年改为广东布政使司）。这一行政建置的设定，是明朝在海南行政区划上的一项重大举措，影响后世长达600余年。海南历代隶属不稳定，或属湖广行中书省，或属广西行中书省。琼州升为府并为广东所辖，与广东连成一片，通过海洋交通，与经济社会相比发达得多的省司署所在地广州府及珠江三角洲地区密切往来，既是对海南政治控制的加强，也是对海南经济社会发展的一大促进。

一、完善州县两级政权建设

明初沿袭元朝行政区划，崖州下辖宁远县，县署也在州城（洪武间曾一度迁至水南），因此称之为“附郭”。至洪武十九年（1386），原属儋州的感恩县来属崖州，崖州遂辖宁远、感恩二县。后至正统五年（1440），又撤销“附郭”的宁远县建制，其境域归崖州直辖；崖州除统辖本州境外，只领有西北部的感恩一县。这一建制一直沿袭至清末崖州改为直隶州为止。

位于海南岛南部的崖州，是琼州府三大属州之一，治所在今崖城。这里位于宁远河下游冲积平原，是相对发达的传统农业区，在隋唐以后1000多年的封建社会里，逐渐形成为琼南地区的政治、经济、文化中心。

明代州县官职的设置比以往朝代更加完备，其职位和职数，以及在官厅供职的吏员和为官员所役使的差役，都有固定的编制。以崖州本级而言，据正德《琼台志》记载，明初“官全设”（满编），九品以上“入流”① 的官员，计有知州一员，从五品②，掌管本州之政；同知一员，从六品，位在知州之次，辅佐知州分管本州钱粮诸务；判官一员，从七品，辅佐知州分管本州治安巡捕事务；吏目一员，从九品，主管刑狱；抱岁、通远、藤桥三个巡检司（驻守要隘的地方军事治安机构），各设巡检一名，从九品，率领弓兵“防黎”和“备倭”。未入流无品级的官员计有学正一员，掌管儒学教育和地方教化，管理州学；训导三员，辅佐学正，负责州学生员的课业；军储仓设大使、副使各一；德化、义宁、都许、太平四驿站各设驿宰一员；阴阳典术、医学典科各一员；河泊所（管理渔猎）河泊一员。以上入流官职 7 个，未入流官职 13 个，共有 20 个职位。此外，永乐（1403~1424）初曾添设抚黎判官一员，专职管理黎族事务，不参与地方政事，但到宣德年间（1426~1435）便以“病民”撤除。另外军储仓大使和副使各一员，实际上一直未有配置。

其次是在州属官厅供职的吏员，计有：吏、户、礼、兵、刑、工六房，各有司吏一名；铺长司吏一名，典吏六名，承发房（文书收发）一名，架阁库（文书档案管理）一名。另外，州儒学有司吏一名，三处巡检司各有司吏一名，四处驿站各有驿吏一名。以上共有吏员 23 名。

为州官厅和官员所役使，以及在州属各机构供役的差役，据不完全统计，则多达 480 余人。其中名目繁多，包括皂隶、马夫、馆夫、门子、库子、禁子、斗级、巡栏、弓兵、攒典等等，州儒学还配备斋夫、膳夫。各巡检司和驿站占用杂役较多，三处巡检司各配备弓兵 30 名、马夫 40 名，四处驿站各配备马夫 20 至 35 名。直接在州官厅供役的，约在 150 名左右，知州、同知、判官、吏目官衙均各占用马夫 10 名、皂隶 2 至 4 名。各色差役均来自于民户丁壮服役当差，成

① 明代官员的官阶，进入九品之内者称入流，否则为未入流。

② 明代官阶设九品，一至九品均有正、从，从为正之副。

化朝之后虽可部分缴银由官府雇人顶替，即所谓“银差”，不直接服“力差”，但同样是民众的沉重负担。要知道明初崖州只有万余在籍人口（不含感恩县），数千丁壮。

县一级的政权建设也得到完善。以崖州所辖感恩县为例，县设知县一员，正七品，掌管本县政务；县丞一员，正八品，是知县的辅佐官；主簿一员，正九品，与县丞分管钱粮、赋役、户籍和治安巡捕等事务；延德巡检司巡检一员，从九品。以上为“入流”的官职，未入流的官职计有：典史一员，掌管一县刑狱事务；教谕一员，掌管本县儒学；训导二员，负责县学生员之课业；还有阴阳训术、医学训科各一员。以上官职共 10 名，另有吏员 11 名，差役 90 名。

明初根据朝廷官制，州县衙门“官全设”，对于地处边疆、人口稀少、经济不发达的海南来说，地方财政供养和百姓役差负担都繁重难堪。事实上，“较之苏松江浙，（海南）不过一中县而已。财赋仅充岁用，而无复赢余。徭役供应繁难，而民每告病”。[①] 因此正统、弘治年间即进行精简。正统五年（1440），经琼州知府程莹奏请，撤销了崖州所辖、治所也在州城的宁远县一级建制，由州直接管理到乡都，减少了政权建置的重叠；崖州辖下只留下地处州境西北部的感恩县为县一级独立建制。在此前后，又减少职官及其衙门的设置，先是裁减州同知一职，至明后期的天启年间，连州判一职也“裁革”了。军储仓大使、副使职位则一直未予配备，州学的三名训导实际上也只配一名。再者是驿递铺舍占用夫役过多，根据地理位置适当裁撤归并，减用应差夫役。经过陆续精简，官吏职额稍减，役差则减近半。至明代中期，据正德《琼台志》记载，崖州均徭正役（临时派用的杂差不计）减至 263 役。“差役稍轻，人始称便”。

明代崖州的州县政权机构的设置已趋于完善，后来虽然有局部的废兴调整，但总体来说是稳定的，对明代崖州的经济社会发展发挥着重要作用。至清代也沿袭其设置的行政架构基本未变。

---

① 见（明）正德《琼台志》卷二十八《职役·知府谢廷瑞拟奏稿》。

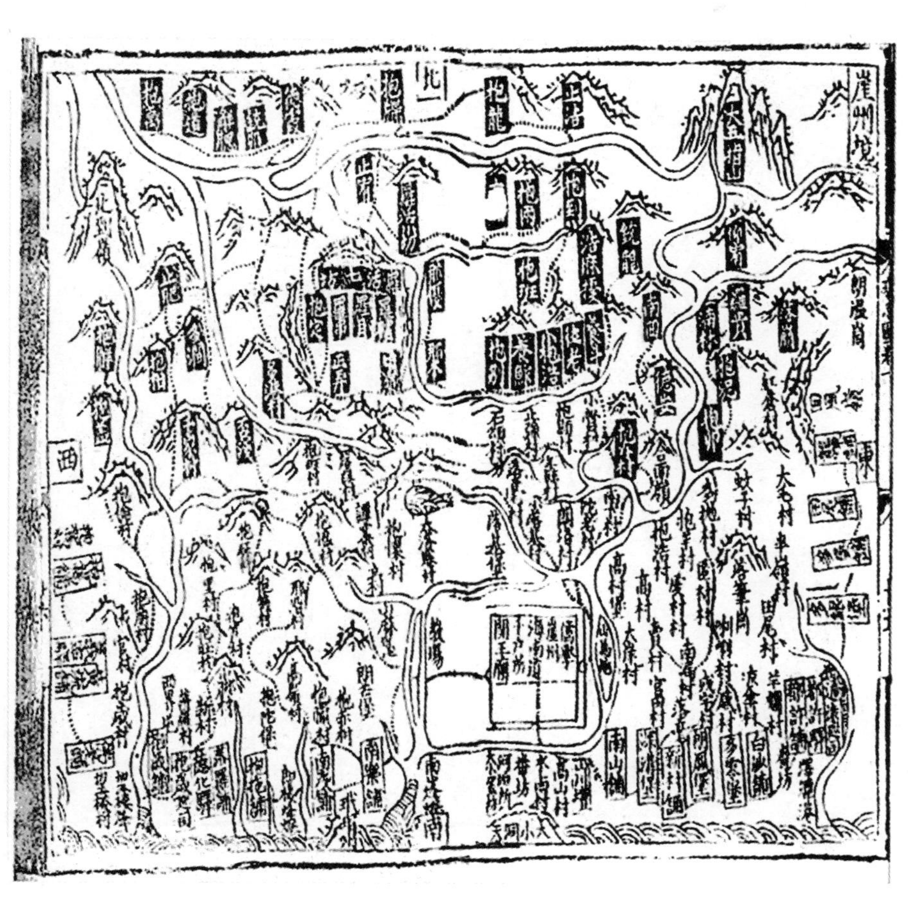

明代正德年间崖州舆图　　　（辑自正德《琼台志》）

明代万历年间崖州舆图　　（辑自万历《琼州府志》）

二、基层乡都设置和里甲制度的施行

随着统治力量的加强和生产开发由沿海向山区深度推进，明代崖州基层的乡都设置日趋完善，黎族聚居的村峒也被编入都图管理。明代州县之下的基层设置，一般城内设坊，城外设乡。乡之下，近城设厢，远城设都。同一地名的厢、都，又以图或里相区别，可能是地域宽广的缘故。但厢、都、图、里是同一级。也有不设乡，直接设厢、都的。明代崖州的乡都设置记载在正德《琼台志》和万历《琼州府志》中，虽然随着统治情势的进退（如黎区编户的情况）和人口流动聚集，不断有所调整，但总体还是比较稳定的。大体的情况是：

州城附近为东厢、西厢、南厢、北厢、第五都、第六都，后来第六都并入第五都。这是发达的农业区，是崖州的经济中心所在。

州城的北部为董平乡，这里属黎汉结合部，有许多入编户籍的“熟黎”在此聚居。董平乡还统领董平五都、董平六都、董平七都，或称董平五里、董平六里、董平七里，都是东西各里流动杂处民户，多系黎户，被统编为三里。

东部为永宁乡（今藤桥至榆亚一带地方），下设都里情况未见载。这里是黎族聚居地区，可能是统治力量尚且薄弱，多未编户入籍。

州城的西部为乐罗都，包括黄流里、乐罗里、黎伏里、冲育里、佛老里，显然是经过明前期不断的“招抚”和征伐，统治力量加强，至明代中后期，黎族在这一地区的封建化进程加快，基本上已编户入籍。

沿海自西向东为望楼里、番坊里，保平里、所三亚里、临川里。前四里是番民（回族）、疍民聚居的地方，他们“采鱼纳课”，也租佃民田农耕，由州属河泊所管理，不设乡。临川里则以盐灶户为主体，受临川场盐课大使管辖。

为了加强治安管理和便于赋役征集，明朝自洪武十四年（1381）起即在乡村推行里甲制度，每里约由110户组成，分为10甲；每甲11户，其中一户担当甲首。万历府志记载崖州编21里，与当时崖州有2499户的记载大致相当。这21里的分布，大体与上述厢、都、乡、里相对应，但也有不清晰的地方。对比正德《琼台志》所记载的乡都（里），在其后约70年的万历《琼州府志》所记已有所变化，如三亚里变为“所三亚里”，桑高里并入椰根里，再后来椰根里和大疍里也被归并消失。万历府志就此讲道：“匪特里不倍增，且并而减，无亦避重就轻，乃有流移杂处之弊乎？”也就是说，减并里数一是为了减轻徭役负担，一是人口流移所致。

里分10甲，里长（城厢称厢长）由10名甲首轮流应役充当，10年一轮换，谓之“排年”，当年应役担当者谓之“正役”。正役里长要负责名目繁多的官府役额的轮流派遣，以及“岁祭、表笺、乡饮、科贡”等杂项开支的“均平”银两科派。“凡官有需，先责贌用，属里算偿”，十分烦琐。更重要的责任是入冬之后要充当“粮长”，催征里中本年赋税应纳粮米或银两上缴；有时还会被推选，负责起运粮银到京城或广州、廉州、琼州等地缴入官库。

一里之内，又有各种名目的人事和杂役设置，须由正役里长协调安排。一是“木铎老人”，简称“老人”，选年高有德行者充任，负责里中的民事调解，“助官府之不及”，一般在称为申明亭的地方进行。一是“火夫”，每里每年要派一员役到“总甲图”设置的更铺轮值，以防火防盗，周年一替。“总甲”实为附近10个里的乡村同盟，其首称“保长”。一是乡约长，由退休致仕的乡官或“有德耆民”充任，责任是宣讲皇上的“圣训”，晓谕、劝化乡民，一般在“约亭”或“约所”进行。一是“土哨官”（也称乡勇哨官），任务是训练乡兵（也称排门乡盟兵），负责乡村自卫，协同营兵防御。一是“仵作”，发生治安案件时听从调唤协助官员勘验。一是“书算”，也称“里书”，选通晓计数的人充任，负责人口、田亩和赋役的统计，以及黄册的登记填写。州县一般每10年重新统计登记一次，称之为“攒造”。但崖州规定每五年“攒造”一次，有的时候年限还会更短，可能与人口流动以及“化黎”编户频繁有关。“里书”常有徇私作弊行为，即所谓“飞洒”，历来为人所诟病。一是“排门夫”，也称

“里长夫”，以应付官府不时的征召役作。一是“壮丁”，任务是协助官府和里长催征钱粮，勾摄（拘捕）人犯。一是“铺行”，负责随时应付官府的杂物采办。里中设置的“杂役”，不是官府定额征用的“正役”，充任者会不同程度得到徭役上的减免报偿。

上述里甲制度的实施，实际上多集中在沿海开发较早的区域，而在黎族聚居的地区，则随“向化”编户的程度而有所不同。万历《琼州府志》载：“崖州黎，其地多于州境，其人十倍之。”① 前元设黎兵万户府管黎，万户、千户、百户任用有势力的黎酋担当，他们往往与州县官府争夺地盘，造成终元之世“黎乱”不已。明初鉴于元朝“任用土人之弊”，废除了“黎兵万户府”制度，改而在黎区也普遍设置乡都管理，各州县都普遍出现了黎都黎图。但是除了在“向化”编户入籍的所谓“熟黎”聚居地区之外，在其他所谓“生黎”“半生半熟黎”地区，虽有乡都设置，里甲制度则尚且难以推行，采用的仍是“以峒管黎”的策略，官府通过峒首进行统治。“凡遇差征，有司俱凭峒首催办，官军征捕亦凭峒首指引”。这种乡都之下“以峒管黎”的统治方式，虽然有赖于峒首以及其后出现的土官土舍，但在一定程度上“峒”已具有封建政权基层组织的性质。② 明朝的地方统治者当然不满足于这样一种间接统治的状态，士大夫们在议论“治黎”策略时大多提出应相机设县立所（军所），实施直接的都图里甲管理，以防其弊。海瑞《上兵部条议四事》即提出：“黎岐归化，当编其峒首、村首为里长，所属之黎为甲首。”明朝前期（正德以前）通过派员“招抚”和征伐“平定”，崖州西北部千家、罗活、抱由一带黎区即设一都五里直接统治，至万历四十四年（1616）更革去土舍，“易以粮长”。③ 粮长实即里长。此后虽不时发生动乱，但至明末以至清代，这一格局仍保持不变，成为崖州“化黎”较早且较有成效的区域。北部董平乡所统五都、六都、七都，半系黎户，实

① 见（明）万历《琼州府志》卷八《海黎志·诸黎村峒》。

② 参见黎雄峰：《海南社会简史》第三章，海南出版社 2003 年版。

③ （明）万历《琼州府志》卷七《兵防志·土舍黎兵》。

为峒首土舍的势力范围，万历府志卷八《海黎志》即指出："崖州旧图分辖，起于土舍之奸。如附郭董平三图为黎、邢、陈三土舍分管。"至于东部永宁乡，则连都图之设也未出现，显然统治力量相对薄弱。崖州东部连接陵水，"瘴疠"较重，大部分地区未开发，是"生黎"聚居的地区。

乡都设置和里甲制度、"以峒管黎"制度的施行，是维持基层社会平稳运行的措施，也是征收赋税、派遣徭役、维持行政运作的保证。明代崖州的社会，便是在上述层级管理之中，有序展开和推进。

三、开通驿道以保障政令畅通

开通驿道，设置驿站、铺舍，保障政令畅通、下情上达，是历代统治者政治、军事上的需要。驿道四通八达，形成交通网络，客观上对经济、文化的发展起着重要的促进作用。明初承袭宋元体制，驿传系统由水马驿、递运所和急寄铺等组成，设置更为完备。水马驿（水路和陆路）站专门以疾舟快马递送官府文书急件，飞报军情，同时也负责接送过往官员，提供食宿，一般30里以上设一驿；递运所运送军需物资和贡品；急寄铺则负责递送平常公私文书，由铺司兵步行送达，兼管地方警情观察，一般10里设一铺。水马驿与急寄铺各自成系统，但也互有交接，驿站夫马不到之处则由铺司兵递送。

明太祖朱元璋重视海南的开发，洪武初年海南岛即形成了以琼州府城为中心，分东、西、中、北四路辐射的驿路：北路十里到海口都，设有递运所和铺舍（急寄铺），隔海与徐闻沓磊驿相望；中路经定安到达会同县城为止，只设铺舍（急寄铺）不设驿站；东、西两路则均以崖州州城为终点，形成环岛交通要道，驿站与铺舍交互设立。

琼州府只在海口都设置一处递运所，于洪武九年（1376）创立，递送公文、贡品和军需，渡海往来。

明初琼州府的夫马驿，均以设在琼山县西北隅土城外的琼台驿为起点，沿东、西驿道设立，至崖州州城内的潮源驿会合。全岛旧设29驿，在崖州境内的，除潮源驿外，东路有太平驿（在藤桥村）、都许驿（在马岭怀义乡），西路有义宁驿（在黄流都）、德化驿（在西乐罗村）。

至于急寄铺（铺舍），洪武三年（1370）全岛共设125所。每铺额设铺司一名，专掌簿历；铺兵四名，常川走递。府城设府门总铺，在琼山县治东一里，然后分东路、西路及中路、北路延伸设置。北路从府门总铺十里至海口都设环海铺，渡海北接徐闻沓磊铺；中路经定安到会同县（今属琼海市）县门铺为止；东、西二路则均以崖州州门铺为终点。有的铺舍与驿站同在一地分设。崖州境内的铺舍共有19处：东部由陵水的石赖铺进入崖州境东山铺，西部由崖州抱驾铺出境与感恩县白沙驿铺相连，自东向西分别为：东山、大平、德林、尤炼、滴西、多银、都许、郎凤、新村、南山、崖州门、南乐、滴浅、抱掩、乐罗、抱岁、佛老、黄流、抱驾。它们基本上分布在州内的沿海台地，与驿站相辅相成，贯通境内驿道。铺舍一般正堂是邮亭，两翼有廊房，铺门前悬挂牌额。邮亭之前设有日晷供观看时刻，邮亭之后建有宿房。

崖州东接陵水，西抵感恩，南面大海，北达五指山南麓，地处边疆，辖境广阔。驿递、铺舍的系统设置，拉近了与府、省以至中央皇朝的距离；往来交通方便，也有利于经济繁荣和社会文化的进步。

但是，驿递所耗费的银两、廪粮、工役（马夫和铺兵）繁多，加重了民众的赋税和徭役负担。明初全岛设置驿站29处及海口递运所一处，每一处都要依例置夫马船只，专事驿传的水马站户达816户之多，要由丁户轮役。为了减轻地方财政开支和额役摊派，正统、弘治年间先后裁减了一些驿站，至正德年间又将设在州县城内的驿站裁革，由所在州县官厅代行驿传，全岛驿站剩下琼台驿及东西各6驿共13驿。崖州的潮源驿因附州城内，也于正德初年裁撤。经精简后，正德年间全岛13驿，共有马夫540名。其中崖州的义宁、德化二驿马夫各35名，马各3匹；太平、都许二驿马夫各10名，马各2匹，略少于其他驿站的配备。

事实上，海南“僻在海隅而往来者稀”，尤其是崖州地处边徼，往来官员更少，难与内地相比，没有必要照内地规模设置驿站。至明代后期，由于朝廷财政亏空，便继续以裁革驿站、裁减马价、廪粮、铺陈银为手段，挪用充作军饷。嘉靖年间，崖州的德化驿被裁撤，又减去义宁、太平、都许驿的马夫共 47 名。隆庆年间，又裁减都许、太平二驿，其驿递事务由附近的通远、藤桥二巡检司兼理，酌议补发给驿银各 10 两。实际上，到了万历年间，崖州已只存义宁一驿，驿传的任务已逐渐为巡检司、铺舍所承办。由明入清之后，这些旧驿站渐渐都成了古迹，连府城的琼台驿也废弃了，驿传的事务统一由铺舍所承担。

驿站虽然一再裁革，但是节省的银两都上解充作兵饷，地方财政负担并未减轻，丁户照纳役银。万历府志即指出："琼故二十九驿，马夫五百四十名，嘉、隆之间裁革殆尽，夫非以僻在海隅而往来者稀耶？然革役而存差以充兵饷，与未革者等耳！"①

陆上驿道须与桥梁、津渡相配套。崖州境内河流多发源自北部隆起的五指山南麓，向东、南、西三个方向呈放射状分流入海，河流短促，水流量大而湍急。州东主要有藤桥水、多银水、三亚水、白沙水，中部有大河水（即宁远河）、抱漾水，州西有抱拖水、石溪水、望楼水等。这些河流总体上自北而南切割，使得境内的交通受溪壑阻隔。明初为此修建了一些桥梁或设官渡。主要桥梁自东向西依次为：贡杠桥、山口桥、多银桥、刘家桥、义兴桥、东龙桥、多零桥、长山桥、新村桥、万里桥、平地桥、镇南桥等。津渡有：藤桥渡、东山渡、州南南渡、保平渡、抱漾渡。桥梁和津渡的设置，确保了境内交通的顺畅。

驿道将崖州纳入环岛交通体系之中。依靠驿传制度而建立的水陆路交通，保障了国家政令的畅通，地方政治、军事情况的及时上达，以及商旅的往来，使崖州在大明王朝的政治体制稳定运行。

---

① （明）万历《琼州府志》卷八《赋役志·驿传》。

第二节　明代崖州的经济发展和赋役制度

明朝重视发展经济以改善民生和增强国力。明初，明太祖朱元璋鼓励移民垦殖、屯田垦荒、兴修水利，同时整顿赋税制度，使封建社会经济重新走上繁荣的轨道。明太祖之后，永乐年间明成祖朱棣亦是一位具有雄才大略的皇帝，疏浚大运河，迁都北京城，派郑和七下西洋，发展“朝贡贸易”，国家日渐兴盛。到明朝中后期，农业和手工业技术不断进步，生产水平远超前代，商品经济更加活跃。处在这样一个大的历史背景下，尤其是归属广东之后在以珠江三角洲为中心的沿海经济带的辐射带动下，崖州的农业、手工业生产和商贸经济随之得到了较快的发展。

一、人口的增长和耕地的展拓

由元入明，政权交替，混乱中“户籍多亡”，因此明初户籍数据不存。洪武十四年（1381），明太祖下令整顿户籍，在全国普查登记人口，编制户口黄册，10 年之后才第一次出现海南全岛以至崖州的户口数。唐胄编纂正德《琼台志》时据《元史》考订，元代吉阳军有 1439 户、5735 口人。到洪武二十四年（1391）所记，如果剔除入明后才划属崖州管辖的感恩县，则与元代吉阳军相对应的崖州（宁远一县），有 2760 户、10282 口人，增长近一倍。至永乐十年（1412），民户增至 2785 户（恐有误差）、18484 口人，增长近 80%，约占琼州府民户总人口 296093 人的 6.2%；正德《琼台志》还记载这一年崖州新增黎户 2025 户、4857 人。这些都反映洪武、永乐年间经过休养生息，社会相对安定，崖州人口相应增长较快。究其原因，有流民的回归，有移民的迁入，有军籍的落户，也有对黎族实行“招抚”政策所带来的成效。虽然明后期有人指所增黎户是当时的抚黎知府刘铭所“伪增”，恐也未必尽然。

此后，崖州户口即保持在 2000 多户、1.7 万余人口的水平，基本稳定。

成化八年（1472），崖州户2372，口17584；

弘治五年（1492），崖州户2424，口17893；

正德七年（1512），崖州户2435，口17936；

万历四十五年（1617），崖州户2499，口17426。

明代中后期户口未再增长，连人口的自然增长也显示不出来，可能与明初的抚黎政策不能贯彻始终、中后期近山“黎乱”不止、沿海倭寇海盗骚扰，引起人口的流移有关。当然这些上了黄册的“民户”统计数据也不可能十分准确，一是深山黎人苗人尚未编户入籍者不在少数，因此从严格的意义上说还算不上是崖州境内的全部人口总数；二是即便登记入版籍，也存在有意（避征役差）无意的疏漏。诸如正德七年的崖州人口统计中，男子10586人，而妇女仅7350人，比例失调不可能如此之严重，更大的可能是不注重妇女人口、只重视丁壮应役人口的统计所造成。①

值得注意的是，正德七年的户籍统计分类仔细，将户口类型分为民户、军户、杂役户（包括疍户、灶户、各色匠户、马站户等）及寄庄户四类，而崖州仅有前三项，而无寄庄户。所谓“寄庄户”即佃户，这与“崖州无佣田”的历史记录是吻合的。另一特点是明代崖州每户平均人数一直处于六七口的高位，表明崖州民户总体上家庭规模大，劳动力较为充足。

人口的增长是生产发展的必要因素，直接带来了荒地的大量开垦和耕地田亩数量的成倍增加。前元吉阳军有田、地共131顷62亩②，而至明洪武二十四年（1391），崖州（不计感恩）已拥有1024顷62亩（其中包括田985顷89亩，地35顷93亩，山塘或山园2顷80亩），人均近10亩，远高于全琼人均6.7亩的水平。明初崖州在籍人口据不完全统计比元代增长近一倍，而耕地田亩却增长近八倍。随着人口的增加，垦荒和屯田是加速耕地增长的重要原因，但也可能与洪

① 以上人口数据均见（明）正德《琼台志》和万历《琼州府志》记载。

② 据（明）正德《琼台志》引用永乐《琼州府志》（已逸）所载。

武年间按里甲家户登记田亩丘段，设立鱼鳞册，难以隐匿有关，才会达到如此高的耕地增长倍数。

其后根据不同年份的统计，崖州的耕地田亩数量仍在继续扩大。

正德八年（1513），计 1102 顷 72 亩；

万历十年（1582），计 2179 顷 25 亩；

万历四十五年（1617），计 2192 顷 26 亩。①

自明初至正德八年的 140 年间，开垦荒地带来的耕地增长不会停止，但从统计数字上看增长并不多。而从正德八年到万历十年，70 年间又新增耕地 1076 顷，几近一倍。这些成倍增长的数字，一方面说明，明代前期崖州社会经过垦荒屯田，田亩数量稳定增长，另一方面也说明，在此期间为逃避赋税而隐匿、兼并土地的现象一直很严重，万历年间才被查实。田额不实是全国性的问题，以致影响到国家的财政收入，嘉靖年间不得不着手清丈田亩，至张居正实施“万历新政”，全国经过 10 年重新丈量土地，才发现了大量的民间隐田，统计的田亩数量即成倍增加。海瑞在应天巡抚任上曾大力推行清丈田亩，隆庆四年（1570）辞官回琼家居时仍通过书信向海南州县官介绍经验，足见嘉靖至万历年间清丈田亩同样在海南各州县进行。

明代崖州耕地田亩数已大大超过宋元和宋元以前。崖州历来以农业为主，可耕地田亩数的成倍增长，为明代崖州农业经济的发展提供了重要的基础。

二、官民积极兴修水利

崖州河流湍浅，而又雨量不均，“气候不正，春常苦旱”②，兴修水利至为重要。至迟在元末明初，民间即有修筑山塘积水、堵塞沟陂导水灌田的举措。据正德《琼台志》引明初撰修的永乐府志（已失传）载，昔人在崖州城东北十余里北厢地方，用木塞陂，从正面堵障发源自北黎山的溪流，再从西侧开小陂引水灌田，溢出的水流汇入

---

① 以上田亩数据均据（明）正德《琼台志》和万历《琼州府志》记载统计。

② 引自（明）正德《琼台志》卷七《风俗》。

宁远北河入海。后人以此为基础屡加扩展坚筑而成为灌田数千亩的都陂水利工程。进入社会稳定发展的明代中期，崖州官员顺民所愿，更以督率民众兴筑陂坝、凿池挖沟以利农事为“事功”，形成了良好的传统。宣德年间的知州林黻、正统年间的宁远县主簿梁正、天顺年间的知州王铎、成化年间的知州徐琦、弘治年间的知州林铎、正德年间的知州陈尧恩、嘉靖年间的知州林资深，都有水利建设方面的突出政绩，被记载在史册中。

官府积极倡导民众兴修水利，以避免旱害并带动荒田的开垦。宣德五年（1430），知州林黼率众于州城南一里处筑坝建成埋鹅陂，引宁远河水灌田约百余顷①，这是有记载的明代崖州最早的官修水利工程。以修筑埋鹅陂为发端，崖州开始大规模水利工程的兴建，以正统至嘉靖百余年间最为集中。

正统二年（1437），宁远县主簿梁正督率民众于州城西八十里开凿雷沟（也称大雷沟），引抱横塘水，灌耕乐罗、抱岁等处田五千余亩。是年，梁正又于州城东北十里北厢地方扩修都陂，引水灌耕大陂等处田。都陂后因崩塞，民田连年失耕，至弘治元年（1488）知州林铎亲率里甲人等重新开筑，灌田三千余亩。② 梁正任上还指挥在州城西八十里乐罗村北和村西凿筑池返沟（又名乐罗沟）、复沟，引望楼水灌田，均达百数千亩。梁正不愧为治水能吏。

天顺六年（1462），知州王铎率众于州城西五里郎芒大河建石牙陂，筑堤导水，灌田50余顷。③

成化五年（1469），知州徐琦率众于州城西五十里抱里村筑陂引

① 此据（明）正德《琼台志·水利》。（清）光绪《崖州志》则作“灌田二百余亩”。在（明）正德《琼台志》和万历《琼州府志》，以及（清）道光《琼州府志》的记载中，沟陂修筑动辄灌田百千顷，而（清）光绪《崖州志》记载则仅百千亩，相差百倍。恐以后者为是。

② 此据（清）光绪《崖州志》。（明）正德《琼台志·水利》作“灌田一千余顷”，恐误。

③ 此据（明）正德《琼台志·水利》。（清）光绪《崖州志》作“灌田五十余亩”，未知孰是。

水，灌溉抱里村等处田。当年又重修筑埋鹅陂。

弘治二年（1489），知州林铎大举兴修水利，率众兴筑中亭沟、仰重沟、抱架沟、桥门沟等四处水利工程。中亭沟在州城北五里，仰重沟在城东八里，都通过挖沟三五里，引宁远水灌田。中亭沟灌溉田亩多少无载，仰重沟灌田 800 亩。① 另二项工程桥门沟和抱驾沟，则都在州西，分别引千家山下望楼水灌田。桥门沟一名望楼沟，在州西 150 里，该处累岁亢旱失耕，知州林铎巡行阡陌，相势开筑，济民约二百余户。抱驾沟在州西南 180 里抱驾铺，海滨田地广漠，旱不能耕，知州林铎相水势，委派德化驿丞杨尊周督工开沟，引望楼水灌田。此四处工程的兴修过程，林铎有记，载于正德《琼台志》卷七《水利》。林铎在任不辍于水利兴修，至弘治十年又于城南二里督率乡人修水南沟，灌田百余亩。② 其办法大抵是委命官绅督领，受益田户出工，占用田亩适当调补，很得百姓拥护。

正德十四年（1519），知州陈尧恩凿南北沟、马丹沟，均在州城附近，从上游引宁远河水灌田。宁远河流域虽为沃土，但早先水利不修，一遇干旱即歉收，反要靠黎区粜粮接济。陈尧恩关心民瘼，"日蹑原隰，度高下所宜"，决心在距城四里地方兴修南北沟以解除民困。这是一项较大的水利工程，当时正值崖州乡贤锺芳省亲在家，极力予以支持，开工时还为陈尧恩代写祭土地文，竣工后又为之作记。③ 据锺芳记载，南沟自高村达于北津，延袤十五里，辟土山四、石山四；北沟自郎落达于千陀，延袤五里。近万人参与施工，其中民夫三千，黎夫倍之，汉黎百姓共同完成。按人计尺，立标分授。陈尧恩不时前往勘督，各约计日完工。主沟修成之后，又疏通灌溉渠道，旁通曲引。南北沟水利工程的修建，使因旱荒芜的土地成为沃壤，岁

---

① 此据（清）光绪《崖州志》。（明）正德《琼台志·水利》作"灌田二百余顷"，恐误。据林铎自记，仰重沟"凡食是田者五十余家"，当无二百余顷之数。

② 此据（清）光绪《崖州志》。（明）正德《琼台志》卷七《水利》作"灌田百余顷"，恐误。

③ 均见《锺筠溪集》。《崖州开二沟祭土地文》载卷十五，《崖南北沟记》载卷八，海南出版社 2003 年版。

收两熟，大大促进了宁远河流域农业生产的发展。陈尧恩还在城北五里开通马丹沟、大官沟，均灌田数百亩。到了嘉靖四十三年（1564），知州林资深又主持扩修南北沟。南沟扩修规模浩大，延袤700丈，深、广均20余丈，并建桥其上；北沟规模较小，延袤110丈，深广比南沟也略窄。经扩修的南北沟水利工程，灌溉民田达数千亩，州城附近的湫滀、龙澜、列涝、周家地、大小疍、番坊、葱田、奔崩等地都在灌区之内。林资深同时还疏浚马丹、中亭、郎芒等旧沟，“更之使顺，导之使溥”。实际上在州城附近形成了以南北沟为主体的灌溉水系，后人统称之为官沟，至今犹存有遗迹。当时的户部员外郎胡文路（万州人）对南北沟的扩修工程曾有详细记载。① 林资深扩修南北沟意志坚定，据胡文路所记，开始有人告诉他工程之艰难，他回答说：“作为一州之长，怎能逃避困难呢?”遂努力推行，“不时省视程工，溽暑不为辍；勤者高下其赏以鼓作之”，终于获得成功，取得巨大的水利效益，泽润后世。

在官府的带动下，民间也积极兴修水利。在州城附近展开的有：石头陂，在州东北五里山麻军堡，北厢民众每年修筑，引水灌溉迁拖、郎萎等处田；滀乙沟，离州城三里许，乡民开筑，灌溉百余亩；达垄沟，在州城北二里，弘治十七年军民告开，灌溉百余亩。在东部地区展开的有：椰根陂，位于州东百里椰根村，工程惠及椰根村及三亚、田寮等地百余顷田地②，村民每年一修；南略陂，在州东百里南略村，本村及多银村因之受益，每年村民修筑。显然，与官府主导的水利兴修比较，民间自发开凿的沟陂规模小，受益程度有限；受财力、人力的制约，多为土筑，“每年一修”成为其主要特点。此外，各地乡民修凿山塘蓄水者难以胜数，每处约可灌田数十亩。

明代崖州官民开挖的沟陂水利工程，大小30余处，围绕着州城附近引宁远河水灌溉最为繁盛，其次为州西引望楼河水、州东引三亚

① 胡文路：《崖守林侯兴沟安黎碑记》，见（清）光绪《崖州志》卷十九《艺文志》。

② （清）光绪《崖州志》作一千余亩。

河水。而州北、州西北及州东北等地，则鲜有水利工程。在黎族聚居的山区，除旱田外，也有水田，主要依靠溪泉自流灌溉。有水利可资的稻田可一年二熟，没有水利条件靠天下雨的则只在雨季种一熟。

三、耕作制度的改进和作物品种的多样化

崖州农业发展至明朝中期，不仅耕地拓展，水利兴修，而且利用温热条件，改进耕作制度和耕作技术，大量引进新的作物品种，以“擅土地之美”，生产水平大大提高。双季稻种植面积大增，还出现了三季稻。棉花、甘蔗种植发达，果木、蔬菜品种也增多了。历史文献的记载已不再只是惊讶于这里的山海奇珍异品，而更多记述民生所依赖的农业经济的繁荣。

首先是增加复种指数。明代先贤丘濬在脍炙人口的《南溟奇甸赋》中歌咏海南“岁三获以常穰，有积可仰”。这是因为本岛充足的光热资源，明代已有一岁三造的耕作，农业的复种指数普遍高于全国其他地区，位于海南岛南端的崖州更是这样：

> 琼山腊月种，四月收，曰小熟；五月种，九月收，曰大熟。崖州左右曰东、西里，西里如琼山，东里则腊月种，三月收，四月种，七八月收，三冬皆可杂艺也。①

其实“三冬皆可杂艺”在崖州是普遍的，并不局限于东里。比起一年一熟或二年三熟的北方地区来说，崖州的农业优势是独特的。

明代地方史志记载，包括崖州在内的海南物产品类繁多②，其中粮食作物可分为谷类和杂食类。谷类中主要为稻，其次为黍、粟、麦、菽（豆），这是南方的“五谷”；杂食类则包括薯蓣、芝麻、南椰面等。各类粮食作物品种丰富，有近40种，足见其时农业之发达，已与内地不相上下，又富有本地特色。

稻米为主食，海南岛自汉代已有种植。《汉书·地理志》记载儋耳、珠崖郡“男子耕农，种禾稻、苎麻”，其时多指黎族先民而言。

---

① （清）范端昂：《粤中见闻》卷二十五，广东教育出版社1988年版。

② 明代崖州志已佚，无法确知其物产情况，只能据（明）正德《琼台志》和万历《琼州府志》所载记述。

后来传入内地先进耕作技术和品种，至明代遂有粳稻与糯稻的区别。粳稻有百箭、乌芒、珍珠、鼠牙、旱禾、占稻、山禾等品种，糯稻有黄鳣、黄鸡、乌鸦、光头、九里香、小猪班、狗蝇等品种。

黍（糜子）和粟（谷子）南方少种，因为禾穗外形相似，民间常常不加区别，混称为“狗尾黍”或者“狗尾粟”，实际上是不同品类，黍米性黏，粟米不黏。志书记载“狗尾黍黏者为秫，不黏曰粳黍”，实则不黏的粳黍就是粟。黍类除狗尾黍外，还有金黍、牛黍。金黍圆粒粗芒，性黏，可饭食，亦可用以酿酒。牛黍即蘆穄、穄黍，秸秆高丈许，二月种，五月熟。

粟即北方所称“谷”，古代也称“稷”，但古代“稷”也可包括黍。粟有狗尾粟、鸭脚粟。狗尾粟粒似黍而小，茎穗短。鸭脚粟“吐穗壮如鸭脚，大者如鹰爪”，称为“广粟”。

麦类除小麦外，又有荞麦和珍珠麦。海南在明清时期确曾种植小麦，主产区在琼北琼山、澄迈等地，明代定安先贤王士衡还曾著《劝麦说》劝谕乡人种麦。荞麦和珍珠麦则主产崖州和儋州。珍珠麦古代俗称“珍珠”，实即薏苡（薏米），崖州产最盛。其茎高三四尺，叶如黍，开花作穗，子粒色白如珍珠，食可去湿轻身。后伏波马援征岭南凯旋，车载珍珠麦粒返京，被讹传为所获珍珠以车载而受谤，即此物。事见《后汉书》马援本传。

菽，即豆类，有黑豆、黄豆、毛豆、绿豆、饭豆、羊矢豆、压草豆、柳豆等。

杂食类包括芝麻、薯蓣、南椰面等。芝麻也称油麻，为大宗油料作物。薯类有甜薯、蔓薯二种：甜薯有六月薯、嬴薯；蔓薯则有黎蔓、鹿脚蔓、匾蔓、瓶蔓、铃蔓、木蔓等。蓣，按种植地势分为坡种、水种二种，坡种有麪蓣、鸡母蓣（白、青、黑三种）、青蓣、东蓣等，水种有水黎蓣、白蓣等。此外还有三年蓣，其形如蓣，经三年长大始可食。南椰面则为类似桄榔的树木所产，也可代食。

古代海南本土薯蓣种类繁多，大体都是植物块茎类食材，如当今常见之大薯、鸡蛋薯、芋、山药等。明朝万历年间，吕宋的番薯

（甘薯）传入广东，以其高产又耐旱易种，迅速得到推广，大体也应在明末传入海南，甚至有学者认为番薯、玉米等作物是先传入海南再传到内地①，但延至清代后期府州志才有记载。宋代苏东坡贬谪海南写《薯菜记》，说到海南稻米远不足自给，“以薯为粮，几米之十六”，可见其时薯蓣在海南民生中的重要地位。崖州近山傍海，多瘠土旱田，更是如此。宋代占城稻传入之后，这一耐旱、生长期短（有60天即成熟者）而又高产的水稻品种（称“占稻”）很快推广到海南，加上明代垦殖耕地，兴修水利，改进耕作技术，稻谷产量增长，稻米才成为主食，但薯蓣仍为重要补充。

上列粮食作物品种中，来自中原的鸭脚粟的引种曾一度相当繁盛，有记载称：

正统间始种，有数种。吐穗壮如鸭脚，大者如鹰爪，呼“广粟”。粒似黍稷而紫黑，品位稍粗粝。夏种秋熟，为大熟；冬种春熟为小熟。又一种，种六十日即熟。土人给食、造酒，省米谷之半。②

明代海南先贤王佐有《鸭脚粟》诗，对鸭脚粟在本岛的救荒作用有所描述：

小熟三月收，足以供迎送。八月又告饥，百谷青在陇。大熟八月登，恃此以不恐。琼民百万家，菜色半贫病。每到饥月来，此草司其命……③

这种既粗生又速生的作物品种的广泛种植，可“省米谷之半”，足见其时种植之盛。

粳稻中的“山禾”，实即旱稻，黎峒多种植：

择久荒山种之。有数种，香者味佳。黎峒则火伐老树，挑

① 参见司徒尚纪：《海南开发》。

② （明）正德《琼台志》卷八《土产上·谷之属》。

③ （明）王佐：《鸡肋集》卷八《鸭脚粟》，（中华民国）王国宪主编：《海南丛书》第三集。

种，谓之“刀耕火种”。①

如果说黎人的“刀耕火种”是古老的耕作方式，那么择荒山种植“杂食”类作物，则是在土地开发利用上的拓展：

地高田少处，则种山禾和薯蓣、天南星、粟、豆，兼粒食之。

作物种植的区域分布也日趋明显，相对集中的种植区逐渐形成。“东路槟榔西路米”，是明代中期以后全岛作物相对集中区域分布的具体描述。在崖州，除宁远河下游平原外，坐落在西北部的德霞、千家、罗活等乐东盆地黎区，也多有膏腴田地，明代中期已成为本岛的主要粮食产地。

经济作物的种植，主要有棉花、桑麻和甘蔗等。棉、麻多用以纺织。史志记载，棉花出儋州、昌化、崖州。棉花也称“吉贝棉”、“贝花”，有连片种植的“贝园”。但海南棉花不是攀枝花（木棉树），而是后来所称的多年生“海岛棉”，黎族也称“草棉”，实为灌木，高数尺，春季播种，秋季即开花结籽棉。宋元以来，棉花已在海南广为种植，成为纺织吉贝布的主要原料，促进了海南西部和南部尤其是崖州地区棉纺织业的发展。② 甘蔗有黄、紫、铁牛腿数种，用作果蔗也用以制“糖汁”，可能就是石榨蔗汁熬成糖浆。其时海南尚未有蔗汁结晶成块的熬制技术，成块蔗糖还要从海北贩来。

明代海南农业有了较大的进步，但就耕作技术而言，尚嫌粗陋，多属广种薄收，远未精耕细作。正德《琼台志》卷七《风俗》即直

① （明）正德《琼台志》卷八《谷之属》。

② （明）正德《琼台志》和万历《琼州府志》关于物产的记载中，杂植属有棉花、吉贝，花属有攀枝花（亦称木棉），木属有木棉（亦称攀枝花），货属有棉花、吉贝，布帛属有吉贝布，注“即木棉织者”。可见关于“吉贝”一词的使用并不专一，草棉（海岛棉）、木棉（攀枝花）均可称吉贝，且草棉有时也被混称为木棉。原因可能在于黎族先民称棉纤维及其织物为“吉贝”，而草棉、木棉（攀枝花）实际上均为木本、均产棉纤维供纺织，因此称呼上以“吉贝”通指。至于木属所称之木棉，实有二品种，记载中所云“高可数丈、粗可合抱”者，为外来种，其棉絮纤维粗短不堪纺织，只可作枕作褥；另一为本地种，正称为攀枝花，相比矮小得多，其棉纤维细长，才可供纺织。史志记载中对此二种木棉也往往混称，未加区别。

言“耕作皆甚卤莽”，不重视施肥和锄草中耕“耘耨”，“黎田至有不用耙者”。乡贤王士衡在所著《劝麦说》中对此也有所批评。水利灌溉也不是到处都被重视。“每岁耕作，惟取据农家口诀、五行，以为趋避弛张之宜。”好在广东沿海等先进农业地区的优良作物品种不断被引进，因此不止粮食作物，其他如菜蔬、水果、药材、花卉等也多种多样，不胜枚举，但多为自种自用。

四、手工业生产和商贸活动的活跃

明代崖州的手工业生产，传统产业是纺织、晒盐、渔产品加工，再就是当地土特产品的制作。

海盐的晒制，主要集中在州东临川盐场。三亚水和临川水（即今之临春河）交汇于毕潭港（今三亚港）汇入大海。临川水下游（今白鹭公园一带）有沙质河岸，可趁潮汐有规律的涨落闸海水晒盐，形成盐场。明末清初人屈大均在《广东新语》中对盐场制盐的大致情形有过描述：

> 盐之为田也，于沙坦避风之港，夹筑一堤，堤中为窦，使潮水可以出入也。天雨水淡，晴水卤。潮消则放淡水使出，潮涨则放卤水使入也。凡盐田五亩，以其半分为四区，布之以细沙，周之以沟水，是曰沙田。

崖州的临川场，是明代琼州府六大盐场之一，由“灶老”锺仕那创建。广东布政司在粤西廉州设海北盐课提举司，琼州府六大盐场均属其管辖，各设盐课司大使一员，主管所在盐政，按定额盐丁收缴盐税。临川场盐课司于洪武二十五年（1392）开设，大使就驻临川村；万历年间曾一度并入万州新安场，后仍回设。临川场额定盐正丁167丁，是海南六大盐场中最小的一处。其规模小，不是因为自然条件的限制，而是因为水陆交通的阻隔难以外运，所获盐产品除缴税外多在本地销售，人口不多市场不大。三亚盐业的较大规模开发，要到清末海上运输发达之后，并很快在全琼独占鳌头。

纺织业自来是崖州手工业的强项，吉贝布等多种多样的棉纺织品畅销内陆，尤其是绚丽的黎锦，更为外界所喜爱。正德《琼台志》载，帨（即手帕）、黎幔和黎筒（即黎妇筒裙），“上三物即《虞衡志》所谓黎锦、黎单、鞍搭之类者”，“州县（官）得之相遗，以为帕袱”。黎幔又称黎幕，实即后所称“龙被”，崖州所产最是为人所珍视；《琼台志》载“崖番亦为之”，则是其时崖州回民也有向黎族学织黎锦者。宋、元是崖州棉纺织业的鼎盛期，至明代全国纺织中心已移至江浙，以其更高的技术水平和产量占领市场，海南的棉纺织业遂相对萎缩，逐渐成为区域内的自织自用。海南利用热带资源和大量旱地所种植的贝棉，大多以原料棉“岁货诸广”，销售内地。明代任职儋州的顾岕在《海槎余录》中写道，海南岛“杂植山萸棉花，获利甚广”。但是明代海南棉纺织业的相对衰退，并不妨碍织锦技艺达到新的高峰。由于海南纳入广东管辖，与内地的经济文化联系更为紧密，更多的汉族文化元素被吸收到黎锦中来，如汉族传统的吉祥图案等；汉族鲜艳的各色丝织、丝绒，被大量运用作为织锦材料，使黎锦更为绚丽多彩。明代罗曰褧所著《咸宾录》记载：“女工纺织，得中国（指中国内地）彩帛，拆取色丝和吉贝织花，所谓黎锦被服及鞍饰之类，精粗有差。”

崖州滨海，渔业所获，鲜活产品除就地销售外，也多以咸盐腌渍或干晒以储藏行销。如各种鱼虾鲊、盐蟹、晒蚬之类。

酿酒、榨油，以及各种以藤、竹、椰、棕、贝壳等土产为原料的器具编织和制作，也都是当时供应市场需求的小手工业。

随着农业和手工业的发展，物产越来越丰富，以驿道邮路为主干的交通开辟，又使山货海产得以流通交换，境内的商贸活动空前活跃起来；崖州作为海上丝绸之路的重要站点，也促进了与境外的贸易往来。

崖州境内的商贸活动，主要表现在墟市交易的活跃上。“近城则曰市场，在乡曰墟场，又曰集场”①，墟市是明代崖州民间贸易的主要载体。有些是民间自发形成，有些则是州县倡导开设。明代崖州的墟市，据正德《琼台志》记载，较大的有城中市、和集市和大疍店。城中市在州城内，是一处晨市，应是供应城内及附近军民日常生活所

① （明）罗曰褧：《咸宾录》。

需的集市。和集市原称懋迁集，在州城东二里的三叉河边，是一处“官设”的大集市，自景泰以后官方不断资助建设店舍门厅，栽竹挂匾，用以“集黎人交易”，“城市黎峒交易称便”。大疍店在宁远河入海口处东岸的大疍港，主要从事“滨渡舟集货卖”，显然是为了贩买疍家渔获，销售疍船生产生活之所需，有穿行水上的船店，可以想象其时大疍港的繁盛。到了万历晚期，府志记载崖州城内有西门市（在四牌楼）、东门市，表明州城内外人口聚集有较大的增加。原在城东的和集市则已消失，可能与明代中后期“黎乱”加剧有一定关联。代之而起的是州城近郊、宁远河南岸的水南市，显然是此处人口更为密集的缘故。乡村墟市东有三亚市、藤桥市，西有九所市、黄流市，都是较大的都里所在地，而且靠近驿铺，如藤桥市坐落在藤桥村太平驿之右，三亚市则位于怀义乡（在今吉阳镇境内）都许驿之前。驿铺所在是人气聚集的地方，容易形成市集；驿铺设有弓兵，也便于维持治安。这种墟市布局的背后，深刻地反映了社会经济的进一步繁荣。以交换生活必需品为主要内容，兼及部分手工业产品、土特产品交易的崖州商业网络已初步形成。

境内商贸的活跃和墟市的布局，有利于黎汉互市，对促进黎汉交往、民族融合，加速黎峒的封建化进程，有着重要的意义。明代黎族聚居地区与外界的交通往来已更为方便，海瑞在嘉靖二十九年（1550）所上《平黎疏》中即指出，黎峒与其外之州县编户百姓“鸡犬相闻，鱼盐米货相通。其间虽多峻岭丛林，彼之出入往来自有坦夷道路”。官府对于汉黎互市，采取积极扶持的政策，许多“治黎”议论，都主张在黎区设立墟集。崖州在明朝前期于州城东侧开辟的和集市，一直受到官府的重视，原因就在于方便汉黎互市。其后新设的墟市，尤其是州东的三亚市、藤桥市，都靠近黎区。明人罗曰褧著《咸宾录》载：“熟黎能汉语，变服入州县墟市，日晚鸣角结队以归。”①

① 上所引（明）罗曰褧：《咸宾录》、顾岕：《海槎余录》所载，均见《历代笔记中的海南》，海南出版社2012年版。

顾岕《海槎余录》更记载，每逢墟日，黎族妇女“担负接踵于路”上市贸易。崖州滨海平原狭窄，山海相依，山区黎人通过墟市获得沿海鱼盐和铁器农具，沿海汉回民众获得山区土特产品，都很方便。

官府重视墟市建设，倡导黎汉互市，本为“通贸易”，但也是为了征税。万历二十八年（1600）征讨定安黎马矢之乱，为筹集军饷，各地通过墟市征收牛税（牛只交易税），后遂援为例；“间无牛处，收米谷猪鸡等杂货充之”①，显然又不利于繁荣集市贸易。

明代崖州对州境以外的商业活动，主要是通过海运“岁货诸广（两广）”以至福建、浙江沿海一带。光绪《崖州志》记载，琼花宫有明成化十七年（1481）所铸古钟，落款“浙江绍兴府客人杭喜舍洪钟一口，入于琼州府崖州南门五显庙案前永远供奉”。② 此绍兴府“客人”，可能就是长年来往或常住崖州的客商。在外运闽广等地的海南“琼货”中，槟榔、椰子均非崖州主产，崖州主产者有大宗棉花（贝棉），有崖州名产木材如乌木、花梨木、鸡翅木、乌蛇木（虎斑木）等，有海上渔获的玳瑁、砗磲，有本地特产引针石（磁石）、红花、青螺、铁制刀具，有出自黎山的黄蜡、麖皮、沉香、蚺蛇皮、蚺蛇胆等物产。

来自黎区的物产，尤其是花梨木等优质木料，沉香等各种香料，蚺蛇胆等药料，稀有而珍贵，自永乐年间“土贡”“私贡”一开，内地官、商竞相追逐，“海商贩之”，“琼管征之”，不可胜计。③《海槎余录》记载当时的情形：

> 花梨木、鸡翅木、苏木，皆产于黎山中。取之必由黎人，外人不识路径，不能寻取，黎众亦不相容耳。又产各种香，黎人不解取，必外人机警而在内行商久惯者，解取之。④

一群“久惯”深山黎区语言风习的特殊行商，在明代崖州开始

① （明）万历《琼州府志》卷四《建置志·墟市》。

② （清）光绪《崖州志》卷二十二《杂志一·金石》。

③ （宋）周去非：《岭外代答》卷八《槟榔》，杨武泉校注本。

④ （明）顾岕：《海槎余录》。

出现。他们将鱼盐、铁器等生产、生活用品带入黎区，将黎区珍贵特产输送出外地，从中取得丰厚的交易利润。历代关于沉香等各种香料的获取和交易颇具神秘色彩。明末清初名人屈大均所著《广东新语》中记载："诸香首称崖州，以出自藤桥内者为胜。"书中展示了沉香的交易过程：

> 香产于山，即黎人亦不知之。外人求售者，初成交，尝以牛、酒诸物如其欲，然后代客开山。所得香多，黎人亦无悔。如磬山无有，客亦不能索其值也。黎人生长香中，饮食是资。计畲田所收火粳灰豆，不足以饱妇子，有香，而朝夕所需多赖之。①

沉香作为地方奇货，价值昂贵，但黎人并没有待价而沽，多赖其聊补温饱而已。从表面看，交易过程中双方均出于自愿，实则属不平等交易，行商多有欺诈行为。两广总督张鸣冈在抱由、罗活"黎乱"善后的奏章中讲道，应允许黎人告行商"酬价不登（等）""竟不偿值"②，从一个侧面反映了不等价交换是深山黎区行商贸易中的普遍现象。

崖州山货以珍木、香料为贵，海货则以玳瑁、砗磲为珍。自古代以至中华民国前期，渔业多局限于江河和近海作业，远海捕捞则多以龟贝类为对象，以其易于活养或就地取材。其中以玳瑁、砗磲为珍贵。玳瑁属龟类爬行动物，其贵重在背壳，自汉唐始即成为崖州的贡品，后而成为一种具有较高经济价值的商品。入明之后，南海诸国朝贡体系完备，"带（玳）版俱出番国"，而崖州产的玳瑁因"薄小而纹杂"，"俱不堪用"③，地位有所下降，但在商贸交易中仍占一定地位。砗磲是大型贝类，其壳白皙如玉，是佛教圣物。其名始于汉代，因外壳表面有一道道呈放射状之沟槽，状如古代车辙，又坚硬如石，故得名。砗磲"形如蚌蛤而厚大，色白"④，明代崖州是主要产地。

---

① （清）屈大均：《广东新语》卷二十六《香语》。
② （明）《神宗实录》卷五三四。
③ （明）正德《琼台志》卷九《土产下·鱼之属》。
④ （明）正德《琼台志》卷九《土产下·货之属》。

崖州作为海上丝绸之路的重要站点，与海外东南亚国家也有贸易往来。明代府志记载，外国海船停泊崖州，主要在三处港口，一是大疍港及相近的新地港；一是望楼港，“番国贡船泊此”；一是毕潭港（即今三亚港），“占城贡船泊此”。这些“贡船”实际上也允许从事海上贸易。其时官方管理海上贸易的市舶司远在广州府，海上走私贸易常在海南港口出货。至于海盗贸易、遇险停泊贸易，崖州也都可能存在。

五、赋役制度的建立和民众的沉重负担

明代社会经济发展加快，物质财富增多，但是大明王朝为了维持庞大的国家机器运转和满足统治阶级日益腐化的物质贪欲，通过赋税、徭役和杂派对民众的压榨剥削也十分繁重。地处边海南境的海南、崖州，人民群众同样承受着沉重的赋役负担。万历府志编纂者为之感慨：海南“厥土瘠薄，不足当中国（指中原）则壤之下下”，但是“赋敛不一，供役浩繁，加之额外之征，赔绝之苦，民殆不堪命矣”。①

历代海南、崖州的赋税，宋以前的情形史无详载，仅存只言片语；至元代虽有数额可查，记载也不甚清晰。明代盛行编纂地方志，而赋役征敛为地方官第一要务，其详细情形才得以记载下来。

（一）以田赋为主的赋税制度

明代崖州赋税以田赋为正赋，分夏税、秋粮两时段交纳。“夏税，夏月所收小麦；秋粮，秋成所收粮米”。② 海南不是小麦主产区，以征收夏、秋两熟稻米为主。夏税征收的本色米、桑丝、苎麻，所占田赋比重不大；所征收者主要为秋粮米。

根据正德《琼台志》记载，元代海南田赋征收额度，平均每顷为粮米 1.06 石（也即每亩 1.06 升）。明洪武、正德年间则分别为平均每顷征收 4.8 石、4.2 石，比元时苛重数倍。正如正德《琼台志》

---

① （明）万历《琼州府志》卷五《赋役志》序语。

② 《明律集解附例》卷七，转引自梁方仲：《明清赋税与社会经济》，中华书局 2008 年版。

的编纂者所言，明代赋粮的征收总数“凡五倍于元”。直至万历年间，随着耕地的拓展和人口的增加，平均税负才逐渐下降，大抵在每顷2.2~2.3石之间。

琼州府征收的秋粮总额一直介于9.6~8.5万石左右。万历十年（1377）、四十五年（1412）两次大面积田地清丈之后，顷亩数量已比洪武时期高出近一倍，但秋粮的征收没有相应增加，反而少了1.1万石左右。究其原因，在于如上所述单位面积征收量的下降，也即税率的较大幅度降低。这多少反映出，明朝在本岛早期推行高赋税政策，到中后期有所修正，借以稳定农户和农耕。

明代前期田亩赋额的计征办法很繁细。应征对象计有田、地、山园、塘，各按其权属分别官、民，如官田、民田，官地、民地之类，当然以属民者为绝对多数。然后又按田、地、山园、塘的来源、地势、使用等情况分为22“色”，即22种名色，官、民各11色。官11色为：抄没、公职、屯、学院、僧寺、拨赐、备边、叛贼、献官民租、张天、山园；民11色为：田、桑丝、芝麻、苎麻、黑豆、棉花、蓝靛、粮、塘、泥沟、车池。各州县则视实际情况各有不同。如崖州，官只4色：抄没、公职、屯、学院；民只3色：棉花、粮、僧道田。这些田地名色的含义，已难以逐一辨识，史志称大抵是“仿古则壤遗意”。

琼州府田赋征收的科则（税则）是，分别官、民各色田、地、山园、塘的质量划分等级，按等级确定税率。其中官属者分为17个等级，即十七则，最高每亩征3斗5升，最低每亩征1升6合；民属者分为5个等级，即五则，最高每亩征5升，最低每亩征2升8合。显然官属田、地、山园、塘的征收税率相对要高得多，但毕竟征收总额甚少。

如此计算，明朝初期洪武二十四年（1391），崖州（不计感恩）官、民实有田、地、塘1024顷62亩，应缴交的赋税是秋粮米3832.9石，约每亩平均承担3升7合。延至正德七年（1512），崖州官、民实有田、地、塘1102顷72亩多，应缴交的赋税是秋粮正耗米3911.1

石，每亩平均承担仍为 3 升 7 合，百余年间变化不大。所谓“正耗米”，是指正税征收的本色米，外加一定比例的损耗。①

明代中后期土地兼并、隐瞒现象越来越严重，逃避田赋征缴，影响到国库的收入，嘉靖年间皇朝不得不开始土地清丈和业主的确认，延至万历初十年全面清丈之后，对田赋的征收办法进行简化，“改科上、中、下及下下、地、塘等则”。② 也就是说，按土田的质量分几个等级征缴赋税。大体上粮田“殷实坐获二收者（两造）为上”，一收者为中，“一收无几者为下”，其他易受风旱咸涝灾害者为下下，外加地、塘 2 则，共 6 则。各州县 6 则征收标准各有不同。万历《琼州府志》记录崖州只有粮田上、中、下三则，塘一则，其征收标准为：以亩计，上则田为二升三合三勺四抄，中则田为二升五勺五抄三撮，下则田为一升四合二勺五抄；塘则一升二合一勺一抄七撮七圭。

从全岛情况看，上述崖州田赋征收标准低于儋州、澄迈、万州等州县，在琼州府三州十县之中仅高于乐会、会同、陵水。以“上则”为例：万州六升八合，为最高；澄迈三升七合，次之；儋州三升五合，再次之。中则、下则情况也大略如此。

万历初年清丈田亩，崖州土田增至 2179 顷 25 亩；四十五年（1617）再丈，为 2192 顷 26 亩，差别不大，均比正德以前增加几近倍。按照新的田赋计征办法，缴纳的粮米，仅涉及秋粮一项，总额为 3992. 7 石，与正德年间相比，只增加了 160 石，亩均 1. 82 升，明显平均税率降下来了。但是田赋总额并没有明显减少，农户总负担也并没有实际上的减轻，只是通过清丈，“有田即有赋”，相对公平分摊而已。先前乡村豪强营弁兼并占有田地，原额赋税却要强令里甲民户分摊，许多有正义感的地方官员和士绅也为之鸣不平。《崖州志》在关于水南村举人裴盛的记载中即写道：“先是，乐罗、冲育里有绝户荒田十余顷，半为豪右所占，其税摊派于厢甲人户，年年虚纳。又田

① 以上数据均引自（明）正德《琼台志》卷十一《田赋》。

② （明）万历《琼州府志》卷五《赋役志·科则》。

地附城郭者，营弁据为园圃，而税则赔累积五十余石。盛力与清理，田归主而税得征。”① 裴盛于明宣德元年（1426）中举，大约在正统十年（1445）致仕，其事迹正是明代土地兼并情况的一个侧影。

综合上述数据及史志所载全琼情况，可以大略统计出明代前后期崖州（不含感恩县）人口、土田、田赋及其在琼州府所占比例。

> 洪武二十四年（1391），崖州人口 10282，占全琼 3.5%；土田 102462 亩，占全琼 5.2%，人均 9.97 亩；缴交田赋 3832.9 石，占全琼 4%。

> 万历四十五年（1617），崖州人口 17426，占全琼 7%；土田 208200 亩，占全琼 5.4%，人均 11.95 亩；缴交田赋 3992.7 石，占全琼 4.6%。

上述统计，应只是包括所谓“熟黎”在内的登记在人口黄册和土田鱼鳞册上的数字。

崖州田赋占全琼的比重，由洪武时期的 4%逐步上升到晚明时期的 4.6%，可能与崖州人口增加、荒田垦殖的成效有关。但即便如此，崖州田赋在全岛所占的比重仍然偏低，在三州十县中仅高于会同、乐会、昌化、陵水、感恩。这些情况基本上反映出明代崖州在本岛经济中偏下的大略地位。

田赋粮米至明代中后期多“折色”缴交，每石官价一般折银四钱五分。崖州是军事重镇，本州田赋约有 2/3（2593 石）就地缴交军储仓，其余要分别“起运”京库、府仓及儒学仓（用供儒学师生廪膳）。起运外地的还要附加征收少量的“水脚银”，用作盘缠。

除田赋外，还有渔课、盐课和钞课（商税等）的征收。明初规定，商贾所征与河泊所及，各州县地土所产、物力所出，皆差定钞额，折征铜钱，岁解府库，备作官员薪俸。崖州所征主要有盐课、渔课、钞课及其他杂色课程。盐课也是赋税收入的重要一项。崖州的临川场，额定盐正丁 167 丁，其初规定要征收实物税共盐 214 引 90 斤，

① （清）光绪《崖州志》卷之十八《人物志·名贤·裴盛》。

后改为每引课米一石，每米一石折银三钱，共该纳银64两2钱多。盐丁纳税之后，除10年一次的里甲正役依期轮当之外，可免除其他杂差徭役。崖州疍家渔户由河泊所管理并征税，按船或按户计收，总共岁纳渔课米568石8斗，每石折银二钱一分，是仅次于田赋的重要税收。疍家渔户纳税之后同样可免除其他杂差徭役。钞课则包括商税、契本税，另外还有赁房钞、地利钞、花藤牛税、户口食盐钞等杂色课程，税量较少。户口食盐钞1627锭2贯①，按人头征收，是杂税中比较重要的一项。

（二）“土贡”及其演变

所谓土贡，即“任土作贡”之意，专指臣民或藩属国向君主进献的地方土特产品。海南最早向中央皇朝纳贡始于汉唐。唐振州贡金、五色藤盘、斑布食单，宋吉阳军贡高良姜，元吉阳军贡干良姜5斤。② 明初未有土贡。永乐三年（1405），抚黎知府刘铭率各州县土官入朝贡马匹等物，是为明代海南私贡之开始。景泰年间，琼州知府黄瓒以此为例，3年一贡，数额不定，被舆论讥为“剥黎邀功”。后来革除抚黎知府及黎人土官之设，私贡亦随之作罢，但却开启了例行的土贡，进而土贡不以实物，可以折钱代纳，这就失却了“任土作贡”的本意，成为加重民众负担的又一名目。

明代崖州土贡的情况是：

1. 正德以前的土贡，以实物征收为主，兼及折银代纳，包括以下八项：麂皮28张，生漆131斤，翠毛7个，黄蜡50斤，芽茶30斤8两，叶茶9斤4两，以上由里甲派办；鱼胶18斤9两，翎毛6888根，以上由河泊所督疍户派办。麂皮解往南京丁字库，生漆解往工部都水司转送司设监，鱼胶、翎毛解往工部都水司及内府。又附加征收生漆及其他品名，折钱代纳，解供州学使用。

---

① “钞”是官府发行的纸币，每钞一贯折钱二文，五贯为一锭。其时在海南与本位银的对价是：七十锭折银一两。见（明）万历《琼州府志》卷五《赋役志·钞课》。

② （明）正德《琼台志》卷十一《土贡》。

2. 嘉靖之后的土贡，由实物改为折钱，随赋粮带征。除翠毛无征外，其他都增加价额，统谓之“均一料”银。随后工部又增派“四司料”“京估料”银，礼部增派“香品料”银，户部增派“铺垫料”银，兵部则增派“总兵廪给、椽史衣资”银等。崖州具体附加的负担为“额派均一料银”109 两，“续派四司料银”71 两，“铺垫料银”20 两，“京估料银”“军器料银”各 1 两，还要附加“鱼胶料并水脚盘缠”7 两，共 209 两。可见，嘉靖之后在正赋之外的“土贡”负担已明显加重。

（三）地方“均平”摊派及“无艺之征”

赋税和土贡是由国家规定的有名目、有额度的制度性征收。除此之外，还有许多地方性的征收，诸如“百官所需”之“均平”摊派，以及诸多“无艺之征”，实即有名目或无名目的地方征敛，越到明后期越严重。地方之百官“杂需”，包括日历纸札、节庆及庙祭、乡饮酒礼、官员迎送、科举考试盘缠、官府家伙什物、军器料银等等开支，名目繁多，都要“均平”摊派到里甲民户。崖州正德前“杂需”7 项开支，征“均平”银额不及 180 两；万历时期进一步细化，共有 33 项开支，支付银 474 两多，征收额度比起前期成倍增长，“民苦之”。当时人也为之感慨：“均平之害何可胜道哉！”

更有甚者，尚有无名目的“无艺之征”。万历四十三年（1615）七月，总督两广张鸣冈在关于抱由、罗活“黎乱”善后的奏章中说：

> 各官无艺之征，曰丁鹿、曰霜降鹿、曰翠毛、曰沉速香、曰楠板、曰花梨木、曰藤蜡、曰黎米、曰麖皮、曰蚺蛇胆。黎何堪此重困！是不可不竖牌禁者。①

事实上，百官杂需“用度常溢于额外，故官多外派，莫敢谁何”。②“正赋”有额而苛捐杂税无度，这是历代封建统治者共同的弊政。

① （明）《神宗实录》卷五三四。

② （明）万历《琼州府志》卷五《赋役志·均平》。

（四）沉重的徭役负担

除了田赋、土贡及地方杂派之外，民众的另一沉重负担是应征供役。官府杂差如皂隶、门子、禁子、库子、斗级、馆夫、马夫、水手，儒学斋夫、膳夫，巡司弓兵，驿铺马夫、铺司兵，官渡渡夫等等，名目极为繁杂，都要征用丁壮应役轮当，称之为“均徭”。丁壮“均徭”服役，扰乱了民户的生产和生活，因此在成化、弘治年间，实际执行中将役额分为“力差”和“银差”。一些项目不再需要民户直接应役，转为缴纳银两，由官府另行雇用，称之为银差；一些项目则依然由民户直接应役，称之为力差。具体派征时，民户“丁多则力差，粮多则银差”。

崖州正德之前按编制差役额数为263名，其中银差60名。应役者的工食银要从里甲摊派，按照编定的丁、粮（田赋）分担。凡“人一丁，粮一石，上户各编银八钱，中户银七钱，下户银六钱”。[①]由于崖州人口稀少，而且黎图、疍户、盐灶户按规定均免役，因此征缴的丁粮役银不足以支付差役工食。好在丁粮役银是全府三州十县“通融编佥”的，所以要从琼山、澄迈、文昌等县调补崖州。后经历年裁革省减冗役，至万历四十六年（1618）崖州役额才减至119名，实编徭差银942.9两。

与“均徭”类似的另一“丁差”是“民壮”的征用。民壮原为乡兵，后也称机兵、机快。明初规定里甲民户凑够30丁抽一丁为“民壮”，由丁多的户抽壮丁应差充当，其余29丁给应当者补贴。民壮乡兵由官府在农闲时集中操练，平时仍在乡里务农，随时听从召用。崖州额编民壮126名，后来不断有所增减。嘉靖以后改为按丁征收民壮银，崖州征额为855.9两。征收的民壮额银主要用作兵饷，供营寨兵食，已失去乡兵的本意，成为民户的又一负担。

明代随着白银成为本位货币广泛流通，征缴的“本色”实物赋税逐渐转化为“折色”银两，各项丁壮徭役也转化为银两摊派。万

① （明）正德《琼台志》卷十一《徭役》。

历九年（1581），大学士张居正在全国推行一条鞭法，把原来复杂的田赋、丁役和杂税合并起来，折成银两，分摊到田亩上，经清丈之后按田亩多少征收，受到基层官员的欢迎，认为是“简易划一之良法”。但是张居正的改革措施受到占有大量田亩的大地主阶层及其代表人物上层官僚的阻挠而未能推行。而在此期间，海南为镇压黎族反抗和防御海上寇盗，增设水陆营寨官兵，军需与日俱增，名目繁多的饷银征缴，使民众的负担日益加重。

第三节　多民族聚居地的形成

明代重视移民，从人口多的“宽区”迁往人口少的“窄区”，目的在于发展生产、稳定社会，开发和巩固边远地区，增加税收。海南岛地处“海外”，被明太祖朱元璋称之为“南溟奇甸”，有大量的荒地未被开垦，自然成为大批移民的目的地，尤其是在明朝前期。据学者研究，有明一代从内地迁居海南的移民达四五十万之众，其中当以汉族移民为大多数，被许多留传至今的宗族谱牒所记载。大批移民通过不同渠道迁入，使沿海地域不甚宽广的崖州，所操语言除黎语、回语外，汉语言呈现多种方言状态：大体上州城坊间讲军语、正语，属北方方言；城厢及州东三亚、田寮、椰根一带讲迈语，“声音略与广州相似”，实即两广移民；州南番坊、新地、保平及州东多银、永宁一带讲客语，“略与潮州相似”，显然来自闽南、潮州地区。在大批移民迁入的同时，本土黎族封建化进程也在加快。各民族在社会经济文化的发展中相互融合，崖州因之而成为汉、黎、苗、回等族群的共同聚居地。

一、军事移民定居崖州

明初为加强对全国的军事控制，洪武七年（1374）制定卫所制，卫之下为千户所、百户所，大率以5600人为一卫，1120人为一千户所，112人为一百户所。洪武十七年（1384），隶属海南卫的崖州守御千户所正式开所守御，额设旗兵896名，就驻扎在州城内的西侧；

另有屯军224名，在本州境内北山、漓西二处地方屯种。屯军主要来自于旗兵之“余丁”，即“军余”——未正式编入军伍的军籍人员或军籍子弟。

千余旗兵、屯军进驻崖州，然而落户崖州的远不止官兵本身。明代卫所军实行世袭兵制、军户制。“自卫指挥以下，其官多世袭，其军士亦父子相继，为一代定制”。① 军士最初来源于被打败的元军或被朱元璋收编的其他农民起义军，以及犯罪充军的官民人等，入军籍后父死子继、兄终弟及，使得兵制职业化。为了使该项制度得到巩固，除了对军籍有着极为苛严的规定外，还强调：“军士应起解者，皆佥妻”。② 所谓“佥妻”，即是军士携带妻子，当然也携同老幼一起到卫所驻地服役。这就形成了一个人数相当可观的、以军士家庭为基本单位的军事移民群体，也就是后代史志所称的“所人”。由于资料缺失，明代崖州军事移民数量已无法精确统计，但总数应有三四千人。这对于登记在册仅有万余男妇的明初崖州来说，所带来的人口增长是显而易见的。这一群体相对集中居住在州城南厢高山村（今水南村南），也称高山所，名贤锺芳即为高山所人。锺芳称其祖世居于赣（江西），“元末我高大父从宦沦落海峤”③，可能入明即被编进驻崖军籍。东部地区设立营寨之后，又有“所三亚里”（在今凤凰镇境）之称，实即军属“所人”聚居地，同时“番民”（回民）也在此定居。

军事移民聚集的社区，办有教育军人子弟的“所学”，优秀者可升入县学、州学、府学为生员，参加各级科举考试，成名者比比有之。这一移民群体所携带的中原文化、社会习俗等，必然对崖州社会产生深刻的影响。

二、官宦群体落籍崖州

明代州县命官，实行异地任职，九品以上“入流”者须来自外

① 《明史·职官五》卷七十六《志》第五十二。

② 《明史·兵四》卷九十二《志》第六十八。

③ 见锺芳：《锺筠溪集》卷六《锺氏族谱序》，海南出版社2006年版。

省，不入流者也多从外州外府调入。朝廷通过行政手段，不间断地从全国各地向海南委任官员，以加强中央集权，实行有效统辖。

自洪武九年（1376）陕西监生刘斌为首任崖州知州，至崇祯末年福建晋江举人丁家进任知州止，明代270多年中共有52人从外省被委任为崖州知州。在佐官中，先后任职者有州同9名，州判45名，吏目32名，学正40名，训导61名。以上主佐官共239名，还有各处巡检司巡检因史籍缺载未计在内。同处州城内的宁远县（洪武年间曾一度移至城外水南村），至正统四年（1439）撤县为止，先后任职的知县、县丞、主簿、典史、教谕等主佐官共计19名。以上州、县官共258名，除去8名任学正、训导者为海南岛内其他州县人外，其他职官都由内地人员担任。

官员赴任并无携同眷属的规定，但往往一官上任，家人及随从相关人员会一同迁往。其中一些人会在此落籍，成为崖州的永久居民。

尽管官宦群体数量不大，但其文化背景深厚，所处地位也不同，与军户群体有本质的区别。他们大多数由科举起家，接受过儒家文化正统教育，文化素养都比较高，进士、举人不乏其人，贡生、监生更为常见。身为朝廷命官，在州内权高位重，是国家政令的具体执行者和儒家文化的传播者，同时也是本州内相关行政措施的制定、颁布者乃至实施者。这些来自全国不同区域的流官，他们中的多数人深受儒家“修身、齐家、治国、平天下”理想的熏染，企望有所建树，同时朝廷对官员也有比较严格的考核制度，以之作为“等第升降”的依据，因此一般都比较注重政绩。①

明代在崖州任职的官员，在保境安民、发展农业生产和兴办文教事业等方面，许多人作出过贡献，他们的事迹被载入地方志，被称之为“名宦”。诸如正统初年广西永淳人梁正任宁远县主簿时，大力倡

---

① 明代对地方官的考核，一曰“考满”，实即离任考绩，分为称职、平常、不称职，上中下三等；二曰“考察”，实即任中考查，其目有八：曰贪，曰酷，曰浮躁，曰不及，曰老，曰病，曰罢（疲），曰不谨。见《明史》卷七十一《志》第四十七《选举三》。

导水利灌溉。“导民筑陂，灌田三千余亩”，“开伏沟、探沟，引望楼河水灌九所、四所、乐罗、罗马等处田一万余亩”，“引抱旺塘水灌那罗、抱贵等处田一千余亩”。[①] 梁正无疑是一位实绩卓著的官员，也是水利专家。他所倡筑的水利工程，有的至近代尚且受益。又如成化年间的知州徐琦，在崖州为官20年，“为政宽厚，不尚苛刻。改建学校、桥路，兴水利。选民间子弟俊秀者，教之读书，俾知礼义”；正德年间的知州陈尧恩，“开马丹、中亭诸沟，以疏水利；筑长桥、留坊等道，以通马车”；万历年间的知州郑邦直，“兴利除害，缓征恤刑，加意茕独，作养人才。尝捐俸金买田，以赡学校”[②]；万历年间的崖州学正罗士俊，“尝以大行训多士”，退还孤寒学子送给学师的酬金，鼓励兵民固守抗击倭寇入侵；等等。

晚明两位耿直为民、清廉为官的知州，更令崖州官民为之感动。

一位是广西桂林举人朱弘，崇祯七年（1634）任崖州知州，在任期间关心民生疾苦，灾年不忍催收赋税，宁肯遭上司谴责而不顾自身安危，因而为州人所思念：

> （朱弘）仁恕爱民。（崇祯）八年大祲，（朱弘）不忍催科，赋不及额。郡守及台使数加诮让，弘上《奏记》，略曰：“降黜是甘，不忍令愚氓剜肉竭髓也。”……考满当迁，以简傲忤中贵，报罢。归，士民泣送百余里。[③]

另一位是湖广黄梅廪生瞿罕，于崇祯十二年（1639）受荐辟任崖州知州。崖州黎人在规定赋额之外，每月要另给州官再缴交粮米30石。瞿罕到任之后，毫不犹豫把这一项“额外之征”给免除了。他说：“国家岁给禄糈，何为乃复命诸黎供米?”崇祯十五年（1642），瞿罕因病离任。离职时两袖清风一无所取，感动一方百姓：

> （瞿罕）壬午冬以病归。临发（行），启箧（打开箱囊）令民共视之，曰：“有一物自崖出者，听汝属持去，不汝禁也。”

① （清）光绪《崖州志》卷十七《宦绩志一·名宦》。
② （明）万历《琼州府志》卷九《秩官志·名宦》。
③ （清）光绪《崖州志》卷十七《宦绩志一·名宦》。

既出郭，单骑以去。士民祖饯（饯行）百余里，各悲不胜。①

来自内地的明代崖州官宦群体，传播中原传统文化，执行中央政权律令，推行农商经济，兴办儒家教育，对处地偏远的崖州社会发展所起的历史作用显然不可小视。通过他们的传播，崖州也更为外界社会所了解。

三、黎峒封建化向前推进

明初实行“以峒管黎”，进而演变为“峒首管黎”，对黎族执行“招抚”政策，至永乐年间又推行土官制度。虽然这一制度后来滋生了不少弊病，但是总的来说，明代前期黎汉关系比较缓和，黎峒融入官方社会管理的封建化进程平稳推进。据正德《琼台志》舆图所标示，崖州 92 个黎族村峒中，已有“熟黎”村峒 44 个。其分布情况是：以州治为界，东部“生黎”22 个、“熟黎”22 个，西部“生黎”26 个、“熟黎”22 个。生熟黎明显呈南北分布，48 个“生黎”村峒基本上都在北部深山。②

居住在南部丘陵台地以至沿海的“熟黎”乡村，与汉、回、疍相邻而居，有的已相互杂居难分彼此。“熟黎”地区的生产力水平已经有了较快的发展，普遍使用汉族的铁器农具并学习汉族的耕作技艺，如耘耕、施肥等。有水利条件的黎村，还能够“以竹筒装成天车，不用人力，日夜自动车水灌田”，“栽稻二熟”。旱坡地则“杂植山萸、棉花，获利甚广”。③ 黎汉之间的商贸集市也十分繁盛，“四境妇女担负接踵于路”，富有黎家还派侍妾从商谋利。正如海瑞在《平黎疏》中所讲，这些地区的黎族民众已与汉族一样编籍，“悉输赋听役，与吾治百姓无异”，甚至有些已被“汉化”，难分汉黎了。

至于北部山区的所谓“生黎”聚居区，也并非铁板一块。居住五指山腹地，远离州县，与外界不相往来，被视为“不沾王化”的

---

① （清）康熙《琼州府志》卷六《秩官志·名宦·州守》。

② （明）嘉靖《广东通志》记载崖州黎峒为数也是 92，但名称与正德《琼台志》多有不符，估计是因为黎村迁徙无定所致。

③ （明）顾岕：《海槎余录》。

深山黎峒，毕竟只是局部。由于交通的阻隔，政权管辖难以伸及，封建文化也难以传播，这一地区的黎人仍过着“巢居火种”的“合亩制”原始社会生活，被称为“歧黎”。而大部分“生黎”地区，则处在封建化也即所谓“向化”的过程之中，尽管这一过程充满着曲折甚至军事血腥。封建政权的统治已经深入这些地区，生产发展和文化渗透随之渐进。以地处崖州西北部的抱由、德霞、千家、罗活一带而言，其间“德霞之膏腴，千家、罗活之饶足”①，屡有记载。这里的黎族民众接受峒首土官的管理，耕田纳赋，但不供役，与“登版籍”的“熟黎”尚有差别。史籍记载，这一带民性剽悍，不堪地方官及土官峒首的欺压，有明一代不断起而抗争，大小“黎乱”不断，屡遭官军残酷镇压。万历四十三年（1615）七月，在平定抱由、罗活最激烈的一次“黎乱”之后，由总督张鸣冈提出，在罗活峒建立“乐定营”、德霞建“归德营”、抱由建“乐安营”。② 随着乐安营、乐定营的建立，封建统治以军事手段向黎区纵深推进，崖州西北部最为强大的“生黎”村峒逐渐化而为“熟黎”地区。

明代崖州黎族聚居区域发展不平衡，但总的趋向是封建化进程加快。大部分地区黎峒的“合亩制”在瓦解，土地私人占有的状况与汉区几无二致，土官峒首往往就是黎区的地主豪强。而地方封建政权向黎区的推进，则从上层促进了黎区封建制度的确立，巩固了封建化的成果。在这个意义上说，“向化”实质上就是封建化。

四、回民居住区的集聚

崖州地处岛南，有着漫长的海岸线，为历代穆斯林从海上就近登陆提供了有利条件。唐代波斯、阿拉伯商人沿海上丝绸之路进行贸易，因台风和海盗掳掠等原因而落籍海南岛东南沿海；宋元之际占城人举家避乱入居海南沿海各地，迁入人口更多。到了明代，又有从国内其他地方迁移到崖州来的回民。元朝在海口设立的“番民所”，到

---

① （明）郑廷鹄：《平黎疏》，见（清）道光《琼州府志》卷三十八《艺文志·疏》。

② （明）《神宗实录》卷五三四。

元末明初其番民已散处各地，应当有迁徙到崖州来的。又如《崖县三亚港蒲氏简谱》所记载："臻明朝，因黎叛，官府追迫粮税，多逃散各处，如儋州、万州、琼州、三亚等墟，居住安身。"① 这也是从岛内的其他地方迁来崖州三亚。

外来穆斯林落籍崖州，政府干预甚少，基本处于"听民自便"的状态。宋元间到来的占城人多散居在大疍港、酸梅铺等沿岸地方，既从事种植也从事海上捕捞，至明代崖州沿海台地遂出现许多番村、番坊、番浦。但逐渐趋向于聚集而居，其中心有二：一是州东一百里的番人村，属三亚里（万历年后称"所三亚里"），那里在洪武年间即建有礼拜寺，"中只作木庵，刻番书。以一人为佛奴，早晚鸣焚。有识番书称先生者，俱穿白布法衣，如回回之服。寺中席地念经礼拜，过斋日亦然"。显然这是回民的宗教场所。另一是州南三里的番村，属番坊里，那里建有佛堂寺，"堂制、礼念与礼拜寺同"②，实际上也是回民的宗教场所。这种状况一直延续至明末清初，但可能州城南部沿海的回民继续向州城东部的所三亚里集聚，至清乾隆《崖州志》就只记载"今编户入所三亚里"；光绪《崖州志》则更明确"后聚所三亚里番村"，并且州南的番坊里、番村也从乡都设置的记载中消失了。

五、苗兵苗民迁入崖州

明朝统治者曾先后三次从内地调遣"狼兵"（也称狼土兵、俍兵）来海南镇压黎族民众的反抗。第一次是弘治十四年（1501）平定儋州符南蛇起义，第二次是嘉靖二十八年（1549）平定崖州那燕"黎乱"，第三次是万历四十一年（1613）平定崖州罗活、抱由等峒"黎乱"。三次调遣"狼兵"，其中的两次与崖州直接有关。

嘉靖二十八年（1549）八月，崖州黎人那燕发动"黎乱"，聚众至四千人，反抗官兵的欺压。朝廷即"发两广汉达、土舍兵九千剿

---

① 蒲姓族谱引文，见唐玲玲、周伟民：《海南史要览》第七章，海南出版社2008年版。

② 礼拜寺、佛堂寺引文，均见（明）正德《琼台志》卷二十七《寺观》。

之”。但感恩、昌化诸处黎人群起响应，“至攻毁城郭”，海南西南部局势十分严峻。为此，本岛士人、吏科给事中郑廷鹄上疏，请调狼兵参战：

今日黎患非九千兵可办，若添调狼土官兵，兼召募打手，共集数万众，一鼓而四面攻之，然后可克尔。①

兵部认为郑廷鹄的上疏所言“甚当”，明世宗从而认可，由广西调来“狼土官兵”，招募“打手”，到崖州平息“黎乱”。这些“狼兵”便是苗兵苗民组成的军队，平息“黎乱”之后留在了崖州。

第二次调“狼兵”来崖州是万历四十一年（1613）八月。前一年冬天，罗活、抱由等黎峒爆发了有明一代崖州最为激烈的“黎乱”，震动儋、崖、琼、定诸州县。为平息事态，总兵王鸣鹤“督各路官兵，并西粤狼兵，云集征剿”。② 经过近一年的战争，事态终于被平息。地方志对此作如下记载：

（万历）四十二年，征平罗活贼，奉文清丈黎田一百一十九顷四十二亩零。该参将何斌臣议，将三十顷与广西药弩三百名为屯田，每名十亩，岁抵月粮二两四钱存田。③

由此可见，这次前来的“狼兵”，有“广西药弩三百名”，实即苗兵。战后，他们作为屯兵在崖州定居；屯田制度废除之后，进入深山开荒种旱稻，繁衍后代，生存下来。至今，三亚有些苗族同胞都认同，他们的入琼入崖祖先，多是明代从广西来的。由于他们的迁入具有军事移民的特殊性，所以族群相应的社会组织和习俗被较为完整地保存下来，成为明代崖州多民族中的一支。

六、崖州疍民海陆两栖

疍民是一个以舟为室、视水为陆、浮生江海的群体。早期疍民多游离于“编户齐民”之外，自唐以后才“记丁输课”。明洪武初年，

---

① 明《世宗实录》卷三五一。

② （明）万历《琼州府志》卷八《海黎志·平黎》。

③ （明）万历《琼州府志》卷七《兵防志·屯田》。

开始对他们“编户立长，属河泊所，供渔课”。① 然而，明太祖规定“设立蛋户、渔户、教坊等名色，禁锢敌国大臣之子孙妻女，不与齐民齿”②，蛋民整体沦为社会底层，受到歧视。但海南和崖州的蛋民，在明代编户入籍之后，向渔民化方向转变。

《琼台志》对正德七年（1512）全岛各州县蛋民人口数字做了统计，总数有 1913 户，8733 口。其中崖州蛋民户、口均列第一，计 349 户，1593 口；其次是儋州。③

崖州蛋民的聚集地基本上围绕着州南的保平、番坊、大蛋和州西的望楼港等濒海诸处。受倭寇、海盗侵掠的影响，其活动空间也常有变化。至万历时期，蛋民有向东至“所三亚里”扩散的趋势；明末清初，则又回归保平、大蛋、望楼港等地分布。蛋民向东扩散，与海贼寇扰有关。万历时期，“大蛋”一地不见载于方志，可能的原因是：嘉靖四十五年（1566）十二月，海贼“何乔、林容犯崖州，突入大蛋港”。及万历三十一年（1603）二月，又有“贼船突至崖州大蛋港”④，加上海上倭寇、海盗对该地的袭扰，使得蛋民群体居无宁日，他们不得不向其他地方漂移。

海南蛋民以渔业为生计，但并非完全以船为家，他们也在海边沙洲搭屋居住，“茅檐垂地，或从屋山头开门”。崖州的蛋民则除从事渔业外，也种山园置产业，养牛耕种，妇女纺织布被，已经是一个山海两栖的群体。比起闽粤沿海来，海南的蛋民“办渔纳课”，生性淳良，生存环境也相对宽松。

第四节　明代崖州的军事建设

海南于洪武元年（1368）年末归附明朝之后，洪武二年

① （清）王锡祺编：《小方壶斋舆地丛钞・说蛮六》。
② （清）顾公燮：《消夏闲记摘抄・凤阳人乞食之由》。
③ （明）正德《琼台志》卷十《人口》。
④ （明）万历《琼州府志》卷八《海寇》。

(1369)，朱亮祖、耿天璧统率征南大军陆续撤回内地。八月，由广西卫指挥佥事孙安（原兵部侍郎）率千户周旺、百户吴成等人，统领收编的元末农民起义军残部1000多人前来海南镇守，开设广西卫海南分司（洪武三年海南改隶广东后改为广东卫海南分司）。元末遗留下来的黎兵都被遣散为民。此后又陆将内地收编的溃散农民起义军和元朝旧军，以及充军的官吏户丁，陆续遣送到海南戍边，最多时达万数千人，并于洪武五年（1372）由海南分司升格开设海南卫。鉴于海南“内黎外海”，既要控制“黎乱”，镇压黎族人民的反抗，又要防御沿海倭寇和海盗的袭扰，因此明朝统治者从一开始就十分重视海南的军事建设，其军事布局和军事力量，比此前任何朝代都更加完备和强大。

一、明朝军事制度在崖州的实施

明朝夺取全国政权之后，为加强军事控制，洪武七年（1374）制定卫所制：“每卫设前、后、中、左、右五千户所，大率以五千六百人为一卫，一千一百二十人为一千户所，一百一十二人为一百户所，每百户所设总旗二人、小旗十人。”① 洪武五年（1372），原隶属广东卫的海南分司升格为海南卫，隶属于广东都指挥司，设都指挥一名率官兵守御，是琼州府境内最高军事机关，治所就在府城琼州府的东侧。海南卫除按编制下领五个“附卫”千户所（总称内五所）外，因海南四面环海，又下设六个外守御千户所（总称外六所）。附卫五千户所是左所、右所、中所、前所、后所；后所驻扎海口城，其余四所均驻扎在海南卫治所左右。外守御六千户所沿海布列，守卫海疆，分为东路三所和西路三所。东路三所是清澜守御所、万州守御所、南山守御所（在今陵水县新村港），西路三所是儋州守御所、昌化守御所、崖州守御所。内外11个千户所均在洪武年间先后设立，最盛时官兵达1万余人。

崖州于洪武十三年（1380）由海南卫右千户所派百户领军守御，

① 《明史·职官五》卷七十六《志》第五十二。

十五年（1382）又以“安置官吏户丁”充军崖州，十七年（1384）才正式设立守御所，驻扎在城内州治以西。千户所设正千户1员、副千户2员，百户所百户10员，镇标1员，吏目1员，额设旗军896名、屯军224名。近千名的常备军驻扎崖州，守卫南疆。千户所下领10个百户所。每个百户所有旗军112名，分别由百户一名率领，镇守辖区营寨，包括有专门巡视海面的备倭旗军和战船。百户所下领2个总旗，每个总旗下领5个小旗，每个小旗有军士10名。这是卫所旗军内部结构的一般情况。

崖州所守御的境域，大抵就是包括感恩在内的崖州全境，其东北有南山所，西北有昌化所，彼此衔接，相互呼应。除平时守护本境外，有事听从海南卫的指挥调度，由本所军官率军哨守其他紧要地方，有时还要出岛征战。崖州地处海上丝绸之路重要站点，南海周边藩属国贡船多停泊崖州港口，崖州守御所常常要派官兵护送到京；朝廷使臣出使藩属国，往往也要派兵护行。因为崖州“黎情甚重”，况又濒临南海，“时有扬舲之警”（倭寇骚扰），因此崖州守御所备受重视，海南卫指挥常前往坐镇。

由于明朝实行军籍世袭制度，一旦为军即父死子继，除非通过科举或荐举进身官阶；而军士征调频仍，又饱受军官欺侮克剥，因此逃亡现象十分严重，正德年间已逃亡过半，至万历年间崖州所“现在操军”仅剩下277名，逃逸达619名，占总额的69%。士兵逃逸非止崖州，在全岛具有普遍性。旗军的大量逃亡，大大削弱了驻军的兵力，无法担当起息境保民的重任。朝廷不得不对军制实行改革，改变严格的世袭军户制度，采取招募的办法，以保证兵员数量和质量。隆庆元年（1567），以“水陆募兵”加强卫所旗军。万历元年（1573），海南卫设扬威前、后、左、右四营，其中扬威右营官兵391员名，部署在岛南，分别防守崖州城、感恩城、陵水城、回风岭、藤桥镇及南万黎峒等地。万历后期，位于崖州黎区的乐平营、乐安营、乐定营也增兵加强防守。鉴于嘉靖以后倭寇、海盗骚扰日益猖獗，万历十八年（1590），副使孙秉阳又设白沙水寨（总部在海口白沙港）

三亚分寨，拨兵船 27 只，加强海上守备；至万历四十五年（1617），白沙水寨分为东、西二路，设左、右、前三司，分哨防守策应，其中水寨前司镇守崖州，分管三亚、保平、感恩三港，有兵船 18 只，官兵 300 名。扬威右营及三亚水军寨司的设立，加强了崖州的海防力量，对于万历以后沿海相对安定发挥了一定作用。

正统四年（1439）以后，海南各千户所驻军均有屯田，主要用以安置老弱“军余”，兼就地担负防务，规模都不大，而且时办时停，主要集中在琼北地区，田地为“平黎”后所没入的黎人土地和新垦荒地。崖州所屯田在州境内，有北山、湳西二处，均在州东藤桥、田独一带。屯军每名种田 20 亩，规定每年获米 18 石，其中 12 石作为屯兵自食岁粮，6 石上缴纳官。但屯军与守城旗军一样不断逃亡，以致“荒怠废业”，“有屯无军”，并没有真正起到“养军”“裕军”的作用，田地也逐渐被地方土舍豪强所侵占。崖州所屯军原额 224 名，后逃绝 191 名，到万历年间就只剩 33 名，其衰败可想而知。

卫所旗军（包括水军）、水陆募兵是驻守崖州军事武装力量的主体。在此同时，列入军事序列的武装力量还有巡司弓兵、民壮机兵、土舍黎兵和保甲乡兵等。

巡司弓兵是常住各地巡检司的兵差。洪武年间，朱元璋曾下达敕谕：“设巡检于关津，扼要道，察奸伪，期在士民乐业，商旅无艰。”① 万历《大明会典》也载巡检司的职能是“提督盘诘之事”。关津、要冲之处，是设置巡检司的主要地点；盘查过往行人、稽查无路引外出之人，缉拿奸细、截获脱逃军人及囚犯，维护正常的商旅往来，是巡检司的主要职责。凡设有巡检司（简称巡司）的地方，官员和吏员、兵差均纳入州县编制，巡检司所配弓兵均由地方丁壮应差。琼州府所设巡检司多为“防黎”，明初共有 22 处，每处额设弓兵 100 名；后来逐渐精减，至万历年间只设 12 处，每处设弓兵 8~12 名，只有陵水牛岭巡检司所设弓兵多至 28 名。在崖州境内的巡检司

① （明）《太祖实录》卷一三零。

计有 3 处，每处设弓兵 8 名。属于西路的 2 处：通远巡检司，先设在州西黄流村，正统十年（1445）移至郎凤岭下；抱岁巡检司，先设在州西抱岁村，永乐间移至乐罗村。属于东路的 1 处：藤桥巡检司，设在州东永宁乡。

民壮也称“机兵”或“快手”，属地方武装，从民户 20～50 岁的丁壮中征调，农闲时集中操练，农忙时仍务农为民，听从佐官征调，维护地方治安。应征者可免交户内二人丁粮，操练或出征时官府供给鞍马兵器及食粮。应征民壮每 10 名编一小甲，每五小甲编一总甲，每十二总甲统领于一都长，定期在民教场集中操练，大体上是春、夏、秋各二操，冬季三操。民壮人数时有增减。正德年间崖州编民壮 142 名，其中总甲 2 名，小甲 14 名，民壮 126 名。嘉靖十六年（1537），御史戴璟奏准以“粮编法”① 募骁勇之人充任民壮机兵，每名给工食银 7 两 2 钱，器具银 2 钱，时常操练。也就是说，向民户征收民壮粮银，由官府另行雇募。实际上民壮额银越来越多被挪作兵饷，逐渐失去了民壮的原本意义。

土舍黎兵指的是以黎人充乡兵，由土舍率领，平时设营扼守黎族聚居地区关隘要地，有事听从官军调发。因黎兵熟悉当地地形，又善翻山越岭，因此官军平定“黎乱”时常被用作前锋和向导。琼州府设有土舍 41 所，各所黎兵数额不等，共约有两三千名。崖州设有土舍 9 所，多在西北部抱由、罗活等地，兵员数无定。率领黎兵的土舍多为黎峒豪强，他们倚仗地方武装，勾结地方官吏，欺压、掠夺所在地黎族百姓以至邻近汉族乡民，往往成为引发“黎乱”的导火索，因此在万历四十年至四十三年（1612～1614）平定抱由、罗活“黎乱”之后，村峒编为里甲，土舍被废除，改为“粮长”（应年里长）负责黎地治安。

此外，隆庆、万历年间因海寇猖獗，又调集里甲丁壮，由官军派人于每月初二、十六就地操练，用以乡村自卫。此即所谓“保甲乡

① （明）万历《琼州府志》卷七《兵防志·兵制》。

兵”，也称“乡勇”。

以上为明代崖州陆、海军事防备力量，借以维护社会治安，镇压人民反抗，抗御倭寇、海盗。

明朝部署在海南的军事力量比以往历代都强大，为了加强军事管理，防止兵备懈弛，成化八年（1472）朝廷在海南设置兵备道，驻扎兵备宪臣（按察副使）一员，监督本岛军事。万历四年（1576），海南乡贤王弘诲在南京翰林院任职时，奏准海南兵备道兼任提学道，就地巡察考核琼州府属州县学校师徒，主持生员院试；海南学子再不必远赴雷州接受督学调考，免除昔日所遭受的渡海之险。

二、明代崖州的军事设施

明代崖州驻军先后修建了一系列军事设施，借以防御“山海之乱”，包括城池、营寨、营堡、烽堠等。

（一）城池

崖州千户所城，实即崖州城，也称之为军城。州治在东，千户所在西，均在城中，演武亭（教场）则建在城西郊。筑城为御寇以自卫。明洪武九年（1376），在元代遗留旧城墙的基础上，重砌以石；十七至十八年（1384~1385），扩建城墙3里多，城周围513丈5尺、高2丈、厚9尺；开3处城门，上各建敌楼，门外增建月城。城墙上设雉堞1017处，窝铺20处。城外壕堑长557丈，深1丈5尺，周围栽植刺竹。正统元年（1436），在3处城门外建吊桥；成化间又增筑马墙。弘治十八年（1505），命名东城门为“阳春”、西城门曰“镇海”。崇祯间（1628~1644），又重修城墙，增高3尺。崖州城将军事与政治纳入一城之中，这与当时岛内儋州、万州、琼山、昌化等州县城池基本一致。

作为驻军城堡，崖州境内还先后建有郎勇城和乐安城，均在北部黎族聚居山区，用以驻军控制“黎乱”。郎勇城在在州城东北8里高处，正德十四年（1519）知州陈尧恩置建。城墙周围240余丈，高8尺，厚4尺，以砖石砌筑，开城门3处。后因地方平静，军队撤走而废弃。乐安城在州城北150里抱由口前瑞芝山（又名烂红沟）地方，万历四十四年（1616）平定抱由、罗活“黎乱”之后，作为善后措施题请兵部批覆修筑，屯兵戍守。城墙周围400丈，高1丈2尺，以砖包砌。开3处城门，东曰“绥定”，南曰“顺昌”，西曰“镇安”；城门上建敌台4座。建成之后，乐安营即驻扎城中。

（二）营寨

驻扎崖州的旗军和水陆募兵，除州城之外，嘉靖之后“黎防”“海防”形势严峻，因此在近山近海地方布设营寨，驻军以就近控御。嘉靖十六年（1537）海南兵备副使顾可久在崖州巡视，从东到西布设牙刀、乐罗、否浅、抱活、罗蓬、半巅、残宇、椰根、千家、抱怀、莪茶等11大营，大营之下又设27个子营，形成驻军网络。但是兵力分散，后来都废弃了。万历以后则适当集中设营。如万历元年（1573）在州城建扬威右营，专职“防海”。万历二年（1574）建回风岭营，驻官兵83员名防守；又有藤桥营，驻官兵58员名防守，均为“防黎”。万历十八年（1590），又兴建白沙水寨三亚分寨，配兵船27只，是专职“防海”的崖州水军。万历四十二年（1614）在镇压抱由、罗活“黎乱”的过程中，崖州陆上兵力，集中设营驻扎在西北部地区。计有：乐安营，在州城北150里，驻官兵400员名，后筑成乐安城；乐定营，即苗兵药弩营，在州城北170里，驻官兵300员名屯守；乐平营，在州城西北120里，驻官兵91员名。

（三）营堡

为“防海”和“防黎”，自正统十年（1445）至弘治十一年（1498），海南卫在环岛设置驻军营堡，计有东路9堡、西路21堡，每堡各由千户所派驻旗军30名防守。崖州境内营堡属西路，共有13堡：深沟（城东15里）、郎凤（城东25里）、多银（在官道）、抱陀（在官道）、郎芒（城西北5里）、高村（城西北15里）、山麻（城东北5里）、落机、高岭东、高岭西、望楼、榆林、多零。

（四）烽堠

烽堠即烽火台，又称烟墩，用于点燃烟火以传警情，是重要的军事防御设施。明代为了有效地防御倭寇、海盗，将中原地区在长城沿线布置军事防御设施的办法移植到海南。洪武年间，令沿海各地“量其险易，建立卫所备御倭寇。陆置烽堠，水设哨船，无事则各守地方，有警则互相策应”。[①] 明初本岛“沿海紧关去处设立一百六座，差兵夫昼夜瞭望，遇警放烟”。[②] 崖州的烽火台有 11 处，均建在沿海地区，计有：榆林、三亚、临川、白石、甘露、南山、郎栖、乐罗、望楼、佛老、黄流。每处派旗军一名守望，一旦出现敌情，便燃放狼烟，报警御敌。

第五节　海上贸易与反倭寇海盗斗争

明代比前朝更加重视对海疆的管辖。为了防止海外侵略和倭寇勾结本地盗贼扰害，洪武间即实行海禁，“片板不许下海”[③]，明文规定敢有私下出海与诸“番国”互市贸易者必置之重法。但是朝廷对周边诸“番国”实行羁縻政策，在定期接纳进贡的同时，允许贡船载“方物”与中国贸易，并在宁波、泉州、广州设市舶司和提举官进行“朝贡贸易”的垄断管理。以郑和七下西洋为代表的朝廷出访船队频赴周边海国通问考察，肇自西汉的海上丝绸之路往来频繁。崖州面临南海，独特的地理位置，使之成为海上丝绸之路的重要站点，发挥了朝廷与南海诸国交往的平台作用。往来贡船、商船以崖州为补给基地，同时崖州也是打击倭寇和海盗的前哨阵地。

一、大明王朝的南海视野

明王朝前期国势兴盛，朝廷以前所未有过的开阔视野注目南海，与东南亚国家友好往来。从明成祖永乐三年（1405）到明宣宗宣德八年（1433），28 年间，郑和奉皇帝之命，打造大批宝船、坚船、大船，七次率领庞大船队（每次五六十艘，载两万多人），携带大量礼物和商品，巡航南海，访问东南亚、印度洋沿岸 30 多个国家和地区，

---

① （明）《英宗实录》卷二十七。

② （明）正德《琼台志》卷二十一《海道・海防》。

③ 《明史》卷二百五《列传》第九十三《朱纨传》。

最远处到达红海与非洲东海岸。这是明王朝海外活动的旷世之举，在中国历史上和世界航海史上都没有先例。其影响之大，自明以来，一直“远播外番”，“莫不盛称”。①

郑和七下西洋，多次经过崖州附近海面。特别是前三次，郑和的船队主要在南海周边活动，曾一再访问与崖州仅一水之隔、交往频繁、顺风舟行一日可至的占城国（在今越南中部），以及东南亚其他国家。这些盛大的海上国事活动，对崖州的影响可想而知。崖州以至整个海南，对南海诸岛以及南海周边诸国，有了更清晰的认识。

撰写于宋代的《琼管志》，记载吉阳军的地理方位时称：“南与占城相对，西则真腊、交趾（安南），东则千里长沙、万里石塘”。②这里所说的占城、交趾、真腊，均为南海周边国家或地区；而“千里长沙”、“万里石塘”，便是今日所称之西沙群岛、南沙群岛。到了明代，正德《琼台志》及其后的万历《琼州府志》，在记叙整个海南岛的地理方位时，采取的也是这一表述。③ 值得注意的是，受郑和七下西洋的影响，万历《琼州府志》便有了对南中国海以至孟加拉湾、阿拉伯海周边各个国家（统称“西洋国”）和地区，以及东海周边诸国（称“东洋国”）的明确记述，反映了海洋经略意识的增强。其中“东洋国”记载了琉球国、日本国、韩国等，“西洋国”中所记载的南海周边国家和地区（包括明王朝藩属国）则有：

安南都统使司，在琼海正西。东至海三百二十里，与儋、昌相值。南接占城界千九百里。东南泛洋接，可一日程。西至云南，北至广西。

占城国，在琼州西南。东至海百二十里，西际爪哇，南接真腊，北连安南。东西五百里，南北千里。

---

① 《明史》卷三百四《列传》第一百九一《郑和传》。

② 原书已失传，转引自（宋）王象之：《舆地纪胜》卷一二七《广南西路·吉阳军·风俗形胜》。

③ （明）正德《琼台志》卷四《疆域》；万历《琼州府志》卷三《地理志·疆域》。

真腊国，在占城西南，顺风三昼夜可抵。东际海，西接蒲甘，南连加罗希，北抵占城。

爪哇国，在真腊南，海中洲土。东至海一日，泛海半月至昆仑国。南至海三日，泛海五月至苏门答剌。西至海四十五日，北至海四日。西北泛海十五日至渤泥国，又十五日至三佛齐国，又七日至暹罗，又十日至柴历亭。

三佛齐宣慰使司，在占城南，相距五日程，居真腊、爪哇间，管十五州。琼人被掳，多自其地逃回者。

暹罗国，古赤土也，在占城极南。本暹与罗斛二国，后合二为一。东接波罗剌，西波罗婆，南诃罗旦，北距大海。地方数千里。

渤泥国，在西南大海中，爪哇属国。南去爪哇十五日程，北至佛齐十四日程，东至占城三十日程。琼人被掳，常鬻于此，多有盗船逃回者。

满剌加国，占城南，自三佛齐顺风八昼夜可达。

苏门答剌国，在占城之西洋中，古大食国也。南接宾童国，东北接雪山葱岭，西北与大秦相连。自满剌加顺风九昼夜可达。①

此外还有印度洋周边的锡兰山国、佛郎机国、柯枝国、溜山洋国、大小葛兰国、木骨都束国、古里国、卜剌哇国、忽鲁谟斯国、剌撒国、阿丹国、天方国等。视野所及，明显已达阿拉伯世界。

上述对南海周边国家和地区地理方位的描述，几乎都以占城国为坐标。宋元以来占城与海南的往来十分密切，顺风扬帆一日即到崖州。到了大明王朝，在与南海诸国的交往中影响很大的一件事，就是占城国王子古来在崖州受封为王，然后由朝廷派使臣护送回国，废掉了由安南国安排的伪王，名正言顺当上了占城国国王。明朝皇帝主持正义、维护正统，在各藩属国获得了更高的威望，崖州从此也留下了

① （明）万历《琼州府志》卷八《海黎志·海夷》。

更多的占城人，崖州与占城的交往更为频繁。

明初，安南国（今越南北部）奉行对外扩张政策，不断侵占邻国占城的土地。永乐初年明成祖朱棣曾多次派使臣到安南，劝说安南把侵占的土地归还占城，两国修好。但安南不予理睬，还设计骗局把明成祖护送回占城当国王的陈天平杀死。明成祖大怒，派成国公朱能、新成侯张辅率大军讨伐安南，于永乐五年（1407）平定。

此后安南与占城的关系时好时坏。到明成化七年（1471），几任占城王又都被安南在战争中杀害。成化二十年（1484），占城王又被杀，作为宗主国的明王朝，派使臣再次到占城，按照王位继承顺序，准备把已故占城国王的大弟弟亚麻勿庵册封为国王。不料亚麻勿庵突然死去，安南国乘机将大臣提婆苔扶持为占城国王。亚麻勿庵的弟弟古来王子为了讨回公道，便率王妃、王孙及部族千余人乘船来到崖州，准备赴京向明宪宗诉说安南无道。

古来王子一行来到崖州后，受到崖州地方官员的热忱款待，眷属和部族得到妥善安置。崖州官府迅速将此事上奏朝廷，宪宗马上召集大臣商议，决定“移文安南，责以存亡继绝之义”，并遣户部给事中李孟旸到崖州，奉旨举行册封典礼，封古来为占城王。古来接受了明宪宗的这一敕封。

但是，当时占城仍被安南侵占，古来王一时还回不去，在崖州又住了几年。明成化二十三年（1487）元月辛酉，宪宗命南京右都御史屠滽前来崖州犒劳古来，并遣派船只20艘，募健卒2000人，护送古来回占城。①

在宗主国的直接干预、保护下，安南国不敢抗命，只好让当了三年伪王的提婆苔下台，古来成为占城国国王。

正德《琼台志》简要记述了这件历史大事：“占城古来王，成化末年，国为交趾（安南）所侵，王航海来归。督府委参议姜英等勘

① 《明史》卷三二一《安南传》、卷三二四《占城传》。

处护送至京，差官军同还，谕交趾。”① 竟没有提及崖州。倒是《明实录》等正史典籍所记较详，才得以还原这段520多年前的历史。②

二、朝贡贸易中的重要站点

朝贡贸易是明太祖朱元璋兴起的，明代前期、中期一直兴盛，晚明则由盛而衰。朝贡贸易对明代政治、经济、文化、外交均产生重大影响，尤其对明王朝与海外藩属国的关系，影响更为深远。明代前期为打击海盗倭寇扰害，严厉实行海禁，只准贡船往来捎带贸易，朝贡贸易几乎成为明王朝与海外贸易的唯一渠道。朝廷对朝贡贸易的贡期、船数、人数、贡品等均有严格规定和限制，贡道不许擅行变易。比如对南海周边东南亚各国的贡船，规定只准停泊广州；真腊、占城、暹罗、满剌加等国的贡船，规定必须停泊在广东沿海的几个“澳”的“泊口”，如新宁县的广海、望峒，新会县的奇潭，香山县的浪白、蠔镜、十字门，东莞县的鸡栖、屯门、虎头门等。琼山县的海口，崖州的望楼港、毕潭港，也曾一度作为占城国的贡船停泊港口，这是明代崖州与占城来往比较密切的重要原因。

明代的望楼港在州城西80里，其水源自抱里村岭，流经望楼村汇入海。该港曾为南海诸国贡船停泊补给港口。

毕潭港在州城东一百里，由多银水、三亚水交汇而成。多银水自罗崩黎村岭发源，经多银村，达临川港；三亚水源自白佛齐岭，经椰根村、三亚村，通毕潭港。临川、毕潭二港汇合，总称毕潭港，在鹿回头岭的西南方向出海，实即今三亚港，在明代是占城国贡船专用的泊舟之地。

《明实录》和正德《琼台志》、万历《琼州府志》记载了明代经过海南的多次朝贡贸易活动，其中就包括经崖州望楼港、毕潭港中转，只是多处记载简略，未点明具体地点而已。

> 暹罗国，洪武三十年、正统十年、天顺三年继贡象、方物。

---

① （明）正德《琼台志》卷二十一《海道·番方》。

② 见（明）《宪宗实录》卷二八四、卷二八六。

弘治八年九月，暹罗国夷人挨瓦等六人，舟被风飘至琼州府境，广东按察司以闻，命给之口粮，俟有进贡夷使还，令携归本国。①

占城国，宣德四年贡方物；正统二年又贡，十二年贡象，十四年贡方物；天顺七年贡白、黑象；成化七年贡象、虎，十六年又贡虎；弘治十七年贡象；正德十三年又贡。

天顺四年七月，占城国副使究村则等奏："蒙本国王差委，同王孙进贡。至崖州，与象奴先来。今王孙及正使人等在广东未至，闻三司官留与方物同行，诚恐迟误。"②

满剌加，弘治十八年贡五色鹦鹉。

上列有记载的若干次朝贡贸易，应只是朝贡贸易中的一小部分。嘉靖初年，"文昌海面当五月，有大风飘至船只，不知何国人，内载有金丝鹦鹉、墨女、金条等"。③《海槎余录》中的这一记载，也应该是属于朝贡贸易中发生的事。据《明史》记载，明朝前中期100多年，各藩属国几乎是每年来朝，或是一两年来朝；明中后期之后才有所减少，或三五年来朝，五六年来朝。本来明朝廷规定"三年一贡"，由于明太祖、明成祖等对朝贡者"厚往薄来"，何况可兼做贸易，各藩属国认为有利可图，遂形成"一年一贡"、"两年一贡"的局面。甚至有冒名朝贡而实则从事海上贸易以至走私者。《明实录》记载，洪武七年三月，"暹罗斛国使臣沙里拔来朝贡方物，自言本国令其同奈思里侪剌悉识替入贡，去年八月舟次乌诸洋，遭风坏舟，漂至海南，达本处官司，收获漂余苏木、降香、儿罗绵等物来献。省臣以奏，上怪其无表状，谎言舟覆而方物有存者，疑必番商也。命却之"。④

朝贡本是藩属国向宗主国进献方物，表示藩属国对宗主国臣服、

① （明）《孝宗实录》卷一零四。
② （明）《英宗实录》卷三一七。
③ （明）顾岕：《海槎余录》。
④ （明）《太祖实录》卷八十八。

敬重的一种政治性很强的礼仪制度，但明朝将朝贡变成了朝贡贸易，让各藩属国在朝贡的名义下随带货物，由官方给价收买，成为贸易往来，实际上是明王朝官方垄断海外贸易的一种制度。一是想以此密切与各藩属国的关系，二是想以此造成一种“万国来朝”“四夷咸服”的太平景象，当然也弥补了海禁造成的消极后果。

史志记载，“凡番贡多经琼州，必遣官辅护”，“各遣指挥、千百户、镇抚护送至京”。① 这是一种制度性的安排，必须先护送到广州，然后由广州到北京。既是一项“皇差”，又是一项“苦差”，置身于海上丝绸之路重要站点的崖州军民，为此耗费了多少人力物力，可想而知。

正因为朝贡贸易如此让地方劳苦，正统二年（1437）琼州知府程莹上奏称：

> 占城国一岁一贡，水陆道路甚远，使人往复，劳费甚多，乞依暹罗等国例，三年一贡。

明英宗朱祁镇对程莹的奏章深以为然，恰逢占城国使臣沙怕麻叔等“陛辞”回国，于是英宗准程莹所奉，向占城国使臣宣布改一年一贡为“三年一贡”：

> 比闻王国中，军民艰难，科征繁重，朕视覆载一家，深为悯念。况各番国俱三年一贡，自今以后，宜亦如之。②

至此，南海诸国的朝贡贸易均改为“三年一贡”。

20世纪90年代，中国国家文物局和海南省在西沙群岛组织水下文物考察，发现多艘明代沉船，打捞上来大量明代瓷器和铜钱。据专家分析，这些沉船很可能就是南海诸国的回国使船，大多经海南岛东南沿海、崖州前面的海面，进入西沙群岛。这些沉船应该是这段历史的佐证。

三、抗击倭寇海盗的斗争

明代“倭寇”“海贼”肆虐东南沿海，是历史上危害最为深重的

---

① （明）正德《琼台志》卷二十一《海道·番方》。

② （明）《英宗实录》卷三十一。

时期。明朝之前，倭寇就已侵略高丽，接着南下骚扰中国沿海。所谓“倭寇”，就是日本的一些封建主、没落武士、浪人和走私商人组成的武装劫掠团伙。海南四面环海，自明朝建立，就屡有倭寇和南海周边国家寇盗来犯。他们趁明初海防体制尚未完备，扬帆飘忽而至，沿海抢掠。到嘉靖年间，国内一些贪官、奸商又与倭寇勾结，组成海上武装劫掠团伙，被称之为“海盗”“海贼”“海寇”。倭寇、海盗作恶多端，袭扰城乡，东南沿海军民对他们恨之入骨，与之斗争了200多年，直到明后期万历之后，在抗倭名将戚继光、俞大猷的指挥下，官军加大打击力度，他们才远逃不敢再来。

（一）倭寇海盗对崖州的危害

海南是海盗寇害的重灾区，崖州也在所难免。究其原因，与地处海道冲要密切相关。“琼海一带（指海南岛所处海域）为西南夷便道，窥雷廉而探珠浦者不时扬帆上下。”① 合浦珍珠自古闻名于世，雷州、廉州滨海珠池为海上寇盗所觊觎，而海南正当其往来水道，此其一。有明一代禁海，断绝民间海上贸易，豪商恶贾为获取暴利，遂勾结寇盗武装走私，籍名为商，乘间为盗，亦盗亦商，此其二。允许周边藩属国贡船兼做贸易，也常常被这些国家的寇盗所冒名利用。他们“道经于琼，挂席扬涛，真伪难辨”②，往往借称遇风寄泊，上岸抢掠，犯禁杀人，此其三。但是，怂恿、诱使海盗登岸危害州县地方的，还是本地的“逋逃亡命”，他们“甘心附寇，指引要津”；有的海盗头子就是本地人。海盗武装动辄上百人，有船数十艘，登岸劫掠乡村，甚至击败官军，攻占城池，抢夺器械，掳掠男妇以勒索赎金，发掘坟墓以逼人纳献，无恶不作。隆庆六年二月（1572），漳州海盗庄酋勾引倭寇三百余人，从廉州渡海劫掠澄迈、定安、琼山，曾发掘葬于琼山苍原的崖州名贤侍郎锺芳墓，恰好遇上雷暴天气，贼被震惊遁走，此事遂传说纷纷，被披上了神话色彩。

---

① （明）万历《琼州府志》卷八《海黎志·海防》。
② （明）万历《琼州府志》卷八《海黎志·海夷》。

明朝前期，倭寇、海盗的侵扰多发生在海南北部和东部沿海。据现存记载，洪武至嘉靖前期近180年间，海上寇盗侵犯海南42起，其中犯崖州只有一起：正德十四年（1519），渤泥番人入寇，登榆林港。知州陈尧恩、指挥谷春等督军与之战，斩获罗朝田等24人，将其逼退。①

嘉靖至隆庆期间，朝政腐败，地方破弊，倭寇、海盗相互勾结，为害最为惨烈，所过之处惨不忍睹，崖州也屡遭寇掠。嘉靖四十五年（1566），流窜于闽粤沿海的大海贼吴平，正月寇掠海口白沙，四月扬帆西进，逼近昌化城，因官军死守不得入，城外居民三百余家被残害，男妇死者无数；五月，吴平继续南下寇掠崖州，才被海南卫总兵汤克宽率军追讨击溃。就在这一年的十二月，海盗强贼何乔、林容等寇犯崖州，突入大疍港，远近骚动；又转移至州西望楼港上岸攻掠抱驾村，杀伤民众，掳掠数十人。万历府志写道："先是州县并残破，惟崖未尝被兵，至是及祸，无宁岁矣。"

隆庆五年（1571）秋七月，海贼李茂（琼山小林人）被兵宪史朝宜驱赶，率众沿西南海面潜逃，八月在儋州海面又遭到史朝宜部下高卓追杀。李茂遂经昌化南下寇掠崖州，至次年闰二月才率大船离崖而去，继续寇掠万州、博敖。

隆庆六年（1572），又有倭寇入侵三亚港，夺船出洋，在大洋中被暴风吹覆。这是日本倭寇危害本州的历史记录。

隆庆、万历以后，由于东南沿海抗倭名将戚继光、俞大猷的有力清剿，倭寇、海盗受到沉重打击；海口白沙港水寨加强战斗力，多年活动于海南周边海上的大盗李茂被歼灭，形势大为好转，"海难"才逐渐平息。但海上寇害还是不时窃发。万历三十一年（1603）二月初，有贼船突至崖州大疍港，烧毁兵船二只，劫掠乡村。② 这一次驻军的"失机"，致崖州千户所副千户洪鉴被追责，拟遣戍边远，后死

① （明）万历《琼州府志》卷八《海黎志·海寇》。

② 以上均载于（明）万历《琼州府志》卷八《海黎志·海寇》。

于狱。

（二）抗击倭寇海盗的斗争

明朝洪武年间，即十分重视军事防海。明太祖敕海南卫驻军有云："设有扬帆浮游，奚知善恶者耶？必加严备，乃无警于民。策之善者，汝其慎之！"① 洪武年间海南卫按军制开设"内五所"（千户所）之外，又于沿海开设包括崖州守御千户所在内的"外六所"，其用意重在加强海防。与此同时，还专门配备了防备倭患的官兵和船只。广东设有备倭巡视海道副使、备倭都指挥各一员；海南卫加设指挥一员，专掌巡海，听广东海道副使、备倭都指挥节制；所辖内外十一所，每所加设备倭官各一员，督所管军、船，于所部海面巡视。各千户所配备备倭旗军和备倭战船，其中崖州所配备倭旗军 120 名、战船 3 只。洪武二十七年（1394），朝廷命安陆侯吴傑专门训练海南沿海卫所官军，以防备倭寇。据《献征录》记载，洪武年间的海南卫指挥佥事柴英严饬训练巡海官兵，统率巨舰，巡逻"海道几万里，其民安生乐业"。② 其巡辖所至，按其里程计，已达西沙、中沙甚至南沙群岛。

嘉靖年间倭寇、海盗猖獗，为加大海上军事力量，隆庆元年（1567）在海口白沙港设水寨，有兵船 60 只、官兵 1822 名、把总一员，以琼州府同知兼管。白沙水寨与海峡北岸的白鸽水寨相互配合，会兵巡剿洋面；同时朝廷颁降海防关防（通行证），加强海上交通稽查。至万历四十五年（1617），白沙水寨分设东西二路，并设水寨左、右、前三司，分哨防守策应。其中水寨前司镇守崖州，分管三亚、保平、感恩三港，有兵船 18 只，官兵 300 员名。这一年还在海口白沙港设厂制造战船。又于沿海紧要地方设立烽堠，全岛共设 106 座，每座各有一名兵夫昼夜瞭望，遇警放烟。崖州所管辖的有 11 座：榆林、三亚、临川、白石、甘露、南山、郎栖、抱罗、望楼、佛老、

① 朱元璋：《劳海南卫指挥敕》，引自（明）正德《琼台志》卷二十一《海道·海防》。

② 见（清）道光《琼州府志》卷三十《官师志》柴英传所引。

黄流。

崖州千户所和水寨前司的水陆官兵，与倭寇、海盗进行过多次海上战斗，英勇壮烈。永乐九年（1411）四月，倭寇袭扰陵水，崖州千户所百户王英率兵参战，奋勇牺牲；十一年（1413）二月，崖州所百户尹敬等驾战船追击海贼，直至万州独洲洋（今大洲岛海域），全军陷没。嘉靖四十五年（1566）五月，大海盗吴平寇掠崖州时，抗倭名将、海南卫总兵汤克宽率水军在崖州湾与之激战，追讨击贼，烧毁贼船，俘获吴平妻子及酋首陈二老等，歼灭吴平手下海盗、海寇400多人。吴平败走，后被抗倭名将戚继光剿灭于福建海面。

与戚继光齐名的明代抗倭名将俞大猷，嘉靖二十八年（1549）曾就任琼崖右参将①，平定崖州千家村“黎乱”。记载说他深入黎峒，“推诚抚慰”，主张于罗活、抱显、沙湾、岭脚、古镇州等处“建城设市，用汉法杂治之”，意谓通过山区的开发促进黎族的封建化。而对于飘忽不定的倭寇、海盗，他力主剿灭。嘉靖三十一年（1552），俞大猷升任福建总兵，曾击退葡萄牙人的侵略，肃清闽浙沿海倭寇，表现出卓越的军事才能。《明史·俞大猷传》评价他“数建大功，威震南服”。在他所征战过的武定、崖州、饶平等地，都为他建祠纪念。

第六节　明代崖州文化教育的兴盛

洪武二年（1369），明太祖确立“治国以教化为先，教化以学校为本”的方针，“令郡县皆立学校”，全国出现“天下兴学”的蓬勃局面。明代文化教育取得“唐宋以来所不及”② 的重大成就，海南和崖州的文化教育也有了空前的发展。

一、官学的常规化

明代崖州官方办有州学、社学、所学。这些官办学校为崖州发展

① （明）《世宗实录》卷二三。

② 《明史》卷六十九《志》四十五《选举一》。

学校教育提供了重要保障，有更多的人获得系统的儒家教育，加速了崖州地区的民智开发、人才培养和封建化的进程。

（一）官办州学

明初崖州州学位于州城西南隅，洪武三年（1370）在前元军学基础上重新开设。此后屡有迁徙和修缮，大规模的迁址再建共有三次：弘治二年迁址于州城东，万历四十一年迁建于州治之西废弃的潮源驿地，崇祯七年（1634）又迁建于城外东南隅。正统十一年（1446）州学增修号房（即学舍），表明州学的住校生员人数已具备相当规模。据正德《琼台志》记载，州学一般分三斋，“额设生员、廪膳、增广各三十名；余谓附学，附学降名青衣”。[1] 也就是说，州学可容纳90名正式学生和若干不在编的“附学”学生。其中“生员”为一般学生；“廪膳”生是学生中的优秀者，享受“学仓”的廪膳补助；“增广”生则大体上是根据社会需求“扩招”的学生。以上生员、廪膳、增广诸生，一般也统称为生员。实际上西南部人口稀少，不一定能够招到这么多的学生，因此常常有北部琼山、儋州、文昌、定安等县的生源到西南部的州县学来寄读。至于地位稍低的“附学”，则是不住校的“编外”学生，平日在家自学，按期前来州学听讲，接受“课功”考核。州学设学正一员，训导三员；杂役则有斋夫八名，膳夫三名，门子、库子各四名。

州学的经费来源主要靠学田收租。元代吉阳军学已有学田，天历二年吉阳军判罗伯龙著有《吉阳军学田记》，记清复学田事。入明之后仍依旧规以学田租金供养学校，直至崇祯七年（1634）知州朱弘、学正刘起相还“率诸生置民地”[2]，使“赡学有田”得到进一步落实。

州学与所有官学一样，以儒家的“四书”“五经”为基本教材，同时也有“射圃”之设，作为诸生的习射之所，这是孔子教学的

---

① （明）正德《琼台志》卷二十八《职役·三州》。

② （清）乾隆《崖州志》卷四《学校志》。

“六艺”之一，但到后代多已流于形式。

（二）社学的兴起

崖州的社学办得晚一点。明弘治十七年（1504），明朝廷令各府、州、县建立社学，招收民间15岁以下的幼童入社学读“小学”，同时讲习冠、婚、丧、祭之礼，使幼童的教育与州学生员的选拔以至科举相衔接。崖州社学的兴办主要集中在成化年间，这与海南兵备道副使涂棐的倡导密不可分。成化十年（1474），涂棐令各州县“择地建学”，并“以近学墟市租税充束脩”①，各择教读一人负责教学。全海南一时办起179所社学，崖州在永宁、董平二乡即创办了16所。成化之后，州县社学均趋于沉寂，主要与办学经费的难以筹措有关。

（三）崖州所学

为培养驻军官兵子弟，洪武时倡导设立卫学、所学，教武弁子弟读书。正统时期，“命都司、卫所应袭子弟年十岁以上者，提学官选送武学读书，无武学者送卫学或附近儒学”。② 成化、弘治之后，对卫、所学校要求日趋严格。弘治间海南卫开设卫学，其后崖州守御所设立所学，先后共设置二处。在此同时，府学、州学也从世袭的武弁子弟中选拔隽秀者入学为生员。

二、人才培养取得丰硕成果

随着明王朝教化政策的推行，科举制度持续而完备，地处边远的崖州人通过科举外出为官者日增。有明一代崖州不仅有锺芳父子考取进士，而且举人数量倍增，荐举、贡举数量也有明显增长，是整个封建社会教育兴盛和人才辈出最为夺目的一个时代。

（一）进士

明代崖州中进士者二人，即本州高山所人锺芳及其子锺允谦。锺芳在正德三年（1508）登进士榜二甲第二名，官至户部右侍郎；锺允谦于嘉靖八年（1529）登进士榜，官至福州知府、莱州知府。

---

① （明）正德《琼台志》卷十七《社学》。

② 《明史》卷六十九《志》四十五《选举一》。

（二）举人

明代崖州考中举人者先后25名（包括后来考取进士的锺芳父子），他们是：

洪武二十三年，黎景宽，宁远人，岁贡入监，中应天乡试，授柳州教授。

洪武二十九年，张观嗣，宁远人，授萧县知县；许简，第五都人，授鄞县县丞。

永乐三年，裴初，水南人，授交趾盐课提举、谅江知州；陈召用，宁远人，授交趾平河知县，升光禄司署正；陈海，宁远人，授交趾缘觉典史；黎万昌，宁远人；吴琮，宁远人。

永乐十五年，冯光，宁远人，授迁江教谕。

永乐十八年，卢隽、陈召，皆为州人。

宣德元年，裴盛，水南人，授辰州卢溪训导；李晖，椰根里人。

景泰元年，裴崇礼，水南人，裴盛之子，授贵县、瓯宁训导。

成化十年，王和，州所（军所）人，授琼山训导。

弘治二年，王尚中，三亚人。

弘治十四年，锺芳，高山所人，亚元，后考取进士；邵铨，西门人，授来宾教谕。

嘉靖元年，萧成，城内人，授瓯宁教谕；锺允直，高山所人，锺芳之子。

嘉靖四年，余继举，州人；黎士葵，水南人；锺允谦，高山所人，锺芳之子，后考取进士。

嘉靖十三年，李景元，州人。

万历二十二年，蔡庭贞，州人。①

上述明代崖州所考取的举人，从其居所的地域分布看，史籍注“宁远人”者7名，多在明初，正统五年裁撤宁远县之后则注“州

① （明）万历府志无“蔡庭贞”记载，（清）乾隆州志也未见其人。参见（清）光绪《崖州志》卷十六《选举志·乡举》。

人”5名。“宁远人”“州人”，其实都是指住在州城和城厢附近者。至于注明第五都人、水南人、所人、西门人、城内人，也都是围绕州城不远的地方，这一群体共有23名；而居住在州境东部三亚里、椰根里，只有各一人，足见州城附近是封建经济、文化最发达的地区。其中具有军籍身份的“所人”4人，锺芳及其子锺允直、锺允谦即占其三，也足见军籍人群的向学之风。除州城及其附近之外，其他乡都中举者寥若晨星，反映教育还相对落后。

从时间分布上看，中举的时间，多集中在嘉靖朝及其以前，万历之后中举人数已经寥落。万历之后崖州“黎乱”“海乱”频发，社会动荡不安，教育也相对衰落，可能彼此多有关联。

从家族文化传承看，景泰以前以水南村“盛德堂”后裔裴姓家族为盛。宋代昌化军知军裴闻义的族裔，入明之后在科举进身上分为两个支系发展，一是永乐三年裴初中举，另一为裴盛、裴崇礼父子先后在宣德元年和景泰元年中举。弘治之后称誉崖州的，则是军籍移民锺氏家族的崛起，锺芳及其子锺允谦分别在正德三年、嘉靖八年中进士，而锺允直则在嘉靖元年中举。科举业绩突出的锺氏父子三人，成为明代崖州文化教育兴盛的标志性人物。

（三）武举

明朝立国之初，便立武学、设武举。弘治十七年定武举“三年一试”，但延至隆庆、万历时期，其选拔制度才逐渐完善。① 海南参加武举的时间比较晚，中举者亦寥寥。

海南生员参加武举考试仅在嘉靖、隆庆和万历时期，期间武举科次共12科，琼州府共有15人中举。中举者主要是军籍生员，共13人，另有澄迈民籍生员2人。② 崖州考中武举者共3名，分别是：

史翰，嘉靖四年中武举，崖州千户所人，解元。

胡世亨，嘉靖四年中武举，崖州千户所舍人。

---

① 《明史》卷七十《志》第四十六《选举二》。

② 据（明）万历《琼州府志》卷十《人物志·武科》，（清）道光《琼州府志》卷二十六《选举四·武科》。

王一夔，嘉靖七年中武举，崖州千户所人。

崖州的武举集中在嘉靖朝前期，全属军籍。此后再无中武举者。

（四）贡生

所谓贡生，即挑选府州县儒学生员成绩优异者（选贡和拔贡）或资格老成者（岁贡），给予“贡生”衔名。贡生中的少数人可升入京师的国子监读书，享受举人副榜待遇，肄业后参加全国会试；多数人则在乡试不第之后由吏部铨选授官。明代崖州的贡生，有所谓岁贡、选贡等，都是通过不同形式选拔出来的贡生名目。

（1）选贡。科举制度中经由地方儒学生员考选，进入国家最高学府国子监深造的贡生。① 从府志记载情况看，该项制度在本岛落实主要集中在万历之后。崖州共有 6 人经考试选拔充贡：万历年间有林一荃、陈启蕴，天启年间有张作铭、孟文震，崇祯年间有林瀚和王应试。

（2）岁贡。崖州岁贡主要由州学和正统四年宁远县撤销以前的县学选取。据府志、州志的相关记载，洪武朝 14 人，永乐朝 33 人，洪熙朝 1 人，宣德朝 4 人，正统朝 6 人，景泰朝 8 人，天顺朝 10 人，成化朝 21 人，弘治朝 19 人，正德朝 8 人。也就是说，在明朝前期 150 年的时间内，崖州岁贡生共 124 人。

根据明万历府志和清光绪州志的记载，自正德之后的嘉靖元年至万历四十八年（1522～1620）近百年间，本州共有 86 名岁贡生；从天启元年至崇祯十七年（1621～1644）的 23 年内，本州又有 13 名岁贡生。

至此，明代崖州学连同明初宁远县学，共产生贡生 223 名，其中黎景宽、王尚中二名经乡试获得举人身份，该群体实际人数为 221 名。至于就读于琼州府学或寄读他处学校者，则难以统计在内。

（五）荐举

朝廷通过官员和地方士绅的推荐，选拔“贤良方正”、“经明行

① 据《明史》卷六十九《志》四十五《选举一》。清代的州志称该项选举制度曰“拔贡”。

修”及“诸科”人才，谓之“荐举”或“荐辟”。荐举是人才选拔上除科举主渠道之外的辅助渠道。从文献记载情况看，荐举主要在成化以前进行，琼州府共有63人受荐，其中有崖州的9人。他们是：

林贵芳，宁远人，洪武初以“经明行修”而被推荐为本州儒学训导。曾修《崖志》，但没有留传下来。

其他八名，因受荐为“人才”而异地为官：麦乾，广西大洞驿丞；吴细贤，工部主事；王思敬，泉州税课大使；万良玉，马平云胜驿丞；徐銮，广西分山驿丞；戴佛宁，上元县丞；谭景茂，江宁县丞。

明王朝通过科举选拔，造就明代崖州共产生2名进士、23名举人（锺芳、锺允谦父子不计在内）、3名武举、6名选贡及221名岁贡生，另外又通过荐举产生9名人才，总共有264名的人才队伍。这支人才队伍，除了少部分在岛内任教职外，多任职于内地，在不同的层级上为地方及国家作出贡献。这一群体年老致仕回乡，很多人也为崖州的社会进步作出了积极努力。

三、岭海巨儒锺芳

锺芳（1476~1544），字仲实，号筠溪，崖州所（也称高山所，在水南村南2里）人，致仕后改籍琼山；“少育外亲，因黄姓，后奏复焉”，改黄姓为锺姓。锺芳自幼聪颖，10岁即进州学，弘治十四年（1501）考中广东乡举第二名，正德三年（1508）登进士榜，为二甲第二名，随选为翰林院庶吉士，授编修。

锺芳从政的经历很丰富，在司法、民政、教育、军事诸方面均有显著政绩。

锺芳任职翰林编修不久，即因“忤时”（不阿附时俗）被贬为宁国府推官。推官管刑狱，他精勤吏事，明断积案，远近闻名。因为政绩突出，得到上官推荐，正德七年（1512）升任漳州府同知，代理知事。当时漳州发生寇乱，锺芳主张相机剿抚，终于擒捕豪猾，稳定局势。他在地方任职期间，敢于担当，多有作为，正德九年（1514）升任南京户部员外郎，转署南京吏部稽勋司、考工司郎中。他公正稽核、甄别官员优劣，得到上司的认可。正德十六年（1521）升浙江提学副使，负责一省教育，史称他考核诸生“校文必尚名检，敦行力学者为上，颖悟淹贯、言行知慎者次之，佻达谐荡者文虽工必惩”，倡导良好的学风和文风。嘉靖二年（1523）升任广西右参政，在平定叛乱、招抚叛众、推行教化、维护民族团结和边境安宁诸方面屡立功勋，朝廷“两赐金帛”。嘉靖四年（1525），锺芳亲率数十客舟，打通阻隔近七十年的断藤峡交通，有胆有识，为当时人所称誉。嘉靖七年（1528）升任江西右布政使，在任上严惩奸吏，限制藩王，“凡藩禄军需之难处者，区画悉得大体”。嘉靖九年（1530）升任南京太常寺卿，主张“祭主于诚，不在备物”，得到朝廷的首肯。不久升任国子监祭酒，主持国学。锺芳讲论儒家经义，倡导“求诸身心”身体力行，为诸生所折服。嘉靖十一年（1532）升任南京兵部右侍郎，革除马快船等弊政；次年改任户部右侍郎，奉敕总督太仓，经略边储，供给军需，漕政大举。嘉靖十三年（1534）上疏乞休，获准致仕。①

锺芳从政为官30年，勇于任事，干练有为，多所建树，而“仁民爱物”的思想则始终贯彻其中。他遵循儒家“仁政”理念，认为“仁者不负其民”，“夫政以顺民欲恶为要”，“而以惠泽及物为贵”，主张轻徭薄赋，政简刑清。在处理少数民族问题上，锺芳虽然也抱有居高临下歧视少数民族的士大夫气习，但他注意到少数民族社会发展滞后，存在淳朴浑庞的“太古”之风，从人道主义的“仁民”思想出发，主张怀柔教化，反对一味征伐杀戮，更厌恶“尽弥其类”的残忍行为。他在广西任右参政时，曾参与平息边疆地区少数民族的所谓“叛乱”，力主兵威之下多行招抚；后来在论及海南琼山“平黎”时，又以广西平叛为例，告诫“多杀不能已乱，徒以长乱”。② 对待海南“黎乱”，他主张“睽而携之，渐而柔之，申画封疆，时经理

① 关于锺芳的从政经历及引文，参见（明）万历《琼州府志》及（清）道光《琼州府志》、光绪《崖州志》。

② 见《锺筠溪集》卷九《琼山平黎记》，海南出版社2006年版，第166页。

之，无逸渠魁，无上首功，舍旧图新，会于大同，斯善变者也”。[1]对比其时海瑞等人提出的开通五指山“十字”道路、设县置所（军所）的具体“治黎”策略，与锺芳的主张在思想上是相通的。

锺芳一生，学问与事功并重，是继丘濬之后的海南籍理学名家。有明一代程朱理学盛行，但也遭到王守仁（阳明）提出的心学理论的挑战。锺芳曾与王守仁在广西共事，以后又有所交往。王守仁逝世，锺芳曾为文祭奠，自述“某岭海末学，忝在交游，宦辙所经，每亲绪论”。明代知名理学家如罗钦顺、湛若水、王廷相、何瑭、吕柟等，与锺芳都有很深的交谊，彼此就理学问题往复论难，罗钦顺对锺芳甚为推重。锺芳在明代理学界具有一定的声誉和地位，同时代的海南名贤林士元（琼山人）称他为“理学名臣”。

程朱理学、王阳明心学是明代理学的不同派别，它们都是从儒家学说所派生出来的唯心主义哲学理论。程朱理学是指宋朝以后以程颢、程颐、朱熹等人为代表的儒家流派，他们认为“理”是宇宙万物的起源，也可称为“天道”、“天理”、“上帝”；天理构成人的本质，在人间体现为以“三纲五常”为基本框架的伦理道德，将“心”与“理”分而为二，主张“存天理、灭人欲”。而以王阳明为代表的心学理论则主张“心即理”，认为天下无心外之物，亦无心外之理。学者一般认为锺芳的理学思想属于程朱一派，但实际上锺芳在维护程朱理学正统的同时，并不全盘否定王阳明心学的观点，而是持兼容折中的态度，各取其长以完善理学理论。他指出孔子即告诫其弟子要“反求诸己”，认为理无内外，心亦无内外；王阳明的心学“求言似近，实践精思，力排多闻，专务守约”，虽然“于程朱之说每多龃龉”，但又“存诚涵养，正惟孔氏家法，要其指归固不出程朱范围内也”，“盖其过激处于圣教未尝损，而鞭辟近里处于学者则有益也”，主张“退而取其大皆，略其异同，循其所可循，而不辨其所不必

① 见（明）万历《琼州府志》卷之八《海黎志·议黎》。

辨”。①

在知与行的关系上，朱熹主张先知后行，王阳明主张知行合一，锺芳则主张“知以利行，行以践知”。当然他们所说的“知”，并不完全是“实践出真知”的“知”，更多的是指属于意识领域的理想信念和道德情感。在如何求“知”的途径上，朱熹主张“格物致知”，王阳明则主张“求理于吾心”，即通过静坐省察的功夫达致天理与道德的完善。锺芳一方面认为“分知、行为两截，恐亦未然”，但他不赞成王阳明的求理于心，批评他“只欲求之于静定”，主张“兼动静而言之”，“正乎外者所以养乎内，存诸内者斯能制乎外”，向外求知与向内省察兼行而并至。锺芳的独立见解，对于当时醉心于主观唯心主义的“心性之学”的士大夫，不啻是一剂清醒剂。

虽然锺芳所尊崇的是唯心主义的理学理论，但是并不妨碍他在现实生活中坚持实事求是的唯物主义倾向。他反对“眩之以天数”的天命论，斥责“五纬”（一种星象）之说为谬言，指出神仙方术不可信，认为祭祀只是“致吾诚而已，徼福妄也”。② 在当时难能可贵。

锺芳学博而精，律历医卜之书无不通贯，其学术思想为学界所重，有“岭海巨儒”之誉。著作有《学易疑义》、《春秋集要》、《皇极经世图》、《续古今纪要》、《崖志略》、《小学广义》、《养生举要》及诗文三十卷。可惜除了由其子锺允谦于嘉靖二十七年（1548）所编辑刻印的诗文集《筠溪文集》存世（藏北京大学图书馆）外，其余均已不传。今人编辑出版的《四库全书存目丛书》所收《筠溪文集》，即据北京大学藏本影印。锺芳手书小楷《可泉序》③ 真迹存于香港中文大学文物馆。位于今大小洞天景区内的还金寮壁书《可泉序》，即据其手迹仿制。

---

① 见《锺筠溪集》卷十五《祭王阳明文》，海南出版社 2006 年版。

② 上述关于锺芳学术思想的记述，多参考周济夫论：《评锺芳的生平与思想》，见三亚市政协文史资料委员会编：《三亚文史》第十七辑，以及其所点校《锺筠溪集》的前言，海南出版社 2006 年版。

③ 见《锺筠溪集》卷三，海南出版社 2006 年版。

还金寮的故事

还金寮的故事在三亚世代传颂，说的是锺芳的父母拾金不昧的感人事迹。锺芳家世清贫，其父锺明及母彭氏在水南村北官道旁搭寮棚卖水浆为生。一日收摊时发现过路客人所遗忘银袋，内存银子三百两。夫妇俩不贪非己之财，一直守候到后半夜，才见有人跌跌撞撞前来寻找，问明情由之后即全部付还，不取分文谢礼。为弘扬锺明夫妇拾金不昧的美德，清光绪十五年（1889）崖州知州唐镜沅主持在宁远河南岸官道旁兴建还金寮，为砖瓦结构凉亭。唐镜沅亲自撰写《鼎建锺公还金寮序》，镌碑竖于寮中。民国十九年（1930）因建设公路，还金寮稍迁至水南村附近。因年久失修，至抗战时期寮已圮毁，惟存碑石，今藏崖城学宫内。时至1996年，三亚市政府为建设旅游文化，于大小洞天景区内重建还金寮，参照旧寮格局而稍扩其规模建制，备受各界所欣赏。

锺芳致仕回到海南，在琼山家居10余年，于嘉靖二十三年（1544）病逝，享年69岁。朝廷“赠右都御史，赐葬祭”，葬于琼山之苍原山。明嘉靖皇帝在锺芳生前身后为他写过三篇御制文：《锺芳进通议大夫诰命》《追赠锺芳禄命诰命》《御祭锺芳文》，对锺芳的一生有很高的评价：“两朝扬历，推美誉于士林；十载休闲，挺高风于晚节”。锺芳为明代崖州谱写了光辉的一页，体现了古代崖州教育文化历史发展的高峰。

第七节　明代崖州的宗教信仰和社会风俗

明代崖州已形成多民族聚居的社会状貌，各民族文化在这里交流、触碰、融合，逐渐形成色彩斑斓的多元宗教信仰和多元文化习俗。其中既有起主导作用的以州城及其附近乡村为中心的汉文化圈，也有社会发展程度不同的黎族村峒文化圈，以番村、番坊为中心的回族文化圈，以及沿海地区的疍、灶文化圈。这些文化圈的形成与彼此的沟通演进，为崖州多元文化的形成与发展提供了基础条件。

一、明代崖州的宗教与民间信仰

明朝立国之初，朱元璋认为宗教具有“阴翊王度”① 的重要作用，故而一开始即在各级官府设置相关官职，整合寺庙道观设置，加强对佛、道两教的行政管理。琼州府设有僧纲司和道纪司，分别作为府一级管理佛教和道教的机构。僧纲司设都纲、副都纲各一员，道纪司设都纪、副都纪各一员。州一级则设置僧正司，但文献没有崖州设置僧正司的记载。

（一）佛教与道教

自唐代以来崖州便有佛教僧寺建筑，因高僧鉴真东渡日本过程中曾在此登岸讲经而扩大佛教在崖州的影响。至明代，崖州的佛教建筑主要有天宁寺和观音堂。天宁寺又名铜佛寺，系元代建筑，原位于城西，洪武间千户朱旺移于城北，永乐十三年（1415）千户洪毅募修游僧馆。天宁寺到晚明时期仍存在。观音堂旧址在城西南 5 里，永乐、宣德间曾有官员主持重修，但在万历之后已不见府志记载。

道教的建筑主要有玄妙宫和真武堂。玄妙宫位于州西，元建，洪武十七年（1384）圮废，改为观音堂，亦废。弘治间，千户洪徵复建，直至明代后期仍存在。真武堂在州南城上，宋建，永乐十三年（1415）千户洪毅重新募建；弘治十一年（1498）指挥周远迁于城北。万历之后不见府志记载。城南永镇寺亦祀真武，万历之后亦不见府志有载。

从上述记载看，相关寺庙堂庵的维修、迁建，时间多在正德以前，其分布则集中于州治附近。佛教中的观音堂，道教中的真武堂，在万历之后不载府志，可能已毁废，可见明代佛道两教在崖州其实并不十分兴盛。

（二）伊斯兰教

明代朝野对于伊斯兰教多有好评，史学家白寿彝曾作过中肯的评介：

---

①（明）《明太祖御制文集》卷八《谕僧纯一》，台湾学生书局 1965 年版。

> 明人对于回教，多致好评。政府亦从未有禁止回教之事，与佛教、摩尼教、耶稣教之屡受政府禁止者，其历史特异也。①

海南穆斯林的派别诸多，其中逊尼派和什叶派影响较大。伊斯兰教派的分化，主要是在阿拉伯帝国时期形成的，大约相当于中国的唐宋王朝时期。这一时期正好是波斯、占城穆斯林移居海南的高峰期，所以海南穆斯林多属于早期的逊尼派。

明代崖州回民中伊斯兰教义的传播方式呈现出家庭、佛堂、礼拜寺三个层次。家庭传播是最为基本的方式，既完成信仰者的每日课功，又对家庭子女产生直接影响。而佛堂的设定，由懂“番书”的先生讲授《古兰经》和圣训，则是伊斯兰教徒最早的经堂教育。再就是建立“礼拜寺”，又称清真寺，是伊斯兰教徒的宗教活动场所。宋元以来崖州是海南回族的聚居地，明代崖州的清真寺主要分布在州城南和州东三亚一带回民聚居的“番村”，不论数量和规模都要超过琼北地区。历来的府州志均从汉人的视角记述回民的宗教建筑和宗教活动，既有尊重也有诧异。如正德《琼台志》关于崖州礼拜寺和佛堂寺的记载：

> 礼拜寺，在州东一百里番人村，洪武间建。中只作木龛刻番书。以一人为佛奴，早晚鸣焚。有识番书称“先生”者，俱穿白布法衣，如回回之服。寺中席地念经、礼拜，过斋日亦然。
>
> 佛堂寺：在州南三里番村。堂制、礼念，与礼拜寺同。②

（三）民俗宗教

民俗宗教指的是各种地方祭祀活动，包括官方的和民间信仰活动。明初朝廷制定“祀典”，对“官祭”和“私祀”作出规定。官祭对象为“名山大川、圣帝明王、忠臣烈士，凡有功于国家及惠爱在民者”。③ 按照祭祀礼制，进入“祀典”确认的天神、地祇和先圣先贤，均享受官方主持的坛庙祭祀，以体现统治者所倡导的伦理道德和

---

① 白寿彝：《中国伊斯兰史研究存稿》，宁夏人民出版社 1983 年版。

② （明）正德《琼台志》卷二十七《寺观・崖州》。

③ （清）张廷玉：《明史》卷五十《志》二十六《礼》。

政治观念。而土人“私祀”的对象，则是被认为在保境安民上有“灵应”的神祇，经官方审定赋予合法存在的地位，由民间祠祀。没有经过官方批准的，会被认为是“淫祀”，要遭到拆毁。

崖州的官民祭祀活动，属于“官祀”的，有社稷坛、风云雷雨山川坛、城隍庙、厉坛、旗纛庙的祭祀，这些是国家“祀典”所规定的，从京城到府州县都要举行的全国“通祀”；还有对当地先贤祠庙的祭祀，在明代崖州有郡主冼太夫人庙、毛知军祠、王公生祠。属于“官祀”的，都有固定的祭祀日期，由相当的官员主祭，祭品的筹办由地方财政从征缴的“均平”银中拨出支持，数额均有定规。

“通祀”的社稷坛位于州城西南1里；风云雷雨山川坛在州城东南二里；城隍庙旧在州治左；厉坛位于州城北，专祀“无祭之鬼神”；旗纛庙附设在崖州千户所内。

先贤的祭祀：郡主冼太夫人庙主祭冼夫人，位于州治左。原为宋建，历朝屡有重建重修。成化十四年（1478）判官赖宣继修时改庙额名曰“郡主”，因为崖州的前身临振县曾是冼夫人的“汤沐邑”。毛知军祠主祭宋代吉阳知军毛奎，在南山铺前山中，因林木荫翳，俗名“暗山庙”。王公生祠在州治西，主祭王倬。王倬为海南卫副使，正德二年（1507）镇压千家村“黎乱”，作为封建统治者的知州陈尧恩于十四年（1519）为之建生祠。

属于民间“私祀”的庙宇有：关王庙，在崖州千户所右，祭祀关羽；晏公庙，在城西，祀“九江八河平浪之神”；玄坛庙，在州城内西街；文昌祠，在儒学内；东岳庙，在州城东；五显庙，在州城南；西山庙，在州城西郊，祀西山峻灵神勇大王；石三娘庙，在州城南大疍村海边，疍民祭祀；天妃庙，也称妈祖庙，在州城西南海边，元建，祀海上之神妈祖。妈祖庙在全国为“通祀”，但在本州却成为土人“私祀”的对象。

二、明代崖州各民族的社会风俗

（一）汉族社会风俗

明代崖州汉族人口已有万余人。各种渠道的汉族移民，包括军事移民和官员落籍，把中原汉文化和风俗带到崖州，成为明代崖州社会风俗文化中的主流、主体文化，对崖州社会的发展进程产生极为重要的影响。正德《琼台志》对崖州民俗的评述称："民性不扰，敦尚朴素。以米谷为贸易，家无余蓄。士多业儒，科第不乏。家自耕植，无佣佃。"《翰墨全书》则称，崖州"气候不正，春常苦旱，涉夏方雨"。崖州山海相逼，汉黎杂处，无明显的疆界，因此民俗相互熏染。如《翰墨全书》所称，在与黎人错杂的地方，崖州汉人也是"樵牧渔猎"，"出入必持弓矢"，"妇女不事蚕桑，止织吉贝"，显然是受到黎人习俗的影响。

崖州汉族的风俗文化，主要体现在四季节序、服饰仪礼和民居营造上。

1. 四季节序。[①] 崖州汉族的四季节序，与内地并无明显不同。

春季一至三月间，主要节日有迎春节、上元节、清明节等。正月初一日为迎春日，也称元旦、元日（今称春节）。亲友互相拜贺，设酒食相庆。初三日，为了防止口舌之灾，将主斗讼之神以书帖方式钉于门上，曰"钉赤口"。初六日后扮傩戏，祀奉驱除瘟疫的傩神。村落游神赛会，放天灯用以还愿。正月十五元宵节，也称上元日，家家户户迎神张灯，"缚竹糊纸"制作各种灯饰；官府、富家积极参与活动，燃烧"火树银花"，城内外民众聚集观看。占城古来王子在崖州居住期间，曾将"鲍老"等滑稽戏及"装番鬼、舞象"等娱乐节目趁元宵灯节在崖州演出，进而风行全岛。清明节为祖先扫墓，拔除荆棘和杂草，称为"拔墓"。

夏季四至六月，主要节日有端午节、关王会等。五月初五端午节，又称端阳节，以角粽祭祖先。保平里等近河海乡村有划龙舟竞赛的活动。儿童斗蟋蟀、放风筝争胜负。家家户户采艾草悬门，以辟邪除毒。又用蒲艾等有芬芳气味的花草泡浸清水供洗浴。五月十三日为

① 由于明代州志不存，此段文字的资料来源，主要参考（明）正德《琼台志》卷七《风俗》和万历《琼州府志》卷四《风俗》。

关王会，传说该日为关羽诞辰。关王会是军人的节日，由崖州千户所承办，自十一日起装扮关王游街，至十三日集中于关王庙祭拜。军士为祈求个人心愿，有伫立像前“站刀”三日之举，互相竞勇。

秋季七至九月，有盂兰会、中秋及重阳等节。七月十五日为盂兰会，前一日用彩纸裁剪成衣裙鞋帽，焚烧祭祖先，称“烧冥衣”。盂兰会时为已逝先人念经超度；富家设斋醮，焚纸衣，以赈济孤魂。八月十五日中秋节，九月九日重阳节，与内地无异。民间不重视重阳节，唯士大夫们登高赋咏。

冬季十月至十二月，主要有冬至、送灶和除夕等。十一月冬至，人们互相拜贺，也扫墓祭拜先人。十二月二十四日送灶，晚间“具酒果送灶君”，之后用竹枝扫尘，清洁家室。除夕日午后祭祀先祖，谓之“分岁”或“辞岁”；晚辈设酒馔，同父母围炉吃年饭。至夜燃火于门外，“焚辟瘟丹”，放炮仗。一更时分，设酒果迎灶君；再次清扫家中污秽，将扫尘用的竹枝等一并载之于破旧箩筐中，抛至郊外，谓之“送穷”。家中各厅、房、廊、室皆点灯，全家人共同坐守，曰“守岁”。半夜时分，挂纸币于门上，换门神，贴春联。夜深人静时撒灰于道，画作弓矢形状，以求射祟攘灾。

2. 服饰仪礼。明朝建立之初规定，禁止元代“胡服”，恢复唐服。洪武三年（1369）二月，又将“四方平定巾”进一步具体化：

> 命制四方平定巾式，颁行天下。初，上既即位，更定制度：凡官民男女，衣冠服饰悉复中国之制。至是又以士民所服四带巾未尽善，复制四方平定巾，颁行天下，令士人吏民咸如式制服之。皂隶、伶人如初所定，以异其制。①

明代服饰礼仪上的诸多规定，崖州除了各级官吏、军士及士人穿戴外，百姓关涉不大。“男女出入，多缦布帕”②，戴藤笠，服饰概从简略，“四方平定巾”在明代崖州没有强制推行。

① （明）《太祖实录》卷四十九。

② （明）万历《儋州志·天集·民俗志·习尚》。

3. 民居营造。崖州滨海，台风不时发作，因此“公私宫室不甚高美，民舍多用茅茨，官署亦沿其陋”。即便士绅之家，“概不尚华饰，惟取完固而已”。[①] 近年在崖城镇保平村发现70余处210多间明清民居建筑[②]，其中周氏家宅建筑年代最早，学者认为可能属明代建筑。该处正屋坐东朝西，面阔三间，进深七檩，两面坡，灰布筒版瓦顶，接檐。瓦当上模印荷叶和祥云图案。梁架结构使用抬梁式与穿斗式相结合，上用月梁，下为平梁，是海南古代民居建筑时代比较早的标志。木板隔墙，鼓面形石柱础，瓜形蜀柱。后墙使用大砖。这些建筑表明，明代内地的民居建造样式已经影响到最南端的崖州。

（二）黎族社会风俗[③]

明代崖州黎族的人口总数，难以从现存史料中得到确切的统计，但从其分布地域推测，可能仍然超过汉族人口。黎族的社会风俗，是构成崖州独特民俗文化的重要部分。

1. 节庆活动。主要有“饮年酒”“秋千会”。

饮年酒是黎族的主要节庆，大抵与汉族元旦日（今称春节）相似，但举行的时间有所不同，有的十一二月即“饮年酒”，有的一二月才“饮年酒”。饮年酒的习俗至少在永乐年间已经形成，到成化、弘治年间开始在不同地区传播开来，而且从传播方向来看，是从“熟黎”地区开始，逐渐向“生黎”地区推进。这种趋向表明，“饮年酒”的习俗可能是受汉族影响。

秋千会在春季进行，琼州府志及各州县方志均有记载，表述大略相同。万历《琼州府志》如是说：

> 春则秋千会，邻峒男女妆饰来游，携手并肩，互歌相答，名曰“作剧”。有乘时婚合者，父母率从无禁。[④]

---

① （清）乾隆《崖州志》卷八《风土志》。

② 郭景水：《三亚崖城现明清民居建筑群极具开发价值》，《海南日报》2008年12月8日。

③ 由于明代州志不存，故所述黎族风俗多以明代万历《琼州府志》卷八《海黎志·黎情》所载为依据，参照其他资料。

④ （明）万历《琼州府志》卷八《海黎志·黎情·原黎》。

古代黎族的这一节日，与今天盛行在海南各黎苗族自治县的“三月三”节日基本相似。

2. 婚姻习俗。崖州熟黎地区婚姻特点体现在两个方面，一是“不避同姓”，二是“秋千会”的“乘时为婚合”行为。黎族男女的婚姻自由度远胜于汉族。此外，还有一种现象也体现了黎族的自由婚姻观念和习俗：

> 凡深黎村，男女众多，必伐长木，两头搭屋各数间，上覆以草，中剖竹，下横上直，平铺如楼板，其下则虚焉，登陟必用梯，其俗呼曰“栏房”。遇晚，村中幼男女尽而上，听其自相谐偶。婚姻仍用讲求，不以此也。①

这种对黎族婚前恋爱过程的描述，表明以“隆闺”② 为恋爱场所的习俗，至迟在嘉靖以前已经存在。

3. 文身习俗。文身为女子“及笄”时的一种成人礼仪。其过程为：

> 女子将及笄，置酒会亲属。女伴自施针笔，涅为极细虫蛾花卉，而以淡粟纹遍其余地，谓之绣面。③

黎族文身除了大多数为女子绣面外，也有“男文臂”“男文臂腿”等现象。

4. 服饰礼仪。男子的服饰注重头、下身，而袒露上肢。女子穿衣着裙，用五色吉贝布缝制。“无裤襦，但系裙数重，制四围合缝”，这在明代被称为“黎筒”。

5. 社交礼仪。黎族“甚守信”，在明代得到进一步肯定：“然其

---

① （明）顾岕：《海槎余录》。

② 所谓“隆闺”即是：当少女发育到青春时期，家长即于家屋之傍另造一小室，为少女私居的闺阁，给予她自由结交村中青年男子的机会。这里也是相互爱恋、选择“白头偕老”的终身伴侣的场所。参见李俊新：《黎族婚制的演变》，《东方杂志》1937 年第 34 期。

③ （明）万历《琼州府志》卷八《海黎志 · 黎情 · 原黎》。这一记述来自于（宋）范成大：《桂海虞衡志》。

重契箭，谨信约，毫发不爽，虽士人不过也。”[①] 这种“守信”不渝的品质，在黎汉贸易中最能体现。

（三）回族社会习俗

崖州回族聚族而居，其独特的民族习俗在明代已经鲜明呈现。

1. 主要节日。回族的主要节日有开斋节、古尔邦节、圣纪节等。从史志记载看，明代崖州的回族注重开斋节。[②] 每年开斋节时间并不固定，根据“识番书”先生的测算，以“轮斋”的方式过“斋月”，起讫时间是上月初三日至下月初三日（按伊斯兰教历）。斋月内，所有信徒“不吞涎”——封斋，只有月满之后“见新月”才可以饮食。这一天称为“开斋日”，也是伊斯兰教历的新年。是日，教徒们聚集于“礼拜寺”参加集礼活动。活动结束之后，各家相互拜贺。

2. 语言和礼仪。“番人”的言语、相貌与我国西北地区的回族相似。但是，至迟在明代中后期所三亚里番人村社区形成之后，崖州回族较为独特的“回辉话”[③] 才初步形成。他们不与土人杂居，以蒲姓为多。家不供祖先牌位。一村设清真寺一所，用一小龛安置香炉，由识番书的先生主持信徒们早晚念经、礼拜，平常交往讲究长幼尊卑。

3. 饮食习俗。忌吃大肉（猪肉），其他牲畜亦须自宰见血。喜吃槟榔。用大青盘贮饭，以手捻食。男女不饮酒。

4. 婚姻习俗。男子年20，属于成人，要举行成年仪式，“请师为之剪发齐眉，白布缠头，腰围以幔”。女性以“脑髻”为成年的标志，其服饰为“短衣长裙”；用金、银、铜、锡为环，穿其耳孔，下垂至肩；“好熏诸花洁身”。或许是爱吃槟榔的缘故，多“黑齿”。回族青年男女恋爱，谓之“做契”。婚姻不论贫富，不忌同姓。严格实

---

① （明）锺芳：《悯群黎文》，见（清）光绪《崖州志》卷之二十《杂文》。

② （明）正德《琼台志》卷七《风俗·番俗》。

③ 郑贻青：《回辉话研究》，上海远东出版社1997年版。郑贻青经研究认为，回辉话有迈话（粤语）、海南话（闽语）、官话等成分。汉语借词占20%左右，也有一些黎语的借词。

行族内婚制度。

（四）苗族社会习俗

明代苗族由于迁居崖州时间较晚，故同时期地方志记载不多，只能从相关资料判断作为参考。①

生产习俗："伐岭为园，以种山稻"，即以刀耕火种的生产方式，伴以"一年一徙"的山栏垦殖活动。

丧葬习俗：用木棺土葬。

主要工具：药弩弓。所射之物不见血亦死，故深为汉、黎所惧。但苗人多居深山，不与汉、黎相争。

三、崖州地方语言多样性的形成

崖州是一个五方杂处的移民社会，语言因族群的不同而表现出明显的差异。明代崖州社会在交流融合的过程中，语言呈现出多样性的特点。使用的"正语"和方言主要有：

（一）正语

"正语"是官方使用的中原语言，主要流行于州城，集中分布在军、政两个系统之中：一是州县政府机构，一是以崖州千户所为主体的军队系统，分布在以今崖城为核心的周边区域。

使用这一语言的群体有：州政府官员、驻军官兵；因科举入仕、致仕的士大夫阶层；州学的教授、教谕和生员。尽管该语言圈的人数不多，所占比例不大，但它代表着官方语言。

（二）闽语（客语）

宋室南渡、宋元交替的动乱时期，闽南人作为自发移民主体大量迁入海南岛。《海南家谱提要》收集本岛66姓氏169种族谱，有名可考的迁琼始祖（又曰"过琼公"）计110人，多为闽南人。迁琼闽南人必有到达崖州者，但是明代崖州宗族谱牒不多见，殊难一一考证。锺芳《崖东王氏族谱序》对此作了相关解释：

① （清）光绪《崖州志》卷十三《黎情》，中华民国《感恩县志》卷十三《黎防志·黎情》。

崖处穷壤，民生甚艰。日以操兵备寇为事，未遑及于文物。士夫修谱牒者，仅千百之一二。①

虽然明代崖州谱牒不多见，但肯定以崖州为落脚点的闽南人（包括潮州人）仍在继续迁入，州东永宁乡、三亚里以及州西南保平里、番坊里都有他们的足迹，形成语音“与闽音相似”或“略与潮州相似”的“客语”群体，表明闽南人移民在崖州的大量存在。②

（三）其他语言及其分布

迈语，主要分布在附郭二里、三里，以及州东的三亚、田寮、椰根三村。语音与广州方言相似。

番语，分布在所三亚里，即回民使用的回辉语。

地黎语，在黄流及黎伏里一带，语言与崖州黎语相似。

黎语，分布于东、西黎族聚居区，语言间互有异同。

苗语，在乐定营，万历间征罗活峒，迁入苗人狼土兵，为苗民所使用。

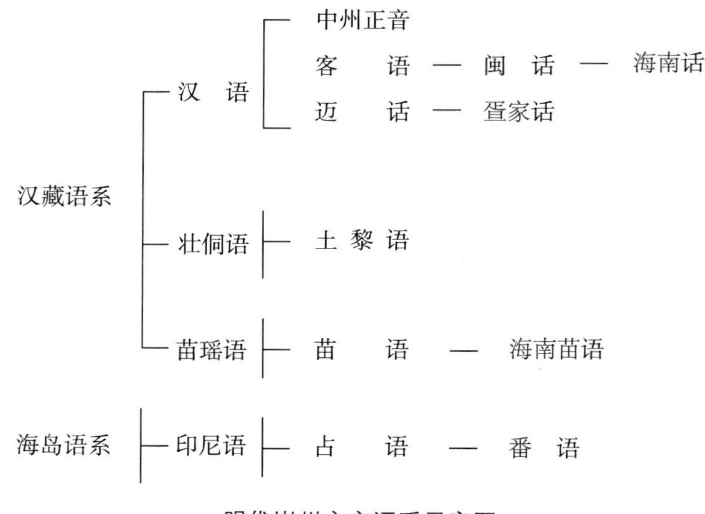

明代崖州方言语系示意图

① （明）锺芳：《崖东王氏族谱序》，见《筠溪文集》卷六，海南出版社2006年版。

② （明）正德《琼台志》卷七《风俗·迈客俗》。

第八节　明代“治黎”政策的演变

海南“内黎外海”，黎族聚居中部山区，地域宽广，人口众多，有着独特的发展轨迹和民族文化。自隋唐中原皇朝对海南实施全面的郡县统治之后，如何处理好与黎人的关系，是历代统治者都必须面对的问题，事实上已经积累了不少的经验和教训。元朝统治者一方面利用黎族土酋，让他们担任万户、千户、百户，身负实职，管理黎人，结果助长了黎族豪酋与郡县分庭抗礼；另一方面对于不堪汉黎官僚豪霸压迫剥掠奋起反抗的黎族人民大举征伐，血腥镇压，造成终元之世“黎乱”不止。后人对于元朝统治者的“治黎”举措，多持批判的态度。明太祖奠定中原，全国一统，通过设置乡都，废除黎酋万千百户，强化郡县政权对黎族聚居地区的行政管理。虽然军事控御和征伐仍然是统治者的强硬手段，但是在洪武、永乐期间国势强盛的背景下，统治者更主张通过“招抚”鼓励黎峒“向化”，永乐年间曾一度成绩斐然。遗憾的是这一政策的执行虎头蛇尾，至中后期朝政紊乱，政治腐败，未能坚持下去，反而由于地方官员的欺诈掠夺，峒首土舍的剥削压迫，迫使黎族人民不断掀起反抗斗争，仍然“黎乱”不止。究竟如何“治黎”，处理好民族关系，各级官员和地方名士提出各自的主张，其中不乏有价值的见解，这就是历代地方志中所记载的“黎议”。

一、明代前期的“治黎”策略

明代崖州辖境北至五指山南麓，与琼北定安县南境相接，是黎族的主要聚居地区。史籍记载“其地多于州境（官府直接管理的地区）”，完全符合实际；“其人十倍之”，则未免有所夸张。其时崖州黎族有所谓“生黎”、“熟黎”、“半生半熟黎”之分，虽然是一种歧视性的区别，但也反映了对黎区统治强度有所不同，以及黎族社会封建化进程的区域差异。大体上以州城（今崖城）为中心的东西沿海平原和台地地带，经过历代的碰撞和交流，至明初汉、黎、回、疍已实现了社会融合，为州县所直接统治，制度设置比较完善，其中的黎族居民是比较稳定的所谓“熟黎”，已编入里甲。其他地区，尤其是东北部、北部和西北部，则尚且属于“半生半熟”或“生黎”聚居区。东部为永宁乡，未设里；北部为董平乡，有3里流动不定的黎户名义上属其统领；西北部则直接设若干里，史籍记载称他们“平时耕田纳赋，听官约束，与熟黎同”，这一说法恐难完全采信，多属地方官员的自诩之辞。但是黎族聚居的大部分地区，已经纳入明朝政权设置的乡都统辖之下，则是统治力量加强的确实表现。

化“生黎”为“熟黎”，编户入籍，扩疆拓土，增加赋役来源，历来是地方官员的职责所在。武力征伐能够取胜于一时，终究难以服众，带来的是死伤无数，社会动荡。有鉴于历史教训，明初统治者对黎族多采取招抚政策，企图“以夷制夷”，引领黎人“向化”，纳粮当差。先是采用“以峒管黎”的政策，在州县的统治下，黎族事务由黎峒自行处理，不随意滥加军威；官府征粮派差，俱凭峒首催办，收到了稳定黎峒社会的效果。如建文年间琼州知府王伯贞在任时，崖州黎人因私怨仇杀，引起事端，海南卫正拟出兵镇压，被王伯贞所阻止，认为事件只在黎峒内部发生，并未涉及州县治安，不可妄加征伐。他指派宁远县丞黄童前往察看，果如所言，于是只“捕仇杀者数人”，未形成大规模动荡。这是入明之后有记载的崖州“抚黎”事例之一。

“以峒管黎”执行几十年后，黎区的情况并没有太大的变化，被招抚“顺化”了的“熟黎”只缴纳秋粮（赋税），大多不承担各项差役；“生黎”则仍然出没无常，难以控御。偶有“黎乱”发生，不得已发兵征讨，则“愈征愈乱”。鉴于熟黎峒首在派遣差役、征纳秋粮、带领官军追捕等方面所起的作用，建文二年（1400），广东公差、大理寺丞彭与民上奏书提出自己的主张：

如将各处峒首选其素能抚服黎人者，授以巡检司职事，其弓兵就于黎人内佥点应当。令其镇抚熟黎当差，招抚生黎向化。如此则黎民贴服，军民安息矣。[①]

这便是所谓的“峒首管黎”策略——授予有影响力的“熟黎”峒首以官职，让他们既管好黎峒事务，又利用他们的族缘优势招抚生黎“向化”。“峒首管黎”推行的是郡县授官管理，纳入郡县官僚体系，既不同于明太祖时期所推行的“以峒管黎”羁縻式管理，也不同于元朝设置黎兵万千百户、与郡县裂地而治，而是围绕着黎族治理所形成的新的政治主张——在郡县统领下的专职治黎制度设置。彭与民的奏章得到建文皇帝的认可，并加以实施。建文三年（1401）五月十一日，分别在宁远县的藤桥巡检司、通远巡检司增设副巡检官职，由熟黎峒首担任；稍后陵水县、万宁县也有副巡检之设。这是峒首土官制度的开始。永乐皇帝当政，虽然“革除”建文朝的诸多政治举措，“复洪武官制”，但是“土人为副巡检者仍权留”。不仅“权留”土官巡检之设，永乐三年（1405）又批允广东监察御史汪俊民的奏章：“熟黎则随产纳税，一切差徭悉与蠲免；生黎归化者免其产税三年。峒首则量其招民数多寡，授以职事。”[②] 后来的土官峒首不仅有副巡检之职，还有任命为“同知”、“县丞”、“主簿”等职名者。永乐朝还进而在土官峒首之上专设抚黎流官，敕命他们引领土官峒首招抚“生黎”向化。永乐二年（1404），授予崖州监生潘隆以知县职名，敕命专职招抚“生黎”；三年（1405），又授予梧州府通判刘铭以琼州府抚黎知府职名，专职抚黎。土官、流官均“专一抚黎”，不参与其他事务。

在此同时，明朝统治者在黎族聚居要隘地方，招用黎族土人设置营寨，维护黎区治安，其首领称之为“土舍”。土舍黎兵编入军事序列，属地方武装组织，平时驻地防备，遇有调遣则随军征进，因其熟识地形而专为前锋。全岛共设土舍41所，其中崖州9所。土舍实际上也成为带军事首领性质的黎族土官。

---

① （明）嘉靖《广东通志》卷六十八《外志五》。（清）道光《琼州府志》与光绪《崖州志》均记载彭与民上奏书为洪武二十九年，恐误。

② （清）道光《琼州府志》卷二十二《海黎志·防黎》。

土官制度的核心是“以黎制黎”、“招抚生黎向化”。自永乐四年（1406）至弘治十四年（1501）的百年期间，土官制度成为“治黎”政策的中心内容，在“招抚生黎向化”上也确有可观的成效。据记载，永乐三年（1405），抱有（由）等十八村一千余户“俱已向化”，服从官府统治，编户入籍，应征赋役。当年又有崖州人黎让，招抚抱怀等“生黎”村峒。后又有正统十年（1445），知府程莹等人谕抚崖州黎符危“向化”，招回逃民罗讨等48名；成化十二年（1476），海南兵备副使涂棐等人“招抚千家村、古镇州黎符那玉等向化”。① 这些有记载的招抚行动，对稳定少数民族地区的统治起了一定的积极作用。

土官峒首也多以得官为荣，积极承差应役，率领“生黎”向化，依仗官势加强对黎峒的统治。为表示招抚的成绩以及对皇朝的忠诚，他们纷纷率领峒首上京朝拜，贡献地方特产。

崖州黎族土官朝贡一览表

时间	朝贡及赏赐	资料来源
永乐十九年	正月己卯，广东琼州府宁远县土官县丞邢京，率生黎峒首罗淋等来朝贡方物。赐钞及文绮有差。	太宗实录卷二三三
正统元年	七月己酉，广东宁远县土官巡检陈瑛俱遣人来朝贡马及方物。赐宴，并赐彩币等物有差。	英宗实录卷二十
正统十四年	三月丙戌，广东崖州藤桥巡检司土官副巡检黄其男，同黎首罗幕等来朝贡马及方物。赐彩段绢钞有差。	英宗实录卷一七六
景泰六年	十二月辛亥，广东崖州藤桥土官巡检黄芳等贡马及方物。赐彩币等物。	英宗实录卷二六一
弘治元年	六月戊申，广东崖州故土官县丞陈迪之孙冠带舍人崇佑率黎首人等贡土产方物。赐钞锭段绢衣服有差。以崇佑能抚黎人逋逃复业者千三百六十余户也。	孝宗实录卷十五
弘治十四年	十一月戊戌，广东崖州抱怀等卫村峒黎首罗累等五人来贡。赐绢钞等物如例。	孝宗实录卷一八一

① （明）万历《琼州府志》卷八《海黎志·抚黎》。（明）正德《琼台志》卷十九《兵防·兵官》载涂棐于成化十一年（1475）以事愤自尽，是故“成化十二年”的记载恐误。清代《崖州志》皆沿袭万历府志说。

因为要依靠峒首管黎，朝廷对于上京朝贡的土官黎酋多有慰抚。永乐三年（1405），抚黎知县潘隆，引土官邢万胜等赴京朝贡，明成祖朱棣特赐敕谕，让他们持之以招抚黎人。敕谕曰：

朕奉天明命，嗣守太祖皇帝洪业，四方万国悉来朝贡。尚念尔等以蕞尔之地，远处海南州郡之中，仰慕声教盖亦有年，第因有司不能招抚，无由自达。今特遣知县潘隆、土人邢万胜、陈应、符添成、蒲干、符添庆、王歪头赍敕往谕。尔等体朕广爱之心，共相议让数人同使臣来朝，朕卽颁给赏赐，俾回田里，以安尔众，使尔子子孙孙永享太平之福。故谕。

由"以峒管黎"进而为"峒首管黎"，明代永乐年间推行的土官制度在崖州施行了100多年。总的来说，这一时期的黎汉关系比较缓和，黎峒的"向化"在平稳推进，即便有冲突也规模不大。到正德年间，崖州92个黎族村峒中，已有"熟黎"村峒44个。其分布情况是：以州城为界，东部"生黎"22个、"熟黎"22个，西部"生黎"26个、"熟黎"22个。生、熟黎明显呈南北分布，48个"生黎"村峒基本上都在北部深山。① 这些都表明，明代崖州实行"土官制度"取得一定效果。从编籍户口的增长也可反映明初招抚政策的成效。据正德《琼台志》载，洪武二十四年（1391），不计感恩县，崖州（等同于宁远县）已从元吉阳军的1439户、5735口人增加到2760户、10282口人；至永乐十年（1412）又增加到2785户、18484口人。这些统计数字不一定很准确，而且跟明初的移民有关，但也是"招抚生黎向化"的成果。到明中期的正德年间，崖州的汉区和黎区已经形成。州城和州城附近的宁远河冲积平原多为汉人所聚居，沿海丘陵台地是"熟黎"聚居区，北部山区是"生黎"聚居区。"向化"实即封建化，已成为不可逆转之势，所讲"半生半熟黎"的存在便是指处于这种封建化的进程之中。

---

① （明）正德《琼台志》卷一《郡邑疆域图·崖州境图》。按：（明）嘉靖《广东通志》记载崖州黎村峒为数92，但是所记载的名称与正德《琼台志》多有不符，估计是因为黎村的迁徙无定。

万历四十三年（1615）七月，由总督张鸣冈提出，在罗活峒建立“乐安营”、在德霞建“归德营”、在抱由建“乐定营”。[①] 三处军事营堡的建立，向纵深推进军事设置，旨在巩固崖州西北部和北部地区的招抚“向化”成果，并最终迫使所在区域最为彪悍的“生黎”社会逐渐瓦解，化而为编民。明朝统治者毕竟没有放弃将军事手段作为“招抚生黎向化”的后盾。

二、“黎乱”的发生及其成因

明朝统治者对黎族实施招抚政策，在前期洪武、永乐年间，国势强盛，政治相对清明，官员有所作为，确实曾一度形成“黎治”的良好局面。但是进入中期以后，朝政逐渐衰弱，地方官员腐败，土官土舍为非作歹，黎族民众饱受欺压，不断起而反抗，以致终明也是“黎乱不止”。黎人的受抚朝贡，成化朝以后已逐渐减少，至弘治以后则再无记载。相反，成化以后黎人反抗斗争的次数越来越多，规模越来越大。此后的所谓招抚，大多是血腥征伐过后的措置，是兵威之下的顺从，性质已大不一样。

明代前期“治黎”以招抚为主，当然也不是没有军事介入。就崖州而言，据诸种地方志的“平黎”记载，洪武二十年（1387），千家村黎罗岂“不时窃发”，广东都司及海南卫领军收捕之；洪武二十七年（1394），“州黎为乱”，指挥牛铭、曹源讨平之；洪武二十八年（1395），千家村“黎乱”，都指挥花茂同指挥石坚等讨平之；永乐四年（1406），罗活峒“黎乱”，都指挥花茂讨平之。[②] 成化二十三年（1487），官军征伐陵水岭脚峒陈那洋之乱，崖州千家村亦涉及。前期的这些“黎乱”，规模有限，在黎族社会影响不大，一些峒首土舍还应召带领黎兵随官军征战。

明朝中期的弘治十四年（1501），儋州七坊峒符南蛇率领黎民大起义，“三州十县闻风响应”，震动全岛，经一年多的斗争最后失败。

---

① （明）《神宗实录》卷五三四。

② 参见（明）万历《琼州府志》卷八《海黎志》，（清）光绪《崖州志》卷十四《黎防志·平黎》。

虽然说军事行动南向只到感恩，未涉及崖州，但是对崖州黎族社会影响深远。到了正德以后，崖州“黎乱”次数越来越多，达十余次，多集中在西北部和北部；规模也越来越大，其中以正德二年、嘉靖二十八年和万历四十年三次最为激烈。

正德二年（1507），千家村爆发黎族民众反抗压迫的斗争。崖州西北部罗活、抱宥（由）、多涧、千家村等地黎族人民，民性剽悍，不堪欺凌；而千家靠近官道，是黎族聚居地区的门户，受压迫深重而反抗亦更为激烈，前此已遭受多次征剿。但是，“军款眇其愚呆，无故笞诟；哨守等官则又凌虐困辱之”①，终于再次爆发反抗斗争，而且彼此串联，愤而群起。海南兵备道副使王倬率军并调集崖州、昌化、儋州土舍黎兵前来征讨，发起突袭，焚村而归。但是各地反抗斗争仍在继续，至正德末年，知州陈尧恩又调熟黎土兵“平定”抱龙、罗活之乱。

嘉靖二十八年（1549），崖州判官黄本静勒索黎人，贪而无厌，引起北部的止强、止讼等村峒民众起而反抗。在黎酋那燕、那牵、符门钦等带领下，北部进入凡阳，西北联合感恩、昌化各地黎人，聚众四千余人，在各乡寨流动，南向一度逼近崖州州城。地方政府试图招抚息事，但没有成功。经巡按御史黄汝桂奏闻，朝廷下诏“发两广汉达土舍兵九千剿之”②，两广提督都御史欧阳必进坐镇雷州，令镇守广西副总兵沈希仪督率守巡、兵备等官，分三大哨进攻，左路从陵水进，中路从感恩进，右路从昌化进，直抵起事各村峒。这次声势浩大的军事镇压，“俘斩首五千三百有奇”，其杀戮之残酷可想而知。“激变”此次“黎乱”的黄本静本人，因之亦遭到罢职“充戍”的处罚。

万历四十年（1612）冬，五指山腹地那阳、那牙、凡阳、那定等地黎人聚集到崖州西部罗活地区，修置器械，准备起事，形势十分

---

① （明）嘉靖《广东通志》，海南出版社2006年版，第542页。

② （明）《世宗实录》卷三五一。（明）嘉靖《广东通志》作调兵“十万余”，恐有误。

危急。抚黎通判葛经企图通过抱由土舍符起凤“抚谕”息事，但是同时巡道姚履素却又命令把总曾国栋等于次年一月领兵征剿。剿抚相乖，失信于黎，招致抱由等峒反戈，与罗活峒联合起来反叛，射杀企图绑架起义军领袖的土舍符起凤，击退孤军轻进的官军把总曾忠，声势大振。崖州知州林应材因“激黎变”且抚谕无功被罢职。四十一年（1613）十一月，南头副总兵张万纪、雷廉副总兵杨春等奉命率军前来围剿，连同当地土兵共12400人。但官军漫无纪律，在起义黎人的英勇抗击下，一月之内三战三败，总兵张万纪战死。[①] 事已至此，崖州守御所把总吴业尚且将张那唸等“熟黎”解往州城枷钉，激起黎人的愤恨，随之蜂拥而起，攻陷乐平营，州城危如累卵。署理州事的通判潘大熙只能率领败兵极力守城，以待援兵。情报送达朝廷，才命令总兵王鸣鹤督率各路官兵并西粤狼兵压境，大肆征剿，以守道蒋光彦督理粮饷，巡道姚履素监军。为确保粮道、驿道畅通及州城安全，官军分别在州城东部羊栏村、西部望楼里驻扎，然后分七路攻击。十二月，各路会攻抱由，“破栅焚窠”，擒斩150余；抱由既破，官军长驱而入，十天内平罗活，搜山捉获那保、那臬等182名起义首领，斩首415人，俘获男妇224口，招出降黎15359人。经派遣将领叶思义、王中耀屯守抱由、罗活二地，这次“黎乱”才总算被平息。万历四十三年（1615），海南卫崖州所在西部地区设置乐安营、乐定营，由“兴长官兵三百六十员”“广西药弩手三百员”分别驻扎。万历四十四年（1616）乐安城修筑告竣，长年驻兵防守，对于崖州西北部地区的稳定起到了一定的震慑作用。在兵威强压之下，海南兵备巡道兼提学副使戴熺、琼州知府欧阳璨亲自督率善后抚循，大动荡后的崖州才逐渐安定。抱由、千家、罗活等黎峒，良田千顷，物众地大，经此一大战役之后，统治者“一举而犁其穴、俘其人、井其田、城其地，诸峒罔不回首面内，慕谊归化，以彼鳞介被我衣

① （明）《神宗实录》卷五三二，万历四十三年五月，礼科给事中姚永济参督臣张鸣冈奏章。

裳”①，统治势力在这一地区得到了充分的扩张。

明朝统治者对黎族人民反抗斗争的血腥镇压，给黎族人民带来深重的灾难，家园被烧毁，耕地被没收，或者被充作军屯，或者被汉、黎地主豪强所占有。在军事压力之下，各黎峒不得不“服招向化”。封建政治和经济借军威向“生黎”村峒渗透，客观上也推进了黎族社会的封建化进程。在崖州西北部地区，这一进程表现得更为明显。

晚明崖州的“黎乱”多转移到东部统治力量相对薄弱的地区，但规模也都有限，有记载的仅为两起。崇祯八年（1635）六月，侵宇（今田独）黎人王亚锦、王亚郁发动东部黎人“作乱”（原因未详）。崖州太守朱宏“以夷制夷”，指使地处东北部山区的止强峒“粮长”（实即峒首土舍）带人先攻下靠近陵水的抱笼，然后乘胜南下攻打侵宇。王亚锦、王亚郁有所畏惧，表示愿意接受招抚，但稍事喘息之后，又“作乱”如旧，于是年八月煽动亩感、两峒等地深山“岐黎”，攻打田寮、董龙、羊栏、妙山、敦兜诸村，局势混乱。州守朱宏一面发兵戍守三亚，一面向上请求援兵。十月，海南兵备道参将王道济率兵前来，派人往侵宇招谕。官军压境，王亚郁遁逃，王亚锦以“誓不复反”乞命，总算没有造成大的战争杀戮。为了加强对州东的军事控制，崇祯十年（1637）春设立了三亚营，以防备东境“黎乱”。

另一起发生于明代末世，明流亡王朝隆武元年（1645）七月，州东藤桥募村又起“黎乱”，实际上是黎族土舍峒首的掠夺行为所造成：署理藤桥营的土舍符顺道，以武力胁迫本地黎人，强夺募村黎人的槟榔园，杀死敢于与之抗争的园主。符顺道的恶行激起黎人的群愤，黎酋苏九容聚众起义，毁掘黎顺道居宅，焚杀藤桥营所在的藤桥市，伤及无辜，杀死商民200余人。也许是因为明朝已亡，清军未到，地方政府再没有派兵进剿，州守丁家进只是据实上报。符顺道因“激变”被处死，次年二月苏九容也“服抚”，藤桥之乱才得到平息。

① （明）万历《琼州府志》卷八《海黎志·平黎》。

可以看出，明代的“治黎”政策和策略，自弘治年间爆发的符南蛇大起义被镇压之后，已经从前期的以抚为主以剿为辅，到中后期改变而为以剿带抚，剿后之所谓“抚”，不过是善后手段而已。历史走了一个怪圈，前元“越剿越乱”的局面又在明朝中后期重现。崖州万历四十年（1412）冬的“黎乱”，持续至四十一年十二月，为期一年多；晚明平定藤桥募村黎乱，也花费了近一年时间。

明代中后期“黎乱”加剧，永乐年间盛极一时的招抚和朝贡其后难以为继。造成“以抚为主”转而“以剿带抚”的策略转变的原因，大抵有以下几个方面。

一是国势的衰败。明朝前期一统天下，国势兴盛，明太祖称海南为“南溟奇甸”，指示吏部“若其风俗未淳，更宜择良吏以化导之”①，朝廷对海南倍加关注，改隶广东所辖也是加强对海南督理的措施之一。琼州知府宋希颜、王伯贞、徐鉴、程莹，崖州知州姚瑾、王铎、徐琦、林铎，都是明朝前期的“名宦”，政治相对清明。至中后期朝政日益腐败，对海南开发无所建树，一旦“黎乱”唯发兵征伐而已，而对黎区特产的上下苛索，则加重黎族民众的负担，引起强烈的不满。这是上层的原因。

二是地方文武官弁的横征暴敛。无休止的官派苛捐和役使，下层军官的凌辱贪黩，以及汉族地主的高利贷盘剥、行商的欺骗掠夺，都不断引起黎人的愤怒和反抗。正统九年（1444），崖州守御所千户陈政滥杀黎首，掳其财物，致各黎激变。万历四十三年（1615）崖州罗活“黎乱”，则是因为通判葛经乘机贪黩。海瑞曾经强烈谴责地方官吏的腐败：“而又赋役繁难，官吏刻削，彼（指黎人）自为诚，我自为诈，有以灰其心而格其至。”② 因此，他对几次征伐黎人之役“未敢曰师出之为名也”。每次征伐之后，黎区土地常被豪强地主所侵夺。有的下层武弁，甚至以穷兵黩武杀戮无辜谋功逐利，黎人唯有

① （明）《太祖实录》洪武三年正月壬寅条。

② 李锦泉、陈宪猷点校：《海瑞集》卷三《赠养斋蔡太守抚黎序》，海南出版社2003年版。

起而抗暴。嘉靖元年（1522），罗活峒发生的“黎乱”本已平息，但有武官“欲专功者”，躬督部下穷搜滥捕，引起当地黎人的愤怒，群起袭杀官军数十人，官军丢盔弃甲，器械遍野。“激变”黎人的地方官吏多被追责，或充军、或收监以至处死，但在明代后期腐败的政治背景下，类似事例仍层出不穷。

三是土官土舍的为非作歹。明初永乐年间设置专职的抚黎流官和“招抚生黎向化”的峒首土官，以及随后设置的黎兵土舍，曾经对稳定汉黎关系、加强黎区管理起积极作用，一度出现“转乱为治”的迹象。但是这种州县不直接统治而委任抚黎流官和土官峒首实施管理的方式，很快就暴露出弊病。专职抚黎的流官与土官峒首相互串通，弄虚作假，借口以“熟黎”招引“生黎”，借占已编户入籍的“熟黎”户以扩大势力，虚报“向化”黎户以冒功领赏。正德《琼台志》载，永乐十年（1412）琼州府增黎户17394户（其中宁远县2025户，感恩县1995户），人41386口（其中宁远县4857口，感恩县4875口），万历《琼州府志》即指出，这是当时的抚黎知府刘铭所伪增。该志记载：“盖自永乐以来，以抚黎职之土人，借抚为名，夺我熟黎。”“崖州旧图分辖，起于土舍之奸，如附郭董平三图为黎、邢、陈三土舍分管。”① 最早被授予抚黎专职知县的崖州人潘隆，后查无实绩被革职查办。更为严重的是，峒首土官相互争夺管辖黎村，各自成为一方割据势力，对上图谋与府州县分权，抚黎知府刘铭就曾与土官勾结，奏请将“三千里内近山都图版籍”悉与所属管；对下则又与下层官弁勾结，欺压贫苦黎人，霸田占地，滥征钱粮，“作奸以肥身家，刻削以媚官府”。嘉靖年间的儋州同知顾岕在《海槎余录》中揭露，作为赋税的应征粮银，官价每石二钱五分，有的峒首土官竟收至八九钱。为图谋私利，土官土舍还常常挑动“生黎”出掠近黎汉族乡村，劫人取保，甚至滥杀无辜，汉族民众同样深受其害。正德年

① （明）万历《琼州府志》卷八《海黎志》。董平三图，指州北董平乡统领的五都、六都、七都。

间的琼州知府谢廷瑞在“黎议”奏稿中说道：“初以熟黎为藩篱，有土舍峒首以管束之，事久玩愒，反以黎岐为利。”① 这些弊病其实在永乐之后即已不断暴露，因此早在宣德四年（1429），朝廷即先行革去各色专职抚黎流官，随后于正统五年（1440），琼州知府程莹又奏革峒首土官，由府州县直接管理黎族事务，“黎人自是总归于府，民黎称便”。② 土官虽革，带领黎兵的土舍则仍留听调用，“土舍纵肆于已革土官之后，张威如其祖考”。③ 峒首土舍势力已成，尾大不掉，仍然为争夺领地和承袭权而相互残杀和内讧。他们是黎峒的地主豪强，既压榨黎族民众，也扰害汉族近邻乡村。

在民族的和阶级的双重压迫之下，黎族人民一次次揭竿而起，但又一次次被镇压下去，终明之世也仍然是“黎乱”不止。

三、明代对“治黎”策略的探讨

黎族聚居五指山麓，地域广阔，汉族则多分布在沿海地带，这种地理分布以崖州最为典型。历代汉黎关系或乱或治，反复无常，说到底，根源在于隋唐之后日益强势的中原统治集团抱着根深蒂固的民族歧视观念。即便如此，如何有效“治黎”，防止民族矛盾激化，使黎族纳入“王化”轨道，毕竟是统治者所要实现的目标。鉴于历朝历代“治黎”的经验和教训，到了明代中后期，面对“黎乱”又起的严峻局面，曾在岛内任职的文武官员如谢廷瑞、俞大猷、黎国耀、林如楚、何斌臣、欧阳必进等，海南在朝廷和各地任职的士人如韩俊、王佐、唐胄、杨理、吴会期、海瑞、郑廷鹄、王弘诲等人，纷纷通过上奏、上书等形式，为朝廷和上司出谋划策，形成了持久的“治黎”政策和策略大讨论，即所谓“黎议”，其余波一直延续至清康熙初年。其间海瑞的主张最为后人所瞩目，他在嘉靖二十八年（1549）参加乡试时即以《治黎策》为策对，以后又向朝廷上《平黎疏》，向

① （明）万历《琼州府志》卷之八《海黎志·议黎》。

② （明）嘉靖《广东通志》之《外志·黎峒》。

③ （明）嘉靖《广东通志》之《外志·黎峒》引唐胄所语。土舍黎兵之设，至万历四十四年（1616）方才革除。

兵部上《平黎图说》及条议。

历代“治黎”，或主张征伐，或主张招抚，但是鉴于“穷黩伤和，羁縻酿乱”，明代参与处理黎族事务的地方官员和本土士人大多认为，开通五指山十字大道、在黎区设县立所、加强教育化导，才是根本的“治黎”策略。

关于开通五指山十字大道，洪武年间即有海南卫指挥张庸继欲一试之，成化时的海南兵备副使涂棐也倍加注意，海瑞更是极力主张，连舆图也绘制出来了。开通道路利于军事威慑不言而喻，但终极目的在于“均通四处往来”，交通的畅达有益于汉黎经济、文化的交流，促进黎区的社会进步，是应当肯定的。按照海瑞的计算，环琼二千余里，以周三径一的圆周率概算，跨越五指山，由儋州达万州，或由琼山达崖州，都只不过七百里程，而其中途经崎岖山区，则只三四百里而已。何况据万历年间分巡海南道的按察使林如楚《琼岛图说》所言，其时五指山区往北、往东和往西，也并非完全无路可通，其实“十字已丁”，需要的是取直拓展。而最困难的是五指腹地草提、磨羊、磨赞等地南达崖州北部之凡阳，或略偏西之罗活，但“崎岖之处不过二百里”，而罗活至崖州州城的道路则已开通。海瑞提出的实施办法是，指令各处土酋带领本处黎兵轮流出力，每人日给银二分；“黎兵出众力以开先，官兵养全力以守后”，从四面开来，于中央相接。

其次是“设县立所”，兴建城池，也就是建立地方政权和军事机关。诸多“黎议”认为，海南州县沿海布列，其文明景象难以辐射到僻远的深山黎区，而深山黎人“无由见天日，有屈不得伸”，也是酿成“黎乱”的原因之一。因此开通十字道路之后，应当择地立县，开设军事屯所，配置驿铺，乡村基层则应革除土舍峒首，编为里甲，从而加强封建统治，做到“地为郡邑、人入版图”。海瑞在《上兵部条议七事》中说道：“黎歧所居之地虽有高山峻岭，其中多平衍峒场、膏腴田地，可辟之以立县所者甚多。”指出如崖州的罗活、抱由村即可立县，还主张迁崖州千户所到罗活。另一海南乡贤郑廷鹄在

《平黎疏》中也讲到，崖州的西北部（即今乐东盆地），有“德霞之膏腴，千家、罗活之饶足”，都是立县设所的好地方。海瑞等还主张立县设所之后，应招集外地移民入内垦荒或耕作绝黎田地，与黎人错居，结为里社，加强汉黎往来；治城邑，兴水利，传播先进耕作技术，以加快黎区开发。

三是加强教育化导。议黎者以“镇安人心”为上策，主张在黎区申明律令，提倡礼乐，兴办学校，而以汉黎统编里甲相互熏染为长远规划。弘治年间的海南先贤韩俊在“治黎”奏稿中即主张严为法制禁约，不许黎人持弓矢，以实现自废武艺、倡兴礼乐，“靡旷悍为仁柔”的民族性格改造。“虽有官吏生事克剥，亦得如州县小民隐忍甘受，谁敢倡为乱阶?”这种“唯官独尊”的传统儒家政治伦理观念遭到后代的批判，而万历年间海南士人杨理向琼州知府欧阳璨上书述说，则强调黎人“如有冤枉，即为伸理；如有混包霸占他人村峒诡避差役者改正，无令群奸欺诳”，以为如此“则仇杀之祸消，而抑屈之患永绝矣”，显然是相对务实的主张。在倡兴礼乐、移风易俗上，封建士大夫们则一以汉族风俗习惯和传统礼教为依归，如参将俞大猷在《平黎图说》中要求“其各州县印官，务将管下黎人严禁：童女不得如前涅面文身；男人务着衣衫，不得如前赤身露腿；其首各要加帽，不得如前簪髻倒颠”，显然是对黎族风俗文化的不尊重。但是俞大猷也主张“各村黎童之幼小者，设社学以教之，使其能言识字”，则完全应予肯定。

在众多“黎议”中，很多是有价值的见解，值得后人借鉴。但是由于统治集团对少数民族的歧见，以及明朝国势的衰落，对这些明智的主张，当权者都置若罔闻，并没有认真付诸实施，正如杨理所述：“或方计定而他事掣肘，或已加工而失处坏事……后各上司虽传述不忘而终不能举。”黎族地区的落后面貌依旧，“黎乱”也并未因统治者的残酷征伐而停息。一直到清朝末年，冯子材入琼“治黎”，方才实现五指山十字道路的开通。晚清优贡生、海南名士王国宪在《海瑞年谱》中记述：

公《平黎疏》详言开道立县，化黎为民，计规久远，悉中机宜。惜当时不行，黎患留贻至今。逮光绪十二三年间，张文襄（张之洞）相师督粤时，奏派冯宫保子材、方观察长华开道抚黎。中道自定安太平司开道通崖州乐安司，西路自儋州南丰开道通陵水宝停司。其十字大路，仍用公策。

至于设县立所，则延至民国二十四年（1935），方才在崖州西北部抱由地区设乐东县，在北部设保亭县、白沙县。

四、明清交替时期的崖州

明朝至中期开始衰落。到万历年间，统治集团内部斗争不断加剧，政治更加黑暗。万历皇帝20多年不上朝理政，宦官魏忠贤专权，结党营私，朝政腐败，各地民变迭起。延及崇祯时期，后金崛起，明朝内忧外患。此时的崖州“黎乱”不止，民怨沸腾，社会处在极不稳定的状态之中。

明清交替时期的崖州，很长一段时间行政建制及其政权结构处于真空状态。崇祯十五年（1642），崖州知州、湖北黄梅人瞿罕因病离任，福建晋江举人丁家进接替其职。崇祯十七年（1644），明朝政权灭亡，但清军要到顺治四年（1647）才入粤主琼。在此期间，崖州名义上仍在接受流亡的南明王朝的统治，实际上已在等待着一个新的历史时期的到来。

第六章　清代前期的崖州

清王朝是满洲贵族窃夺明末农民起义成果后建立起来的，它是以满洲贵族为核心的满族和汉族地主阶级联合专政的专制主义封建政权。在其近二百年统治的前期，顺治、康熙、雍正、乾隆等朝，曾经通过文治武功，强化封建专制主义制度，增进统一的多民族国家的巩固，促进封建的政治、经济、文化的恢复和发展，出现了所谓的“康乾盛世”。然而，它以“天朝”自大，仍旧沿着闭关自守的封建主义线路行进，所处的历史时代已是封建主义日近黄昏的没落阶段。从乾隆统治后期起至鸦片战争前，封建社会周期性的危机频频爆发，农民起义此起彼落，封建统治逐渐走向衰败，与西方崛起的资本主义国家的差距越来越大。西方殖民主义者为了叩开中国的大门，在不断派遣传教士前来进行思想文化渗透的同时，大肆进行罪恶的鸦片贸易，源源不断向中国输入毒品，既赚取大批白银，又严重毒害中国人民的身心健康。面对着西方殖民者的侵略，清王朝无可奈何地实行封关禁海的“闭关政策”。

崖州作为封建王朝最南端的一个属州，在经历了明清鼎革之际反抗民族征服与压迫的血与火的斗争之后，康熙初年已逐渐过渡到稳定时期。这一时期清王朝对崖州的统治，在明朝的基础上进一步加以强化。一方面，通过严密的地方基层组织对汉族人民加强专制主义统治，对黎族地区加强武力控扼和防范；另一方面，加强海疆的防卫，有效地抗击前来骚扰的倭寇和海盗。这一时期，崖州各族人民通过自己的辛勤劳动，推动了崖州政治、经济、文化的继续发展。由于不堪清统治者的民族歧视和压迫，黎族人民一再揭竿而起，反抗封建王朝的残暴统治。崖州各族人民的生产斗争、阶级斗争和抗御外来倭寇海盗侵掠的斗争，在崖州大地上演绎了许多鲜活的历史画面，构成了三亚历史重要的篇章。

第一节　清初崖州人民的抗清斗争

一、清军进入崖州及崖州人民的反剃发斗争

正当明末李自成率领的农民起义军以燎原之势席卷中原的时候，崛起于白山黑水间的满洲贵族政权后金，用武力统一了蒙古和黑龙江流域。1636 年 5 月，后金君主（汗）皇太极称帝，定国号为大清。他雄心勃勃，决意入主中原，取代明朝腐败的统治。崇祯十七年（1644）三月，李自成领导的农民起义军攻占北京，明王朝覆灭。宁远总兵吴三桂怀着对农民军的刻骨仇恨，勾结清军入关镇压农民军。清朝统治者率兵长驱直入，占领北京，与农民起义军以及明朝残余势力展开了激烈的争夺全国统治权的战争。满洲贵族一方面对汉族地主实施拉拢、控制、利用的政策，以“复君父仇”相号召，以官位相引诱，以杀戮相威胁，并及时举行尊孔活动，恢复科举考试以吸引汉族地主阶级知识分子，广泛招降纳叛收编汉族降将和士兵，另一方面加强对农民军的军事围追。清王朝是新崛起的力量，组织严密，战斗力强，领导集团比较稳定而有进取心，因此在短时间内就横扫大半个中国。明朝残余势力在南方拥立的福王、鲁王、唐王以至桂王政权相继被攻灭。

顺治四年（1647）年初，清军进入广州，迅速控制了广东全境。是年二月，清朝总兵官阎可义等率兵入琼州①，没有遭到有组织的军事抵抗，很快接收各州县政权。据康熙《万州志》卷一《事纪》记

① （清）雍正《广东通志》卷六《编年》。

载，这一年的四月，琼州降。清政府所任命的第一任崖州知州于有义很快到职。乾隆《崖州志》卷十七《宦绩志一·名宦》记载：

于有义，河南祥符监生。顺治四年，任崖州。

同书卷十四《黎防志三·明季事迹》记载：

六月，知州于有义莅任。

于有义到崖州上任，标志着清朝统治势力进入并控制了崖州。

然而时局仍极为严峻。清朝在军事上已控制了整个中原乃至于南方广大地区，一连串的军事胜利，使满洲贵族开始撕掉替明朝遗老“复君父仇”的面纱，露出民族征服者的本来面目。一方面，清朝统治者对农民起义军进行血腥镇压，在胜利进军中进行野蛮的烧杀劫掠；另一方面，为了实现对汉族民众的统治，清政府于顺治二年（1645）、顺治三年（1646）连续下令强迫汉族人民剃发梳辫，改换明朝衣冠，以之作为归附清朝统治的象征，企图从制度到生活习俗上清除明朝统治的痕迹和影响。清朝统治者竟然规定：自布告下达后10日之内，各地人民一律剃发，凡是不剃的、迟疑的、请求保存明朝制度的，一律“杀无赦”①；在江阴县，地方政府更提出“留头不留发，留发不留头”② 等口号。

在长江南北人民抗清斗争的鼓舞下，海南各州县的明朝残余势力也曾组织地方武装奋起抵抗。但当清军大兵压境时，这些地方武装立即土崩瓦解，转而投降了清朝。在崖州，当清朝统治势力进入海南之初，曾有“故明千户洪廷栋、镇抚胡永清聚众反”。然而，崖州这一小股反抗势力只是鼓噪一时，听闻清军连续攻破万州和陵水县后，即不战先溃。洪廷栋因惧怕清军，立即“挈妻子奔乐安”。六月知州于有义到崖州就任后，“胡永清迎降，有义因遣永清往招，廷栋等亦遂率其妻子出降”。③

紧接着，于有义用武力逼令崖州境内人民剃发效顺，完全不顾及

---

① 王先谦：《东华录》顺治四。

② 韩菼：《江阴城守记》上。

③ （清）乾隆《崖州志》卷五下《海黎志·平乱附》。

各族人民的民族感情。崖州城内人、明朝末年儒学增生曾廷咏、生员王应祧等人“不从”，被抓捕入狱。清朝崖州守备林时森又深入黎族聚居的乐安等地，逼迫黎族人民剃发，而且“督薙发甚严”。[①] 这一野蛮的举措和专横的态度，大大伤害了汉族和各族人民的民族感情，使得民族矛盾，特别是满汉、满黎之间的矛盾迅速上升，一股强大的保卫民族权益与民族文化尊严的情感，在广大汉、黎族人民群众胸中奔涌而起。“队兵彭信古等遂杀时森及僮仆十余人，纠结罗活、官坊、头塘诸黎，及西里黄流、乐罗、抱旺等村，皆抗命。”一时间，崖州境内汉、黎人民的抗清情绪十分高涨，“人情汹汹”。[②] 于有义在兵刃不服众怒的情况下，就在崖州城内及多港、抱怀等地组织武力进攻乐安。乐安黎族人民群情激愤，持续奋起反抗，致使于有义用武力胁迫黎族人民剃发效顺的举动宣告失败。在汉、黎人民抗清斗争的激励下，狱中被“禁锢一年”的人们也始终不肯屈服。曾廷咏为了表示抗清的决心，在狱中“自缢死”；王应祧等 12 人则在狱中坚持抵抗，最终“被戮死”[③]，表现了宁死不屈的气节。

顺治五年（1648）三月，于有义得到清兵增援，再次发出布告并组织武装，强迫各乡村人民剃发效顺。乐安、黄流里等地人民仍然起而反抗。四月，在黎族地区坚持抗清的彭信古，将罗活的黎族民众组织成抗清武装，到抱旺、抱岁等地反击强令人民剃发效顺的崖州当局地方武装。于有义得到彭信古出击的消息后，亲自带兵迎战。彭信古诈败退却，然后伺机反扑。于有义与守备田某误以为已取胜，放松警惕，在抱旺村“椎牛飨士”，“皆弛甲”大吃大喝，不料被彭信古带领的黎兵团团包围。守备田某见势不妙趁机逃走，于有义在慌乱中急忙披甲应战，最后因“力竭无援”，引剑自刎而死。

这一战，彭信古带领的黎族人民武装取得了胜利，极大地鼓舞了汉、黎人民反剃发斗争的意志，乐安、头塘、黄流等地再次掀起反剃

① （清）光绪《崖州志》卷十四《黎防志三·明季事迹》。
② （清）光绪《崖州志》卷十四《黎防志三·明季事迹》。
③ （清）光绪《崖州志》卷十八《人物志二·忠义》。

发浪潮，声势浩大，极大地打击了崖州境内的清朝统治势力。清朝广东省都督李栖鹏“闻变”，迅速派遣参将张登雾率兵救崖，分兵进攻乐安、头塘、黄流等反剃发斗争最坚决的村落。这三个地方的人民毫不畏惧，奋起结寨固守。因“结寨甚固”，清兵“皆不能克，遂拥众归”。① 崖州人民的反剃发斗争暂时取得胜利。

南明桂王政权抗清势力进入海南后，崖州人民的反剃发斗争汇入了桂王政权的反清斗争之中。

崖州汉、黎人民的反剃发斗争，是反抗满洲贵族实行民族高压政策的一种斗争形式，反映了广大汉、黎人民保卫本民族文化传统的坚定意志。它是全国各地人民反剃发斗争的组成部分，具有反压迫、反欺侮的性质。这场斗争汇入南明桂王政权的反清斗争后，广大汉黎人民的民族感情被明朝残余复辟势力所利用，斗争就带有明显的反清复明的性质了。

二、南明桂王政权势力在崖州的反抗活动

清军入关后，李自成的大顺农民军和张献忠的大西农民军一直是抗清的主要力量。顺治三年（1646）后，由于相继失败，大顺、大西农民军余部逐渐撤退到湖南、两广、川南一带继续苦战，并转而与南明军队形成抗清联合战线。中南、华南一带的抗清力量大大增强，顺治三年、四年间在广西境内一再击退清军。至顺治五年（1648），抗清队伍相继收复广西、湖南全部失地，一时挽救了不堪一击摇摇欲坠的南明永历（桂王）政权，有力地推动并掀起了又一个全国性的抗清高潮。一些降清的明朝将领倒戈反清，与农民军遥相声援。顺治五年（1648）五月，李成栋在广东倒戈抗清，并胁迫清朝广东巡抚佟甲投降南明，使得桂王政权一时间恢复了广东全境。

这一年冬，南明桂王政权派总兵陈武到海南来组织抗清。陈武直接“浮海”至崖州黄流，这时仍在坚持反剃发斗争的黄流农民与彭信古等“率众迎之”。在彭信古的导引下，陈武进入山区乐安等地，

---

① 以上均引自（清）光绪《崖州志》卷十四《黎防志三·明季事迹》。

进一步发动组织黎族农民武装。

陈武在黎族山区组建起一支以黎族农民为主的抗清武装队伍后，首先以攻取儋州为第一目标。当时的儋州被林六率领的地方武装所占领。为了迷惑清朝地方政府，取得入据儋州的机会，陈武带领着黎族抗清武装进驻崖州城附近的保平里，然后用武力挟持清朝崖州知州孙澄，让孙澄向清政府推荐他驻守儋州。陈武率领黎族武装进入儋境后，立即向林六发起总攻，很快就击垮了林六的地方武装，顺利地占据儋州城，在儋州建立起南明地方政权机构。顺治七年（1650），陈武派遣他的妻子蒋氏进攻崖州，崖州知州孙澄闻讯弃城逃往琼州府。原投靠清朝的明千户洪廷栋、镇抚胡永清转而归顺南明永历政权，亲迎蒋氏入据崖州城。至此，陈武的抗清队伍占据了儋、崖两州，武装队伍发展至1万多人。于是他组建“宫保府”，设置标将100多人，分兵驻守两州境内各县要地，其中标将杨挺镇守崖州，孙辉镇守感恩，罗明镇守昌化，蒋氏镇守乐安。在琼山、万州等地的抗清力量也乘时“响应桂王”，造成南明势力在海南盛极一时的局面。

自清军进入崖州后，由于连年战乱，加上自然灾害频发，农民失收，崖州境内粮食匮乏。蒋氏进入崖州时，为了获取武装队伍的给养，“纵众大掠，凡民间稍可存活者，悉械系，令倾赀取赎，否则杀之，不能赎而致杀者三百余人”。以陈武为首的永历政权崖州地方武装的抗清活动，本来符合当时民众的愿望，但蒋氏在崖州的暴行触犯了众怒，立即引起崖州人民的反抗。“抱鼻黎谭亚皎散家赀，募百余人；生员陈廷献起众多港，取络东里民，共攻蒋氏。”陈武为了镇压崖州境内的反对力量，扩大在崖州的地盘，在调遣蒋氏转据儋州的同时，他本人于顺治八年（1651）亲自统率数千人，与部将陈德、杨廷等水陆并进，进军崖州，以先“攻掠（崖）州东五里”为突破口。陈武的武装队伍同样纪律败坏，所到之处“纵焚民舍”，虽然很快就入据崖州，但大失民心，这就决定陈武政权不可能长久。

清朝琼州府听闻陈武攻掠崖州的消息，立即派遣两路兵力进攻陈武，一路由程鹏率领进攻崖州，一路由蔡茂芳率领进攻儋州。程鹏率领的军队进入崖州境后，陈廷献、谭亚皎统领“义军”前来会合，共同进攻崖州城。由于陈武固守，程鹏屡攻不下。陈武引兵出击，把程鹏、陈廷献和谭亚皎的队伍击败，“陈廷献、谭亚皎皆遁”。陈武纵兵“尽焚厢坊村落，杀数百人。五厢为一空，仅踞孤城而已”。蔡茂芳率领的另一路军攻入儋州，擒住陈武妻子蒋氏后，引兵西下支援崖州清军。陈武率兵在乐罗迎战，蔡茂芳“击斩二十余人，获马十七”，陈武溃败退回崖州城。蔡茂芳与程鹏及陈廷献、谭亚皎会合，分东、西、南三面进攻崖州城。围城数日，陈武伤亡大，于是率军突围逃入乐安。“茂芳因城郭丘墟，又闻杜永和舟师遁海南，遂乘夜引还。”

顺治九年（1652）三月，陈武在乐安经过休整后，在黎族地区重新组织武装，出攻陈廷献。陈廷献与抱怀黎人夹攻陈武，陈武大败，落荒而逃。陈廷献遂入据崖州城。①

清朝统治者鉴于岭南地区战争的受挫和全国抗清斗争的严峻形势，积极从军事上和政治上调整策略。除建立驻防制度，派八旗兵和绿营兵在占领区的重要城镇驻守外，又大力推行“以汉攻汉”，努力改善与汉族降将降官的关系。在政治上，停止大规模圈地等高压行为，采取某些缓和民族矛盾、发展生产的措施，竭力拉拢汉族地主阶级，分化抗清阵线。相反，南明永历政权没有能够充分利用大顺农民军和全国抗清力量的支持，继续推进有利形势，反而对于前方的农民军处处牵制，甚至公开排挤打击，削弱了抗清力量。同时，在永历政权内部，朝臣各树朋党，互相争斗，给了清军以可乘之机，相继占领湖南、广东、广西等广大地区。大顺农民军被迫转战荆、襄、巴东一带，两广抗清斗争进入低潮。顺治七年（1650）一月，清军连陷广东韶州、英德、清远，十一月攻陷广州，桂王从广东逃往广西边境。顺治九年（1652）一月，大批清兵进入海南，设琼州总兵官，遣将张士益招降陈武。陈武的标将陈德、杨挺削发领兵赴琼州府投诚。陈

① 以上均引自（清）光绪《崖州志》卷十四《黎防志三·明季事迹》。

武无路可归，“归附随守高州隶降将张月部下”听命效顺。其余的抗清残余势力或通海寇，或深入黎峒隐匿，崖州等海南各州县的抗清斗争转入低潮。

就在这一年的三月，大西军余部李定国举兵北伐，收复广西全境。又三度出兵广东，收复许多州县。顺治十一年（1654）五月，攻下广东高、雷、廉三府及罗定、新兴、阳江、阳春、恩平等县。六月，陈武复反戈，归于李定国的麾下。李定国为了把海南扩展为抗清阵地，“问谁可下海南者，武愿往，称儋、昌、崖、感一路多旧将卒，必从中定。定国悦而遣之”。陈武乃与其党三十人受命再次渡海入琼，然后与潜伏在昌化的余党庄翼宇配合，深夜踰城杀戮城守李耀祖，生擒知县欧阳思，夺印占据昌化，接着攻克临高县。在崖州的彭信古等人也起而响应，复据崖州。顺治十二年（1655），李定国兵败撤出广东，所占领的高、雷、廉三府及肇庆、罗定所属三州十八县被清军收复。琼州的抗清武装也相继被打败，陈武在昌化被俘斩首，彭信古退据乐安，桂王琼州知府黄士谔和陈武之弟陈虎等也相率逃入乐安。清军围攻乐安，黄士谔、陈虎、彭信古等逃入办铳黎峒，罗活、抱由、官坊、头塘、抱怀诸峒黎人相继归顺清朝，崖州全境被清军所占据。

顺治十六年（1659），郑成功、张煌言为解救西南李定国的危急局势，举舟师进攻江浙沿海城市，围困南京，在广大江南、皖南地区再次点燃抗清烽火。十一月，黄士谔、彭信古等闻郑成功攻陷江南诸郡，复率办铳、抱牒、头塘、官坊、罗活、抱由、抱怀诸黎起而反清。但不久就被清军击溃，黄、彭均被清军所俘虏。至康熙元年（1662），海南崖州境内的反清势力基本被清军所剿灭。①

康熙十二年（1673），降清被封为平西王的吴三桂发动“三藩之乱”，据有广东的明朝降官平南王尚可喜是“三藩”之一，隶属广东的琼州府三州十县也先后降附。然而这不过是“反清复明”的回光

---

① 以上均引自（清）光绪《崖州志》卷十四《黎防志三·明季事迹》。

返照。在清朝重兵打击和分化下，尚可喜重新降清。康熙十五年（1676），琼属三州十县也随之“归正”。至此清朝在海南的统治转入了稳固时期，崖州境内的抗清斗争彻底烟消云散。

三、王熀的抗清活动

王熀，字日宣，崖州北厢（现崖城镇城东）人，明朝末年诸生。其父王应祧，明朝儒学生员，在清朝统治势力进入崖州之际，奋起维护民族尊严，反抗剃发，与同乡13人被清朝崖州知州于有义逮捕入狱。虽身陷囹圄，王应祧仍与同乡继续抵制剃发效顺，一年后惨遭杀戮。国恨家仇激起王熀的满腔愤怒，立即投入彭信古等人发起的反剃发斗争行列中。顺治六年（1649），王熀怀着家国仇恨北上肇庆投奔桂王政权，向桂王“上疏陈情”，获得桂王的“赐恤”。他立志跟随桂王抗清，为南明政权效忠，成为桂王政权中一名勇敢的将士。不久因护驾有功，被桂王授为总兵官。王熀多次奉命到各地联络地方抗清武装，在两广境内驰骋奋战十多年，多次打退清军的进攻，并曾收复多座城池。但桂王政权内部矛盾重重，党争剧烈，不能充分利用两广人民奋起抗清的大好形势，当清军南下之际抵抗不力，各地抗清武装逐渐被清军各个击破，所收复的州县逐渐为清军所占领。王熀所攻取的城邑，也“旋为大兵所取”。王熀也因党争受牵连而遭排斥①，被降为副总兵。

顺治十六年（1659）一月，吴三桂带清兵对桂王穷追不舍，而李定国率领的农民军在滇西磨盘山组织的伏击战，因南明降官告密而惨遭失败，桂王为保全性命连忙越过边界逃往缅甸境内。王熀只好带着永历政权副总兵官的印信及军队旗帜回到崖州，打算在家乡再举义旗，以图东山再起。

这时的崖州，虽仍有彭信古、黄士谔等人在办铳、抱牒、头塘、官坊、宛活、抱由、抱怀等地率领黎族人民据隅抵抗，然而抗清斗争

① 黄家华：《浩气贯日月，傲骨立南天——王熀其人其诗》，见黄家华：《崖城从前》，海南出版社2007年版，第98页。

已是强弩之末。王煜回崖州后，在当地组织起 500 多人的武装队伍，在州东黎族山区一带继续进行抗清斗争。王煜的队伍与彭信古、黄士谔的队伍互相呼应，引起地方官府的震惊，多次调集官兵进行围剿。王煜带领抗清武装与官军展开激烈战斗，终因寡不敌众，在大过岭被官兵打败。光绪《崖州志》卷十三《黎防志·关隘》“大过岭”条记道：“明季王副戎煜以步军五百覆灭于此。”

王煜兵败后逃回下马岭一带，打算再次组织武装继续抗清。但康熙元年（1662）一月间，吴三桂攻入缅甸俘虏了桂王，永历政权宣告瓦解。王煜看到抗清大势已去，于是在流经下马岭东边的小溪边把抗清战旗烧掉，然后隐姓埋名，进入深山黎族地区隐居，表示不作清朝顺民。康熙六年（1667），崖州知州李应谦曾亲自招抚他，许以官爵，但他始终“不从”。他在黎地“筑室水北，名曰水竹居，自称为水北渔人，终身不入城市”，直至在黎族山区老死。① 后来当地民众因慕其名节，将下马岭东边那条小溪流称为“烧旗沟”②，并将那条小溪流注入海之处——禁港，称为“烧旗港”。光绪《崖州志》虽是清朝官修志书，但作者慕其名节，将其列入“忠义”一类人物之中。

第二节　清朝在崖州统治的确立

一、崖州地方统治机构的设置

（一）州一级行政机构的设置及各级官吏

清朝的地方行政机构，初年基本上沿袭明朝旧制，后来才渐次改革，分省、道、府、县四级，层层统属，达于基层。广东省内按地域分设五道十府，海南属雷琼道（康熙十三年设，雍正八年改为海南道，乾隆三年复为雷琼道③），最高地方行政机构是琼州府，府下设

---

① 参考（清）光绪《崖州志》卷十八《人物志二·忠义》；1986 年编《三亚文史》第一辑，第 32 页；周德光：《崖州南明遗臣王煜》。

② （清）光绪《崖州志》卷二《舆地志二·沟》。

③ （清）道光《琼州府志》卷十二《经政志一·铨选·文职》。

三州十县，崖州即三州之一。按照清朝制度，州分为直隶州和属州两种，直隶州相当于府一级，下有属县；属州也称为散州，相当于县一级，无属县。崖州与儋州、万州同是属州，隶于琼州府。

崖州之下设两司巡检，一是乐安司巡检，设立于雍正八年(1730)；一是永宁司巡检，设立于乾隆年间。

有清一代，崖州的最高行政长官是知州，官品为从五品。知州的职责是“掌一州治理”。① 清代崖州无州同（同知）、州判（通判），属吏有吏目与巡检，以及管理儒学教育的学正与训导等。按清朝的政权体制，崖州的行政署衙有五：一是州署，沿用明朝旧署；二是学正署，在学宫内；三是吏目署，在州署之右；有两个巡检司署，分别设在驻地州西抱岁和州东藤桥。②

据光绪《崖州志》记载，顺治九年（1652）以前，知州等文武职官“遵例”不载，“独（于）有义死于贼，故特载之”。其实，据该志卷十四《黎防志·明季事迹》所记，顺治五年（1648）四月于有义战死于抱旺村，冬，故明桂王总兵陈武“挟州官孙澄申请武守儋州”；顺治七年（1650），“陈武遣妻蒋氏统众至崖，时孙澄弃城赴郡”。③ 由此可知，首任知州于有义死后，接替他的是孙澄。从顺治七年孙澄逃往琼州府城，直到顺治十一年（1654），由于时局极为混乱，清朝未曾派知州上任。顺治十一年年末，随着清朝大兵占据崖州，陈武势力被击败，彭信古等逃往乐安，于是才派遣知州梅钦于顺治十二年到崖州上任。④ 也就是说，清朝崖州知州只有孙澄一人未载于《崖州志》。自顺治年间至道光二十年（1840）鸦片战争爆发止，出任崖州知州者共有 58 人，按清朝制度规定均来自外省，有东北奉天人，有西北陕西人，有西南云贵人，更多来自中原和江南。因为崖州是边疆又是“烟瘴”地方，一般任职 3 年即内调，许多人实际上不及 3 年。学

① 《清史稿》志九十一《职官三·外官》。

② （清）道光《琼州府志》卷六《建置志一·城池·公署附》。

③ （清）光绪《崖州志》卷十四《黎防志三·明季事迹》。

④ （清）光绪《崖州志》卷十七《宦绩一·名宦》。

衔都比较高，其中有进士 8 人，举人 21 人，其他也都是监生、贡生。

吏目只设一员，官品是从九品，是知州的主要属吏。《清史稿》记道："吏目掌司奸盗、察狱囚、典簿录"。据光绪《崖州志》记载，自乾隆年间至道光年间任职的吏目有 51 人，也都从省外派入，一样任期 3 年即可内调。

学正、训导各设一员，是管理教育的官员，也是官办州学的教官，官品都是正八品。《清史稿》记道："教授、学正、教谕，掌训迪学校生徒，课艺业勤惰，评品行优劣，以听于学政。训导佐之。"据光绪《崖州志》记载，自康熙年间至道光二十年间任学正者 52 人，任训导者 11 人。训导人数少，与康熙三年下令省去府、州、县训导有关，直到康熙十五年才"复置"①；也有的是州志失载。② 清朝制度规定，学正、训导"例用本省人，同府、州者否"。③ 查考光绪《崖州志》上所载，当时崖州的学正和训导，确实全都是广东省内其他府县人士，无一是琼州府籍贯者。

巡检司设巡检官，官品属从九品，职责是"掌捕盗贼，诘奸宄"。自雍正八年至道光年间出任乐安巡检司巡检者共有 39 人；自乾隆年间至道光年间出任永宁巡检司巡检者共有 32 人。巡检也都来自外省各地，规定任满三年即可内调。

在任职崖州的官员中，于有义、梅钦、陶元淳、许之昇、杨寅生、何子澄、程哲、杨诚、王锡、张埕、杨枝华、宋锦、金绅、康滋椿、李百龄等 14 名知州，王玉、谢仲沅 2 名学正，被光绪《崖州志》列为"名宦"。④ 在所列"名宦"中，除第一任知州于有义外，自梅钦以下，都是在清朝基本实现统一全国之后就任的。他们在任上，或关心民瘼，或清廉自奉，或赈灾减赋，或兴办教育，获得崖州民众的

① 《清史稿》志九十一《职官三・外官》。

② （清）道光《万州志》卷二《职官表・选举表》。

③ 《清史稿》志九十一《职官三・外官》。《清史稿》志九十一《职官三・外官》

④ （清）光绪《崖州志》卷十七《宦绩志一・名宦》。

好评。如康熙二十八年（1689）由昌化县令兼任崖州知州的江苏常熟进士陶元淳，廉明刚正，不阿时俗，到任之后即革除衙门陈规陋习。他拒不接受贿赂，不惧流言中伤，不屈从上司压力，坚决惩治“非刑杀人”的崖州驻军守备黄镇中，大气凛然地斥退敢于带刀突入公堂、企图劫走黄镇中的百余甲士，一时传为佳话。至今《崖州志》中仍留存他向上司抚按申述地方官员、驻军营弁腐败刻削和民生疾苦的多篇呈文。又如雍正四年（1726），崖州大旱，至七月才下雨，因歉收次年米贵，民不聊生，知州程哲及时呈报上司，开仓平粜，救活饥民，也为史志所称道。而首任崖州知州于有义则不然，他督迫崖州人民剃发效顺，镇压抗清义士，推行清朝统治者的民族压迫政策，而《崖州志》记载将其列为名宦，完全是站在清朝统治阶级的立场上。

（二）琼州府派出的驻崖机构

清代前期崖州驻有琼州府分设的派出机构——同知署。据载，乾隆四年（1739）琼州府海防抚黎同知署移驻崖州，设在州城内崖州治所的西北侧。直到嘉庆二十年（1815）经奏请批准，才还驻琼州府城。同知官品属正五品，其职责是与通判“分掌粮盐督捕、江海防务、河工水利、清军理事、抚绥民夷诸要职”。① 据《崖州志》所载，先后坐镇崖州的琼州府同知一共有21人。

（三）崖州下设的基层组织

在州之下，崖州的城乡基层组织基本上沿袭明朝里甲体制，不过名称有所不同而已。至于如何编制基层组织，光绪《崖州志》中记道：

> 凡编审户口，以五年为期。州县官通稽境内民数，每百有十户，推丁多者十人为长，余为十甲。甲系以户，户系以口，编为一册。城中曰坊，近城曰厢，在乡曰里。民年十六始传，六十以上除之。布政司以所属比册上之督抚，督抚疏报，以册达部。部受册汇疏以闻，以周知天下生民之数。②

① 《清史稿》志九十一《职官三・外官》。

② （清）光绪《崖州志》卷七《经政志二・户口》

清代康熙年间崖州舆图　（辑自康熙《琼州府志》）

从上引可见，清代各地州县须按规定编审户口，设置基层组织，并层层上报，达于朝廷。至于基层组织的具体设置，并不整齐划一，各州县均按具体情况而定，而且随编审户口年度调整变化，时有不同。有以乡统领厢、都、图、里者，有以都领图者，有以乡、厢、都、里并列者。崖州前期基层以里为单位设置，实际则厢、都、乡、里并称，以里为主，均为“里”一级。据康熙《崖州志》及乾隆《崖州志》记载，崖州基层一直设置21里，其中：

附近州城的有东厢、南厢、西厢、北厢、五都、保平里，

在州东界的有椰根里、正三亚里、所三亚里、临川里、永宁乡，

在州西界的有黄流里、乐罗里、黎伏里、冲育里、佛老里、望楼里、番坊里，

东西各里散户杂处（半系黎户）的有董平五都、董平六都、董平七都。

另据雍正《广东通志》中的记载，雍正年间设有大疍里，至乾隆年间又消失不载了，应属一时析出而后又归并。①

21里（厢、都、乡）的基层编制一直沿袭至道光年间。据道光《琼州府志》记载，崖州分四厢一十七里，名称均如旧，只是将都、乡改称为“里”而已。即：

东厢、西厢、南厢、北厢，保平里、五都里，以上俱附州城；

椰根里、正三亚里、所三亚里、临川里、永宁里，以上俱在州东；

黄流里、乐罗里、黎伏里、冲育里、佛老里、望楼里、番坊里，以上俱在州西；

董平五里、董平六里、董平七里，以上三里俱客民杂处，大半生熟黎户。②

至于清末基层组织的变化，另见后述。

---

① （清）雍正《广东通志》卷十八《坊都》。

② （清）道光《琼州府志》卷九《建置志五·都市》。

"甲"这一基层组织虽未见志书详载，但各里所辖村寨都编户为"甲"，是确定的。实际上就是每 11 户编为一甲，从中推丁多者一人为甲长。所谓 10 甲（110 户）为一里，则只是大体而言。三亚回族现存的《通屯宗谱全书》是一本回族各家族世系的总谱牒，上面记录回族番村（即所三亚里）一共划分为十甲。其中一甲中包括回族的"改称高家之蒲氏""改称庄家之蒲氏"，二甲中包括"改称哈家之蒲氏"，三甲中包括"改称陈家之蒲氏"，四甲中包括"改称刘家之蒲氏""改称杨家之蒲氏""改称金家之蒲氏"和"仍称蒲家"，五甲中包括"改称李家之蒲氏"，七甲中包括"仍称蒲家之系统"，九甲中包括"改称哈家之蒲氏"和"仍称蒲家之系统"，十甲中包括"改称江家之蒲氏""改称海家之蒲氏""改称傅家之蒲氏"和"仍称蒲家之蒲系统"等。从回族这一《通屯宗谱全书》的记载，可见各里编制"甲"这一基层组织之一斑。

清代崖州基层组织形态，与崖州乡村基层社会结构有直接的联系。它在形式上虽然沿袭明代的里甲制度，但在性质上已发生了变化：明代的里长甲首虽然也有催征赋役的任务，但里甲编制还只是一种以家庭和人口为中心的组织；到了清代，则演变成了一种以田地赋役为中心的系统，即便"东西各里散户杂处"，也予编集在册。对于统治者而言，里甲制度既便于赋役的征集管理，又有利于维持乡村社会治安。

清朝从一入关便十分重视在基层实行保甲制度。《清史稿》志九十五《食货一・户口》中所记与其后施行略有不同，但控制基层社会的宗旨是一致的：

> 世祖入关，有编置户口牌甲之令。其法，州县城乡十户立一牌长，十牌立一甲长，十甲立一保长。户给印牌，书其姓名丁口。出则注所往，入则稽所来。其寺观亦一律颁给，以稽僧道之出入。其客店令各立一簿，书寓客姓名行李，以便稽察……凡甲内有盗窃、邪教、赌博、赌具、窝逃、奸拐、私铸、私销、私盐、跴曲、贩卖硝磺，并私立名色敛财聚会等事，及面生可疑之徒，责令专司查报。户口迁移登耗，随时报明，门牌内改换填给。

陈铭枢总纂的《海南岛志》曾论述道："保甲制度在吾国有悠久之历史，实滥觞于成周，至宋名诩始确立。明清相沿，略有损益。然有清一代，推行保甲最力者惟乾嘉之间。"① 清朝政府通过保甲制度，对民户进行严格的管理和控制，海南各州县也不例外。只是有关史志未有载明，崖州实行保甲制度的具体情况不得而知。

二、崖州的军事建置与布防

清朝政权是在大规模的军事镇压之后建立起来的，军事统治是清朝政权的重要特色。其军事制度原为满洲八旗常备兵制，入关后为了加强对全国各地的统治，又招募汉人和收编汉族地主武装建立绿营兵，协同旗兵分驻全国各地，共同执行武装职能。绿营兵分马兵、战兵、守兵和水师四种，军事编制是标、协、营、汛。清朝驻守广东的军队以绿营兵为主，广东全省除广州、肇庆、惠州有总督、巡抚、提督各标驻守外，在滨江临海要地设立兵防七镇，雷琼镇就是其中之一。雷琼镇（嘉庆十五年改为琼州镇②）驻琼州府城，设总兵官一员，全岛军队均属其统领。清朝驻琼州的军队属绿营兵，总兵官下设副将、参将、游击、都司、守备、千总、把总等职，统兵分防各州县要地。

（一）崖州的军事建置

清朝在崖州的军事建置，是在镇压崖州人民反抗的过程中逐步完善起来的。

自顺治四年（1647）首任知州于有义就职崖州起，至雍正八年（1730）前，崖州驻军只有陆路营的建置。顺治四年至顺治九年（1647~1652）间，所设置的最高军事长官只有守备一员，官阶属正五品。最先出任守备者乃林时森③，林时森被抗清义兵杀死后，接任者是田某。④ 他们都配合于有义督迫崖州境内人民剃发效顺，镇压境内的抗清力量。

---

① 见《海南岛志》第六章第四节《保甲》。
② （清）道光《琼州府志》卷二十五《职官志三·武职》。
③ （清）光绪《崖州志》卷十四《黎防志三·明季事迹》。
④ （清）乾隆《崖州志》卷五下《海黎志·平乱附》。

顺治九年至顺治十六年（1652~1659），崖州驻军的最高军事长官升格为游击一员，中军守备一员。游击官阶属从三品，中军守备官阶属正五品。时任游击的是马可任，先后出任中军守备的有何汝孝、姚启章。[①]

至雍正七年（1729），崖州驻军增设水师外委一员[②]；次年五月，琼州总兵官李顺奏请将崖州陆路营改为水师营，得到批准。不久两广总督郝玉麟又奏请将驻崖州的最高军事长官由游击提升为参将，也获得批准。[③] 于是，这一年崖州营的最高军事长官从游击改为参将，增设水师千总一员，将陆路把总二员改为水师把总，同时在原有水师外委一员的基础上，再增设一员。这样，崖州营变为水陆各半[④]，标志着崖州水师开始建立。雍正十一年（1733），崖州陆路营游击改为水师参将，同时将游击署改为参将署，水师的地位得到提高。道光十二年（1832），清朝平定儋、崖两地黎族人民的反抗斗争后，两广总督李鸿宾奏：崖州原设参将一员，不足以资弹压，请以海口协副将与崖州营参将对换。这一奏请获得朝廷的批准，于是，这一年“奉准以海口协水师副将移驻崖州，管水陆两营；海口协标水师都司改为崖州协中军都司，专管陆路防黎。其崖州营原设守备一员，仍专管水师营务；崖州原设参将，即移驻海口所城”。[⑤] 副将属武职外官，官阶属从二品，职责是“统辖崖感水陆官兵，轮巡洋面，控制黎疆”。[⑥] 至于专管水师营务的中军守备，规定其“与副将轮巡洋；所属水师千总、把总、外委，额共十员，守步兵二百五十八名。除驻守各台汛外，实存巡洋兵一百四十六名”。[⑦] 至道光十三年（1833），崖州协中军都司署正式建立。[⑧] 经过道光十二年的改建，崖州水师建置趋于完

① （清）光绪《崖州志》卷十四《黎防志三·明季事迹》。
② （清）光绪《崖州志》卷十一《经政志六·兵制》。
③ （清）雍正《广东通志》卷六《编年》。
④ （清）光绪《崖州志》卷十一《经政志六·兵制》。
⑤ （清）道光《琼州府志》卷十八《海黎志一·海防》。
⑥ （清）光绪《崖州志》卷十一《经政志六·兵制》。
⑦ （清）光绪《崖州志》卷十二《海防志一·海防》。
⑧ （清）道光《琼州府志》卷六《建置志一·城池》。

备；崖州的军事建制由营升格为“协”，最高军事长官为副将。在副将的麾下，崖州陆路军队有“崖州协陆路营”，水师有“崖州协标水师营”。由上述可知，清朝统治者对于崖州作为海疆重镇日益重视，驻军的地位也空前提高。

按清朝军事体制，崖州所设的军事署衙有三：一是崖州协副将署，其位置在崖州署衙西北。这一署衙原是海防抚黎同知旧署，后曾作为游击署和参将署。二是崖州协中军都司署，在崖州城内。三是水师守备署，在崖州城内西门街。

在逐渐升格设置最高军事长官，由守备、游击、参将到副将的过程中，分别在其下设千总、把总、外员、额外等军职。自道光十二年至道光二十年（1832~1840）间，崖州协陆路营和崖州协标水师营的建置进一步扩大和完备。期间崖州的军事建置详见下表：

清代道光年间崖州军事机构设置一览表①

类别	军事长官	职数	驻守职责	官阶
崖州协陆路营	副将	1	驻扎州城，统辖崖、感水陆官兵，轮巡洋面，控制黎疆	从二品
	中军都司	1	驻扎州城，专管陆路官兵，巡阅汛防，控扼黎境	正四品
	左哨千总	1	驻扎州城防守	从六品
	右哨千总	1	驻扎乐安城防守	从六品
	州所千总	1	雍正七年添设，后裁	从六品
	左哨把总	3	分防各汛	正七品
	右哨把总	5	1员驻州城，4员分防各汛	正七品
	外委	7	1员驻州城，其余防各汛	正九品
	额外	6	分防各汛	从九品
协标水师营	水师守备	1	专管水师，专巡本营洋面	正五品
	水师千总	1		从六品
	水师把总	2		正七品
	水师外委	3		正九品
	水师额外	4		从九品

① 据（清）光绪《崖州志》所载资料绘制。

自顺治到道光年间出任崖州的最高军事长官，见于方志记载的有57人。其中，自顺治四年至顺治七年（1647~1650），出任崖州守备者2人；顺治九年至雍正八年（1652~1730），任游击者17人；雍正八年至道光十二年（1730~1832），出任崖州的参将者27人；道光年间，出任崖州副将者11人。这些驻防崖州的武将，有来自外省的，也有来自广东本省各府县、包括个别本府其他州县的。其中游击黄友瓒、郭枝，参将高华嵩等人，在崖州任上能够秉公为民，为兵民所称誉，被列为崖州“名宦”。①

驻防崖州的兵力，随着军事建制规格的提升而逐渐扩大。

绿营兵兵制，士兵分为马战兵、步战兵、守兵三种，马战兵即骑兵，守兵和步战兵都是步兵。据光绪《崖州志》记载，雷琼镇派驻崖州营兵力，原额官兵1404名，分别驻守境内（含所辖感恩县）水陆各汛。其中，马战兵50人，步战兵100人，守兵742人。驻守兵力配置如下：乐安营143人，乐平营40人，三亚营48人，小桥营32人，藤桥营38人，保平港48人，三亚港50人，感恩县81人，北黎30人。至康熙二十三年（1684）实行裁减，保持官兵804人；其中，马战兵25人，步战兵230人，守兵222人。②此后继续调整，各兵种有所增减。

至雍正八年（1730）前，崖州陆路营配备的将官有游击一员，坐马四匹；守备一员，坐马四匹；千总二员，坐马四匹；把总四员，坐马八匹。这些将官的薪俸，闰月另计，每年共银541两。共有马战兵78名，步战兵159名，守兵550名，以上共兵787名；每年开支饷银（连闰月计）共12278两，米3069石；战马98匹（内官坐20匹），每年开支马匹料米940石、草38220束。③道光十二年（1832），崖州驻军升格为“协”，实行新营制，崖州协陆路营兵力增至906人；道光二十年（1840），有营兵845人，其中马战兵38人、

① （清）光绪《崖州志》卷十七《宦绩志一·名宦》。

② （清）光绪《崖州志》卷十一《经政志六·兵制》。

③ （清）雍正《广东通志》卷二十三《兵防·兵额》。

步战兵 230 人、守兵 615 人、战马 38 匹。①

驻守崖州水师的兵力，据记载，原额设马、步、守兵 179 人，其中马战兵 3 人、步战兵 70 人、守兵 106 人；雍正八年（1730），添设步守兵 119 人，共计兵力 298 人。② 乾隆、道光年间裁减，至道光二十年（1840），崖州协标水师营设大小官 11 人，兵丁 266 人，其中步战兵 101 人、步兵 165 人。③

清朝中期以后，八旗兵、绿营兵都腐败不堪，怯战不前，临阵即溃，失去了战斗力，于是又有地方团练和乡勇的出现。在海南，清朝地方政府招募民壮或乡勇哨兵，协助绿营兵防守。道光年间琼州府招募民壮，崖州额招 50 名。这一类武装不是正式军队，人数也不多，有事则听调，无事则归耕。

军队的武器装备，除了传统的弓箭、单刀、牌刀、腰刀、挑刀、马镋、藤牌、大鸟铳、鸟铳、台铳、三眼铳之外，还有大小红衣铁炮 36 位（其中 7 位防城，10 位防海）、威远炮 4 位、铁子母炮 10 位、铁砂炮 5 位、铁百子炮 12 位、铜炮 13 位、铜砂炮 1 位。水师配有船只，原额拖风哨船 3 只、哨船 3 只。雍正六年（1728）添设外海拖风哨船 3 只，分防三亚、大疍、望楼三港；七年添设战船 3 只，八年又添设哨船 3 只。④ 嘉庆四年（1799）奏准以米艇替换哨船，裁哨船 2 只；十一年（1733）裁拖风船 2 只、哨船 1 只。道光十六年（1836）裁大米艇 1 只，改造快船 2 只。至道光二十年（1840）前，拥有小米艇 1 只，捞缯船 2 只，快船 2 只。⑤ 这样的水陆军事装备，与明代相比是有所提高了，但与同时代的西方殖民主义国家的坚船利炮相比，可谓是霄壤之别。

---

① （清）道光《琼州府志》卷十七《经政志十三 · 兵制》。

② （清）光绪《崖州志》卷十一《经政志六 · 兵制》。

③ （清）道光《琼州府志》卷十七《经政志十三 · 兵制》。

④ （清）雍正《广东通志》卷二十三《兵防 · 兵船》。

⑤ （清）道光《琼州府志》卷十七《经政志十五 · 船政》。

（二）军队的驻防

有清一代，崖州军事驻防区一直包括崖州及其所领感恩县二州县的地域。如光绪《崖州志》记载：

游击，顺治九年初设，防崖、感。①

又雍正《广东通志》记载：

感恩县，城守兵四十二名，系防崖营游击驻防。营汛：感恩等九汛共兵八十四名，俱防崖营游击分防。②

清朝在海南的驻防，均按各地的地理地形以及战略位置设定防区。在崖州，驻防地点分为营汛、港口、墩台等类型。雍正年间，崖州陆路营在崖州境内设立保平、乐平等14处营汛和南港、酸梅等11座墩台、6座炮台；在感恩县境内分设感恩等9处营汛。雍正后陆续增设，至道光年间，共设立21处营汛分防，其中崖州境内18处，感恩境内3处。崖州境内的汛防点有：深沟营汛，防兵20名；下马岭汛，防兵25名；三亚汛，防兵32名；小桥汛，防兵25名；旧营汛，防兵20名；藤桥汛，防兵35名；沙埋汛，防兵20名；酸梅汛，防兵20名；黄流汛，防兵29名；沟口汛，防兵30名；土坛头汛，防兵20名；榕尾汛，防兵30名；抱兴汛，防兵20名；乐安汛，防兵60名；乐平汛，防兵30名；抱蕴汛，防兵30名；油柑坡汛，防兵30名；深溪汛，防兵20名。感恩境内的营汛有：北黎汛，防兵27名；感恩汛，防兵60名；岭头汛，防兵20名。

塘铺为巡警及递送军情的兵卒驻地，共设30所，崖州境内有东门塘、小桥塘、藤桥塘、深沟塘、下马岭塘、荔枝塘、回风岭塘、黎人田塘、酸梅塘、拘陀塘、望楼塘、窑灶塘、十所塘、西门塘、抱蕴塘、九所塘等，感恩县境内有感恩县塘、北黎塘、白沙塘、岭头塘等。

沿边墩台为瞭守和举警要地，共设17处，崖州境内有踏田墩、

---

① （清）光绪《崖州志》卷十五《职官志·武职》。

② （清）雍正《广东通志》卷二十三《兵防·军防》。

九所墩、十所台、保平台、酸梅台、罗马墩、乐罗墩、蕃人塘墩、赤岭台、榆林港墩、三亚台、多岸墩、下海湾墩、大疍台，感恩县境内有北黎台、南港墩、岭头墩。

崖州协标水师营沿巡防海岸险要处设置炮台共7座，配备驻守兵力共266名。其中赤岭炮台11名，保平炮台13名，三亚炮台29名，大疍炮台44名，榆林炮台13名，望楼炮台50名；另一座是桐栖炮台，在陵水县境（今新村港），也是崖州协标水师的防区，守兵35名。

从清朝在海南进行军事布防的格局来看，以拱卫琼州府所在地琼山县城（府城）和雷琼镇所在地海口城为重点，分驻有镇标左营、右营和海口水师营。其次就是崖州，因其地处海南岛之南端，是东西方海上交通要道必经之地，战略地位显要，清朝在崖州设置崖州协陆路营和崖州协标水师营，军队建制比儋州、万州规格高，驻军人数仅次于琼州府所在地府城和雷琼镇所在地海口。

军队是国家机器的重要组成部分。从清朝在崖州的军事布防格局来看，显然是以加强对黎族地区的控扼和沿海地区的防备为要。崖州是海南黎族的主要聚居地区，黎族人民具有反抗民族压迫、阶级压迫的传统。自唐宋以来，黎族地区一直是反抗封建王朝斗争的多发地区，入清以来反抗清朝封建统治的斗争仍经常发生，封建统治者不得不常备设防，此其一。其二，自明朝以来，倭寇、海盗经常劫掠骚扰沿海一带，给人民带来巨大的灾难，抗御倭寇海盗、保境安民是朝野一致的呼声。其三，自明朝末年起，欧洲殖民主义者即不断到中国东南沿海地区进行殖民掠夺，为此清朝统治者自乾隆年间起实行闭关锁国政策，限制外国资本进入，外商只能在规定的通商口岸进行贸易。殖民主义者企图寻找借口打开中国的大门，把中国变成他们梦想的殖民地，因此造成中国东南沿海一带形势复杂而严峻。从总体上来考察，道光以前，驻军主要用于对黎族地区的控扼和防守，随时镇压敢于起而反抗的黎族人民。随着西方殖民主义者骚扰劫掠的加剧，自道光年间起，清朝就不断加强沿海一带的军事防卫。特别是林则徐担任两广总督后，更进一步采取有效措施，加强两广的海疆防卫力量。正是在这样的战略背景下，自道光年间起，清朝政府就不断加强崖州协标水师的建设，以及崖、感两州县沿海地带的防卫。

三、崖州的海疆管理

（一）崖州驻军管辖的海疆

清朝初年，崖州营所管辖的海疆包括崖州和感恩县的海域。至乾隆三十四年（1769），琼州总兵官将儋州营所辖自新英港南炮台起往南至昌化县马岭塘交界一带海面，以及万州营所辖自东澳港起往南至赤岭港交界一带海面，拨归崖州营管辖。也就是说，崖州营水师对沿海的管理，东至万州东澳止，西至昌化县新英港止，巡逻守护的海疆达一千里，所管海疆“南面直接暹罗、占城夷洋，西接儋州营洋界，东接海口营洋界”。至道光十四年（1834），护道张堉春和琼州总兵官陈步云、谢德彰等巡海到儋州，“筹度形势，以崖州舟师单弱，且隔四更沙，险阻难越”，决定添设儋州水师营，自四更沙以北拨属儋州营巡缉。于是崖州协水师所管辖的海疆范围，缩小为东至万州东澳，西至昌化县四更沙之南止。①

仅就崖州境内的口岸来说，保平港、大疍港二港是崖州州城的门户，往东有三亚港、榆林港、合口港，往西有龙栖湾、望楼港、黄流湾、白沙港，均是崖州重要的沿海关隘。

（二）严格执行“禁海令”

崖州对海疆的管理，在清朝初期至康熙二十四年（1685），严格执行朝廷下达的“禁海令”。

顺治五年、六年间，郑成功坚持以金门、厦门为基地继续抗清，势力从闽南沿海扩大至粤东潮州、惠州一带，多次进攻浙江、福建、广东等地清军。清朝统治者认为，“若无奸民交通商贩，潜为资助，则逆贼坐困可待”。为了切断郑成功的海上供给来源，清廷于顺治十三年（1656）七月颁布“禁海令”：严禁江南、浙江、福建、广东、

① （清）道光《琼州府志》卷十八《海黎志一·海防》。

山东、天津等地的商民船只出海贸易；禁止外国商船来华贸易，“不许片帆入口”。[①] 顺治十八年（1661）又发布“迁界令”，命令由山东到广东的沿海居民，内迁50里。康熙元年（1662），清廷督迫广东沿海24州县居民内迁50里。康熙三年（1664），清廷以为迁界人民仍有窃出从事鱼盐生意，“恐其仍通海舶”，又下令再内迁30里，并且内迁的州县扩大到28个。这一时期，琼州所属州县虽不令迁界，但勒令环岛各州县沿海立界2700里，禁止人民外出。崖州作为南疆重要门户，官厅严格执行“禁海令”。为了防止本地渔民出海，崖州还严格实行“渔船连伍”的办法，并规定渔船不许携带器械。对此，康熙三十七年（1698）出任感恩知县的姜焯在防海条议中指出：“渔船连伍，诚筹画周详，弭盗之上策。但查渔船例不许随带器械，今若令其连伍，断不能徒手从事。”[②] 这一议论中所谓的“渔船连伍”，当是在禁海期间为了严格控制沿海渔船出海所实行的强硬措施。姜焯是感恩知县，感恩属崖州所领，境内向属崖州营防区，这一议论反映了崖州乃至感恩县在禁海期间曾实行过“渔船连伍”的措施。

崖州执行情况及所产生的影响，时任知州的张擢士康熙九年（1670）在《上金制军崖州利弊条款》[③] 中说道：

> 一、……若谓海岛与外国相望，迩来片板不许下海，商贾久已绝迹；即进贡诸使，亦惟抵省而不抵琼。
>
> 一、崖居岛末，海洋环绕。自奉禁海之后，商贾绝迹，人同面墙……州属钱粮，历年逋欠，此尤其首苦无征者也。切念有鱼斯有课，有船斯有鱼。今片板不敢下海，小民不敢望洋。鱼无入手之时，而课有必征之额。末吏徒存悲悯，无能拯残黎。

迁界和禁海的残暴政策，引起了广东沿海人民的强烈不满，同时造成渔课难以征收，赋税大量减少。因此，广东省地方官吏多次上书请求复界，崖州知州张擢士的《上金制军崖州利弊条款》也涉及这

---

① （清）《顺治实录》卷一零二。

② （清）道光《琼州府志》卷十九《海黎志四·防海条议》。

③ （清）光绪《崖州志》卷二十《艺文志二·书牍》。

一弊端。直至康熙二十二年（1683）七月清朝统一台湾之后，清廷才宣布废止“迁界令”。次年一月，广东大吏正式布告通知被迁人民全部迁回原籍。康熙二十四年（1685），清廷进而宣布“开海贸易”，停止海禁。

（三）设置海防系统

“禁海令”撤销后，为了管理海岸、海疆，崖州作为广东省琼州府的属州，在琼州府军政的统一部署和指挥下，逐渐完善本州境内的海防系统。

对于海疆的守卫，明代的军事家、抗倭英雄唐荆川认为：“海岸之守为紧关第一义”。① 清代府州志在《防海条议》中都加以摘引，作为海防的要点，可见这是清代琼州军事和地方长官们所遵循的海防原则。在这一原则的指导下，雷琼镇总兵官和后来驻崖州协副将，均根据崖州的地形地貌部署海岸的守卫。如康熙四十二年至四十七年（1703~1708）在雷琼镇总兵官任上的范时捷，曾在“防海条议”中就崖州海岸的防卫指出：

> 崖州为全琼之后户，其濒海冲险处所较各州邑为多。即如自番人塘起，历黄流湾、榕村、酸梅塘、南山岭止，计海面约二百余里，虽设有墩台及瞭守兵丁，奈此一带地方，处处可以泊船、登岸、取水，又处处逼近村庄。今应于榕树适中之地设兵五十名，拨千总一员，每年轮换，带兵防守。自南山岭至番人塘一带地方，诚不可少缓者也，但虞崖营汛广，兵单不便再为抽拨。查康熙三十一年奉文抽调崖兵一百名贴防太平、水尾、薄沙、宝停四处黎汛，今黎岐遵化，相应于太平、水尾二汛各调回二十二名，薄沙、宝停二汛各调回二十三名，共足五十名，安设于榕树地方，以便往巡查堵御。又有保平港距城十里，额设兵五十名，兼顾大疍港。其港虽大，然内有城汛，外有港汛，可以互相应援。又三亚港，离城一百二十里，港面阔大，船只出入自如。据

① （清）道光《琼州府志》卷十九《海黎志四·防海条议》引《唐荆川集》。

游击黄友瓒指陈，此港旧系钉桩扼守，今宜仍旧；至其营盘布置，皆已得宜。又有榆林港，与三亚港止隔一山，呼吸可通，无庸更议。①

雷琼总兵官范时捷的这一“条议”，基本上成为有清一代崖州协既定的军事防卫战略。康熙四十三年（1704），“总兵范时捷巡视边海，建议添兵，奉督抚行文查议；（感恩）知县姜焯请添设兵防，四十四年九月奉批，准于感恩县岭头地方拨崖营兵一十八名设汛防守”。② 当时在崖州辖境内的港湾状况是：自感恩岭头港南 80 里是疍村港，再往南有黄流港，两处均不可泊船。自疍村港往东南 130 里有望楼港，可泊大船五六只；往东有下马港、黎人港，均不能泊船。自望楼港往东 10 里就是崖州城门户保平港，从保平港往东是大疍港。保平港属大港，内可容大船 10 余只，其港外有湾宽广，也可泊船 20 余只；大疍港水浅不能泊船，但港外可暂寄碇。大疍港东 100 里即三亚港，可泊船 10 只，遇东北风多于此下碇。三亚港东 2 里有榆林港，可泊大小船 8 至 9 只。榆林港东北 130 里有藤桥港和铁炉港，藤桥港可泊小船，铁炉港不能泊船。根据这样的海岸港湾，崖州协分别在岭头港、黄流港、望楼港、下马港、黎人港、保平港、大疍港、三亚港、榆林港、藤桥港以及境内的深沟、下马岭、小桥、旧营、沙埋、酸梅等地驻兵设汛防卫；其次，又沿海岸设立南港墩、酸梅台、罗马墩、乐罗墩、番人塘墩、赤岭台、多岸墩、下海湾墩等墩台瞭守。在望楼港、保平港、大疍港、三亚港、榆林港和赤岭等重要关隘设置炮台。③

（四）对所属洋面的管理

崖州对于所属洋面的管理，康熙年间主要是对港口渔船和从事海上贸易的船只严加管控，尚未设立水师兵船巡洋。如康熙三十七年至四十七年（1698~1708）在任的琼州府知府贾棠，就在关于海防的议

① （清）道光《琼州府志》卷十九《海黎志四·防海条议》。

② （清）道光《琼州府志》卷十九《海黎志四·防海条议》。

③ （清）道光《琼州府志》卷十七《经政志十三·兵制》。

论中说道：“现有水师（指驻海口营水师）战艘，防范周密，毋庸置议。但水师所辖汛地，东至会同县之潭门，西至临高县之马袅而止。其余州县亦各有港口通海，系琼镇陆路兵丁防守，从未设有水师兵船。”至雍正年间，才在崖州设立水师出海巡防。道光十二年（1832）后，巡洋分上、下两班，上班由副将带兵出洋巡逻，下班由中军守备带兵出洋巡逻。降至道光十七年（1837），护道张堉春奏准增设儋州水师营的同时，确定每年定期会哨。即于每年十月初十日，儋州水师与崖州协水师齐集在四更沙洋面会哨，文武具结禀报。自此，每年十月初十日会哨成为制度。而东界海境则巡哨至万州东澳港，与海口营所管洋面相接。崖州协水师拥有的大小师船四号，投入巡洋的兵力共计146人。①

崖州的海疆管理与防卫，似是很有条理，但与广东的东路、中路相比起来，要薄弱得多。据史籍记载，明太祖鉴于沿海有倭寇侵扰，洪武二十七年（1394）即下诏成立广东海道，守护广东海岸，这是广东设立海防部队的开始。② 之后广东逐渐在沿海地区组织起以防御倭寇为目的的海上防御系统。自此至清朝前期，广东的海防系统均按东、中、西三路之形势加以设防。东路包括惠州府、潮州府，中路只管辖广州府，而肇庆、高州、廉州和琼州府则属西路。③ 广东在对倭寇、海盗的防御上，明朝主要加强东路的巡防，清初转为加强中路的防御，西路则一直都较为薄弱。④ 兵科给事中陈昌齐在《洋盗会匪情形疏》中就曾讲道：“臣查广东海防旧分三路……中、东二路为总督、提督驻扎之区，耳目亲近，查缉认真，兵力亦较强盛，一发觉立即歼擒，该匪等尚有顾忌。惟西路僻在一隅，闻见难周，兵力亦薄。”⑤ 崖州作为琼州府的属州，海防整体兵力就显得严重不足。除

---

① 据（清）道光《琼州府志》卷十八《海黎志一・海防》。

② 王赓武主编：《香港史新编》，三联书店（香港）有限公司1998年版，第38页。

③ 《广东海防汇览》卷三《舆地二》，清道光五年刻本。

④ 《广东海防汇览》卷二《舆地一》，清道光五年刻本。

⑤ （清）道光《琼州府志》卷十九《海黎志四・防海条议》。

此之外，在重要港口、口岸所设置的炮台无几，用于水师巡逻的船只太少，均不能适应海防的需要。这就造成整体防卫能力很薄弱，使得倭寇、海盗有机可乘，不时突入进行劫掠，给沿海居民带来深重的灾难。

（五）海盗劫掠及崖州守军的反击

中国南部沿海地区自古以来就存在海盗活动。自明入清以后，广东沿海和海南岛周环海岸，又经常遭受海盗的骚扰与劫掠。海南岛周边的海盗活动，以顺治、康熙时期最为猖獗。崖州境内沿海一带，是遭受劫掠最为严重的地区之一。

自顺治十五年至康熙十八年（1658~1679）间，在崖州黄流至三亚一带沿海劫掠最多的是杨二、杨三海盗集团。据陈荆和考证，杨二原是明朝的广东镇守龙门水陆等处地方总兵官杨彦迪，后来投往安南，勾结邓耀、冼彪、杨三等，纵横粤海为盗，曾经盘踞廉州龙门多年，并奉郑经（郑成功长子）之命，保护郑氏往来南洋的船只，同时占据广东沿海若干岛屿，作为郑氏向大陆进攻的跳板，或扰乱闽粤沿岸的基地。[①] 也有研究者认为，杨彦迪（杨二）可能是粤西本地海盗，后投靠南明桂王政权被任命为官，既是粤西著名的海盗，也是清初粤海及北部湾地区重要的反清首领。[②]

顺治至道光年间，包括杨二、杨三的骚扰在内，崖州出现多次海盗劫掠，当地驻军官兵多次进行反击追剿。

顺治十五年（1658）三月间，海盗杨二、杨三窜入龙栖湾登岸劫掠村舍，崖州营最高军事长官游击马可任和中军守备何汝孝带领所属官兵进行反击，与海盗展开激战。终因守军兵力不足，在贼兵的强攻下败下阵来，中军守备何汝孝的坐骑被海盗砍伤。

顺治十六年（1659）三月，杨二、杨三率贼船在州西番人塘登

① 陈荆和：《清初郑成功残部之移殖南圻》（上），载《新亚学报》第5卷1968年第1期。

② 李庆新：《17世纪下半叶北部湾的中国“海盗”》，《中国经济论坛》2010年11月28日发布。

岸肆行劫掠，旋又进入乐道村，焚毁民居，掠夺牛畜、稻米无数。

顺治十八年（1661）三月，杨二、杨三率贼船泊下马岭海岸，登岸抓捕男女十余人。进入打堡、石板黎村，抓捕林伍和黎族妇女十余人，命黎人以牛只和粮食赎人。旋又攻入三亚港，焚烧黎寨，劫掠番人塘等处村落。

顺治十八年（1661）十月，杨二、杨三率20余只贼船劫掠儋州沿岸。时崖州知州梅钦送兵备道兼提学谢㞕至儋州视察诸生考试，差一点就被俘获。十一月海贼南下，乘夜登陆崖州岭头海岸，袭击番人塘等村，掠走男女300余人，令以金帛牛酒赎回，不能赎而被杀者100余人。接着又薙发伪装，劫掠黄流；十二月除夕劫掠大疍港。

康熙十八年（1679），杨二、杨三再次窜犯崖州，游击史尚仁带兵追击。十一月，杨二、杨三又窜入岭头海岸和黄流一带劫掠，驻守黄流的守军奋起抗击，使得当地居民“未及于难”。①

康熙三十九年（1700）十二月，不明海贼突入黄流掳掠妇女10余人，允许以银赎回。又至大疍港劫掠财物。游击黄本率领士兵穷追不舍，威迫海贼到陵水县登岸投降。

康熙四十二年（1703）十二月初七日，不明海贼驾船7只在三亚港登岸，掳掠居民财物。十一日至大疍港，十二日从南山岭登岸劫掠居民财物，十九日窜入东厢劫掠。中军守备刘士伟、游击黄友瓒先后发起追击，减少了当地居民的损失。

康熙四十三年（1704）三月，海贼石起孙率46人，装备有大小炮12门、鸟枪等兵器53件，企图在三亚港、乐盘海湾登岸。水师副将刘成功带领兵船追剿。海寇以炮对敌，官兵奋力死战，终于打败贼寇，杀贼数人，缴获贼船1只、大小火炮12门、鸟枪等武器53件，生擒贼寇石起孙等46人，将他们“斩首枭示”。②

乾隆五十五年（1790）七月，不明海贼寇掠沿海一带村市。参

① （清）光绪《崖州志》卷十二《海防志二·海寇》。

② （清）光绪《崖州志》卷十二《海防志二·海寇》。

将钱邦彦率兵在玡琅港与贼寇搏斗战死。

道光十二年（1832）九月，海盗冯生等率党窜入三亚港抢劫，被水师守备黄仕扬巡海时发现，立即率领水师舰船和渔船围击贼寇，奋力死战，官兵多人被伤。黄仕扬奋勇当先，最终击沉贼船，歼灭贼寇多人，并生擒贼首朱亚二、刘亚三等，解送广东省府正法。

顺治、康熙期间海盗对崖州地区的劫掠最为猖獗，原因就在于其时崖州海防力量的薄弱。海盗的劫掠严重骚扰了沿海地区，给民众带来深重的灾难。保境安民是兵将的职责所在。崖州守军虽然兵力不足，防御力量薄弱，但在海盗前来劫掠时，大部分守军官兵还是能够奋起抗击，并且得到民众的支持和参与。由于崖州水师的加强和军民的奋战，海盗为患逐渐减少。据光绪《崖州志》的记载，道光十二年（1832）之后，崖州境内发生的海盗患害就只发生过两次。

四、清朝赋役制度在崖州的推行

（一）丁口与田亩的编审

清朝统治者入关之后，就陆续在其统治地域内实施赋役征收。清初时局动荡，崖州和各地一样，人口逃亡，田土丢荒。知州张擢士在《上金制军崖州利弊条款》中曾讲到当时的情形：“自陈武踞城之后，半遭杀戮，余尽逃亡。迨至剿除底定，招抚残黎，十存一二。”① 但是清朝统治者沿用明朝万历年间的赋役制度和征收额度，留籍百姓因之税负苛重不堪；而且因档册散佚无据，赋敛十分混乱。政局相对稳定之后，清廷即着手在全国实行严格的田亩管理和人丁编审制度。顺治十四年（1657），清廷命户部以明朝万历年间的赋役额度为基准，编纂《赋役全书》，同时设立田亩鱼鳞册（亦称丈量册）和丁口黄册（亦称户口册），“与赋役全书相表里”。《赋役全书》上登记着各州县的丁口、田亩（熟田、垦田、荒田）、赋则、实征额、应上解的定额、州县可存留的定额，以及杂税收入等。《赋役全书》成为各级官厅收征赋役的法定依据。

---

① （清）光绪《崖州志》卷二十《艺文志二・书牍》。

光绪《崖州志》卷七《经政志·赋役》中记载：“顺治九年、十六年，会议裁扣充饷银二百八十三两一钱二分。”充饷银是根据田亩征收的赋税中的一项，用作军饷。据此可知，清朝统治势力进入崖州后，崖州地方政府就开始对境内的赋役进行编制，向境内人民征收赋税，以维持官员和驻军的供给。那时崖州境内抗清力量还在频繁活动，清朝在崖州的统治尚未稳固，但初期赋税征收沉重而混乱，民不堪负，流离土地的现象仍在继续。清统治者不得不作出适当调整，“会议裁扣”就是一例。至于崖州何时按清廷规定编审丁口和田亩，依照《赋役全书》征收赋役，现存康熙、乾隆、光绪三部《崖州志》均未明确记载。但康熙《崖州志》在记述顺治十二年（1655）出任崖州知州的梅钦的事迹时说道：“时兵燹之后，市井萧条，民皆避乱他邑。钦劳来抚循，远近流民渐归复业。康熙元年，为民请豁荒米一千四十七石二斗九升有奇，并请豁军屯米一千九十八石。”梅钦出任崖州知州期间，正是清朝令各州编纂《赋役全书》之时。依据上引记载可知，梅钦在任上时，就开始按朝廷规定编审人丁、田亩，按照《赋役全书》征收赋税。梅钦面临的困境是：清廷制定的《赋役全书》以明朝万历年间的赋役额度为基础，但是明末清初时局不靖，人民流移，土地抛荒，“无征”（没有征收对象）现象十分严重，如不从实编征，就不得不强行摊派，加重存户负担，更容易引起民众弃土离乡。梅钦面对艰难时势，能够体察民情，招集流民垦耕荒田，同时核实在耕田亩数量，请求豁除“无征”荒废民田和军屯田所载税负，解除民众的不合理负担，表现了古代名宦的民本情怀。

1. 丁口

顺治五年（1648），清朝制定编审户口的制度，分户籍为军、民、匠、灶（盐工）、疍（渔民）。男称丁，女称口（也称女丁）；男十六岁至六十岁为成丁。届期人丁造册层层上报，达于户部。编审丁户，目的在于用法律的形式把人户职业强行固定下来，世代承袭，不许改易，以便于政府控制和征税课役。根据清朝的规定：“凡载籍之丁，六十岁以上开除，十六岁以上添注”。[①] 顺治十一年（1654），清廷规定三年编审一次人户丁口，造册上报时详载“原额”“新增”“开除”“实在”四个方面的数字，还载明每名人丁征银若干。至顺治十三年（1656）改为五年编审一次。人丁的编审关系到户籍的控制和丁口银的征收，清初统治者十分重视，规定了许多法令和条例，隐匿、捏报人丁要治罪。州县若能增丁二千名以上，不但州县官，而且督抚、布政司及道、府各官俱予褒奖记录，“以户口消长课州县吏殿最”。[②] 后来“永免增丁之赋”，继而“摊丁入亩”政策实施，计算丁口税负的基数已经固定不变，编审丁口已无补于实政，清廷遂于乾隆三十七年（1772）宣布永停编审。但是地方丁户、土田毕竟是国家重要的统计数据，每年年底还是要由下而上逐级向户部上报。“成丁”年过六十之后，要“除丁”，再“令以新增人丁补足旧缺额”。按规定，“缺额人丁以本户新添者抵补；不足，以亲戚丁多者抵补；又不足，以同甲粮多者顶补”。[③] 因此，州县官府对民户丁口的统计仍然延续不断。

地方史志关于清代前期崖州丁口的记载，多从丁口税（包括成丁男子的役银和女口的食盐课银）征收着眼，一般只记其计税基数，实非总人口统计；即便记载总人口，也是只计算编户入籍，即古所谓“编户齐民”；不列入编户、不供赋役、“不服王化”的深山黎户（所谓“生黎”）不包含在内，所以从严格意义上说也不是完全的地方人口总数。参考不同时期纂修的《广东通志》、《琼州府志》和《崖州志》，清代崖州的丁口记载如下。

最早记载的是顺治九年（1652），崖州原额男妇除去“浮疍”5944 丁，实编男妇 10556 丁口。[④]“浮疍”和“实编男妇”两项相加

---

① 王庆云：《熙朝纪政》卷三《纪停编审》。

② 《清朝文献通考》卷十九《户口考一》。

③ （清）《皇朝政典类纂》卷三十《户役一・户口・丁中》，转引自戴逸主编：《简明清史》第一册第六章第二节，人民出版社 1980 年版，第 316 页。

④ （清）康熙《琼州府志》卷三《赋役志・户口》。

为16500丁口，即所谓“原额”。这一数额与明万历《琼州府志》所记载的万历四十五年（1617）崖州“户二千四百九十九、口一万七千四百二十六”比较接近。考虑到清初征收赋税以明万历年间额数为基础，这一“原额”可能就是当年参照明万历额数确定的征收丁口税基数，不一定是当时真实的丁口数。明末清初战乱频仍，人口流动加剧，实际上无从统计；即便统计，丁口总数也会低于这一“原额”。编征丁口数多而实际丁口数少，税负必然苛重，因此清初有不少地方守官一再呼吁按实编丁口征收。

顺治十四年，崖州“实编人丁”2261丁，“实编食盐课银”8295口。[①] 这一年正当清廷编审和推行《赋役全书》，确定应缴交丁课银的男子成丁和应缴交食盐课银的妇女人口，崖州的上二项相加为10556丁口，正好就是顺治九年除去免纳丁银的浮疍、灶丁之外的“实编男妇”。也就是说，《赋役全书》确认了顺治九年崖州的编征基数，没有变化。

至康熙元年（1662）和十一年（1672），崖州的编征数，都是“实在人丁”2762丁多，“实在食盐课银”8295口。[②] 这也只是编征丁口税的基数而非实际人口数。其中征收食盐课银的女口不变，只是“实在人丁”数额有所增加。这一“实在人丁”数如何得来？乾隆《崖州志》有详细的说明，就是将顺治年间的“原额”2261丁，“议允论粮编丁，将官、民并升科米二千七百六十三石二斗零八合一勺，每石编丁一丁”[③] 而成。也就是说，不再按男子成丁征丁役银了，而是按全州官田、民田和新开垦的田地到期升科所应承载的田赋米石，即所谓官米、民米和升科米的总数，每石分摊一丁的役银（也即丁壮“四差”银）。这就是“论粮编丁”：有田则有粮，有粮则有丁役银的承摊，无田或少田的丁户则免交或少交。这一“编丁入粮”的做法，实际上是袭用了明代万历年间实行的“一条鞭”法，与后来

---

① 见（清）康熙《广东通志》卷九《贡赋·户口》。

② 见（清）康熙《广东通志》卷九《贡赋·户口》。

③ （清）乾隆《崖州志》卷三《赋役志·实征钱粮》。

雍正二年的“编丁入亩”（待见下述）实质上是一致的，客观上有利于贫苦农户。

康熙元年的这一丁口税编征基数，此后一直被沿用，自乾隆《崖州志》、道光《琼州府志》直至光绪《崖州志》所记各代编征丁口数基本相同，只是有时注明屯丁或黎丁略有增减而已，道光府志还注明有关记载来自于崖州官方档册。这一编征丁口基数，以及扣除地方官吏士绅所获全免征或部分免征（所谓“优免”）丁役“四差”银之后的“实全编”数，有清一代也几乎没有变化。实际上丁役固定、“论粮编丁”之后，丁口计数已经脱离实际，意义也就不大了。

综上所述，有清一代崖州的丁口税额，见于光绪《崖州志·户口》记载如下：

> 原额丁口计一万六千五百。内除疍（渔民）灶（盐工）浮丁五千九百四十四丁免派四差（丁役）外，实编男子二千二百六十一丁。奉议准论粮编丁，将官、民并升科米二千七百六十三石二斗零八合一勺，每石编丁一丁，共该丁二千七百六十三丁二分零八毫。内优免本身丁一百七十六丁零九厘八毫，例不派差壮、均平、盐钞，实全编丁二千五百八十七丁一分一厘。每丁例派差壮（丁役）、均平（杂派）银三钱二分六厘八毫五丝六忽，共银八百四十五两六钱一分二厘四毫，不派盐钞。妇女八千二百九十五口，每口只派盐钞银（食盐课银）一厘九毫九丝九忽，共银一十六两五线七分七厘一毫一丝。除编审缺额丁三分四厘二毫无征，银一钱一分一厘八毫，闰银五厘八毫外，合男妇实共编征银八百六十二两零七分七厘七毫，遇闰加编银四十五两三钱零三毫。黎人归化，附入版图，黎丁一千三百二十，丁幼男女共一千零五十口，遵照不征银两。①

编征丁口额数固定，但随着清朝统治的稳固和所谓“康雍盛世”的出现，崖州人口的实际增长十分迅速。据史志记载：雍正九年至嘉

① 编丁有分厘毫的尾数，是因为地方官吏士绅所获“优免”比例参差所造成。

庆二十三年（1731～1818），崖州丁口 27532 人①；道光十五年（1835），崖州滋生丁口 54573 人②；光绪二十五年（1899），崖州有 12997 户，丁口 55727 人。③ 虽然这些数据存在统计遗漏（深山黎户无从统计）和口径的不同，但仍然可以视为其时比较接近实际的崖州户籍总人口数。

人口总数迅速增长而不加征丁口税，并非统治者对民众的怜恤，目的在于促进人口增长加快土地垦殖，而新垦土地的升科纳赋，才是增加税收的主要来源。

2. 田地

清代崖州的田地有官田和民田。官田包括屯田、学田和耤田等。其中，屯田是军队屯种的田地，原额 44 顷 80 亩④；学田是用以租佃供作州学经费的田地，原额 2 顷 56 亩⑤；籍田是祭祀先农神坛时用作耕耘仪式并将收获留作祭祀费用的田地，共 4.9 亩。⑥ 此外还有官府罚没的田地。官田数量少，按规定也要缴纳赋税。民田即民户占有和耕种的田地，按田地数量多寡和质量高低缴纳赋税，这是官府财政收入的主要来源。清代崖州基本上沿袭明朝万历年间的制度，将田地划分为田、地、塘三类，其中田又按其质量分为上、中、下三则。据乾隆《崖州志》卷三《赋役志》记载，崖州原额田、地、塘共计 2179 顷 26 亩。其中，田有 2071 顷，共分三则：上则田 163 顷 7 亩，中则田 760 顷 93 亩，下则田 1146 顷 99 亩；地 98 顷 81 亩，塘 9 顷 44 亩。清朝前期因战乱许多田地已经抛荒，按原额征收加重了农民的负担，地方守官压力也很大，后来在他们的一再吁请下朝廷不得不批准蠲免部分“荒芜难垦田”的计数。据道光《琼州府志》及光绪《崖

① （清）道光《广东通志·舆地略·户口》。

② （清）道光《琼州府志》卷十三《经政志三·户口》。

③ （清）光绪《崖州志》卷七《经政志二·户口》。

④ （清）光绪《崖州志》卷七《经政志二·屯田》。

⑤ （清）光绪《崖州志》卷十《经政志五·学田》。古代地方志中田亩和税银计数细微至毫末，本章引用时概从简，一般土田记至亩，米粮记至斗，银两记至钱。

⑥ （清）乾隆《崖州志》卷三《赋役志·派征则例》。

州志》的记载，共除去628顷8亩多“无征”田亩；在此同时，自康熙二年至乾隆二十六年，又陆续有部分荒弃田地被复耕，共计70顷47亩，按规定年份之后要“升科”纳赋。综上全州实编征官民田、地、塘共1621顷64亩多。

（二）赋役制度的改革

清朝统治者入关之后循明例征收赋税，顺治年间虽然对赋役的厘定煞费苦心，但由于天下初定，制度不健全，弊端丛生。到康熙、雍正年间，统治稳定，又相继进行整顿和改革。

1.《赋役全书》的重修

自顺治十四年（1657）编成《赋役全书》后，经过所谓的“康雍盛世”，全国的户口和土地数量已经有较大变动，因此康熙二十四年（1685）、雍正十年（1732）又两次重修《赋役全书》。自此规定每十年重修一次。乾隆年间崖州知州宋锦、学正黄德厚所纂修的《崖州志》，其中所载丁口和田、地、塘数额以及起科则例，其所依据，应当是乾隆初年在前代基础上进一步修订的《赋役全书》。这是崖州民众当年赋役负担的具体数据。

2. 推行“盛世滋生人丁永不加赋”改革

清初丁役银按编丁收取，成为无地少地农民的一大负担，致使大量农民隐匿户口或弃耕逃离乡籍。降至康熙四十五年（1706），仍存在“有可耕之田，而无耕田之民”的状况。[①] 为了增加户口，繁荣农耕，稳定赋役征收，康熙五十一年（1712）诏令，以康熙五十年的人丁及丁银数额为准，“滋生人丁永不加赋”。此后或返籍或新生丁口，即便达到成丁年龄，均不再承担丁役银。查考乾隆年间及其后的《琼州府志》和《崖州志》，均有“（康熙）五十二年奉旨，嗣后各省人丁以康熙五十年丁册定为常额，续生人丁永不加赋”的相关记载。如前所述，崖州在康熙元年已“编丁入粮”，此后见于记载的崖州计税丁口数和丁口银总额，就一直没有改变。“续生人丁永不加

① 《明清史料丙编》第10本《户部题本》。

赋”实际上早已在崖州实行。

纳税的丁口总额固定下来，不再随着人口的增长而增税，对无地少地贫苦农民有一定好处，使得大多数因丁役税太重而逃离的农民，能够归籍垦耕，安定下来，人口也就随之增长。清朝实行这一改革，目的在于把农民重新吸引到土地上来，增加田赋收入。崖州户籍人口从明末清初的1.5万多人，光绪年间增加到5.5万多人，其增长速度是前所未有的。

3. 推行“摊丁入亩”

实行“滋生人丁永不加赋”，虽然把丁税负担总额固定下来，但就一家一户而言，丁口数会有变化，地主士绅利用权势营私舞弊，上下其手，把丁税负担转嫁到贫苦农民身上。官吏衙役在编审期间也乘机舞弊，赋役不均的现象仍然存在。康熙五十二年（1713），御史董之燧提出“统计丁粮，按亩均派”的建议。后来经康熙皇帝默许，在广东、四川两省先行，作为试点。① 至雍正元年（1723），朝廷正式下诏全国推行“摊丁入亩”改革。所谓“摊丁入亩”，就是将康熙五十年固定下来的丁役银摊入田赋银中统一征收。这是一项重大的赋役制度改革，使唐宋以来封建国家实行按地、按丁双重征税的制度，过渡到“丁归于地”的单一土地税制。广东的“摊丁入亩”以州县为实施单位进行，摊入的方式有所不同，大体上采取三种摊法：一是把丁役银摊入田赋银一体征收，二是把丁役银摊入田赋米石计征，三是把丁役银摊入田地亩数计征。摊入田赋征收者，大约“每地银（田赋银）一两，均摊丁银一钱六厘四毫不等”。② 崖州实行的是第二种，继续康熙元年（1662）的“编丁入粮”、论粮编征，已如上述。据学者研究，相比之下，崖州的平均丁银数，比湖南部分州县低，但要比福建及其他省的州县高；至于与琼州府属其他州县相比，则大约居中。

“摊丁入粮”或“摊丁入亩”，名义上废止了几千年来的“丁

---

① 王庆云：《石渠余记》卷三《记丁随地起》。

② 蒋祖缘、方志钦主编：《简明广东史》第八章第三节，广东人民出版社1987年版，第309~310页。

役”制度，但封建统治者仍然会煞费心思，巧立名目，增加田亩正赋之外的诸多附加税目，对劳动人民进行剥削。

（三）崖州民众的赋役负担

1. 田赋和丁役

清初田赋、丁役分征，雍正初年摊丁入亩，之后统一以地亩赋纳，总称“地丁”银，这是清朝封建国家的“正赋”。“地丁”银中包括“粮料”（田赋米石与物料的合称）银和“四差”（均平、均徭、驿传、民壮）银两大类。“四差”也就是以银代差役的遗意。清朝统治者在征收“地丁”的正额之外，又加收名目繁多的附加税，这就形成赋役有正税和加征。如缴纳粮食时要加征损耗，称“雀耗”“鼠耗”，所以有“正耗米”之称；征收银两时要加征“耗羡”，亦称“羡余”或“火耗”，理由是官府征收来的散碎银子必须加工熔铸成统一规格的元宝，才能解运上缴国库，熔铸过程中会有损耗；解运粮银上缴库司需要差旅费用，必须加征“水脚银”，如此等等。加征耗羡在清初原属违法行为，但朝廷予以默认，各地官府往往在实际损耗之外多取盈余，以充作地方经费及饱官吏私囊。雍正时实行“耗羡归公”，各省规定加征分数，所征银两提解司库，用作发给各官的“养廉银”或充作地方公费，于是耗羡便成了地丁正税之外的法定加征。耗羡的征率，各地多规定为正税额的1/10。左右，但实际所征一般都超过规定。

清代前期崖州民众的“地丁”负担，按照《派征则例》规定的科则计征，确定每一类田地所应缴纳的量，同时还要派征兵饷银，遇闰年要加征闰银。据乾隆、光绪两部《崖州志》中有关赋役的详细记载，崖州的“地丁”派征则例和派征银数如下述。

先将全州的官民田、地、塘，按科则（税则）计算出各应承载的官、民赋米石数。以米计征，这是保留了古代赋税征收本色粮料的遗意。如乾隆《崖州志》即载明：

上则田，每亩科官米二合九勺五抄八撮三圭五粟，民米二升二合一勺四抄一撮六圭五粟。

中则田，每亩科官米二合六勺零四撮七圭六粟，民米一升九合四勺九抄五撮二圭四粟。

下则田，每亩科官米一合八勺零七撮零七粟，民米一升三合五勺二抄四撮九圭三粟。

地一则，每亩科官米一合五勺三抄五撮七圭五粟，民米一升一合四勺九抄四撮二圭五粟。

塘一则，每亩科官米一合八勺零七撮零七粟，民米一升三合五勺二抄四撮九圭三粟。

然后再按照规定的税率，分别官米和民米，计算出每石米各应征收的“粮料”银和丁役“四差”银。如光绪《崖州志》载明：

粮　料

官米，每石银三钱一分一厘零七丝七忽。

民米，每石银五钱八丝六忽。

生熟黎、灶米，每石派银五钱零四厘零九丝六忽。

渔课米，每石派银三钱三分二厘一毫九丝五忽。

四　差

官、民、灶米，无优免，每石派银五钱七分三厘八毫二丝四忽。

民、灶米，有优免，每石派银一钱零七厘六毫零三忽。

熟黎米，每石派银三钱八分二厘六毫八丝五忽。

上所记“灶米”、“渔课米”，是指盐灶户和渔民税负，他们虽然没有田地，也要按官府给出的定额米石纳税；渔民只纳粮料银，不纳“四差”银。黎米则是编户入籍黎户所纳，一般都给予较低税率的优惠。所谓“优免”，则是对官绅士人给予免征或少征“四差”银的优待。

崖州土田原额已如前述，田、地、塘共2179顷26亩，按照派征则例计算，实征官米470.5石、民米3522石，外加渔课米568.8石。然后再按税率计征：

官米共征粮料、四差银416.4两。

民米共征粮料、四差银3890.9两。在民米征银中，要减去官绅优免“四差”银和灶户、黎户“四差”银，共 592. 8 两；后经核实又扣回官绅优免米差银 152. 9 两。民米实编征银 3451 两。

另外定额征收渔课米 568. 8 石，不派四差，共征粮料银 188. 9 两。

以上官米、民米、渔课米，共米 4561. 5 石，编派一条鞭，共征银 4056. 4 两。此即崖州的“地丁”赋役银。

除此之外，还要派征“地亩饷银”，即兵饷银，按全州田地塘原额 2179 顷 26 亩计，每亩派银七厘多，共银 1532. 2 两；加上水脚银 22. 9 两，共征地亩饷银 1555. 2 两，遇闰加征闰银 142. 4 两。

以上一条鞭“地丁”银，又地亩饷（连水脚）银，共征银 5611. 6 两，再加闰银 142. 4 两。

这就是官修志书上写明的清朝前期崖州农民赋役负担。其中乾隆《崖州志》的记载比这一数额多出了 709 两，是在“民米”中未按则例多征收的银两，估计是“火耗”之类的无名杂征。

上述赋役的征派，是建立在“原额”土田的基数之上的，而这一基数来自于明万历年间，至清初则土地荒废十分严重。地方官吏以完成税额为第一要务，不得不将荒芜无征田地税额摊派到在耕田亩上，从而加重了农民的负担。经历年的清丈和地方官吏的一再申呈，雍正至乾隆初年才“奉旨”蠲免 627 顷 85 亩“荒税无征”（荒地免征），减征银 1419. 4 两、闰银 30. 8 两；此外还有其他一些零星“开除”减征。经扣减之后，征税土田降为 1551 顷 17 亩，全州实征地丁银和地亩饷银合共 4191. 6 两、闰银 111. 6 两。

清朝前期鼓励流民（包括来自闽广各地移民）垦田落籍，新垦土田给予一定年限的免税优惠，之后才“升科”开征田赋。光绪《崖州志》记载，新垦土田水田满六年、旱田满十年开始征税。“如本管官召垦及官生捐垦者，以田归偶，次年起科。隐垦首报者，就首报年起科”。① 乾隆《崖州志》记载，至乾隆六年，共有八项垦复田

① （清）光绪《崖州志》卷七《经政志二·土田》引《会典》。

亩“升科”，带来额外“新收”，共银236.6两、闰3.8两；光绪《崖州志》则记至乾隆二十六年，有九项“新收”，共银219.5两、闰银4.3两。据两部志书所记，至雍正年间新垦土地有61顷92亩。考虑到其时已有移民陆续迁入，迁入必新垦，当不只此一数额，恐或有隐垦避税现象。

仅就上述官修志书所记，雍正至乾隆初，崖州农村的大抵情况是，人均10亩土地，每亩地平均缴纳“地丁”银和地亩饷银二分七厘。

但是实际征收的赋税，据乾隆《崖州志》记载，实征银5290.4两、闰银160.7两，比较上述经“开除”、“新收”之后的应征数高出900余两。光绪州志也同此现象，只是数额略有不等而已。究其原因，有屯田、黎田的变更所致，也有“耗羡”等不同名目杂征的增加。

税负既以银两“折色”计算，缴纳即以银两为主，如缴纳“本色”米粮，则以官价折银扣减。如州志记载，康熙十年，改征本色米602.1石支充崖州营兵饷粮，折米价银626.8两；又雍正八年添设水师支月粮，改征本色米428.4石，折米价银473.2两。上两项共米1030.5石，折银1100两，从应缴税银中扣除。扣除后应缴纳的“折色”银两减为4190.3两、闰银160.7两。

由此可知，当时的官价，每米一石值银一两有余。

2. 盐课、榷税（杂赋）与土贡

清朝前期崖州的盐课，只是对煮盐灶丁征收丁课银，因为都是盐丁自煎自卖，“并无发帑收盐配引转运等事”。地处今三亚市区的临川盐场，清代仍是琼州府属主要盐场之一，但前期只有“原额”灶丁210丁，年产盐2万斤左右，远没有光绪之后的规模。政府按丁收取盐丁课银，每丁征三钱略多，共计征银64.5两。至康熙二十年（1681），官府又规定按盐产量加征课银，每万斤加征银15.8两，一共加征银31.2两。以上二项实征盐丁课银共95.7两，额度不大。

榷税包括花藤税、渡海牛判（耕牛买卖）饷银、槲椰税、门摊商税、船税、酒税、薪税补饷银、比附钞钱（其他比照征收的杂税）

等，大部分作为兵饷征收。①《崖州志》所记康熙六年（1667）知州李应谦曾请豁免税饷银480两即指此。此外还征收田、房契税，也即财产交易税，规定“凡买产入户，每价一两，税银三分，外加科场银一分”，即税率为百分之三加一。科场银为附加税，征收解省，专用于科举考试。雍正十一年（1733）后，奉文减半征收，每价一两税银一分五厘，外加科场银五厘。

清代前期崖州榷税征收一览表②

课税项目	征收银两（两）	备注
花藤税	35.6	本州征凑徭差，内支给各官经费用
渡海牛判饷银	237.8	征解充饷。康熙六年豁免
椰榔税	44.9	征解充饷
门摊商税	7.7	征解充饷
船税	11	征解充饷。康熙六年豁免
酒税	3	征解充饷
薪税补饷银	231.2	征解充饷。康熙六年豁免
比附钞钱折银	1	征解充饷。康熙六年豁免
田房税契	50	附加征收科场银16.7两

由上表可见，清代前期崖州商品经济仍然落后，通过市场交易收取的商税数额甚少。

“土贡”名义上是向朝廷进贡地方特产，但自雍正之后实际上已“折色”编入正赋征收银两，再由地方按官价强买“本色”物料上贡，本地所无者则上解银两。海南所派实物有颜料、竹木翠毛、厨料、药材等，尤其以采买沉香为沉重负担。康熙七年崖州奉文征买沉香13斤，每斤开销正赋3.5两；乾隆年间则每岁办贡香20斤。官府为完成征额，摊派黎户入山搜采，低价收购，商人则从中投机倒把，引起了许多社会矛盾。

① （清）乾隆《崖州志》卷三《赋役志》。

② 此表据（清）乾隆《崖州志》和光绪《崖州志》所载制作。

从上所列，可见清朝前期崖州各族人民的赋税负担名目繁多，十分沉重。除明文规定的“正赋”外，加征加派时常发生。地主阶级勾结官府，通过各种途径转嫁负担；地方官吏在催征赋税时又往往上下其手，使民户的赋额倍增。再加上地方豪民横行乡里，骄悍官兵以代征代缴为名愚弄农户、鱼肉乡民，贫苦农民、尤其是黎族民户有苦难言。对于崖州汉、黎人民在赋役方面所承受的欺诈剥削，知州张擢士曾有过这样的议论：

> 土田户口，按籍而稽，崖之人而同之矣。黎彝产植，并入正供。彼知输将本色，不知起折色也；知秋冬完粮，不知春夏截纳也。概绳以赋役成法，粮长预期代办，自必倍权子母，终岁勤动，竭于一旦，实为厉阶。
>
> 至岁编渔课，始因川泽之利，今海禁日严，课额如故。
>
> 又采买沉香，岁戊申偶一举行，兹且相沿为例，将来困弊不在采珠开矿之下，安得不亟望之仁人君子耶？①

张擢士列举了基层官吏在征收赋税上对汉黎人民的欺诈，例如不告知黎户可以自行变卖山货缴交“折色”银两，而是直接收取“本色”黎产从中谋利；有意在春荒时追收赋税，民户无以为纳，“粮长”为之代办，秋收后得加倍偿还；已经实行海禁了，却还照常收缴渔课，等等。尤其是将极其稀缺的沉香作为“本色”物料缴纳，更是贻害无穷。张擢士等作为民本思想较为深厚的汉族官吏，对劳苦民众寄予深切同情。

为了逃避赋役之苦，不少民户背井离乡，流落到外地去。康熙九年（1670）张擢士在《上金制军崖州利弊条款》中指出：“各里疍户无力包赔，逃亡、改业各居其半，州属钱粮历年逋欠。”他的前任梅钦曾向上司申请豁免荒米 1047 石，李应谦在任时也曾请求豁免杂税银 480 两。逃亡的汉、黎民户曾被招回，但招回后又复逃，“每岁逋负甚多”。至张擢士上任之后，“据阖州里排公查”，无主荒绝田米 367 石多，“实无一人可问、寸土可耕”。因此他向上呼吁：“若不亟

① （清）乾隆《崖州志》卷三《赋役志》。

请开除，拖欠包赔皆所不免。非独绝者不能复续，势必存者亦将尽逃。”① 康熙三十四年（1695），昌化县令陶元淳兼任崖州知州，他在《请严职守详文》中披露，崖州农民为了逃避赋役之苦，通过各种手段贿赂军营将弁，宁愿入伍到军营中充职，名义上是“喂马剉草”，谓之“余丁”，结果是“州城内遵一坊居民一百一十余户，当民役者只有两家，其余悉充余丁。通计三坊五厢一十一里，奸民逋赋逃役，投充余丁，隐蔽营内者，不知凡几”。②

（四）崖州的财政管理

崖州作为琼州府的属州，虽然没有财政自主权，但在具体执行和实施朝廷规定的财政制度过程中，也有极为繁杂的财政管理事务。

1. 户口、人丁和田亩的编审

户口、人丁和田亩，是征收赋役的基础。对户口和人丁的管理，前期要按规定每五年编审一次，后期不再编审，仍要逐年登记滋生人丁数，造册上报。田亩的管理，除了原额的官田、民田之外，还要丈量登记新开垦土地和按规定期限起征的田亩数量。

2. 赋税的编审、征收与管理

赋役的征收，主要是依据《派征则例》，按原人丁、田亩总额论粮编征，确定各种类型田地的征收额，然后分“无优免例”和“有优免例”进行派征。在征收赋役的过程中，还要处理好“开除”“新收”“起运”“存留”等事宜。所谓开除，即扣除赋役中的免征、蠲免部分；新收，即新的征收项目，其中既有新垦田地的开征，又有政府临时派征的项目，还有裁减节省开支的项目，相当于增加了财政收入的保有量，也记在新收名下；“起运”是解送到省的银两和物料；“存留”是在每年征收的赋役银中，预留部分作为本州的财政开支。

清代前期崖州税收的“开除”（免征或减征）项目，主要是如前所述“无征”荒田，经地方官一再申呈后朝廷给予“蠲免”，也称

---

① （清）光绪《崖州志》卷二十《艺文志二·书牍》。

② （清）光绪《崖州志》卷二十《艺文志二·书牍》。

“扣荒”。还有就是随着国内政治形势的稳定，顺治末至康熙年间曾先后五次裁减充饷银，也就是调低按田亩征收的饷银税率。还有的项目是由上一级财政实行转移支付，地方相应免征，如教职定品加俸、拨补孤贫口粮、均派春秋二祭及无祀鬼神所需银两，都从“起运”上一级财政的款项内扣除添给，归入州财政“留支”项下，不另加征。

“新收”（新增征收）的项目，最主要的是垦复和新垦荒田的起征，如康熙初年起征新垦田2顷2亩，该升科输银5.2两、闰银0.1两；雍正二年至乾隆五年（1724~1740）首垦起征共田35顷21亩，起征银97两、闰银1.6两；乾隆六年至十六年（1741~1751）垦复荒芜田8顷54亩，起征粮饷银18.4两、闰银0.4两。记载下来的垦荒起征田亩数量不多，征收银两也有限，而乾隆以后崖州“滋生”丁口已大量增加，新垦而隐瞒不报的现象可能相当严重。“新收”的项目还有“物料溢价”，也就是因商品涨价，征收的“折色”物料银也要增加；还有一些杂派项目，也要加征，如“雕漆衣装”银、“南工匠”价银等，数额都不大。许多原由地方从“留支”银两中开支的项目，奉文裁扣（如撤销官职设置免支薪俸）或降低标准而减支，节省下来的银两要起运上缴，一般充作军饷，会计项目中也被当作“新收”，但这一部分“新收”实际上并没有增加税额。

“起运”是地方税收对国家财政的贡献。崖州的“地丁”税收和地亩饷银的起运，分户部、兵部、工部三部项下，以户部为主。当然这只是分别项目，并不需要解送京城各部，一般由府汇总上解省布政司。崖州起运户部项下的，有京库银、均一料银、铺垫银、地亩饷银等名目，四项共1997.4两，几乎占到崖州正税总额（地丁银和地亩饷银）4191.6两的近半。起运兵部项下的只有“驿传节裁银”88.9两，起运工部项下的有“四司料、竹木翠毛等料、鱼油料”的折色料银和水脚银共86.1两，数量都不大。崖州是边海要地，驻军多，通过各渠道留充崖州驻军兵饷的粮米（崖州军储仓本色米）和银两共有七项，总数为银1669.8两，也记在“起运”项下，但并不都是崖州的贡献，更不是驻崖州官兵的开销总额。光绪《崖州志》记载，驻崖弁兵“岁共支银七千九百四十八两”。①

“存留”是作为州本级财政支用的部分，通共 1921.6 两，也几乎占到崖州正税总额（地丁银和地亩饷银）4191.6 两的近半。这存留部分的税源，包括徭差银 963.2 两、驿传银 31.7 两、花藤税银 35.6 两、民壮银 874.4 两、户口盐钞银 16.5 两。其中徭差银和民壮银是两大主项，都在丁役“四差银”之内。

3. 地方财政开支

崖州地方财政支出的最大数额，是州厅主杂官员、吏员的薪俸银，以及按编制配备的各类杂役的工食银（工钱），要从前述赋税征额中的“存留”部分备支，按规定发放。

知州是一州主官，崖州知州年俸银 80 两，除因荒扣减及各种匀摊，实领 55.78 两，遇闰年增加 4.79 两，此为本人应得之“正俸”。此外还有“养廉银”600 两，由知州自己掌握使用，其中会有部分以本人名义用于资助地方公益事务和文化教育事业，此即所谓“捐廉”。各官员的“养廉银”自雍正六年后开设，从征收“火耗”银中派支，不从“地丁”正项支出。

知州的属官，有分管州署事务的吏目，分管学校教育的儒学学正、训导，以及派驻险要地方的巡检。吏目俸薪银年 31.52 两，遇闰年加银 2.62 两，外尚有“养廉银”60 两。儒学学正俸薪银年 40 两，遇闰年加银 1.31 两；儒学原配备有训导，其俸薪待遇与学正同，后于乾隆七年裁撤。派出的巡检司有东、西二处，东为永宁巡检司（原名通远），西为乐安巡检司（原名抱岁）。巡检司均设巡检，俸薪银年 31.52 两，遇闰年加银 2.626 两，外尚有“养廉银”60 两。

知州及属下各官署，均配备有供支使的杂役，如书办、马快、门子、皂隶、轿扇伞夫、斋夫、弓役、铺兵等，名目繁多，设置大体与明代相同。知州名下供支使的夫役最多，编制总数有 94 名，每年要从州财政支出 633.6 两工食银，遇闰年加支 52.8 两。此外吏目署配

① （清）光绪《崖州志》卷六《政经志一·禄饷》。

有杂役6名，儒学署配有杂役4名，两个巡检司署各配有杂役4名。这些夫役一般每名年工食银6两，书办和库书、仓书高一些，有10至12两，都要从州财政支出。

州儒学有30个名额的生员可以得到住校膳廪（伙食）补助，称之为“廪生”，每名每年银2.4两，共银72两，称之为“饩银”。为此还得配备膳夫（炊事）2名，年工食银共13.33两，遇闰年加银1.11两。这些也都要从州财政开支。

此外原有义宁驿，驿丞、杂役的待遇均与巡检司同。后于乾隆年间裁撤。

这就是乾隆年间崖州财政供养人员编制及薪酬的大体情况：主官为知州一人，属官只有吏目、学正和两名派出的巡检，共5人；其余均为杂役（包括书办实即官府文书）。官员虽少但杂役众多。崖州地方财政所供养的这些人员的开销，包括薪俸、养廉银、工食银和儒学生员廪银，大约要占到存留备支总额的80%上下。

州财政的其他开支，主要用于地方公共事务，包括公共祭祀、公共礼仪活动，以及公务接待、孤贫救济等，数额都有限。这些开支分为岁办、额办、杂办三大类。“岁办”包括年节对神祇的祭祀、乡饮酒礼（一种尊重德高望重的乡村老人的古老仪式）、答应公差夫马、救济孤老口粮柴布等项开支，共167两。“额办”包括两部分，一是府（摊派分担）、州官员上京朝觐的盘缠和迎送酒席开销，一是与儒学生员学习和科举考试有关的纸笔、盘缠以及中举后的花红酒席等开销，合共168两。“杂办”则包括琐碎的杂项开支，如迎诏、接赦香烛，卷箱扛索、修补衙门什物，上司使客下程伙食、造册书手工食、买办检验什物、总参官员提兵经过办送柴烛小菜、木铎老人布帛等项，共24.39两。①

综上所述，崖州地方每年的赋役收入，最终被划分为起运、存留两大部分。地方政府的员役薪酬、办公经费、地方仪礼开销、科贡费

① 以上清前期地方财政收支各项，均根据（清）乾隆《崖州志》记载。

用、朝觐盘缠、过往官员的接待等等，均从“存留”中开支。由于中央政府为加强中央集权财政能力，一再压缩裁减地方存留经费，地方官又纷纷将杂征银两挪入私囊，必然造成地方留支经费的不足。为了弥补不足，官府又常常将各种开支费用摊派到里甲供办，把开支转嫁到民众身上。因此，虽经摊丁入亩（入粮）的改革，简化了征收赋役的手续，但民众的负担并未真正减轻，这正是封建财政制度的弊端所在。

第三节　清朝对少数民族地区统治的加强

崖州是海南重要的少数民族聚居地区。除了世居山区、半山区的黎族人之外，还有明代万历年间落籍今乐东黎族自治县境内、清代逐渐散居于岛南高山大岭间的苗族人。在滨海一带，则有回族人，以及汉族中的特殊群体、主要以捕鱼为生的疍家人。

崖州境内的苗族人，虽有数百家，但流动不定，“常徙移于东西黎境姑偷郎、抱扛之间。性最温顺，时出城市贸易，从无滋事”，但一直“不供赋税，不耕平土”，未受封建官府的管辖。① 本节所述清王朝对崖州境内少数民族的统治，主要指黎族和回族，兼及疍民。

一、清朝在黎族地区的统治

（一）崖州境内的黎族村落

清代崖州境内世居少数民族黎族，不论人数还是生活区域，都仍然超过生活于崖州沿海平原丘陵地带的汉族。根据现存《崖州志》所描述的辖境来看，清代崖州黎族人生活的地区包括今三亚市、乐东黎族自治县境，以及琼中黎族苗族自治县、五指山市、保亭黎族苗族自治县的部分乡镇。因此，清代《崖州志》承继明代《琼州府志》的记述：“崖州黎，其地多于州境，其人十倍之。”② 又云：“合全琼

① （清）光绪《崖州志》卷十三《黎防志一·黎情》。

② （清）康熙《崖州志》卷一《疆域志·黎情》，乾隆《崖州志》卷五下《海黎志·黎情》。

黎势计之，崖黎独居其半。”①

崖州黎族聚居地区，按地域划分为东、西两界，州城东部的黎族地区称为“东黎”，州城西部的黎族地区称为“西黎”。此外，清朝统治者又与明代一脉相承，按黎族的封建化程度（即是否归附封建政府统治）划分为“熟黎”“生黎”“半生半熟黎”三种。“熟黎”即较早归附封建王朝统治的所谓“归化既久”的黎人②；“生黎”即所谓“不服王化，不供赋税”，尚未归附封建政权统治的黎人③；“半生半熟黎”即曾归附封建政府统治，但常常反叛官府，脱离封建官府管辖的黎人。

崖州境内的黎族村落，康熙、雍正年间先后修纂的《广东通志》有关琼州黎人的记载均称“凡九十二”。随着时间的推移和统治的深入，到乾隆、嘉庆、道光时期，崖州官府对黎族村落的认知也随之增多。如乾隆《崖州志》记载，已纳入封建王朝统治的黎族村峒，东界有 61 个，西界有 37 个；未纳入统治的“州东生岐”78 个。④ 道光《琼州府志》则记载东路生熟黎村 72 个，西路生熟黎村 42 个。⑤ 乾隆年间记载的村寨与道光年间记载的村寨有很大的出入，对此，道光《琼州府志》编纂者在按语中指出，旧的地方志记载不全，《广东通志》虽详细记载各村寨的土名，但没有注明某峒管辖多少村寨。之所以存在这些缺陷，其一是因为“生黎”所居地处深山僻壑，汉人难以深入其地，而“熟黎”又迁徙不常，很难勘查；其二是黎人语言有音无字，许多村寨的名称虽经“熟黎”传闻所知，但译记下来却因人而异，所以前后记载不同。正是由于这些原因，方志“所载村峒名今昔悬殊，名目迥异”。而且往往出现土音相近、字画相似而

① （清）乾隆《崖州志》卷五下《海黎志・黎情》，光绪《崖州志》卷十三《黎防志一・村峒》。

② （清）道光《琼州府志》卷二十《海黎志五・村峒》。

③ （清）道光《琼州府志》卷二十《海黎志五・黎情》。

④ （清）乾隆《崖州志》卷五下《海黎志・黎情》。

⑤ （清）道光《琼州府志》卷二十《海黎志六・村峒》。

相传讹误，“有名仍旧而地实非者，有一村分而为数村、数村合为一村，名已改而地则仍故者”。①

至于清代“生黎”“熟黎”“半生熟黎”的区域所在，道光《琼州府志》只是粗略勾勒了一下。如其中记道：崖州（当指州城）“附近熟黎杂居”；回风岭“附近居者皆半生半熟之黎，最大者为抱贤、野椰、大毛等峒，皆千余人”；回风岭西有藤桥市，“附近生黎最大者，曰抱贤，曰郎温，二峒内分十二弓，其余小村峒甚多”。州城正北有龙潭河，过河即洋林、大岭，大岭北有洋林村，道光九年（1829）该村黎人反叛，“至今顽梗，不纳丁粮，遂为生黎。又北即五指山之阳，生岐居之，人迹罕到……五指山后即定安县红毛峒生黎”。西界黎族村峒由于明代后期反复征讨，驻兵镇压，基本上都已成为编户入籍的“熟黎”，其中乐安城附近的“熟黎”大峒有官坊、头塘、多烂、多涡、抱由、德霞等村，“多者千余家，少亦七八百家，素皆强悍，势不相下。（乐安）城内民黎错处，互相贸易，易启衅端，文武官控制得宜，方可无事”。②

（二）清朝对崖州境内黎族的封建统治

1. 顺治、康熙朝的残暴统治及黎族人民的反抗斗争

清朝统治势力进入崖州之初，由于官府督迫黎汉各族人民剃发效顺清王朝，伤害了黎汉各族人民的民族感情，在南明反清余党的一再鼓动下，黎族地区社会一直处在动荡之中，黎族人民的反封建压迫斗争与反清斗争交织在一起。其中抱鼻、抱显、罗活、官坊、头塘、侵宇等峒黎族人民的反抗斗争更是连绵不断，此落彼起。进入康熙时期，清王朝在海南的统治虽已逐渐走向稳固，但封建压迫剥削日益加重，地方官兵对黎族民众压榨骚扰，导致黎族地区的民族矛盾和阶级矛盾不断激化。康熙三十四年（1695），陶元淳任崖州知州，他在《清严职守详文》中痛切指出，崖州驻军营将勾结官吏欺压黎族人

---

① （清）道光《琼州府志》卷二十《海黎志六·村峒》。

② （清）道光《琼州府志》卷二十《海黎志六·村峒》。

民，极其狡诈。案例有三：其一是“营将保村之害”。崖州驻军的营将通过贿赂州官，借“保村”之名，冒充“粮长”，在黎族村寨包办缴纳赋粮事务，欺诈百姓。如游击余虎管有否浅、官坊、抱由、焕道、浮风、窑下、抱古等村，守备黄某管有谭寨、德霞等村，把总陈某管有抱别等村，百总罗某管有下高等村。他们“居然自谓粮长，额粮一石，私收数倍。毒加骨髓，祸及鸡豚”。其二是崖州营将余、黄二人每岁强行买盐运入黎地强行摊销盘剥，“凡有米之家，派盐一盘，征米四盘。大村派至四五十盘，小亦二三十盘。必尽夺其米而后止”。“又乐平营兵每岁称‘奉余副爷’，差票各村，责办獭皮四五张、灰炭（木炭）数石不等。东黎远美、芭芒、产填、石板、黑坭、罗休、新村、大岸、南漏、匿才、抱抛、抱浩、南夏、抱信、高村等十五村，每岁洒派各村木料、稻草、灰炭、大竹、小竹等，送入营内，谓之答应公务。黎人财产尽于诛求，筋力困于差役。”其三是崖州兵丁经常受营将的差遣，到黎村“征收黎粮，贸易货物。一入黎村，辄勒索人夫，肩舆出入。酒浆鸡黍，攘攫罄尽。每岁装运花梨，勒要牛车二三十辆……或遇崇峒绝岭，花梨不能运出，则令黎人另采赔补。至于擅锁平民入营拷打，畜养无赖狗偷鼠窃，民黎畏其凶威，有司不敢致诘，而营将坐视恣睢，以为得意”。陶元淳忧心忡忡地说：“诚以崖民此时，如坐汤火！”①

崖州官兵百般压榨黎族百姓，导致黎族地区的阶级矛盾十分尖锐，黎族民众不时发动反抗封建压迫的斗争。如据记载：

顺治七年（1650）春，陈武蒋氏作乱，署藤桥营官叶茂芳以拒贼为名，恣行暴掠，抱鼻黎族首领谭亚枕带领黎人反抗。顺治十二年（1655）六月，谭亚枕“复叛”，被官兵趁夜袭杀。谭亚枕子侄逃入罗葵“生岐”地方，八月引罗葵、罗蓬、红花、抱鼻诸峒黎人反攻官军。

顺治十六年（1659）十一月，崖州侵宇村黎人王亚锦领导黎族

---

① （清）光绪《崖州志》卷二十《艺文志二·书牍》。

农民起义，多次打败官军。

康熙八年（1669）十二月，定安黎人王之诜发动起义，传箭崖州，崖州东、西黎人群起响应。

康熙三十年（1691），崖州嘉合村“生黎”抗粮，金鸡峒把总姜通济带领十余人入村迫缴，黎人奋起反抗，杀姜通济等一行。

2. 清王朝从“土流兼治”到“改土归流”的转变

清朝统治势力进入海南后，黎族地区社会一直处于动荡不安的状态。为了加强对海南黎族地区的控御，清王朝推行“土流兼治”的统治措施，沿袭明朝的土舍制度，利用明朝故有的土舍率民归顺，清剿黎族地区的反清势力。明朝遗留下来的土舍，基本上都是明代黎族土官的后裔或本族中的豪强狡黠之辈，他们往往凭借官府的势力欺压黎族百姓，滋事生非。陶元淳有《议设土舍之患状》，其中有云：“窃惟土舍之设，自明至今三百余年，其为民患屡矣。”“今又从而复之，虎而附之以翼，能禁其不搏噬乎？”

康熙八年（1669），定安发生大河土舍王之诜等杀千总杨廷、游击丁月桂谋变事件，清朝统治者决心撤销土舍制度，在黎族地区设粮长。然而，粮长制在黎族地区实行不久也出现严重的弊端。屈大均在《广东新语》中记道：“粮长者，若今之里长，其役黎人如臧获（奴隶），黎人直呼之为官，而粮长当官，亦呼黎人为百姓。凡征徭任其科算，尽入私囊。”① 在崖州，官府往往与当地驻军营将相勾结，以营将包保黎族村峒，冒名代行粮长之职，从征收赋役中中饱私囊。如前引陶元淳在《清严职守详文》中，就列举了诸多事实，尖锐地指出粮长制给黎族人民带来的深重灾难。实行粮长制滋生此等弊端，清朝统治者也在所不能容忍。下令罢免“粮长”后，又借用黎族社会原有的传统，将氏族组织“峒”变为政治组织，设峒长、总管、哨官等职进行管理。乾隆年间张庆长撰写的《黎岐纪闻》中记道：“黎头辖一峒者为总管，辖一村或数村者为哨官。大抵父死子代，世世相

① 屈大均：《广东新语》卷七《人语·黎人》。

传，间有无子而妻代之及弟代之者，为众心所归而公立之也。”“生黎则各食其土，不入版籍，止设有黎练、峒长之类统辖之。遇有事，峒长、黎练以竹箭传呼，无不至者，其信而畏法如此。”由此可见，虽然这些基层土职由官府直接任命，但基本上都是由黎人世袭担任。这种峒首管理制度，是一种典型的土流兼治的统治方式。

由于各地黎族社会情况有所不同，实行土流兼治并不都是整齐划一，实施的进程也有先后之别。在崖州，估计最晚在康熙三十四年（1695）前就撤销土舍制，并率先实行粮长制。如据道光《广东通志》记载，陶元淳于康熙三十三年（1694）出任昌化县令，该县“旧设土舍，制其出入，官吏因缘为奸，至是撤去”。第二年，他兼任崖州知州，至康熙三十七年（1698）年离任。他在任上所作的《请严职守详文》中讲道：“独崖州黎村设有粮长”。至于撤销粮长制实行峒首土职管理制度的时间，估计是在康熙末年至雍正年间。

“土流兼治”的峒首管理制度实行日久，之后也出现诸多问题。降至乾隆年间（最晚到乾隆二十年），封建王朝开始对部分黎族地区（包括崖州黎族地区）进行“改土归流”的改革，将黎族村峒直接纳入里甲系统，进行严密的保甲组织管理。如乾隆《崖州志》记道：西黎“俱入版图，有里长管束”，东黎“俱入版图，属董平乡，设粮长（里长）管辖”。① 而在道光《琼州府志》中则记道：崖州“东路生熟黎村凡七十有二，向设峒长六人、总管六人、哨管十三人，今革”，“西黎生熟黎村凡四十有二，向设峒长六人，总管三人，今革”。又云：“以上东西二路黎村共一百一十六，黎境袤长五百余里。熟黎向归里长管辖。生黎及生熟各半黎旧设有峒长、哨官等名，由黎人自行保充，后有不肖绅民假名混保，快其所私，以致黎众不服，因而滋事，今已革除。”② 由上载可见，清王朝在崖州黎族地区的改土归流至道光年间完成。但为了加强有效的统治，道光年间官府仍然扶

① （清）乾隆《崖州志》卷五下《海黎志·诸黎村峒》。

② （清）道光《琼州府志》卷二十《海黎志六·村峒》。

植基层封建统治势力，任用黎族首领为甲头，代行管理事务，为官府催征赋役。如道光《琼州府志》记道："黎性畏官，其田赋必倩民人代纳，称曰甲头。"①

据记载，清政府在各黎族村峒设立甲头代行管理事务之后，为了更好地征收赋役，曾实行甲头包纳钱粮之制。然而在实行的过程中，甲头利用手中的权力盘剥黎族民众饱其私囊，以致激化了黎族地区的阶级矛盾，曾引发嘉庆二十二年（1817）乐安抱显村黎族的暴动和道光九年至十年（1829～1830）洋淋村黎族的暴动。道光《琼州府志》记载：嘉庆二十二年乐安汛东西抱显村"黎乱"，是因为崖州吏役兵丁盘剥索诈所激变。道光九年（1829）四月，黎亚鸡率洋淋村、抱腊村黎人"作乱"，历时经年，则是因为"劣衿衙蠹"与甲头包揽纳粮，加收索诈，"甚或指官索加，收至倍蓰者，黎人不堪"。

为此，崖州地方政府不得不逐渐在黎族地区革去甲头包纳赋役的制度，而"照陵水黎粮输法，岁由黎总汇收缴州，以免侵蚀"。② 所谓的"陵水黎粮输法"，就是政府在黎族各峒设立总管，在各村落设立头目，代行管理事务和征收赋役。对此，光绪《崖州志》记道：崖州东黎"向设峒长六人，总管六人，哨管十三人。今革，独总管尚存，而无常额，捡有能者充之。每村自立头目一人。附近民居者亦分属地保辖之。西黎村峒同"。③

从清初沿用明代土舍制到后来实行粮长制、峒首总管世袭制、甲头包揽制、总管管理制的变革，是清朝统治者对黎族地区统治逐步加强的过程。以之与元、明两朝相比较，似乎胜于一筹。当然，清王朝对黎族的政治统治，始终是建立在军事统治威慑的基础之上的，这就是军事防卫和控扼。

3. 军事防卫控扼和镇抚兼用

清王朝对崖州黎族人民的统治，沿袭着元、明两朝总的路径，就

---

① （清）道光《琼州府志》卷二十二《海黎志八·防黎》。

② （清）道光《琼州府志》卷二十二《海黎志八·防黎》。

③ （清）光绪《崖州志》卷十三《黎防志一·村峒》。

是政治统治建立在严密的军事防卫和控扼的基础之上。

康熙初年清朝统治者消灭崖州境内的抗清力量、巩固对海南岛南部的统治之后，就把黎族地区作为重点防守对象，不断加强对黎族地区的军事布防和控扼，暴露了其所固有的狭猛民族主义观念和所推行的民族歧视政策。康熙《广东通志》记载，清初在崖州分派“兵九百八十防守，内拨官兵分防感恩及乐平、乐安等营并各汛”。其中，乐安营把总1员，兵62名；三亚营管队1名，兵52名；小桥营管队1名，兵29名；乐崖营（按应为乐平营）管队1名，兵36名。[①] 乐安、乐平二营是防守“西黎”的军事据点，三亚、小桥二营则是防守“东黎”的军事据点。乾隆《崖州志》记道，顺治十八年（1661），“复立三亚营寨，防御侵宇黎（按属东黎）”。[②] 至乾隆年间，“东黎”地区又增加了藤桥营[③]，“拨把总驻小桥营，分防藤桥诸汛”。[④] 各营下分设各“汛”，如东路设有南山门、深沟、下马岭、三亚、坡顶、小桥等汛，北路设沟口汛，西路设酸梅、九所、黄流、望楼、乐平等汛。[⑤] 此外，清王朝于雍正八年（1730）把抱岁巡检司移至乐安，更名为乐安巡检司；乾隆五年（1740），又把设于三亚的通远巡检司移到藤桥，更名为永宁巡检司，目的是“以便稽查黎地”。[⑥]

纵观清王朝前期，始终未曾放松对黎族聚居地区的军事防卫和控扼。在顺治年间，由于黎族人民的反封建斗争与明朝残余势力的抗清斗争交织在一起，统治者坚持以武力镇压为主。康熙以后，为了更有效地统治黎族地区，往往也采用镇压与招抚兼用的手段。

对于黎族人民的反抗斗争，统治者首先采取的手段是残酷的围剿和镇压。

---

① （清）康熙《广东通志》卷十二《兵防》。

② （清）乾隆《崖州志》卷五下《海黎志·平黎》。

③ （清）乾隆《崖州志》卷五上《兵防志·营寨》。

④ （清）乾隆《续修大清一统志·关隘》。转引自《一统志·琼州府》，海南出版社2006年版，第143页。

⑤ （清）道光《琼州府志》卷二十《海黎志六·村峒》。

⑥ （清）乾隆《崖州志》卷六《秩官志·文职》。

康熙二十年（1681），头塘村黎民暴动，崖营千总赖日胜率兵剿捕被杀，万州营派出官兵征剿。

康熙三十年（1691），嘉合村暴动抗粮，崖营把总姜通济奉差带十余人催征被杀。琼州镇派游击率兵，会同崖州营及王弘贵黎兵征剿，擒其首领亚救、亚九等人凌迟示众。

康熙四十年（1701）二月，黎人王镇邦、张飞三、老虎四等人发动东、西黎暴动。总镇吴某率五营官兵会同崖州营征剿，王镇邦等七人被擒，“解省正法”。

乾隆三十一年（1766），定安黎人暴动，攻至崖州境，屯聚乐安城，被官兵征剿，杀百余人。

乾隆四十六年（1781），官坊黎人抗拒吏役盘剥，首领那回发起暴动，杀乐安巡检黄彬。两广总督命琼州知府、总兵督兵征剿，先后擒捕黎族首领数十人，并拘捕盘剥作奸的胥吏解郡治罪。

嘉庆八年（1803），抱怀村黎族首领韦那养、韦那文、韦那硬率众暴动，官府调镇标、儋万二营征剿，擒那硬、那养、那文，“解省正法”。

在采取残酷镇压的同时，统治者也辅之以“招抚”的一手。据史志记载：

康熙八年（1669）十二月，定安县黎族起事造反，“传箭”崖黎，崖州东西界抱显、抱怀、德霞、小营、止强、罗葵、亩感等生熟黎30余峒立即响应。崖州知州张擢士、游击张德远在准备武力镇压的同时，“先遣人入谕祸福”，黎人“赴州就抚”。

嘉庆二十二年（1817），吏役兵丁盘剥索诈，引起乐安、抱显等村黎人暴动。官府调集官兵征剿，入驻乐安，派王应清入黎峒招抚。暴动发动者被抓捕治罪，同时严究索诈盘剥者。

自康熙至道光年间（鸦片战争前），黎族人民不堪压迫剥削奋起反抗，达10余次，其中康熙年间4次，乾隆年间2次，嘉庆年间2次，道光年间3次。多数被清朝政府以武力征剿镇压下去，征剿与招抚相结合的只有3次。镇、抚并举，是为了更好地消除黎族民众的反抗，有效地统治黎族地区。康熙七年（1668）出任崖州知州的张擢士有过一段议论：

> 曩千家、罗活、抱由、德霞等村，曾经诛剿，迄今宁帖。而抱显、小营、止强诸黎，倏忽向背，在顺逆之间，犹不似东黎之侵宇、罗葵等村，跋扈依然如故也。然形迹未及大著，亦惟防抚兼用之为得耳。

张擢士认为黎族民众的反抗经常发生，是崖州的最大忧患。西部千家、罗活、抱由、德霞等村自明代以来受到官军的多次征剿，至今已顺服，而抱显、止强、小营等黎村还是向背反复无常，但也不像侵宇、罗葵等东黎那样依然蛮横。当反叛的迹象还不太明显时，为了稳定统治，还是采取“防抚兼用”为上策。张擢士这一段皇皇之论，是清代开明士大夫关于“治黎”的一般见解，同时也道出了采用镇、抚两手的真正目的。

封建王朝统治的实质就是阶级剥削和压迫。只要剥削和压迫不消除，黎族人民的反抗斗争也不会停止，封建王朝为了巩固其统治也总是要诉诸武力。这是由于阶级社会的实质——阶级对抗所决定的。

（三）黎族地区封建化的推进

随着清王朝封建统治的深入，黎族地区的封建化程度进一步加深。一方面，原来的“熟黎”，特别是与汉区交错或毗邻汉区的黎族村峒，降至嘉庆、道光年间，“其户口编入图甲，有司得而治之”①，成为清王朝的编户齐民。另一方面，有更多的“生黎”地区被强制纳入清王朝的统治之下，成为“熟黎”地区或“半生熟黎”地区。特别是雍正七年之后，愿意归附封建王朝统治的“生黎”村峒逐渐增多。雍正八年（1730）正月，就有崖州黎峒三十九村生黎王那诚、向荣等，“输诚向化，愿入版图。每丁岁纳银二分二厘，以供赋役”。② 至道光年间，已归入封建统治并缴纳赋役的原“半生熟黎”，在崖州黎族中已“十居其七”。汉黎杂居的地区日渐扩大，“黎峒中有民人，民村中亦有黎人，不能分其畛域”，这种民族杂居的局面已

---

① （清）道光《琼州府志》卷二十《海黎志六·村峒》。

② （清）光绪《崖州志》卷十四《黎防志三·抚黎》。

在相当多的地方出现。①

随着封建化程度的提高，黎族村峒中贫富悬殊、阶级分化的现象也越来越明显。如光绪《崖州志》记道：“（黎人）祭鬼，少者辄鞭挞交加，富者插以银羽，披以花衫，率以游村。”“祭必斩牛，贫曰吃茶，富曰作八。”② 土地买卖和典当也盛行起来。有的汉族地主进入黎族地区买田置产，然后以租佃、雇佣的方式剥削黎族人民。汉族商人进入黎族地区，对黎村贫民进行高利贷盘剥。封建化程度的加深，封建剥削压迫日益加重，黎族人民不断掀起反抗斗争。如乾隆四十六年（1781），乐安官坊黎族暴动，原因是“岁饥，汉奸放债盘剥，黎人苦之”，以至“出掠乡村”。③ 此起彼落的黎族人民反剥削压迫斗争，给予地主阶级、奸商、高利贷者以沉重的打击，同时也使清王朝的统治者惶恐不安，不得不追究下层官吏和将卒“激变”的责任，处以重罚。

二、清朝对疍民的统治

（一）清代崖州的“疍户”

清代的户籍有普通籍和特别籍之分，特别籍指旗籍、番籍两种，普通籍指一般民户的户籍。顺治三年（1646），清政府分普通户籍为军、民、驿、灶、医、卜、工、乐八类；至顺治五年（1648）定编审之法，又分为军、民、匠、灶，并划上、中、下三等。④ 由此可见，清代户籍中本无“疍户”，但在有关赋役征收的簿籍以及史籍中，却往往有“疍户”的明白记载。如《清史稿》中的《食货志一》，以及清代崖州的《赋役全书》和《崖州志》上，就屡有“疍户”之称。

一般认为，“疍户”是封建统治者将疍民编入户籍后形成的一种

---

① （清）道光《琼州府志》卷二十《海黎志六·村峒》。

② （清）光绪《崖州志》卷十三《黎防志一·黎情》。

③ （清）道光《琼州府志》卷二十二《海黎志八·平黎》。

④ 孙翊刚、董庆静主编：《中国赋税史》第八章第二节，中国财政经济出版社1987年版，第246页。

特殊称呼。[1] 但在清代崖州，“疍户”除了指生活在沿海各埠的传统疍民之外，官府往往将专门从事海上捕捞，并承担渔课赋税的回族和汉族渔民也混称为“疍户”。如刻于乾隆十八年（1747）十二月，至今仍竖立在凤凰镇（原羊栏镇）回辉村清真古寺中的《正堂禁碑》铭文中，就有相关的内容。这通碑刻是由于所三亚里回族穆斯林蒲儒嵩等与保平里士民徐翰珪（汉族）之间发生争控海面的诉讼，崖州官厅为了重申有关海面的管理规定，因而勒碑立于回族清真寺中，让回族穆斯林出海捕鱼时严格遵守。碑刻上所称的“正堂”，是对崖州知州的特称。[2] 碑铭记录着当时崖州所管辖的海岸范围，以及崖州所属所三亚里、保平里、望楼里等近海各埠所承担的所谓“采鱼办课”赋税负担。碑铭中写道：

> 缘州属沿海东至赤岭与陵水交界，西至黄流莺歌与感恩接壤，共载米五百八十四石二斗零，共编征课银一百六十二两九钱零。近年所三亚里完银六十一两三钱零，保平里完银五十两六钱零，望楼里完银四十二两九钱零。其海面虽无界址，而各里疍户向来按照各埠采捕输纳。或有异籍小艇呈请给照，在某处海面采捕，即帮贴其处课粮，交给该管，现该完纳，相沿已久。兹保平里徐翰珪，住居藤桥，欲将藤桥海面归贴保平，因以海面宽窄悬殊，具控前来……示谕各该疍户人等知悉：嗣后务宜照旧，各在本埠附近海面采捕，朝出暮归，不得多带米粮违禁远出。或有异籍疍户到境采捕，该埠长俱须查明，呈请给照帮课；亦不得私行越界，强占网步滋事。如敢抗违，许该埠长指名扭禀，按律究治。各宜凛遵毋违！特示。

从《正堂禁碑》所记载内容考察，碑文中的“疍户”，其实就是指以捕鱼为生、“采鱼办课”的渔民，其中非但包括疍民，而且包括

---

① 詹坚固：《论雍正帝开豁广东疍户贱籍》，载于《学术研究》2009年第11期。

② 封建时代称官府听政的大堂为“正堂”，至明清两朝又特将知府、知州、知县特称为正堂。

曾被称为“番民”的三亚回族渔民，也包括汉族渔民。如果碑文中的“疍户”不包括从事海上捕捞的三亚回族的话，这块正堂禁碑就不会立在回族清真寺了。

疍民、回族渔民以及汉族渔民，本来分属于不同的族群（疍民一般被认为属于汉族的一个特殊群体），既然崖州官府的正式公文中把他们混称为疍户，由此可以推知，清代崖州在编审户口时，均把从事海上捕捞的渔民都编定为“疍户”，并登记在黄册（户口册）上和《赋役全书》上。

（二）清朝对疍户的统治

对于“疍户”的统治，明清两朝有所不同。

明朝将疍民归入匠户之中。明太祖统治时期，曾将疍民立为另册，贬为贱民；清顺治、康熙年间沿袭这一制度。至雍正七年（1729），朝廷才采取措施，将广东疍民“开豁为良”。如《清史稿》记道：“（雍正）七年，以广东蜑户（按：蜑与疍同）以船捕鱼，粤民不容登岸，特谕禁止。准于近水村庄居住，与齐民一体编入保甲。”① 如前所述，清代没有单独设立“疍户”。既然雍正皇帝禁止贱视疍民，将其与齐民一体编入保甲，那么之后疍民应归入普通民户一类中。由此可见，《崖州志》上所见的“疍户”，当属普通民户中的组成部分，只是职业上的不同罢了。

在清代，崖州的疍民仍然散居于境内沿海地带大小港口，主要过着海上捕捞、运输的营生，有的在捕捞之余也兼营种植，是崖州境内世居的具有独特滨海风情的特殊民户。对于他们的经济生活，乾隆《崖州志》“风俗”条记道：“疍民世居大疍港、保平港、望楼港濒海诸处。男子罕事农桑，惟缉麻为网罟，以渔为生。子孙世守其业。”此外“间有种山园，置产业，养牛耕种。妇女兼织纺布被为业”。其实这已经是明代以来崖州疍民的传统。比起“粤民不容（疍民）登岸”，崖州疍民的生存环境相对宽松。

---

① 见《清史稿》志九十五《食货志一》雍正七年条。

崖州官府对疍民的统治极为严密，将疍民作为“疍户”纳入户籍系统中，加以严格的控制与管理。从上引《正堂禁碑》所记内容可知，崖州将沿海岸散居的疍民，归入沿海岸各里、埠（按即码头）管辖。各里、埠疍民必须在划定的属于本埠的近海海面“采捕”，既不得私自越界，也不允许多带米粮“远出”。一些官员甚至提出：“只许在本籍内港往来捕鱼，倘越港外地界，即以匪类究惩。”其目的在于使疍民“免与洋盗串通滋事”①，因此规定若有别处疍民到本埠来采捕，必须报告埠长并缴纳渔课；如若违反，会被视为作奸犯科送官究治。为了预防广东渔民与海盗串联，雍正四年（1726），清王朝下令，广东渔民必须“定例照保甲法一体编查”。② 依照朝廷的规定，崖州官府将疍民纳入沿海保甲的管理和控制。可见清朝崖州官府对境内疍民的管理是格外严密的，有着很强的封建人身依附关系。

其次，疍民所承担的赋税，即所谓“采鱼办课”，极其繁重。疍民虽无田地，也要按官府所编载米定额，纳入“一条鞭”计算，按米石编征粮料银。③ 据张擢士在《上金制军崖州利弊条款》中所述，康熙年间严行海禁，片木不得入海，只能在内河捕鱼捉虾，但是疍户的渔课却仍然要缴纳。繁重的渔课压在疍民身上，“各里疍户无力包赔，逃亡、改业各居其半”。降至乾隆年间，除去渔课中的浮额，包括传统疍民在内的“疍户”所承担的渔课总额才有所减少。据上引《正堂禁碑》所载，“共载米五百八十四石二斗零，共编征课银一百六十二两九钱零”。从《正堂禁碑》所记内容可知，各埠疍户的渔课负担，要由崖州官府确定总额，并根据各里码头（即埠）所辖海岸的宽广分摊，再由各里码头分派到疍户身上。由于疍户的渔课是固定的，不管海况如何，都要按额缴纳，若遇年成恶劣，疍民就要面临破产饥饿的威胁。

---

① 《清史稿》志九十二《食货志一》，乾隆五十五年条。

② 《清史稿》志九十二《食货志一》，雍正四年条。

③ 见（清）乾隆《崖州志》卷七《政经志二 · 派征则例》和《政经志二 · 赋役》。

清政府对疍民虽然不再贱视，但在文化身份的认定上对疍民仍存在诸多限制，主要体现在科举考试和“报捐”晋升上。《清史稿》记道：“乾隆三十六年，陕西学政刘嶟奏请山陕乐户、丐户应定禁例。部议凡报官改业后，必及四世，本族亲支皆清白自守，方准报捐应试。广东之蜑（疍）户，浙江之九姓渔船，诸似此者，均照此办理。”① 包括崖州疍民在内的广东疍民，自此可按“部议”的规定“报捐”（捐银买官衔）或参加科举考试，但必须是报官改行后的第四代后裔，同时必须是“清白自守”、品德端正的人。由此可见，虽然自雍正四年（1726）之后，清政府已解除疍民的贱民身份，但对疍民的人身控制仍然较为严格。

三、清朝对回族的统治

（一）清代崖州回民聚居所三亚里

三亚回族穆斯林之先民，于宋元之际来自占婆国（占城）并落籍三亚滨海之后，海南人一直称其为“番人”或“番民”。他们中包括占婆化的阿拉伯人和伊斯兰教化的占婆人。② 崖州回族先民族群在中华文化的长期熏染下，至明代已形成中华民族大家庭中的一员——中国回族的一支。据记载，回族先民入住三亚之初，散落在沿海一带，其居住地谓之番村、番浦。明代崖州回民逐渐聚集而居，以州城东的三亚里番人村和州城南的番坊里番村为中心，至清康熙年间才又都聚居于所三亚里番村（在今三亚市天涯区回新村）。康熙年间成书的《古今图书集成》中记道：“今编户入所三亚里，皆其种类也。”③

在经济上，三亚回族除了海上捕鱼之外，还“广植生产”。④ 他们信仰伊斯兰教之初衷未曾改变，在生活习俗上仍然保留着伊斯兰教

---

① 见《清史稿》志九十五《食货志一》。

② 林日举：《宋元入居海南的占婆移民之宗教信仰背景及其归宿》，载于《中南民族大学学报》2013 年第 1 期。

③ 见《古今图书集成·方舆汇编·职方典》卷一三八零《琼州府部汇考八·风俗考·崖州》。

④ （清）光绪《崖州志》卷一《舆地志一·风俗》。

徒的特点。由于他们与三亚地区的汉族、黎族杂居，与汉、黎文化交会番染，在物质文化表现上也不同程度受到当地汉族与黎族的影响。对于他们的习俗，相关的海南地方志均有记载。如乾隆《崖州志》中记道："不食豕肉，家不供祖先。共设佛堂（实为清真寺），念经礼拜。""婚嫁不忌同姓，惟忌同族（宗族）。不与民俗为婚，人亦无与婚者。"①

清王朝对回族的统治，也是极为严密的。在政治上，崖州官府将回村纳入所三亚里的行政统属，编制保甲加以控制，还利用宗教首领、礼拜寺掌教对教民实行严格管理。《清史稿》中记载，对于各省回民，"令礼拜寺掌教稽查"。② 回族民众同样要承受繁重的赋役征缴。从上引《正堂禁碑》铭文内容来看，所三亚里所属各甲，专门从事渔业生产的回族渔民，均被编为"疍户"，与疍民一体承担"采鱼办课"的赋役。

其次，统治者对回族信仰的伊斯兰教严加控制。在宗教事务上，清王朝宽待和尊重伊斯兰教，但同时也制定一系列管制措施，强制推行民族同化，要求穆斯林服从专制主义皇权统治。据英国传教士马歇尔·布鲁姆霍尔在《中国的伊斯兰教》一书中披露："法令强制规定每个清真寺都必须设立一个皇帝牌位，叫做'万岁牌'。这个牌位要放在清真寺大殿附近的宣讲台上。"③ 在大清律法中，专门设有处置回民的特别法令，所严禁的内容包括：倡立邪教和传习新教，私贩玉石、大黄、硝磺、马匹，私造私藏兵器，放高利贷，私铸钱币等。这些维护封建专制统治、实行民族歧视的规定，虽然《崖州志》等海南地方志未予记载，可能也同样存在。

（二）崖州回族穆斯林中国化的完成

伊斯兰教之载体穆斯林移植于中国大地后，经历着一个"中国

① （清）乾隆《崖州志》卷八《风土志·风俗》。

② 《清史稿》志九十五《食货志一》。

③ 转引自余振贵：《中国历代政权与伊斯兰教》第六章，宁夏人民出版社 1996 年版，第 183 页。

化”的漫长历史过程。所谓的“中国化”，是指处在中国社会文化大背景下的伊斯兰教穆斯林，在主观上努力保持本身固有的文化物质传统的同时，主动融入中国传统文化系统之中，吸纳有利于本民族生存发展的文化因素，使本族群最终成为中华民族的一部分，本民族的文化成为中国文化的一部分。[①] 从伊斯兰教穆斯林中国化的历史过程来考察，自唐至元这一阶段，主要是伊斯兰教穆斯林的“外籍”身份逐渐过渡到“土生”化（即世居中国），并在元朝形成了一个“回回”民族的雏形。至明清时期，则是伊斯兰教穆斯林真正实现中国化的重要历史阶段。伊斯兰教穆斯林作为中华民族的民族群体之一——回族，到了明代真正形成了；从明至清两朝，伊斯兰教文化逐步融入中国文化体系当中，成为中国文化不可分割的一部分。明清时期封建王朝对伊斯兰教和穆斯林的政策要求，构成了伊斯兰教穆斯林中国化的客观政治背景，是这一外来的宗教群体中国化的外因；为了促使伊斯兰教在中国的发展，穆斯林主动进行变通革新，则是伊斯兰教穆斯林群体中国化的主观要求，即伊斯兰教穆斯林群体中国化的内因。

崖州回族穆斯林是中国回族穆斯林的组成部分。由于他们在海南的繁衍生息，历经宋、元、明、清四朝，身份已完成从“外籍”到“土生”的过渡。在教派上，原属逊尼派，至清代出现中国教派后，则属中国伊斯兰教派中的格的木派。崖州回族穆斯林的生活区域虽地处南疆，但与大陆省区的回族穆斯林有着密切的联系。在伊斯兰教的学缘结构上，崖州回族穆斯林先后受广东、广西，后又受云南、陕西、甘肃等地的影响。正是在上述大背景下，崖州回族穆斯林群体在明清时期逐步实现中国化，并最终于清代完成了中国化的全过程。

据有关的史志资料考察，崖州回族穆斯林群体于明清时期实现中国化的途径及表现形式主要体现在四个方面。

其一，顺从地方官府的管辖，交纳赋税，遵守封建王朝律法。

---

① 陈垣：《元西域人华化考》卷一，上海古籍出版社 2000 年版，第 3 页。

在历朝封建专制主义统治的强压下，崖州回族穆斯林为了获得生存发展空间，赢得较为宽松的政治环境，较早在政治上接受中国封建王朝的统治。进入清朝以后，清王朝在崖州回族聚居地所三亚里设置十甲①，崖州回族穆斯林被按人口划编在十甲中，世世代代为封建政府“采鱼办课”，严格遵守清王朝的律令。镌于乾隆十八年（1753）、如今仍立于今三亚市凤凰镇（原羊栏镇）回辉社区清真古寺的《正堂禁碑》，可谓是崖州回族穆斯林承担地方政府赋税、严格遵守官方律令的铁证。居住在所三亚里的回族穆斯林遵守官规，从不违禁滋事。这说明他们在政治上完全接受封建王朝的统治，已成为地地道道的臣民，完全中国化了。

其二，接受中国化的伊斯兰教学说，举办经堂教育，实践“二元忠诚”。为了栽培本土伊斯兰教经学人才，在明朝末年，陕西渭城人胡登洲倡导中国穆斯林宗教教育——经堂教育。为了处理好崇拜真主安拉与忠于中国封建帝王的关系，明末清初伊斯兰教理论大师们开展了汉文译经活动，创造性地发明了“以儒诠经”的方法，以中国传统文化术语、概念来翻译注释阿拉伯文典籍，用儒家思想阐发伊斯兰教理，把儒家思想融入到伊斯兰教经典内容之中，同时提出“二元忠诚”的主张，将忠主与忠君巧妙地结合起来，成功地建立起中国伊斯兰教的宗教学说。在全国创办经堂教育的影响下，清朝前期三亚回族穆斯林的清真寺里就办起了经堂教育，教师开始是从其他省区请来的，随着本地穆斯林不断北上其他省区清真寺游学，才逐渐培养出本地的经堂教师。就在这一频繁的请进来和走出去的伊斯兰教文化交流中，三亚回族穆斯林很快就接受了中国化了的伊斯兰教学说。

自清朝前期起，从大陆各省区请进来的掌教、教师有多少人，已不得而知。但在三亚市凤凰镇回新社区西南发现有“肇庆府高要县掌教刘老师墓”，墓碑的立碑人是清朝乾隆年间的监生、三亚回族穆

---

① 三亚回族的《通屯宗谱全书》即按十甲分列各姓氏的世系。关于三亚回族的《通屯宗谱全书》，王献军曾撰文《失而复得的海南回族族谱——〈通屯宗谱全书〉探研》作详细介绍，该文载于《广东技术师范学院学报》2007 年第 1 期第 33 页。

斯林名士蒲嵩儒，立碑时间在乾隆十八年（1753）。这位长眠于三亚回族村落边上的刘老师，就是乾隆年间来自广东肇庆府的清真寺掌教，并在这里度过了他人生的最后时光，为三亚回族穆斯林的伊斯兰经堂教育做出贡献，一直为这里的回族穆斯林所怀念。至于北上游学的三亚回族穆斯林，见于《通屯宗谱全书》记载的，清末以前共有7人。具体人名详见下表。

清代北上游学的三亚回族穆斯林一鉴表①

北上游学人姓名	游学地点	游学时间	在本家族中属第几代传人	备注
海富润	游学广州、广西、湖南、湖北、安徽、陕西	乾隆三十九年至四十七年（1774年~1782）	十甲，改称海家，属蒲氏系统第六代传人	海氏家族由蒲姓改成
海麟发	游学陕西	未记	十甲，改称海家，属蒲氏系统第八代传人	
海文英	安徽出学	未记	十甲，改称海家，属蒲氏系统第九代传人	
海文灿	陕西出学	未记	十甲，改称海家，属蒲氏系统第九代传人	
海文顺	游学云南	未记	十甲，改称海家，属蒲氏系统第九代传人	
刘茗菘	广西出学	清末光绪年间	四甲，改称刘家之蒲氏系统第八代传人	光绪年间任掌教。这一刘氏家族由蒲姓改成
刘生新	湖北出学	清末辛亥年以前	四甲，改称刘家之蒲氏系统第八代传人	

据记载，海富润游学返回故里路经广西时被拘捕，曾酿致惊动全国的“携带经书案”。从学缘结构上讲，三亚回族穆斯林的伊斯兰教主要有陕西和云南两大学派以及广东、广西、安徽、湖北等派系。海富润返回故里时随身所带的伊斯兰教经书，除“回字经二十一本”

① 本表根据三亚回族《通屯宗谱全书》制作。

之外，还有刘智、金天柱等人所著《天方至圣实录年谱》《天方字母解义》《天方三字经》《清真释疑》等汉文译著。由此可知，他所接受的学问除了陕西学派之外，还有刘智等南京、江苏学派的经学思想。对于三亚回族穆斯林伊斯兰教的学缘，日人小叶田淳在《海南岛史》中也记道："到清代后期的时候，那边的人（指三亚回族穆斯林）到广西、四川、湖北、湖南、陕西、南京等地去求学的非常之多，有的成监生，有的举为例贡。"①

三亚回族穆斯林由于较早接受中国化的伊斯兰教经学思想，在实践"二元忠诚"这一观念中，表现得极为真诚。据有关资料记载，原羊栏回辉村清真西寺兴建于明成化九年（1473），是一座具有中国宫殿式风格的砖瓦结构建筑，其正梁雕刻着两条卧龙；原羊栏清真北寺兴建于明成化二十三年（1487），其礼拜大殿在构造上仿照西寺，正梁骨上也绘雕有两条巨龙。② 龙在中国封建社会是皇权的象征，清真寺礼拜大殿正梁上出现龙的雕刻纹饰，显然是表示对天子权威的崇敬，对中国封建王朝正统地位的尊崇。在清代，三亚回族穆斯林对于清王朝的正统地位的尊崇，更明确地体现在语言文字的表达上。三亚回族村落存有三块清代伊斯兰教徒墓碑，分别是"蒲太公婆墓碑""刘太公墓碑""刘老太公太婆墓碑"。③ 墓碑正中均分别竖刻着"清化"二字或"皇清"二字。"清化"无疑昭示着他们的先人较早地归顺清朝的统治，成为清王朝的臣民；"皇清"则表示对清朝正统地位的尊奉。今三亚市凤凰镇回辉社区清真西北大寺的礼拜堂正门有清末候选县丞魏华适于宣统辛亥年仲秋赠送的一副楹联，联语为：

御赐偏南洲，道本真诚，爱国忠君，普天宜有勤王日；

恩纶颂北阙，教原清净，食毛践土，秦地大彰扈驾功。

---

① ［日］小叶田淳著、张迅齐译：《海南岛史》第四章，台北学海出版社1979年版，第313页。

② 姜樾、董小俊：《海南伊斯兰文化》，中山大学出版社1992年版，第42页。

③ 这三块墓碑，现收藏于三亚市凤凰镇（原羊栏镇）回新社区三亚市伊斯兰教协会原秘书长海世龙家中。

君君、臣臣、父父、子子，是中国传统伦理道德的思想纲领，即所谓“三纲五常”；其中“君为臣纲”，为“三纲”之首。上联中有“爱国忠君”“勤王”，下联有“颂北阙”“扈驾”，都是希望这里的穆斯林努力实践“君为臣纲”，人人忠君爱国，尽力为清王朝效忠。虽然对联是一位封建士大夫所赠送，但是三亚回族穆斯林能够接受并一直完好地保存下来，说明这里的穆斯林早在清朝前期或者更早一些，就在思想观念中遵从中国传统的伦理道德，不断地勉励自己在行动上真诚地实践忠主与忠君。

其三，苦读四书五经，力争通过科举致仕。通过科举考试入仕，这是中国封建时代大多数知识分子一生的追求。自伊斯兰教传入中国后，不少穆斯林在儒学的影响下，也努力钻研经史，参加到科举致仕的行列中来。至明清两代，随着穆斯林中国化程度的加深和回族的形成，攻读诗书、应举致仕的回族穆斯林人数十分可观，甚至在回族穆斯林群体中出现儒学世家。虽然旧时代的地方史志对三亚回族穆斯林通过科举或荐举致仕的情况记载甚少，但也有迹可寻。在明代，成功入仕的三亚回族人仅见蒲盛一人，他通过“举人才”的荐举徒径，“以晓占城番字，授鸿胪司宾署序班”①，在国家中央机关任职。至清代，三亚回族穆斯林有很多人北上游学，成功入仕；更有不少人成为州儒学中的生员。据三亚回族《通屯宗谱全书》记载，成功入仕的有 2 人，取得监生、武生、例贡、附贡资格的共有 27 人。其中，一甲改称高家之蒲氏家族 1 人，二甲改称哈家之蒲氏家族 2 人，四甲改称刘家之蒲氏家族 4 人，四甲改称杨家之蒲氏家族 1 人，五甲改称李家之蒲氏家族 3 人，十甲改称海家之蒲氏家族 15 人，十甲改称傅家之蒲氏家族 1 人，四甲、十甲仍称蒲家之蒲氏家族各 1 人。

清代三亚回族通过科举仕进者人数尚少，但苦读儒家经典力求进取，在该族中已蔚然成风。前面提到的三亚回族村落刘太公墓碑文中写道：“皇清待赠显考醇厚刚直恩进士刘太公之坟”。“皇清待赠”，

① 见（清）光绪《崖州志》卷十六《选举志·诸科》。

这是清代汉族碑文中的常用格式，“待赠”的意思就是等待封赏。死者生前未曾实现理想，但他希望子孙高中并立功，使自己死后也能获得朝廷的追赠诰封。这两个字眼折射出三亚回民崇尚儒学希求仕进，以及望子成龙的愿望，这正是已经彻底中国化才具有的心理状态。

其四，学习汉语及汉语海南方言，取汉名，改姓氏。其他省区的回族先民在中国化的过程中，已逐渐以汉语为母语。与其他省区不同，海南三亚回族至今仍保留其独特的语言，国内学者命名为“回辉话”，这在中国回族的语言中是一个特例。即便如此，由于回族先民移居海南三亚地区后，接受中国封建王朝的统治，处在中国传统文化的熏陶之中，长期与当地汉族和黎族交往，他们不但逐渐学会汉语（“正语”或“官话”）、汉语海南方言，包括当地的海南话、迈话、军话、儋州话等，甚至有些人也学会讲当地黎语。长期以来，他们在实际生活中一直使用“回辉话”和汉语双语，而且其母语“回辉话”中也融入了汉语的声调成分和汉语借词。三亚回族使用汉语和汉语海南方言，本身就是认同中国传统文化和中国化的具体体现。

穆斯林的取名，原本只有经名，而无姓氏。在中国文化的影响下，早在唐、宋、元时期，来自阿拉伯或波斯的穆斯林群体中出现取汉姓名者，即开始采用经名与汉名双名制。但从总的情况来说，明以前取汉姓名的穆斯林尚属极少数，而且多出现在官宦与学者群体中。至明代，由于统治者厉行民族同化政策，在汉语成为汉回共同语言的同时，穆斯林改用汉姓名便成为一种潮流。

三亚回族穆斯林何时采用汉名，有关史志并无明确记载，但明代正德《琼台志》和万历《琼州府志》记载：“其人多蒲、方二姓。”①蒲音 Pu，是阿拉伯语 Abu 之省译，原意为“长者”，是冠于人名前的一个尊称。② 明代方志记载以蒲、方为姓氏，由此可以推见，三亚

① 见（明）正德《琼台志》卷七《风俗·番俗》、万历《琼州府志》卷三《地理志·风俗》。

② 见（宋）赵汝适著、杨博文校释：《诸番志》卷上，“三佛齐国”条注释，中华书局 1996 年版，第 38~39 页。

回族采用汉人姓名也始于有明一代。根据《通屯宗谱全书》以及现存碑刻考证，三亚回族的蒲姓家族自清代乾隆年间起发生分化，有诸多家族改称为高、庄、哈、陈、刘、杨、金、李、江、海、傅、米等姓①，其中除了"哈"姓是中国化的回族人姓氏之外，其余各姓都是地道的汉族姓氏，而原来的旧姓"方"姓已不见于记载。关于清代三亚回族蒲姓家族改为他姓的原因，诸多回族老人都认为是为了便于在回族群体内通婚，但从其所取姓氏、各姓所取字辈，以及个体所取汉名，均隐约体现出中国的传统伦理观念和"修身、齐家、治国、平天下"的理想追求，实质上都是三亚回族穆斯林群体中国化程度不断加深的一个极为明显的标志。

三亚回族穆斯林是中国回族大家庭中一个特殊的群体，其所处的地域偏在南疆，具有一定的特殊性，然而这一族群自移居海南岛后，所处的社会政治背景与其他省区的回族穆斯林基本相同，其中国化的进程和轨迹，同样反映出中国回族穆斯林中国化的一般进程和一般规律。

第四节 清朝前期崖州的社会经济

一、康、雍、乾三朝恢复经济的政策措施

明清更替之际，战乱在全国范围内持续数十年之久。在崖州境内，自顺治四年至顺治十七年（1647~1660）间，汉族地区社会一直处于动乱状态，黎族社会的动乱则一直延至康熙年间。汉、黎人民大量逃亡，崖州社会生产遭到严重的破坏。康熙《广东通志》记载称，明朝末期的崇祯五年（1632），崖州田地塘共计 2193 顷 27 亩；进入清朝的顺治十四年（1657），崖州的田地塘共计 2179 顷 26 亩；至康熙元年（1662），崖州呈报荒芜田地塘 627 顷 85 亩，实在田地塘剩下

① 林日举：《清代三亚回族蒲姓改姓考》，载《海南历史文化》第二卷，社会科学出版社 2012 年版，第 120~139 页。

1551顷40亩。[①] 为了巩固封建统治，清王朝不得不采取一系列恢复和发展生产的措施，从崖州的推行看，这些措施主要是：

第一，废止禁海令。“禁海”期间渔船不得下海而疍户空负渔课，贸易船只不得往来，物资无从流通，致使“商贾绝迹”。这种状况随着开放海禁而得到扭转。

第二，蠲免赋税，招民复业垦荒。这一政策在顺治年间就颁布了，至康熙朝仍继续推行和落实。朝廷把恢复农业经济摆在重要位置，直接把招民复业和垦荒多寡作为地方官员的考核和升黜标准，并且规定，凡士绅开垦荒地有功者予以叙用。雍正、乾隆年间，继续推行与民休息、奖励耕垦的政策。在这三朝先后出任崖州知州的官员中，确有不少人勇于向上反映崖州的民生困苦，认真执行清政府的政策措施，努力恢复和发展农业经济，政绩卓著。如上所述梅钦、张擢士、陶元淳、程哲，以及李应谦、杨枝华等，都留下了政声，被尊崇为崖州“名宦”，事迹记载在地方志上。

第三，改革赋役制度。自康熙五十一年（1712）宣布“盛世滋生人丁永不加赋”，至雍正朝推行“摊丁入亩”，都在一定程度上减轻了普通民众的负担，提高农民的生产积极性，利于生产的恢复与发展。

第四，招徕移民开垦荒地。乾隆十八年（1753），清王朝批准广东巡抚的请求，下诣《敕开垦琼州荒地》。这一敕令的下达，招徕一大批闽、广等地的移民，不但为海南包括崖州的生产发展带来了劳动力，同时带来了先进的生产工具和生产技术，促进崖州农业的开发。

第五，调整少数民族政策。地方政府注意缓和黎族地区的民族矛盾和阶级矛盾，主要体现在对土舍制、粮长制和峒首管理制度的变更，尽可能纠正体制上造成的矛盾和弊病。另外，放免疍民为良人，公平处理保平里士民与回族穆斯林争控海岸的诉讼，重申原有海岸划定和疍户管理的规定，缓和汉回民族之间的矛盾。

总之，在康、雍、乾三朝统治时期，崖州地区实行了一系列稳定

---

① （清）康熙《广东通志》卷九《贡赋·田亩》。

社会和恢复经济发展的政策措施，促使逃亡人口日渐归籍，社会逐渐安定。经过崖州人民的辛勤劳动，崖州的社会经济逐渐得到恢复和稳定发展。

二、崖州社会经济的恢复和发展

（一）农业

清代的崖州，农业仍然是社会经济的基础。农业生产的恢复与发展，首先表现在土地的开垦和水利的兴修。崖州官民在维护明代修建的水利工程的基础上，大力兴修新的水利设施，而且因地制宜，仍以修筑小型的陂、塘、沟为主。灌溉2000亩以上的陂有大郎芒陂，灌溉1000亩以上的陂有椰根陂和大陂，灌溉上百亩至数百亩的陂有小郎芒陂、岐榕陂、新陂、番人陂、打郁陂、南增陂、官长陂，灌溉数十亩的陂有石头陂、沙埋陂、南略陂。所修的塘有抱贵塘、龙角塘和锦塘等，其中抱贵塘广十余亩，灌田30余亩，锦塘广里许，灌田百余亩。所开凿的沟有：康熙十六年（1677），乐罗乡民陈予受等人修造乐罗新沟[①]，灌乐罗、罗马等处田4000余亩；嘉庆年间，伏沟村民王锡卿等人开凿老王沟，灌田200余亩。此外，还有民众在离崖州城2里开凿的南乙沟，灌田百亩；桶井乡民开凿的桶井沟，灌田200亩；妙山村民黎振元开凿的津口塘沟，灌田300余亩；望楼乡民开凿的望楼沟，引望楼水灌田数百亩。[②]

由于鼓励垦荒，耕地面积也逐步扩大。如前所述，顺治十四年（1657）崖州田、地、塘原额共计2179顷26亩，至康熙元年（1662）“开除”荒芜田地627顷85亩，实际耕作1551顷40亩。康熙十一年（1672）后随着人口回流和荒田的开垦，田亩数量才又逐渐回升。据雍正八年（1730）编纂的《广东通志》关于琼州府赋税的记载，崖州缴纳赋税的官民田地塘共1573顷13亩，其中“新收”的经开垦升科缴纳田赋者24顷68亩。至乾隆二十六年（1761），实编的官民田

---

① 明代正统年间，宁远主簿梁正下令开凿乐罗沟，后被水冲决。清朝康熙十六年，乡民陈予受等人重新开凿，故名新沟。

② （清）光绪《崖州志》卷二《舆地志二·塘沟陂》。

地塘已恢复至1621顷64亩。[①] 这些都是官修志书的明文记载，实际上是一些模糊数据，为逃避赋税而“隐垦”（隐瞒不报）的田亩可能不在少数。

耕作制度也有了新的改进。崖州地区自明入清以来，基本形成了一年两熟（即“小熟”和“大熟”）的农作制度。小熟又称“春耕”（按即今谓之早造），大熟也称“秋耕”（按即今谓之晚造）。水田耕种两熟，无水利灌溉的高田、坡地等“望天田”则只种一熟，即避开春旱，在七八月雨季播种耕作。崖州东、西两界，由于地域的差异，黄流、乐罗、黎伏、冲育、佛老、望楼、番坊西界诸里，于农历正月春耕，四月收割；椰根、正三亚、所三亚、临川、永宁乡等东界诸里，于腊月春耕，三月收割。西界诸里于农历五月秋耕，九月收割；东界诸里四月秋耕，七八月收割。此外，黎族山区还有山田，于农历六月间播种，十月收割。

农民根据地形、土壤、水利、气候等不同自然条件，培育出适宜的粮食种类和品种，进一步扩宽粮食生产领域，提高生活质量。如自明入清乃至乾隆年间，粳稻品种主要有百箭、香粳、乌芒、珍珠、鼠牙、东海、旱禾、山禾、占稻；糯稻品种主要有黄鳣、黄鸡、乌鸦、光头、九里香、小猪班、狗蝇、虾须、赤米等。适合低洼地种植的粳稻有大白、小白等，适宜水田种植的粳稻有大粒秫、光头秫、黄麖（又名二春谷）等，适宜于高田坡地播种的旱作粳稻有赤黏、黄黏、白黏、七黏、老鼠黏、广东黏、安南黏、香粳、花心、山猪、牛粳、小熟黏等，适宜于秋耕播种的糯稻有羊尾、贝核、光头、牛脚、黄箕、黑芒、猪血、黑糯等。这些品种大部分自明代流传下来，但也有新选育者。黎族山区还培育出适宜于山田播种的粳稻“坡黏”、糯稻“山稻糯”。特别是德霞峒，素来“米香驰名”。此外，原产北方的粮食作物也广为引种，种类有小麦、荞麦、高粱等。番薯成为崖州地区仅次于稻谷的主粮之一，因最适宜热带园地，东、西诸里农民均开辟

---

① 据（清）道光《琼州府志》卷十三《经政志四·土田》记载。

园圃广为种植，培育出白薯、红薯、面薯、鸡薯、黄心薯等品种。每当收获，农民刨片或切粒晒干，干后或磨成粉，贮放缸瓮，用于制作各种地方小吃。农民还常常将番薯切成块，煮熟后伴上酒曲发酵酿番薯酒。

经济作物的种植有所扩大。崖州境内主要的经济作物有甘蔗、落花生、椰子、槟榔、棉花（吉贝）、香蕉、荔枝、番荔枝、龙眼、西瓜、金瓜、洋桃、石榴、菠萝蜜等，其中以甘蔗、椰子、槟榔、棉花的种植为盛。崖州是琼州重要的甘蔗产区，种植面积较大，长势良好，而且四时不绝，品种有蜡蔗、紫蔗、马鞭蔗（芒蔗）等，主要用以榨汁煮“糖胶”并结晶成糖，也有食用果蔗。从清初开始，崖州境内开始种植芒果，其后成为崖州重要的经济作物。

清王朝实行有利于经济恢复和发展的政策，崖州的农业生产形势逐步好转，促使社会趋向稳定。但是自然灾害频仍，常常使地方经济民生遭受重大损失。乾隆《崖州志》的编纂者在《赋役志》的序言中写道，“崖州背山面海，半硗瘠而半斥卤”，“且尝有飓风为虐，民病不独在旱涝也”，因此“依古以来，家鲜盖藏（积蓄）”。道光《琼州府志》也说道：“崖州地虽遥远，水土颇善，惟气候不正，春常苦旱，涉夏方雨。”① 崖州除了椰根、德霞等黎峒田地肥饶，自然生态良好，黎民较为殷富之外②，广大汉族地区常常因灾缺粮，市场米贵，造成饥荒。

清代前期崖州因灾饥荒概况表③

时间	灾情	米价
顺治八年（1651）夏四月	逾三月乃雨，米贵，民多饿死。	斗米一金
顺治十四年（1657）夏五月	旱，大饥	
康熙五十一年（1712）	米贵	

① （清）道光《琼州府志》卷三《舆地志五・礼俗》。

② （清）光绪《崖州志》卷十三《黎防志一・村峒》。

③ 此表据（清）光绪《崖州志》卷二十二《杂志一・灾异》制作。

续表

时间	灾情	米价
雍正四年（1726）	旱，至七月始雨	次年米贵
乾隆元年（1736）	蝗食苗	次年米贵
乾隆六年（1741）	旱	米价腾贵
乾隆七年（1742）	旱，蝗	米价愈贵
乾隆十一年（1746）	秋旱	米贵
乾隆五十三年（1788）	大旱	
乾隆五十四年（1789）	大饥	

（二）手工业

随着农产品的显著增加，出现了诸多加工农产品的手工业门类，如制糖、酿酒、榨油等。其中制糖业已成为崖州的重要行业，是当时琼州的主要蔗糖产区。所生产的蔗糖有乌、白、赤三种。光绪《崖州志》记道："土人用石绞榨其浆，以煮糖。通琼以崖为上，而崖以中区（州城附近）为美。"① 崖州在明代已有糖蔗种植，但是制糖工艺落后，只生产糖浆，片糖还要从广东内地输入，入清之后才彻底改变这种状况。清代前期，海南蔗糖的生产和输出占本岛物品输出的首位，道光《琼州府志》记道："琼之糖其行至远，白糖则货至苏州、天津等处。"

酿酒业也较为流行，有番薯酒、米酒等。榨油业为民生所必须，主要是花生油、芝麻油和海棠油加工，名产区在西部的黄流、乐罗等里。

纺织业是崖州的传统手工业，久具盛名。其形式仍然是与农业相结合的家庭手工业，生产的产品主要是传统的棉纺织品吉贝布。汉族地区的妇女主要从事吉贝布纺织，名牌产品有"斜纹花布"②；黎族地区的纺织品则兼有麻布和吉贝布两种。③ 此外，藤器业、竹器业、

① （清）光绪《崖州志》卷三《舆地志三·物产·果类》。
② （清）光绪《崖州志》卷一《舆地志一·风俗》。
③ （清）光绪《崖州志》卷十三《黎防志一·黎情》。

皮革业等也较为发达。

清代曾经一度放宽采矿限制，海南也出现私人采矿业。据记载，崖州回风岭有铜矿，乾隆年间曾有私人开采，后为官厅所禁止。在藤桥港附近的喃咪三弓岭有赤铁矿，矿苗甚旺，成分也好，嘉庆年间崖州绅士李某就近开采，铸成铁砖，每块重三四十斤，运往各处销售，获利颇厚。但为时未长，“后经官查悉，指为盗采官矿，永远封禁”。① 此外，崖州的黎田“浮光耀金”，有商人“以金贸而淘之”。②

（三）商业

清朝政府开放海禁后，崖州的商业贸易也兴旺起来。汉族地区至乾隆年间墟市有 8 个，即东门市、西门市、水南市、三亚市、藤桥市、九所市、黄流市、临高市等；降至道光年间，增加了 2 个，即抱旺市、佛罗市。此外，一些新的墟市出现在黎族聚居区和汉黎杂居区，如乐安城，“城内民黎错处，互相贸易”。③ 东界的藤桥市，北路的千家，都是汉黎民众物资交换和商业活动兴旺的重要集市。在墟市上交流的物产，除了米、谷、油、糖、酒、瓜果类、豆类、蔬菜类、肉类等农副产品和海产品外，还有沉香、木材、布匹、藤器、竹木器等土特产品和山货。黎族地区的商业贸易，除了汉族商人转运黎地奇缺的盐、铁器、丝线以及海产品深入黎区交换黎区特产之外，许多与州城或汉地墟市相近的黎族民众，也常常肩挑背负或牛车运载，把山区特产送到墟市上来交换所需物品。道光《琼州府志》记道：黎人“日往来城市中，有无相易”。

随着海禁的开放，闽、广、潮的商船商贾常常到达崖州来进行贸易，带来这些地区的丝绸和杂货；也有的来往于东南亚，从事海上丝绸之路贸易，也在崖州港口停靠。有些商人长期专做海南的槟榔、椰子、糖、油生意，从海南低价买入，高价转销于“两粤”内地。那时崖州的货物除了被本地商人陆续运往海口外，又有广东南

---

① 陈铭枢等编纂：《海南岛志》第十五章《矿产》。

② （清）光绪《崖州志》卷四《舆地志四・特产・金银类》。

③ （清）道光《琼州府志》卷二十《海黎志六・村峒》。

海、东莞、新会、开平、台山、恩平、鹤山商人专门经营崖、广之间或崖州与大陆其他地方间的贸易。广东商人曾在崖州城东关外旧学宫租房设立会馆，名称有南海会馆、东莞会馆、四邑（新会、开平、新宁、恩平）会馆和五邑（新会、开平、新宁、恩平、鹤山）会馆等。①

第五节　清朝前期崖州的教育与文化

明清更替之际，民族矛盾和阶级矛盾经历了从激化到缓和的过程，社会经济、文化教育也历经从遭受破坏到复兴发展的过程。清朝在全国的统治进入稳固时期以后，很快就在全国范围内举行科举考试，大力提倡尊孔读经。统治者一方面采取种种军事和政治措施，镇压汉族及各族人民的反抗斗争，另一方面又十分注意接受和提倡汉族儒学，竭力吸取、利用汉族和其他民族的思想文化，在意识形态领域中加强控制，实行文化专制主义。在这种政治背景下，崖州的文化教育仍然沿着旧式封建体制的路径延续，但从总的情形来看，比明代萎缩了。

一、清朝前期崖州的教育

（一）办学

清代前期崖州的教育基本上因袭明代旧制。在办学上，仍然延续着官学与私学互相补充的教育体制。州儒学就是那时的官学，珠崖书院（后改鳌山书院）属民办性质的义学。此外民间还有启蒙性质的小学，如教馆、家塾等私学。

1. 崖州儒学

为了办好崖州唯一的一所官学——州儒学，崖州士民曾为之付出心血。自康熙六年至道光三年（1667~1823）间，州儒学历经四次搬

① （清）光绪《崖州志》卷十《政经志五・学田》中记：崖州学正甘在中在田舍札记中，记有四邑、五邑、东莞、南海会馆租用旧学宫左侧屋地。

迁，每次搬迁修建士民都慷慨解囊捐款。照清朝的学制规定，儒学学宫按本州人口比例招收生员和武学生员，并按清朝的学制通过岁考选拔贡生。承父祖功业得来的荫贡生，以及纳粟得来的贡生、监生，在籍者也归州儒学管理。负责州儒学管理的官员是学正和训导，乾隆七年（1742）后裁减训导一职。

州儒学每年通过考试从生童中招收12名学生，称之为生员，俗称“秀才”。州儒学的编制学额共60名，其中有30名优秀者可以住校，得到廪膳（伙食）补贴，每名每年银2.4两，从州财政支付，称之为“廪生”；另外30名不享受廪膳补贴，不住校，称之为“增生”。此外每年还招收武学生员12名。

清朝大兴尊孔读经之风。康熙皇帝根据儒家学说，于康熙九年（1670）制定和颁发了《圣谕》16条，康熙四十年（1701）又颁发《训饬士子文》。雍正皇帝即位后为《圣训》十六条做了注释和发挥，称为《圣谕广训》，于雍正二年（1724）颁发全国，广为宣传。所有这些都是宗法社会中封建专制统治者对被统治者的政治和道德训诫，典型地表达了儒家的社会伦理和生活信条。崖州儒学作为清朝的一所地方官学，不折不扣地执行清王朝的教育制度，先后将《圣谕》十六条、《训饬士子文》和《圣谕广训》刊立在明伦堂之侧，作为训诫生员学习和遵守的信条。每月朔望（即夏历每月的初一日和十五日），儒学教官要率领诸生在明伦堂向着北京（清朝廷所在）方向行三跪九叩礼，然后恭奉宣读，令诸生恭听。按制度，入学生员专治五经（诗、书、礼、易、春秋）中的一经，并分习礼、射、书、数四科。学官每月一讲，生员每季一考，无故不到者要受罚。实际上，生员们以自学为主，在教育教学上的管理是很松弛的。

另外，为了笼络汉族知识分子，表示“稽古右文，崇儒兴学”，自顺治朝起清政府大规模地搜集编纂和注释儒家经典等古代典籍，崖州儒学中的藏书也就是这一类书籍。如《上谕》（满文和汉文）、《圣谕广训》各一部，各种“御纂”“钦定”的四书五经以及《唐宋文醇》《唐宋诗醇》，此外还有《纲鉴》《琼州府志》《康熙字典》《佩文诗韵》《文庙乐谱》《武经》《违碍诗目》《学政全书》《科场条例》《武场条例》等。

崖州儒学是崖州士子参加科举考试的预备场所，学生入学只是为了取得科举应试的资格，儒学实际上是秀才们的管理机构。

州儒学有学田学产，多为官民捐赠或官府罚没，通过租佃收取租金，为儒学提供日常经费，以保证儒学的正常运转。据阮元纂修的道光《广东通志》记载，崖州学田原额2顷56亩，后丢荒2顷37亩，仅剩18.9亩，除去缴纳田赋外所剩无几，只够灯火钱，考试时的纸笔文具常常要由知州赏给。道光三年（1823），崖州学正甘在中曾记录崖州学田共有227丘，具体分布在榆林、大斗尾黑石、小桥村、庙前、井头港边、古圯坡、包莲塘等处。道光四年（1824），甘在中又记载这几处学田仅剩200丘。

2. 义学

据雍正《广东通志》记载："崖州义学一，雍正七年知州程哲捐修。"① 对此，乾隆、道光、光绪年间编纂的府州志关于学校教育部分均失载。倒是乾隆州志在关于坛庙的"文昌祠"条下记："原在城外西南隅。康熙五十四年，改建于城外东南隅。学正谢仲沅时至讲学于其内。"② 乾隆州志记载，谢仲沅于雍正十一年（1733）七月到任，他"会集诸生讲学论文，理法兼至。手定课程，每月课艺"。③ 由此可知，雍正七年（1727）由知州程哲创办的义学处所，就在文昌祠内，其实是很简陋的。义学学习内容包括儒学、文学等等，并实行月考制度。这一义学一直延续至乾隆二十年（1755）改办珠崖书院为止。

3. 书院

雍正年间，清朝政府提倡设立书院。在此背景下，乾隆二十年（1755）知州宋锦因陋就简，利用原在文昌庙（即文昌祠）创立的义

① （清）雍正《广东通志》卷十六《学校·社学》。

② （清）乾隆《崖州志》卷二《建置志·坛庙》。

③ （清）乾隆《崖州志》卷六《秩官志·文职》。

学改办为珠崖书院，并捐了200两“养廉银”作为创建基金。乾隆二十九年（1764），州民周士义等捐银2200两支持书院维修并扩建，增添斋舍，筑起围墙。所余银两“资放生息，以备师生之费”。[①] 道光十年（1830），知州齐元发又将书院改为鳌山书院。然而虽有书院之名而无书院之实，与同时期省、府一级由官府供给经费、延聘名师教学的官学化书院，有着天壤之别。崖州的书院实际上是由乡绅及官员捐资创办、延请师资教育贫穷子弟的教馆，性质上就是一所义学，是科举的补习学校。乾隆二十七年至三十年（1762~1765）任崖州知州的金绅，在为重修珠崖书院所作的碑记中，即把珠崖书院称为义学，其所记述也表明书院的义学性质。

关于书院的招生教育情况，金绅在《重修义学捐膏火碑记》中记道：“考选额内生童四十名，分别上中下，给以膏火。另取额外四十名，随同肄业。按期月课，定以赏罚。”也就是说，书院共招生80名，其中40名是额定的正取生，分上中下三等给予灯火补贴；另外40名为额外生。书院实行月考制度，并根据成绩优劣来定赏罚。可见管理是比较正规的。

4. 学塾

清代前期的崖州，民间私立的学塾相当普遍，按其性质可分为三：一是有钱的富家，专门聘请教师在自己家中教育子弟，称为“教馆”或“坐馆”；二是教师在自己家里设馆教授学生，称为“家塾”或“私塾”；三是地方上出钱聘请教师，在公众地方设馆教育贫家子弟，称为“义塾”，也有沿明代习惯称之为社学者。崖州民间究竟创办了多少学塾，因方志失载，已无法得知。但据光绪《崖州志》记载，在乐罗里，雍正年间的岁贡生陈文显和乾隆年间的岁贡生颜其亮，因有孝行，均被乡人“配祀乐罗社学”。[②] 由此可见，在清代前期乐罗里有属于义塾（社学）一类的学塾。另外，至今乐东黄流、

---

① 金绅：《重修义学捐置膏火碑记》，载于（清）光绪《崖州志》卷十九《艺文志·记》。

② （清）光绪《崖州志》卷十八《人物志二·孝行》。

乐罗、冲坡地区民间还流传着关于陈圣玙的传说。说的是在乾隆年间，儋州才子陈圣玙（乾隆十八年乡试解元），避难来到崖州境内的乐罗村，为一家财主放牛，财主发现他是个了不起的才子，就请他担任本家教馆的教师，教育本家子弟。于是，陈圣玙居崖20年不归故里。① 依此可见，乐罗里一带除了有义塾一类的学塾外，又有富有人家创办的教馆（坐馆）一类学塾。

（二）科举

清代崖州教育在人才培养上似乎不及明代。就科举考试而言，整个清代崖州没有登进士榜者，举人也在清朝后期咸丰年间才出现，且只有吉大文、林缵统、张隽、郑绍材等四人。清前期（顺治至道光朝）崖州的科举选拔，只有各类贡生与武举。

贡生是由各省学政主持从生员中选拔出来的。清朝前期崖州被选拔的贡生共164人，其中恩贡18人，拔贡13人，副贡1人，岁贡129人，另外还包括在琼州府学就读的崖州籍贡生3人。在各类贡生中，“拔贡”是国家为增加人才储备通过考试从生员中选拔出来的，最为难得，按清朝学制，12年（酉年）才选拔一次。清朝前期崖州的13名拔贡中，有顺治朝选拔的望楼人陈尚绫，康熙朝选拔的官塘人林日升、三亚人王瑞瑄和在崖州寄读的顺德人区宠昌，雍正朝选拔的官塘人林元俊，乾隆朝选拔的抱旺人罗炳循、官村人陈式平、黄流人陈德昌，嘉庆朝选拔的官村人陈昶、起晨坊人徐登元，道光朝选拔的黄流人陈德敷、罗马人符庆蕃、镜湖人吉大升。“副贡”也就是乡试的“副榜”（即举人的备取榜），崖州只有康熙朝选拔的西门人陈用楫一名。至于“岁贡”，一般要从具有10年以上学历的廪生中论资排辈挨次选升，大体县学两年选取一人，因此也俗称“挨贡”，这是崖州贡生的主体。“恩贡”则是遇朝廷大典时“恩赐”加额选取的贡生，与“岁贡”大体相同。

从清朝前期崖州贡生的乡籍分布看，以州城及城厢附近如起晨

① 《乐东文史》总第2期、总第4期。

坊、保平、水南等地，以及今属乐东的九所、黄流、乐罗、佛老等地为多，州东的三亚、藤桥等地则寥寥无几。原属黎族聚居区的抱旺、抱岁等地，也有多名贡生出现，可能是汉族入住杂居，也可能是封建化了的黎族士人。崖州贡生中有顺德人、南海人，显然是在崖州经商落户者；还有琼山人、会同人，反映了自明代以来本府内州县儒学之间互相寄读的现象依然存在。一般是教育相对发达的北部州县学生到西南部教育相对落后的州县寄读，显然是占用儒学生员名额，但人数不多。崖州远赴府学攻读者可能也甚寥落，因此府学的崖州籍贡生只有 3 人，与琼山、文昌、定安籍所占名额相比有天壤之别。

考中武举者，则有乾隆年间的陈粤英（西门人）、邢开院（老麦村人）、陈国馨（黄流人），嘉庆年间的陈国昌（黄流人）、黄云庆（赖洋人）。

清代前期崖州在人才培养方面不如明代，究其原因，首先是清王朝对教育领域加强了文化专制主义控制，官办的儒学教育越来越僵化。从功利方面说，求学是为了参加科举考试，科举的归宿是为官，贡生已具备为官的资格，但清代崖州贡生为官者甚少，而且大多是州县教职一类较低等级职务，缺少吸引力。诸种因素导致清代崖州教育比明代退步落后。作为崖州唯一的一所官学——崖州州学，有学校之名而无教育之实，教育教学质量低，也影响了崖州文化人才的成长。

二、清朝前期崖州的文化

清代前期，随着社会的逐步稳定，经济逐渐恢复，崖州的文化事业相应地继续有所发展。

（一）风景名胜的继续开发

崖州拥有得天独厚的自然环境，海岸港湾景观独特，河流山川秀丽，深得文人墨客、封建士大夫的喜爱和垂青。他们在游玩之余，将自己之感怀赋为诗文，给山水风景注入文化内涵，山水风景则因诗文而闻名于世。在宋、元、明三朝，崖州已开辟出大小洞天、落笔洞、南山岭等著名景点。继其后，又有两处人文景观在清代前期被开发出来，成为著名的风景名胜。

一处是天涯海角名胜。这里原称下马岭，因山势斜峙海湾，仅有一径可通行人而得名。从崖州州城东行，这是第二重关隘。有巨石阵雄峙于海滨，十分壮观。康熙四十七年至五十七年（1708～1718），为绘制《皇舆全览图》，全国进行天文大地测量，海南设7处观测点，崖州下马岭为其一。康熙五十三年（1714）十一月，钦差苗正（钦天监五品官员）、卓尔代（理藩院郎中）、汤尚贤（外国传教士）为此巡边到下马岭，在滨海巨石上题镌“海判南天”四字石刻，这里遂成为重要的历史遗迹。镌字楷书横排阴刻，字大三尺许。[①] 另一处“天涯”石刻，则是雍正十一年（1733）由崖州知州、江南歙县人程哲所题镌。程哲在崖州颇有政声。雍正五年崖州歉收，米价腾贵，他开仓平价粜卖官粮，把昂贵的米价压低下来，崖州灾民得以聊生，州人曾勒碑称颂。为了革除地方陋习，他曾在藤桥市立《藤桥市劝戒客民碑》。程哲也有寄情山水的逸兴，他在下马岭巨石上题镌的“天涯”二字，楷书横排阴刻，每字大三尺；旁镌“雍正十一年□□□程哲”[②]，字四寸。

在“天涯”石刻东北侧，有海中巨石，顶有“海角”二字，行书横排阴刻。据传为民国二十七年（1938）琼崖守备司令王毅所题镌。

景区海滩上有巨石突起，上刻“南天一柱”，楷书竖排阴刻。其右题刻“宣统元年”，左刻“永安范云梯”。范云梯是清朝末任崖州直隶州知州。

位于“天涯”石刻左下方，又有巨石刻“海阔天空”四字，隶书横排阴刻。题刻者佚名。

此外，1961年和1962年，郭沫若先后有“天涯海角旅游区”题字及《游天涯海角诗三首》，均镌刻在天涯海角旅游风景区内的巨石上。

---

① （清）光绪《崖州志》卷二十二《杂志一·金石》。

② 据《崖州志》相关记载推测，程哲在崖州知州任上的时间当在康熙后期至雍正七年，疑竖镌“雍正十一年”是“雍正丁未”之误认。

自清代前期镌刻“海判南天”“天涯”肇始，后人陆续丰富下马岭摩崖石刻，人们因之称这里为“天涯海角”，遂成为崖州著名的风景名胜。

另一处是回风岭，位于崖州城东160里处。回风岭“高百余丈，以寒风不过此岭而名”，是崖州东路第三重关隘。山上鸟道高悬，云雾飞卷，蔚成奇观。山下有温泉两处。明朝成化初知州徐琦曾在这里修路作记并勒石，弘治初副使陈英委托知州林铎重修。程哲于雍正六年（1728）又重修，至乾隆十九年（1754），知州宋锦再次重修，于是使这里成为著名的“崖州八景”之一。

（二）地方志的编纂

清朝前期，琼州府和所属各州县按照朝廷的部署多次纂修地方志，记载地方历史沿革、山川风物、土田赋役、官员宦绩和人文事略，以之作为一方治理的参考。崖州官府先后编纂了康熙版《崖州志》和乾隆版《崖州志》。

1. 康熙版《崖州志》

这是海南现存最早的一部《崖州志》，极为珍贵，由张擢士、李如柏编纂。张擢士是江南通州人，康熙七年（1668）出任崖州知州。李如柏是镶白旗人，康熙二十七年（1688）出任崖州知州。张擢士在任时就曾着手编纂《崖州志》，成稿之后并未刊印行世，搁置20年，至李如柏出任崖州知州后，才进一步补充、修纂完善并付刻印。李如柏在《纂修〈崖州志〉序》中说道：

惟自兵燹以来，遗文故实悉付灺烬……爰以簿书余暑，寸心只手，搜罗裒辑。知殿九州之末而不必繁，因居边境之尽而不可略；自隶琼管之后而不敢任，既有珠崖之名而不容让。事惟求实，文惟从简。取材于前丁巳所修之府志①，而酌古准今，微有一得，纲领条目，不无异同。凡陵谷迁变，户口登耗，政治隆替，风俗贞淫，亦庶几其略备焉。

① 指清代康熙十五年（1676）牛天宿修纂成书的《琼郡志》。

从上述序文中可见，修纂康熙版《崖州志》，遇到的困难是相当大的。一是崖州经过陈武等武力占据后，原州厅所藏档册尽遭烧毁，二是人力匮乏，不能深入采访。在修纂的过程中，李如柏从府志中取材，对张擢士原稿作全面修改，加上了自己的一些论述。

从今存康熙《崖州志》来看，该志仅有两卷。卷一《疆域志》包括星野、沿革、形胜、山水、乡都、黎情、平黎、名宦、开定名臣、流寓、乡贤、孝友、儒林、耆旧、贞烈、遗事等，卷二《艺文志》包括文、诗。虽然较为简略，但也基本上记录了康熙年间崖州的地理、山川和人文事略。以其与同时代牛天宿主修的《琼郡志》（康熙十五年成书）和焦映汉、贾棠修纂的《琼州府志》（康熙四十五年成书）相比，它在体例上独具特色。如每一卷之开头都有“序言”，每一卷之末端或某些条目之后都附有修志者的按语。不少论述是对时政的点评，十分精辟。

2. 乾隆版《崖州志》

该志由知州宋锦与学正黄德厚纂修，成书于乾隆二十年（1755）。宋锦是河南武陟人，乾隆十八年（1753）任崖州知州。据光绪《崖州志》记载，宋锦“慈惠清廉”，曾“设书院、立义学以育多士”。黄德厚是吴川人，乾隆十八年（1753）调任崖州学正。当时驻扎在崖州的琼州府同知李璜为乾隆《崖州志》作序，序文中记道：“及欲览其志乘，以考历代之兴衰，而片板只字无复存者，则飓风、白蚁、州署倾圮之故也。州牧宋君惕然忧之，广咨博访，得残编于儒士之家，复取省、府各志，参互考订，以求至是。”可见，宋锦和黄德厚在修志时也遇上旧版蠹蚀、资料匮乏的困难。为了完成新版志书的编纂，他们留心采访，广泛搜集自康熙年间修志以来60年的有关资料，进行去伪存真的考订，然后认真撰写。黄德厚主要负责编次校阅，宋锦则亲自裁定成稿。历经两年的埋头伏案，最终完成了这一部相对来说体例比较完备的崖州地方志。

该志分为疆域志、建置志、赋役志、兵防志、海黎志、秩官志、人物志、风土志、艺文志10卷，而且在卷一《疆域志》开头增加了舆图。该志在康熙版《崖州志》的基础上，参考通志和府志，增补60年间崖州在政治、经济、军事以及民族关系等方面所发生的历史事件，悉心撰写而成。与前州志相比，内容丰富，资料翔实，体例完备，编辑完整，具有很珍贵的史料价值和史学价值。

（三）崖州文化名人的诗文

唐五代的振州和宋、元时期的崖州（吉阳军），是封建王朝贬谪、流放罪臣的地方，同时也是文化精英传播中原文化、汉族人口迁居落籍之所在。自唐、宋时期起，崖州就成为海南汉族文化圈中的重要区域，毫无疑问是以中原文化为主流。人们“家自耕植，田无佣佃。士多业儒，人重廉耻”。[①] 明代崖州教育的兴盛，使中原文化在这里进一步发扬光大。接明代之盛绪，清代崖州仍然是中国最南端的一片文化热土，各种诗文创作蔚然成风。以诗文流传至今的士人，除了到崖州任职的封建士大夫之外，也有崖州本土人。

1. 书牍

书牍是当时的应用文体。清朝前期留传下来的应用文体包括公文、书信等。虽然是应用文，但文人书翰往往讲究辞藻，以措辞严谨委婉见才情，因此实际上都是值得诵读的散文。主要的作者有张擢士、陶元淳、李如柏等人。

张擢士在崖州知州任上十年，曾自称“擢士间关万里，匏系边州”。[②] 在此期间，曾写下《上金制军崖州利弊条款》、《请复边俸详文》等书牍。《上金制军崖州利弊条款》是呈送总督的文书，其中共列六事，一是粤省分派给崖州购买沉香13斤，带来许多社会问题，请求给予豁免；二是说明自禁海后，疍户已不再下海捕鱼，但疍户仍然承担沉重的渔课，请求给予免征；三是申明崖州经过顺治年间的混乱后，民户逃亡，田园弃荒，出现若干无主荒绝田地，却仍然要承担赋米，请求开除这项虚额；四是请求把崖州钱粮解送琼州府改为就近“移解

---

① （清）乾隆《崖州志》卷八《风土志·风俗》。

② 张擢士：《告风神文》，载于（清）乾隆《崖州志》卷十《艺文志》。

军营”，以减轻农民的负担；五是揭露崖州营将弁仗势威逼民女成亲，请求总督严令禁止；六是申明崖州处地遥远，省、府公文急件每次送达均逾期，请求整顿铺递以畅通邮路。《请复边俸详文》则主要针对撤销崖州官员“边俸”待遇问题提出申辩，请求恢复崖州官员的边俸待遇。两篇文牍虽是官样文字，但铺陈事实翔实，言辞恳切，富有文采。张擢士在康熙版《崖州志》中的多处前序和按语，也不乏精彩的段落。

陶元淳于康熙三十四年（1695）由昌化县令兼署崖州知州，在任至康熙三十七（1698）年。他是崖州官员中留下书牍最多的一位，见于乾隆《崖州志》的就有《请严守职守以肃军政以安民生事》前后二呈，以及《执法遭谗乞赐处分以全政体》《上高抚军》《上萧抚军》《上孝感熊公书》等。陶元淳“廉明方正”，对崖州当时所存在的弊端给予无情披露，敢于与官场的各种歪风邪气和欺压民众的恶行作斗争，始终坚持正道，不肯妥协。文如其人，陶元淳前三篇呈文严词铺陈事实，分析说理透彻，句里行间充盈正气；后三篇书牍因属私人书信，语气委婉，语意恳切，真情流露，富有文采。

2. 散文

所谓的散文，包括文、记、志、传等。文体虽异，但从内容所记、行文意蕴和文采来看，均可归入散文一类。清朝前期的散文主要有张擢士的《告风神文》，李如柏的《张烈妇墓志》，宋锦的《裴贞妇传》，金绅的《重修义学捐置膏火碑记》，陈腾泗的《迁建崖州学宫记》《设立宾兴记》，高经祥的《善井记》，甘在中的《迁建崖州学记》，张岳崧的《重修崖州学宫记》等。

张擢士的《告风神文》，写于康熙十一年（1672）闰七月崖州发生风雨灾害之后。据乾隆《崖州志》记载：“十一年闰七月二十三日，大风雨。越二十七日酉时至二十九日卯时，止。猛烈尤甚，倾倒城垣、署舍，不可胜纪。山水海潮汇溢，淹死男女十多口。”① 张擢士的这篇《告风神文》，以拟人的笔触描绘风神的多变妖姿，叙写风

① （清）乾隆《崖州志》卷九《灾祥志·灾祲》。

雨肆虐后的破败景象，细腻生动，情意恳切，语言优美，甚为感人。李如柏的《张烈妇墓志》和宋锦的《裴贞妇传》，虽然以封建士大夫的伦理观念褒扬所谓的“节烈”，但对旧时“守节”寡居妇女的艰辛备尝也多有细腻的记述，文辞优美，句里行间蕴含着同情。

金绅的《重修义学捐置膏火碑记》，是他在乾隆二十七年至三十年（1762～1765）出任崖州知州期间所作。文中记载乾隆二十年（1755）前知州宋锦在文昌庙创办珠崖书院的历史及在地方教育上所发挥的作用，说明重修的原因是由于“迩年来藏修之室渐就颓敝”；同时详细记载在书院重修过程中，州人踊跃乐捐，一共筹集了2200多两银子，非但解决了修建校舍的经费，也解决了学生的膏火津贴。经过重修，珠崖书院焕然一新，鼓舞了崖州地方教育的振兴。“曩应童试者恒不及千，兹则千有六百，而文亦彬彬。”对于珠崖书院的重修和办学情况，《崖州志》记载极为简略，这篇记述为清代崖州书院教育提供了珍贵的历史佐证。

陈腾泗的《迁建崖州学宫记》、甘在中的《迁建崖州学记》、张岳崧的《重修崖州学宫记》，是一组记载崖州儒学变迁、重建的文章。陈腾泗于乾隆四十一年至四十三年（1776～1778）任崖州学正，在其任职的第三年崖州再一次将州儒学迁于州城外的东南隅，这是清代崖州儒学第三次迁建。陈腾泗在《迁建崖州学宫记》中将这一次迁建的过程、重建的规模、学风大振的情形作了详细的记述。崖州儒学虽然经过三次来回迁建，州人仍认为“未获善地”，经呈报琼州府批准，于是在道光三年（1823）又再次开工重建，校址选定于城内的原抚黎同知旧署。这是崖州儒学最后一次定址，学正甘在中与定安籍探花张岳崧同为这次迁建作记。二人所作的记述各有特点，甘在中详细记述儒学迁建的过程、建设的规模、落成后的喜悦心情，以及身为教职的重大责任感；张岳崧则侧重于议论，阐述尊崇儒教的重要性，夸赞新建崖州儒学“华而不侈，质而有文，高敞深邃，咸式于制”。张岳崧认为：“斯岂惟夸壮丽、肃瞻视而已哉？将所为尊圣道而振文教者，皆是赖焉”。圣道“广大中正”，怀着急功近利的目的是无法学成的，必须做到知所以为人，知所以为学。“知所以为人，则纲常伦纪之修明，礼义廉耻之检束；知所以为学，则祗服圣言，遵守经训，作为文章发挥意蕴，羽翼微言，而不徒藻缋雕饰之尚。夫如是，则贤流接踵，善俗日兴，学业勋名辉映往哲。”如今崖州儒学修建一新，“将嗣兹以往，州之人士，必于所以为人、所以为学之理，俯焉孳孳，求其庶几”。文章议论宏大，辞采飞扬。

此外，陈腾泗的又一篇记《设立宾兴记》，记述他到崖州任学正之后，着手筹办宾兴事业的情形。所谓“宾兴”，原指地方官设宴招待应举之士人，这是对西周礼仪的模仿，后演绎而为地方筹集资金支持学校教育和士子远程赴考。陈腾泗的记述从一个侧面反映清代崖州形成了尊崇儒教、尊重知识、尊重士人的良好风尚。知州高经祥的《善井记》，记述的是崖州城西门广度寺内的水井——善井水之优质。高经祥于嘉庆七年（1802）二月任崖州知州。文章记述从听闻到亲临其井，亲饮其水，以及“食之逾年，戚友奴仆均无患”之体会，均为纪实。全文仅 166 字，但记事清晰，文风朴实。

3．诗歌

诗歌是清代前期崖州文学园地中最为璀璨的一枝。体裁既有古体诗，又有近体律诗；题材包括咏物、咏史和哀挽等。这一时期的诗人队伍中，封建士大夫仍然是最活跃的群体。他们在案牍之余，或相互唱和，或寄情山水，或怀古咏史，留下了许多诗作，见存于乾隆、光绪朝州志中的《艺文志》。有张擢士的《五指山次丘文庄公韵》，李如柏的《游小洞天和石壁原韵》《吊张烈妇墓》，郑懋昌（顺德举人，康熙年间任崖州学正）的《鳌山白云》，尹之逵（东莞举人，康熙年间任崖州学正）的《张烈妇殉节歌》《游小洞天和石壁原韵》《路伏波将军》《马伏波将军》《钓台》，卢韶（顺德贡生，康熙年间任崖州训导）的《游大洞天》《游小洞天和石壁原韵》《挽张烈妇》《石船》，谢仲沅（阳春人，雍正年间任崖州学正）的《到崖》，宋锦的《题贞妇裴氏》《重建五贤祠落成》《回风岭》，嵇震（江苏人，乾隆三十八年任崖州知州）的《崖州八景》（鳌山白云、鲸海西风、边城斜照、水南暮雨、稻陇眠鸥、竹篱啼鸟、南山秋蟾、牧原芳草）诗以及《吊唐李卫公德裕》《宋丞相赵公鼎》《宋胡忠简公铨》《善井》等。

这一时期，崖州本土诗人异军突起，他们或抒怀咏志，或赞美家乡的山川风物，写下了许多映照古今的篇章。有抗清义士王熀在戎马倥偬间和隐居山村后所写下的《中秋玩月二首》《前作元戎后削为副戎历战十余年间触作》《回崖自叹》《回崖弃家入山隐居作》《山居述怀》《山居》等；有州城拔贡王瑞瑄的《吊唐韩公瑗》《吊唐李卫公德裕》《宋赵忠简公鼎》《宋胡澹庵铨》《鳌山叠翠》《抱郭双流》《洞天幽胜》《落笔凌空》等；有梅西人恩贡张凤羽的《仿杜少陵秋兴原韵》8首，梅东岁贡孙宗哲的《山斋寄怀友人》等。

王熀的7首诗，都是从生活经历的叙写中抒发心底的感慨和遗恨。《中秋玩月二首》以写月夜的景趣，表达他寄希望于桂王政权和对故国复兴的愿望。村居后的诗作，则直抒报国未遂、壮志未酬的遗恨。即便抒写山居生活自得其乐的情趣，从中也可见他怀念故国、坚持不与当朝合作的态度始终不渝。光绪《崖州志》的作者评论道："王副戎（熀）虽不以诗名，而其不忘胜朝之意，时见于吟咏间。"①

王瑞瑄的4首怀古咏史诗，凭吊韩瑗、李德裕、赵鼎、胡铨4名唐宋间谪琼名宦，对前贤的不幸遭遇赋予同情，也透露出心底的感伤；四首咏物诗则描绘崖州胜景，诗中意景盎然如画。至于张凤羽的《仿杜少陵秋兴原韵》和孙宗哲的《山斋寄怀友人》，都是抒情感伤之作，表达的是一种文人的情怀。

① （清）光绪《崖州志》卷二十二《杂志二·遗事》。

第七章　鸦片战争后的崖州

清王朝到了嘉庆年间（1796~1820），已经危机四伏、日趋没落了，主要表现在土地高度集中，民众赋役负担繁重，农民生活困苦，阶级矛盾加剧，农民起义不断爆发，给封建王朝统治以沉重的打击。

正当清朝国势江河日下之时，英、法、美各国的资本主义却在迅速发展。英国经过18世纪后半期的工业革命，机器工业代替了工场手工业，生产飞快增长，迫切要求开辟新的更大的原料产地和商品倾销市场。当这一殖民帝国以火与剑占领印度、新加坡之后，幅员辽阔、人口众多、文化古老的庞大中国就成为他们掠夺的对象。在一般商品打不开中国市场的情况下，为了最大限度地掠夺中国资源，竟借助于罪恶的毒品贸易，使鸦片像潮水一样涌进中国。鸦片贸易给英国殖民主义者带来十倍甚至几十倍的利润，却给中国人民带来无穷的祸害和灾难。社会舆论强烈要求禁烟，清王朝不得不派钦差大臣林则徐前往广州查禁鸦片，英国殖民主义者于是借口发动蓄谋已久的侵略中国的战争。由于清政府推行对内敌视人民、对外妥协投降的路线，导致鸦片战争失利，被迫签订丧权辱国的《南京条约》。此后，清朝又被迫与帝国主义列强签订一系列不平等条约，中国一步步变成半殖民地半封建社会。中国人民为了挽救国家的命运，掀起了不屈不挠的民主主义革命斗争。

这时的崖州，虽然不是殖民主义者直接掠夺的地区，也不是民主革命的前沿阵地，但也和全国各地一样，进入了半殖民地半封建社

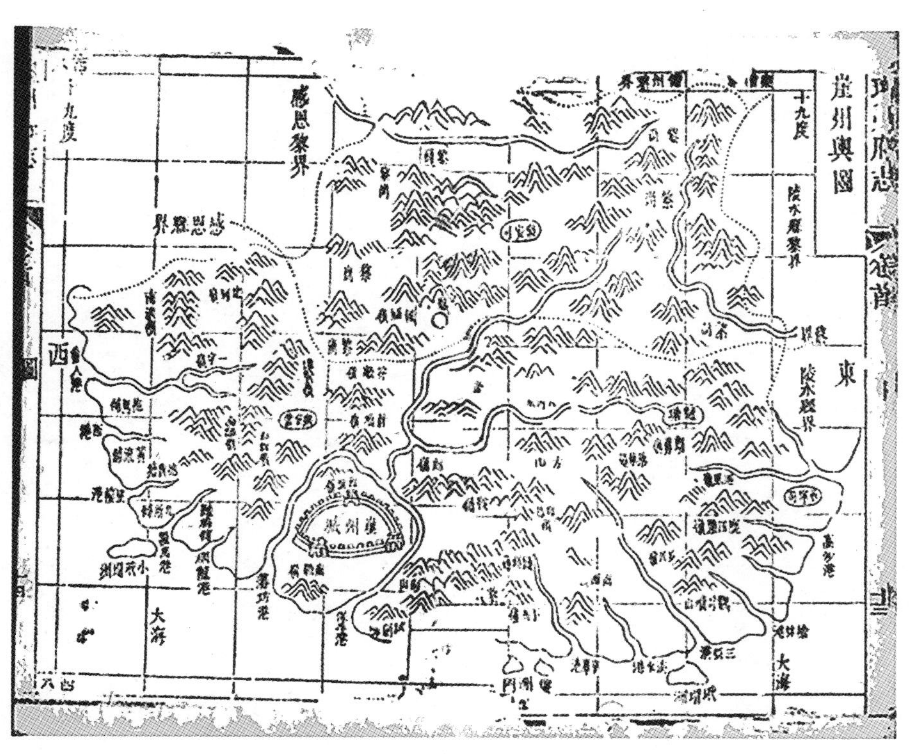

清代道光年间崖州舆图　（辑自道光《琼州府志》）

会，政治、经济、文化无不打上了半殖民地半封建的烙印。崖州各族人民也和全国各族人民一样，遭受外国资本主义和本国封建主义的双重压迫。具有反抗压迫剥削斗争传统的崖州人民尤其是黎族民众相继掀起反抗斗争，前仆后继，与整个晚清时期相始终。当中国南方燃起民主革命熊熊烈火之际，崖州大地也于清朝统治末年点燃起民主革命的星星之火。

第一节　琼州的半殖民地半封建化及崖州人民的抗争

一、鸦片战争前海南的鸦片走私与崖州的禁烟运动

鸦片战争之前，清政府在海南不设对外贸易通商口岸，但海南是东西方海上交通的必经之地，而且四面环海，对走私活动防不胜防，成了鸦片贩子走私毒品的方便场所。自 19 世纪初叶开始，就不断有鸦片输入海南岛四周沿海州县城镇，而且越来越多。各地奸商土豪陆续开设烟馆。吸食者起初只是一些地主绅士、官员、商人，后来连依附地主绅士的各色人等，甚至兵丁、士人也吸食鸦片。在崖州，据口头历史传闻，初吸食者基本上是一些接触面比较广的乡间绅士、商人、兵丁以至市井无赖，后来一些涉世较浅的年轻人也染上了。至道光初年，海南岛沿海一带的鸦片走私活动已经根深蒂固，危害面不断扩大。清朝政府也曾禁止鸦片输入琼州，但沿海商贩接受外国烟贩贿赂，暗助鸦片输入，官府禁令成一纸空文。

林则徐莅临广州查禁鸦片之后，广东省全境掀起禁烟运动。在声威震慑之下，海南的鸦片走私有所收敛。文昌人、进士云茂琦在《上制军林少穆（林则徐）书》中说："闻近省垣地面大有转机，抱旧癖者逐渐戒绝。即敝府琼属附近郡城之处，惯贩买者率多惊避。此皆声威所震，故尔敛戢。"① 特别是时为湖北布政使的张岳崧回琼期

① 载于（清）云茂琦：《阐道堂遗稿》卷七《书》，海南出版社 2004 年版。

间，曾奉林则徐之嘱托，督促琼州府并奔走北部州县协助查禁鸦片。

这时，地处琼州府南境的崖州，也没有沉寂。在州城附近及西部黄流里等汉族地区的许多青年生员，积极响应本省本府开展的禁烟运动，在本乡土奔走呼告，发动乡人群起禁烟以端正乡风。光绪《崖州志》在记载黄流廪生孙元度的事迹时，称赞他“居乡端风正俗，锄土匪，禁洋烟”。①

然而，在海南查禁鸦片难度很大。张岳崧在向林则徐申报查禁鸦片情形的信中写道：

> 至洋烟一事，各县乡镇集市，人情顽昧，大费提撕。又绅士无多，而地方辽绝，极难周遍。崖、陵、昌、感尤似化外，查禁之难如此。②

各地官员查办也甚不得力，实际查禁效果并不大。督查过后，鸦片走私又抬头，鸦片毒害又蔓延。云茂琦在《上制军林少穆书》中写道：

> 但闻外县市镇尚置若罔闻，以差役既犯此病，不敢紧拿；关口税务不减营弁，陋规仍索；地方官以招解经费无从而出，赔累难支，故因循难免。近日洋船有集琼海，烟土甚贱，银价更昂。
>
> 再安南新州，与粤西旱地毗连，洋船常泊，烟易交通，琼人贸易之船夹带甚多。

崖州的情况也大致如此。经过禁烟运动的震慑之后，一些深受其害的人下决心戒绝，但另有一些人落下顽疾，心志衰竭，一时间难以戒除。为了苟延残生，吸食者变卖家中所有，弄得倾家荡产，或沦为盗贼，任人唾弃。

二、“琼州开埠”及外国资本主义势力进入崖州

（一）琼州被迫开辟为帝国主义列强的通商口岸

鸦片战争后，英国殖民帝国为了进一步打开中国市场，加速中国

---

①（清）光绪《崖州志》卷十八《人物志二·卓行》。

②（清）张岳崧：《筠心堂集》附补遗《与林则徐书之一》，海南出版社 2006 年版，第 453 页。

的半殖民地化，于咸丰六年（1856）又借口“亚罗”号事件，发动又一次海盗式战争——第二次鸦片战争。法国以“马神甫事件”为借口，和英国联合行动。咸丰七年（1857）十二月，英法联军攻陷广州；次年，又在俄美支持下于五月二十日攻陷大沽炮台，逼近天津。清政府被迫于六月签订《天津条约》。咸丰九年（1859），英法美借口换约，又发起进攻，次年攻陷大沽炮台，九月进入北京，火烧圆明园。清政府被迫分别与英、法签订《北京条约》，并批准《天津条约》。中国继鸦片战争之后，又一次大量丧失主权和领土。

海南岛虽然偏处南部边陲，乃是南海水域交通的必经之地，自海上丝绸之路逐渐取代传统陆上丝绸之路的重要位置后，其战略地位逐渐凸显。岛上丰富的热带资源和物产也逐渐为各国所了解，成为帝国主义列强看好的掠夺对象。在《天津条约》中，英法除了扩大领事裁判权和协定关税权外，又逼迫清政府扩展通商口岸，琼州就是其中之一。《中英天津条约》第一款规定：

> 广州、福建、厦门、宁波、上海五处已有《江宁条约》旧通商外，即在牛庄、登州、台湾、琼州等府城口，嗣后皆准英商亦可任意与无论何人买卖、船货随时往来，至于听便居住，赁房买屋、租地，起造礼拜堂、医院、坟茔等事，并另有取益防损诸节，悉照五口通商无异。

《中法天津条约》第六款规定：

> 中国多添数港，准令通商，屡试屡验，实为近时切要，因此议定将广东之琼州、潮州，福建之台湾、淡水，山东之登州，江南之江宁六口，与通商之广州、福建、厦门、宁波、上海五口准令通无异。

在第二次鸦片战争中趁火打劫的俄国帝国主义也强迫清政府签订《中俄天津条约》，把琼州作为通商口岸。尔后10多年间，西方列强乘机强迫清政府签订不平等条约。诸如咸丰十一年（1861）签订的《中德商约》，同治二年（1863）签订的《中丹天津条约》《中比商约》，同治三年（1864）签订的《中西条约》，同治五年（1866）签订的《中意北京条约》，同治八年（1869）签订的《中奥商约》，均将琼州列为通商口岸。

通商口岸是以英国为首的帝国主义侵略者进行殖民掠夺和不等价交换的据点。鸦片战争后，英国政府把强迫清政府增辟通商口岸作为侵略中国的跳板。至同治七年（1868），英国强迫清政府修改条约，拟胁迫清政府开辟温州口岸通商，而以琼州作罢。但后来因新约未照行，温州也未通商。同治十一年（1872）十一月，清政府照会英、法、美、德驻京使臣，请照咸丰年间条约，开辟琼州为通商口岸。之后，命南洋大臣广东督抚派员下琼州相度形势，并责成琼州道府协同总税务司妥议一切应办事宜，把海口开辟为各国通商口岸。当时还拟开办之后，租海口裕昌德广行后座三进室为洋人居住之所，俟一年后再行租地开造洋楼。于是，这一年海口被正式开辟为各国通商口岸。

（二）近代资本主义势力侵入崖州

根据鸦片战争以来签订的一系列不平等条约，帝国主义的政治、经济和文化侵略势力进入海南岛。首先是各国领事先后进驻海南。据史载，率先在琼州设领事的是美国，之后，英、法、日、德、奥匈、比利时、意大利、挪威、葡萄牙等国接踵而至。由于有不平等条约作为护身符，外国人在中国可以不受中国法律的约束。海南不时发生外国侵略者欺凌民众的事件，官府不敢过问。英帝国主义依据不平等条约控制了海口海关。据载，英国人驻海南的总税务司赫德按其推行的“多口划一管理”制度，邀请“外人帮办”，于光绪二年（1876）四月一日在海口设立“琼州海关”，即“琼海洋关”，并成立了琼海关税务公署，设址于今海口市中山路尾南侧。到海口就任第一任琼海关税务司的是英国籍人博朗（H. O. Brown）。① 原总口及其所属各口卡改称“常关”，设琼海关监督一职统辖。光绪十三年（1887）七月一日，琼海关开始对行驶香港、澳门和琼州之间的帆船进行监管；光绪

① 中华人民共和国海口海关编：《海口海关志·大事记》，1992 年出版，第 10 页。

二十七年（1901），琼海关又接管附近周围五十里内常关。由于英国帝国主义侵略势力控制了琼海关，外国资本可以随心所欲地输入商品，掠夺海南。据记载，所输入的商品主要有鸦片（当时称为“洋药”）、洋棉纱、洋油（煤油）、火柴、铁钉、铁钎、铁线、安尼林染料等。其中鸦片、洋棉纱、洋油最多，特别是鸦片的输入，一直居首位。据海口海关的统计，仅同治七年（1868）一年，输入的鸦片就有1916担，价值白银149万多两，占全年进口总值的64%。此后，从光绪八年至十六年（1882~1890）的8年间，输入的鸦片在输入总货物中的比例分别是56.96%（1882）、64.72%（1886）、30.08%（1890）。[①] 帝国主义列强不但把海南当作倾销毒品和商品的市场，而且掠夺海南的农产品源源不断地输回本国或销往香港等地。据载，这些土特产品主要有砂糖、食油、瓜子、花生、槟榔、芝麻、土布、兽皮、猪、牛只、牛骨、牛脂、椰布、靴鞋、烟叶、米、椰子制品、高良姜等，其中砂糖最多，猪、牛只、槟榔、高良姜等次之。日本人小叶田淳在《海南岛史》中记载，根据《南京条约》，“（香港）割让给英国，海口也在1876年开港，于是英国汽船就在香港—海南之间定期来往。英国商轮经常在海口靠岸；开往海防、赤隆、柯蓬等地的汽船，也常常因为载货载客而在海口停船。1891年起，香港、海防之间有定期的汽船航行，于是海口也就成为定期的停船港口。同时，往来于厦门、香港之间的荷兰船，也以海口作为中途站。1882年在海口出入的汽船478只、199346吨，到1891年增加到591只、350060吨。由这些外国汽船所造成的贸易总额，从1882年到1891年之间，每年总额大约是200万吨到300万吨。又，经外国船运出去的货物，以砂糖为主，此外还有瓜子、落花生、槟榔子、芝麻、土布、兽皮、猪、烟草叶等，运出的目的地几乎全是香港”。[②] 那时的海口，

---

① 林日举：《海南史》第六章第一节，吉林人民出版社2002年版，第324页。

② ［日］小叶田淳著、张迅译：《海南岛史》第四章，学海出版社1979年版，第285~286页。

成为海南最大的商品聚散地。外国输入的货物，“由中国人转手经营”①，或从海路或从陆路逐渐流入各州县，通过商业网络占领海南市场。而各州县的土特产品也通过琼海关运往香港，再运到外国。帝国主义列强通过不平等条约，取得了通商口岸传教的特权。在不平等条约的庇护下，外国传教士和鸦片一道无所顾忌地侵入海南。据载，同治六年（1868），英国侵略者曾派人到定城、新兴、屯昌、南闾等地，甚至深入到五指山区进行窥探活动。光绪七年（1881），美国基督教长老会的传教士冶基善自广州来海南，先后在海口、儋州那大、会同县嘉积设教堂传教。

之后，外国帝国主义势力相继侵入崖州。首先是宗教的侵略。冶基善自海口来崖州西一区乐罗村传教，进行文化侵略活动。据说他初来乐罗时，寄住在亚中妈家。为了迅速打开传教的局面，他一边传教，一边免费为乡民治病，以取得信任。② 光绪十八年（1892）③，冶基善在乐罗建起崖州第一所基督教堂——乐罗基督教堂，“入教者五十余人”。④ 乐罗基督教堂的建立，揭开了外国帝国主义对崖州地区进行文化侵略的序幕。在他的传播下，基督教迅速漫延到附近百里的乡村，信徒多达数百人。⑤

至光绪二十二年（1896），琼海关在三亚榆林港设立分卡，规定

---

① ［日］小叶田淳著、张迅译：《海南岛史》第四章，学海出版社 1979 年版，第 282 页。

② 乐东黎族自治县政协文史委员会：《乐东文史》1991 年总 4 期，第 292 页，吉家科供稿《乐罗基督教》。

③ 关于冶基善在乐罗传教及建立基督教堂的时间，有三种不同的说法。《崖州直隶州乡土志》记载：“光绪十八年（1892），美国教士冶基善设一教堂于西第一区乐罗村，入教者五十余人”。《三亚文史》第三辑所载蔡明康著《冶基善与乐罗基督教堂》及《三亚市志·大事记》，则记 1894 年（光绪二十年），冶基善来乐罗传教。《乐东文史》总 4 期载吉家科供稿《乐罗基督教》记载，1881 年，冶基善来乐罗传教；1883 年，成立乐罗基督教基金会；1884 年，建立乐罗基督教堂。笔者依据《崖州直隶州乡土志》所载。

④ 《崖州直隶州乡土志》之上卷《历史·宗教》。

⑤ 吉家科：《乐罗基督教》，载于《乐东文史》1991 年总第 4 期，第 292～293 页。

所有前往南洋贸易的帆船或汽船每次起航前须从琼海关申请出洋牌照交由榆林港分卡查验，销案后始准开往。① 自此，外国资本主义通过商业这只无形的黑手伸向了崖州，把鸦片、洋油等外国货输入崖州境内的乡都、墟市、津铺，同时也通过商业网络从崖州搜刮砂糖、花生、槟榔、芝麻、土布、兽皮、猪、牛只、烟叶、米、椰子制品、麻布袋、草袋、高良姜等土特产品，源源不断地从境内各港口运往海口，集中转运到香港，或直接经过榆林港分卡查验后运往澳门、新加坡和南洋销售，或转运回本国，变成他们赖以扩展资本的财富。另外，外国帝国主义还通过海口海关榆林分卡牢牢控制崖州地区的商业贸易。《崖州直隶州乡土志》下卷《地理·商务》记载："州属出口货物皆从海运。"光绪《崖州志》记载：榆林港"西南与安南之陀林湾对望，约三百里许，为印度洋所必由之路……目下有关船驻港。夏间，商船由南洋返者，必入港报验"。②

（三）帝国主义列强觊觎崖州

19 世纪 70 年代以后，世界的主要资本主义国家向帝国主义阶段过渡。为了争夺商品市场、原料产地和资本输出场所，资本主义列强"开始了夺取殖民地的大'高潮'，瓜分世界领土的斗争达到了极其尖锐的程度"。③ 从同治十三年（1874）开始至光绪二十六年（1900），英、法、美、日、俄、德等帝国主义列强在中国展开了争夺势力范围和瓜分中国的角逐。

在这一角逐中，美国、日本先后侵占台湾，英、俄争夺新疆、西藏。光绪十年（1884），法国发动侵略越南和中国西南部的中法战争。光绪二十年（1894），日本发动侵略中国和朝鲜的甲午战争，强迫清政府签订《马关条约》，割让辽东半岛、台湾及澎湖列岛。

在中法战争中清政府"不败而败"，甲午中日战争中清政府失败赔款，助长了帝国主义列强侵略中国的野心，招致帝国主义瓜分中国

① 中华人民共和国海口海关编：《海口海关志·大事记》，1992 年出版，第 12 页。
② （清）光绪《崖州志》卷二《舆地志二·港》。
③ 《列宁选集》第 2 卷，人民出版社 2012 年版，第 641 页。

的狂潮。在各列强的争抢中，法国把魔掌伸入滇、桂、粤，强迫清政府不得将三省让与他国。

对于位于东西方海上交通要冲的海南，法、俄、日等帝国主义均早有野心。特别是对于海南岛最南端的崖州优良港湾榆林港，早已为列强所觊觎。光绪九年（1883）九月初二日，两广总督张树声在向清政府报告广东防务时就提到：琼州之西，正对越南之海防口，地有铜矿，久为西人垂涎。自六月以来，法船屡往窥探量水。近译西电，屡言法人攻占后，即将图琼。[①] 光绪十年（1884）九月中法战争期间，法国不但派军舰侵入北部湾游弋挑衅，而且曾派军舰 18 艘在榆林港停泊，“逐日操演”。新任兵部侍郎曾纪泽曾就法国觊觎琼州上奏朝廷：“近日琼州情形较之台湾尤为吃重，法人既据全越，即不能忘情于琼州，在我宜增琼州之守备，以杜法人之觊觎。”[②] 至光绪十五年（1889），琼州镇总兵李先义、代理琼州道顾元勋、署崖州知州唐镜沅等向上禀告：“本年七月初三，有法国兵轮驶进崖东百里之榆林港，沿港量水，由港西上岸钉桩四处，港口有石桩均用灰涂，东西两岸分插红白四小旗；十七日复来插标十五处，有海关巡船遇见。”张之洞电饬琼海关税务司查复不误，请总理衙门向法使诘责，不得再进；一面令李先义等将所插各旗标撤去。[③] 对于法国兵轮进入榆林港测量一事，光绪《崖州志》关于“龟蛇图石刻”条中有相关的记载：“南垣刻‘委署崖州协副将川东徐赞彪统带水陆五营驻扎榆林，时法兰西来测水，是为筹备海防之始’。”[④] 当时，张之洞曾感慨地说：“法人窥伺琼州，已非一日……若不幸为敌所据，兵轮中道停泊有

---

① 转引自蒋金晖：《冯子材平定和开发海南岛述论》，《湖南科技大学学报》（社会科学版）2011 年第 2 期。

② 见于《张之洞全集》卷一十八《奏议十八》，光绪十二年十月二十六日，第 497 页。

③ 《张之洞全集》卷二十七《奏议二十七》之《查勘榆林港形势筹议驻营筑台片》，光绪十五年九月二十日，第 719~720 页。

④ （清）光绪《崖州志》卷二十二《杂志一 · 金石》。

所，岂惟琼州一府之忧，将南洋各口胥被其害。"① 甲午中日战争后，法国唯恐海南岛孤立海中被他国占据，于光绪二十三年（1897）强迫清政府宣布"海南岛决不割让与他国"，明确地把海南岛圈定为法国势力范围。对此，《琼崖》一书这样记述："1885 年至 1886 年（清光绪十一年至十二年）间，法人吞并安南，因安南与琼岛仅一水之隔，而且一苇可渡，所以法人对于琼岛别一种眼光，1897 年（清光绪二十三年），法国曾求清廷缔结关于琼岛不割让与他国之约。"②

日本帝国主义对于海南岛觊觎已久。陈植在《海南岛新志》中记载："迨日本明治维新而后，第一次航行本岛之日人为伊藤吉氏，尔后胜间田善作氏于明治二十九年七月，山田毅一氏、久田丈二氏于明治四十二年，亦复先后旅行本岛。胜间田氏居住本岛垂四十年，盖其历史最久者也。""中日战争结束之初，日本参谋总长川上操六大将因受三国干涉及德国东洋舰队驶入本岛刺激，深感海南地位重要，实为东亚咽喉，以呼吁其国人注意，并派遣野津镇雄大佐驰往本岛与安南。日俄战争爆发之际，其台湾总督儿玉源太郎大将，对于本岛亦极关心。"③ 日本军界基于对海南战略地位的判断，早就把海南岛及岛南崖县所属三亚、榆林作为侵略、掠夺的目标，并为此长期窃取、掌握了大量军事、政治、经济、文化等情报资料。

日俄战争期间，沙皇俄国军舰也曾觊觎榆林港。《海南岛新志》中记载："日俄战争中，波罗的海舰队曾寄泊本岛榆林港，固世人所熟知者。"④

三、崖州人民反抗封建压迫和帝国主义入侵的斗争

（一）崖州社会矛盾的进一步激化

鸦片战争后，外国资本主义侵略势力进入海南，对海南社会产生

① 《张之洞全集》卷二十七《奏议二十七》之《查勘榆林港形势筹议驻营筑台片》，光绪十五年九月二十日，第 719~720 页。

② 陈献荣：《琼崖》第一章《史略》，海南出版社 2004 年版，第 262 页。

③ 陈植：《海南岛新志》第四章第二节，海南出版社 2004 年版，第 62 页。

④ 陈植：《海南岛新志》第四章第二节，海南出版社 2004 年版，第 62 页。

了严重的影响。一方面，大量洋货输入，经过海口向四周沿海地区及内陆扩散，冲击着从封建社会中成长起来的微弱市场，摧残着海南传统的手工业。如大量洋纱的输入，迫使手工纺织业几乎全部停工；煤油和煤油灯一起普及各地，打击了传统的榨油业，使之日渐萎缩。农民的家庭手工业难以再维持，从事纺纱、榨油的手工业劳动者濒临破产失业。另一方面，鸦片大量输入，不但烟毒泛滥，严重摧残海南人民的身体，并且造成白银继续外流，银贵钱贱的现象更加严重。与此同时，清朝政府不断加重对人民的剥削压榨，以支付一系列战争巨额赔款，横征暴敛到了无以复加的地步。除了正税外，还征收所谓“按粮津贴”的地丁附加税，渔税、盐税等附加税，以及名目繁多的各种“捐献”和地方税捐。在崖州地区，黎族人民的田赋、色米负担比之汉区更重。如光绪年间，崖州汉区田赋额银一两折钱 1800 文，色米一石折钱 4000 文，而黎赋额银一两则折钱 2500 文，黎色米一石折钱 5500 文，比汉区加收近 50%左右。① 许多深山黎区一向没有额定粮赋，也被套上封建剥削的枷锁，每年要负担巨额赋税，称为“皇粮”。如崖州多港峒（今乐东县大安乡）的黎族民众，每年缴纳的赋税不下 40 千铜钱和 400 箩谷子。② 官府还在城镇征收各种杂税。如契税，据记载，崖州的岁额是纹银 836107 两，除扣支办公费并折合纹银，光绪三十四年（1908）实征收 399839 两，宣统元年（1909）实征收 47887 两。又如铺捐，1908 年征收 420 两，1909 年征收 224 两。③

由于清政府的腐败，造成民生凋敝，水利失修，又旱灾连发，歉收米贵。地方官吏和地主豪绅、富商则乘机对贫苦民众巧取豪夺，通过多种途径兼并农民的土地。即便在黎族地区，富有的黎族地主拥有

① 胡传：《游历琼州黎峒行程日记》，第 32 页。

② 《1897~1899 年乐东县多港黎族人民起义始末》，载《广东历史资料》1959 年第 1 期。

③ 参见《民国广东通志未成稿·海南》中的“税收”部分，海南出版社 2006 年版，第 93~94 页。

的山岭田园也相连数里甚至数十里。随着商业资本的扩张，土地的集中过程加剧，出典和断买土地很盛行，黎族地区也一样。黎区典卖田亩的契约大部分是木簪，物价媒介以牛只为主，或以铜钱和稻谷为媒介。[①] 不少汉黎民众因人祸天灾而失去土地，沦为地主的佃农和雇工。《汉黎舆情》记载，有黎人“与汉人雇耕作，每年得工钱四五千，并汗褂裤一套，贫乏者莫此为甚”。那些生活无着落的贫苦农民，为着生计往往落入地主官吏和奸商的盘剥之中。高利贷的剥削遍布汉黎地区。据记载，在崖州，黎族人民“如有事故与汉人借债，一千本二千利；或借以钱，百文折放谷子一称，亦是一本二利”。“乐安汛属一寡妇借钱二千八百文予黎人，陆续共计钱四百八十余千，尚未能完数。故黎人借债实为一家之累也”。[②] 有的蠹吏奸商借贩盐卖酒放债盘剥，不少贪官污吏及流氓地痞从事公开的高利贷剥削。张之洞在光绪十三年（1887）六月十三日所上的《全琼肃清分别裁留营勇筹善后事宜折》中指出：“各黎性固愚犷，亦甚朴鲁，平日每为奸民剥削。”“查知黎村粮赋，向来不免为蠹胥地棍折勒欺蒙。”由于多重盘剥，不少人家或卖儿鬻女，或倾家荡产，陷入苦难的深渊。

（二）艰难谋生下南洋

自19世纪以来，西方各国先后废除奴隶贸易和奴隶制度，中、南美洲和南洋群岛的种植园等出现缺乏劳动力的危机。那里的资本主义国家把掠取劳动力的目标转向刚刚沦为半殖民地半封建社会的中国。海南地处南海中西航线之要冲，更成为资本主义国家掳掠华工的重要目标。大批破产农民、手工业者生活无着，不得不漂洋过海谋生，被迫陷入西方殖民主义者人贩子的圈套。海口就是华工出口的口岸之一。据不完全统计，自光绪二年至二十四年（1876~1898），琼州往东南亚及香港的华工有34万人；至20世纪初，其中有30%被折

---

① 这类木簪正面用汉字书写契约内容，背面则刻横纹数道代表出典或断卖的价值，现收藏于中南民族学院。

② 鲍灿：《汉黎舆情》卷二。

磨死于他乡，大部分则在契约期满后继续在国外谋生。①

海南与南洋的航线有二，一是由海口及文昌之铺前港，取道琼州海峡往西，再南下走西贡、曼谷与星洲等处；二是由清澜、博鳌、藤桥、三亚、海头等港，直接到西贡、曼谷与星洲等处。② 正是因为崖州有航线直通南洋各地，晚清时期崖州就有人漂洋过海，到南洋去谋生，成为南洋华工的一部分，其中包括回族人。三亚回族民间流传的《哈吉·哈书章的故事》，就是讲述回族穆斯林哈书章到南洋谋生的经历。据讲述，哈书章是三亚回族穆斯林中一位有文化知识的人，年轻时曾经与老一辈阿訇一起漂洋过海到沙特阿拉伯麦加朝圣，回国后一边为宗教事业服务，一边从事传统的浅海捕捞作业。当时由于捕捞工具简陋，生产效益低下，养家糊口甚为艰难。这使他产生了到南洋谋生的念头。后来哈书章到了马来西亚的槟城，时间当在光绪晚期。其实，到南洋谋生的三亚回族人不止哈书章一人。据三亚回族《通屯宗谱》记载，自清光绪年间起，崖州“去番邦”的回族人有21人，其中5人“死（亡）在番邦”。在去番邦的人中，除了知晓哈书章到马来西亚的槟城，并侥幸在槟城发迹，于中华民国初年赞助三亚回民扩建和维修清真寺之外，其他下南洋者的具体地点和景况，都不得而知。据《琼海关代理税务司申呈护理两广总督兼关务道之第1008号文》中“光绪三十三年七月十四日”条记载：“起初被工头哄骗时，只言招往新加坡做工，并盛道该埠好处：工金极优，但能耐劳数年，即可广积资财……岂料抵新加坡后，又须转往文岛。斯时逼于势力，虽欲不往亦不可得。”③ 下南洋谋生的中国华工的遭遇大部分是十分悲惨的。许多人辛苦劳作，非但不能救济家人，反而最后客死他乡。

---

① 林日举：《海南史》第六章第一节，吉林人民出版社2002年版，第326～327页。

② 苏云峰：《东南亚琼侨移民史》，载《海南历史论文集》，海南出版社2002年版，第196页。

③ 转引自苏云峰：《东南亚琼侨移民史》，载《海南历史论文集》，海南出版社2002年版，第201页。

（三）崖州黎族人民反封建压迫的斗争

在压迫不断加重，半殖民地半封建化程度不断加深的背景下，全中国人民掀起不屈不挠的斗争。在崖州，人民的抗争也不断爆发，特别是黎族人民的反抗斗争和会党发动的反抗斗争此起彼落。

1. 道光、咸丰年间黎族人民的反抗斗争

自道光末年至咸丰年间，崖州黎族人民多次发动反抗封建统治的斗争。特别是咸丰晚期，反抗斗争次数更多，规模更大。

据记载，道光三十年（1850），大本峒黎人不堪封建统治的压迫，在首领王亚峰的发动下，掀起反抗斗争。咸丰三年（1853）六月，大本峒黎人曾一度进攻藤桥营，后被崖州地方武装镇压。

咸丰元年（1851）正月，大烟村黎族首领发起暴动，因遭到崖州地方武装围追而撤退。

咸丰六年（1856），止强黎族首领张那光“因署知州卢凤应勒索，负重债难赔”①，于是率黎人暴动，次年被崖州地方武装所镇压。

咸丰八年（1858），陵水县黎族首领李亚密发起暴动，崖州东部的过山、琅瑥、椰根等峒黎人率先响应组织武装。八月间，在定安黎峒的支持下，崖州黎族武装围攻藤桥营。② 抱鼻峒黎族在首领王帕娘率领下围攻三亚营，相互声援。③ 九月间，大赞坡、大艾、高鬃、十八弓等峒黎人起而响应。大赞坡村黎人进攻三亚市。④ 咸丰九年（1859）十月，三亚市北区的抱鼻、崩塘、南丁、半岭等峒黎人起而响应，并协同十八弓俘黎攻陷三亚市。黎族武装力量控制了崖东地区，并多次打退地方武装的围追堵截。

咸丰晚期形成了近代崖州黎族人民反抗斗争的第一次高潮，沉重地打击了崖州境内的封建统治者。但是由于黎族的反抗斗争较为分

① （清）光绪《崖州志》卷十四《黎防志三・平黎》。

② （清）光绪《崖州志》卷十四《黎防志三・平黎》。

③ 见《三亚市志》大事记所载。

④ 见于《故宫博物院明清档案部材料》，转引自刘耀荃：《黎族历史纪年辑要》，广东省民族研究所 1982 年版，第 95~96 页。

散，最终被官兵和乡勇各个击破。至咸丰十年（1860）五月，这场斗争最终被镇压下去。①

2. 同治年间黎族人民的反抗斗争

据记载，同治二年（1863），多涧峒黎人麦秀芳率众暴动。由于其弟麦松叛变，麦秀芳被捕，暴动很快被平定。②

同治六年（1867）六月，崖州北路官坊黎人刘雪映（一作刘振掀）发起暴动，杀乐安汛千总外委洪云章等38人。头塘、匿才等峒先后响应，攻进乐安城。官军发兵围剿，至同治八年（1869）十一月被镇压下去。③

3. 光绪年间黎族人民的反抗斗争

据记载，光绪元年（1875），三亚岭后抱寨村黎人符亚殿联合万州黎人李有章发起暴动反抗官府，各处黎峒起而响应，声势浩大，屡败官军。光绪四年（1878），西路黎人高亚厚、符怕凯等人约同符亚殿、李有章互相响应，形成了近代崖州黎族人民反抗封建压迫斗争的第二次高潮。崖州知州统兵进剿高亚厚、符怕凯部，符怕凯投降官军，高亚厚败走。符亚殿率领武装队伍坚持抵抗，光绪五年（1879）多次打败前来围剿的官军，州东大震。由于符亚殿与其弟符怕恶发生矛盾，被其弟枪毙。之后，符怕恶发动更大规模的进攻。光绪六年（1880）九月，琼州府总兵刘成元率军南下，与崖州营兵、地方乡勇分路围剿，符怕恶兵败。这时正是十月初，风雨大作，山洪暴发，官军借机设计将符怕恶诱杀。

光绪十一年（1885）冬，汉族人黄邹保在临高、儋州一带发动2000余名汉黎农民起义。他们以临高的和舍、南丰和儋州的抱舍、那大、四方山为据点，四出攻打，曾一度攻破澄迈县城金江市，震动各州县。崖州等地农民纷纷投奔起义军，符怕恶之余部也融入黄邹保的起义斗争中，相互响应。

崖州黎汉人民反封建统治的斗争，引起清政府的震惊。两广总督

① （清）光绪《崖州志》卷十四《黎防志三·平黎》。
② （清）光绪《崖州志》卷十四《黎防志三·平黎》。
③ （清）光绪《崖州志》卷十四《黎防志三·抚黎》。

张之洞急令广西提督、钦廉防务提督冯子材带兵前来镇压。在力量悬殊的情况下，起义军坚持斗争一年多才最后失败。

（四）多港黎族人民反抗美国教会势力欺凌的斗争

外国教会势力侵入乡村，往往挟洋为重，仗势凌人，引起民众的不满。在崖州九所乐罗村，美国基督教堂爪牙陈庆昌，倚仗美国人冶基善的威势欺压诈骗当地民众。光绪二十二年（1896）八月一日，陈庆昌又在抱赖村（今属乐东黎族自治县）逼债，愤怒的民众早就对他恨之入骨，群起将他殴打致死。美国基督教堂乘机讹诈，欺凌周围村峒百姓。乐安城的把总何秉钺为虎作伥，派兵到多港峒，不分青红皂白把正在田间劳作的农民李亚发的妹妹抓走，关在牢房里当人质，进行勒索和胁迫，激起多港黎族人民的强烈愤慨。光绪二十三年（1897）十一月十一日，吕那改、李亚发等人率领4000多名黎族民众，拿起弓箭、长刀、火药枪武装起义，次日攻进乐安城，赶走了驻乐安城的清军千总，救出了李亚发的妹妹和许多无辜被囚禁的妇女，并将乐安城烧毁，把总何秉钺仓皇逃命。

此后，附近曾受过外国传教士及其爪牙欺凌和敲诈的群众也纷纷加入起义队伍，声势浩大。起义军在取得胜利后，向九所、黄流、崖州城等地进发，形成了海南近代史上反帝反封建斗争的又一次高潮。但因清军有所防备，加上起义军武器简陋，无法取胜，于是撤回多港据守。随后，清军派出1000多名官兵前往围剿，吕那改、李亚发领导起义民众据险抵抗，一直坚持斗争两年之久。光绪二十五年（1899），清军通过黎族上层人物收买起义军中的叛徒暗杀吕那改，起义军失去指挥，起义民众也因连年作战，生活、生产甚为困难，于是在新任崖州知州锺元棣的“安抚”之下，同意谈判，达成如下协议：（1）过去黎人所欠汉商的高利贷债务一笔勾销；（2）汉人回乐安城内居住；（3）官军此前在乐安城附近所占土地归还原主，如原主已死或逃亡，则由黎人自由垦荒。武装起义斗争于是结束。① 这次

① 《广东历史资料》1959年第1期。

黎族人民的起义斗争，其实质既是黎族人民反抗帝国主义势力欺凌的斗争，又是黎族人民反抗官僚地主和高利贷商人剥削的反封建斗争。起义沉重打击了美国基督教会的势力，也沉重打击了清朝政府在海南南部地区的统治，迫使清政府处决贪官何秉钺。

（五）“天涯义士”林缵统的民主革命活动

清朝政府在甲午战争中败绩，被迫签订丧权辱国的《马关条约》，为帝国主义对中国的侵略敞开了大门。如果说，鸦片战争是世界资本主义侵入中国的开始，那么甲午战争就是世界帝国主义阴谋瓜分中国的开始。中国的半殖民地半封建化逐步加深。“天涯何处是神州?”就在甲午战争爆发的第二年，光绪二十一年（1895），资产阶级改良主义代表人物康有为与学生梁启超等在赴京参加会试的举人中发动联名上书，请求清政府拒绝批准卖国的《马关条约》。这一“公车上书”事件，标志着资产阶级改良主义思潮开始转变为具有实际斗争意义的政治改良运动，变法维新派走上历史舞台。光绪二十四年（1898）六月十一日，光绪皇帝接受改良派的主张，任用康有为、梁启超等人推行变法。

在康有为进行维新变法的活动中，崖州举人林缵统（1852～1922）始终积极投身于这场政治运动之中，成为海南近代史上唯一参加维新变法的“天涯义士”。

林缵统是崖州官塘（今三亚市崖城拱北村）人。光绪元年（1875），时且弱冠的林缵统就上《崖州利弊书》，向广东学政提出兴利除弊、改良吏治的主张，并撰联曰“国有宁日当学包拯诛奸宄，民得安时应仿海瑞正纪纲”，得到了广东学政及正直官员的赏识和表彰。光绪十九年（1893），林缵统求学于广州广雅书院，拜康有为为师，成为康有为的高足弟子、得意门生。① 他决心追随康有为变法，“每传家书，必述此事”。② 光绪二十年（1894），林缵统中举，次年

① 见《康门弟子述略》，转引自黄家华：《崖城从前》，海南出版社 2007 年版，第 106 页。

② 见于《戊戌变法人物传稿》，转引自《三亚文史》第一辑，第 35～42 页。

春随康、梁入京参加会试。在“公车上书”事件中，林缵统与康门弟子为发动外省举人参与奔走呼号，充当主要角色。据汤志钧《戊戌变法人物传稿》记载，林缵统在“公车上书”题名中名列广东举人第六十五位。清廷军机大臣孙毓汶秉承西太后旨意，利诱威胁上书人，各省举子多人“取回知单”。琼、崖、儋、万等地在京乡友也劝林缵统一起取回知单，但他毅然拒绝。他斩钉截铁地说：

康南海古今之变，万国之理。我本万里天涯一介微儒，得遇良师，乃如云开见月，三生之幸也。读书人当勇赴国难，吾意不移，虽九死而不悔矣！

康有为当时得知其言，赞叹道：“南荒斯人，真义士也！”后来，清朝廷依例授予举人林缵统“拣选知县，委用教谕”，但他拒而不受。光绪二十一年至二十四年（1895~1898），林缵统追随康有为、梁启超，长居北京。“公车上书”后，康有为又第三、第四次上书光绪皇帝，林缵统协助处理内部事务。林缵统还加入了康梁变法的核心组织“保国会”，并被“保国会”推举为负责“条陈时事奏善具”的“领衔”人。据汤志钧《戊戌变法人物传稿》记载，林缵统在“保国会”题名中名列第二十九位。“六君子”遇难后，康有为、梁启超出走日本，林缵统遁返故里崖州，潜心著述。① 他虽身处逆境，但志存高远，曾游万州大洲岛并咏诗云：“偶驾琼州法国舟，独洲屹立柱中流。诞登道岸祈神祐，恰似苏公后壁游。”其中的“独洲屹立柱中流”一句，表意虽是吟咏大洲岛，实际当是自比，意谓自己应像大洲岛那样，成为时代的中流砥柱，任凭大风大浪冲刷也无所畏惧。

林缵统家居期间，曾在海南人士中呼吁开发西沙群岛，并着手成立开发西沙群岛公司，积极筹办开发事务。他奔走于海南乃至广东沿海各县，招集商贾富户投资，鼓动民众支持。尽管官府发难，表告林缵统“其人近乎疯癫”，攻击他是“已革举人”，但林缵统秉性刚直，

---

① 游师良：《天涯义士戊戌君子——林缵统传略》，引自 1986 年 10 月《海南黎族苗族自治州文史资料》第一辑，第 134~139 页。

坚持不懈。他和他的同人们提出以榆林港作为开发西沙的根据地，拟出洋招设公司组织华侨投资。上述二议曾得到琼州府的同意，使开发西沙一时成为舆论热潮。①

（六）“三点会”在崖州境内的活动

鸦片战争前，广东天地会的组织就曾发展到海南岛，名称或为“三合会”，或为“三点会”，活动的原宗旨是“反清复明”。鸦片战争后，由于社会矛盾激化，“三合会”发展遍及琼州府沿海各州县，包括崖州，而且活动更为频繁。

当时的崖州，封建地主阶级对人民的压迫剥削更为残酷，加上不断发生自然灾害，农民生活困苦，因此成为“三合会”活动频繁的地区之一。

咸丰十年（1860）九月十七日，会党首领方耀宗带领同党数百人，攻入并占据崖州城，不久被捕杀。②

光绪十六年（1890），高州“三点会”党人潜入佛罗、盐田村等处，并串通感恩县文质村何赞朋等人举行暴动，惊动崖、感地区。③

光绪二十年（1894），吴川、临高会党进入崖州境，盘踞在三亚港口及佛罗等处，分别举行暴动，攻掠乡村富户。光绪二十四年（1898）十月，该会党攻掠黄流，“其氛愈炽”。④

“三点会”的频繁暴动，沉重地打击了崖州境内的封建势力，引起崖州官府的震惊。

第二节　晚清政府对崖州的统治

一、晚清政府加强对崖州的统治

经过太平天国运动和义和团运动的沉重打击，晚清政府的封建统

---

① 游师良：《林缵统筹办开发西沙群岛事略》，引自李建章、王隆伟主编：《崖州史话》，海南出版社1989年版，第45~47页。

② （清）光绪《崖州志》卷十二《海防志二·土寇》。

③ 《感恩县志》卷十二《海防志·土寇附》。

④ （清）光绪《崖州志》卷十二《海防志二·土寇》。

治势力大大削弱。这一时期，由于帝国主义掀起瓜分中国的狂潮，帝国主义与中华民族、封建主义与人民大众的矛盾进一步激化，人民群众的反帝反封建斗争不断爆发，资产阶级民主革命风雷激荡。晚清王朝为了挽救垂死的命运，一方面训练新军，扶植北洋军阀，继续用武力镇压民众的反抗；另一方面，加强封建专制主义统治，加重对民众的搜刮。在崖州，在历次黎族人民反抗斗争的沉重打击下，封建秩序已七零八落。为了有效地统治黎区，熄灭黎族人民的反抗斗争火焰，张之洞于光绪十年（1884）五月署理两广总督之后，即上书请求清廷加强对海南黎族地区的统治，一方面继续实施军事控扼和武力镇压，另一方面采取招抚笼络的政策，先剿后抚，剿抚相兼。如张之洞在这一年十二月二十七日所上《截击琼州客、黎各匪折》[①] 中陈述，光绪八年、九年间，万、崖两州黎族暴动；光绪十年二月间，定安林开信发动万州、崖州、陵水、乐会四州县二三千人暴动；光绪十年七月间，“定安客、土各匪”勾引黎人组织七八百人暴动。这些暴动都被琼州府调集官兵分别镇压。针对上述情形，张之洞向朝廷提出：

> 只以外患方殷，琼郡海防紧要，未便专注内匪，致有顾此失彼之虞。除饬该镇、道等严督在事文武，激励兵团，扼要堵截，毋任该匪复出滋扰；一俟防务稍松，即当别议方略，厚集兵力，分路大举，剿抚兼用，力筹兴利化俗之策，以期永靖地方。

张之洞正是在“剿抚兼用”的“治黎”思想指导下，在走马上任两广总督的第三年，就从广西调派抗法名将冯子材，到海南镇压、抚平黎族人民的反抗。

（一）冯子材的“剿黎”和“抚黎”

冯子材（1818～1903），字南干，号萃亭（一作翠亭），祖籍广西博白，生于钦州沙尾村。军人出身，咸丰间随从向荣、张国梁镇压太平军，同治间任职至广西提督，后来因为被淮系官员张树声、清流派言官张佩纶排挤，于光绪九年（1883）六月称病辞职，不带一兵

---

① 《张之洞全集》卷十《奏议十》，第267页。

一卒。光绪十年（1884），法国侵略军进犯滇桂边境时，他以广东高雷钦廉四府团练督办一职参加抗战，次年二月任广西关外军务帮办，在当地人民的支持下，大败法军于镇南关，攻克文渊、谅山，重创法军司令尼格里。从越南撤兵回国后，冯子材“奉旨”督办钦廉一带防务，并会办广西一带防务，重点对付法国对西南边疆的侵犯。

光绪十一年（1885）十一月，黄邹保率领临高、儋州汉黎人民“揭竿遽起”，万州、陵水、崖州等地汉黎人民纷纷响应，“旬日之内众至二千余人”。在崖州黎境，自光绪元年东部抱寨黎人符亚殿、符亚恶兄弟先后发起暴动以来，万州黎人，西界黎人，东界大烟、大茅、南林诸峒黎人相继暴动。琼州府官兵不能剿灭，符亚恶兄弟和大烟、大茅、南林等峒黎人的反抗势头“愈炽”。① 鉴于琼州地区爆发的汉黎人民反抗斗争连绵不断，两广总督张之洞向清政府奏报后，命冯子材下琼州“剿黎”、“抚黎”。

冯子材奉命于光绪十二年（1886）六月二十九日率军自钦州起程下琼州，七月初三日乘船抵海口。七月二十八日，张之洞电告冯子材：

> 无论何匪，先剿后抚，不易之理。琼事鄙人决计奏明大举，客、黎一律办清，以七个月为期，至明年二月底止。特限于饷力，拟为麾下添足二十底营，除留钦防两底营外，办琼匪者十八底营，其全字营由公酌汰另募。方道所统琼军八底营，勤军一底营，均归公节制调遣。计在琼有二十七底营，共六千五百人，似足以办琼事。每月勇饷、军火、薪水、杂费约需银四万，七个月共二十八万。②

这时，起义军首领陈锺明、陈锺青率领一千多人攻打定安县南闾、仙沟、雷鸣和澄迈县新吴。在儋州，陈锺铭发起暴动，攻占感恩县西乡汉黎各村。这一年八月，张之洞拨给冯子材的新旧营勇陆续到

① （清）光绪《崖州志》卷十四《黎防志三·平黎》。

② 《张之洞全集》卷一百七十四《电牍五·冯宫保来电》（光绪十二年七月二十八日），第5128~5129页。

齐，冯子材将全军分为中、左、右、前四军，命其三子冯相荣统领前军，命其五子冯相华统领中军，命知州刘保林统领左军，命记名总兵林长福统领右军。据报，打密、什密是暴动首领陈锺明的根据地，冯子材决定先打中路什密。九月初九日由定安县起程，冯子材亲自督率林长福、冯相华诸军从中路进攻，冯相荣和刘保林率领前、左两军由万州东路进兵夹攻，派道员方长华率领琼军出西路，由儋州、临高一带进兵会攻。在围剿的过程中，冯子材同时率部开通十字大路。他曾在五指山北仕阶岭大路旁巨石上勒铭，铭曰“手辟南荒”。关于这次深入五指山腹地的军事镇压行动，张之洞在当年十一月二十七日所上的《琼军获胜筹办招抚折》中称道：

> 此次攻剿处所，皆为数十年来官弁兵勇未到之区。计岭门去定安县已一百九十里，岭门进至什密又一百八十二里，什密距五指山仅九十里，廖二弓暨十八村去陵水县一百三十余里，儋州至那大一百二十里，那大至元门峒一百八十里，皆由提督冯子材志壮忠壮，率诸军亲历奇险，愈进愈勇，是以将士用命，所向有功。①

接着，张之洞于光绪十三年（1887）二月奏请朝廷批准后，令冯子材移军崖州境剿平崖州东路暴动的黎人，“经竟全功”。②

这一年的三月，冯子材驻扎陵水，调遣冯相荣、冯相华和候补道杨玉书“率前军抵三亚”。③ 在大兵压境的情况下，南林黎人仍“抗不就抚”。官军连夜分四路进山围剿，冯相荣、冯相华率领兵众一千从罗蓬进入，参将符坚高率兵五百从大茅进入，参将冯华、都司陈才业率兵一千从半岭进入，陵水知县石佩琼率兵五百从藤桥只让弓进入。四路官军越崇山峻岭，攻破黎寨，“分军搜山，大索十昼夜，深入数十里”，终于将暴动黎人镇压下去，“崖境一律肃清”。④ 由于

---

① 《张之洞全集》卷一十九《奏议十九》，第 511~512 页。

② 《张之洞全集》卷二十一《奏议二十一》，第 559 页。

③ （清）光绪《崖州志》卷十四《黎防志·平黎》。

④ （清）光绪《崖州志》卷十四《黎防志·抚黎》。

“天热瘴盛”，在这次军事行动中，官兵得病者共有500多人，其中以冯子材的“萃军”患病者最多。张之洞电令“各军病者瘴者撤出”，并派人从海口把药品运来，及时给予治疗。四月，大军各营从南林撤到三亚、藤桥休整调理，冯子材则仍坐镇陵水“就近督率，以竟全功”。[①] 战后，冯子材上奏回顾这一次战役损兵折将情形，仍感慨极深：“臣等查崖州为琼南瘴疠最重之区，而南林一岭，山深水毒，尤为险恶。杨玉书督军攻克逆巢后，旋即感瘴身故，其余员弁勇丁病残者不少，卒能备历险阻，克竟全功。论其攻战斩获，则不如大股外寇之多，论其艰苦病困，则难于内地十倍。”[②] 据《清史稿》记载，冯子材在军事围剿中，一共“收抚黎众十万人”。[③] 而冯子材的《冯宫保军牍》则记载，截至光绪十三年（1887）六月止，各路清军先后造册编户黎民20余万人[④]，其中南路崖州新抚丁口2.3万余人。[⑤] 由于此次军事行动之深入，收编黎户之众多，封建王朝的统治向五指山区腹地大大推进，冯子材得到了清廷的嘉奖。

军事行动成功之后，对于如何“治黎”，张之洞与冯子材相互探讨，并多方听取意见，形成了比以前更为成熟完善的“抚黎”主张和政策。张之洞亲自制定《抚黎章程》十二条“刊发传布”。[⑥] 具体内容如下：

> 一，官军此举，专为剿除乱黎，招抚良黎，开通十字大路，以期黎汉永远相安。其良黎秋毫不扰，毋庸畏惧。一，从前为匪黎人，投诚者免，抗拒者诛，擒斩来献者重赏。一，投诚诸黎，

---

① 《张之洞全集》卷一百七十七《电牍八》（光绪十三年四月二十三日），第5242页。

② 张云卿、都启模编：《冯子材军牍集要》卷十二，清光绪二十一年。

③ 《清史稿》卷一百三十七《兵志八·边防》。

④ 参见冯子才：《冯宫保军牍》卷二十。

⑤ 参见《张之洞全集》卷二十一《奏议二十一》（光绪十三年六月十三日），第559页。

⑥ 《张之洞全集》卷一十九《奏议十九》之《剿抚各黎开通山折》（光绪十三年二月十七日），第532~534页。

无论生熟，一律薙发改装。一，投诚黎首开送户口册，捆献匪徒，缴呈枪械。一，投诚黎众随大军伐木开山，前驱向导，仍按计里数酌给赏犒。一，将来开通生黎大路后，选择要地设官抚治，安营弹压。各村黎长助剿开路有功者授为土目，就中酌设局总土目数人，散目给顶戴，总目授土职，自为约束，仍听地方官选黜，略仿滇、黔各省土司之例，不令吏胥索扰。一，开通后黎人仍安生理，有主之田断不能强夺，惟抗拒者籍产入官，充官军屯田之用。一，开通田业三年内不收赋税，三年之外务从轻则起征，断不科敛。一，开通后黎境有矿各山，由官商开采者给钱租赁，绝不强行占踞，黎、汉均享其利。一，开通后民人盐、布、百货与黎地牛、木、粮、药等物在各峒口设场互市，来往畅通，公平交易，严禁汉民讹赖盘剥，总令于黎人有益。一，设立土目之后，应各具永远不敢杀掠抗官、藏匿匪徒之切结存案；所属有犯，责成该土目拿送到官，按律惩办。一，每数村仿内地设一义学，延请塾师，习学汉语、汉文，宣讲圣谕广训，所需经费就地筹办。

该章程是在认真总结明代以来封建士大夫“黎议”的基础上制定的，它是历代封建王朝最全面最完善的“治黎”政策措施。这一章程，反映了张之洞、冯子材等开明封建士大夫为根治“黎乱”所释放的善意。有了章程，善后工作就有了方向和政策依据，对于安抚黎族人民，恢复黎族地区的封建秩序和生产生活，促进黎族地区的开发，起到了一定的作用。

对于如何按《抚黎章程》做好“抚黎”善后工作，张之洞与冯子材曾分别提出自己的构想。光绪十三年（1887）闰四月初八日，冯子材致电张之洞，借用万州绅士锺仁龙的禀告称，鉴于全琼黎峒各路已开通，宜分四段，立一州三县：五指山东面为一段，建城约在十万峒为宜；五指山西南为一段，建城约在定安之凡阳为宜；以五指山正南为一段，建城在崖州大本弓为宜；以五指山西北为一段，建城约在感恩黎地为宜。各段分地虽宽，可添设巡检司控驭。“初办以劝耕开市、锄强禁扰为要，定赋次之，立学又次之。”

从张之洞当年六月十三日给朝廷所上的《全琼肃清分别裁留营勇筹善后事宜折》中的叙述来看，张之洞对于冯子材所表达的善后构想是赞同的。他在奏折中指出，善后事宜一是移民垦田，二是招商伐木，三是助商开矿，四是设官之制，五是除弊化俗。

对于“设官之制”，张之洞奏称，凡形势冲要距城辽远之区，如定安之十万峒，万州之什密峒，定安之凡阳，感恩之古镇州，崖州之大本弓，琼山之水会所等处，“均应量设同知、通判、州判、县丞等官，并移置营汛。惟目前经费未裕，地利未开，瘴氛未净，应暂派委员及带勇将弁，就以上各处驻扎经理”。至于生黎各峒，多设有世袭总管，但是这些头人“类皆刁黠贪横，平日则苛虐黎人，伺便则勾结外匪，突出劫掠”，他主张应即一律革除，另择选循谨者为村长、峒长。所辖村峒多，则酌情给予顶戴，予以把总、包委等职衔，“由地方官选出，不准世袭”。

关于“除弊化俗”，张之洞在奏折中实事求是披露了贪官蠹吏、地棍奸商欺诈盘剥黎人的恶劣行径：“黎性固愚犷，亦甚朴鲁，平日每为奸民剥削，尤应加意体恤。查知黎村粮赋，向来不免为蠹胥地棍抑勒欺蒙。”这正是引起黎族民众不断起而抗争的主要原因。他要求“严饬各属一律查核，力除苛累。如有奸商欺骗盘剥、团勇扰索、奸民诬害，一并严行惩办”。除弊化俗的另一方面是在黎区建义学办教育，“各州县饬令一律酌办（义学），先令通华语，略识汉字，宣讲圣谕广训，使知礼义法度之大端，且免奸民所愚”。

光绪十三年（1887）五月，冯子材奉旨返回琼州府城，在“与道府各官商酌一切”之后，于五月内率部撤回钦州，所余善后事宜由张之洞督促雷琼道朱采操办落实。在善后施政过程中，《抚黎章程十二条》逐步得以实施。张之洞在光绪十五年（1889）八月初六日向朝廷所上《全琼肃清汇奖出力员弁折》中，汇报两年来实施的具体情况说：

现在琼州黎境分设抚黎局八处，各派委员一两人，文武参用。每局各募土勇一百名，或数十名，责令该轴等经管平决争讼，缉拿盗匪，修路垦田，设墟招商等事。岭南一局，南丰一局，凡阳一局，番�一局，乐安一局，廖二弓一局，茅地一局，古镇州一局，皆系扼要之所，即为将来设官控制应增应移张本。其新开各路，近外者畅行不阻，近内者稍有水冲草没之处，已严饬各局随时巡查，修理芟剔，以免梗塞。设立墟市数处，商贩渐集，如定安之荔支园，陵水之闵安墟，儋州之薄沙峒、牙汪村等处，民黎食货交易日多。其各墟所设义学，黎人子弟多有来附学者。至伐木、垦田、开矿三端，前经奏明招商办理。现在陵万、崖州一带，木料已畅出十余万株，商人集赀前往认办者络绎不绝。

遗憾的是立县一事，自张之洞于光绪十五年（1889）八月调任湖广总督之后，就无人落实。光绪《崖州志》记道："后张制军亦去任，黎峒立县事竟寝。"①

（二）开通五指山十字道路

在张之洞和冯子材"剿黎""抚黎"的过程中，最为引人注目的是，历代先贤主张的开通五指山黎区十字道路，在他们手上得以实施。他们认为"抚黎以开路为先"，因为"开凿险隘，芟焚林莽，令其四通八达，阳光照临，人气日盛，则岚瘴自消，水毒自除"。当时张之洞、冯子材所制订的开路计划是：

综考黎峒形势后，北以十万峒之牛栏坪为要，东以太平峒之什密为要，东南以宝停司为要，南以罗活峒之乐安司为要，西南以古镇州峒为要，西以红毛峒之凡阳为要，皆出入冲要、可以屯兵足食之所。

计划中拟开12条道路，其中从崖州开辟的有两条：一是由崖州东之三亚口西北行，越华林大岭，出五指山之西抵凡阳，此为东南路，责成道员杨玉书及知府冯相荣、冯相华办理。一是由崖州西之九

① （清）光绪《崖州志》卷十四《黎防志三·平黎》。

所市北行，经乐平汛，东北抵乐安司，此为南路，责成署崖州知州刘保林、署崖州协副将方敬会合方长华办理。

计划中开辟道路的具体实施办法是：由冯子材统一指挥、考核督催，琼州道、府督率所属各州县同心协力。大率参考前明海瑞、俞大猷诸人在“黎议”中的设想，加以变通推广。所开道路相互交通，形如“井”字。各州县再分开小路，交会于大路，纵横贯通，同时并举。实施过程中勇团土黎并力做工，会合连接，但也分地定限，各负其责。大道路面以一丈六尺为度，险隘处以八尺为度。所到之处伐木焚莽，人力所不能挖掘者则以炸药轰裂之。经过深山黎峒则“随宜抚定”。在开山辟道过程中，分遣专人测绘地图，沿途察看河道、矿苗及地形土宜，以便日后开发富民。

这一开路计划是在一边围剿、一边“抚黎”中进行的。后来报告实行情形称：拟以五指山为居中，定、万、崖、儋各开一路，即用黎夫开之，以各属绅耆董理，并委山西补用知府杨玉书统办定、万、崖三路开山伐木砌路事宜，其儋州一路即饬统领琼军道员方长华雇夫开办。择定光绪十二年（1886）十二月十七日一并起工。均由五指山脚起开，至各州县官道止，限至十三年（1887）五月底工竣。其路均宽一丈六尺，铲高填低，务成平坦大道。又于路之两旁各开一沟，宽深以一尺为度，俾免天雨泥泞。沟上各视土宜栽种树木，既可表道，并荫行人。俟十字大路开成后再开各州县入山小路各一条，计宽八尺。① 据载，至光绪十三年（1887）六月止，计所开通道路共3600余里。此外又劝督各州县团绅另开小路，共开小路22条，均已与大路接合。② 其中崖州开小路两道：一由郎蒌讯至官坊河，一由抱怀村至乐安所。关于崖州境内所开通的道路，署崖州协方敬于当年闰四月初六日给张之洞的复电中述称：

---

① 张云卿、都启模编：《冯子材军牍集要》卷十二，清光绪二十一年排印，第28~29页。

② 《张之洞全集》卷二十一《奏议二十一》（光绪十三年六月十三日），第561页。

> 查由崖州西之九所市经乐平汛，北抵凡阳，为南左路，开得二百廿八里。一由州东沟口汛，经只强村，通官坊招浅村、辨冲村、抱壁村，直抵凡阳，开得二百十五里，搭桥二十条，凿井一口。一由南右路由州西之郎蒌汛，经抱怀村治经罗活峒，抵官坊河止，会合官坊招浅村接凡阳，开得二百三十五里，搭桥二十二条，凿井二口。又由抱怀村分道，至崖州坡之覃寨营门抱定乐安所共七十五里，搭桥八条……

方敬电文中所说的崖州西九所经乐平北抵凡阳这条道路，就是当今从九所通往番阳、毛阳，再通往五指山的大道中的主要路段。

对于至光绪十三年（1887）六月尚未开通或未开足完善的路段，张之洞在《全琼肃清分别裁留营勇筹善后事宜折》中表示："叠经臣等委员密勘，官开各路，林莽芟除，山石开凿，舆马俱畅行者十得其五。余或限于地势，或迫于日期，未能依前定丈尺开足。已饬俟秋凉后随地召募土黎，设法轰凿增修，多造坚固木桥，务令一律宽通，并于冲要平坦处所搭盖棚寮，设立墟市，以便商旅往来。"

在善后措置中，五指山腹地的十字路完全贯通了。《清史稿》地理志中记道：

> 光绪十五年，总督张之洞始开五指山道为大路十二：东路三，西路三，南路、北路、东南路、东北路、西南路、西北路各一。奥区荒徼，辟为坦途，人以为便。

加上前面提到的各州县开通的22条小路，在黎族腹地五指山地区已形成了纵横交错的交通网。中华民国前期陈铭枢编纂的《海南岛志》记道：

> 十字路，纵横贯通黎境，为汉黎贸易往来道路也。西起那大，至南丰，经博沙，入红毛峒，至营根铺岭门（今琼中县湾岭），计程六百里，是为岭崖路。再北延至南闾、龙塘、龙门，以达定安仙沟，计程百八十里，是为岭龙仙沟路。此段现已筑成公路。是二线纵横相交于五指山下水满峒，形同十字，是谓十字路也……前清光绪十二年，冯子材入黎境，命黎人刈除路旁林菁

蔓草，以利军事转输，刹具路形。①

正因为冯子材在围剿造反黎人的同时，一边实施“抚黎”措施，一边在黎族山区开辟大路，促进了黎族地区社会秩序的稳定和恢复，推进了黎族腹地的开发及开化，因此被称为“尤为开化黎峒之先河”。② 他在黎族人民心中也留下了深刻的印象，至今在黎族民间尚有民歌流传，如：

冯公抚黎好主张，开十字路通城乡。

设义学馆来读书，垦荒造田免税粮。③

（三）崖州升为直隶州

正当中国近代民族民主革命运动日益高涨的时候，光绪二十六年（1900）十二月十日，慈禧太后在西安颁布“变法”上谕，推行“新政”，目的在于消弭国内人民的反抗斗争。慈禧回到北京后，于次年四月二十一日成立以奕劻为首的督办处，正式实施所谓的“新政”，包括政治、经济、军事、文教四个方面。在广东，岑春煊新任两广总督，乘推行“新政”，于光绪三十一年（1905）奏请朝廷将琼州府之属州崖州升为直隶州。光绪《崖州志》记道：“光绪三十一年十一月，升崖州为直隶州，领万县、陵水、昌化、感恩四县。”④ 其中万县即原琼州府属下之万州改立。

崖州之所以在清末推行“新政”期间升为直隶州，并非偶然。首先，崖州地处南疆，不但离省城遥远，就是离海南的政治中心琼州府所在地也路程绵长，琼州府在管辖上往往鞭长莫及。每当黎族反抗斗争爆发时，官府派员弥乱、调兵遣将拖延时日。其次，随着张之洞、冯子材“抚黎”策略在琼南地区的实施，客观上把琼南少数民族地区紧密地联系在一起，使当时人们的观念中基本上形成了一个区域——少数民族区域。另外，崖州襟带着南海诸岛，随着外侮入侵的

① 陈铭枢等编纂：《海南岛志》第十二章《旧道路》。
② 陈公佩：《钦州民卅五志》卷四《人物志·民族英雄传》。
③ 引自《海口文史资料》第八、十三辑，王一生、冯仁鸿文。
④ （清）光绪《崖州志》卷一《舆地志一·沿革》。

加剧，它的海疆战略地位愈加彰显。所有这些都是崖州从属州上升为直隶州的条件和机遇。

崖州升为直隶州后，辖境包括原崖州及感恩县、万县、陵水县、昌化县，就陆地面积而言，包括了海南岛的南半部，海南岛中南部整个黎、苗族聚居地区几乎尽在其中，海疆则包括海南岛的南部海域和古时所称的“千里石塘”“万里长沙”，即西沙、南沙群岛。南海诸岛清代原属万州管辖，万州改为万县隶属崖州直隶州后，南海诸岛也就归属崖州直隶州管辖了。

崖州直隶州只有两任知州，第一任知州冯如衡，江苏太仓州进士，光绪三十二年（1906）到任；第二任知州范云梯，广西永安州拔贡，宣统元年（1909）出任。为了加强对崖州的统治，清王朝在崖州设立巡警正局，“借城隍庙为之”，设巡警官一员、警勇九名。①

至于基层组织，自鸦片战争后至光绪末年为止，随时势变迁，原崖州本土境内形成了三坊、四厢、一乡三堡、十一里的格局。

州城内设三坊：遵道坊、日昇坊、起晨坊，可见州城已较昔日繁荣；州城外仍为四厢：东厢、西厢、南厢、北厢；州城南为保平里，即第五都，东至马岭、大洲等村，西至梅东、梅西等村，西南至临高、港门等村，均为保平里属村。这里是以州城为中心的中部地区。

东部地区有正三亚里、所三亚里、椰根里、临川里。正三亚里有三亚村、林家，所三亚里有番村（今回新村），椰根里有羊栏、新村、妙山等村，临川里有月川、榕根、港门等村。

东北部藤桥地区为黎族聚居区，明清以来只设永宁一乡，经清朝末期统治势力的推进，现分设三堡：永宁乡上堡，永宁乡中堡，永宁乡下堡。

西部地区仍设黎伏里、冲育里、乐罗里、望楼里、黄流里、佛老里，各领属村。

晚清政府把崖州升为直隶州，这是初次把海南少数民族地区作为

① （清）光绪《崖州志》卷十一《经政志六·巡警》。

一个独立的行政区域来管理，对于后世的民族区域自治建置有一定影响。然而，此时的清王朝已处在日薄西山、气息奄奄的阶段，崖州直隶州的建立并未带来多少实际影响。清朝被推翻的前夕，崖州地区的地主阶级对人民的剥削压迫更为残酷，加上连年自然灾害，民生痛苦不堪。据记载，光绪三十二年（1906）“大旱，民田失收”；光绪三十四年（1907）“升米百钱，民间艰食。有南洋及陵水商船运至谷米与番薯干屑转售，得以接济，民赖全安”。当年九月二十一日，“飓风大作，山水暴涨，毁伤民舍田禾”。光绪三十四年（1908）九月，“飓风两作，毁伤民舍田禾；十月，淫雨，蝗虫食禾”。在人祸天灾的双重肆虐之下，崖州人民处于水深火热之中。

至中华民国成立，崖州直隶州即行废止，各属县均归琼崖道直辖。崖州直隶州建制仅存在7年。

二、晚清政府加强崖州海防

（一）光绪年间崖州海疆的布防

自法国军舰驶进榆林港、觊觎海南之后，清政府对崖州的海疆布防进一步加强。崖州协水师分管的洋面，仍然是东自万县东澳港起，西至昌化县四更沙止，巡洋面共1000里，南面直接暹罗、占城夷洋。原崖州水师设海防马步守兵，光绪十五年（1889）奉命抽练出洋兵71名。至光绪二十二年（1896）抽练出洋兵额，丙字练船配兵36名，丁字练船配兵35名。后改练兵为水勇。整个崖州海疆的布防如下：

大疍港炮台，驻扎千总一员，防兵20名。

保平港炮台，驻扎外委一员，防兵20名。大疍港淤废后，千总移驻到保平港来。

榆林港炮台，驻扎外委一员，防兵15名。

赤岭港炮台，驻扎额外一员，防兵13名。

望楼港炮台，驻扎把总一员，防兵17名。

此外，在崖州城东北200里的合口港设置藤桥炮台，州东南滨海的玡琅、石头、利桶、玳瑁洲等处港澳均拨兵戍守。自龙栖湾至白沙港内的酸梅角、黄流湾、白沙港，由望楼港守兵兼顾巡缉。

所配备的巡逻船仅有拖船两艘。光绪三年（1877），第一号拖船被台风击毁；光绪十五年（1889），将第二号拖船改为澄清营丙字练船，次年又拨给丁字练船一艘，配兵出洋巡缉。

光绪十五年（1889），军械局拨给崖州驻军大急枪210杆，其中陆军40杆、水师40杆；毛瑟枪140杆，其中陆军80杆、水师40杆；又拨给陆营劈山铜炮4位。次年，又拨给一千一百觔洋炮2位、八百觔洋炮4位、七百觔洋炮4位、六百觔洋炮4位，以配兵船巡缉。①

（二）张之洞加强榆林港防务

张之洞在两广总督任上时，对海南的海防十分重视，曾亲自到海口考察，并向朝廷上《巡视海口折》、《建筑琼廉海口炮台片》。当他得知光绪十五年（1889）七月初三日有法国兵轮驶进榆林港后，立即派李义先带领精通测绘的将士数员，乘兵轮到榆林港进行测量勘察，并及时向朝廷上《查勘榆林港形势筹议驻营筑台片》，详细介绍了榆林港的战略地位：

> 兹据该镇及各将弁禀称，勘得榆林港两山环抱，水口紧而且深，形如葫芦，口门内水深港阔，可泊铁甲大船十余艘，中号兵轮二三十艘。各山林木丛杂，泉水甚甘，周围十余里土人及来往舢板皆往取水。如海防有事，扎水寨为营，形势之胜，不独为琼海他口所无，即广东通省各海岛亦所罕觏。查琼州海面七洲洋一带风浪最恶，无可停泊，若将此港筹备完密，设琼海有事，我之铁舰与敌舰攻击之时，倘值风暴不便，得此可资收泊。又有炮台以为犄角，实为讲求海军必争之地。

接着，他根据自己的深思熟虑，提出具体的防卫设施建设计划：

> 此港既为形势之区，牖户绸缪，自应亟图豫防之计。现拟于榆林港口门外东山乐道岭、西山独田岭分筑炮台各三座。两岸相

① 关于海疆布防，均据（清）光绪《崖州志》卷十一《经政志》及卷十二《海防志》。

距二百余丈，敌船若欲进口，中等炮力尽可摧坚；若配十五生新式长炮六尊，足资扼守。惟该港经营必须及早筑台，尚可从容。现经雷琼道朱采调派一营前往驻扎，令其复加体察，一俟定议即行筹购炮兴工。

据载，这一年，张之洞调琼军右营练兵驻扎榆林港。至光绪三十年（1904），广东省设立琼崖巡防营，分派第三营驻扎于榆林港和三亚港。

当时对于张之洞的奏议，清廷朱批送相关衙门议奏。遗憾的是，张之洞于这一年八月调任湖广总督，他加强榆林港防卫设施建设的计划就此搁置。

三、张人骏派水师巡防南海、经营西沙

光绪三十三年（1907）七月初三日，日本商人西泽吉次纠合百余人擅自侵入中国东沙岛，将中国渔民建的大王庙毁为平地，驱逐中国渔船，声称发现一无人岛，并在该岛建筑宿舍，竖立70尺长竿，升起日本商旗，擅自将该岛改名为西泽岛。日本报纸就此事大肆宣扬。西泽还雇用130多名工人在该岛开采鸟粪磷质矿，用新法捕玳瑁，又在岛上建起轻便铁轨一段，设有货仓、木码头、制淡水机、医院、办公所等，显然欲侵占该岛。两江总督端方闻其事，即报告清廷外务部，并电告新任两广总督张人骏。张人骏根据端方的意见，搜集王之春的《柔远记》、陈伦炯的《海国见闻录》、陈寿彭所译《中国江海险要图说》等书籍，与英国海军部所制《中国海总图》和《蒲拉他士岛图》参考对照，又派舰船实地勘察，在沿海渔民中调查，确认英人所称蒲拉他士岛，实即日本西泽吉次占据之岛，是广东省人民历来居住从事渔业生产之大东沙岛，自古以来就是中国的神圣领土。宣统元年（1909），张人骏照会日本领事，要求日商从该岛撤离。①

① 《东方杂志》第6卷第4期《纪事》，第67页，转引自《简明广东通史》第十一章第二节，广东人民出版社1987年版，第532~533页；郑资约：《南海诸岛地理志略》第七章《史之回顾》，载《南海诸岛三种》，海南出版社2004年版，第195~197页。

东沙岛交涉事件发生后，张人骏“因闻海南大洋中有西沙岛者，虑及长任荒废，亦将为东沙岛之续”，于是立刻派遣副将吴敬荣前往西沙群岛查勘。宣统元年（1909）四月初一日，再次派遣水师提督李准与广东补用道李哲浚、署赤溪协副将吴敬荣等人，率领包括测绘学生、化验师、工程师、医生、各项工人在内一共170多人的队伍，分乘“伏波”“琛航”“广金”三兵轮前往西沙群岛复勘。他们于四月二十日驶抵西沙群岛，李准以所乘“伏波”兵轮名命名首登之岛为“伏波岛”，刻石立碑。李准命人镌字于石上，曰“大清宣统元年广东水师提督李準巡阅至此”。李准所率兵轮在西沙巡海历时20余天，共踏勘15座岛屿，所到岛屿均命名刻石，鸣炮升旗，重申中国对南海诸岛的主权；并令海军测绘生绘制成图，回大陆后呈于海陆军部及军机处存案并昭告中外。五月二十二日复勘完成后回航省城，李哲浚向广东省督署详细汇报。为抵制外国侵略，宣示主权，开发西沙，广东省督署成立筹办西沙岛事务处（简称筹办处）。筹办处司道拟成八条开办大纲详报督署，并声明于是年八月后再往开办。八条内容摘列如下：

（一）查西沙各岛分列十五处，大小远近不一，居琼崖之东南，适当欧洲来华之要冲，为中国南洋第一重门户。应请宪台进呈，并将各岛一一命名，书立碑记，以保海权而重领土。（二）西沙岛产有矿砂，为千百年来动物质所积成，可作肥料。用西法化验，内含各种磷质肥料，外洋销用颇广。拟即招工采取，以收天然之利。一面讲畜牧、兴树艺，以为久远之谋。（三）西沙各岛孤悬海外，既无淡水，又无粮食，轮船并无避风之所，必须择一妥近之地，藉资接应。榆林、三亚两港，相距仅一百五十余海里，旦暮可达，应即开辟两港，为西沙之接应。是西沙各岛应以榆林、三亚两港为根据地也。（四）专派轮船以资转运。西沙开辟后，工役众多，拟于岛上搭盖篷厂，以便工人住宿，并筑蓄水池，用蒸水机制造淡水。至粮食等项，每月分两次就近由榆林港用轮船转输。将来采存磷质肥料，亦随时由轮船运回，招商承购。拟派广海（兵轮）为西沙各岛运船，请添拨兵轮巡阅各岛。（五）安设无线电以通消息。拟请分别在西沙岛、榆林港、东沙岛、省城、轮船上各设无线电一具，以期呼应灵通。（六）派员分办以专责成。拟分东沙岛为一股，西沙岛为一股，榆林、三亚等处为一股，每股以事之繁简定用人之多寡。（七）辨别磷质必先化验。拟用外洋高等化验师，将所采得肥料矿砂随时化验，以便评定价值。（八）酌拨经费以资开办。在榆林、三亚两港购民地、筑盐田，岛上搭盖篷厂，以及员司工役薪资，一时未能预算，拟先由善后局拨款十万两，本署运司拨款十万两，作为开办经费，待磷质肥料出售，即行拨还。

张人骏在筹办处司道详报办法八条之后，即将查勘情形和开发西沙办法上奏朝廷。其中提出，为了开发西沙，必须以榆林、三亚以为根据地，委派人员，设立机构；同时提出开发榆林和三亚的设想：

至榆、亚山水环抱，形势天然，地土亦颇饶沃，实擅琼崖之胜。特产则盐为最富，如将该处沙坦尽筑盐田，其利甚大。崖州各属之森林尤极繁盛，林业亦可以振兴。诚于该两港次第设施，收林牧鱼盐之利，为通商惠工之谋，他年琼岛一隅，当可蔚然生色。此又与办理东西沙岛连类筹及者也。

张人骏奏报后不久，就被改任为两江总督，接任两广总督的是湖南湘潭人袁树勋。“当时谕旨对于张督奏报之件，着继任总督袁树勋悉心图划，妥筹布置，以辟地利”。然而，袁树勋于当年八月下达裁撤筹办西沙岛事务处的指令：“兹查西沙岛筹办之事，尚未切实举行……所有前设筹办东西沙岛局，应自本月份起即行裁撤，改由广东劝业道会同善后局办理，以节糜费。”① 之后，开发西沙的计划也随着清王朝的衰亡而被抛到九霄云外。即便如此，此次西沙查勘历史意义重大，它揭开了西沙神秘的面纱，让世人对西沙有更加切实的认

① 陈天锡：《西沙岛成案汇编》，载《南海诸岛三种》，海南出版社 2004 年版，第 24~32 页。

识，再次宣示了中国所拥有的主权，同时也让世人知晓崖州榆林、三亚地区的经济开发价值及战略地位的重要，为西沙和榆亚地区的开发和发展奠定了一定的思想基础。

四、从陵水县燃起的民主革命星火

清朝末年，社会矛盾激化，孙中山领导的资产阶级民主革命派决心用暴力革命的手段推翻清政府。1905 年 8 月，孙中山联合各革命团体成立中国第一个资产阶级政党——中国同盟会。革命党人到各地发展会员，并积极发动起义。

宣统元年（1909），陈子臣、林格兰奉命到海南建立同盟会支部并开展革命活动。同年，琼籍同盟会会员冯齐民、冯熙周、陈得平等 18 人在广州发起成立反清组织“新民社”。为了动员海南的反清力量并组织武装起义，这一年冬，新民社从广州迁回海南，社址设于琼山县金墩市，在府城冯氏家祠设联络点，在各县设分社，并联络“三合会”策划武装起义。资产阶级民主革命的火种也在崖州境内传播。据记载，光绪三十三年（1907）考入琼州府中学堂读书的崖州直隶州陵水县桥仔村人刘中悟，光绪三十四年（1908）考入琼崖中学就读的崖州妙山人王鸣亚，分别于 1909 年加入同盟会，成为琼崖早期同盟会中的骨干分子。宣统三年（1911）年初，琼崖同盟会支部派遣刘中悟到万宁、陵水，同王鸣亚、刘中造、郑震春等人组织同盟会陵水支部，并开展武装起义发动工作，点燃起崖州民主革命的星火。崖州直隶州辖下的陵水县桥仔村，成为崖州地区革命党人活动的根据地。

1911 年 10 月 11 日，武昌起义成功，各地纷纷响应。在广东，革命党人发动会党广泛组织民军起义，广州与惠州、化州、肇庆、汕头、紫金等地先后光复，广东内陆各地也相继光复。然而，在海南，由于革命党人人数少势力弱，又缺乏严密的组织和坚强的领导者，始终难以发动起义。但是，当时的琼崖兵备道范云梯、琼州驻军统领刘永滇慑于形势，不得不闻风宣布独立，实行和平光复。不久，刘永滇自行辞职，把海南 3 营驻军的兵权交予兵备范云梯。实际上，光复后的海南地方政权仍掌握在封建势力手中。广东军政府正式成立后，都督胡汉民派遣同盟会会员赵仕槐为琼崖安抚使，于1911年11月到海南主持政务，但范云梯拒绝交权。赵仕槐组织海口同盟会领导下的民军（学生军），分二路进攻琼州府，以武力逼迫范云梯交权。刘中悟则率万、陵地区革命党人，参加了革命党为夺取政权而发动的府城之战，为海南的光复做出了贡献。后广东军政府另委黄明堂为琼崖安抚使，黄明堂着手改编琼军，并委区金均为民政总长，治理民事，至是海南局势才稳定下来。

第三节　晚清时期崖州的经济与教育文化

一、晚清时期崖州的经济

（一）社会经济的进一步半殖民地半封建化

晚清时期，崖州经济的最大特点就是半殖民地半封建化。

鸦片战争前，崖州的经济是典型的以农业为主的自然经济。农业以生产粮食为主，主要种植水稻，高旱区则多种植番薯、玉米、山禾。经济作物除了各种瓜菜外，还有棉花、甘蔗、槟榔、椰子、花生、烟草、蓝靛、桑、麻、竹子等。其中棉花、甘蔗、花生、桑、麻、烟草、竹子，是崖州地区纺织业、制糖业、榨油业、烟草业等小手工业的重要原料。手工业除了市镇上的各种个体手工制作之外，还有广大农村的家庭副业——棉纺业。各市镇与内地交通要道出现不少墟市，但商品经济很不发达。在商业贸易活动中，崖州地区输出的仍然以土特产品为主。与大陆的贸易大部分由广东南海、东莞、“四邑”“五邑”（新会县、新宁县、开平县、恩平县、鹤山县）的商人所垄断。

鸦片战争后，随着外国资本主义势力的侵入，崖州地区开始了半殖民地半封建化的过程。首先，外国资本主义势力通过琼海关榆林分卡控制崖州的内外贸易，一方面源源不断地向崖州境内倾销商品，占领本地市场，另一方面掠夺崖州境内的廉价原料。据《崖州直隶州乡土志》记载，晚清时期崖州每年入口的货物，海关登记的达四五十种，主要有：绸布万余匹，鞋袜万余双，洋纱200余石，洋巾百余石，烟土五百余石，水油（煤油）5000余箱，火柴5000余箱，线绒丝带30余斤，茶叶百余石，面粉、线面2000余石，纸料2万余石等等。这些入口货物主要来自于江门、海口、澳门。又据该志记载，晚清时期每年从崖州输出的货物，主要销行江门埠，计有白糖万余石、黄糖300余石、糖水4000余石（包括销澳门）、槟榔3000余石、椰子五六十万枚、藤600余石、铲香500余石、花生脯600余石、艾粉10石、瓜子千余石、益智子百余石、马料豆10余石、螺壳千余石、香皮200余石、薏苡仁三十余石、芒果干千余石、海菜千余石、鱼翅30石。销行新加坡的有鸭蛋五六十万枚、生猪千余头；销行海口、江门的有虾米600石、牛皮兽皮4000张、黄豆黑豆千余石、鹿筋百余副等等。这些物资的输出路线有三：一是从境内各港口运往海口。二是从榆林港、三亚港运往江门。1904年，江门被辟为对外通商口岸后，设江门北街海关，江门埠遂成为外国资本在珠江三角洲地区掠夺中国廉价原料的口岸）。三是直接运往澳门、新加坡。外国资本主义势力所掠夺的土特产品，或直接投放澳门、新加坡南洋市场，以获取巨额利润，或通过这些地方源源不断地转运回本国，作为工业原料。

其次，随着外国资本主义势力掠夺的加剧，直接影响着崖州传统经济格局的变化。这首先表现在土地的利用和作物的分布上。崖州地区作物的种植，已与外国资本主义势力和外部市场的需求关系联系在一起，农业中出现商品化生产。如至清朝末年，感恩、昌化县和原崖州西界成为主要出产瓜子的区域，崖州东部和陵水县则成为蔗糖的主要产区。由于平原狭小，加上旱灾、风暴、蝗灾经常发生，粮食生产每况愈下，唯有内地黎族地区稍好一些，汉族地区严重缺粮。如光绪三十二年（1906），崖州大旱，民田失收，次年“升米百钱，民间艰食”。为了救济灾民，从南洋转运和陵水商船转运一批谷米、番薯干送到崖州，饥民才得以接济。① 此后，城镇食粮逐渐依赖于洋米，陷

① （清）光绪《崖州志》卷二十二《杂志一·灾异》。

入外国资本的控制之中。①

再次，传统墟市也受到影响。崖州直隶州辖境内五州县中，道光及道光以前的传统墟市共有47个，其中崖州10个、万州27个、陵水县4个、感恩县3个、昌化县3个；鸦片战争后至清末，崖州直隶州境内五州县的传统墟市大量衰落，减少到24个，其中崖州11个、万县9个、陵水县1个、感恩县2个、昌化1个。五州县中只有原崖州增加了1个，其他四县都比道光以前减少了。与此同时，原崖州境内也出现新的近代墟市，如黎族聚落抱由市。抱由附近的乐安城，到了清末已发展成为相当规模的小市镇。镇上有汉商六七十户，经营农产品、海产品和油盐酒米及日用百货。② 从这一现象可见，墟市的兴起有向内地推进的趋势，这既反映了汉黎人民之间经济联系的加强，也反映外国资本主义势力的商业掠夺正逐渐深入内地黎族地区。

（二）民族资本主义经济在崖州的兴起

鸦片战争前，广东是资本主义萌芽的地区之一。鸦片战争后，外国资本主义侵入，打断了中国封建社会及其孕育的资本主义萌芽的正常发展，不可避免地加速了自然经济的瓦解。商品经济的进一步流通，也为民族资本主义的产生提供了条件。19世纪70年代，洋务派在广东兴办民营工业，在其刺激之下，广东的华侨开始在南海、广州、佛山、汕头等地投资创办近代资本主义企业，使广东成为中国民族资本主义的最早诞生地。在广东先进地区的影响下，华侨和部分内地商人，把目光投向资源丰富而独特的海南，或投资热带农业，或投资资源加工业，民族资本主义生产在海南这片热土上肇端了。崖州由于地理位置优越，也成为海南华侨和大陆侨商投资办企业的落脚地之一。

在崖州直隶州境内，华侨投资的资本主义企业主要有盐业、芒果

---

① 林日举：《海南史》第八章第一节，吉林人民出版社2002年版，第357页。

② 广东省少数民族社会历史调查组编《1897～1899年乐东县多港黎族人民起义始末》，载中国科学院广州哲学社会科学研究所历史研究室编：《广东历史资料》1959年第1期。

种植业和矿业等。

1. 福建华侨胡子春在三亚大规模建设盐田

据记载，清代的盐业一直受官府控制，由灶户自煮自卖，州县收课银，“无发帑收盐引搭配转运等事，惟县自为界，盐岸严明，不许充销”。①《崖州直隶州乡土志》记载，崖州所产生熟盐只销售本境，并无出口，规模不大。同治八年（1869），广东电白商人李隆春到崖州榆亚考察，同本地人一起投资开办“润和漏”日晒海水盐场，“产盐甚丰”。② 随后又有广州、文昌等地商人在榆亚投资建设日晒盐漏共 14 个。但李隆春等在这一时期的盐业生产，仍属手工业性质的生产，规模有限。海南华侨兴办企业热潮到来之后，“福建籍华侨胡子春以“岛民喜用熟盐，而生盐无销路”，拟生产生盐外运，于光绪三十四年（1908）指挥他在海南儋州创办的侨丰公司，在三亚港开辟大面积盐田，直引海水晒盐，并且“禀准采运”，获得“配省行销”的权利。这是三亚近代盐业大规模开发外销的开始。

胡子春（1860~1921）名国廉，字能忠，祖籍福建汀州永定县，成年后到马来西亚经营锡矿开采和橡胶种植，全盛时期拥有矿业机构 30 余处，矿工逾万，矿场遍布马来半岛各地和泰国普吉岛等地，被人们誉为“锡矿大王”。光绪三十三年（1907）春间，胡子春往琼州考察垦务，后禀呈两广总督岑春煊，提出要在琼崖兴办开垦、种植、畜牧、采矿、制盐、航运等事业，经岑春煊向清朝农工商部奏请批准。次年春，侍郎杨士琦出使前往南洋各国考察商务，对胡子春在马来半岛的矿务留下深刻印象，回国后即向清廷上奏《筹议华商创兴琼崖地利折》，详细奏报胡子春对开发海南岛“一纲十目”的构思与计划。所谓的“一纲”，即创办琼州劝业总银行；“十目”依次为兴矿业，清荒地，广种植，讲畜牧，兴盐务，长森林，重渔业，筑马

① 陈铭枢等编纂：《海南岛志》第十六章《盐业》，海南出版社 2004 年版，第 395 页。

② 陈人忠、何庆文：《榆亚大盐商林瑞川发迹始末》，载三亚市政协文史资料委员会编：《三亚文史》第 18 辑，第 24 页。

路，设轮船，开商埠。清廷农工商部又将胡子春的实施步骤向两宫复奏，得到批准。1908 年 11 月 5 日，胡子春与区昭仁招股 200 万元，在广州创办侨兴总公司以及其下属侨丰公司。侨丰公司设在儋州那大镇，正式启动开发海南岛“一目十纲”大计。就在这一年，胡子春在崖州三亚港大规模开辟盐田，直引海水晒盐。但是这一年光绪去世，慈禧病卒，清朝的统治处于风雨飘摇之中，海南岛的局势也动荡不安。胡子春开发海南岛的宏图大计无法全面实现，仅在儋州开办了西垒锡矿业，在三亚、榆林开办盐业。胡子春在三亚开办的近代盐业，“此为本岛产盐运销之滥觞”。① 至清朝灭亡，胡子春与各股东先后离去，侨丰公司在榆林、三亚创办的近代盐业生产也就此废止。

胡子春创办的三亚盐业，是近代资本主义生产在崖州的开端。“自是继起者多，盐业遂日形进步。”至中华民国时期，海南生盐营业即以三亚港为最盛。②

此外，在外地华侨开办大规模晒盐业的刺激下，崖州球尾灶村人、月川初级小学校长林瑞川，于宣统元年（1909）创办“瑞和东厂”和“瑞和西厂”，在榆亚开办盐田。经过几个春秋的努力，盐田发展到 15 处，共 300 多亩。③

2. 商人投资芒果种植业

在华侨投资海南近代农业的热潮中，商人陈赵隆于光绪三十四年（1908）在崖州投资芒果种植业，种植地点在崖州海艮村，投资金额 1000 万元，种植面积 1000 亩，种植芒果 5000 株。④

3. 感恩商人投资开办采矿业

---

① 陈铭枢等编纂：《海南岛志》第十六章《盐业》，海南出版社 2004 年版，第 395 页。

② 陈铭枢等编纂：《海南岛志》第十六章《盐业》，海南出版社 2004 年版，第 380 页。

③ 陈人忠、何庆文：《榆亚大盐商林瑞川发迹始末》，载三亚市政协文史资料委员会编：《三亚文史》第 18 辑，第 24 页。

④ 参见海南师范大学朱军舟的硕士论文《琼海关与近代海南经济社会的变迁》第二章，第 25 页。“投资金额 1000 万元”疑有误。

宣统年间，感恩县北黎人林旦裔将月姑岭矿石送到香港，请洋人化验，证实矿质优良。林氏回来后设股集资招工开采。遗憾的是后来林旦裔染瘴病故，致使感恩矿业“卒无成效”。①

（三）近代邮局的设立

封建时代的驿铺制，一直沿袭到光绪年间。光绪十六年（1890），崖州仍额设铺兵 9 名，除州前铺外，分东西二路各设 4 铺，东路为下马岭、三亚、荔枝沟、藤桥，西路为酸梅、抱陀、望楼、窑灶。每铺设铺兵一名，专门传递官厅文书。光绪二年（1876）海口被开辟为通商口岸后，英法侨民在海口设立书信馆，各与本国通邮。光绪十三年（1887），冯子材下琼州“抚黎”，曾在海南设立 5 个电报局：海口局、兴隆局、陵水局、南丰局和崖州局。为了节省经费，琼州府于光绪十六年（1890）裁撤了南部四个局，仅存海口一局。②至光绪二十二年（1896）四月，清政府才正式在海口设立一等邮局。不久，又将一等邮局改为二等局，辖区包括海南全岛和徐闻县。后又设琼城支局及文昌、嘉积两所二等邮局，分设定安、那大、崖州 3 所三等邮局。自此，近代邮电业才在崖州肇端。

二、晚清时期崖州的教育

（一）晚清时期崖州的旧式教育及其终结

从鸦片战争至光绪三十年（1904）之前，崖州的教育仍然沿袭封建的传统教育制度。在州儒学（崖州学宫）、鳌山书院之外，又增设新书院和学堂。如咸丰六年（1856），乐罗里乡民捐资，在德化驿建起德化书院；光绪十四年（1888），崖州知州唐镜沅在永宁乡没收李华堂宅，改建龙山书院。崖州兴办的这些书院，仍然是义学的性质，办学经费主要源于乡民的捐助。为了拓展经费来源渠道，乡民往往将捐款放息，或买屋置田租赁收息，以所得息钱作为办学经费。此外，还有官员捐出部分养廉银、即所谓“捐廉”钱，官府的罚没钱，

---

① 《感恩县志》卷二《舆地志・山》。

② 陈植：《海南岛新志》第五章《交通》，海南出版社 2004 年版，第 333 页。

以及一些特殊的经费来源。知州唐镜沅在龙山书院创办之初，就曾将罚没的李华堂田产变卖得四百千文，作为该书院的办学经费，同时向该书院“捐廉”四百千文。

各乡村还普遍设立私塾。私塾由私人开设，或以祠堂、会馆为执教场所。有初、中、高三等级，教材由塾师择定，一般是初级私塾以习《三字经》《千字文》《百家姓》《幼学琼林》为主，中级私塾以习《千家诗》《唐诗》《秋水轩尺牍》为主，高级私塾以习《四书》《五经》为主。

清末崖州的旧式教育培养了一批封建文化人才。这一时期，考中举人的有 4 人。他们是：咸丰元年中举的吉大文，镜湖人，官至福建候补道；光绪二十年中举的林缵统，官塘人；光绪二十三年中举的张嶲，孔汶村人；光绪二十七年中举的郑绍材，五都临高村人。

吉大文（1828～1897），字少史，又字二郁，号观察，镜湖村（今属乐东黎族自治县九所镇）人。他出身书香之家，少年时参加琼州府的府试，荣获“海滨之秀”的称誉。咸丰元年（1851）乡试中举，成为清代崖州的第一名举人。后来三次参加会试不第，被清政府例授内阁中书职。因父母年事已高，不忍远离，即辞官回家，在崖州的德化书院、鳌山书院讲学。他关心家乡的文化教育事业，曾捐银 1060 两作为学堂经费，又和士绅林祥士（林缵统的祖父）、孟儒定、何秉礼、韦庆冕、卢景哲等人倡捐崖州学宫。同治七年（1868）获得“议叙同知”衔，光绪三年（1877）被保奏“以知府升用”。赴京朝见光绪皇帝后，“循例报捐道员，分发福建候补，督办税厘总局”，后来任职福建省会善后局兼管营务处，光绪二十三年（1897）卒于任上。吉大文素有文名，人称其“为文雄深雅健，力追先正”。著有诗集《镜湖诗抄》留世，被列为崖州文苑乡贤。

张嶲（1854～1917），原名镜清，字蓉舫，号芙初，黄流里孔汶村（今属乐东黎族自治县黄流镇）人。年十九入州儒学，以成绩优秀而成为廪生。因家贫父老，在乡间开办私塾，以教职维生养父。其父去世后，张嶲进入琼台书院读书。光绪十四年（1888）参加乡试没有考中，但主考官两广总督张之洞见到他的答卷后，认为是海南有才华的士子，于是送他到广雅书院继续攻读。光绪二十三年（1897），张嶲北上参加顺天府乡试中举，被授予“文林郎拣选知县”，但他辞不赴任，回乡后担任鳌山书院掌教。光绪二十六年（1900），知州锺元棣倡修州志，张嶲与邢定纶、赵以濂担任主笔。经一秋冬刻苦写作，至次年春完稿，为崖州文化作出了贡献。

郑绍材（1876~1921），字华干，号贞山，崖州临高村（今属三亚市崖城镇）人。他在光绪二十七年（1901）考中举人，是崖州最后一位科举制举人。在光绪、宣统之交，郑绍材被推选为崖州直隶州议员。科举废除以后，赴京拣选，授为州判。郑绍材关心地方公益，见义勇为，得到州人的称赞。

清代咸丰朝以后至光绪三十一年（1905）科举废止，近60年的科举选举中，崖州共产生75名贡生，其中恩贡13名、拔贡10名、副贡1名、岁贡48名，另有在琼州府学就读的崖州籍贡生3名。这些贡生的乡籍分布，还是以西部地区的黄流、佛老、乐罗、孔汶以至九所、望楼等地为多，反映了这一地区具有稳定的重视教育的良好传统。其次才是城坊、城厢及附近保平、梅东等地，东部和北部地区仍然稀少。

随着晚清走向衰亡，封建的旧式教育也走到了它的终点。光绪十七年（1891），康有为在广州创办万木草堂，对旧式教学内容进行改革。光绪二十四年（1898），康有为奏请废科举、办学校，被光绪皇帝采纳。这一年七月，光绪皇帝下诏，将各省书院“改为兼习中学西学之学校”，“至于民间祠庙……一律改为百学堂”。①虽然戊戌变法很快就失败了，但“废科举，兴学校”成为不可阻挡的历史潮流。光绪二十六年（1901），慈禧采纳刘坤一、张之洞关于“按科递减科举取士之额为学堂取士之额”② 的奏请，将此作为“废科举，兴学

① 《戊戌变法》丛刊本第二册，第34页。

② 《刘坤一遗集》第三册，《奏稿》卷三十五。

校”的过渡，遂于当年八月下令废除八股，令各省设立“学部”主管全省教育。光绪二十八年（1903），清政府颁行“癸卯学制”，并改革各级教育行政机构。当年设立两广学务处，各厅州县设立学务公所。光绪三十一年（1905），袁世凯等人奏请停科举；八月，清政府正式宣布废科举，办学校。自1905年至1911年，各地书院纷纷改为学堂。1906年，各州县学务公所改为学务所。

（二）新学在崖州的兴起

自清政府颁行“癸卯学制”后，在海南，琼州知府刘尚伦率先于当年将琼台书院改为琼州府中学堂。至清政府正式废科举后，琼州府中学堂又于1906年春改为琼崖中学堂。接着，各州县纷纷把书院、社学、义学改为学堂，或设立新的学堂。在崖州，光绪三十三年（1907），珠崖书院改为高等小学堂；光绪三十四年（1908），龙山书院改为永宁小学堂，德化书院改为乐育小学堂。就在这一年，知州冯如衡将旧练兵馆改设为时雍小学堂，“以教育黎童”。

当时的小学分初小、高小两等。学制为初小五年，高小四年；课程分设修身、经书、国文、算术、地理、历史、图画、手工、致格等。中学分初中、高中两等，学制均为三年；课程分设修身、读经、中国文学、外语、历史、地理、数学、植物、物理、化学、图画等。

在新学兴起的同时，私塾仍遍布各地乡村，沿袭旧式教育。

三、晚清时期崖州的文化

（一）风景名胜的再度开发

晚清时期，崖州的士大夫们对境内的风景名胜再度进行开发。据载，明正德年间在崖州城北四里建设的热水塘由于年久失修，至晚清时期已经圮坏。光绪十五年（1889），知州唐镜沅以官府名义重修，并在热水塘上修建亭台，名为“既济亭”，使这一处风景名胜再次焕然一新，成为州里士人百姓游览的好去处。

另外，对原南山岭、回风岭、大小洞天、落笔洞等旧“八景”景区进行进一步的维护和提升，并独辟蹊径开辟一些新景点，形成了“新崖州八景”，即鳌山叠翠、抱郭双流、洞天幽胜、落笔凌空、镜湖秋月、玉井温泉（或温泉漱玉）、灵山腾云、峻岭回风。州里名人吉大文、知州锺元棣先后题咏《州新八景》诗。

（二）光绪《崖州志》的编纂

崖州咸丰年间的举人吉大文、知州唐镜沅都曾有过续修《崖州志》的愿望，“卒以赀巨难筹，事乃中止”。至光绪年间，知州锺元棣上任，有感自乾隆年间修志以来“旷隔已百年”，于是与州名士卢玉墀、张嶲、赵以濂、邢定纶等人发起续修《崖州志》。筹足经费之后，光绪二十六年（1900）夏开局纂修，张嶲、邢定纶、赵以濂担任主笔。[①] 为了获得更为真实可靠的资料，他们深入民间“广为采拾”，力求写成一州之实录。经过一秋冬的努力，至次年春新志初稿遂告修成，锺元棣、邢定纶分别为新志作序。之后又历经两度修订，最后于光绪三十四年（1908）定稿[②]，至 1914 年，才由代理崖县知事郑绍材、县劝学所所长孟继渊协力将书稿刊印。光绪《崖州志》修成面世，经历 15 个春秋。锺元棣、张嶲、邢定纶、赵以濂、郑绍材、孟继渊等人为此付出了心血，也集中了州中众人的智慧。

光绪《崖州志》以乾隆《崖州志》为底本，参考《广东通志》、《琼州府志》，采访新的史实，进行全面的补订、增删。全书共有 22 卷，纪事自上古至光绪三十四年（1908），凡崖州山川、地理、物产、人物、政治、军事、经济、宗教、文学、风俗、灾祥、奇闻异事等，无所不记。其中乾隆二十年（1755）以前的内容，多沿袭旧志，只对某些部分进行删补；乾隆二十年以后的内容为新增部分。全书比《乾隆崖州志》多出 12 卷，是崖州志中体例最为完备、内容最为充实丰富的一部，成为近代崖州一项重要的文化成果。

（三）晚清时期崖州文化名人的诗文

晚清时期崖州的文学仍以诗文为主。留下诗文的官员有知州张霈、高溥、唐镜沅、锺元棣，学正陈金锡，以及崖州名士吉大文、吉

---

① 见（清）光绪《崖州志》载锺元棣：《重修〈崖州志〉序》。

② 见（清）光绪《崖州志》载邢定纶：《重修〈崖州志〉序》。

大升、孙元度等人。吉大文著有《镜湖诗钞》传世。

1. 散文

这一时期崖州的散文创作，包括序、记、书牍、传之类。如吉大文的《上唐芷庵刺史书》，孙元度的《鳌山探胜记》《黄孝子传》，唐镜沅的《鼎建锺公还金寮序》《既济亭热水池碑记》《请豁免屯田荒米详文》，锺元棣的《毛公灵验记》等。

吉大文写《上唐芷庵刺史书》时，正在福建候补道任上。唐芷庵即唐镜沅，光绪十四年至十六年（1888~1890）任崖州知州。两广总督张之洞到琼崖视察期间，曾指示唐镜沅咨询乡绅，以确定李德裕的贬谪地点。为此，吉大文作《上唐芷庵刺史书》，阐述自己的看法。此文虽为书信体，实为一篇历史考证文章。他通过详细的考查，认为李德裕的贬地就在琼山，不在今崖州。文中征引史料翔实，分析论证具理。

孙元度字玉臣，黄流廪生。他十分热爱家乡的山山水水，并常常将心中的赞美付诸笔墨。鳌山，即距崖州城 20 里的南山岭，高 80 丈，枕海壁立，为崖州南面屏障，因其“势如巨鳌”，元代王仕熙名之为“鳌山”。孙元度所写《鳌山探胜记》，既盛赞南山之壮美，又叙述登临南山探寻大小洞天的经过，以及梦境中畅游大洞天的感悟。全文在谋篇和结构上借鉴苏轼的《后赤壁赋》，将描写、叙事和议论融为一炉，有清丽疏朗的特点。孙元度还撰写《黄孝子传》，记述同窗黄中兴的孝行。黄中兴乃榕树塘人，其父在一场黎族暴动中遇害。他闻讯后立刻奔赴现场，赤手空拳搏斗致死。时人认为他的孝行属“愚孝”，孙元度却认为“此非有忠孝至性者不能”，黄君之举符合儒家的道德规范，故为之立传。

唐镜沅的《请豁免屯田荒米详文》，叙述实地调查所见，确证屯田荒废和屯民苦难实情，向道台说明并请求豁免屯田荒米。《鼎建锺公还金寮序》与《既济亭热水池碑记》，是唐镜沅建立还金寮和既济亭之后所作，前者为追表锺芳父锺明拾金不昧事迹，后者记述既济亭建立的缘由和过程。

2. 诗歌

这一时期崖州流传下来的诗歌有四类：一类是咏景物诗，诗作有吉大文的五言律诗《沟口》《石门》《湖中晚望》《湖村》《黎村》《山居》，七言律诗《州新八景》；吉大升的七言律诗《镜湖》；孙元度的七言律诗《卧龙飞雨》《金鸡晓日》；林缵统的七言绝句《和文龙会游大洲岛诗》；陈瑞的七言律诗《镜湖》；谢仲沅的七言律诗《到崖》《度回风岭》；陈金锡的七言绝句《珠崖回琼道中》；孙如棠的七言律诗《重九登芙蓉峰》（二首）；锺元棣的七言律诗《州新八景》等。另一类是感怀诗，如高溥的七言律诗《任满留别》（二首），张霈的七言律诗《任满留别》（四首），吉大文的五言律诗《乐安城》、七言律诗《访锺仲实先生故居有感》（二首）。再一类是咏史诗，如吉大文的五言律诗《多港黎村李丞相祠》、七言律诗《乐罗旧县》，唐镜沅的七言律诗《题热水池既济亭壁》（八首）。在这一时期的诗作者中，吉大文的创作成就要略胜一筹。特别是他的咏景物诗，不仅寄托着对家乡山山水水的无限深情，而且诗境澄淡清远，语言自然平淡，富有特色。

3. 崖州民歌

自中原封建王朝统治势力进入海南后，环岛沿海地带逐渐形成了汉族文化圈。继唐之后，宋、元、明、清四朝，又有大批的汉人移居海南，而其中以闽籍人为多。随着移民带来的原籍文化与海南本土文化元素相融合，形成了独特的文化形态。其中最具代表性的海南文化，就是所谓的“南歌北剧”。北剧，即在琼北地区流行的以海南话演唱的琼剧；南歌，即在琼南地区流行的以海南话传唱的民歌民谣。而在琼南的民歌中，以崖州民歌最具特色。

民歌，闽语称为“guo”，海南话也称为“guo”。崖州民歌大约形成于明末清初，至晚清民初时期，崖州民歌就在民间盛行起来了。

崖州民歌形式上以七言为主，在中间过渡时往往插有三言句式。四句为一章（即一组），一章即一首，也有一首包括数章者。它与近体诗一样，首句和双句押韵。在题材上，有咏物、咏史、说理、祝贺、讽刺、教育、赞颂、摇侬和爱情等。崖州人往往称情歌为“风流歌”。

清末民初时期的崖州民歌，不仅有散曲，而且出现了长篇叙事长调，崖州人称之为“成封歌”。流行的区域包括今乐崖平原地区和感恩平原广大汉族农村，并对黎族、苗族民歌产生深刻的影响。清朝末年科举制度废止，乡间文人再无考取功名途径，于是把写作热情投入到长篇叙事民歌的创作中。据调查，在黄流地区流传至今者尚有《摇侬歌》和长篇爱情叙事长歌《梁生歌》。

《摇侬歌》实为摇篮歌，据说是孔汶村清代监生陈嘉奏所作。唱词如下：

摇侬亮，摇侬勿啼勿作声，摇侬轻轻安静睡，睡去深眠不用摇。

摇侬亮，摇侬大来拾好样，侬见好样侬慢拾，不用跟人漫坡行。

摇侬亮，摇侬大来拾好样，勿上老婆的勾当，切劝坚持惜爹娘。

摇侬亮，摇侬大名题榜上，为国尽忠为家孝，四海扬名闻侬名。

摇侬亮，摇侬大来长寿命，摇侬大来做世界，乾坤做到第一名。①

歌词中贯穿着教育孩童长大后学做人的道理。

《梁生歌》是崖州民歌中的长篇叙事歌，作者无考。其原本为广东木鱼书（广州话弹词）《花笺记》，用海南话改写而成，其情节不脱才子佳人、悲欢离合的套路。《梁生歌》是崖州长篇爱情叙事民歌的创始之作，在崖、感地区广为流传，曾感动千万听者。在它的影响下，《梁山伯与祝英台》等长篇爱情叙事民歌相继产生。大约至中华民国时期，崖州长篇叙事民歌的创作和传唱达到了高峰，成为琼西南地区最为广泛的民间文化活动。

---

①　张耀光主编：《孔汶村志》第六章《民歌民谣》，第 78 页，2011 年 2 月印行。

三亚历史大事年表（上）

一、原始社会至战国时期（距今约1万年前~前221年）

原始社会时期

距今约1万年前，落笔洞人在三亚地区繁衍生息，从事狩猎、捕捞和采集活动，过着穴居生活。

商周时期

古越族的一支跨海迁徙到海南岛，成为最早的黎族先民，创造了“釜文化”。

春秋战国时期

百越族的一支再次渡海迁徙到海南岛，带来百越族以几何印纹陶为特征的文化。

战国晚期

百越族中的骆越人迁徙到海南岛，并与先前来到这里的黎族先民相融合。

不同时期迁徙到海南岛来的黎族先民，在三亚地区形成了海南岛上分布最南的一支。

二、秦汉时期（前221~220）

秦朝

秦始皇二十六年（前221）

秦始皇灭六国，建立统一的君主专制的中央集权封建国家秦王朝。

秦始皇二十九年（前218）

秦始皇命屠睢率50万大军南下征伐岭南，遭挫败。

秦始皇三十二年（前214）

秦始皇命任嚣、赵佗率兵再次征讨岭南，平定后在岭南置桂林郡、南海郡和象郡。海南属“象郡之外境”。

西汉

汉高祖元年（前206）

秦朝灭亡，汉高祖刘邦建立西汉王朝。

汉高祖三年（前204）

秦将赵佗在岭南自立为南越武王，建南越国，定都番禺（今广州）。海南属南越国。

汉武帝元鼎五年（前112）

南越国丞相吕嘉谋反，阻挠南越国内属汉朝。汉武帝派伏波将军

路博德率兵征讨南越国。，

汉武帝元鼎六年（前111）

伏波将军路博德平定南越国，岭南正式纳入西汉中央封建王朝统治。

汉武帝元封元年（前110）

西汉王朝在海南岛设置儋耳郡和珠崖郡，属交州所督。儋耳郡下辖的临振县，即今三亚地区。

汉武帝后元二年（前87）

珠崖郡太守孙幸横征暴敛，引发黎族先民反抗，攻陷郡城，杀孙幸。

汉昭帝始元五年（前82）

罢废设置在海南岛西部的儋耳郡，其辖地并归设在岛北的珠崖郡。临振县属珠崖郡所辖。

汉元帝初元三年（前46）

珠崖郡山南县（今三亚市境东北部及陵水县境）黎族先民反抗贪官暴政，一再爆发起义。汉元帝听从朝臣贾捐之的谏议，“罢弃”珠崖郡，另置朱卢县，隶属于合浦郡。临振县随之罢废，三亚地区随海南全岛属朱卢县所辖。

东　汉

汉光武帝建武十六年（40）

遣伏波将军马援南下征讨交趾，抚定珠崖，废朱卢县，置立珠崖县，仍隶属合浦郡，督于交州。三亚地区随海南全岛名义上为珠崖县所辖。

汉献帝建安十六年（211）

交趾太守士燮董督的“南越七郡”之地“并属吴”。珠崖县随所属合浦郡成为三国·吴国的势力范围。

三、汉末至隋唐五代时期（220~960）

三国·吴

吴大帝黄武五年（226）

岭南七郡析分为交州和广州，珠崖县所属的合浦郡隶属于广州；旋即两州复合为交州，珠崖县所属合浦郡又改隶交州。

吴大帝赤乌五年（242）

秋七月，吴大帝孙权遣将军聂友、校尉陆凯以兵3万征讨不服从王朝统治的海南，“军行经岁，士众疾疫死者十有八九”，无功而返。只是废除名义上的珠崖县，在海北复置珠崖郡，仍隶属交州。珠崖郡治所设在雷州半岛的徐闻，下辖徐闻、朱卢、珠官三县。海南岛名义上属于朱卢县（即东汉之珠崖县）。其时三亚地区实际上仍处于村峒各自为治的自然状态。

吴大帝赤乌六年（243）

吴国遣宣化从事朱应、中郎康泰航行南海，出访东南亚各国。

西　晋

西晋武帝太康元年（280）

晋武帝灭吴。撤销珠崖郡，并入合浦郡，仍属交州；改朱卢县为玳瑁县（或记作“毒质县”）。玳瑁县名义上统领海南，实际上朝廷无力控驭。

南朝·宋

宋武帝永初元年（420）

东晋灭亡，刘裕自立为帝，国号“大宋”，建都建康（今南京）。岭南属刘宋。

宋文帝元嘉八年（431）

复立珠崖郡，郡治设在徐闻，仍隶属交州。

宋文帝元嘉二十二年（445）

又撤消珠崖郡，并入合浦郡。海南名义上为朱卢县、珠官县所辖，隶属越州。三亚地区依然延续东汉末以来的村峒自治状态。

南朝·齐

齐高帝建元元年（479）

萧齐代刘宋据有岭南，海南延续刘宋政制。

南朝·梁

梁武帝天监十年（511）

萧梁代萧齐据有岭南，平定岭南俚人，因宋、齐而治，于徐闻县立珠崖郡，废除朱卢县。

梁武帝普通二年（521）

岭南俚人首领冼英（冼夫人）出生。冼夫人怀集百越，以致岭南“政令有序，人莫敢违”。

梁武帝大同中（535~546）

海南、儋耳峒俚归附冼夫人。冼夫人请命于朝，置崖州于废儋耳郡地，州治义伦县。中央政权对海南的控驭，通过冯冼家族的治理间接实现，并延展到三亚地区。

梁简文帝大宝元年（550）

岭南高州刺史李迁仕、杜平虏趁侯景之乱造反，被冼夫人用计击败。

南朝·陈

陈武帝永定元年（557）

梁朝长城侯陈霸先取代萧梁，建立陈朝。仍置崖州于义伦，统属于广州。

陈武帝永定三年（559）

冼夫人的丈夫冯宝逝世。

陈宣帝太建元年（569）

广州刺史欧阳纥谋反，冼夫人起兵助陈朝平定叛乱。

陈后主至德年间（583~586）

天下淆乱，冼夫人保境安民，各部族共同尊奉冼夫人为“圣母”。岭南、海南安定的局面得以维持。

陈后主祯明元年（587）

冼夫人之子冯仆逝世。

隋　朝

隋文帝开皇九年（589）

隋朝出兵攻陷建康，灭陈朝。冼夫人集岭南数千首领哭祭陈朝，之后派孙子冯魂率众迎接隋安抚使。冯魂被隋朝封为仪同三司，冼夫人被册封为“宋康郡夫人”，赐夫人临振县汤沐邑，户一千五百。

临振县与海南郡县一起归属隋朝。临振县为开皇初所重置。

隋文帝开皇十年（590）

番禺将领王仲宣举兵反隋，冼夫人派其孙冯盎讨叛，与隋官军会师，共败叛兵。隋文帝特降敕书慰劳冼夫人，其孙冯盎拜为高州刺史，次孙冯暄拜为罗州刺史。冼夫人亡夫冯宝被追赠为广州总管、谯国公，冼夫人则被册封为谯国夫人。

隋文帝仁寿二年（602）

冼夫人去世，年八十。朝廷赙物一千段，谥曰“诚敬夫人”。

因临振县为冼夫人汤沐邑，后代三亚地区民众尊其为“郡主夫人”，纪念她的祠庙称“郡主夫人庙”。

隋炀帝大业三年（607）

改州为郡，实行郡、县二级体制。崖州改为珠崖郡，统县十，户一万九千五百：义伦，感恩，颜卢，毗善，昌化，吉安，延德，宁远，澄迈，武德。隶属扬州司隶刺史。

隋炀帝大业六年（610）

析珠崖郡之西南地置临振郡，隶属扬州司隶刺史。延德县、宁远县属临振郡所辖。临振郡治所在宁远县（今崖城）。

是年，海南发生王万昌、王仲通兄弟暴动。隋炀帝下诏陇西太守韩洪讨伐平叛。

隋炀帝大业十四年（618）

李渊称帝，唐朝取代隋朝。冼夫人之孙汉阳太守冯盎随即“奔还岭表，啸署酋领”，据有番禺、苍梧、珠崖地，自号总管。

唐　朝

唐高祖武德五年（622）

冯盎率部投靠唐将李靖，岭南遂归唐朝。冯盎继续为高州总管，封耿国公。

临振郡改称振州，州治仍在宁远，隶属高州总管府；又增置临川县、陵水县。振州领宁远、延德、临川和陵水四县。

唐高祖武德七年（624）

振州改隶广州。此后至唐终近300年，一直隶于广州府。

唐太宗贞观元年（627）

唐朝在迁置于海南岛东北部的崖州设都督府，振州从此督于崖州。

是年，有人诬告冯盎反叛，太宗准备讨伐，在魏徵的劝谏下改行招抚，化解了一场兵祸。在唐王朝的郡县强势治理下，冯冼家族在岭南的势力和影响逐渐消解。

唐太宗贞观二年（628）

析宁远县置吉阳县。

唐太宗贞观五年（631）

冯盎率众酋长赴长安朝觐唐太宗，受宴赐甚厚。

唐太宗贞观二十三年（649）

冯盎逝世，受赠左骁卫大将军、荆州都督。

唐高宗显庆二年（657）

宰相韩瑗受诬潜谋不轨，被贬为振州刺史；显庆四年（659），逝于贬所。

唐高宗龙朔二年（662）

陵水县往属万安州。

唐高宗龙朔三年（663）

太子右司议郎李津因与其父李义府非法聚敛事发，被除名流放振州；至高宗上元元年（674）逢大赦得还。

唐高宗乾封二年（667）

峒俚攻陷并盘踞琼州，海南岛东南部州县皆陷落，达122年之久，三世不臣于唐，直至德宗贞元五年（789）才被收复。振州虽未被占据，但腹地的俚人仍长期处于“化外”自然状态。

唐高宗上元年间（674~676）

淮南王李元礼之子李茂，以不孝罪流放振州至死。

唐高宗调露二年（680）

太子李贤被废后，太子洗马刘讷言遭除名，后又坐事流放振州至死。

唐中宗则天朝（684~689）

伊本·赛爱德·宛葛斯在海南传播伊斯兰教，逝后葬于振州。

唐武则天垂拱四年（688）

李渊十九子鲁王李灵夔，欲起兵反抗武则天政权，事泄，被流放振州，自缢身亡。

周武则天长寿三年（694）

宰相崔元综坐事配流振州，不久被赦还。

唐玄宗天宝元年（742）

朝廷下令“天下诸州改为郡，刺史改为太守”。振州改为延德郡。

是年又增置落屯县。落屯县因落屯峒而得名，在郡治宁远东北二百里。自此延德郡（振州）领宁远、延德、临川、吉阳、落屯五县。

唐玄宗天宝七年（748）

大唐律学宗师鉴真大和尚受邀赴日本传播佛典，进行第五次东渡，当年六月从扬州起程，海上又遇风暴，十一月漂流至延德郡（振州）宁远河口。振州别驾、冯冼家族后人冯崇债热忱接待。鉴真率众弟子及日本僧人荣睿、普照，在振州留居一年有余，修缮佛殿，传播中原文化。

唐玄宗天宝九年（750）

鉴真大和尚率众弟子离宁远从陆路北行，经万安州、崖州，辗转返回扬州。

延德郡（振州）成为鉴真东渡弘法五次受挫的终点，第六次遂成功东渡，振州被佛门弟子视为吉祥之地。

唐肃宗至德元年（756）

延德郡改称宁远郡。

唐肃宗乾元元年（758）

宁远郡又改复为振州，属岭南东道。

唐德宗贞元五年（789）

岭南节度使李复收复琼州城及其属县琼山、曾口、颜罗、容琼、乐会。朝廷应李复之请，升琼州为下都督府，加琼、崖、振、儋、万安等五州招讨游弈使，崖州都督府遂废。此后全岛政治、军事中心便由崖州移至琼州，琼州成为全岛的首府，振州也从此受督于琼州都督府。

唐哀帝天祐四年（907）

唐亡，中国历史进入五代十国时期。岭南地区的割据政权属于十国之一的南汉。

五代十国·南汉（907~970）

南汉据有今广东、广西和海南。期间三亚地区乃为南汉之振州，属县由五县省并为二：宁远和吉阳。延德、落屯二县省入宁远县，临川县省入吉阳县。

南汉政权对海南的统治力薄弱，海南比起动荡的中原来显得平静和平，有不少中原避乱之人迁入，包括迁入振州。

四、宋元时期（960~1368）

北　宋

宋太祖建隆元年（960）

赵匡胤发动陈桥兵变，建立宋朝。

宋太祖开宝三年（970）

九月，潘美率军攻打南汉，于次年二月消灭南汉政权。海南归宋，三亚地区仍名为振州。

宋太祖开宝四年（971）

四月，太子中允周仁浚知琼州，振州属于琼州管辖。以南汉伪官杨舜卿知振州事，授检校官职。

宋太祖开宝五年（972）

六月，位于海南岛东北部的崖州并入相邻的琼州，将位于岛南的振州改为崖州，仍领宁远、吉阳二县。

九月，崖州牙校陆昌图作乱，烧劫牙署。琼州知州周仁浚遣兵击平之。

宋太宗太平兴国二年（977）

都巡检使李崇矩巡访琼、崖、儋、万安等州。

宋太宗太平兴国七年（982）

四月，宰辅卢多逊因勾结藩邸获罪，一家被配流崖州，居水南村。雍熙二年（985），卢多逊病死于崖州。

宋太宗至道二年（996）

布衣韩拱辰因“妄言惑众”，被杖脊黥面配流崖州。

宋真宗咸平四年（1001）

闰十二月，鄜州观察使杨琼因临战畏葸不前被削官，配流崖州。景德中（1004~1007）被召回。

宋真宗咸平六年（1003）

二月，屯田员外郎盛梁“坐受赇枉法”，配流崖州。

宋真宗大中祥符元年（1008）

九月，晋州知州齐化基“坐贪暴”，削籍配流崖州。

宋真宗大中祥符二年（1009）

十一月，宋真宗针对海南黎峒管理提出“羁縻之道”。

宋真宗大中祥符六年（1013）

进士魏刚因科场弊案配流崖州。

宋真宗大中祥符八年（1015）

开封无赖崔白被“决杖”配流崖州。

宋仁宗天圣元年（1023）

七月，宰相丁谓“坐与宦官雷允恭交通，及与巫师出入事”，被贬为崖州司户参军。三年后量移雷州。

宋仁宗景祐三年（1036）

正月，诏广南西路珠崖军（崖州）开示恩信，许生黎“悔过自新”。

宋仁宗庆历年间（1041~1048）

招广南南巡海水军，予以旗鼓训练，备战守之役。

宋仁宗庆历四年（1044）

崖州儒学创立。

宋神宗熙宁六年（1073）

设琼管安抚司，掌管全岛军政。
改崖州为珠崖军，所属吉阳县为藤桥镇、宁远县为临川镇。

宋神宗熙宁九年（1076）

七月，珠崖军黎人黄婴寇掠，诏广南西路严兵灭之。

宋神宗元丰三年（1080）

琼管安抚使朱初平向朝廷进言，减轻海南百姓负担。

宋神宗元丰五年（1082）

八月，珠崖军刮台风，毁庐舍。

宋哲宗绍圣二年（1095）

正月二十六日，真定路都监陈衍因陷入元祐党争配流珠崖军。元符元年（1098）三月被追杀。

宋哲宗绍圣四年（1097）

二月，已故宰相司马光因元祐党争被追贬为珠崖军司户参军。

宋哲宗元符二年（1099）

正月，祝望杖脊，配流珠崖军。

宋徽宗崇宁五年（1106）

于黄流、白沙、侧浪间置重置延德县。

宋徽宗大观元年（1107）

改延德县为延德军，设置通远县为军治。同时划拨昌化军之感恩县隶属延德军。

宋徽宗政和元年（1111）

废延德军入感恩县，隶昌化军；废通远县为镇，隶珠崖军。

著名诗僧惠洪因党争牵连，削籍配流崖州，三年后赦还。

宋徽宗政和六年（1116）

置延德砦，又以通远镇为砦，分别隶属昌化军和珠崖军。

宋徽宗政和七年（1117）

改珠崖军为吉阳军。

宋徽宗宣和三年（1121）

二月，杭州知州赵霆战乱中“坐弃杭州”，被贬吉阳军。

宋徽宗宣和五年（1123）

设琼管安抚都监，作为督率全岛军事的专门机构。

宋钦宗靖康元年（1126）

七月，左卫上将军童贯因助宰相蔡京为虐，被流放吉阳军，途中于南雄被杀。

南　宋

宋高宗建炎元年（1127）

六月，河北提刑许亢因负责巡防黄河军务而私自逃遁，贬谪吉阳军，至南康谋变被杀。

宋高宗建炎三年（1129）

四月，浙西安抚司主管机宜文字官时希孟因参与宫廷政变，被除名，吉阳军编管。

宋高宗绍兴六年（1136）

废吉阳军为宁远县，以军使为县知县；复藤桥镇为吉阳县，与宁远县同隶属于琼州。

宋高宗绍兴十一年（1141）

七月，抗金名将韩世忠部下耿著为秦桧所忌，以"鼓惑众听"为罪，被杖脊刺配宁远县。

宋高宗绍兴十三年（1143）

复置吉阳军，宁远、吉阳二县仍往隶属。

宋高宗绍兴十四年（1144）

六月，太学生张伯麟因不满宋高宗、秦桧等人投降以求苟安，在太学壁上题字讽刺朝廷，被杖脊刺配吉阳军。

宋高宗绍兴十四年（1144）

宰相赵鼎因主战不合高宗意，为秦桧所忌恨，被一贬再贬，是年移吉阳军安置，居裴氏宅。绍兴十七年（1147）绝食而死。

宋高宗绍兴十八年（1148）

十一月，枢密院编修胡铨因反对和议"抗疏切直"，连遭贬窜，是年移谪吉阳军编管。绍兴二十五年（1155）十二月才获准移置衡州。

宋高宗绍兴二十六年（1156）

正月，秦桧的得力爪牙曹泳在秦桧临死前推荐其子秦熺续任宰相，受到宋高宗的惩处，被移置吉阳军编管。

宋孝宗隆兴元年（1163）

榷坊酤（酒类专卖官）江孚因捕私酒格斗杀人，被黥面配隶吉阳军。是年自吉阳军逃归。

宋孝宗乾道元年（1165）

正月，淮西守将顿遇因遇敌弃城被夺官，刺面配流吉阳军。

宋孝宗淳熙年间（1174~1189）

周鄘任吉阳军知军。

宋孝宗淳熙十四年（1187）

周鄘重修州（军）学，扩大规模。

是年重阳日，周鄘游南山，发现石船、石室，作《洞口记》二百有三字。

宋宁宗庆元四年（1198）

崖州（吉阳军）土城再次板筑，始陶砖砌女墙。

宋宁宗庆元七年（1201）

八月，台风毁崖州（吉阳军）城门，公署、民舍殆尽。

宋宁宗开禧三年（1207）

十一月，宰相韩侂胄因发动对金人北伐失败，被除名勒停，送吉阳军安置。但实际上在诏令下达前已被朝中政敌诛杀。

宋宁宗嘉定二年（1209）

五月，忠义军统制罗日愿密谋政变被杀，其子罗苏僧受株连，发吉阳军收管。

宋理宗绍定六年（1233）

州（军）城进一步拓建，以砖砌城墙，开东、西、南门。

宋理宗淳祐年间（1241~1252）

毛奎任吉阳军知军。

宋理宗淳祐七年（1247）

九月，毛奎游南山，营造小洞天景观。

宋度宗咸淳三年（1267）

陈明甫、陈公发据崖州（吉阳军）临川镇，建立割据政权，号“三巴大王”，至咸淳十年（1274）被镇压。

宋恭宗德祐元年（1275）

三月，翁应龙因随权臣贾似道率师应战元军大败，被杖脊刺配吉阳军。

宋端宗景炎二年（1277）

宋端宗赵昰在元军的追击下，从福建、广东沿海败退到西沙群岛，在南海西沙的洲岛上生活两个多月，又返回湛江的硇洲岛。

元　朝

元世祖至元十五年（1278）

元将阿里海牙进兵海南，海南归属元朝统治。

吉阳军属琼州路，隶湖广行省。后废吉阳县，吉阳军只领宁远一县。

元世祖至元十六年（1279）

同知太史院事郭守敬在南海进行天文测量。

是年，元政权派朱国宝为定远大将军、海北海南道宣慰使，对海南岛局部地方抗元武装进行围剿，平定海南局势。

元世祖至元二十年（1283）

从海南征集黎兵1600人征讨占城。

海北海南道宣慰使云从龙题刻“落笔洞”。

元世祖至元二十四年（1287）

八月，从海南征集黎兵1700人征伐交趾。

元世祖至元二十八年（1291）

以湖广行中书省平章政事阔里吉思为监军，以陈谦亨为统帅，集中兵力达6万多人，对黎族的反抗斗争进行军事镇压，历时3年。至元二十九年（1292）十二月，元军控制吉阳军，并于次年正月攻入五指山腹地，在黎母山刻石纪事以还。

元世祖至元二十九年（1292）

元将史弼“以五千人合诸军”，从泉州出发巡南海，“过七洲洋、万里石塘，历交趾、占城界”。

元世祖至元三十年（1293）

元政府在海南设立“黎蛮屯田万户府”，招募民户和新附士兵屯守，并在全岛设立十二个翼的千户所和更多的百户所。

从乌古逊泽议，在黎族地区设立“寨学”，招收黎人子弟入学，命儒学分掌。

元成宗元贞年间（1295~1297）

黄道婆从吉阳北上，在乌泥泾传授棉纺技艺。

元成宗大德二年（1298）

二月，元政府罢海南黎兵万户府及黎蛮屯田万户府，以其事入琼州路军民安抚司。

元成宗大德十年（1307）

学正齐孟坚为崖州州学铸造铜爵。

元英宗至治元年（1321）

四月，“吉阳黎蛮寇宁远县”。

元泰定帝泰定三年（1326）

知军达鲁花赤脱脱木、军判王起、学正陈世卿等人主持，将州学移回城东故址。

元泰定帝致和元年（1328）

九月，参知政事王仕熙因涉朝中皇位之争被流放吉阳军，次年初到达吉阳，十月即被“放还乡里”。王仕熙在吉阳期间，曾有《崖州八景诗》之咏，这是崖州历史上歌咏山川胜概的第一组“八景诗”。

元文宗天历二年（1329）

十月，改琼州军民安抚司为乾宁军民安抚司。

元文宗至顺元年（1330）

二月，世袭云南王帖木儿不花在朝廷争夺皇位斗争中因受父梁王王禅牵连，从上都被流放至吉阳军。

元宁宗至顺三年（1332）

完泽平黎，复奏立屯田万户府，以土人吴斌为万户。

元惠宗元统元年（1333）

判官李泌修崖州城，创建谯楼。

元惠宗元统二年（1334）

十月，海南复设置黎兵万户府。

元惠宗至正五年（1345）

同知罗伯颜将州学重移至城外西南隅。

元惠宗至正一年（1341）

吉阳军改隶海北海南道宣慰司，属湖广等处行中书省。

元惠宗至正二十八年（1368）

是年亦为明洪武元年。二月，明王朝以廖永忠、朱亮祖为征南正、副将军，率军自海道进取广州。海北海南道元帅罗福等遣使归降，统治海南的元朝守臣海北海南道副都元帅陈乾富慑于军事压力，“表纳降款，以其地归附”。自此，吉阳军随海南和平过渡到明朝。

五、明朝时期（1368~1644）

明太祖洪武元年（1368）

九月，吉阳军易名为崖州，下辖附郭宁远县。

明太祖洪武二年（1369）

三月，海北海南道隶属广西行中书省。

六月，原属广西行中书省的海北海南道改隶广东行中书省，海南自此隶属广东管辖。

明太祖洪武十七年（1384）

设置崖州守御千户所，以安置罪官户丁充军。千户所城在州治之西。

明太祖洪武十九年（1386）

割儋州之感恩县来属崖州。崖州统县二：宁远、感恩。

明太祖洪武二十五年（1392）

灶老锺仕那创建临川盐场。

明太祖洪武二十八年（1395）

崖州千家村“黎乱”，被都指挥花茂同指挥石坚等人“讨平”。

明成祖永乐二年（1404）

崖州监生潘隆建议抚黎，授予宁远土官知县职名，专职招抚黎人。

明成祖永乐三年（1405）

抱由等18村1000余户“生黎”“向化”入籍。

明成祖永乐四年（1406）

崖州罗活峒“黎乱”，被都指挥花茂“讨平”。

明成祖永乐十九年（1421）

正月，宁远县土官县丞邢京，率生黎峒首罗淋等入朝贡方物。赐钞及文绮有差。

明宣宗宣德四年（1429）

因专职抚黎流官设置不利加强郡县对黎峒的管理，革去抚黎流官。

明宣宗宣德五年（1430）

知州林黼率民众筑坝，建成埋鹅陂用以灌田。这是崖州明代最早的水利工程。

明英宗正统元年（1436）

七月，宁远县土官巡检陈瑛，遣人入朝贡马及方物。朝廷赐宴，并赐彩币等物不等。

明英宗正统初年（1436~1449）

宁远县主簿梁正率民众开凿雷沟，引抱横塘水灌耕乐罗、抱岁等处田；凿池返沟、复沟，并筑都陂，引水灌溉田地 1.4 万余亩。

明英宗正统四年（1439）

撤销附郭宁远县建置，其地域由崖州直辖。自此至明末，崖州只下辖感恩一县。

明英宗正统十年（1445）

知府程莹等谕抚崖州黎符危“向化”，招回逃民罗讨等 48 名。

明英宗正统十四年（1449）

三月，崖州藤桥巡检司土官副巡检黄其男同黎首罗幕等入朝贡马及方物。朝廷赐彩段绢钞不等。

明代宗景泰二年（1451）

知州彭宁、千户所指挥王祥于城东二里创设和集市。

明代宗泰六年（1455）

十二月，崖州藤桥土官巡检黄芳等入朝贡马及方物。朝廷赐彩币等物。

明英宗天顺六年（1462）

知州王铎率民众建石牙陂，筑堤导水，灌田50余顷。

明宪宗成化五年（1469）

知州徐琦督开大朗芒沟，建抱里陂，灌溉抱里村等处田。

明宪宗成化八年（1471）

州判何琛建高村陂，灌田50余顷。

明宪宗成化十二年（1476）

副使涂棐等“招抚千家村、古镇州黎符那玉等向化”。

明宪宗成化二十二年（1486）

十一月，占城国王子古来率其王妃王孙及部落千人载方物至崖州；二十三年（1487）正月，朝廷命南京右都御史屠滽往崖州宣谕古来为占城国王，并护送其回占城。

明孝宗弘治元年（1488）

六月，崖州故土官县丞陈迪之孙冠带舍人崇佑率黎首人等入朝贡土产方物。朝廷赐钞锭段绢衣服不等。崇佑招抚黎人逋逃复业者1360余户。

明孝宗弘治二年（1489）

知州林铎率筑中亭沟、仰重沟、抱架沟、桥门沟等四处水利工程，灌溉田地。

明孝宗弘治十四年（1501）

十一月，崖州抱怀村黎首罗累等五人入朝贡方物，朝廷赐绢钞等物如例。

明武宗正德二年（1507）

三月，千家村黎族不堪官吏营弁凌辱，爆发大规模反抗斗争。海南兵备道副使王倬率崖州、昌化、儋州土舍黎兵镇压，“焚村而归”。

明武宗正德三年（1508）

锺芳登进士榜二甲第二名。

明武宗正德十四年（1519）

渤泥番人寇登榆林港寇掠。知州陈尧恩、千户所指挥谷春等督军与之战，斩获罗朝田等24人，将其逼退。

于崖州东北8里处建郎勇城，防范“黎乱”。

知州陈尧恩凿南北沟、马丹沟、大官沟灌田。

明武宗正德末年（1521）

知州陈尧恩调熟黎土兵平定抱龙、罗活“黎乱”。

明世宗嘉靖初（1522）

罗活峒“黎乱”，海南兵备道副使胡训率兵抵崖州“平定”。

明世宗嘉靖八年（1529）

锺允谦登进士榜。

明世宗嘉靖十九年（1540）

六月，设琼崖参将，兼顾琼州、崖州。

明世宗嘉靖二十八年（1549）

崖州州判黄本静勒索“激变”黎人，北部止强、止讼等村峒民众在那燕率领下起而反抗。那燕入番阳，并联系感恩、昌化诸黎，聚众至4000人，南向逼近崖州州城。朝廷下诏“发两广汉达土舍兵九千剿之”，两广提督都御使欧阳必进移镇雷阳，令镇守广西副总兵沈希仪督率守巡、兵备等官，以陵水、感恩、昌化为左、中、右三路进剿，直抵起事各村峒，残酷杀戮。黄本静也遭罢职“充戍”。

明世宗嘉靖二十九年（1550）

三月，命钦州守备署都指挥使俞大猷，充右参将，往守琼崖。

明世宗嘉靖四十三年（1564）

知州林资深率民众修南沟，重浚马丹沟、中亭沟等。

明世宗嘉靖四十五年（1566）

十二月，海贼何乔、林容寇犯崖州，突入大疍港，远近骚动；复寇掠抱驾村，杀伤甚众。

明穆宗隆庆六年（1572）

倭寇闯入三亚湾，夺船出洋。

明神宗万历三十一年（1603）

二月十四日，有贼船突至大疍港，烧毁兵船二只，劫掠村民。

明神宗万历四十年（1612）

崖州知州林应材“激变”黎人，是年冬，罗活、居诸等地黎人起义，多次击退官军围剿，攻陷乐平营，总兵张万纪战死。四十一年（1613）十二月，总兵王鹤鸣督各路官兵并西粤狼兵压境，会攻抱由，平罗活，大肆征剿。

明神宗万历四十三年（1615）

崖州守御千户所在西部地区设置乐安营、乐定营，由兴长官兵360名、广西药弩手300名分别驻扎。

明神宗万历四十四年（1616）

在崖州城北150里烂红沟地方建成乐安新城，屯兵驻守。

明毅宗崇祯八年（1635）

六月，东部侵宇黎人王亚锦、王亚郁“作乱”。崖州知州朱宏发兵戍守三亚，海南兵备道参将王道济也率兵前来。官军压境，王亚郁遁逃，王亚锦“誓不复反”，遂罢。

明毅宗崇祯十年（1637）

感恩知县锺麟郊署崖州事，上书琼州府，请求设置三亚营，用以防御东部“黎乱”。

六、清朝时期（1644~1911）

清世祖顺治二年（1645）

七月，州东藤桥募村“黎乱”，次年二月平息。

清世祖顺治四年（1647）

二月，清朝总兵官阎可义等率兵入琼州，四月琼州降。前明千户洪廷栋、镇抚胡永曾聚众反抗清兵，后溃奔崖州乐安被招降。

六月，清朝委派河南人于有义任崖州知州。于有义武力逼令崖州民众剃发效顺。崖州城内人、明朝末年增生曾廷咏、生员王应桃等人不从，被其抓捕入狱。

前明队兵彭信古集结罗活、官坊、头塘诸黎，及西里黄流、乐罗、抱旺等村，皆抗命不从剃发令。彭信古等反抗清朝崖州官兵，杀清崖州守备林时森等十余人，

清世祖顺治五年（1648）

三月，于有义再次发出布告并组织武装，强迫各乡里村民剃发效顺。乐安、黄流里等地汉黎民众仍然抗拒。

因反剃发效顺被囚的曾廷咏在狱中“自缢死”，王应祧等十二人则在狱中坚持抵抗，最终“被戮死”。

四月，在黎族地区坚持抗清的彭信古组织抗清武装，到抱旺、抱岁袭击强令民众剃发效顺的清朝崖州官兵。知州于有义亲自带兵迎战，在慌乱中“力竭无援”，引剑自刎而死。

清朝广东省都督李栖鹏“闻变”，派遣参将张登雾率兵到崖州，分兵进攻乐安、头塘、黄流等反剃发斗争最坚决的村落。三地民众毫不畏惧，奋起结寨固守。清兵“皆不能克，遂拥众归”。

是年冬，南明桂王政权派总兵陈武到海南来组织抗清。陈武“浮海”至崖州黄流，黄流民众与彭信古等“率众迎之”。陈武等进入乐安等地，进一步发动组织黎族农民武装抗清。

清世祖顺治六年（1649）

崖州诸生王熴北上肇庆投奔南明桂王政权，向桂王“上疏陈情”，诉说其父王应祧等因抵制剃发被戮杀，获得桂王的“赐恤”

重用。

清世祖顺治七年（1650）

陈武以计占据儋州城后，派其妻蒋氏进攻崖州城，崖州知州孙澄闻讯弃城逃往琼州府，蒋氏入驻崖州城。至此，陈武的抗清队伍占据儋、崖两州，“升伪号宫保府”，设置标将一百多人，分兵驻守两州境内各县要地。标将杨挺镇守崖州，蒋氏镇守乐安。

清世祖顺治八年（1651）

陈武妻蒋氏在崖州横征暴敛，杀恶民人，其暴行触犯了众怒，引起崖州人民的反抗。陈武调遣蒋氏转据儋州，亲自从儋州率数千人进占崖州，攻掠州东五里，大失民心。清军进攻崖州城，陈武遁退乐安。崖州“城郭丘墟”。

清世祖顺治九年（1652）

陈武在乐安兵败，落荒而逃。

清世祖顺治十二年（1655）

琼州的抗清武装相继被清军击败。陈武到昌化后兵败被俘斩首。彭信古退据乐安，桂王琼州知府黄士谔等人和陈武之弟陈虎也相继逃入乐安。清军围攻乐安，黄士谔、陈虎、彭信古等人逃入办铳黎峒。罗活、抱由、官坊、头塘、抱怀诸峒黎人相继归顺清朝，崖州全境被清军占据。

清世祖顺治十三年（1656）

七月，清廷颁布“禁海令”：严禁江南、浙江、福建、广东、山东、天津等地的商民船只出海贸易；禁止外国商船来华贸易，“不许片帆入口”。

清世祖顺治十五年（1658）

三月，海寇杨二、杨三率七舰突入龙栖湾（在今乐东九所），对沿岸村庄进行劫掠。游击马可任遣兵抵抗，海贼扬帆东去。

清世祖顺治十六年（1659）

三月，海寇杨二、杨三入番人塘、乐道村劫掠，焚毁民舍，掠夺牛畜无数。

十一月，黄士谔、彭信古等闻郑成功攻陷江南诸郡，复率办铳、抱牒、头塘、官坊、罗活、抱由、抱怀诸黎寨起而反清，但不久就被清军击溃。后至康熙元年（1662），海南崖州境内的反清势力基本被清军所剿灭。

清世祖顺治十七年（1660）

南明桂王逃往缅甸境内。崖州人王熀率残部、携带南明永历政权副总兵官的印信及军旗回到崖州，意图在崖州再举义旗。王熀回崖州后，组织起500多人的抗清武装队伍，在州东黎族山区进行抗清斗争。终因寡不敌众，在大过岭的战斗中被官兵打败。

清世祖顺治十八年（1661）

三月，海贼杨二、杨三泊下马岭海岸，抓捕在海湾的男女10多人。又入打堡、石板黎村，抓捕黎妇十余人，命黎寨以牛和粮食赎人。续又入寇三亚港，焚烧黎寨，劫掠番人塘等处村落。十一月，杨二、杨三又在岭头海岸登陆，袭击番人塘等村庄，掠走男女300余人，令以金帛牛酒赎，不能赎而被杀百余人。

海贼薙发伪装为儋州兵劫掠黄流。十二月除夕又到大疍港口劫掠。

清圣祖康熙元年（1662）

一月，南明桂王在缅甸被俘虏，永历政权宣告瓦解。王熄看到抗清大势已去，在流经下马岭东边的小溪边把抗清战旗烧掉，然后隐姓埋名，进入深山黎族地区隐居。清朝崖州知州李应谦曾亲往招抚，许以官爵，但王熄始终“不从”。

清廷严行禁海令，督迫广东沿海24州县居民内迁50里。

清圣祖康熙三年（1664）

清廷又下令沿海州县再内迁30里。琼州所属州县虽不令再迁界，但勒令沿海各州县禁止民众出海。崖州作为南疆重要的门户，严格执行“禁海令”。

清圣祖康熙六年（1667）

知州李应谦、学正朱子虚迁州学于城外西南隅宋元故址。

清圣祖康熙七年（1668）

知州张擢士纂修《崖州志》。

清圣祖康熙二十七年（1688）

李如柏出任崖州知州，续修并纂刻康熙版《崖州志》。

清圣祖康熙三十四年（1695）

陶元淳自昌化县令兼署崖州知州。他在崖州知州任上惩治“非刑杀人”的驻军守备黄镇中，反对兵弁插手地方赋税征缴，作《请严职守详文》等上呈。

清圣祖康熙五十三年（1714）

十一月，为绘制《皇舆全览图》，全国进行天文大地测量，崖州下马岭为观测点之一。是时，钦差苗正（钦天监五品官员）、卓尔代（理藩院郎中）、汤尚贤（外国传教士）巡边到崖州下马岭，在滨海巨石上题镌“海判南天”四字，楷书横排阴刻，字大三尺许。

清世宗雍正六年（1728）

知州程哲重修回风岭景点。

清世宗雍正七年（1729）

知州程哲捐修崖州义学。

清世宗雍正十年（1732）

知州杨城会合绅士将州学自城外西南隅移于城内州治东。

清世宗雍正十一年（1733）

知州程哲在下马岭巨石上题镌“天涯”二字石刻，每字大三尺；旁镌“雍正十一年□□□程哲”，字四寸。自此，人们因之称这里为“天涯”，日后成为崖州著名的风景名胜。

清高宗乾隆十二年（1747）

东门街失火，烧毁民房店铺70余间，烧死3人。

清高宗乾隆十八年（1753）

三亚回民清真寺勒立《正堂禁碑》，示谕各里、埠疍民（包括三亚回族穆斯林）遵守官府规定，在划属本埠的近海海面采捕，不得私行越界，也不允许多带米粮远出。

清高宗乾隆十九年（1754）

知州宋锦重修回风岭景区，成为著名的“崖州新八景”之一。

清高宗乾隆二十年（1755）

知州宋锦修纂乾隆版《崖州志》。崖州义学改办珠崖书院。

清高宗乾隆三十七年（1772）

知州金绅重修珠崖书院，并撰写《重修义学捐膏火碑记》，确定书院招生80名，其中40名是额定的正取生，分上、中、下三等给予廪贴；另外40名为额外生，不享受补贴。

清高宗乾隆四十三年（1778）

知州陈新槐迁州学于城外东南隅，建斋舍。

清高宗乾隆四十六年（1781）

乐安官坊黎村暴动，起因为“岁饥，汉奸放债盘剥，黎人苦之”。

清高宗乾隆四十七年（1782）

三亚回族海富润于乾隆三十九年（1774）游学广东、广西、湖南、湖北、安徽、陕西，是年（1782）返回故里，路过广西时被拘捕，以致成为惊动全国的“携带经书案”。

清仁宗嘉庆二十二年（1817）

乐安抱显等村黎民暴动，反抗吏役兵丁的盘剥索诈。

清宣宗道光三年（1823）

崖州学宫迁入城内参将署原址。学政甘在中与张岳崧同为这次迁建作记。

清宣宗道光九年（1829）

洋淋、抱腊等村黎人掀起反甲头盘剥的斗争。

清宣宗道光三十年（1850）

大本峒黎民不堪封建统治压迫，在首领王亚峰带动下，掀起反叛封建王朝的斗争。

清文宗咸丰元年（1851）

崖州冲坡人吉大文乡试中举，开有清以来200余年崖州文运的先河。

清文宗咸丰二年（1852）

崖州黄流里赤命村周大炳盟结会党，抢劫桥园邢修伟家，被廪生孙元度与知州卢凤应密谋擒获。

清文宗咸丰六年（1856）

乐罗里乡民捐资在旧德化驿建起德化书院。

清文宗咸丰十年（1860）

九月十七日，会党首领方耀宗带领同党数百人，攻占崖州城，不久被捕杀。

清穆宗同治八年（1869）

广东电白商人李际春到崖州榆亚考察，并同本地人一起投资开办“润和漏”盐场。

清德宗光绪十年（1884）

九月，中法战争期间，法国派军舰侵入北部湾游弋挑衅，并派军舰18艘在榆林港停泊操演。新任兵部侍郎曾纪泽就法国觊觎琼州事件上奏朝廷。

清德宗光绪十一年（1885）

十一月，黄邹保领导的汉、黎人民“揭竿遽起”反抗封建统治，万州、陵水、崖州等地汉黎人民起而响应，“旬日之内众至二千余人”。

清德宗光绪十二年（1886）

六月，冯子材奉命率军自钦州起程下琼州，分兵三路进逼五指山“平黎”。在围剿黎族反抗武装的过程中，冯子材率部开通井字大路，并在五指山北仕阶岭大路旁巨石上勒铭“手辟南荒”大字。张之洞与冯子材相互商讨，制定《抚黎章程》12 条。

清德宗光绪十三年（1887）

三月，冯子材移军崖州境。四月从南林撤出，于三亚、藤桥休整。这一年，冯子材曾在海南设立 5 个电报局，其中包括崖州局；光绪十六年裁撤，仅存海口一局。

清德宗光绪十四年（1888）

崖州知州唐镜沅在永宁乡（属今海棠湾镇）没收李华堂宅，改建龙山书院。

清德宗光绪十五年（1889）

七月初三日，法国兵轮驶进榆林港，沿港测量。总督张之洞据报电饬琼海关税务司查复，呈请总理衙门向法使馆诘责。

是年，知州唐镜沅以官府名义重修热水塘，并在热水塘上修建“既济亭”，成为“新崖州八景”之一。“新崖州八景”即：鳌山叠翠、抱郭双流、洞天幽胜、落笔凌空、镜湖秋月、玉井温泉、灵山腾云、峻岭回风。

清德宗光绪十六年（1890）

高州“三点会”党人潜入佛罗市、盐田村等处，串通感恩县文质村何赞朋等人举行暴动，惊动崖、感地区。

清德宗光绪十八年（1892）

美国基督教长老会传教士冶基善在乐罗（今属乐东黎族自治县九所镇）建起崖州第一所基督教堂——乐罗基督教堂，入教者 50 余人。

清德宗光绪二十年（1894）

吴川、临高会党进入崖州州境，盘踞在三亚港口及佛罗市等处，分别举行暴动，劫掠商船和乡村富户。

清德宗光绪二十一年（1895）

春，崖州举人林缵统随康有为、梁启超入京参加会试，参与“公车上车”。林缵统偕康门弟子为发动外省举人上书奔走呼号，并在康有为的《上皇帝书》上签名。

清德宗光绪二十二年（1896）

由入侵帝国主义势力控制的琼海关在三亚榆林港设立分卡，规定所有往来南洋贸易帆船或汽船每次起航前须从海关申请出洋牌照交由榆林港分卡查验，销案后始准开行。自此，外国资本主义通过商业这只无形的黑手伸到了崖州。

这一年四月，清政府正式在海口设立一等邮局。不久又将一等邮局改为二等局，分设定安、那大、崖州 3 所三等邮局。崖州近代邮电业肇端于此。

清德宗光绪二十三年（1897）

十二月十一日，崖州西北部黎族农民吕那改、李亚发等人率领4000多黎人，拿起弓箭、长刀、火药枪武装起义，掀起反抗美国基督教会欺凌黎族民众的斗争。

清德宗光绪二十四年（1898）

十月，吴川、临高会党劫掠黄流市商铺18间。

清德宗光绪二十六年（1900）

夏，知州锺元棣主持，与卢玉墀、赵以濂、邢定纶等人开局纂修《崖州志》，张㑺与邢定纶、赵以濂担任主笔。

清德宗光绪三十年（1904）

广东省设立琼崖巡防营，分派第三营驻扎于榆林港和三亚港。

清德宗光绪三十一年（1905）

两广总督岑春煊奏准升崖州为直隶州，隶属广东省，领感恩、万县、陵水、昌化四县。

清德宗光绪三十三年（1907）

崖州鳌山书院改为崖州直隶州高等小学堂。

清德宗光绪三十四年（1908）

崖州龙山书院改为永宁小学堂，德化书院改为乐育小学堂。

知州冯如衡将旧练兵馆改设为时雍小学堂，以教育黎童。

是年，海南华侨掀起投资兴办企业热潮，福建华侨胡子春创办、总部设在儋州的侨丰公司，到三亚港建立大规模盐田，直引海水晒盐，并获“禀准采运，配省行销”。商人陈赵隆，投资1000万元，在崖州海艮村种植芒果5000株，面积1000亩。

清溥仪宣统元年（1909）

两广总督张人俊派副将吴敬荣前往西沙群岛查勘。四月初一日再次派水师提督李准与广东补用道李哲浚、署赤溪协副将吴敬荣等，率领包括测绘学生、化验师、工程师、医生、各项工人在内共170多人队伍，分乘“伏波”“琛航”“广金”三兵轮前往西沙群岛复勘。

清朝末任崖州直隶州知州范云梯在下马岭滨海巨石上题镌“南天一柱”四字，楷书竖排阴刻。

是年，崖州球尾灶村人、月川初级小学校长林瑞川在榆亚开办盐田，创办“瑞和东厂”和“瑞和西厂”。

清溥仪宣统三年（1911）

琼崖同盟会支部派遣同盟会会员、陵水县桥仔村人刘中悟到万宁、陵水，会同同盟会会员王鸣亚（崖州妙山人）、刘中造、郑震春等人组织同盟会陵水支部，并准备发动武装起义，点燃起崖州民主革命星火。

《三亚史》编纂委员会

中国人民政治协商会议三亚市委员会 编

【下卷】

人民出版社

目　录

下　卷

第八章　中华民国时期的崖县

1911年辛亥革命推翻清王朝后，中华民国政府改琼州府为琼崖道，辖13县；撤销崖州直隶州，崖州遂改为崖县，与万县、陵水、昌江、感恩四县统归琼崖道直辖。其时，崖县的四界是：东北界为陵水县，西北抵感恩县，南临大海，北至五指山南麓。全县分为5个区：中一区（崖城）、东二区（三亚）、东三区（藤桥）、西四区（九所）、西五区（黄流）①，总面积4594.75平方公里。1932年，广东省94个县陆地面积调查排队，崖县列第四位，前三位为合浦、惠阳、英德。1935年，海南新设乐安（后称乐东）、保亭、白沙三县，从崖县划出西部和北部辖区，崖县政区面积缩小一半，为2254.6平方公里。此后，崖县在民国时期的政区面积基本保持稳定。

第一节　中华民国初期的崖县

民国初期，国内政局动荡。旧军阀窃取政权，竞相割据一方，相互争夺。孙中山领导的民主革命尚处危难之中。这种混乱局面在海南岛同样存在，地处岛南的崖县也一直处于动荡之中。兵祸连年，天灾频仍，经济遭到重创，人民饱受苦难，因而要求建立公正社会秩序的

① 此据《崖县事项考察表》（1917年编订，广东图书馆藏本），而《崖州直隶州乡土志》下卷《地理·区域》则作中一区、东一区、东二区、西一区、西二区。

革命呼声越来越高。与此同时，民国建立之后，风气渐开。崖县新的建设艰难起步，经济活动开始了近代化的进程，拥有自然地理优势的三亚、榆林等港口的开发渐为国内外所重视。

一、政局动荡的三等县

从1912年起，受广东政局变化影响，海南的政局一直处在风雨飘摇之中。先是依附于袁世凯的旧军阀龙济光，继而是桂系、滇系军阀，后来是广东军阀陈炯明的部属邓本殷，他们都残暴统治海南，给海南人民带来深重的灾难。海南革命志士和民众一再组织民军奋起抗争，直至1926年年初国民革命军胜利渡海南征，赶走封建军阀，广东国民政府统辖海南，局势才相对稳定下来。在军阀爪牙统治海南期间，崖县的政治局面同样混乱不堪。最为突出的表现是崖县知事（县长）如走马灯似的更替，有的仅任职一个多月就被撤换。崖县政局受各派政治势力的控制，其中不乏军阀、恶霸操控地方政府，导致官场腐败，社会紊乱无绪。军阀的疯狂敲诈、土匪的猖獗掠夺、恶霸的横行肆虐、贪官污吏的百般盘剥，使崖县民众生活在水深火热之中，社会发展极为缓慢。

以下是民国初期（1911~1927年）崖县最高行政长官（包括名称的变化）频繁更替的情况。

民国伊始，由顾迪光担任崖县首任民政长，1912年任，当年内解职。之后是饶菊逸，为崖县首任县知事，自1913年2月至当年11月11日，任职仅10个月。邓卓藩，县知事，1913年11月12日至1914年5月21日，任职仅6个月。曹铸，县知事，1914年5月22日至1915年5月1日，任职1年；关建藩，县知事，1915年5月2日至1916年4月，任职1年。冯厘飏，县知事，1916年5月至当年7月，任职仅2个月。张吉鲲，县知事，1916年8月至1917年2月1日，任职仅6个月。沈辉，县知事，1917年2月至1918年6月28日任职，为军阀龙济光所派遣，在“戊午讨龙”事件中挟印潜逃。沈辉在任期间，曾受命填写《广东省崖县古物调查表》上报广东省政府，此为崖县现存最早的古代文物遗存实际调查。此后接任的是汤保

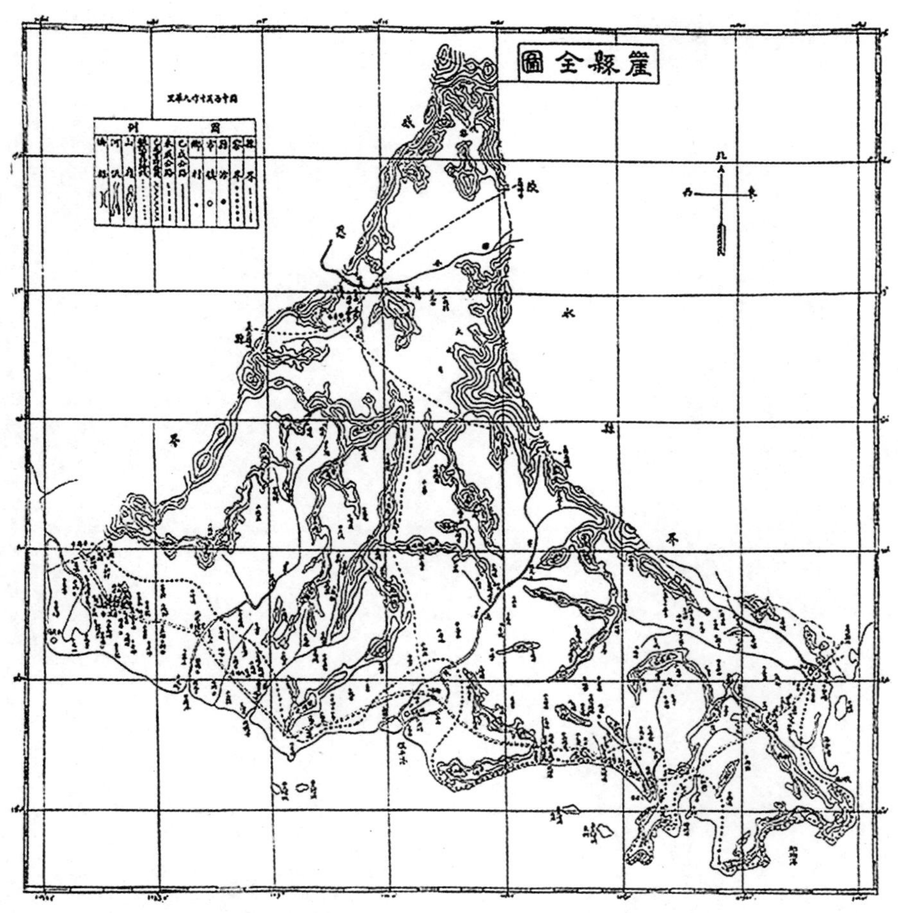

1935 年前的崖县舆图　　　　（辑自《海南岛志》）

棻，县知事，1919 年春至 1920 年下半年任职。汤保棻为桂系军阀所任用，作恶多端，在反对桂系军阀的斗争中潜逃被捕获，押解途中大烟瘾发作而毙命。前沈辉潜逃和后汤保棻毙命后，崖县地方各界曾两度推举本土人士、清末举人郑绍材代理县知事。后继任者为王树人，县知事，1920 年至 1922 年任职。孙毓斌，首任县长（1921 年，广东省政府下令改称县知事为县长），也是崖县首位民选县长，梅东人，1922 年至 1924 年任职。王鸿饶，县长，1924 年春至夏，任职仅 2 个月。王鸿饶去职后，地方乡绅曾推举陈其庚为代理县长，后莫惠浓受命来任，至当年冬仅半年又离任。续任者陈宗舜，文昌人，县长，1926 年春至当年 11 月 25 日在职；陈善，文昌人，县长，1926 年 12 月至 1927 年 6 月 13 日任职。陈善在任内曾支持创建崖县县立初级中学，并开始正式招生。

民国初期崖县的人口，据《崖州直隶州乡土志》记载："州属民户一万三千有奇，丁口五万五千有奇。黎人不能详考。"另据同书的记载，崖县居民中"为士者一千五百余人，为农者一万余人，为工者八百余人，为商者二百余人；士与工商，其家多兼营农业"。① 从中可见，崖县经济是以传统农业为主的经济。"为士者一千五百余人"，或可理解为读过书或受过教育的人数，占全县人口的比例仅为 2.7%，折射出崖县的文化教育相对落后的事实。同时，交通的不便，也使得崖县的物产难以顺利地远运岛外。《崖州直隶州乡土志》就说到"州属出口货物皆从海运"。在崖县的出岛物资中，盐是第一位的，"生盐，每年销行三亚港五万余石"；其次是糖，有白糖、黄糖等糖制品；再次为槟榔、椰子、牛皮等。输出的几乎都是原料性质的物资，输入的则是基本的生活物资，甚至包括砖瓦，可见当地手工业基础相当薄弱。在销往的地区中，以江门占第一位，其次为澳门、海口和海南岛内其他县份，也有少量物资（鸭蛋、生猪、虾壳等）销

---

① 见《崖州直隶州乡土志》上卷《历史 · 户口》。鉴于崖县历来对县属黎族的人口缺乏统计，这里的人口数应当主要是指汉族及沿海编户的黎族、回族人口数量。

往新加坡。在输入的物资中，以来自江门的货物最多，次为海口、澳门。这与当时物资的运输方式有关，即海运是主要的手段，境内陆路交通条件仍然相当落后。《崖州直隶州乡土志》记载："州属汉民居于沿海一线，自东至西大路只一，而州城居中。"这里说的大路，东路是指从崖城到三亚再到藤桥的道路，西路则指从崖城到九所再到佛罗的道路。"东西二干路，随处皆有各村支路来会，短促丛杂，不胜枚举。西路平坦，绝无林薮，又去黎村较远。东路险阻，民村寥寥，驿道所经皆跨黎村。"

崖县因为人口、经济、交通等方面的原因，在民国初期广东省内各县的排序中处于中下的地位。1913 年，广东省政府颁布命令，划分各县的等级，全省一等县 5 个、二等县 32 个、三等县 51 个，崖县属三等县。后来，南京国民政府于 1930 年 7 月 7 日公布修正后的《县组织法》，规定"各县县政府按区域大小、事务繁简、户口及财赋多寡分为三等，由省政府编定，咨内政部呈行政院请国民政府核准公布之"。① 广东省政府依据中央政府的决定，于 1931 年 5 月公布《广东省各县等次一览表》，崖县仍是三等县。② 事实上，此次广东分县为三个等级，人口满 10 万的方为三等县，而崖县当时如果不包括尚未编入户籍的黎族，实际人口还不足 10 万。崖县被编列三等，反映了当时崖县在广东省内的地位，也是崖县当时基本社会发展水平的真实写照。

二、反对军阀爪牙的斗争

民国初期，为了摆脱军阀的残暴统治，崖县人民积极投身革命运动之中。

1916 年 10 月，在反对袁世凯复辟帝制的护国运动中，曾控制广东而依附于袁世凯的军阀龙济光，受到来自内外各方的军事、政治压力，被迫离开广州，转而以两广矿务督办的名义，率其振武军退守海

① 蔡鸿源主编：《民国法规集成》第 39 册，黄山书社 1999 年版，第 69 页。

② 刘成泽等编：《民国法规集刊》第 24 集，民智书局 1931 年版，第 67 页。

南岛。1917 年，孙中山联合盘踞广东的旧桂系军队开展护法运动。1918 年春，占据海南岛的龙济光与北洋政府相呼应，乘机出兵雷州、阳江等地，遭到作为护法军的桂系军队的讨伐。11 月，桂系军队沈鸿英等部从广西北海进入海南岛的儋县海头，在儋州、临高一带击败龙济光的军队①，并乘势于 11 月 14 日进占海口，此后逐次收复海南全境。在此期间，海南各地的地方势力组织民军群起倒龙；崖县民众也自发组织民军，参加讨龙运动。龙济光败走后，1919 年秋，沈鸿英任琼崖镇守使，饶芙裳为道尹，桂系势力开始控制海南，崖县的知县也与全岛一样由桂系委派。②

1919 年年初，桂系委派汤保棻担任崖县知事。汤保棻在任期间，横征暴敛，苛捐杂税多如牛毛，对崖县人民残酷盘剥。据传汤保棻嗜好吸食鸦片，对崖县社会治理无所用心，致使崖县盗贼蜂起，民不聊生，怨声载道。崖县知名士绅林作霖（清末进步人士林缵统之子）、陈河鉴（黄流人）、陈广田（保港人）等人，代表民意联名上书谏劝汤保棻，被汤保棻以反抗县府、扰乱政局罪名拘捕，于 1920 年 5 月 25 日深夜在崖城广度寺附近宁远河岸秘密枪杀。这一事件引起当地士绅和民众的极大愤慨，崖县民间弥漫着除汤的浓烈气氛。

1920 年 8 月，粤军陈炯明部自福建回师广东，驱逐占据广东的桂系军阀。当时驻守海南的滇军（又称海疆军）李根源部依附桂系，主力自海南赴广东参战，留守者为蔡炳寰团。岛内人士陈继虞等人趁此机会，以“琼人治琼”为口号，起兵反抗。李根源在广东兵败，退回云南。蔡炳寰孤立无援，只得退守府城、海口一带，准备登船离开海南岛。此时，海南各地民军蜂起，陈继虞率民军驻嘉积。《海南近志》记载：“全琼颇形骚动，时大小首领，有王鸣亚、邱海云、李午轩等十多人，约共四五千人之众。”各路民军会攻蔡炳寰部失利，退守嘉积。其间，崖县民军首领王鸣亚集合海南南部民军围攻崖县县

① 中华民国年间出版《儋县志》卷十八。

② 《三亚文史资料》中一般所称“西军”，即指广西的军队，也就是指桂系；同资料中的“东军”一般指广东的军队，即粤军。

城，县知事汤保棻带着总务科科长蔡福成仓皇脱逃，藏到抱扛峒，被西四区抱岁村的陈礼健等人捕获，押送王鸣亚所部。在押解的路上，汤保棻因鸦片烟瘾发作，拉痢不止而毙命。①

这一年的冬天，滇军蔡炳寰部被北调，粤军陈炯明部下旅长邓本殷率军入驻海南，兼领琼崖善后处处长，此后成为控制海南的军阀恶势力。1922 年 6 月陈炯明叛变革命后，邓本殷依附作逆。王鸣亚响应孙中山和广东革命政府号召，召集旧部，组织民军，以崖县为根据地，与邓本殷的军队在崖县各地周旋，互有杀伤。1924 年 4 月，邓本殷派旅长陈凤起带兵“清乡”，于保平村与王鸣亚部激战，烧毁民房数十家。5 月，陈凤起部占领九所，捕杀被王鸣亚收编的乡村武装首领罗步云。1925 年，邓本殷领军入侵广东西南部。王鸣亚率民军趁机反攻，攻占陵水、崖县等地，进而进占万宁，直至乐会、嘉积。1926 年年初，国民革命军南征，渡海收复海南，才结束了邓本殷在琼崖的军阀统治。

王鸣亚（1892~1940），崖县羊栏妙山村人。其父为清末秀才，以行医济世。

王鸣亚 16 岁毕业于崖州直隶州高等小学堂，同年选入琼崖中学。在校期间，与同学陈继虞等人接受民主革命思想的影响，加入中国同盟会，从事民主革命活动，遭到琼崖镇守使密令通缉而逃亡日本，进入早稻田大学。在日本结识孙中山，后奉命返琼，与陈继虞共组琼崖民军讨伐袁世凯，被军阀爪牙龙济光通缉，乃再度赴日，入法政大学读书。1915 年，中华革命党起兵讨伐袁世凯，王鸣亚回琼任第三支队司令，活动于崖县榆亚地区。1917 年，王鸣亚任西路讨贼军别动队司令，讨伐盘踞海南的军阀爪牙龙济光。讨龙战事结束后，王鸣亚被任命为琼崖抚黎局总局长。不久抚黎局撤销，王鸣亚赴广州，在孙中山大本营任内政部主事。1920 年 8 月，王鸣亚返琼率领民军与

① 三亚市地方志编纂委员会编：《三亚市志》，中华书局 2001 年版，第 20 页。

依附桂系的驻琼滇军作战，曾围攻崖县县城，惩治作恶多端的县知事汤保棻。1921年6月，孙中山委任王鸣亚为国民党广东省崖县分部部长。1922年6月，陈炯明叛变；7月1日，孙中山任命王鸣亚为大本营琼崖警备军副司令。① 王鸣亚召集旧部，以崖县为根据地，组织军队，讨伐陈炯明在海南岛的余孽邓本殷，转战于澄迈、定安、万宁、陵水、崖县、昌江等地，历时3年。1925年，邓本殷渡海入侵广东西南部，王鸣亚趁机反攻，占领陵水、崖县等地，进占万宁，攻占乐会、嘉积。1925年冬，王鸣亚所部改编为国民革命军第四军琼崖游击统领部，王鸣亚为统领。

王鸣亚积极投身孙中山领导的民主革命，反对军阀割据，屡立功勋。但是国共分裂、大革命失败后，他站到了代表大地主、大官僚利益的国民党右派一边，于1927年6月担任崖县县长，极力推行“清共”“剿共”，“围剿”转移到农村的共产党人和革命群众，直至1933年因与盘踞海南的广东军阀陈济棠的警卫旅旅长陈汉光发生内讧离任。

三、五四运动对崖县的影响

1919年5月4日，北京爆发了反帝反封建的爱国运动。五四运动的影响很快扩散到全国，海南青年学生及社会各界也一样深为震动。

5月18日，海南各县学生代表聚集于海府地区，在琼崖中学召开全琼学生代表大会，宣布成立琼崖十三属学生联合会②，领导全琼学生运动。大会选举锺衍林为学联理事长，王文明、杨善集、陈垂斌（崖县人）、罗文淹、符传范等人为常务理事。琼崖学联成立后，立即宣布接受全国学联领导，并派代表赴上海参加全国学联会议。从此，琼崖学生运动成为全国学生运动的一部分。

自清末以后，新式教育在崖县的兴起，为崖县学生运动打下了初

① 《孙中山全集》第六卷，中华书局1985年版，第494页。

② 当时，海南共设琼山、文昌、定安、澄迈、临高、儋县、琼东、乐会、万宁、崖县、陵水、感恩、昌江13县，故称“琼崖十三属”。

步的思想基础。原设在州城（今崖城）外文昌庙的鳌山书院，于清光绪三十三年（1907）改造成为高等小学堂，次年又将龙山书院改为永宁小学堂，将德化书院（在乐罗）改为乐育小学堂。① 州城内还设有时雍小学堂，是专门教育黎族儿童的机构。清末崖州举人林缵统参加"公车上书"、投身戊戌变法的行动，在当地产生深刻的影响；进入民国之后，新文化、新思想进一步传播，崖县的知识分子首先受到启蒙。民国初期，除了私塾尚有较多保存外，新式学堂逐渐形成规模，教学内容和教学方式也有很大的变化，新思想逐渐在崖县普及。

五四运动之后，琼崖青年为了传播新文化、新思想，积极创办各种进步刊物，其中崖县出生的学生作出了积极的贡献。崖县人陈垂斌等人在南京参与创办《琼崖青年》月刊。② 洪剑雄、王器民、徐成章等人创办的《琼崖旬报》，是当时海南岛内影响比较大的进步刊物，崖县的陈英才是筹办该报的募股集资者之一。还有《新琼崖评论》以及陈垂斌之兄陈文晃（广东省立第六师范学校教师）主办的小报《扫把》等进步报刊，先后通过各种渠道传播到崖县。崖县青年学生接受新知识、新思想，受到了启迪和教育。新文化、新思想的传播，提高了崖县人民反帝反封建的觉悟，推动崖县青年参与推翻旧社会、创造新社会的革命斗争。

在五四运动高潮以及后来的革命浪潮中，崖县的进步青年也动员起来，掀起反对帝国主义、抵制日货的行动。崖县学生组织起各种宣传队、检查队深入市镇、乡村，向民众宣传爱护国货、抵制日货。学生们对商铺进行检查，凡藏匿、偷售日货如火柴、煤油、布匹等，都抄查出来烧毁。崖县青年学生发起的抵制日货的行动，实际上是对崖县民众的一次反帝爱国启蒙教育。

---

① （清）光绪《崖州志》卷五《建置志·学校》。

② 一般资料指陈垂斌在上海参与创办《琼崖革命青年》，有误。此刊的正确名称为《琼崖新青年》月刊，由王文明、郭濡灏等旅沪学生在南京创办。参见徐成章：《新琼崖评论周年经过概略》，转引自《琼崖大革命史料选编》，中共海南省委党史研究室 1994 年 4 月编印本，第 247 页。

在新思想、新文化的传播中，破除旧思想、旧文化是斗争锋芒所指，而封建迷信、封建伦理首当其冲。1923 年，崖县进步青年掀起破除迷信的运动。崖县城内有城隍庙、华光古庙、马隍庙、三昧庵、巫婆庙，城外有琼花庙、东岳庙、文武庙等。新青年们认为这些都是封建迷信的产物，禁锢人们的思想。在县立第一高等小学学生会主席李茂文①和进步学生袁岐松的领导下，青年学生群起向这些庙宇采取行动。他们手持各种工具，列队到城内、城外的庙宇，将所有的神像全部砸碎。学生们还在崖县地区提倡剪短发，主张男女平等，批评束缚思想的“三纲五常”，同时对那些侵吞公产、剥削穷人的地主豪绅进行揭发。因为发生学生毁神事件，县立第一高等小学被停办两年，学生会主席李茂文被迫转到省立第十三中学（今嘉积中学前身）就读。李茂文继续参与嘉积、海府地区的革命活动，结识中共广东区委派来的琼崖仲恺农工学校（即嘉积农工职业学校）领导人雷永铨，受到马克思主义革命理论的教育，参与组织领导学生运动和工人运动。他曾带领学生、工人，同第十三中学反对学生运动和工人运动的校长张韬进行斗争，是嘉积地区学生运动与工人运动的领导人之一，深受学生和工人群众的拥戴。李茂文后来成为崖县土地革命战争时期革命活动的主要领导人。

四、何瑞年案与维护西沙主权的斗争

民国初期，政局动荡，经济落后，国家、民众的基本权益经常受到列强的侵扰。近代以后，许多时候，中国的权益是由中国民间力量来维护的。虽然这些努力未必能取得最佳的结果，但是对于唤醒民众起着重要的作用。崖县民众保卫西沙的活动就是一个很好的例证。

西沙群岛自古就是海南渔民的作业渔场，三亚一带的渔民与西沙的关系更加密切。然而近代以来，中国积弱积贫，无力捍卫海疆权益，遂使外人乘机觊觎中国的西沙群岛。这其中以日本人的活动最为活跃。

---

① 李茂文，也写作李懋文。

1921年3月，广东商人何瑞年就开发西沙一事呈文广东军政府内务部称："西沙岛物产丰富，大宗系磷质、螺贝、棕树等物，堪资利用，屡为外人垂涎，私运开采，损失天然之利，不可胜计。拟在西沙岛兴办实业，先行前往勘验，实地调查，然后创设公司，筹集股本，绘具图说，详订章程。呈请核明立案，请予发给护照，令行就近军队保护同往。"同年8月，何瑞年再次向内政部呈请，表示先集资5万元，成立西沙群岛实业无限公司，并提交了计划书、承领书等文件。在承领书中，还罗列了以何瑞年领衔的5名股东的名字。广东军政府内务部同意其兴办。①

何瑞年是加入澳门葡萄牙国籍的华人，在获得批准后，于1921年8月成立西沙群岛实业无限公司，并在11月呈请注册公司。崖县政府也为其发放开垦证书。其承办计划范围颇广，包括垦殖、采矿及渔业各项。后来经查实，何瑞年是受日本占领下的台湾总督府专卖局局长池田幸甚等人的指使，以西沙群岛实业无限公司的名义，骗取中国政府的许可，在西沙群岛从事开垦、采矿、渔业活动。

何瑞年公司实际上的经营者，是日本浪人梁国之、高瑞南组织的南兴实业公司。日本人在西沙岛上建立了相关设施，包括大约2.5公里长的轻便铁道和铁制栈桥②，大量盗采岛上的鸟粪磷矿运回日本，还阻挠中国渔民在西沙的正常捕捞活动。

西沙群岛自1919年起划归崖县管辖。日本对西沙群岛的侵略，激起了海南人民特别是崖县爱国青年的无比愤慨。1922年2月4日，何瑞年的公司派员到崖县政府请求验定护照，崖县县长孙毓斌即提出要立即组织人员协同到西沙测勘。崖县政府委派崖县测勘西沙群岛委员会委员陈明华搭乘该公司"南兴"号船前往西沙群岛勘察，返回崖县后撰写报告指出，冒充闽籍的日本浪人梁国之实为该公司的实际控制人。陈明华的报告揭露了日本人有幕后操纵的基本事实。③

---

① 陈天锡编：《西沙岛东沙岛成案汇编》，商务印书馆1928年版，第38~44页。
② 陈铭枢等编纂：《海南岛志》，神州国光社1933年版，第557页。
③ 陈天锡编：《西沙岛东沙岛成案汇编》，第60页。

孙毓斌据报，遂派员前往西沙群岛查勘情形并呈报省府。此事立即在社会上引起了轩然大波。史料记载："琼崖所属各界团体因有崖县县长之一呈，对于何瑞年承领开垦该岛一案，纷起为激烈之攻击。""琼崖所属各界各团体为激烈之攻击者，纷然杂起。而琼崖以外团体，甚至海外侨民，亦应声反对。"①

崖县青年学生及各界爱国人士的反应尤为强烈。1922 年，张启经、吉采、麦上椿、黄敦复、邢福麟、麦上玺、林泉、黎茂荣、黎茂萱、秦匡洲、何绍沅、黎毓潢、李福海、邢国玺、陈起贤、罗业新、吉章简、王大宣、梁志刚、黎毓璋、陈世训、郑绍仁、林家杨、韦大康共 24 人，联名在《琼崖旬报》第 36 期发表《琼崖公民代表对西沙群岛危亡宣言书》，并附《崖县测勘西沙群岛委员会陈明华报告》全文，以铁的证据公开向琼崖人民以及全国人民揭露日本掠夺中国资源，进而图谋中国领土的事实，呼吁全国人民团结起来，谴责日本人的盗掠行为，捍卫中国国家主权和民族利益；要求中华民国政府迅速注销西沙群岛实业无限公司，并惩治汉奸，以儆效尤。《琼崖人民代表对西沙群岛危亡宣言书》全文如下：

窃以山河破碎，壮士兴悲，天下兴亡，匹夫有责。乃者倭奴觊觎我西沙群岛，设立实业公司，利用狗彘不食之汉奸出名顶替，实行经济灭国之手段，剥我皮肤。同人等为此惧，用敢泣诉同胞。冀念神明华胄之本源，同属一脉，抱兔死狐悲之隐痛，莫作旁观。共筹对付之方，先褫奸人之魂，则国家前途，是所利赖。

缘我西沙群岛，地属崖县，密榆林。磷矿之富，可不赘言，惟其位置之重要，实系一国之兴亡。故以地势论，榆林为我国南方之门户，而西沙又为榆林出入之屏蔽，相依齿唇。矧丁兹列强角逐，海上争雄，已共趋于太平洋中。为日人计，不得不在我国南海岸线求一根据地，以为对抗地步，已非一日。前清末季，日

① 沈鹏飞：《调查西沙群岛报告书》，1928 年出版，第 13 页。

人曾实行侵占，经政府严重交涉，始得取回。惟以我国人非近梦梦，故不敢公然肆凶，于是出欺骗手段，利诱奸商何瑞年等，设立公司，假开矿为名，阴行图谋之诡计。在日人侵略政策，路人皆知，在奸商狼狈为奸，实同揖盗。

乃我琼公民团体，诉呈当道，不获俯谅苦衷，使奸商更饰词辩，淆惑视听。讵知工人二百，尽是日人，轮船往来，皆为日船。即号经理之高瑞南以及股东之梁国之、徐田等，皆系日籍。管理设施，皆被操纵。近运载日兵百余，前往保护。如非日资，何为拱手授人以柄？是该公司内容黑幕，岂能尽掩人耳目耶？总之狼贪成性，顾一己而罔恤卖国丧权，狐媚为心，利个人而居然引鬼入室。故何瑞年等之冒垦西沙实业公司，实不啻代垦日人之殖民地。

西沙而落入日人之手，则琼崖海权随之尽失，琼崖且将随之偕亡。琼崖亡，则我国南方舆图，能不为之改色乎？呜呼！国破家亡，于斯朕兆。同人等兴念及此，悲虎伥之作废，呼天无路，痛主权之丧失，力竭声嘶。兹觅得崖县委员当日勘测西沙报告全文，读之令人发指。爰以濡墨陈词，直抒胸臆。我海内父老兄弟姐妹，不乏忠义之俦，当能本良心之主张，共图挽救。恳政府迅予注销该公司，并予以惩办国奸，以警将来，是诚中国之幸也。若政府仍听奸言，不顾民意，则我琼民基于义愤，誓必以最后五分钟之手段，为无可奈何之对付。他日肉搏西沙，血飞琼州，争主权以万难，还山河于一发，是平生期许之志，而愿与同胞共勖者也。皇天后土，实鉴斯言，我父母兄弟姊妹，其共谅之。谨此布闻。①

崖县政府和民众的行动，得到琼崖各界人士与海内外华侨的支持和响应。广州、海口等地纷纷组织示威游行，人们高呼口号：“打倒日本帝国主义！”“打倒汉奸卖国贼！”“日本帝国主义从西沙群岛滚

① 转引自《琼崖大革命史料选编》，第12~13页。

出去!”

但当时的这些努力并没有直接效果，国内政局动荡不堪，当局对于南海事务无暇顾及。广东省政府虽指派省公安局进行复查，但广东省公安局的复查报告搪塞说何瑞年等人的公司并没有日本人的参与，也没有日本人的股份；“南兴”号的租船合约，验明确系短期雇佣。广东省政府据此转复军政府内务部。但该项咨文尚未送达内务部，就发生了1922年6月的广东军阀陈炯明政变，此事也就成为悬案。延至1923年3月，何瑞年再度诉请省府“维持原案”准予“开发”西沙。广东省省长徐绍桢即派委员张锡光、司徒瑞再一次进行调查，但得出的结论与从前省公安局的查复一致，旋即批准予以维持原案，仍由西沙群岛实业无限公司承办。于是，何瑞年在西沙继续所谓“开发”活动，丰富的积年鸟粪磷矿几被采掘殆尽，悉数运往日本。

此事直至大革命运动的高潮中，经过爱国人士和民众坚持不懈的斗争，民国政府才决定撤销原案，广东省实业厅遂于1927年6月间注销何瑞年的公司，日本人最终从西沙群岛撤走，西沙群岛才又回到海南渔民的手中。

关于何瑞年事件中日本人到底扮演怎样的角色，当时的中国官方资料都只认为是一帮日本人为了牟利而组建实业公司，尚未见有日本官方在其中的作用。但近年台湾学者的研究表明，此事与日本官方的推动存在密切而直接的关联。台湾学者研究了日占时期台湾总督府专卖局局长池田幸甚的私人资料，其中对日本人利用何瑞年等人对西沙实行渗透毫不隐瞒。池田幸甚在《手记》中记载了日本驻广州总领事藤田荣介介入交涉的情形，以及何瑞年等人与日方的密切互动，明确地显示出在整个何瑞年案件中日本人实际操纵的情况。①

五、中华民国初期崖县的城市发展与经济情况

清末民初，崖县东部的三亚、榆林地区因盐业扩张和海运贸易及

① 锺淑敏：《殖民地官僚试论——以池田幸甚为例》，《台湾学研究》第10期，2010年12月“中央图书馆”台湾分馆出版。

军事设施日渐兴盛，相比之下，州（县）城却日显凋敝。据当时记载："今查（县城）城垣多芜颓，民居零落，虽非山林气象，却是村落光景。仅东门外一街，约四五百家，亦无大店。无北门，濠湮无迹。"进入民国之后，整个广东都在拆除城墙、开通道路，崖县也不例外。1920 年，王树人任县知事，倡导修筑了崖城—港门公路，为接通公路进城，先后拆除县城东、西两座城门。1928 年王鸣亚任县长时，又拆除了一段北城墙，开通公路到练武校场坡。① 城门和城墙的拆除，显示出崖县县城有了新气象。

民国初期崖县的城市发展，以东部三亚更为典型。三亚的城市建设历经起伏，起点是在民国初期。清末的三亚还不具有城市的规模，只是一个大的居民点和鱼盐商贩聚集地而已。据《西沙岛东沙岛成案汇编》中记载，清宣统元年（1909），从三亚到西沙勘察的人员曾报告说，三亚港"居民二三百家，均属篷茅庐舍，有崖州巡通驻扎"。② 当时的三亚更像是一个较大的村落集市。《海南岛体验实记》中说，在 1919 年的时候，"三亚埠户数三百，是海南岛最南的市镇，盐业发达"。③ 记载的情况大体都相同。

（一）民国初期三亚盐业的发展

民国初期三亚的发展，原因在于清末以后三亚的主要产业——盐业有了更大规模的持续扩张，在股份制的投资体制促进下不断壮大，带动了其他产业的繁荣，构成了三亚地区经济的基础，提供了城市发展的原动力。清咸丰八年（1858），有股东投资兴建"承德漏"。此后，海南盐业的中心逐渐转移到南部三亚一带。《海南岛渔盐调查报告书》记载："三亚、榆林制盐事业，创始于民元前三十七年"。④ 据此推算，应在清同治末年的 1874 年。有资料记载：清同治八年

① 李建璋、王隆伟主编：《崖州史话》，海南人民出版社 1989 年版，第 5 页。

② 陈天锡编：《西沙岛东沙岛成案汇编》，第 19 页。

③ 南洋协会台湾支部编：《海南岛体验实记》，第 138 页。该书第 139 页又言，当时崖县县城的人口户数为 300。

④ 广东省建设厅编：《海南岛渔盐调查报告书》，第 77 页。

(1869)，电白县红花尾人李隆春与崖县陈氏族人合股投资，在三亚港兴建"润和漏"。《三亚古今纪事》中记载："广州源兴公司派经理陈国桥投资建源东、济源、永利、和利、源丰等埇；李永基投资在三亚建设安源、源源等埇；文昌人高丰投资先后在红沙建设秋济埇等14个。"最大规模的投资是在清光绪三十四年（1908），电白人李春在三亚附近开辟天日盐场。

1916年，两广盐运使公署在三亚港设立三亚盐场公署，统理产销征税事宜，下辖三亚等9个分厂，督征盐田漏灶应完课饷，监督销售配运等事宜。盐场设盐场知事一人、场佐一人，在各县分置验缉员9人，统管运销、缉私、税收、秤放等事宜。不久因战乱，盐场公署被焚毁，于是迁往海口。1923年，设三亚盐务稽核分所，将三亚盐场原管税收事宜划归其管理。1926年，改组盐制，裁撤盐务稽核分所，设立琼崖盐务局管理盐务，各县设盐卡协助管理；并将原三亚盐场知事改称场长，所辖各验缉员改为管理员，管理场产、归堆、复验、配引等事项。诸多盐务管理机构的设立，表明自清末到民初时期，海南岛盐业在海南经济乃至华南经济中的地位。

进入中华民国时期，对崖县经济状况最早的实地调查记载，是1915年李寿如著、广州粤东编译公司印行的《琼崖实业》一书。此书内容实为1914年广东省政府委派调查琼崖委员李寿如到海南岛调查后，李寿如呈送广东省政府的意见书以及省政府的批复。此次调查从1914年2月28日开始，"自琼州循西路，经琼山、澄迈、临高、儋县、昌化、感恩各县至崖县；复由崖县循东路，经陵水、万宁、琼东、乐会、定安、文昌各县回琼州城。所过十三县，计程二千余里，越时七阅月有奇"。此次调查的进行，是基于中华民国建立后，拟开发海南岛以安置多余劳动力，同时也是受到日本人在海南岛频繁调查活动的刺激。

据此书记载，崖县所属"三亚港、榆林港、保平港三处，向日共有盐田八百一十块七厘有奇，现在歇业者占大半数"。① 表明民国

① 李寿如：《琼崖实业》，广州粤东编译公司1915年出版，第7页。

初期三亚一带的盐业，因当时海南岛内局势动荡，其生产也受到了很大的影响。

据资料的介绍，民国初期盐业和其他各业的一度衰退，与政府的政策也有密切关系。李寿如的报告指出了琼崖实业不振的十个原因："一因路政、邮政、交通断绝，商贾裹足。二因轮船未设，小舟运输，波海难航也。三因盐非官运，纵商垄断，坐困晒户也。四因鱼无商运，获多售贱，渔业坐困也。五因森林盈野，易采难运，只供燔柴也。六因各县矿产禁药炸采，弃利于地也。七因官荒广漠，农业水利未兴，民无承垦也。八因物品出产难于输运，商业坐困也。九因黎民不协，各划疆界，两不通商也。十因银行未设，商无汇兑，周转不灵也。"该报告中还具体指出了盐业不振的原因："清末叶，准侨商胡子春专办琼崖实业，盐斤归胡商专运出口。该商遂垄断低折，不及二年，盐一百斤仅沽价小铜钱一百三十文，申银八分数厘，以致晒户亏本迫行停业。委员所过各县，目睹已经筑好盐田，任令荒废，盐丁失业，浸为盗窃。"①

这一时期，就海南岛整体而言，受到民国初期局势动荡的影响，盐业的发展都有不同程度的停滞。但是，这一动荡衰退时期不是很长。此后，盐业生产还是很快就恢复了。1920 年成书的《调查琼崖实业报告书》中也记载："三亚盐业尤为全岛之冠。战事时期，因船运及种种关系，盐价非常低落，每斤只卖制钱二文，盐户因以歇业者有之。近则每斤可卖制钱五六文。查晒盐成本每斤约合制钱二文，若以六文计算，则利市三倍矣。"清末民初，国内人士对三亚的盐业已经十分重视。《调查琼崖实业报告书》中记载："查全琼崖产盐以崖属三亚港为最富，盐田资本亦以三亚港为最多，现有盐田三十余区，较大者十家，曰勤源，曰永源，曰济源，曰和利，曰恒丰，曰安源，曰润和，曰福和，曰源丰，曰中兴。每家资本大者四万五千元，小者一万元；中等者十余家，资本七八千元；较小者十二家，每家资本五

① 李寿如：《琼崖实业》，第 2~3 页。

六千元。全年产额约五十万担。"三亚及其附近出产的盐，以生盐为主，主要用以对外输出，从而出现了运输盐斤的公司。前引书中记载："收盐斤公司三家，曰源兴，曰侨丰，曰天福。源兴等专营三亚，侨丰兼营北黎，天福为各盐田公股组织。源兴兼做苏、杭杂货，资本十余万元；侨丰系侨丰公司分支，资本六七万元；天福专营盐业，资本三万余元。所产盐斤多数运往省城，间有因市价关系运往新加坡者。"①

当时的盐业生产，作业方式均为手工体力劳动，盐田都雇用相当数量的工人，工人的工资成为一般盐业公司经营成本的主要构成。三亚盐田工人的工资，据《海南岛体验实记》记载：20世纪20年代，"优良工（称为师父者）一个月厘钱一万文，二等工八千文，三等工七千文"。② 昌化"师父一个月一万八千文，二等工一万一千文，三等工七千文"。③

《调查琼崖实业报告书》认为，全琼盐业以北黎、新村、三亚最盛，但也指出："一面可开盐田，一面可兼收运盐之利者，惟北黎、三亚而已。"但北黎的自然条件远逊于三亚，后来两地发展的历史轨迹也证明了这一点。

（二）民国初期崖县的交通

三亚以盐业为主的城市经济的发展，对交通运输的要求越来越高。1920年，县知事王树人倡导修筑崖城—港门公路，长约4.5公里，是为崖县第一条公路。崖县与外界的往来，主要还是依靠近海船运，陆路交通尚未有大的改观。

海南岛内各县之间的道路，最早是中国历代修筑的驿道（官道）。据陈铭枢等人编纂的《海南岛志》称：

---

① 彭程万、殷汝骊：《调查琼崖实业报告书》，"盐田"第2页。笔者按：1919年3月，广东护法政府政务会议委托彭程万、殷汝骊二人到海南岛进行实地调查，历时五六个月。此书为其调查所记。

② 南洋协会台湾支部编：《海南岛体验实记》，第165页，时在1921年。当时，银圆1元约折合厘钱1300文。

③ 南洋协会台湾支部编：《海南岛体验实记》，第174页。

> 吾国之有路政，由来已久。《诗》称“周道如砥，其直如矢”。历代相承，皆修治道路，邮亭驿馆遍天下，自京师以迄边徼无不通达，犹今之国道省道制也。考本岛旧道路之迹，大别可区为三：（一）东路，自海口经琼山县治，至定安船崖，计程百里；入仙沟，出黄竹大道，至琼东嘉积市，计程百五十里；渡万泉河，过分界龙滚，南下和乐，入万宁县治，计程百五十里。自船崖以至万宁县治，计长三百里，现已辟为公路。向南分为二道：一沿太阳河而西至兴隆，越石门岭以达陵水县治，计程八十里；一循海滨，南逾牛岭以达陵水县治，计程七十里。由陵水西南行，至藤桥百里；由藤桥历回风岭，过榆林、三亚百里；由三亚过马岭，迄港门之崖州，计程百二十里。以上共长八百余里。是为东路。（二）西路，由崖州西北行，至九所，下黄流，计程百里；由黄流西北上佛罗，过岭头以达感恩，计程百二十里；由感恩达昌江北黎，计程九十里；由北黎昌化大江，抵昌江县治，计程六十里；由昌江沿海而北，经海尾，迄海头，百里；由海头上田头，经白马井，过新英至儋县治，百三十里。自崖县至此，计程六百里……①

当然，此时所说的道路，还不是近代意义上的公路，虽然对于沟通海南岛内各地的来往有极为重要的意义，但是还不可能担当起岛内物资远程贩运的任务。

海南岛四面环海，港湾众多，近海帆船运输更为方便。南部生产的食盐，主要使用汽船或帆船外运。

三亚一带盐业的兴盛，推动了近海交通运输业的发展。据《崖县整顿仓谷办法》记载，1914 年，总部设在儋州的侨兴公司属下侨丰公司购置“侨轮”商船，从事海南岛沿海运输；1915 年，开通了广州至三亚的航线，每月往返两次，或两月往返三次。② 但是经营时

---

① 陈铭枢等编纂：《海南岛志》，第 259~260 页。

② 《崖县整顿仓谷办法》，广东省档案馆馆藏档案。侨丰公司系总部设于儋州的侨兴公司的分支公司。

间不长，大致在1918年前就停航了。《琼崖实业调查报告》言及民国初期海南、三亚海运中的轮船运输更为具体：

普通轮船通行之处，仅海口一港。昔时那大侨兴公司曾设分支“侨轮公司”，购备轮船侨轮第一号、侨轮第二号两艘，自省河往来江门、加（嘉）积、铺前、后水、洋浦、海头、北黎、莺歌海、保平、三亚、陵水等埠。旋因货物无多，不如载盐利厚，改为专走三亚运盐。继以公司经济关系，二轮先后变卖矣。现时崖县三亚港，因盐田甚为发达，所出盐斤须运省城销售，轮船价廉而行速，远非帆船所能及，故收运盐斤之公司，每于积盐稍多、省价相宜之时，辄向香港各轮船公司临时租用轮船运盐赴省，遇有搭客亦可附载。此项轮船之载重量，小者七八百吨，大者千余吨，时期不定，平均每年约有十次左右而已。①

民国初期，崖县的交通与通信都不便利，当时的崖县与省城及海南各地均“无电报可通、轮车可达”。② 即便是崖县境内，据当时人的记述，在1919年的时候，从榆林到崖城尚需走海路：“早上五点三十分从崖县县城出发，船是双桅船，长四十尺，宽十尺左右，还配有甲板，由五名船工操纵。因为逆风，航行起来很是困难，到了日落的时候才到了西洲的北面。”③

《琼崖实业调查报告》在介绍“琼崖交通之现状”时说到，帆船分为洋船、海船、渔船三种，洋船、海船主要从事海上运输。大号洋船的容量为数千担至万余担不等，来往南洋各岛及暹罗（今泰国）、安南（今越南）各埠。每年冬季北风起时，由琼崖出发运货，前往上述各地卸货后，即在该地附近营运作业，候翌年夏季南风起时，由南洋驶回琼崖原港，每年往返一次。文昌、乐会各属出洋华侨均乘洋船来往，停靠于铺前、清澜、博鳌各港。崖县赴南洋谋生的人数不

---

① 彭程万、殷汝骊：《琼崖实业调查报告》，“交通”经4页“琼崖交通之现状”。

② 《崖县整顿仓谷办法》，广东省档案馆馆藏档案。

③ 南洋协会台湾支部编：《海南岛体验实记》，第139页。

多，与南洋也少有贸易关系，所以未有此类洋船活动。这一时期崖县与外界的贸易往来还是集中于国内，所使用的是比洋船小而适用于沿海航行的海船。《琼崖实业调查报告》称：

海船较洋船稍小，容量数十担至数千担不等。小号者往来于琼崖沿岸附近各埠，如自保平港至三亚港，三亚港至榆林港，及海口至对岸雷州半岛之徐闻。中号者往来于琼崖较远各埠，如自三亚、陵水、博鳌各港至清澜、铺前、海口各港；自海头、新英、顿积、博铺各港至海口港。大号者自保平、三亚、陵水、博鳌、清澜、铺前、海口、新英、海头、北黎、莺歌海各港，往来于安浦、江门、澳门、香港、省城各埠……年来海盗横行，大足为交通之障碍，船户因是歇业者实繁有徒。惟儋县船户勇敢善斗，能与海盗死战，盗颇畏之，故客商之赁舟，每不惜高价以求儋船也。刻下铺前、清澜、博鳌、陵水、三亚各港商船，以盗船众多，政府保护之力有限，辄相与集资雇备师船专司护送，多以儋船充之。①

三亚一带的疍民善于操纵小船驳载。《琼崖实业调查报告》记载：

小艇专司驳载及近地渡航之用，沿岸各港无地无之……惟崖属三亚、榆林二港，多阳江疍家之沙艇，鳞次栉比，甚为繁盛。司船之人全系女子，口操粤音，碧波荡漾，仿佛身在珠江也。

由上所述可知，民国初期，三亚、榆林地区沿海船运因盐产而日渐繁盛，岛内外都有船运公司前来三亚运盐。② 但是，三亚与岛内各地并未形成完整的贸易网络，只是利用自身近海多港湾的地理优势，与海口或者沿海各港之间进行物产、旅客的转运。

（三）民国初期崖县的贸易输出

交通航运业以贸易为基础，民国初期崖县对岛外的贸易还是有所

① 彭程万、殷汝骊：《琼崖实业调查报告》，“交通”第4页“琼崖交通之现状”。

② 后藤元宏：《海南岛全貌》，（日本）东京正则英语学校出版部1939年版，第91页。

发展。据《琼崖实业》记载："崖县属已出口者：盐、糖、椰、瓜子、益智子、艾粉、麋茸、牛、熊胆、麋皮、猪、飞马、石蟹、芒果干、豆油、木棉花、鸭蛋、山瑞、虾米、鱿鱼、墨鱼、红鱼、黑鱼、鱼翅、鱼肚、梨板、樰板、梓板、荔枝板、高根板、乌木板、茄楠香、沉香、坍板、总管木、海铁树、藤、黄杨木、马料豆。"① 据以上资料可见，当时崖县的主要出境物资以盐、糖为主，其次是农畜产加工制品和珍稀木材，还有渔产品，以及产自黎族地区的珍稀物产。除盐、糖外，未有大宗出口物资。诸如鸡、鸭、鹅等家禽，岛内东北部各地都有大宗出口，其出口地点都指向了海口。崖县受海南岛内中南部山地的阻隔，还没有公路与北部的海口联系。

除三亚、榆林地区所产盐斤外，崖县的甘蔗种植为全岛之冠，所产蔗糖出口在全岛亦占有较大比重。② 民国初期，陵水县与崖县都是全岛的甘蔗种植大县。1919 年，陵水发生牛瘟，影响榨蔗制糖，崖县即跃居全岛第一。崖县每年通过保平港输出的白糖达 33 万公斤，通过榕树分卡输出粗糖 6 万公斤。

（四）民国初期崖县的渔业

海南岛拥有丰富的海洋渔业资源，自古以来就是海洋渔业极为发达的地区。而崖县的保平港、三亚港则是重要的渔业基地之一，有优良的渔业区域。但是，渔民的采捕方法简陋，加工手段落后。③ 用于西沙远海捕捞的大船，长度为三四十尺乃至七八十尺，吨数为十四五吨乃至四十吨，每年乘东北风从渔港出发，于西沙群岛一带作业，等待西南风起而返航。近海渔船则大都是中小型的木造帆船，船长十余尺乃至三十尺，吨数四五吨乃至十五六吨，每日天未亮即出海，在距岸五六海里到十海里的海域从事捕捞作业，入夜则返航。不论远海或近海，捕获物大部分用盐腌制，运往各地或卖给中间商，除本地食用

---

① 李寿如：《琼崖实业》，第 18 页。

② 许崇灏：《琼崖志略》，上海正中书局 1947 年版，第 36 页。

③ 何其拔：《琼崖的实业与资源》，见《边政公论》第五卷第一期《海南岛专号》，1947 年 7 月。

外，部分销往广州。[1] 渔业经营规模小，作业手段落后，缺乏近代化的冷冻冷藏设备，限制了海洋渔业的进步，特别是远洋渔业的发展。相反，在这一时期，日本的渔船利用台湾高雄等地为据点，经常侵入海南岛及其周边海域，作为其捕捞作业的范围。

六、中华民国初期崖县的社会文化与教育

民国初期，崖县的教育发展还是比较缓慢。据 1917 年崖县知事沈辉的统计，崖县有 4 所学校，都属公立，即：县立第一高等小学，在崖县县城，有教员 3 人、学生 150 余人，经费来自于膏火会供给的 1200 元；西四区高等小学校，在十所村，有教员 2 人、学生 20 余人，经费来自于各村认捐以及所收学费；仰高小学，在中一区临高村，有教员 3 人、学生 50 余人，经费来自于学董集款设会的利息以及学费；育英小学，在西四区十所村，有学生 30 人。[2] 也就是说，学校还得不到官方财政的支持，号称“公立”，只是名义而已。为培养学校师资，还办有崖县单级师范学校，学制半年。1922 年，首任民选的崖县县长孙毓斌曾拨款支持，并带头捐银推动全县捐资助办师范教育。

当时的教育机构仍以私塾为主，基本上保持着传统的教学方式。夏卓春于 1915 年在《琼游笔记》中，对当时的私塾有很细致的描绘：“马岭为一市场，约五六十家，有村塾一所，小学生三十余人。见客人入，群起向客合掌。揖其书，皆寻常日用之语言，均抄本；间有古文，亦抄本。教授颇似得法。惟先生一人，戴黑纸框眼镜，高坐神龛下，眼从黑框镜上射出，视客傲不为礼。群儿均矮坐，置书长櫈上，争读之声如蛙鼓。”

民国初期崖县文化史上的一件大事，就是《崖州志》的刊行。这部编成于清光绪末年的地方志，一直没有正式刊行。1914 年春，

---

① 伊藤金次郎：《黎明的海南岛》，（日本大阪）忠文馆书店 1942 年版，第 145 页。

② 《崖县事项考察表》，1917 年。当时的崖县知事为沈辉。

本土儒士、临高村人郑绍材，以其父名义“加捐八十金”凑足出版经费，之后与县劝学所所长孟继渊携带誊写好的稿本亲赴广州，交由广州美成印书局印刷。郑绍材亲自校对，历时3个月，于1914年4月印刷100部，分赠给县里的同好。① 此次印本为活字铅印本，全书20卷，线装分为10册。这是记载三亚古、近代历史最为完备的一部地方志书，成为今天人们研究三亚历史的重要文献资料。

民国初期虽然时局不稳，但民国政府对于地方文化还是给予重视。1917年7月，崖县县政府受广东省政府之命，完成了对崖县文化古物的调查。调查结果显示，崖县尚存建筑类古物18处，包括崖城、乐安城、广济石桥、校场石桥、义兴桥、镜湖、风云雷雨山川坛、社稷台、先农祠坛、玉皇古庙、城隍庙、广度寺、万善祠、大炮台、小炮台、怀柔亭、文峰塔、迎旺塔；有遗迹类古物9处，包括合德池、海南阁、大小洞天、落笔洞、善井、马踴井、道海井、善思泉、石泉；有碑碣类古物15处，包括安黎碑、广济桥碑、迁建学宫碑、劝诫客民碑、少司徒坊、摩崖碑、龟蛇图石刻、石溪石刻、海判南天石刻、天涯石刻、石室石刻、石船石刻、大小洞天石刻、落笔洞石刻、涧泉石刻；有金石类古物7种，包括崇德祠古钟、神山庙古钟、东岳庙古钟、琼花宫古钟、玉皇庙大钟、大钢鼎、蛤仔锣；有陶器类古物2件，包括大模砖、灵光殿瓦砚；有服饰类古物1件，即唐李卫公冠带。②

民国初期崖县文物的普查，为今天进一步挖掘三亚的历史文物提供了文物线索，同时也反映出古代崖州是名副其实的海南南部文化中心。

---

① 参见郑绍材：《新刊崖州志跋》，见1914年广州美成印书局印本（清）光绪《崖州志》卷末。按：郑绍材（1877~1921），崖县临高村人，1901年举人，民国后两次署理崖县知事。

② 《广东省崖县古物调查表》，1917年7月17日，广东省档案馆馆藏档案。

第二节　中华民国前期崖县政治局势的变化

1924 年第一次国共合作以后掀起的大革命高潮中，几乎在同一时期，中国共产党和中国国民党两党都在崖县建立地方组织，并迅速发展自己的力量。崖县具有近代意义的政党、政治活动，在这一时期才正式开始。1927 年，国民党右派叛变革命，共产党人深入农村建立革命根据地，史称土地革命战争时期。这是海南近代历史上的社会动荡时期，崖县也是这样。在这个社会变革时期，既有激烈的阶级斗争、社会冲突所带来的动荡，也有社会文化与思想意识的进步。

一、国共合作背景下崖县地方政党组织的建立

1924 年 1 月，在孙中山的主持下，中国国民党在广州举行有中国共产党人参加的第一次全国代表大会，正式形成了国共合作的革命统一战线。之后，国民革命军东征和南征，广东开始摆脱地方军阀的统治，形成在国民政府领导下的统一的政治局面，革命形势蓬勃发展。在这一背景下，僻处海南南部的崖县，革命活动也空前活跃起来。

（一）崖县籍进步青年学生积极投身革命

大革命时期，在上海、广州读书的一些崖县籍青年知识分子接受进步思想，积极投身于革命洪流之中。如陈垂斌（上海大学）、陈英才（广东省公路工程学校）、陈世训（广东工业专科学校）、麦宏恩（广州国民大学）等人，都在学习期间参加反帝反封建的民主革命运动，并在 1925 年前后加入中国共产党。

在此期间，中共广东区委曾派出一批党团员骨干分子，以农运特派员的身份赴各地组织农民协会，开展农民运动。1924 年秋，崖县籍革命青年陈英才等人接受中共广东区委的派遣，回崖县开展革命运动。陈英才在崖城县立第一高等小学担任教员，利用教师身份进行革命宣传，将《什么叫马克思主义》等小册子介绍给进步学生传阅；

同时，创办平民学校，向农民群众传播马克思主义，宣讲孙中山的“联俄、联共、扶助农工”三大政策，启迪与教育崖县的青年和农民。崖县籍学生陈垂斌在南京参与《琼崖新青年》月刊的创办，通过不同的渠道将革命书刊传回海南以至崖县。1925 年秋，在广州读书的共产党员麦宏恩、陈世训、黎茂萱等人，受中共广东省委的委派，先后回到崖县，会同陈英才一起筹建崖县国民党党部，并开始了组建共产党崖县地方组织的准备工作。

（二）国民革命军胜利南征，开辟新局面

不久，随着国民革命军的南征，崖县的革命运动进入了新的时期。

早在 1920 年冬，广东地方军阀陈炯明部下旅长邓本殷率军入驻海南，兼领琼崖善后处处长，成为控制海南的地方势力。1922 年 6 月，粤军陈炯明背叛孙中山、进攻总统府，后被逐逃往惠州。邓本殷遂于 1923 年 8 月乘机发出通电，宣布广东南路八属自治，成立八属联军指挥部，自任总指挥，挥军北渡琼州海峡，占据雷州、高州，成为割据广东南路与海南岛的地方军阀。1924 年 2 月，北京临时政府任命邓本殷为琼崖护军使。1925 年 4 月，邓本殷派代表前往北京，希望北京临时政府改广东南路八属为广南省，以邓本殷为督理。北京临时政府首脑段祺瑞正谋划利用孙中山去世的时机推翻广东革命政府，对邓本殷的投靠求之不得，便宣布广东南路八属为特区①，任命邓本殷为八属善后督办，授予邓本殷将军府植威将军、陆军中将衔，并派军舰南下协助邓本殷防守琼崖。

1925 年 10 月 31 日，广东的国民革命军由第四军第十师、第三军和第二军一部及桂军一部，组成“南路联军总指挥部”，由朱培德任总指挥、朱克靖任政治部主任，分四路南征。击溃邓本殷部在

---

① 此举遭到当时人们的反对。旅京的广东八属同乡会赴段祺瑞执政府请愿，称：“高雷八属隶广东省治，并非特区，邓本殷败走琼崖，割裂版图，誓不承认，请收回成命。”1925 年 5 月，胡汉民也发表声明，反对北京临时政府划琼崖八属为特区。见《广东军阀大事记》，《广东文史资料》第 43 辑，第 216~217 页。

广东南路的抵抗之后，国民革命军于 1926 年 1 月 17 日分三路渡海，讨伐盘踞海南岛的邓本殷。邓本殷部无力抵抗，纷纷溃逃。邓本殷见大势已去，化装乘船逃离海南，其残部被南征军分兵围剿。至 2 月底，邓本殷军被消灭干净，从而结束了邓本殷在海南的统治。

随着国民革命军胜利南征，大批共产党员、国民党左派进步人士和工人、农民运动骨干进入海南，轰轰烈烈的大革命运动在琼崖大地开展起来，崖县的政治局势也很快呈现出新的面貌。

（三）国共两党崖县地方组织的建立

国民党在崖县的地方组织，早期名存实亡。1921 年 6 月，孙中山曾委任王鸣亚为国民党广东省崖县分部部长，但时当邓本殷入驻海南，国民党在琼崖的活动被邓本殷阻止。邓本殷的势力被消灭后，广东国民政府统辖之下的地方政权得到稳固，才为开启国民党组织在崖县的建立创造了条件。

南征胜利后不久的 1926 年 2 月，国民党琼崖特别委员会成立。4 月，国民党崖县党部正式成立，采取委员制，选出执行、监察委员共 10 人，下设 5 个区的党部，每个区党部设 3 个以上区分部。到 1926 年 12 月，崖县国民党的党员达到 609 人。① 在实现国共合作、形成革命统一战线的政治背景下，按照中共第三次全国代表大会关于“共产党员以个人身份加入国民党”，“同时保持共产党在组织上、政治上的独立”的决定，共产党员陈英才、陈世训等人参与了国民党崖县党部的组建活动，陈世训曾被选为县党部主任委员。② 陈英才被聘任为崖县政府教育科长。

---

① 杨匏安：《中国国民党广东省组织部一年来工作》，见《杨匏安文集》，广东人民出版社 1986 年版。

② 中共海南省委党史研究室编：《琼岛星火》第 19 辑《中共琼崖党史纪事》，1992 年 3 月出版，第 37 页。

大革命时期国民党崖县地方组织领导机构演变情况表①

<table>
<tr><th rowspan="2">机构名称</th><th rowspan="2">职务</th><th colspan="2">主要领导人</th><th rowspan="2">任职时间</th><th rowspan="2">组织建置</th></tr>
<tr><th>姓名</th><th>籍贯</th></tr>
<tr><td rowspan="3">崖县党部筹备组</td><td rowspan="3">负责人</td><td>盖　贤</td><td>文昌县</td><td>1925 年 11 月～1926 年 1 月</td><td></td></tr>
<tr><td>黄　梧</td><td>乐东县</td><td>1926 年 1 月～1926 年 3 月</td><td></td></tr>
<tr><td>陈世训</td><td>崖　县</td><td>1926 年 1 月～1926 年 3 月</td><td></td></tr>
<tr><td rowspan="2">崖县党部</td><td rowspan="2">常务委员</td><td>罗德福</td><td>乐东县</td><td rowspan="2">1926 年 3 月～1927 年 8 月</td><td rowspan="2">实行委员制，设常委 2 人、执委 7 人、监委 3 人</td></tr>
<tr><td>孙俊卿</td><td>乐东县</td></tr>
</table>

国共合作的政治背景，也为共产党半公开地发展自己的组织、公开地领导农民运动创造了条件。在国民党崖县地方组织建立的同时，共产党的力量也在崖县发展起来。陈英才、麦宏恩、陈世训、黎茂萱等人趁着赶走邓本殷的大好时机，在 1926 年春成立了崖县第一个共产党的地方组织——崖县共产主义小组，陈英才任组长。他们按照中国共产党的宗旨和任务，从事农运和学运，发动农民和革命青年进行反帝、反封建、反贪官污吏的斗争，发展壮大党的组织。1926 年秋，崖县共产主义小组通过斗争考验，在崖城地区吸收了一批共产党员，共有郑望曾、郑绍南、郑铁奴（郑如青）、林庆墀、李大禄等 17 人；接着在县立第一高等小学成立中共崖县东南支部，郑望曾任支部书记。1927 年春，麦宏恩等人又在港门、保平、临高村发展了一批党员，建立港门、保平党支部，吴秉明任港门党支部书记，何绍尧任保平党支部书记，党员计有何赤等 16 人。同年，还在马岭、红塘建立党支部，党员计有 9 人。党的基层组织领导开展农民运动，在反帝、反封建和反贪官污吏的斗争中发挥了核心作用。而崖县人陈垂斌则在琼北地区参加革命活动，并在 1926 年 6 月召开的中共琼崖第一次代

① 下表中的黄梧、罗德福、孙俊卿 3 人乡籍所在，后经区域调整均属崖县。

表大会上当选为地委委员、组织部部长。

二、大革命时期崖县的农民运动

1926年后，一批国民党左派人士跟随南征的国民革命军，到海南担任各级党政职务。受广东省政府的委派，文昌人陈宗舜于1926年春、陈善于同年11月先后担任崖县县长，他们的开明善政颇受当地人的赞誉。革命统一战线在崖县形成，出现了国共合作的政治局面。

共产党领导的农民运动在崖县各地兴起。1926年五六月间，广东省农民协会派遣农民运动特派员到广东各县，他们多数是本地人，懂得当地方言，熟悉当地人情风俗，并有很多社会关系，工作易入手，很快就建立起县农民协会筹办处，并深入农村进行宣传，发动农民起来组织农民协会。① 同年夏，在国民党崖县党部的支持下，崖县农民协会在四邑会馆正式成立。农会负责人为麦宏恩，委员有黎茂萱、张开泰等人。② 崖县农民协会成立后，相继办起平民学校，发动农民学习文化知识，学习政治，教农民唱革命歌曲。为了适应农民革命运动发展的需要，陈英才、陈世训公开利用国民党崖县党部的名义开办农运骨干学习班。他们效仿广州农民运动讲习所和琼崖仲恺农工学校的课程设置教学，学习内容有农会章程、彭湃的革命事迹、十月革命、农民运动知识等。在陈英才等人主持下，麦宏恩、陈世训、黎茂萱以县农民协会的名义在崖城四邑会馆举办农运讲习所，重点讲授马克思主义理论和孙中山的"联俄、联共、扶助农工"三大政策。1926年8月，崖县农民协会还介绍张开泰、陈保甲、占行城（均为崖县藤桥凤塘村人），以及陈绍恩（崖县水南村人）等农运骨干到嘉积仲恺农工学校学习。他们在学校先后加入共产党，后来都回到崖县东部地区开展革命运动。农民运动的核心内容，一是减租减息，二是

---

① 参见中共广东省党史资料征集委员会、中共广东省党史研究委员会编：《广东党史资料》第六辑，广东人民出版社1985年版，第49页。

② 张开泰：《在海南岛的革命洪流中》，《广东文史资料》第三十辑，广东人民出版社1981年版，第111页。

废除苛捐杂税，借以改善农民的生活。这两项基本内容必然在两个方面与两种势力发生冲突，第一是地方的地主乡绅，第二是地方政府，乃至中央政府的分驻机构和国民党地方党部中代表封建地主、官僚利益的右派。为了保护农民运动的成果，农民们武装起来，成立农民自卫军（简称“农军”）。由此，与当地封建势力的对抗更加激烈，但同时也为其后共产党领导的农村武装斗争积聚了力量。

崖县出身的人物也开始活跃在海南更大的政治舞台上。1926 年 6 月，中共琼崖第一次代表大会在海口市竹林村邱宅召开，选举中共琼崖地方委员会。[①] 委员中有崖县人陈垂斌，担任组织部部长。1926 年 7 月，中国共产主义青年团琼崖地方委员会在海口市成立，陈垂斌担任宣传部部长。[②]

陈垂斌，崖县乐罗村（今属乐东黎族自治县）人。五四运动期间被选为琼崖学联常务理事。1922 年考入南京高等师范学校，1924 年到上海大学就读于社会学系，其间加入中国社会主义青年团，与王文明等人发起成立琼崖旅沪社。后来在南京参与创办《琼崖新青年》月刊，并担任主要撰稿人。1925 年参加五卅运动，是上海学联会领导人之一。此后，由青年团员转为中共党员。1926 年奉命回琼崖从事革命活动，曾任第六师范教务主任，澄迈县中学教师、校长，后被选为中共琼崖地委委员、组织部部长。1927 年 6 月，中共琼崖地委改为特委，被选为特委委员、常委，负责宣传工作。1927 年 11 月以中共琼崖特委南路特派员身份，参与组建陵水县苏维埃政府和中共崖县县委，是琼崖党组织早期领导人之一。1933 年在崖西战斗中被捕牺牲。

在城市相对繁荣的三亚，共产党领导下的总工会和基层工会也相继成立，开展维护工人权益的斗争。许多工会骨干积极参加农民运

---

① 冯安全:《海南革命斗争亲历记》，见《广东文史资料》第三十辑，第 121 页。

② 中共海南省委党史研究室编：《琼岛星火》第 19 辑《中共琼崖党史纪事》，第 41、42 页。

动，体现了工人与农民的天然联系。

第一次国共合作时期崖县政府的另一善政，就是顺从舆情创办县属中学。历经陈宗舜、陈善两任县长的努力，1926 年 12 月，陈善会同全县乡绅集议筹办县立初级中学。次年年初，县立初级中学正式在崖城挂牌成立，招收学生。当年招收了三个班，按照广东省教育厅的训令，第一班 62 人，在春季入学；第二班 60 人、第三班 68 人，均在秋季入学。因从广州所聘校长到达海口之后，被国民党右派怀疑为共产党员而没有到任，县长陈善亲自代任校长。大革命时期三亚教育事业的发展，也包括少数民族地区。羊栏的回辉村于 1926 年设立了初级小学，主要招收当地回族子弟入学。①

三、大革命失败后国共两党在崖县的敌对态势

1927 年 4 月 12 日，蒋介石在上海发动“清党清共”反革命政变。4 月 15 日，广州的国民党右派也开始捕杀共产党人和革命群众。7 月 15 日，汪精卫在武汉国民党中央召开“分共”会议，决定同共产党决裂。国共合作破裂，统一战线瓦解，大革命宣告失败。

1927 年 5 月，已被右派掌控的琼崖国民党当局、以黄镇球为司令（团长）的琼崖警备司令部和第三十三团，在海府地区大肆搜捕和屠杀共产党员及革命群众。此后又成立“琼崖清党委员会”作为反共领导机构，将“清党”运动向各县扩展。国民党政权对于共产党人和革命群众的屠杀，造成了严重的白色恐怖。②

反革命事变发生之后，中共琼崖地委按照广东区委的紧急指示，立即通知海府地区主要负责人撤离机关，潜伏待命。尔后，王文明、陈垂斌、周逸、何毅等人离开海口，前往乐会县第四区农村。但是由于事发仓促，许多革命者因来不及隐蔽而罹难。

---

① 《海南崖县回栏乡回民情况调查》，广东省档案馆藏。

② 陈先达：《顽强斗争的海口工人》，见《星火燎原》丛书之三《海南岛革命斗争专辑》，第 36 页。又云：当时被捕和相继被杀的，据不完全统计，海南全岛有 2000 多人。参见郑放：《海南革命斗争大事纪要（上）1909—1937 上半年》，中共海南省委党史研究室编：《琼岛星火》第 2 辑。

琼崖仲恺农工学校在大革命时期是培养革命干部的摇篮。事变发生后，按照中共琼崖地委的指示，学校立即把学员分散到农村开展斗争。崖县学员张开泰、陈保甲、占行城和文昌学员王植三等人，奉命回到藤桥地区进行革命活动。5 月，张开泰等人先后在藤桥市附近的凤塘、灶子、平田、西边、江村等地建立了四个中共支部。[①] 张开泰任书记的中共崖东三区党支部成立后，发展党员，创办平民学校，扩大农民协会，发展和训练农民武装。张开泰还利用个人的关系，安排农会会员打入红土坎盐田实业团（即盐警队），准备伺机夺取武器。[②]

大革命失败之后，海南总的革命形势开始转入低潮。但是，当时国民党反动派的主要力量集中在琼北。在琼南地区白色恐怖还没有完全到来之前，崖县的共产党地方组织迅速转移到农村，坚持开展独立的革命斗争，着手发展革命武装，决心以革命的武装反抗反革命的武装。承袭大革命时期的做法，他们通过开办平民学校，逐步扩大农民协会，发展和训练农民自卫武装，为日后崖县共产党地方组织领导武装斗争做好准备。

与此同时，国民党左派县长陈善当即被排挤。1927 年 6 月，代表崖县国民党右派地方势力的王鸣亚被委任为崖县县长、国民党崖县党务整理委员会指导员、琼崖南路“剿共”总指挥。王鸣亚组织国民党地方军队（民团、商团），对崖陵地区的共产党人和革命力量虎视眈眈。激烈的生死搏斗即将开始。

四、崖三区苏维埃政权的建立和保亭营惨案的发生

（一）崖三区苏维埃政权的建立

1927 年 6 月，中共琼崖地委召开紧急会议，明确了恢复和发展党的组织、在农村建立工农武装、独立领导武装斗争的方针，同时决

① 参见张开泰：《在海南岛的革命洪流中》，载《广东文史资料》第三十辑，第 113 页。

② 参见王植三：《崖县东部土地革命初期的武装斗争》，载《红军初创时期游击战争回忆史料》，解放军出版社 1993 年版，第 618 页。

定将中共琼崖地方委员会改为中共琼崖特别委员会。7月，中共琼崖特委决定将各县的革命武装统一改编为琼崖讨逆革命军，成立司令部，每县为一路军，部署掀起革命武装斗争的高潮。9月上旬，中共琼崖特委在乐会县第四区召开军事会议，决定举行全琼武装总暴动，首先进攻东路重镇嘉积，随后打响椰子寨战斗，揭开了琼崖武装总暴动的序幕。11月上旬，中共琼崖特委在乐会县第四区召开扩大会议，决定进一步扩大武装暴动，开展土地革命，建立革命根据地，实行武装割据。在具体实施步骤上，计划在东路集中一部分武装，夺取陵水、万宁、崖县。会议还决定将琼崖讨贼革命军改名为琼崖工农革命军，成立东路、中路和西路总指挥部。

为了反抗国民党的白色恐怖，当年10月，中共琼崖特委派遣李茂文、张良栋回崖东三区（藤桥地区）加强对武装斗争的领导。二人到藤桥后，向先行回藤桥工作的张开泰等人秘密传达中共中央八七会议精神和中共琼崖特委关于发动全琼武装总暴动的指示，决定成立中共崖东三区委员会，李茂文为中共琼崖特委代表，张良栋为区委书记，张开泰、陈保甲、占行城、王植三为委员。接着召开干部会议，决定组织和扩大武装力量，准备进行武装暴动。李茂文以中共琼崖特委代表身份，与潜伏在崖城的陈英才联系，布置崖城地区中共党组织搜集武器，组织农民武装。

11月25日，在东路琼崖工农革命军的配合下，陵水县农军千余人包围并占领陵水县城，并于12月16日成立陵水县苏维埃政府。在此鼓舞下，中共崖三区委加快了武装暴动、夺取政权的步伐，一方面以各村党支部为核心，发动群众组织武装；另一方面，积极准备夺取枪支弹药。经周密计划，决定攻取红土坎盐田实业团即盐警队、崖三区国民党警察署和商团武装。

当时，藤桥红土坎设有盐田实业团（即盐警队），团长陈大裕是红沙人。张开泰以亲戚关系与陈大裕联系，介绍黎伯盖、陈世成等8位立场坚定的农会会员打进红土坎盐田实业团当团丁，做内应工作。11月29日，中共崖三区委获悉陈大裕回红沙老家，即派张开泰、陈保甲、陈亚铁等 10 人潜入实业团，同黎伯盖等内应人员接上关系。深夜 12 时，团丁酒足饭饱后酣睡，农民武装突然冲进营房，夺取了 12 支步枪和几百发子弹。返回途中又击败灶子民团，缴获 9 支步枪。

这一时期，琼崖各地民间对土豪劣绅的横行霸道以及国民党政府的横征暴敛也极为不满，反抗一触即发。在藤桥下街，蔡启明（又名蔡镇强）等人组织维持公正会，其宗旨为反对国民党政府的苛捐杂税和土豪劣绅的敲诈勒索。该会规定，不分汉族、黎族，凡是反对官府无理征派和欺侮，同情贫苦人民、主持公正的，都可以杀鸡饮血，盟誓入会。共产党人张开泰、陈保甲等人在乡村开展革命活动时，发现了这一农民自发的秘密团体，经中共崖三区委研究，决定将其改造成为共产党领导下的革命群众组织。于是，张开泰、陈保甲、占行城、王植三等人参加维持公正会，并向该会创建人蔡启明提出加强保密纪律、把会员武装起来的建议。张开泰等人以维持公正会为基础，在各村发动七八百农民入会。维持公正会实际上成为共产党人领导下的农会，蔡启明也成为实际上的农会骨干。他们秘密用火药枪、弓箭、长矛、大刀装备了近 200 名会员，建立起农民武装队伍，从组织上为藤桥武装暴动做好准备。

与此同时，中共崖三区委还注意争取有进步倾向的地方武装力量。崖西四区秦标村（今属乐东黎族自治县）人陈王裕，此前是王鸣亚所组织的民军中的一名中队长，拥有七八十支步枪，曾与王鸣亚一起讨伐贪官污吏汤保棻，积极对抗邓本殷的部属陈凤起，后来与王鸣亚分道扬镳。1927 年 11 月，陈王裕到陵水会见中共琼崖特委南路特派员陈垂斌，表示愿意投奔共产党，走农民革命的道路。月底，港门党支部书记吴秉明和保平党支部书记何绍尧奉命前往崖四区球尾灶村寻找林吉祥带领的农民武装队伍，又一起前往秦标村策动陈王裕带领队伍起义。此事被奸细向县长王鸣亚告密，王鸣亚率领千余民团围攻秦标村陈王裕所部。陈王裕对抗一个月，因弹药殆尽撤出秦标村，途中又因奸细出卖被俘，被押送到崖城杀害。这次策动武装起义虽然没有成功，但对王鸣亚的统治是一次沉重的打击。

11月30日凌晨，在李茂文、张良栋、张开泰、陈保甲等人的带领下，200多名农军在军田村祖庙广场庄严誓师，兵分两路开赴椰子园和龙家坡村，围攻土豪恶霸、反动民团团长龙鸿标和朱仕拔。12月1日，队伍向藤桥进发，包围崖三区国民党警察署。警察署署长趁乱逃跑，商团团长也逃之夭夭。商团武装队队长张昌浩事前已为中共崖三区委所争取，按兵不动。警察署兵30多人全部被农军俘虏缴械。12月2日，中共崖三区委发动维持公正会会员农军500多人，扛着武器集结到藤桥墟游行示威，借此防止商团作乱。与此同时，派员到陵水新村港向东路琼崖工农革命军指挥部报告情况，请求派部队援助围攻藤桥墟商团。12月6日，在琼崖工农革命军东路军的配合下，农军团团围住商团，商团武装队队长张昌浩向农军交出50多支步枪和一批弹药。藤桥武装暴动取得预期胜利。

藤桥武装起义取得胜利后，中共崖三区委主持召开工农兵代表大会，成立崖三区苏维埃政府，民主选举李茂文为区苏维埃政府主席，张开泰、陈保甲、陈保卿、占行城、王植三、黎学位、曹必敬等人为委员。区苏维埃政府设在原来的国民党警察署内，大门两侧贴上新对联："忍不住双层压迫，无要紧一颗头颅"，表达了当时工农群众反对土豪劣绅和贪官污吏压迫、剥削的心声，也展示了民众誓与反动统治斗争到底的决心。

1928年1月，在中共琼崖特委常委、南路特派员陈垂斌的指导下，中共崖县县委在藤桥成立，书记李茂文，副书记张良栋，委员有张开泰等8人。在县委领导下，中共崖三区委和区苏维埃政府发动各村农会，掀起了分配土地的革命热潮，地主的田契、书约、账簿被当众烧毁。

为了保卫红色政权、壮大革命力量，区妇委会、区共青团、区农会、区赤卫队等组织相继建立。赤卫队有50多人，主要由墟市手工业工人组成，负责巡逻放哨，监视敌对分子的行动。这些共产党领导下的群众团体，在土地革命中发挥了动员和组织各阶层群众的重要作用。为了解决生活所需、开辟财源，区苏维埃政府及时兴办供销合作社，供应生活用品，并根据藤桥地区物产丰富、资源充裕的优势，组织货运船只运载木材、红白藤等土特产品到湛江、北海等地销售，筹集革命活动经费。

在琼崖工农革命军东路军的建议下，中共崖三区委将藤桥农军组编成工农革命军补充连，有 3 个排、130 余人枪，陈保甲任连长，张开泰任副连长。此外，又另行组编 4 个农军连，共 12 个排、300 余人，由陈保卿任农军指挥，张开泰兼副指挥，陈泽福、王泽三、林诗润、杨锡邦分别担任连长。农军组建后，集中操练，配合工农革命军作战，为日后仲田岭革命根据地的创建积蓄了武装力量。

（二）藤桥失守

大革命失败之初，国共双方势力在海南岛东南部冲突激烈，国民党的地方势力暂时还处于下风。

东路琼崖工农革命军在占领陵水后，继续向新村港进军，紧接着又配合崖三区农军占领藤桥，建立了崖三区苏维埃政权。1928 年 1 月中旬，东路琼崖工农革命军向三亚发起进攻，经过一天的战斗，占领三亚，国民党崖县县长王鸣亚从海上仓皇逃往崖城。琼崖东部从乐会的阳江到崖县的三亚，红色区域连成了一片。包括藤桥崖三区苏维埃政府在内的红色政权领导农民打土豪、分田地，掀起了新的土地革命高潮。

东路琼崖工农革命军攻克三亚之后，总指挥徐成章报告中共琼崖特委，建议乘胜进攻崖城，追歼王鸣亚残部。但是由于中共广东省委受“左”倾盲动错误影响，要求中共琼崖特委组织各县暴动，集中力量进攻海口、嘉积两城。中共琼崖特委连发三信，急令徐成章回师陵水。

琼崖工农革命军东路军奉命撤离三亚北上，国民党崖县县长王鸣亚趁机组织反攻。此时他所依靠的力量主要是崖县的地方民团，其战斗力与崖县地方共产党组织领导下的工农红军（由工农革命军改称）、农军相差无几，双方战事频繁。1928 年 2 月，王鸣亚率领民团不断向藤桥进犯，在竹络岭、岭脚塘一带遭到陈保甲带领的工农红军补充连和农军、赤卫队的阻击，被迫后退。随后，王鸣亚又从羊栏、妙林、马岭等地纠集民团卷土重来，双方在藤桥展开激战，民团死伤惨重。战斗中，工农红军补充连连长陈保甲中弹负伤，排长朱运丁阵亡。王鸣亚在正面进攻失利之后，于2月底派出数十名兵勇，在土福湾一带海面截劫藤桥崖三区苏维埃政府5艘货船上价值两万多元的物资，重创了工农红军的对外联系与资金来源。

1928年2月，中共琼崖特委在乐会召开琼崖第二次党代表大会，决定成立琼崖总指挥部，支援崖县农民暴动夺取政权；准备再次攻打三亚，彻底消灭王鸣亚的势力。当年3月初，琼崖工农红军①东路军第二营到达藤桥。② 王鸣亚纠集县兵、民团2000多人，分海陆两路包围藤桥。陆路由劣绅蒙燕等人带路，从后来隶属保亭县的喃林，罗葵、只垠弓等地窜入仲田、走马园，占据炮台；海路则伪装10余船只布设海上防线，断绝海上交通。王鸣亚凭借人多势众和枪支弹药精良，发起一次又一次进攻。藤桥党政军民团结奋战，英勇还击，一次又一次把县兵、民团击退。但是敌众我寡，形势严峻，李茂文、谢育才不得不派人冲出重围前往陵水请求援助。驻陵水的红军指挥部当即派出两个排的兵力前来救援，随后又派出一个连前来增援，仍然解不了藤桥之围。在此危难之际，由于动摇分子叛变通敌，泄露红军内部秘密，王鸣亚所部抓住红军弱点强势攻击，造成红军的重大挫伤。崖三区红色政权已难于继续坚持下去。

藤桥军民英勇奋战了12昼夜，最后在弹尽粮绝的困境下，被迫于1928年3月16日分两批撤离藤桥。第一批由谢育才率领，共一个连的兵力，向陵水新村港方向突围成功；第二批由李茂文、张良栋、陈可源、张开泰等人带领，共有红军100多名，部队家属、群众五六百人，转经凤塘向仲田岭撤退。队伍转移到仲田岭，又发现有追兵尾随，只得紧急向保亭营（今保亭黎族苗族自治县保亭镇）转移，指

① 1928年2月，琼崖工农革命军改称为琼崖工农红军。

② 中共琼崖特委：《关于第二次党代会情形给省委的报告（第九次）》，1928年2月26日。

望得到曾参与指挥农军攻打陵水的保亭营黎族首领王昭夷的援助。

（三）保亭营惨案的发生

王昭夷（1904~1942），是陵水县七弓峒保亭营什聘村人。其父为保亭营黎族大总管王维昌，曾任陵水县黎团总长。王昭夷于 1927 年从黄埔军官学校第三期毕业后，回原籍组织黎族武装，依附革命队伍，担任陵水县农民自卫军总指挥，曾与中共陵水县委书记黄振士一起率领农军攻占陵水县城，陵水县苏维埃政府成立后担任委员。但他怀有二心，旋即诈病脱离革命队伍，带其武装回保亭营“休养”。

1928 年 3 月 19 日，李茂文率领从藤桥撤出的部队和群众经仲田岭到达保亭营。这里原名七弓，是陵水县深山黎区的一个小集镇，住着数十户黎族群众，清末冯子材曾在此处设抚黎局，故称保亭营。到达保停营后，工农红军重新编为一个连，张开泰任连长；其余的农民武装也进行了整编。他们一方面筹集给养，另一方面设土灶煮硝制造火药，以备自卫和等待时机反攻藤桥。

这时，王鸣亚已探悉王昭夷回老家“休养”，迅即派黄鼎芬前往七弓游说王昭夷，密谋消灭红军、农军、赤卫军。就在保亭营惨案发生的前一天，王鸣亚从藤桥派一个驳壳枪班 30 多人到保亭营什聘村，接应王昭夷叛变。王昭夷于是设下圈套，迷惑撤至保亭营的红军和农民武装。他先行派遣心腹王钧到红军驻地游说，声称王昭夷和王鸣亚过去有过利害冲突，裂痕很深；又指使其叔父王勋出面应酬，运来一些粮食，并设灶煮炸药，声称支持反攻藤桥，以此蒙骗红军和农军、赤卫军。3 月 26 日，王昭夷以商谈反击藤桥事宜为名，邀请红军军政领导到什聘村他的家里，设午餐招待。李茂文、张良栋、陈可源、赖亚焕按约定时间来到王昭夷家。午餐间好语以对，待四人餐后返回营地、行到七弓河畔时，王昭夷的叛军突然发起袭击，李茂文、张良栋、陈可源、赖亚焕当即殉难。同一时间，红军、农军、赤卫军的营地也遭到叛军攻击。由于红军毫无防备，加之弹药缺乏，无法抵抗叛军进犯，仅张开泰、王文源、陈儒充、王植三等少数人杀出重围侥幸脱险，其余 100 多人被杀害。红军补充连连长陈保甲因脚伤未愈不能走动，与叛军搏斗力竭，饮弹自尽，壮烈牺牲。李茂文一家也惨遭迫害。胞兄李懋秀在突围时牺牲。胞弟李茂松受尽严刑拷打和逼降、诱降，始终正气凛然，赴刑场时高呼口号，其壮烈感人至深。中共崖城地下组织为讴歌烈士的英勇气概，在崖城东关市的墙壁上贴出悼念诗篇："为党捐躯赴刑场，怒目冷对敌刀枪。杀身成仁何足惜，丹心留与日争光。"①

保亭营血案使藤桥起义的残余部队几乎丧失殆尽，崖县的共产党组织由此受到严重的挫折，革命活动随后全面转入低潮。崖三区人民又陷于水深火热之中。国民党地方官僚与土豪劣绅狼狈为奸，疯狂地对农民进行报复和摧残，抢劫民财，烧毁村庄，无恶不作。反动派残酷迫害革命家属和参加起义的农民，崖县进入了白色恐怖时期。

王昭夷叛变革命后，与王鸣亚勾结起来，率领保安团、民团进攻东路红军，占领陵水县城，摧残陵水苏维埃政权，进而"围剿"中共陵水县委驻地港坡。王昭夷后被任命为陵水县"剿共"总指挥，带兵在陵水、万宁和黎族、苗族聚居地区"围剿"革命武装。

抗战初期，王昭夷曾任国民党保亭县抗日游击大队大队长，后投靠日伪，任日伪保亭县"维持会会长"。1942 年冬，有人密告其反叛，被日军诱杀于榆林港。

藤桥起义虽然受挫败，但它唤起了崖县人民革命求解放的决心，尤其对崖三区革命人民是一次锻炼。它播下了革命的火种，为后来的革命斗争和建立仲田岭革命根据地打下了基础。

五、仲田岭革命根据地的开辟和反"围剿"斗争的失败

（一）仲田岭革命根据地的创立

1928 年 3 月中旬，国民党军第十一军第十师师长蔡廷锴率所部 4000 余兵进入海南，大举进攻乐会四区中区琼崖特委所在地。特委要求红军不惜一切代价固守东路，保卫乐万苏区。各路红军连续同国

① 参见：王文源回忆录，1985 年；王植三回忆录，1983 年 1 月；张开泰自述，1954 年；访林庆墀记录，1984 年 4 月；访李茂文之嫂记录，1983 年 7 月；《仲田岭革命根据地情况调查》，崖县人民政府，1952 年。

民党军展开激战，终因敌强我弱难以取胜，府城、海口地区的斗争也陷入低潮。

在保亭营惨案中突围脱险的陈保卿、占行城、陈儒充、陈贤德、黎学林等十几人潜返仲田岭，栖身于崇山峻岭之中，不折不挠坚持斗争，等待时机反击敌人。他们以打猎、开荒种山兰稻维持生活。

原中共崖三区委领导人张开泰从保亭营负伤冲出重围，艰苦跋涉到达陵水，找到工农红军第三营，伤愈后被委任为红军第三营副营长兼第三连连长。后来在陵水县北区过路岭同敌军作战，部队被打散，张开泰身负枪伤，于1928年年底返回仲田岭，同潜伏在岭上的同志会合，商讨恢复共产党地方组织的工作，建立革命根据地。张开泰东上寻找上级组织，在万宁遇上中共琼崖特委派来寻找崖县失散同志的朱运泽。中共琼崖特委指示他们以仲田岭为根据地恢复崖三区委、区苏维埃政府，重建革命武装，伺机反击敌人。张开泰返回仲田岭，很快就发展党的组织，恢复了中共崖三区委，张开泰任区委书记。

仲田岭位于崖县东部的藤桥、林旺交界山区，西北靠近今保亭县境，抱山近海，地势险要，在军事上机动回旋的余地大，是建立根据地的理想地方。

经过艰苦的工作，1929年7月，在张开泰的主持下，崖三区苏维埃政府、区农会相继恢复。林诗润当选为区苏维埃主席，王文贵、蒙传良、祝兴礼、陈贤德等人为委员；蒙传良为区农会主席。

崖三区党组织和区苏维埃政府恢复后，努力巩固、壮大仲田岭革命根据地。当时面临着粮食、日用品欠缺，交通不便、情报闭塞等困难，群众经历国民党反动势力的疯狂报复也心有余悸。张开泰等人联络潜伏的共产党员，建立交通联络站，接送失散的革命同志上仲田岭，筹集粮食、物资，同时做好情报传递工作。

1929年4月，国民党军蔡廷锴师陆续调离琼崖，由陈策的海军陆战队陈籍团接防，敌方力量相对减弱。中共琼崖特委于1930年4月中旬在定安母瑞山召开琼崖党的第四次代表大会，作出了关于发动“红五月”军事斗争、建立健全各级共产党组织、恢复各级苏维埃政权、发展农村革命根据地等决议。特委特派员王白伦到陵水、崖县地区指导工作，与张开泰相互配合，积极组织发展武装力量，相机出击王鸣亚所部，并及时恢复各乡村共产党支部，创造条件建立乡村苏维埃政权。崖县的革命斗争形势逐渐好转。

担任国民党琼崖南路“剿共”总指挥的王鸣亚，加强对仲田岭革命根据地的严密封锁和围困。中共崖三区委带领群众，克服困难，巩固根据地。部队、干部及家属办起经济场，养牛，种水稻、花生、番薯等作物，解决生活给养所需。

为了保卫和巩固仲田岭革命根据地，中共崖三区委积极发展壮大工农红军和赤卫队。张开泰将仲田岭上留守的十几名成员组成红军游击队，又逐渐建立起农民赤卫队。他们采取“日伏夜出，个别吃掉，震慑大队，消灭小股，壮大自己”的方针，下村打击土豪恶霸、收粮缴枪，伺机伏击民团夺取武器、装备自己。1930 年端午节，趁藤桥保甲团团丁大吃大喝、防备疏忽之隙，张开泰率领红军游击队发起突然袭击，缴获步枪 60 多支、短枪 10 余支。仲田岭革命根据地的武装力量一天天壮大起来。

1930 年 7 月中旬，中共地方组织利用国民党部队的内部矛盾，派员潜入驻陵水的国民党军海军陆战队第五连进行策反工作，与地下共产党员、五连排长陈平接上关系，策划起义。陈平争取到副连长陈国林的支持，率领全连 90 多名士兵起义，编为琼崖工农红军第三营，陈平任营长，陈国林任副营长。8 月 10 日，陈平带领第三营配合仲田岭革命根据地红军游击队和农民赤卫队，进攻藤桥市敌据点，毙敌 20 多名，缴获枪支、子弹一批，大获全胜。

（二）中共陵崖县委的成立

1931 年 10 月，根据中共琼崖特委的指示，在仲田岭成立中共陵崖县委，活动区域为陵水县、崖县全境，包括后来设立的保亭县所属毛政弓、加答弓、五弓、六弓、七弓等地。书记是王克礼，委员有张开泰、廖仕英、林豪等人。陵崖县经济委员会、共青团委员会、妇女委员会等也相继成立。县以下设中共区委会、区苏维埃政府、区经委会、区团委会、区妇委会、先锋童子团等，乡里设中共党支部、农军等组织。陵崖县和崖三区的党政群机关都设在仲田岭。

为了适应形势需要，中共陵崖县委从武装力量中挑选精干的60多人组建工农红军第六连，发动几百名农军配合作战，拔除仲田岭革命根据地周围残存的龙江、喃头岭等民团据点，使红海、北山等4个乡的红色政权更加巩固。王鸣亚曾乘根据地主力转移作战之机，调兵向仲田岭扑来。红六连和留守仲田岭革命根据地的20多名党政干部及30多名赤卫队队员，在双方力量对比悬殊的情况下，巧妙利用高山密林为掩护，与王鸣亚部周旋半个多月，粉碎其6次进攻，然后分兵两路转移到大茅岭和吊罗山一带山区。

1932年1月21日，在中共陵崖县委领导下，陵崖县第一次工农兵代表大会召开，讨论土地革命问题。会后，上千名群众举着镰刀斧头旗子，从仲田岭游行到军田、番园、洪李、凤塘等村。

仲田岭革命根据地土地革命的洪流震撼了陵崖保乐地区，威慑了王鸣亚所部，鼓舞着人民群众奋起与反动黑暗势力作斗争。

（三）中共崖西区委的建立

1929年年底，琼山县共产党员林克泽从西路潜来崖西莺歌海，与1928年疏散潜入莺歌海、佛罗一带，以卖犁头、补锅、收废旧铜锡作掩护的陈忠（文昌人）、王国良、陈名楹（琼山人）等共产党员接头，秘密开展活动，后来又与中共崖三区委取得联系。① 1930年春，中共琼崖特委特派员王白伦委派崖三区农会主席蒙传良到莺歌海，向林克泽传达特委指示，要求积极培养当地积极分子加入共产党，及时建立莺歌海党支部，迅速恢复崖西（包括崖城、保港等地）共产党支部，争取同感恩、昌江、儋县的共产党组织取得联系，以便从西路同中共琼崖特委接上关系。林克泽召集从琼山、文昌、万宁等地隐蔽疏散到崖西地区的共产党员，成立中共莺歌海支部，亲任支部书记；随后，林克泽又到崖城、港门、保平、红塘一带串联，恢复那

① 访林克泽记录，1983年7月，原件存中共三亚市委党史研究室。

里的共产党组织。崖城监狱里也成立了共产党支部。各支部吸收积极分子入党，共产党崖县基层组织的力量壮大了，活动也更加活跃。按照中共陵崖县委的指示，中共崖西区委在莺歌海成立，由林克泽任书记，委员有陈名楹、陈忠、吴秉明、陈文光、陈世德。同时成立了一支红军游击队，由陈文光、陈世德任正、副队长。

为了筹款购置枪支弹药，林克泽率领红军游击队与国民党崖县县长王鸣亚进行过几次较量。中共崖西区委获悉国民党民团一团团长、大奸商周德辉窜到莺歌海收账，林克泽便组织红军游击队化装成财税人员，用王鸣亚的空头公文纸书写逮捕令，以走私漏税为由，把周德辉抓起来，罚他交出 800 光洋。王鸣亚得知后，派他的大队长带兵到莺歌海搜捕。林克泽当机立断，指挥被包围的红军游击队队员突围。有一次，红军游击队抓到抱由村的恶霸王那统，罚了他 10 万光洋和 6 支驳壳枪。王鸣亚获悉，又派来大队人马包围游击队。中共崖西区委兵分两路突出包围圈，以尖峰岭下的金鸡岭为立足点，开展游击活动。

在保亭营惨案中被捕以及在球尾灶、保平等地被捕的数十名共产党员，还有受牵连的亲属，都被国民党崖县政府监禁在崖城监狱里。1931 年冬，中共崖西区委决定设法营救。崖城地下共产党组织派林庆墀以探监为名与狱中党支部负责人李福海联系，传达越狱计划，暗中把铁锤、锉子等工具送进监狱。狱中人员按约定时间互相用锉子锉断脚镣，狱外共产党组织派出 10 多人前去接应，挖通墙洞。除一人因另遭捆锁不能逃脱外，其他人全部越狱成功。

（四）崖东、崖西反“围剿”斗争的失败

1932 年 7 月，广东军阀陈济棠派其警卫旅旅长陈汉光率领 3 个团、1 个特务营和空军第二中队 1 个分队，共3000 多人，对琼崖苏区和红军再次进行“围剿”，母瑞山革命根据地、乐万苏区相继失守。11 月，国民党军陈玉光部向陵崖地区革命根据地“进剿”。陈玉光率领的部队在飞机的配合下，首先向陵水大里革命根据地“围剿”，在此活动的中共陵崖县委书记王克礼不幸牺牲。陈玉光部接着又向太平峒、六弓峒“进剿”，红军和赤卫队奋起抵抗。由于国民党军装备精良，又有飞机配合，红军和赤卫队 30 多人阵亡，红军连长王贻超等 12 人被捕，在陵水县城英勇就义。

王克礼牺牲后，中共陵崖县委的全面工作由张开泰主持，继续坚持抗击的“围剿”。陈汉光和王鸣亚以内奸、叛徒为向导，倾其军队和地方民团将仲田岭革命根据地周围的村庄全部占领，分兵驻扎，实行拉网式“围剿”，企图全部歼灭革命武装。

张开泰领导革命根据地党政军民，依靠仲田岭山高林密的有利条件，与“进剿”敌军相持一个多月。但是双方强弱态势悬殊，为保存实力，中共陵崖县委作出了撤离仲田岭、向崖西区转移的决定。

1933 年年初，中共陵崖县委派林诗耀到崖西，会同区委书记林克泽考察崖西区的斗争形势后，一起从莺歌海返回仲田岭革命根据地，与张开泰、林豪研究县委转移事宜，决定把党政工作人员和红军分成两部分：一部分留在六弓峒，继续领导陵水、藤桥、保亭地区的斗争；另一部分西移崖县四区、五区，与陈文光、陈世德领导的红军游击队会合。从此，崖西成为中共陵崖县委直接领导下的革命武装游击活动区。

为了抗击国民党军的“进剿”，中共陵崖县委决定组编成立中国工农红军琼崖独立师崖县第五连（简称“红五连”），任命陈文光为连长、陈世德为副连长、林豪为指导员。红五连主要由三股力量组成：一是从仲田岭苏区撤来的 40 多名红军，二是陈文光、陈世德带领的 40 多名红军游击队队员，三是望楼港陈三哥率领的 10 多人枪。红五连的据点设在尖峰岭的金鸡岭。

国民党军陈玉光部在“围剿”以仲田岭为中心的陵崖地区共产党组织和红军后，又奉陈汉光之命，“进剿”崖县西部，主要目标除红五连外，还有琼崖红军南路特派员陈垂斌率领的特别武装队。陈垂斌于 1932 年回到家乡乐罗村后，组织特别武装队，打击当地的流氓、盗贼，维护地方治安，得到当地民众的拥护。他指挥特别武装队支持冲坡地区曾雪一领导的农民协会组织，开展对土豪劣绅的斗争；在望楼港、莺歌海等地，他支援陈文光、陈世德领导开展的抗暴斗争。1933年2月，国民党军队数百人围攻特别武装队。在战斗中，陈垂斌被捕，后被下毒害死，年仅33岁。

红五连在中共陵崖县委领导下，以尖峰岭为据点，在琼崖西南一带积极开展武装斗争，取得望楼港、丹村战斗的胜利。国民党军队增调兵力，加紧对尖峰岭地区进行“围剿”，严密封锁出入山区的道路。中共陵崖县委和红五连在极其艰苦的环境中，顽强地坚持战斗。到1933年年底，环境越来越恶劣，中共琼崖特委因转移也长期联系不上。为了保存力量，中共陵崖县委决定化整为零，分散队伍，潜伏到陵水县的六弓峒，崖县的莺歌海、望楼港，感恩县的新村、板桥墟等地，以职业为掩护，继续隐蔽斗争。1934年，张开泰、林诗耀由于找不到中共琼崖特委，便分别在陵水县和海口市以教师身份为掩护，开展秘密联络活动。在遭受严重挫折、与上级领导失去联系的恶劣环境下，崖县的共产党员隐伏下来，不畏艰险，暗中联络，等待革命时机，顽强地坚持斗争。张开泰后来在陵水被国民党地方联防队逮捕，辗转监禁于府城的国民党监狱，至1939年2月日寇入侵海南前夕方得出狱，其后长期从事中共琼崖特委抗日武装的领导工作。

六、崖县保甲制度的推行

1928年年初，国民党广州政治分会决定在广东设东、西、南、北4个善后区，南区自阳江、阳春、高州、雷州、钦州、廉江到琼崖，计3市28县，以陈铭枢为善后委员，善后委员公署设在海南府城。陈铭枢坐镇琼崖，命令全琼实行“保甲法”，强化对农村基层的控制。

民国初期，琼崖政局动荡，地方军阀横征暴敛，苛捐杂税繁重，各地农民长年陷入生活窘境，在大革命时期就迫切要求改变被压迫、被剥削的命运，但是由于革命力量的薄弱和国民党右派的阻挠，并没有能够解决这些问题。大革命失败以后，共产党人被迫转入地下，在地方上有威信的左派人士皆被清理出国民党，然而就海南而言，除海府地区和沿海城镇外，国民党政权在地方上难以获得支持。编纂于这一时期的《海南岛志》，在说到崖县“整理党务”实为迫害共产党人时曾叹息：“崖县党务，除县城外，四乡均甚冷淡。藤桥、三亚二地虽有少数商人，然一般人民多不识字，对于党务多怀疑虑，不欲从事。”① 地方上支持国民党政权的主要武装力量就是保甲制度下的民团，而民团中良莠不分，横行乡里，令人痛恨。这些社会弊端的存在和人民群众的强烈不满，为中共在琼崖地区农村开展革命运动提供了广泛的社会基础条件。

中国的保甲制度历史悠久，是封建王朝控制农村、维持统治秩序的主要手段之一。到了清朝末期，因为太平天国运动以及辛亥革命的影响，保甲制度几近瓦解。但是在崖县，这种古老的制度则相对完整地保留下来。光绪《崖州志》载：“州县官通稽境内民数，每百有十户，推丁多者十人为长，余为十甲。甲系以户，户系以口”。② 这是对传统保甲制度的记述。进入中华民国时期之后，为了强化对农村的控制，这种古老的保甲制度再次被实行。早在龙济光控制广东时期，即于1913年年底颁布了《广东筹办保甲团练暂行章程》，规定“每县以下分区，每区设区长，每区之内，照原日各乡地域，每乡设乡长”，“每乡之内，分段设甲”；要求“各县长奉到此章程后，即于各区内遴派区长，并督同各区长于各乡遴派乡长，由各乡长速行分段遴派保长，保长分派户口册籍，照式填报，遴派甲长”。但是龙济光自身力量不强，这一制度在广东并没有普遍执行。

大革命失败之后，1928年，广东省政府制定《修正广东省保甲条例》，计划建立由县长指挥监督下的从团董、甲长、保长到牌正的保甲体系。1929年10月公布《广东省保甲暂行办法》，结合广东旧有的牌甲制度，规定25户为1牌，数牌为1甲。③ 1928年之后，陈铭枢主政广东南区善后委员公署，由此开始在海南建立保甲制度。

---

① 陈铭枢等编纂：《海南岛志》，第120页。

② （清）光绪《崖州志》卷七《经政志二·户口》。

③ 郎擎霄：《保甲运动之理论与实际附录》，广东省民政厅编辑处1929年印本，第96页。

《海南岛志》中就附录有《保甲施行准则目录》，包括《广东南区保甲条例》。此条例的第一条就说："本区善后公署为保持区内地方之安宁，特参旧惯，设保甲之制。"规定居民以 10 户为保，置保长 1 人；10 保为甲，置甲长 1 人；10 甲以上为团，置团董若干人。陈铭枢力主施行保甲制度，以之作为改造海南社会的政治手段之一。广东南区（包括海南）实行保甲制度，于 1928 年 5 月 28 日将这一制度颁布全区各市县，10 月又派指导员 10 余人到各县指导，并加督办。到 1929 年春，海南"全岛各市县保甲编查完竣，造缴户册。所有原有民团一律裁撤，改办保甲"。① 据资料记载，1929 年，崖县设 5 个区、17 个团、157 甲、1492 保。此时的保甲制度的核心就是连保连坐，"同保各家负连坐责任"；1934 年 3 月，更进一步在全县强制推行"五家连保"，以此来预防民众的反抗，压制农村的革命运动。1936 年，崖县公安局改为警察局，崖县警卫队改为保安队，作为推行保甲制度的地方武装力量。

1927 年后担任崖县县长的王鸣亚，努力推行保甲制度，强化对乡村的控制，扩大民团武装，借以"进剿"农村革命根据地。王鸣亚、王昭夷率领的保安团和民团紧密配合陈汉光"剿共"，向琼崖红军和革命根据地进攻，导致中共海南地方组织在陵水、崖县两县的革命力量几乎丧失殆尽。

> 自 1927 年 9 月到 1933 年年底，王鸣亚在崖县主政 7 年，对地方公共事业尚能用心，如兴办教育、兴修水利、筹建公路等。1927 年农历九月，崖县发生大水灾，损失巨大，广东省政府拨款 2000 元光洋救灾。王鸣亚罔顾灾民苦难，挪用救灾款修建三亚至藤桥的公路，遭到时人的谴责。② 陈汉光曾到崖县，忌惮王鸣亚在地方上的势力过大，以王鸣亚贪污救灾款为名将其逮捕，拘押于海口。后经胡汉民、邹鲁等国民党元老向陈济棠交涉，王

① 陈铭枢等编纂：《海南岛志》，第 175 页。

② 《三亚文史资料》第三辑，1991 年出版，第 17 页。

鸣亚才获得释放。

第三节　中华民国前期崖县的社会面貌

海南社会在历经民国初期的动荡之后，进入民国前期，即 1926 年国民革命军南征收复海南岛到 1939 年日军侵入三亚地区之前，社会变化较快。进入 20 世纪 30 年代之后，中国共产党领导的革命力量与国民党反动势力的斗争主要发生在部分农村地区，以城市为中心的社会相对安定。崖县特别是榆亚地区，总体上进入了平稳发展时期。三亚在岛内都市的地位有所提升，以渔、盐、糖为主的产业结构基本形成，从而为此后的发展奠定了初步基础。

一、修桥筑路和开通海陆运输

崖县社会的发展首先体现在基础设施建设上，其中又以交通运输设施建设以及在此基础上的海陆交通线的开辟最为突出。

（一）陆路

海南岛内各县之间的道路，最早是中国历代修筑的驿道，宽窄不一，大者可通牛车。如《海南岛志》所述：崖县东路自三亚经万宁县治、定安船崖达琼山；西路由三亚过马岭达崖州，由崖州西北行，过新英、那大、和舍达琼山。① 这里说的道路，在民国初期还只是旧驿道。据 1922 年的记载："琼崖沿海之区，道路甚为平坦。东路自海口经船崖、加（嘉）积、乐会、和乐、万宁、杨梅、陵水、藤桥、三亚、马岭等处，以达崖县，除陵水、万宁二属交界之地，有九曲岭、牛岭梗阻其间外，大部分皆可通行牛车。西路由海口经金江、和舍、那大、儋县、新英、海头、海尾、昌江、北黎、感恩、佛罗、黄流、九所、保平等处，以达崖县，多经沿海沙滩，陆行殊苦。旧有桥梁，均已倾圮。小河浅沟，架木而渡。"②

---

① 陈铭枢等编纂：《海南岛志》，第 232~233 页。

② 怿庐：《琼崖调查记》，见《东方杂志》第二十卷第二十三号。

民国初期，邓本殷控制海南长达数年，曾于1922年设立琼崖全属公路分处，邓本殷亲任分处总办；同年改为公路局，并在各县设立公路分局，交通设施开始有所改善。在经济、文化相对发达的北部琼山、文昌等地，开始兴修短程公路，多为个人或合股投资，因陋就简，从香港购买旧汽车营运。全面兴建环岛公路，则是在1928年陈铭枢主政海南时期。进入20世纪30年代后，全岛开始了兴修公路网的建设。日文资料《海南岛篇》记载："民国十一年（1922）有开设岛内汽车道路之议，民国十一年起到十三年（1924）止为第一期，十四年（1925）到十七年（1928）为第二期，十八年（1929）以后作为第三期，着手于汽车道路的开发，完成了环岛公路一千七百公里、县道六千公里、黎境道路一千七百公里。短短十四年内，迅速地实现了岛内陆路交通的巨大改观。"崖县的道路也在这个时期有所变化。

崖县因在海南的最南部，多山地沟壑，公路建筑成本要高于平原地区，所以，公路里程的发展速度落后于北部地区。据1928年《琼崖公路分处筹筑万陵崖感昌儋等县公路计划书》记载："查琼崖环岛省道干线计长一千七百七十里，除已筑成之琼文路、文东路、东乐路、临迈路、迈琼路，共长五百七十里外，尚有乐会县分界市起经万陵崖感昌儋等县至临高县安全市止，共长一千二百里之线路，亟应兴筑"。[①] 当时的规划中，环岛道路的建设分为三期，其中第一、二期与三亚相关。第一期中与三亚地区有关者，只有陵桥路，即陵水县城至藤桥的一段。第二期中，主要是在三亚境内的桥崖路，分为两段，第一段由藤桥市起至三亚街止，第二段由三亚街起至崖城止；然后是崖感路，第一段由崖城起至九所市止，第二段由九所市起至佛罗市止，第三段由佛罗市起至感恩县城止，共长215公里。[②] 据同书所载，至1928年年底，崖县境内还没有建成的公路，当然也不会有汽

① 琼崖公路局编：《琼崖公路汇报》第1期，1929年2月。

② 琼崖公路局编：《琼崖公路汇报》第1期，1929年2月。

车，在全岛中仅有感恩县的情况与崖县相同。① 1929 年 2 月前，崖县总算建成了第一条公路——崖临路，即崖县县城至临高市（即临高村）的道路，长 5 公里。② 而此时文昌已建成公路数百里，拥有汽车 244 辆。③ 当时的筑路费用，全岛平均每公里 1000 元光洋。在此时期，为了连通崖城到三亚的公路，在线路上架设了 10 处桥梁，皆为木质架构；此后又在三亚到藤桥的公路上架设 9 处桥梁，也是木质架构。④

崖县地处海南岛南端，具有天然的地理优势。它和海南岛北部城市海口一样，都是海南岛环形公路网的闭合点，既是终点，又是起点。但在 20 世纪 30 年代之前，环岛公路并未形成，只有从海口到万宁一段是所谓的公路，勉强可以通行汽车，崖县并未并入全琼公路网。

《海南岛旅行记》作者田曙岚在 1932 年来海南岛考察时，曾记载三亚一带的道路建设状况："自县城（崖城）至三亚埠一段，业已通车，交通颇便，唯有县城至佛罗一段，路基虽成，但未建造桥梁、涵洞，未能通车；东二、三区之竹络岭，因开凿未完，亦未能通车。"也就是说，崖城至藤桥的公路已建成，但竹络岭未打通，只能先通车至三亚。

综上所述，在整个 20 世纪 30 年代，三亚地区还没有融入岛内的交通干线网络，陆路交通不畅的问题还是没有解决，与外界交通主要还是靠船运。当时的人指出："崖县距海口八百余里，水路之交通，向恃海船，大者载重一二千担，小者亦数百担；风顺之时，一二日可

① 琼崖公路局编：《琼崖公路汇报》第 1 期《琼崖各县公路里数比较表》，1929 年 2 月。

② 据琼崖公路局编：《琼崖公路汇报》第 1 期《广东琼崖公路线路图》，此时另有由崖县至马岭的一段公路已建成。

③ 琼崖公路局编：《琼崖公路汇报》第 1 期《琼崖各县汽车辆数比较表》，1929 年 2 月。

④ 三亚市地方志编纂委员会编：《三亚市志》第十编第一章《交通设施》，中华书局 2001 年版。

至，逆风则兼旬不等。今则三亚盐业发达，间有运盐轮船直达海口，较为便捷，惟行期无定，殊未足靠。陆路由藤桥至榆林途中有回风岭，万、陵交界有九曲岭、牛岭，稍觉崎岖，余均平坦，可行牛车。现环岛干路已展筑至陵水，一俟由陵至崖之马岭一段二百四十里继续兴筑（崖亚线由崖县至马岭一段六十里已通车），则无须由陵水新村港乘船至藤桥，再由藤桥至三亚港而达崖县。此外或由海口乘车至文昌之清澜港计一百八十里，改乘盐船电船至三亚港，惟船期无定。”①

上面所述情况，说明崖县与岛内公路网的连接，在藤桥与陵水新村之间出现了间隔。1933 年 4 月，田曙岚旅行到三亚时说，英州在藤桥与新村之间，“计自藤桥市至新村港共六十里地，此适为中途。然旅人鲜至者，盖以陆地极行荒凉，来往商旅皆取海道故也”。但是藤桥至新村的道路也已经动工了，他从藤桥至新村就是沿着新建的路基而行。查《统计汇报》，1930 年时，由陵水县城至藤桥的 45 公里省级公路已经开始兴建，只是到 1933 年时只完成 5 公里的工程。②至 1936 年，此段公路还在建设。当时的人也说，崖县的“汽车公路，县城与三亚港相通甚久，现展筑东至陵水、西至感恩”。③

这种状况大抵到 1937 年才改变，环岛公路勉强贯通。这一年春天，海南学者王兴瑞随岭南大学、西南社会调查所及中山大学研究院文科研究所合组的海南岛黎苗考察团赴海南考察，对当时的道路情况有所描述。据他记载，此时自万宁到陵水的公路已经开通，只是到分界岭时因山道崎岖倾斜，须下车徒步而过。至于由陵水到藤桥市，王兴瑞记载：“我们从万宁乘来的汽车，因受车路公司条例限制，不能在陵崖公路（从陵水到崖县的公路）上行驶，我们这时非换车不可。”“从陵水至藤桥的公路，特别凸凹不平，车行时震颠得很厉害，

① 许公武：《海南三市近况》，见《新亚细亚月刊》1933 年第 1、2 期。

② 参见《统计汇报》1930 年 10 月第 8 期，见《罗斯史料》第 148 辑。

③ 金泉：《崖县农村之素描》，见国立中山大学琼崖农业研究会出版部编：《琼农》1936 年第 25、26、27 号合刊。

速率也慢。”① 由此可见，当时万宁到藤桥的公路虽已开通，但路况不好，同时，各县的车路公司彼此之间不能跨县运输。同年4月，上海、香港、广东联合组织海南岛经济视察团到海南岛做产业考察。有记载称，他们从榆林到崖县县城60公里的路程只要一个小时，可见这段公路相当平坦。当时的人还指出：“查琼崖全岛公路，已筑成环岛省道及各县道，共约3260公里。惟所成县道几乎偏集于该岛东北部，而西南部因地势关系，除省道外，其他县道、乡道均未兴修。”②

由于20世纪30年代的崖县还没有融入海南岛东部整体陆路交通网之中，这一时期三亚的发展也必然受到较大的阻碍。

（二）海路

崖县用以与外界贸易的主要产品是鱼、盐、蔗糖及其他土特产。当时崖县不足10万人口，消费有余，扩大对外输出在所必行。因崖县与岛内陆路交通阻隔，必然要依靠传统的海运。

崖县当时的海运有两种，针对海南岛沿海及广东南部地区的贸易，多使用帆船从事物资的运输，更远的距离才会使用轮船。这些轮船也不是崖县所有，都是临时雇用，使用也不普遍。如1934年三亚港至清澜港开航的轮船，水程140海里，由海安浩记公司经营。

在崖县，盐业是唯一使用轮船的行业。田曙岚说：“县属南面巨海，三亚港方面间有盐轮来往，惟持期无定。除电轮外，其余如保平港、莺歌海等港，常有帆船来往海口、加（嘉）积等处。”在三亚的盐业兴起之后，海运业中侨丰、源兴各公司来营盐业，开始使用轮船运输盐品，也附带运送旅客。资料记载：“此外则有自三亚港运盐至广州之轮船，系临时向香港各轮船公司租用者。遇有搭客时，亦可附载。惟每年平均不过航行十数次左右而已。”③

---

① 王兴瑞：《考察海南岛黎苗民族日记》，见《边事研究》抗战特刊，1940年第十卷第二期10月号，南京边事研究月刊移渝出版处发行。

② 《全国经济委员会秘书处致实业部公函》“琼崖建设各事项”附件，1937年5月27日。

③ 怿庐：《琼崖调查记》。

这一时期的海运虽有所进步，但客运往来仍然困扰着人们，对崖县的对外交流产生不良的影响。1933 年 7 月，广州中山大学农林植物研究所海南岛植物采集团到崖县考察，据其事后记载：“出发前最麻烦之事，莫如调查船期”。采集团从广州出发，只能搭乘运盐船，这种运盐船常由广州直达榆林港或三亚港。“然船期无定，须视盐之销路如何而定，有时数月开行。而开行时亦无预期通告，且盐商因贸易竞争关系，对于船期常守秘密。”“吾人所搭之船，名新勿爹路打，系一行程不定之轮船，此次乃被雇往榆林港运盐者，定于七月十六日午后十一时始开行……该轮净吨数为一千五百吨，故船不甚大，而此次前往又系空船，船行海中，为风浪所击，簸动极烈，搭客中多有晕船而呕吐大作者。”① 可见那时陆行既多周折，海行也不容易。

虽然 20 世纪 30 年代崖县的交通条件，特别是陆路的交通设施，较之前有很大的变化，但总体而言，交通基础设施还是相对落后；尤其是港口建设，几乎没有进展。三亚地区的三大港口，即三亚港、榆林港、藤桥港，都没有实质性的港口建设。因此从这个意义上说，三亚地区的城市发展，以及对外开放还没有真正起步。

二、“三港一市”的形成

所谓的“三港一市”，是指三亚港、榆林港、藤桥港和三亚市。从“三港一市”的变化，可以看出民国前期崖县主要都市的基本发展脉络与趋势。这一时期，旧的市镇发展极为缓慢，而上述“三港一市”则相对迅速。最终，三亚市成为崖县的经济中心，并且取代琼南其他市镇成为海南岛南部的中心城市。

据 20 世纪 30 年代初对海南岛港湾的调查，重要的港湾或港口有十个，崖县占其三。首先是海口，其次是三亚港。调查指出，三亚港“盐田甚广，渔产亦富。港口向西，载重三千吨之船可以入泊，为崖县客货运之出入门户”；榆林港“港口可容二三千吨之轮十余艘，无风浪之虞，夏季出洋帆船多寄泊于此”；藤桥港“与陵水交界，距宝

① 左景烈：《海南岛采集记》，见《中国植物学杂志》1934 年第 1 期。

停（保亭）营一百二十里，距三亚一百里，距铁炉港四十里，陵水西南部及宝停（保亭）附近黎峒、崖县东部黎峒货物皆由此出，内港狭小，仅容载千担之帆船出入”。

但是同一资料在介绍“本岛十大市镇概况”时，列出了“海口、嘉积、便民、那大、藤桥”的名字，三亚市却名落其后。① 这种反差至少表明，三亚市在20世纪30年代中期，虽然在港口吞吐量、贸易数额方面有了长足的进步，但城市规模、人口数量在岛内的都市中还不占优势，甚至还比不上本境内的藤桥市。《海南岛志》中也说，三亚市“位三亚港北岸，为崖县重要市场之一，稍让于藤桥”。其可能的原因是，三亚市的营业状况以盐、鱼为最盛，“此二者均有一定之期，过时则甚形冷淡”。而藤桥市“在崖、陵之交，位于藤桥港之西北岸，为崖县一等市场。崖属东部十二村黎峒，陵水西南部，及保平以内各黎峒中货物，皆就此为集散场所。江门、澳门、安铺及本岛各港一二千担之帆船亦时来集此，春夏之间渔业旺盛”。《海南岛志》中还说：三亚市“往昔商业在三亚街，距本市十余里，今则渐移于本市。市内铺户共四百余间，附近盐场七十所，贩运盐庄十三家”。②《海南岛渔盐调查报告书》中说：“（三亚港）居民五百余户，人口二千余人。经商者多来自各地，而本地人则作苦力为多，平均每月可得工金十六千文。”1935年，三亚商会成立，但只有会员20人，入会商店51家。③ 由此可见，当时三亚商业还处于不甚发达的状态。

在崖县各港口的发展进程中，三亚的地位呈现逐渐上升的趋势，而其他的港口和市镇则处于相对衰退之中。《海南岛志》列举崖县十个市镇，有藤桥、三亚、保平、临高、港门、九所、望楼、黄流、莺歌、县城。排在第一位的是藤桥，三亚居其次，县城则被远远地甩在了后面。不久，藤桥也随着农村的衰败出现了极度的衰退。

20世纪30年代初的三亚港市，指的主要是三亚港北岸的集市

---

① 《琼崖实业月刊》（第三期），1933年12月。

② 陈铭枢等编纂：《海南岛志》，第54页。

③ 周德光、陈清欧主编：《三亚古今纪事》，第57页。

（有时也称为三亚埠）。那时的三亚港市和三亚街还没有连成一个城市，彼此相距10余里，是两个单独的市镇，甚至两者所具有的市镇属性也不尽相同。三亚街主要是面向农村进行商业活动的市镇，而三亚港市主要是经营出入口生意和鱼、盐贸易。三亚街在抗战前实际上是海南回族的主要聚居地。德国学者史图博说："三亚市（指三亚街）有回教徒全部四百户，约二千人居住。"三亚的回族地主拥有土地，出租给佃农；有从事渔业经营者，拥有自己的渔船。① "三亚街在大革命时期有'瓦铺'（指用砖瓦盖的商店）连'茅铺'共百余间。'瓦铺'多数是外地人开设的，有不少是广东的东莞和阳江人，资本较大，主要经营布匹、百货、棉纱、火油等，并收购民族地区出产的土特产，如山甲皮、黄麖皮、鹿筋、鹿角、红白藤等；'茅铺'多为本土人士经营，资本较少，大多数兼营行商，到民族地区进行贸易。"②

三亚街和三亚港市这两处紧邻的市镇，代表民国前期海南城市贸易的两种类型：一种是以对岛外的进出口贸易为主；另一种则是以与周边地区进行贸易为主，主要是与周边的黎族、苗族地区进行贸易。但三亚的重心逐渐从三亚街转移到三亚港市，则是近代城市发展的必然趋势。

1935年之后，三亚港的影响已经越来越大，居于区域核心港的地位。有资料指出：

本港在崖县之东，铺屋约五百余户，人口二千余，经商者多来自各地，而本地人则苦力为多。本港形势颇佳，适于避风……秋冬渔产甚富，并为产盐丰饶之区，故北海、阳江、安铺、文昌、乐会各地之渔船，皆以此为根据地。各地运盐之船只，亦恒以时来集。计由海口水道连至本港，则先经榆林港，相离约八里；又有盐船往来海口运盐，若乘客要求附搭，每位需脚银八元，需廿四小时方可到目的地。由三亚至崖县城，有公路可通。

---

① 史图博：《海南岛民族志》（日文版），第442页。

② 《海南黎族苗族自治州什玲等五个乡黎族社会经济调查》（海南黎族社会历史情况调查资料第三册）中"关于三亚港和三亚街的一些情况"。

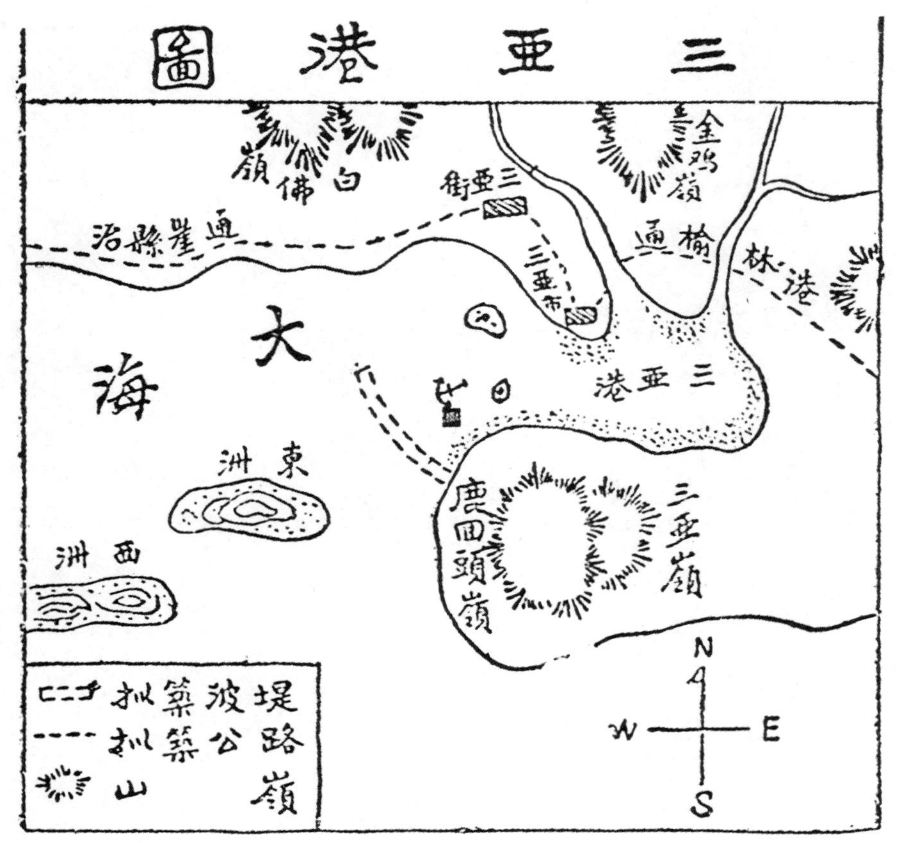

中华民国前期三亚港舆图　　（辑自《海南岛志》）

> 安亚、三益两汽车公司行驶其间，约七八十里，客票收费一元一角；有三亚市，位三亚港北岸，为崖县最繁盛之市场。该市铺户共四百余户，附近盐场七十余所，贩运盐商十三家，出产除渔盐外，则为木料、椰子、藤皮、益智、椰玉、谷米等。①

以此可见，三亚港与三亚港市的结合，是三亚作为区域中心的基础条件，也是其进一步发展的动力。

但是，民国时期的三亚港始终保持着原始状态，未能疏浚拓建，也存在着诸多自然制约。资料记载，该港“宽约二百丈，而长倍之，水深处约丈余，大帆船可以驶入。然平时流沙淤塞，潮落时水深仅二三尺……港口之外暗礁颇多，仅有水道一条可以行船。盐船仅能停泊于口门鹿回头岭西之海面，距市约四里，人货起落均须用帆船驳载，其不便亦几如海口（港）”。②

在“三港一市”得到较快发展的同时，作为传统农业经济和政治中心的崖县县城（今崖城），则呈现了相反的趋势，因为没有更广阔的对外贸易的基础，20 世纪 30 年代之后已经远远落后于“三港一市”。德国学者史图博曾说，在海南岛南部可以看到县厅所在地崖州（今崖城）、港口城市三亚港和大市镇三亚市（指三亚街）。崖州有 1.4 万的居民，“其市镇虽说是县厅所在地，但却没有（商业）意义。居民主要从事农业，和居住在这个市镇附近的侾黎进行交易”。③ 崖县县城的贸易仅限于与黎族的贸易，无论是从贸易形式还是从规模上说，都难以与三亚相比。由于同样的原因，藤桥也是如此，其曾经的首位最终为三亚所替代。据《海南岛渔盐调查报告书》记载，其时，三亚港有 500 余户、2000 余人口，而藤桥港则只有住户 200 余家。20 世纪 30 年代初的三亚港市，在海南岛的港口城市中已有一定地位，

---

① 广东省建设厅琼崖实业局编印：《琼崖实业考察指南》，1935 年 2 月海南书局印本，第 22 页。

② 左景烈：《海南岛采集记》，见《中国植物学杂志》1934 年第 1 期。

③ 史图博：《海南岛民族志》（日文版），第 438 页。笔者按：史图博在这里的说明有些混乱，所称“崖州有 1.4 万居民”，并不可能是指城区人口，多数是指居住在崖城附近的人口。

城市铺户和市民数量实际上仅次于海口。

三、城市基础设施的逐步建设

20世纪30年代以后，崖城县城和三亚的城市基础设施建设也有了缓慢的进步。

城市发展中，对外的联系除了道路之外，信息的交流也至关重要。在邮政通信设施的建设方面，古代的铺递逐渐被现代邮政所代替。海南“沿海县治及重要市镇多通邮政，惟投递甚迟，商民每有急信，辄托人便带或专足递送，以期速达。腹部黎境则绝对不通邮政，与世相隔，无异桃源。现时仅有一等邮务局一所，设在海口德胜沙大街；二等邮务局三所：一在海口大街，一在加（嘉）积市，一在崖县县城；此外皆为三等邮局或代办处。至于电报，仅有海口一局而已”。① 20世纪30年代，崖县“县城设有二等邮局一所，三亚市、藤桥埠二处各设有邮寄代办所一所。长途电话线长约一百九十余里”。② 1934年，藤桥—崖城—佛罗电话线架通。是年3月，广东省批准在崖县设无线电台。可见，对外交流开始有了进步。

城市建筑也出现了一些新的气象。1931年、1932年两次到海南岛考察的德国人类学家史图博记载，三亚港是位于美丽海湾最内侧的一个小市镇，“近年来城市建造了一些华南——欧洲风格的新式建筑。虽然铺设了宽阔的水泥马路，但周边还是简单的小屋”。③ 20世纪二三十年代广东街道建造骑楼的风气，也影响到了三亚。上面所说的“华南——欧洲风格的新式建筑”，其实就是骑楼的建筑形式。1932年在三亚设立的第一所西医院“平民医院”和七高小学，是三亚首次出现的两座现代建筑物。1933年，盐商林瑞川也在月川村建成私家别墅式洋楼。

20世纪30年代的整个崖县，总体来说，城市经济还不成熟，城市建设进步缓慢。首先是作为地方产业重要支撑的金融机构虽有所设立，

---

① 怿庐：《琼崖调查记》。

② 田曙岚：《海南岛旅行记》，第145页。

③ 参见史图博：《海南岛民族志》（日文版），第438~441页。

但实际上并未进行市场化运行。据《广东省省县金库一览表》（1938年8月编印）所反映的情况，当时的崖县有广东省分金库、崖县县金库，都设在崖县县城，由崖县邮政局代理。这不是严格意义上的金融机构，而只是为了征税而设立的财政分支机构。即便如此，崖县的这种机构地位也不高。当时，广东省银行在海口设支行，在文昌、琼东设办事处，而包括崖县在内的其他县份则只由县邮政局代理。

城市的公共设施建设尚未起步。1930年，县城东关市才有了由商户集资筑成的100米水泥路面。抗战前，崖县县城曾有兴办电灯实业的打算。直到1936年，才有高州人庞育璃创办的崖城第一座火力发电厂投产。当时的人在提到崖县的状况时曾这样描述：

> 崖县僻处南服，公共事业不甚发达，电灯、自来水均未设备，居民多汲水于河或井中，其燃灯原料多以豆油为之，而电话近年始与海口相通，至有线与无线电报至今尚付阙如。至若汽车公路，县城与三亚港相通甚久，现展筑东至陵水，西至感恩。倘建筑完竣，则环海南岛作圆形旅行，颇饶兴趣，而农产品之输运出口，更为便利矣。屋宇之建设多规模简陋，且矮小狭窄，而黎民多编茅为屋，架木为棚，若遇飓风，鲜有不坍倒者。

文化设施也还缺乏。上文在提到崖县的文教情况时，认为除了学校之外，称得上文教事业的并不多。

> 若言教育，此间只有县立中学校一所，规模略有可观，其经费亦颇充足，教员薪金亦颇优，盖此地僻一隅，教员甚难聘请，故特以较厚薪金聘任，而学校之学生成绩，因此斐然可观。其他高小学校，约有数十所。图书馆与阅报社设立一二所，惟规模简陋，较之文昌与琼山之文化事业，有逊色焉。①

但是客观而论，文化事业与从前比较是有进步的。除了县立中学办得比较好，县城还辟有吉阳公园，有崖县图书馆，崖县中学有图书

① 金泉：《崖县农村之素描》，见国立中山大学琼崖农业研究会出版部编：《琼农》1936年5月第25、26、27号合刊。

二楼。团体运动则通常借用城郊旷野作为临时运动场所，拟设的公共体育场正在筹备建筑中。书店有新崖书局、新民书局、大元书局三家，都设在县城内。① 虽然总体上规模不大，但也是一个良好的开始。1929 年，崖县有史以来的第一次体育运动会在崖城举行，比赛项目为球类和田径。继 1932 年在三亚兴办第一所西式平民医院之后，1938 年又在崖城兴办博爱医院，设内科和普通外科。

城市的发展才起步，难得的是人们已经注意到职业病问题。

广东崖县职业病调查表②（1930 年）

工业名称	患病人数	症状	备注
铁工厂	6	精神不振	本年内发病之症状
糖寮	4	呕吐	同上
砖瓦窑	7	头痛	同上

上述职业病调查中，没有盐业工人的职业病——因日晒、盐水浸泡而导致的皮肤病，倒是令人意外。

四、盐业、糖业和渔业成为主要产业

崖县濒临南中国海，且地处热带，自古以来渔业、盐业发达，人口密度低而土地广阔，吸引了大量外来人口的迁入。进入民国时期，甘蔗种植业有了较大发展，制糖业也随之迅速兴起。除了基本上处于自给自足、略有盈余的粮食（稻类和薯类）生产外，晒盐、制糖和海洋捕捞渔业构成了三亚地区的支柱产业。

日文资料《关于日本人在海外活动的历史调查——海南岛篇》指出：“（海南岛）向大陆贩运的物资，占第一位的是盐，由产盐地的崖县三亚港及昌江县的北黎港直接向广东贩运，经过广东进而向内地的湖南再贩运。盐以下占第二位的是黑砂糖，但由于原始的制糖法，造成（产品）品质粗劣，故而主要运往上海作为精制糖的原料。

① 田曙岚：《海南岛旅行记》，第 146 页。

② 广东省档案馆馆藏档案。

其次是槟榔，此物历来是本岛的主要特产，也是重要的物产，其对外的贩运应受到极力的保护，然而近年来日益受到南洋产槟榔的压迫。牛皮的外运也不过是原料的输出，没有任何的加工。另外（是）腌咸鱼，虽有四面环海的丰富渔场，然而正如上述，尽管有大量生产的盐，可是由于渔业捕获法及加工技术的落后及盐税的重苛，其对外贩运量不过是很少的数量。”当时尚未有冷藏设施，输出的鱼产品只能是腌制的咸鱼。

崖县出产外运的商品，基本上都是土特产品。据琼海关 1933 年、1934 年的统计表显示，崖县的外运商品和数量如下：①

货物名	1933 年（单位：元）	1934 年（单位：元）	货物名	1933 年（单位：元）	1934 年（单位：元）
盐	1338267	1629400	胡椒	65611	66509
黑砂糖	739955	775074	药材	32338	34391
槟榔	249496	153671	藤类	7931	10864
牛皮	105566	137351	农产品	1014	28254
咸鱼	50590	65542	其他	30428	4488

（一）盐业

崖县的盐业生产历史悠久，而具有规模的经营则始于清末，基本上形成了后来盐业生产的形态。民国初期受战乱的影响，盐工走散，三亚盐业曾一度受到挫折，但在 1926 年之后，由于运销的畅行和政府为增加税收所作出的鼓励，又迅速发展起来。崖县盐场分为三亚（临春、临川）、榆林、保平、藤桥、九所六处，以三亚盐场为主。行政管理上设有崖县分卡和三亚场长，均归琼崖盐务局管辖。盐分生盐、熟盐。熟盐仅供县中民食之用，量极少，产于保平、九所；生盐供腌制食品，是主要的盐产品，供外运，产于三亚、榆林、藤桥。

据《琼崖渔盐调查报告书》记载，三亚盐田共有 2441 亩，每亩建筑费 500～800 元。上等盐田每亩每年可产盐 300 担，中等者可产

① 日本大藏省管理局编：《海南岛篇》（日文）。此据琼海关民国 1923 年、1924 年的调查，转引自南洋协会台湾支部《海南岛》（日文），第 569 页。

250～280 担，下等盐田每年可产 180～250 担。“本港连榆林港合计，每年可产盐约四十万包，价值约二百余万元。”

而据 20 世纪 30 年代编撰的《琼崖工业调查报告书》所载，崖县境内的三亚、榆林、保平、藤桥、九所等港共有盐田面积 15578 亩，远比海南沿海其他各县的盐田面积大。但是全县总计的这一盐田亩数，是用当时特有的盐田地积丈量方法计算出来的，以正方四丈五尺为一亩，每亩只有 20.25 平方丈；如折算为标准亩（60 平方丈），则大约全县的盐田总面积为 5000 亩，三亚约占一半。

另据《琼崖工业调查报告书》记载，当时海南有四大工业，即食盐工业、植物油工业、橡胶工业、蔗糖工业，以盐业为最大，占有产业第一的位置。1926～1933 年全岛每年的生、熟盐产销量如下：

琼崖年生、熟盐总产销量统计表①

年别	生、熟盐总产量	生、熟盐总销量
1926 年	57621974 斤	52238155 斤
1927 年	56958898 斤	74776862 斤
1928 年	36511939 斤	42684257 斤
1929 年	57127752 斤	43009646 斤
1930 年	59413048 斤	50590861 斤
1931 年	79946071 斤	73599017 斤
1932 年	92581301 斤	64546476 斤
1933 年	58239614 斤	68635570 斤

从上述记载来看，在 1926 年后，海南盐业呈现稳步增长的态势，年产量基本上都在 5000 万斤以上，以至近亿斤。据《海南岛志》比较保守的统计，其时，以三亚为主的崖县盐场年产 3434 万斤，约占全岛盐产量的三分之一以至一半以上。更多的资料显示，20 世纪 30

① 广东省建设厅琼崖实业局编印：《琼崖实业考察指南》，第 41 页。

年代，崖县的盐产量为40万~50万担，即4000万~5000万斤。崖县盐场的价格为：生盐每担4元，熟盐每担6元。

《琼崖工业调查报告书》还指出："盐业是琼岛目前顶重要的产业，每年输出占全岛出口总额百分之六十，最盛时除供该岛消费外，尚有五十余万担输出。盐田集中在三亚、榆林港，现有盐公司二十余家，每家资本七八万元至十余万元不等……单以三亚一区的出产，几占广东全省百分之四十。"

三亚盐业的蓬勃发展，引起了有识之士的关注，考察研究三亚以至全琼盐业发展的学者和经济界人士踵至，留下记载的资料也比较丰富。在《琼崖视察团经济组调查报告书》（第五册）的记载中，细致地分列了全岛各地盐场的具体生产情况。

琼属盐场产量表 （单位：担）

厂别	1931年产盐	1932年产盐	1933年产盐
崖县分厂	403361	551450	320310
北黎分厂	276459	205567	133417
陵水分厂	8116	22620	12904
临高分厂	65172	97883	63491
万宁分厂	11853	9567	10686
文昌分厂	11811	16039	18293
儋县分厂	6059	6588	6463
琼东分厂	5861	5470	3999
塔市分厂	7746	7693	10113
西厂分厂	3021	2936	2718
合计	799458	925811	582393

根据其他资料记载，1935年，在三亚、榆林、铁炉港的大小盐户有77户；其中，榆林港18户、三亚港57户、铁炉港2户。上述情况说明，抗战之前，崖县在华南盐业中占有突出的地位；而其中，三亚附近地区又在崖县盐产中占据最大份额。当时，三亚的盐业也存

在一些问题，主要是保留着比较原始的生产方式，阻碍其扩大生产规模。资料记载，20 世纪 30 年代各盐田使用人力的情况如下："司理一人，工目一人（即晒盐师傅），男女工人数名（视盐田大小而定，有仅得三人，亦有二十余人者）。"① 经营规模小、手工操作是其主要缺陷，同时，也还没有独立而完备的外运销售渠道，对外运销要靠大公司不定期收购外运，受制于运销商，导致当地产盐企业难以扩张发展。

（二）制糖业

进入民国之后，随着对外交通的改进，外运能力增强，崖县的糖蔗种植和制糖业也有了较快的发展，成为另一支柱产业，至 20 世纪 30 年代已经在全岛占领先地位。此前，海南糖业的中心在陵水，后因战乱与自然灾害多次袭扰陵水市镇，导致陵水糖业的衰落。

昔年榨蔗制糖，都是地方土糖厂以牛为动力。1920 年前的资料记载："全琼各属，以西北部儋、临一带以及东南部万宁、陵水、崖县之地，为最宜于种蔗。而旧时糖业，亦以此等地域为最发达。此数县中陵水最盛。惟数年前因发牛瘟，糖业一落千丈。牛瘟之前，有糖房六十余家，每家每春出糖六百担；牛瘟之后，全部闭歇。现渐次恢复，亦仅有糖房十余家，每家每春出糖三百担，每年减额十分八九，计不下三万担。糖业之利虽厚，各资本家因受牛瘟之打击，几如惊弓之鸟，多改业他图，遂致既蹶之糖业，不可复振。可慨孰甚！推原其故，皆由知识缺乏，不知集中资本利用机器，有以致之。"②

另据其他资料记载：1925 年前，"琼崖各属，向有栽培甘蔗，惟植以制糖者，则以西北部儋、临、澄三属，及东南部之崖、陵二属为最多，每属产额皆在万担以上。琼山、万宁、琼东次之，其余则寥寥

① 《琼崖工业调查报告书》，广东省档案馆馆藏档案。

② 《地学杂志》1921 年第 6 期、第 7 期。此文资料来自《调查琼崖实业报告书》。

无几矣”。①

《海南岛志》所载各县糖业情况表②

县别	糖房数	产量	每担价格
琼山		2.5 万担	5 元
澄迈		1 万担	4 元
临高	16	1.1 万担	4 元
儋县	116	1.5 万担	5 元
万宁		4 万担	5 元
陵水	60	4 万担	4 元
崖县		4.5 万担	4 元

《海南岛志》记载：“糖之产量，崖县最多，陵水次之，儋、临、澄、琼又次之，其余文昌、琼东各县，约产数千担。全岛合计，约产二十万担。”

到了 1929 年 2 月，相关资料记载：“蔗有三种：一为竹蔗，专为榨糖之用；一为红蔗，一为甘蔗，均为生食之用。中以竹蔗栽培为最盛，各县均有出产，惟崖县最多，其次为儋县、陵水、临高、澄迈。以上各县每年出糖总在二万担以上，其余各县亦总在数千担。”③ 此时的陵水又向下退了一位，而崖县依旧处于领先的位置。进入 20 世纪 30 年代后，崖县的糖业在岛内已经具有了压倒优势，这种趋势一直持续到了中华人民共和国成立之前。

据广东省农林局的资料显示，1936 年海南各县糖蔗种植面积和产量如下表。

---

① 《广东琼崖农业调查报告书》，国立广东大学农科学学院 1925 年 9 月刊行本，第 435 页。

② 陈铭枢等编纂：《海南岛志》，第 376 页。

③ 琼崖建设研究会宣传部编：《琼崖建设》（创刊号），1929 年 2 月海口海南书局刊行本，第 19~20 页。

1936 年海南各县糖蔗种植面积和产量

县别	种植面积（亩）	年产量（担）
琼山	2500	87500
琼东	1000	30000
万宁	3000	105000
儋县	12000	360000
临高	4000	120000
澄迈	5500	137500
崖县	15000	700000
陵水	3000	90000

原资料还指出："观上表可知，种植面积及年产量以崖县为第一，儋县次之，澄迈又次之，再次则为万宁、陵水、琼山。"① 可以说，抗战前，崖县的蔗糖生产已经在全岛居于遥遥领先的地位，几乎占到了全岛总产量的三分之一。

就当时的管理而言，崖县的糖厂也有了比较规整的制度。资料说明："该县糖厂目的专为制造白糖、黄糖。各厂组织概行一致，内设经理（俗称理数）一人为该厂场主，主持厂内一切事务，执权重大，所属该厂工人莫不唯命是从，未或少懈者；股东皆立于监督地位，并有干涉权；糖师、技士各一人，专任视察糖之成熟、糖之过滤、糖之配合及糖之装置、贮藏等工作；厨房一人，司理膳食供给；绞蔗二人（俗称上下绞），专任榨蔗工作；赶牛二人，供给牛之饲料、饮水、沐浴等工作；斩蔗七人，专清理及搜集甘蔗等工作；运蔗五人，任甘蔗之搬运、整理及燃料之运输等工作。"② 1942 年 3 月，在日军侵占三亚时期，日本人曾对崖城郊外水南乡的糖寮进行调查，其中有这样的描述："每天产糖 350 斤。股东 11 人，各股东各出资 100 元和可用 10 天的原料，还有一头牛，总计有 110 天的原料。榨季从 11 月中旬

① 林永昕：《海南岛热带作物调查报告》，国立中山大学农学院农艺研究室 1937 年 7 月发行，第 77 页。

② 林永昕：《海南岛热带作物调查报告》，第 80 页。

开始。到 4 月底结束。负责人 1 人，内务、外务各 1 人。雇用人员中有被称为煎糖手的技术人员汉人 1 人，此外都是黎族。整理甘蔗者 7 人，搬运工 5 人，烧火的 2 人，杂工 2 人。”① 以上两者的描述比较接近。

琼崖土糖实地调查团报告表（1933 年）②

县别		崖县		陵水	万宁
市别		崖城	藤桥		第二区礼纪、长安、兴隆、牛漏等市
糖寮间数		31 间	6 间	1 间	12 间
每年产量	砂糖	赤糖 3000 担，白糖 6000 担	约 1200 担	约 200 担	100 余担
	片糖	3000 担			1000 余担
样式				散粒如沙粒	砂糖散粒如沙粒，片糖每块呈长方形
颜色				赤色	砂糖为赤色，片糖为黑色
现糖存额		1000 担以上	无	无	片糖 150 余担，砂糖 30 余担
运销地点		海口、江门	本地销完，无运出口	本地	本地
洋糖销额		约 70 担	约 100 斤	重 6 万斤，400 包	重 7 万余斤，500 包
洋糖用途		造糕饼及茶店用	同左	同左	同左
洋糖价值		每百斤约大洋 18 元	每百斤约大洋 16 元	每担大洋十四五元	每担约值大洋 11 元
洋糖号数					20 号、24 号、28 号、32 号不等，外包分别注明为白色洋糖

虽然抗战前崖县糖蔗的种植与生产有了较快的发展，但是种植上

① 寺林青一郎：《海南岛的农作物调查》，见《台北帝国大学第二回海南岛学术调查报告》，第 83 页。

② 《琼崖实业月刊》（第二期），1933 年 11 月。

采用传统技术与品种，榨糖的设施和工艺也停留在清末的水平上，精加工能力还很落后。崖县所生产的糖制品主要是砂糖与片糖，这些制品虽然也可以直接食用，但基本上还是属于原料糖，多用于广州、上海等地糖果、糕点食品制作，还不是在国内外家庭比较普遍使用的精制糖，销售必然受到限制，价格也只是每百斤四五元。另一方面，精制的洋糖很早就开始输入到岛内。民国成立之后，洋糖进口量有了很大的增长，每百斤价格达 11~18 元。这必然对本地糖业市场造成冲击。

（三）粮食生产

崖县还是海南岛内不多的粮食富余县，除自给外，尚有少量输出，数量不详。但是，其粮食的输出存在诸多障碍，除了交通问题之外，就是苛税繁重。当时的调查曾列出附加在粮食销售上的诸种繁杂税捐：

1. 中学捐，每包抽收铜仙 10 枚，谷折半（每包重约百斤至百余斤）。

2. 区公所捐，每车抽收铜仙 30 枚，谷折半。

3. 二高小学捐，每车抽收铜仙 10 枚，谷折半。

4. 埠长捐，每包抽收铜仙 3 枚，谷折半。

5. 村规捐，每包抽收铜仙 10 枚，谷折半。

6. 县警队，每包抽收铜仙 10 枚，谷折半。

7. 公安分局，每包抽收铜仙 10 枚，谷折半。

8. 乡村小学，每车抽收铜仙 10 枚，谷折半。

当时的人曾就此评述说："崖县捐税之繁苛，实非他县所可比伦。崖县年来百业凋敝，农村经济陷于破产，其原因虽不止一端，而捐税之剥削，亦其中之荦荦大者，抽收次数多至七八项，抽收数量不下一千文。如此苛细捐税，倘不设法减免，则农业前途不堪设想。"①

---

① 尹学朱：《崖县稻作栽培概况及其改进之计划》（续），见国立中山大学琼崖农业研究会出版部编：《琼农》1936 年 6 月第 25、26、27 号合刊。

其实，崖县税捐之苛细，也只是一面镜子而已。民国时期，大至全国，小至崖县，苛捐杂税繁多是普遍现象。鉴于当时中国基本的产业情况，地方政府也罢，中央政府也罢，对于税收，不论是否属于基础产业，采取的是一概征收的办法，首当其冲的还是农业，然后是各地可能成为税源的产业，崖县的渔业、盐业、糖业就在其列。诚如上述记载，政府以及社会机构一起对税收下手，税种繁多，而且常常承包给某些社会机构追征，产业经营者疲于应付，产业发展阻力重重。

五、教育事业的进步

民国之后，海南的文化教育事业不断进步，崖县也是如此。民国时期，崖县政府设教育局，局内设局长、局员、督学各一人，每年的教育经费总额约1200元，除拨支局费800元外，补助县立第一高等小学300余元、第五高等小学30元。[①] 1925年之前，崖县已有小学70所，学生4945名；1928年，缩减至49所，学生数3407名。[②]

1927年，崖县创立了第一所中学——崖县县立初级中学，校址设在崖县县城东门外。[③] 1928年时有三个班级，学生171名，教员7名。1935年前，崖县中学每年经费9000元。每个学生每年收学费12元，在各县中是最低的。其时收费最高的是琼山县私立岭南分校，25元；其次是琼海中学，24元。

海南各地中学的设立，除琼山、文昌之外，大都在1921年之后，崖县中学的创立也在这一时期偏晚。[④] 其学生数，仅排在琼山中学、文昌中学、省立第十三中学、儋县中学之后。

到了20世纪30年代初，曾在崖县任教的张一凡，对当时崖县的教育事业进行过深入的调查研究，他所描述的状况是：

> 崖县有高中程度的乡村师范一班，学生人数三十四人；初级

---

① 陈献荣：《琼崖教育调查记》，见《教育杂志》第四号，1935年4月。

② 陈铭枢等编纂：《海南岛志》，第199页。

③ 即今崖城东门外。1955年崖县中学（高中部）迁址今三亚市区后，旧址成为崖城中学校址。崖县中学即今三亚市第一中学前身。

④ 陈铭枢等编纂：《海南岛志》，第202页。

> 中学生有三班，共有学生一百六十人；高级小学校，全县共四间，教室计十个，学生人数为百四十人；初级小学，有视察报告的四十九间，学生人数共四千五百六十五人，共有教室七十六个。高等小学的教职员，全县共有二十四人，平均每教室有二人负责，每人教学生平均仅十七人以上。全县初级小学教职员八十七人，平均每人负责教室一间，学生五十二人以上。此外不详的有三校，停办的有十六校，还有一区内所有高级、初级学校全部停办，所以都不在统计之内。调查的结果，在校儿童占全县所有学龄儿童的八分之一。
>
> 统计上所看到的，有二十二校的学生，与当地的所有学龄儿童成十分与一之比；有十二校的学生，与当地学龄儿童成十五与一之比。但有十一校的学生，则仅成五与一之比，另有三校的学生仅成二与一之比。平均起来的结果，便是八与一之比。换句话说，就是在崖县八个儿童中有一个儿童已得到了教育的机会。这在中国各省的乡村教育上比较起来，要算是很普及的了。①

张一凡认为，当时崖县的教育普及程度，还是比较先进的。一些小学很有规模，如九所乡初级小学校，校长关学庆，教员 3 人，学生 5 班，共 110 人。② 崖县的教育发展在岛内处于较好的水平，张一凡甚至认为在全国也算是很普及的了。此前停办的学校有所恢复，学校数量还在增加，全县初级小学达到 87 所。民众办学的热情比较高，如罗马村在乡绅带动下于 1932 年成立教育基金会，动员乡民捐资兴办罗马小学，其“特别捐碑”至今犹存。

崖县教育存在的问题，与当时海南各地的情形是一样的。每年的毕业生在不断增加，但毕业学生的升学及就业问题没有解决。这种状况，海南革命先烈徐成章在 20 世纪 20 年代就已经指出。后来的研究者讲道：“崖县高等小学毕业生每年不下数百人，而毕业后无从升

---

① 张一凡：《一个边疆上的教育报告》，见《中华教育界》1933 年第 12 期。

② 《琼崖各县小学调查》，见国立中山大学琼崖农业研究会出版部编：《琼农》，1935 年 4 月第 3、4 号合刊。

学，半途而废者实占大多数。考其原因，一面虽因为经济问题之影响，而现在的教育缺乏实际生活要素亦其重要因子。铁一般之事实证明于我们面前，普通教育如愈发达，失业青年日渐增加。目下崖县初中毕业者，薄具普通常识，则多以为本身是知识分子、绅士之班，虽则出身农家亦有蔑视农事心理，甚至耻其亲朋为农卑鄙。欲士不得，赴农无志，争夺职位，丧失廉耻，时有所闻。间有争夺失败或无志职业流为游民者，比比皆是。”①

崖县的经济以渔业、盐业及蔗糖制造为支柱，都是劳动密集型的产业，对从业者是否受过教育实际上是不关心的。渔业、盐业及蔗糖制造均有季节性的特征，导致崖县的商业也并不发达。同时，当地的文化事业十分薄弱，金融业则几乎没有，因而自就业角度而言，当地对受过教育的学生的容纳量很有限。所以说，当时崖县教育所存在的困境，是崖县整体社会经济结构造成的。

类似的问题不止出现在崖县，在当时的海南乃至于华南地区都普遍存在。为了解决实业教育不足等问题，崖县中学于 1930 年 1 月第一届初中生毕业后，附设了乡村师范班，从应届初中毕业生中择优招收 40 名入学。同时，考虑到学生的农业实习问题，崖县中学在崖县城北购置土地，兴办了农场。农场规模不大，面积只有 5 亩左右。②

六、黎族人口的统计和崖县人口的增长

崖县是汉族、黎族、回族、苗族四个民族聚居的地区。沿海的疍民，是汉族的一个特殊群体，史籍中也称之为“疍族”。民国时期，随着崖县社会经济的发展，全县人口增长较快，民族之间的交流也在加速，文化的交融更加扩大。

对海南黎族的人口数量，历代从未精确统计。一直到 1926 年，黎族头人王昭夷任黎务委员，制作《广东省琼崖各属黎区调查一览表》进行调查统计，才有了比较接近实际的海南黎族总人口数字，

---

① 广东省教育厅编：《广东教育厅旬报》第 33 期，第 73 页“崖县教育款产一览”。

② 张景菁：《崖县的自然环境及农业近况》，见国立中山大学琼崖农业研究会出版部编：《琼农》1935 年第 20、21 号合刊。

但仍嫌粗略。具体而言，户口数量以十位、百位计算，丁口男女数量则以百、千计算，实际上也只是概数。据其统计，1926 年，崖县黎族有 5230 户、丁口男女 34700 人。这是崖县历史上最早的关于黎族人口的记载，但可能偏于保守，不止此数。

据中山图书馆藏 20 世纪 30 年代海南黎族人口总数统计，各县表列（文昌无黎，因此不列）如下：

县别	占地百分数	人口数目（约）
琼山	居地占全县的 20%	10 万人
定安	居地占全县的 30%	4 万余人
临高	居地占全县的 40%	2 万余人
感恩	居地占全县的 60%	五六千人
昌化	居地占全县的 70%	4 万人
万宁	居地占全县的 30%	1.8 万人
崖县	居地占全县的 60%	6 万人
陵水	居地占全县的 30%	2.35 万人
儋县	居地占全县的 20%	3 万余人
乐会	居地占全县的 30%	5 万人
琼东	居地占全县的 50%	10 万人左右
澄迈	居地占全县的 20%	6000 余人
合计		49 万余人

从上表可以看出，这是在 1935 年乐东、保亭、白沙三县从崖县划境分设之前的统计。其时，崖县的黎族人口仅次于琼山、琼东，有 6 万多人，比王昭夷的统计数字增加近倍。

与上述记载同一时期，1933 年到崖县考察的田曙岚也说，崖县的黎、侾、岐共 6 万余人，苗族约千数百人。田曙岚记述道：“（黎族）大多以耕种、畜牧为业，馀则从事采伐木料、编制竹器为生，居地约占全县面积十分之八。其人民多迷信鬼神，嗜饮酒而好打猎。对于汉语多能了解，惟对于文字则少有知者。汉族多住于沿海一带平地，据最近调查，全县共有一万四千四百六十九户，男女合计共九万三千三百八十三人；城区住民约占二千余户，九千余丁口。此外尚有回族约一千余人，疍族约数百人。”

据《海南岛志》记载，1928年，广东南区善后委员公署编办保甲，清查户口，除五指山的黎族、苗族不计外，崖县有15266户、97417人。这一人口数字比其后田曙岚所提供的汉族人口数字略多，实际上都不只是汉族，还应包括回族，以及居住在沿海及丘陵低山地区、已编入户籍的黎族人口，所缺者是“五指山中黎苗俸岐四族不计”。①

据清代府志、州志的记载，自道光十五年（1835）至清末民初，崖州在籍人口总数一直徘徊在5.5万人上下。综合上述记载，发展至1930年前后，崖县在籍人口达9.7万多，20年间增加了4万多人口，增长速度相当快。究其原因，除了有较高的自然增长率以外，主要在于民国之后风气渐开，汉黎的经济、文化交流加强，通过保甲制度的施行，户籍管理更为严密，黎人编户入籍日多，以致人户总数猛增。田曙岚所讲崖县黎人有6万多人口，其中当包括已入籍在册者和五指深山中尚未编籍者，但两者比例不得而知。若将未编入籍册的黎户也包括在内，则1930年前后崖县的实际总人口当在十一二万以上。当然这是1935年崖县半幅辖境划归新建置的乐东、保亭、白沙县之前的估计。

七、三亚城市地位的逐步提高

藤桥是海南南部的重要都市，因其与外界交流便利，清末民初，其地位甚至超过了当时的崖县县城甚至三亚。据《海南岛志》载，藤桥市为崖县最大的市镇，住民共300余家。所有崖县东部、陵水西部及保亭营一带黎峒的出入口货物，均集散于此。出口货物以木料、椰子、谷米、鱼类、牛皮、木耳等为大宗。直至20世纪30年代，藤桥作为琼南商业中心仍然有着突出的地位。

---

① 陈铭枢等编纂：《海南岛志》第三章第一节《户口》。

1933年的《琼崖实业调查团工商调查报告书》中列举了海南的五大市镇，藤桥即在其中。这五大市镇是：琼山县的海口，琼东县的嘉积，文昌县的便民，儋县的那大，以及崖县的藤桥。

1933年的《视察琼崖报告书》也说："藤桥市在崖陵之交，为崖县一等市场，所有陵水西南部及保停（亭）营以内各黎峒，崖属东部十二村黎峒之货物，皆以此为集散场所，江门、澳门、安铺及本岛各港一二千担之帆船不时来集此。春秋两季渔业旺盛，渔船广集，居琼岛渔业主要出产区之一。输出品以木材、藤札、柳子、薏米、木耳、牛皮、米谷、咸鱼为大宗，赤糖、麖皮、山甲、牛猪、槨玉、沉香等次之。"

上述所列举的琼崖五大市镇，固然有兼顾全岛东西南北各有所举之意，但其中并无三亚，可见三亚在当时的地位尚不如藤桥。三亚虽有渔盐之利，然而渔盐的生产都是有季节性的，其贸易必然时聚时散。藤桥的商业在渔盐之外，主要是依靠其接近黎族地区，是黎、汉进行商品交换的市场，因而具有一定的稳定性。由此可见，三亚在此时还不具有区域商业中心的地位。

琼崖13县商店统计表

县别	市镇总数（个）	商店总数（个）	资本总额（元）
琼山	34	3000	3000000
文昌	34	2000	4000000
琼东	7	720	2500000
定安	26	1800	500000
乐会	6	180	100000
澄迈	32	60	100000
临高	25	100	100000
儋县	13	16000	1500000
万宁	18	700	150000
陵水	3	50	100000
崖县	9	800	1100000
感恩	4	60	50000

续表

县别	市镇总数（个）	商店总数（个）	资本总额（元）
昌江	3	30	50000
合计	214	25500	13100000

从上表中可以看出，20世纪30年代，崖县的商业在海南处于中等偏上的地位，而三亚（包括榆林）还不是成熟的近代城市。

三亚地位的提升，主要还是来自于20世纪30年代关于海南岛开发中激烈的舆论气氛。这一时期，国内外人士对于三亚所具有的自然地理优势，尤其是榆林港作为军港、三亚港作为商港，都给予相当高的评价，指出三亚具有极大的近代产业发展空间，并不只是传统的渔盐之利。

20世纪30年代中期，国内呼吁开发海南岛的声浪越来越高，国民政府的相关部门也制订一定的规划，其中最著名的就是建设海南岛环岛铁路。国民政府实业部还提出设立广东铁路股份有限公司的设想，准备予以该公司在海南岛全境筑路开港及开发实业的特权。

筹建海南岛环岛铁路，三亚自然成为南部的最佳接合部。据《琼崖铁路计划书》记载，当时的海南岛环岛铁路建设计划大体是：

> （一）路线经过地点
>
> 拟自那大起，经马袅港、琼山、文昌、嘉积、万宁、陵水，以达榆林港为止，共长约四百五十公里。马袅、榆林两港拟与铁路同时兴筑，作为陆海吞吐港埠；其余诸地，均属本岛人口繁密及出产丰富之区。
>
> （二）线路测勘情形
>
> 路线经过，除马袅、榆林两港外，计有竹络岭隧道一处，长约五百公尺；南渡江、合口溪、陵水溪大桥三处，各约长三百公尺；龙滚河、太阳溪大桥两处，各长约二百公尺。全线地势岗丘

起伏，平原较少，惟工程尚不十分艰巨。

（三）工程计划

轨距　采用标准轨距一点四三五公尺。

钢轨　采用每码重三十五磅轻轨，正侧线合计共长五百公里。

枕木　采用本岛所产硬木，共需七十万根。

桥梁　采用钢筋混凝土正式建筑。

海港　马袅港筑防波堤一处，停船码头一处；榆林港筑停船码头一处。两港均可同时停泊五千吨海轮六艘。①

20世纪30年代，经国内外专家勘测，均认为海口、榆林、三亚、清澜为海南岛四大港口。就其自然状态而言，海口港不如清澜港，三亚港不如榆林港，主要是沙积淤塞，影响航道。“榆林港为琼崖最良之军港，形势均佳，有天然之屏蔽。港中水深四十余尺，可容军舰数十艘。”“三亚港尚有商港之规模，惟沙积太多。”② 当时国内的舆论都承认榆林与三亚所具有的优良港口地位和自然环境优势，以及在中国国家现代化建设中的价值。

遗憾的是，中华民国时期关于海南的开发，经历过几起几落，终未获实质性进展。三亚的开发也是这样。国家财政已有开发拨款计划，铁路建设已经进入勘测，旋因抗战爆发而终止。正如20世纪30年代广东林学家侯过所说：“自民国以来，先后执政者，如镇守使、如道尹、如善后督办、如建设厅、如善后委员、如绥靖委员，不下二十人，每一机关之设立，必有一次之调查设计、开发计划，曰开辟公路，曰发展实业，曰建设海港，曰开化黎族。然除开辟道路有相当成绩外，其他事业徒有计划而无实行，土地之荒芜、

① 《铁道部致全国经济委员会秘书处公函》新字1068号所附《琼崖铁路计划书》，1937年6月10日。中国第二历史档案馆藏民国档案44全宗—2572卷。

② 《文昌县清澜商会会长翁冠千对于开发琼崖条陈意见书》，见《广东省财政厅送呈全国经济委员会公函》附件，1937年1月11日。当时的广东省财政厅厅长是宋子良。

产业之衰落，有加无已。”① 类似议论固然是针对全岛的开发而发，但对于三亚而言又何尝不是这样。民国时期对崖县、三亚的调查计划有数十种，却都没有实施。

但是有了这些舆论，三亚在全国的知名度大大提高了，而且在实际的社会变化上也不断有所进步。三亚商会的成立、当地商家林瑞川的崛起，就是一种标志。

崖县的商会组织可能在清末或者民初就有了。李寿春在《游琼笔记》中说，他在 1914 年来三亚考察，就住在“商务分会”，商会的“会董王裕猷”也来接待他。可见，此时三亚已有了崖县商会的分支机构。

民国前期，海南各地还有所谓“商民协会”，这是在 1926 年之后才出现的。此类组织与上述商会的性质有所不同，它事实上是国民党组织的外围机构，用以控制商会。据《海南岛志》记载：“近年各县市商民新组织之团体，有商民协会，直隶于省商民协会，就近受县市党部监督。”商民协会其实是一种强制性的社团，不是传统意义上由商民自愿组织的社团。然而商民协会的出现，毕竟使一些地区有了类似商会性质的机构，崖县的商会就是在这个基础上发展起来的。清末民初崖县当地的商会，实际上是一种行会或同业公会，主要是盐业公会，此后才逐步过渡到了一般性质的商会。但行会或同业公会也还一直存在，而且与商会间互相交融，盐业公会作为团体会员加入商会，也有盐业从业者以个体商号的名义加入商会。

据 1935 年 5 月填报的三亚商会公会会员名册，入会者有 608 人，均为各盐业商号的代表，此公会实即盐业公会。而同年 11 月 18 日填报的三亚商会会员名册，则是一般意义上的商会，包含各行各业，也包括当地盐商林瑞川经营的“宜达堂”盐馆在内。商会会员名册上登记的铺户共有 57 间，“业别”包括：盐馆六，山货五，杂货三，

① 侯过：《琼崖与移民》，见国立中山大学琼崖农业研究会出版部编：《琼农》1934 年 8 月第 6 号。

药材三，烟丝三，海味四，鲜鱼桐八，咸鱼贩三，纸料爆竹二，糕饼店二，摊贩二，缸瓦、疋头瓦器、缸瓦火油、罐头缸瓦、疋头、铁器缸瓦、纸料、爆竹、中西衣店、估衣、车衣、杂卖、香烛冥镪、酒菜、茶店、烧猪各一。“使用人数”少者两三人，多者八九人，最多12人。会员铺户“出席代表”的籍贯，岛内各县中，乐会有20家为最多，崖县有8家，文昌有5家，琼山有4家，陵水、琼东、儋县各一；岛外者，有新会5家，顺德4家，高州2家，廉江、南海、高要、高明、吴川各一家。登记的店址多为三亚镇，也有兴亚街。①

上面的情况表明，除盐场经营商外，三亚商铺尚少，规模也都不大。从行业来看，渔业、盐业、山货店占大部分，杂货店并不多，可能还是由于藤桥市的牵制，外来杂货可以在藤桥就近销售。同时，没有出现旅店业，表明流动人口过少、消费能力过低，也反映了城市的发展水平不高。

1935年，三亚商会改选，选出主席、常务委员、执行委员、候补执行委员、监察委员、候补监察委员共18人。其中唯一的崖州本地人，就是新当选的林瑞川，担任执行委员。林瑞川主要从事盐业经营，这一年47岁，已经在三亚商界崭露头角。

林瑞川是崖县球尾灶村（球港村）人，1888年生于三亚月川村，1908年师范毕业，次年任月川初级小学校长与校董。有资料显示，他在1917年担任崖县商团团长。② 此后，林瑞川及其家族在三亚经营盐场，林瑞川自己经营的盐场名为“瑞和东厂”。林氏家族的资产似乎来自于其他产业。据《海南岛热带作物调查》记载，林瑞川于1925年在三亚港开设了面积为100亩的椰子园，有椰子树1000株，每年可收获4万个椰子果实，每个7分钱，销往澳门、江门。管理方式上，交由黎人耕种、管理。此外，在榆林港铁炉坡，他还拥有开办于清咸丰六年（1856）的椰子园（广源公司椰园），资本1.5万元，

① 上述三亚商会会员名册，均见广东中山图书馆所藏。

② 陈人忠、何庆文：《渔盐大盐商林瑞川发迹始末》，见《三亚文史》第十八辑，三亚市政协文史资料委员会2011年1月印，第23页。

土地850亩，有6000株椰子树，每年产果12万个（每万个价值140元），运往澳门、江门、北黎、儋州等地销售。这是三亚地区第二大椰子园，其管理方式是“交予近居者管理”。以此结算，两项年收入可达4480元。① 可见林瑞川又是农场主，盐场的经营只是其资产的一部分而已。据当时的人记述：林瑞川的商店名号为“广兴琼”，资本在七八万元至十二三万元，盐田在二三百亩左右。据当时的报刊报道：“广兴琼是新兴商家，经营者系本地人林瑞川先生。据说王（鸣亚）县长亦有巨额股金投资该店。林先生原系一盐田工人，为人装盐为生，后以其善于经营，由小化大，至今已成本县的首富”。② 实际上，林瑞川与王鸣亚两家存在姻亲关系。

1935年，榆亚盐业公会成立，郭佩川（文昌人）任会长，林瑞川任常务委员。1936年，三亚商会改选，榆亚盐业公会合并入三亚商会，林瑞川再次当选为三亚商会执行委员。同年，林瑞川与王璧如、庞育璃等人发起建立崖县三亚利民电力有限公司，筹划在三亚开办电厂。1937年，三亚商会改选，林瑞川任商会常务委员。

林瑞川作为地方富商，关注公益事业，1931年曾出资将月川初级小学改为高级小学，1932年还积极捐款，参与海口海南医院的建设。③ 抗战胜利后的1947年，他为榆亚中正学校（后改为榆亚中学校）捐款，还筹资创办了榆亚盐工子弟学校。④

抗日战争中，林瑞川接陈昌期任国民党崖县党部书记长。抗战胜利后的1946~1950年，任崖县参议长等职。1950年4月，移居台湾。

---

① 林永昕：《海南岛热带作物调查报告》，第17页。椰子的价格起伏不定，据同书资料，1936年6月江门的市价为1000个椰子价值46元。

② 张一凡：《中国南疆崖县之现状》，见《中华月报》1933年第4期。

③ 《琼州海口海南医院特刊》捐款名录，第8页。

④ 陈人忠、何庆文：《渔盐大盐商林瑞川发迹始末》，见《三亚文史》第十八辑，第29页。

第四节　抗日救亡运动的兴起和日军对崖县的侵占

1939年2月10日，侵华日军在海南北部攻占海口、府城之后，即集中其海军力量，于2月14日拂晓在三亚港登陆，占领了三亚、榆林、崖城，开始了对崖县、三亚地区长达6年多的残暴统治，给当地人民带来了深重的灾难。在此数年间，日本侵略者不仅疯狂掠夺崖县的矿产和农业资源，而且驱赶劳工、毁占田园兴建军事设施，企图利用三亚建成海上封锁作战基地，发动更大规模的对东南亚、对印度半岛的战争。

一、抗战初期崖县的抗日救亡运动

日本自甲午战争侵占中国台湾省之后，对海南岛一直存觊觎之心，通过台湾总督府对海南岛的自然地理和政治社会多方进行调查，虎视眈眈，早就引起琼崖各界的警觉。崖县民众自发开展抗日活动，20世纪20年代曾爆发收复西沙矿权之争。1931年九一八事变之后，崖县各界掀起了接连不断的抗日救亡爱国运动。1934年日舰驶入榆林港、日军蛮横登陆事件的发生，更提高了崖县人民对日本侵略野心的警惕。

（一）日本军舰的一次试探性侵入

1934年2月8日，国民党崖县县长劳宇楷向广东省民政厅呈报：

> 本月八日七时三十分，据驻三亚港警备队第四独立小队队长邢济霖由电话报告称："据分驻榆林分队长驰报，本月七日下午四时有三支烟筒日舰一艘，驶抵榆林港停泊，随有日兵十余名登陆，各携短枪，并手持小旗一面，上书有日字，肆意游行，深入黎村。凡见有打倒日本帝国主义标语，尽行撕破等语。理合由电先行报告。"等情前来，乃仍敕该队长认真查明具报。①

---

① 广东省民政厅编：《崖县呈报日舰停泊榆林港日兵登陆游行卷》，广东省档案馆藏。

事件的真相在核实的过程中有所反复，曾有指此次事件的主角是英国军舰，最后查实的确是日本军舰。为此，1934 年 3 月，广东省政府向日本驻广州总领事提出外交照会。日方强行辩解，称此次事件确实是日本军舰所为，军舰为“球磨”号，日前由香港前往南洋巡航，“中途寄泊该港，谅必无何等用意”。①

崖县政府委派县府宣传委员陈清池赶往事发地点继续核查，查实日舰驶入榆林湾是在 2 月 6 日，日军登陆是在 2 月 7 日，闯入的村庄是红沙村。日军“纵横行动，或入民房探察。该村学校所贴之‘打倒日本帝国主义’及‘永远对日经济绝交’等语，完全扒去，骚扰得不堪言状”。登陆的日军还集中村民到村前照相。登陆的日军有 20 人，身穿黄色军衣，头戴白帽，“帽前缝红日”。②

但是，当时的国民党当局对日本侵略者采取不抵抗政策，此事日后也就不了了之。3 月 12 日，又有日本轮船“鱼瀛丸”号驶入牙龙湾港。

（二）国民政府的军事布局和抗日宣传

1937 年七七事变后，开始全国抗战。鉴于海南岛特殊的战略地位，国民政府对海南的防御即有所注意。1937 年春，国民革命军第六十二军军长张达率第四路军第一五二师（师长陈章）进驻海南岛，成立琼崖守备司令部，驻海口市。张达兼任广东省第九区（辖海南全岛）行政督察专员及保安司令，王毅副之（王毅时任驻海南的广东省保安第五旅旅长）。他们在海口、榆林等地构筑防御工事，派兵驻守，同时，在定安县第四区南闾、乌坡、岭门等地修筑仓库，储备弹药、药品、米、盐等物资，做持久抗战的准备。③ 但是储备仓库建设简陋，米、盐等只是放置在临时搭建的茅草屋中，也缺乏专人

① 《广东省政府令》，1934 年 3 月 10 日。据相关资料，“球磨”号是日本在第一次世界大战后建造的一级轻巡洋舰，排水量在 5500 吨，有 3 支烟囱，与目击者的上述描绘相一致。

② 崖县县长劳宇楷呈广东省政府的报告，1934 年 2 月 27 日，广东省档案馆藏。

③ 海南抗战卅周年纪念会编：《海南抗战纪要》，第 63 页。

管理。

1938年10月广州沦陷后，11月，张达率所属陈章的第一五二师及其他全部正规军，利用夜晚，分乘10余艘帆船离开海南岛，逐次进驻广东的西江地区。正规军全部撤出之后，驻守海南岛的就仅有一些地方部队了，主要是王毅的地方保安旅第十一团和第十五团，以及壮丁常备队及民众自卫团，总兵力不超过4000人。王毅作出新的部署，大致分为两个区域进行防守：以文昌、定安、琼东、乐会、万宁、陵水、崖县、保亭八个县为第一区域，由保安第十一团团长龙驹兼任指挥，重新担任崖县县长的王鸣亚兼任副指挥，兵力除驻嘉积的保安第十一团外，还有壮丁常备队第一、二、四、五大队。其余北部和西部八县属第二区域，由保安第十五团，壮丁常备队第三、六、七、八大队驻守，其主力集中于海口附近。以如此薄弱的兵力分散防守环岛东、西两线，装备又很差，固守琼崖其实也只是纸上谈兵而已。而南部的崖县虽是重要的战略据点，奈何岛内兵力不足，几乎处于无防守的状态。

日本侵略军在中国大陆攻城略地，疯狂推进，海南岛面临的战争威胁也越来越紧迫。为了动员民众准备抗击日军的侵略，国民党崖县地方政府以及地方驻军开展了一些宣传鼓动工作。日文资料《海南岛记》中记载，日军侵入三亚港时，看到了这样的情景："在一座像庙的建筑上，有很大的青色图章，在写有'军事委员会政训处'的文字中，仅可辨认出'赴国难'三个字，其他的字都剥落了，很难辨认。三亚港街市的墙上到处都有陆军第九旅六二七团等所写的'抗日救国十大要'等字。都是很久以前写的，字几乎都被磨掉了，看不清了。新写的标语仅仅能在家门口上看到，用白笔写着'自卫团第一大队第三中队第一小队驻地'等。"①

积极从事抗日救亡宣传、动员民众投身抗日救国运动的，是尚且处于隐蔽状态的共产党人以及广大进步学生和地方爱国人士。

---

① 火野苇平：《海南岛记》，见《文艺春秋》1939年第4期。

（三）崖县共产党组织领导的抗日救亡运动的开展

自1933年崖西反“围剿”斗争失利之后，崖县的共产党人转入地下，以职业为掩护隐蔽下来。1935年秋后，陈英才由三亚回到崖城，重建中共崖县东南支部，担任支部书记，加强党组织的恢复和联系。这时，日本加紧侵略中国，抗日救亡的呼声日益高涨，全国的政治形势已经发生了转变。1936年春，中共琼崖特委派林克泽到西南区各县传达贯彻中共中央《八一宣言》（即《中国苏维埃政府、中国共产党中央为抗日救国告全体同胞书》），要求各县的党组织利用各种合法团体和身份，开展抗日救亡宣传，反对内战，一致抗日。这一年的夏秋间，中共琼崖特委又派刘秋菊、林茂松负责陵水、崖县方面恢复党组织和开展武装斗争的工作。刘秋菊、林茂松以梅山角头村为立脚点，召集共产党员陈英才、何赤、黎茂萱、吴秉明、陈世德、何绍尧等人传达《八一宣言》，指导在崖城、港门、保平等地恢复并发展党组织，开展农会工作，着手发展武装，宣传抗日。崖县共产党组织的活动又出现了新的局面。陈英才、黎茂萱、何赤等人团结进步青年孙维青、黎光宗、孙有华、陈虞、孙毓雄，通过办夜校学政治、学文化，宣传抗日救国的道理。县立第一高等小学、第五高等小学成立读报会，各村组织打猎会、兄弟互助会。同时，还以崖县中学学生为主，组织抗日宣传队，在崖城街头巷尾演讲，揭露日本帝国主义者侵略中国的罪行，组织文艺队深入乡村宣传演出，提高群众抗日救国的思想觉悟。

1937年七七卢沟桥事变后，在崖县共产党组织和抗日爱国人士的广泛宣传发动下，崖县中学以及各区乡高、初级小学都先后举行声势浩大的抗日游行。同年11月，崖城地区的共产党员陈英才、黎茂萱、林庆墀、郑望曾等人成立崖县抗日救国后援会，由陈英才任主任，崖县地区中小学师生和社会进步人士纷纷参加。崖城中学组织的抗日宣传队白天演街头戏，张贴漫画、标语，唱抗日歌曲，夜间演话剧、琼剧，宣传国共合作、共同抗日。

随着抗日救亡宣传的深入，到1937年年底，各种抗日救亡团体如雨后春笋般建立起来。崖城一高小学和遵道小学的教师发起成立青年抗敌同志会，保平、港门地区的共产党员吴秉明、何绍尧等人发起成立农民抗敌后援会，莺歌海地区的共产党员张开芳、陈世德、李大和联系各阶层人士发起成立莺歌海抗日救亡会，梅山地区的共产党员和进步青年孙珠江、孙维青、孙有华、陈虞等人成立梅仿抗敌团（后改为青年救国会）和渔业同志会，陈国风、林吉进在乐罗和球尾灶村先后成立青年抗日救国会。各个抗日救亡团体宣传发动群众抗日救国，促进了崖县抗日救亡运动的蓬勃开展。崖县中学出版的《青年文艺》，由进步教师林绍伦（后在抗战中牺牲）主编。林庆墀、黎茂萱、陈英才等人都在《青年文艺》上发表文章，宣传共产党抗日救国的各项政策，启发爱国青年的思想觉悟。崖城一高小学和遵道小学的青年抗敌同志会，演出白话剧《放下你的鞭子》《大义灭亲》《打回老家去》《陈老三从军》等。青年抗日后援会还在崖城创办书报推销站，推销《新华日报》《共产党宣言》《大众哲学》等革命书刊，供会员和学生阅读。

在抗日救亡运动中，崖县各级共产党组织迅速恢复和发展，成为全县人民群众进行抗日斗争的核心力量。1937 年冬，中共琼崖特委派叶云夫前来崖县负责工作。1938 年秋，中共崖县委员会在崖城重新建立，县委书记是叶云夫，县委委员陈英才、黎茂萱、肖尔炽分别担任组织部部长、宣传部部长和民运部部长。中共崖一区委、崖四区委、崖五区委随后相继成立。

1938 年 10 月，琼崖国共两党合作抗日协议达成，琼崖工农红军改编为抗日独立队，标志着琼崖抗日民族统一战线的形成。同年年底，日寇飞机狂轰滥炸海口、府城、榆林、三亚以及沿海地区，汉奸、敌特侦探情报的活动十分猖獗，形势紧迫，海南战事在即。中共崖县县委派出骨干分子回乡发展党的基层组织，团结各阶层爱国人士，建立抗日后备武装。崖县各阶层进步爱国人士以保家卫国为己任，纷纷捐献钱财和枪支弹药，组织抗日队伍，随时准备抗击日本侵略者。爱国志士陈俊士率先在莺歌海地区组织起一支几十人的抗日队伍，后由共产党员陈世德、李大和接管。新村的陈侯和邢福义也建立了一支20多人的抗日队伍。他们发动群众捉拿破坏团结抗日的反动乡长陈锡华，缴获10多支步枪装备自己。老孔村的陈曼夫是一位颇负盛名的爱国志士，在民族危亡之际，他以国家、民族的利益为重，不仅将自家所有7支短枪和14支步枪捐出，而且带头典当家财，动员商家富户捐款集资，派人到外地购买枪支，组建起抗日游击队。龙浩村的黎族爱国青年唐天祥也组织起一支几十人的黎族火药枪队伍。梅山地区的孙珠江发动青年20多人在老孙庄成立打猎会，进行军事训练，随时准备迎击日本侵略者。

二、日军侵占崖县的过程及其兵力部署

日军对海南岛的侵略，一方面是企图通过掠夺海南岛的热带农业资源及矿产资源，达到其“以战养战”的目的；另一方面，日军也力求通过对海南岛的经营，使它成为“南进”的战略基地。因此，日军占领海南岛，对中国的抗战，乃至对当时的国际形势都产生相当大的影响。

日本军队自1938年10月下旬占领武汉、广州之后，由于军事力量的不足以及在国际上的空前孤立，对华战争被迫由战略进攻转入战略相持。当时，中国政府仍然可以通过香港、九龙、澳门、汕头等南海沿岸以及越南等地获得大量抗战物资。为封锁中国沿海的物资运输通道，日军大本营在1938年冬和1939年春先后对驻广州的日军第二十一军下达切断中国沿海交通要道的命令。① 根据这项指令，日军第二十一军确定在中国南部沿海作战活动的主要目标，即攻占海南岛、汕头、江门及深圳、九龙等地区，以强化对中国海疆的全面封锁。1938年9月24日，日军飞机轰炸海口、府城。9月30日，日本军舰一度窜犯榆林港。日本军方设想，如能占领海南岛，在海南岛建设航空基地，则航空作战可进一步延伸，甚至切断中国和缅甸之间的联系。经海军部与陆军部协商后，日本在1939年1月13日13时召开

① 王辅：《日军侵华战争》第2册，辽宁人民出版社1990年版，第1115页。

的御前会议上作出了攻占海南岛的决定，并由日军大本营陆军部于1月19日发布“大陆令”第265号命令和“大陆指”第372号指令，命令日本陆军、海军各军部按协定的附件行事，驻广州的第二十一军和海军协同攻占海南岛。

日本军队攻占海南岛的作战，陆军方面称之为“登号作战”，海军方面称之为“Y作战”。其进攻海南岛的具体部署是：对海南岛东北部，陆、海军协同，以攻占海口市、琼山县为主，附近的定安、澄迈、临高、文昌、儋县等为辅，称之为“甲作战”；对海南岛西部和南部，由海军单独展开，以攻占崖县的三亚、榆林港为主，附近的陵水、万宁、琼海、感恩县等为辅，称之为“乙作战”。日军进攻计划如下：（1）陆军的台湾混成旅团，由珠江口的虎门出海，经万山群岛向西至海南岛北部澄迈湾附近登陆，然后向东迂回攻占海口、琼山以及文昌、定安和清澜港。（2）海军的攻击部队，由雷州半岛南部的竹山海岸附近，经海南岛以西的海域，至南部的榆林、三亚附近登陆，攻占榆林、三亚、崖县县城。（3）预定作战开始时间：台湾混成旅团于2月10日拂晓前在澄迈湾登陆，海军的攻击部队于2月14日拂晓在三亚登陆。

日军攻占海南岛的作战部队编制如下：指挥官为第二十一军司令官安藤利吉中将（陆军）、第五舰队司令长官近藤信竹中将（海军）。兵力编制，陆军方面由台湾混成旅团组成，下辖台湾步兵第一联队、台湾步兵第二联队、台湾山炮兵联队；海军方面主要由第五舰队增加航空部队和驱逐舰，编成对海南岛作战的护卫舰队。

1939年2月10日凌晨2时，日军台湾混成旅团主力在澄迈湾登陆，后分两翼东进。左翼部队于中午12时攻占了海口市，右翼部队于午后2时攻占琼山县城，接着又于2月19日至23日先后攻占定安、文昌县城，进入清澜港。日本军队按计划顺利实现了“甲作战”的战略目标，此后数日，即不断派出战机、战舰轰炸三亚、榆林。

2月13日零时，执行“乙作战”计划的日军作战舰队从雷州半岛的涠尾湾出发，沿海南岛的西海岸南下，在2月14日凌晨到达三亚附近海面。先遣部队开始向榆林港口登陆，被驻守榆林的国民党警察中队和壮丁常备队王醒亚（王鸣亚之弟）部发现，开枪阻击。日军以为榆林有严密布防，随即退回海湾，从军舰上炮轰榆林港。日军炮火猛烈，王醒亚部势单力薄，防线旋即崩溃，警察中队全军覆没，壮丁常备队伤亡惨重，不久即随民众溃逃。日本军舰从榆林海面向西转移到三亚湾附近海面，于5时45分集中千余兵力从三亚湾登陆。驻守三亚湾的国民党警备中队和商团只有30多人的兵力，不敢阻击，旋即撤往落笔山区的向红花、罗蓬山。

日军从三亚湾登陆后，在当天上午派出10多架次飞机对三亚市区、港门村、下洋田和榆林进行轰炸。上午轰炸三亚平民医院，下午又轰炸县立第七高小，居民都跑上临春岭躲藏。当天，日军还轰炸了藤桥、林旺、马岭、崖城、保港等地。

因为没有遭到特别激烈的抵抗，日军大田部队在当天6时45分占领三亚街，井上部队于8时50分占领三亚港市，并对羊栏、妙林、荔枝沟进行“扫荡”。右翼的大田部队在午后1时30分从鹿回头岭下渡海占领榆林港，然后一直东进，攻打藤桥市。驻守藤桥的国民党一个商团仅20多人，旋即溃散。

当日下午，左翼的中濑、加藤、大岛、外山等部队从水陆两路向西进攻。日舰从崖州湾海面向崖城炮击。一部分日军从红塘干溪登陆，配合从陆路占领马岭的日军向崖县县城推进，一部分从头灶港镇海村前登陆，一部分从崖州湾大疍港登陆，三路会合进攻县城。这时的崖县县长何定之早已命令驻崖城的警备中队弃城，向西进入乐东山区。

2月14日夜11时，日军占领崖县县城。次日晨，日军冲进县衙，县衙内空无一人。日军屯兵崖县中学，开始设营防卫。①

日本军队在攻占榆林、三亚、崖县县城之后，即着手巩固和扩大

---

① 上述日军攻占琼崖的过程，参考《东京日日新闻》（日文）昭和十四年2月16日（2月15日发行），此段文字中的时间皆为东京时间。

其占领地区。4 月 3 日，日军从三亚向陵水县城发动进攻，4 月 21 日占领陵水全境。6 月 2 日，日本军队攻占乐安城（当时的乐东县城），稍后又占领大安、志仲、三平、万冲等地。6 月 30 日，驻崖县县城的日军横须贺镇守府第四特别陆战队（简称“横四特”）指挥官加藤荣吉，派出兵力向九所、黄流方向攻击，在铺村、木头园一带，遭到共产党员陈世德率领的游击中队和国民党方面黎家亚所部游击小队的阻击，10 多名日军和 1 名日军军官被击毙。日军暂时退缩，7 月 3 日，又乘船从海上由新村澳伏上岸，占领黄流地区，并继续向佛罗进犯，占领佛罗墟、莺歌海、岭头。至此，崖县全境沦陷。

为进一步封闭海南岛与外界的联络，自 1939 年 4 月开始，日本海军部队展开占领海南各沿海要地的攻势，其出发地点都是三亚。兹列其主要行动如下：

4 月 16~18 日，攻占新英港、博鳌港。

7 月 12~13 日，攻占感恩。

8 月 12~13 日，攻占万宁。

10 月 16~18 日，攻占和乐。①

上述日军的进攻，与海口登陆后攻占文昌、琼东等地主要城镇的作战方式有所不同：攻占文昌、琼东等地，以陆军的陆路进攻为主。而上述数次进攻，日军称之为“扫荡”，除黄流作战外，其余都是日本海军的登陆进攻；而且除了北部的新英港作战之外，其他都是从三亚方面开始的跨海进攻。通过上述军事行动，日军控制了岛内沿海的主要城镇及港口，初步达到了扼制岛内抗日力量与外部自由联系的目的。

为了更有效地强化对海南岛的占领，日本海军设立了“海南岛根据地队”。司令部设在三亚。

1939 年 7 月，日本陆军的台湾混成旅团撤离海南岛。此后，虽说还有日本陆军部队驻扎海南岛，然而就实际情况而言，海南岛几乎

---

① 日本防卫厅防卫研究所战史室编：《中国方面海军作战》〈2〉，第 124 页。

是日本海军独占的状态。1939 年 11 月设立的“海南岛根据地队”司令部，成为日军在海南岛的最高军事机构，其海军陆战队总人数约为 6725 人。“海南岛根据地队”隶属于日本海军中国方面舰队第二遣华舰队。在当时整个日本海军中国方面舰队中，只有“上海方面根据地队”和“海南岛根据地队”称为“根据地队”，其他地区如厦门、青岛、广东、汉口方面皆称为“特别根据地队”。日本文献在解释“根据地队”与“特别根据地队”之间的差别时指出：两者的“共同点都是担当特定地域的警备和部队的后方支持任务，但是根据地队与特别根据地队比较而言，其阵容及担负任务的规模要大得多”。[①] 而后，“海南岛根据地队”所属部队没有发生大的变化，只是名称有所不同而已。为强化海南岛的警备力量，1940 年 6 月 10 日，舞鹤镇守府第一特别陆战队被派驻海南岛，列入“海南岛根据地队”的战斗序列。由此，日本海军的三支陆战队和两支防备队，分别在 5 个区域担负海南岛的海上警备任务。[②] 至 1941 年 4 月 10 日，日本海军决定将“海南岛根据地队”升为海南警备府，司令部仍设在三亚，兵力 2631 人，补充兵力 358 人，担负海南海上警备任务。日军还将驻海口的第五防备队改为第十五防备队，将驻三亚的第六防备队改为第十六防备队。此种兵力的配置，一直持续到 1945 年 8 月日本投降。驻崖县地区的主要是第十六防备队，1941 年 12 月有兵力 1209 人，司令部设在三亚。此外，日本海军在海南南部还部署了航空兵力，先后在崖县境内修建三亚机场（分海、陆两处）和黄流机场，均为大型军用机场，成为侵华日军在华南的 13 个航空基地之一。1943 年，盟军在太平洋战场开始反攻。日本海军深感自身兵力不足，于是在海南岛的三亚、海口、黄流设立培训航空队，培训航空人员。为对付美国空军对海南岛日军的空袭，1943 年 5 月，日军大本营派遣佐世保海军航空队的 9 架战斗机进驻三亚，成为日军在华南地区唯一的战斗机

---

① 日本防卫厅防卫研究所战史室编：《中国方面海军作战》〈2〉，第 129 页。

② 日本防卫厅防卫研究所战史室编：《中国方面海军作战》〈2〉，第 405 页。

群。但是在美军的攻击下，日军疲于应对，于是当年 10 月，又在海南岛部署了有实战经验的航空兵，即第二五四海军航空队，隶属于海南警备府司令长官的指挥，基地设于三亚，分驻三亚陆、海两个机场和黄流机场。该航空队有战斗机一队、舰载攻击机半队，共 27 架飞机，活动于华中和华南地区。其任务是强化对盟军的警戒和海面的封锁，抑制太平洋与印度洋的通道，保护日军海上交通线。英国皇家“亲王”号主力舰驶过马六甲海峡时，被日军侦悉炸沉，执行任务的重型轰炸机就是从崖县黄流机场起飞的。到 1945 年 5 月，这支航空部队为了参加“天号作战”而撤回日本本土，在海南岛遂无任何的日本海军的航空兵力。

1945 年，日军的败势已经明显，但仍妄想做垂死挣扎，在空中开展所谓的“特攻战”，在海上则有“水际特攻”，由所谓的“震洋队”承担。这一年 2 月，为防止美军登陆，日本海军在海南岛及香港、厦门、舟山等地配置了“震洋队”。① “震洋队”使用的武器震洋艇，实际上是一种装有炸药的自杀式快艇。一型艇的首部装炸药 300 公斤，每 50 艘编成一队；二型艇是双人艇，每 25 艘编成一队。②配给海南警备府的 3 支“震洋队”，合计兵员 550 人、震洋艇 125 艘，被布置在预想美军将要登陆的地区。在三亚地区布置的是第三十三“震洋队”（装备一型艇）和第一〇三“震洋队”（装备二型艇）。③据战后有人记述，尚有一处“自杀艇基地”在三亚、榆林两港之间，实即所谓的“震洋队”。震洋艇由“敢死”的“武士”驾驶，艇身就是一具鱼雷，出战时由山洞内的铁轨急速滑出，行至水面即由艇内备有的内燃机推进，疾驰冲向目标物，与之同归于尽。④ 只是，这些自杀部队还没有来得及投入实际的作战活动，日军即已无条件投降。

---

① 日本防卫厅防卫研究所战史室编：《陆海军年表附 · 军语 · 用语的解释》，第 357 页。

② 日本防卫厅防卫研究所战史室编：《陆海军年表附 · 军语 · 用语的解释》，第 582 页。

③ 大泽芳夫：《第三二震洋特别攻击队》，第 119、140、116 页。

④ 振声：《漫谈榆林》，见《旅行杂志》1949 年第 3 号。

三、三亚地区在日军总战略中的地位

太平洋战争爆发前，三亚成为日军对华南发动进攻的基地。首先是加强封锁广西，发动南宁作战。1939 年 10 月 16 日，日本陆军部参谋总长闲院宫载仁亲王向中国派遣军下达攻占南宁至龙州的作战命令，指示由日军驻华南的第二十一军配合海军作战。

1939 年 11 月 7 日，日军第五师团集结于三亚，作为进攻桂南的主力。11 月 9 日，日军台湾混成旅团由广州运抵三亚。海军第五舰队以及一部分海军陆战队和运输船只，组成护卫舰队，集结于三亚。11 月 10 日，日军第二十一军司令官安藤利吉中将到达三亚，日军完成集结。11 月 13 日，由 50 多艘战斗舰艇组成的 N 护卫舰队，掩护 70 多艘运兵船，运送以第五师团为主力的日本陆军约 5 万人，从榆林港起航，开始了对广西的进攻。11 月 15 日，日军在钦州湾登陆，接着以三路纵队向北进攻，于 11 月 24 日上午侵占南宁。国民党军在昆仑关战役中顽强阻敌，日军旅团长中村正雄少将中弹身亡。

广西作战是日军首次利用海南岛作为战略基地而展开的军事行动。与此同时，日军开始策划以三亚为基地扩大对东南亚的侵略。为了切断中国西南地区的对外联络通道，特别是切断中国广西和法属中南半岛之间的联系，日军分成两部强行进驻法属中南半岛。其中一部在 1940 年 7 月 1 日占领龙州后，于 9 月 23 日从谅山进入法属中南半岛北部，三亚成为日本海军集结待命的前方基地。日文资料称：“自进驻法属印度支那（中南半岛）北部以来，海南岛作为南进基地的价值进一步提高”。①

此后，日军以三亚为前进基地，对外开始了一系列的军事行动。如在 1940 年年底至 1941 年年初，在泰国和法属中南半岛的边境冲突中，日军为建立在东南亚地区的霸主地位，制订了显示其军事实力的“S 作战”计划。日军的干涉部队（以第二舰队为主）集结于三亚，从三亚出发，开始实施其干涉行动，同时又调集 3 个海军陆战队进入

---

① 日本防卫厅防卫研究所战史室编：《中国方面海军作战》〈2〉，第 241 页。

海南岛待命。此后还有“S 作战”的第二次行动，也是以三亚为主要的出发点。作战结束之后，日军又以三亚为中转站，撤回日本本土。日文资料指出：“无论从名义上还是从实际上，（海南岛）都成为（日军）南进的重要中转基地”。①

再后来，随着日本对外侵略扩张的不断扩大，日军的战线不断延伸，物资供应愈发困难，特别是粮食和橡胶。为了解决上述问题，日军开始策划进一步侵占法属中南半岛南部的军事行动。1941 年 7 月 18 日，日本海军作战部队（除第七战队外）的 50 艘舰只全部集结于三亚。7 月 24 日，驻扎广东的日军第二十五军司令部也以在海南岛演习为名进驻三亚。集结于三亚的日军陆军以第二十五军为主力，计步兵三个联队，战车、高射炮、铁道兵、炮兵、工兵各一个联队，分乘 39 艘运输船②，于 7 月 25 日从三亚出发，7 月 28 日在法属中南半岛南部登陆，7 月 30 日进占西贡（今越南胡志明市）。

日本在亚洲的步步紧逼，触动了英美在这一地区的利益，从而导致了英美对日本的全面封锁。日美矛盾空前加剧，战争一触即发。日本在太平洋上对英美发动攻击的同时，力求一举攻占欧洲列强在亚洲的殖民地，即南洋地区，以夺取日本最为缺乏的石油资源。自从 1941 年 11 月 5 日日本的御前会议决定实施“南进”作战之后，海南岛自然成为“南进”作战的最佳准备基地，三亚更成为日军“南进”的首选集结地。1941 年 11 月 26 日，小泽治元郎中将率领的日军马来部队，以及以攻占马来亚为目标的日军第二十五军第一批首发船队，完成了在三亚的集结。12 月 4 日，日军舰只 21 艘、运输船 18 艘从三亚出发向马来半岛挺进。同时，日军南方部队的主力也从马公岛（台湾、澎湖一带）出发，以支援从三亚出击的进攻马来部队。

为了打造对外发动侵略战争的南方基地，日本对三亚、榆林地区进行了全面的改造，为进行更大的军事冒险做准备。

---

① 日本防卫厅防卫研究所战史室编：《中国方面海军作战》〈2〉，第 241 页。

② 日本防卫厅防卫研究所战史室编：《中国方面海军作战》〈2〉，第 294 页。

首先是港口与码头的建设。战后的资料记载："在榆林市有一个海军码头和一个海军机械厂，这码头可泊一万数千吨船只；旁边还有两个船坞，可修百数十吨的船。榆林以西的三亚湾有一个飞机场，跑道是用水泥造的，相当宽大。此外炮台林立，到处皆是，并附有重油机、发电机及探照灯，颇称完善。"①

榆林港是日本人建设的重点，据日文资料记载："无论是说到其港内的宽度和水深，或是论及其周边阻止波涛的山岳地形，都拥有着南部地区最优秀港湾的资质。但是（这里）却从来没有港口设施，依旧只是一个椰子树摇曳的渔村而已。日本海军占领本岛后，确立了将三亚作为军港，将榆林建设成新式都市，作为一般商港对外开放的计划，并与榆林都市计划并行，同时进行了改造工程。"

日军改造榆林港工程包括以下主要内容：

1. 港内疏浚作业

榆林港内水深的地方虽然超过 10 米，但其面积极为狭窄，而且到处是隆起的珊瑚礁，大型船只在港内航行存在危险。为实现在这个港口平时至少要系留数艘 1 万吨级的船舶，并能在港内的锚泊地进行装卸的目标，日军用水下挖掘机破碎清除了港内的岩礁。其工程已大略完成，平时有 10 艘以上的大型船只可以同时停靠。

2. 榆林码头的建设

在港湾的西南侧林兼支店的旁边，筑造平均水深 7.5 米、延长 400 米的码头，可使两艘 5000 吨以上的船舶同时停靠。在码头上配置货物仓库、起重机、给水设备、火车支线。

3. 安游矿石码头的修建

在榆林码头对面东侧的安游，是田独矿山矿石的储存场所。随着战争的进展，作为战略物资，田独铁矿石日益重要。石原产业株式会社在安游一侧 150 米的栈桥内侧，修筑水深 9 米、延长 170 米的码头，使得两艘 1 万吨级的运载船舶得以停靠。码头上配置和矿场相联

---

① 振声：《漫谈榆林》，《旅行杂志》1949 年第 3 号。

结的皮带传送机，拥有一天之内 2 万吨的装船能力。①

强化三亚军事基地设施建设的其他项目也先后开工。1941 年 11 月 15 日，日军在三亚完成日供水量 2000 吨的给水设备、日供给 2000 吨的给煤设备以及 3 万吨贮煤场的建设。11 月末，日本石油联合株式会社在三亚建成 3000 吨的重油贮罐，以此灌制罐装重油以供海军专用。日军用劫获的原在香港到新加坡之间运营的英国油轮充当运油工具。日军以三亚为基地建设这些设施的目的，就是为了发动太平洋战争，进攻南洋地区。

日军将三亚建设成为南进军事基地，对中国的抗战局面同样产生极大的破坏性影响。1938 年下半年，日军所进行的封锁中国沿海的作战中，攻占广州固然是其中最重要的一步，除此之外，影响最严重的就是对海南岛的占领。当时中国接受外援物资的通道，除西北地区外，南部主要来自三条线路，即河内至南宁、河内至昆明、仰光至昆明。日军攻占海南岛之后，以三亚为基地发动对广西的进攻，切断了南宁至镇南关的铁路和南宁至河内的公路。上述的三条线路被切断了一条，迫使中国方面不得不耗费大量的人力、物力艰难地修筑滇缅铁路。

日本侵略者把三亚作为南进基地，日占时期的三亚实际上成了海南岛的中心城市。驻海南岛日军的军事、政治活动，主要是在三亚展开的。当时日本人对海南岛的调查与研究，也都以三亚为起点。如最早前来海南岛进行系统调查的，是日本外务省通商局组织的东京帝国大学（今东京大学）人员所进行的海南岛农业调查。作为此次调查的成果，1940 年 12 月出版了《海南岛农业调查报告》。1940 年 5 月，日本在上海的东亚同文书院又组织海南岛调查，1942 年出版了《香港、海南岛的建设》一书。这些调查大都以三亚为起点切入。小叶田淳的《海南岛史》也是在三亚完成写作，书中对三亚地区的回族社会历史，结合文献与实地调查，特别是利用当时的户籍与家谱，进

① 日本大藏省管理局编：《关于日本人在海外活动的历史调查——海南岛篇》。

行过深入的研究。

除了军事基地的作用外，三亚还起到了日军后方补给基地的作用。大量军队的集结，自然需要生活物资的供应，特别是粮食的供应。驻海南岛日军一般维持在两万人左右①，重大战役之前的日军集结则往往临时性增加数万人。而日本人对海南岛的所谓“开发”，则又迁入了大量人口。据统计，1941 年 8 月在海南岛的日本移民人数已达 6714 人，其中在三亚的有 3000 多人，占到了一半。为了实现“以战养战”，日本侵略者在海南岛掠夺土地和劳动力，发展其战时农业以提供军需物资。

日本人在海南岛农业政策的核心，是驻海南岛日军以及日本移民所需米、菜之保障，还有就是把海南岛生产的蔗糖向日本本土及其控制地区输出。太平洋战争爆发前，日军的基本生活物资要在海南岛准备，其中崖县占有很大份额。就大米而言，1942 年，日本人为确保“应急蓬莱米”② 生产 4. 3 万石（约合 10089. 95 吨），决定由南洋橡胶、台湾拓殖和南洋兴发 3 个株式会社负责。南洋橡胶（万宁）2 万石，台湾拓殖（三亚）1. 5 万石，南洋兴发（崖县）8000 石。③ 在台湾拓殖的崖县农场中，1941 年第一季有直营水田 500 町步，第二季有 1000 町步。从以上规模看，崖县占了一半以上。此外，日本人在崖县开办的农场，还担负着为日军所谓“南方部队”提供蔬菜的任务。这些日本人的农场都是强占民田、强征劳工办起来的。

为了确保上述目标的实现，日本占领下的台湾总督府从水利设施建设上、化肥供应上给予支持，而且从台湾派遣“台湾农业义勇团员”到海南岛进行技术指导。据《黎明的海南岛》记载，为实现“蓬莱米”的增产，日本海军和日本拓务省合作，向海南岛派遣了第

① 吉川兼光：《海南岛建设论》，第 341 页。

② 日本占领台湾时期，殖民政府在台湾进行水稻品种改良，以适应日本人口味的商品米种为目标，并在 1926 年定型其栽培技术，将之命名为“蓬莱米”，输送日本本土。在海南岛种植“蓬莱米”，也是为日军及其附属人员服务的。

③ 台湾总督府外事部编：《台北帝国大学第二回海南岛学术调查报告》，第 73～74 页。

一批农业移民，于 1941 年初夏到海南岛，人数有 100 人。① 据《台北帝国大学第二回海南岛学术调查报告》记载：这批移民的安置地在距三亚 3 公里的台湾拓殖农场所在地妙山村附近。② 这次派来海南岛的百名移民尚属试验性质，日本拓务省还有在 1942 年再派 100 名移民到海南岛的计划。③

而从长期而言，日本侵略者就是要将海南岛作为殖民地来规划。据日本海军部制定的《海南岛殖民廿年计划基本要纲》所记，1942~1943 年为“开拓民”试验期，“每年选出百户试行，每户平均五人，所需面积为十五町”。“计至民国三十六年（1947），移殖户数将达 4100 户，开拓民人口达 20500 人，开拓民移殖地需 61500 町。”而在《海南岛产业五年计划书》的“移民计划”中，更预计 5 年内（1943~1947）日人移居海南岛 7600 户，每户 5 人，共计 3.5 万人，另有青年义勇军 7000 人，各构成垦殖村，共占土地面积 470 万英亩。只是由于侵略战争失败，殖民计划没有得逞，这一切也就只是一枕黄粱而已。

四、日本侵略者对崖县资源的掠夺

1939 年 4 月，日军侵占海南岛仅两个月，早就觊觎海南岛资源的日本企业纷纷跟随进驻，在日本军方的指导下组成海南岛农林委员会。参加农林委员会的日本企业有 28 家，包括伊藤产业、日本油脂、日室、日东拓殖、武田长兵卫、大日本制糖、台湾拓殖、南洋起业、海南产业、海南物产、南洋橡胶、南国物产、南洋兴发、梅村、小川、野村合名、古川拓殖、普林斯敦轮胎、三共、明治制糖、盐野义、盐水港制糖、森永、东台湾咖啡、苏门答腊拓殖、铃木等。组成农林委员会的目的，是为了避免日本企业之间不必要的竞争和重复建设。领衔海南岛农林委员会的是台湾拓殖株式会社，这是一家总部设

① 伊藤金次郎：《黎明的海南岛》，第 32、40 页。

② 台湾总督府外事部编：《台北帝国大学第二回海南岛学术调查报告》，第 85 页。

③ 伊藤金次郎：《黎明的海南岛》，第 41 页。

在台北、由民间和日本官方共同出资、以提供资金为主、协助日本人在中国南方占领区“拓殖”的企业。至1941年，其资本已扩大到7000万日元。日军登陆海南岛，台湾拓殖也闻风而动、跟随进入，成为在海南岛掠夺资源的主力。根据以台湾拓殖为龙头的海南岛农林委员会的决定，日本进入海南岛的企业得到了指定的开发区域，各自就承担的项目进行资源调查，然后在划定的开发区内运作。根据日本大藏省管理局《关于日本人在海外活动的历史调查——海南岛篇》所载，情况如下表：

日本农业会社农产品研究分工表

研究担当项目	会社名	主要事业地点
棉花及其他纤维	台湾拓殖株式会社	陵水、三亚
	南洋兴发株式会社	崖县
	三井农林株式会社	藤桥
	南国产业株式会社	九所
	海南产业株式会社	福山
	南洋起业株式会社	北黎
椰子及其他油脂	日本油脂株式会社	清澜、藤桥、三亚等
糖业	台湾拓殖株式会社	陵水
	日糖兴业株式会社	儋县、那大
	明治制糖株式会社	定安、感恩
	盐水港制糖株式会社	白莲、嘉积
	南洋兴发株式会社	崖县
	南国产业株式会社	九所
橡胶	南洋橡胶株式会社	万宁
	台湾拓殖株式会社	南桥
	日糖兴业株式会社	那大
药草、香料	武田制药株式会社	南桥
	三区制药株式会社	东山

上述企业中，在崖县的有6家，共设立14个农场，居海南全岛之冠。此外，为了全面掠夺崖县的资源，日本侵略者还先后在崖县设

立名目繁多的各类公司。据不完全统计，有在三亚设立的三井洋行（卖日货布匹）、富士洋行（发行日币）、情管公司（经营医药）、三越公司（卖日货），有在榆林、红沙设立的台拓公司（烧砖瓦）、冷冻公司（冰冻鱼虾），有在田独设立的石原公司（开铁矿），有在安游设立的清水公司（经营水泥），有在藤桥设立的日东公司（种蔗制糖），有在羊栏、荔枝沟设立的台拓公司（种水稻），有在桶井设立的梅村公司本田组（种水稻），有在崖城设立的田中商社（屠宰猪牛）、三井洋行（卖日货布匹）、南洋公司（种水稻、甘蔗），有在黄流设立的三井洋行（卖日货）、西松组株式会社（工程建设）等等。

日军力求将榆亚地区建设成为一个现代城市，其真实的目的，一是通过城市建设来支持附近的军事基地，二是使之成为支持对海南岛资源进行掠夺的后方技术、工业支撑基地。为此，日本人开始了一系列的动作。

首先，为支持日本人在三亚附近的所谓“开发事业”，必须提供电力。日本人的构想是，作为应急的措施，采用重油发电机发电；作为长期的对策，则寄希望于海南岛的水力发电，因此规划了对水力发电事业的调查。

榆林、三亚地区还是建筑材料的供给基地。日本的浅野水泥株式会社海南岛工厂就设在三亚附近。1943 年，日本人对三亚附近抱坡岭地区的石灰岩蕴藏状况进行调查，认为有必要建设从原料开采、加工到水泥制成的工厂，建设任务由浅野水泥株式会社承担，计划至 1944 年 8 月止完成月产 3000 吨的生产设备建设。其工厂在原料山附近，荔枝沟环岛公路北侧的平原。在进行了相当的建设之后，由于战局的变化被迫中止，只能用已运到的一部分机器设备，生产代用低等水泥，月产约 300 吨。①

在日军侵入海南岛之初，根据日本海、陆、外务三省的协议，海

---

① 日本大藏省管理局编：《关于日本人的海外活动的历史调查——海南岛篇》，第 136 页。

南岛内的畜牧产品及其副产品等物资的输出，都由三井洋行统一承担，而其生产及采购业务则由南方畜产、台湾拓殖畜产部、水垣食品原料公司分别承担。日本海南海军特务部组织创立了海南畜产株式会社；受台湾总督府的指示，台湾拓殖也加入了这一合资会社。① 海南畜产株式会社的总部就设在三亚，成为日本人在海南岛经营畜牧业的主力，主要从事肉用牛、猪、鸡、鸭饲养，食用禽、蛋的生产以及皮革加工。另设于海口的水垣产业株式会社，则主要从事农产品加工和储藏，如罐头业、冷冻业、酱油制造业、豆酱制造业、猪肉加工业等。当然，这些都是为了满足战时的军需。②

渔业也是日军后勤补给的重要方面。日军侵入海南岛之后，日本的渔业会社也随之而至，其中为首者是林兼会社。在日军侵入海南岛之前，林兼会社实际上在海南岛海域已有捕捞活动，并曾使用过榆林港。日军侵入海南岛之后，其创始人中部向日本海军方面提出进驻海南岛的申请，同年 12 月被批准在榆林设置作业办事处。③ 在获准进入海南岛之后，林兼会社（也有资料称之为“林兼商店”或“西大洋渔业统制株式会社”）为扩大对海南岛周边渔业资源的掠夺，投入大量人力、物力，在 1940 年 4 月建成冷冻厂，冷冻能力达 150 吨；另外拥有拖网渔船 40 艘，月产量可达 500 吨。④ 其冷冻厂日制冰可达 20 吨。1940 年 12 月，捕获量达到每月 800 吨。1941 年 10 月，林兼会社的榆林办事处雇用近 1000 人（包括日本人和当地人）。海上常备渔船排水量为 80 吨者数艘，急需时还可从台湾高雄支店调集船只。捕获的鱼类除供给海南岛的日本驻军和日本企业外，相当一部分冷冻运往日本本土。⑤ 也有一部分提供给在中国大陆及在南方作战的

---

① 《台湾总督府事务成绩提要，昭和十六年度》，第 746 页。

② 日本大藏省管理局编：《关于日本人在海外活动的历史调查——海南岛篇》，第 108~110 页。

③ 伊藤金次郎：《黎明的海南岛》，第 137~140 页。

④ 饭本信之、佐藤弘：《南洋地理大系》第 2 卷《海南岛·菲律宾·内南洋》，第 119 页。

⑤ 伊藤金次郎：《黎明的海南岛》，第 142 页。

日军。

除林兼会社之外，还有其他日本水产企业来海南岛活动，在榆林地区的还有海南岛水产株式会社、拓南产业株式会社等。太平洋战争爆发后，日本的舰艇遭到盟军的袭击而不断损失，用于渔业生产的船只被征做军用，鱼获量也就不断减少。

五、日本侵略者疯狂盗采田独铁矿

掠夺海南岛的资源，是日本侵占海南岛的战略目标之一。而海南岛最重要的战略资源是富铁矿。在日本侵略海南岛时期，石碌、田独两个铁矿山，构成了日本人在海南岛工业经营的核心。

日本人对石碌铁矿的盗采过程相对复杂曲折，而对于田独铁矿的盗采则比较顺利。1939 年日本军队在三亚登陆后不久，石原产业株式会社即根据中国文献的记载，对田独地区进行调查，发现了旧时的探矿坑道，接着进行蕴藏量复勘，勘查结果认为是“世界优质铁矿”，是“建造舰艇用最好的钢材原料”，具有重要的经济战略价值。在确认具有开采价值之后，当年 8 月即由石原产业着手矿山建设。田独距榆林港仅 12 公里，比较石碌而言，交通上具有明显的优势。1940 年 6 月，日本人完成了年产 30 万吨的第一期矿山工程，7 月开始向日本传送铁矿石。接着实施建设年产 60 万吨的第二期工程，1941 年 9 月完成。进而实施年产 100 万吨的第三期工程，1943 年 2 月末完成。据日本人的调查，田独铁矿的蕴藏量约 500 万吨，日本人从 1940 年开始盗采，至 1944 年 1 月因盟军飞机封锁海域难以运出而停产，已采掘约 270 万吨，矿石品位为 63%。田独矿山以人工采掘为主，劳工从各地抓来；只有一部分是使用风钻的机械采矿。① 主要设备有空气压缩机、凿岩机、成型机械等。在运矿体系中装备了小竖井、40 寸皮带运送机、循环输送机及手推掌子面轨道、榆车等。设立了贮矿容量 1 万吨的贮矿库。装满 20 吨的矿车编成列车，通过铁

---

① 日本大藏省管理局编：《关于日本人在海外活动的历史调查——海南岛篇》，第 122~123 页。

道向距此地20公里的安游贮矿场（在榆林港对岸）运送，再通过皮带传动输送装船运载回日本本土。

为了尽快把田独铁矿石开采出来运往日本，日本军方对田独铁矿给予优先的支持及投资。与石碌到八所港的窄轨铁路不同，从田独到安游贮矿场的运矿铁道与日本国内的轨道一致。安游有可以停靠一艘万吨级矿石专用船的码头，有一小时可装矿石700吨的装运机两座。① 1943年三亚至石碌的窄轨铁路建成之后，石碌矿山的大量铁矿砂也通过火车源源不断运抵安游码头装船载往日本。

田独铁矿生产及输出情况表②

年度	生产数量（吨）	输出数量（吨）	备考
1940年度	169599	167991	1945年1月停止采掘，河口贮矿120407吨，港口贮矿152969吨。
1941年度	355921	306634	
1942年度	893824	805098	
1943年度	918511	832214	
1944年度	353436	304120	
合计	2691291	2416057	

六、日军入侵给崖县人民带来的深重灾难

日军占领榆林、三亚后，分兵向东西两路进发。所到之处烧杀抢掠，奸淫妇女，无恶不作，其凶残无与伦比，崖县人民陷于深重的灾难之中。

日军在三亚刚一登陆，就在三亚附近的榕根坡屠杀无辜民众200余人。向东推进的敌兵来到番墓田村路边，抓住3名村民，将他们杀害。向西推进的日军来到桶井村外，见一黎族男性背一小孩，即开枪射杀父子两人；到马岭村边，又开枪打死两名老妇，洗劫3间乡村店

① 河野司：《海南岛石碌铁山开发志》，第295页（所称270万吨的数字比一般的统计数字多近20万吨）。

② 见日本大藏省管理局编：《关于日本人在海外活动的历史调查——海南岛篇》，第125、126页。

铺的物资并放火烧毁，附近的粮食仓库也被化为灰烬；到红圹的抢永日村边，开枪射杀一黎族妇女。为进攻县城在镇海村前登陆的日军，行进至临高村铁土塘时，开枪打死保平村和临高村村民3人；从大疍港登陆的日军，抢劫水南村民众财物，放火烧毁房屋。日寇一路推进一路烧杀，多少无辜民众惨死在敌屠刀下。

日本侵略军占领崖县县城之后，杀气腾腾地继续举兵向西推进。1939年2月25日，一支日军分遣队从崖城开赴保临地区，在临高村杀死民众30多人。3月下旬，日军插在乐罗第二高级小学酸豆树上的太阳旗被人拔掉。日军即蓄意报复，于4月7日深夜突然包围乐罗村。酣睡中的乐罗村村民听到枪声，惊慌失措地往村外跑。日军疯狂地开枪扫射，140多名无辜民众惨遭杀害，10多名青年被拉到村外斩首。村民颜氏身怀六甲，日军将她强奸之后剖腹取胎作乐，极其残忍。日寇制造了骇人听闻的“乐罗惨案”！

日军践踏乐罗村后，继而进兵抱旺村，杀死村民10多人，烧毁民房几十间，抢劫大批财物。6月30日，从崖城向西路九所、黄流进犯的日军，在木头园村抓住16名年过五六旬的老人，用绳子将每两三人捆绑在一起，蒙住眼睛，然后一个个用刺刀捅死，抛入井里。日军来到务道村，又杀死20多名无辜民众，并一把火将务道村几十户民房化为灰烬。在铺村，日军残忍地将19名村民推进一口古井活埋。

1940年夏历十一月十五日夜，日军以有村民参加抗日游击队活动为名，出兵包围羊栏妙山村。第二天，日军将百余村民赶到村东头一晒谷场集中，用竹竿夹住30多名无辜民众的脖子，然后用利剑一个个砍下头来，血流成河，惨不忍睹。受害者的尸体被填入枯井，填不完的放火焚烧。日寇制造了又一起骇人听闻的妙山惨案！

日军侵占崖县后，在榆亚地区大规模进行军事设施建设。为了修公路、铁路，建机场、码头，采用法西斯手段，大肆拆毁民房、逼迁村民。

榆亚地区原有“二港一街”，即榆林港、三亚港、三亚街；附近有月川、榕根、港门、下洋田、临川、儋州、四家园、吴家园、鹿回头等村庄。日军侵占后，为了将崖县建成支持太平洋战争的重要基地，在榆亚地区先后进行了三次大拆建：第一次大拆建发生在1940年，日军同时修建三亚湾水、陆两个飞机场和三亚、榆林两个港口。三亚街的400余户汉、回居民的房屋店铺全部被拆除，原住户部分逼迁往妙林、妙山、羊栏，部分逼迁往三亚港水产码头一带。在榆林附近则拆除原铁炉村，居民全部搬到红沙、欧家园居住。第二次大拆迁发生在1942年，日军将北边海划为军事禁区，把在这里居住的渔民、居民全部逼迁到南边海（三亚港码头对面，鹿回头岭下）。第三次大拆迁发生在1943年，又将搬迁到南边海喘息未定的几百户难民赶往红沙的一片荒野中。难民不分贵贱都只得搭建茅寮栖身，饿死、病死者难以计数，尝尽国破家亡的苦痛。在其他地方，日军也随其所需，任意强制拆迁。1940年，日军在黄流修建军用机场，占用5400亩农田，拆毁31个村庄1000多户民房，致使村民流离失所、无家可归。在县城，日军派遣部队进驻崖县中学的次日，即着手在中学周围拆毁民房，修筑四通八达的环城防备公路。在拆毁逼迁过程中，民众敢有反抗即遭屠刀，日军又制造了三亚飞机场大屠杀、黄流拆村毁田杀戮惨案。

为了掠夺资源，日军先后修通安游—田独—榆林—三亚—八所—石碌铁路。在榆亚地区，日军修建了三条混凝土公路：一是三亚港码头至三亚湾日军司令部、三亚湾机场（今解放路），并通往羊栏、妙林、荔枝沟等地；一是三亚至榆林，还通往红沙、田独，林旺、藤桥、安游、内村等地；一是三亚港游泳池至三亚湾机场（今建设街）。为此，拆毁民房、毁坏良田无数。大批农民被驱赶为日军挖战壕、筑碉堡、修公路、建机场、开矿山，有的被活活虐待至死，逃跑者多被枪杀。修路的劳工许多是从台湾、朝鲜和中国内地抓来的青壮年。劳工们早出晚归，劳役繁重，食不果腹，衣不蔽体，挨打受骂，过着牛马不如的生活。

日军占领期间，在经济上疯狂地进行掠夺。1939年年底至1940

年年初，日本侵略者相继在崖县境内设立三井、富士、南洋、三菱、南国等10多家会社，霸占崖县人民数千亩良田种植水稻和甘蔗，强制崖城人民进行耕种、当搬运苦力。日本海南海军特务部通过伪政权，从各地强抽一大批青壮年男子到田独、石碌等矿区充当各种苦役。这些矿工每天要干14个小时重活，规定每天每人挖矿石8吨，完不成任务不给饭吃，还要遭毒打。沉重的苦役折磨着矿工，忍受不了而逃跑的被抓回来后立即枪毙，病了的被活埋，患传染病的被抬出活活烧死。田独铁矿开采4年多，累死、病死、饿死、烧死、活埋、枪毙的矿工近万人，都埋在田独村边一个土坑里，成为田独“万人坑”。

日本侵略者给崖县人民和各地劳工带来的灾难罄竹难书，崖县人民永远不会忘记这悲惨的一历史页。

臭名昭著的驻崖县日军“慰安所”

日军侵占崖县之后，从本岛各地和外地抓来一批青年妇女当“慰安妇”，强占民房设“慰安所”，供日军官兵淫乐蹂躏。仅在三亚、崖城、榆林、藤桥、黄流、佛罗6处就建有11间“慰安所”，每间有十至二三十名“慰安妇”，共300余名，由日本老娼管理。三亚机场和黄流机场均建有“慰安所”，三亚机场“慰安所”人数不详，黄流机场“慰安所”有21名“慰安妇”。①红沙、欧家园的“慰安所”（在今社会福利院）专门接待日本士兵，榆红“慰安所”（在红土坎）、榆林“慰安所”（在今八一小学）则专门接待日本军官。榕根“慰安所”又称中岛“慰安寓”（在今交通宾馆后），专门接待日本工兵。三亚湾“慰安所”（在今海月广场附近）、三亚港“慰安所”（在今三亚大桥西左桥头）也专门接待日军军官。崖城有“慰安所”2间，即所谓

① 苏智良等：《日本对海南的侵略及其暴行》，上海辞书出版社2005年版，第200、202、233页。

“华南庄”、“崖泉庄”，各有“慰安妇”30多人，分设长官级和士兵级。修建黄流飞机场时，在铺村十三基地设工兵“慰安所”一间。驻九所的日军在分遣队队部旁边也设有“慰安所”。欧家园“慰安所”的人数最多，有52名“慰安妇”。“慰安所”里的“慰安妇”绝大部分是从朝鲜、台湾地区、菲律宾、海南岛内外各地抓来的青年妇女，大的30岁上下，小的十六七岁。1940年二月，又在日本国内征调大批妇女，名义为“战地后勤服务队”，到中国战场各地从事“后勤服务”，实即充当“慰安妇”。这些“慰安妇”随时接客，不分昼夜，没有假日；外出到各基地“慰问”则轮流派遣，不得推辞、不准休息。她们伙食粗糙，任由蹂躏，过着暗无天日的生活。患性病重者会被悄悄处死。

第五节　崖县人民的抗日斗争

日军侵占海南岛，将三亚地区作为重要战略基地，不仅日军海南岛警备府司令部及其直属机构设在三亚，其他日本企业也在三亚地区设立总部或分部，包括工厂、农场以及商店等。日本侵略者的贪婪掠夺、日军的残暴屠杀，激起了崖县人民强烈的民族义愤，纷纷投入抗日斗争。虽然驻扎在榆亚地区及沿海市镇的日军人数众多，但广阔的山区和农村始终是抗日武装力量出奇制胜、袭击日军的阵地，崖县人民的反抗一天也没有停止过。

一、日伪对崖县的殖民统治

为强化对海南岛的殖民统治，日军在其海南岛警备府之下设立特务部，作为军事占领时期的最高民政机构，总部设在海口市。特务部的最高长官是总监，下设官房（即办公厅）、政务局、经济局。政务局下设4个支部：三亚支部、北黎支部、那大支部、嘉积支部；另设有海口临时检疫所、榆林临时检疫所、八所临时检疫所，在榆林设产业试验所。而驻三亚的第十六防备队，司令部就设在三亚湾（今海月广场附近），分设有式经司令（负责刑事）、警察司令（管理户口保甲和发放“良民证”）、行政事务长（分管派工建设）、军法会议长（分管军人违规）等统治机构。防备队司令部在全县各地分设4个派遣队和18个分遣队，每个派遣队中同样设有式经部、警察部、行政部等机构。三亚派遣队队部设在三亚港，管辖羊栏、桶井、大洲、马岭4个分遣队。榆林派遣队队部设在榆林港，管辖红沙、荔枝沟、田独、林旺、藤桥5个分遣队。崖城派遣队队部设在崖县中学，管辖深沟营（塔岭）、白力根（水南三村）、临高村、铺子市、黎安田（今镇海）、角头5个分遣队。黄流派遣队队部设在黄流，管辖九所、望楼、佛罗、英海4个分遣队。各派遣队都组织汉奸暗查员搜集情报，报功领赏，残害抗日民众和武装力量。

日军攻占崖县后，凶残肆虐，受到崖县军民的抵抗。日军自身力量不足，于是实施其“以华制华”策略，一方面广贴布告，“招抚”民众“归顺皇军”；另一方面，利用本地失意官吏以及社会黑恶势力，成立伪“治安维持会”，以施行其殖民统治。“治安维持会”是日军在其占领区普遍实行的制度，由日本驻军直接控制。1939年6月至1940年2月，全县境内先后建立9个“治安维持会”：三亚、榆林“维持会”设在三亚港老龙公庙，三亚街、回辉、羊栏一带的“维持会”设在三亚街，红沙、田独一带的“维持会”设在红土坎，崖城“维持会”设在朝皇庙，藤桥“维持会”设在藤桥墟，马岭村“维持会”设在该村被日军占用的民居，九所“维持会”设在九所墟，黄流“维持会”设在黄流墟，佛罗“维持会”设在佛罗墟。

1940年1月，日军将三亚港、榆林港居民几百户人家强行迁到红沙墟，将红土坎“维持会”合并入红沙“维持会”，分设田独、红土坎、荔枝沟3个办事处。当年日军强征三亚街建设飞机场，次年将居民逼迁到羊栏、妙山、林旺、三亚湾一带。三亚街“维持会”改为羊栏“维持会”，设在羊栏。

为了强化殖民统治，日伪通过重编户口、发放“良民证”、建立保甲制度等手段严密控制民众。编十户为一甲，十甲为一保，采取保甲连坐、限制人身自由等办法进行统治。十家连保，一人反日，十家受罪。日伪政权还没收民间铁器，五户共用一把菜刀。夜间不准三五成群交谈，外出、外来的人要向保甲长报告登记，如不报告即按“通匪”“窝匪”论处。日伪强制抽丁充当黑衣队、自警团。黑衣队为日寇巡逻放哨，自警团负责夜间在村前村后站岗放哨。日军还建立日语学校，强制 12～17 岁的青少年入学，进行文化上的奴化教育。原三亚港设有日语学校，于 1943 年随三亚居民搬迁到红沙，就设在红沙龙村椰林间。

日军华南方面军司令安藤利吉与广州汉奸头目策划在广州建立汪伪政权，诱骗民众参加“中日亲善和平促进会”。1942 年夏，崖县国民党官员谭天城从山区走出投敌，充当崖县“和平促进会”会长；崖城“维持会”会长黄鼎芬，也是国民党崖县政府的投敌伪官。他们强迫民众家家户户制作日本国旗和汪伪“国旗”（在中华民国国旗旗头上加一道黄纸横标，写上“和平建国”四字），挂在各家门口，表示同日本“亲善”。汪伪之流的这些勾当，被许多崖县人所鄙视，背地里骂他们为“猪”“狗”。

当时，海南岛的对内、对外交通，完全被日本军方以及日本军方特许的日本公司所控制。海运方面，只有日资大阪商船的曼谷航线经停海口。大日本洋行和台湾拓殖共同出资组建海南航运株式会社，负责台湾到海南岛的运输。① 海南的海运处于全面的衰退中，以致抗战结束后也一直处于停滞状态。航空方面，海南原来仅有的西南航空公司所使用的海口机场被日军占领，日军同时在三亚建设大型机场，1941 年年末又在当时的崖县黄流建成大型机场。这些具有完备设施的机场，在太平洋战争中成为日军主要的南方中转基地。

日军占领时期，三亚的城区人口约有 3000 人②，主要是日本人。在三亚市内还形成了一些为日本人服务的商业。这一时期三亚的商业活动，基本上是在日本所谓“战时统制经济”框架下进行的，并不

---

① 吉田兼光：《海南岛建设论》，第 339 页。

② 南洋协会台湾支部编：《实用海南岛指南》，第 94 页。

是市场所自然形成。此后，日本人还设想把榆林港建成商港，也开始做了一些开发，但目的还是为日军基地服务。随着日军在整个太平洋战争中的逐步失败，其建设计划也就只是纸上文章了。

二、敌后抗日武装斗争的开展

日军侵占三亚、榆林、崖城之后，很快占领了沿海地区以及主要市镇，但是广大的乡村以及黎族聚居的山区，日军还无力进入，日军所掌控的只是点和线。崖县面海背山的地形特点，为坚持抗日游击战争提供了良好的条件。抗战初期，在抗日民族统一战线旗帜下，崖县国共两党的地方组织尚能配合抗敌。国民党崖县地方政权及其武装仍旧活跃在崖县的乡村，在袭扰日军据点的同时，也为退守到五指山腹地的琼崖国民政府征收赋税。在此同时，崖县共产党组织的力量，在动员和组织人民群众抗击日寇的斗争中得到恢复并不断壮大，建立了自己的抗日武装、抗日根据地和抗日民主政府。

（一）崖县民众自发的抗日斗争

日寇的大举入侵和惨无人道的暴行，使崖县人民认清了侵略者的豺狼本性。在国难家仇面前，他们勇敢地站出来，自发组织抗日武装，拿起武器保国保乡，开展了各种形式的抗日游击斗争，给侵略者以回击。

1939 年 6 月 20 日，驻崖城日军第四特别陆战队派出一部兵力向九所、黄流一带“扫荡”。陈曼夫、黎家亚带领的抗日游击中队与共产党员陈世德带领的抗日游击队联合，在九所、黄流公路上的木头园村（今新荣村）伏击日军，击毙日军分遣队小队长江波户和数名士兵。7 月，日寇进驻黄流据点不久，陈世德率领的抗日游击中队联合陈曼夫等人领导的抗日游击队，在当地群众配合下，共 1000 多人包围攻打黄流日军司令部。战斗进行了三天三夜，直到日军从榆林派兵增援，游击队才主动撤走。这次战斗，军民同仇敌忾，给不可一世的侵略者以当头一棒。

陈曼夫后来担任崖县国民党政府领导下的抗日游击大队副指挥、崖感抗日游击大队大队长。1940 年 2 月，他带领 3 名战士化装深入莺歌海，在陈玉义药店勇敢机智地刺杀驻莺歌海据点的日军分遣小队小队长，并书写纸条署名“陈曼夫所杀”贴在死尸上，震慑日寇。同1月14日，陈曼夫率部到抱本村后的石片岭活动，被汉奸引敌“围剿”。陈曼夫奋力抵抗，激战之后，终因寡不敌众，壮烈牺牲，时年27岁。①

唐天祥是崖县落马村（今属乐东黎族自治县）黎族首领。日军侵占三亚等地后，唐天祥组织黎族民众坚壁清野，准备抗击日军的侵扰。1939年4月初，日本侵略军60多人大摇大摆地进入山区罗浩村、落马村一带。唐天祥带领唐亚福、唐斗生等30多名黎族青年，手持长矛、大刀、粉枪、弓箭等器械到落马村东的吊鼓岭伏击日军，击毙日军2人、击伤数人，打响了崖县黎族人民抗击日寇的第一枪。后来，唐天祥被日军围捕，宁死不屈，壮烈牺牲于九所牢房。

1939年3月，昌感乐崖边界地区，有300多名黎、汉青年组成了抗日游击队，这支抗日武装是由当地各族人民捐献的100多支枪装备起来的。

抗战时期，许多汉、黎乡村都曾经自发地组织治安自卫，巡逻放哨，抵抗日伪骚扰，筹粮筹款支持抗日武装，表现了万众一心的深厚民族感情。

（二）国民党崖县政府的抗日武装

日军侵入之时，国民党崖县政府迅即退入山区。据时任崖县县长何定之（文昌人）回忆，他是由当时的陆军中将吉章简（崖县人）推荐，于1938年4月出任崖县县长兼崖县社训总队总队长职务的。当时，榆亚地区的防守部队明显不足以抵御日军的进攻。1939年1月26日，琼崖守备副司令杨永仁召开所属各县长、团长会议，讨论分配兵力、筹集粮食，研究军事布置，议论日军可能的行动等问题。② 何定之参加会议，提出要注意日军在南部三亚一带登陆。他回

① 《崖县革命史》，第70、76页，又参见《海南文史资料》第20辑《抗日英烈陈曼夫》一文。

② 海南抗战卅周年纪念会编：《海南抗战纪要》，第271页。

到崖县之后，召开紧急会议，邀请国民党崖县党部书记长王永鹏协商应对。此时驻扎在崖县的军队，只有琼崖壮丁常备队第五大队第三中队和崖县警察中队。据日军的侦察情报，三亚的防守兵力仅有约200人，在三亚街的南部海岸有两处战壕，在三亚港的北侧、东侧也修有战壕防御工事。[①] 2月10日，崖县方面得知日军在海南岛北部登陆，海口、府城沦陷的消息。何定之命令崖县社训总队副总队长陈芝祥赶赴三亚坐镇，指挥驻扎在榆林港的游击（壮丁常备队）第三中队，以及马岭、三亚、藤桥的民兵队，协同防范。[②] 2月14日凌晨，日军飞机飞临三亚、榆林上空，开始对地面目标进行轰炸。何定之回忆：许多新建的糖寮被日军以为是兵营而遭到轰炸，民工死伤惨重。日军登陆时，守备榆林、三亚的王醒亚部和三亚警察分队进行阻击。在日军的炮火下，三亚警察分队全军覆没，王醒亚部损失惨重。王醒亚率余部辗转山林，数日后撤退到乐东县城，投靠时任乐东县长的胞兄王鸣亚。崖县商团团长邢福多带领30多人，为日军所威慑，撤退到落笔山区，向红花、罗蓬溃散。日军西进途中，琼崖壮丁常备队第二中队曾在黄流与之展开激战。崖县政府撤退到离崖县县界约5公里的乐东县布善峒，此后又撤退到布伦峒，何定之自己则留在乐罗指挥作战。[③] 至1939年7月，何定之解任，转赴琼崖守备司令部任职，崖县县长职务由王鸣亚接任。王鸣亚重任国民党崖县县长仅一年，次年即于抗战转徙途中病逝。

1939年7月3日，日军在黄流附近海岸登陆，先后占领了佛罗、莺歌海、岭头等崖县沿海战略要点。国民党军队大部分撤退到了邻近的乐东县境内。

国民党崖县政府撤退到乐东山区之后，命令其所指挥的县属游击队深入敌后，利用日军守备兵力不足、仅能占领沿海要点的布局特

---

① 海南抗战卅周年纪念会编：《海南抗战纪要》，第459、134、140页。

② 海南抗战卅周年纪念会编：《海南抗战纪要》，第272页。何定之称，当时，王醒亚任第一中队中队长；而陈友熹回忆说，是第三中队中队长。

③ 海南抗战卅周年纪念会编：《海南抗战纪要》，第272~273页。

点，在日军点与点的缝隙中展开活动。主要的作战目标，一是对日军据点展开袭扰，破坏其交通线；二是保持自身与外界的海上联系；三是尽力从沦陷区以及游击区征收租税，用以支持国民党崖县政府及军队的经费需要。据何定之回忆，日军占据黄流时，也只是由点而线地占据；而且，日军的活动多限于白天。① 除了沿海一带及矿山区域，日军有重兵扼守外，其他地区，国民党军的游击部队均可随意往还，政令仍能推行。② 然而，当时国民党崖县政府控制的壮丁常备队兵力不足，每大队仅有250人左右，缺乏系统训练，缺乏弹药，很难对日军展开有威胁的军事行动。这些国民党地方武装最重要的任务，是保护退守乐东的崖县政府行署的安全。1941年2月，日军两次进犯设在乐东冲龙的国民党崖县政府行署，皆被击退。三四月间，日军对乐东境内又有进犯，也被两崖县政府武装利用地势顽强抗击而打败。

（三）梅山抗日根据地和抗日武装的建立

崖县沦陷后，中共崖县县委迁回于保平、头灶、梅山一带山区，宣传、组织群众，武装抗击日本侵略者。为了坚持敌后抗战，中共崖县县委决定迁往梅山，建立抗日游击根据地。梅山位居崖城西，是崖城通向莺歌海、佛罗以至昌感的重要枢纽，背后有连绵的青山密林，前面是浩瀚的汪洋大海，无论水上、陆上，进可攻、退可守，既能隐蔽，又能出奇制胜、抗击敌人，是开展抗日游击战争很好的根据地。中共崖县县委迁至梅山后，活动范围逐步扩展到崖一、崖四、崖五区，即东起崖一区的崖城、白超、力村等地，西至崖五区的莺歌海、佛罗、土伦、响水等地。但是1942年9月前，中共琼崖特委领导下的4个县政权（文昌、琼山、琼东、万宁、昌江）中，还不包括崖县。究其原因，一是海南的南部地区，日本驻军相对密集；二是崖县邻近乐东、保亭，两县在抗战初期都是国民党崖县政府及国民党军队驻扎的地区，中共崖县县委领导的抗日武装的活动空间也就相对被压

① 海南抗战卅周年纪念会编：《海南抗战纪要》，第273页。

② 海南抗战卅周年纪念会编：《海南抗战纪要》，第735~736页。

缩了。

选择以梅山地区为抗日根据地的另一原因，是当时中共琼崖特委在昌江设立了西南临时委员会，通过建立海上和陆上的秘密交通线，梅山抗日根据地比较方便与西南临委取得联系，及时接受中共琼崖特委的工作指导。中共崖县县委设交通总站，由专人负责。交通线经过的区、乡设立交通联络站，负责传送公文和接送来往的地下工作者。活跃在交通线上的交通员经常冒着生命危险，冲破日伪顽的层层封锁，向上级组织汇报情况和接受任务。

梅山抗日根据地在陈英才、黎茂萱、何绍尧、何赤等人的领导下，各村以平民夜校为阵地，组织读书会、读报组，编歌谣，教唱抗日歌曲，激发人们保家卫国、奋起反抗侵略者的热忱。中共崖县县委书记叶云夫到莺歌海，会同陈世德、李大和等人，利用山歌、戏剧等各种形式，向群众揭露日寇的种种罪行。在崖四区，罗家仁、陈国风、林吉进以日本侵略军屠杀乐罗村无辜民众、烧毁抱旺村民房数十间等事实作为活教材，采用民间歌谣的形式，揭露日本侵略者的凶残；同时，宣传八路军、琼崖抗日独立总队与日军作战，打击日军嚣张气焰的英勇事迹以振奋人心。

中共崖县县委根据琼崖特委关于发展人民抗日武装、开展敌后游击战争的指示精神，分别派员到保港、梅山、莺歌海地区发动人民群众献钱献枪，组织和扩大抗日武装。1939 年冬，梅山地区以共产党员和“青抗会”骨干为核心，组建起第一支抗日游击队。同一时期，共产党员吴秉明也在保港地区发动青年组建起一支 30 多人的抗日游击队。后来进行整编，梅山抗日游击队的枪支收归吴秉明领导的抗日游击队使用，并批准吴秉明将这支抗日队伍带入抱善同国民党合作抗日。

为了集中力量打击敌人，中共崖县县委决定将陈世德领导的莺歌海抗日游击队、陈侯领导的新村抗日游击队合并，同时，将望楼港在土地革命战争时期潜伏下来的武装人员收拢起来，统编为抗日游击中队，共 100 多人，以共产党员陈世德为中队长。这支抗日游击中队扩编后，得到社会各界爱国人士的拥护和支持，人民群众和民间富户纷纷捐钱买枪和献枪。抗日游击中队又向莺歌海的大船商梁安邦、梁安国征收一批枪支弹药，从而大大提高了战斗力。

中共崖县县委领导的这两支抗日游击队建立起来后，在莺歌海至梅山之间神出鬼没地开展游击战，机智勇敢地打击来犯之敌。

三、国民党顽固派的反共摩擦和共产党对抗日武装斗争的坚持

1939 年 6 月，新任广东省第九区行政督察专员吴道南来琼主政，推行消极抗战、积极反共的方针，破坏琼崖的抗日民族统一战线，反共摩擦事件不断发生。崖县的共产党人不得不一方面击退国民党顽固派的进攻，另一方面，独立自主地坚持抗日武装斗争。

（一）抱善事件的发生

1939 年 7 月，王鸣亚继任国民党崖县县长兼崖县抗日游击队总指挥。为了团结抗日，中共崖县县委曾派林庆墀、何赤等一批共产党员到位于抱善的国民党崖县抗日游击队指挥部工作，与王鸣亚商讨合作抗日事宜，并且让吴秉明率领的梅山抗日游击队进入抱善同国民党合作抗日。抗战初期，王鸣亚尚能以抗战大局为重，与共产党合作对日作战。但从 1939 年 10 月起，王鸣亚即秉承琼崖国民党顽固派的密令，率先在崖县进行“限共”“剿共”活动。他断然解除了与共产党合作、团结抗日的爱国志士陈曼夫的国民党崖县抗日游击大队副总指挥职务。国民党武装沿着梅山抗日根据地周围地区，不断进行反共挑衅。驻扎在山脚村后的国民党崖四区区署一马当先，经常派兵勇和谍报人员窜入梅西、梅联等村庄捣乱，借查赌禁赌为名殴打捆绑村民，制造冲突。崖县局势逐渐发生逆转。

1940 年春，王鸣亚设下圈套，借整编发枪支弹药和军饷为名，要求中共崖县县委令陈世德率领的抗日游击中队也开往抱善的国民党游击指挥部。中共崖县县委主要负责人没有坚持独立自主的原则和立场，竟然同意陈世德率部开往抱善。部队进驻抱善第五天的早饭过后，崖县国民党游击指挥部便通知各小队长前往接受任务及领取子

弹、服装，准备同王鸣亚的唐德祥中队挺出外线反击日军。陈世德、李大和以及各小队长没有察觉国民党顽固派的阴谋诡计，被王鸣亚以谈话为名骗到指挥部，当即被扣押起来，并被解除职务。正当陈世德所部战士忙着整理行装之际，国民党顽固派唐德祥中队的许多士兵乘机混进驻地。突然三声枪响，陈世德中队全部被缴械，战士随即被遣散。这就是国民党顽固派制造的抱善事件。

陈世德中队被缴械遣散，中共崖县县委尚未引起足够的警惕，又密令吴秉明带领30多名抗日游击战士前往抱善，试图争取国民党崖县财政科科长、游击副总指挥郑绍程倾向共产党，结果也被国民党部队并吞。

抱善事件后，中共崖县县委发出《告全县同胞书》，揭露国民党崖县当局破坏团结抗日的罪行，严正要求释放抗日有功的陈世德等人。梅山抗日根据地所办《抗旗日报》扩大篇幅，揭发崖县国民党顽固派王鸣亚、李尚芬之流破坏团结抗日的行径，宣传党的抗日救国主张和抗日民族统一战线政策，号召各界士民坚持团结抗战，反对分裂投降。在抗日舆论的强大压力下，王鸣亚不得不释放陈世德、李大和等人。

共产党领导的两支抗日武装被王鸣亚缴械遣散，致使掌握在中共崖县县委手中的武装力量全部断送，留下了惨痛的教训。中共崖县县委原来派到抱善工作的林庆墀、何赤、廖树金、吴秉明等人撤离国民党游击指挥部，潜回梅山和崖城周围的黎村，继续从事抗日斗争。

（二）坚持抗日，锄奸反顽

以王鸣亚为首的崖县国民党顽固派的反共面目暴露以后，中共崖县县委认识到坚持独立自主掌握抗日武装的重要性。县委各主要成员分别深入崖城、保港、红塘、水南、梅东、梅西、长山、角头以及崖四区各地，一边发动群众抗日，一边吸收进步青年入党，组建群众抗日团体，开展对敌斗争。各乡村都相继建立起“青抗会”“妇救会”和少年儿童团等群众团体，配合抗日武装袭扰敌人。1939年冬，日军在崖县境内从东向西开辟公路、建筑桥梁、架设电话。中共崖县县委针对日寇的行动，派出何绍尧、何赤、吴秉明、孙珠江、孙维青等一批县、区党员骨干，深入保港、头灶、梅山等村庄，发动一批富有胆略的“青抗会”骨干成员组成破坏队，破坏日军的交通、电信设施。他们把崖一区深沟营到崖四区抱套溪20多公里的电线杆全部砍掉、电话线全部剪断，烧毁桥梁11座，给日本侵略者以打击。“青抗会”“妇救会”还在乡村巡逻放哨，划地分防，及时识破一些伪装成乡村小贩的日本特工人员和汉奸，使他们企图潜入抗日村庄侦察的阴谋难以得逞。

随着共产党领导的抗日力量的日益壮大，国民党顽固派变本加厉，不断制造反共摩擦。他们派出人员到外线活动，暗中勾结日伪汉奸，不时捕杀共产党员和抗日积极分子。黄鼎芬、黄鼎策等一批国民党公职人员携械投向日军。黄鼎芬当上了崖城伪“维持会会长”，极力为日寇效劳，派出人员到处寻找共产党地下组织，杀害中共崖城支部书记苏活民、马站支部书记黄润琰等20多名共产党和颇负盛名的抗日爱国分子林增麟，赏银通缉林庆墀、廖树金等共产党员干部。梅坊（梅山）伪维持会会长黎光善及其子充当日本侵略者的忠实走狗，刺探梅山抗日根据地的情报提供给日军。国民党崖县游击指挥部参谋孙毓甫借家居梅山之便，经常潜回梅山刺探情报，并挑拨引诱三更黎族头人韦石开投靠日敌，逮捕梅山乡副乡长黎光宗送交日军。

为了巩固抗日根据地，打击顽、伪、汉奸的嚣张气焰，中共崖县县委组织武工队，专门从事锄奸活动。他们首先除掉汉奸黎光善、黎亚四父子，挖掉日寇在梅山地区的耳目。林庆墀带领武工队队员潜入崖城，趁夜色直插靠近日军司令部——崖县中学的黄鼎芬家，将罪大恶极的汉奸黄鼎芬处死。不久后，武工队前往保平村，铲除勾结日伪、残害民众的国民党崖一区区长周天章和恶霸周佩武，还在乐罗村铲除陈亚三和林绳栋等一批汉奸。

中共崖县县委领导的一系列反顽锄奸行动，狠狠打击了日伪顽劣的嚣张气焰，为抗日根据地的巩固和抗日民主政权的建立打下了良好的基础。

（三）配合琼崖抗日独立总队第三支队东调

1940 年 12 月，琼崖的国民党顽固派围攻中共琼崖特委领导的琼文抗日根据地，制造美合事变。其后由张开泰领导的琼崖抗日独立总队第四大队奉命西撤到儋（县）白（沙）昌（江）边区活动，与儋县的两个抗日游击中队合编成立琼崖抗日独立总队第三支队，张开泰任支队长兼政委。为了扩充第三支队，1941 年 3 月，张开泰派陈永泰和陈嘉光从西路来崖县发展武装。中共崖县县委执行琼崖特委指示，在保平、梅山、莺歌海等地动员几十名青年参加第三支队。起程前，梅山游击区的人民杀猪宰牛盛情款待，欢送子弟兵。参军青年由中共崖县县委书记叶云夫和县委常委何赤亲自带队送到第三支队，崖城地区的林庆墀、黎道统、廖树金、张信娥等人一同前往。他们到达第三支队后，陈世德、孙珠江分别担任中队长，林庆墀任政治干事。黎道统被派回崖县担任筹粮主任，负责筹集粮食与搜集敌情。

1941 年夏，琼崖抗日独立总队第三支队奉命东调。由于日伪和国民党顽固派的层层封锁，支队决定绕道昌江、感恩、乐东、崖县、保亭、陵水开往万宁，沿途寻找战机袭击小股日伪军，惩办汉奸，打击土顽，夺取武器装备自己。

9 月的一天拂晓，第三支队到达乐东县的黑眉岭。为了夺取枪支和物资，他们一连三次伏击从岭头港到佛罗镇公路上的日军车辆，均未获成功，反而暴露了行踪。日军调集大量兵力，由汉奸带路，分三路向第三支队营地分进合击。张开泰率部沉着应战，依据山高林密的有利地形，分兵数路阻击来犯之敌，打死打伤日伪军数十人。战斗持续七天七夜。后乘日敌撤防，张开泰带领部分战士从密林中走出，收拢失散的部队，重整旗鼓，继续踏上向东转移的征途。

第三支队在黑眉岭胜利突围的消息传来，中共崖县县委立即派出干部前往带路，绕过崖县国民党军队和日本侵略军的防线，在第二天抵达梅山青岭休整。梅山抗日根据地家家户户忙着给部队碾谷、舂米，赶制军鞋、被服，编织竹笠，宰猪杀牛慰劳子弟兵。后备队发动队员给部队补充弹药，妇女潜入敌占区购买军需药品。部队将要离开时，梅山党组织又发动群众给部队装满米袋、添置炊具。

休整、补给之后，第三支队继续向东挺进。张开泰率部进入崖城北部山区，遭到国民党乐东县王醒亚部和崖县郑绍烈部追击，在抱冲岭、乐豪岭、钱蒙岭辗转近一个月。粮食很快又吃光了，战士只得采摘野果充饥。在困难关头，经林庆墀动员，其父深明大义，打开立村和郎典的粮仓，献出5000多斤谷子和20多头黄牛，帮助第三支队渡过难关，完成东征任务，辗转到达万宁六连岭抗日根据地。

林庆墀家住崖城，其父倾家支持抗日队伍，遭到顽伪和日寇的疯狂报复，财产被洗劫，房屋被拆毁。林父逃难进入山林，被汉奸密报日寇杀害。不久，林庆墀的母亲和妻子也先后罹难，他全家为抗日救国作出重大牺牲。

四、粉碎日军“扫荡”和抗日民主政权的建立

（一）驻崖县日军的兵力布局

据日文资料记载，1941年9月，日军第十六防备队驻扎在崖县辖区的兵力1084人，部署如下：三亚368人，大队部；崖县县城74人，派遣队；藤桥30人，分遣队；榆林6人，分遣队；三亚街3人，分遣队；马岭8人，分遣队。崖县共有1个大队部、1个派遣队、17个分遣队，人数从3人到27人之间不等。另有三亚角炮台、榆林第九基地炮台、东洲岛炮台3座炮台，分别驻扎48人、3人、36人。此外，还有海上的警戒部队。①

第十六防备队驻崖县的兵力在各个时期有所变化，到1943年9月，总兵力780人。但上述数字中，只是第十六防备队的兵力，而当时在海南各地还有警察队，主要由台湾人组成，数量也不少。三亚还有海南警备府司令部，人数在200人以上，另有海军设施部的10多个部门，都有自己的警备兵力。另外，在三亚一带的日本人所办企业也多有武器装备。所以，日军在三亚地区的兵力，实际上远远大于上

① 《海南警备府战时日志》中的《陆上部队兵力配备状况及配备图》，1941年12月。

述数字，一般会在3000人到4000人之间。

总体而言，因崖县一带驻扎的日本军队数量多，临时集结榆亚的日军也比较多，在这样的地区展开对日军的正面袭扰是很困难的。但是，崖县地域广阔，日军的守备兵力不足，为国共两党领导的抗日游击活动留出大片空间。有鉴于此，1942年6月之后，日军开始转变守备方针，重启“堡垒战术”，企图以少数兵力确保广大地区。所谓的“堡垒战术”，不过是日军在内地各占领区惯用的设立据点，封锁、“扫荡”抗日根据地战术的翻版而已。在这些据点中，一般配置轻机枪，稍大的据点配置重机枪和掷弹筒；同时，每个据点都配置运输兵，保持各据点之间的兵力联系。当时海南岛内的抗日武装中，地方保安团才装备轻机枪、迫击炮，一般的壮丁常备队、抗日游击队只装备步枪，民兵则仅有少量步枪，多数使用粉枪（火药枪）。装备对比的悬殊，导致抗日武装对这些日军的据点很难展开正面攻击。经常可以见到的战例，主要是对行进在公路上的日军展开袭击，这也是崖县抗战中比较多见而且战果比较明显的成功战术。

（二）日军对抗日根据地残酷“扫荡”

1941年12月，日本发动太平洋战争。为了把海南岛变成“太平洋上永不沉没的航空母舰”，从1942年5月起，日军集中优势兵力，对琼文抗日根据地进行残酷的“蚕食”和“扫荡”，琼崖抗战进入最艰难困苦的时期。

在崖县，日军第十六防备队调整军事部署，实施“堡垒战术”，增设分遣队，普遍设立“维持会”，推行绥靖措施。日军勾结国民党顽固派、伪“维持会”，收买和扶植汉奸为其效劳。日军在梅山境内短短3公里的公路干线上，设置了黎翁田、长山、岭子、高土墩4个据点及扫梳村马队基地，对梅山抗日根据地进行铁桶式的包围，唆使汉奸、国民党亲日分子四处捕杀共产党人和革命群众。国民党崖县游击指挥部参谋孙毓甫与日敌配合，策动三更村黎人首领韦石开，带领日寇“围剿”梅山乡的革命村庄，屠杀抗日干部。日本侵略者还对梅山抗日根据地进行严密的封锁，不准梅山人民东到崖城、西到九所做买卖，企图困死梅山地区的抗日武装。1942 年间，日军对莺歌海地区也加紧“清剿”。

在崖城、保港一带，1942 年夏，国民党官员谭天诚携械向日军投降，担任崖城“和平促进会”会长，为虎作伥。日军利用汉奸搜集情报，纵火烧毁革命村庄，捕杀共产党员和革命群众，手段极其残忍。

日本侵略者把崖县东部地区看作是“匪区”，对该地区大肆“清剿”、疯狂烧杀。日军破坏和封锁从藤桥到万宁的陆路交通线，又将后海村一带的渔船全部封锁并驱赶回藤桥港，禁止出海捕鱼，企图对崖三区抗日根据地实行封锁。

在日军实行“三光”政策的淫威下，崖县的抗日武装斗争转入了最残酷、最困难、环境极为恶劣的时期。

（三）反“扫荡”和抗日民主政权的建立

为粉碎日军猖狂的“蚕食”和“扫荡”，1942 年冬，中共琼崖特委决定在崖县东部与陵水县、保亭县、乐东县毗邻的边区成立陵崖保乐边区工委（1943 年 12 月，成立边区党委），派张开泰返回边区工作，任务是恢复和开辟新区、重建仲田岭抗日根据地。1943 年 10 月，中共琼崖特委领导的琼崖抗日独立总队第三支队第一营进驻陵崖保乐边区，在六弓岭伏击日军，毙敌多名。第三支队配合地方建党建政和组织武装，还派出干部到吊罗山指导苗族人民开展武装斗争，成立苗族人民抗日后备大队。这样，崖县就有了梅山、仲田岭两处抗日根据地，领导广大人民群众对日军作战，夺取反“蚕食”、反“扫荡”的胜利。

1943 年 9 月，中共琼崖特委决定，昌江、感恩、崖县（中西部）三县组成联合县委，称中共昌感崖联合县委，书记是陈克文；中共崖县县委改为崖县区委，工作区域为崖县中西部的一、四、五区。中共昌感崖联合县委成立后，另辟一条从东方感城到达梅山青岭的水陆地下交通线，沟通与中共琼崖特委的联系，以更有利于开展抗击日寇的斗争。

在中共琼崖特委领导下，1943 年年底还在黎族地区建立 5 个新的抗日民族根据地，即昌（江）白（沙）边界地区抗日民族根据地、感（恩）乐（东）崖（县）边界地区抗日民族根据地、万（宁）保（亭）边界地区抗日民族根据地、崖（县）保（亭）边界地区抗日民族根据地和陵（水）崖（县）边界地区抗日民族根据地。[①] 其中，有 3 个与崖县有关。

根据中共中央关于“建立区乡政权”的指示精神，早在 1942 年 6 月，梅山乡便召开各阶层人士出席的代表大会，民主选举孙惠公为乡长，宣布梅山乡抗日民主政府成立。稍后又成立新英乡抗日民主政府，选举郑文泽为乡长。1943 年 5 月，崖县中西部（即中一、西四、西五区）和感恩县南部的一、三区，合并建立崖感办事处，民主选举林庆墀为主任。崖感办事处还建立一支抗日武装队伍——南镇队。这支抗日武装活跃在崖感境内，出奇制胜，打击日敌，有效地牵制了日军对抗日根据地的“蚕食”和“扫荡”。与此同时，在保亭大简成立陵崖保乐边区办事处，张开泰任主任。遭到日寇“围剿”后，办事处又迁回仲田岭。在琼崖抗日独立总队第三支队第三大队的配合下，陵崖保乐边区先后建立起藤桥、镜云、六盘、赤锋、龙楼、道德、罗蓬 7 个乡的抗日民主政府。各乡抗日民主政府发挥地方政权的作用，领导人民群众进行反“蚕食”、反“扫荡”的斗争，取得节节胜利。

在抗日根据地的民主政权建设中，抗日民主政府广泛团结汉、黎、回、苗各族上层人士，吸收他们参加政府的工作。如昌江、乐东、崖县边界少数民族地区的西北团、西南团（相当于乡的行政单位），都是按照“三三制”原则组成的乡级抗日民主政府。

各个乡的抗日民主政府突出抓了三项工作：一是动员参军参战，反击日军的进攻；二是开展减租减息，组织帮耕队、帮工队，帮助烈、军、工属和困难户耕地做工，做好优抚工作；三是团结各阶级、

① 《黎族简史》，广东人民出版社 1982 年版，第 128 页。

各阶层人民共同反击日寇的“蚕食”和“扫荡”。从1942年到1945年间，崖县全县参军参战的青年共有1100多人，为琼崖抗日独立总队增添了战斗力。

为了更有效地开展反“蚕食”、反“扫荡”斗争，各抗日根据地在成立抗日民主政府和建立各种群众抗日组织的基础上，积极发展地方武装。自1942年6月开始，梅山乡从青抗会会员中选出30多名勇敢顽强的积极分子，配备粉枪30余支，建立起梅山乡后备队。在崖县东部地区，陵崖保乐边区在琼崖抗日独立总队第三支队第三大队的配合下，各乡抗日民主政府相继建立起后备队。各乡后备队惩治那些死心塌地为日寇卖命、残害人民的汉奸和土顽，紧密配合主力部队反击敌人。到1945年上半年，崖县东部陵崖保乐边区的后备队民兵先后出动五六千人次，协助主力部队阻击、伏击、袭击日军200多次，计毙、伤敌千余人，缴获枪支300多支，炸毁汽车10多辆，拆毁桥梁6座，砍断电线杆无数，还缴获一大批弹药、军用物资。

抗日民族统一战线工作对扩大抗日力量起了积极作用。港门村名流麦上桐，东盐灶绅士陈启元、林锺炳等人，在抗日民族统一战线政策的感召下，献出一批枪支支持抗日。陵崖保乐边区开展策反工作，从内部瓦解敌人，争取一部分曾经为敌效劳的人员反正，为抗日服务。如陵水伪维持会会长庄毛、英州日军据点翻译官罗全荣（台湾籍）、藤桥伪维持会会长符儒焕、红沙伪维持会会长翁德育等人，都是在抗日民主政府的耐心教育感召下弃暗投明的。他们帮助地方抗日武装筹集枪支、弹药和医药用品，保护在敌占区活动的工作人员，提供情报配合反击日伪。

在反“扫荡”期间，崖县国民党政府的地方武装力量也曾与日敌发生过战斗。1942年4月，国民党崖县自卫队、第四区特务工作队在崖县境内的冲坡、大翁、甘村及第五区的水内村展开游击战，击毙日伪数名，夺得战马两匹。9月，国民党崖县抗日游击队第一中队对日伪三亚铁路办事处发动夜袭，烧毁各类设施，包括火车机车1辆、卡车15辆、燃油百余箱。1943年8月，驻藤桥的日军分遣队对崖县第二区进行“扫荡”。国民党崖县第二区警备队、第三游击小队与之展开激战，逼日军退回据点。

（四）抗日民主政府的经济政策

从1942年开始，日本侵略者对抗日根据地加紧实行“扫荡”。中共中央发出关于“发展经济，保障供给”“自己动手，丰衣足食”的指示。琼崖各抗日根据地一方面号召人民群众行动起来，生产自救、减租减息；另一方面，合理征粮征税，进行打没缉私，开展献捐运动，共同渡过抗战难关。

1. 开展生产自救

1942年到1943年间，日本侵略者频繁的“围剿”和封锁，造成各抗日根据地粮食奇缺、衣着困难。梅山乡抗日民主政府首先发出“不让一丘田一块地丢荒”的号召，发动梅山青抗会、妇救会和民兵组织抢耕抢种，白天敌人来骚扰耕种不了，就利用晚上摸黑抢耕、播种、收割、脱粒，快收快藏。同时开展“一人半亩”的开荒生产运动，共开垦荒地800多亩，种植棉花、杂粮、番薯和蔬菜，解决衣食困难。没有食盐，梅山群众跑几里路挑海水煮盐；没有灯油，群众上山采海棠子榨油照明；没有火药，民兵挖灶肚土、老屋土煮硝制火药。

2. 实行减租减息

梅山乡抗日民主政府成立后，向地主、富农实行二五减租（即减租25%）。东部地区藤桥乡、镜云乡的地主、富农，也将田租减少20%~30%，使广大佃农受益。

3. 抓好征粮征税

征收公、军粮和征收工商税，是抗日民主政府成立后征收的正税。征收办法有两种：一种是对地主豪绅，根据他们家庭的田地多少，分为三等摊派；另一种是对基本群众，任务分配到保甲，由保、甲长分配到农户，“富户多负，贫户少负，赤贫不负”。一般按家庭生活水平分为三个等级负担，富的交一担，贫的交几斤。工商税有盐田税、渔船税、商贩税、行商税、货物税和敌占区的赌博税，均按规定征收。

4. 进行打没缉私

为了解决财政来源不足的问题，1944 年春，昌感崖县抗日民主政府设立稽征处，下设稽征队，对海上货运收税。对日伪汉奸的运货船，走私犯禁物资如鸦片烟、枪支弹药的货船，则予以没收。

5. 发动捐献支前

在开展“一人一弹”捐献运动中，梅东村捐献铜仙板（铜钱）34.2 万枚做子弹，角头村捐献生铁大钟 4 座、锡烛台和香炉 7 个、铜仙板 20 箩、烂铜铁一大批。莺歌海地区人民群众买布缝制军粮袋 300 个，每袋装有虾米 5 斤，体现了人民群众对子弟兵的热爱。东部崖三区、仲田岭老区的人民群众更是热忱捐钱捐物，粮、油、鱼、肉、菜、衣服、鞋、药品、纸笔墨之类不计其数。据不完全统计，1943 年到 1945 年间，崖县东部地区捐献粮食 20 多万斤、光洋 1 万多元。后海村渔业主杨秀山在战争年代献枪、捐款、捐物支援革命，帮助抗日民主政府摆脱困境，所作贡献十分突出。

五、夺取抗日战争的最后胜利

1943 年至 1944 年，世界反法西斯战争的形势发生了根本的变化，中国抗日军民转入局部反攻。在琼崖，各抗日根据地军民粉碎日军的“蚕食”和“扫荡”，巩固扩大了抗日根据地，形成了对日反包围的战略态势。1944 年春，盟军在太平洋战场对日军发起进攻，美军飞机不时进入榆亚地区上空进行侦察，进而轰炸红沙、榆林、三亚、黄流等地的日军基地。日军三亚军用机场两次遭到盟军飞机轰炸，烧毁军备仓库、油库等，伤亡惨重。海南岛上的日军内外受敌，遂调整部署，收缩据点，加强防御工事，并在榆林港外以 2000 枚机械水雷敷设防潜水艇雷区，准备做垂死挣扎。他们加紧拉夫抓丁，挖筑工事，藏匿武器和军用物资。日军抓到三亚服苦役的 1000 多名朝鲜人，被押送到荔枝沟南丁村、落笔岭一带山麓挖修军用地洞，掩藏物资，完工后全部被就地杀害，埋在南丁山坡，此处后被称为“南丁千人坑”，遗址至今尚存。这是日本侵略者垂死时令人发指的又一暴行。

崖县抗日军民以新的姿态积极开展斗争，迎接抗日战争最后胜利的到来。日军的“蚕食”、“扫荡”被粉碎，敌占区人民抗日武装对日伪的袭扰和进攻更加频繁，日伪内部的厌战、反战情绪也在滋长，这就为开展政治攻势、策反敌军工作提供了条件。1944 年 2 月，中共六盘乡支部按照上级指示，策反田独铁矿日军翻译官邱荣华（台湾籍），通过邱荣华动员台湾籍士兵 10 多人反正。9 月，邱荣华等 10 多位台籍士兵秘密潜入田独铁矿日军仓库，搬走 10 余箱子弹，连夜送到六盘乡抗日民主政府驻地，由乡政府派后备队将子弹送到仲田岭抗日根据地。在昌感崖地区，也有台湾籍士兵投诚，配合抗日武装拔除驻望楼港的日军分遣队。

为夺取最后胜利，崖县民众不顾危险，积极投入抗战，对当地的抗日武装以及盟军都给予大力支持。1945 年 5 月，美军飞机轰炸榆林，两架飞机坠落。4 名飞行员落入海中，3 人被日军俘获，一位名叫哥德的飞行员被当地民众救起。他先被送到国民党崖县政府，后辗转来到国民党琼崖守备司令部，抗战胜利后返回美国。① 7 月，盟军一架飞机在崖县上空被日军击落。飞行员沃特尔·弗雷斯特尔中尉跳伞后落入崖县六盘山林丛中，被当地抗日民主政府的民兵营救，送往陵崖保乐边区办事处，受到热情接待。日寇投降后，美驻琼军官安特列斯中校亲自到设在南丰的琼崖抗日独立总队司令部当面致谢。②

从崖县走出去的同胞也肩负着家乡父老的嘱托，在各地抗日战场上与日本侵略者进行殊死的战斗，涌现出一批抗日英雄人物。

王启夏，字邦禹，崖县西四区抱岁村（今属乐东黎族自治县）人。1938 年，他弃教从戎，考入黄埔军校第十四期步兵科，

---

① 《海南抗战纪要》，第 787 页。见《海南文史资料》第 20 辑，第 353 页。

② 中共广东省委党史资料征集委员会、中共广东省海南行政区委员会党史办公室编印：《琼崖抗日斗争史料选编》，1986 年 10 月出版，第 323 页。又参见《海南文史资料》第 20 辑《营救美军飞行员》，2005 年 8 月出版。

毕业后奔赴抗日前线。惊闻父亲病故，王启夏致函痛悼："日寇烧杀，尸骨满坡，国难当头，当先报国，忠孝难得两全。"此后，他被编入中国远征军，在云南、缅甸一带对日作战，曾参与滇缅战役中闻名的松山、龙陵大战。

黎宗彦，崖城水南村人，国民党中央航空学校第八期学员。卢沟桥事变后，他随航校西迁云南。1938 年夏，航校进行空战实弹演习时，突遇日机空袭，机场关闭，地面指挥部命令由演习改为战斗。黎宗彦勇敢地驾机向日军机群冲杀，将一架日机击落。当时的云南省主席龙云为他颁奖。1939 年，在保卫重庆的空战中，黎宗彦又击落两架日机。1940 年年初，在重庆附近的一次空战中，他追击日机到四川达县上空，因燃油耗尽迫降，不幸撞山坠毁，以身殉国。中华民国政府追认黎宗彦为烈士。

吉章简，字夏迪，崖县西四区冲坡村老吉落（今属乐东黎族自治县）人，黄埔军校第二期毕业生。1937 年 8 月，日军进攻上海。吉章简时任上海市保安总团少将总团长，率保安总团参加淞沪会战。后来，他调任陆军预备第六师中将师长，1938 年，率部赴江西参加对日作战。

1945 年 8 月 15 日，日本宣布无条件投降。

中共琼崖特委得悉日本宣布无条件投降的消息，立即发出紧急指示，命令所属部队向日军开展新的军事行动，收复国土。盘踞在崖县境内的日军陷于恐惧绝望之中。

9 月 2 日，日本在投降书上签字。至此，抗日战争胜利结束。崖县人民和全国人民一起，欢天喜地庆祝这一伟大胜利。在崖县，被日军奴役多年的台湾同胞，也无不欢庆这一出头之日。榆林地区的台湾劳工同乡会在住处搭起彩门，张贴对联，上联是"天意有幸复归祖国"，下联是"人心不变思念中原"，表达了从日寇铁蹄下挣脱被奴役命运的喜悦和爱国情怀。

在抗日战争中，崖县抗日军民英勇战斗，创建了抗日根据地，有力地牵制和打击了日本侵略者。崖县英雄儿女为了民族的独立和解放，献出了数以千计的宝贵生命，为琼崖以及全国抗日战争的胜利作出了不可磨灭的贡献。他们的英雄业绩将永载于光辉史册之中。

第六节　抗战胜利后的崖县

抗战之前，虽然三亚的地理优势已引起国内有识之士的重视，并提出了诸多建设计划，但受制于当时的政治、经济形势，这些建设计划都没有得到具体实施。抗战中日本人对三亚的侵占，从一个侧面凸显了三亚地区战略地位的重要。战后，国内就这一问题形成了普遍的共识。虽然紧接着的国内战争阻碍这些认识转化为实际行动，但是这些认识的形成，是日后加强三亚建设的舆论基础。在三亚地区，日本人所建设的基础设施被接收之后，也为其后三亚的发展所利用。

一、中国军队在三亚湾接受日军投降

1945 年 8 月，日军海南警备府司令长官伍贺启次郎，派代表与国民党琼崖警备司令王毅接洽投降事宜。王毅将司令部迁往定安县城，准备就近指挥。9 月 16 日，广东在广州中山纪念堂举行接受日军投降仪式。随后，国民党军中将叶佩高带领经济部、交通部、军需部等部门的接收人员来琼。10 月 10 日，国民政府属下粤桂南区总指挥部对海南岛日军下达第一号命令，要求他们遵守无条件投降的命令，等待中方的接收。① 中国陆军总司令何应钦、空军司令张廷孟，分别于 10 月 26 日、28 日到海南了解接收情况。其后，国民党军第四十六军新编第十九师在师长蒋雄率领下进驻榆亚地区。11 月中旬，在三亚湾日军第十六防备队司令部举行崖县接受日军投降仪式。蒋雄在司令部门口张贴对联：登高望远海，策马定中原。榆亚地区的接收手续至 12 月下旬办完，侵崖日军才陆续从榆林上船被遣返。

日本宣布无条件投降后，9 月 10 日，即在南京举行投降仪式的第

① 《海南警备府战时日志》昭和二十一年（1946）三月一日别纸二，琼字第一号。

二天，日本海军中国方面舰队司令部改称为中国战区日本海军总联络部；海南警备府司令部改称为海南岛日本海军联络部，负责解决战后的问题。据日文资料记载：海南岛的日本军队在1945年11月5日完成了向中方的交接任务，开始撤出。当时在海南岛的日本海军人员有4.94万人，侨民有5800人。撤侨工作从1946年3月19日开始，到1949年4月6日才完成。而日本海军海南警备府的全部人员在1946年4月6日已撤走，依照中方的要求，有86人留用，100名战争嫌疑犯被拘押送往上海，残余人员到1950年1月15日完全撤离。①

上引日文资料说到的在海南岛的日本海军人员，由军人、军属（指军队中的文职军官、技术人员、雇员、杂役等）、军夫（随军劳工）三部分人所组成。据日文资料的统计，1945年，海南警备府的日籍官兵实际上只有11094人②，日文资料所言在1946年4月6日日本海军海南警备府的全部人员已撤走，指的就是日本海军海南警备府的日本人。在日军中，所占比例很大的台湾籍军人，特别是人数众多的所谓"军属""军夫"，则在此后才陆续被遣返。台湾学者在《台湾史》中记载："1946年7月与10月，先后有四批计共4000余名台胞自海南岛返台"③，并认为在11月还有台胞6000余人滞留在海南岛的榆林。据台湾学者引用1946年12月14日上海出版的《观察》周刊第1卷第16期文章的记述，当时（应在11月）在海南岛的榆林，"码头上日军修建的宽敞的货仓，集居着近千人的'台湾人'"。他们缺衣少食，处境极为困难。"他们都是以前驻扎在榆林、三亚、崖县、感恩、北黎、昌江、乐东间日军第十六防备队暨横须贺第四特别陆战队的士兵和一部分在此间的台民。目前集中在榆林待遣的，至少尚有六千余人。"④ 仅以上两者合计，随日军在海南岛的台湾人，至少也在1

---

① 日本防卫厅防卫研究所战史室编：《昭和二十年的中国派遣军》，第582页。

② 日本防卫厅防卫研究所战史室编：《昭和二十年的中国派遣军》，第501页。

③ 戚嘉林：《台湾史》（五），（台湾）农学股份有限公司1998年版，第2211页。

④ 陈翠莲：《派系斗争与权谋政治》，（台湾）农学股份有限公司1998年版，第48页。

万人以上。而据《海南警备府战时日志》中的统计资料，在日本宣布无条件投降时，在海南岛的台湾籍人员合计有21122人；其中，由日本海军移交中国方面的海南警备府相关人员15067人，一般侨民6067人。

这些战俘和侨民最后都聚集在榆林、三亚两个港口，由美国船只运送，从海路遣返日本或台湾。

二、中国海军以榆林港为基地收复西沙、南沙群岛

抗战时期，日本人乘机进占中国的西沙、南沙群岛，并将对这些岛屿的行政管理归属于日本占领下的台湾高雄地区。日本宣布无条件投降之后，中国依据《波茨坦公告》，于1945年10月收复台湾，接着着手收复南海诸岛。也就在此时，当时占领中南半岛的法国殖民当局力图非法染指中国的南海诸岛。有鉴于此，中国国民政府决定加快收复南海诸岛的进程。

1945年10月25日台湾光复后，台湾省气象局为恢复在西沙和南沙群岛的气象工作，于12月8日派遣人员乘机帆船“成田”号从高雄出发，12月11日到达西沙群岛，12月12日下午5时登上林岛（后称永兴岛），在岛上竖立了接收标识，正面书写“台湾省行政长官公署气象局接收完了”，背面书写“民国三十四年十二月十二日”。① 这次活动是在战后第一次宣示中国对西沙群岛的主权。该调查组于1946年1月20日回到高雄，提交了巡视报告，指出南海各岛均无人驻守，引起了国内各界的关注。国民政府行政院根据台湾行政长官陈仪的报告，决定将南海诸岛仍旧划归广东省管辖。此时有消息称，当时尚且控制着越南的法国殖民当局的军舰在西沙海域活动。这一消息引起了国民政府的警觉。国民政府一方面命令外交人员与法国交涉，另一方面着手派遣海军前往巡视，以宣示对南海诸岛的主权。

经过准备之后，中国政府决定由海军总司令部派遣军舰进驻西沙、南沙群岛，限令在1946年12月底前完成接收任务，包括在南沙群岛的长岛（后称太平岛）上建立无线电台和气象站，于1947年1月1日开

---

① 《中国海军月刊》1947年创刊号，第15~16页。

始对外发布各类气象报告，并用无线电与榆林港的海军电台联系。① 国民政府的相关机构也参与了收复南海诸岛的活动。当时的国民政府国防部、内政部，空军总司令部、后勤部等机关都派代表同行。国民政府内政部训令广东省政府派出接收专员前往。西沙、南沙为崖县辖境，崖县也派员参加接收。海军总司令部决定组成接收南海诸岛舰队，以海军上校林遵为舰队指挥官，兼理进驻南沙工作；海军上校姚汝钰为舰队副指挥官，兼理进驻西沙工作。所有接收人员分乘“太平”“永兴”“中建”“中业”4 艘军舰前往。其中，“太平”（护航驱逐舰）、“中业”（坦克登陆舰）两舰赴南沙接收，“永兴”（猎潜舰）、“中建”（坦克登陆舰）两舰赴西沙接收。南沙主岛为长岛，西沙主岛为林岛。进驻后，每岛设置海军电台 1 座，驻守海军陆战队 1 个独立排。每岛在编人员 59 名，直属海军总司令部指挥，并派电信上尉李必珍为海军西沙群岛电台台长，邓清为南沙群岛电台台长。岛上电台配 250 瓦功率的发报机组及相应的设备，武器配 25 毫米口径机关炮 9 门、机枪 4 挺、其他长短枪 22 支。由此可见，当时的准备是比较充分的。

海军舰队于 1946 年 10 月 29 日晚从上海港分别出发，22 点在长江口编队集结，航线经过台湾外海并绕过香港，于 11 月 1 日晚抵达广东伶仃洋，午夜在珠江口虎门抛锚停泊。11 月 2 日，广东省接收专员，以反测量、农业、水产、气象、无线电、医务等人员上舰。11 月 6 日晨，舰队从虎门起航南下，11 月 8 日下午抵达榆林港，在此补充物资。此时正值南海东北季风强劲时节，海上风力达 7 级以上。为了保证收复工作顺利完成，舰队又添置了一批适航珊瑚礁区的渔业木船，聘请 40 多名熟悉南海各岛屿情况的崖县渔民，组成在礁环区运输物资的民工队随舰行动，等待气象条件适当，分别开往各岛。②

① 何炳材：《抗战胜利后接收南沙群岛的回顾》，见《航海》1988 年第 2 期。

② 张君然：《抗战胜利后我国海军进驻南海诸岛纪实》，见《纵横》1997 年第 10 期。又参见张君然：《收复西沙、南沙群岛重归版图——抗战胜利后我国海军进驻西沙、南沙群岛纪要》，载《上海市长宁区政协文史资料》，1996 年 11 月出版。后者的记述更加详尽。

据当时负责民工运输队的舰队作战参谋张君然回忆，崖县政府大力支持，渔民也踊跃报名，把最好的水手集中起来让舰队挑选，被选中者都引以为幸。

11月12日、18日，舰队中的“太平”“中业”两舰曾两次从榆林港起锚开赴南海，但因风浪太大，被迫返航回到榆林。11月23日，“永兴”“中建”两舰出航，奔赴西沙群岛，并于11月24日凌晨到达林岛。舰上人员开始登陆，并经五个昼夜，在岛上设立驻守的基本设施。11月29日，在岛上举行隆重的鸣炮升旗和驻军仪式，宣示中国对西沙群岛的主权。11月29日中午，舰队告别林岛，按计划驶往永乐群岛考察。下午，“永兴”舰越过琛航岛和广金岛，察看了珊瑚岛，见岛上仍有法国和日本侵占时期残留的房屋，随即将情况电告海军总司令部。舰队于11月30日下午返抵榆林港。

奔赴南沙的“太平”“中业”两舰在指挥官林遵等人的率领下，于12月9日第三次出海驶向南沙，12月12日抵达长岛附近，此后，开始登陆，并在岛上竖立主权石碑，留下50人的守卫部队。之后舰队又抵达帝都岛（后称中业岛），登岛立碑。12月17日，两舰离开帝都岛返航，12月20日回到榆林。接收舰队于12月25日全部回到广州，对南海诸岛的接收工作告一段落。崖县随同前往的40多名渔民都参加了收复南海诸岛的活动，成为这一重大历史事件的亲历者和见证人。

收复行动圆满完成之后，作战参谋张君然被任命为驻西沙群岛管理处主任，率领100多名官兵在西沙群岛驻守一年多。驻守期间，在永兴岛修建了海军收复西沙群岛纪念碑，如今已成为重要的历史文物和主权标志。

准备接收南海诸岛的中国海军人员在驻榆林期间，走访了熟悉南海情况的三亚渔民。据当事人回忆：“在榆林港期间，我们还向当地渔民了解南沙和西沙群岛的情况，得知该两群岛的渔季系在2至4月。在这春季里，风力一般在4~5级以下；5月以后夏秋季多台风，冬季多东北强风，风力有时可达7级。西沙群岛的锚地不算很差，但南沙群岛根本没有避风锚地，底质不是碎石就是珊瑚，容易走锚。实际上，选在11~12月份去接收南沙群岛是不适宜的。何况战时受到破坏的南海气象站尚未恢复，气象预报不准确，海上的天气难以掌握，中途又无避风锚地。但是国民党政府的决定和命令不能改变，而且接收南沙群岛是关系到中国的信誉问题，唯有自己尽量克服困难，争取在限期内完成任务。”①

此后，中国政府计划长期经营南海诸岛，中国海军也计划长期在西沙、南沙群岛驻扎部队。1947年，中国海军进驻西沙、南沙群岛的舰队（由“永兴”号和“中建”号两舰编成）在指挥官姚汝钰的带领下，于4月14日从广州出发，经榆林港，再次驶往西沙永兴岛。5月8日，两舰返航，于5月10日到达榆林，准备补给南沙群岛驻军物资，后再次开赴南沙。

在此时期，为了更好地宣示主权，中国政府对南海诸岛的名称做了一些正名和定名的工作。如南沙群岛旧称团沙群岛，日军占领时称为新南群岛；中沙群岛旧时也称南沙群岛。这时，统一按照各群岛在南中国海上的位置，分别正名为东沙群岛、西沙群岛、中沙群岛和南沙群岛。后来又按照中国历史上的先例，以进驻的舰名命名几个岛屿：把南沙群岛的主岛长岛（又曾称犬岛）命名为太平岛，帝都岛（又曾称三角岛）命名为中业岛，帝都群礁命名为中业群礁；把西沙群岛的主岛林岛（又曾称武德岛、多树岛、巴岛）命名为永兴岛，中途崎岛（又曾称士来塘岛、特里屯岛、南极岛）命名为中建岛。这种命名对于主权的维护是必要的，具有积极的意义。

三、内战爆发与崖县民主政府成立

抗日战争最后取得胜利，琼崖人民与全国人民一样，渴望休养生息、重建家园。但是，国民党统治集团代表封建地主、买办资产阶级利益，坚持反共、独裁，积极准备发动内战，妄图消灭共产党领导的人民武装，吞并革命根据地。

---

① 何炳材：《抗战胜利后接收南沙群岛的回顾》，载《航海》1988年第2期。

日本无条件投降后，国民党统治集团指令侵琼日军“就地驻防，维持治安”，不得向共产党领导下的抗日武装力量投降，甚至密令琼崖国民党当局在3个月内消灭共产党。1945年9月，国民党军第五十四军副军长叶佩高带人到琼“接收”。10月，全副美械装备的国民党军第四十六军2万多人奉蒋介石之命进驻琼崖，准备发动内战消灭琼崖共产党。其新编第十九师进驻榆林、三亚、崖城至昌感一带。

抗日战争后期，海南地区的政治局势与全国有所不同。自1940年年底琼崖国民党顽固派发动“围剿”琼崖抗日独立总队的美合事变，以及此前国民党崖县县长王鸣亚制造抱善事变之后，海南岛的抗日力量已经分裂，形成了国共双方对峙的局面，国民党武装和地方顽伪势力有意借助日军钳制、“进剿”共产党。抗战胜利之后，国共对峙的局面进一步加剧，而且一触即发。

1945年9月初，琼崖纵队第三支队在得知日军投降后，奉命从万宁南进，指向榆林、三亚一带，准备接受日军的投降，但遭到日军的拒绝。第三支队采取克制态度，暂时折返红沙附近驻扎。这时，海南各地的国民党军及地方反动势力不断挑衅，袭击各革命根据地的党政机关。由于斗争形势的变化，中共琼崖特委命令第三支队西撤昌感地区，陵崖保乐边区党委和崖乐县民主政府机关撤往铁炉岭。第三支队从六盘港乘船出海西行，到梅山乡角头海岸登陆，继续西行。国民党崖县自卫队大队长郑绍烈调集部队包围梅山乡，妄图消灭第三支队，扑空未得逞后，对梅山乡大肆抢烧杀。第三支队西行经崖四区芒坡村时，又遭国民党崖四区区长陈恩绶调兵包围袭击。第三支队击退围攻，胜利西撤，直达昌感地区。

国民党军新编第十九师进驻榆林、三亚、崖城之后，中共崖县区委及梅山乡民主政府被迫从梅山撤往西南山区的土伦村一带。12月，郑绍烈再次率国民党崖县地方武装围攻梅山，共产党领导的各级组织被迫分散隐蔽。月底，国民党军新编第十九师围攻陵崖保乐边区党委与崖乐县民主政府所在地铁炉岭。张开泰率众从海上突围，回到仲田岭革命根据地。1946年2月，国民党军第四十六军大举进攻白沙琼崖革命根据地，海南爆发全面内战。仲田岭革命根据地也遭到围攻，崖乐县民主政府、中共崖三区委等党政组织难以再坚持，不得不分散隐蔽。而撤退到土伦村的中共崖县区委、区公署人员，则在1945年12月下旬被当地受国民党收买的黎族首领麦亚尚带人包围捕杀，造成了骇人听闻的土伦事件。① 由于国民党正规部队和地方武装的连续摧残，崖县的革命力量遭到严重损失，西部地区处于白色恐怖之中。

为了恢复崖县地区的工作，1946年春，中共昌感崖联合县委派陈明纲等人回到望楼港，重新组建中共崖县区委。中共崖县区委深入群众基础较好的梅山、莺歌海、新丰、望楼港、乐罗、球尾灶等村开展活动，在地处中西部的第一、四、五区恢复部分党的基层组织。同年5月，中共昌感崖联合县委又派吉鲁汉带领武装工作人员到崖县配合区委开展工作，在革命群众的支持下，惩办汉奸和地方反共黑恶势力，铲除特务、暗探，打击国民党反动派的嚣张气焰。

1946年11月，国民党军第四十六军陆续调往大陆，广东国民党当局派蔡劲军率部接防琼崖，继续打内战。因敌人势力缩减，敌强我弱的态势发生了变化。中共琼崖特委趁此有利时机，派孙惠公等一批骨干回崖县恢复中共崖县县委（同年12月，中共昌感崖联合县委奉命撤销），孙惠公为县委书记；次年年初，又成立中共崖四五联区委。②

1947年5月，在粉碎国民党军第四十六军的全面进攻和蔡劲军所部的重点“清剿”、建立五指山革命根据地的形势下，中共琼崖第五次代表大会召开，号召巩固和发展革命根据地，扩大解放区，加强政治、军事、经济和文化建设。自此，中共琼崖特委改称中共琼崖区委员会（简称琼崖区党委）；同时，成立东、西、南、北4个区委，崖县县委属南区区委领导。同年10月，琼崖游击队独立纵队改称中

① 中共三亚市委党史研究室：《崖县革命史》，中共党史出版社1995年版，第128页。

② 孙惠公：《力挽狂澜——崖县1946年秋至1948年春的革命斗争情况》，《革命老人孙惠公》，中共党史出版社2008年版，第79页。

国人民解放军琼崖纵队，下辖3个总队，总队下设支队。部署在崖县及邻近琼西南地区作战的是琼崖纵队第五总队。

中共崖县县委恢复之后，积极发展革命武装以打击敌人，粉碎国民党武装的进攻。1947年1月，建立崖县前进队，人员扩大到100多人，出没于国民党统治区进行活动，与国民党地方武装展开斗争。1947年冬，崖县前进队配合琼崖纵队第五总队拔除国民党地方武装位于千家的据点，为此后开展崖乐边区工作创造了条件。同年12月，前进队拨归琼崖纵队第五总队之后，中共崖县县委又组建南进队。除此之外，民兵组织也得到发展。中共崖县县委成立崖乐边区工作委员会，开辟新区，发展武装，组织农会，筹饷筹粮，惩治恶霸和汉奸，先后建立起各乡民主政府，活动地区扩大至立才、回栏等地。经过一年的艰苦努力，崖县的革命形势又向前发展，游击区不断扩大。

国民党崖县政府配合蔡劲军所部对梅山革命根据地一再进行“清剿”和封锁，一次次遭到反击。1947年11月，蔡劲军因“剿匪不力”被撤职，国民党当局派韩汉英来海南接任行政督察专员兼保安司令，被迫改用“重点防御、相机进攻”的方针，对付琼崖解放区。

1948年3月27日，崖县民主政府（后称人民政府）成立，管辖崖县中西部及乐东县千家部分地区，中共崖县县委书记林庆墀兼任县长。县政府抽调一批工作人员分赴各区乡建立政权，全县相继建立7个行政乡：罗所乡、乐官乡、黄孔乡、海塘乡、礼智乡、仁义乡、信孚乡。各乡村的农民、民兵、青年、妇女等组织也纷纷成立，崖县的革命斗争又轰轰烈烈地开展起来。

1948年9月，琼崖区党委和琼崖临时民主政府决定在崖县东部和保亭一部分地区成立榆三县，管辖范围东至藤桥三区，南至红塘、马岭，西至立才乡，北至保亭的首弓、二弓、三弓、志妈和布什。榆三县设立桥北、桥南、赤峰、葵南、镜云、三亚、立才、信孚8个行政乡。1949年年初，榆三县奉命撤销，成立榆三特别区（属中共南区地委领导），下设藤桥、回栏、三亚、榆红4个乡。

自此以后，在崖县境内的解放区，崖县人民政府和榆三特区政府一直并行且沿袭下来。至1950年5月1日崖县全境解放，9月完成榆亚地区军管，才撤销榆三特区，其行政区域划归崖县人民政府统一管辖。

四、抗战胜利后的崖县社会

日本侵占时期，在三亚地区兴建了一系列设施，兴办了一些产业。抗战胜利之后，国民党政府官员及军队抢劫式无序“接收”，相当多的设施或被拆走，或被废弃，但还是部分地保留下来。三亚的城市面貌呈现一定的变化。

首先，三亚地区的都市布局有了很大的改变，原有的“三港一市”转变为二市，即三亚港和三亚市合而为一，榆林港转化为一个地方都市；而藤桥在此时期已经全面衰落，退出了区域都市的竞争行列。战后的资料就指出：

> 藤桥在县治东南隅，本岛南部海岸，人口虽少，为黎族区域之物资集散地，环岛公路由此通过。
>
> 榆林属崖县，在本岛之南端，附近有多数盐田，冬春两季渔业极盛。日人为运输田独铁矿之矿石，曾筑铁路出此，西南岸沿海铁路亦拟以本市为终点（已至三亚），铁矿石在榆林港装船。日人在本市或附近曾建水泥、砖瓦等工厂及田独矿山附属工厂，因此榆林曾繁荣一时，将来必随榆林港而大发展。
>
> 三亚属崖县，与榆林市接近，附近有盐田七十余所，年产盐五六十万担。产鱼亦极多。在大战中，日本华南舰队驻三亚港，在本市附近曾辟大飞机场。环岛公路过此。台拓海南产业公司曾在三亚妙山村改良农业，有种种设施。本市将继续繁昌。①

上述的记述认为，榆林、三亚是具有发展前途的都市，而藤桥则与战前一样，只是作为与附近黎族地区进行贸易的市镇而存在，几乎没有什么变化。两者之间的差距也就由此逐渐拉开。1947年，在榆

---

① 李待琛编译：《海南岛之现状》，世界书局1947年版，第7页。

林港设电信局崖县营业处。至 1949 年，榆林港电信局改为二等局，下设红沙、安由、田独、藤桥、羊栏、马岭、三亚港、港门村、红土坎 9 间邮政代办所。榆亚地区明显已成为崖县的经济中心。

三亚的产业仍然以盐业为主，但是在抗战期间，因为盐不作为重要的战略物资，日本人虽有远期规划，却来不及认真开发。在战乱的环境下，崖县、三亚的盐业都处于衰退状态。战后出版的《琼崖盐业前途的展望》指出："本岛盐田的构造、制盐作业等技术上有很多缺点，再加上社会现状、经济环境，每年产额都一年比一年减少。今后应即速谋对策，以振兴本岛这一重要产业，输往大陆换取本岛必需的物资"。该书引用日本人的调查，对日占时期海南岛原有盐田和年产额进行了统计。①

琼崖各属盐田表

县名	盐田数（户）	盐田面积（亩）	盐丁数（人）	年产额（斤）
崖县	70	13162	396	34346000
昌江	24	996	142	10995400
感恩	19	675	84	5717800
陵水	6	484	42	1220000
儋县	8	404	190	207600
临高	427	382	1353	2797700
琼山	27	56	59	1218000
文昌	44	245	188	10000
琼东	3	130	92	1010000
万宁	233	340	699	2330000

上述统计数字与战前类似统计相比，虽然以三亚盐场为主的崖县盐业在海南全岛仍占领先地位，总产量却衰减近半。

历经抗战的胜利，国内人士对三亚的认识可以说提高了一大步。这一时期国内关于三亚的研究、介绍与报道，其规模与认识的深刻程

① 韩汉藩：《琼崖盐业前途的展望》，见《南方杂志》第 2 卷第 1 期，1947 年 1 月。

度较之战前有了很大的变化。当时的《旅行杂志》有专门的文章描述三亚港："三亚港原名三椏港，因有小河一条流出，将及海，即分成两路流入一个小港湾内，故此小港湾名三椏。自日人来后，发觉小港湾之外还有大港湾，形势甚佳：东西有山环抱，南面小岛二三可为门户，北岸平原大片，再靠以五指山余脉，实为一天然军港。（日军）便即放逐黎民，建设房社、飞机场等。可惜港湾未经整理，未建码头，潮退时一片沙滩，大船难以靠岸。"①

但是，战后国民党政府对三亚的开发建设缺乏长远的设想与规划，加上政府官员的混乱"接收"，三亚的发展实际上是停滞了，其恢复与建设速度反而落后于海南岛内的其他城市。如前所述，日本人占领时期，三亚的城区人口达到了3000余人。这是因为三亚地区不仅有大量的日本驻军，同时也有诸多日人企业，导致三亚人口的增加。但日本人把三亚作为军港，将周边地区划为军事区，街市、民居被拆除和逼迁，导致三亚地区的商业活动完全停止。日本人准备把榆林港开辟为商港，但最终没有完成，因此，战后三亚立见衰落。《海南岛新志》中列举海南七大市镇②，前后次序是府城、海口、嘉积、陵水、那大、定安、文昌，而不言三亚，可见抗战胜利后，三亚在海南岛内的都市中没有地位。而此时距三亚港约5公里的三亚街，因日军在此地修建飞机场，将当地居民强行迁往羊栏、妙山、红沙一带，此街也就名存实亡，抗战胜利后虽有人迁回，但作为市镇已经不复存在。

日本军队及日人"开发会社"进占海南之后，最初的一两年里，除食品之外的必要物资，例如衣料、纸张、烟草、火柴、饮料等轻工业品，又如钢铁、水泥等重工业品，都要从日本或台湾运来。此后，太平洋战争爆发，日本本土的供给能力和运输能力均受到限制。日军不得不改变策略，对于缺乏的必需物资，在技术可能的范围内，尽可能实现就地生产自给。1942年以后，依靠来自日本的设备与技术，

---

① 振声：《漫谈榆林》，见《旅行杂志》1949年第3号。

② 陈植：《海南岛新志》，第46~48页。

迅速地启动了海南岛的战时工业。

战后研究者在追记这段历史时曾经记载："日本经营的机械器具工业，如汽车等修理工厂，颇为完备，实为工业建设的发端，此外尚有其他各种轻工业，如化学、纤维、制材、造船业、食品加工、印刷、皮革等工厂，共计约97处。"① 其中，设在崖县境内的共有20处：

业别	工厂名称	工厂地点	事业
金属制炼业	石源产业株式会社汐见工场	崖县榆林	铣铁制造，附属火力发电所
	浅野士敏土株式会社海南岛工场	崖县榆林	士敏土制造，附属火力发电所
	海南士敏土工业公司	崖县榆林	士敏土制造
	日本制铁海南岛工业所	崖县榆林	烧块多士敏土制造，附属火力发电所
窑业	海南炼瓦制造所榆林工厂	崖县榆林	炼瓦制造
	台拓炼瓦工场	崖县榆林	炼瓦制造
	三井晨林株式会社田独炼瓦工场	崖县田独	炼瓦制造
器具工业	石原产业株式会社安游工场	崖县榆林安游	田独矿山附属工场，附属火力发电所
	石原产业株式会社田独工场	崖县田独	田独矿山附属工场
	台拓海南产业株式会社榆林工场	崖县榆林	自动车修理工场
	三井农林藤桥工场	崖县藤桥	自动车修理工场
	浅野株式会社海南岛工场附属工场	崖县榆林	浅野工场附属
造船业	大日产业株式会社榆林工场	崖县榆林安游	机帆船制造
电气工业	日窒电业株式会社三亚发电所	崖县三亚	火力发电
	石原产业株式会社汐见发电所	崖县榆林汐见	火力发电，制铁工场附属工场
	日本制造株式会社海南岛工业所	崖县榆林安游	火力发电，日铁工场附属工场

① 冯大椿：《海南岛的工矿业重建问题》，见《南方杂志》第2卷第1期，1947年1月。

续表

业别	工厂名称	工厂地点	事业
化学工业	石油联合株式会社海南岛支店	榆林市安游村	石油制造
纤维工业	竹腰产业株式会社	榆林市	裁缝业
制材工业	大共木株式会社	榆林市	制材
	南洋兴发株式会社	崖县	制材

另据战后国民党政府的统计，日本人在榆林地区的工业如下所示：

海南水产社	捕鱼业制造鱼干及制冰	
大西洋渔业社		
日本制铁社	制造士敏土	设备完善
大共木材社	锯木工厂	年产木材 10 万吨
国际电器通讯社	通信器材	
石原产业社	经营矿山	田独
竹腰产业社	衣车工场承接缝纫	衣车百架
东亚盐业社	制盐	
海南印刷社	承印文件	印刷子粒俱备
大日造船社	造船	有机器四五艘
浅野士敏土厂	制造士敏土	
日共组	承接建筑	

日本人虽然设立了相当数量的工场，但是这些工业都围绕着两个主要任务展开，一是为了矿产的采掘，二是为军事服务。盐业也是变相为日本军事化学工业提供原材料。如此为战争而设立的工业，几乎不考虑市场的需求，也不会有完整的体系，面对失去的战争需求，原料的来源与市场都不能保证，因而在接收之后，并没有给三亚地区的工业展开新的局面。换言之，日占时期所谓的“工业繁荣”也就随着战争的结束而结束。能够保存下来的，只有一些基本的设施，比如

电力、道路等基础设施。

抗战胜利后，海南岛的商业整体上与战前比较也呈现倒退的局面，主要是日本侵占所造成。然而，战后榆亚地区的商业曾一度较战前有所进步，原因在于国民党政府接管之后，有更多的人口涌入，产生了与战前不同的商业需求。但这只是短暂现象，总体上说还是呈现萎缩状态，原因之一是日本人占领时期所建立的工业设施几乎都被拆毁或废弃，大量的工人也就随之失业而离开，导致人口减少。到1949年，时人有这样的记载："在全盛时代，榆林区内各地之商业颇形蓬勃，即日人投降后，亦曾回光返照。各地招来之我国工人等分批遣送回去后，现在所余的，只见少数来岛之工作人员和防军，所以商业一落千丈。如今除红沙、榆林市稍有些微生意外，其他如田独、红土坎、安游，均已无市可言，无生意可做，白石更复原为平地，三亚港门村亦仅有少数瓜菜贩卖而已，其凋零状况至为可悲。"①

陈植所著《海南岛新志》据当时的调查记载，抗战胜利后的1946年，崖县总人口为93465人。② 1941年，崖县人口已有93383人，时隔多年未有人口数量的增长，显然是战时离乱所致。据1950年崖县人民政府的统计，全县实有人口为90912人。③ 也就是说，自抗战接着内战的10年里，崖县人口总数未增反减。

战后崖县固有的传统优势产业没有得到很好恢复。在盐业方面，据近人的研究，三亚盐场"由琼海关输出之盐，1924年为303367担，1925年为168054担，1926年为396072担，1927年为589000担，1928年为465600担"。④ 有资料显示，1937年前，一般年份，三亚的盐产量都在30万~50万担以上，甚至有创纪录的近80万担。但是战后有记载称："去岁抗战胜利以后，琼土重光，昔日盐田多经

① 振声：《漫谈榆林》，见《旅行杂志》1949年第3号。

② 1947年发布的《崖县保甲编制与合作组织概况调查表》称，崖县户数有20022户，人口有126970人。显然并不可靠。

③ 1941年和1950年的人口数字引自《三亚市志》第三编第一章第一节《人口发展》，中华书局2001年版。

④ 房建昌：《新中国成立前海南岛盐业小史》，见《盐业史研究》2000年第2期。

破坏，三亚盐场公署正积极督率各盐场从事修筑工作。惟因治安不良，资金枯竭，盐民纷纷请求贷款，故目前最切要之问题为巩固治安，开办盐贷。据三亚盐场公署之报道，三亚原有八十大漏，现仅修复三十余漏”。[①]《海南岛新志》中称：“据琼崖盐场公署报告，谓最近每年产盐四十万担。”这是海南全岛的数量，还不及战前三亚一地的产量，从中也可见此时三亚盐业的衰落。

渔业方面，据资料记载，日占时期有渔船数十艘、大冰厂一间、罐头厂一间。“如今渔业几已全废，冰厂与罐头厂亦无法开工。此地现时所食之鱼，全赖船家用帆船捕回，致时有时无，或鲜或腐，且鱼价颇高。”[②] 到 1948 年，崖县的渔船还没有使用动力设备，仍是帆船，共有渔船 325 艘，总吨位 1353 吨。[③]

制糖方面，战后的制糖能力甚至还没有达到战前的水平。据《海南岛志》记载，1928 年崖县的制糖能力在 4.5 万担左右，而战后的 1947 年减至 1.6 万担左右。

1947 年崖县蔗糖产量调查表

乡别	制糖厂数（个）	每厂每日制糖数量（市担）	榨制日数	产糖总量（市担）	
				黄糖	白糖
仁义	12	4	120	11800	600
礼智	10	4	110	3700	500
永宁	7	4	100	2450	210
罗所	5	4	90	1600	100
岁乐	4	4	80	1120	80
旺官	4	4	80	1120	80
总计或平均	42	4	580	14790	1570

也就是说，战后全县的制糖产量约只相当于 1928 年的 1/3，而

① 苏沃求编著：《琼崖盐业调查》，1946 年 4 月，中国第二历史档案馆藏，第 39 页。
② 振声：《漫谈榆林》，见《旅行杂志》1949 年第 3 号。
③ 《崖县渔船渔具报告表》，1948 年度，广东省档案馆藏。

且依旧是旧式糖寮，未有新式糖厂。

这些传统产业没有恢复，而新办产业又只是纸上谈兵，致使战后地方经济失去了本来的依托，城市发展也失去了动力。在最初的恢复之后，三亚便进入了极度的下滑趋势中。

由国民党崖县政府调查估算、制作于 1946 年 2 月的崖县商店种类调查表，反映了战后崖县商业的衰退，而商业衰退正是经济衰退的重要标志。

1946 年崖县商店种类调查表

类别	家数	资本总额（法币万元）	全年营业总额（法币万元）	盈亏总额（法币万元）
粮食类	11	1650	18500	4830
饮食类	70	35	100800	1800
衣着类	20	2000	36000	3600
家私用具类	10	100	3680	320
燃料类	崖县燃料皆由乡人挑卖，并无该项商店。			
生活供应类	40	200	11520	2880
教育文化用具类	10	600	3888	864
医药卫生类	15	520	5760	1728
五金电料类	15	75	2700	540
金融保险类	2	崖县内有广东省银行崖县办事处及中国农民银行榆林办事处各一。		
金银首饰类	7	700	4200	800
交通用具类	2	300	2800	400
旅游类	3	1500	3000	1000
其他	34	3400	12240	4836

战前崖县有将近 900 家商店，而上表中仅存 239 家，总量不足战前的 1/3，还不及战前三亚一地的商店数量。

据 1950 年 5 月海南解放后，当年 12 月《崖县沿海情况调查》的记载：崖县沿海的港埠有红沙镇、榆林镇、三亚镇、港门圩。红沙镇人口约 1000 人，以前有大小商店 300 间，现存 136 间；榆林镇人口

745人，以前有商店250间，现存40间；三亚镇人口380人，港门圩人口1178人，商店35间。① 在上述商业聚集地中，红沙的地位比较突出，原因在于红沙地区一直是著名的海盐与渔业产地，聚集了大量的盐业工人和渔民，有稳定的消费人群，即使是日本侵占时期，其生产也还能维持。而三亚港和三亚街，虽然是三亚河谷生产的稻米、豆类、槟榔等产品的主要集中地，但在抗战时期，三亚港被日军定为军事区，商业活动在此期间几乎完全停止。② 日本无条件投降之后，三亚地区的商业在较长的时间内也没有恢复。

经济上的衰退，还反映在交通方面。崖县的海陆运输也只能回到战前的水平，甚至由于传统产业的衰退，交通运输量还不如战前。下表是1946年对崖县水路运输情况的调查。

1946年崖县水路运输状况调查表

航行名称		崖九线	崖黄线	崖莺线	崖榆线
起止地点		港门至九所	港门至黄流	港门至莺歌海	港门至榆林
崖县内里程		60里	90里	120里	110里
航行时日	上行	帆船10小时	帆船12小时	帆船24小时	帆船16小时
	下行	帆船10小时	帆船12小时	帆船24小时	帆船16小时
崖县运输工具	种类	帆船	帆船	帆船	帆船
	数量	2	1		1
	最大载重量	4000斤	4000斤	4000斤	4000斤
运输情形	客数	5000人	3000人	3000人	3000人
	行李数	1.5万斤	1.5万斤	1.5万斤	1.5万斤
	货物数	100万斤	60万斤	60万斤	60万斤

说明：（1）所有航行于崖县各港口者俱属帆船；（2）所列航行时日俱作顺风计，逆风时所须时间则较多；（3）运输工具数量为行驶船只数；（4）所列客数及行李、货物数以全年计算。

① 中共中央中南局统一战线工作部、中南行政委员会民族事务委员会编：《海南黎族苗族自治区各县调查资料选集》，1954年4月印本，第54~55页。

② 参见中国科学院民族研究所、广东省少数民族社会历史调查组编印《海南黎族苗族自治州什玲等五个乡黎族社会经济调查》（海南黎族社会历史情况调查资料第三册）《关于三亚港与三亚街的一些情况》，1963年7月印本。

这种情况到了1947年年底变得更加萧条。1947年12月，崖县县长邓士采给广东省政府的报告中称："（一）本县只有捕鱼帆船，并无其他使用船舶。（二）本县境内除田独铁矿现由资源委员会筹备开采外，未有其他矿业权者。又水路运输之崖黄、崖莺、崖榆各线实仅有帆船一艘行驶，因本县水路运输客货甚少。若挤运时，则临时雇佣渔船载运而已。"① 崖县的交通业水平几乎回到了清末的状态，不仅没有战前对邻县以及岛外交流的频繁，就本县内的交通也很闭塞。

经济上的衰退，也导致榆亚地区文化事业的落后。当时的人指出，榆林港没有一家报纸，也没有一架收音机。② 一直到1948年，才有《榆亚和平日报》问世。在艰难的时局中，崖县的文化教育事业也还是受到社会的关注。榆亚地区私立中正初级中学于1947年2月创办，次年改为榆亚初级中学。崖县初级小学校舍在抗战中被日军拆毁，抗战胜利后复校，但到1950年5月海南解放前夕，也仅有97名学生。1946年，在羊栏的回辉村创办了清真女校，主要针对当地的回族女童进行教育。当时曾有调查指出："回族的文化教育在海南岛比其他少数民族要高些。他们虽然没有读过大学或高中的，但初中毕业的有十六人，高小程度的四十余名，初小一百余名；妇女中识字的四名，初小二三年级的二人，高小的二人（多半是富裕人家的女儿）"。③ 其时，三亚回族比当地汉族的受教育水平可能还要高些。

1948年春，从崖县走出去的知名实验物理学家颜任光响应海南人士的期盼，回琼担任私立海南大学第一任校长，受到海南文化教育界的赞扬。为解决海南大学经费不足问题，颜任光曾在1949年4月率总务长黄昌度南下榆亚地区筹款。当时的榆亚和平日报社社长何定之，发动榆亚各界募捐海南大学基金。颜任光的声望为当地人所仰慕，数百商人当场捐献食盐5000多担，以战前价格计算，约合银圆

---

① 《电补缴本县交通道路现况表一份请察核由·崖县县政府代电》，1947年12月，广东省档案馆藏。

② 《中国海军月刊》，1947年第4、5号合刊，第40页。

③ 《海南崖县回栏乡回民情况调查》。

1.65万元。①

颜任光（1892~1968），又字耀秋，崖县乐罗村人（今属乐东黎族自治县），出身穷苦家庭。他先在乐罗长老教会教堂附设小学读书，后由府城华美中学考入广州岭南大学，毕业后以优异成绩考取公费赴美留学，获物理学博士学位。1921年，颜任光学成回国，任北京大学物理系教授，长期担任物理实验教学、科学仪器的研究和生产，在中国物理学发展史上有着突出地位。颜任光也曾在国民政府从事技术职务。1948年春至1949年6月，他应聘出任私立海南大学第一任校长，其间和胞弟颜任明在家乡创办光明小学，促进家乡教育事业的发展。中华人民共和国成立后，颜任光从香港回到上海参加社会主义建设，为中国的仪表生产作出了重大贡献。

第七节　国民党统治在崖县的终结

国民党在崖县的统治，自抗战结束就进入逐渐崩溃的没落阶段，情况与国内整体的形势近乎一致。崖县在接收之后，社会经济从未恢复到战前水平。国民党政府政策的混乱、官员的腐败与岛内的战乱，导致崖县失去了战前的经济活力。

一、国民党政权对崖县民众的政治压迫和经济掠夺

抗战胜利后，国民党政府在海南的接收过程极为混乱，官吏贪污腐败，物价飞涨，民生更加困苦，造成海南人民对国民党政府的极大不信任，政治形势也就更加趋于动荡。

研究海南历史文化的台湾学者苏云峰，在论述日本无条件投降后海南的接收过程时曾指出："在短短的半年中，换过三四次以上的接收单位：起先是由粤桂南区总部前进指挥所副总指挥朱晖日主持，不

① 苏云峰：《私立海南大学（1947~1950）》，第83页。据《海南岛志》第397页中的盐价，每担盐最高4元（银圆），最低2.9元，这里是以3.5元计算。

久由第四十六军韩练成接收。由于接收变成‘劫收’，第二方面军受降委员会决定设立海南分会，派罗奇将军为海南分会主任委员，才稍上轨道。但在罗氏抵任以前，许多设备与物资已被抢劫一空。”1946年年初一位记者的报道更为具体：“经济部和军政部二批人员最先抵琼接收，他们把一切都从日本人手上接收过来。后来交通部、农林部、社会部、粮食部……都有人来了，他们又分别从经济部、军政部接收人员手上接过来。这一转移，物已第二次少了（第一次为向日人接收）。再过些时日，交通部接收的物资，又有铁路、公路、航政、电讯、运输局……机关接收专员到了，又来一次转移。一副机器，一个工厂，甚至一部汽车，一只小艇，一而再再而三、三而四地转移接收，若干东西都在这样转移接收、手转手中，不知往何处去了。这些接收与劫收有何区别?”①

《海南近志》介绍日本人在海南岛的设施后也写道：“时我军政、财政、经济、铁道各部，皆派有接收大员。既至，毁者、拆者、除者一齐下手，不出一月，除铁道外，俱成陈迹。”②

其实，在所谓“接收”中，国民党政府并无完整的海南岛开发计划，如何将接收的成果转化为海南岛开发的基础也无人顾及，因而任由各机构基于各自的私利对日本人所遗留的物资及设施进行瓜分，这才是乱局的本源。

战后，各地极为破败，物价飞涨，纸币贬值，更令人民的生活痛苦不堪。1948年5月初，广州的上米价格为每担法币450万元，月底为700万元；中米月初每担400万元，月底为565万元。到7月中旬，上米每担1400万元，中米每担1100万元。③ 1948年8月，国民党政府借口稳定金融、物价，强制推行金圆券，规定民众不得持有黄金、白银及外币外汇，要求持有者在规定时间内将手中的金、银、外币兑换成金圆券，又规定法币300万元兑换1元金圆券。但是，金圆

---

① 云实诚：《琼崖纪行》，1946年4月广州先锋报社印行，第6~7页。

② 王家槐：《海南近志》，台北1993年5月自印本，第117~118页。

③ 之谷：《苦难重重的广东》。

券也迅速贬值。在广州，1948 年 8 月，银圆 1 元兑换金圆券 2 元，10 月变为兑换 5 元，12 月变为兑换 40 元，次年 2 月可兑换到 1500 元，4 月则达到 15 万元，5 月 1 日更变为兑换 4000 万元，6 月则兑换 5 亿元。从此，金圆券成为废纸，民众拒绝使用。① 广州的情况如此，海南乃至于崖县的情况也是如此。金融的混乱，加剧了社会的崩溃。

物价飞涨使海南人民的生活极为困苦。据《广东统计月刊》的记载：琼山县公务员的生活指数，如以 1947 年 1 月为 100%，到当年的 12 月，该指数则攀升到了 579%。一年之内，物价几乎涨了 6 倍。当时的国民党军将领韩汉藩，曾针对琼崖的惨状撰文指出：“往日世外桃源，现已笼罩于恐怖和死亡的气氛中，简直变成人间地狱了”。②

华南地区以大米为主粮，因而，大米的价格直接反映了基本生活资料的价格。1946 年 8 月，崖县的稻谷上等的每担法币 5 万元，中等的每担 4.5 万元，下等的每担 4 万元；米上等的每担 6.5 万元，中等的每担 6 万元，下等的每担 5.5 万元。③ 当时的崖县粮食市场上，每次开市的时候，只有零售，而没有批发，因为米价随时都可能变动，所有米商不再进行大额交易。④ 而在 1933 年 11 月，海口市的米价每担仅有 6 元，稻谷每担仅 2.9 元。⑤ 如此比较，抗战胜利后货币贬值，已只有抗战前的万分之一了。

当时的崖县官方也承认，崖县经济非常困难：“本县全属农业社会，经济之枯荣全系于农业经济之盛衰。县境沦陷数载，农村经济破坏甚大，光复至今虽已年余，惟以元气未复，经济情形仍未见好转，而因人民财力穷困，致商业状况极为凋零。所有商店概属小本经营，

---

① 谢哲邦：《抗战胜利后至解放前广东金融的混乱情况》，载中国人民政治协商会议广东省委员会文史资料研究委员会编《广东文史资料》第 6 辑，1963 年第 2 次印本。

② 韩汉藩：《闲话今日琼崖》，载《南方杂志》1946 年第 1 期。

③ 《崖县市场情形》（1946 年 8 月报表），广东省档案馆藏。

④ 《经济旬报》，《本岛经济情报 · 最近十日必需品价格》，1942 年 6 月。

⑤ 《琼崖实业月刊》所载海口市农产品价值、运费、税率调查表，1933 年 11 月第 2 期。

商场冷淡。非常物资之供应，除一部分土产外，多需仰给于广州、海口及粤省西南部各地之运济。惟以各地来此之运输线颇长，加以运输工具缺乏，所以日用重要物品时感求过于供，致物价每比他处为高，而影响人民生活更加困苦，至囤积居奇情事。”①

此外，随着国民党军内战失利，国民党统治区逐渐缩小，其税收也就越加越重，盐业也是如此。1949 年 8 月，广东全省的各场漏户晒丁代表联合向当时的广东省主席薛岳上书请愿，请求减少盐税，体恤盐民。代表由榆亚代表覃富文、林瑞川、程秉衡、冯英才四人领衔。

即使是国民党政府在海南的高级官员，也注意到了官场腐败、经济紊乱、民生凋敝、社会崩溃的状况，在各种场合要求各级政府自我检讨，否则会“死无葬身之地”。1947 年 11 月，韩汉英②任第九区（海南辖区）督察专员兼保安司令。他在第九“清剿”区各县联防会议上曾说道：“政治的清剿，重于军事的清剿，大家切不要有敷衍的心理。要彻底推行政令，革除贪污风气，才能达到政治清剿的目的。如果不能用政治去清剿，不但不能消除土匪（指共产党领导下的革命武装——引者注），反而制造土匪。我们不能打破卖国的恶势力，便死无葬身之地。希望大家坦白诚实，将自己工作赤裸裸地报告，彻底地检讨改进。”③ 如此沉重的讲话，可以看出作为国民党海南最高行政、军事长官的韩汉英内心有多么焦虑。但是如此的焦虑，并没有转化为海南各级国民党政府和组织的变化，毕竟制度性的崩溃已经病入膏肓。此后类似韩汉英等官员的“语重心长”的讲话，也就不断地淹没在国民党政府官员的持续腐败与人民的激烈反抗之中。

二、国民党军在榆亚集结重兵，准备守岛作战

1948 年 8 月 15 日，就在国民党军队于内战战场上节节败退、其

---

① 《崖县政府代电》，1947 年 2 月，广东省档案馆藏。

② 韩汉英，海南文昌人，保定军校毕业，陆军中将，抗战胜利后任广东省广东省第九区行政督察专员及第九“清剿”区司令。

③ 《韩司令官在第九清剿区各县联防会议席上致辞》，见《海南公报》1948 年 2 月第 2 期。

政权岌岌可危之际，国民党政府立法院通过将海南改为特别行政区的议案。1949 年 1 月，正式设立海南特别行政区，委任张发奎为行政长官兼海南建省筹备委员会主任委员，但是，张发奎以各种借口拒不到任。2 月，抗战时期的广东省主席李汉魂又被委任为该职务，也未到任。

1949 年 2 月 23 日，败退广州的国民党政府行政院第 45 次例会通过了孙科提出的议案，任命陈济棠为海南特别行政区行政长官兼海南建省筹备委员会主任委员。同年 3 月 7 日，行政院的临时会议通过决议，又任命陈济棠为海南特区警备总司令。陈济棠到任后，成立海南特别行政区行政长官公署，后又将琼崖 16 个县划分为 3 个行政区，设立督察专员。10 月，中国人民解放军解放广州，国民党广州绥靖公署主任余汉谋、广东省主席薛岳退守海南。广州绥靖公署设在府城的五公祠，12 月 1 日改称海南防卫总司令部，由薛岳任总司令，统一指挥败退海南岛的国民党海、陆、空军约 10 万人。

此时，在海南的国民党军还有相当的海军、空军力量。空军方面，拥有飞机 45 架，包括各型轰炸机、战斗机和运输机，分驻海口、三亚等基地。其中的 20 架各型运输机，对解放军渡海作战不构成威胁。[①] B—25 型轰炸机在夜间投弹的命中率很低，对解放军夜间渡海作战的威胁也不是很大。构成威胁的是能够对海面船只进行俯冲扫射的战斗机，不过其数量少，而且夜间也难以施展威力。对解放军渡海作战威胁最大的，是游弋在琼州海峡正面的国民党海军舰艇。当时在海南岛计有各型舰艇 50 艘，分别部署在海口、榆林等基地，执行环岛防御任务。

大批国民党军队退守海南岛，海南岛的兵员猛增。海南防卫总司令部在薛岳的策划下，将海南岛分为东、西、南、北 4 个守备区，编为四路军防卫。第四路军负责守卫海南岛南部，司令部设在榆林，陈

① 魏碧海：《海南岛战役渡海登陆作战的历史经验与思考》，载《军事历史》2001 年第 1 期。

骥任司令，配置第六十三军的第一五二师、第一八六师、第三二一师，以及山东警保旅（也称保安旅），分守榆林、三亚、崖城一带，其随军家属均散住在居民家。此外，还设琼北、琼南两个要塞司令部。榆林要塞的名称原为旧有，而自广州失守后，国民党军虎门要塞的守备队撤退到海南，防卫总司令部指定其驻防文昌的铺前，称琼北要塞，于是，榆林要塞相应改称琼南要塞，由张衡任司令。①

1950 年 1 月，海南特别行政区行政长官公署也设在榆林（琼南）要塞司令部内。榆林要塞是日本无条件投降后建立的，司令部设在原日军海南警备府司令部原址，设正、副司令，下设参谋长。榆林要塞的规制大致仿照虎门要塞，设第一、二、三、四科，分管人事、情报、参谋、总务等业务，又设政训、军法、军需、军械四室；总台下设三个大台，大台下设三个中台、一个守备总队、一个直属通信连一。②

鉴于当时解放军的兵力基本上是陆军，所以，溃退海南的国民党军以琼北为主要防御区。其地面部队分布在铜鼓岭、抱虎岭、木栏头、七星岭、铺前、塔市、海口、秀英、白莲、花场、天尾、马袅、天星、临高角、新盈、新英、儋城、白马井一线，择要构筑防御工事，作为第一道防线；而以主力配置于海口、灵山、福山、加来之间地区，作为第二道防线。其他兵力配合地方部队，继续对琼崖纵队进行“清剿”。海南南部是国民党军兵力薄弱的地区，主要是海军、空军基地驻军。海军以榆林为基地，在琼州海峡配置舰艇，其主力在临高、澄迈两地的海面，向对岸的雷州半岛实施巡逻、监视、防堵及封锁，主要任务是乘解放军在琼州海峡渡海时进行截击。国民党的空军则以海口以及三亚附近的机场为基地，其任务是对集结于琼州海峡对岸阳江、湛江、海康、徐闻、海安、乌石等地的解放军船只、部队、交通运输车辆实施轰炸，也企图截击渡海中的解放军，并协同陆军对

① 参见《海南省志·军事志》第 45 页。又参见《琼崖纵队史》《海南近志》。

② 王家槐：《海南近志》，第 178 页。

登陆解放军的滩头阵地进行反击。① 由此可见，榆林、三亚地区在海南岛战役中，对于国民党军队而言，首先是一处后方补给基地，其次是国民党军最后退却的撤退基地。

三、崖县人民与革命武装迎接解放

（一）主动出击，扫除崖县境内残敌

1948 年至 1949 年，人民解放战争势如破竹，节节胜利。在粉碎国民党军队的“清剿”之后，琼崖的革命形势也日益好转。中共琼崖区委及时作出从积极的战略防御转入主动的战略进攻的指示，要求全琼部队将作战引向国民党统治区，在外线主动展开行动，打击国民党反动派。1948 年 9 月至 1949 年 7 月，琼崖纵队连续发起规模空前的秋、春、夏季三大军事攻势。中共崖县县委积极动员青年参军参战，在为琼崖纵队输送兵员的同时壮大地方武装。到 1948 年年底，全县动员参军上前线的男女青年共有 310 人，参加地方武装的有 100 多人。崖县南进队扩充到 112 人，民兵发展到 1089 人。榆三特区方面，至 1948 年年底，共动员男女青年 244 人参军上前线，成立地方革命武装南保队，建立区驳壳枪班、警卫班。全区发展民兵 6 个中队，共 1284 人。

1948 年 6 月琼崖纵队解放乐东县城之后，国民党政府在崖县所控制的地区仅限于东西两侧沿海的通道，已经处于非常孤立的局面。在中共崖县县委和榆三区委的领导下，崖县地方革命武装配合琼崖纵队第五总队在琼西南的军事行动，积极展开对国民党武装和地方政权的袭击，扩大解放区。

1948 年 3 月，崖乐边区工作队袭击并烧毁国民党回栏乡乡公所；4 月，配合琼崖纵队第五总队在新沟营伏击火车，俘获国民党乐东县县长王衍祚。

1948 年 5 月 19 日，在琼崖纵队第五总队的有力配合下，中共崖

① 林荟材：《蒋帮在海南岛的最后挣扎及其覆灭》，《广东文史资料》第 7 辑，1964 年出版。

县县委书记林庆墀带领县南进队主攻国民党崖城监狱，救出狱中的几十名共产党员和革命者，以及被关押人员亲属。

1948 年 7 月，榆林要塞的国民党军调拨一批武器，用火车运往九所、黄流两个据点。崖县南进队配合琼崖纵队第五总队，撬开铁轨，趁火车出轨翻倒时发起猛烈进攻，歼敌一个连，缴获机关枪 8 挺、步枪 80 多支。

琼崖纵队在 1949 年的春季攻势中消灭昌感县境内的国民党军后，由副司令员吴克之率领南进。崖县西部的九所镇是春攻部队的必经之地。原驻守九所的国民党军榆林要塞一个中队和崖县自卫大队第二中队，曾于 1948 年冬被琼崖纵队第五总队和崖县南进队歼灭。为巩固榆林侧翼，榆林要塞又重新派驻两个中队。乐东县城失守后，国民党乐东县逃亡政府和自卫大队也迁驻于此。驻守在这里的还有国民党崖县义勇队，以及崖四区署、崖五区署中队和岁乐乡、望官乡、罗所乡乡公所的三个自卫队。几股兵力共有 300 多人集结在九所，企图在这里壁垒坚守，负隅顽抗。九所镇成了攻打崖县县城以至榆林、三亚的拦路虎，必须拔除。吴克之率领第三总队第一、三团，第五总队第四、六团和第一总队第七团，在崖县地方革命武装南进队的配合下，于 1949 年 6 月 2 日晨开始围攻九所守军，经过 4 天战斗，于 6 月 6 日第二次攻克九所，歼灭守军及崖城、榆林来援之敌共计 400 多名，缴获大批武器弹药和物资，解放了崖四区。当地青年四五百人踊跃参军，壮大了人民军队。

除此以外，拔除梅山东南高土墩敌据点、梅山关公庙敌据点，化装巧夺黄流、佛罗两镇，歼灭保平郑氏祠堂所驻强敌，歼灭撤离东孔据点之敌，歼灭红塘岭子和回栏第三炮台之敌，歼灭廖练、林旺据点守敌，伏击千家国民党军护送营。琼崖纵队和南区南征队、崖县南进队互相配合，战斗一个个打响，战果不断扩大，崖县境内的国民党驻军基本上处于被动挨打的状态。

（二）抗击国民党军的军事“清剿”

1949 年 10 月 14 日，广州解放，国民党在两广的部队纷纷溃退海南。蒋介石及桂系军阀都曾有长期死守海南、伺机反攻大陆的计划。在短时间内，海南岛的国民党军队猛增到10余万人，敌我形势因而发生了变化。以薛岳为首的国民党海南防卫总司令部，妄图凭借琼州海峡，构筑海陆空立体防线①以负隅顽抗。他们将一部分兵力布防沿海，另一部分兵力向琼崖各个解放区发动猛烈进攻，实行军事"清剿"，企图消灭琼崖"土共"（指琼崖纵队——作者注），剪除"内患"。琼崖出现了黎明前的黑暗。

当时驻守崖县的国民党军是第六十三军和山东警保旅。第六十三军分别在战略要地信孚、藤桥、红沙、港门、乐罗、九所、黄流、佛罗等地各驻守一至两个团的兵力，对解放区乡村进行全面封锁。国民党军采取围村"扫荡"、搜山、伏路截击、化装侦察等行动，摧残、镇压解放区革命武装和基层党政组织。他们还派出特务、奸细深入解放区，进行诱骗、挑拨、收买和恐吓。榆三特区部分村庄的上层分子竟然受骗上当，组织反动武装——村联防队，追捕共产党政工人员，抢劫公粮。

在残敌一时猖獗的情况下，中共崖县县委一面转移、保护革命力量，一面指示各区乡党政组织认真做好群众工作，讲解目前的国内政治形势，向广大群众指明败兵扰乱、民众遭害只不过是黎明前的黑暗，告诫大家不要上敌人的当，积极支持解放军消灭残敌，争取琼崖解放战争的最后胜利。

聚集海南岛的国民党军虽然来势汹汹，但也如惊弓之鸟，各怀自保心思。薛岳的军事"清剿"，在琼崖纵队和地方革命武装的抗击之下，不到一个月就成强弩之末，不久便退守据点。其后，藤桥、崖城、港门、九所、黄流等地的国民党驻军纷纷逃奔榆林、三亚集结，只是不时出来抢夺粮食，甚至到田间地头抢掠农民的薯芋杂粮。崖县的广大农村，几乎都在琼崖纵队和中共崖县县委、榆三区委领导的革命武装控制之下。

---

① 即所谓"伯陵防线"。薛岳字伯陵。

（三）做好迎接野战军渡海作战的准备工作

1949年12月中旬，中国人民解放军第四野战军第四十军、第四十三军遵照毛泽东主席关于渡海作战、解放海南岛的命令，进军雷州半岛备战。中共琼崖区委接到中央军委关于接应野战军渡海登陆的命令，于12月15日在五指山中心根据地召开党政军领导干部会议，强调接应和配合野战大军渡海作战是当前压倒一切的中心任务。12月22日，中共琼崖南区地委迅速部署，要求所属各县（区）立即行动，贯彻执行中共琼崖区委《关于配合大军渡海解放全琼的紧急工作指示》。

中共崖县县委和榆三特区委为迎接解放大军的到来，积极动员干部群众，做好各项准备工作：一是有系统地组织支前委员会，以便有力地领导支前工作；二是集中力量做好粮食的征集和储备，以保证解放大军到琼后不因粮食困难而影响作战；三是设立接待站，组织民工队，准备帮助部队挖战壕、跑运输及抬担架等，保证解放大军到哪里都有人热情接待；四是做好沿海敌情侦察并快速提供情报。中共崖县县委立即建立健全情报组织，积极开展情报搜集，将崖县境内特别是沿海一带的敌情，如敌军驻地、兵力配备、调动情况，以及敌据点分布、工事建筑、放哨巡逻等情形及时书面上报。

（四）加强政治攻势，瓦解国民党军

败退驻防琼南的国民党残军，大部分是山东警保旅的山东籍士兵。他们初来时语言不通，思念家乡。许多人思想彷徨，冒险携带武器或徒手逃离队伍。崖县、陵水、榆三各县区的党政组织均接收了一批逃兵，做好瓦解国民党军的工作迫在眉睫。中共崖县县委要求各级党组织抓紧几项工作：第一，将中共琼崖南区地委给国民党军山东籍士兵的《告山东兄弟书》大量散发到敌营中去，加强思想引导，增强其放下武器、弃暗投明的决心。第二，大力宣传解放战争和琼崖战斗的胜利消息，加速瓦解敌人。第三，利用各种社会关系，争取敌伪机关职员及杂务人员为我方工作。第四，打进敌地方各种团队进行活动。与此同时，教育群众懂得做好接济国民党军逃兵的工作。由于采取了各种瓦解国民党军的措施，在第四野战军大兵压境、先遣部队潜渡登陆成功的大势之下，国民党军纷纷携械投诚。

1950 年 4 月 11 日，驻崖城的第六十三军某团两个班各携带步枪、子弹，向仁义乡民主政府投诚。

4 月 18 日，国民党军排长陈明治带领 25 人，携带轻机枪 2 挺，卡宾枪、冲锋枪各 2 支和步枪 10 多支，向回栏乡民主政府投诚。

4 月 20 日，国民党军山东警保旅第十三团第三营正、副营长邢福多、方树荣带领残部官兵 58 人，向崖县民主政府投诚，随降武器弹药有轻机枪 6 挺、步枪 30 支、短枪 2 支、手榴弹 6 枚、各种子弹 1680 发、电话机 1 部。

国民党军在全面溃退前大肆进行破坏，将设置在榆林、红沙周围的炮台、工厂纵火烧毁。4 月 29 日夜，通宵达旦，火光冲天，炮弹的爆炸声震耳欲聋，20 公里外就可见火光。

四、渡海大军和琼崖纵队一部解放榆亚

1950 年 4 月之前，人民解放军渡海作战部队在琼崖纵队的接应下，以小部队多次、分批偷渡琼州海峡成功之后，开始准备大规模的渡海作战，一举解放海南岛。据战后的战役总结资料记载："当时敌人亦十分窃判我 4 月必定大举攻琼，迅速将琼南之二五二师、二五六师等部队及海、空军绝大部分调至海峡正面增防。薛匪（薛岳）并通令海、陆军于每日黄昏前至次晨拂晓后一律全副武装备战，海防部队一律进入阵地，全部指挥官各就指挥位置，形势至为紧张。敌我双方仅一水之隔，各行攻防决战准备。"①

1950 年 4 月 16 日傍晚，中国人民解放军第四十军、第四十三军的 8 个团，正式展开了解放海南岛战役。人民解放军从雷州半岛出发渡海，于次日后半夜至清晨，在海南岛北部的临高角等地强行登陆成功。在经过美亭地区的包围与反包围激战、消灭国民党军有生力量之后，于 4 月 23 日解放海口、府城，而且深入海南岛北部的广大地区。

---

① 《四十三军关于解放海南岛综合报告》。

国民党军队已经无力抵抗。4 月 22 日下午，薛岳不得不下令总撤退。薛岳本人在当日下午 6 时乘飞机前往台湾，并要求台湾方面在 4 月 27 日前派军舰到榆林接运残兵。① 国民党军开始了全面的撤退。

薛岳下达总撤退命令后，国民党军开始组织从海上撤退的行动。各部向海南岛南部集结，再由海上撤退台湾。此时海南岛中部、南部的港口，如崖县的榆林、三亚，万宁的乌场，感恩的北黎，都是国民党军撤退的主要集结地。其中，榆林、三亚两地集中了国民党军第二十三兵团、榆林要塞守军、山东警保旅，以及在榆林、三亚的各国民党机关，由国民党海军第二舰队负责运输。

渡海解放军指挥部于 4 月 24 日 16 时命令除第四十三军第一二七师主力控制海口、琼山，维持秩序外，其他渡海作战各部队以及琼崖纵队从北向南展开追击，分东、中、西三路进行追歼作战。

榆林、三亚是解放军追歼残敌的主要方向。东路追击部队为第四十军主力和第四十三军第一二八师全部，主要沿着海南的东线环岛公路南进，分别经文昌、嘉积、乐会、万宁、陵水向榆林进击。第四十军第一一八师占领海口后，使用缴获的国民党军车辆并动员一部分商用车辆共 40 多辆，将第三五四团第三营、师山炮连、一〇七迫击炮排组成快速纵队，乘坐汽车展开追击。4 月 24 日，第四十三军第一二八师在文昌以北歼灭国民党军两个营，并受降其第一六三师第四八九团。4 月 25 日 7 时，第四十军第一一九师第三五七团在黄竹市击溃国民党军第一五一师两个团，歼敌 800 余人，俘虏第六十二军副军长。当日 18 时，第一一九师第三五五团攻占嘉积；19 时，第一二八师到达嘉积，与第一一九师会合。4 月 26 日 13 时，第一一八师乘车的快速纵队在龙滚市追上国民党军，于和乐市击溃国民党军第二五二师残部及教导师一部；并在第三五五团的协同下，在乌石港歼灭国民党军第三十二军、第六十二军残部 3000 余人，击伤其军船 3 艘，残

① 转引自刘振华：《海南之战》，《四十军海南岛登陆作战总结》（1949 年 3 月 5 日至 4 月 30 日），辽宁人民出版社 1994 年版，第 530 页。

敌乘船逃去。4月29日，追击部队赶到陵水新村港，追歼国民党军第六十二军、教导师各一部共2000余人。至此，追击部队迅速占领了嘉积、万宁县城、陵水等海南东线各战略要点，并逼近国民党军最后的集结地——榆林、三亚。

1950年4月29日拂晓，第四十三军第一二八师第三八二团迂回至三亚西北部的机场，从东、北、西三个方向包围三亚。当日中午，发起进攻，夺取了三亚。

4月29日下午4时，第四十军第一一九师第三五五团第一营最先到达榆林地区，随即对榆林展开攻击，并占领榆林。① 据第一一九师师长徐国夫回忆："4月30日拂晓，当我们登上榆林港左翼高地时，见港湾里未及离去的两艘国民党军舰正在装运物资、人员。三五五团快速插向右翼高地，居高临下封锁了港口，及时赶到的后卫三五七团也投入了战斗。"此役最终俘获这两艘军舰（实际上，是一艘油船、一艘商船）。第三五五团占领了国民党军榆林要塞司令部，第一一九师师部随即进驻司令部大楼。

经过10多个小时的行军，第四十军第一一九师第三五五团第三营于4月30日上午8时从万宁到达榆林港附近。此后，第一营、第二营分左右夹击榆林，第三营则绕过榆林东北部的山岗，逼近三亚港。残敌乱糟糟地挣扎着登上三四十只小舢板摇出海岸，外海两三公里处有国民党军队的轮船接应。在口头劝降无效之后，解放军对海边的国民党军进行火力攻击，小舢板上的人大部分被击中落水。② 4月30日夜间，解放军第四十三军第一二八师长三八二团第一连渡过海湾，登上鹿回头进行搜索，在山下俘获数千人。③ 第一一九师最后攻占三亚港。

---

① 庄红军主编：《跨海之战》，第四十集团军政治部2000年12月印本，第312页。

② 庄红军主编《跨海之战》，第293页。

③ 《战争史上的奇迹——四十三军解放海南纪实》，广东人民出版社1995年版，第314页。

4 月 30 日拂晓，第四十三军第一二八师第三八三团第三营也抵达红沙镇背面的山下，为控制这个制高点，随即展开进攻。之后，与第四十军一部合力攻下此山，进入榆林港。此时，渡海先锋营——第一二八师第三八三团一营也到达榆林。第一二八师指挥所随第三八三团进入榆林。①

5 月 1 日，第一二八师第三八三团接受三亚外海东、西玳瑁洲岛上数百名国民党军的投降，另一部及琼崖纵队一部进占崖县县城。就职不足半月天的国民党末任崖县县长黄自强早已弃职而去。这样，三亚全境解放。

八所、北黎也于 5 月 1 日解放。至此，海南全境解放。

在海南岛战役中，国民党守军有 10 余万人，从三亚、榆林等港口撤往台湾者经收容仅有 4 万余人。② 据中国人民解放军参战部队总指挥邓华将军的回忆，海南岛战役“歼敌 5 个师，9 个团，共 33000 余人”。③

鲜艳的五星红旗终于插到中国的天涯海角，中国共产党领导下的新民主主义革命取得彻底胜利，崖县的历史翻开了新的一页。

---

① 《战争史上的奇迹——四十三军解放海南纪实》，第 313 页。

② 王家槐：《海南近志》，第 214 页。

③ 邓华：《雄狮飞渡天险，踏破伯陵防线》，见《琼岛星火》第 1 辑，第 16 页。

第九章　中华人民共和国成立后的崖县

1949年10月1日，毛泽东在北京天安门城楼向全国和全世界庄严宣告："中华人民共和国中央人民政府今天成立了!"天安门广场人山人海，鲜艳的五星红旗冉冉升起。此时的海南岛上，除中共琼崖区委领导的根据地和革命力量影响所及的农村，海府地区及沿海城镇仍处在国民党统治之下。1950年3月至4月，中国人民解放军第四野战军十五兵团四十军、四十三军在琼崖纵队的配合下，发起解放海南岛渡海作战战役，突破国民党军的"伯陵防线"后，从琼北分道南追逃敌，于4月30日下午4时在榆亚地区结束解放海南岛的最后一场战斗。残余的国民党军仓皇从三亚港、榆林港登舰撤往台湾。5月1日，第四十三军第一二八师及琼崖纵队一部开进崖城，崖县全境宣告解放。崖县历史翻开了建设新民主主义社会、社会主义社会的新篇章。

第一节　崖县人民政权的建立

一、崖县民主政权机关从革命根据地迁入城市

1950年5月1日，崖县全境解放，全县人民欢欣鼓舞。就在5月1日人民解放军以胜利之师威武雄壮地开进崖城的当天，中共崖县县委在崖城召开群众大会，热烈欢庆海南全岛解放，并连续两夜举行文艺公演及传统的游灯文艺庆祝活动。崖县城乡民众沉浸在迎接解放的

兴奋和欢乐之中。

崖县全县解放前夕，中国共产党领导下的革命根据地民主政权，西部有崖县人民政府，县长由中共崖县县委书记林庆墀兼任；榆亚以东地区有榆三特别区民主政府，下设藤桥、镜云、羊栏、信孚、榆红5个乡，区长是吉鲁汉。两县（区）均属琼崖临时民主政府南区行署管辖。崖县全境解放后，崖县人民政府和榆三特别区民主政府立即分别进城开展接收工作，肃清残余匪特，稳定社会秩序，建立人民政权，迅速恢复和稳定城乡人民的生产、生活。

（一）崖县人民政府从根据地山区迁址崖城

1950年5月初旬，中共崖县县委、崖县人民政府机关从根据地山区温仁村（今乐东黎族自治县境），迁进崖县县城崖城。县府机关暂设在崖州学宫。

> 人民政府将要迁址进城的消息，很快传遍了温仁革命老区。居住在这里的黎族同胞，舍不得人民政府机关离去，许多人先后来向县长林庆墀和部门负责人陈国风、何赤、陈明纲等人亲切话别。① 时值端阳节将至，温仁村的黎家同胞，端出特酿的山兰糯米酒，杀鸡作食，按照黎族的风俗习惯，邀请政府机关的老友到家里来做客，为他们饯行。黎族同胞主动组织好搬运组和牛车队，全力帮助县政府搬迁。
>
> 春温夏暖，山区的初夏太阳照得人暖融融的。县机关的人马要动身离开温仁老区了，林庆墀对前来送行的黎族同胞深情道别。他说，4年解放战争，让黎族同胞受苦了。过去，我们在反击国民党反动派的日子里，有盐同咸，无盐同淡，一直坚持到今天才迎来了胜利。在你死我活的革命战争中，温仁人民不怕流血牺牲，支持政府，保护政府，我们是永远不会忘记的。今天，县府迁址崖城，是为了建设好新中国，建设好新崖县，让包括温仁

① 《崖县革命斗争史大事记》，中共三亚市委党史资料征集，1987年11月，通什版，第138~139页。

在内的老百姓过上好生活。①

当县机关全体人员离开山区向崖城方向进发时，当地男女老少沿途欢送，难分难舍地走了一程又一程。队伍已经走得很远了，黎族同胞们仍然不忍回去，场面十分动人和热烈。

崖城是具有2000多年建置史的“八朝州郡治所”。中共崖县县委和崖县政府机关迁址崖城的消息，使这座历史古城呈现一片欢腾。县人民政府在崖城挂牌那天，城内市民和崖县中学学生组织起近200人的秧歌队，载歌载舞，打着腰鼓，兴高采烈地一齐走上了街头，游行欢呼，热烈庆祝县人民政府定址崖城。为了增加喜庆的内容，由崖县中学发起组织文艺活动。白天，在崖州学宫举办崖县民众喜闻乐见的猜灯谜活动，以猜灯谜为载体，表现当地人民欢乐喜悦的心情。晚上，遵循崖州民间每逢盛事游灯欢庆的习俗，崖城市民和学生高举自制的五角星红灯、双鱼吉祥灯和莲花灯，从街道走出，从学校走来，在新县府（崖州学宫）大门前会灯，然后游行涌向西关市、西门街、东关市、东门街，以及拱北坊、起晨坊等路段，热烈欢呼崖县全境解放，热烈庆祝县府迁址崖城。

（二）对榆亚地区实行军事管制

在崖县人民政府定址崖城的同时，海南军事管制委员会于5月16日宣布成立榆亚军管分会，委派符哥洛为主任、相炜（人民解放军第四十三军一二八师政委）为副主任，对榆亚地区实行军事管制，负责榆林、三亚、红沙地区的公安、交通、文教、财经的接收工作；榆三特区民主政府从仲田岭迁入三亚，是榆亚地区的行政机关。榆亚军管分会下设秘书组、宣传组、交通组、文教组、公安组、民政组、财经组7个组，田独铁矿则另派军事代表进驻。

由于国民党军败退时的破坏，榆亚地区满目疮痍，军管接收、恢复生产和整治社会秩序的任务十分繁重。海南军事管制委员会于5月

① 罗才让回忆录《在琼崖公学的日子里》，自传体。罗才让是三亚市天涯中学原教导主任、离休干部。

16 日委派叶明华担任中共榆三特区书记，由南区行署委任陈大鸾为榆三特区区长、吉鲁汉为副区长，加强榆亚地区军管期间在政治、军事和经济工作上的领导，保证社会稳定和各项工作的运转。

二、肃清境内国民党军残余

1950 年 5 月海南解放初期，仍有部分国民党军官兵和敌职人员散处全岛各地，估计有万余人，或成股或以散兵游勇状态活动，其中也包括国民党有组织的特务潜藏。他们分别向革命力量尚且薄弱、一时还来不及接管的乡村集镇流窜，威胁群众，收钱收米，甚至还经常进入村庄抢掠，或出没公路干线行劫商旅，活动十分猖獗，肃清残敌成为当务之急。1950 年 5 月 12 日，中共琼崖区委作出剿匪决定，抽调琼崖纵队官兵，在民兵的配合下，分别在国民党残军和敌职人员潜藏较多的山区展开大规模清剿。区党委确定了军事清剿和政治攻势相结合的工作方针，一方面夜以继日地对残敌穷追围剿，对于较大的股匪实行分进合击，不使漏网；另一方面，各地广泛开展政治争取工作，或利用敌职人员家属劝降，或利用已降人员招降，宣传人民政府的宽大政策。崖县解放前夕，聚集于榆亚、崖城地区的是国民党军第六十三军及山东警保旅，其溃散的下层官兵多属外地乡籍。驻崖县和榆亚地区负责清剿残敌的琼崖纵队第五总队及地方党政机关有针对性地开展工作，宣传革命大势，指明前途出路，军事、政治双管齐下。各地溃散的残存国民党军与敌职人员纷纷向驻军及政府机关缴械投降。

5 月 10 日，国民党军山东警保旅第十三团第三营正、副营长以下官兵 58 人，向崖县人民政府投诚。随降武器有轻机枪 6 挺、步枪 30 支、短枪 2 支等。

5 月 12 日至 15 日，国民党军山东警保旅第二团副团长卢朝炎带一个连，并海塘、佛罗、孔佛、仁义、罗所 5 个乡的伪乡长和伪乡公所自卫班 90 余人，向人民解放军第一二八师投诚。永宁乡的伪乡长也带 10 余人向当地政府投诚。

仅榆亚军管分会统计，搜获及携带投降的枪械就有步枪百余支，轻重机枪20余挺，六零炮一门，短枪30余支；投诚人员中，计有县团级3人、校尉级70余人，收容散兵游勇846人。

三、迅速恢复生产和安定社会秩序

（一）妥善做好接管工作

接管工作主要集中在榆亚地区。由于1950年5月海南解放前夕国民党反动派有计划的破坏和撤退，榆亚地区各机关和工厂，除邮局及琼崖盐场公署榆亚分署比较完整外，其余都遭到严重破坏，负责人逃逸，许多档案、物资散乱遗失，趁乱偷窃现象也甚为严重。田独铁矿受的破坏尤其惨重，档案、账册、家具大部或全部被毁，中站发电所被炸，安游发电所也遭到破坏，轻油和重油车的零件被拆走，卸矿机一部被炸毁，材料库被烧毁13处，有价值的零件均被搬走或偷窃。榆林铁路总站并红沙分站的负责人均逃逸，田独到三亚、田独到石碌铁路的枕木、铁轨、桥梁被破坏不能通车，只有轻便火车可由田独驶至安游、由红沙驶至榆林。公路总站的8辆汽车被烧毁，电报局和电话局电机被尽行破坏或搬走，航运公司原有的7艘轮船或被破坏或被驶走。

榆亚军管分会成立后，分别组织了政务、财经、交通、文教、军事等接管组及粮食接管委员会。由于干部力量不足，由驻守榆亚地区的人民解放军第一二八师派干部20名、琼崖纵队第五总队派干部6名、中共南区地委派工作队队员10名、南区行署派干部10名、琼崖公学派学员18名，分头进行接管工作。根据榆亚地区国民党败退时破坏严重的情况，榆亚军管分会和中共榆三区委确定的工作方针是尽快恢复城市管理。主要工作任务是：第一，收罗散兵游勇，安置失业工人，安定社会秩序。第二，整理税收，安定营业。第三，按系统清理物资。第四，广泛宣传政策及展开反特斗争。第五，建立基层政权，实行户籍管理。第六，恢复水陆交通及邮电。

海南区党委《关于解放后情况和工作的综合报告》称，榆亚地区在接管过程中，工矿和财经方面的接管对象共13个单位，但未受破坏且主要负责人还留在者只有琼崖盐场公署榆亚分署，以及中国农民银行的分支机构。有些单位的主要负责人跑了，但部分职员、员工尚在。被国民党反动派破坏后仍有物资可接收者，则有海南铁矿局、海南水产公司、中国石油公司在榆亚的机构，以及海南农林试验场榆亚分场等。至于在榆亚地区的广东银行、海南银行，海关榆林分卡、国税局崖县征稽处、崖县水产管理局等，则人员完全逃散，资产完全被撤走。以上各单位接收后能够迅速恢复生产经营者，仅有琼崖盐场公署榆亚分署、邮政局和中国农民银行，其他企业全部不能生产。税收征稽除盐税原有机构可利用外，其他都得重新建立。

接管工作从政务着手。榆三特区民主政府进驻榆亚、榆亚军管分会成立后，立即开展施政工作，对敌伪“榆亚镇公所”及“永宁乡公所”人员进行登记，收管溃散的国民党军散兵游勇，加强地方治安维护。对于工矿企业和其他单位，当时的基本做法是：（1）首先接收盐务机关及税收机关，迅速组织盐业生产并整顿恢复税收秩序，以保证盐工生活及行政运转。（2）其他有物资的单位（主要是企业部门）先行接收以避免散失。（3）向田独铁矿局派出联络小组，教育与组织工人保护矿山。（4）对银行只派联络员联系，令其听候接收。

接收组进驻田独铁矿后，召开职员和工友代表会议，通过他们指定各部门负责人，与军管联络小组共同商讨处理各种事务，组织力量进行清点整理。6月上旬结束清点工作后，又组织临时管理委员会，对残留的器材物资进行保管与修整。同时，也力所能及地适当解决职员、工友的生活问题（每人每天发28小两大米和少量菜金）。

由于接收组的艰苦工作，市面很快恢复平静，盐场等企业恢复生产。公路总站依靠工人修复被破坏的汽车6辆，开通榆林至海口的班车。邮政局员工全部照常工作。榆亚地区有榆亚中学及中心小学3间，除榆亚中学因教职员散失未能及时复课外，小学基本完整，均迅即复课。

（二）迅速恢复生产

战后恢复生产对于稳定新政权至关重要。1950年7月中旬，崖县发生一场大风灾、水灾。榆亚军管分会与中共崖县县委、崖县政府共同研究救灾措施，成立救灾委员会，军民团结抗灾救灾，尽量减少灾害所造成的损失。全县共捐献救灾款 497.5 万元（旧币）、大米 999 斤。崖县人民政府及时把救灾物资发放到各灾区，新的人民政权在这场救灾斗争中发挥了坚强的领导作用，获得民众好评。

制盐业和造船业（特别是制盐业），是崖县的经济主脉。海南全岛解放之初，海南军管会即委派赵建中前来主持接管榆亚盐场，成立榆亚盐务支局，除管辖榆亚盐场外，还下辖陵水、保平两个盐务所。5 月底，海南军管会又派员接管榆亚修船所，指定榆亚军管分会代管，组织恢复生产。榆亚地区各企业均实行军事管制，对当时控制琼南局势、迅速恢复生产、解决群众生活出路、稳定社会秩序，起到了关键作用。

军管榆亚盐场后，军管干部和接收人员紧密依靠盐工，发挥盐工当家做主的主人翁精神，治理战争所造成的混乱，迅速恢复生产。榆亚盐场拥有盐田近 1 万亩，产量高，盐质好，生产规模和经济效益居海南盐业首位。该场所产生的盐除销国内外，还远销东南亚各国。榆亚盐场以前每年上缴的盐税，与崖县田赋相埒，故当地曾有“一个盐田，养活一县官吏”的说法。盐业的经济地位在崖县尤其是在榆亚地区十分重要。盐场实行军管时，正值台风即将到来的季节，军管人员组织盐场职工抢先突击平整铺垫盐田防止漏底，抓紧时机整治盐畦，适时引入海水到畦里作为种盐，赶在五六月晴天偏多的时段，摊晒、暴晒海盐（俗称“煮海”）。由于提前抓住关键季节，超额完成了生产任务，既保证了市场供应和外销，扩大了经济收入，更增加了税收财源，对巩固新政权和稳定社会秩序产生了积极效果。1950 年 10 月 14 日，中央批准海南盐税减半征收。次年 1 月 4 日，在政府贷款 8 亿元（旧币）的扶助下，榆亚盐场即大部分修复，盐产量上升，效益显著。

榆亚盐场原为国民党政府琼崖盐场公署榆亚分署所辖。1950 年崖县解放后，海南军管会接管榆亚盐场，成立三亚盐务局，后归属两广盐务管理局海南分局，并改称榆亚盐务支局。1952 年 11 月，海南盐务分局曾与榆亚盐务支局合并办公，改称两广盐务管理局海南盐场管理处，在三亚镇办公。1953 年 10 月，海南盐场管理处由三亚镇迁回海口市，同时撤销榆亚盐务支局，成立榆亚盐务分处。1955 年 1 月，榆亚盐务分处转为国营榆亚盐场。①

（三）整顿治安，恢复社会秩序

榆亚军管分会在恢复生产的同时，大力抓治安整顿，使刚刚解放的榆亚地区迅速出现一派新的社会生活气象。国民党统治时期，榆亚地区“烟、赌、娼”三毒根深蒂固，社会上的惯偷、流氓时常劫市抢掠。榆亚军管分会针对这种状况，发动群众，在摸清“三毒”和惯偷人员情况后，分期分批在街道办“政教班”，组织他们学习，提高觉悟，放弃恶习，收到了较好的效果。与此同时，广泛吸收街道积极分子，组成街道宣传组，宣传整顿治安和社会秩序。宣传小组每组三人，每天晚上 7 点半走上街头，其中一人手掌煤油灯，一人读宣传内容，一人拿着广播筒大声宣讲，宣传人民政府的有关政策规定。宣传小组还结合宣传“三防”（防火、防盗、防特），教育市民提高警惕，防止敌特分子的造谣和破坏活动。通过这些宣传，进一步发动群众，震慑和孤立敌人。实行军管仅数月，榆亚地区的社会秩序就日趋稳定，新的社会气象给人民带来了希望和信心。

四、顺利完成政权更迭

1950 年 5 月海南解放前夕，中共琼崖区委将海南划分为东、西、南 3 个行政区，崖县和榆三特区隶属南区。1950 年 8 月，海南军政委员会撤销南区（边海区）行署，崖县直属海南军政委员会（后为海南行政公署）领导。9 月，撤销榆三特别区，其行政区域（东至三亚、榆林、红沙、藤桥，南至马岭、红塘，西至立才乡，北至今保亭县的首弓、二弓、三弓、志妈和布什等地）划归崖县管辖。榆亚地

① 榆亚盐场指的是榆亚地区的铁炉、榆红、红沙、安罗、安游等地盐田，临春河（三亚东河）北段东侧临春村、月川村一带盐田，以及金鸡岭桥、南边海一带盐田。

区结束军管后，榆亚盐场等单位交由崖县地方政府管理。崖县人民法院在1950年下半年建立，受理崖县行政区域的第一审反革命案件、刑事案件和民事案件。崖县工会筹备处、崖县民主妇女联合会也在崖城先后建立。全县圆满地实现了政权更迭和重建。

1950年11月13日，中共海南区委、海南军政委员会下达各级人民政府及党派群众团体员额编制。其中，崖县属丙级，机关编制65员，公安部队100员，党委会24员，群团19员，预备干部14员，总计222员（不含勤杂人员）。通知还规定，县政府设秘书室、民政科、公安局、财粮科、工商科、农林科、建设科、文教科、法院、卫生科，县委会设秘书处、组织部、宣传部。群团有工会、农会、青年团、妇联会、武装部。崖县属沿海县，可设渔民工会。县属每乡配备干部3人。

对县以下的基层建制，崖县全县作了变动。县内设1镇9乡：榆亚镇（镇政府驻地红沙），藤桥乡（驻地藤桥）、回栏乡（驻地羊栏）、信孚乡（驻地马岭）、仁义乡（驻地崖城）、礼智乡（驻地港门）、罗所乡（驻地九所）、乐官乡（驻地冲坡）、黄孔乡（驻地黄流）、海塘乡（驻地莺歌海）。1950年9月，海南军政委员会通知，崖县划分为5个区公所和1个区级镇，下辖52个乡、1个乡级镇和8个乡级办事处，计有：崖一区公所，辖12个乡，驻地崖城；崖二区公所，辖10个乡，驻地羊栏；崖三区公所，辖10个乡，驻地藤桥；崖四区公所，辖10个乡，驻地九所；崖五区公所，辖10个乡，驻地黄流；榆亚镇公所，辖3个办事处，驻地三亚。

1955年9月起，各区改套所在地名，依次改称崖城区、羊栏区、藤桥区、九所区、黄流区、三亚镇。直至1958年3月，撤区并大乡，崖县全县设置11个乡、2个镇：崖城乡、马岭乡、白超乡、梅山乡、羊栏乡、回辉乡、洪风乡、藤桥乡、九所乡、冲坡乡、黄流乡和莺歌海镇、三亚镇。1958年年末，人民公社化运动全面铺开。此后，遂以公社为县政府辖下的一级行政机构，时有变动。

崖县人民政府统辖全县之后，迅速掀起生产运动。因 1950 年 7 月发生风雨灾害，10 月中旬，第 32 号强台风又登陆，全县倒塌民房 134 间、半塌 149 间，水灾又引发牲畜瘟疫，稻田、甘蔗的收成严重受损，农民生活困难。崖县政府和各乡镇积极组织冬种救灾。海南军政委员会又及时下拨 1951 年春耕农贷，给崖县贷粮 1000 担、种子 500 担（均以稻谷计值）、肥料 500 担，确保了来年春播春种。

在榆亚地区，崖县政府仍然重点关注盐业生产。榆亚军管分会人员撤出之后，中共崖县县委、崖县政府先后委派王德惠和赵建忠到榆亚盐场主持工作。他们在军管小组完成接收工作和初步恢复生产的基础上，从多方面加强对盐场的领导和建设。一是抓好政治建设。从盐工中发现积极分子，培养党员对象，发展党团骨干，构建核心群体。在这个基础上，成立盐工工会、青年会、妇女会，发展群众组织。二是抓好盐业生产。将盐场近万亩的盐田切片划区，在场部的统一领导下分为 8 个生产工区：榕根工区、下村园工区、丰兴隆工区、海螺工区、欧家园工区、红沙工区、盐田坡工区和南边海工区。各工区各负其责，展开生产竞赛。三是加强治安和文档管理。接管原广琼粤盐业公司遗存的各种表册、分利、计划、协议等文字档案和累年集资股份材料，以及从原国民党盐警队缴获的枪支弹药，予以妥善处置，保证了盐场安全与生产的正常进行。四是加强财经和后勤保障工作。掌握好财务开支，防止贪污浪费。关心盐工福利，办好公共食堂，保障正常供给。五是组织文化和生产技能学习，提高盐工思想觉悟和生产知识水平，促进生产效率的增长。各工区都开办文化学校，聘请中小学教师当义务教员。六是组织盐工开展业余体育活动，增强盐工体质和身心健康。榆亚盐场很快出现人心愉悦、生产蒸蒸日上的新面貌，受到中共赈到县委和崖县政府的表彰。

金融市场秩序也逐步理顺。1950 年 7 月 24 日，中国人民银行榆林支行成立，崖县开始发行人民币。榆林支行成立后的头两个月，人民币投放量很少，月投放 10 亿元（旧币）左右。为了照顾此前长期形成的以银圆交易的民间习惯，尚未禁止银圆在市场上的流通，形成了人民币与银圆混用的货币流通市场。初期，人民币 1500 元比银圆 1 元。由于匪特造谣、金融贩子投机，市面上人民币被贬值到 4000 元比银圆 1 元，黑市比价甚至高达上万，严重损害了人民币的信誉。1950 年 8 月 9 日，海南军政委员会发布命令，禁止银圆上市流通。中国人民银行榆林支行在羊栏、红沙、藤桥等地设点兑换银圆，其牌价按照银圆成色高低给予人民币相应比价，最高比价为 1∶1 万，最低比价为 1∶7000。至 1951 年 4 月，崖县全县人民币月投放量增至 20 亿元（旧币）；1951 年 5 月，中国人民银行崖县支行成立，人民币的流通范围扩展到全县各地区；1951 年 10 月，人民币占领崖县全部城乡市场。①

五、召开崖县第一届各界人民代表会议

经过解放初期的艰苦工作，崖县第一届各界人民代表会议于 1950 年 10 月 25 日至 29 日在崖城召开。这是在中国共产党领导下崖县各族人民当家做主的第一次政治制度体现，是崖县各族人民政治生活中的大事。

人民代表会议是人民代表大会制度的过渡形式。中华人民共和国成立初期，经普选产生的地方人民代表大会召开前，由地方各界人民代表组成代表会议，作为地方权力机关。其主要职权是：听取并审议本级人民政府关于施政方针、政策、计划及工作情况的报告，提出批评和建议；向人民政府反映人民群众的意见和要求，讨论地方兴革事宜；向人民传达并解释各界人民代表会议的决议，协助人民政府动员人民贯彻施政方略。地方各界人民代表会议休会期间设常务委员会。

代表会议召开之前，崖县政府成立了崖县第一届各界人民代表会议筹备委员会，民主推选林庆墀、孙惠公等 31 人为筹备委员会委员，林庆墀任主任委员。

按照中央人民政府颁布的各界人民代表会议组织通则，出席会议

① 人民币为中华人民共和国法定货币，于 1948 年 12 月 1 日开始发行，以元为单位。1955 年 2 月 21 日，国务院发布关于发行新版人民币和收回旧版人民币的命令。新版人民币与旧版人民币的比率为 1∶1 万。

的代表通过三种方法产生：大部分代表由各界群众按单位酝酿提名、民主选举产生，报县人民政府审查确认；部分代表由县人民政府指定（一般由县长、副县长充任）；另有部分社会知名人士由县政府邀请。工人、农民、妇女、学生、机关、部队、复员军人、工商界、教育界、手工业界、自由职业者、中共党员、新民主主义青年团团员、开明士绅和少数民族的代表均占有一定比例。最后，选出崖县第一届各界人民代表会议正式代表共100名。

为了迎接各界人民代表会议的召开，中共崖县县委、崖县人民政府大门口，崖城中心的东门街、西门街、东关市、西关市，崖县中学、崖城小学门口，以及拱北、起晨等村口，红灯高挂，彩旗飘扬。

崖县第一届各界人民代表会议实到代表83名，特邀代表2名，列席人员9名。会议听取了崖县第一届各界人民代表会议筹备工作情况的报告，听取和审议了崖县人民政府关于全县解放4个多月来施政和接管工作的报告，听取了反霸减租与合理负担情况的通报，听取了关于清匪肃特和治安工作情况的通报。会议经过热烈讨论，通过了关于合理负担完成夏秋征粮、反霸减租、清匪肃敌、加强工农联盟巩固人民民主专政4项决议。会议共收到提案94件。

会议选举产生崖县第一届各界人民代表会议常务委员会。常务委员会设主席1名、副主席1名、委员13名。林庆墀当选为常务委员会主席，文宝庆当选为副主席。

会议最后通过了给中共中央、毛泽东主席的致敬电。

自1950年起至1954年《中华人民共和国选举法》颁布、施行人民代表大会制度止，崖县先后举行过八届各界人民代表会议。1954年6月25日，崖县第一届人民代表大会第一次会议召开。

第二节　巩固新生政权，开展各项民主改革

崖县顺利完成接收工作，召开各界人民代表会议，从县到区（镇）、乡建立人民政权，劳动人民成为国家和社会的主人。接着，

又完成清匪反霸、土地改革和盐业、渔业改革，镇压反革命等新民主主义革命遗留下来的任务，巩固了新生政权。同时，开展“三反”“五反”运动，建立稳定的社会经济秩序；荡涤旧社会遗留下来的买卖婚姻、歧视少数民族、赌博、吸毒等陋俗，提倡读书识字，树立新的社会风尚，为崖县经济社会的恢复和发展奠定了基础。

一、开展清匪反霸和减租退押

1950 年 5 月崖县解放以后，在新政权建立的过程中，潜伏的匪特和地方恶霸势力尚未肃清。这些人大抵有三类：一是在军事清剿中漏网潜伏流窜的匪首，二是农村中的恶霸地主以及反动的旧军政人员，三是暗藏的职业特务和沿海偷渡潜入的特务。1950 年 6 月，朝鲜战争爆发。这些人乘机到处散布谣言，欺骗民众，挑拨群众与政府的关系，伺机进行或明或暗的破坏活动。为了巩固新生政权，肃清国民党残余势力的捣乱和影响，中共崖县县委贯彻海南区党委指示，从 1951 年 4 月开始在全县范围内展开“清匪反霸”和“减租退押”运动（简称“八字运动”）。中共崖县县委、崖县政府从直属机关和农村抽调大批干部，分赴各乡开展工作。先以妙林、回栏、月榕乡为重点，六盘、田独为附点，当年 10 月在全县全面铺开，至 1952 年 5 月 16 日告一段落。清匪反霸、减租退押斗争打垮了乡村封建势力，提高了群众觉悟，改变了农村中的政治状况，为其后的土地改革运动创造了政治条件。

（一）崖县的清匪反霸运动

匪特恶霸是政治土匪，基础是封建势力。清匪反霸不是单纯的军事斗争，必须军事、政治相结合，深入发动群众检举揭发，小分队进剿，对他们开展斗争，以肃清隐患，树立共产党领导下的人民民主专政的政治优势。

1951 年 3 月下旬，崖县第二区、三区和四区即成立剿匪委员会，解放军驻榆林部队派出两个团兵力配合地方清剿。中共崖县县委、崖县政府派出的工作队在乡下分别召开各阶层会议，发动群众深挖和检举潜藏的土匪恶霸。

原乐东县国民党副县长韦迪煌在解放前夕来不及乘船逃台，后潜回望楼村，暗挖地洞，藏匿在自家的卧床下面，时经两年未被发现。1952 年 3 月，望楼村民兵在一次夜间巡逻时发现其踪迹，农会主任和治保主任带领民兵围堵韦家。韦迪煌惊恐万状，只好从地洞里爬了出来，被押送区公所。

抱岁村土匪陈王平的妻子，每天挑着箩筐去田园。民兵发现她总是先到花塘沟，后才去挖薯芽。原来，陈王平就长期暗藏在花塘沟里，终于被民兵抓获。

崖县第四区抱旺村的原国民党乐东县县长罗以忠、崖县机三连连长罗以愈兄弟二人，畏罪潜逃在外为匪。为了掩蔽身份，他们化装行乞，最终被感恩县群众及时识破。崖县清匪反霸工作队和抱旺村农会干部立即赶到感恩县，将罗以忠、罗以愈抓捕归案。

崖县第四区秦标村人关绪炳，原为国民党军某部军事科科长，解放前夕来不及登船逃台，带上两名警卫兵潜回家乡，上山为匪。1952 年 3 月的一天，关绪炳只身潜入中灶村被发现，工作队立刻带领民兵赶到。关绪炳拒捕逃跑，被民兵击毙。另一股以蒙国才、陈贤亮为首的匪特，也在清匪反霸中被肃清。

当时在崖县各地的清匪反霸斗争中，影响广泛的是第五区斗争“母老虎”和第三区斗争大恶霸朱仁高。

“母老虎”是崖县第五区黄流乡的原国民党崖县县长李尚棻之妻，解放前倚仗其夫官势，欺压、鱼肉乡民，民众恨之入骨，称其为“母老虎”。工作队联合黄流、怀卷、新界 3 个乡，在黄流市中心搭台，发动群众斗争“母老虎”。在人证、物证的指控下，“母老虎”不得不低头认罪，昔日的威风一扫而空。对横行乡里的恶霸地主的斗争，为即将进行的土改运动拉开了序幕。

朱仁高是原“崖县反共委员会”委员，曾当保长多年，横行乡里，作恶多端。崖县全县解放后，他仍然气焰嚣张，指使其亲信充当村主任，他暗中操纵，乡民暗叹“今日还是恶人当道”。工作队发动群众，冲破宗姓封建势力包围，解除群众顾虑，召开龙海乡人民斗争恶霸朱仁高大会。由于会前准备充分，苦主登台控诉、据实揭发。在一件件事实面前，大恶霸朱仁高只得低头认罪，第三区的清匪反霸工作取得了决定性的胜利。

解放初期的崖县，匪特常从沿海潜进。1950 年 7 月，国民党青年部参谋长黄俊带特务 9 名从昌感登陆，至榆三特区联络、收买散兵游勇，企图建立“反共根据地”。他们还没来得及组织起来，便被群众发现，全部被俘。1952 年 5 月，在崖县第一区和第四区交界的山区，台湾国民党当局派飞机空投了 10 名武装特务。崖县第一区、第四区、第五区立即组织起近万人，配合人民解放军，把 10 名特务逼到一个小山头，击毙匪特 8 名，俘获 2 名。中共崖县县委、崖县政府在崖城召开庆功大会，对围歼匪特有功单位与个人予以表彰和嘉奖。

（二）崖县的减租退押运动

减租退押，部分满足农民的经济要求，实际上是土地改革运动的前奏。崖县地主剥削农民十分苛刻繁重，收取地租的方式主要有两种：第一种是不分田地肥瘦，地主出种子，收成一律平分；地主出种子、出牛，则佃户只分得收成的 1/3，甚至只有 1/4。第二种是收固定的硬租，不论年成好坏，按约定租额如数缴交，不予减免，有的还要收取预租金。有的佃户还要为地主家做杂工，如砍柴、挑水、晒谷等，逢年过节还要给地主送礼。放债收息方面，都是放高利贷，届时还不起者即本利同时“加三”，长限半年、短限三个月内，连本加利必须一齐还清，否则就抓猪牵牛，或以房屋抵押，甚至逼死人命。更有青黄不接时农民借粮，春借夏还，一本一利。

中共崖县县委派出的工作队下乡后，层层宣传，村村发动，深入细致地摸清情况。为了减轻广大农民的负担，保障人民群众的生存权利，工作队根据政府指示，强制将耕地分为三个等级，作出具体的减租规定：凡农民租种地主田地，上等田按四六开，二等田三七开，三等田二八开，租耕者得大头，地主得小头。此外，对过去不合理的“硬租法”，一律实行二五减租。同时，宣布废除贷钱借粮“加三”利和一本一利的苛规。减租退押运动有力地抑制了地主阶级的经济剥削，保护了人民群众的基本利益，得到了广大农民的支持和拥护，使他们认识到共产党的政策都是为广大人民群众谋利益，提高了农民的政治觉悟，调动起生产积极性。

二、实行土地改革和盐业改革、渔业改革

开展土地改革运动和盐业改革、渔业改革运动，废除封建的土地制度和盐、渔企业的封建管理制度，是新民主主义革命的继续。1950年6月30日，毛泽东主席签发《关于实施土地改革法的命令》，公布中央人民政府通过的《中华人民共和国土地改革法》。按照海南区党委的部署，崖县的土改运动自1951年3月起开始试点，之后逐步推开，至1953年6月基本结束，完成了土地制度的根本变革。

（一）崖县的土地改革运动

1950年5月崖县解放前，全县占农村总人口不到8%的地主、富农，占有的耕地约为全县总耕地面积的70%，平均每人约占33亩。而占农村总人口92%以上的贫雇农、佃农、下中农、中农等，其占有的耕地只占全县总耕地面积的30%，平均每人约1亩；其中，雇农、佃农平均每人仅占有0.13亩，且多为脊薄、干旱、低产田。地主、富农凭借所占有的大量土地及耕牛等生产资料，对农民进行剥削。废除封建的土地占有制度，实现耕者有其田，解放农业生产力，改善农民生活，是新民主主义革命胜利成果在农村的落实。

崖县是海南区土改重点县之一。1951年3月5日，成立崖县土地改革委员会，作为中共崖县县委领导下指导土地改革运动的机构。县委书记兼县长林庆墀任主任，县委副书记叶明华、副县长陈国风任副主任，全县5个区的区长和榆亚镇镇长孙家浩、林俊等6人担任委员。当年3月，中共崖县县委、崖县政府即抽调干部，配合海南区第二土改工作团，在妙林、梅山、保临3个乡开展土改试点工作，以妙林乡、梅山乡为重点，保临乡为附点。试点工作于5月结束。

1952年8月上旬，王荫轩一行16人南下到崖县任职，林庆墀调海南行政区，由王荫轩任中共崖县县委书记，张守贵任崖县县长，领导全县土改工作。

是年8月，以崖二区（今天涯区）及榆亚郊区为全县土地改革先行试点。在海南区党委领导下，抽调全县大部分乡长、乡农会主席和陵水县、乐东县一批区长级干部，以及南方大学海南分校部分学生，集中在榆林学习中央的土地改革政策和有关规定，组成崖县土改工作队。崖县土地改革委员会也搬到崖二区月川村办公。土改试点工作从8月22日开始，至10月22日，历时两个月结束。12月29日，崖县召开第一届纪检会议，整顿土改队伍。参加会议的有土改工作队队长和机关党员198人，讨论处理在土改整队中犯错误的干部。在此前后，崖县第二届农民代表会议与第一届渔民代表会议联合召开，讨论在全县铺开土地改革和沿海民主改革。

1953年1月2日，崖县全县除少数民族聚居乡以外，土地改革运动在和一区、弱三区、第四区、第五区全面铺开。为了直接指导土改运动，各区均成立区工委。土改工作队队员300多人集中在崖县中学，学习土改政策与有关规定。中共崖县县委确定第四区为先行点，其他区为附点。海南区党委派出80名干部组成工作团，前来支援崖县土改工作。当时崖县统一的标语口号是："农民团结一齐干，打倒恶霸好分田。"至6月18日，全县土改结束。

1951年和1952年的两次试点，完成了12个乡3万多人口地区的土改。除16个少数民族聚居乡计27749人的地区暂缓进行外，1953年，崖县全县铺开土改的有28个乡计9.5万人口的地区。

开展土改运动的总路线和总政策是：依靠贫雇农，团结中农，中立富农，有步骤、有区别地消灭封建土地制度，发展农业生产。具体实施过程一般分4个步骤进行：第一步，访贫问苦，扎根串联，发动群众；第二步，划分农村阶级成分，当时的控制比例是，贫雇农应占60%~70%，中农占15%~20%，富农和小土地出租者占3%~5%，地主占3%~5%；第三步，对地主开展说理斗争，忆苦诉苦，进行"谁养活谁"的教育，按照政策没收地主的土地和生产资料，分配给无地和少地的农民；第四步，进行组织建设和生产建设。

1954年7月，又完成少数民族地区的土地改革，废除了少数民族聚居乡的封建剥削制度。

崖县的土地改革运动，从全县12个乡的土改试点情况来看，在经济上，从169户地主手中没收土地8046亩、椰子13593株、耕牛402头、主要农具409件、余粮915110斤、房屋84间，并依法征收富农出租的田地1189亩。这些果实，用民主的方法，合理地分给了贫雇农及下中农，基本上满足了贫雇农的要求。据统计，有11006人、占人口49.9%的贫雇农分得了土地，加上原有的土地，每人平均拥有3.73亩耕地，基本上达到当时中农的水平。

从崖县全县而言，土改中，共没收地主土地30291亩，征收富农出租的多余土地2088.9亩、小土地出租者超过当地平均水平两倍的土地2024.4亩，征收公堂、学校的土地4714.9亩；没收和征收耕牛1760头、主要农具2565件、房屋1210间、余粮710万斤，分配给17114户贫雇农和下中农。

崖县土改后各阶层占有土地基本情况表　（单位：亩）

阶层	户数	占有耕地	占总耕地（%）
地主	1182	4545	4
富农	461	4566	4
小土地出租者	193	3525.5	3.1
中农、下中农	6275	44056	38.6
贫雇农	17114	54819.6	47.8
其他	2624	2726.8	2.4

通过土改运动，消灭了封建土地制度，建立和巩固了农村基层人民政权，地主阶级分化了，农民成为农村社会的主人，中国共产党领导人民真正实现了耕者有其田的理想和目标，这是土改运动的重大胜利。在土改运动中，涌现出大批积极分子，被选拔、充实到乡、村基层政权的领导岗位，加强了人民民主专政。土地改革不仅是深刻的经济变革，而且也是深刻的政治革命。

（二）盐业改革和渔业改革

在基本完成土地改革任务的基础上，崖县针对沿海盐业、渔业在战乱中日益凋敝的实际情况，结合恢复发展生产开展民主改革，当时简称为“盐改”“渔改”。

1.“盐改”

榆亚盐场主要分布于三亚、榆红、月川、红沙和海螺等地，抗战时期遭损毁，抗战胜利后也未能恢复，1950 年 5 月崖县解放之初，只是部分生产。1951 年年初，崖县人民政府贷款 8 亿元（旧币），榆亚盐场大部得到修复并恢复生产，盐池面积近 8000 亩，总计有技术员、职员和盐工近 700 人。

1953 年 9 月，崖县农村的土地改革基本完成后，县委、县政府着手进行盐业、渔业的民主改革，成立了崖县民主改革委员会，由县委书记王荫轩亲任主任。林俊担任队长，带领“盐改”工作队进驻榆亚盐场开展“盐改”工作。在旧中国，许多盐场由封建把头管理盐工，视盐工如奴隶，盐霸横行霸道，盐工饱受压迫和剥削。工作队进场之后，首先宣传“盐改”的重要意义、“盐改”的目的和要求。在提高盐工思想政治觉悟的基础上，召开诉苦大会，揭露反动经理和盐霸的恶行，组织骨干分子对他们开展批判和斗争。当时曾召开榆亚盐场追悼死难工人诉苦大会，控诉绰号“大头黎”的恶霸盐主，揭露他对盐工的剥削和欺凌。接着，又在三亚、红沙两地对“大头黎”进行大会斗争。县公安局和崖县人民法院根据盐工的揭发和控诉，逮捕罪大恶极的盐霸、恶棍等 10 多人。榆亚“盐改”工作队依照“盐改”政策，没收反动盐主的盐田收归国有，扶助盐工当家做主，所有的技术人员和从业人员继续留用。经过民主改革，昔日当牛做马的盐工，成为盐场的主人，1954 年上半年就完成全年生产任务。

2.“渔改”

崖县以农业为主，但渔业也是重要的经济部门和民生依靠。当时，主要有莺歌海、港西、榆港、西岛、角头和后海等码头渔业基地。渔业生产技术落后，渔网简陋，小船小网，一般只能在近海捕鱼，鱼获量有限，渔民生计困难。1952 年，崖县全县的捕捞鱼产量仅有 2236. 8 吨，主要由渔户和档主销售，国营商业的收购量只有 227. 9 吨。

1952 年 12 月 22 日，崖县第一届渔民代表会议在崖城召开，主要议题是讨论如何发展渔业生产，制订 1953 年渔业生产计划，以迎接“渔改”工作的到来。1953 年 9 月，在进行“盐改”的同时，中共崖县县委、崖县政府向渔区派出工作队开展渔业民主改革。“渔改”的主要任务，一是组织渔民退租退押，反封建、反压迫、反剥削，向欺压、剥削渔民的渔霸和鱼栏主进行斗争；一是扶持渔业，帮助渔民克服困难，协助他们向银行贷款，添购新的船、网，改善生产条件和拓展新的渔场。经过发动和教育，崖县组织起 7 个渔民协会，开展互助合作和生产竞赛。据资料记载，崖县“渔改”工作从 1953 年 9 月 28 日开始至 11 月 15 日结束。参加改革的渔户有 2113 户、8695 人。

1953 年 6 月，崖县政府设立水产科，内设渔业技术推广站，加强对渔业生产发展的领导。

三、支援抗美援朝战争

1950 年 6 月 25 日，朝鲜内战爆发。7 月 7 日，美国操纵联合国安理会通过决议，组成以美国为首的“联合国军”入侵朝鲜。10 月 7 日，“联合国军”越过三八线，攻占平壤，把战火引向鸭绿江边，炮击中国领土，中国安全受到严重威胁。为了抗美援朝、保家卫国，应朝鲜党和政府请求，10 月 19 日，中国人民志愿军跨过鸭绿江入朝作战，全国开展了轰轰烈烈的抗美援朝运动。12 月 26 日，崖县召开抗美援朝工作会议，成立抗美援朝委员会，一个群众性的抗美援朝运动在崖县迅速开展起来。

1951 年 6 月 1 日，中国人民抗美援朝总会发动全国民众，为抗美援朝战争开展捐献飞机、大炮活动；号召全国各界同胞，开展增加生产、增加收入的活动，用增加收入的部分或全部购买飞机、大炮等武器捐献给志愿军。崖县直属机关和企事业部门的各级干部、员工，在县政府和县抗美援朝委员会的领导下，组织抗美援朝工作队，分赴农村和工厂，帮助农民和基层重新修订增产增收计划，制订抗美援朝爱国公约。当年12月，崖县掀起抗美援朝、保家卫国捐献高潮，到处可见群众丰富多彩的宣传和捐献活动。

崖县青年踊跃报名参军参战。报名者有300多人，上前线参战者有60多人。捐献运动中，崖县当年认购战斗机一架（人民币旧币15亿元）。捐献运动至1952年12月26日结束，崖县全县共捐人民币17亿多元（旧币）和一批粮食、物资，超额完成了抗美援朝捐献任务。

1952年年初，海南区党委书记冯白驹在榆林主持召开党政军会议，布置崖县的抗美援朝工作。冯白驹在会议上分析了榆亚地区的政治形势，明确指出，1950年5月海南解放前夕，国民党军最后从榆林撤退台湾时，“暗埋”了不少特工和反动组织，不能忽视。敌人不会甘心灭亡，时刻梦想卷土重来。崖县的工作，应当以抗美援朝为中心，以肃清特务为突破口，同时兼顾与榆亚地区相连的崖二区（今属天涯区）、崖三区（今属海棠区）的“八字（清匪反霸、减租退押）运动”。冯白驹建议，把崖四区（今乐东黎族自治县的九所镇）的土改先征队300多人，调返崖县县城重新编队，迅速开往榆林地区，开展以抗美援朝为中心的工作。冯白驹的指示，为崖县的抗美援朝运动指明了正确方向。

为加强榆亚地区的肃特工作，崖县公安局从崖城迁往榆林和红沙办公，以便掌握敌情、打击敌特。至1952年6月22日，崖县公安局共抓获暗藏特务共106人，逮捕主要分子22人，缴获一批枪支弹药。肃清匪特的工作，保证了崖县抗美援朝运动及土改运动的顺利进行。

四、“三反”“五反”和镇压反革命

（一）崖县的“三反”“五反”运动

1951年，为了保证抗美援朝战争的胜利，保持市场物价稳定，积累资金以加速经济建设，全国开展了增产节约运动。运动中揭露出不少贪污、浪费和官僚主义等现象，严重影响党的威信。1951年12月1日，中共中央发出《关于实行精兵简政、增产节约、反对贪污、反对浪费和反对官僚主义的决定》，即开展“三反”运动的指示。中共崖县县委于1952年2月中旬开始，在县直属机关、企业部门传达贯彻执行。“三反”运动的宗旨是告诫党的领导干部必须保持清正廉洁的品格，防止资产阶级思想的腐蚀，巩固执政党的领导地位。在检举揭发的过程中，发现工商界有不法资本家拉拢腐蚀干部，对国民经济造成干扰和破坏。他们的违法表现，主要有行贿、偷税漏税、盗骗国家财产、偷工减料、盗窃国家经济情报等“五毒”行为。为打击不法分子的破坏，1952年1月26日，中共中央又发出《关于首先在大中城市开展“五反”斗争的指示》，要求在全国大中城市中，向违法的资产阶级分子开展一次大规模的反对行贿、反对偷税漏税、反对盗骗国家财产、反对偷工减料和反对盗窃国家经济情报的斗争，即“五反”运动，以配合党政军民内部的“三反”斗争。中共崖县县委又立即组织“五反”工作队，进驻私营厂店，向不法资本家开展清算和斗争。

红沙是当时商业比较繁荣的地方。老字号商店多，私营商贸业发达，如福昌隆、富兴行、富生庄等皆在红沙。中共崖县县委决定把“五反”运动的重点放在这里。

对崖县的“五反”运动，海南区党委十分重视。为了加强查账审计，从海南税务局派出5人到红沙参加崖县的“五反”。“五反”工作队通过深入查账，对照进货额和销售额，查获福昌隆、富兴行偷税漏税各1万多元（按新币计），工作队责令其补缴。但是，富兴行的老板制造假账，企图蒙混过关，所偷漏税款全未缴交，被划为非法资本家。福昌隆的老板拒不补缴偷漏税款，又拉拢政府部门人员掩盖劣迹，还诬告税务局，被司法机关处以两年徒刑。还有藤桥的华侨商店，被查出偷漏税款5000多元（新币）。老板不服，向海南税务局和海南侨务局控告“五反”工作队违背华侨政策。后经海南税务局会同海南侨务局工作组来崖县重新复查核实，证实所查属实，即令华侨商店的老板在大会上作检讨并补缴所偷漏税款。

“三反”“五反”运动，是崖县在中华人民共和国成立初期进行的又一次社会改革运动，从政治上、思想上防止资产阶级对干部的腐蚀，为日后对资本主义工商业进行社会主义改造打下了基础。

（二）崖县的镇压反革命运动

朝鲜战争爆发后，潜伏的反革命分子、土匪恶霸猖獗起来。他们错误地估计时局，以为国民党台湾当局要反攻大陆，第三次世界大战要爆发了，因此到处蠢蠢欲动。国民党台湾当局也不断派遣间谍、特务潜入大陆，与暗藏的反革命分子勾结，设置电台，刺探情报，散布谣言，夜鸣黑枪，不时进行破坏。如果不开展镇压反革命运动，人民政权就不能巩固，抗美援朝、土地改革和恢复经济就无法进行，人民群众也不会有安全感。因此，中共中央、中央人民政府政务院、最高人民法院于1950年先后发出了关于镇压反革命活动的指示。1951年2月21日，中央人民政府公布《中华人民共和国惩治反革命条例》，规定了处理反革命案件的原则和办法。各地根据条例，迅速掀起揭发、检举、公审反革命分子的高潮。

崖县的"镇反"运动是和清匪反霸、土地改革运动同时进行的，大体分为3个阶段：第一阶段从1951至1952年4月，结合清匪反霸斗争，对暗藏的反革命分子进行揭发和清查，给予严厉打击。其间，破获潜伏在榆亚中学的国民党特务组织"反共青年团"，逮捕21人；1951年12月，破获国民党军统特务组织"中央直属琼崖宣传总队"，缴获枪支、子弹、委任状，逮捕总队长、参谋长、大中小队长等人共计46人。1952年3月，成立崖县"镇反"委员会。4月26日，在崖城召开宣判大会，控诉、公审反革命分子，崖县人民法院判处一批反革命罪犯死刑，各区同时亦召开宣判大会。

第二阶段从1952年11月至1953年1月，共逮捕反革命分子162人，其中反动党团骨干32人、汉奸3人、特务44人，缴获一批枪支、子弹和委任状。这一阶段还与查禁鸦片烟毒结合起来。1952年6月底，崖县公安局在三亚、红沙等地破获贩毒案3宗，抓获贩毒者9人，缴获烟毒具一批。

第三阶段从1953年1月至年底，共计逮捕425人；其中，土匪96人，特务9人，反动党团骨干59人，反动伪军官54人，汉奸

8人。

整个“镇反”运动期间，崖县共搜捕反革命分子2370人；其中，反动军政官员629人，现行反革命罪犯41人，土匪289人，特务101人，反动党团骨干1225人，汉奸83人，反动会道门骨干2人。运动中实行宽严结合的政策，镇压一批罪大恶极的首恶，释放一批罪行轻微、能悔过自新者。对于那些以推翻人民政权为目的、持械聚众叛乱的主谋者、指挥者以及从事间谍活动、参加间谍组织或反革命特务组织者，分别根据案情予以惩处。

“镇反”运动中发动群众协助侦查破案，检举控诉，稳、准、狠打击敌人，肃清了一批人民痛恨的反革命分子，替人民申雪了积年怨恨；发现、清除了一批暗藏的匪特，城乡治安更为巩固。人民群众解除顾虑，情绪高涨，推动了土地改革、清匪反霸、抗美援朝等各项中心工作的完成。

按照1951年5月召开的全国第三次公安会议的精神，“镇反”运动过程中注意节奏的控制、积案的清理和假案的平反。1951年9月中旬曾立案破获国民党特务组织“三民主义反共青年救国军”，后经复查发现为假案，于1953年4月全部给予平反。1952年6月曾立案破获国民党特务组织“暗杀党”，后也查清为假案，予以平反改正。

五、贯彻新婚姻法和扫盲运动

在开展各项政治运动的同时，移风易俗、树立新型社会风尚的社会改造工程也在各个层面展开。禁毒、禁娼、禁赌，在人民掌握政权之后顺利而有成效地展开，受到人民群众的欢迎。人人平等、劳动光荣成为社会新风尚。其中，宣传贯彻新婚姻法、开展扫盲识字学文化运动，影响尤其广泛而深刻。

（一）贯彻第一个国家大法——《中华人民共和国婚姻法》

1950年4月30日，中央人民政府颁布《中华人民共和国婚姻法》，要求改变封建婚姻陋习，提倡男女平等。这是中华人民共和国成立后制定的第一个国家大法。

崖县于1950年下半年在全县大张旗鼓地宣传婚姻法。崖县政府组织工作队深入农村宣传，场面十分热烈。工作队到各乡村后，张贴标语口号，通过演讲揭露封建婚姻制度的不合理，抨击旧式婚姻包办强迫、男尊女卑的封建思想，宣传婚姻自由、一夫一妻、男女平等、保护妇女和子女权益的新婚姻制度，禁止重婚纳妾和童养媳陋习，反对干涉寡妇再嫁和借婚姻索取财物。

宣传贯彻婚姻法，群众一般都能够理解和接受，反映热烈，自由婚姻蔚然兴起。旧时代包办的婚姻，男女双方感情不相投者，即找乡文书写个证明，到区上找民政部门办理离婚手续，曾一时出现离婚小浪潮，同时也有重新组合者。经过贯彻婚姻法，崖县基本上消除了包办婚姻、摇篮许婚、虐待妇女等现象。自由结婚已没有压力，“典妻”“换妻”“抢亲”等野蛮现象基本杜绝。妇女的社会地位提高，积极参加社会政治活动，出现了男女平等的社会新气象。

（二）扫盲运动在崖县

1953 年 11 月 24 日，中央人民政府政务院发出《关于扫盲标准、扫盲毕业考试等暂行办法的通知》。该通知规定：干部和工人，一般要认识 2000 个常用字，大体能阅读通俗书报，能写常用短文。农民要认识 1000 个常用字，大体能阅读通俗书报，能写常用的便条、收据。城市居民一般认识 1500 个常用字，参照工人、农民的读写标准。

1954 年 12 月，崖县成立扫盲办公室，从全县小学中抽调了 13 名语文教师组成扫盲工作队，在县教育局的领导下，通过分片包干、定期检查、组织观摩、合格验收等方法，开展对全县青壮年的扫盲工作。青年妇女拿着识字本，手捧煤油灯，一齐结队上夜校学文化，成为一种新时尚。

识字扫盲是一项长期任务。1956 年 3 月 29 日，中共中央、国务院发布《关于扫除文盲的决定》，崖县全县再度掀起扫盲高潮。崖县教育局编写出农民识字课本，免费发放。课本以农村常用字词为基础，认字组词，顺口易读。1957 年 2 月，崖县成立扫盲工作指导委员会，由副县长罗业鼎兼任该委员会主任，计划用 15 年时间扫除全县青壮年文盲。扫盲工作指导委员会决定推广《郝建华速成识字法》：一是“以民教民”形式，学注音符号和拼音，掌握识字的辅助工具；二是联系实际教识字，先学单字，求得初步会认会读；三是学以致用，配合阅读、写字、会话，巩固所识的字，做到会写、会用。由于农民识字热情高，各地小学教师、学生小教员认真教学，收到了较好效果。新坡村成为全县扫盲先进村，各个路口都挂识字卡，由小学生轮班站岗，负责教青壮年文盲识字。因黄流区扫盲工作符合国务院标准要求，海南行政区在黄流召开扫盲工作经验交流会，现场验收，颁发合格证书。截至 1957 年 1 月，崖县参加扫盲文化学习的有 32392 人，占全县青壮年文盲总人数的 42.9%。

六、废除民族压迫和实行民族自治

崖县是多民族聚居县。据 1952 年民族人口调查统计，除汉族外，全县黎、回、苗等少数民族共有 10536 户、48299 人，占全县总人口的 32.3%。其中，黎族 10125 户、46280 人，回族 346 户、1648 人，苗族 65 户、351 人。分布在崖一区的黎族 3154 户、13961 人，苗族 3 户、20 人；分布在崖二区的黎族 4561 户、21121 人，回族 343 户、1639 人，苗族 62 户、351 人；分布在崖三区的黎族 1462 户、6871 人；分布在崖四区的黎族 706 户、3172 人；分布在榆亚镇的黎族 240 户、1155 人。黎族、苗族居住在山区或半山区，回族居住在沿海平原。

在漫长的封建社会和国民党统治时期，崖县的少数民族深受阶级压迫和民族压迫，生产条件落后，生活贫穷。海南解放以后，中共崖县县委、崖县政府认真贯彻民族平等、民族团结政策，动员和组织少数民族开展清匪反霸、减租退押“八字运动”。在全县汉族地区土地改革基本完成之后，选择 10 个黎族聚居乡和 6 个黎汉、回汉、黎苗杂居乡进行土地改革试点，为黎、回、苗族群众确定业权，调整分配土地、耕牛等生产资料，颁发土地证。对尚未进行土地改革的 22 个少数民族聚居乡（新划乡），中共崖县县委于 1953 年 6 月 22 日制订了《关于未土改的少数民族聚居区分配与调整土地的计划》（草案），根据土改运动的方针政策及少数民族地区的实际情况，结合试点取得的经验，提出了16条分配与调整土地的具体规定和方法。未土改的少数民族聚居乡分别成立分配土地委员会，把汉族地主、富农在少数民族地区出租的土地、耕牛，在原耕基础上加以调整、分配；对少数民族本族地主拥有的土地、耕牛，经过面对面协商后，实行必要的调整。至1954年7月，尚未土改的22个少数民族聚居乡全部完成了分配和调整土地、耕牛等生产资料的工作，随后又完成了土地证的颁发。崖县的少数民族地区至此消灭了封建地主土地所有制，实行了农民土地所有制，完成了民主改革。少数民族农民真正成了土地的主人，封建的民族压迫、剥削制度被彻底废除。

为了帮助少数民族地区发展经济和文化，1952年8月底召开了崖县第一届少数民族代表会议，讨论少数民族地区的经济、文化、卫生建设及苗族移民计划。10月5日，中共崖县县委制订了《崖县黎、回、苗族经济文化卫生建设方案》，由县、区、乡政府组织实施。在经济建设方面，首先解决少数民族地区生产建设资金短缺问题。崖县政府拨出23.3亿元（旧币），帮助少数民族群众购买耕牛626头、农具23784件，解决部分少数民族农民的口粮和种子所需。崖县的民政、农林、商业合作、贸易、银行等部门共同组成县农贷委员会，分成多个农贷小组，向需要资金的少数民族群众贷款以发展生产。各区都建立小型农具合作社、供销合作社和贸易小组，深入农村收购农产品和土特产，增加少数民族乡村群众的收入。其次是投资水利建设，由县农林科组织技术人员到山区查勘设计并组织施工，兴建山塘、水库、田渠，增加灌溉面积。还修建公路和桥梁，1953年上半年，基本修建完成，崖县山区公路，下半年建完大部分小型桥梁，方便了少数民族地区群众的生产生活和经济贸易。同时还推广先进耕作技术，改变少数民族地区落后的耕作习惯，改善生产条件。发动少数民族群众堆肥、积肥、施肥，精耕细作，三犁三耙，除草捉虫，消除兽害，选择良种，把旱田变为水田，把一造变为二造。组织少数民族农户走互助合作道路，至1953年上半年，崖县全县有4142户少数民族家庭组成了464个互助组。全县黎、回、苗族农民共开荒13520亩，兴修水利设施71宗，受益面积13261亩。

在文化、教育、卫生方面，少数民族地区共建起民族小学91间，少数民族学生人数达到6342人；县立各中学和师范学校，从1952年下半年起免费招收少数民族子弟入学读书。还实行学校教育和社会教育相结合的制度，在每间学校附近的村庄都设夜校及识字班，由学生及教师在课余时间分头帮助校外男女青少年读书识字。卫生工作方面，崖县人民医院培训了一批卫生防疫员，到各乡村宣传卫生常识，破除封建迷信，发动群众搞好环境卫生，为各乡村群众进行多种疫苗注射并接种牛痘，防止天花、痢疾、流行性感冒、脾脏肿大症、黑水病、肺炎等流行性疾病的蔓延。同时，逐步在各区建立起卫生所和接生站，组织医务人员深入少数民族乡村开展巡回诊疗工作。

在实施民族自治的方面，崖县积极做好少数民族干部的培养工作。全县第一批培训乡一级少数民族干部26人，分别送中南民族学院、南方大学及海南分校、广东工农速成中学等学校学习培训。1952年7月10日，依据海南推行民族区域自治方案，制定了《崖县建立民族民主联合政府方案》，对实行民族自治工作进行宣传和初步部署。当年8月召开的崖县第五届各界人民代表会议，决定成立崖县民族民主联合政府筹备委员会，其中有多名黎、回、苗族委员。随后召开的崖县第一届少数民族代表会议上，讨论了建立民族民主联合政府的方案，一致拥护和支持民族民主建政。9月，崖县正式拉开民族民主建政帷幕，分别成立了第一、二、三、四、五区民族区域自治政府和民族民主联合政府。12月，正式成立崖县民族民主联合政府。1953年1月至6月，各乡村的民族民主建政工作相继完成。至此，崖县县、区、乡实现了民族自治，基本完成了民主改革的任务。

1952年7月，海南黎族苗族自治区成立。1954年1月1日，崖县和陵水两县正式划归海南黎族苗族自治区管辖。1955年10月，海南黎族苗族自治区改称海南黎族苗族自治州，崖县、陵水、保亭、乐东、东方、昌江、白沙、琼中8市县同属该自治州所辖，增强了海南岛中南部少数民族地区民族自治的优势，开辟了各民族兄弟共同沿着社会主义道路前进的广阔前景。

第三节　经济和教育文化事业的恢复与发展

1950 年 5 月 1 日崖县解放后，在中国共产党的领导下，克服各种困难，开展了一系列民主改革运动，农业、工业、商业和教育文化等各项事业得到恢复与发展，人民生活有所改善，到 1954 年、1955 年便已初见成效。

为了适应经济发展的新形势，1954 年 10 月，崖县党政机关从崖城搬到三亚，榆亚地区成为全县的政治、经济中心，开始了一系列的基础设施建设。

一、人口增长和经济恢复状况

中华人民共和国成立初期，随着社会秩序的逐渐稳定和经济建设的恢复，崖县的人口不断增长。除了本地住民人口的自然增长外，还有南下干部、转业复员军人和垦殖场职工等外来人口的大量入迁。1952 年，崖县全县总户数 25468 户，总人口 151539 人。至 1954 年 6 月底统计，崖县 6 个区（镇）、92 个乡的总户数 41485 户，总人口 179343 人。其中，第一区崖城地区户数 9255 户，人口 39931 人；第二区羊栏地区户数 5948 户，人口 25371 人；第三区藤桥地区户数 3767 户，人口 16915 人；第四区九所地区户数 10119 户，人口 401679 人；第五区黄流地区户数 7529 户，人口 33180 人；第六区三亚地区户数 4867 户，人口 23767 人。崖县全县总户数、总人口的民族构成是：汉族户数 29895 户、人口 127825 人，占全县总人口的 71. 3%；少数民族户数 11490 户、人口 51518 人，占全县总人口的 28. 7%。在少数民族中，黎族户数 10978 户、人口 49271 人；回族户数 389 户，人口 1663 人；苗族户数 123 户，人口 557 人。

1950 年 5 月崖县刚解放时，国民党政权留下的是一幅百孔千疮的衰败景象。田园荒芜，水利失修，农业凋敝，工业衰落，商贸萎缩，经济萧条；国民党残余势力和匪特乘机破坏，社会秩序混乱。

1950年下半年到1953年，自然灾害频仍，风灾、水灾、旱灾相继来袭，生产建设和经济发展遭受重创。但是，崖县各族人民在中国共产党的领导下，一方面开展巩固新生政权的斗争，另一方面抗击自然灾害、发展生产，顺利地度过了灾年。

1950年7月中旬，崖县全县遭遇严重的风灾、水灾，人民群众遭受重大损失，生产和生活一时陷入困境。中共崖县县委、崖县人民政府成立救灾委员会，发动党、政、军、群等组织和学校、团体及士绅父老等各种社会力量捐款救灾。截至1951年3月底止，全县共募得人民币497.5万元（旧币），大米999斤。上级政府也在1950年年底拨来救济款2558万元（旧币），救济粮323848斤，贷种粮12万斤，衣、被、帽等物品1854件；1951年，又先后两次共拨来抚恤款737万元（旧币），优抚粮3600斤，衣服5850件，帽、袜9000件。这些救灾救济的钱粮物资发放到灾区，使2424户灾民和革命烈军工属、孤寡及贫苦农民得到了救助，渡过了难关。

灾害过后，中共崖县县委、崖县政府迅速组织救灾，恢复生产。崖一区的水南、崖城、起元、起辰、拱北、镇北等乡农民，开垦荒地231亩，增加粮食产量10.5万斤；修筑黑土坝，蓄水灌溉农田2400亩。永智乡保平村开沟两条，引水灌溉农田200亩。黄流乡抱本村开荒210亩、佛老村开荒100亩，乐官乡长兴村开荒200亩，罗所乡抱旺村开荒200亩……在这些区、乡的带动下，崖县全县以生产竞赛的方式，掀起了生产高潮。在秋征减税运动中，全县还向国家缴交公粮393.7万斤。到1951年3月底，全县入仓公粮283万斤。商业贸易方面也恢复较快，增加了财政收入。1950年12月底，全县第一次征收税款1786.9万元（旧币）；到第二年三四季度，征收到税款6960.8万元（旧币），折米516339斤，占海南税务局调整下达的第三、四季度总任务的62%。

1952年后，崖县全县经济稳步增长。1953年上半年，生产建设高潮伴随着土地改革的完成而兴起。但这一年，自然灾害又交相侵袭，入春至5月闹旱灾，6月闹水患，7月闹虫灾，8月遭受飓风、洪涝，经济损失巨大。崖县全县干部深入灾区组织救援，领导恢复生产。同时，发放救济款 2.9 亿多元（旧币），通过银行贷出救灾款 8 亿多元（旧币）。从土改运动中获得土地、耕牛、农具等生产资料的农民，积极生产自救，渡过难关。在三次救灾中，抢收受淹的稻谷 3424 亩，产量达 90 多万斤；抢收园地作物 6.904 万斤，疏浚沟渠和筑堤 141 宗，抢插 17048 亩，补种 6500 亩。此外，修好房屋 3560 栋，捞起船只 41 只。在虫灾中捉虫抢救秧田 8939 亩，在旱灾中抗旱抢救秧田 12923 亩。还通过发展副业生产，增加收入 45 亿多元（旧币），用以克服粮荒，购买耕牛、农具。在全县干部群众的共同努力下，大灾之年仍然夺得了丰收。1953 年，全县粮食作物产量达到 7640.6 万斤，比 1952 年增产 10.2%。1954 年，崖县开展以互助合作为中心的生产运动，宣传过渡时期总路线和国家第一个五年计划，又取得了农业生产丰收。与 1953 年比，粮食增产 4.6%，杂粮增产 26.8%。就在 1954 年这一年，全县开始实行粮食统销，关闭粮食自由贸易市场。全县计划征粮 747.51 万斤，实际入库 1060.21 万斤，超额完成任务。农民收入有所增加，粮食市场供应稳定，支援了国家建设。

工业方面，从 1950 年开始，总产值逐年提高。1950 年，崖县全县工业总产值为 66 万元（按新币折算），1951 年为 73 万元（按 1952 年不变价计算），1953 年增至 152 万元（按 1957 年不变价计算）。主要产品还是生盐、食糖。

渔业方面，“渔改”后建立起合作社 2 个、62 户，常年互助组 25 个、345 户，临时互助组 26 个、345 户。组织起来的渔民占总渔业户的 31.2%。1953 年的渔业总产量为 203444 担，超过全年计划 177419 担 14.6%。

二、建立国营农场和推广橡胶种植

朝鲜战争爆发后，帝国主义国家对中国实行经济封锁，对中国的盟友苏联则禁止出售作为战略物资的橡胶。为了打破封锁，中共中央、中央人民政府作出了在海南以及中国其他热带地区开发天然橡胶资源的决策。1950 年 9 月，海南军政委员会农林局发出通知，号召现有橡胶树从业者为培育600万株橡胶而努力。广东省政府、海南军政委员会均为橡胶林地的使用和权属发出通知，鼓励公私橡胶业者大力发展橡胶种植，给予贷款和资金扶持。1951年，海南行政公署设立橡胶垦殖处，海南全岛创建了5个国营垦殖场。1952年1月1日，华南垦殖局海南分局成立，垦殖处并入，海南行政公署主任冯白驹兼任局长，领导海南橡胶开发工作。全岛开始了大规模的开荒垦殖，有垦殖任务的县分别建立垦殖场，并设立垦殖所直接管理所属范围内的橡胶垦殖。当年，全岛新建垦殖场44个，设立垦殖所18处。

> 1955年7月，各垦殖场改称国营垦殖场。1957年1月，国营垦殖场改称国营农场。1969年，改制为生产建设兵团，共设98个团1个独立营。1974年，复称国营农场。1984年，全岛农垦系统国营农场共有84个。

1952年海南垦殖分局成立后，海南的国营橡胶种植业开始有组织、有计划、有步骤地发展。1952~1953年种植橡胶36.9万亩，20世纪60年代末达到129.6万亩，70年代末达到235.2万亩。

在全岛大规模开荒垦殖橡胶的热潮中，崖县根据海南行政公署的统一部署，于1952年年初建立起藤桥田湾和崖城沟口两个垦殖场，同时设立崖县垦殖所实行直接管理。田湾和沟口两个垦殖场是崖县历史上最早建立的国营橡胶生产单位，建场第二年即垦荒种植橡胶25185亩。从1952年至1960年，经扩展、重组、改制，崖县境内所属农垦系统管辖的国营农场共有5个，它们是南田农场、南滨农场、南岛农场、立才农场、南新农场。其中，南田农场、南滨农场为1952年创建，其他3个农场均在1958年之后创建。这些农场均以橡胶种植为主，垦殖规模不断扩大，1980年达到189457亩。

（一）南田农场

国营南田农场的前身是田湾垦殖场、长田垦殖场，创建于1952年，位于崖县境内东北部的藤桥地区，地跨崖县、保亭、陵水3县，土地主要集中在崖县藤桥区范围内。1954年4月至1955年4月，田湾垦殖场和南旦垦殖场先后并入长田垦殖场，三场合称长田垦殖场。

1955年年底，海南垦殖分局将其命名为国营南田农场。

此后，南田农场不断扩大。1958年8月，华侨投资创办的侨福、华联两家公司通过清产核资、折价定息并入南田农场。1959年5月，原保亭县属国营农场的黎场、桥南2个作业区划入南田农场。1965年秋，原藤桥公社属下的红阳大队9个自然村并入南田农场。1981年3月至5月，南田农场周边原属崖县藤桥公社管辖的福巾、南山、保境、赤田4个生产大队和仲田村、田岸村等37个自然村，陵水县英州、田仔2个公社的5个自然村，先后划入南田农场。至此，南田农场地域基本定型，总面积130.4平方公里。

南田农场自其前身建场以来，大力推广橡胶垦殖。1952年，崖县、乐东县、陵水县、保亭县的民工分批来场，当年垦种橡胶18832亩，1953年又种下3858亩，到1957年，种植面积达到31627亩。

1960年至1961年，大量退伍军人参加南田农场的开发建设并成为主力，掀起第二次垦殖高潮，两年共定植橡胶33649亩。1966年，大批知识青年来场，与老工人、退伍军人共同奋斗，形成了第三次开荒定植高潮，1969年至1970年两年，共种植橡胶7200亩。到1981年，全场的橡胶种植面积达到59517亩，成为海南垦区橡胶大场之一。

南田农场的橡胶于1958年投产，当年的干胶产量为397吨；1979年达到3113.67吨，是海南垦区第一个年产3000吨干胶的农场。1965年还清国家投资，1966年起向国家上缴利税，到1983年累计上缴利税1.5亿多元，为国家作出重大贡献，荣获国务院嘉奖。

南田农场橡胶事业的开拓，与爱国归侨马文谷、雷贤锺的特殊贡献分不开。

马文谷祖籍福建省闽清县，1926年出生于马来亚，1951年3月回国，1953年3月到海南植胶。当时，国营农场种植的橡胶是低产的实生树。马文谷与在马来亚的父亲马高清联系，马高清老先生冒险带进5个高产品种共25株橡胶芽接桩，乘船抵达海口港码头。马文谷将这批芽接桩精心培育为高产橡胶芽条后，于1955年11月无偿送给南田农场、三道农场、保亭橡胶育种站及一些私营业主，很快在海南岛各国营农场推广种植，并传播到湛江、云南、广西等垦区。此后，马文谷赴马来亚探亲，再次引进马来亚新一代橡胶良种，为中国橡胶事业作出重大奉献。

雷贤锺（1903~1984），是福建省古田县梅坪村人、中国第一代良种橡胶园创始人之一。1953年，他带领18名侨工从马来亚回国，到海南崖县现属南田农场爱泉分场一带开荒种胶，创办侨福垦殖公司。1954年，他重返马来亚物色橡胶优良品种，于次年冒险带回18个优良品种的芽接桩300多株、芽条200多株、胶籽100多斤。侨福垦殖公司共垦荒800多亩，定植胶苗4万多株，其中优良品种2万多株。1958年8月，侨福垦殖公司并入国营南田农场，成为该场的侨福作业区，雷贤锺任作业区副主任，继续担负培育橡胶良种的工作。雷贤锺所培育的优良品种RRIM600平均单株年产干胶6~8公斤，比海南实生树的产量高出2倍以上。20世纪60年代起，国内各地的橡胶农场开始引种该品种，海南垦区引种达200多万亩。

> 雷贤锺为中国橡胶种植业作出了巨大贡献，受到党和国家领导人的高度赞扬。国务院向他颁发奖金，并授予“开荒垦殖热爱祖国”锦旗。1956年10月，雷贤锺参加第一次全国归侨代表大会，并当选为全国侨联委员，受到国务院总理周恩来的接见。周恩来亲切地对他说：“你带橡胶良种回来比带金子还贵，金子中国有，良种橡胶却很少哇!”

（二）南滨农场

国营南滨农场原名沟口垦殖场，创建于1952年4月，是华南垦殖局海南分局崖县垦殖所所属第二场，位于崖县境内西部的崖城地区。1956年，改称国营南滨农场，拥有土地面积205740亩。

1952年春，一批退伍军人和1000多名垦殖工人来到宁远河畔安营扎寨，当年开垦2505亩荒地。1953年年初，又从各地动员招收

3000多农工来场开荒，并在当年种下了第一批橡胶苗。这一年，外籍专家认为这里的土地和气候不适宜种植橡胶，因而未再发展橡胶种植。1954年开始试种油棕150亩，1956年获得成功。当时，油料为中国紧缺物资，于是决定在这里大面积发展油棕种植，1959年种植8555亩，1960年又发展到18074亩。由于技术人员的刻苦钻研和工人们的努力，南滨农场的油棕栽培技术达到世界先进水平，定植2年半正式收获，比国际上定植后一般需4年才收获提前了1年多时间。南滨农场创造了在北纬热带边缘大面积种植油棕取得成功的奇迹，而且人工授粉等技术名列国际前茅，在1958年荣获国务院嘉奖。1960年2月上旬，国务院总理周恩来视察南滨农场油棕园，指示要把油棕种好；10月，越南人民民主共和国主席胡志明来到南滨农场油棕园参观、访问。

南滨农场干部职工在生产实践中发现，1953年种植的2000多亩橡胶生长良好，1960年开割后比其他地方可多割20至30天，证明南滨农场的自然条件并非不适宜发展橡胶种植。于是，南滨农场加快橡胶种植步伐，引进国外优良的橡胶高产品种，改实生苗为芽接定植。1960年，又有800多名退伍军人来到农场，开垦荒地7037亩，定植橡胶4555亩。1964年，橡胶种植面积达8154亩。从1970年至1973年，大批知识青年前来插场，农场职工增加一倍以上，开垦面积达65000多亩，橡胶种植18541亩，1979年扩大至37121亩，1984年又扩大至40533亩，年产干胶1053吨。农滨农场于1962年开始赢利，首次向国家上缴利润。

除上述南田、南滨两大国营农场外，崖县境内的其他3个国营农场是：国营南岛农场，创建于1958年，始称红岛农场，1961年改称南岛农场，位于崖县北部山区，以种植橡胶为主，种植面积曾达到36766亩；国营立才农场，创建于1958年，始称红专农场，1959年改称红星农场，旋又定名立才农场，位于崖县北部高山丘陵地区，以橡胶种植为主，1984年，种植面积达到49766亩；国营南新农场，创建于1959年，位于崖县中部，距三亚市区约10公里，至1980年开垦利用土地30914亩，其中种植橡胶20365亩。

三、修建海榆中线公路和加强交通、通信建设

1950年5月崖县解放时，县境内仅有崖城以东的一些公路可以通车，沿海只有两条短程海上航线，牛车仍是城乡的主要交通工具。在少数民族聚居的北部山区，交通更是不便，来往靠步行，运输靠肩挑。

随着经济社会的发展和国防建设的需要，1952年，华南公路工程指挥部和解放军工兵部队及民工开始兴建海榆中线公路，崖县县境负责完成26公里。1954年12月，海榆中线公路全线建成通车，崖县初步构建起以三亚为中心的长、中、短程公路交通线。长程有海榆东线（三亚经嘉积至海口）、海榆中线（海口经通什至三亚），中程有崖亚线（崖城至三亚）、陵亚线（陵水至三亚），短程有三亚至羊栏、榆林、红沙、新村等地。1956年5月，又修建从崖城经九所至黄流的西线公路。在这些交通线上，除短程交通车外，中、长程有20辆汽车投入运营，每天客运300多人，全年货运约1.3万吨。

民航方面，1954年10月，国家民航局拨款修复三亚机场。该机场原为日军侵占海南后所修建。1955年4月10日，三亚机场修补工程完成，可起降小型运输机。

海运方面，崖县全县开辟两条航线。一条是三亚至藤桥，约21海里；另一条是三亚至莺歌海，约51海里，中途可停靠港门、望楼港等港口。全县有航运船只208艘。其中，沿海木帆船有73艘，载重量60571吨；内港木驳船134艘，载重量354吨。这些船只每月完成货运2600吨，搭客700人左右。

电力工业仍然落后。仅在崖县政府机关驻地用一台日军留下的12千瓦汽车马达发电，年发电量6103度。

1952年，崖县有邮电局（所）15处，邮路总长度437公里；其中，自行车邮路339公里，步行班邮路98公里。全县有邮政信箱及信筒14个，其中9个在乡村。办理电报业务的服务点和办理长途电话业务的服务点各1处。有邮政通信联系的乡（镇）村91个。从县

到区的电话线路共252公里。1953年至1955年，崖县的通信建设进入发展期，乡村地区的邮电支局增加到5处，邮政代办所有11处，改变了过去乡村没有邮电支局的状况。邮政用自行车由1952年的5辆增加到16辆，邮路总长度达759公里，邮政信箱及邮筒总数增加到80个，在乡村的有15个。办理长途电话业务的服务点（通话点）增加到3处。

四、教育文化事业的发展

1950年5月崖县解放后，人民政府接收了国民党统治时期的学校，有中学3间、中心小学19间、保国民学校73间。根据广东省文教厅颁布的学校名称暂行办法，将原来的纯高级班中心学校改名为高级小学校，完全小学校改名为小学校，保国民小学校改名为初级小学校。还增设高级小学校2间，在4间初级小学校增设高级班。对各学校的教职员作了调整，撤换了反对革命者或不称职者，对有一技之长又可改造的，则经审查后仍然留用。在恢复学校教育的同时，开展社会业余教育，建立农村夜校。1950年下半年，崖县全县仅有8间小学校附设夜校，学习人数为562人；经过推广扫盲运动，到1951年3月，全县共建立起28间识字班，参加学习的人数达到2600多人。崖县政府为业余教育拨出资金1330万元（旧币），建立工农业余学校6所，专设民众夜校18所。

少数民族聚居的山区长期没有学校。1952年，在少数民族聚居地区共建立民族学校86间，有学生4515名，结束了少数民族子弟长期得不到教育的时代。

1953年，中国开始实施经济建设第一个五年计划。教育部确定了“整顿巩固，重点发展，提高质量，稳步前进”的全国教育总方针。崖县积极贯彻执行，巩固原有教育基础，重点发展少数民族地区和革命老根据地的小学教育。

中等教育方面，投入教育经费共30亿元（旧币），巩固中等学校3间（完全中学1间、初级中学2间）。开设高中3个班，招收学生151名；开设初中26个班，招收学生1328名（其中，招收少数民族学生26名）。中等学校全部实行助学金制度，平均每名学生享受77669元（旧币），并补助菜金2万元（旧币）；少数民族学生全部免交学费。所有中等学校共有教职员104名，教职员工平均月工资58.6万元（旧币）。各中学在教学中，认真贯彻教育部提出的“教学工作是学校压倒一切的中心任务”的原则，执行“使青年一代在德育、智育、体育、美育各方面获得全面发展，使之成为新民主主义社会自觉、积极的成员”的教育方针，认真对学生进行爱祖国、爱人民、爱劳动、爱科学、爱护公共财物的“五爱”教育，提高教育教学质量。

小学教育方面，增加崖县全县小学教育经费，重点保障对少数民族地区和革命根据地老区的教育经费投入。1953年，少数民族地区的小学校增加到91间，其中，黎族完全小学3间、初级小学86间，回族完全小学1间、初级小学1间，学生人数增加到6719名。此外，汉族地区的学校还专设少数民族班或兼收少数民族学生。全县少数民族学生全部免费就读。包括少数民族地区的小学校在内，全县小学生达到21213名，教职员工有586名。各级小学也实行助学金制度，全县30%的小学生免费入学。除少数民族教育事业补助费外，全县的小学教育事业费全年支出达到26亿元（旧币）。

业余教育也有较快发展。夜校识字班和工农业余学校普遍建立起来，全县各小学附设的夜校识字班有89处，分设初小133个班、高小6个班，入学民众达11961人，其中妇女4647人。夜校的专任、兼任和群众教师共340名。

社会文化工作方面，崖县文化馆开展的群众文化活动丰富多彩，馆内的图书阅览室平均每日阅览人数近百人。文化馆结合全县开展的清匪反霸、减租退押“八字运动”、抗美援朝运动、土地改革运动、农业生产运动组织文艺演出，送书报杂志下乡，举办图片巡回展览和幻灯放映。各村也组织起读报组、屋顶广播组和黑板报组，开展文化宣传教育活动。

第四节　崖县的社会主义改造运动

一、过渡时期总路线的宣传贯彻

中华人民共和国的成立，标志着新民主主义革命的胜利。中国共产党的历史任务是领导全国人民把中国由农业国转变为工业国，由新民主主义国家转变为社会主义国家。但是，旧中国是一个经济十分落后的半殖民地半封建社会，要实现上述转变需要有一定时期的过渡。经过中华人民共和国成立之初3年的建设，国民经济得到迅速恢复，已经获得了有计划地进行大规模经济建设的条件。1953年6月15日，毛泽东在中共中央政治局会议上，第一次对中国共产党在过渡时期的总路线和总任务作出了比较完整的表述："党在过渡时期的总路线和总任务，是要在10年到15年或者更多一些时间内，基本上完成国家工业化和对农业、手工业、资本主义工商业的社会主义改造。""党在过渡时期的总路线是照耀我们各项工作的灯塔。不要脱离这条总路线，脱离了就要发生'左'倾或右倾的错误。"

为了宣传贯彻过渡时期总路线和总任务，1953年9月26日至28日，崖县召开第一次宣教工作会议，随后组织工作队下乡，迅速掀起宣传高潮。工作队在墙头用白灰水书写总路线和总任务的口号，各学校教师根据总路线和总任务的内容给农民夜校识字班编写简明课本。在农村的电影放映员，放映前通过幻灯片宣传过渡时期的总路线，画面生动活泼，深受农民欢迎。在城镇，街道居民委员会组织广播员，三人一组，每天晚上8点走街串巷向居民宣传，做到家喻户晓。经过深入的宣传教育，干部群众对于总路线有了初步了解。

二、对粮油等重要物资实行统购统销

随着中国大规模转入经济建设，城市人口增加，对商品粮以及油类等副食品的需要量也迅速增长。在自由交易市场上，粮食供应不足所需，不法商人又从中投机牟利，使粮食收购和供应出现紧张的局面。1953年是国家贯彻过渡时期总路线、实行经济建设第一个五年

计划的头一年。当年 10 月，中共中央作出关于粮食计划收购和计划供应（简称“统购统销”）的决定；11 月 19 日，中央人民政府政务院颁布命令，规定生产粮食的农民必须按国家规定的收购粮种、收购价格和数量将余粮售卖给国家；粮食按计划供应，对城市市民发给购粮证，凭证购买；所有私营粮商不许经营粮食，私营粮食加工厂不得自购原料、自销产品。实行统购统销政策之后，国家直接控制粮食的收购和供应，粮食供应紧张的状况得到缓解。对粮食实行统购统销之后，接着实行油料的统购和食油的统销。

1953 年 12 月 21 日至 24 日，崖县召开第七届各界人民代表会议，中心议题是研究如何贯彻实行粮食统购统销政策。1954 年起，崖县开始对非农业人口和农村缺粮户实行粮食定量销售，取消私营粮贩，不准自由经营粮食；对产粮农户则实行“以征带购”。1955 年起，在水南乡实行粮食定产、定购、定销试点，逐户计算。全乡定产 167 万斤（稻谷），定购 43.2 万斤；定购 554 户，每户平均售粮 664 斤。当年 9 月 1 日起，粮食统购统销在崖县全县实行。崖县国营粮食公司对全县城镇居民实行粮食和食油凭证供应。其定量粮食（大米）为：工人每月 32 斤，干部 28 斤，居民 25 斤。定量食油为：工人、干部每月 3 两，居民 2 两。当年全县由国家供应粮油的人口为 48596 人，包括工人 21890 人、渔民 4502 人、机关干部 3544 人、市民家属 14158 人，学生 4502 人。

1954 年 9 月 9 日，中央人民政府政务院发布《关于棉布计划收购和计划供应的命令》，规定自 9 月 15 日起，全国开始使用布票。当年 9 月，崖县成立国营纱布公司，统一经营全县的棉布及棉布制品，一律采取凭证供应的办法。棉布计划供应按人口（不论年龄大小）分配，其定量为每人 3 尺，随后增加到 7 尺，又再增加到 1 丈 3 尺 6 寸。

随着粮食增产和纺织工业的发展，布票于 1983 年取消，粮票于 1993 年取消，统购统销政策于 1985 年终止。

三、农业的社会主义改造和农业合作化运动

土地改革完成之后，农业生产力获得解放，但是小农经济仍然在农村占绝对优势。小农经济的分散性、落后性，极其低下的生产水平，限制着农业生产力的提高，不能满足国家工业化对粮食和原料作物日益增长的需求。要改变这种状况，必须对农业实行社会主义改造，把小规模生产的个体经济，变为大规模生产的合作经济，引导农民走上社会主义道路。农业合作化的途径，按照中共中央的决定和实践经验，就是通过农民的自愿联合，在农业生产互助组的基础上，成立土地仍属农户私有、半社会主义性质的初级农业合作社，再到土地集体所有、完全社会主义性质的高级农业合作社。1953 年 10 月，在学习和宣传过渡时期总路线的热潮中，中共中央召开第三次互助合作会议，通过了《中共中央关于发展农业生产合作社的决议》。

崖县在完成农村土地改革的过程中，即开始组织农业生产的互助合作，1953 年年初曾召开崖县劳动模范和农业互助合作代表会议进行讨论与动员。中共崖县县委根据中央指示，于 1954 年 2 月召开全县互助合作会议，动员开展农业合作运动。崖一区水南乡首先成立全县第一个农业生产初级合作社，当年夏发展到 6 个。到 1955 年春，全县初级农业合作社发展到 82 个，入社农户 2493 户。这一年的 7 月，中共中央作出《关于农业合作化的决议》，批判右倾保守思想。崖县领导带领 3125 名干部下到农村兴办农业社。当年 12 月，全县成立农业社 3442 个，入社农户 11432 户，占全县农户数的 35. 3%。到 1956 年春，参加农业社的农户达 26844 户，占总农户数的 84%。紧接着，农业合作化运动又开始了从小社并大社、从初级升高级的进程。1956 年 1 月 11 日，崖县第一个高级社——回辉高级农业合作社成立。1 月底，中共崖县县委召开三级干部会议，继续反对右倾保守思想，加快发展高级社，决定把崖城区水南乡的 14 个初级社联合成一个高级社，入社农户 523 户；把藤桥镇区龙楼乡的 4 个初级社联合成一个高级社，入社农户 162 户。随后在不到一个月的时间里，全县建成 277 个高级社，参加农户 29314 户，占全县农户数的 86%。到

1958 年，全县的高级社发展至 302 个，参加农户 37426 户，占总农户数的 95%。高级社农户除保留少量自留地外，其余土地均无偿收归集体所有。

在发展高级社的同时，全县也完成了渔业合作化。

对农业的社会主义改造，原定用 15 年时间基本完成，但到 1956 年就已提前实现。这种急躁冒进难免出现偏差。在如何实现农业合作社的自主权、保障社员应有的权益等问题上，并没有建立可行的制度，只是贪多求大，追求增加社会主义成分而加快速度建立高级社。崖县的高级社一阵风成立之后，暴露的问题很多，社内收入减少，干部作风不民主，入社时生产资料折价偏低且又不能兑现等等原因，引发了部分高级社的退社风潮。如抱岁乡的 10 多个高级社，社员牵走耕牛、扛走农具，合作社名存实亡。在中共中央的指示和中共崖县县委的努力工作下，这种现象不久得到改进，高级社重新恢复。从整体上说，合作化促进了农村的社会变革，推动了农业生产的发展。

四、手工业和工商业的社会主义改造

（一）手工业的社会主义改造

个体手工业是小商品经济，极不稳固。国家对个体手工业的社会主义改造，如同对个体农业一样，通过走合作化道路，把手工业劳动者的个人所有制改变为集体所有制。崖县从事手工业和小商贩业者，主要分布在崖城区、藤桥区和黄流区。1956 年 1 月 23 日至 25 日，崖县召开手工业和私营小商贩会议，讨论手工业和小商贩的社会主义改造问题，拉开了对手工业进行社会主义改造的序幕。全县手工业有 1085 户，从业者 1189 人，参加社会主义改造的有 925 户，占 85%，935 人，占 84%；小商贩有 2111 户，从业 2446 人，组织起来的有 1581 户，占 74. 89%，1869 人，占 76%。此外，全县还有人力内驳小船 204 条，从业人员 665 人，帆船 280 艘，从业人员 690 人，亦组织起船业合作社。据统计，全县经过社会主义改造，组织起来的手工业、小商贩合作社和船业合作社达 41 个，生产小组有 12 个。1956 年上半年，全县顺利完成对手工业的社会主义改造，提前实现手工业合作化计划。

（二）资本主义工商业的社会主义改造

中华人民共和国成立后，国家对资本主义工商业采取了利用、限制和改造的政策，尽可能地利用私人资本主义的积极性，增加工业产品的供应，扩大商品流转，维持劳动者的就业，以利于国民经济的恢复和发展。但是，资本主义所有制和社会主义所有制之间存在矛盾，必须通过对资本主义工商业的改造，把资本主义私有制改变为社会主义全民所有制。1955 年 11 月 16 日，中共中央通过了《关于资本主义工商业改造问题的决议（草案）》，要求一切重要行业的私营工商业分批分期实行公私合营。

中共崖县县委、崖县政府为了对全县的私营工商业全面实行公私合营，于 1956 年 1 月 25 日召开第一次工商联代表大会，选举产生了崖县工商业联合会，作为协助政府指导工商业社会主义改造的常设职能机构。会后，崖县工商联发出题为《全县工商界同仁行动起来，走社会主义公有制的道路》的号召书。从此，全县掀起了对工商业进行社会主义改造的高潮。

崖县对资本主义工商业的改造，以三亚（含红沙）的富兴行、福昌隆和藤桥的华侨商店为重点，以饮食业为先行试点。崖县政府派出“私改”工作队，深入店、行宣传对私营工商业进行社会主义改造的重要性和必要性。在进入清产核资阶段时，工作队贯彻执行“赎买”政策，本着公平合理、实事求是的原则，对私营工商企业的实有资产进行清理估价。在清产核资过程中，涉及公私关系的，工作队会同工商联妥善处理，能从宽则尽量从宽，因而在改造过程中，工作运转正常，基本上未发生对工商界资本家的过激行为。崖县的工商业改造分为百货日杂、饮食服务、药材药品三大板块进行，公方、私方均同经理签约。1956 年 9 月，崖县完成对资本主义工商业的社会主义改造，顺利实行工商业的公私合营。

1953 年，榆亚海滨共有盐场 73 处，盐田分布在红沙、南边海、荔枝沟等地，盐池面积 51622 公亩（约合 7743 亩）。1954

年 6 月经过清产核资，全场资产 750 万元。经没收官僚资本家、盐霸的资产，补贴合法资本家和私人的资产，收回荒弃盐池，于 1955 年 1 月 1 日改为国营榆亚盐场。

据 1956 年年底统计，在崖县的整个国民收入中，国营经济占 32.2%，合作社经济占 53.4%，公私合营经济占 7.3%，个体经济占 7.1%，资本主义经济基本消失。

五、社会主义改造完成后的崖县

1956 年 12 月，崖县完成三大改造，集体经济代替个体经营，城乡经济出现繁荣景象。人民生活水平显著提高，出现了新的社会面貌。

（一）农业加快发展

1956 年，合作化运动兴起，推动了规模空前的生产高潮。6 月 14 日，崖县召开县、区、乡三级干部会议，制订千斤丰产计划，发起农业增产劳动竞赛运动。九所区罗四乡罗马农业生产合作社提出水稻（两造）每亩产量 1000 斤，向全县的农业合作社发出劳动竞赛倡议书。中共崖县县委在该倡议书上加按语，刊载于《崖县农民报》，发动全县农业社响应，“千斤社”运动立即在全县开展起来。收割结束后到现场验收，罗马农业社和黄流区丰塘农业社均达到“千斤社”要求。这是三大改造完成后，崖县农民迎来的第一个丰收年。这一年，全县粮食总产量比 1955 年增加 2000 多万斤，增长 24%。全县有 60%以上的农业社增产。

粮食的增加，为畜牧业、副业、水产业和多种经济作物的发展奠定了基础。畜牧业方面，1956 年，全县有黄牛 24065 头，比 1955 年增加 4030 头；有水牛 23298 头，比 1955 年增加 3800 头；存栏毛猪 50968 头，比 1955 年增加 11371 头。其他禽畜业也比 1955 年增加 35%。在副业和经济作物种植方面，两项总产值在 1955 年仅为 22895 元，1956 年猛增为 249180 元。经济作物的种植面积，1955 年为 27799 亩，1956 年增加到 77039 亩，增长 77%。1957 年上半年，纯牧业收入达 62 万元，比 1956 年同期的 38 万元增加 70%。水产业方面，海洋捕捞、淡水养殖也都增产。1957 年的水产总量达到 228283 担，比 1952 年增长 140%。

崖县政府特别关心糖业生产。一方面，认真落实自留地长期归社员个人使用、从事多种经营的政策，鼓励农民在自留地上种甘蔗，推行集体和个人并重发展甘蔗生产，使糖蔗种植面积得到扩大。另一方面，崖县糖业公司适时派人到农村发放农贷支持农户购买肥料和苗种，派技术员到现场指导农民科学种蔗。农民生产的甘蔗，由崖县糖业公司到地头收购，收购价格合理，多给农民让利。崖县的蔗区主要分布在藤桥、崖城、冲坡、抱旺、九所等地。1956 年，崖县还没有机制糖厂，蔗区糖寮相连，榨糖季节一片繁忙景象。由于政府从政策、资金、技术三方面支持蔗区，崖县的蔗糖业获得发展，蔗糖产销两旺。糖食作坊业也兴盛起来，以糖材为主制成的糖供、糖糕、甜凉粉、糖粥等，成为当时崖县的特色食品。1956 年，崖县政府在藤桥投建了第一个机制糖厂，1957 年 12 月建成投产；此后，又在崖城投建第二个机制糖厂。

（二）人民生活得到改善

生产的发展促进了人民生活的改善。1956 年农业合作社年终分配的结果显示，在增加收入方面，全县 29314 户农户中，增收的有 19251 户。由于增产能力的提高，执行粮食统购统销政策后，不但保证了城镇的粮食供应，农户的食用留粮也有保障。崖县解放前的 1948 年和 1949 年，全县农村每年每人平均占有的粮食只有 260 斤。实行粮食统购后的 1955 年，每年每人平均口粮 330 斤，1957 年又提高到 405 斤，有些农业社社员的用粮标准达到 550 斤。在经济收入方面，全县农村平均每人的年收入，包括家庭副业收入在内，达到每人 60 元以上。据对部分农户的调查，如崖城区有 5 个大社，总户数 2484 户，原有贫穷户 1683 户，到 1957 年减少为 508 户。九所区抱旺乡的 3 个社、藤桥区的龙海社和羊栏区的妙林社，也与崖城区差不多。这说明，全县 73%的农业社社员家庭，已经过上温饱生活。鳏寡孤独、残疾老弱社员，得到“五保”照顾；一些缺乏劳动力的困难户相对贫穷，但是在农业社的照顾下，生活也比较安定。

农民的存款逐年增加。1954 年，全县的农村存款 24.5 万元，储蓄存款 18 万元，两项共 42.5 万元。1956 年，农村存款 22 万元，储蓄存款 80.7 万元，两项共 102.7 万元。1956 年的存款总数是 1954 年的 2.5 倍。农村的余钱、余粮多了，农民家庭殷实起来。

全县农村的购买力显著提高，1954 年为 18 万元，1956 年比 1954 年增长 12%。棉布的供应量，1954 年为 30.8 万米，1956 年为 120.4 万米，1956 年是 1954 年实销量的 4 倍左右。食油的供应量，1955 年为 2406 担，1956 年为 3817 担。食肉的供应量，1954 年为 5694 担，1956 年为 13964 担。此外，日用商品的销售量也逐年增加。这些情况说明，农民的生活正在逐渐改善。

（三）交通建设促进城乡交流

为促进城乡物资交流、加强工农联盟，三大改造完成后，崖县政府举全县之财力，扩建全县的公路和桥梁。当时所采取的办法，多走群众路线，把修路的地段分配到各乡村，由社队派劳动力各负其责。筑桥由县财政投资，共修筑崖城桥、新溪田桥、波浪桥、盐头大桥、东盐小桥、石沟坑桥、墩头桥 7 座桥，1956 年年底落成。不到一年，就修通和扩建了崖城至岭头长约 100 公里的公路。公路建设促进了城乡之间的联系，对崖县的经济、文化发展发挥了重要作用。

（四）工业企业破土而出

进行三大改造前，崖县除使用人力、畜力晒盐和制糖外，其他工业几乎是一张白纸。完成三大改造后，崖县初步形成包括 17 种行业的工业企业。国营田独铁矿恢复开采，地方国营工业扩建了榆亚盐场，兴建了榨油肥皂厂、印刷厂、酿酒厂、藤桥糖厂、粮食加工厂，还有田独砖瓦厂、石灰厂，红沙榨油厂、肥皂厂等。全县的工业企业在 1957 年增加到 29 间，年产值近 200 万元。全县的手工业也发展到 17 个行业，手工业合作社及生产小组有 50 个。

崖县的第一个国营工厂——榨油肥皂厂，是 1954 年 11 月利用旧厂改造建成的。崖县政府拨给 1000 元作为启动资金，经过艰苦努力，

1956 年的产值达 5.4 万元。该厂生产的崖县肥皂品质优良，销量大，经济效益好。1955 年 11 月，全国人大常委会副委员长何香凝由广东省主管工业的副省长冯白驹陪同到三亚，曾来该厂视察，成为国家领导人到崖县考察的第一人。

崖县人民印刷厂和藤桥糖厂在三大改造完成后相继建立。印刷厂址面积 1500 平方米，当年兴建，当年投产，终结了崖县的文字表格等印刷品要出县印刷的历史。1956 年投建的藤桥糖厂投资 63 万元，日处理甘蔗 100 吨。藤桥糖厂的建成，刺激了农民种植甘蔗的积极性，增加了农民的收入，促进了经济的繁荣。

崖县的商业主要分布在崖城、羊栏、藤桥、九所、黄流 5 个行政区所在地，均设有供销合作社，各区社又在乡村设若干分社及门市部。国营商业系统设在三亚镇的有百货、贸易、专卖、纱布、粮食、医药、糖酒 7 个公司，1 个畜业收购站，2 个水产购销站，所属门市部 31 个。在国营商业领导下，城乡经济交流日益旺盛。1956 年，全县的社会商品零售总额达到 3269 万元。

工商企业的发展，使职工的生活水平有所提高。每月每人平均工资 35 元，最高的 60 元。城市工矿区的工人每月工资 45~60 元，农场工人一般有 35~40 元。

（五）文化事业初步繁荣

农村的群众文化活动出现了新的组织形式——俱乐部。全县共有俱乐部 104 间，其中少数民族地区 28 间。俱乐部设有图书室，农民可以在俱乐部阅览图书杂志，唱山歌、琼剧和革命歌曲，讲故事，放幻灯，看展览。俱乐部和图书室的创办，对于提高农民的思想觉悟和文化科学水平、活跃农村文化生活发挥了作用。崖县文化馆指导俱乐部的活动，经常举办农业展览，到各区农村巡回展出。展览内容有农业先进生产单位图片、农作物病虫害标本、改良农作物耕作技术、小型农业机具等。1956 年，崖县广播站开始兴建农村广播网，共架设城镇农村专用广播线 57 公里，架设用户广播线 35 公里，安装喇叭 52 只，其中农村 21 只、城镇 31 只。

琼剧演出在这一时期十分兴旺。由吴坤生（莺歌海人）、陈敏初（羊栏镇人）和梁定南（红沙市人）牵头，组建民营的崖县琼剧团（后改名为崖县群众琼剧团），有演职员工 40 多人。社会上的业余剧团也纷纷建立，到 1956 年下半年共建起 24 个，其中少数民族地区 2 个。这些业余剧团中，有 9 个演艺水平比较高，经常在县内外演出。海南琼剧表演艺术家黎和香，在他的家乡林旺创办了第一个农民琼剧团，带动藤桥地区乡乡都有了琼剧团、村村都有了剧场和演出地点。这些剧团的演职员不脱产，农忙时参加劳动，农闲时晚上演出。

（六）努力办好崖县教育

崖县解放初期，小学教育发展较快，中学教育则尚显落后。1955 年，仍只有 3 所中学：崖县中学（在崖城）为高级中学，崖县第二中学（在三亚）和崖县黄流中学为初级中学。全县中学生只有 1500 余人。发展学校教育、培养人才，是崖县面临的一项艰巨任务。1955 年 6 月 10 日，崖县召开第一次教师代表会议，并邀请教育专家、社会名流等 23 人列席，议论教育发展大计。崖县历来有重视教育的传统。长期以来，崖县的教育科科长一职常由县长亲自兼任。当年，陈国风县长就曾兼任县教育科科长。他提出在 3 所中学实行“两扩”计划，即扩大 5 个班、扩大招生 200 人，到 1957 年，全县初中达到 35 个班，学生达 1700 多人。后来，实际招生班数和人数都远超这一计划。三大改造完成后，崖县政府决定再创办 9 所初级中学，每所的办学规模为 5 个班、学生 250 人。1956 年秋季动工兴建，到 1957 年秋季建成并招生入学。在 20 世纪的 50 年代至 60 年代初期，崖县的中小学教育一直处于海南区前列。

（七）扶助少数民族进步

崖县的苗族习惯独居山区，而且迁徙频繁，流动性大。据 1956 年调查，全县有苗胞 109 户，人口 587 人。他们的经济生活主要依靠种植山稻（水田很少）、杂粮和狩猎，平时很少到城区与别人贸易和交流。人民政府在分配和发放社会救济物资时，因为苗胞住址不定，很难按时把物品送到他们的手中；苗胞子女上学读书问题也无从解决。为了从根本上改善苗胞的生产和生活条件，崖县政府于 1956 年 7 月成立了崖县苗胞工作委员会，指派专人负责做好苗胞的安置工作，把他们迁徙到平原地区定居。到 1957 年下半年，全县安置苗胞 5 个村、67 户、332 人。政府拨给安置款 13061 元，发给耕牛 34 头，分给田地 145 亩。还专门为苗胞的子弟开办学校，从崖县教育局委派教师到新苗村设课开学，苗胞工作委员会的工作人员配合老师做好学生上学的组织和发动工作，亲自陪伴他们到新教室上课，让苗胞的子女享受到受教育的权利，分享新社会的文明成果。

1956 年，是崖县完成三大改造后团结、祥和、欢乐的一年。在夏历除夕举办的春节团拜会上，中共崖县县委第一书记陈国风向县机关全体干部祝贺新春时说，现在农村到处都在发生着变化，县委决定春节破例放假 3 天，让大家回农村去看看，感受三大改造完成后的新面貌、新气象，回来后鼓新干劲、干新事业。于是春节期间，全县干部和教师，响应县委的号召，携妻带子，高高兴兴地回到农村与家人同乐。经过三大改造后的崖县，1956 年的农业产值大幅度增长，全县总产值达到 917.82 万元；工业总产值也增长迅速，全县为 576 万元，比 1955 年的 339 万元增长了近 70%。

第五节　进入社会主义建设时期的崖县

1956 年基本完成对生产资料私有制的社会主义改造之后，中国建立起社会主义的基本制度，进入社会主义建设时期。这一年的 4 月，毛泽东发表《论十大关系》；9 月，中国共产党第八次全国代表大会召开，提出社会主义建设的路线、方针和政策。崖县同全国一样，进入社会主义建设新时期，政治、经济和文化建设出现了新的面貌。但是，在实践过程中经历过许多曲折，也积累了经验和教训。

一、崖县的整风运动和反右派斗争

整风是共产党加强自身建设行之有效的方法。1956 年社会主义制度基本建立起来之后，处于执政地位的中国共产党的许多干部，存在着脱离群众与脱离实际的官僚主义、宗派主义和主观主义的作风，形成了特权思想，甚至用打击、压迫的方法对待群众。毛泽东和中共中央高度重视这些问题。经过一段时间的准备和酝酿，中共中央决定开展整风运动。1957 年 5 月 1 日，《人民日报》发表《中国共产党中央委员会关于整风运动的指示》，明确规定了这次整风运动的指导思想、内容、目的、要求和方针、方法。

中共崖县县委按照海南区党委的指示，决定在县一级机关发起整风运动。县委贯彻中央的指示精神，将整风运动当作一次严肃认真而又和风细雨的思想教育运动，多次召开各阶层会议，进行思想发动，鼓励向党的各级领导机关提出批评和改进意见。整风运动在各条战线开展起来。

开始阶段，党内外群众提出了大量有益的批评和建议，指出一些党员干部滋长了骄傲自满情绪，存在好大喜功、工作操之过急、不尊重客观规律、不尊重知识分子等问题，大都属于思想作风方面的缺点。运动中也难免存在一些偏激言论。就全国而言，随着整风运动的深入，出现了复杂情况。极少数人利用整风的机会，攻击中国共产党的领导地位，散布反对社会主义制度的言论。毛泽东发表了《事情正在起变化》一文，把社会上的各界人士分为左派、中间派、右派。1957 年 6 月 8 日，《人民日报》发表社论，号召反击右派的进攻。中共中央开始连续发出指示，部署反击右派运动。

崖县作为地方小县，情况与大城市不一样。但是，反击右派的政治斗争在全国开展后，崖县也一样进行，随之出现偏差。1957 年 7 月，中共崖县县委成立整风反右领导小组。整风运动经一个多月后，随即开展反右派斗争，先在知识分子相对集中的教育、卫生界开展，党政机关则局部进行。由于当时的领导力量集中于开展反地方主义运动，崖县的反右派斗争拖延至 1958 年 3 月才全面铺开，至 10 月 30 日结束。全县有 300 多人被错划为“右派分子”，全部被罢官免职，遣送到水利工地监督劳动，或下放到农村生产队接受农民教育。

崖县的反右派斗争，存在严重的扩大化。中共中央在 1957 年 9

月4日指示，工人只定先进、中间、落后的界限，不作左、中、右的划分，但崖县并没有认真执行。有的职工对崖县在公私合营、统购统销和农村社会主义改造中存在的一些问题提了意见，也被认为是反党、反社会主义，是崖县的“小章伯钧”“小罗隆基”，被划为“右派分子”。由于中央没有及时划定右派标准，在“以阶级斗争为纲”的年代，实际上许多人民内部矛盾问题被当作敌我矛盾处理了。一些人虽然最终没有被划为“右派分子”，但是在大鸣大放中的言论被“上纲上线”，政治上受到批判。

崖县反右派斗争中所划“右派分子”，在20世纪80年代已全部改正。

二、崖县城乡开展社会主义教育

1957年8月8日，根据毛泽东“应即刻在农村进行社会主义教育”的建议，中共中央发出《关于向全体农村人口进行一次大规模的社会主义教育的指示》。8月底，海南区党委召开全区扩大会议，部署农村的社会主义教育运动，以巩固新生的社会主义所有制。

当年9月3日至6日，中共崖县县委召开扩大会议，传达、贯彻中共中央的指示和海南区党委会议精神，布置教育运动的开展。会议期间，县委就社会主义和资本主义两条道路的斗争等问题，组织大鸣大放大辩论，发动大家对县委领导在合作化运动和各项建设事业中存在的缺点、错误进行揭露和批评。

崖县在农村广泛开展的社会主义教育，是以大鸣大放大辩论的运动形式进行的，目的在于解决农民群众与乡社干部对社会主义和资本主义两条道路的认识问题，借以提高他们的社会主义觉悟，纠正“右倾机会主义”思想，巩固合作社制度，坚定走社会主义道路的信心和决心。教育的主要内容是中央规定的中心议题：合作化的优越性问题，粮食和其他农产品统购统销问题，工农关系问题，肃反和遵守法制问题等等。海南区党委根据本区情况加上一条：民主与集中问题。中共崖县县委结合本县实际，提出了一些辩论内容：国家和集体关系问题，集体和个体关系问题，民族关系问题，合作化前后生产发展变化和农民生活变化问题，干部作风问题等等。教育的方式是：利用生产间隙和休息时间，组织农民群众和农村干部就上述题目展开大鸣大放，揭露农村中的现实问题，进行摆事实、讲道理的大辩论，目的是让干部群众认清是非、提高认识、整顿改正。为了增强教育效果，许多乡村还通过大字报、墙报、黑板报及绘制漫画、编唱民歌、制作放映幻灯片及图片展览等形式，表达辩论内容。教育运动按 3 个步骤进行：第一步，大鸣大放；第二步，大辩论；第三步，整改。

为了确保教育运动稳妥有序地开展，中共崖县县委组织党政机关及各部门的干部下乡，帮助农民群众掌握政策，组织开展大鸣大放大辩论，听取农民群众对领导干部及有关部门的意见和建议，及时处理和改正。

社会主义教育运动在农村开展后，城镇的社会主义教育运动也相继进行，党政机关、企事业单位及各行业积极组织大鸣大放、大辩论、大整改。教育中结合本单位、本部门的实际情况，提出问题，解决问题。如党政机关结合整党，开展党的纪律、民主与集中、工作作风等方面的教育；学校开展党的教育方针、革命传统等方面的教育。城镇运动规模较大的是生产单位和经济部门。从 1958 年 4 月 14 日开始至 6 月上旬，共组织 250 个单位，分 3 批开展。这些单位的教育还加上专题内容，即坚持共产党的领导，执行党的经济政策，反保守、反浪费、反资本主义自发势力。

崖县这次大规模的社会主义教育运动，提高了城乡领导干部和人民群众的社会主义觉悟，对于巩固社会主义所有制意义重大。但是由于忽视对“左”倾思想的批评，把反冒进、反浮夸当作右倾机会主义思想予以批判，对此后的生产建设和经济发展造成了不良影响。

三、崖县的“反地方主义”事件

1958 年 3 月 25 日，在三亚召开中共崖县第一届党员代表大会第三次会议，主要内容是“反崖县地方主义”。当时已调海南行政区工作的林庆墀（1950 年海南解放前后的中共崖县县委书记）和在海南黎族苗族自治州工作的崖县党员领导干部，都被通知返回崖县列席会议。大会举行的第一天，宣布林庆墀、陈国风（在任中共崖县县委书记）为“崖县地方主义反党集团”的头子，崖县县长吴清尧、县委副书记林志超、副县长兼公安局局长陈庭等人为“崖县地方主义骨干分子”，在大会上对他们展开揭发批判。同日还作出决定，将所谓“崖县地方主义反党集团”头子和骨干分子中的一些人，或开除党籍，或撤职查办，或给予连降三级处分。

会后，对所谓“崖县地方主义反党集团”成员进行处理。林庆墀调到佛山公路局工作；陈国风先到望楼河水利工地监督劳动，后调乐东县乐光农场一个作业区当副队长；吴清尧先到半岭水库劳动，后调松涛水库工作；林志超先到宁远河水库监督劳动，后调韶关公路局工作；陈庭到东方县尖峰岭林场一个作业区代管妇女工作。其他涉及的干部也都受到处分，分别下放监督劳动。这些被指为“崖县地方主义反党集团”的干部，都受到不公正的待遇，有些甚至受到严重迫害。

所谓“崖县地方主义反党集团”，实为“海南地方主义反党集团”案所株连。1952 年夏，广东党内曾开展“反地方主义”斗争，抓住海南土改进度较慢、在海南区党委礼堂曾挂过冯白驹的像，以及当时出席全国政协会议的海南代表准备提出海南建省议案（后因意见不一，未正式提出）等问题，指责冯白驹搞所谓“地方主义”，错误地对他进行批判。此事本属共产党内政治生活中的不正常现象，其实质则是自土改以来海南地方干部和南下干部之间的关系没有得到正确处理。1956 年 12 月，海南区党委曾在海口召开历时 20 多天的扩大会议，中心议题是根据中共中央指示，通过批评和自我批评，解决海南地方干部和南下干部之间的团结问题。中共广东省委第一书记陶铸、书记冯白驹亲临会议，陶铸先后三次讲话。会议后期，国务院副总理陈毅、邓子恢也到会发表讲话。他们都实事求是，语重心长，以党的历史经验教育干部。会议发扬民主，畅所欲言，对涉及的问题基本统一了认识，取得了较好的效果。但是，由于当时党内滋长的极左思想影响，1957 年 2 月，由某些偶然事件引起，在中共广东省委召开的扩大会议上，冯白驹突然被当作“地方主义、反党集团头子”而遭到粗暴批判。在广东省特别是海南，反地方主义运动从此全面展开。1958年1月，海南区党委召开为期20天的扩大会议，开展反地方主义斗争，错误地对冯白驹等人进行批判。此后，即追究各县市所谓“犯地方主义错误”的主要干部，“崖县地方主义反党集团”由此而来。

海南以至崖县的所谓“地方主义反党集团”，是在极左思潮的指导下炮制出来的，所列举的事例完全是捕风捉影的虚构，所谓的“反党言论”都是不实之词。一大批忠心耿耿、为革命事业出生入死的同志遭到迫害和摧残。这段历史令人痛心，应当深刻吸取教训。中共十一届三中全会后，中共中央作出决定，为冯白驹恢复名誉；在此前后，其他受到错误处分的同志也全部得到平反昭雪。

四、崖县的“大跃进”和人民公社化运动

完成生产资料私有制的社会主义改造，反右派斗争结束后，中共中央及时地提出要把党的工作重心转移到经济建设和技术革命上来，完成社会主义现代化经济建设的伟大任务。1958年5月23日，中共八大二次会议召开，同意毛泽东的提议，通过了“鼓足干劲，力争上游，多快好省地建设社会主义”的总路线。中共崖县县委于同年9月15日召开扩大会议，1420人与会，学习社会主义建设总路线和毛泽东的著作《论十大关系》。扩大会议结束后，立即组织机关、厂矿企业干部下乡宣传社会主义建设总路线。当时，干部群众热情高涨，希望尽快改变经济、文化的落后状况，但从中央到地方，都提出了一些不切实际的口号和目标，掀起了盲目的“大跃进”运动，在“大跃进”中推行人民公社化。其后果是背离了客观经济规律，导致了严重的经济倒退和危机。

（一）“大跃进”运动

1958年5月8日，崖县召开三届一次人民代表大会，号召全县人民认真学习和贯彻社会主义建设总路线，继续和右倾保守思想进行斗争，扫除一切阻碍生产“大跃进”的阻力。大会对1958年的粮食生

产、工具改革、农田建设、畜牧业、经济作物、农业社合并、工业发展、商业发展等工作进行了全面部署，拉开了崖县“大跃进”的序幕。6月2日，中共崖县县委制定崖县“大跃进”方案，提出了各项工作“大跃进”的指标、任务和措施，在全县掀起“大跃进”运动。“大跃进”运动是在制定社会主义建设总路线的过程中发动起来的，目的在于动员全国人民积极投身社会主义建设热潮，迅速改变中国落后面貌，壮大国家实力。但是，在制定和贯彻执行社会主义建设总路线与国民经济发展计划的过程中，不能坚持实事求是的科学态度，生产指标层层加码，决策严重脱离实际。于是，人民群众的政治热情和革命干劲被盲目的“大跃进”引上了一条违背客观规律的道路，教训十分深刻。

1. 农业“大跃进”中的高指标、浮夸风

崖县在1956年、1957年就已经提出过“大跃进”的口号。那时的“大跃进”主要是要求加快发展速度，虽然在某些方面也出现了冒进、浮夸现象，但受到一些领导干部和人民群众的反对（这些反对者后来都被扣上了“右倾保守”的帽子，并在一定范围内受到批判），总的来说对生产的影响不大。而崖县于1958年下半年开始的“大跃进”，则是在全国性“大跃进”运动的背景下兴起的，农业生产“大跃进”中的高指标、浮夸风在1958年6月出现，此后越演越烈。具体表现在：

粮食生产规模方面。1958年，要求全县的水稻种植面积达到30万亩，总产量2.1亿斤，争取在2.4亿斤以上。到了1959年，中共崖县县委制定的该年度粮食生产指标是12亿斤，有的领导更提出要搞到40万亩、总产量40亿斤。为此，大搞高产片、试验田、“卫星田”。1958年6月提出晚造亩产800斤、争取1000斤的高标准，这一指标比1957年正常的亩产量已经高出500斤左右。7月10日又提出在全县搞3.5万亩试验田，县委带头搞12亩，要求达到亩产1万斤，向全县各乡、社、农场提出搞社会主义竞赛，欢迎各单位应战。8月6日，县委根据省委、区党委、州党委的指示，召开扩大会议，掀起亩产“双千一万”高产运动，要求全县达到水稻亩产2000斤、番薯亩产1万斤。接着，更要求全县扩种水稻试验田8.5万亩，每亩平均产量为5000斤，对乡党委书记的试验田则要求亩产6000斤至1万斤；番薯试验田10万亩，要求每亩产量达5万斤至10万斤，冲刺20万斤。县委一再发指示：“必须进一步解放干部与群众思想，破除迷信，全党全民动员，展开‘双千斤、1万斤’运动，提出‘3000斤乡’‘4000斤’社，马上行动，作出具体措施。”8月17日，县委颁发《田间管理跃进纲要》（草案），“要求每乡、每社至少放出1万斤以上的‘卫星’，示范农场放出5个1万斤、两个10万斤的‘卫星’，县委放一个3万至5万斤的‘卫星’”。8月25日，县委又指示：“全县8.5万亩试验田，要求产量平均5000斤以上，而且每乡每社都要放出1万斤、2万斤、5万斤甚至10万斤的‘卫星’；示范农场要放出2万斤以上至5万斤的‘卫星’来。”12月2日，县委提出1959年农业生产的基本任务是：“粮食要搞40万亩，亩产1万斤，总产量40亿斤。”诸如此类从亩产1000斤至亩产超万斤以上的高标准，贯穿于整个农业“大跃进”运动的始终，已经完全是凭主观想象的纸上谈兵、数字游戏了！

生产技术方面。毛泽东提出农业“八字宪法”（土、肥、水、种、密、保、管、工），要求在粮食生产过程中按科学方法改良土壤，增施肥料，兴修水利，改良品种，合理密植，搞好植物保护、田间管理，改良工具，这些都是十分正确的。但是，不少干部急于求成，为了追求高产指标的实现，严重违背自然规律，在组织生产中瞎指挥，浮夸风和形式主义表现得更加突出。如要求水田平均每亩施肥5万斤到11万斤，深翻土地达到1尺至1尺5寸甚至3尺，密植插秧每亩50万株甚至70万至80万株。工具改良和使用方面，要求在约20天时间里实现车子化、滚珠轴承化，推广乘坐小船插秧和双手插秧等等。

2. 工业“大跃进”中的全民大炼钢铁

1958年8月，中共中央北戴河工作会议作出决定，要求全党全民把工作重点从农业生产转到工业生产特别是钢铁生产上来；“以钢为纲”，大搞群众运动，完成全国年产1070万吨钢的任务。一个大办工业、大炼钢铁的群众运动在全国掀起。

1958年9月26日，中共崖县县委召开扩大会议，贯彻中共中央北戴河会议精神，对全县的大炼钢铁运动进行部署。为了在10月15日前完成海南区党委分配的生产60吨生铁的任务，全县立即开展全党全民大炼钢铁。全县组织起由农民群众、机关干部、学校师生组成的1.5万多人的炼钢队伍，建起小高炉803个，实际投入炼铁生产的146个。崖县第一次炼出生铁13吨，仅完成海南区党委分配任务的21%。

当年10月18日，中共崖县县委在关于今后大炼钢铁的意见中，确立了建设高炉以“小土群”为主的方针，提出1958年产铁3200吨、产钢200吨的任务，并保证在11月1日放出产铁1500吨的“大卫星”。为了在规定的短时间内放出“大卫星”并完成全面任务，炼钢队伍扩大到2.8万人，同时组织汽车及全县所有的牛车、手推车、木帆船和人力肩挑的运输队伍，形成每天1000吨的运输力量。县、社、乡三级党政领导大部分下到钢铁生产第一线。

1958年10月21日，自治州党委在崖县召开有陵水、保亭、乐东各县领导参加的会议，认为崖县具备放“大卫星”的条件，各县表示要从人力、物力上支持崖县。陵水县支援粮食，保亭县支援3000人，乐东县支援2000人，琼中县支援1000人，自治州抽调几十名干部支援，驻军抽调汽车支援。在各县及有关单位的积极支持下，中共崖县县委决定将原定在11月1日前产铁1500吨的产量翻20番，提高到了3万吨，并表态一定在11月1日放出“钢铁卫星”。这次会议被称为“3万吨卫星会”。

会后短短的10天时间里，崖县全县组织了突击性的炼铁高潮。“小土群”改为“大土群”，建容量10吨至二三十吨以上的大高炉。全县9.7万劳动力，集中7万多人炼钢铁，仅留少数老弱劳力秋收秋种，老人、小学生都被组织起来。炼铁队伍编成班、排、连、营，组成建炉冶炼队、运输队、烧炭队等专业队，实行组织军事化、行动战斗化、生活集体化。11 月 1 日是“放卫星”日，结果只产铁 1331 吨，质量比较差，浪费了大量人力、物力、财力。

根据中共广东省委的指示和海南区党委分配的任务，11 月 10 日，中共崖县县委又作出《关于组织当前钢铁生产大跃进的指示》，在总结经验教训的同时，贯彻稳定产量与提高质量的炼铁方针，对全县的钢铁生产进行调整和安排。中共广东省委指示还要放大炼钢铁的二次“卫星”，第一次在 11 月 20 日，第二次在 12 月 5 日。这个指示要求，今后的钢铁生产，凡有原料、燃料的地方大搞，仅有原料或燃料的地方小搞，无原料、燃料的地方不搞；在劳力的安排上，应有工业的专业队伍，由农民转成为钢铁工人。重点县抽调 20% 至 25% 的劳力，一般县为 10% 至 15%。海南区党委分配给崖县的任务是：从 11 月 2 日起至年底止，全县保证产铁 1000 吨，争取 2000 吨；日产量保证 20 吨，争取 40 吨。产钢 800 吨，争取 1600 吨。据此，中共崖县县委确定将钢铁生产的重点设在田独公社，附点设在鱼雷、海燕、洪流公社。全县抽调 1.5 万人组成钢铁专业队伍，公社党委第一书记亲自挂帅，一手抓钢铁，一手抓农业。这个阶段，实际上全县只完成生铁 840 吨、钢 400 吨，且质量无保证。

1958 年 12 月 1 日，中共榆林县（由崖县、保亭、陵水三县合并而成①）委召开扩大会议，安排 12 月至 1959 年 2 月的工业生产。根据海南区党委的指示，全县到 1959 年 2 月底的钢铁生产任务是 1500 吨，在 1958 年 12 月份要放出 3 个“卫星”。会议还提出了 1959 年崖县（榆林县后来还称崖县）工业要争取海南第一、力争全国第一的口号，并确立了钢铁生产的任务：生铁 5 万吨，争取 10 万吨；洋钢 3

---

①　1958 年 12 月 1 日，崖县、陵水、保亭三县及万宁县的兴隆、南桥、牛漏地区合并为榆林县（后仍称崖县），原崖县所属的九所、黄流地区则划归乐东县管辖。1959 年 11 月 14 日，保亭县恢复原建制，按原辖区从崖县划出；兴隆、南桥、牛漏地区则仍归万宁县管辖。1961 年 5 月，陵水县恢复原建制，按原辖区划出；将乐东县的雅亮、育才地区划入崖县。

万吨，争取5万吨。重点仍然设在田独公社，附点在椰林、炮艇两个公社，幸福、高峰两个公社将来也要建成钢铁基地，其他公社要创造条件搞钢铁生产，全县组织工业队伍3.2万人。

3.“大跃进”中的崖县教育和文化

1958年的崖县的教育文化等事业也处在“大跃进”的洪流之中。教育方面，全县的公办中小学发展到527间，中小学教师达到1593人，学生有53067人（其中，中学生5893人）。民办教育方面，全县办起红专大学6间，学生830人；民办小学85间，学生8868人。此外，还创办幼儿园262间，入园幼儿1652人。学校教育贯彻“教育为无产阶级政治服务，教育与生产劳动相结合”的方针，实行“勤工俭学”“勤俭办学”。校办工厂、校办农场成为教育与生产劳动相结合的基地。据不完全统计，全县中小学有校办工厂40多间、校办农场153个；学校拥有耕地面积8184亩，其中开荒5019亩。学校师生经常停课参加兴修水利、大炼钢铁以及各项中心任务，教学秩序混乱。

文化事业方面，1958年，崖县全县有文化馆3个、民办农村图书馆（室）1122个、业余剧团256个、文工团9个、电影队10个、有线广播站16个、广播组628个。1958年12月1日，中共崖县县委机关报《榆林日报》出版发行（至1961年3月1日停刊）；另有民办报社16家。全县城乡掀起全民创作民歌的高潮。

（二）人民公社化运动

1958年8月召开的中共中央北戴河工作会议还作出建立人民公社的决议。9月10日，《中共中央关于在农村建立人民公社问题的决议》公开发表，全国又迅速掀起人民公社化运动。

中共广东省委、海南区党委、海南黎族苗族自治州党委分别发文，要求各县认真贯彻落实中共中央决议精神，迅速实现人民公社化。1958年9月19日，中共海南黎族苗族自治州委和崖县县委合办的试点——海燕人民公社（藤桥乡、洪风乡、南田农场）成立。1958年9月23日，自治州党委在三亚召开崖县、陵水、保亭、乐东四县县委第一书记会议，研究大办人民公社问题。到10月1日，洪流公社（九所乡、冲坡乡、黄流乡、莺歌海镇）、鱼雷公社（回辉乡、羊栏乡）、炮艇公社（崖城乡、白超乡、梅山乡、南滨农场）、天涯公社（马岭乡、抱逸乡）4个人民公社相继建立。至此，崖县建立5个人民公社，实现了人民公社化。① 参加公社的有农民、工人、市民、渔民、手工业者、自由职业者共46251户、218189人，占全县总人口的99%。1958年12月底前，崖县全县共建立公共食堂1675间，在公共食堂就餐的达到100%；建托儿所1525间，入托的孩子占适龄幼儿的95%以上；建幼儿园389间，入园儿童占适龄儿童的80%以上；建敬老院27间，入院人数381人。

崖县建立的农村人民公社，在体制方面，多是几个乡合办一社，一般分为公社、大队、生产队三级。初期，土地、耕牛、农具等生产资料均属公社所有，可以任意平调。在分配制度方面，实行供给制和工资制相结合。供给制主要是伙食供给，公社一般不给社员分配粮食，农民全家到公共食堂就餐；起初有干饭、稀饭和菜供应，但只维持2个月左右，便只能供应稀饭，到1958年年底即难以继续维持。工资时发时停，平均每个劳动力每月2元左右，到后来全部无法兑现。

五、三年经济困难时期的崖县

不顾客观规律、盲目“大跃进”和一哄而起的公社化带来的直接后果，就是1959年至1961年崖县全县陷入三年经济困难，其主要表现是粮食极度紧张、吃不饱饭，同全国各地是一样的。1958年秋收前，崖县需用粮1000多万斤，但到9月只有90多万斤，缺粮910多万斤。为了解决粮荒，从乐东调粮200万斤，从保亭调粮30万斤，陵水除留种外的存粮也全部调给崖县。尽管这样，仍然不能填补崖县

---

① 1958年12月，洪流公社划归乐东县。此后，随着辖区的并拆和管理体制的变更，公社政区不断调整，公社名称也屡经变易。至1983年“社改区”前，崖县全县有14个公社1个镇，即藤桥、林旺、田独、崖城、天涯、羊栏、保港、梅山、立才、雅亮、高峰、红沙、荔枝沟、南海公社，三亚镇。

全县的粮食缺口。1959 年，崖县的粮食紧张程度进一步恶化。1958 年年底并县而成的榆林县（大崖县），在 1959 年春节前后保亭、本号、英州等公社闹粮荒。全县的粮食到 3 月 31 日止，国家仓库的存粮仅有 350 万斤；全县 12 万非农业人口的最低口粮需要，只能供应到 4 月底。而农村还有 5 万左右的缺粮农民，正受着饥饿的威胁。夏收后 5 个月，人均留口粮 60 斤左右，每人每天多者半斤粮，少者 3 两米。据不完全统计，1959 年，崖县全县有 1.2 万人因饥饿致病不能出勤，其中水肿病人 5400 人。1960 年，粮荒仍继续，全县（其时，保亭县已划出）到 5 月因饥饿导致水肿病者有 1135 人。中共崖县县委为此发出《关于迅速组织治疗水肿病的紧急指示》。这年全县最缺粮的是藤桥。9 月，国家再次借销 4 万斤大米应急，但缺粮的生产队每人每天只能吃 4 两米，劳动力仅吃 6 两米，无法按中共广东省委的指示要求做到每人每天吃 8 两米。10 月，一些地方因缺主粮而吃木薯充饥，发生中毒事件。

三年经济困难时期粮食紧张的原因，大致有如下 5 个方面：

第一，自然灾害严重。1958 年 6 月，崖县全县遭受暴风雨的袭击，风力 7~10 级，雨量达到 230 毫米。大水冲垮水利工程土方 2.6 万方，水稻受浸面积 2.68 万亩，失收稻谷约 9.35 万斤。1959 年 7 月前后，天大旱，有 7 万亩晚造田插不上。9 月 28 日至 10 月 1 日，崖县境内连续暴雨，雨量 200 毫米，13 个村庄被洪水围困。灾情最严重的是藤桥，藤桥墟被洪水浸没，4.8 万亩水稻被淹，损失 98%。1959 年年底至 1960 年 9 月，一连 9 个月大旱，严重失收。

第二，粮食生产违反客观规律，蛮干瞎指挥，如高度密植、深翻生土、过度施肥，不但种子需要量大，而且影响了稻谷的生长，导致严重减产。

第三，农业生产第一线劳动力锐减，大部分领导干部和强壮劳动力集中大炼钢铁。如 1958 年秋收秋种时，全县有 9.7 万个劳动力，7 万多人炼钢铁，从事秋收秋种的仅有 1.2 万多人，违误农时，弃种丢荒。

第四，浮夸风的危害。1959 年 1 月 13 日，中共榆林县委《关于县委扩大会议情况的报告》称："1958 年，总粮食数在 4 亿多到 5 亿斤之间，比 1957 年的 2 亿斤翻了一番多。"实际上，1958 年的粮食产量比 1957 年的 2 亿斤大大减少，9 月前全县即缺粮 910 多万斤。亩产指标定得高，虚报多，实际上平均亩产仅 272 斤。高指标和浮夸风蒙蔽了各级领导，影响了计划用粮，造成严重浪费，而且误导了上级对形势的判断。当时认为农业生产获得前所未有的大丰收，粮食已经过关，工作的重点应从农业方面转到工业方面，因此，放松了对农业工作和粮食生产的领导。

第五，"一平二调"（实行平均主义和无偿调拨物资、调拨劳动力）的"共产风"，大大挫伤了农民发展生产的积极性，致使种植面积大幅度减少、田间管理粗放、单位面积产量和总产量大幅下降。其中最典型的如椰林公社光明大队，1958 年的粮食总产量减少了 64888 斤。

六、纠正冒进风、浮夸风、"共产风"

1958 年"大跃进"运动和人民公社化运动开展后，时任中共崖县县委第一书记，崖县、陵水、保亭三县合并为榆林县后续任县委第一书记的王荫轩，对盛行的冒进风、浮夸风、"共产风"，曾多次提出批评，并曾致信中共中央、广东省委、海南区党委、海南黎族苗族自治州党委，提出自己的看法。中共中央和毛泽东对王荫轩反映的问题十分重视，特别作出批示，转发中共广东省委、海南区党委、海南黎族苗族自治州党委。遗憾的是，在后来开展的"反右倾"斗争中，王荫轩一再受到错误批判。1959 年 10 月，王荫轩不再担任县委第一书记。

国民经济所陷入的严重困难局面，促使各级领导的认识逐渐清醒。1960 年 4 月中、下旬，情况发生变化。按照中共中央和上级党委指示，中共崖县县委召开党代会和四级干部会，反贪污、反浪费、反官僚主义、反冒进、反浮夸、反"共产风"，重点反"一平二调"的"共产风"，对共产风的种种表现和危害进行揭露。各公社党委首先检查，然后发动生产大队、小队的干部提意见，边鸣放、边讨论、边算账、边处理、边纠正。经初步查摆，全县平调的田地有1182亩，牛1516头，生猪869头，山羊717头，鸡5376只，种子12.7万斤，稻谷11.4万斤，薯干3.4万斤，木材47.5万件，农具459件，渔船12只，总共价值37.9万元。会议期间边算账、边退还，先行退还5.6万元。如天涯公社在会议上算出欠款1.2万元，当天如数退还大队；藤桥公社当天退还5000元。会后，各公社一共退回大队土地223亩，退回耕牛44头、羊184只。其他平调的禽畜、粮食及生产资料等，一律实行折价退还。公社从生产大队抽调的劳动力，凡超过大队总劳动力8%的，一律退还超出部分。会议期间，还对坚持公社、大队、生产队三级经济所有制提出了明确的要求。

这一年的10月至1961年3月底，崖县进一步清理各级“一平二调”，开展反“三风”运动。初期先以椰林公社为试点，历时45天；然后，全县各公社分两批铺开。分4个步骤进行：第一步，宣传发动，贯彻政策；第二步，兑现经济政策，解决“平调”问题；第三步，系统整顿干部作风，组织生产高潮；第四步，检查补课。1960年12月30日，中共崖县县委制定了《第一批纠正一平二调“共产风”的整风整社方案（草案）》。1961年1月2日，县委又作出关于赔退“共产风”的决定。

纠“三风”的重点是兑现经济赔退政策、解决“平调”问题和整顿干部作风。如藤桥公社龙海大队，过去公社平调大队、大队平调小队、小队平调社员，共平调猪350头、鸡4000只，价值1.2万元。算账后马上召开群众大会，当场先赔退兑现9000元。据崖县全县7个公社的不完全统计，公社平调大队的土地、农具、牛、猪、羊、稻谷，可折价者值13.57万元；其中，牛、土地、农具、羊、稻谷的赔退全部兑现，共价值11.47万元。大队平调小队的现金，以及农产品、生产资料，折价共计9.3万元，已兑现34390元。暂时没有兑现的，也将实物和金额公布，分期分批退还。

据不完全统计，这次纠正“三风”运动，全县清理赔偿的“一平二调”资金共71万元，有的部门破产清理。至此，崖县对冒进风、浮夸风、“共产风”作了一次全面的纠正。

七、调整经济政策，经济形势趋向好转

面对“大跃进”给国民经济造成的严重损害，以及给人民生活带来的极大困难和痛苦，党和国家各级领导人重新思考社会主义建设的指导方针与政策。自1960年下半年起，从重视粮食生产、让劳力归田开始，逐步加大经济政策的调整力度，对“左”的错误作了比较集中的清理。经济形势趋向好转，人民生活也逐渐摆脱困苦状态。

（一）贯彻“八字方针”

1960年11月，中共中央发出《关于农村人民公社当前政策问题的紧急指示信》（即“十二条”）。紧接着又召开全国计划会议，传达中共中央关于从1961年起实行“调整、巩固、充实、提高”“八字方针”的决定。崖县从1960年11月开始对国民经济实施调整，做了三件事：一是恢复生产队为基本核算单位，实行公社、大队、生产队三级所有制，以生产队为基础；二是放宽社员经营自留地和家庭副业的政策；三是开放农村集市贸易。这三件政策性实事，有效扭转了过去对农村经济管得过严、过紧、过死的局面。尤其是开放农村集市贸易和放宽社员自留地经营，效果立即显现。到1961年1月底，全县已恢复农村贸易市场22个，上市品种不断增加，市场交易十分活跃。各种家禽、蔬菜、水果、水产品、小商品以及长期绝市的生姜、野味等都上市交易，上市品种由初期的56种增加到123种。农村贸易市场的恢复，对于促进生产发展、丰富商品供应、活跃农村经济、增加社员收入、改善城乡人民生活，发挥了作用。

中共崖县县委还响应大兴调查研究之风的号召，带领干部深入农村，调查研究贯彻“八字方针”的具体措施。这一时期正好是中共中央制定的《农村人民公社工作条例》（简称“农业六十条”）草案和修正草案下发试行，其他领域诸如国营工业、手工业、商业以及科学、教育、文化等均有相应工作条例颁布，调整工作各有具体依据。崖县对经济的调整，重点放在农村经济政策的落实上；工业、商

业、财政等部门的经济政策调整，均以农业为基础，为农业发展服务。

实施经济调整政策初期，虽然做了一定工作，但是“共产风”等造成的恶劣影响尚未消除，农民在心理上对人民公社体制仍半信半疑，一些不合理的现象也仍然存在，集体经济的恢复和发展不快，国家、集体、农民三者之间的矛盾仍然突出，影响了调整政策的效果和落实。在急风骤雨式的公社化过程中，干部的准备不足，基层的组织领导不得力，生产队的核心领导不强，也影响了政策的落实和集体经济的巩固、发展。

1962 年 2 月，中共中央再次发出指示，明确人民公社的基本核算单位由生产大队改为生产队。这是调动农民生产积极性、尽快恢复和发展农业生产的重大措施，是农村人民公社生产关系的一次制度性调整。2 月 18 日至 21 日，崖县召开会议，研究落实以生产队为基本核算单位这一核心政策，会后采取了以下措施：

1. 实行生产队核算，稳定生产关系

首先是严格实行土地所有权的固定，以 1958 年前的初、高级合社社为基础，结合后来的变化进行调整。土地所有权确定后，划清土地四至，立界碑（桩），登记备案，向生产队颁发土地执照，向群众宣布 30 年不变，从而稳定了生产关系。在此同时，实行耕牛折价处理，并结合清理公社、大队、生产队之间的债权债务。

2. 调整国家征购任务，减轻农民负担

国家征购任务，按生产队计算，粮食以全年主、杂粮总产量计算，定总产、定口粮、定征购任务。凡集体分配部分，口粮达不到每月原粮 20 斤的，则调整国家征购任务；受灾的生产队以灾情处理，确保每人每月有 20 斤原粮。大的粮产区的最低标准可以提高到 25 斤或者 30 至 35 斤。总之，根据各公社的不同情况，合理调整国家征购任务，以保证社员的基本生活所需。生产队提存的机动粮，除了大队干部的补助工分粮和供应山区会计的口粮外，大队不再提存，由生产队自己存作机动粮，避免平调。这些政策实施之后，社员从事集体生产的信心大大增强。

为保证基本生活所需，同时鼓励社员出勤出工，生产队用以分配给社员的粮食，一般分为基本口粮和劳动工分粮两部分。基本口粮按人口分配；劳动工分粮则按劳动工分多少计算，称之为“以工带粮”。

农副产品的派购，同样考虑到有利于生产队集体经济的巩固和发展，规定不得层层增加任务，做到留有余地，并允许生产队将多余的产品上集市贸易，以增加集体经济的收入。

3. 坚决压缩社队企业，减轻生产队负担

原来，社队企业职工的口粮要从生产队摊派，现规定 5 年或 10 年内不办社队企业，集中力量发展农业经济。社队企业经过调整、压缩后，保留下来的实行粮食自给。为农业生产服务的公社企业，如农械厂、农产品加工厂等，经过压缩后交由手工业部门管理。畜牧场、农场除个别办得好的以外，其他的下放给生产队。

4. 发展生产队的集体经济，提高生产队的生产和分配能力

鼓励生产队从事多种经营，提倡靠山吃山、靠海吃海，城镇附近靠种植瓜菜和提供副食品，充分挖掘生产潜力。为了增加生产队的现金收入，生产队除口粮以外的实物分配，提倡少分多留，上集市出卖，争取多收现金，提高劳动工分值。

5. 改进生产队的经营，建立“三定”管理和评工记分等制度

“三定”制度指的是生产队对社员定勤、定工、定肥（缴交所积土杂肥料），或只定勤、定肥，以工带粮、以肥带粮，将社员的劳动贡献与粮食分配联系起来。许多生产队开始评工记分，按工分值参加生产队的年终分配。

除此以外，还采取了一些灵活措施。如：社员远途开荒的零星土地，集体耕种不便，只要完成“三定”任务，则不必收回。集体所有的经济作物，如椰子、槟榔等包给社员管理，社员按包产合同完成上交任务。有的生产队还将耕牛委托给社员承包饲养，等等。

在落实经济调整政策的同时，加强了对生产队干部的培养。中共崖县县委从县机关抽调一批有农村工作经验的干部支援生产队的工

作。对于在“大跃进”运动中和“反右倾”斗争中受到批判、处分的干部全部给予平反，全县共甄别平反干部938人。

（二）精减职工和城市人口

“大跃进”中，各行各业齐头并进，职工人数增加，城市人口过多，粮食供不应求，地方财政也捉襟见肘、难以为继。为了解决面临的困难，崖县按照中央通知精神，自1962年起，开始精减、压缩城市职工和城镇人口。

1. 压缩城镇人口，精减职工

1957年，崖县全县有城市人口37427人，到1961年达到56008人，增长了50%；1957年，全县有国家职工6066人，1961年增加到15039人，增长一倍半。1962年4月5日，中共崖县县委提出了《关于压缩城镇人口和精简职工的意见》。从4月开始到月底，全县压缩全民所有制职工和家属、公社城镇人口共1977人，其中，国家职工1077人、家属及其他城市居民898人。经压缩后，全县每月减少国家供应粮食42502斤，减少工资总额3220元；全年减少国家供应粮食510024斤，减少工资总额391446元。

2. 严格控制城市人口增长

中共崖县县委规定：（1）企业单位的劳动力统一由县劳动部门管理，任何国营企业部门未经批准，不能私自从城市，更不能从农村增加新职工。（2）组织人事部门不准从农村调人入城，如果要调，必须一对一，即进来一个、出去一个，干部如此，职工也如此。（3）未经县压缩办公室审批，任何单位不得私自批准迁移户口和粮食供应关系到城市的企业、机关。

3. 调整机构，精简编制

撤销县委宣教、工交、财贸3个办公室和县农械局；运输公社合并到崖县航务局，农业办公室合并到县委农村部。外贸基地局和外贸局分开，商业局、供销社、民贸公司合并，县委党校和县干部学校合并。

4. 财政厉行增产节约

压缩基本建设用款，减少非生产性开支，并积极扩大财源，增加财政收入。

（三）经济形势趋向好转

从1961年至1963年，经过贯彻“八字方针”和经济调整政策，崖县城乡的经济形势发生喜人变化。粮食生产方面，1963年取得早、晚两造水稻丰收。全年主、杂粮总产达到5696.29万斤，比1962年增产1257.3万斤，增长28.2%。增产幅度较大的荔枝沟、藤桥、梅山等公社，分别比1962年增产53.8%、53.2%和36.1%；其次是羊栏公社增产34%，崖城公社增产29.9%，马岭公社增产28.3%，田独公社增产23.2%，保港公社增产15.7%，育才公社增产10.7%。增产幅度较小的高峰、雅亮公社，也分别比1962年增产9.6%到6.6%。全县899个农业生产队中，增产队有706个，保产队有105个，减产队仅88个。多种经营也出现增产增收势头。1962年的农村集体多种经营收入为164.72万元，1963年为165.88万元。收益分配上，全县农村人民公社1962年的总收入为579.86万元，1963年的总收入为685.03万元，增收18.1%。全县919个生产队中，增收队有685个，保收队有114个，减收队仅120个。1963年晚造后分配，绝大多数社员增加了收入。

粮食分配方面，1963年，崖县全县的人民公社共完成国家公购粮任务1290.94万斤，交售给国家议价粮101.43万斤，换购生产资料及换购粮食13.01万斤，留足1964年种子561.5万斤，留下储备粮78.6万斤、饲料粮20.7万斤、水利粮42.35万斤，其余全部安排为社员生活用粮。全县用于社员分配的粮食共2649.87万斤，每人每月平均分得37斤（均以原粮计）。全县899个农业生产队中，每人每月平均分得原粮51斤以上的队有97个，41～50斤的有168个，31～40斤的有162个。但仍有168个生产队每人每月平均分得的口粮不足20斤原粮，主要原因是因灾减产。

现金收益分配方面，由于有多余粮食和其他农副产品议价出售，生产队的收入比往年增加，社员分配也相应有所提高。崖县全县919个生产队统计，社员分配现金458.96万元，占总收入的66.9%，平均每人收入 43.45 元。此外，公积金大部分以 5%～10%计提，公益金一般按 2%～3%计提。生产成本的开支一般都控制在 20%以内，管理费开支则占总收入的 1.2%。收益分配水平较高的是崖城、藤桥、羊栏、保港公社，主要原因是这些地方粮食丰收，多种经营也搞得好。如藤桥大队竹根园生产队，劳动日值达 0.71 元，每人平均年收入 91 元，劳动力平均年收入 234 元，劳动力最高年收入 351 元。崖城公社水南三村第三生产队，除扣留 10%的公积金外，每人每月得口粮 58 斤，每户平均收入 376 元，每人平均分得 80.3 元。羊栏公社槟榔大队宜一生产队，全年总收入 18254 元，扣除各项生产成本和扣留公积金 11%，社员分配 12431 元，占总收入的 68.1%，每户平均收入 428.65 元，每人平均收入 91.4 元，每个劳动力平均收入 197.31 元；晚造口粮分配，平均每户分得 2003 斤，每人每月平均分得 61 斤，每个劳动力分得 922 斤。该队除安排好社员生活外，还出售给国家议价粮。

在整个分配过程中，各社队都注意对军属、烈属和家在农村、缺乏劳动力、粮食分配偏低的“工属”“干属”，统称“四属”，以及“二户”（孤寡户和多子女困难户）加以照顾。据统计，崖县全县 12 个公社，共照顾“四属”404 户，1328 人；照顾“二户”1052 户，2536 人。

调整政策的落实，调动了干部群众的积极性，经济形势趋向好转，崖县度过了最为困难的时期。

八、“四清”运动在全县铺开

1962 年 9 月 24 日至 27 日召开的中共八届十中全会上，毛泽东作了关于阶级、形势、矛盾和党内团结问题的讲话，重新强调阶级斗争，再次提出在城乡开展社会主义教育运动。这时，干部群众的注意力仍在经济调整和恢复上，全会关于阶级斗争和党内斗争问题的精神也暂未向下传达，因此，运动开始时偏重于农村基层管理制度和干部作风方面的整顿，以“经济四清”（清账目、清财务、清仓库、清工分）为目标，称为农村“四清”。中共崖县县委就全县农村开展“四清”运动作出部署，要求把农村中出现的投机倒把、弃农经商、弃工就商和封建迷信活动打下去。打击对象是投机倒把集团的为首分子，严重走私分子，违法乱纪、有严重罪行分子，做“鬼”做“佛”的“五类分子”，欺骗人民群众的道公等。目的是通过教育，克服和制止资本主义、封建主义的思想与行为，坚定搞好集体生产、走社会主义道路的信心。崖县全县的“四清”运动从1963年2月2日开始至3月中旬结束，历时1个月。显然，这只是本次社会主义教育运动的初始阶段。

1963年3月以后，中共八届十中全会公报向广大干部群众宣讲，社会主义教育运动转为以阶级斗争教育为中心。农村发动社员群众揭发基层干部的“四不清”问题和阶级敌人的破坏活动。“经济四清”逐渐演化为“政治四清”：清政治、清经济、清组织、清思想。城市则开展“五反”运动：反对贪污盗窃、反对投机倒把、反对铺张浪费、反对分散主义、反对官僚主义。

当年8月，中共崖县县委针对生产与社会主义教育运动等问题发出指示，对于各公社的社会主义教育运动“抓什么”与“怎么抓”提出了具体的措施、方法、步骤和要求。8月18日，县委以羊栏公社为试点，向各生产大队派出工作队，开展“四清”运动，至12月底结束。1964年1月，又以崖城、保港、港西、梅山4个公社为第一批铺开“四清”运动，历时7个多月。其他公社则计划作为第二批铺开“四清”运动。

在开展农村“四清”运动的同时，1963年10月，县级机关和企业、事业单位也开始“五反”运动，要求各单位领导干部“洗手洗澡”、轻装上阵。“五反”运动至1964年年初结束。

社会主义教育运动的重点在农村。县、社自行组织的“四清”运动，一般被称为“小四清”。到1964年后半年，由于阶级斗争形势被错误地估计得更为严重，全国掀起了农村“四清”运动的新高潮，实行大兵团作战，从中央到地方，抽调大批干部以及部队军官、高等学校师生组成工作队，一个县一个县“打歼灭战”，被称为“大四清”。1964年8月26日，海南区党委组建农村“四清”工作总团，集中8000多“四清”工作队队员进行集训，其中就有崖县派出的数百名干部；然后以澄迈县为试点，声势浩大地进村开展“四清”运动，历时9个多月，至1965年7月结束。紧接着，海南全区第二期“四清”运动在琼山、万宁、陵水、崖县、保亭等县全面开展，全区抽调1.5万名工作队队员，统一于8月17日进村。崖县成立“四清”工作团，由中共海南黎族苗族自治州委秘书长张枫担任团长；各公社也成立“四清”工作分团。参加崖县农村“四清”运动的工作队队员，有从中共广东省委、海南区委派来的和本县抽调的大批干部，连同从儋县、乐东两县前来的工作队队员，以及驻榆林部队官兵等，共有1000余人。

“四清”工作队依据中共中央1963年5月下发的《关于目前农村工作中若干问题的决定（草案）》（称“前十条”），以及11月下发的《关于农村社会主义教育运动中一些具体政策的规定（草案）》（称“后十条”）开展工作。运动的进程一般是，进村宣讲“双十条”（“前十条”和“后十条”），放手发动群众；扎根串联，依靠贫下中农，组织贫下中农阶级队伍；揭发干部中的“四不清”问题，干部“洗手洗澡”、轻装上阵；批判、斗争走资本主义道路的当权派，自觉“破私立公”“割资本主义尾巴”，彻底破“四旧”、立“四新”；开展对不守法的地主、富农、反革命分子、坏分子（统称“四类分子”）的斗争，夺回被篡夺的领导权；进行组织建设，组建新的领导班子；健全经营管理制度，掀起生产高潮。1965年1月，中共中央又下发毛泽东亲自主持制定的《农村社会主义教育运动中目前提出的一些问题》，内容有23条，因此又称“二十三条”。2月6日至9日，崖县召开贫下中农代表暨四级干部万人大会，9741人参加，学习“二十三条”，武装思想，要求各级干部自觉革命、“洗手洗澡”、鼓起干劲、组织生产高潮。“二十三条”纠正了“双十条”中一些“左”的提法和运动中“左”的偏向，肯定基层干部大多数是好的和比较好的，指出对犯错误的干部要“惩前毖后，治病救人”，防止打击面宽；在工作方法上提出走群众路线，反对神秘化，防止简单粗暴和工作队包办代替。但是，“二十三条”明确提出“四清”运动的性质是社会主义和资本主义的矛盾，运动的重点是整党内走资本主义道路的当权派。这一“左”的提法，给随后全国开展的“文化大革命”运动打开了思想混乱和政治动乱的闸门。

崖县农村的“大四清”运动，随着1966年5月“文化大革命”运动的开始而结束。“四清”运动虽然在解决干部作风问题、反对官僚主义和加强人民公社经营管理等方面起了一定作用，但是由于混淆了两类不同性质的矛盾，不少基层干部受到打击。据不完全统计，运动中，崖县全县受到冲击的党员干部不少于500人，一些人到了“文化大革命”时期又再受摧残。“大四清”运动已完全不同于此前的历次社会主义教育运动，它从一开始就被“左”倾的目的性所误导，把阶级斗争作为运动的重点，其消极影响是主要的。一些地方在运动中继续推行“左”的农村经济政策，也给农业生产的恢复和发展造成了障碍。崖城公社农民房前屋后种植的芭蕉、槟榔等，在运动中被全部连根拔掉，传统的庭院经济被破坏殆尽。

第六节　“文化大革命”运动中的崖县

1966年5月16日和8月8日，中共中央先后发出关于开展“文化大革命”的《通知》和《决定》。《通知》是发动“文化大革命”的纲领性文件，《决定》对“文化大革命”的目的、重点、依靠力量、方法等作出规定。崖县同全国各地一样，很快陷入“文化大革命”运动的热潮中。“文化大革命”是毛泽东亲自发动和领导的，其初衷在于扫除共产党内和国家生活中存在的官僚主义，防止中国共产党和共产党领导下的国家政权变质（即所谓“出修正主义”），避免资本主义在中国复辟。但是由于对阶级斗争和党内斗争的形势判断错误，采取的解决党内外矛盾的方法也错误，结果造成了严重的灾难和混乱。其所以冠以“文化”二字，是因为这场所谓的“革命”是从文化领域开始的。1965年11月，上海《文汇报》发表《评新编历史剧〈海瑞罢官〉》，成为“文化大革命”的导火线。

“文化大革命”不是任何意义上的革命或者社会进步，而是一场由领导者错误发动，被反革命集团利用，给党、国家和各族人民带来严重灾难的内乱。在当时个人迷信和极左思潮的影响下，运动一开始和运动的头几年，中共崖县县委、崖县政府的各级领导，以至广大干部群众，和全国各地一样，都认为这是“毛主席的伟大战略部署”，因此一直“紧跟”“照办”，“理解的执行，不理解的也执行”。崖县的政治、经济、文化和社会秩序遭到极大破坏。直到1971年9月13日“林彪事件”爆发，“文化大革命”的正确性越来越引起干部群众的怀疑。毛泽东不得不对某些做法和政策进行局部调整。1973年后，邓小平复出，实行全面整顿。崖县和全国一样，混乱局面才有所缓和。1976年10月，中共中央政治局执行党和人民的意志，粉碎江青反革命集团，结束了“文化大革命”这场灾难。

一、“文化大革命”在崖县的发动

中共中央“五一六通知”下发的第三天，即1966年5月18日，中共崖县县委作出决定，在全县开展“文化大革命”运动；紧接着又作出决定，要求“把崖县办成毛泽东思想大学校的样板县”。县委成立领导小组，制定办“样板县”的方案，确定办“样板县”的重点，由县领导下去分别抓点，要求半年之内“大见成效”。不久，又召开全县活学活用毛主席著作经验交流会，表彰先进，推广典型。从此，一个以政治运动的形式活学活用毛主席著作的群众运动，伴随着“文化大革命”运动，在崖县轰轰烈烈地展开。

（一）“学毛著”和“背语录”成风

“文化大革命”运动开始以后，为了表示忠于毛泽东、毛泽东思想、毛泽东革命路线（即所谓的“三忠于”），崖县城乡也与全国一样，《毛主席语录》人手一册，《毛泽东选集》一家一套或几套；家家挂毛泽东画像，人人唱毛泽东语录歌，男女老少都佩戴毛泽东像章。到1967年4月，“文化大革命”开展不到1年，全县“请回”

的各种版本《毛主席语录》已达32万多本，各种版本的毛泽东著作有12万多册，毛泽东画像有11万多张，毛泽东像章有21万多枚。1969年后，崖县从城镇至乡村都开展“三忠于”活动：到处风行在毛泽东画像前“早请示、晚汇报”；人人要背诵毛泽东语录和“老三篇”；开会前后都集体“三敬爱”，即向毛泽东像敬礼，读毛泽东语录，高唱《东方红》；在城市、农村、工厂、学校，随处可见男女老幼集体跳“忠”字舞、唱“忠”字歌。人们以此表达对毛泽东的敬爱、崇拜感情。

（二）盲目地“紧跟”和“照办”

“文化大革命”前期出现的个人崇拜的愚昧现象，是林彪、江青集团利用人民群众对毛泽东的热爱，以唯心史观和封建思想麻痹群众所造成的，借以达到他们篡党夺权的目的。

“文化大革命”中成为毛泽东接班人的林彪，吹捧、神化毛泽东，散布绝对化言论，如“最高最活”“一句顶一万句”“当代马列主义的顶峰”等等，被捧为“经典”“榜样”，让人们一而再、再而三地学习、背诵、效仿。人们的思想开始被禁锢、僵化。只要一有毛泽东的指示下达，就连夜传达学习，深更半夜起来敲锣打鼓、游行庆祝；还要写文章、发致敬电，表明“紧跟”“照办”的政治态度，唯恐慢了、晚了，唯恐敬仰的话没说到位，挖空心思地想新词句做“三忠于”文章。从表面上看，“文化大革命”头几年的崖县革命热情“意气风发”，运动开展得“热火朝天”，一切“紧跟”“照办”；但实际上，许多人并不理解，有话不敢说，怕被打成“现行反革命分子”。走火入魔的“三忠于”运动，在人民群众中造成了政治恐惧和压力。当时干部群众中的这些盲目崇拜行为，以及当时举行的学习毛主席著作积极分子大会，大都是极左思潮的产物、封建思想的糟粕。直到1971年九一三事件发生，林彪反革命集团覆灭，人民群众才从中醒悟过来。

二、崖县红卫兵的夺权和武斗

“文化大革命”运动以红卫兵造反派为先锋，崖县也不例外。所谓“红卫兵”，原是1966年5月北京清华大学附中一些学生成立的群众组织，得到毛泽东的支持。他们接过毛泽东在延安时期曾经提出的“对反动派造反有理”的口号，应用到“文化大革命”运动中来。1966年7月，崖县各中学校也效仿北京清华大学附中学生的做法，普遍成立“毛泽东思想红卫兵”组织，有1300多名初中、高中生参加。9月，各地红卫兵进行“革命大串联”，崖县成立红卫兵接待站，接待外地来崖县串联的红卫兵的食宿，照顾“小将”们的起居。随后，北京各大中专院校的红卫兵南下“点火”，崖县1600多名中小学校教师被勒令停教。佩戴“红卫兵”袖章的本地红卫兵与各地红卫兵相互交流“造反”经验，喊着“革命无罪，造反有理”的口号，冲出校门，走上街头，贴标语、传单、大字报，集会演说，采取“造反”行动。

（一）红卫兵盲目破“四旧”

崖县的红卫兵组织成立后，第一件事就是破“四旧”。1966年8月18日，毛泽东在天安门广场接见来自全国各地的红卫兵时，林彪在讲话中号召全国的红卫兵：“要打倒走资本主义道路的当权派，要打倒资产阶级权威，要打倒一切资产阶级保皇派，要反对形形色色压制革命的行为，要打倒一切牛鬼蛇神，要大破一切资产阶级的旧思想、旧文化、旧风俗、旧习惯。”林彪所讲的这些“打倒”“反对”的目标和所谓的“四旧”，便成为红卫兵的造反对象。

崖县红卫兵很快走上街头“破四旧”，发布各种“宣言”“通告”“通令”，把许多带有历史文化色彩的街名、店名、单位名改为具有流行政治意义的新名。有的红卫兵还强行给行人改发型，剪窄裤管，不准穿高跟鞋，甚至毁弃各种化妆品、装饰品，捣毁文物古迹，焚烧书画。在崖州古城，红卫兵把老百姓住房屋顶上的吻脊飞檐、滴水瓦当以及装饰的木雕、石雕，墙体上的彩绘凸雕，当作所谓“封、资、修”货色，统统砸烂。崖城在清代为表彰时代进士锺芳父子所建造的少司徒石牌坊被红卫兵砸毁，水南村的盛德堂木匾被烧掉。羊栏的红卫兵，几个小时内就把始建于宋代的三座清真寺全部拆毁，部分回族同胞因此围攻中共崖县县委大院表示抗议。红卫兵的这股破“四旧”浪潮，成为严重的破坏文化行为。他们有的挖古坟，毁寺庙，将图书馆所藏古籍付之一炬。一些红卫兵以“血统论”相号召，歧视“家庭出身不好”的学生和青年。红卫兵的这些行为，引起许多人的反感和愤怒，但敢怒而不敢言。有阻止者或反对者，或被批斗，或遭毒打游街。

（二）红卫兵揪斗“牛鬼蛇神”无法无天

在学校的红卫兵轰轰烈烈破“四旧”的时候，崖县各机关、工厂及公社、农场也先后成立各种形式的红卫兵或造反派组织。他们与学校红卫兵组织相呼应，掀起了“大鸣、大放、大字报、大辩论”（简称“四大”）的高潮。其矛头所指，把旧社会出身的知识分子列为“资产阶级的反动权威”，把历史上曾任伪职或家庭成分不好的人列为“牛鬼蛇神”，把党政机关的领导干部列为“走资本主义道路的当权派”，以简单粗暴的蛮横行动，任意抄家、批判斗争、挂牌游街。

所谓的“牛鬼蛇神”，主要指当时所谓的“五类分子”，即地主、富农、反革命分子、坏分子和右派分子；株连所及，包括他们的亲属、子女。如何对待这些人，以往虽有“左”的政治倾向，但是政策有规定，他们的人身安全和生产、生活、居住的基本权利是有保障的。到了“文化大革命”初期，红卫兵“造反”无法无天。所谓“牛鬼蛇神”轻者被抄家、游街，重者在大小会上受批斗。许多人遭到关押、体罚、人格侮辱甚至毒打。

（三）“革命造反”群众组织夺权

1966年8月31日，毛泽东在天安门广场第二次接见全国红卫兵时，林彪在讲话中强调：“这次运动的重点是打击钻进党内的走资本主义道路的当权派”，号召红卫兵和造反派“一定要掌握这个斗争的大方向”。于是，崖县的红卫兵又效仿北京，组建跨单位、跨行业的“革命造反”组织，社会各阶层不明真相的群众也纷起响应，“革命造反”组织遍地开花。崖县的多个全县性造反派组织，就是在这种情况下形成的。

1966年10月，崖县成立起50多个名目不同的“革命造反”组织。这些组织成分复杂，有机关干部、工人、农民、学生、城市居民，良莠不齐，鱼龙混杂。后来，造反组织又发展到农村。各种造反组织从一开始就把矛头对准各级党政机关和领导干部，提出“带‘长’字的都是走资派”“带‘长’字的都要靠边站”的口号，先是揪出批斗，继而向各级党委、政府机关以至各个大小企事业单位和农村人民公社、生产大队夺权。

1967年1月，上海造反派组织“工总司”夺了中共上海市委的权，被称为“一月风暴”；各地起而响应。1967年2月，中共海南黎族苗族自治州委被夺权后，崖县从机关到工厂、学校、农村的造反派组织，也展开“夺权斗争”。“造反派”砸烂县委、县政府的衔牌，强占办公大楼和办公室，抢走文件和印鉴。中共崖县县委书记杨洪、崖县县长孙家浩和全县174名科级以上干部被“罢官”，勒令“靠边站”，接受批判斗争和审查；县委、县人民委员会的办事机构均陷入瘫痪、半瘫痪状态。直到当年4月，驻榆亚部队执行中共中央、国务院、中共中央军委的命令，实行“三支两军”（支左、支农、支工，军管、军训），介入崖县地方的“文化大革命”，成立崖县军事管制委员会，造反派“夺权”在全县造成的混乱局面才暂时得到控制。

（四）两派群众组织展开武斗

由于“革命造反”组织成分复杂，支持谁、反对谁意见分歧，夺权后争权夺利，又缺乏掌权经验，很快分裂为两派。每一派都自称为“革命派”“造反派”，而指责对方是“保皇派”“保守派”。对立的两派各自拉帮结伙，很快由口头和文字上的相互攻讦发展成为“武器的批判”，“文斗”变成“武斗”。江青等中央文革领导小组成员公开煽动“文攻武卫”，全国发生的两派武斗事件越来越多、越来越严重。冲击部队、抢夺部队武器弹药装备的事件也频频发生。

崖县的情况也是如此。进入1968年，崖县的两派群众组织——“红旗”派和“井冈山”派，发展到水火不相容的地步，开始在三亚港附近组织武斗队，构建武斗工事，抢占制高点，封锁街道，相互开枪开炮射击。1968年6月23日，终于发生大规模武斗，炮击引发大火，烧毁南海公社、水上公社、三亚镇的民房216间，造成几十人死伤，195户人家、近千人无家可归。武斗发生后，部分农场及农村的民兵奉调进城维持秩序。1968年7月26日，两派又在梅山地区酝酿武斗，好在“支左”部队和300多民兵及时赶到、进驻，才阻止了又一场大规模血腥相残事件的发生。

武斗给崖县人民的生命财产安全造成了极大威胁，民众强烈要求部队坚决予以制止。参加崖县“三支两军”的解放军干部战士，只要发现有武斗的迹象，就立即介入，组成人墙，一边做宣传，一边把两派武斗人员隔开，用血肉之躯保护人民群众的安全，有些解放军干部战士遭到歹徒的攻击受伤以至牺牲。中央发布制止武斗的“七三布告”后，经查实，向解放军开枪的歹徒都被绳之以法。

（五）崖县革命委员会成立

1968年4月25日，经“支左”部队耐心劝导，崖县的两派终于实现“革命大联合”，成立崖县革命委员会，建立起所谓的“红色政权”。按照规定，崖县革命委员会由三方面人员组成：“支左”部队为一方，被“解放”的原县委、县政府领导干部为一方，两派群众组织各自选出的代表为一方，称为革命的“三结合”，经广东省革命委员会审核批准后正式成立。崖县革命委员会由50名委员组成，设常委15名。原县委和县人民委员会的党、政、财、文大权均归革委会。革委会下设办事组、政工组、生产组、保卫组，处理日常工作。原县级行政、事业单位以及各公社党政机关一律撤销，代之以革命委员会或革命领导小组。崖县革命委员会成为“文化大革命”期间崖县的最高权力机构，直到“文化大革命”结束后的一段时间。

三、崖县的“斗、批、改”

“斗、批、改”这个概念，是1966年8月8日“文化大革命”一开始，中共中央在《关于无产阶级文化大革命的决定》中提出来的，即“斗垮走资本主义道路的当权派，批判资产阶级的反动学术

‘权威’，批判资产阶级和一切剥削阶级的意识形态，改革教育，改革文艺，改革一切不适应社会主义经济基础的上层建筑，以利于巩固和发展社会主义制度”。崖县的“文化大革命”，从一开始就高喊这一口号，崖县革命委员会成立以后更是认真执行。

崖县头两年的“文化大革命”狠批狠斗了一些什么呢？一是批斗“大毒草”琼剧《海瑞回朝》和重印的清光绪《崖州志》，二是批斗“崖县最大的走资派”、原中共崖县县委第一书记董早冬和崖县县长孙家浩。董早冬受指斥的主要“罪行”是在1962年请郭沫若点校清光绪《崖州志》，并重印1000套广为散发，在崖县搞“封、资、修”，“企图复辟资本主义”。孙家浩的主要“罪行”则是：只重视抓生产、抓经济，不重视抓政治，给他扣上了“反对突出政治”“反对学习毛主席著作”“不认真贯彻执行毛主席革命路线”“企图在崖县复辟资本主义”等莫须有的政治大帽子。两人曾被五花大绑，戴高帽，挂黑牌，游街示众，大小会反复批斗，要他们向全县人民“认罪”，并遭到非法关押和拷打。

县一级的批斗如此，县以下带“长”字的，也有许多被打成“走资派”，遭到残酷批斗。南新农场原副场长陈毓成在《我的回忆》中，记述了他被批斗48场、遭受毒打200多次的详情，便是崖县“文化大革命”中这一段“斗、批、改”的实证。

1968年年底，崖县的“斗、批、改”开始转到以“改”为主。崖县革命委员会重点抓了教育改革和医疗卫生制度改革。教育改革，就是把“停课闹革命”已经两年的学生和教师“请”回来“复课闹革命”，同时动员已经初、高中毕业的学生“到农村接受贫下中农再教育”。崖县的初、高中学生，大部分来自农村。要他们下农村，实际上就是动员他们回乡务农。至于由广州和广东各地响应号召插队到崖县来的知识青年，多数被分配到崖县各个国营农场当职工。

崖县的医疗卫生制度改革，主要是培养“赤脚医生”，办农村合作医疗所，解决崖县农村缺医少药、看病难的问题。据统计，崖县在“文化大革命”期间培养“赤脚医生”200多名。到1971年，全县

103 个生产大队中已有 84 个大队办起了合作医疗所；到 1976 年，办起合作医疗所的大队增加到 98 个。全县共有合作医疗所 228 个，参加乡合作医疗的人数达到 15 万余人，占全县总人数的 94.1%。社员看病一次交几角钱，药物主要是中草药和廉价的大众药品，有重病人就上送县医院。“赤脚医生”亦医亦农。“文化大革命”结束后，合作医疗所撤销，有些“赤脚医生”经考试合格继续留在农村当医生。

四、“文化大革命”中崖县的三大假案

1968 年 5 月 25 日，中共中央转发《北京新华印刷厂军管会发动群众开展对敌斗争的经验》，在批语中要求各级革命委员会“充分发挥群众专政的巨大威力”，“把清理阶级队伍这项工作做好”。于是，“清理阶级队伍”便成为“斗、批、改”的一项重要内容。据 1970 年 1 月 4 日崖县革命委员会所发《1969 年崖县清理阶级队伍总结报告》称：一年多来，崖县深挖细找出一小撮阶级敌人，进一步揭开了阶级斗争的盖子，全县“清队”（“清理阶级队伍”的简称）落实定案 364 人。“最大的成果”是弄清了三大案件，即“反共救国军”案、“崖县地方主义上京告状团”案和“崖县叛徒网”案。

所谓“反共救国军”案，是把那些对“文化大革命”不理解、有抵触情绪的干部群众，视为“五一六”反革命分子，无中生有，炮制出一个名为“反共救国军”的反革命集团。此案牵连全县 40 多个单位、365 人，其中干部 183 人、工人 120 人、教师 40 人、一般群众 22 人。被认定为“反共救国军”案头目的陈学雄、陈泰运被迫害致死。

所谓“崖县地方主义上京告状团”案，是崖县革命委员会的某些负责人，因为“文化大革命”初期个别老干部对 1957 年反地方主义有不满表示，便捕风捉影，无限上纲，称有所谓的“上京告状团”，采用逼、供、信制造出来的冤案。不少人因严刑逼供致病、致伤、致残。

所谓“崖县叛徒网”案，则是与林彪、江青揪“南方党叛徒网”相配合，诬蔑崖县革命史上存在梅山、林旺等 5 个叛徒网。受牵连的

崖县党政干部达357人，仅梅山革命老区受牵连的干部群众就达139人。有的乡甚至被打成“叛徒乡”“叛徒村”“叛徒窝”，遭受迫害。

这三起假案，受害者达762人。有不少人无辜受到严刑逼供，惨遭抄家、毒打、关押或囚禁，受尽非人的折磨。这些假案有一个共同的特点，就是先定性，后逼供，手段极其恶劣。受害的干部群众不服，一再申诉，要求复查。1969年，“清理阶级队伍”到了落实政策阶段，即已发现“反共救国军”案是一起错案，但当时的崖县革命委员会仍坚持只纠错、不平反。直到“文化大革命”结束，1978年11月和1979年2月，新的中共崖县县委、崖县革命委员会才对这三起假案予以推翻，彻底平反。

五、崖县的“抓革命，促生产”

1971年9月13日，林彪叛逃事件爆发，事实上宣告了“文化大革命”的失败。毛泽东对“文化大革命”的某些做法和政策作出有限的调整，1973年后又支持邓小平重新出来主持国务院工作，各条战线开始进行全面整顿。正是在这样的大背景下，崖县一边“批林整风”，一边“抓革命，促生产”。由于各级党的组织先后得到恢复，一大批领导干部得到“解放”被重新任用，“造反”组织的头头因为“派性”顽劣不再受到重用，社会秩序趋向稳定，有利于经济建设的恢复和发展。“文化大革命”头几年饱受摧残和破坏的崖县经济，由于干部群众共同努力，在1972年以后才又有了起色，缓慢发展起来。

（一）“农业学大寨”取得成效

“抓革命，促生产”和“工业学大庆”“农业学大寨”，毛泽东在“文化大革命”一开始就明确提出来了，但由于“文化大革命”动乱的干扰，一直没有得到认真贯彻执行。1972年以后，以“农业学大寨”为口号的农田基本建设和农业生产运动在广大农村开展起来。1972年12月，大寨大队党支部书记陈永贵到崖县介绍经验。1973年4月，崖县革命委员会又组织县、公社、大队三级主管共115人到大寨实地参观学习。1975年9月15日至10月19日，崖县召开千人大会传达全国农业学大寨会议精神，提出“把崖县建成大寨县”。仅1975年这一年，全县就抽调1300多名干部下到大队、生产队，抓农田基本建设。到年底，全县的水稻种植面积达15.59万亩，亩产平均达204公斤，总产量达到31803吨，是1966年开展“文化大革命”之后农业生产形势最好的一年。

为了从根本上改善崖县的农业生产条件，解决长期以来生产和生活用水紧缺的问题，崖县革命委员会集全县的人力、物力、财力，兴建了几座小型水库。其中，育才的抱拉水库1972年竣工，库容154万方，灌溉面积700亩；崖城的牛腊水库1976年竣工，库容684万方，灌溉面积2000亩；田独的九曲水库1976年竣工，库容149万方，灌溉面积1190亩；梅山的三陵水库1977年竣工，库容888万方，灌溉面积2000亩；雅亮的抱便水库1976年竣工，库容147万方，灌溉面积1200亩；福万水库1975年3月正式开工兴建，1980年竣工，库容1000余万立方米，灌溉面积1万多亩。这些水利基本建设工程，直到今天仍在发挥作用。

（二）“工业学大庆”有所作为

“文化大革命”中，崖县的交通、电力、工业发展缓慢，但在“工业学大庆”的口号鼓舞下也有所进步。交通方面，三亚港兴建起1座91.5米长、1500吨级泊位的高桩水泥结构码头，1967年7月竣工使用。三亚桥改建为灌注桩基础的金字桥梁，马岭桥、二龙桥、荔枝沟桥改建为石拱桥。又建设青田至亚龙湾公路7.4公里，崖城大桥也于1973年4月29日竣工。

1969年，藤桥糖厂扩建，安装成套设备，实施机械化生产，日榨甘蔗200吨，至20世纪70年代中期，产糖率居广东省首位。1969年，崖城糖厂扩建，1971年，日榨甘蔗提高到200吨，产品为赤砂糖，1973年赢利9万元，被评为“工业学大庆先进单位”。

1975年12月，崖县羊栏糖厂兴建，规划日处理甘蔗500吨、日产酒精2000公斤，投资800万元，是国家“四五”计划重点建设项目之一。后于1979年投产，但因蔗源不足很快停产。

据统计，1966年的崖县全县工农业总产值为977万元，1969年跌落至826万元，出现经济倒退，但是到1975年，仅工业总产值即达2396万元，1976年达2741万元（按1970年不变价计算）。

（三）南繁育种基地建设初具规模

崖县长夏无冬，日照充足，非常适合农作物品种的繁殖和培育。早在1956年9月，辽宁省农科院就在崖县研究选育玉米良种，拉开了崖县南繁育种工作的序幕。1961年起，南繁育种又从玉米扩大到其他粮食、经济作物。山西省农科院的“晋杂5号”、河南省新乡市农科所的“新双1号”，都是在崖县培育出来的。

1970年11月，湖南省农科院的袁隆平带领科研人员在崖县研究杂交水稻育种。在袁隆平思路的指导下，湖南安江农校科研人员李必湖和海南黎族苗族自治州南红良种场技术员冯克珊在崖县南红农场附近的一处水沟中，发现了一株花粉败育型野生稻（简称“野败”），从而为杂交水稻的“三系”配套打开了突破口，随后，袁隆平率领的科研团队在杂交水稻研究上很快取得成功，于1974年培育成功强化“三系”杂交水稻，成为居世界领先地位的水稻高产新品种，引起国内外关注。

全国到崖县育种制种的人越来越多。到1971年，崖县已建立起以崖城、羊栏、荔枝沟3个公社为主的南繁育种基地，面积达8万多亩，育种人员达2.5万多人。主要培育杂交水稻、杂交玉米、杂交高粱，其次是棉花、小麦、西瓜、番茄、芝麻、辣椒、向日葵、大豆、花生等农作物。1972年10月，国务院下发第72号文件，批转农业部《关于当前种子工作的报告》，强调南繁育种的重点应放到种子研究和新品种的加代繁殖上。从此，崖县的南繁育制种步入规范化管理。“文化大革命”结束后，崖县的南繁基地建设驶入了现代化的快车道。

六、粉碎“四人帮”和“文化大革命”的结束

1976年9月9日，毛泽东病逝。“四人帮”反革命集团加紧了篡夺党和国家领导权的活动。“四人帮”在“文化大革命”中多行不义，早已民心丧尽。华国锋、叶剑英、李先念等人为代表的中共中央

政治局，代表人民的意志，毅然采取行动，一举粉碎“四人帮”，结束了长达 10 年之久的“文化大革命”这场灾难。1976 年 10 月 22 日，崖县人民在三亚举行集会游行，欢庆粉碎“四人帮”的伟大胜利，排解“文化大革命”期间积压在心中的忧烦。人们盼望，“文化大革命”之后的中国有一个新面貌，“文化大革命”之后的崖县能带给人们新的希望。

第七节　南海边防前沿的崖县

中华人民共和国成立后，周边环境并不太平。1950 年 6 月，朝鲜战争爆发。美国第七舰队侵入台湾海峡，阻挠了中国统一的进程，并支持台湾的国民党当局不断派遣武装特务袭扰大陆东南沿海。作为南海前沿战略要地的海南，是国民党武装特务袭扰破坏的重点地区之一。1953 年 12 月，毛泽东为海南题词：“加强防卫，巩固海南。”这两句话、八个字，从此成为 20 世纪 50 年代至 70 年代海南岛的军事建设方针。在这一方针指导下，海南岛长期处于随时准备“早打、大打、打核战争”的战备体制之下。尤其是作为门户重镇的崖县，战备一直是头等大事，始终置于全县工作的首要位置。1964 年 8 月，美国扩大越南战争，轰炸越南北方，战争就在与崖县一海之隔的越南进行。崖县军民遵照中央的指示，全力支援越南军民的抗美救国战争。在“文化大革命”极其复杂、困难的情况下，仍然“睁大眼睛保国防”①，谱写了一篇又一篇保家卫国的辉煌篇章。

一、重兵把守的“南大门”

崖县自古就是中国的“南大门”，地处南海要冲，有优良的军港，有要塞基地。中华人民共和国成立后，崖县军民、军政关系融洽，诸多要素构成了由解放军陆海空军、地方部队、边防民兵筑成的

① 1961 年 2 月，郭沫若作《登西瑁洲》：“小豆夹花树树黄，珊瑚处处砌为墙。榆林港内东西瑁，睁大眼睛保国防。”

"南海长城"。

中国共产党"党指挥枪"的优良传统，在崖县得到充分发扬。1951年，崖县成立中国人民解放军崖县人民武装部，分管军事工作。1954年，崖县武装部改称崖县兵役局。1958年，又撤销崖县兵役局，恢复崖县武装部。从1962年起，崖县建立中共崖县人民武装委员会，设主任1人、副主任2至3人、委员10人，由中共崖县县委、崖县武装部、县委组织部、县委宣传部等部门主要负责人组成。"党管武装"的传统体制始终坚持，历任中共崖县县委书记同时兼任中共崖县人民武装委员会主任，崖县武装部第一政委、党委第一书记，有效地保证了驻崖县的各种军事武装力量置于共产党的领导之下，保证了各军兵种、各部队及党政军民之间的高度统一和团结，成为保卫中国"南大门"的"拳头"，做到令能行，禁能止，招之即来，来之能战，战之能胜。

在县武装委员会的领导下，崖县的军事建设不断得到加强。清末在崖县建设的五大炮台（大疍港炮台、保平港炮台、榆林港炮台、赤岭炮台、望楼港炮台），早已被改造，增建、新建为现代化军事设施。榆林港已成为中国人民解放军海军南海舰队的重要基地，常年驻守在这里的舰艇部队，可以有效地保卫中国南海诸岛及其海域。榆林要塞区作为军一级指挥机关，常备的作战部队，可以有效地配合海军、空军进行海岛作战。崖县作为中国南海边防前沿，有国之利器、国之重兵守卫。

二、特殊时期的"全民皆兵"

毛泽东讲："兵民是胜利之本"。崖县的民兵建设起源于解放战争时期，至1951年，全县民兵已达4500多人。1956年，崖县民兵经过调整，设民兵中队、基干队，中队下设2至3个分队，分队下设2至3个小队。到1958年，全县16至50岁的男女全都编入民兵组织，真正实现了"全县皆兵""全民皆兵"。各公社、农场、机关、学校、工厂、企业、事业单位都普遍建立民兵团、营、连、排、班。至1962年，全县基干民兵达到1670人，设基干民兵连14个、基干民兵排50个。

（一）重点抓基干民兵建设

基干民兵是民兵中的骨干，人人有枪，定期训练，一旦有事，首先投入战斗。基干民兵是中共崖县县委、崖县武装部直接掌握的一支重要武装力量，历届中共崖县县委、崖县武装部都非常重视抓基干民兵的训练、管理和建设。基干民兵都是年满19至21岁的男女青年。自1957年起，每年的集中训练时间不少于15至20天。训练内容主要是射击、投弹、刺杀、战场救护、利用地形地物，以及学习有关的军事知识和技术，后来又增加了防空、防原子弹、防化学武器等技术、战术训练。1964年，崖县成立民兵师，训练重点转到对民兵营、连、排长的轮训，增加了地炮、高炮、打坦克、通信指挥等训练内容。1965年11月，海南军区召开民兵比武大会，崖县有5个基干民兵班参加。西瑁洲岛（西岛）的八姐妹炮兵班取得优异成绩，从此，崖县的“西岛女民兵”名扬岛内外。

（二）“西岛女民兵”成为全国先进典型

西岛，即西瑁洲岛，位于三亚港西8海里处，面积2.68平方公里。玳瑁洲有东、西二岛，西岛为大。“玳瑁洲”名字的来源很古老，汉唐时已有其称，一说因附近海中盛产玳瑁，一说因岛形有如玳瑁。1950年5月崖县解放后，榆林守岛部队于1953年5月进驻东、西瑁洲岛。在西瑁洲岛，守岛分队驻守东部，渔民居岛北部和中部。西岛与相隔不远的东岛具犄角之势，成为海上扼守进出三亚港的咽喉，被称为“南海前哨的两只眼睛”。为了加强岛上的防御力量，1959年8月1日，西岛建起以基干女民兵为主的炮兵班，选出陈粦梅、陈发妹、陈香兰、陈洪柳、苏兰亲、王乃莲6名渔家女参加训练。当时，年龄最大的19岁，最小的17岁，另有两名基干男民兵也参加训练。1963年三八妇女节，又增加苏日农、王乃花两名基干女民兵，取代了两名男民兵，被称为“八姐妹炮班”。后参加1965年由海南军区组织的炮兵实弹射击比武，获得第一名，荣立集体三等功，被海南军区正式命名为“八姐妹炮班”。

1969年8月1日，西岛组建“红色娘子军民兵连”，下编一个炮兵排、两个步兵排，共102人，“八姐妹炮班”的陈彝梅任西岛“红色娘子军民兵连”第一任连长。这以后，西岛女民兵在各级组织的民兵军事比赛中屡创佳绩，被国防部、总参谋部、总政治部授予“民兵预备役工作先进单位”和“西岛女民兵连”光荣称号，成为全国著名的模范民兵连。20世纪50年代至70年代，刘少奇、叶剑英、徐向前、罗瑞卿、张爱萍以及邓颖超、郭沫若、蔡畅等党和国家、军队领导人先后登岛视察，高度赞扬西岛女民兵的革命精神和战备工作。柬埔寨西哈努克亲王，英国蒙哥马利元帅，朝鲜、罗马尼亚、阿尔巴尼亚等国家的军事代表团，也曾登岛观看西岛女民兵连该民兵连的操炮训练和实弹射击，均交口称赞。叶剑英元帅观看训练和实弹射击后，曾赋诗《赠西瑁洲岛女民兵》①：“持枪南岛最南方，苦练勤操固国防。不让敌机敌舰逞，目标发现即消亡。”

1973年2月18日，中共中央军委副主席徐向前元帅视察西岛之后，与“八姐妹炮班”合影，照片发表于当年7月号的《广东画报》。

20世纪80年代，民兵工作贯彻中共中央军委关于“减少数量，提高质量”的指示，崖县的民兵组织于1981年作了调整，但西岛女民兵“八姐妹炮班”一直保留下来。50年代的先进典型，成员换了一茬又一茬，但精神面貌和射击训练技术仍不减当年。

（三）崖县民兵多次成功配合部队演习

越南战争期间，中国政府旗帜鲜明地支持越南军民抗美救国，并应越南政府的请求，先后派出多支高炮部队、工程兵部队到越南北方援越抗美。广州军区为了做好参战准备，多次在海南岛组织军事演习，利用海南与越南相似的地形地貌和气候环境，提高部队在热带山岳丛林中作战的生存能力和组织指挥能力。部队在靠近崖县的五指山、吊罗山、尖峰岭等热带雨林中演习各种科目，每次都不少于30

① 此诗又题作《赠西瑁洲守备队全体同志》。

至40天。崖县和周边各县，都派出大量优秀基干民兵配合部队演习。这些基干民兵有汉族、黎族、苗族，会讲“海普话”（带海南口音的普通话），熟悉热带雨林的情况，能为演习部队当向导，给连、排长当“顾问”。

热带雨林潮湿闷热，毒蚊多、毒蛇多、蜈蚣多、飞蚂蟥多，一不小心就会被咬。林中没有路，每人发一把砍刀，边走边砍身边的灌木杂草开路。虽然参加演习的部队事先已进行教育和准备，但现场遇到这些情况如何处置还是缺乏经验。配合演习的基干民兵成了老师，既当向导，又当医生，帮助演习部队完成任务。每次演习结束，演习部队在总结时，都要表彰一批基干民兵，给他们记功嘉奖，对地方党委和政府由衷地表示感谢。

（四）亦兵亦民，“劳武结合”

基干民兵亦兵亦民，劳武结合，拿起枪是兵，放下枪是生产劳动中的骨干。20世纪50至70年代，当基干民兵光荣，是一种时尚，只有优秀的青年才能担当。不少基干民兵是农村的劳动模范，是工厂的先进生产者，是单位的积极分子。1973年，崖县“农业学大寨”，挖水渠，修水库，搞科学种田，冲在前、干在前的多是基干民兵。这一年，崖县表彰了1000多名学大寨积极分子，60%是基干民兵。

三、平息境内反革命暴乱

1958年12月，崖县天涯公社红塘大队抱玉盘、打赖等村发生反革命暴乱事件。暴乱头子符开光等10余名骨干分子都是历史反革命分子或流氓、惯盗。他们纠集246人参加，后裹胁至3000余人，波及附近10余个村庄。暴乱分子凶残地杀死崖县第一区副区长王文兴等4名干部和警察，抢劫粮食9万多斤，夺走民兵枪支10支，在崖县造成社会动荡。事件发生后，海南区党委、海南军区派出人员，与中共崖县县委、崖县政府及时采取措施，组织干部开展工作，出动1240名民兵，配合守备部队，迅速地平息了暴乱，捕获符开光等骨干分子42名，处决首恶分子，缴获各种枪支122支、公章、名册及盗搬上山的粮食6万余斤。

这起暴乱平息后，中共崖县县委、崖县政府认真总结经验教训，认为主要是对1950年5月崖县解放后潜藏下来的敌对分子排查不严、警惕性不高、工作不细引起的。当时忙于抓“大跃进”，而“大跃进”中的有些过激做法引起群众不满，没有及时引起重视和解决，结果被潜藏的敌对分子所利用。针对这些教训，中共崖县县委、崖县政府加强工作，纠正了一些激化矛盾的错误做法，缓和了干群关系。

1962年4月，崖县发生又一起反革命暴乱事件。越狱潜逃的反革命分子黎国瑚、林洪运等人，纠集320多人，成立“自由新中国海南反共游击队”，梦想配合国民党台湾当局的“反攻大陆”计划，在崖县开展“变天行动”。他们到处串联，造谣惑众，扰乱社会，威胁和打击干部群众。中共崖县县委、崖县政府得悉之后，先经公安部门侦查，然后组织900多名公安干警和民兵围捕。经过几天的战斗，击毙黎国瑚，逮捕为首的25人，摧毁反革命组织，把这起反革命暴乱平息在预谋和早期活动之中，减少了对崖县社会的影响。

事后，中共崖县县委、县政府召开大会表彰有功人员。同时，通过这次事件，认真分析当时的形势，加强对内对外的防范工作，为后来及时发现和歼灭国民党台湾当局派来的武装特务做了认真准备。

四、围歼美蒋武装特务

国民党台湾当局一直不甘心在大陆的失败，妄想“反攻大陆”。遗留在崖县的国民党散兵游勇比较多，经过多次政治运动和教育，大部分接受改造，遵纪守法成为劳动者，但仍有一些心怀不满，潜藏下来妄想“变天”。崖县的敌特活动较多，与这些原因分不开。

1959年至1961年中国三年经济困难时期，台湾当局错误估计形势，以为是“反攻大陆”的最好时机，屡次派武装特务窜犯大陆沿海地区。崖县是重点防范地区之一。

从1961年起，台湾当局先后用飞机、帆船或其他登陆工具，派遣多股武装特务，少则几人、十几人，多则三四十人、五六十人，携带电台、枪支、武器弹药和爆炸、爆破工具袭扰大陆。他们阴谋登陆之后，“抓一把就走”，或者潜藏下来，与当地暗藏的反革命分子里应外合制造事端。

1963年6月23日夜，台湾当局派遣的8名武装特务在陵水县境内的吊罗山区空降着陆。这股武装特务的代号是"反共青年救国军昆明训练二组"，准备空降吊罗山后，潜入五指山腹地建立"敌后游击根据地"，为下一步"反攻"华南和海南做内应。海南军区立即调动21个连队和3.7万名基干民兵，其中包括驻崖县的守备第二十一师师属侦察排和守备第一五二团，以及崖县的360名基干民兵，连夜在吊罗山林区方圆百里范围内展开拉网式搜索，最后将8名空降武装特务全部抓获。海南军区召开表彰大会，国营南田农场基干民兵排二班、藤桥公社基干民兵排五班、林旺公社基干民兵排七班和47名基干民兵受到表彰。

继这次围歼美蒋武装特务之后，崖县军民进一步加强对敌防备。1964年夏，榆林港某海军舰艇部队，又在港外海面击沉一艘台湾当局派出的武装特务船，俘获武装特务60多人，缴获武装器械一批。这批武装特务原计划在崖县沿海强行登陆，但他们没有想到，刚抵达崖县海面就被驻榆林港的海军发现，将其全歼。

由于中共崖县县委、崖县政府和驻军认真执行中央制定的对敌斗争部署，这一时期国民党台湾当局针对崖县的武装袭扰、破坏等行动，没有一次得逞，从而有效地保卫了崖县沿海海域的安全。

五、参加西沙群岛自卫还击作战

南海诸岛自古以来属于中国。中华人民共和国成立后，1951年8月15日，中共人民政府政务院总理周恩来代表中国政府在《关于英美对日草案及旧金山会议的声明》中严正指出："西沙群岛和南威岛正如整个南沙群岛、中沙群岛及东沙群岛一样，向为中国领土。"

（一）南越当局侵占西沙群岛

自1959年开始，南越当局不断入侵西沙群岛，中国外交部奉命多次提出严重警告。1959年2月2日，南越海军在西沙群岛的琛航岛劫走中国渔民81人，后经中国外交部抗议，于3月6日释放。同年4月，南越海军又派兵侵占西沙群岛的甘泉岛、晋卿岛、琛航岛。为了维护西沙群岛的领土主权、保护西沙群岛资源，当年3月11日，驻榆林港海军执行中共中央军委命令，巡航西沙群岛。3月24日，海南区党委又根据中央的指示，成立中共西沙群岛、南沙群岛、中沙群岛工作委员会（简称“三沙工委”）和海南行政公署西沙群岛、南沙群岛、中沙群岛办事处（简称“三沙办事处”），将原属崖县管辖的南海诸岛及其海域收归海南行政区直接管辖。

1973年9月，南越当局非法将南沙群岛的南威、太平等10多个岛屿划入其版图。1974年1月，南越当局又把西沙群岛非法划入其版图，并且出动驱逐舰16号（“李常杰”号）、5号（“陈平重”号）、4号（“陈庆瑜”号）及护航舰10号（“怒涛”号）4艘军舰，在西沙群岛及其附近渔场横冲直撞，驱赶中国渔船和渔民，割断渔网，抢夺渔具，炮击甘泉岛上的中国国旗、标语牌；同时，派兵强占西沙群岛的金银岛和甘泉岛，作为其继续侵占西沙群岛其他岛礁的据点。

（二）西沙海战

鉴于上述情况，中共中央、中共中央军委决定，由叶剑英、邓小平负责组成西沙自卫还击作战指挥部，夺回被南越当局侵占的岛屿。1974年1月17日，南海舰队派出猎潜艇271号、274号组成编队，在海军航空兵的掩护下驶往西沙群岛。1月18日，扫雷舰389号、396号也加入上述编队。另有猎潜艇281号、282号部署在西沙群岛永兴岛，准备随时支援作战。

1974年1月19日晨，南越海军的4艘军舰分成两路，企图包围中国海军编队。7时40分，南越海军的4号、5号舰运输40多名全副武装的士兵强行登陆琛航岛、广金岛。登上琛航岛的南越士兵在中国守岛民兵的严正警告下被迫撤离。而登上广金岛的南越士兵拒不听从中国守岛民兵的劝阻并首先开枪，中国民兵被迫还击，打死南越士兵1名、打伤3名，其余南越士兵逃离广金岛返回军舰。

而此时，在海上的中国海军编队和南越海军舰艇正在对峙。南越军舰仗着其吨位大、火力强，不顾中国海军的一再警告，多次向中国海军编队靠近、挤压。10 时 19 分，4 艘南越军舰同时向中国军舰开火。在南越海军打响第一枪之后，中国海军编队被迫自卫还击。经 1 小时激战，南越海军的 4 号、5 号、16 号舰被击伤，10 号舰基本丧失机动能力和抵抗能力。11 时 49 分，部署在永兴岛的中国海军 281 号、282 号舰艇及时赶到。经 3 次打击，南越海军的 10 号舰爆炸起火，随即沉没于羚羊礁以南约 2. 5 海里处。其余 3 艘受伤的南越军舰，在其接应舰的掩护下撤逃。这一次西沙海战，中国军舰虽然数量少、吨位小，但由于指挥得当、战术灵活、互相配合好、战斗精神顽强，取得了胜利，击沉南越军舰 1 艘、击伤 3 艘，中国海军仅有两艘舰艇受伤。战后在海军榆林基地召开表彰大会，负责西沙海战海上总指挥的海军榆林基地副司令员魏鸣森和多名参战官兵立功受奖。崖县军民为驻榆林港的舰艇部队取得如此战绩而欢欣鼓舞。

（三）西沙夺岛之战

乘西沙海战取得胜利，按照中共中央军委和广州军区命令，海南军区和榆林要塞部队以及崖县基干民兵，在榆林港登船航渡，于 1977 年 1 月 20 日上午 8 时到达西沙群岛海面，实施夺岛之战。作战方案是：先夺取南越部队侵占的甘泉岛，然后夺取被侵占的珊瑚岛、金银岛。

9 时 30 分，在 4 艘护卫舰和海军航空兵歼击机编队火力掩护下，守备第一五〇团四连从输送舰换乘橡皮舟和舢板，开始向甘泉岛滩头发起冲击，仅几分钟即占领滩头阵地，旋向纵深搜索。发现南越士兵后，大喊“缴枪不杀”“我军宽待俘虏”。侵占甘泉岛的南越士兵未作抵抗，纷纷投降。10 时 10 分，战后，四连占领甘泉岛，俘敌 14 名。四连荣立集体二等功。

负责夺回珊瑚岛的部队，是榆林要塞区两栖侦察队和守备第一五〇团五连。侵占珊瑚岛的南越军队是 1 个保安中队，共 30 多人。岛上有法军侵占时期留下的 3 层炮楼和营房。10 时 35 分，五连和侦察队在海军护卫舰及扫雷舰炮火的掩护下，向珊瑚岛发起进攻，迅速占领滩头阵地，向纵深进逼，遭到驻守炮楼的南越军队抵抗。侦察队和五连先后攻占南越军队的营房、宿舍，然后组织火力向这座钢筋混凝土炮楼展开攻击，很快进占炮楼，俘敌 5 名。侦察队战士郑幼奴将五星红旗插上楼顶。占领炮楼后，机枪可以有效控制全岛。五连和侦察队继续向纵深处搜索，将藏于树丛中的敌人全部俘获。此战收回珊瑚岛，俘敌 35 人，其中包括 1 名美军少校联络官。侦察队荣立集体二等功，五连荣立集体三等功。

金银岛位于珊瑚岛以西约 10 海里处，面积 0.4 平方公里，但水下礁盘有 4 平方公里。战前，岛上驻有南越海军陆战队 1 个班，约 10 人。负责攻占金银岛的守备第一五〇团一连上岛之后，经反复搜索，没有发现南越军队。后来才得知，1 月 19 日海战后，侵占该岛的南越军队已随舰撤走。

至此，西沙群岛夺岛之战结束，被南越侵占的西沙群岛中的甘泉岛、珊瑚岛、金银岛全部收复。1 月 20 日下午，南越当局曾派军舰运送 1 个营的兵力企图重新夺回上述 3 岛，但见中国陆、海、空军严阵以待，不敢妄动，进至西沙群岛附近约 40 海里便返回岘港。榆林要塞区属下的守备第一五〇团和崖县几百名基干民兵，随即进驻甘泉岛、珊瑚岛、金银岛，开始执行守卫、开发、建设西沙群岛的任务。

1974 年西沙群岛自卫还击战胜利后，中国有效地控制了西沙群岛全部岛礁及其海域，为后来经营西沙、开发南沙、成立三沙市，创造了有利条件。崖县人民和驻崖县部队在西沙海战与夺岛之战中作出的重大贡献，将永远彪炳史册。中共崖县县委、崖县政府和驻军机关，为在这场战事中牺牲的烈士们修建了纪念碑。这座纪念碑，既是纪念为国捐躯的英烈们，也是将这段历史永远铭刻在崖县的大地上。

六、参加南沙群岛的开发和建设

从 1984 年起，经国务院批准，中国科学院南海海洋研究所连续 3 年对南沙群岛及其海域组织科学考察，取得了一系列成果。1987 年 3 月，联合国教科文组织政府间海洋委员会举行第 14 届大会，通过了全球海平面联测系统实施计划和决议，决定由中国政府在南沙海域建设海洋观测站，该站为全球海平面联测系统第 74 号站。1987 年 11

月，国家海洋局发出《关于在南沙群岛建设海洋观测站的通知》。建站工作由海军负责，广州军区、南海舰队，以及广东和海南有关部队、部门与科技人员、民工参加，其中包括驻三亚市的陆、海军部队和民工。大批建站人员和装备、物资、器材，多从榆林港启运。经过100多个日日夜夜的紧张施工，1988年8月2日，在南沙群岛的永暑礁上建成海洋气象观测站。该站的人造陆地面积达8000多平方米，有油库、水库、港湾、码头和办公楼、宿舍，还有篮球场。为了保证永暑礁海洋气象观测站的安全，还在永暑礁周边的赤爪礁、华阳礁等5个礁盘上建立起“高脚屋”，后改建成永久性的岗楼、哨所，由部队守卫。1988年8月3日，国务院、中央军委发出嘉奖电，嘉奖建站全体工作人员。嘉奖电称：“为了维护我国在南沙群岛的领土主权和国家尊严，为了和平建设南沙群岛，海军在广州军区、广东省、海南省和交通部、国家海洋局、国家气象局的大力支援下，以大无畏的英雄气概和吃大苦耐大劳的实干精神，团结协作连续奋战，高速度、高质量地完成了建设永暑礁海洋和气象观测站的任务，为祖国和人民立下了新功。国务院、中央军委特予通令嘉奖。”这个嘉奖电中讲到的海南，主要是三亚市参加建站的部队和民工。如今，南沙群岛的海洋气象观测站已越建越好，每天24小时为南海海域过往船只准确、及时地预报海浪情况和最佳航线，继续为和平利用开发南海做贡献。

第八节　拨乱反正期间的崖县

1976年粉碎“四人帮”、结束“文化大革命”后，崖县人民同全国人民一样，希望尽快结束“文化大革命”造成的混乱局面，迅速恢复正常社会秩序，发展经济，安居乐业。中共崖县县委顺应人民群众的愿望和要求，贯彻执行中共中央关于拨乱反正的方针和政策，从1977年到1981年，带领全县人民揭发批判林彪、江青两个反革命集团，开展真理标准讨论，平反冤假错案，整顿、恢复正常的生产和生活秩序。拨乱反正中的大量工作，为其后学习贯彻执行中共十一届三中全会精神、把全县的工作重点转移到以经济建设为中心上来、实行改革开放，做了很好的准备。

一、揭批“四人帮”，清除“左”倾影响

1976年12月至1977年9月，中共中央先后下发了《王洪文、张春桥、江青、姚文元反党集团罪证材料》之一、之二、之三，在全国开展揭批“四人帮”运动。中共崖县县委多次召开三级（县、社、队）干部会议，运用这些材料，联系崖县实际，揭露批判“四人帮”篡党夺权的阴谋和歪曲篡改马列主义、毛泽东思想的罪行，提高广大干部群众对“四人帮”反革命本质的认识，对肃清“四人帮”的流毒影响，分清理论是非、思想是非、政策是非起了正本清源的作用。1980年11月至1981年1月，最高人民法院特别法庭公开依法审判林彪、江青两个反革命集团的10名主犯，中共崖县县委又及时组织干部群众收听广播、收看电视，认清这两个反革命集团的真实面目，使崖县的揭批“四人帮”运动搞得更深入、更有成效。

揭批“四人帮”与清除“左”倾思想认识紧密结合在一起进行。所谓清“左”，就是清除和纠正“左”的思想、“左”的做法、“左”的政策，肃清“左”倾影响。中共崖县县委在揭批“四人帮”的过程中，列举了崖县在许多方面的“左”的表现，让大家自觉地清“左”，以适应“文化大革命”结束后的新形势、新任务、新要求。县委为此多次召开三级干部会议，发动大家揭发批判，收到一定效果。崖城公社党委书记讲，崖城是崖县“文化大革命”中受“左”的毒害最深的“重灾区”，不少同志养成了“左”的习惯：习惯于大批大斗、上纲上线；习惯于贪大求全、急躁冒进；习惯于重政治、轻经济，重生产、轻生活；习惯于家长制、一言堂、瞎指挥；习惯于搞浮夸、吹牛、唱高调、弄虚作假；习惯于大呼隆、一刀切，三天一开会，五天一高潮。为了“堵死资本主义的路”，搞什么“甘蔗上山，为粮食让路”，结果把几千亩该种甘蔗的地改成种水稻，甘蔗产量由1万多吨减少到2000多吨，粮食也没有种好、没有丰收。还砍了1万

多株槟榔，毁了上万株香蕉、芭蕉，已经种上经济作物的自留地也被犁掉，使崖城的农业生产和经济收入受到很大损失，社员的家庭副业也遭受损害。他说，这些“左”的教训太深刻了，不坚决纠正和肃清，“文化大革命”之后还可能犯“左”的错误。

二、开展真理标准问题讨论

1978年夏，中共中央党校内部刊物《理论动态》刊发《实践是检验真理的唯一标准》一文，接着，《光明日报》《人民日报》相继转载。全国上下很快开展真理标准问题讨论，对拨乱反正、摆脱个人迷信、端正思想路线，起了非常重要的作用。

中共崖县县委结合对进入社会主义建设时期以后工作的回顾和检视，引导干部群众开展真理标准问题大讨论，进行思想启蒙教育。当时，习仲勋任中共广东省委第一书记，旗帜鲜明地支持“实践是检验真理的唯一标准”的理论观点，支持解放思想、破除旧观念。广东全省的真理标准问题讨论从一开始就顺利进行，没有受到干扰。1980年年底，习仲勋调中央工作，任仲夷继任中共广东省委第一书记，又抓紧真理标准问题讨论的补课。崖县于1981年再次深入进行真理标准问题的讨论。通过1978年至1981年的这两场大讨论，崖县干部认真学习马克思主义的认识论，重温党的实事求是的思想路线，把一般地清“左”，上升到了理论、路线上来，对毛泽东思想有了比较科学的、实事求是的认识，对毛泽东的崇拜也开始由迷信回归到理性层面。

三、平反冤假错案

粉碎“四人帮”后，中共中央为天安门事件平反，为“文化大革命”中遭受冤屈的一大批老一辈革命家和各界知名人士平反。从1978年开始，几乎与真理标准讨论同时，平反冤假错案工作在全国正式展开。

崖县由1978年起开始平反冤假错案。首先被平反的是“文化大革命”中的三大假案。1978年11月20日，中共崖县县委、崖县革命委员会作出决定，为“文化大革命”期间所谓的“反共救国军”

案彻底平反；1979 年 2 月 5 日，又作出决定，为所谓的“崖县叛徒网”案彻底平反；同年 2 月 6 日，再次作出决定，为所谓的“崖县地方主义上京告状团”案彻底平反。县委、县革命委员会为此在三亚召开千人大会，宣布平反决定，为被迫害者和受牵连者恢复名誉、彻底平反，并按党的政策安排做好善后工作。

三大假案平反之后，中共崖县县委又组织力量认真复查历次政治运动中的遗留问题，纠正错案，为受伤害者平反，落实各项政策。全县共复查 1075 人，为 1074 人作出结论，纠正错案 762 人，减轻处理 219 人。得到解决的历史问题有：

根据 1978 年 9 月 27 日中共中央《关于全部摘掉右派分子帽子的决定》，将 1957 年至 1958 年崖县错划为右派的 300 多人全部摘帽。

根据 1979 年 1 月 11 日中共中央《关于地主、富农分子摘帽问题和地富子女成分问题的决定》，宣布对 1953 年崖县全县划定的地主 1182 户、富农 461 户一律摘帽，给予人民公社社员待遇；地富子女一律为公社社员，不得歧视。这一决定让全县约 1 万人从政治上获得了解放，开始了新的生活。

1979 年 2 月 5 日，崖县革命委员会决定改正土改后历次政治运动中被错划的反革命分子 55 名。

1979 年 5 月 2 日，崖县革命委员会改正在土改后历次政治运动中被错划的地主、富农分子 44 名。

1980 年 12 月，崖县政法部门对尚未摘帽的 53 名“四类分子”再次进行复查，批准摘帽 20 人、改正 16 人。

给小商、小贩、小手工业者和原工商业者恢复其劳动者的家庭成分，不再称他们为资本家、私方代表，一律视为劳动人民的一部分。

对于地主、富农、资本家的子女，在入学、招工、参军、提干、入党、入团、工作分配等方面，一律与劳动人民家庭出身的子女一样，政治上平等看待。

平反冤假错案和落实各项政策，让成千上万长期受到压制、歧视和各种不公正待遇的人们摆脱了政治压力，甩掉了沉重的政治历史包袱，心情舒畅起来，工作条件和生活待遇逐渐得到改善。他们的专长、特长也得到发挥，对国家和个人的前途燃起希望，积极性被调动起来。

四、整顿、恢复正常的生产和生活秩序

“文化大革命”结束后，中共崖县县委和崖县革命委员会便开始着手整顿农业、工业，恢复生产，恢复各方面的社会生活秩序。1977年1月，专门召开三级干部会议，研究全县的生产问题。1979年4月中央工作会议提出“调整、改革、整顿、提高”“八字方针”后，崖县将这一方针视为在经济领域拨乱反正的重要战略部署，认真贯彻执行，进一步对各行各业进行整顿和调整，取得比较好的成效。

（一）整顿农业

崖县是农业县，农业是崖县的命脉。“文化大革命”结束后，崖县首先整顿农业。

首次是建立生产责任制，解决“人心不归农，劳动不归队，车马不归田，生产纪律松垮，劳动管理涣散”的问题。崖县农村出现上述情况，是由“文化大革命”中错误地批判“管、卡、压”、管理废弛造成的，公社、大队、生产队的干部不敢管、不想管。同时，也是“文革”中按劳分配制度不落实、搞平均主义等原因所造成。为了改变这种状况，中共崖县县委、崖县革命委员会要求各社、队建立健全劳动经营管理制度，根据生产队的规模大小建立劳动组织，实行定额记工制度，合理计算劳动报酬，要求实行民主理财，公布账目，接受群众监督；要求严格按多劳多得原则进行分配，安排好社员生活，千方百计增加社员收入。1977年年底，县委、县革命委员会组织工作组下到公社、大队、生产队检查，这些生产经营管理制度都普遍建立起来，并落实得比较好。

其次是提倡多种经营。崖县的农业，历来是多种经营，但“文化大革命”中片面强调“以粮为纲”，硬性要求种水稻、种粮食作物，形成单一经济结构，影响了农民的收入和全县的财政收入。1977年，中共崖县县委书记在全县三级干部大会上公开号召：一定要从实

际出发，大力开展多种经营。沿海地区要大种甘蔗、椰子、西瓜、腰果、剑麻等经济作物，山区要多种橡胶、胡椒、槟榔，并要求多养牛、羊、鸡、鸭、猪、鹅、鱼，做到“田有千斤稻、坡有万斤蔗、高山造上林、低山种上胶、牛羊满山岗、家畜肥又壮、五业齐发展、生活大改善”。1977 年至 1981 年，全县按这一要求认真实施，为后来发展热带经济作物的种植、海水养殖和庭院经济积累了经验。

再次是发展社队企业。“文化大革命”结束后，人民群众要求治穷致富的愿望特别强烈，以各种形式表现出来。20 世纪 70 年代末 80 年代初广东沿海地区出现的“逃港”“走私”“经商”现象，在崖县也有所表现。中共崖县县委因势利导，支持发展社队企业，把经济收入搞上去，既为农业发展积累资金，又提高社员分配水平。社队企业在“文化大革命”前就有，“文化大革命”中被当作“资本主义尾巴”割掉了，“文化大革命”结束后又有所抬头，但一开始，政策还不明朗。崖县县委、县革委会从实际出发，顺应农民治穷致富、发展经济的要求，支持发展社队企业。当时办得最多的是社办、队办糖寮。县委、县革委会鼓励社队多种甘蔗多榨糖，县财政还拿出 10 万元予以补贴，种 1 亩甘蔗补助 10 元。除了糖寮，还办干胶片加工厂、槟榔加工厂、木材加工厂、食品加工厂、铁木社、运输队等等。这一段经历，实际上是实行改革开放之前乡镇企业、民营企业的预热和预演。

（二）整顿工业

主要是调整班子，更新设备，新建扩建一些项目，提高经济效益。榆亚盐场 1977 年的盐产量达到 6.4 万吨，增加新的技术设备后，既可制粗盐，又可制细盐（精盐），日产量达到制细盐 695 吨。崖县机械厂在 1979 年扩建大修车间、发动机车间，生产油桶、油箱、钢材等产品，到 1982 年年底，连续赢利 4 年，达 11.8 万元，被评为海南黎族苗族自治州先进企业。崖县汽车修配厂原为海南黎族苗族自治州大茅磷肥厂，1977 年在整顿中改为汽车修配厂，1978 年 6 月投产，到 1979 年年底已维修汽车 256 辆次，创产值 26 万元。崖县印刷厂在

1977 年的整顿中由原来的小件印刷发展为印刷水泥包装袋、广告招贴、小型书刊，1979 年的产值达到 69 万元，创利润 5.4 万元。三亚水泥厂在 1976 年扩建，产量达到 23 万吨。崖县食品厂、三亚藤器厂等也各展优势，向海内外市场投放新产品。1977 年至 1979 年，崖县通过对这些工业企业进行调整、整顿、扩建，经济效益普遍上升。

（三）整顿教育

崖县历史上有重视教育的优良传统。1966 年“文化大革命”开始前，全县已有小学 293 所、初中 13 所、高中（完中）2 所。经过 10 年“文化大革命”，虽然学校多了、学生多了，教育质量却明显下降，学校的教育秩序和风气受到严重破坏。1977 年，中共崖县县委、崖县革委会下决心整顿教育，乘邓小平第三次复出后大抓教育的东风，于 1977 年 3 月召开全县教育工作会议，通过抓崖县中学和三亚小学这两个典型，对全县中小学校的教学秩序、校风校纪、教育质量进行检查评比，从而使全县的学校教育出现新面貌。一是坚持“以学为主”，把精力和工作重点转到教学上来；二是坚持“尊师重教”，形成尊重老师、尊重知识、尊师守纪的良好风气。每个学校都制定了校规校纪，恢复严管严教、尊师爱生的好传统。

经过整顿，学校风气正了，教学质量高了。1979 年，崖县升入大专学校的学生有 31 人，升入中专学校的学生有 34 人，共计 65 人。而 1951 年至 1977 年 27 年间，崖县进入大专学校学习的学生不到 400 人，平均 1 年不到 20 人。水南小学学生的学习成绩，1976 年的及格率只有 40%，经过整顿，1978 年上升到 70%。

（四）整顿治安

10 年动乱使崖县的党风、民风、社会风气受到损害。“文化大革命”结束后的第一年，即 1977 年，崖县的社会治安仍然不好，治安案件屡屡发生，发案率较高。人民群众强烈要求整顿治安，恢复正常的生产、生活秩序。

中共崖县县委从加强公检法队伍建设入手强化治安管治。公安、法院、检察院在“文化大革命”中是“重灾区”，从一开始“造反”

"夺权"就备受冲击。县委结合揭批"四人帮"，给公检法正名，把一批有经验的公检法干部请回来，落实政策，鼓励他们大胆依法办案，政法队伍"量少质低，业务不熟"的状况很快得到改变。在此基础上，又健全各级治保会组织，发动群众配合公检法打击和预防犯罪。全县集中力量，侦破了一批刑事案件，并公开宣判，起到了震慑作用。在打击刑事犯罪的同时，重点做好失足青少年的教育工作。

榆亚地区人口密集，流动人口也多，是案件多发区。1977 年 11 月，县委、县革委会决定以榆亚为重点，搞一次"三整一清"，以此指导全县的治安整顿。"三整"就是整顿交通秩序、整顿户口、整顿港口，"一清"就是清理当时所称的"盲流人员"。经过"三整一清"，交通事故大为减少，健全了户口登记管理制度。对于停泊在三亚港的渔船，以及三亚港周边的单位和居民，都一一进行登记核对，加强社会管理。除此以外，还发动群众整顿港区公共卫生，开展爱港卫生运动。经过整顿，三亚港的社会秩序、卫生面貌都出现了新的气象。

全县响应中宣部、团中央和全国妇联、全国总工会等多个单位发出的号召，开展"五讲四美三热爱"活动。这项活动为迅速扭转社会风气、建设社会主义精神文明发挥了重要作用。活动一经开展，便得到崖县各界的积极响应，对于整顿治安秩序、树正气、立新风、产生了深远的影响。城市开展"文明街道""文明班组"活动，乡村开展"文明乡镇""五好家庭"活动，工厂开展"文明工厂""文明车间"活动，学校开展"文明学校""三好学生""四好少年""红花少年"活动。人们的精神风貌和整个社会的风气，都有了不同程度的好转。

五、实行全县工作重点转移

1978 年 12 月 18 日至 22 日，中共十一届三中全会召开，决定把全党全国的工作重点转移到社会主义现代化建设上来，转移到以经济建设为中心上来，实行改革开放。这是一次具有划时代意义的重要会议，中国从此进入改革开放的新时代。

崖县干部群众热情学习贯彻中共十一届三中全会精神。经过认真准备，1981 年和 1982 年，崖县先后召开了县党代会、人代会、政协会，对 10 年动乱的历史进行总结，对进入新时期的工作作出部署。

1981 年 6 月 9 日至 17 日，中共崖县第四次党员代表大会第一次会议召开。中共崖县县委书记林祖基向大会作的工作报告，对崖县在“文化大革命”中的情况和教训以及“文化大革命”结束以后几年间的工作，从政治、思想、党建、经济、文教等几个方面作了总结；对如何贯彻中共十一届三中全会精神，“建设一个富强文明的新崖县”作出了部署。大会选举产生新一届中共崖县委员会和纪律检查委员会。

1982 年 2 月 26 日至 3 月 3 日，崖县第六届人民代表大会第一次会议举行。会议郑重宣布：撤销崖县革命委员会，成立崖县人民政府。

中国人民政治协商会议崖县委员会第一次全体会议于 1982 年 2 月 25 日至 3 月 2 日举行，出席会议的政协委员 109 人，选出政协崖县第一届委员会常务委员 22 人。

1981 年至 1982 年崖县党代会、人代会、政协会的召开，标志着“文化大革命”结束后，经过 1977 年以来几年的拨乱反正，崖县的政治生活已步入正常轨道，崖县的拨乱反正任务基本完成；工作重点已经逐步转移到社会主义现代化建设上来，转移到以经济建设为中心上来。

第九节　开启改革开放新时期的崖县

中共十一届三中全会高举改革开放的旗帜。中共广东省委第一书记习仲勋在邓小平、叶剑英等中央领导人的支持下，带头“杀出一条血路”，积极着手搞活经济、构建对外开放的新格局、创办经济特区。1979 年 7 月中央批准创办的 4 个经济特区中，有 3 个在广东。习仲勋还把眼光放到海南。中国的第一大岛台湾，在 20 世纪 70 年代已成为亚洲经济发展中的“四小龙”之一。习仲勋认为，海南是中国的第二大岛，如果把海南的经济搞上去，有重大意义；而且，海南的自然条件与台湾相近，总面积比台湾小不了多少，可耕地面积比台湾还大，地理优势、区位优势、资源优势、环境优势都不比台湾差，某些方面比台湾还好，如果再加上政策优势，海南一定能够好好发展起来。

正是基于这样的战略考虑，习仲勋在主政广东期间，提出了给海南“松绑”和“转变建岛方针”的问题。1980 年 5 月 8 日，习仲勋陪同叶剑英视察崖县时，对中共海南行政区委第一书记罗天讲，要准备这方面的意见，参加国务院和广东省即将召开的有关海南岛开发的座谈会。习仲勋的继任者、1980 年年底调任中共广东省委第一书记的任仲夷，继续推进给海南“松绑”和“转变建岛方针”的工作思路。广东关于开发建设海南的举措，得到邓小平、胡耀邦、叶剑英等中央领导人的支持。

1980 年 7 月 24 日，国务院以国发［1980］202 号文件批转《海南岛问题座谈会纪要》；1983 年 4 月 1 日，中共中央、国务院又以中发［1983］11 号文件批转《加快海南岛开发建设问题讨论纪要》。正是在这两份纪要精神的指导下，崖县开启了改革开放的新进程，并很快成为海南岛改革开放的热点、重点和亮点地区。

一、转变建岛方针，以开放促开发

海南岛的建岛方针，原来是两句话、八个字：“加强防卫，巩固海南。”这是毛泽东在 1953 年 12 月给海南的题词。这一方针是在中华人民共和国成立初期遭到帝国主义国家包围的特殊情况下提出来的。按照这一方针，位于海防前哨的崖县，长期处于随时准备打仗的战备体制之下，许多建设项目不能上马。崖县的农业、工业、渔业、林业、矿业都是生产各种初级产品、生活资料，产量很高，但产值不高，经济效益不好，人民群众收入偏低，地方财政也十分拮据。崖县的经济长期在低水平徘徊，发展缓慢。崖县盛产甘蔗，却由于没有现代化大糖厂，只能生产粗糖（红糖），运到内陆的大糖厂、食品厂当原料。崖县的国营农场很多，橡胶种植全国第一，但是没有大型加工厂，只能生产干胶片，运到大陆的大橡胶厂、轮胎厂当原料。崖县盛产铁矿石，而且是高品位富矿，但没有炼铁厂、炼钢厂，只能用小火车送到海南岛西部的八所港装船，运往内地的铁厂、钢厂当原料。崖县盛产海盐，由于没有大化工厂，只能生产粗盐，运送到内地加工生产细盐或作为化工原料。崖县运出岛的都是宝，却长期以资源输出为主。任仲夷在中共广东省委常委扩大会议上讲：海南的建岛方针一定要转变。毛泽东主席当年说的话，是根据当时的情况讲的，已经过去几十年了，情况已经有了很大的变化。海南的建岛方针应该与中共十一届三中全会确定的方针、政策一致起来，既是国防建设的前哨，又应该是改革开放的前沿。海南应该以开放促开发。

"以开放促开发"的思想被中央所采纳。中共中央、国务院下发的《加快海南岛开发建设问题讨论纪要》，明确写上了海南岛新时期的建岛方针是"以对外开放促进内部开发"。在以后很长一段时间内，"以开放促开发"和"以对外开放促进内部开发"这两种表述方式，常见之于文件和媒体。新的建岛方针提出后，立即受到崖县广大干部群众的欢迎。把贫穷、落后、封闭的崖县建设成为富裕、先进、开放的崖县，是崖县广大干部群众的强烈愿望。

（一）开放三亚港

三亚港是崖县最大的民用港。码头长 260 米，航道长 1250 米。有泊位 3 个：一个 1500 吨，两个 5000 吨，5000 吨船舶可以直接进港装卸。三亚港近旁是榆林军港，两港陆地距离 4 公里，水路距离 12.5 公里。改革开放之前，为了战备，三亚港不对外开放。1983 年年初，胡耀邦等中央领导人先后来三亚考察。3 月，海南区党委和海南行政公署传达上级决定，对外开放三亚港。10 月，国务院批准三亚港为对外开放口岸，并且开辟三亚至香港海上客运航线。对外开放以后，渔船、商船、客船一下多起来，三亚港空前繁忙。

崖县的渔场分为沿岸渔场、近海渔场、外海渔场。三亚港的渔船多到外海捕鱼，过去不跟台湾、香港的渔船接触。现在政策放宽，崖县渔民和港台渔民便在外海交流起来。崖县的渔民把鱼卖给港台渔民，港台渔民把当时崖县还没有的彩色电视机、收录机、尼龙布、尼龙袜、折叠伞、磁带、洋酒、洋烟等卖给崖县渔民。崖县渔民又把这些东西拿到崖县市场上去卖。当时，很多人还不认识这是走私贩私行为，只认为这些东西质量好、便宜，又实用。于是，买卖“水货”的生意很快火爆起来。市场刚刚放开，管理制度还不健全，三亚港周边红火了好几年。多年后，两岸关系缓和，实现大小“三通”（通航、通商、通邮）。有些三亚渔民回忆起这一段过程，还自嘲地说：“小三通”是我们首先从海上搞起来的。

（二）修建鹿回头公园

位于三亚市区南端伸向海中的鹿回头岭，海拔180多米。站在鹿回头山顶可以俯瞰三亚市区全貌，三亚河、三亚港、三亚湾、三亚城的美丽自然风光尽收眼底。1955年，海南行政区在鹿回头岭下兴建招待所（后称宾馆），1958年建成。这里依山傍海，椰树、酸豆树、凤凰树绿荫如盖，椰风海韵浓郁。招待所建有几栋别墅式楼房，其中一号楼也被称为“椰庄”，用于接待中央领导人。到过这里的党和国家领导人，留下了许多咏赞鹿回头的诗词。开发鹿回头岭，带动崖县的旅游业，是当时的共识。

1982年，中共海南黎族苗族自治州委、州政府和中共崖县县委、县政府决定开发鹿回头岭，在鹿回头山顶兴建鹿回头公园。工程由州长王越丰负责，并请海南军区部队帮助，从山脚修建了长1990米、宽9米的盘山公路通到山顶，把大块石料运上去，请崖县黄流籍（黄流今属乐东黎族自治县）著名雕塑家林毓豪（1940~1997）创作大型艺术石雕《鹿回头》。

鹿回头岭承载着一个古老的黎族民间传说：很早很早以前，一位英俊的黎族青年猎手自五指山追逐一头坡鹿来到这里，悬崖峭壁之下就是浩瀚大海。这时，坡鹿蓦然回头，幻化为美丽的少女。于是，他们结为夫妻，繁衍后代，过着幸福美满的生活。鹿回头的故事在三亚、在海南流传了上千年，成为黎族文化的经典。因为这个故事，这里的山岭就叫鹿回头岭，这里的村庄就叫鹿回头村。三亚市区因紧傍鹿回头岭，也被称为“鹿城”。

鹿回头公园的建设历经6年时间。1985年10月，三亚市政府追加投资，保证了山顶公园和巨型雕塑的顺利建成。经过精心施工雕琢，高12米、长9米、宽4.9米的大型艺术石雕《鹿回头》和周边配套工程于1987年8月1日竣工，9月13日在山顶石雕前举行了鹿回头公园开园仪式。1988年，鹿回头公园被海南省政府列为第一批省级风景名胜区。

“鹿回头”石雕的构图是：一只坡鹿回眸顾盼，两旁分立着英俊的黎族青年猎手和美丽的黎族少女。雕塑家林毓豪为营造三亚的人文景观、弘扬三亚的旅游文化，奉献了一座传世艺术杰作。

（三）崖县游人日渐增多

中国政府宣布开放、开发海南岛后，到海南岛来的游人大量增加，而且到海南几乎都要到崖县来。崖县在海南岛的最南端，面临南海，有一个名闻海内外的风景胜地——天涯海角。开放后的崖县很快迎来海内外大批游人。据崖县政府办公室统计，1983年全年，崖县接待了来自23个国家的8000多名客人，而1980年至1982年3年只接待700多国外游客。中共崖县县委、崖县政府注意到旅游业的发展前景，为了使游人到崖县有看的、玩的、吃的、买的，除了决定兴建鹿回头公园，还着手整顿大小东海、天涯海角、大小洞天、东西玳瑁洲、三亚湾、甘什岭、福万水库等景点。当时暂定的“崖县八景”是：东海晨曦、椰林夏荫、天涯飞雪、落笔生辉、洞天观海、平沙弄潮、波浮双玳、翠映三湖。发展崖县滨海旅游，已经被放在了开发崖县的重要位置上。

（四）外引内联起步

崖县华侨少，开发建设靠侨商搭桥开路不如琼北地区，开始时引进的外资不多。到1984年，崖县引进的外资企业只有两家：一家是马来餐厅，投资人民币84万元；另一家是三利进口汽车维修中心，投资人民币44万元。马来餐厅瞄准的是崖县的旅游餐饮市场尚未起步，开业后生意兴旺。三利进口汽车维修中心，开业后生意也很好，因为当时海南的环岛公路还是土路，路况不好，汽车经常出故障，到崖县后没处维修。三利进口汽车维修中心正是适应了这种市场需求。

除了这两家外资企业，当时崖县内联兴办的企业有 31 家。比较有影响的有：三亚冷冻厂，由山东省烟台市友谊宾馆投资 1000 万元人民币兴建；金陵度假村，由南京市旅游总公司投资 1550 万元人民币兴建；湛江佳宝公司，由广东省湛江市住宅公司投资 310 万元人民币兴办。这些投资者，也是看准了崖县发展旅游、房地产的广阔前景，选点在三亚。

（五）着手规划城市建设

1979 年 4 月，成立崖县建设局，着手三亚的城市建设规划，为改善投资环境做准备。1980 年，崖县政府请广东省规划局帮助，绘制了三亚城区周围 50 平方公里的 1∶2000 地形图，接着又绘制了全县城区 1∶5000 和 1∶10000 地形图，为 1984 年以后崖县撤县建市、重新编制新的三亚城市总体规划提供了重要资料。

二、实行多种生产责任制和承包制

实行以开放促开发，经济政策也随之“松绑”。所谓“松绑”，指的是去掉“左”的条条框框，改革旧的规章制度，向下放权，因地制宜地选择合适的生产形式，发展生产，改善生活。1980 年 7 月国务院批转《海南岛问题座谈会纪要》后，中共广东省委、广东省政府曾下发《关于加快海南岛开发建设几个问题的决定》，要求海南各市县“对外开放，对内放宽，对下放权，把经济搞活，使海南岛尽快富裕起来”。崖县干部群众将此称为“三放”：开放、放宽、放权。“三放”有利于搞活经济、治穷致富。中共崖县县委、崖县政府认真贯彻了这些指示精神，实行多种生产责任制，“抓好农业，带动工、商各业，搞活经济”。①

（一）给生产队和农民放权

安徽省小岗村实行家庭联产承包责任制的经验宣传后，崖县农村

---

① 参见 1982 年 2 月 26 日在崖县第六届人民代表大会第一次会议上的《政府工作报告》第二部分：《搞活经济，使崖县尽快富裕起来》。

开始实行各种不同形式的生产责任制和承包制。1979 年 12 月，中共崖县县委、崖县政府召开四级干部会议，动员进一步解放思想，从实际出发，让各生产队社员自己选择适当的生产责任制形式，尊重群众的创造，谁也不要干涉。这次会议后，全县 989 个生产队中，以生产计酬的 4 个，联产到劳的 1 个，分工到田、责任到人的 143 个，实行临时性或季节性承包的 119 个，按定额记工的 595 个。此后在实践中继续调整，到 1983 年年底，全县 989 个生产队全部实行“双包”，也就是家庭联产承包责任制。

承包制的实行，使原有的人民公社政社合一的体制完全不适应生产发展。1983 年 9 月 15 日，崖县按照中央指示，实行“社改区”，宣布取消人民公社建制。全县共设 15 个区、1 个镇；区下设乡，共有 92 个乡；镇下设居民委员会，共有 27 个居委会。① 在崖县实行了 25 年（1958～1983）的人民公社体制，从此成为历史。

1984 年 6 月，为了稳定家庭联产承包责任制，全县又落实了一包 15 年不变的政策，消除了农民担心政策会变的顾虑，放开手脚大干起来。

（二）改变企业吃“大锅饭”的旧规

中共崖县县委、崖县政府把指导农村实行家庭联产承包责任制的经验应用于城市，要求工交部门、商业部门、供销部门都要从根本上改革旧的管理制度，打破“铁饭碗”，在承包责任制上做文章，提高经济效益，扭亏为盈。在县政府的推动下，各种形式的生产责任制和承包制应运而生。到 1984 年年底，全县没有了亏损企业。

三、发展多种经营，建立农业商品生产基地

家庭联产承包责任制的建立，把责、权、利统一起来，让农民成为生产经营的主人，享受到生产、管理、分配的权利和自由，极大地调动了他们的生产积极性。什么好种、效益高就种什么，多种经营如

---

① 当时崖县全县分设的 15 个区和 1 个区级镇是：藤桥、林旺、羊栏、荔枝沟、高峰、天涯、育才、雅亮、田独、南海、红沙、崖城、保港、港西、梅山区，三亚镇。区设区公所，镇设镇政府。

雨后春笋。中共中央、国务院关于开发海南的两个纪要都号召海南发展热带经济作物种植，多种经营，搞活经济。这一号召完全符合海南的实际，得到崖县农民的积极响应。从 1981 年起，崖县掀起承包开发“四荒”的热潮。“四荒”指的是荒山、荒坡、荒滩、荒水面。少的承包几亩、十几亩，多的承包上百亩。据中共崖县县委农村工作部的统计，1983 年，崖县已承包开发“四荒”71841 亩；其中，荒山 36150 亩，荒坡 21271 亩，荒滩 3500 亩，荒水面 5820 亩。县委、县政府及时引导，进一步放宽政策，允许创办农业商品生产基地，允许外地来的农民和投资者办小园、小场（一般不超过 100 亩），从事多种经营。崖县第一批农业商品生产基地就此形成，崖县农业开始由自给半自给经济向规模商品生产经济转化。

（一）粮食生产基地

崖县历来是海南岛上的粮食产区。农村经济政策“松绑”后，再不提“以粮为纲”，但 1978 年全县的粮食种植面积仍有 20 万亩，平均亩产 207 公斤，总产量达 41488 吨。种植的水稻品种都是引进的优良品种，而且耕作制度也有改变，一般都改成两造水稻、一造番薯，或者两造水稻、一造瓜菜。当时，平均每亩的年产值可超 1400 多元。

（二）“热作”生产基地

“热作”是热带经济作物的简称，是崖县干部群众对其的习惯称呼。“热作”生产主要种植橡胶、椰子、槟榔、胡椒、甘蔗、花生、南药（砂仁、益智、沉香）、腰果。到 1983 年年底，崖县的“热作”生产基地已达 9. 5 万多亩。其中，橡胶 20477 亩，年产干胶 980 吨；椰子 8673 亩，年产 407 吨；槟榔 987 亩，年产 212 吨；腰果 4735 亩，年产 140 吨；糖蔗 55666 亩，年产 13 万吨；花生 3610 亩，年产 235 吨。热带经济作物种植已逐渐成为崖县农业的支柱产业。

（三）瓜菜生产基地

崖县的瓜菜生产旺季在冬天，与北方正好相反，因此被称为“反季节”瓜菜。“反季节”正是商机，崖县农民利用常夏无冬的气候条件，在每年春节前后生产大陆所需的冬季瓜菜，运往北方和港澳市场。1983 年，崖县的冬季瓜菜种植面积达 14877 亩，总产量 8597 万斤。主要种植青皮冬瓜、节瓜、青瓜、西瓜，还有辣椒、豆角、茄子、苦瓜、洋葱、丝瓜等优良品种，产值达到 1500 多万元，开辟了崖县沿海平原地区农民致富的又一重要产业。

（四）热带水果生产基地

崖县种植的热带水果，主要是芒果。先是在崖城、羊栏、荔枝沟、田独一带试种，由开始的 1700 亩扩大到 1.6 万多亩，各种品种都有。崖县地处低纬度地区，种植的芒果比海南其他县市早上市 30 到 40 天。这种早熟的优势，让各地水果商早早就云集崖县，在田头收购装车，从崖县运送到广州、香港、北京。崖县芒果成为最早上市的时令水果，经济效益相当可观。

（五）水产品生产基地

主要是利用港湾、海滩、滩涂发展海水养殖，鱼、虾、贝类均有。开始只有 600 多亩，后来发展到 1000 多亩，形成红沙、南海湾两大海产品养殖基地，多为高端品种。另外，还发动群众利用烂泥田、低产田挖塘养鱼，利用山塘水库养鱼，主要养殖鲤鱼、草鱼、鲢鱼、鳙鱼等，淡水养殖水面达近万亩。

（六）林业生产基地

崖县地处热带雨林原生地。中共中央、国务院关于开发海南的两个纪要，特别对海南林业提出“保护、恢复和发展并重”的方针。贯彻这一方针，崖县平均每年造林 1.47 万亩。到 1984 年，崖县的森林面积已达到 14.87 万亩，如果加上农垦部门管理的 35 万亩森林面积，崖县森林总面积达到 50 万亩。其中，风景林在崖县林业资源中最为宝贵，主要有南山岭热带森林和甘什岭风景林区，生长有名贵的青皮、荔枝、花梨、沉香、乌墨、铁榈、鸡翅、龙眼、黄樟、香槁、红楠、油楠、子京、楠木等林木，面积达 2.3 万亩，蓄积量达 10 多万立方米。风景林还有三亚河、临春河两岸的红树林，三亚湾的防护林，东、西玳瑁洲岛上的风景林等等。这些热带森林、风景林区内还有多种珍稀动物，如水蛭、云豹、坡鹿、猕猴、孔雀、蟒蛇等。1984年以后，它们已陆续开发成为热带雨林、风景林旅游区。

以上六大基地，为1984年以后崖县撤县建市，特别是1987年以后海南建省、三亚升为地级市，更大规模地开发建设，种植热带经济作物，兴建农业商品生产基地开创了局面，摸索了经验。

四、积极推进撤县建市

中共中央、国务院批转的关于海南岛开发建设问题两个纪要文件精神的贯彻，推动海南的改革开放热潮由北到南如火如荼地展开。中共崖县县委和崖县政府所在地三亚已经成为海南岛南部的经济中心与交通枢纽，机场（旧机场）、港口、铁路、公路等设施俱有，城市人口迅速增长，城镇规模不断扩大。把工作重点由长期重视抓农村转移到抓城市上来，以城市带动乡村，实现城乡共同繁荣，逐渐成为崖县领导层和干部群众的共识，撤县设市工作被提上了日程。1982年2月，崖县召开六届人大一次会议时，通过了《关于尽快成立三亚市的决议》。

改革开放以后，党和国家领导人，以及中央和国家机关各部门，关注着海南的开放和开发，频繁前来海南视察和考察，往往到海南必到崖县，在指导工作的同时，对于撤销崖县、建立三亚市的提议予以热情支持。

1983年2月12日，中共中央总书记胡耀邦视察崖县，陪同视察的有中共广东省委第一书记任仲夷。胡耀邦参观了天涯海角、大东海、椰子园、槟榔园、芒果园和瓜菜生产基地，对崖县贯彻中共十一届三中全会精神、贯彻1980年10月国务院批转的《海南岛问题座谈会纪要》所做的工作表示满意。胡耀邦对崖县的领导同志讲，在中国960万平方公里的土地上，湿热带气候地区只有5万多平方公里。而海南岛就占了3万多平方公里，你们要在这块宝地上多种热带作物，放开手脚大搞承包，尽快富裕起来。胡耀邦还强调，海南岛的对外开放，要以开放促开发。他鼓励大家思想要更解放一些，加快海南和崖县的开发建设。崖县领导向胡耀邦汇报了撤县建市的设想，胡耀邦问任仲夷知道不知道。任仲夷讲，省里不仅知道，而且支持崖县撤县建市。胡耀邦讲："那好！我一定把你们的意见带回去。"

胡耀邦视察崖县不久，当年3月2日，国务院主要负责人视察崖县。他对崖县的领导讲，崖县的优势很多，应当大力发展热带农业，大力发展滨海旅游业。他也表示支持崖县撤县设市的想法。

胡耀邦、任仲夷等中央和广东省领导视察崖县，支持崖县撤县建市，这是崖县难得的历史发展机遇。全县工作从此紧紧围绕撤县建市这个中心进行。中共崖县县委常委扩大会议反复强调，重点抓城市不是不再重视抓农村，而是发展城市、服务农村；要用新的思想、新的眼光、新的要求，把未来的三亚市真正建成城乡一体、开放富裕的海滨城市。

1983年11月17日，中共崖县县委和崖县政府向海南黎族苗族自治州呈报了《关于将崖县改为三亚市的意见》。该意见经州政府呈报海南行政区公署、广东省政府，由广东省政府呈报国务院。

中共崖县县委还就未来成立的三亚市的城市建设定位展开了研究。虽然众说纷纭，但大家一致认为，必须认真学习领会中共十一届三中全会以来中央和广东省领导有关海南开发建设的指示，从崖县自身的特点和优势出发，来定位未来三亚市的建设发展目标。县委决定集思广益，听取各方面的意见。县委办公室编印了《崖县简况》，分送方方面面。这份《崖县简况》，包括崖县的历史沿革、地域人口、地理位置、生物资源、矿产资源、旅游资源、农业工业、交通运输、文教卫生、对外贸易等方面的资料，是中共十一届三中全会后第一份全面介绍崖县历史、地理、资源和现实发展水平的崖县官方"白皮书"，为各方面人士研究崖县县情、建言献策、建设即将诞生的三亚市提供了参考。

第十章　建市后的三亚

经国务院批准，1984 年 5 月，崖县撤销，三亚建市。中央作出开放、开发海南岛和海南建省办经济特区的重大战略决策，给三亚带来了大开放、大开发、大发展的历史机遇。三亚所具有的地理优势、资源优势、环境优势，在政策优势的引导下，得到充分发挥和彰显。不断引进的资金、项目、技术和人才，使三亚的经济社会发生巨大改变，当地人民的物质文化生活得到显著改善。至 2013 年年底，经过建市 30 年的建设，三亚由昔日的南海边陲农业小县，发展成为在国内外享有一定知名度和美誉度的国际热带滨海旅游城市。三亚从此进入发展的新时期。

第一节　建市初期的三亚

三亚建市，经历了由县级市到地级市的过程。建市初期为县级市，至 1987 年 11 月升为地级市。建市初期，中共三亚市委、三亚市政府的工作，着重在为三亚的大开放、大开发打基础、做准备。

一、撤销崖县，建立县级三亚市

崖县的地理和生态环境得天独厚，具有丰富的热带资源和海洋资源。境内港湾沿岸布列，发展热带滨海旅游业、热带农产品种植和加工业、海洋运输商贸业、海洋捕捞养殖业等，具有明显的优势。但是长期以来，崖县以农业为主要产业，党政机关以农村工作为重点，经济总量较小，内生性经济增长动力不足，环境和资源优势难以发挥。崖县再也不能守着“金饭碗”过穷日子，从中央到广东，到海南，到海南黎族苗族自治州，开发建设、改变崖县落后面貌的呼声非常强烈。普遍认为，撤县设市，使工作重心逐步转移到城市建设上来，有利于调整经济格局，加快完成从纯农业型经济向城市型经济的过渡，以城市带动农村。1983 年，崖县政府所在地三亚城区人口突破 10 万，城郊（羊栏、红沙、田独、荔枝沟、南新农场）人口接近 8 万，全县人口已达 31 万。就地理位置的重要性和已经达到的城市规模而言，撤销崖县、设立三亚市的条件也已经具备。正是在上下认识高度统一的形势下，国务院批准撤县建市。

1984 年 5 月 19 日，国务院以（84）国函字 82 号文发出《关于广东省撤销崖县设立三亚市的批复》称：

广东省人民政府：

你省 1984 年 3 月 14 日《关于设置三亚市（县级）建制的请示》收悉。同意撤销崖县，设立三亚市（县级）。以原崖县的行政区域为三亚市的行政区域。

1984 年 6 月 13 日，海南黎族苗族自治州又以州府函（1984）32 号文正式转发国务院《关于广东省撤销崖县设立三亚市的批复》，并通知州属各县及直属有关单位：

现将（84）国函字（82）号国务院《关于广东省撤销崖县设立三亚市的批复》转发给你们。根据粤府函（1984）103 号函，新设立的三亚市归自治州领导。

国务院同意三亚设市的批复，给了当地干部群众以极大的鼓舞。1984 年 6 月 5 日上午 9 时，中共崖县县委、崖县人民政府在市二中广场召开大会，庆祝国务院批准撤销崖县、设立三亚市。

当年 6 月，中共崖县委员会改称中共三亚市委员会，仍属中共海南黎族苗族自治州委员会领导。8 月 10 日至 12 日，中共三亚市第一次代表大会召开，选举产生中共三亚市第一届委员会。

8 月 21 日，崖县人大七届二次会议召开，作出如下决定：第一，原崖县第七届人民代表大会代表改为三亚市第一届人民代表大会代表。第二，原崖县人大七届一次会议改为三亚市人大一届一次会议。第三，原崖县人大七届一次会议选举产生的人民代表大会常务委员会主任、副主任、委员，改为三亚市第一届人民代表大会常务委员会主任、副主任、委员；原崖县人民政府县长、副县长改为三亚市人民政府市长、副市长；原崖县人民法院院长改为三亚市人民法院院长；原崖县人民检察院检察长改为三亚市人民检察院检察长。第四，原崖县人大七届一次会议所通过的报告、决议、决定，相应改为三亚市人大一届一次会议的报告、决议、决定；原崖县七届人大常委会所通过的决议、决定和人事任免事项，承认符合法律手续，有法律效力。

三亚建市后，市属行政建置有所调整。原崖县设 15 个区和 1 个区级镇（三亚镇），区设区公所，镇设镇政府，下辖 92 个乡和 27 个居民委员会。三亚建市之后，1986 年 5 月，按照广东省关于完善农村基层政权建设和改革农村行政体制的要求，撤销区公所，全市改置 10 个镇、3 个乡、2 个区和 1 个街道办事处，下辖 118 个村民管理委员会和 13 个居民委员会。10 个镇是：荔枝沟镇、羊栏镇、藤桥镇、林旺镇、田独镇、崖城镇、保港镇、梅山镇、天涯镇、红沙镇；3 个乡是：高峰乡、育才乡、雅亮乡；2 个区（由撤销的三亚镇改设）是：河东区、河西区；1 个街道办事处是：南海街道办事处。

建市初期，城市建设成为三亚的中心工作，滨海旅游业的发展被提上日程。1984 年，组建三亚市旅游公司，负责对全市的旅游资源进行规划、开发和管理。1986 年 6 月，设立三亚市旅游局，负责统管全市的旅游宣传、规划、管理、开发等工作。城市建设明确提出了向滨海旅游城市发展的目标，城区改造加快了步伐。1986 年，三亚市区扩展到羊栏、荔枝沟一带，建设面积 14.43 平方公里，是 1983 年的 2.5 倍。市区人口增加到 18 万，公共建筑面积增加到 100 多万平方米。

中共三亚市委、三亚市政府还邀请全国著名城市规划专家制订了《三亚市城市总体规划》，经评估后逐级呈报。1985 年 3 月 19 日，广东省政府批准了这一总体规划，要求三亚“应当充分利用当地的有利条件，发展轻工业，把城市建设成为对外贸易的港口和具有热带风光的滨海旅游城市”。1987年起，三亚的城市建设按照滨海旅游城市的规划要求，提高建设档次，加快发展步伐。

二、构建对外开放的新格局

从国务院到广东省、海南行政区、海南黎族苗族自治州，对于三亚建市，有一个很明确的指导思想，就是要把三亚建设成为海南岛南部对外开放的窗口城市，以便更好地落实1983年4月1日中共中央、国务院文件提出的“以对外开放促进内部开发”的方针。为此，三亚设市后，首要任务是构建对外开放的新格局。自1984年到1987年，新成立的中共三亚市委、三亚市政府在对外开放上做了大量起步工作。

（一）发展对外交通运输

1984年3月，广州—三亚客、货轮航运正式通航。当年7月，三亚港至香港的直达客轮通航，由广州海运局“马兰”“山茶”号客轮承担航运任务；三亚港同时对外籍船舶开放。10月，启用三亚军用机场，广州—三亚飞机航班复航，每周4航次。1985年4月，三亚—西沙直升机航线复航。1986年11月，海口—三亚飞机包机航线通航。中共三亚市委、三亚市政府提出建议，兴建新的凤凰国际机场。这一建议获得国务院领导的支持，开始为兴建三亚凤凰国际机场做前期准备工作。

（二）拓展进出口业务

1984年，三亚9个享有进出口经营权的地方工农贸进出口公司开始开展进出口业务。三亚市进出口服务公司进口大批彩色电视机、尼龙布等，进口总额达到1600多万美元，其中，工业进口生产原材料达200多万美元；1987年，向香港出口东泰红橙955箱、价值4775美元，牛皮940吨、价值78712美元。

进出口业务的初步开展，促进了经济的提升。各项国民经济指标比建市前有了明显增长，1987年的地方财政收入达到1791万元，比建市前翻了一番。

（三）建立对外开放管理机构

1984年6月，设立三亚市口岸办公室，作为三亚市政府主管全市口岸管理工作的职能部门，负责全市口岸工作的计划、组织、管理、监督、协商和仲裁。当年7月，根据卫生部批文设立中华人民共和国三亚卫生检疫局，正式执行卫生检疫，对出入三亚、八所境区的人员、交通工具、运输设备以及可能传播传染病的物品实施检疫查验，使传染病监测、卫生监督、卫生处理及进口食品卫生监督检验等工作逐渐步入法制轨道。10月，根据国务院、海关总署批文设立中华人民共和国三亚海关，负责关区内三亚、通什、陵水、乐东、保亭、琼中的进出境（含转关）的监管、验收、申报、审核、征税、统计和查私等工作。通过这些机构的设立和相关工作的开展，三亚的开放与管理日趋同步。

三、“汽车事件”的发生和教训

中共中央、国务院先后下发的关于加快海南岛开发建设问题的两个纪要，即1980年国务院批转的《海南岛问题座谈会纪要》和1983年中共中央、国务院批转的《加快海南岛开发建设问题讨论纪要》是中共十一届三中全会后关系海南全岛改革、开放、开发的极为重要的政策性文件。两个纪要不仅宣布了中国政府开放、开发海南岛，而且宣布了中央给予海南的特殊、优惠政策。这些政策有些近似于给予深圳、珠海等经济特区的政策，有些甚至比给予经济特区的政策还更特殊、优惠。政策效应立即显现，海南吸引了国内外大批投资者、建设者前来投资创业，一时掀起了热潮。

但是，1984年至1985年年初，在发展外向型经济的“经商热”中，海南发生了倒买倒卖进口汽车事件。

以开放促开发，三亚市委、三亚市政府贯彻两个纪要精神，一开始头脑比较清醒，有意识地引导投资者向农业、旅游业和城市基础设施建设投资。当时批准成立了许多公司，有种子公司、肥料公司、农资公司、运输公司、旅游公司、建材公司、建筑公司等等。但从

1984年起，与海南其他地方一样，三亚有些单位和公司，开始利用中央文件允许海南免税进口汽车的特殊优惠政策，进口日本产的"丰田"小轿车、面包车、农夫车，转手倒卖给大陆客户，从中牟取暴利。中央允许海南免税进口汽车，本来是为了海南的开放、开发，规定只能在海南岛内使用和销售，不准出岛。但在急功近利、急于治穷致富的思想驱动下，从一开始就没有严格把关，坚决刹住倒卖歪风。结果泛滥成灾，许多机关单位也卷了进去，形成了倒买倒卖进口汽车的"汽车事件"，引起中央和中共广东省委的重视，派出专门工作组到海南来调查处理，最终才把这股风潮刹住、禁止和平息。

在中央和广东省联合工作组的指导下，1985年下半年开始，对海南全岛违规倒卖进口汽车事件进行妥善处理。三亚清理了1984年以后进口的3249辆小汽车的购、销、调、交、存问题，其中627辆被收缴，对88个倒卖进口小汽车的单位分别做了处理。

工作组经过半年的调查，没有发现三亚（崖县）的领导在"汽车事件"中以权谋私；相关机关单位从倒卖进口汽车中赚到的钱，大部分用于基本设施建设和解决单位职工的住房困难。错误执行中央政策的主要原因，在于地方长期贫穷，急于解决开发资金，在改革开放初期缺乏经验，政策没有掌握好。因此，中央对少数主要领导予以党纪、政纪处分，对于广大干部群众均以正面教育、分清政策是非为主，保护海南和三亚干部群众改革开放、治穷致富的积极性。中央重申给予海南的特殊、优惠政策不变，希望海南各级领导干部认真总结经验教训，继续把中央文件精神贯彻执行好。对"汽车事件"的处理提高了干部群众依法开展对外开放工作的意识，三亚对外开放的势头得到继续。

中共海南行政区委和海南军区党委经过认真讨论，并征得海南岛上各大单位、各驻军部队的同意，自1986年春节后开始，在海南全岛军民中开展"富岛强兵"活动，重振改革开放、创业致富精神。军、地各方抽调了1600多名干部下到基层，建设农业开发、旅游开发和扶贫攻坚160多个示范点。"富岛强兵"活动得到海南各市县的响应，并受到国务院、中央军委的肯定。中央军委主持日常工作的徐向前元帅为“富岛强兵”活动题字，民政部和解放军总政治部、广东省政府、广州军区联合在海南召开现场经验交流会，全国各省市，各大军区、省军区派人参加。与会200多名省部级、军师级、厅局级干部参观了三亚市，对三亚市的改革开放和滨海风光留下了深刻印象。“富岛强兵”活动的开展，逐渐平息了“汽车事件”的消极影响。

四、加快基础设施建设

建市初期，中共三亚市委、三亚市政府根据所制订的《三亚市总体规划》，对三亚城市中心和周边的环境、街道、路桥、河流、海滩、旅游景点以及电力、交通、供水等基础设施，包括社会治安管理等，进行全面、综合治理，取得比较明显的成效，昔日的旧县城开始展现新的面貌。

（一）治理三亚河

三亚河是三亚市区景观的重要体现。三亚河两岸和水上，原来乱搭乱建了许多建筑物，影响三亚市区的观瞻。中共三亚市委、三亚市政府请驻军帮助，承担治理三亚河的任务。海军榆林基地和驻榆林陆军派出推土机与工兵分队，拆除了三亚河上乱建的水上餐厅和各种违章建筑，疏通了淤塞的河床、河道，重新修筑两岸的河堤和路基，开通三亚河西路和三亚河东路。1985年2月动工，当年11月竣工，整个治理工程达到优质标准，而仅耗资800万元。市民称赞解放军为三亚市作了一次“美容”，称所拓建的河东路与河西路为“爱民路”。

（二）推进路桥建设

1985年3月，改建马岭至梅山公路为二级公路，全长49.7公里；新修桥梁7座，于1987年7月完成。1985年，新建新风大桥，投资336.7万元，次年建成通车。1986年，兴建月川大桥，投资110.5万元，至1994年建成通车。此外，还实施解放路一路、二路改造工程，投资1336.3万元，1989年7月竣工。解放路从此成为三亚城市中心区一条最长、最繁华的商业街。

（三）改善城乡基础设施

1986年4月，三亚市卫星电视地面接收站建成使用。1984年10月，水电部调拨三部列电车头，在金鸡岭建列车电站，装机容量5000千瓦。1986年12月，全长167.6公里的牛（路岭）—万（宁）—三（亚）输电工程全线通电使用。1987年3月，兴建三亚海关码头，面积2800平方米，当年11月竣工。1987年4月，三亚市第二期供水工程动工，投资3300万元，至1990年6月竣工。1987年，岛西960路通信微波工程终端站、粤西广播电视微波工程先后建成使用。1988年，三亚市邮电局割接开通市内3000门“史端乔”自动电话。

（四）开发旅游景区

天涯海角风景区原本是三亚市一处富有历史文化内涵的旅游景区，闻名海内外。但是多年来，这里没有旅游服务设施，基本上处于原始状态。撤县设市后，中共三亚市委、三亚市政府把旅游作为一项重要产业来抓，得到国家旅游局的支持。国家旅游局还拨款50万元，用于开发天涯海角风景区。景区内兴建了餐馆，设置了停车场和售票点，同时成立管理机构，使天涯海角风景区逐步完善起来。

旅游景区建设的另一项工程，是继续兴建鹿回头公园。大型艺术石雕《鹿回头》和周边配套工程于1987年8月1日竣工，9月13日举行了鹿回头公园落成开园仪式。

五、开展大型活动宣传三亚

三亚设市之后，先后开展各种全国性活动，对外展示开放形象，提高城市的知名度。比较有影响的活动，有1986年4月的哈雷彗星观测活动和1987年1月的全国首届铁人三项赛。

1986年4月，三亚市参与举办全国青少年哈雷彗星观测活动。哈雷彗星是人类观测到的明亮的大彗星中最著名的一颗。1984年，哈雷彗星“回归”，靠地球特别近。中国科学院紫金山天文台海南观测队在三亚市大东海东侧设置了“观哈点”，请北京、山西、浙江、河北、上海、新疆、云南、宁夏、江苏、福建、青海、甘肃、广东、湖北14个省、自治区、直辖市的“观哈队”，共3776人来三亚观测；另外，还有近万名天文爱好者来三亚“观哈”。三亚市政府对这次活动十分重视，精心组织接待，全市军民积极参与，使活动获得圆满成功。中国科协在鹿回头公园建立了哈雷彗星观测活动纪念标志，以表示对三亚市政府和人民的感谢。

全国首届铁人三项赛于1987年1月17日至19日在三亚市举办。91岁高龄的全国政协副主席屈武专程赴三亚观看比赛，并在闭幕式上讲话，为运动员颁奖。广东省省长梁灵光、中共广州市委书记许士杰和中共海南区委副书记赵光炬出席观看比赛。《羊城晚报》《中国体育报》报道称“人们倾城出动观看比赛”。全国第一次铁人三项赛取得圆满成功，达到了宣传三亚的目的。

六、经济增长的加快和转型过渡

崖县撤县设市后，在调整经济格局、启导旅游意识和改善城乡软硬投资环境方面，做了一些拓展性的工作，逐步推动纯农业型经济向城市雏形经济的过渡。国民经济的各项主要指标均获得较快增长。

1984~1987年三亚（县级）市国民经济增长表

项目	1984年	1987年
社会生产总值	1537万元	36000万元
国民收入	8148万元	12301万元
地区生产总值	9370万元	14756万元
工农业总产值	10456万元	13779万元
固定资产投资	2349万元	8400万元
职工年平均工资	1184元	1319元
农民年人均收入	222元	444元

第二节　升为地级市后的三亚

为了加快开发建设海南，经过长期的酝酿和准备，1988年4月

13日，七届全国人大一次会议通过了设立海南省的决定和建立海南经济特区的决议。

海南建省，开发宝岛海南，是近代以来以民主革命先行者孙中山为首的仁人志士的远见卓识和海南人民的共同愿望。海南设省办经济特区，一是可以直接接受中央领导，同中央各部门直接挂钩，和全国各省区市平等往来，有利于海南的开发建设；二是可以独立自主地实行经济特区相对宽松的政策，经济管理体制也可以更为灵活，“凡是国际上通行的经济技术合作的好办法、世界各国发展生产力的好经验，都可以采用”①，有利于更好地发挥海南的优势，扩大对外开放，吸引投资，加快发展。

在海南建省前夕，国务院决定撤销海南黎族苗族自治州，三亚市升为地级市，归属即将建立的海南省直辖。升格后的三亚，作为海南省发展的重点城市，可以从各方面得到省政府的政策优惠和投资支持，得到与省内各市县横向经济联合所创造的效益，更好地发挥改革开放的窗口作用和作为琼南中心城市的辐射作用，加快三亚市的经济社会发展。这对于改善三亚人民的物质文化生活、加强民族团结、巩固国防，都有着重要的意义。

一、三亚升为地级市

1987年9月26日，中共中央、国务院发出《关于建立海南省及其筹建工作的通知》，成立以许士杰为组长、梁湘为副组长的海南建省筹备组。海南建省筹备组旋即向国务院呈报关于撤销海南黎族苗族自治州、设立民族自治县和三亚市升为地级市的请示。国务院于1987年11月20日以国函〔1987〕181号文发出批复：“一、撤销海南黎族苗族自治州，原自治州所辖市县继续享受少数民族地区各项优惠政策。二、设立保亭、琼中两个黎族苗族自治县。三、设立白沙、陵水、昌江、乐东、东方五个黎族自治县，县以下苗族聚居区可设苗

① 海南建省筹备组组长许世杰于1988年5月6日在香港举行的海南发展计划研讨会上的讲话，转引自海南开发报社编《一条从未走过的路》，广东旅游出版社1989年版，第3页。

族乡。四、将三亚市升为地级市（市下暂不设区）。”

1987年12月21日，海南建省筹备组发出《关于三亚市升为地级市工作中若干问题的补充通知》，宣布成立三亚地级市筹备组，负责领导三亚地级市的各项筹备工作。三亚地级市筹备组由李国荣、王学萍、陈人忠三人组成，李国荣任组长。李国荣原为中共海南黎族苗族自治州委书记，王学萍原为海南黎族苗族自治州州长，陈人忠原为中共海南黎族苗族自治州委常委兼三亚市（县级）市委书记。12月25日，海南建省筹备组决定增补古显银、王亚保、杨文贵、徐彩凤为三亚地级市筹备组成员。

上述《补充通知》指示：“一、三亚市从国务院国函（1987）181号文件颁发之日（即1987年11月20日）起升为地级市，继续享受少数民族地区各项优惠政策。二、在三亚市升为地级市的同时，原三亚县级市的党委、政府、人大等停止行使职权，各项工作在三亚地级市筹备组领导下进行。三亚县级市人大停止行使职权一事，由三亚市召开县级市人民代表大会宣布。三、三亚地级市筹备组可着手组建地级市的工作机构，在组建起来之前，原三亚县级市的部委办局等工作机构在筹备组领导下正常运转。”

三亚市（县级）人大遂于1987年12月30日召开二届二次会议，宣布三亚县级市人大停止行使职权。

1987年12月31日上午9时，三亚地级市筹备组在原中共三亚市委、三亚市政府办公大楼前召开热烈庆祝三亚市升格为地级市大会，机关干部和各界各民族代表5000多人参加。大会由陈人忠主持，王学萍宣读国务院关于三亚升为地级市的文件。会场喜气洋洋，一派生气勃勃的景象。海南建省筹备组代表陈玉益、三亚地级市筹备组组长李国荣和各界代表先后讲话，共同为三亚进入一个新的发展时期而欢欣鼓舞。

1988年4月，七届全国人大一次会议通过了海南建省办经济特区的决议。海南建省办经济特区的法律程序全部完成，海南省正式成立，海南经济特区正式创办。新成立的海南省实行“小政府、大社会”机构设置，按照“精简、高效”的原则，对原有的党政领导机关和企事业单位进行改革。海南建省办经济特区，明确提出发展社会主义市场经济的改革方向，省、市、县一级党政领导机关均按“小政府、大社会”设计和组建，把政府不该管的事交给社会和企业去办，把政府不该拥有的权力尽量下放给社会和企业，以利于打破长期以来实行计划经济所产生的诸多弊端，搞好改革开放，推动经济和社会发展。

三亚地级市筹备组贯彻执行海南建省筹备组的指示精神，将三亚原有的53个政府机关团体调整为40个，人员定编为1110人。将原市直机关申报的165个单位撤并为134个，人员从2340人定编为1799人。原有的21个行政事业单位改为企业管理，成为经济实体。同时，建立了一套定人、定岗、定责的考核制度，力倡转变工作作风和工作方法，以适应三亚升为地级市后面临的新形势、新任务、新要求，保证各项工作的正常运转。

1988年3月，三亚地级市人大筹备组成立，负责召开三亚地级市人民代表大会的筹备工作。一届市（地级）人大一次会议于1989年9月22日至25日召开，选举产生市人大常委会组成人员、市长、副市长、市人民法院院长、市人民检察院检察长，地级市各政权机关正式履职工作。市（地级）政协一届一次会议，也与一届市（地级）人大一次会议同期举行。

三亚成为地级市后，所辖政区不变。河东区、河西区于1988年5月升为市政府处级派出机构（办事处）。

二、热带滨海旅游城市发展战略的形成

（一）三亚市旅游业的起步

早在1983年4月，中央作出的加快海南岛开发建设的纪要中即指出，海南岛有条件逐步建成国际避寒、冬泳和旅游胜地。1985年3月，广东省政府在批准《三亚市城市总体规划》时，要求三亚“把城市建设成为对外贸易的港口和具有热带风光的滨海旅游城市”。1986年1月，在国务院召开全国旅游工作会议，会上宣布海南岛为全国7个重

点旅游区之一。在海南岛内，旅游资源得天独厚的三亚市，具有发展旅游业的巨大潜力。可是，三亚市原有的旅游设施十分落后，1984 年建市之后才着手建设。由于得到中央对海南特殊政策的支持和省、区、州领导的强力推进，三亚市的旅游业崛起迅速。到 1987 年 11 月升为地级市时，已有大东海旅游中心、海南鹿回头宾馆、三亚国际大酒店、金陵度假村、海南轻工大厦、三亚湾大酒店、三亚度假村等较高档次的宾馆和设施。旅游部门组织开发了一日游、两日游和环岛七日游，旅游的主要景区景点包括亚龙湾、大东海、鹿回头、天涯海角、海山奇观和落笔洞等，一些旅游景区还增设了游乐项目。这一时期，每年来三亚的游客有 100 多万人次，旅游服务年收入约 3 亿元。

（二）三亚旅游资源的全面调查

三亚升为地级市，“旅游兴市”成为突出议题，发展旅游业被提上了经济社会发展的重要位置。经组织专家对全市旅游资源全面考察，摸清“家底”，三亚可用以发展旅游业的自然景观和人文景观十分丰富。

1. 热带气候景观

三亚属热带季风气候区域，盛夏有海风送爽，隆冬罕见严寒。北方千里冰封之时，三亚仍是繁花绿树。明正德《琼台志》早有记载：“琼与中州绝异，素无霜雪，冬不冻寒，草木不凋，四时花果。”而三亚地处琼南，热带气候最为典型，具有热带旅游度假的优势。

2. 滨海沙滩景观

三亚海岸线长，沿岸港湾布列，大多是沙质岸滩，水清沙软，宜于发展海湾旅游。如亚龙湾、榆林湾（大小东海所在）、三亚湾、海棠湾、崖州湾等，都是海湾旅游的胜地。

3. 近海岛屿景观

有西玳瑁洲（西岛）、东玳瑁洲（东岛）、野猪岛、蜈蚑洲岛等。这些近海小岛为海岛游增添更多乐趣。

4. 海底世界景观

各海湾湾底及近海大小岛屿周围海底，均有可供潜水观光的景物。硬体、软体珊瑚比比皆是，各种海洋热带鱼类应有尽有。其中，大小东海、东西玳瑁洲、亚龙湾、蜈蚑洲岛最具特色。

5. 热带雨林景观

三亚多高山，脉自五指山来，有的自北而南斜延至海边，属于热带雨林林区，珍藏众多珍贵林木和奇花异草，保存着原始生态。进入深山老林，可看到多层次的植物群落。山山绿荫如盖，有的属自然保护区，多处可开辟热带雨林游。

6. 珊瑚礁与红树林景观

三亚有国家级珊瑚礁自然保护区，位于三亚市南部近岸海域，达85平方公里。主要保护对象是浅海造礁石珊瑚、软珊瑚、珊瑚礁和海底生物构成的生态系统。部分区域的珊瑚礁覆盖率高达80%以上。红树林景观主要分布在铁炉港红树林保护区，面积4380亩，生长着国家濒危树种红榄李，还有多种红树、尖瓣海莲、木果等观赏树种。

7. 温泉山湖景观

有南田温泉，位于三亚市区东40多公里处的南田农场，与蜈蚑洲岛隔海相望；有玉井温泉，位于崖城镇北1.5公里处；有半岭温泉，位于半岭水库东面，群山环抱，山色葱翠；有凤凰温泉，位于凤凰机场东。各处温泉储量丰富，水质优良。山湖水库有赤田水库、福万水库、汤他水库、九曲水库、大隆山湖等，具湖光山色之美。

8. 历史文化景观

三亚自落笔洞人以来，历经上万年人间沧桑，积累诸多历史文化遗存。其中最著名的有：落笔洞古人类遗址，大小洞天，崖州古城，天涯海角摩崖石刻等。

9. 民族风情景观

三亚是汉、黎、回、苗等多民族聚居地，民族风情质朴敦厚，特色鲜明，丰富多彩。三亚的众多港湾，聚居着约2万人口的疍民（渔民），他们的渔家生活别具风采。

10. 热带田园景观

如橡胶园、热带水果基地、冬季瓜菜基地、椰子洲、酸梅豆林等，都可以发展成为独特的田园景观。

备受游客所喜爱的“阳光、海水、沙滩、绿色、空气”五大要素，三亚全部兼而有之，而且清洁度、观赏度、美誉度极高。如此丰富而独特的热带滨海旅游资源，是发展三亚旅游业的基础条件。

（三）“鹿回头会议”研究三亚发展战略

1987 年 10 月 1 日，正当海南筹备建省、三亚筹备升为地级市、各项工作紧锣密鼓进行的时候，为保证三亚市升为地级市后的工作能够跟上中央和海南建省筹备组的要求，海南建省筹备组组长许士杰、副组长梁湘、成员王越丰率工作组一行 19 人，到三亚市检查工作。工作组召集三亚市党政军领导人及相关部门负责人在鹿回头宾馆开会，中心议题是研究三亚升为地级市后应当如何起步、如何建设、如何发展。这是一次确立三亚市升为地级市后的经济开发方向、经济社会发展战略的重要会议。

会议由时任中共海南黎族苗族自治州委常委兼三亚市（县级）市委书记陈人忠汇报《三亚市城市总体规划》，提出了把三亚市建设成为“热带滨海旅游城市”的设想。接着，海南建省筹备组的各位领导成员针对三亚市的发展定位和工作重点先后发言。经过热烈讨论，会议明确了如下几个重要问题：

1. 三亚市是海南省建设的重点之一

三亚在海南的地位具有不可替代性，是琼南的中心城市，是海南的两极之一：北边是海口，南边是三亚。海南建省后的一个相当长的时间内，要靠这两极的发展来拉动。三亚的发展建设关系琼南，也关系海南的全局。

2. 三亚城市建设的定位

把三亚建设成为国际性的热带滨海旅游城市的定位是准确的，符合三亚的实际；这一建设目标经过努力是可以实现的。三亚的城市建设首先要很好地保护自然生态环境。“东龙”“西凤”（即三亚东边的亚龙湾、西边的凤凰机场）和北边的落笔洞建设，要统一规划。

3. 迅速改善投资环境

要立即着手抓水源、电信、交通、机场、港口的建设。水电设施一直制约着三亚的经济发展，应大力抓好供水工程。要在市内建一个50万千瓦的火力发电站，在崖州湾边建一个37万千瓦的火力发电站。三亚的水源地——福万水库第一期工程已完成，现在需要建设第二期供水工程。改善投资环境还有一个很重要的方面，就是要下决心抓好社会治安，创造一个安全、安定的投资环境。

4. 调整好产业结构

中共十一届三中全会后，特别是县改市后，三亚的发展虽然加快了，但也还是县级市、小城市，离中央要求建成现代化城市还差得很远。三亚资源丰富，要把市政建设、农村的生产基地建设、商品基地建设，即瓜菜基地、水果基地、粮食基地、海水养殖基地、工艺品生产，都发展起来，让热带经济作物种植业、海水养殖业、商贸业、旅游业同步发展。

5. 开发建设要严格遵守规划

三亚的开发建设，要搞一个总的规划，党政军民各个方面都要服从这个规划，按总的规划搞建设。凡是违章建筑、违反规划的，都要坚决处理。该拆的拆，该搬的搬，不管是地方还是部队，都要一视同仁。

6. 做好引进资金和技术人才工作

搞开发建设没人才不行，要制定出一套对知识分子的优惠政策，广招人才。要请最有经验和能力、基础好的外地企业来帮助三亚搞好开发建设，可以考虑聘请有经验、有能力的技术人员来三亚。可以办一所职业学校，设置旅游专业、服务专业等等，抓紧人才引进和培养。

“鹿回头会议”还研究了当时党政军民所迫切关心的问题。会议快结束时，许士杰代表海南建省筹备组讲话。许士杰指出：“今天的会议，梁湘同志和王越丰同志讲的那些意见，都是经过建省筹备组讨论研究过的，希望大家认真贯彻执行。”许士杰再次勉励大家：“一定要搞好团结，我们正在干一项伟大的事业。三亚是海南最美的地区之一，三亚的建设发展，关系海南的知名度。三亚永远是海南和南海的一个窗口。大家的任务很重，相信经过大家的努力，我们这次会议议定的目标一定会实现。”

“鹿回头会议”是在三亚正式升为地级市前夕召开的。这次会议明确了三亚起步阶段和今后建设的许多重大问题，具有统领三亚发展大局的作用。“鹿回头会议”为三亚市拟定的发展目标和城市定位，虽然后来在提法上有所不同，但是把三亚建设成为国际热带滨海旅游城市的总体目标一直没有改变。“鹿回头会议”所解决的问题，是完全符合三亚实际的，也是可行的。

三、“打基础，求发展，加快步伐”工作方针的提出和施行

三亚市升为地级市之初，虽然经过改革开放后七八年的建设，面貌大有改观，但是以农业经济为主的基本状况仍难以迅速转变，总体经济规模小，城市基础设施薄弱，面临着百业待兴而建设资金紧缺的局面。海南建省之后，中央公布了一系列有利于海南经济社会发展的特殊优惠政策，吸引了众多国内外投资者、建设者，三亚市很快成为投资开发的热点和重点城市。中共三亚市委、三亚市政府紧紧抓住这一难得的历史机遇，制定地区性的鼓励投资 10 项优惠政策，采取外引内联、项目招商、银行贷款等多种办法，引导投资者把资金、项目、技术投向三亚的主导产业和基础设施建设，使三亚在成为地级市后的头 5 年里取得了超越常规的发展。到 1990 年，实际利用外资 3009 万美元，兴办“三资”企业 34 家；审批内资企业 202 家，注册资金 3.3 亿元人民币，实际投资 1.32 亿元人民币。三亚出现了良好的发展势头。

根据升为地级市后的城市定位，1988 年，三亚市政府重新修订了城市总体规划，在 2 月份完成了《三亚市城市总体规划纲要》的编制工作，同年 9 月召开了专家评审会。海南省政府于 1990 年 3 月 15 日发文，正式批准实施这个总体规划。总体规划中的三亚城市性质确定为：重点发展旅游业和高技术产业的国际热带滨海风景旅游城

市。城市规模：近期城市人口为18万~26万人，远期城市人口增加到40万~50万人。市区可供城市建设用地约50~60平方公里（不包括主要风景旅游区），其中市中心区约30~40平方公里。自1990年开始，建设三亚国际热带滨海风景旅游城市的工程，总体上即按《三亚市城市总体规划纲要》实施。

面对新的发展形势，1989年8月，升为地级市后的三亚市召开第一次党代会。大会明确了三亚面向国际建设热带滨海风景旅游城市的发展目标，提出了“打基础，求发展，加快步伐”的工作方针。各项基础设施建设蓬蓬勃勃而又扎实有序地展开。

（一）凤凰国际机场的兴建和东线高速公路的开通

作为海南岛南部中心城市的三亚，对外开放首先要解决对外交通问题，尽快修建大型机场成为当务之急。早在海南建省以前，曾尝试利用三亚军用机场先飞，未能令人满意。1986年2月，海南行政区和三亚市曾向国务院领导提出关于新建大型机场的建议，并选址凤凰村附近作为新建机场的位置，其优点是净空符合要求，与三亚城市发展规划相吻合，且地质条件优良。1987年12月12日，国务院、中央军委批复同意三亚市凤凰民用机场（后改为三亚凤凰国际机场）立项建设，要求近期建设以满足波音747类型飞机使用为准，远期建设以满足波音767类型飞机使用为准。

三亚凤凰国际机场建设最大的困难是资金。海南省政府尝试利用外资，最后落实全部使用法国政府优惠贷款和设备、技术，并参照巴黎戴高乐机场的功能搞好设计。

1990年5月28日，三亚凤凰国际机场举行开工典礼。机场按国家一级、国际4E级要求和技术标准设计，一次规划，分期建设。机场占地4.9平方公里。1994年6月27~29日，机场竣工验收会议在三亚举行。国家验收委员会近30名委员及有关部门分6个专业组对98个子项工程进行严格检查，认为三亚凤凰国际机场的工程质量达到标准，具备通航条件，同意交付使用。海南省政府对机场建设指挥部颁发嘉奖令。

1994年7月1日，三亚凤凰国际机场正式通航。8月11日，南方航空公司的波音737—300型飞机满载客人从广州飞抵三亚，这是机场通航后的国内首次商业飞行。1994年12月，国务院批准三亚为对外开放航空口岸。

与此同时，以三亚为终点的海南东线高速公路也于1993年正式通车，制约三亚发展的交通设施大大改善。

（二）重点风景名胜区的确定和拓展建设

1988年8月24日，海南省政府发文通知：三亚市琊琅湾（亚龙湾）风景区、天涯海角游览区、三亚湾濒海风景区、大小东海滨海风景区、鹿回头风景区、落笔洞风景区、大小洞天风景区7个风景区，列入海南省第一批重点风景名胜区名单。1992年10月23日，国务院批准三亚市亚龙湾为国家级旅游度假区。1994年2月，国务院公布第三批国家重点风景名胜区，三亚滨海热带风景名胜区榜上有名。

琊琅湾（亚龙湾）风景区位于三亚市区东部，面积约18平方公里。当海南省政府将其列为风景名胜区的时候，这里还只是一片濒临海湾的荒滩。现已建成富有浓郁热带风情、兼有传统中华文化特色的国际滨海旅游度假胜地。

天涯海角游览区在下马岭以南海滨，是一处古老的旅游景区，因有“海判南天”“天涯”“海角”“南天一柱”等摩崖石刻而著名。这里是三亚历史文化的标志性景区，已成为到三亚的客人必游之地。

三亚湾滨海风景区在三亚市区滨海处，向西延伸至天涯海角游览区，是以休闲度假为主的大众旅游区。

大小东海滨海风景区在三亚市区南部滨海处，与榆林港相毗邻。这里以优良的滨海风光、沙滩资源为依托，又靠近市区，是建市以后最早开发的旅游新景区。旅游酒店服务设施较为完善，游客入住率相对较高。

鹿回头风景区在市区滨临南海的鹿回头半岛上，三亚建市后已建成山顶公园，并因矗立着鹿回头传说巨型石雕而闻名遐迩。

落笔洞风景区位于三亚市区北部落笔峰南侧，有落笔洞古人类遗址。它既是受保护的国家级历史文物，又是山奇洞幽、石景神秀的古崖州八景之一。

大小洞天风景区位于三亚西部南山西南山麓滨海处，开创于宋代，是三亚最古老的旅游景区，也是古崖州八景之一。

三亚市根据国务院和海南省政府文告精神，对各重点风景名胜区进行拓展，着力景区的设施建设。在此期间，重点是抓好北京亚运会南端火炬传递点火台的建设、大小洞天风景区的修建，以及蜈蚊洲海景国际乐园的开发。

1. 亚运南端火炬点火活动，开启三亚参办国际赛事先河

1990 年 9 月，第 11 届亚运会在北京举行，南端火炬传递点火台设在海南三亚，选址在毗邻天涯海角旅游景区的角岭之巅。为此，于当年 2 月开工建设永久性钢筋混凝土景观——点火台，7 月 28 日建成。点火台直径 6 米，高 17 米，总建筑面积 1500 平方米。整个建筑造型像长城烽火台，北面依山，南面望海，气势磅礴，雄伟壮观。建筑共 3 层，顶层为点火盆。海南全省各县市为修建点火台捐款，三亚市捐款 100 多万元。

第 11 届亚运会南端火炬点火传递活动，是三亚升为地级市后第一次规模和影响较大的重要活动。1990 年 8 月 23 日上午，火炬点火仪式隆重举行。中共海南省委书记邓鸿勋亲手点燃圣火，然后由海南省副省长王越丰点燃三路火炬传递线的火炬，分别交给东线（传至陵水县）、中线（传至保亭县）、西线（传至东方县）的传递队。三路火炬传递队跑下角岭，角岭上下的 4 万多名当地群众和游客齐声欢呼。东线传递队将火炬传递到三亚市区，有 6 万多市民和部队官兵沿途迎送。三路火炬接力传递，于 8 月 25 日到达海口，由王越丰副省长护送到广州。9 月，全国东、西、南、北四路传递的火炬会合北京，点燃了第 11 届亚运会开幕式的火炬。

第 11 届亚运会南端火炬点火活动开启了三亚参办国际赛事的先

河，点火台也成为一处历史文化游览景点。

2. 大小洞天旧貌换新颜

地处三亚西部南山西南侧的大小洞天，是三亚历史上开发最早的风景名胜，现已被评为国家5A级景区。这里的山、海、石、林组成的秀丽风光，吸引众多古今文人雅士在此流连，留下了许多文物古迹。三亚升为地级市后，开发南山大小洞天被列为旅游景区建设的重点，市里抽调人员安营扎寨投入工作。勘察组在荆棘丛中、石头缝间细心搜寻遗迹，请专家考证。古代的摩崖石刻大都风化难辨、苔迹斑斑，勘察组细心清理。试剑峰高数丈，也搭起高架攀摩。小洞天的洞口原被乱石堵死，经清理之后，传说中的仙人卧床、石凳才显现原形。“石船”一景原未见形迹，通过拉网式围山搜寻，终于从泥石中挖出。完成勘察复原景观的任务之后，又修通了进山观景路，从山脚到山巅铺就10多条石阶曲径。几经努力，古代摩崖石刻及成百处景观基本复原。为充实景区的文化景观，又把保存在崖城学宫的慈禧御笔“寿”字碑搬上山来，竖立在郁郁葱葱的“南山不老松”（龙血树）之间，组合成向游人祝福的长寿谷。其中，“南山”二字为赵朴初所题写，“南山不老松”五字为关山月所题写。此后，又在景区兴建鉴真登岸大型石雕，由原崖县籍著名雕塑家林毓豪设计和创作。1996年，还在景区内重建早经废圮的“还金寮”，以纪念明代被称为“岭海巨儒”的崖州进士锺芳的父母拾金不昧的高尚品行。

1993年4月17日，江泽民视察三亚期间，曾游览大小洞天风景区，挥毫题写了“碧海连天远，琼崖尽是春”，被镌刻在景区滨海的一处巨石上。

3. 蜈蚑洲海景国际乐园的开发

1992年9月19日，三亚市蜈蚑洲海景国际乐园开工典礼在蜈蚑洲岛举行。

蜈蚑洲岛位于海棠湾内，距陆地2.4公里。岛上植被茂盛，乔灌参差，椰子成林。其西部海岸平缓延伸入海，海底珊瑚多姿多彩，堪称海上桃源。为了高标准开发蜈蚑洲岛，海南海景乐园国际有限公司通过招标，委托国内外知名规划设计公司联手制订项目总体规划及详细规划，立意把蜈蚑洲岛建成一处生态健全、环境优美、内容独特、极富热带海岛情调的国际海岛旅游度假胜地。到20世纪末，蜈蚑洲岛的建设基本成形。

丰富而独特的旅游资源，是三亚的宝贵财富。中共三亚市委、三亚市政府提出，必须以对子孙后代高度负责的精神，规划好、保护好、开发好。有能力的就开发，还不具备高水平、大规模开发条件的，宁可不开发、慢开发、晚开发，先规划好、保护好，不准乱开发。

初创阶段，三亚抓住机遇，兴建了一批旅游景区和配套基础设施，使三亚旅游业的规模和效益有了明显的提高。

（三）引导发展热带高效农业

农业是三亚的传统产业，长期以来以种植粮食、甘蔗、橡胶为主，被称为三亚农业的“老三篇”。改革开放后，发展商品经济，农民因地制宜、因时制宜，讲求经济效益，种植瓜菜、水果，养殖鱼虾。三亚升为地级市后，对传统农业进一步实施改造，使之向热带高效农业发展。三亚市政府出台惠农政策，鼓励大面积发展热带经济作物，促进热带水果、冬季瓜菜种植和经济林、育材林、绿化林、观赏林的栽种，发展海水养殖和海洋捕捞业。到1992年，三亚全市农业已初步形成六大基地，5万亩的冬季瓜菜种植基地，10万亩的以橡胶为主的热带经济作物种植基地，3万亩的热带水果种植基地，2万亩的鱼虾养殖基地，6万亩的南繁育种基地，3万亩的甘蔗种植基地。大批农业新科技、新工艺、新机具、新品种得到推广和应用，农业的科学化、商品化、市场化程度越来越高，效益也越来越好，为形成三亚的热带高效农业打下了良好基础。1992年，三亚的农业总产值达到14.28亿元，比建地级市前的1987年增长25.9%；农业总收入达到2.3亿元，比1987年增长143.8%。

（四）房地产业蜂拥而起

在 20 世纪 80 年代末至 90 年代初期的三亚，房地产业是一项全新的产业。三亚良好的生态环境、温暖的冬季、对外开放和旅游发展的美好前景，使之成为房地产业争相占有的“风水宝地”，国内外房地产商大量涌进三亚投资，到处是工地。据不完全统计，1988 年至 1992 年，三亚升为地级市后的头 5 年，共有大大小小的房地产公司 3800 多家，注册资金达到 9280 万元。房地产业的兴起，使三亚的市容市貌日新月异。三亚的城区变大了，而且还在不断扩大。房地产业给三亚带来大量资金、技术和人才，也带来许多就业机会。地方财政收入因房地产业的兴起而快速增长，政府把增加的收入投向公路、桥梁、街道、供电、供水、通信等城乡基础设施建设，以及学校、医院、图书馆、广播电台、电视台等社会文化设施建设。长期困扰三亚城乡发展的资金、技术、人才问题得到缓解。相关的餐饮业、宾馆业、服装业、运输业、金融业、商贸业，也被带动起来。但是，三亚的发展刚刚起步，完善的产业结构尚未形成，产业实力尚显薄弱，如何将房地产业控制在稳步、健康、可持续发展的水平上，随着经济形势的变化，不久便引起人们的注意。

“打基础，求发展，加快步伐”工作方针的施行，使三亚在升为地级市后的数年间经济社会快速发展。据 1993 年 5 月召开的中共三亚市第二次代表大会报告所提供的数据：1992 年，全市社会总产值达到 13.88 亿元，比升为地级市前的 1987 年增长 207.8%，年均递增 25.2%；地区生产总值达到 7.99 亿元，比 1987 年增长 172.7%，年均递增 22.2%。三亚升为地级市后的头 5 年（1988～1992），全市按照重新制订的《三亚市城市发展总体规划》实施建设，依照“全面规划，重点开发”“规划一片，开发一片，收益一片”的原则向前推进，一批具有三亚特色的产业得到较快提升。

四、调整规划，实施新一轮开发

三亚的房地产业经过几年的发展，在 1992～1994 年开始出现过热现象，地价、房价不断飙升。地价由原来的每亩一二十万元，上升为五六十万、甚至上百万元，市中心的建筑用地拍卖到每亩200多万元。房价由每平方米一两千元上升到三四千、甚至七八千元，有些滨海别墅则涨至几万元，比同时期广州、香港的同等房价还贵。投机房地产、炒地皮、炒楼花，成为热门生意。三亚的房地产热很快出现供大于求的现象，居高不下的地价、房价产生连锁效应，物价上涨，货币贬值，民众生活受到影响。

1993年6月，中共中央、国务院发布《关于当前经济情况和加强宏观调控的意见》，银根全面收紧，一路“高歌猛进”的海南房地产热顿时被釜底抽薪。

房地产业的过热现象，当时在海南、在内地，到处都存在，只是海南、三亚由于建省办经济特区特定的时代背景，表现得更为突出。国务院加强调控，紧缩银根，抑制投资过热，重点是限制对房地产业的投资。但中央的举措当初未能引起人们的深刻认识，房地产业热度不减。直到1994年，国家银行从海南抽走房地产贷款数百亿元，这才使海南的房地产业冷却下来。受其影响，靠房地产热带动的其他行业和产业也冷落下来，海南和三亚的经济迅速跌入低谷。许多公司倒闭，商店歇业，在建的楼房停建，到处可见“半拉子工程”和“烂尾楼”①。前几年的繁华没有了，人们开始过紧日子。从1995年到2000年，成为海南建省和三亚建市后社会经济发展的低迷时期，官方称之为“房地产业过热后的调整时期”。

不久后发生的亚洲金融风波，使人们认识到当时国务院采取的“急刹车”措施是十分正确而及时的，否则会造成更大的损失。中共三亚市委、三亚市政府在1995年通过召开理论研讨会等方式，广泛听取意见，总结经验教训，提高对社会主义市场经济规律的认识。房地产业过热所带来的问题，让人们懂得了搞社会主义市场经济，政府应该加强对市场的监督和调控，充分发挥本地资源优势，完善产业布

① “烂尾楼”是指已经办理用地和报建手续，开工后因资金链断裂，开发商无力继续投资建设而长期停工的房地产项目。“烂尾楼”占用了大量借贷资金，浪费土地资源，破坏城市形象，影响投资者信心。

局。大家回顾建市以来三亚抓住机遇，大力发展热带滨海旅游业和热带高效农业，认为方向是完全正确的，一定程度上缓冲了房地产泡沫破灭后给三亚造成的冲击，应当坚定不移地继续下力气抓好。

（一）旅游业龙头地位的明确

1993 年 2 月，中共三亚市委召开一届六次全会，认真分析形势，明确提出："把旅游业作为主导产业和中心产业，把建设国际热带滨海旅游城市作为极力奋斗的发展目标"，旅游业的龙头地位在中共三亚市委全会的文件中得到明确。

把三亚建设成为"国际热带滨海旅游城市"的定位，与中共海南省委、海南省政府在 1993 年提出的建设"一省两地"（新兴工业省、休闲旅游度假胜地、热带高效农业基地）的发展战略基本吻合。这一定位突出了三亚的资源特色，区别于其他综合性和区域性的城市，使三亚在国家以至国际化分工中占据独有的位置。

此后，历届中共三亚市委、三亚市政府从市情出发，把握三亚的发展环境和比较优势，围绕三亚的发展定位和发展目标，修编城市发展规划，找准三亚在不同时期、不同阶段的立足点和突破口，促进城市的稳定、健康、可持续发展。

（二）调整旅游城市发展规划

根据经济社会发展和城市建设的需要，1995 年，中共三亚市委、三亚市政府调整修订《三亚市城市总体规划（1988～2005）》。新的《三亚市城市总体规划（1995～2010）》对原总体规划的布局、结构、规模进行了调整和修改，规定三亚市以"建设国际热带滨海风景旅游城市为目标"。

根据调整后的新规划，三亚城市建设的总体布局是"两轴"和"五个功能区"。

"两轴"是：（1）滨海轴——三亚湾的滨海地区。这一地区由 3 个部分组成：三亚河口旅游码头、城市滨海中心区和海坡度假中心，这是展现滨海风景旅游城市风貌的重点景区。（2）中心轴——从滨海中心区沿月川路（后改为迎宾大道）向北延伸，形成城市行政办公区和商住区。迎宾大道是中心轴，两旁建设全市重要的旅游服务设施，成为金融、商业、文化娱乐区和居住区。

"五个功能区"是：（1）荔枝沟区——以一类工业为主的工业区和配套的生活区；（2）田独、红沙区——环绕榆林湾建设的滨海居住区、旅游度假区，是三亚东部进入市区的交通枢纽；（3）羊栏区——航空港、羊栏居民居住区和海坡度假区；（4）鹿回头、大东海区——滨海旅游度假区；（5）河东、河西区——三亚城市中心区，以全市性的行政办公、金融、商业、重要旅游服务、文化娱乐设施为主。

在编制新的城市总体规划的同时，还编制了《三亚旅游业发展总体规划》和《三亚区域旅游景点规划》，实行严格的旅游开发审批制度。

《三亚旅游业发展总体规划》展示，三亚的旅游发展分3个阶段：1988年到1995年为初创阶段，以发展观光旅游为主，保护国内客源市场，同时注意发展商务旅游、会议旅游，提高旅游景点的建设和管理水平，为逐步增加国际游客打好基础。1996年到2000年为重点开发阶段，要在基本完成度假旅游配套设施建设的基础上，国内、国际旅游市场并重开发，加大拓展海外市场的力度，由亚太周边市场向欧美远距离市场伸展；在开展商务旅游、会议旅游的同时，着力发展度假旅游，由观光型向度假型转变。2001年以后为远期发展阶段，要按照21世纪国际滨海风景旅游城市的发展趋向，进一步完善城乡基础设施和旅游景区建设，深层次开发旅游资源，在继续发展国内客源市场的同时，转向以开拓海外客源市场为主，逐步扩大海外旅客比例，争取达到国内游客总数的10%以上，形成以度假旅游为主，集观光、会议、购物、修学、康复、体育等多功能于一体的国际旅游，并建立起符合国际惯例的，高效、规范的旅游业管理体制和运行机制。

《三亚区域旅游景点规划》则将全市划分为十大功能独具的旅游区：市区旅游综合服务区、亚龙湾国家旅游度假区、榆林湾观光度假区、天涯海角观光游览区、海山奇观历史文化旅游区、三亚湾休闲度假区、崖城历史文化观光区、海棠湾温泉和生态旅游区、落笔洞风景名胜游览区、汤他水库—甘什岭风景游览区。

（三）治理“半拉子工程”和“烂尾楼”

从1996年起，中共三亚市委、三亚市政府严格按照新的城市总体规划，开始新一轮的开发建设。三亚市政府着力解决房地产业过热遗留下来的问题，把一些妨碍城市总体规划实施的“半拉子工程”和“烂尾楼”拆除或炸毁，把一些闲置的地块置换出来改变用途，按照城市总体规划的要求重新安排。一些有保留价值但没有能力继续兴建的项目，由政府主持筹集资金继续施建。对有能力生存下来的大公司、大企业，政府则从多方面给予扶持，支持它们完成项目建设并实施新的项目。通过几年的努力，到21世纪初，三亚的“半拉子工程”和“烂尾楼”基本处理完毕，一个按照新规划兴建的新三亚的城市轮廓开始呈现。

（四）兴建新的旅游景区

在实施新的城市总体规划过程中，一批高端旅游度假休闲景区和项目开始兴建。其中具有代表性的项目，是开发兴建亚龙湾国家级旅游度假区和南山佛教文化苑。

1. 亚龙湾国家旅游度假区的开发

亚龙湾旅游度假区，是中国唯一具有热带风情的国家级旅游度假区。亚龙湾位于三亚市区东部25公里处，景区规划面积18.6平方公里，拥有滨海公园、豪华别墅、会议中心、五星级宾馆、度假村、海底观光世界、海上运动中心、高尔夫球场、游艇俱乐部等设施，按国际一流水准的休闲旅游度假区设计和建设。计划每年吸引数百万中外游客，日平均接待游客万人以上。基础设施投资20亿元，总投资第一期为100多亿元。现已建成四星级和五星级酒店17家。

1992年国家批准建立亚龙湾国家旅游度假区之前，这里还是一片荒凉的海滩，却集中了现代旅游的诸多优质要素。银色的沙滩、清澈的海水、绵延优美的海滨、未被破坏的山峰和海岛上原始粗犷的植被，具有得天独厚的自然条件。亚龙湾的开发，在海南建省和三亚升为地级市前后即已决策，初期由海南省直接管理，具体由海南省旅游总公司组建亚龙湾开发公司实施。1992 年海南省政府决定将亚龙湾的开发管理权移交给三亚市，由三亚市政府全面负责。当时，三亚市每年只有几千万元的财政收入，面对亚龙湾基础设施项目起步投资需 10 多亿元的天文数字，三亚市政府决定采取股份制的方式，主导并吸纳海南省内外有实力的企业参加投资开发，把生地变成熟地后招商引资。1992 年 6 月，亚龙湾开发股份有限公司正式组建，注册资金 1 亿元，实收现金资本 4800 万元，就此启动了亚龙湾的开发。

三亚市委托清华大学城市规划系、南京大学海洋系组织亚龙湾开发建设规划的编制，聘请香港一家规划设计公司负责规划国际咨询。在规划编制过程中，先后考察了美国夏威夷、墨西哥坎昆、澳大利亚黄金海岸、泰国帕塔亚和普吉岛。国家建设部、国家旅游局等 11 个国家部委办局和国内外 150 多名专家参加规划评审，使亚龙湾开发建设规划达到了定位准确、富有特色、与国际接轨、标准高、实用性好等要求。该规划最终由国家旅游局牵头，经 11 个国家部委局联合审查后获得批准。此后亚龙湾的景观布局、建设风格基本上维持了原规划的风貌。

亚龙湾景区第一期开发面积约 10 平方公里，区域内散居着六盘村的大部分居民，有 400 多户、2000 多人。经与村民协商，决定将六盘村整体搬迁安置，在景区内出口处靠山平坡建起新村新居。1996 年，六盘村居民全部迁住到新的安置区，每家都住上了独立的砖混结构小楼。

为了推动度假休闲游在中国的开展，国家旅游局提出 1996 年为中国度假休闲旅游年，该年元旦将举行盛大的开幕仪式。当时全国仅有的 11 个国家级旅游度假区竞相争办，最后，三亚市亚龙湾获得举办权。亚龙湾开发股份有限公司用 8 个月时间，在亚龙湾建成标志性的滨海中心广场。1996 年元旦，中国度假休闲旅游年开幕式在亚龙湾滨海中心广场隆重举行，国务院副总理钱其琛宣布开幕，中国的传统观光旅游从此开启向现代时尚个性度假旅游转变。

亚龙湾的开发建设由此进入快车道，三亚和亚龙湾的知名度越来越高。凯莱、喜来登、天域、万豪、希尔顿等一批国内外著名的高端酒店，在亚龙湾先后落成开业。1998 年，光大集团又在亚龙湾建成高尔夫球场。到 2000 年，世纪之交的亚龙湾被评选为中国高端旅游休闲度假区开发建设的成功范例。

2. 南山寺和南山佛教文化苑的崛起

在三亚的历史上，唐代高僧鉴真和尚率弟子东渡漂流至宁远河口登岸，曾在当地修建大云寺礼佛讲经，传播佛教文化。在鉴真大和尚当年登岸地附近修建南山寺和佛教文化苑，对于展示传统佛教文化、加强中外文化交流、促进三亚旅游业的发展，是一项有着重要意义的倡议。海南省的倡议得到时任全国政协副主席、中国佛教协会会长赵朴初的支持，也得到中共中央统战部、国务院宗教事务局、中国佛教协会的支持。赵朴初担任中国海南三亚南山寺公德基金会名誉会长，还动员年届 80 的南京栖霞寺都监圆湛出任南山寺住持。

南山佛教文化苑定位于三亚西部名山南山（又名鳌山）南麓，占地 1 万多亩，依山傍海，风景秀丽。1995 年 11 月 12 日，举行南山寺奠基暨南山佛教文化苑动工典礼。1998 年 4 月 12 日，南山佛教文化苑完成一期工程开园迎宾，园内建有南山寺、禅堂、云会堂、莲花塔、鉴真纪念堂等建筑。1999 年 10 月 27 日，海上观音岛开工。2005 年 4 月 24 日，高 108 米的南山海上观音像盛大开光。来自海峡两岸、港澳地区及东南亚各国的高僧大德、各界嘉宾、108 位住持法师和 10800 名信众，云集三亚南山参加开光大典。108 米高的海上观音像，凌波伫立在直径 108 米的海上金刚洲（观音岛）上。像体为正观音的一体化三尊造型，脚踏 108 瓣莲花宝座，座下为金刚台，金刚台内是面积达 1.5 万平方米的圆通宝殿。金刚洲由长 280 米的普济桥与陆岸相连，陆上是面积达 6 万平方米的观音广场及两侧主题公园。三亚南山佛教文化苑恢宏壮丽，如今已成为到三亚的中外游人必去的祈福之处。

（五）加快市政建设和旅游景区基础设施配套建设

升为地级市后，三亚的市政建设虽有一定进展，但1991年以前，城市基础设施建设规模不大，旅游景区的基础设施配套建设速度缓慢，主要原因还是投入资金不足。通过学习沿海经济特区经验，三亚市政府积极推进土地使用制度和投资体制的改革，多渠道筹措建设资金，加快市政建设和旅游景区基础设施配套建设。

一是走“政府控制土地，实行以地建城”的新路子，以路桥工程带土地，以旅游景区基础设施项目带土地，以土地生效益。通过公开招标、拍卖等形式出让土地，使土地大幅度增值。从1992年至1994年，三亚全市的土地批租收入约5.1亿元。国有土地成为政府的开发资金来源，既引来了项目，又带动了旅游景区配套工程建设，实现了城市建设的良性循环。

二是委托开发，综合补偿。如三亚市城乡建设土地开发总公司承建的路桥工程，由三亚市政府与该公司通过“成片开发，综合补偿”的办法解决资金问题。改建扩建从潮见桥至大东海的2.3公里路面工程，属于海榆东线高速公路田独段的组成路段，则委托海南高速公路公司主建，工程总投资2700万元。三亚河西路“120工程”项目，采取的是协议出让方式，由深圳宏达公司投资2104万元建设，合同规定建成后由该公司收益70年。1994年，进行迎接凤凰国际机场通航大会战，投资6.3亿元，建成城市骨架公路12条，总长40.76公里，施工桥梁6座，总长734米，基本上都是通过综合补偿办法开发建设的。

三是收取城市开发配套费、发行地产投资债券等，所筹资金全部用于城市基础设施及旅游景区配套工程建设。

在进行市政建设的同时，旅游景区的基础设施配套建设也作为加快旅游业发展的重点来抓。1993年年初，三亚市财政拨出专款，作为海山奇观和天涯海角旅游区基础设施建设的专项资金。1994年8月，三亚市政府对亚龙湾、鹿回头、三亚湾等旅游开发区给予政策优惠，在土地租金、城市开发费、市政配套费、征地费、报建费、水电增容费等方面的征缴给予减免或缓征。这些倾斜政策取得了显著的效果，海山奇观、亚龙湾、三亚湾、鹿回头等景区，先后完成了景区内一批道路、水电、通信等基础设施的建设和拆迁安置任务。

至于旅游区的开发建设所需要的大量资金投入，主要采取5种办法筹集：一是组建股份制公司集资开发。如亚龙湾、鹿回头旅游区的开发，都是这种模式。二是部门开发。如天涯海角旅游区、海山奇观风景区、鹿回头公园和三亚湾海滨公园，交由三亚市旅游局和园林处开发建设。三是委托开发。如三亚湾海坡旅游区，委托三亚市城乡建设土地开发总公司进行开发建设。四是补偿开发。如南山寺佛教文化旅游区由港商投资开发，政府划地补偿。五是外引内联开发。如大东海旅游区、南田温泉旅游区都采取外引内联方式进行开发。采取多种开发模式，大大加快了建设速度。

市政建设的改观、旅游基础设施的兴建和旅游景点的拓建，树立了旅游城市的新形象，吸引着越来越多的海内外客商到三亚考察和投资创业，掀起三亚旅游投资开发的热潮。三亚的城市面积从1987年的2.5平方公里扩大到2005年的25平方公里，2011年再扩大到45平方公里，拥有旅游星级饭店近170家。三亚成了中国饭店最密集的城市之一。特别是国际知名饭店纷至沓来，使三亚的饭店设施和管理水平快速与国际标准接轨，城市形象和品位快速提升。

（六）扶植开放型现代农业和环保型加工业

在高水平实施城市建设和旅游开发建设的同时，中共三亚市委、三亚市政府继续重视发展热带高效农业和农产品加工业，要求把各农业基地建设成为引导农民奔小康的农家庄园和观光旅游胜地。除了完善提高冬季瓜菜、热带水果、水产养殖、南繁育种、热带经济作物和经济林等生产基地产业外，还提倡发展经济附加值更高的花卉种植，形成花卉产业，同时鼓励加强琼台合作，引进台湾的农业先进技术和品种。1998年4月召开的中共三亚市第三次代表大会提出，要强化各级党政部门为农服务的思想，决定派出千名干部下乡抓农业，为热带高效农业的发展更好地提供信息服务、种苗服务、技术服务、运销加工服务，发展开放型现代农业，让农民得到实惠。黎村苗寨区、贫困山区是服务的主要对象，要求经过 3 年努力，让全市 3. 19 万贫困人口基本脱贫，黎族聚居区的茅草房全部改造成砖瓦房，做到村村通水、通电、通路。

长期以来，除了榨糖厂等少数农产品加工业外，三亚基本上没有现代工业。为了保护旅游资源和生态环境，三亚升为地级市以后对发展工业采取十分谨慎的态度。中共三亚市委、三亚市政府提出了“围绕农业办工业、围绕旅游办工业、围绕资源办工业、围绕高科技办工业、围绕进出口贸易办工业”的思路。在保证优良生态环境不被破坏的前提下，大力发展蔬菜水果保鲜加工业、海产品保鲜加工业、旅游工艺品加工业、电子产品加工业、服装鞋帽加工业、商品包装加工业等，建成了一批无污染、效益较好的工业项目。

2000 年 12 月 22 日，中共中央总书记、国家主席、中央军委主席江泽民到三亚视察，看到三亚经济社会欣欣向荣，非常高兴，欣然为三亚题词：“重到天涯海角，喜看气象万千。”这一年，三亚全市的地区生产总值达到 29 亿元，旅游总收入达到 19. 82 亿元，与三亚升为地级市之前的 1987 年相比，已经翻了几番。

第三节　建设面向国际的热带滨海风景旅游城市

当 21 世纪的曙光照进三亚大地的时候，面对经济全球化的世界大趋势，三亚开始以国际化的眼光建设热带滨海风景旅游城市，各项工作出现了新的局面。

2001 年新年前夕，江泽民视察三亚，在三亚召开座谈会，阐述“三个代表”重要思想，提醒各级干部要认清新世纪的新形势、新要求。中共三亚市委、三亚市政府借助学习贯彻江泽民讲话精神，分析三亚所面对的形势和任务，认识到三亚的开发建设虽然已经取得一定成绩，基础设施建设已大有进步，但是距离现代化、国际化的要求还相差甚远。旅游业所形成的经济总量尚小，境外游客所占比例偏低，城市功能还不完善，旅游管理体制和服务质量还有待提高。因此，在中国即将加入世界贸易组织的新形势下，必须进一步解放思想，开辟新思路，增创新优势，追求更高的标准，在国际化上着力，切实把三亚建设成为国际热带滨海风景旅游城市。

一、“走出去”“请进来”，向世界推介三亚

国际上的热带滨海名牌旅游胜地比比皆是，旅游业起步较晚的三亚要迎头赶上，与国际接轨，当非易事。抓紧有利时机，通过各种渠道大力推介三亚，在国际旅游业中开创三亚独具特色的旅游活动，才有可能敲开国际旅游市场的大门，让三亚在国际旅游业的飞跃式发展中占有一席之地。

（一）“走出去”，面向国际旅游市场推介三亚

三亚开始有目的、有计划地面向国际旅游市场加强宣传促销活动，包括不断深化港澳台市场的营销与合作，在重点国际客源国设立联络处并委托建立旅游外文网站，开展阵地式的宣传促销，以推动三亚旅游产业向国际化发展。

2007 年被确定为“三亚国际旅游年”，三亚组团赴俄罗斯参加“俄罗斯·中国年”开幕式，以及“中国之夜”、中国国家展和伏尔加河系列促销活动；参加海南省政府在俄罗斯举办的“中国年·海南日”旅游促销系列活动；参加莫斯科春、秋季大型国际旅游交易会。三亚又组团参加柏林国际旅游博览会，第一次在国际旅游大卖场设立展台。在此前后，三亚还曾在柏林、法兰克福、伦敦、巴黎等世界大都会，以及美国、韩国和中国台湾、香港地区，举办过旅游促销活动。

（二）举办多项国际赛事和文化活动推介三亚

三亚旅游业国际化要素的增强，是同举办多项国际性大型活动分不开的。把国际游客“请进来”体验三亚，和“走出去”推介三亚，具有同样的功效。自 2001 年起，三亚举办了 70 多项文化娱乐、商贸会展、体育赛事、科研论坛等国际化大型活动，越来越受到世界的关注。这些活动，有些在 20 世纪末就已经开始，此后连续举行，进入

21 世纪后，密集度更高，而且越办越好；有些则是新开展的，从一开始就坚持高标准、新形象。如 1996 年以后一年一度的中国三亚天涯海角国际婚庆节，1997 年以后举办的香港—三亚国际帆船赛，2000 年的中央电视台迎接新千年节目《相逢 2000·新千年海上日出》全球首播，2000 年以后一年一度的新丝路中国模特大赛总决赛，2001 年的三亚“迎接新世纪日出”千人太极拳大会，2001 年的首届世界太极拳健康大会，2001 年的《人民日报》全球化论坛，2002 年、2003 年两届国际铁人三项赛，先后在 2003 年、2004 年、2005 年、2007 年、2010 年举办的世界小姐总决赛，2004 年的中国最佳魅力城市形象展示，2004 年的中国武术散打王争霸赛总决赛，2004 年的世界家庭峰会，2004 年、2005 年的海峡两岸热带兰花展，2005 年的第 14 届中国金鸡、百花电影节暨中国电影百年庆典，2006 年的中国三亚凤凰岛国际沙雕节暨“环球大观”三亚国际沙雕展，2006 年的世界第一大力士冠军赛，2006 年以后举办的多届国际热带兰花博览会等等。有些大型活动，如新丝路中国模特大赛总决赛、中国三亚天涯海角国际婚庆节、世界小姐总决赛等，结合赛事向国内外宣传美丽的三亚，影响很大。三亚通过举办一系列重大赛事，吸引了世界的目光，让世界用美丽的眼睛看三亚。三亚不断向世人展示时尚和活力，加速与国际社会接轨。

> 新丝路中国模特大赛总决赛自 2000 年移师三亚，2001 年以后，又把三亚作为该项大赛的永久赛址。从此，每年 9 月便在三亚举办这一赛事，香港凤凰卫视派出资深主持人主持赛事并向全球现场直播。每次赛事都是三亚魅力的展示。
>
> 天涯海角风景区是三亚最有名望和人气的著名旅游景点，三亚借取其天连海合的象征意义，创立“中国三亚天涯海角国际婚庆节”。从 1996 年起，每年都举办一次。海内外成百对“铜婚”“银婚”“金婚”“钻石婚”和新婚夫妇欢聚在此，面对大海，海誓山盟，享受爱情的甜蜜，祈求幸福天长地久，吸引了中外无数羡慕的目光。

世界小姐总决赛于2003年首次在三亚举行，由三亚市政府与总部设在英国的世界小姐组织机构共同举办。这是世界小姐比赛50多年来第一次被引入中国。来自110多个国家和地区的美女，云集风景秀丽的三亚。有外电评论说："中国首次举办国际选美赛，这一改变具有指标性意义，是中国改革开放的另一重大举措。"2003年由此被定格为中国的"选美元年"。自此至2010年，共有5届世界小姐总决赛在三亚"美丽之冠"会展中心举行。

二、提升三亚城市的国际化功能

（一）兴建国际高尔夫球场

三亚的高尔夫球场，始于1995年建成开业的三亚国际高尔夫俱乐部，由日本日出观光株式会社独资兴建。这是三亚第一个具有国际水准的高尔夫球场。

大规模兴建亚龙湾度假区之后，又由中国光大集团投资兴建亚龙湾高尔夫球会，2000年建成开业，2003年被评为"亚洲最佳球场"，曾被指定为亚洲PGA巡回赛2003~2007年三亚公开赛的比赛场地。

除以上两个国际高尔夫俱乐部外，21世纪初又修建了红峡谷和红塘湾两个国际高尔夫俱乐部。其中，红峡谷国际高尔夫俱乐部位于亚龙湾国家旅游度假区的红霞岭，由香港东讯（国际）发展有限（集团）公司兴建；红塘湾国际高尔夫俱乐部位于三亚市红塘湾国际健康度假区海滨，用于举办不同类型的国际高尔夫球赛。

（二）兴建凤凰岛国际邮轮港

凤凰岛位于三亚湾"阳光海岸"，是在海湾礁盘上填起的人工岛，通过长394米、宽17米的跨海观光大桥与市区滨海大道相连接。它南侧临鹿回头风景区，东南侧临三亚河入海口，西侧为东、西瑁洲岛，北侧临三亚湾海滩。岛长1250米，宽约350米，面积36.5万平方米。凤凰岛主建七大项目：高端豪华酒店，商务会所（别墅型产权式酒店），海上风情商业街，国际养生度假中心，国际游艇会，奥运会主题公园和凤凰岛国际邮轮港。国际邮轮港是凤凰岛提升价值的重要客运港，已建成一座目前国内最大的10万吨级国际邮轮码头，设8个边检通道，可以一次性接待3000名国际游客入境。另两座6万吨级和25万吨级的国际邮轮码头建成后，可接待世界上最大的邮轮。凤凰岛的奥运会主题公园，缘于这里曾经是2008年北京奥运会圣火传递登陆中国大陆的首站起点而兴建。

（三）美化三亚湾和三亚河

三亚湾是三亚市内延及西郊最长、最重要的海湾，海岸线绵延十几公里，海面开阔，湾内有凤凰岛，东、西玳瑁洲岛。三亚“椰风海韵”的美景在这里最为典型。1984年三亚建市以来，三亚湾一直是重点规划和开发建设的海岸项目。到了21世纪初，这里已鳞次栉比建起风格各异的星级酒店和别墅。2001年以后，三亚市政府在原来兴建的三亚湾“椰梦长廊”基础上，进一步绿化、美化、亮化，加强了环境卫生的管理，增添了商业和休闲游乐服务点。为了阻止海浪和台风对海岸的冲刷，又新修了防浪堤。每逢节假日，三亚湾游人如织，在这里眺望碧海蓝天，享受三亚热带滨海旅游城市美丽的自然风光。一到晚上，凤凰岛上的霓虹灯、湾岸上建筑物的彩灯，与海中渔火遥相映照，伴着海风和海浪声，成为三亚最迷人的风景线。

三亚河穿行三亚市区，经三亚港注入大海。在美化三亚湾的同时，三亚河的整治和美化也被提上了日程。在三亚河连接三亚港的地方，建起了游艇俱乐部。河两岸修建了造型各异的河边湿地公园和亲水人行平台，对河岸的红树林加强保护。扩建和美化了河上的三亚桥、步行桥（又称彩虹桥）、新风桥、月川桥，两岸建成林荫道。在环境管理上，规定了大小渔船的停泊位置。经过美化的三亚河，河两岸的红树林长势更旺，引来一群群白鹭在此栖息。

美化三亚湾和三亚河的经验被推广到三亚全市，三亚市政府要求所有海边、河边、路边、村边、户边都要绿化、美化。文明生态社区、文明生态村的建设逐渐成为三亚市民的自觉行动。在征集三亚城市名片的活动中，“美丽三亚，浪漫天涯”得票最高。2003年，非典疫情肆虐香港、广州、北京等地，三亚始终没有发现一例。三亚被公认为“健康之城”“长寿之城”“宜居之城”。

（四）建设海棠湾国际高端休闲度假区

海棠湾在三亚市东部，距市区约40公里，东北与陵水县接壤，西北与保亭县毗邻，西南以仲田岭、回风岭、竹络岭、琼南岭为界，东临大海。海棠湾拥有21.8公里长海岸线，岸沙洁白，海水清澈。近岸有藤桥古镇、伊斯兰古墓群、三大古港（藤桥港、铁炉港、江前港）、热带雨林、椰子洲湿地、南田温泉，离岸不远的海中有蜈蚑洲岛。海棠湾总面积384.2平方公里，是一处海、山、滩、湖、岛、林兼有，自然环境极为优美的生态园区。

2005年，中共三亚市委、三亚市政府提出开发建设海棠湾旅游度假区的设想，得到中共海南省委、海南省政府的支持。2007年5月26日，海南省政府批准将海棠湾项目总体定位为“国家海岸——国际休闲度假区”。继亚龙湾之后，海棠湾作为三亚融入国内外旅游市场的高端品牌度假区，按照“3年打基础、5年树形象、10年成规模”的开发计划实施，于2008年开始动工兴建。

海棠湾按北区、中区、南区“六片五楔”的格局规划建设。北区三片：土福片，占地5平方公里，建设海洋主题科考博览区、国家海洋科技中心、海洋大学；椰洲片，占地18平方公里，建设综合观光休闲度假区、国家海岸湿地公园、特色旅游风情小镇、温泉度假社区；风塘片，占地10平方公里，建设国际主题社区、购物中心。中区两片一岛一带，建设综合休闲旅憩区。其中，龙江片占地20平方公里，建成高端品牌休闲度假区；林旺片占地10平方公里，建设现代旅游服务小镇；蜈蚑洲岛，建成海岛热带雨林公园；沙堤酒店带，建设高端酒店、海洋公园。南区为多元文化度假区，占地35平方公里，以山体、潟湖、湿地建设国际游艇港、高端酒店区、购物中心、港湾度假村、解放军总医院（301医院）海南分院等。“五楔”指的是五条生态绿楔，顺山势从中部穿过，沟通潟湖、河港、湿地。

海棠湾的开发模式与亚龙湾不同，亚龙湾的开发通过公司化运作，海棠湾的开发则完全由政府主导。三亚市政府主导编制规划、征地安置、基础设施建设和招商引资，通过组建海棠湾工作委员会高效运作。这种开发模式显现的优势是：保证规划得以完整实施，确保高起点，避免盲目性；有利于统筹城乡发展，避免损害群众利益，让群众共享开发成果；有利于基础设施配套，避免单纯追求开发的低成本而使配套缺位的现象发生；有利于保护生态和提高土地收益。海棠湾工作委员会与海棠湾镇管理委员会、中共海棠湾镇委、海棠湾镇政府四位一体，交叉任职，形成强有力的民主、高效、集中的决策机制。为减少审批环节、提高工作效率，三亚市政府授予海棠湾工作委员会市一级审批权限，在服务企业方面实行一站式联席审批，基本实现了“市级审批不出区”，开发项目得以高效运作。

海棠湾开发规划提出后，曾邀请国际名牌公司、财团、酒店到海棠湾实地考察。优越的自然生态环境、依山傍海的区位优势，以及海陆空立体交通的畅达，吸引了国内外大公司、大财团的眼光，国际项目争相入驻，在海内外引起轰动效应。三亚市政府把2007年定为“三亚国际年”，组团赴柏林、伦敦、巴黎、莫斯科、美国、韩国以及中国台湾地区参加各种国际旅游博览会，推介海棠湾项目，获得上百亿元投资，使海棠湾国家海岸——国际休闲度假区的建设得以顺利启动。区内已修建12条干道，全长56.8公里，与贯穿海棠湾沿岸的海南东线高速公路有8个接口。康莱德、希尔顿等高端酒店抢先进入，占地278亩；投资40亿元的解放军总医院（301医院）海南分院于2009年8月1日破土动工，占地596亩，建成后为当地驻军、中外游客及海南、三亚人民提供一流医疗保健服务。距海岸2.4公里的蜈蚑洲岛归属海棠湾规划区，海南海景乐园国际有限公司已将这一岛屿建成极富热带海岛情调的国际海岛旅游度假乐园。

海棠湾的开发坚持科学发展的建设理念。首先，坚持规划是发展之纲，做到“一张蓝图绘到底”。其次，坚持生态是发展之源。措施包括：控制建设用地，规划建设用地仅占总用地面积的52.2%，其余均为生态屏障用地；低碳节能指标被列入规划管控；建立生态可持续的供排水系统；建设长达13.8公里的水系生态保护工程；建立国家海岸湿地公园等。再次，坚持文化是发展之魂。建设兼具旅游和文化功能的项目，如风情小镇、奥林匹克湾、三亚国际艺术中心等，让黎族文化、海棠文化、奥运文化、影视文化、商业品牌文化、游艇文化、温泉文化等交相辉映。

在开发兴建海棠湾项目过程中，中共三亚市委、三亚市政府坚持以人为本、民生为大、民意为先、民心为重的开发原则，既要把海棠湾建成中外游客的度假天堂，又要把海棠湾建成海棠湾人民的幸福家园。对原来居住在海棠湾的6万居民和农场职工，采取了“风情小镇加公寓楼”的安置开发方式，让每家每户都安居乐业，以保障拆迁安置农民的利益。规划建成10个各具本土风格特色和民俗景观的风情小镇，进而发展成为集特色风情旅游目的地、休闲度假娱乐、湿地生态公园、配套服务设施和风情居住社区五大功能于一体的旅游胜地，让居住在风情小镇的居民户户有店面，可融入旅游服务之中，以旅游服务谋生致富，提高幸福生活指数。

三、旅游服务业的龙头地位日渐显现

经过建市以后持续不断的努力，从资源开发、设施建设、企业经营、行业管理等多角度观察，三亚的旅游服务业在国民经济中的龙头地位日渐显现。

统计资料显示，三亚升为地级市的前一年，即1987年，三亚地区生产总值为3.6亿元，人均1094元；地方财政收入为1791万元；全市在岗职工年平均工资为1319元，农民年人均纯收入为444元；全社会固定资产投资为8400万元；三次产业的比例为52：20：28，属农业经济结构。

到了2007年，三亚的地区生产总值达到113.74亿元，按可比价计算，是1987年的15.5倍；年人均生产总值达到24560元，是1987年的8.5倍；地方财政收入达到22.1亿元，是1987年的123.4倍；全市在职职工年平均工资达到23491元，是1987年的16.3倍；农民年人均纯收入达到4376元，是1987年的9.9倍；全社会固定资产投资总额达到109.7亿元，是1987年的130.6倍；三次产业的比例为

19.1∶24.4∶56.5，与1987年相比，第一产业比重降幅明显，以旅游业为龙头的第三产业比重大幅度提升，第二、三产业比重超过80%，基本实现了以农业为主的经济社会向城市经济社会的转变。

20多年的历史蜕变过程中，天生丽质的三亚，在坚持可持续发展和不断创先争优的打造下，各种荣誉接踵而至，知名度日益提高，拥有了诸多中国或世界之最。

三亚获得的多项荣誉称号：

1. 中国优秀旅游城市；
2. 中国最佳魅力城市；
3. 中国最佳人居环境城市；
4. 国家园林城市；
5. 全国城市环境综合整治优秀城市；
6. 中国首个国际最佳养生城市；
7. 全国造林绿化十佳城市；
8. 全国社会治安综合治理先进城市；
9. 全国双拥模范城市；
10. 国家卫生城市；
11. 全球绿色生态城市。

三亚荣膺的中国或世界之最称号：

1. 中国唯一的国际热带滨海旅游城市；
2. 城市大气质量位居中国第一、世界第二（仅次于古巴的哈瓦那）；
3. 中国第一批国家级生态示范城市；
4. 中国旅游服务业收入占全市生产总值比例最高的城市；
5. 中国年均温度最适宜的城市（年均气温25摄氏度左右）；
6. 中国最美的海岸之首（亚龙湾列中国最美的八大海岸之首）；
7. 中国首选旅游度假目的地；
8. 中国最大、最佳潜水基地；
9. 中国最长寿地区之一；

10. 中国每万人拥有最多高标准度假酒店的城市；

11. 中国第一个世界小姐总决赛举办城市；

12. 世界海洋旅游资源最密集的城市。

2006年4月，三亚面向全国及海外大范围开展“三亚城市名片”征集评选活动，借助现代大媒体扩大三亚的知名度、美誉度、影响力和吸引力。征集评选活动得到海内外各界热烈响应，经名家评定，最后以“美丽三亚，浪漫天涯”为三亚的城市名片，于2007年元旦举行盛大颁奖典礼。

第四节　在建设海南国际旅游岛中前行

2008年4月，海南建省20周年。中共中央总书记、国家主席、中央军委主席胡锦涛视察海南，要求海南更好地发挥经济特区在改革开放中的“排头兵”作用，发展以旅游业为龙头的现代服务业，在旅游业对外开放和体制机制改革等方面积极探索、先行试验。

在贯彻落实胡锦涛指示精神过程中，中共海南省委、海南省政府就建设海南国际旅游岛综合试验区向国务院申报。2008年下半年，全国政协以建设海南国际旅游岛为调研课题，由副主席孙家正率领15个国家部委的40多人前来海南考察论证。2009年年初，温家宝总理出席博鳌亚洲论坛年会后视察海南，表示全力支持海南，把建设海南国际旅游岛作为一项国家战略实施。随后，由国家发改委牵头，国家20多个部委参与研究建设海南国际旅游岛的规划意见。2009年的最后一天，国务院正式颁布《关于推进海南国际旅游岛建设发展的若干意见》，将海南国际旅游岛建设纳入国家主体功能区域发展规划和国家“十二五”发展规划，海南国际旅游岛建设上升为国家发展战略。

国务院《关于推进海南国际旅游岛建设发展的若干意见》的发布，使海南经济特区建设迈出关键的一步。中共海南省委、海南省政府在随后发出的《关于加快推进国际旅游岛建设的意见》中，指明了三亚在建设海南国际旅游岛中的重要作用和地位，要求三亚走在全省的前列，作出新的更大的贡献。

中共三亚市委、三亚市政府早在2005年，就曾主动向国家发改委提议，把三亚作为旅游综合改革试验区，建设国际滨海旅游城市。国务院决策的出台和中共海南省委、海南省政府的指示，使全市干部群众认识到三亚在建设海南国际旅游岛中的重大责任。

“十一五”（2006~2010）规划期间，三亚的游客接待量已占海南全省总量的30.43%，旅游总收入已占全省总量的49.25%；其中，入境游客接待量占全省总量的60.47%，旅游外汇收入占全省总量的73.45%。三亚旅游业占全省旅游业的“半壁江山”，三亚作为海南南部中心城市的作用日益凸显。

中共三亚市委、三亚市政府提出了“在海南国际旅游岛建设中奋力前行”的口号，对全面推进国际性热带滨海旅游城市建设作出了新的部署和安排，要求抓住新的战略机遇，按照“六个更加”（经济更加活跃、城市更加知名、城乡更加融洽、社会更加文明、生态更加宜人、人民更加幸福）的目标，建设更加卓越、更加和谐的三亚。

一、打造国家外事活动平台

随着海南国际旅游岛建设的推进和“十二五”规划的全面实施，离岛免税、出境游、航权开放、离岸金融、无居民岛开发等一系列优惠政策陆续落地实施，三亚对外开放的窗口作用更加显豁。最为引人瞩目的，是努力打造中国国家外事活动平台，在重大的国事活动中发挥重要作用，创新三亚样本的外交基地，显示美丽中国、美丽三亚的世界魅力。

（一）胡锦涛在三亚为到访的外国元首举行欢迎仪式

博鳌亚洲论坛定址海南省琼海市博鳌水城之后，每当举行博鳌亚洲论坛年会，都会有许多外国政要下榻三亚的亚龙湾。这里已建设起一批国际一流的名牌酒店，加上椰风海韵所展示的绿色、低碳、美丽、幽静的自然环境，给在这里住过的国际贵宾名人留下了深刻的印象。2008年4月，博鳌亚洲论坛年会举办期间，中国国家主席胡锦涛在亚龙湾为来华访问和出席论坛年会的4位外国元首举行隆重的欢迎仪式，还举办了9场与外国元首、政府首脑的会谈。这是中国国家元首少有的在首都北京以外的地方举行国事活动，被外国媒体赞誉为“最美国事活动”。有的国外媒体这样描述当时的欢迎仪式：“在椰子树、棕榈树、三角梅、鸡蛋花环绕掩映的花园草坪上，面向不远处广阔美丽的亚龙湾海滩，身着深灰色浅纹西装的胡锦涛陪同一身白色礼服的（汤加国王）图普五世，共同检阅了英姿勃发的中国人民解放军三军仪仗队。”负责国事活动的仪仗队官员说，此次欢迎仪式完全复制了在北京举行的样式，仪仗队、军乐队人员均来自首都。中共中央办公厅、外交部领导人称赞此次三亚国事活动的效果“前所未有”，其卓越的策划、运作和影响“超乎想象”。这是博鳌亚洲论坛历史上第一次两地办会，也是将重大国事活动与博鳌亚洲论坛年会完满结合的匠心之作。

就在“最美国事活动”举办不久，有专家提出，把三亚打造成为中国的一个重要外交基地和舞台，既可以服务于中国国家总体外交，又可以进一步提高三亚的国际化水平。中共三亚市委、三亚市政府受这次国事活动的启发，在2008年以后加快了亚龙湾国家休闲度假区的第二期工程，同时，高质量地继续兴建海棠湾“国家海岸”、南山佛教文化苑、红塘湾旅游度假区、鹿回头半岛、凤凰岛国际邮轮港等片区，使三亚旅游产业的整体质量和三亚城市的国际化功能又有了较快的提升。

（二）金砖国家领导人第三次会晤在三亚举行

2011年4月，金砖国家领导人第三次会晤在三亚市亚龙湾举行，三亚再次成为世界关注的焦点。不管是网络，还是报纸、电视，随着“金砖”成为新闻头条，三亚成为国际、国内新闻中首先被提及的地域关键词。在金砖峰会期间五国元首联合举行的媒体招待会上，元首们无不赞美中国国家主席胡锦涛以东道主身份欢迎各位元首“来到美丽的三亚”。巴西总统罗塞夫称赞三亚“漂亮的海滨”；俄罗斯总统梅德韦杰夫赞扬三亚是“风景最美的城市，在短短15年间成长为世界著名旅游城市”；印度总理辛格和南非总统祖马也都说“来到美丽的三亚”，享受到完美周到的会议服务，让他们感动。中国外交部部长杨洁篪接受媒体专访时，称赞“海南和三亚的服务保障工作做得很出色，展现了三亚精神、博鳌精神，完美体现了中国精神、中国水平”。这次国事活动又一次提升了三亚的知名度和美誉度，提升了三亚人民建设国际热带滨海旅游城市的信心和自豪感，同时也再次提升了中外投资者前来三亚创业发展的信心和热情。

金砖国家领导人第三次会晤形成了《三亚宣言》。三亚的名字从此定格在重大国际活动中，定格在世界历史文献中。《三亚宣言》第31条，专门提到“感谢中国政府举办金砖国家领导人第三次会晤，感谢海南省和三亚市政府和人民对会晤的支持”。

（三）习近平在三亚举行仪式欢迎六国总统

2013年4月6日至8日，博鳌亚洲论坛年会举行，中国国家主席习近平出席会议。4月5日、6日，习近平在三亚分别举行仪式欢迎缅甸、哈萨克斯坦、秘鲁、墨西哥、赞比亚、芬兰六国总统，与六国总统进行国事会谈。在椰风海韵的吹拂中，在热带园林景观的簇拥下，三亚的美丽伴随着庄严的仪式通过国内外电视传遍全世界。这次国事活动被媒体称为“最美国事活动续集”。

2014年1月24日，海南省外事侨务办公室与三亚签署了共建“首脑外交和休闲外交基地”的战略合作框架协议书。外交部有关司局领导、海南省有关领导出席了签字仪式。凭借连年举行的“最美国事活动”，三亚优质的资源环境再次得到外交界人士的认可。

二、加快建设世界级热带滨海度假旅游城市

建设海南国际旅游岛成为中国国家战略，中央政策支持的力度空前加大，给海南和三亚带来重大的历史机遇。面对重要的发展战略机遇期，三亚紧紧围绕建设世界级热带滨海度假旅游城市的目标，积极开展全方位、高层次、宽领域的探索与创新，加快世界级热带滨海度假旅游城市建设，充分发挥对外开放的窗口作用。

（一）海棠湾的强势崛起

“国家海岸”海棠湾国际休闲度假区自2008年动工兴建，至2012年，“3年打基础”的预期目标已经基本实现，至2012年中期已累计完成固定资产投资260亿元。路网建设、污水处理、供水供电供气、电信等骨架已基本形成，一些配套工程已投入使用，16条（65公里）市政道路建成通车。2010年年底，康莱德酒店、希尔顿逸林酒店率先开业。2011年年初，海棠广场向游客开放。解放军总医院海南分院于2012年6月9日落成开诊，总建筑面积达38.3万平方米。世界最大的免税综合体——中国免税品（集团）有限责任公司三亚海棠湾国际购物中心，于2014年建成开业。屹立于海棠湾一线滨海地段的，还有喜来登、豪华精选、洲际、威斯汀、凯宾斯基、万丽、海棠湾9号、香格里拉等一批酒店，另有多家酒店在快马加鞭建设中。惠普3D动漫园、南中国影视城、梦幻不夜城、国际养生中心、国际会展中心、椰洲岛湿地公园等一批重点项目正陆续开工兴建。海棠湾已成为三亚最引人注目的投资热土。海南省政府确定2013年为“项目建设年”。这一年，海棠湾全湾区累计完成固定资产投资119.53亿元，约占三亚全市当年固定资产总投资的22.8%。海棠湾迅速成为引领三亚经济社会发展的新动力、新引擎。

与此同时，原规划用以安置区内1万多户居民而投建的10个风情小镇，率先启建7个风情小镇，开工建设3000多套安置房，349户拆迁户已分到新房。

除了椰风海韵，海棠湾还拥有澙湖、温泉、海岛、山地等世界著名滨海旅游度假区稀缺的旅游资源，未来将形成七大主导产业：休闲旅游业、现代商贸物流业、会议会展业、文化创意产业、医疗康体养生产业、区域金融中心、绿色总部经济。按照规划，海棠湾滨海一线有超五星级国际品牌酒店32家、二三线各类特色主题酒店38家。这里将成为世界上酒店数量最多，业态最丰富，品牌最高端，设计理念最超前，最具生态、节能、低碳特色的旅游度假区之一。

仅三四年时间，海棠湾“国家海岸”国际休闲度假区就已初具规模。2013 年，海棠湾旅游企业的接待人数总计达 258 万人次，其中散客 41 万人次；一线海景酒店的海外游客比例为 13%。海棠湾正在变身新兴的高端旅游度假区，成长为海南国际旅游岛休闲度假的新高地。

（二）三亚海洋旅游的启动

21 世纪是海洋世纪。三亚早就提出了“海上三亚”的目标，但明确提出发展“海洋旅游”是在 2009 年之后。海洋旅游指的是在海滨、近海、深海、大洋的各种旅游休闲活动，分为滨海型（包括休闲游船、海岸生态旅游、潜水、休闲垂钓等）和海洋型（包括邮轮旅游、深海垂钓等）。国务院《关于推进海南国际旅游岛建设发展的若干意见》就要求大力发展海洋旅游，推进开发西沙旅游。《海南省海洋功能区划（2011—2020 年）》也明确提出：发展滨海度假旅游、海洋观光旅游、海岛旅游、邮轮旅游、游艇旅游、海上运动旅游等，打造世界级海洋探奇景观区，实现海洋生态保护和旅游开发的有机结合。这些文件为三亚发展海洋旅游指明了方向。2013 年，《三亚市海洋旅游发展规划（2012—2022 年）》通过评审。《规划》提出，重点建设具有国际化水准的邮轮母港（基地）、游艇基地、海上运动基地、海洋爱国主义教育基地、海岛休闲度假基地；发展六大旅游：海岛度假、邮轮旅游、低空旅游、游艇游船旅游、海洋运动旅游、海洋文化旅游。

根据《规划》，三亚已启动 3 个海洋旅游圈建设，即近海旅游圈、三沙旅游圈、南海旅游圈；5 个组团整合，即海棠湾—蜈支洲岛海洋旅游组团、亚龙湾—大东海海洋旅游组团、红塘湾—南山海洋旅游组团、崖州湾—东锣西鼓岛海洋旅游组团，以及海上观光游憩组团。在此同时，强化以热带雨林、内河水系、乡村田园为核心的乡村旅游、热带雨林观光旅游、内河游船旅游，与海洋旅游联动互补，全面构建三亚山海一体、城乡与海洋融合的大旅游格局。

2012 年三沙市的成立，为三亚发展海洋旅游提供了更为有利的条件。三亚与三沙协商，联合推出三亚—三沙邮轮旅游、直升机旅游、水上飞机旅游。国际大型邮轮公司，如意大利歌诗达、皇家加勒比、丽星、公主邮轮等，纷纷把三亚纳入邮轮航线，已运行380多航次，出入境旅客达40多万人次；2013年，进出三亚的邮轮达160多航次。游艇业的发展与三亚城市整体发展目标和定位相匹配，现已有鸿洲时代海岸、半山半岛、亚龙湾游艇会等20家游艇企业，建成的游艇码头泊位超千个，在三亚注册的私人游艇达100多艘。2011～2012年，沃尔沃环球帆船赛三亚站的活动历时两旬，吸引观摩人群30万人，全球有360家媒体进行报道，覆盖73个国家，中国观众超过2亿，直接拉动消费15亿元。

三亚作为中国海洋旅游的基地之一，将重点放在建设具有国际水准的邮轮母港基地、具有国际水准的游艇基地、亚洲一流海上运动基地、全国低空飞行示范基地、海洋爱国主义教育基地、海岛休闲度假基地上。凤凰岛邮轮母港二期工程已列入海南省“十二五”规划，总投资180亿元。工程建设从凤凰岛岸线开始，由东向西分别建6个泊位；同时，配套建设出入境联检厅、旅客候船大厅、酒店、海港商业城、邮轮会所、海员俱乐部等。工程完工后，可同时停靠6艘邮轮，年接待游客能力达到200万人次以上，年进出港邮轮可达800—1200航次。

继1996年1月1日中国休闲度假旅游年开幕式、2009年中国生态旅游年开幕式在三亚举行之后，2013年中国海洋旅游年开幕式又在三亚举行。随着人们生活水平的提高以及向往海洋、探求海洋、体验海洋、享受海洋的愿望越来越强烈，三亚旅游业必将迈向更广阔的海洋，承担起中国海洋旅游的探路重任。

（三）热带兰花产业的兴起和国际“兰博会”的连年举办

三亚的自然条件十分适宜热带兰花生产。在建设热带滨海旅游城市的大背景下，兰花产业于三亚迅速兴起。兰花栽培不仅具有较高的经济效益，而且还带来良好的生态效益和社会、文化效益，与海南建设生态省的目标相得益彰。

为鼓励兰花产业的发展，三亚市政府对地处三亚的市级、省级和国家级兰花示范基地给予占总投资额10%～20%的资金支持。对于实行集约化生产的兰花栽培龙头企业，三亚市政府给予重点扶持，并且通过“龙头企业+花卉合作社+农民”的方式，实现企业与花农共赢。花卉企业分别联系各区镇示范户、合作社，按“五统一分”的要求对花卉农户进行管理，即统一种苗、统一农资、统一标准、统一品牌、统一销售和分散种植。三亚市鼓励企业开展热带兰花快速繁殖育苗、杂交选育新品种、产业化栽培技术等方面的研究。凡建立省级兰花重点实验室或兰花研究所、研究中心，按总投资额的30%给予一次性扶持；达到国家级标准的，按总投资额的40%给予一次性扶持。对那些市场前景广阔、成果转化能力强的新品种，每个品种奖励20万元。三亚全市已建立3个花卉种苗培育中心，培育出了100多个优良品种。

兰花产业成了三亚对外交流、吸引世界宾客的又一个文化窗口。2006年至2013年，三亚连续举办了7届国际兰花博览会，参展单位所属的国家和地区，几乎囊括了世界五大洲。

（四）构建“大三亚旅游圈”

构建“大三亚旅游圈”的设想，早在三亚升为地级市后就提出来了。周边市县既有较多旅游资源，又有较大发展空间，将其纳入三亚区域统筹规划，实现琼南片区共同发展，放大中心城市的带动作用，可以相得益彰。2013年10月26日，琼南7市县，包括三亚、保亭、陵水、五指山、万宁、乐东、东方，正式结成“大三亚旅游圈”；当年12月18日，“大三亚旅游圈”旅游合作联盟正式成立。联盟市县将致力于整合区域间旅游资源和文化资源，联手开拓客源地市场，共同规范区域旅游市场秩序，建立旅游人才培养交流机制，提高区域旅游服务竞争力，推动区域旅游无障碍交通。

“大三亚旅游圈”以三亚为中心，向琼南各市县辐射。旅游圈中，南部是滨海港湾，北部为高山森林，中部属丘陵地带，避寒冬泳、避暑养生、农家田园、民族风情、山海景观都具备。而且经过多年建设，高速公路、高等级公路网已形成，往来畅通无阻。旅游圈内有 110 多个风景点，可根据其分布特征，满足各种兴趣的旅游者的需求。“大三亚旅游圈”旅游合作联盟的成立，展现了海南南部共同发展成为国际性旅游度假胜地、实现区域经济一体化的美好前景。

（五）离岛免税购物政策的实施

2011 年 3 月 24 日，财政部发布《关于开展海南省离岛旅客免税购物政策试点的公告》。当年 4 月，三亚领先正式启动离岛免税政策试点。海南因此成为世界上继日本冲绳岛、韩国济州岛和中国马祖、金门之后，第四个实施这项政策的区域。2012 年 10 月，财政部对海南离岛免税购物政策进行调整，离岛免税购物限额由原来的 5000 元提高到 8000 元。离岛免税购物政策，是对海南国际旅游岛建设影响广泛的政策之一。位于市区的三亚市免税店开张营业近 2 年（至 2013 年年底），共接待顾客 784 万人次，免税品营收 39.1 亿元，缴纳税收 5.8 亿元。2012 年中国免税品（集团）有限责任公司三亚免税店的销售额，占到三亚社会消费品零售总额的 20%。离岛免税购物政策的实施，不仅吸引大批国内外游客到三亚旅游度假，而且对三亚税收的贡献率也跃居各行业之首。世界最大的免税综合体——中免集团三亚海棠湾国际购物中心总投资超过 50 亿元，总建筑面积 12 万多平方米，营业面积约 7 万平方米。其中，免税区域的面积达 4.5 万平方米，集免税购物、餐饮娱乐、文化展示等功能于一体，是全球最大的单体免税店。它于 2014 年建成开业，成为中国汇聚国际顶级品牌最多、档次最高的大型免税商场，带动和提升了三亚免税行业整体的品质、规模以及综合运营能力。

三、推动创新创意高端产业的开发

在以国际化的眼光大力发展热带滨海高端休闲旅游服务业、巩固和提升传统优势产业的基础上，三亚努力发展新兴的高增值产业，诸如智慧产业、总部经济和金融服务业等，作为调整产业结构的一大举措。这些产业有共同的特征，一是高增值，二是低污染，可以满足三亚对绿色崛起的期盼。中共三亚市委、三亚市政府利用 2009 年举办中国生态旅游年开幕式的机会，明确提出发展创新创意产业、总部经济、海洋旅游等新业态，进一步优化产业结构，实现城市结构转型。三亚期望通过优化产业结构，提高资源利用率，将创新创意产业培育为三亚社会经济发展的新的增长极，形成旅游和创新创意产业多极增长的战略机制。

三亚优美的生态环境，最适宜从事科研创新、文化创意、构思设计等智力、智慧型工作，最适宜培育总部经济、智慧产业和金融服务业等新兴产业。创新创意产业既有利于环保，又可充分利用国际旅游带来的人脉资源，为三亚撑起另一片产业聚集天地。

在这一思想指导下，三亚成立了创意产业园管理委员会，作为市政府派出机构，负责对田独、荔枝沟、南山、梅山 4 片工业区实行统一规划、统一管理、统一开发，重点抓好崖州湾创意产业城、吉阳动漫产业基地和海棠湾的惠普 3D 动漫园建设，同时推进总部经济，引进更多的金融服务业入驻。

（一）引进智慧产业，建设创意产业城

创意产业城位于崖城镇崖州湾滨海一带，占地面积 12 平方公里，是集生态型、智能型、高效型、创新型、复合型、信息化、国际化等特征于一体的新型高科技产业园区，总投资 100 多亿元。参与开发的主要股东，是深圳中兴维先通信设备有限公司、深圳聚贤投资有限公司、深圳中兴发展有限公司等。

创意产业城的开发建设，按照《三亚科技创意产业发展规划》《三亚市崖州湾总体发展规划》进行。它以技术密集、人才密集为特征，是第二、三产业在高端层次上的有机融合，具有广阔的发展前景。三亚负责做好进入园区的项目和单位的资格审查审批，负责园区项目的招商与对外交流合作。园区的管理，重点在抓好优惠政策的配套实施，加快高新技术人才引进，吸引国际知名企业或企业联合体抱团入驻，形成聚集效应，建成创意性工作与休闲式生活有机结合的园区。现已有中兴通信研发中心、联想产业园、惠普科技园、丰华科技软件研发基地、蜗牛创意新区、海云天网络企业、中石油、中核建企业、海南省微电子信息产业基地、南山电子信息产业基地、用友三亚软件产业园等高新科技企业在此发展。三亚的目标是把创意产业园建成新兴产业的聚集地、低碳产业的示范地，把崖城地区建设成为陆海统筹的历史文化和新兴产业文化相结合的城区，培育三亚经济发展新的增长极。

为吸引智慧产业入驻园区，三亚启动高新科技产业投融资平台，注重落实项目跟进投资、项目风险投资、贷款贴息、财政扶持补贴、引进人才奖励等各种优惠政策，加快推进已签约进入创意产业城的项目建设，尽快形成具有比较优势与核心竞争力的产业集群。

（二）积极推进总部经济发展

总部经济是现代经济发展的重要业态，也是国际化城市的综合竞争力和现代化水平的重要标志，可为区域发展带来可观的税收、消费、就业等多重经济效益。发达的旅游胜地，不仅要靠观光、休闲旅游谋求发展，还要依赖其良好的环境吸引大企业总部或分支机构入驻，形成总部经济，这是持续发展的源泉之一。三亚具有自然资源和旅游度假区的优势，有条件发展休闲商务总部园区、打造企业绿都。三亚市政府出台了《培育促进总部经济发展暂行规定》，积极引进机构总部和区域总部落户三亚。对总部或地区总部入驻三亚的企业，在用地和税收、行政事业性收费等方面给予优惠，鼓励各类国际性、全国性、大区域性总部和总部企业入驻三亚或在三亚设立分支机构。现有美国亚升技术公司、亚洲太阳科技有限公司、大唐电讯、威盛电子等企业签约。中国邮轮产业大会移师三亚，亚洲首个国际数学论坛落户三亚，三亚·财经国际论坛也将永久会址确定在三亚。亚洲金融合作联盟、国家开发银行、民生银行在三亚设立分行和机构，远洋地产、美亚航空总部、南航区域总部、国家南繁科学技术研究院、教育部考试中心教育考试南方命题基地、中国海南农业科学城等也进驻三亚。

（三）鼓励金融业创新服务

金融产业是现代经济的核心和重要杠杆。三亚市政府制定了《支持金融业发展若干规定》，鼓励金融机构调整和优化网点布局，完善服务设施，推动建设农村商业银行等地方性金融机构；加大金融创新力度，开展房地产投资信托基金跨境贸易、离岸金融等业务，鼓励保险机构创新旅游保险产品。尤其着力引进境内外各类金融机构，吸引各类基金注册于三亚，力争将金融业发展成为三亚经济的支柱产业之一。随着三亚的经济总量和资金资源越来越大，各金融机构从其商业布点的完善性和挖掘商业潜在资源方面出发，都期待在三亚有所作为。亚洲金融合作联盟已在三亚举行启动仪式，并永久落户三亚，开启了中小金融机构在三亚谋求抱团发展的共赢之路。阳光人寿保险总部也入驻三亚。作为全国首批二级分行，国家开发银行股份有限公司三亚分行、民生银行三亚分行先后在三亚开业运营。2013 年上半年，三亚全市金融机构本、外币存款余额 806.62 亿元，贷款余额 582.51 亿元。三亚目前已拥有 9 家商业银行、20 家保险机构和 6 家证券营业部。很多大型的基金公司把投资大会和客户咨询会议放在三亚举行。三亚优美的城市环境有利于金融服务业的发展。

四、大规模建设热带特色农业基地

在建设海南国际旅游岛的战略规划中，发展热带现代农业是重要的任务之一。三亚坚持以农产品出岛为导向，以提高现代化、产业化水平为核心，优化种养结构和区域布局，加大强农惠农、科技兴农力度，提高农民专业合作社和专业协会的组织化程度，大力发展农业龙头企业，走集约化、设施化、标准化、精细化、生态化、品牌化的现代农业发展之路，高水平建成国家级的冬季瓜菜基地、热带水果基地、天然橡胶基地、南繁育种基地、渔业出口基地和无规定动物疫病区前提下的畜牧业基地。

（一）按绿色崛起蓝图发展热带特色现代农业

发展热带特色现代农业，三亚的主攻方向是：

在业态选择上，稳定水稻生产，重点发展观光农业、南繁育种、热带水果、热带花卉、冬季瓜菜、畜牧养殖。

在时空布局上，坚持“适宜地区重点发展，潜力地区充分挖掘，空间资源全能利用，集中连片规模发展”。每年冬季集中力量种植瓜菜，使之成为农民增收的黄金季节；然后坚持常年加大投入，改善农田水利，改良土壤，壮大设施农业，增大农民机械化耕作的比重。

在发展循环经济上，采取“种植—饲料—养殖”产业链、“养殖—废弃物—种植”产业链、“养殖—废弃物—养殖”产业链、“生态兼容型种植—养殖”产业链、“废弃物—能源或病虫害防治”产业链等多种发展方式，并大力推广利用沼气，满足农民生活需求。

在做大产业规模上，加强标准化绿色无公害果蔬生产基地建设，使三亚成为全国冬季菜篮子基地的重要组成部分。大力扶持龙头企业，提升“设施农业+产业化+工厂化”的生产水平，鼓励农户以土地承包经营权、资金、技术、劳力等生产要素入股龙头企业，实现龙头企业同农户多种形式的联合与合作，使更多农户在农业产业化的过程中得到红利。推动专业合作社、行业协会之间的宽领域、深厚度合作，不断扩大农业产业规模，实现农、工、商一体化与产前、产中、产后一体化。

在整合产业资源上，将农业与生态旅游、休闲旅游相结合，把旅游农业从纯观光引导向休闲度假、农业科考等方向发展，打造农村旅游服务品牌，提升三亚旅游业对区镇农民致富的贡献率。

在科技惠农上，提高农产品的科技含量，推广薄膜覆盖、塑盘育苗、设施节水灌溉、嫁接苗、防虫网大棚等技术，引进新品种，利用科技手段提高农产品产量和品质。利用南繁基地在三亚打造中国“种子硅谷”的历史机遇，借助其科技人才优势，定期开展农业科技培训。

在优化农业服务平台上，利用现代信息技术手段，建立和完善农业信息服务体系。发展农产品电子商务等现代流通交易，建立生产与消费有效衔接机制，形成灵活多样的农产品产销模式。同时，大力发展订单农业，推进生产者与批发市场、农贸市场、超市、宾馆饭店、学校和企业的食堂等直接对接，形成稳定的农产品供销关系。

（二）热带特色现代农业基地建设全面提速

1. 推动产业化、组织化经营

自 2007 年 4 月 17 日三亚第一个农民专业合作社——海棠湾镇湾

坡鸭农民专业合作社正式挂牌成立后，全市农民专业合作社纷纷建立，涉及种植业、畜牧业、林业、渔业、农产品流通等行业，带动了1.2万户农民参与其中。这些合作社大多有龙头企业从中带动，各自培育自主品牌，形成“兴一项产业，活一地经济，富一方农民”的新型的产业化、组织化农业经营。2007年至2011年，三亚全市共有15家农业龙头企业，带动成立农民专业合作社264家，其中省级示范社10家。2010年起，三亚市政府每年投入资金，有针对性地扶持合作社实施农超对接、品牌建设、有机认证、营销网络建设等。依托龙头企业、农民专业合作社的辐射和牵动作用，把分散经营的农户与按市场规律运作有效链接，实现了农产品的批量上市，带动了产业规模化经营，从而降低了农产品交易的市场风险和交易成本，为三亚农业产业形成产供销一条龙、贸工农一体化的格局奠定了基础。

2. 推进农业设施建设和高标准基本农田建设

三亚把“设施农业+产业化”作为发展热带特色现代农业的重要抓手。设施大棚种植面积从0.6万亩发展到3.5万亩。在17万亩冬季瓜菜种植面积中，2012年设施栽培的面积已达4万亩，另外，新建常年标准化设施的菜篮子基地3000亩。在推进农业重点项目建设过程中，三亚严格按照“设施农业+产业化”的要求，突出特点，调整结构，加大扶持，改造传统农业经营，发展新型农业如兰花和玫瑰花等热带花卉产业，努力建设好中国的“种子硅谷”。

3. 重点建设农产品营销网络

三亚注重建设农产品销售网络，开拓北方国内市场和西亚国际市场。在全国各地共设立17家农产品流通办事处，从事农产品销售服务。同时，实施“商标富农”工程，完成注册农产品商标21个。为确保农产品销售信用，已建成4级农产品质量安全检测体系，实现了三亚瓜菜从田间地头到出岛上市全过程的监控检测，做到出岛瓜菜100%检测、100%凭证出岛，保证消费者吃到放心菜。

三亚全市已建成无公害农产品生产基地52个、绿色农产品基地1个、有机农产品基地6个，无公害瓜果菜种植面积达16.5万亩。通过海南省无公害认证的农产品品种有 16 个，绿色食品品种有 16 个，有机农产品品种有 8 个。

4. 全面落实惠农政策

2006 年起，中国取消了农业税。国家对农业生产的补贴，包括粮食补贴、农资综合补贴、良种补贴、农机购置补贴等，实施力度日渐加大，调动了农民的生产积极性。2007 年后，三亚在设施农业建设中，已投资 2.25 亿元增建设施大棚 1.65 万亩，种植面积 3.5 万亩，年总产值 3.96 亿元，约占农民年人均纯收入的 10%，成为农民增加收入新的增长点。2009 年后，农民年人均纯收入增幅明显。

在全面落实惠农政策的同时，还整体推进扶贫攻坚。共投入 2.354 亿元，扶持三亚全市 19 个行政贫困村发展生产和改善生活条件。有 3.7 万农民受益，1980 户脱贫致富，19 个村庄改变了面貌。

五、稳步推进城乡一体化建设

小康不小康，关键看老乡。三亚建市以后始终不渝推进热带滨海旅游城市建设，城市化取得了日新月异的进步；但是，三亚仍有 30 万农村人口，也就是说，常住人口的近一半是农民。在建设海南国际旅游岛的过程中，如何实现农民收入倍增，同城市居民一体提升幸福指数，是题中应有之义。在强调实现农业增产、农民增收的同时，三亚有针对性地稳妥推进新型城镇化，统筹城乡一体化建设，推动公共服务均等化，让农民变市民。

2008 年 12 月，中共海南省委五届四次全会确定三亚为全省开展城乡一体化建设试点，为全省城乡统筹和城镇化建设探索新路、提供经验。2009 年 3 月，三亚出台了《关于加快统筹城乡发展的决定》，确定从统筹城乡土地利用、统筹城乡基础设施建设、统筹城乡劳动就业、统筹城乡社会事业发展、统筹城乡社会保障事业发展、统筹城乡旅游布局、统筹城乡文化发展 7 个方面努力，吹响推动城乡一体化建设的号角，加快城镇化的进程。2012 年年初召开的中共三亚市第六次代表大会进一步明确提出，在建设国际热带滨海旅游城市的进程中，要扎实推进城乡统筹发展，在资源配置、基础设施建设、城镇建设、基本公共服务均等化等方面，逐渐形成城乡一体化新格局。为推进城乡均衡发展，三亚投下数以百亿元计的巨资；仅 2012 年，三亚就斥资 66.6 亿元，推进此项工作。经过 5 年的实践，三亚在城镇化多个领域获得了重要进展。1984 年三亚建市时，城镇化率仅为 12.29%，低于全国平均水平 10.72 个百分点；至 2013 年，三亚的城镇化率已达到 68.89%，高于全国平均水平 15.16 个百分点。

推动新型城镇化，三亚的路子是：以人为本，规划先行，改善民居，培育产业，绿色发展，宜居宜业。总的目标是：通过以现代农业增加产业收入、以非农经济增加经营性收入、以改善民居增加财产性收入、以促进就业增加工资性收入、以财政补贴增加转移性收入等方式，促进农民增收。

三亚建市以来，越来越多投资三亚的项目，在发展中将周边百姓融入产业，农村富余劳动力得到一定程度的转移和吸纳。三亚也鼓励农民进城务工经商、创业安家。但是，三亚的农业人口比例大，乡村情况不一，在推进城镇化过程中，不能只有“洗脚进城”一种模式，更主要的要靠“就地城镇化”的方式，通过改善和提升城乡发展的综合环境，创造条件让农民就近就业创业，同时加快推进城乡之间的基本公共服务均等化，逐步完成从农民到市民的转变，并最终成为拉动消费的新的生力军。

（一）统筹配置资源，促进区域协调发展

城乡一体化的关键是均衡有序地合理配置各种资源，促进城乡协调发展。区镇功能单一、缺乏产业依托、资源得不到充分开发利用，是限制三亚区镇发展的主要因素。三亚从统筹旅游城市建设的实际出发，要求各区镇改善和提升城乡发展的综合环境，包括基础设施环境、生态环境、人文环境、政务环境等等。通过好的环境，引领资金、技术、人才等生产要素，流向区镇乡村，把滨海开发与腹地开发有机统一起来，由沿海向腹地布局，由城市向农村延伸。在这一大的方向之下，各区镇结合自身发展实际，从不同侧面提出了可操作的、得到广大村民认可和拥护的发展规划，并认真加以实施。

中共三亚市委、三亚市政府对三亚所属6个镇，提出了各区域调整产业结构、协调产业发展的要求：吉阳镇重点发展居住、商业服务，强化交通枢纽功能；凤凰镇以发展城郊型农业和旅游产品加工业为主，形成三亚中部旅游服务基地；海棠湾镇撤镇设区，建设好休闲度假的“国家海岸”；天涯镇靠近天涯海角风景区，重点建设成为特色旅游小镇；崖城镇打造以创意产业、文化旅游、现代物流为主的西部城区；育才镇重点发展热带现代农业、林业和森林旅游，切实加强生态涵养区保护。各镇在做精做优传统特色产业的同时，通过项目落地发展高附加值产业，为城镇化建设提供产业支撑。

在加快城镇产业结构调整的实施过程中，三亚从重点抓好吉阳镇和崖城镇做起。

吉阳镇自进入21世纪以来通过发展花卉产业，组织农户种植兰花和玫瑰花，改变了传统产业结构和生产经营方式。亚龙湾片区的博后村、六盘村的“亚龙湾国际玫瑰谷”项目，已建成集玫瑰种植、玫瑰深加工、玫瑰婚庆、旅游休闲度假为一体的现代都市农业旅游观光园。镇里筹措资金1.2亿元，采取“政府+公司+合作社+农户”的方式，重点扶持从事花卉产业的5个农民专业合作社。以旅游观光、花卉生产为特色的热带花卉产业，已成为该镇绿色崛起的新亮点。玫瑰花生产项目已逐步成长为吉阳镇的支柱产业，也是“美丽三亚，浪漫天涯”城市名片的形象展现。习近平总书记视察过的玫瑰风情产业园，成为现代农业和旅游观光相结合，从而带动周边农户就地城镇化的示范点。当地农户以土地入股并在公司就业，连工资、土地租金和各项福利在内，年均收入可达7.5万元以上。

崖城镇采取海、城、湾、腹地一体化的海陆统筹发展战略，以发展海洋产业、培植新兴产业、扩大旅游优势、升级农业发展为主攻方向，争取逐渐形成八大产业发展片区：创意新城片区，保港南海中心渔港片区，梅山海洋产业片区，盐灶滨海主题旅游片区，梅山空港配套片区，热带农业硅谷片区，南山国际文化旅游片区，腹地生态旅游片区。崖城镇的历史文化资源丰富，历来是传统农业产区。通过新的产业布局，以多元产业为支撑的“产业新城”和以低碳技术为标准的“示范新城”的出现，将使古城焕发新的青春。

在加快各区镇总体规划的实施中，三亚集中力量推进风情小镇建设，把建设风情小镇同壮大区域经济、改善群众生活条件结合起来，进一步实现农村城镇化。在海棠湾“国家海岸”旅游区的建设中，海棠湾龙海风情小镇的各项配套设施已基本齐全，包括商业水街、旅游商业街、家庭旅馆、经济酒店、购物商场、美食广场等特色建筑。在三亚城区，则结合海坡、鹿回头、三亚湾、月川等现代化综合型社区的形成，带动城中村、城边村改造，找准可持续发展的产业，实现就地城镇化。

（二）推进城乡公共服务均等化

完善覆盖城乡的社会保障制度等措施，不仅关系到社会公平正义，也是实现经济可持续发展的保证。城乡居民机会平等、城乡居民享受公共服务的机会尽可能均等，是城乡一体化的重要标志。多年来，三亚结合各区镇项目开发和旧城改造，从教育、医疗、公共文化、公共交通、基础设施、就业和社会保障、生态环境建设 7 个方面推进城乡衔接的一体化基本公共服务，实施了路、电、水、讯、气、房和优美环境七到农家工程，加快农村综合改造，着力提高城镇化的质量。仅 2012 年，三亚城乡“7 个一体化”基本公共服务预算内外安排的资金即达 66.6 亿元。村民进城顺畅了，三亚各村委会的公交车开通率已达 73%。

三亚在海南全省率先基本实现各项社会保障城乡居民全覆盖。2013 年，三亚城镇从业人员 5 项保险参保率达 98%以上。城镇居民社会养老保险、新型农村社会养老保险参保缴费率达 98%；实行城乡统一的居民医疗保险制度，参保率保持在 99.9%，基本实现全覆盖。市政府、区镇政府积极支持重点医院和基层卫生服务机构完善医疗设施，社区卫生服务网络和行政村卫生室覆盖率均达 100%，构筑了比较完整的城乡医疗救治康复网络体系，基本实现了小病不出村，轻病不出区镇，重症、难症市里能够解决。

（三）创新农村社会管理体制

加强农村社会管理，是推进新型城镇化的必要社会前提。三亚积极促进社会管理体制的创新，完善党委领导、政府负责、社会协同、公众参与的社会管理格局。各区镇乡村强化自治与服务功能，引导村民自觉参与村务管理，构筑文明共治平台，共同营造良好的城镇化发展环境。各区镇特别注重抓好规划管理、土地管理、卫生管理、交通管理、治安管理、计划生育管理、流动人口管理、农贸市场管理、公共设施管理等，解决社会管理中的难点、热点问题，形成文明治理格局，构筑和谐村寨。三亚全市有文明生态村（村民小组）676个，覆盖率已达75.9%。

在加强乡村社会管理中，各区镇注重集体土地规范有序管理体系和农村剩余劳动力就业服务体系建设。在保护与尊重农民承包权和宅居地权的基础上，引导土地、资本、技术、劳力等生产要素合理流动，提高土地资源利用效率，助推城镇化。同时，通过积极开展就业培训，多渠道解决好农村富余劳动力转移就业，实现农民变市民。

（四）城乡一体化取得初步成效

在城市中心的强力辐射和带动之下，三亚乡村的城镇化一直在稳步推进。农村居民收入不断增长，城乡差距逐渐缩小，城乡发展已越来越趋向均衡。

三亚市区以西是凤凰镇，这里原是古老的伊斯兰教回民聚居区，原称羊栏镇。因为建市后附近修建了凤凰国际机场，三亚湾的“椰梦长廊”也延伸到此，后来在乡镇合并中改称凤凰镇。古老的羊栏镇已被建设成为紧靠城市中心区的伊斯兰风情小镇，回民过上了好日子。凤凰镇再往西，是三亚著名的天涯海角风景区。天涯镇就在附近，旅游服务业成为该镇的热门产业。沿西线高速公路再往西走，便是南山佛教文化苑旅游区，附近有高尔夫球场，有万亩果园。南山佛教文化苑再往西北20多公里，就是三亚历史文化古城——崖城。古老的崖城如今正在建设高科技“创意城”，三亚最大的冬季瓜菜生产基地和南繁育种基地也在这里。从崖城再往西走，是梅山老区（梅山革命根据地所在）。这是一片尚在规划中有待开发的海湾、三亚西部唯一保存的原生态黄金地段，环岛西部高速公路通过这里，正在修建的岛西高铁也将通过这里。这里将要进行的城镇化建设，会有更为精彩的后发优势。

三亚城市中心区以东，建市前居住在鹿回头岭下的，是以黎族为主、黎汉杂居的鹿回头村民，原来有1000多人，靠种田、打鱼为生。现在，这里已建成鹿回头半岛风景区，昔日低矮的民房已全部被高端酒店、滨海别墅、社区住宅所取代。翻过鹿回头岭的红沙村，这里的海岸线已经被开发成为大东海旅游风景区，沿岸星级宾馆林立，鹿回头、红沙村一带已成为三亚建市后较早被城镇化、城乡一体化的地区。从榆林、红沙再往东是田独古镇，今称吉阳。这里是三亚东部的交通枢纽，多条公路在此汇集，通往五指山市和亚龙湾必经此地，来往游人如织。从田独再往东走，便是亚龙湾国家度假休闲区；再沿海岸线往东走20多公里，便是“国家海岸”——国际度假休闲中心海棠湾。亚龙湾、海棠湾的背后，是成片的瓜菜基地、橡胶基地、水果基地，以及椰子、槟榔、胡椒等热带经济作物种植基地。这里的国有农场和乡村，房前屋后绿树成荫，供电供水、电信网络、广播电视与城市无异，生活舒适幽静。住在这里的农民和农场职工，精神生活与物质生活已逐渐与城市融为一体。

三亚城市中心区以北，原来多是山岭和丘陵，有育才镇和多个国营农场分布在此。三亚设市后，这里建起了琼州学院三亚学区、三亚学院、三亚航空旅游职业学院等多所高等和中等学校，还有几十个从事高科技产品研发的公司和机构，成了三亚的科技文化区。三亚环岛高铁车站也建在这里。在其背后，紧挨着的荔枝沟，早已建成“农民+农场”的观光农业、绿色农业基地，城镇化已有较好的基础。

三亚良好的乡村城镇化趋向已经形成，但城镇化是一个稳步渐进、逐步提高的过程，不可能急功近利，城乡统筹仍需“精耕细作”。

城镇的产业依托仍然薄弱，产业培育需要时间，城市带动能力尚且有限；农业集约化、标准化、组织化、产业化的水平偏低，城乡之间的基本公共服务还存在差距。可喜的是，2014 年 2 月，国务院已批复三亚撤镇设区，三亚将作为一个整体的城市来规划、建设和管理。以此为契机，三亚将加快推进城乡一体化建设步伐，实现新型城镇化的新突破。

第五节　建市 30 年的历史巨变

2014 年是三亚建市 30 周年。建市后的 30 年，是三亚历史上发展最快、变化最大的 30 年。三亚发生了历史性的巨变，从一个默默无闻的边陲小县变成了具有较高国际知名度、美誉度的新兴旅游城市。在其发展历程中，特别是 1987 年成为地级市以后，三亚始终坚持旅游兴市、绿色发展、改革开放、开拓进取，朝着建设国际性热带滨海旅游城市的目标，协调推进经济、文化、社会和生态文明建设，在旅游服务业的带动下百业兴旺、日新月异。

一、城乡经济实现跨越式发展

升为地级市之初，三亚虽然历经中共十一届三中全会之后近 10 年的改革开放有所发展，但仍然没有摆脱农业小县的格局。第一产业占到国民经济的 52%，经济规模小，城市基础设施薄弱，面临百业待举的局面。经过升为地级市之后前 10 年的曲折起落，在打基础中积累了后期发展的潜力。到 20 世纪 90 年代后期，借助中国经济崛起的大好形势，三亚经济社会开始跨越式发展。到 2013 年，无论是地区生产总值、地方财政收入，还是固定资产投资，与升为地级市之初相比，都有百倍以上的增长。城市职工平均工资和农民人均纯收入也随之水涨船高，大幅度增加。经济的突飞猛进和财政收入的迅速增长，使农业投入和科技、教育、卫生、社会保障等支出大幅提高，促进了三亚经济社会的均衡发展。

1987~2013 年三亚市国民经济增长一览表

年度	地区生产总值		地方财政收入（亿元）	城市在岗职工平均工资（元）	农民人均纯收入（元）	固定资产投资（亿元）	备注
	总量（亿元）	人均（元）					
1987	3.6	1094	0.1791	1319	444	0.84	
1992	8.5	2257	0.972	2908	847	7.8	
1997	26	6030	2.2	6474	1758	118	固定资产投资为 1993 年后 5 年累计
2002	46	9319	3.35	11043	2781	79	固定资产投资为 1998 年后 5 年累计
2006	108.9	20000	10.09	9416	3850	180	固定资产投资为 2003 年后 4 年累计
2011	286	56500	50	20068	7580	355	2007 年后 5 年，累计固定资产投资 1136 亿元
2012	330.75		60.25	23295	8825	430.34	
2013	373.21	64940	67.5	25460	9795	523.29	2007 年后 7 年，累计固定资产投资 2089.63 亿元

从上表可以看出，三亚从 2002 年以后加速发展，而 2007~2013 年则是迅跑的 7 年。在这 7 年里，全市地区生产总值年均增长 19%，2013 年达到 373.21 亿元（含农垦）；全社会固定资产投资年均增长 20%，2013 年达到 523.29 亿元；社会消费品零售总额年均增长 27%，2013 年达到 123.48 亿元；地方财政收入在 2013 年达到 67.5 亿元，其中税收收入 58.68 亿元。据中国社会科学院的调查显示，进入 21 世纪之初的头 10 年里，全国 294 个地级市中，以成长速度排名，三亚名列第三。

二、城市面貌焕然一新

三亚中心城区已由30年前的5平方公里多，扩展到2010年的45平方公里。市区人口由30年前的4万多人，增至2011年的28.2万人。原来仅有的一条主街——解放路，已建成商业街；与之交错的，建成四横四纵的八条大街。站在鹿回头山顶鸟瞰三亚市区，穿流而过的三亚河、临春河两岸，已全是新建或改造过的街区、商店、宾馆、公园、绿化带，高层建筑鳞次栉比。两河汇入的三亚港，紧连停靠万吨邮轮的凤凰岛。凤凰岛与三亚湾中的西岛、东岛，以及20多公里长的三亚湾海岸，构成了三亚城市的中心景观。三亚湾滨海大道多年来坚持绿化、美化、亮化，上百座风格各异的海湾宾馆、别墅、写字楼沿着大道摆开，点缀着海岸与“椰梦长廊”，成为三亚城市中心区最迷人的地方。

三亚以服务居民生活和国际热带滨海旅游业发展为目标，对城市环境进行了综合整治，建设高标准的城市基础设施，完善城市功能。四通八达、快速便捷的海陆空立体交通网已经形成。2007~2011年的5年间，凤凰国际机场二期扩建、东环铁路三亚站和亚龙湾站等重大基础设施建成启用，西线高速公路至天涯海角、鹿回头海景大道至河西路等市区道路改造均已完成。三亚河上架起5座大桥：三亚桥、彩虹桥、新风桥、月川桥、金鸡岭桥。供水、供电、供气和市政设施超前发展，满足了企业和家庭需求。通信设施实现了国际化和现代化，可直接与200多个国家和地区以及国内900多个城市联络。生态建设的各项指标均达到或超过全国生态示范区一类标准。

三、以旅游服务业为龙头的多项产业协调发展

（一）旅游业龙头地位确立

2013年，三亚全年接待过夜游客1228.4万人次，占海南全省旅客接待总量的33.2%。其中，接待国内游客1180.21万人次、入境游客48.19万人次。全市旅游总收入达233.33亿元，占海南全省旅游总收入的55%，占三亚当年全市地区生产总值的62.52%。旅游业已成为三亚经济发展中的龙头产业。

三亚旅游服务业在三次产业中所占的比例，随国际热带滨海旅游城市建设的推进而逐年提高，至20世纪末占绝对优势，而第一产业所占比例则逐年下降。

1987年，三次产业的比例为52∶20∶28；

1992年，三次产业的比例为32∶33∶35；

1997年，三次产业的比例为32∶27∶41；

2002年，三次产业的比例为33∶19∶48；

2006年，三次产业的比例为23.8∶25.9∶50.3；

2013年，三次产业的比例为13.3∶19.8∶66.9。

2006年以后是三亚旅游业的迅猛发展期。2011年，三亚全市接待过夜游客即从2006年的454.9万人次猛增到1000万人次，旅游总收入从65.4亿元增长到157亿元。作为三亚旅游的进出门户，凤凰国际机场已开通201条航线，与国内外110个城市通航，2011年的旅客吞吐量首次突破1000万人次，2013年完成1200万人次，高峰期的日出入港客流量达6万人次以上，正式跻身大型民用航空港的行列。

新建的高星级酒店增加，服务水平和接待能力不断提升。2013年，三亚全市列入统计的旅游宾馆（酒店）为241家，其中五星级酒店12家、四星级酒店18家、三星级酒店15家。按每万名常住居民平均拥有的高标准客房量计算，三亚位居全国各城市之首。喜来登、希尔顿、凯莱、凯悦、凯宾斯基、雅高等国际知名酒店管理集团陆续入驻三亚，亚龙湾成为亚太地区国际知名度假酒店最为集中的区域。定位为“国家海岸——国际休闲度假区”的海棠湾，后起居上，已有13家高端酒店进入。

三亚已拥有5A景区2处、4A景区6处，高端旅游产品日趋丰富。2014年4月24日，世界旅游旅行大会在三亚海棠湾“国家海岸”旅游度假区召开。世界三大旅游业组织（联合国世界旅游组织、世界旅游业理事会、亚太旅游协会）的主要负责人，以及来自62个国家和地区的800多名嘉宾出席会议。与会人士一致评价海南三亚是中国旅游的一张名片；通过这次盛会，三亚的旅游业增添了更多的国际元素。

（二）商贸业和金融业逐年攀升

随着旅游业的繁荣，三亚的商贸流通业也迅速发展，国有、集体、个体、外资、合资、独资并起，兴办以商业、餐饮业、服务业为主要内容的第三产业，满足游客和当地居民的需求。三亚全市有各类商品交易市场37个，其中城市13个、农村24个。出现了各种新型业态和经营形式，连锁经营、专卖店、货仓式超市等从城市向乡镇延伸，以连锁经营、物流配送为代表的现代流通方式得到推广应用。2013年，三亚全年的批发和零售业商品销售额达203.22亿元。进出口贸易也不断增长，全市具有进出口经营权的企业为28家，2013年全市对外贸易企业的进出口总额为1.5亿美元。出口商品主要有海水产品、农副产品、茶多酚系列产品、金银首饰、轻工业产品、五金矿产品等，三亚本地产品占出口总额的80%。主要贸易对象为日本、美国、韩国、中国香港、中国台湾等20多个国家和地区。

旅游业的兴旺促进了金融业的发展。三亚全市共有金融机构56家，其中商业银行9家、非银行金融机构47家。银行业、邮政储蓄业、保险业、证券业、信托业、典当业等各业并举，形成多功能、多元化、多种经营、公平竞争的金融体系。三亚全市的金融服务网点已达到170多处。国家开发银行股份有限公司三亚分行、民生银行三亚分行、三亚农村商业银行等多家金融机构挂牌开业。三亚首个股权投资基金管理公司获准注册。金融形势保持稳定，2013年，金融业实现增加值36亿元，增长38.2%。三亚全市金融机构本、外币存款余额930.89亿元，同比增长37.6%；贷款余额613.64亿元，同比增长101.1%。

（三）房地产业适度、可控发展

进入21世纪以来，三亚的生态环境优势，每年都吸引大量北方民众前来过冬避寒。据不完全统计，每年前来三亚过冬避寒者约有30万人之多，来自东北地区者就在20万上下。许多人在三亚购置房产，促进了三亚旅游房地产业的发展。“十一五”（2006~2010）规划期间，三亚逐步加大了土地资源储备和运营力度，房地产业开发累计投资391亿元，年均增长50%，比预期目标高36个百分点。国务院《关于推进海南国际旅游岛建设发展的若干意见》颁布之后，三亚的房价曾一度过快上涨。三亚市政府迅速出台了调控措施，保证了三亚房地产业适度、可控发展。

三亚的房地产市场是一个全国性的市场，85%的购房者来自海南岛外。为了实现房地产业的适度、可控和可持续发展，三亚市政府加强了土地资源管理，严格控制规划指标，按规划合理配置土地资源，控制土地供应总量。近年来，适当提高了房地产开发项目的审批门槛，着重发展休闲度假置业型的旅游房地产，同时兼顾三亚市民的改善住房条件需要，房地产业由粗放型增长逐渐向集约型增长转变。三亚市政府实行严格的准入制度，鼓励以置业和创业为主的高端化、国际化房地产业的发展，尽力提高土地资源的利用效率。通过高端房地产的发展，以文化业态、科技业态为基础，吸引大批高中端人才到三亚定居，创办文化企业、科技企业、研发机构、创新基地，大量聚集三亚的人气，推动三亚逐步向国际化迈进。而在滨海一线，已原则上不批建房地产项目。

近年来，三亚的房地产市场已逐渐形成梯度消费模式：一方面，继续发展旅游房地产，提高进入门槛，开发具有更高品位的休闲度假产品，推进三亚重点项目建设；另一方面，坚持以货币补贴为主、以经济适用房和廉租房为辅的方式，保障三亚中低收入家庭的住房需求。2013年，三亚全市房地产开发投资302.72亿元，仍比2012年增长27%，占全市固定资产投资总额的57.9%；全年商品房销售面积达105万平方米，房地产业增加值达99.48亿元。房地产开发投资与商品房销售保持高位运行。

（四）热带农业成为支柱产业之一

建市以后，三亚的农业生产坚持以国内外市场需求为导向，发展热带经济作物、热带水果、冬季瓜菜、热带花卉、南繁育种等热带高效优质农业，建设商品农业生产基地，使热带农业与旅游业、高技术产业逐渐形成三亚的三大经济支柱。2013 年，三亚全市的农林牧渔总产值达 74.9 亿元。

1. 建设农业设施

建市伊始，三亚即兴建赤田水库供水、灌溉工程，总投资 2.4 亿元。赤田水库建于藤桥西河下游，1991 年 7 月动工，1994 年 6 月竣工，总库容量 7710 万立方米，可灌溉农田 4 万亩。接着，又于海南省第五大河流宁远河下游兴建大隆水库工程。大隆水库是一项以防洪、供水、灌溉为主，结合发电等综合利用的大型水利工程。大隆水库于 2004 年 12 月开工建设，2007 年 12 月完工，总库容量为 4.68 亿立方米，总投资 7.92 亿元，每年为城镇和工业供水 1.98 亿立方米，为下游灌溉供水 1.3 亿立方米，灌溉面积 9.92 万亩。三亚全市的农田有效灌溉面积达 7644 公顷。发展设施农业方面，2010~2011 年发展钢筋结构大棚无土栽培哈密瓜和小型西瓜面积 1.65 万亩、防虫网大棚种植瓜菜面积 3.5 万亩、芒果滴灌技术面积 7 万亩、香蕉滴灌技术面积 3 万亩。

2. 调整农业结构和品种

按照高产、优质、高效、生态、安全的要求，调整优化农业结构。推广超级水稻优良品种，提高单产，增加总产。2013 年，超级稻种植面积已达 10 万多亩，占水稻种植面积的 40%以上。同时，扩大橡胶、瓜菜、水果种植面积，形成优势产业群和特色产业带。2011 年，冬季瓜菜基地达 17 万亩。水果重点抓好芒果、香蕉生产。2013 年，水果基地达 45 万亩（其中，芒果 35 万亩）。长期以来，三亚消费的猪肉、禽肉须调入 40%。建市后，三亚政府实施畜牧业倍增计划，增加畜禽存栏量，已实现肉量自给有余。

3. 推动产业化经营

2007~2011 年，成立了 15 家农业龙头企业，办起了 264 家农民专业合作社。专业合作社成为推动产业化经营的有效载体。另外，引进大企业、大公司参与农业开发，建成崖城镇万亩无公害瓜果生产基地和坡田洋、白超洋高标准无公害瓜果生产基地，成为热带特色现代农业的龙头企业，带动了当地农民发展生产奔小康。

4. 提高农业机械化水平，发展生态农业

通过政策导向，有步骤地提高购机补贴，推广使用水稻联合收割机、大马力拖拉机、水田耕整机、驱动圆盘犁、微耕机等先进农业机械，改善农业生产装备。2013 年，农业机械总动力达 35.7 万千瓦。同时，发展“养殖—沼气池—作物种植”生态链，把沼气池普及入户，美化净化农村环境，不用或少用化肥、农药，严格按绿色环保标准生产、采集、保鲜、运输，给市场提供放心食用的粮食、水果、瓜菜。

5. 不断推进科技兴农

建立良种良苗基地，形成完善的种子种苗生产经营体系，促进农业品种更新。实行科技、资金、人才、管理等生产要素的综合投入，实施农业精品工程。经国家和海南省农业部门批准，已建立无公害瓜果菜种植基地 13 万亩，无公害生产基地 52 个，绿色农产品基地、有机农产品基地 7 个，无公害瓜果菜种植面积达 16.5 万亩。通过海南省无公害认证的农产品品种有 16 个，绿色食品品种有 16 个，有机农产品品种有 8 个。崖州瓜菜、南山寿果、斯顿芒果、无籽西瓜、红礼哈密瓜、兰花等花卉，已成为知名品牌，农产品质量安全抽查合格率达 98%以上，树立了三亚热带农业的产品声誉和产品生产基地、龙头企业的良好形象。

6. 加强农产品市场建设

已建成荔枝沟、崖城、海棠湾 3 个大型农产品专业批发市场，为农民提供流通平台。在北京、上海、广州等大中城市设立了 17 家农产品流通办事处，收集、传递供销信息。三亚全市已建立起覆盖各区镇及农业企业、农产品批发市场、运销大户、专业合作社和中介组织的市场体系，通过信息引导农业生产。

7. 南繁育种促进了本地农业发展

在国家的支持下，三亚把南繁育制种作为一项特殊产业来开发。到 2013 年，三亚的南繁基地已达 3.5 万亩。全国前来三亚育制种的科技人员每年达4000多人，为三亚农业的科技进步提供了难得的人才资源。崖城、羊栏、妙林、水绞、槟榔、抱坡、田独、藤桥、田洋等地，都有南繁育制种基地。袁隆平、吴明珠等南繁育种科学家，被三亚市政府授予“荣誉市民”称号。

8. 国有农场带动了农村经济发展

三亚境内有南田、南新、南滨、立才等国有农场。这些海南省农垦总局直接领导下的农场，在“一业为主，多种经营”方针指导下，采用先进的生产技术和装备，实行农林牧副渔全面发展、农工商一体化综合经营，对周围乡村起到辐射和示范作用。各农场的场部经过几十年的建设都已成为一座座小城镇，是农场职工、家属以及周边农村的经济、文化活动中心，推动了农村城镇化的进程。三亚贯彻中央和海南省关于农垦改革的指示精神，支持农场参与海棠湾、崖城以及城市近郊区的开发建设，发挥双方的比较优势，实现双赢。三亚把农场职工的社会保障纳入市级统筹范围，支持农场的教育、医疗等社会职能实现属地管理。

（五）积极发展渔业和海洋产业

三亚海域广阔，海岸线长，是中国的海洋大市之一，渔场面积达1.6万平方公里。三亚的鱼汛区是海南省海洋捕捞三大渔汛区之一，范围从三亚马岭至陵水的新村港，属于近海渔场。三亚的海洋渔业以捕捞为主，兼顾海水养殖。2013年，水产品产量为8.5万吨，产值13.3亿元。2007~2013年海洋捕捞量年均增长18.5%。现有渔民6000多人、渔船1374艘，其中中型以上渔船270多艘，总吨位3万多吨，总功率10万多千瓦。水产加工企业为23家，年加工能力16.8万吨。

三亚建市初期，主要发展近岸海产品养殖和近海捕捞，与旅游业、热带农业并起。进入21世纪，采取了4项措施发展渔业和海洋产业：一是建立外海和远洋作业捕鱼船队。采取“企业+渔民”的方式，支持渔船更新改造，增加功率大、吨位高的捕捞船只，组建远洋捕捞船队到西沙、南沙开发新渔场。二是加强水产科技力量建设，引进有实力的企业，发展热带海洋生物工程和海洋能源利用工程等新兴产业。三亚市政府编制和施行《三亚市海洋功能区划》《三亚市近海海洋牧场建设规划》，建设以人工鱼礁与增殖放流为主的海洋牧场。三是发展临港水产品加工业。南山货运港重点发展大宗海运货物的集散、加工以及各种船舶的制造、维修等。四是挖掘海洋产业发展潜力，依托海洋牧场推进休闲渔业示范点建设，适应休闲渔业和游钓市场需求。

三亚市与三沙市遥相呼应，2012 年三沙市成立后，三亚在南海资源开发中的重要基地地位更加凸现。中共三亚市委、三亚市政府适时提出了建设“海上三亚”的规划，海洋产业将向远海延伸，发展海洋旅游和深海捕鱼、科考。三亚市政府实施了《渔民造船补贴管理办法》，鼓励渔民自筹资金造大船。到 2013 年，三亚市政府已补贴 1140 万元，建造 500 吨以上钢质渔船 20 艘。三亚市政府计划投资 30 多亿元兴建南山深水港，投资 20 多亿元兴建崖州中心渔港。建成后的崖州中心渔港占地 2000 多亩，港池达 1650 亩，渔港新村占地 60 多亩，有码头、渔村、超市、修船造船厂、渔产品加工厂、冷冻厂、学校、幼儿园、餐馆、宾馆、文化娱乐设施等，可供上千户渔民和上千艘渔船使用，将进一步提升三亚发展渔业和海洋产业的能力，更好地服务于开发南海资源的国家战略。

（六）扶持高新技术工业

三亚建市前，工业基础十分薄弱，只有传统制盐业和制糖业，而且日渐衰微。原三亚盐场的盐田早已被用于开发房地产，兴建三亚国际大酒店；随着甘蔗种植面积的锐减，崖城糖厂、藤桥糖厂也已先后歇业。

升为地级市后，三亚努力发展新型工业。以医药工业和城市建设发展需要的供水、供电、建材工业为主，同时发展农副产品、海产品、旅游工艺品加工业。一批新项目，如制药厂、饲料厂、高密度纤维板厂、茶多酚厂先后建成投产。到 2006 年，三亚全市有工业企业 21 家，其中国有工业企业 5 家、港澳台企业 4 家、股份制企业 2 家、其他类型的工业企业10家。有13种工业门类，主要工业产品有：电力、原盐、水泥、商品混凝土、自来水供应、中成药、中纤板、椰纤维、混合饲料、茶多酚及复合肥等。

近年来，三亚大力发展高新技术产业和创新创意绿色产业，朝着"工业建设园区化，园区建设产业化"的方向，发展资源加工型、生态环保型、高新技术型的新型科技工业项目，重点扶持规模产业，向生物制药、高精电子产品开发、软件开发、绿色食品加工、新型环保建材加工、水产品加工、旅游工艺品加工等产业发展。工业经济运行质量已有提升，2013年，三亚全市的工业总产值达59亿元。

四、各项社会事业发展迅速

（一）教育事业

教育事业的发展，源于全民对教育事业的重视和政府财政投入的不断加大。1987年，三亚财政用于教育事业的拨款金额仅为789.2万元；而2010年，三亚全市的教育经费总投入已达到17.96亿元，年增长9%。新建三亚市一中、四中、五中，崖城高级中学，鲁迅中学，丰和学校和第七、第九小学等一大批中小学校。在政府财力的支持和社会办学的共同努力下，三亚教育事业的面貌日新月异。

1. 普通教育

1987年，三亚全市有普通中学30所，在校学生20340人；小学234所，在校学生53410人。到2013年，全市有普通中学44所，在校学生42626人；小学136所，在校学生61368人。全市小学适龄儿童入学率已达到99.9%，初中生入学率达到98.2%，义务教育巩固率为97.84%。在普及九年义务教育过程中，三亚在海南全省率先免除公办学校义务教育阶段的杂费、课本费，建立起农村义务教育经费保障机制。2004年，全市19个省级贫困村的7117名小学生全部实现全免费入学。为了促进教育公平，全市结合城镇规划，合理布局学校；同时实施"教育移民工程"，将边远贫困地区的中小学生整体迁移到条件较好的城镇或人口较集中的村镇学校就学，并提高边远地区教师待遇，稳定农村教师队伍，加快城乡教育一体化进程。中小学校的校容校貌大都焕然一新，教学设备的配置、师资队伍的质量大有提高。2013 年，三亚全市报名参加高考的学生为 4548 人，被高校录取 4237 人，占报考人数的 93.8%。

2. 职业技术教育

三亚将发展职业技术教育作为消除城乡二元结构的一件大事来抓，合并海南省海洋学校、三亚职业中专学校和海南省三亚职工学校，组建一所新型综合性职业学校。2007 年 3 月至 2009 年 12 月，投资 2.978 亿元，创建了海南省三亚技工学校（又名三亚中等职业技术学校），对学生实行“三免一补”（免学费、杂费和课本费，给予生活费补助），吸引农村特别是边远山区的学生就读，毕业后进入城镇就业或回乡创业。该校已被人力资源和社会保障部确定为国家高技能人才培养基地和国家中等职业教育改革发展示范学校、全国职业教育先进单位和国家技能人才培养突出贡献单位。2013 年，三亚全市有中等职业学校 4 所，在校学生 7685 人。

3. 高等教育

三亚原来没有高等院校，进入 21 世纪后，才陆续创建琼州学院三亚校区、三亚学院、三亚航空旅游职业学院、三亚城市职业学院、三亚理工职业学院 5 所普通高等学校，现有在校学生 41768 人、教职工 2000 余人。三亚市政府鼓励社会力量兴办高等教育，从资金、土地、信贷、服务等方面给予支持。各高等院校集中在三亚市区北部的落笔洞地区，其供水、供电、道路、桥梁、交通建设均纳入市政设施建设范围。由于地方政府的支持，三亚高等教育的教学和管理水平在稳步提升。

（二）科技事业

三亚的科技事业是在中华人民共和国成立后逐渐发展起来的。20 世纪 50 年代，主要推广农业技术，办种子站、农科所，培训农业技术员，为水稻和橡胶种植服务。20 世纪 60 年代以后，以引进水稻良种为主要任务。1984 年撤县建市以后，成立了三亚市科学技术委员会。1988 年，市科委与市计量局合并，成立三亚市科学技术局，下设三亚市科技情报研究所、专利事务所、计量测试所和产品质量检验所。1990 年，又增设三亚市专利管理局，归市科技局管辖。

从 1990 年起，国家有关部门在三亚设立科研机构 7 个，各省市在三亚设立南繁育制种机构 59 个，另有市属国有科研机构 5 个、科技服务机构 5 个、乡镇农技站 13 个、民间科研机构和科技实体 18 个。这些机构共同撑起三亚的科技事业，开展科技兴农、科技兴市活动。三亚全市共成立 52 个科普群众团体、5 个科技讲师团，通过三亚广播电视台，办《科技简报》《科技信息之窗》，推广介绍农业、海洋渔业、环境保护、知识产权等方面的科技知识。科技工作者还不定期到三亚全市各地乡村进行农业实用技术培训，受训人数已达到 30 多万人次，培训技术骨干 5000 多人、农民技术员上千人。

（三）文化事业

建市前，三亚的文化事业比较落后。成为县级市后，原海南黎族苗族自治州的一批文化干部调入三亚，全国各地前来求职创业的文化人才落户三亚，有了一定的人才储备。中共三亚市委、三亚市政府要求文化与经济同步发展，打造“文化三亚”，优化三亚经济社会发展的文化环境，以文化树形象，以文化铸精神，以文化促发展。

2000 年 2 月，三亚市政府投资 2700 万元兴建三亚市图书馆，目前总藏书量达 57 万册。在 2008 年开展的全国全民阅读活动中，三亚市图书馆被中国图书馆学会授予“全国全民阅读先进单位”光荣称号。2011~2013 年，三亚市政府又投入 900 万元，先后在市区和乡镇建设 18 个 24 小时自助图书馆，为广大市民读者提供方便、快捷的图书自助借阅服务。1989 年，成立三亚市博物馆，负责文物征集、陈列、研究、收藏和保护工作，完成了崖州学宫、崖州古城楼和古城墙的修复工程，并开展非物质文化遗产申报和保护工作。三亚全市现有全国重点文物保护单位 3 处、省级文物保护单位 6 处、市级文物保护单位 20 处。三亚市文联、三亚市群众艺术馆、三亚市国际文化交流中心等机构努力繁荣文化活动，培养文化人才，从多方面开展工作。

文学创作方面，反映三亚历史和现实题材的文学创作活动空前活跃。长篇小说、短篇小说集、电视连续剧本、散文作品集、诗歌作品集和其他文学书籍已出版多种。散文《八月豆园》等一批优秀作品获得国家级奖项。

音乐创作方面，三亚特有的崖州民歌、黎族民歌、苗族民歌、回族民歌、疍家咸水歌等得到收集、整理，重新加工创作，使三亚最具本土特色的文化艺术资源得以有效保护和传承。崖州民歌和打柴舞已被列为国家非物质文化遗产。

舞蹈创作方面，海南省民族歌舞团从通什搬迁到三亚多年，现由海南省文资办、三亚市政府和琼州学院三方共建共管。它创作演出的大型人偶剧《鹿回头》，在1999年庆祝中华人民共和国成立50周年时奉调晋京演出，获国家文华大奖、中国艺术节大奖、中宣部“五个一工程”奖，均为中国舞台艺术最高奖项。该团近年创作的《五指山魂》等大型歌舞节目，也获得好评。三亚市群众艺术馆选送的小歌剧《鲜红的三角梅》参加第10届中国艺术节，荣获“群星奖”优秀表演奖。新成立的三亚市歌舞团则创新管理体制，采取企业办、政府管的办法，下设4个分团，挂靠4个旅游服务企业，由企业负责人事、经费及演出事务管理，市文化部门负责艺术指导。歌舞团平日在各自的单位和旅游景点演出，重大节庆或全市性活动中则服从市文化部门调遣参加演出。2013年9月以来，由三亚千古情艺术团于宋城旅游景区长年上演的大型歌舞《三亚千古情》，华丽展示三亚的历史文化，深受游客和本地观众的欢迎，获得中共海南省委宣传部授予的2012~2014年度海南省优秀精神产品奖。

摄影艺术和美术创作方面，众多摄影、美术艺术家与爱好者用镜头和画面展现三亚绚丽的自然景观及独特的人文景观，反映三亚的新面貌、新气象、新生活，通过网络和各种画册向海内外传播三亚的迷人魅力。有些作品，如《进贡》《悠悠渔歌》《海南礁滩》《耕海》等还在全国性的比赛中获奖。

（四）新闻出版事业

中共三亚市委机关报《三亚晨报》于1994年1月3日创刊，始为周报，逐步过渡为日报，现已改为《三亚日报》。

1990 年 8 月，三亚市广播站更名为三亚人民广播电台。1985 年 3 月，筹建广播电视微波站；1990 年，成立三亚电视台（转播台）；1994 年 6 月 28 日，自办的一套节目正式播出，现以两套节目播出。广播电视已实现“户户通”，三亚全市的城乡广播、电视覆盖率均达 100%，有线电视入户率达 90%。

出版方面，经过 10 多年编纂的《三亚市志》，2001 年由中华书局出版发行。由三亚市政府编纂的《三亚年鉴》逐年出版。《崖县革命史》于 1995 年由中共党史出版社出版。由三亚市政协文史委主编的《三亚文史》不定期出版了 22 辑。由地方文史爱好者编写的纪实和研究文集，如《榆亚别集》《崖城从前》《走进古崖州》等已出版多种。

（五）体育事业

1987 年举办铁人三项赛，1989 年举办第 11 届亚运会南端点火活动，从此，在三亚举办的国际性、全国性体育赛事接连不断，既丰富了旅游活动的内容，也提高了三亚的知名度和美誉度。

1994 年，为备战巴塞罗那奥运会，国家跳水队到三亚训练。

2001 年、2005 年，举办香港—三亚国际帆船赛。

2004 年，举办中国武术散打王争霸赛。

2005 年、2006 年，举办 TCL 高尔夫球精英赛。

2006 年、2007 年，举办国际环岛自行车赛，此后每年举行一次。

2008 年，举办世界沙滩排球巡回赛。

2009 年，举办世界精英模特大赛、中国（三亚）国际热带雨林汽车越野挑战赛、雪弗兰全国业余网球大赛总决赛、第三届国际游艇展暨海洋文化节。

2010 年，举办欧洲女子职业高尔夫球巡回赛三亚公开赛。

2012 年，举办世界顶级专业航海体育赛事——沃尔沃环球帆船赛。

三亚运动健儿在参加全国和海南省的各项赛事中不断创出好成绩。2001 年至 2013 年，共获得金牌 290 枚、银牌 191 枚、铜牌 103 枚。

2009 年，投资 2.48 亿元，兴建三亚市体育中心，包括 1.6 万人座位的体育场、4000 人座位的体育馆和 500 人座位的标准八泳道游泳馆，结束了三亚没有大型体育馆的历史。

在作为长寿之乡和宜居之城的三亚，全民健身活动和群众性文化艺术活动融为一体，呈现社会化、多样化、大众化、常态化趋势。各行各业、各区镇经常举办各种形式、不同人群参加的体育文艺健身活动，使三亚这座国际热带滨海旅游城市成为名副其实的全民健身城。

（六）医疗卫生事业

三亚地处热带，高温潮湿，传染病极易发生。以前缺医少药，疟疾等传染性疾病经年不绝。中华人民共和国成立后，三亚抓紧传染病防疫，人民健康大大改善。三亚升为地级市后，市政府加大对医疗卫生基本建设的投入，2013 年达到 4.7849 亿元，高于地方公共财政支出。三亚全市已有综合医院 8 家，中医医院、口腔医院、妇产科医院、康复医院、精神病医院、妇幼保健院、疾控中心、急救中心、卫生监督机构、麻风病防治机构、专科防治机构各 1 家，农村卫生院 11 家（其中，农村中心卫生院 6 家），城市社区卫生服务中心站 12 家，旅游景区医疗急救站 4 处，村卫生室 105 个。全市每千人口拥有卫生技术人员 6.33 人，有床位 3.82 张。解放军总医院（301 医院）海南分院在海棠湾国家海岸开业，进一步提高了三亚地区的医疗保健质量。

各乡镇卫生院重点搞好常见病诊治，开展各种疾病的预防保健工作。妇女保健、儿童保健、劳动保健和公共环境卫生工作得到加强。“两管”（管水、管粪）、“五改”（改良厕所、改良水井、改良炉灶、改良街道、改良村容村貌）、除“四害”、饮水卫生、食品卫生的合格率均达到96%以上。已消灭鼠疫、天花、白喉等传染病，有效控制了霍乱、登革热、病毒性肝炎、麻风病的传染，使这些疾病的发病率降至0.14%。基本消灭了血丝虫病。2003年非典流行期间，三亚的临床和疑似病例为零记录。由于城乡医疗保障制度的建立，三亚人民群众的健康水平提高，死亡率下降，平均寿命延长。第五次全国人口普查结果显示，人均寿命最长为海南，达72.86岁；而海南人均寿命最长的是三亚，达73.5岁，高于全国人口平均寿命68.55岁，超过世界发达国家人口平均寿命72岁。

五、生态环境得到有效保护

优美的生态环境，是三亚最大的资源财富和科学发展、可持续发展的资本。有效地保护好生态环境，是三亚的长期战略任务。三亚自建市起，便注重开发与保护并重，在保护好生态环境的前提下抓开发。三亚所坚持的环境保护目标是：空气清新，水质清洁，安静舒适，绿色美丽，生态平衡，人居环境一流。

（一）环境保护法制化

三亚先后编制了《三亚市城市环境保护规划》《三亚市生态示范建设规划》《三亚市海洋环境保护规划》《三亚市林地保护利用规划》，用以规范全市山川河海生态环境的管理。建市以来，改造城区地下排污管道，建设污水处理厂、垃圾填埋场，搬迁10多个城区企业重点污染源，完善了城市环卫设施；坚持环境评审、排污收费、污染源限期治理等制度，使城市垃圾无害化处理率达100%、城镇污水集中处理率达到84.5%。2007年12月30日，随着一声巨响，三亚市华盛天涯水泥厂的7座大型水泥储料仓库同时被彻底爆破拆除；2009年，又拆除最后一条立窑水泥生产线。至此，排除了影响三亚空气质量的隐患。三亚大气的可吸入颗粒物浓度日平均低于0.028毫米/立方米，空气质量日均值的优良率达100%，环境空气质量优于国家一级标准。城市地表水质量、饮用水源水质量均保持100%达标。亚龙湾、海棠湾、大东海、天涯海角、大小洞天景区的海水质量均达到国家规定的一类标准。三亚获得了“中国人居环境奖”。全国爱国卫生运动委员会在2009年10月9日决定，命名三亚为“国家卫生城市”。

（二）植树造林制度化

三亚自古多高山大林，到处郁郁葱葱。但近代以来随着生产的发展，伐林开荒、烧山垦殖，造成林木破坏严重。为了维护良好的生态环境，三亚建市之后严禁森林采伐和刀耕火种，坚持年年植树造林。三亚多台风，一年两三次，多时五六次，有时正面登陆，有时擦边而过。台风给三亚带来雨水，祛除虫害，但台风也摧毁林木。每场台风过后，都要及时查树查林补种，有专门的机构、队伍、人员和经费支持。绿化加快进度，沿海 1.6 万亩海防林早已建成。2013 年，三亚全市的森林覆盖率达 68%。在市区和近郊，三亚全市的机关干部、职工，分工包干周围山丘、山坡的绿化。林业管理部门坚持常年封山育林、退耕还林、退塘还林、退果还林、护林防火，随时查路补树、查绿补花，精心打造“城在山中、城在水中、城在绿中、城在花中”的城市景观。

（三）城乡建设园林化

三亚市区先后建设了鹿回头公园、大东海滨海绿化带、三亚湾“椰梦长廊”、城市乐园、白鹭公园等绿地 20 处，面积 136.1 公顷，种植大量本土树种、地被植物及花卉灌木。三亚河、临春河生长着国家保护植物——红树林，为使这一独特植物景观得到永续利用，综合整治三亚河时，把红树林保护工程作为工程建设的主要内容。三亚建成区的绿化覆盖率已达 45.31%，绿化率达 41.6%，人均公共绿地面积达 18.97 平方米。

2010 年，三亚市政府下发《加强三亚园林绿化建设管理工作的决定》，发展节水型园林和节能型园林，重点实施道路绿化工程。已完成解放路、三亚河东路、三亚河西路、临春河路、凤凰大道、迎宾大道等 20 多条道路的绿化美化建设。道路绿化普及率达到 99%，达标率 100%，做到了一街一景、一路一花、多姿多彩。城区基本形成了步步见绿、移步换景的新景观。经国家有关部门多次检查，三亚先后获得“全国城市环境综合整治优秀城市”“全国造林绿化十佳城市”“国家园林城市”“全球绿色生态城市”等荣誉称号。

（四）环境监管常态化

三亚全市已建成 8 个自然保护区，总面积 12619 公顷，其中陆地面积 7051 公顷、海域面积 5568 公顷。海域面积达 55.68 平方公里的三亚珊瑚礁国家级自然保护区，是 1990 年由国务院批准的中国唯一以珊瑚礁及其生态系统为保护对象的国家级自然保护区。各自然保护区都建立了常设机构，实施有效保护。对城乡的环境保护，市区、乡镇和街道、社区都有责任制与环保队伍。保护环境就是保护自己的“金饭碗”，已成为三亚的全民共识。

六、人民群众的物质文化生活明显改善

三亚 30 年的建设、发展，为市民提供了就业、创业、经商、发挥个人才智、改善物质文化生活的机会和条件。据统计，1988 年到 2013 年，三亚全市累计增加就业岗位 17 万个，农村富余劳动力转移就业达 13 万人次。2013 年统计，城镇登记失业率仅为 1.5%。城乡居民住房条件也有很大改善，住进新房的家户占到 60%以上。据 2011 年统计，三亚的城镇居民收入达到 20068 元，农民人均纯收入达到 7580 元，5 年内年均增长分别达到 16.3%和 15.3%。2013 年，三亚的城镇居民人均可支配收入为 25460 元，比 2012 年增长 9.3%；农民人均纯收入为 9795 元，比 2012 年增长 11%。

经济的跨越式发展，带来政府财政收入的快速增长，加大了对民生工程的投入。每年三亚市财政新增财力的一半以上，都用于改善民生。三亚民生项目支出，从 2008 年的 8.5 亿元，到 2013 年的 54 亿元，占当年地方公共财政支出的 59.3%。三亚在海南全省率先建立了城乡一体化的基本医疗保险体系，构建了覆盖城乡的基本养老和最低生活保障制度，低保标准逐年提高。城乡居民最切身的医疗保险问题和养老保险问题，已率先于海南全省基本解决。

贫困地区的民房改造和城市的保障性住房建设也取得进展。建市以前，三亚黎族村寨的住房 90%以上是茅屋。20 世纪 90 年代中期，中共三亚市委、三亚市政府把民房改造作为一件大事来抓，发动各部门、各单位分片包干，到少数民族地区和贫困乡镇扶贫帮困、改造民

房、修通道路。到2002年，三亚全市消灭了茅草屋，少数民族地区和贫困乡镇的村民都住上了新房。2008年以后，又完成农村危房改造3000多户。2010年起，三亚投入大量资金兴建保障性住房，当年新建廉租房2145套、12.8万平方米，经济适用房2131套、17万平方米。三亚市政府陆续兴建保障性住房3万多套，其中已分配7000多套。仅2013年，开工新建的各类保障性住房就达7030套，竣工8009套，完成分配2150套，同时完成农村危房改造1800套。

在不断改善人民群众物质生活条件的同时，中共三亚市委、三亚市政府十分注重抓好精神文明建设，对城乡居民坚持进行文明礼仪、公共道德、遵纪守法、爱国爱岛爱市教育，把建设国际滨海旅游城市与每位市民的言行举止联系起来。城镇突出诚信教育，不欺客、不宰客，让游客在三亚玩得愉快，塑造三亚良好形象；农村突出文明生态村建设，改水、修路、通电、通广播电视、通电话网络、绿化美化、治理脏乱差，以“生产发展、生活宽裕、乡风文明、村容整洁、管理民主”为文明生态村建设的目标。

2012年召开的中共三亚市第六次代表大会提出：今后5年，三亚要在海南全省率先实现全面建成小康社会的建设目标，“经济更加活跃，城市更加知名，城乡更加融合，社会更加文明，生态更加宜人，人民更加幸福”。2013年4月6日至8日，中共中央总书记、国家主席、中央军委主席习近平在参加博鳌亚洲论坛年会后视察三亚。习近平在与亚龙湾国际玫瑰谷的村民交谈时说：“小康不小康，关键看老乡。”深情的话语不仅体现了总书记的民生情怀，也是社会主义制度的本质要求。以人为本，以民为本，精心呵护好三亚的青山绿水、碧海蓝天，时时把人民最关心、最直接、最现实的利益问题放在心上，脚踏实地干实事，锲而不舍向前走，朝着世界级热带滨海旅游度假城市的目标，坚定不移地走有三亚特色的科学发展之路，争取把三亚建成中国特色社会主义的实践范例，使三亚经济更加活跃、城市更加知名、城乡更加融洽、社会更加文明、生态更加宜人、人民更加幸福。

三亚历史大事年表（下）

七、中华民国时期（1912~1949）

1912 年

崖州改称崖县，属琼崖道。废崖州直隶州，所属万县、陵水、昌化、感恩四县归琼崖道管辖。行政长官改称民政长。崖县首任民政长为顾迪光。

1913 年

2 月，广东都督兼民政长发布命令，县一级行政长官统称知事。

12 月 21 日，广东省政府颁布第 121 号命令，按人口多寡划分各县等级，全省一等县 5 个、二等县 32 个、三等县 51 个。崖县属三等县。

1914 年

是年春，郑绍材、孟继渊协力筹集资金，将清光绪二十六年（1900）纂修的《崖州志》带赴广州刊印 100 部。

1915 年

侨丰公司轮船开始航行广州—三亚航线。每月往返两次，或两月往返三次。

1916 年

两广盐运使公署在三亚港设立三亚盐场，下辖三亚等 9 个分厂，统理产销、征税事宜。

全县进行人口普查。汉族聚居区计有 22209 户、73262 人。因统计力量不足，未统计黎、苗族聚居区。

10 月，依附于袁世凯的军阀龙济光以两广矿务督办的名义，率其振武军退守海南岛。

1917 年

新任知事沈辉率龙济光部振武军 100 名进驻县城，住真武庙。

10 月，沈辉拍卖官产 7 起，共获光洋 4212.96 元，没有按规定上缴省财政厅，全数交“巡阅使”龙济光。

是年，崖城、藤桥、九所、黄流地区各设保安团分局（公安分局）。全县分设五个巡警区，每区各设警长 1 名。县城并保平港为中区，三亚为东二区，藤桥为东三区，九所为西四区，黄流为西五区。

1918 年

崖县军民参加讨伐龙济光的斗争，知事沈辉挟官印潜逃。

地方各界推举清末举人郑绍材为代理知事。郑绍材刻石示禁，革除赋税中“十房规费”等陋规。

1919 年

桂系军阀势力控制海南，年初委派汤保棻担任崖县知事。

广东省政府，宣布南海的西沙群岛等岛屿归崖县管辖。

1920 年

粤军陈炯明部自福建回师广东，驱逐占据广东的桂系军阀。海南各地民军蜂起。

崖县知事汤保棻横征暴敛，残酷盘剥，不理民事，怨声载道。崖县知名士绅林作霖、陈河鉴、陈广田等人代表民意联名上书谏劝，被汤保棻以反抗县府、扰乱政局罪名拘捕，于5月25日深夜在崖城广度寺附近宁远河岸秘密枪杀。

王鸣亚率崖县民军攻打崖县县城。桂系军阀余孽、县知事汤保棻潜逃抱扛峒，被西四区抱岁村民捕获。在解送赴王鸣亚部途中，汤保棻因鸦片烟瘾发作，拉痢不止毙命。

地方人士公推郑绍材再次代理县知事。

9月，粤军总司令陈炯明委任王鸣亚为粤军义勇军第五路军副司令。

是年冬，粤军陈炯明部下旅长邓本殷率军入驻海南，成为控制海南的军阀势力。

王树人任崖县知事，倡导修筑崖城—港门公路，长约4.5公里，是为崖县第一条公路。

清末已成稿的《崖州直隶州乡土志》上、下卷，经增修呈省修志局，有手抄本传世。

1921年

广东省政府下令改称县知事为县长。

6月，中国国民党总理孙文、广东支部长陈炯明委任王鸣亚为国民党广东省崖县分部部长。

1922年

1月，崖县首任民选县长孙毓斌就职。

6月，陈炯明叛变革命后，盘踞海南的邓本殷依附作逆。王鸣亚响应孙中山和广东革命政府号召，召集旧部，组织民军300余人，以崖县为根据地，与邓本殷的军队在崖县各地周旋，互有杀伤。

12月，广东省省长邹鲁委任王鸣亚为广东讨贼军琼崖副司令。

是年，日本人勾结广东奸商何瑞年等人在西沙群岛设立实业公司，盗窃西沙的磷矿资源。崖县爱国人士张启经等 24 人，联名发表《琼崖公民代表对西沙群岛危亡宣言书》。国内各界人士群起声讨日本对西沙群岛的盗掠行为。

1923 年

4 月，王鸣亚围攻四区抱岁村罗步云率领的自发乡村武装，后罗步云所部被收编。

在县立一高学生会主席李茂文和进步学生袁岐松领导下，崖县进步青年掀起破除迷信和封建陋俗运动，砸碎庙宇神像，提倡剪短发，主张男女平等，批评束缚思想的“三纲五常”。

1924 年

4 月，邓本殷派旅长陈凤起带兵“清乡”，于保平村攻打王鸣亚部，烧毁民房数十家。

5 月，陈凤起部占领九所，捕杀被王鸣亚部收编的乡村武装首领罗步云。

是年秋，崖县籍革命青年陈英才等人接受中共广东区委派遣，回崖县开展革命运动。陈英才在县立第一高等小学担任教员，利用教师身份进行革命宣传，创办平民学校，筹建农民协会。

1925 年

崖县县长王鸿饶于年初去职，地方乡绅推举陈其庚任代理县长。

邓本殷入侵广东西南部，王鸣亚率民军趁机反攻，占领陵水、崖县等地，进而进占万宁，直至乐会、嘉积。

是年秋，在广州读书的共产党员麦宏恩、陈世训、黎茂萱等人先后回到崖县，会同陈英才一起，开始成立共产党崖县地方组织的准备工作。

崖城、保港、藤桥三地部分村庄建立农民协会，开展反封建斗争。

1926 年

1 月 17 日，国民革命军渡海南征，收复海南，结束邓本殷在琼崖的军阀统治。

是年春，崖县共产主义小组成立，组长是陈英才，成员为麦宏恩、黎茂萱、陈世训。

4 月，国民党崖县党部正式成立。共产党员陈英才、陈世训等人参与了国民党崖县党部的组建活动，陈世训曾被选为县党部主任委员。

是年春，麦宏恩、黎茂萱、陈世训、张开泰等人于四邑会馆正式成立崖县农民协会，开办农运讲习所。

是年秋，中共崖县东南支部在县立第一高等小学成立，书记郑望曾。

12 月，新任县长陈善到任，实行国共合作，在农村设立平民学校，在县城设宣传讲习所。

12 月，陈善会同全县乡绅集议筹办县立初级中学，次年春招收第一班学生。

1927 年

是年春，麦宏恩等人在港门、保平、马岭、红塘等地发展共产党员，建立中共党支部。

4 月，蒋介石发动四一二反革命政变。崖县籍中共党员麦宏恩在广州国民大学被捕，7 月 27 日被杀害。

5 月，在琼崖仲恺农工学校培训的崖县学员张开泰、陈保甲、占行城和文昌学员王植三等人，按中共琼崖地委的指示回到藤桥地区开展革命活动，组建中共党支部，成立农会，组织和训练农民自卫武装。

6 月，陈善被免职，王鸣亚接任崖县县长。

9 月，宁远河水泛滥，崖城、保港墟受淹，崖县东关市十字街水深3米。房屋倒塌，人畜伤亡，损失惨重，属百年罕见的灾情，称“丁卯大水”。

10月，中共崖县三区委员会在藤桥成立。李茂文为中共琼崖特委代表，张良栋任书记，张开泰、陈保甲、占行城、王植三为委员。

12月6日，中共崖三区委领导的藤桥武装暴动取得胜利，召开工农兵代表大会，成立崖三区苏维埃政府，李茂文当选为主席。

1928年

1月，中共崖县委员会在藤桥成立，书记李茂文，副书记张良栋。

1月中旬，东路琼崖工农革命军和农民自卫队2000余人，在总指挥徐成章、副总指挥刘明夏率领下，兵分两路攻打三亚街王鸣亚部，王鸣亚从海上溃逃。不久，徐成章率军回师陵水，北上进攻万宁。

3月，王鸣亚率领县兵、民团围攻崖三区苏维埃政府。双方激战12昼夜，红军、农军粮弹皆尽，3月16日被迫突围，向陵水保亭营转移。

3月26日，曾任陵水县农民自卫军总指挥、住在保亭营的黎人首领王昭夷叛变，与王鸣亚勾结，伏击转移到保亭营的崖三区红军和农军，制造保亭营惨案。中共崖县县委领导人李茂文、张良栋、陈可源等人牺牲，干部、战士100多人遭杀害。

是年年底，张开泰与冲出保亭营、潜伏在仲田岭上的同志会合，恢复了中共崖三区委。

是年，王鸣亚罔顾民瘼，挪用省拨“丁卯大水”救济款光洋2000元修筑环岛公路崖县路段。

1929年

7月，崖三区苏维埃政府、区农会相继在仲田岭重建，建立仲田岭革命根据地。

王鸣亚担任国民党琼崖南路“剿共”总指挥，对仲田岭革命根据地进行严密封锁和围困。

国民党在海南推行保甲制度，崖县设 5 个区、17 个团、157 甲、1492 保，共有 15266 户、97417 人口。

是年，崖县建成两座最早的钢筋水泥结构桥梁，一为崖城的官坝桥，一为烧旗沟桥。

崖县体育运动会在崖城举行，比赛项目为球类和田径。

1930 年

1 月，崖县第一个高中水平的乡村师范班在崖县中学开办。

7 月中旬，驻陵水县城的国民党军海军陆战队第五连排长陈平率 90 多名士兵起义，改编为琼崖工农红军第三营。8 月 10 日，营长陈平带领第三营配合仲田岭革命根据地的红军游击队和农民赤卫队，进攻藤桥市敌据点，大获全胜。

崖县民间制糖业得到较大发展，当年生产的土糖、赤砂糖产量达 4. 5 万担，居海南第一位。

是年，崖城东关市商户集资筑成水泥路面 100 米。

1931 年

10 月，在中共琼崖特委特派员王白伦的主持下，建立中共陵崖县委，书记王克礼。同时，建立陵崖县苏维埃政府。所属机关团体均驻仲田岭革命根据地。

在中共陵崖县委领导下，中共崖西区委于莺歌海成立，由林克泽任书记。

1932 年

1 月 21 日，陵崖县第一次工农兵代表大会召开，讨论土地革命问题。

9 月，崖城—藤桥公路建成，因竹络岭未打通，先通车至三亚；崖城—佛罗公路筑完路面，未建桥梁。

7月，广东军阀陈济棠派其警卫旅旅长陈汉光率军入琼，对琼崖苏区和红军进行“围剿”。

10月，国民党军陈玉光部向陵崖地区革命根据地“进剿”，中共陵崖县委书记王克礼牺牲。

11月，陈汉光部与王鸣亚率领的民团“围剿”仲田岭。张开泰主持中共陵崖县委工作，率领军民与之周旋。

是年，全县教育调查，有县立初级中学1所（附设乡村师范班）、高小6所、初小70所。

是年，广东省94个县陆地面积调查排队，崖县排第四位，前三位为合浦、惠阳、英德三县。

是年，三亚设立第一所西医院，名为“平民医院”。三亚首次出现七高小学和平民医院两座现代建筑物。

是年，崖县开通长途电话线路95公里，用户17户。

1933年

是年年初，中共陵崖县委和部分红军从仲田岭转移到崖县西部地区，在金鸡岭建立中国工农红军琼崖独立师崖县第五连。

是年冬，国民党军陈汉光部对红五连所在根据地进行“围剿”。因环境恶劣，中共陵崖县委停止活动，分散潜伏。

是年，盐商林瑞川在月川村建成私家洋楼。

1934年

2月6日下午1时，日本兵舰“球磨”号侵入榆林港，停泊在安由附近。日本兵在安由港探测水深，次日武装登陆，强迫红沙村村民到村前照相。

3月12日，又有日本轮船“鱼瀛丸”号以测港为名驶入牙龙湾港。

3月，广东省批准在崖县设无线电台。

5月，裁撤各区保安分局，二区分局改名为三亚公安分局。

是年，崖藤公路（至与陵水交界处）、崖港公路（崖城—港门）、藤保公路（藤桥—保亭）、九乐公路（九所—乐安）、崖佛公路（崖城—佛罗）筑成。

三亚港至清澜港的轮船开航，水程140海里，由海安浩记公司经营。

藤桥—崖城—佛罗的电话线架通。

1935年

1月，广东省政府咨内政部转呈行政部核准，设立白沙、保亭、乐安（后改为乐东）三县，将崖县西部和北部境域划出，归三县分别管辖。

是年秋后，陈英才由三亚回到崖城，重建中共崖县东南支部，担任支部书记。

1936年

由高州人庞育璃创办的崖城第一座火力发电厂投产。

是年夏秋间，中共琼崖特委派刘秋菊、林茂松来崖县向潜伏的共产党员传达中共中央《八一宣言》，指导恢复、发展党组织，开展农会工作，着手发展武装，宣传抗日。

1937年

是年春，国民党广东支部派王会鹏回崖县重整党务，任特派员。全县有国民党党员180多人。

七七卢沟桥事变爆发后，崖县中学以及各区乡高、初级小学先后举行声势浩大的抗日游行，抗日救亡团体纷纷成立，开展抗日宣传、发动工作。

是年，海关榆林港分卡成立，归琼崖海关管理；1939年2月撤销。

是年，设立榆林三等邮局。

1938 年

是年秋，中共崖县委员会在崖城重新建立，叶云夫任书记。后转往梅山建立根据地。中共崖一区委、崖四区委、崖五区委随后相继成立。

是年年底，日寇飞机狂轰滥炸海口、府城、榆林、三亚以及沿海地区，海南战事在即。崖县共产党组织和各阶层爱国人士深入乡村组织抗日武装，进行军事训练，随时准备迎击日本侵略者的到来。

是年，崖城兴办博爱医院，设内科和普通外科。

1939 年

2 月 14 日晨，日本海军舰队到达三亚海面，在三亚湾附近海面登陆，占领三亚港，接着分兵东西推进，于 2 月 15 日晨占领崖城。日机轰炸东西沿海各地。

国民党崖县政府撤退到乐东县的抱善地区，国民党崖县党部迁往乐东县的牙概。

4 月初，落马村（今属乐东黎族自治县）黎族首领唐天祥率领黎族同胞伏击进犯日军，击毙日军 2 名、伤数名。唐天祥后被捕拒降，壮烈牺牲于九所狱中。

6 月 20 日，崖县抗日义士陈曼夫（后任崖县国民党游击大队副指挥）与中共党员陈世德率领的抗日游击中队联合，在木头园村伏击西侵日军分遣队，击毙其小队长江波户及多名日军。7 月，又联合包围攻打黄流日军司令部。

7 月，王鸣亚接替何定之，任国民党崖县县长。

8 月，日本政府授命石原产业株式会社掠夺性开采田独铁矿。

是年冬，中共崖县县委迁往梅山，建立梅山抗日根据地，组建抗日游击队。

是年，入侵的日本人开始在三亚、榆林、红沙、安游、荔枝沟、崖城等地兴办发电、制铁、水泥、机械修理、汽车修理、纺织等军需企业。

1940 年

2 月，陈曼夫带领 3 名战士化装深入莺歌海，刺杀据点日军分遣小队小队长，震慑日寇。

是年春，国民党崖县县长王鸣亚借整编为名，以诡诈手段集中收缴中共崖县县委领导的崖县抗日游击中队和梅山抗日游击队的枪械，遣散共产党领导的抗日武装，制造抱善事件，破坏国共合作抗日。

是年夏，日本侵略军为修筑三亚湾水、陆两个军用机场，将原三亚街 400 余户民房强行拆除，逼迁到羊栏、妙林等地。

日本侵略军崖县设立警察局，在各区成立维持会。

日军在妙林制造惨案，将村民 30 人用长竹竿夹住砍死，投入古井。

1941 年

6 月，琼崖抗日独立总队第三支队奉命东调，从乌槐岭（现属乐东黎族自治县）转移到崖县梅山山区，活动一个月，筹备军粮，7 月经仲田岭根据地转万宁六连岭。

7 月，中共崖县县委宣传部部长黎茂萱在梅山被日军包围，突围时牺牲。

是年，日军为掠夺田独、石碌的铁矿资源，修建安游到田独、三亚至石碌铁路。

1942 年

4 月，国民党崖县自卫队、第四区特务工作队在崖县境内的冲坡、大翁、甘村及第五区的水内村展开游击战。

6 月之后，驻崖县日军实施“堡垒战术”，增设分遣队，普遍设立“维持会”，对梅山抗日根据地进行铁桶式包围，对莺歌海、藤桥等地区进行疯狂“扫荡”。

6月10日，梅山乡抗日民主政府成立，孙惠公任乡长。

9月，国民党崖县抗日游击队第一中队对日伪三亚铁路办事处发动夜袭。

是年秋，中共崖县县委派出驳壳枪班，潜入崖城，击毙崖城“维持会”会长、大汉奸黄鼎芬。

是年冬，中共琼崖特委决定成立陵崖保乐边区工委，以仲田岭为抗日根据地，领导对日作战，夺取反“蚕食”、反“扫荡”的胜利。

1943年

5月，中共领导的陵崖保乐边区办事处成立，主任是张开泰；同月，崖感办事处成立，主任为林庆墀。

8月，驻藤桥的日军分遣队对崖县第二区进行“扫荡”。国民党崖县第二区警备队、第三游击小队与之展开激战，逼日军退回据点。

9月，中共昌感崖联合县委成立，书记是陈克文；中共崖县县委改为崖县区委，辖崖县第一、四、五区，书记是陶文光。

10月，琼崖抗日独立总队第三支队第一营进驻陵崖保乐边区，在六弓岭伏击日军，毙敌多名。

是年，日本侵略军实行第三次拆村，强迫三亚居民迁往红沙居住。

日军三亚军用机场建成。三亚至石碌铁路竣工。

1944年

1月，盟军飞机数架轰炸榆林、三亚港、红沙、黄流等地的日军基地，日军损失惨重。

2月，中共六盘乡党支部策反田独铁矿台湾籍日军翻译官邱荣华，通过邱荣华动员台湾籍士兵10多人反正。

4月，中共琼崖特委决定撤销崖感办事处，成立昌感崖联合县抗日民主政府，县长是赵光炬。

7月29日，盟军飞机40余架轰炸三亚日军据点。日军三亚军用机场两次遭到轰炸，大量军事设施被炸毁。

是年，被日军押送到荔枝沟一带挖军用地洞的1000多名朝鲜劳工，全部被日军杀害，掩埋于南丁村附近，此处后被称为“南丁千人坑”。

是年冬，中共崖县区委派人潜入望楼港日军分遣队据点，策反台湾籍日军徐福山为内应。琼崖抗日独立总队挺进队队长张应桓率部于夜间歼灭该据点日军，缴获武器一批。

1945年

是年春，因抗日战争爆发、校区被日军占领而停办的崖县中学，在崖县四区老苏田复学。

是年夏，成立陵保、崖乐两个县的抗日民主政府，崖乐县县长为张开泰。

5月，日军“扫荡”仲田岭抗日根据地，周围村庄的民房被烧光，村民的粮食被抢光，杀害民众，奸淫妇女，穷凶极恶。

5月，美军飞机轰炸榆林，两架飞机坠落，4名飞行员落入海中，3人被日军俘获，一人被当地民众救起。

7月，盟军一架飞机在崖县上空被日军击落。飞行员跳伞后落入崖县六盘山丛林中，被当地抗日民主政府的民兵营救。

8月15日，日本宣布无条件投降。

9月初，陵崖保乐边区党委和崖乐县民主政府机关撤往铁炉岭。

9月，国民党崖县党部迁回县城。

10月，国民党军第四十六军来琼，新编第十九师驻榆林、三亚、崖城一带。

11月，崖县的国共内战开始。中共崖县区委和崖县区公署从梅山迁至现在东方县的土伦村。

11月中旬，国民党军新编第十九师师长蒋雄在三亚湾日军第十六防备队司令部，举行崖县接受日军投降仪式。

12月，国民党崖县自卫队大队长郑绍烈再次调集部队包围梅山乡，对梅山乡大肆抢烧杀。土伦村一带的恶霸麦亚尚等人煽动一批暴徒，在深夜包围中共崖县区委和区公署，残杀工作人员 50 人。驻榆林、三亚港的国民党军，调兵“围剿”中共陵崖保乐边区区委驻地铁炉岭。

是年冬，田独铁矿由国民党资源委员会接收，成立海南铁矿筹备处。

1946 年

1 月 20 日，崖县成立临时参议会，议员 14 人，议长颜任明，副议长陈锡璠（国民党崖县党部书记长）。

11 月 11 日，撤销中共崖县区委，恢复中共崖县县委，书记孙惠公，驻地在梅山乡。

国民党崖县政府依照中华民国政府《建警纲要》，设立崖县警察局。

11 月末至 12 月，中国政府派出舰队收复第二次世界大战时被日本占领的中国西沙、南沙群岛。

是年，崖县发生旱涝灾害，粮食歉收，一升米价为一元大洋，道旁有饿殍者。

1947 年

1 月，中共崖县县委组建地方革命武装前进队，后于 12 月拨归琼崖纵队第五总队。县委另组南进队，抗击国民党地方武装的进攻。

2 月，榆亚地区创办私立中正初级中学。次年，改为榆亚初级中学。

9 月，中共南区区委派出南征队，配合崖县前进队在夜间突袭梅东关公庙，拔除国民党自卫大队第一中队据点，缴获轻机枪、步枪、短枪一批。

10 月，崖县参议会成立，议长林瑞川，副议长罗德富。

是年，崖县冲坡（今乐东黎族自治县九所镇）人吉章简当选为国民党“国大”代表。

是年，在榆林港设电信局崖县营业处。

是年，两广盐务管理局设琼崖盐场分署和榆亚分署，办理盐务行政及盐税征收事宜。

1948 年

2 月 23 日，中共琼崖区委任命林庆墀为崖县县委书记。3 月 27 日，崖县民主政府正式成立，管辖崖县中西部及乐东县千家部分地区，中共崖县县委书记林庆墀兼任县长。

2 月，琼崖纵队第五总队总队长陈武英率一营兵力，由崖县前进队配合，在新沟营伏击国民党火车，活捉国民党乐东县县长王衍祚。

4 月，驻梅山乡高土墩的国民党兵出扰乡村，被崖县前进队伏击全歼。

5 月 19 日，在琼崖纵队第五总队的有力配合下，中共崖县县委书记林庆墀带领县南进队主攻国民党崖城监狱，救出狱中的几十名共产党员和革命者，以及被关押人员亲属。

9 月，中共边海区地委和边海区行署成立，符哥洛任地委书记兼行署专员，驻地在崖三区仲田岭。又划崖县榆亚以东地区成立榆三县，直属边海区领导。

是年，中共崖县县委和崖县民主政府动员青年 349 人参军，崖县南进队扩大到 112 人，民兵发展到 1089 人。榆亚特区动员青年 244 人参军，全区民兵达 1284 人。

1949 年

1 月，榆三县改名为榆三特别区，区长吉鲁汉，下设藤桥、镜云、羊栏、信孚、榆红 5 个乡。

6 月 2 日晨，在崖县地方革命武装配合下，琼崖纵队副司令员吴克之率军围攻九所守军，经过 4 天战斗，于 6 月 6 日攻克九所，歼灭守军及崖城、榆林来援之敌。

7月，溃退海南岛的国民党军第六十三军及山东警保旅进驻榆亚、崖城地区。

7月13日，琼崖纵队第五总队第五团出奇兵袭击保平村郑氏祠堂的国民党守军，歼灭一个重机枪排。次日晨，又在梅东村岭仔路伏击国民党军巡逻兵，歼灭一个排。

8月，琼崖纵队第五总队第四团围攻田独乡廖练村国民党军据点，歼敌一个连。

八、中华人民共和国时期（1949年后）

1949年

10月14日，广州解放，国民党在两广的部队纷纷溃退海南。

12月中旬，中国人民解放军第四野战军第四十军、第四十三军进驻雷州半岛，备战解放海南岛战役。

12月下旬，中共崖县县委和榆三区委贯彻琼崖区委和南区地委指示，动员干部群众立即行动起来，配合解放大军渡海作战。各乡村组织支前委员会，征集和储备粮食，设立接待站，组织民工队，并做好沿海敌情侦察和敌军政治瓦解工作。

1950年

4月16日傍晚，中国人民解放军第四十军、第四十三军从雷州半岛出发渡海作战，于次日后半夜至清晨，在海南岛北部的临高角等地强行登陆成功。

4月18日，黄自强接任国民党崖县县长。

4月下旬，渡海作战的中国人民解放军在琼崖纵队配合下南追逃敌，围歼溃退榆林、三亚集结的国民党军残部。

4月29日，国民党军溃退前在榆亚地区大肆进行破坏，将设置在榆林、红沙周围的炮台、工厂纵火烧毁。通宵达旦，火光冲天，炮弹的爆炸声震耳。

4 月 30 日下午，在解放军的追击下，国民党军残余部队从榆林港、三亚港登舰船逃往台湾。国民党末任崖县县长黄自强弃城逃走。

5 月 1 日，中国人民解放军第四十三军第一二八师第三八三团接受东、西玳瑁洲岛上数百名国民党军的投降，另一部及琼崖纵队一部进占崖县县城，崖县全境解放。中共崖县县委在崖城召开群众大会，热烈欢庆崖县和海南全岛解放。

5 月初，中共崖县县委、崖县人民政府从根据地山区温仁村（今乐东黎族自治县境内）迁到崖城。

5 月 10 日，国民党军山东警保旅第十三团第三营残余官兵 58 人向崖县人民政府投诚。

5 月 12~15 日，国民党军山东警保旅第二团副团长卢朝炎带一个连并海塘、佛罗、孔佛、仁义、罗所等 5 个乡长和乡公所自卫班 90 余人向人民解放军第一二八师投诚。

5 月 16 日，海南军事管制委员会榆亚分会成立，负责榆亚地区的接管工作。榆亚军管分会主任符哥洛，副主任相炜（第一二八师政委）。

8 月，南区行署撤销，崖县直属海南军政委员会（1951 年 4 月后，为海南行政公署）领导。

9 月，榆三特区撤销，其行政区域并属崖县。榆亚地区结束军事管制。

10 月 25~29 日，崖县第一届人民代表会议在崖城召开。中心议题是：反霸减租，清匪肃特，巩固治安。林庆墀当选为崖县第一届人民代表会议常务委员会主席，文宝庆当选为副主席。

1951 年

1 月 14 日，崖县人民政府根据海南军政委员会通令，重新建立各乡区镇领导机构。全县划为 5 个区、1 个区级镇。第一区辖 12 个乡，第二、三、四、五区各辖 10 个乡，榆亚镇辖 3 个办事处。

3 月，开始土地改革试点，以妙林乡、梅山乡为重点，保临乡为附点。

4 月 3~25 日，开展“清匪反霸、减租退押”“八字运动”试点工作。以妙林、回栏、月榕乡为重点，六盘、田独为附点。

5 月 16 日，崖县人民政府决定将崖县县立第一中学改名为崖县第一中学，崖县第二初级中学改名为崖县初级中学，崖县榆亚中学改名为崖县第二中学。

5 月 20 日，崖县农民代表大会在崖城召开，宣布成立崖县农民协会筹备委员会。

8 月 7 日，崖县人民政府发布布告：禁止用银圆（光洋）做流通货币。

10 月 20 日，全面铺开“清匪反霸、减租退押”“八字运动”，至 1952 年 5 月 16 日告一段落。

10 月 19~27 日，崖县第二届农民代表大会召开。会议通过《崖县农民协会组织法则》，选举成立崖县农民协会并讨论开展“八字运动”和宣传贯彻《中华人民共和国婚姻法》。

11 月 28 日，海南区党委免去林庆墀的崖县县长职务，任命陈国风为崖县县长。

12 月 26 日，崖县召开抗美援朝工作会议，成立抗美援朝委员会，发动全县人民捐献。至 1952 年 6 月，共捐款 170392.93 万元（旧币）和一批粮食、物资。

12 月，中共崖县县委书记林庆墀奉命上调，由林豪接任。

同月，崖县公安局破获潜藏军统特务组织“国民党中央直属琼崖宣传总队”。

是年，创建国营南滨农场。

是年年底，崖县公安局从榆林迁往红沙。

1952 年

1 月初，全崖县县开展土地改革、抗美援朝、镇压反革命三大运动。

1月15~17日，召开崖县第一届劳动模范代表会议。

1月，召开崖县首届学生代表会议，成立崖县学生联合会筹备委员会。

2月16日，崖县总工会成立。

2月，崖县开展“三反”（反贪污、反浪费、反官僚主义）、“五反”（反行贿、反诈骗、反偷税漏税、反偷工减料、反盗窃国家经济情报）运动。

3月5日，成立崖县镇压反革命委员会、崖县土地改革委员会。

4月26日，崖县召开群众大会公审反革命分子，崖县人民法庭判处一批罪大恶极的反革命罪犯死刑。

6月20日，崖县公安局破获潜藏国民党特务组织，逮捕主要分子22人，缴获枪支、子弹一批。

6月，台湾国民党当局的飞机在崖县第一区与第四区交界的山区空投特务9名。崖县军民联合围剿7天，击毙7名，俘获2名。

6月底，崖县公安局在三亚、红沙等地开展群众性的禁烟运动，破获贩毒案3宗。

8月上旬，南下干部王荫轩等16人到崖县工作，王荫轩任中共崖县县委书记。

8月22日，集中崖县全县土改队在第二区搞土地改革先行点，崖县土地改革委员会搬到月川村办公。至10月22日，先行点工作结束。

8月28日~9月18日，崖县连续遭受3次台风，暴风雨成灾。损失农作物13495亩，倒塌茅房1150间，沉没渔船34艘，死亡15人，冲垮水利工程多宗，冲毁水泥结构桥梁2座。

8月31日~9月2日，崖县第一届少数民族代表会议召开。

9月18日，海南行政公署通知，免去陈国风的崖县县长职务，任命张守贵为崖县县长。

10月31日，榆林港移民工作结束，共迁移617户。

12月29日，崖县召开第一届纪检会议，参加会议的有土改队队长和机关党员198人，讨论处理在土改整队中犯错误的干部。

是年，成立崖县工商业联合会筹备会。全县有工商业者189户，资本43700万元（旧币）。

是年，华南公路工程指挥部及解放军工程兵部队配合各地民工动工修建海榆中线公路，于1954年12月全线建成通车，崖县县境负责完成26公里。

是年，创建国营南田农场。

1953年

1月2日，崖县全县土地改革在第一、三、四、五区全面铺开。至6月18日，全县土改结束。

4月，崖县公安局对1951年错定的“反共青年救国军”假案予以平反。

5月11~20日，崖县遭受台风袭击，受浸水稻22945亩，倒塌房屋1922间，死13人，重伤32人。

6月，崖县人民政府拨款1000万元（旧币）建设崖县肥皂厂。

7月5日~8月5日，崖县全县开展查田发证工作。

8月1~5日，召开崖县全县烈军工属和各界人民代表会议，评定梅山、仲田、丰塘、球港为革命老区。

8月13~15日，崖县再遭台风、暴雨袭击，中心风力9级，降雨348.1毫米，宁远河水上涨6.1米，3天未退。全县损失房屋4251间，死亡7人，伤5人。

9月，共青团崖县第一次代表大会在崖城召开，选举产生共青团崖县第一届委员会。

9月28日，中共崖县县委成立民主改革委员会，着手进行“盐改”和“渔改”（盐业和渔业的民主改革）。

10月，中共崖县县委书记王荫轩调海南黎族苗族自治区工作，张守贵任代理县委书记。

是年，崖县公安局从红沙迁到崖城。

1954 年

1 月 1 日，经中央人民政府批准，广东省政府决定：崖县划归海南黎族苗族自治区管辖。

2 月，召开崖县全县互助合作会议，动员开展农业合作运动。第一区水南乡首先成立全县第一个农业生产初级合作社。到 1956 年春，全县参加初级农业合作社的农户达 26844 户，占总农户数的 84%。

3 月 15 日，海南行政公署批复，同意将榆亚镇改为第六区公所，撤销榆亚镇建制。第六区辖三亚、红沙两个乡级镇和 5 个乡。

4 月 5 日，成立崖县卫生院。

6 月，胡绪生接替张守贵任代理中共崖县县委书记。

6 月 25～29 日，崖县第一届人民代表大会第一次会议在崖城召开。

7 月，崖城全县完成少数民族地区调整土地权、颁发土地证工作，废除全县 37 个民族乡的封建剥削制度。

8 月 7 日，经海南卫生处来函同意，为修筑海榆中线公路需要而于 1952 年 10 月设立的海南人民医院三亚分院，合并于崖县卫生院，并改名为崖县人民医院。

10 月，中共崖县县委、崖县政府及县直机关从崖城搬迁到三亚。

同月，何赤任崖县县长。

11 月，陈国风任中共崖县县委书记。

是年，崖县开始对非农业人口和农村缺粮户实行粮食定量销售，取消私营粮贩，不准自由经营粮食；对产粮农户则实行“以征带购”。

1955 年

1 月 1 日，两广盐务管理局榆亚分处改名为国营榆亚盐场。

1 月 18 日，建立三亚镇（区级镇），撤销第六区。

2 月，崖县印刷厂建成投产。

5 月 28 日～6 月 2 日，崖县第一届人民代表大会第二次会议召开，决定崖县人民政府改称崖县人民委员会，并选举产生第一届人民委员会委员 19 人。林志超当选为县长。

5 月，县属各区名称改套地名，第一、二、三、四、五区名称依次为崖城区、羊栏区、藤桥区、九所区、黄流区。三亚镇名称不变。

6 月 25 日 11 时 30 分，英国哈杜利斯航运有限公司的运输船“查普林（CHMPZLAN）”号擅自驶入榆林港，因台风影响搁浅。6 月 28 日，“港监”号救护船抵榆林，但无法抢救。此后，船主与香港、伦敦、新加坡等地的海难救助组织联系，经多次抢救无效。英国哈杜利斯航运有限公司将该船拍卖给中国。

7 月，海关榆林工作组改名为中华人民共和国海口海关驻榆林办事处。

同月，崖县开展迁移苗民下山安置工作。全县苗族 109 户、587 人，迁移到平原地区安置 5 个村、67 户、332 人。

8 月，崖县人民检察院成立。

9 月 1 日起，粮食统购统销在崖县全县实行。

9 月 16 日，据统计，崖县已建立的第一批初级农业生产合作社共 187 个。

11 月 14 日，据统计，崖县全县建立的第二批初级农业生产合作社共 143 个。

11 月，全国政协副主席何香凝由冯白驹陪同视察崖县榨油肥皂厂。

1956 年

1 月 11 日，崖县第一个高级农业合作社——回辉高级农业合作社成立。到 1958 年年初，全县的高级社发展至 302 个，参加的农户 37426 户，占总农户数的 95%。

1 月 16 日，崖县召开私营企业改造工作扩大会议，传达对资本主义工商业的改造政策，研究资本主义工商业改造试点工作。

1 月 25 日，召开第一次崖县工商联代表大会，成立崖县工商业联合会。

2月22日，崖县召开第一次工业会议，总结工业工作情况，讨论当年工业工作的方针和任务。

2月，崖县全县开始肃反审干，至12月结束。

同月，崖县爱国卫生委员会成立。

5月，修建崖城至岭头公路。开始修建崖城桥、新溪田桥、波浪桥、盐灶大桥、盐灶小桥、石沟坑桥、角头桥7座木桥。

6月5~12日，中共崖县第一次代表大会在三亚召开，选举产生中共崖县第一届委员会常务委员、书记和副书记，选举产生崖县监察委员会正、副书记。

上半年，崖县全县完成对手工业的社会主义改造，提前实现手工业合作化计划。

7月1日，中共崖县县委机关报《崖县农民报》出版发行，为3日刊8开版。该报至1958年6月底停刊，共出版235期。

9月，崖县完成对资本主义工商业的社会主义改造，实行工商业的公私合营。

10月，筹建崖县藤桥糖厂，计划生产规模为日榨甘蔗100吨，投资63万元。

1957年

1月中旬，全国人大常务委员会委员长朱德视察崖县和海军榆林基地。

2月3~5日，中共中央政治局委员、中央监委书记董必武视察崖县，并在榆林港慰问部队。

2月5~11日，崖县第二届人民代表大会第一次会议召开。

2月21日，国务院发出《关于榆林港不继续对外开放的通知》，把榆林港列为国防军事禁区。

7月，中共崖县县委成立整风反右领导小组。经一个多月整风运动后，随即开展反右派斗争，先在卫生界、教育界和党政机关局部进行。因海南全区开展反地方主义运动，反右派斗争延至1958年3月全面铺开，崖县全县有300多人被错划为“右派分子”。

7月24日，海南文物普查工作团考古调查工作队在崖县进行考古调查，发现新石器时代文化遗址10处。

7月，羊德光调任中共崖县县委第一书记，陈国风改任第二书记。

8月16~19日，中共崖县县委召开四级干部扩大会议，部署开展“反右倾”、鼓干劲、厉行增产节约运动。

9月4日~10月25日，崖县进行社会主义教育运动试点，开展大鸣、大放、大辩论。次年2月后，运动在全县铺开。

9月15日，中共崖县县委召开扩大会议，学习党在过渡时期的总路线。

12月，崖县、保亭两县合建的新民水坝全面施工。

1958年

3月21日，中共崖县一届三次代表会议召开，通过《关于开展反地方主义的决议》。

3月，撤区并乡，崖县全县政区划为12个乡、2个镇。

4月5日，崖县的农村整社运动全面铺开。通过整社运动进行思想教育，批判资本主义，组织农业生产“大跃进”。6月20日，整社运动结束。

6月1日，崖县遭受暴风雨袭击，风力7~10级，降雨230毫米以上，冲坏水利工程2.6万土方，受淹水稻2.6万亩，倒塌茅屋263间。

同日，筹建崖县铁炉盐场，9月试产，10月正式投产，当年产盐780吨。

8月6日，中共崖县县委召开扩大会议，组织开展亩产“双千一万”运动（指水稻亩产2000斤，番薯亩产1万斤）。

8月16日，崖县红专大学筹备委员会成立。

8月，崖县全县大办食堂和托儿组：共办公共食堂1414个，基本实现公共食堂化；办托儿组952个。

10月1日，中共崖县县委决定全县成立海燕、鱼雷、天涯、炮艇4个人民公社。

10月2日，崖县掀起全民大炼钢铁运动。以田独、藤桥、冲坡为基地，全县筑起小高炉803个，1.5万多名农民、干部、学校师生夜以继日地投入炼钢炼铁运动。

10月，林尤岱任崖县代县长。

11月，海口海关驻榆林办事处升为榆林支关。

12月1日，崖县、保亭、陵水三县及万宁县兴隆、南桥、牛漏地区合并为榆林县（后仍称崖县），原崖县所属九所、黄流地区则划归乐东县管辖。王荫轩任中共榆林县委第一书记，梁蔚夫任县长。

同日，中共榆林县委机关报《榆林日报》出版发行，为4开版，至1961年3月1日停刊，共出版820期。

12月，崖县天涯公社红塘大队抱玉盘、打赖等村发生杀害干部、民警，抢夺枪支、粮食的反革命暴乱事件，经民兵配合守备部队平息。

是年，建立崖县造船厂，筹建崖城糖厂，藤桥糖厂投产，建立国营立才农场、南岛农场。

1959年

1月1~26日，国家主席刘少奇和夫人王光美来崖县度假、读书，住鹿回头招待所一号楼。

2月，叶剑英元帅视察海南军区守备第二十一师，为西岛瑁州守备营题诗："持枪南岛最南方，苦练勤操固国防。不让敌机敌舰逞，目标发现即消亡。"

3月11日，海军榆林基地组成远航舰队巡航西沙群岛。

3月，原属崖县管辖的西沙群岛划归西沙、南沙、中沙群岛办事处管辖。该办事处为广东省政府派出机构，委托海南行政区管理。

5月1日，安游至黄流铁路安崖段（安游~崖城）通车。

8月，崖县全县发生粮荒，患水肿病的人数达8330人。

8月1日，西瑁州岛建起以女基干民兵为主的炮兵班。

9月28日~10月1日，崖县县境内连续降暴雨，三亚地区降雨200毫米；13个村庄被洪水围困，藤桥墟被洪水浸没；4.8万亩水稻被淹。

9月，中共崖县县委第一书记王荫轩在“反右倾”中被批判并免职。胡辰祥接任县委第一书记。

11月14日，经中共广东省委批准，恢复保亭县建制，按原辖区从崖县划出；兴隆、南桥、牛漏地区则仍归万宁县管辖。

1960年

1月10日，国务院副总理陈毅、邓子恢在崖县和海军榆林基地视察。

1月29日，中共中央总书记、国务院副总理邓小平和中共中央政治局委员彭真、李先念在崖县视察。

1月31日，国务院总理周恩来视察崖县国营南滨农场。

2月上旬，国务院总理周恩来视察海军榆林基地。

2月，越南人民共和国主席胡志明到海军榆林基地访问舰艇部队。

3月，国务院副总理邓子恢视察崖县农村。

4月20~28日，中共崖县第二次代表大会在三亚召开，选举产生中共崖县第二届委员会，胡辰祥任县委第一书记。

5月25日，中共崖县县委制定《克服官僚主义，改进领导方法和领导作风的十项意见（草案）》。

5月，中共崖县县委对人民公社的公共食堂进行整顿。整顿后，全县仍有公共食堂1130间，参加食堂的有45231户，占总户数的98%。

6月12日，崖县开展以反贪污、反浪费、反官僚主义为内容的“三反”补课运动。

10月，崖县开始清理“一平二调”，纠正刮“共产风”的错误做法。这一工作至1961年3月底结束。

12月24日，中共崖县县委召开四级干部会议，布置全县的整风运动。

是年，建立国营农垦藤桥机械厂。

是年冬，中国农业科学院遗传所、四川省农科院首先在崖县的天涯和崖城从事玉米、高粱育种试验，接着，广东省农业科学院也在崖县进行水稻倒春育种试验，海南岛南部逐渐成为全国的南繁育种基地。

1961年

2月19日，全国人大常委会副委员长郭沫若由冯白驹陪同游览天涯海角，即兴赋诗。

3月，恢复陵水县建制，按原辖区从崖县划出；同时，将乐东县所属的雅亮、育才地区划归崖县管辖。

4月9日，副总参谋长张爱萍视察海军榆林基地，乘猎潜艇对铁炉港至西瑁洲区进行实地勘察。

4月25日，崖县人民委员会发布《关于保护落笔洞风景名胜古迹的通知》。

6月2日，中共崖县县委作出《关于整风整社运动中赔退共产风款的指示》。全县赔退“共产风”款共71万元。

7月，崖县开始贯彻中央关于国民经济“调整、巩固、充实、提高”的方针。

11月，董早冬任中共崖县县委第一书记。

是年，建立农垦三亚医院。

是年至1962年年底，中共崖县县委对1958~1960年在反地方主义、“反右倾”、“三反”补课、整风整社运动中被处理的1167人，展开复查甄别工作，纠正错案434件，平反被错批错斗的干部938人。

1962 年

1 月，郭沫若重游崖县，住鹿回头招待所，受中共崖县县委请托，点校清光绪年间所编《崖州志》。

2 月 14 日，全国文联副主席、中国作协主席茅盾来三亚观光。

2 月 18~21 日，中共崖县县委召开会议，落实以生产队为基本核算单位的政策。

4 月 5 日，中共崖县县委提出《关于压缩城镇人口和精简职工的意见》，开始压缩全民所有制职工和城镇人口。

10 月 14 日，中共崖县县委召开扩大会议，讨论减轻农民负担和开展城乡社会主义教育问题。

12 月 1~8 日，召开崖县全县第一次苗族工作代表会议，讨论苗族定居和苗族的经济、文化建设等问题。

12 月 12 日，成立崖县苗族、回族工作委员会。

1963 年

1 月中旬，全国人大常委会委员长朱德视察崖县和海军榆林基地。

1 月，国务院副总理陈毅视察崖县。

2 月，崖县推行农田劳动生产责任制，先以赤田小队和东溪大队为试点，然后全面铺开。

4 月，由郭沫若点校的清光绪《崖州志》由广东人民出版社出版，共印 1000 册。

8 月 13 日，中共崖县县委在羊栏公社开展“四清”运动试点工作。

9 月 23 日，美蒋特务 8 名在陵水县吊罗山空降，崖县藤桥公社、南田农场派出民兵参加围歼。中共崖县县委、崖县人民委员会于 9 月 30 日召开全歼美蒋空投匪特庆功大会，表彰有功民兵。

10 月 25 日，崖县各级机关单位开展反贪污、反浪费、反官僚主义的“三反”运动。此次运动延至1964年1月4日结束。

10月29日，崖县直属机关开展反贪污盗窃、反投机倒把、反铺张浪费、反分散主义、反官僚主义的“五反”运动。

10月底，全国人大代表和全国政协委员一行20余人在崖县南海渔业公社、羊栏公社视察。

1964年

1月，崖县以崖城、保港、港西、梅山4个公社为第一批，铺开“四清”运动，历时7个多月。

2月上旬，国家副主席董必武视察三亚。

5月1日，中共中央中南局书记陶铸在崖县视察。

6月29日，潮汕地区17名农业顾问在崖县落户。

7月1日，第二次全国人口普查开始登记。普查从7月1日开始至7月15日结束。普查结果：崖县总户数34700户，总人口166424人。

8月26日，崖县派出数百名干部参加海南区党委组建的农村“四清”工作总团，前往澄迈开展农村大“四清”运动，至1965年7月结束。

9月10日，崖县少数民族代表杨承武（回族）、邓玉花（苗族）等3人赴北京参加国庆15周年观礼。

9月，创办崖县劳动大学，学制两年，1969年停办。

12月24日，中共崖县县委决定以保港公社临高大队为试点，开展本县“小四清”运动。

是年，修建三亚至鹿回头公路沥青路面5公里，新建马岭至雅亮公路29.5公里。

1965年

8月17日，大“四清”运动（即清政治、清经济、清组织、清思想）在崖县全面铺开。中共广东省委、海南区委、崖县县委抽调大批干部，连同儋县、乐东两县的工作队及榆林部队官兵等共1000余人组成崖县“四清”工作团，各公社成立分团，分派工作队进村。

1966年

5月18日，崖县随全国开展“文化大革命”运动。

5月，杨洪任中共崖县县委书记，孙家浩任崖县代县长。

6月16日，崖县472人出席海南区学习毛泽东著作积极分子代表大会。

7月，三亚港兴建91.5米长、1500吨级泊位的高桩水泥结构码头。

同月，红卫兵组织在崖县全县各中学普遍成立。随后，机关、工厂、农村也相继组成各种形式的造反组织。

8月，崖县红卫兵上街“破四旧”，许多历史遗迹和文物遭受破坏。

10月，崖县成立起50多个名目不同的所谓革命造反组织，批判、斗争领导干部。

同月，崖县成立红卫兵接待站，接待县外来崖县串联的红卫兵。

是年，三亚港办事处改名为三亚港务局。

是年，三亚大桥改建为灌注柱基础、金字梁桥，马岭桥、二龙桥、荔枝沟二桥改建为石拱桥。又建设青田至牙龙湾公路7.4公里。

1967年

1月1日，三亚至黄流铁路通车。

2月，在上海“一月风暴”的影响下，崖县从县城机关至工厂、学校、农村的红卫兵组织开展全面夺权斗争，174名科级以上干部被罢官。

4月，中共崖县县委、崖县人民委员会陷入瘫痪，崖县军事管制委员会成立。县军管会派出军队干部实行“三支两军”（支左、支农、支工，军管、军训）。

1968 年

4 月 25 日，成立崖县革命委员会，成为实行一元化领导的崖县权力机关。

6 月 23 日，三亚地区发生大规模武斗，部分农场的民兵进城介入。两派群众组织各自构筑工事，进行激烈枪战，造成伤亡。

6 月 24 日，三亚港码头因两派群众组织武斗炮击引发火灾。

7 月 26 日，崖县革命委员会、崖县军事管制委员会、崖县人民武装部就有关两派群众组织对立及武斗问题，发出《给梅山广大贫下中农和全体民兵的公开信》；同时，组织民兵 300 多人武装进驻梅山公社制止武斗。

8 月至年底，崖县开展“斗批改”和“清理阶级队伍”运动，炮制了“反共救国军”“叛徒集团”“北京告状团”三大冤假案。有 1000 多名干部被隔离审查。

10 月 8 日，崖县革命委员会决定机关干部下放农村、农场或水利工地劳动。

12 月 16 日，崖县人民治安委员会成立。

1969 年

1 月，经海南黎族苗族自治州革命委员会批准，成立崖县革命委员会党的核心小组（中共地方核心组织），张经泉任组长。

5 月，创办崖县聋哑学校。

9 月 6 日，崖县革命委员会召开第六次委员扩大会议，学习中央发布的关于制止武斗的命令。

12 月，根据中央有关部门决定：崖县邮政局、电信局分开设立，邮政局归政府领导，电信局归县武装部领导。

1970 年

2 月 20 日，崖县全县开展以打击现行反革命破坏活动和反贪污盗窃、反投机倒把、反铺张浪费为内容的“一打三反”运动。

4月1日，崖县第一批知识青年上山下乡。

4月6日，崖县“5~16”假案出笼，受牵连迫害的干部近百人。

9月5日上午8时30分，因山洪暴发冲毁路基，由黄流站开往三亚的第413次客货列车在梅山长园地区发生翻车事故，死亡39人，伤36人，中断行车85小时。

11月，在袁隆平思路的指导下，湖南安江农校科研人员李必湖和海南黎族苗族自治州南红良种场技术员冯克珊在崖县南红农场附近发现花粉败育型野生稻（简称“野败”），从而为杂交水稻的“三系”配套打开了突破口。随后，袁隆平率领的团队于1974年育成强化“三系”杂交水稻。

1971年

5月9日，中共广东省委批复同意成立中共崖县委员会。

5月15~24日，中共崖县第三次代表大会召开，选举中共崖县第三届委员会和常务委员会。

7~8月，中共崖县各公社（镇）委员会先后选举产生。

10月8日，崖县县境遭受第26号台风袭击，中心风力12级，降雨156毫米，伴有海潮。全县死亡2人，伤5人，倒塌民房565间，水稻被淹545亩。

1972年

4月9日，全国疟疾防治学习班在三亚举办，历时10天。

4月29日，崖城大桥竣工。

11月11日，中国共产主义青年团崖县第六次代表会议召开，选举产生共青团崖县第六届委员会。

12月，山西大寨大队党支部书记陈永贵到崖县介绍经验。

1973 年

4 月，崖县革命委员会组织县、公社、大队三级干部 115 人到山西大寨参观学习。

8 月 14 日，崖县直属机关抽调 157 名干部下乡，开展第一批农村基本路线教育运动。

8 月，崖县革命委员会“四大组”撤销。县级机关办事机构复设部、委、办、局。

1974 年

1 月 19 日，在西沙自卫还击战中，南海舰队编队于西沙海域击沉南越军舰 1 艘、击伤 3 艘；次日，崖县基干民兵参与收复被南越军队占领的甘泉岛、珊瑚岛和金银岛。

5 月 23 日，田独公社椰林大队海坡生产队社员吃有毒海菜中毒 93 人，死亡 22 人。

6 月，召开崖县上山下乡知识青年先进集体和先进个人代表会议。

7 月，黄子桂任中共崖县县委书记、崖县革委会主任。

1975 年

1 月 17 日，田独公社六道大队 136 人因吃网胰藻中毒，其中 30 人抢救无效死亡。

3 月，福万水库正式开工兴建。

4 月 12 日，第三批农村基本路线教育运动开始，参加运动的工作队队员有 616 人。

9 月 15 日，崖县召开千人大会传达全国农业学大寨会议精神，提出“把崖县建成大寨县”。当年，全县抽调 1300 多名干部下到大队、生产队抓农田基本建设。

9 月 20 日，第 10 号台风带来暴雨。天涯公社大村水库被洪水冲垮，淹没大村生产队，冲毁民房 45 间，冲坏铁路 1900 米，死亡群众

25 人。

是年，兴建崖县羊栏糖厂，投资 800 万元，是国家“四五”计划重点建设项目之一。因蔗源不足，投产后很快停产。

是年，另外三宗水利工程兴建。其中，崖城牛腊水库于 1976 年 12 月竣工，灌溉面积 0. 2 万亩；田独九曲水库于 1976 年竣工，灌溉面积 0. 119 万亩；梅山三陵水库于 1977 年竣工，灌溉面积 0. 2 万亩。

1976 年

1 月 16 日，中共崖县县委、崖县革命委员会组织全县群众悼念周恩来总理逝世。

9 月 18 日下午，崖县县城及各公社所在地举行群众集会，沉痛悼念毛泽东主席逝世。

10 月 22 日，三亚地区干部群众举行集会，拥护中共中央采取果断措施粉碎“四人帮”反革命集团。

是年，崖城镇城东第二小学种植高产甘蔗“海蔗 4 号”，亩产 28. 348 吨，创全国高产纪录。该项目于 1978 年获全国科学大会奖。

1977 年

3 月 1 日，崖县荔枝沟供水厂建成，开始供水。

8 月 1 日，三亚供水厂建成，开始供水。

12 月 20 日，召开崖县农业学大寨先进单位和劳动模范大会，鼓励深入开展农业学大寨，大干社会主义。

1978 年

2 月中旬，召开崖县工业学大庆先进代表会议，动员进一步掀起工业学大庆、普及大庆式企业热潮。

4 月 22 日，中共崖县县委、崖县革命委员会决定全部摘掉“右派分子”帽子。

12 月 12 日，中共崖县县委在县城召开群众大会，为 1968 年所谓

“反共救国军”假案公开彻底平反。

是年后半年，崖县全县干部群众联系本地实际，开始学习讨论真理标准问题。

1979 年

1 月 15 日，全国人大常委会委员长、中共中央军委副主席叶剑英由广东省委第一书记习仲勋陪同在榆林视察，为三亚福万水库题名。

2 月 5 日，中共崖县县委作出决定，为所谓“崖县叛徒网”案彻底平反；2 月 6 日，再次作出决定，为所谓“崖县地方主义上京告状团”案彻底平反。均在三亚召开千人大会，宣布平反决定。

9 月 23 日，崖县公安局破获一起重大枪支盗窃案件，收回自动步枪 7 支、子弹 886 发。

12 月 8 日，林祖基任中共崖县县委书记、崖县革委会主任。

12 月，中共崖县县委、崖县政府召开四级干部会议，动员进一步解放思想，从实际出发，让各生产队社员自己选择适当的生产责任制形式。各种形式的农村联产承包责任制从此推开。

从是年起，崖县各级党委分别成立落实政策领导小组，设立办公室，专门负责复查历次政治运动中的遗留问题，纠正错案，落实政策。

1980 年

5 月 8 日，全国人大常委会委员长、中共中央军委副主席叶剑英视察榆林港，观看海军舰艇编队训练，并为海军榆林基地部队题词：“努力训练，巩固国防。”

7 月 18 日，崖县政协筹备小组成立。

10 月，三亚至海口国道公路沥青铺路工程竣工。

12 月下旬，崖县政法部门对尚未摘帽的 53 名“四类分子”进行评审，批准摘帽 20 人、改正 16 人。

是年，南山文峰塔被案犯用炸药包炸毁。

是年，崖城良种场水稻高产试验早稻亩产 1570 斤，创海南全岛高产纪录。

是年，福万水库工程竣工，库容 1000 余万立方米，灌溉面积 1 万多亩。

1981 年

5 月 4 日，崖县司法局成立。

5 月 10 日，三亚港两个 5000 吨级泊位码头建成启用。

6 月 9~17 日，中共崖县第四次代表大会第一次会议召开，选举产生中共崖县第四届委员会、县纪律检查委员会。

7 月上旬，第 5 号台风在林旺登陆，崖县南部几个农场的橡胶树受损害 15 万株，死伤 19 人。

10 月 1 日，崖县电视差转台建成。

11 月 8 日，海南行政区公署和自治州革命委员会先后拨款 66 万元，增设自然保护区和重点保护林区 11 处。其中，崖县洋林岭被列为重点保护林区。

12 月，召开中共崖县第四届委员会第一次全体会议，选出 9 名常务委员，孙家浩任县委书记。

是年，崖县全县深入进行真理标准学习讨论补课。

是年，海南黎族苗族自治州三亚水泥厂竣工。

是年，榆林至鹿回头公路由土路改建成沥青路面，长 3 公里。

1982 年

1 月 20 日，中共中央政治局委员、中共中央军委常委王震，全国人大常委会副委员长廖承志视察海军榆林基地。

1 月 25 日 15 时 45 分，在崖县与乐东县、保亭县交界地带发生 4.1 级地震，有房屋出现裂缝。

2 月 25 日~3 月 2 日，召开中国人民政治协商会议崖县第一届委员会第一次会议，出席会议的委员 109 人，王泽香当选为崖县政协主席。

2月26日~3月3日，崖县第六届人民代表大会第一次会议举行。会议郑重宣布：撤销崖县革命委员会，建立崖县人民代表大会常务委员会，成立崖县政府。王春辉当选为崖县人大常委会主任，符木生当选为崖县县长。会议通过《关于尽快成立三亚市的决议》和《关于保护旅游自然资源的决议》。

3月2日，设在鹿回头浅海的中国科学院海南热带海洋生物实验站，人工育成25.75×14.65毫米、重6.15克的珍珠，其重量和大小均为当时全国之最。

4月14日，台湾7艘渔船36人在三亚港避风。

4月18日，国务委员康世恩来崖县视察。

7月1日零时为第三次全国人口普查登记标准时间。崖县普查结果：全县总户数53116户，总人数297701人。

10月25日，中国海洋石油总公司联营美国阿科石油公司所属“爪哇海”号钻井平台，在南海距三亚约60公里处遭受第1号台风袭击沉没，船上81人（外籍46人、中方35人）全部遇难。

是年，中国海洋石油总公司与美国阿科石油公司联合钻探，在崖县南山以南海域发现崖“13—1—1”高产天然气田。同年打成了第一口探井——崖“13—1—1”号井，日产天然气120万立方米。

是年，开始兴建鹿回头公园。

1983年

2月12日，中共中央总书记胡耀邦前来崖县视察，同榆亚地区群众欢度春节。

3月2日，国务院总理赵紫阳来崖县视察。

3月，崖县开始清理干部违章建私房工作，对干部建房进行清查处理。

7月18日~8月1日，乡镇行政机关与公社分设，崖县全县设15个区、1个镇、92个乡、27个居民委员会。

9月15日，崖县全县撤销公社建制，成立区委、区公所。

9月16日，崖县10岁运动员李海胜在第一届亚洲分龄游泳锦标赛中获金牌。

10月26日，国务院批准三亚港为对外开放口岸，并开辟三亚—香港海上客运航线和三亚—海口—香港包机客运航线。

10月，崖县发动机关团体筹集资金60多万元，建起5座电视差转台，使全县90%的地区能够收看电视节目。

10月30日，在崖县番岭坡发现伊斯兰教徒墓葬37座。

11月17日，中共崖县县委和崖县政府向海南黎族苗族自治州上报《关于将崖县改为三亚市的意见》，经逐级上报呈送国务院。

1984年

1月，朱家仁任中共崖县县委书记。

2月10日，《海南日报》报道，广东省博物馆文物考察队在落笔洞内发现一处旧石器时代的海南岛最早人类活动遗迹。

3月，广州—三亚客货班轮航线通航。

5月19日，国务院批复广东省政府《关于设置三亚市建制的请示》，同意撤销崖县、设立三亚市（县级），以原崖县的行政区域为三亚市行政区域。

5月21~26日，召开政协崖县第二届委员会第一次会议，选举产生政协崖县第二届委员会常委会，羊志雄当选主席。

5月22~25日，召开崖县第七届人民代表大会第一次会议，通过《关于三亚市总体规划的决议》，选举周成崑为县人大常委会主任、黄文忠为县长。

6月5日上午9时，中共三亚市委在市二中广场召开大会，庆祝国务院批准撤销崖县、设立三亚市。

6月11日，三亚水泥厂正式投产。

6月27日，中华人民共和国三亚海关成立。

6月，设立三亚市口岸办公室。

同月，为了稳定农村联产承包责任制，崖县全县落实一包15年不变政策，消除农民担心政策会变的顾虑。

7 月 2 日，三亚市动植物检疫所成立。

8 月 10~12 日，中共三亚市第一次代表大会召开，通过三亚市委题为《搞好改革开放，加快建设新三亚》的工作报告，选举产生中共三亚市第一届委员会、市纪律检查委员会。朱家仁当选为中共三亚市委书记。

8 月 15 日，海南行政区公署批准三亚市进出口服务公司享有进出口经营权。

8 月 21 日，崖县七届人大二次会议召开，决定崖县第七届人民代表大会改为三亚市第一届人民代表大会，任命的相关职务均由崖县改为三亚市。

8 月 21 日，三亚市少年游泳队的李海胜参加全国选拔赛，获 50 米蛙泳第一名、100 米蛙泳第三名；而后，于 10 月 15 日赴广州参加亚洲分龄游泳锦标赛，夺 50 米蛙泳冠军。

8 月 14 日，三亚市红十字会成立。

10 月 15 日，水电部从湖北宜昌无偿调拨三部列电车头给三亚建列车电站，装机容量 5000 千瓦。

10 月，启用三亚军用机场，广州—三亚飞机航班复航。

11 月 4 日，三亚—海口—香港客运线正式通航，首航由“马兰”号客轮自三亚港启航。三亚港同时对外籍船舶开放。

12 月，最高人民检察院检察长杨易辰在三亚市视察工作。

是年，组建三亚市旅游公司，负责对全市的旅游资源进行规划、开发和管理。

是年，三亚引进两家外资企业：一家是马来餐厅，投资人民币 84 万元；另一家是三利进口汽车维修中心，投资人民币 44 万元。与此同时，引进内联企业 31 家。

1985 年

1 月 1 日，三亚市公安局交警大队成立。

1 月 23~26 日，中共中央政治局委员、中央书记处书记、国务院副总理万里视察三亚市。

2 月 25~27 日，全国政协副主席杨成武视察驻三亚地区部队。

2 月 26~29 日，中共中央政治局委员、解放军总参谋长杨得志视察海军榆林部队。

2 月 29 日~3 月 4 日，全国政协副主席刘澜涛视察三亚市。

2 月，在驻军帮助下动工治理三亚河，开通三亚河西路和东路。工程在当年 11 月竣工。

3 月 7~11 日，全国政协副主席钱昌照率全国政协科技组考察团考察三亚市。

3 月 7 日，国务委员兼国防部部长张爱萍在三亚市视察。

3 月 19 日，广东省政府批准《三亚市城市总体规划》。

6 月，撤销三亚镇，以其行政区域分设河东、河西两个办事处。

7 月，中共三亚市委结合整党，查处倒卖进口小汽车事件和机关经商问题，对倒买倒卖进口小汽车的问题分别作出处理。

12 月 1~23 日，国务委员兼中国人民银行行长陈慕华在三亚市视察。

是年，中共三亚市委、三亚市政府投资在鹿回头公园兴建《鹿回头》大型艺术石雕。

是年，兴建新风大桥，1986 年 12 月建成通车。

1986 年

1 月 18~21 日，全国政协副主席费孝通视察三亚市。

1 月，中共中央书记处书记、中央政法委书记乔石视察三亚市。

国务委员谷牧视察三亚市。

2 月 6~11 日，中共中央政治局委员、中央书记处书记、国务院副总理田纪云，中共中央政治局委员、中央书记处书记胡启立等 50 人，在三亚市进行视察活动。

4 月 5~10 日，中共中央政治局委员、中央顾问委员会副主任王震在三亚市视察。

4 月，全国青少年哈雷彗星观测活动在三亚市举行。

5 月，按照广东省通知，撤销区公所，三亚全市改置 10 个镇、3 个乡、2 个区和 1 个街道办事处，下辖 118 个村民管理委员会和 13 个居民委员会。

6 月，设立三亚市旅游局，负责统管全市的旅游宣传、规划、管理、开发等工作。

10 月 30 日，在联邦德国举行的有 15 个国家优秀选手参加的国际羽毛球比赛中，三亚市姑娘姚芬夺得女子单打金牌。

11 月 22~23 日，全国政协副主席王恩茂视察三亚市。

11 月 27~28 日，三亚市文学艺术界第一次委员会在三亚市召开，选举产生三亚市文联第一届委员会。

11 月 30 日 ~12 月 8 日，中共中央政治局委员、国务委员方毅视察三亚市。

12 月 16~17 日，中共中央政治局委员、中央书记书记、国务院副总理李鹏视察三亚市。

12 月 19 日，牛（路岭）—万（宁）—三（亚）输电工程全线通电使用。

12 月，全国政协副主席、民盟中央主席费孝通视察三亚市，在鹿回头招待所主持召开海南黎族苗族自治州经济社会发展战略研讨会。

是年，兴建月川大桥，至 1994 年 12 月建成通车。

是年，水源池供水工程兴建，至 1990 年竣工。

1987 年

1 月 17 日，中国第一届铁人三项赛在三亚市大东海举行开幕式。

2 月 6~9 日，全国人大常委会副委员长阿沛·阿旺晋美视察三亚市。

3 月 14 日，三亚海关码头兴建，至 11 月竣工。

4 月，三亚市第二期供水工程动工，至 1990 年 6 月竣工。

同月，陈人忠任中共海南黎族苗族自治州委委员、常委兼三亚市委书记。

5月12~18日，召开中共三亚市第二次代表大会，选举产生中共三亚市第二届委员会，陈人忠当选为中共三亚市委书记。

5月15~18日，召开三亚市政协第二届委员会第一次会议，选举产生三亚市政协第二届委员会，潘正吉当选为三亚市政协主席。

5月16~18日，召开三亚市第二届人民代表大会第一次会议，选举三亚市人大常委会组成人员，周成崑当选为三亚市人大常委会主任，黄文忠当选为三亚市市长，庞学文当选为市中级人民法院院长，潘奇思当选为市人民检察院检察长。

8月1日，鹿回头公园竣工，9月13日在山顶《鹿回头》石雕前举行开园仪式。

10月1日，海南建省筹备组组长许士杰、副组长梁湘、成员王越丰率工作组一行19人，到三亚市检查升为地级市的筹备工作。

11月20日，国务院发文批准三亚市升格为地级市。

12月12日，国务院、中央军委批复广东省政府的请示，同意三亚市民用凤凰机场立项建设。

12月20~24日，中顾委常委、全国人大常委会副委员长黄华视察三亚市。

12月21日，海南建省筹备组宣布成立三亚地级市筹备组，组长李国荣，成员王学萍、陈人忠。原三亚县级市的党委、政府、人大等停止行使职权，各项工作在筹备组领导下进行。

12月24~29日，中顾委常委、国务委员姬鹏飞视察三亚市。

12月25日，海南建省筹备组决定增补古显银、王亚保、杨文贵、徐彩凤为三亚地级市筹备组成员。

12月30日，三亚市二届人大二次会议召开，传达海南建省筹备组通知，宣布三亚县级市人大停止行使职权。

12月30日至次年1月4日，中共中央政治局原委员习仲勋到三亚考察。

12 月 31 日上午 9 时，在中共三亚市委、三亚市政府大楼前召开热烈庆祝三亚市升格地级市大会。

是年，海南岛西 960 路通信微波工程终端站、粤西广播电视微波工程先后建成使用。

是年年底起至次年 2 月，中国城市规划设计研究院海南分院完成《三亚城市总体规划纲要》编制工作。

1988 年

1 月 10~11 日，中共中央政治局委员、上海市委书记兼上海市市长江泽民视察三亚市。

2 月 19 日，经中共海南省（筹建）工作委员会研究决定，成立中共三亚市（地级）市委领导班子，李国荣任市委书记。

同日，海南建省筹备组批准成立三亚市（地级）政府，程浩任主要负责人；成立三亚市（地级）人大筹备组，杨文贵任组长；成立三亚市（地级）政协筹备组，王育良任负责人。

2 月 26 日，三亚市邮电局割接开通市区内 3000 门“史端乔”自动电话。

4 月 13 日，七届全国人大一次会议决定海南建省办经济特区，三亚市直属海南省管辖。

6 月 20 日，羊栏镇羊栏村与妙林等村发生械斗，经中共三亚市委、三亚市政府派出工作组调解平息。

8 月 21 日，林安彬任政协三亚市（地级）筹备组主要负责人。

8 月 24 日，全国政协副主席程思远视察三亚市。

同日，三亚市琊琅湾（亚龙湾）风景区、天涯海角游览区、三亚湾滨海风景区、大小东海滨海风景区、鹿回头风景区、落笔洞风景区、大小洞天风景区被列为海南省第一批重点风景名胜区、自然保护区。

9 月，三亚市政府、市人大常委会办公大楼落成。

11 月 30 日，中共海南省委任命刘名启为中共三亚市委书记兼三亚市政府主要负责人。

12 月 14 日，国家副主席王震视察三亚市。

12 月 19 日，全国政协副主席钱正英视察三亚市。

是年，前来三亚市培育良种和从事科研活动的省、自治区、直辖市达 27 个，有 90 多个育种单位、450 多名农科人员。

1989 年

1 月 20~21 日，全国人大常委会副委员长雷洁琼视察三亚市。

2 月 22 日，中国国民党革命委员会三亚市委员会成立，陈朱任主任委员。

3 月，三亚市河东一路大规模改造工程动工（称“420 工程”），至 6 月 20 日竣工。

4 月 17 日，中国农工民主党三亚市委员会成立，孙矗昆任主任委员。

5 月 28 日，致公党三亚市委员会成立，雷德万任主任委员。

7 月 15 日，三亚市区“1350 工程”动工，改建扩建从潮见桥至大东海的路面，至 1990 年 8 月竣工。

8 月 28~30 日，中共三亚市（地级）第一次代表大会召开，选举产生中共三亚市第一届委员会。刘名启当选为书记，王明刚为市纪律检查委员会书记。

9 月 9 日，第 25 号台风于傍晚横扫三亚市海面，中心附近风力 12 级，带来的暴雨时间长达 24 小时，给晚稻生长带来严重损害。

9 月 21~25 日，政协三亚市（地级）第一届委员会第一次全体会议召开，选举市政协领导成员。林安彬（回族）当选为市政协主席。

9 月 22~25 日，三亚市（地级）第一届人民代表大会第一次会议举行。大会选举产生市人大常委会、市政府、市人民法院、市人民检察院领导成员。市人大常委会主任杨文贵（黎族），市长刘名启，市人民法院院长李信义，市人民检察院检察长陈鸿章。

10 月 2 日，第 26 号台风在陵水县三才镇至三亚市藤桥镇一带登陆，中心风力 12 级；10 月 13 日，第 28 号台风又从三亚市南部海面经过，中心风力12级。这两次台风给三亚市造成严重灾害。

10月5日，中共三亚市人民武装委员会成立。

10月23日，中共中央政治局委员、国务院副总理田纪云在三亚市灾区视察慰问。

11月14日，中国民主促进会三亚市委员会成立，柯行廉任主任委员。

11月20~27日，全国政协副主席钱伟长视察三亚市。

1990年

1月10日，中国民主同盟三亚市委员会成立，钟瑞森任主任委员。

1月23日，中共中央政治局委员、国务院副总理吴学谦视察三亚市。

1月28~29日，中共中央政治局委员、国务委员李铁映视察三亚市。

2月4~6日，中共中央政治局常委宋平视察三亚市。

2月18日，位于天涯海角旅游景区角岭上的第11届亚运会火炬南端点火台破土动工，至7月28日竣工。

2月19~20日，国务委员陈俊生视察三亚市。

2月25~27日，全国政协副主席、国家民委主任司马义·艾买提在三亚市视察民族工作。

3月2日，三亚市河西路“120工程”开工，于1992年年底竣工。

3月4日，民航总局决定在三亚市建立空中交通管制中心。

5月10日下午，位于榆林三棵树的违章建筑——大东海旅游酒家被依法强制爆破拆除。

5月13~15日，中共中央总书记、中央军委主席江泽民在三亚市视察。

5月28日，三亚凤凰国际机场举行开工典礼。

5月，最高人民检察院副检察长张思卿在三亚市视察工作。

6月，三亚市清理干部违章违法建私房，对市直机关党员干部的建房情况进行调查处理。

7月1日，三亚全市进行第四次人口普查。普查结果：总户数74720户，总人口370275人。

8月23日上午，第11届亚运会南端点火仪式在角岭点火台隆重举行。

9月30日，国务院批准三亚市首批国家级海洋型自然保护区共5处，其中包括三亚珊瑚礁自然保护区。

11月20~21日，全国人大常委会副委员长孙起孟在三亚市视察。

12月12~15日，中共中央政治局委员、北京市委书记李锡铭在三亚市视察。

1991年

1月25日，成立天涯海角风景区管理委员会，对景区连续进行近半年的整治工作。

2月10~13日，中共中央政治局常委、中央书记处书记李瑞环视察三亚市。

2月19日，国务委员兼国家科委主任宋健视察三亚市。

4月9日，海南省计划厅对三亚市兴建赤田水库供水灌溉工程批准立项。该工程于1994年6月28日竣工并下闸蓄水。

4月29~30日，国务院副总理兼国家计委主任邹家华视察三亚市。

5月22日，三亚国际海岸电台破土动工。这是继大连、上海、福州、广州之后兴建的，中国第五家供全球海上遇险安全系统使用的海岸电台。

10月13日，中共中央政治局常委、中央书记处书记乔石视察三亚市。

11月22日，三亚市中级人民法院和三亚市城郊人民法院、三亚市人民检察院和三亚市城郊人民检察院成立。

12 月 22 日，三亚市万门程控电话开通使用。

1992 年

1 月 1 日，由中国国际体育旅游公司等 3 家单位主办的“天涯海角—漠河纵贯神州万里跑”活动在三亚起步。

1 月下旬，中共中央政治局委员、国务院副总理田纪云视察三亚市。

2 月，三亚国家跳水训练基地动工兴建。

3 月 13 日，鹿回头海滨国家级三亚珊瑚礁自然保护区主标落成揭牌。

3 月 30 日~4 月 7 日，首届天涯海角旅游展暨投资洽谈会在三亚举行。

4 月 3~7 日，全国人大常委会副委员长彭冲、全国政协副主席程思远参加首届海南国际椰子节三亚分区节庆活动。

4 月 17~18 日，国务院副总理朱镕基视察三亚市。

5 月 22~24 日，三亚市一届人大五次会议通过《关于三亚市 1992~1993 年城市综合开发计划项目议案的决议》。

5 月，三亚大桥改造扩建工程动工。

8 月 24 日，参加第 25 届奥运会的国家跳水队运动员孙淑伟、高敏、伏明霞、谭良德、熊倪等人在三亚国家跳水训练基地向三亚人民作汇报跳水表演。

8 月 28 日，海山奇观风景区修建竣工，向游客开放。

9 月 19 日，三亚市蜈蚑洲海景区国际乐园开工建设。

9 月 20 日，全国人大常委会副委员长王汉斌视察三亚市。

10 月 20 日，三亚市地产投资券在全市公开发行，持三亚市居民身份证者可认购，总发行额为 2 亿元人民币。

10 月 23 日，国务院批准三亚亚龙湾为国家级旅游度假区。

12 月 8 日，三亚国际旅游开发研讨会在三亚举行，14 个国家和地区的148名金融商、投资商、旅游商参加。

12月8日，考古学家在落笔洞发掘出中石器时代人牙化石、动物化石及石器、骨角器等文化遗物。落笔洞被命名为“三亚文化遗址”。

据统计，本年度三亚全市生产总值达8.5亿元，人均2257元，5年内年均增长率分别为14.5%、16%。当年三次产业比例为32∶33∶35；地方财政收入为9721万元，5年内年均增长38%；全市在岗职工平均工资2908元，农民人均纯收入847元，5年内年均增长率分别为17%、15%。当年固定资产投资7.8亿元，比1987年增长近10倍。

1993年

1月8日，岭落水库建成通水。

2月，中共三亚市委一届六次会议召开。会议明确提出：“把旅游业作为主导产业和中心产业，把建设国际热带滨海旅游城市作为极力奋斗的发展目标。”

2月20日，三亚国际高尔夫俱乐部破土动工。该项目为日本日出观光株式会社独资兴办，于1995年12月1日建成开业，是三亚市第一个具有国际水准的高尔夫球场。

3月28~30日，国家旅游局等12个国家部委局在三亚召开评审会，评审通过《亚龙湾国家旅游度假区总体规划》。

4月3日，国务委员兼国家计划生育委员会主任彭珮云到三亚市检查计划生育工作。

4月17~20日，中共中央总书记、国家主席、中央军委主席江泽民视察三亚市，陪同视察的有国务委员兼国防部部长迟浩田、中共海南省委书记兼海南省省长阮崇武、广州军区司令员李希林等人。江泽民在海山奇观风景区视察时，题词“碧海连天远，琼崖尽是春”。

4月18日，全国政协副主席马万祺在三亚市视察。

同日，亚龙湾开发股份有限公司成立。

5 月 2~5 日，政协三亚市第二届委员会第一次会议召开。陈人忠当选为三亚市政协主席。

5 月 3~6 日，三亚市二届人大一次会议举行。选举产生市人大常委会，林安彬当选为市人大常委会主任，王永春当选为市长，李信义当选为市中级人民法院院长，李振安当选为市人民检察院检察长。

5 月 20~21 日，中共三亚市第二次代表大会召开，选举产生中共三亚市第二届委员会和市纪律检查委员会。在随后召开的中共三亚市委二届一次会议上，钟文当选为市委书记，蓝文新当选为市纪委书记。第二届三亚市委领导班子提出抓城市五大组团发展战略，城市建设步入全面开发建设阶段。

6 月 15 日，三亚至越南岘港的海上航线开通。

9 月 14 日，越南贸易部部长黎文哲率领经济贸易代表团访问三亚。

10 月 14 日，联合国世界旅游组织秘书长萨维尼亚克访问三亚。

11 月 30 日，新加坡内阁资政李光耀访问三亚。

12 月 1 日，中共中央政治局委员、全国人大常委会副委员长田纪云视察三亚市。

12 月，崖城发生蝇害，中国农业科学院植物保护研究所鉴定为美洲斑潜蝇，属国内首次发现。

1994 年

1 月 3 日，中共三亚市委机关报《三亚晨报》正式创刊。该报于 2013 年 8 月 31 日更名为《三亚日报》。

1 月 21~24 日，全国宗教团体领导人座谈会在三亚鹿回头举行。全国政协副主席、中国佛教协会会长赵朴初，全国政协副主席、中国基督教协会会长丁光训等人出席会议。1 月 24 日，赵朴初率佛教界人士 60 余人参观南山寺寺址。

2 月 6~10 日，中共中央政治局常委、全国人大常委会委员长乔石视察三亚市。

2 月 17 日，全国人大常委会副委员长李沛瑶视察三亚市。

2 月 20 日，海峡两岸关系协会会长汪道涵视察三亚市。

5 月，国务院公布第三批国家重点风景名胜区，三亚滨海热带风景名胜区榜上有名。

3 月 3~5 日，国务委员兼国家计划生育委员会主任彭珮云在三亚市视察。

3 月 9~12 日，原国家主席杨尚昆视察三亚市。

5 月 11 日，总装机容量 40 万千瓦的南山电厂第一台机组进入商业运行。

5 月 31 日，全国人大常委会副委员长吴阶平视察三亚市。

6 月 26 日，亚龙湾大道竣工通车。

6 月 27~29 日，三亚凤凰国际机场竣工验收会议在三亚举行，经验收合格，具备通航条件，同意交付使用。海南省政府对机场建设指挥部颁发嘉奖令。

6 月 30 日，“七路四桥”改建工程竣工通车。“七路”为解放路、二环路、月川路、金鸡岭路、机场路、南边海路、新丰路，“四桥”为金鸡岭桥、儋州桥、机场路上大桥、机场路上小桥。

7 月 1 日，三亚凤凰国际机场正式通航。

8 月 11 日上午 9 时 20 分，南方航空公司波音 737—300 型飞机满载乘客从广州飞抵三亚，这是凤凰国际机场通航后的首次商业飞行。

11 月 10~13 日，全国政协副主席王兆国视察三亚市。

12 月 28 日，“三亚杯”亚洲铁人三项系列赛（第八站）暨全国铁人三项锦标赛在大东海国家跳水训练基地举行。

12 月，国务院批准三亚航空口岸对外开放。

1995 年

1 月 4~19 日，全国人大常委会副委员长铁木尔・达瓦买提在三亚市视察。

1 月 26 日，临春桥建成通车。

1 月，农业部在三亚举办全国美洲斑潜蝇检疫防治现场会。

2 月 1 日，中共中央政治局委员、国务院副总理钱其琛在三亚市视察。

2 月 4 日，中共中央政治局常委、中央军委副主席刘华清在三亚市视察。

4 月 2 日，应文化部和海南省政府邀请，挪威驻华大使及韩国、古巴、加纳、埃及、斯里兰卡、孟加拉、土耳其、墨西哥、捷克等 14 国驻华文化参赞共 24 人，在文化部外联局局长孙维学陪同下访问三亚。

5 月 16 日，中国民主建国会三亚市委员会成立，王树生任主任委员。

5 月 18 日，亚龙湾中心广场动工兴建。

6 月 10~13 日，全国旅游市场工作会议在三亚召开。

6 月 16 日，新加坡“双鱼星”号邮轮首航三亚。

7 月，三亚市第二届人大常委会第十六次会议决定，酸梅树、椰子树为三亚市市树，三角梅为三亚市市花。

8 月 6 日，圣文森特籍“华福”号集装箱班轮首航三亚港，结束了三亚港没有海上运输国际集装箱班轮的历史。

8 月 26 日，中海石油平台制造公司承建的崖 13—1 天然气田海南二期工程——南山陆地气体处理终端竣工。

8 月 31 日，首架国际商务包机由美国俄克拉亥州马克市飞抵三亚凤凰国际机场。

10 月 8 日，由侨居加拿大满地可市的华侨集体捐资 10 万加元兴建的满地可“希望小学”在天涯镇塔岭村奠基。该校于 1996 年 9 月 20 日建成使用。

10 月 15 日，东线高速公路大茅隧道开通。

11 月 7 日，联合国发展中国家妇女与发展问题研讨会在三亚召开。

11 月 10 日，挪威首相格罗·哈莱姆·布伦特兰乘专机抵达三亚进行友好访问。

11 月 12 日，南山寺奠基暨南山佛教文化区动工典礼举行。

11 月 19 日，一架 MD—82 型（麦道）飞机从三亚凤凰国际机场起飞直航新加坡，这是三亚航空口岸正式对外开通的第一条国际航线。

1996 年

1 月 1 日，’96 中国度假休闲游开幕式在亚龙湾中心广场举行。中共中央政治局委员、国务院副总理钱其琛宣布开幕，世界旅游理事会秘书长李普曼致辞。中外嘉宾及各界人士近万人参加开幕式。

同日，崖 13—1 天然气田正式向香港供气。

同日，天涯海角风景区的天涯历史名人雕像揭幕。

1 月 2 日，中国跳水队在三亚国家跳水训练基地举行首场跳水表演。

1 月 12 日，在南山天然气接收终端举行崖 13—1 天然气田投产庆典。该气田从 3 月 1 日起每年向海南省供气 5 亿立方米。

1 月 30 日，全国人大常委会副委员长王丙乾视察亚龙湾国家旅游度假区。

2 月 2 日，全国政协副主席胡绳视察天涯海角游览区。

2 月 10 日，三亚—日本国际班机开通。

2 月 11~12 日，中共中央政治局常委、国务院总理李鹏在三亚市视察。

2 月 29~30 日，中共中央政治局常委、中央书记处书记胡锦涛在三亚市乡镇农村、台资企业和南繁育种基地视察。

7 月 16 日，爱尔兰乡村妇女协会主席布里丁特耳斯特夫人率代表团抵三亚访问。

8 月 7 日，台湾民主自治同盟三亚市委员会成立，庄琼菊任主任委员。

9 月 19 日，塔吉克斯坦共和国总统埃莫马利·沙里波维奇·拉赫莫诺夫抵三亚市参观访问。

10月9日，港亚包机联合体开通三亚—香港直航旅游包机。

10月15日，海南全省首届伊斯兰教《古兰经》诵读比赛在三亚市羊栏镇举行。

10月20日，'96重阳三亚百名寿星登南山活动在海山奇观游览区举行。

11月6~10日，中共中央政治局委员、全国人大常委会副委员长田纪云在三亚市视察。

11月12日，三亚市被命名为全国“双拥模范城”。

12月15日，三亚—日本名古屋包机航线开通。

12月18日，首届三亚天涯海角婚礼节在天涯海角风景区举行。此后，每年都举办一次，并更名为中国天涯海角国际婚庆节。

12月19~20日，科摩罗伊斯兰联邦共和国总统穆罕默德·塔基·阿卡杜勒卡里姆及夫人在三亚市参观访问。

1997年

1月13~15日，中共中央政治局常委、全国政协主席李瑞环视察三亚市。

2月13日，哈萨克斯坦共和国总统努力尔苏丹·阿比舍维奇·纳扎尔巴耶夫及夫人前来三亚休假。

2月14日，全国政协副主席钱正英、化工部部长顾秀莲视察三亚市。

3月29日，三亚至韩国汉城航线正式开通。

4月5日，三亚市天然气输配管网工程进入建设阶段。

同日，韩国济州岛知事慎久范率代表团一行15人到三亚市访问。

4月6日，海南省首家运动航空俱乐部在三亚成立。

4月24~26日，三亚市市长王永春带领三亚市友好代表团访问法国戛纳市，与该市签订友好城市关系意向书。

4月26~28日，全国政协副主席钱伟长率领的海洋专题组一行

30 人到三亚市考察。

5 月 3~5 日，中共中央政治局委员、国务院副总理姜春云在三亚市视察。

5 月 16 日，中共海南省委决定，洪寿祥任中共三亚市委委员、常委、书记。

6 月 11 日，中国自行设计制造的第一艘观光潜艇由武汉运抵三亚。

6 月 15 日，纳米比亚全国委员会主席坎迪·内霍瓦抵三亚访问。

9 月 19 日，三亚市第二届人大常委会第三十二次会议任命陈孙文为三亚市人民副市长、代市长。

11 月 17 日，应三亚市政府邀请，法国戛纳市市长美里斯·德洛内率领市政府代表团对三亚市进行友好访问。两市市长在南中国大酒店签订缔结友好城市关系协议书。

12 月 4 日，五星级德国大型豪华旅游船“欧洲”号驶抵三亚港。

12 月 8 日，全国人大常委会副委员长铁木尔·达瓦买提视察羊栏镇回辉村。

12 月 12~15 日，全国政协副主席阿沛·阿旺晋美视察三亚市。

据统计，本年度三亚全市生产总值为 26 亿元，人均 6030 元，5 年内年均增长率分别为 25%、22%；三次产业比例为 32：27：41；全市在岗职工平均工资、农民人均纯收入分别为 6474 元、1758 元，5 年内年均增长率分别为 17%、15%；地方财政收入 2. 2 亿元，5 年内年均增长 19. 3%；1993~1997 年全社会固定资产投资总额累计达 118 亿元，年均增长 37%。

1998 年

1 月 7~17 日，联合国副秘书长金永健前来三亚市考察。

1 月 21 日，贝宁共和国总统马蒂厄·克雷库抵三亚市访问。

2 月，中共海南省委任命王富玉为中共三亚市委委员、常委、书记。

3 月 15 日，政协三亚市第三届委员会第一次会议召开，选举产生政协三亚市第三届委员会常委会，符桂花当选为市政协主席。

3 月 16~19 日，三亚市第三届人民代表大会第一次会议召开。会议选举产生第三届市人大常委会。许俊当选为市人大常委会主任，陈孙文当选为市长，田湘利当选为市中级人民法院院长，贾志鸿当选为市人民检察院检察长。

4 月 7~9 日，中国共产党三亚市第三次代表大会召开。随后举行的中共三亚市委三届一次全体会议，选举中共三亚市委常委、市委书记、副书记。王富玉当选为市委书记。新一届三亚市委领导班子提出，要坚持旅游立市，进一步提高三亚市的国际知名度。

4 月 12 日，三亚南山文化旅游区一期工程——佛教文化苑开园迎宾。

4 月 15 日，中共中央政治局常委、国务院副总理李岚清在三亚市视察。

5 月 18 日，三亚市千名机关干部下乡扶贫。

5 月 24~25 日，全国人大常委会副委员长邹家华率领海洋环境保护法执法检查组视察三亚市。

5 月 27 日，九三学社三亚市委员会成立，刘跃湘任主任委员。

7 月 13 日，全国人大常委会副委员长曹志在三亚市视察社会治安综合治理工作。

11 月 7 日，世界首尊“金玉观世音”佛像安坐于南山文化旅游区观音阁。

11 月 14 日，全国政协副主席、民革中央常务副主席周铁农率考察组视察三亚市。

11 月 21 日，全国人大常委会副委员长许嘉璐在三亚市视察。

12 月 18~20 日，中共中央政治局常委、国务院总理朱镕基在三亚市视察。

1999 年

1 月 4 日，三亚市被评为首批中国优秀旅游城市。

1月18~19日，中共中央政治局委员、全国人大常委会副委员长田纪云在三亚市视察。

2月3日，全国人大常委会副委员长、民建中央主席成思危视察三亚市。

2月8~10日，国家园林城市专家考评组对三亚市创建国家园林城市工作进行全面考评，认为三亚市的各项指标均达到国家标准。

2月13日，全国政协副主席陈锦华视察三亚市。

2月18~19日，中共中央政治局常委、全国人大常委会委员长李鹏视察三亚市。

4月14日，由国际狮子会香港分会、中国残联、卫生部组织的“视觉第一中国行动”国家医疗队抵达三亚，实施白内障复明手术活动，为期10天。

4月21日，由海峡两岸关系协会会长汪道涵题写校名、台胞捐资兴建的台亚小学，在育才镇马脚村落成揭牌。

4月27~29日，国际民航组织理事会主席阿萨德·科泰特夫妇、国际民航组织航行局副局长海耶尔、国际民航组织亚太办事处主任沙阿，在中国民航总局局长刘剑锋、副局长鲍培德陪同下莅临三亚凤凰国际机场察看航管设施。

5月1日，三亚市政府网站（www. sanya. gov. cn）正式开通。

5月15~16日，世界旅游组织秘书长弗朗西斯科·弗郎加利抵三亚考察。

8月10日，陈孙文市长率领三亚市政府友好代表团访问美国夏威夷州，与该州毛伊市签订发展友好城市关系意向书。

9月4日，老挝人民革命党中央政治局委员通邢·塔马冯抵三亚市访问。

10月16日，首届中国南山长寿文化节在南山文化旅游区开幕。泰国国会下议院第一副议长陆志琼、泰国交通部副部长李同、丹麦环境与能源大臣斯温德·奥肯、丹麦驻华大使克里斯托德·博·布莱森等外国贵宾出席开幕式。文化部、中国老龄协会、中国生态学会、美国国际文化交流中心、中国老年学会等各界人士参加开幕式。

10月27日，南海观音文化苑暨南海观音像开工典礼在南山文化旅游区举行。

11月1~2日，全国政协副主席陈俊生在三亚市视察“三农”工作。

2000年

1月1日，中央电视台《相逢2000年》节目迎接新千年第一轮日出（三亚）全球电视现场直播活动在林旺镇后海湾举行。直播活动结束后，海南省委、海南省政府举行海南省新千年庆典。

1月6日，俄罗斯新西伯利亚—三亚旅游包机航线开通。

1月14日，全国人大常委会副委员长铁木尔·达瓦买提在三亚市视察农村工作。

1月17~18日，三亚城市总体规划修编成果专家评选会召开。

2月10日，中共中央政治局常委、全国政协主席李瑞环在视察三亚市时，就三亚市城市建设发表重要讲话。

2月13~21日，全国政协副主席杨汝岱在三亚市视察。

3月5日，三亚城市电网建设改造审核会召开。

4月3日，丽星邮轮“狮子星”号首航三亚。

4月6日，港龙航空开通香港至三亚固定航班。

4月11~13日，三亚市被命名为国家级生态示范区。

4月18日，中共中央政治局委员、中央军委副主席、国务委员兼国防部部长迟浩田在三亚接见“新时期英雄战士”李向群的父母李德清、王立琼夫妇。

4月28日，海南南部地区旅游发展战略座谈会在三亚市召开，围绕构建三亚旅游圈，讨论南部地区旅游整体发展战略。

5月18日，三亚市启动第三批千名机关干部下乡扶贫。

6月15日，三亚市政府为三亚市优秀体育选手举行庆功会。

8月22日，三亚市召开处置积压房地产工作会议，制定分类处置全市“半拉子”工程方案。

9月15日，中华人民共和国三亚海事局成立。

9月29日，2000年新丝路中国模特大赛总决赛暨颁奖晚会在三亚市举行。

10月30日，全国政协副主席赵南起在三亚市视察。

11月4~5日，第四届岛屿观光政策论坛在三亚市举行。来自印度尼西亚巴厘省、韩国济州道、日本冲绳县的50多位政要和专家出席会议，日本兵库县、美国夏威夷州也派观察员参加。与会的四岛领导人共同签署《海南宣言》和《共同声明》。

11月17日，三亚市被海南省委、海南省政府确定为首批省级生态示范建设试点市。

11月25日，首届中国海南岛欢乐节在三亚市举行。

12月6~8日，由世界旅游组织、联合国环境署、中国国家旅游局、海南省政府联合举办的亚洲——太平洋地区岛屿可持续旅游业国际会议在三亚召开，通过了本次会议结论性文件《海南宣言》（草案）。世界旅游组织、联合国环境署、联合国教科文组织、世界区域保护组织、联合国亚太地区经济社会理事会、世界卫生组织、世界气象组织等国际组织的官员和专家学者出席会议。

12月17日，中共中央政治局常委、全国政协主席李瑞环视察三亚市。

12月22日，中共中央总书记、国家主席、中央军委主席江泽民视察三亚市。

2001年

1月1日，三亚市在南山文化旅游区举行庆典，欢庆新世纪的到来。

1月5~6日，中共中央政治局委员、广东省委书记李长春率广东省考察团前来三亚市考察。

1月9日，三亚市政府在崖城镇举行三亚市无公害瓜菜进京首发仪式，进军首都市场。

1月12~14日，第二届全球化论坛在三亚亚龙湾旅游度假区举行。中共中央政治局委员、全国人大常委会副委员长姜春云，全国政协副主席陈锦华出席大会并致辞；联合国经济与社会理事会副秘书长纳丁·德赛代表联合国秘书长科菲·安南致贺词。

2月24日，中共中央总书记、国家主席、中央军委主席江泽民在三亚市视察。

3月21~26日，“寿比南山”首届世界太极拳健康大会在三亚举行。

3月25日，三亚市在大东海举行“迎朝阳申奥运”万人太极拳晨练活动。

5月2日，三亚市公安局与湖北省公安厅、海南省公安厅、陵水县公安局联手围捕公安部A级通缉令通缉的两名特大持枪抢劫杀人案逃犯，三亚市公安局技术侦查科副科长陈华在围捕行动中英勇献身。三亚市委、三亚市政府作出决定，授予陈华“天涯卫士”荣誉称号。

8月7日，三亚市召开调整乡镇行政区划大会，全市由14个乡镇（办事处）合并为河东区、河西区和海棠湾镇、田独镇、凤凰镇、天涯镇、崖城镇。

10月25~27日，全国政协副主席王文元率领视察团在三亚市视察。

12月29日，三亚污水处理厂一期工程正式启用。

2002年

1月3~5日，中共中央政治局委员、全国人大常委会副委员长田纪云在三亚市视察。

1月11日，全国政协副主席孙孚凌在南田农场视察。

1月11~16日，中共中央政治局常委、全国人大常委会委员长李鹏在三亚市视察。

1月20日，全国政协副主席杨汝岱在南田农场视察。

2月1~4日，全国人大常委会副委员长、全国妇联主席彭珮云，全国人大常委会原副委员长王汉斌在三亚市视察。

2月14~17日，全国政协副主席经叔平在三亚市视察。

2月22~29日，中共中央政治局委员、中央书记处书记、中央宣传部部长丁关根在三亚市视察。

5月8日，三亚市图书馆正式开馆。

5月13日，中共海南省委决定，于迅任中共三亚市委委员、常委、书记。

5月21日，全国人大常委会副委员长布赫在南田农场视察。

5月28日，广州军区在三亚警备区举行命名大会，授予三亚警备区东瑁洲海防连“东瑁洲模范海防连”荣誉称号。

6月10日，三亚市第三届人大常委会第三十次会议通过决议，授予国家最高科技奖获得者、“杂交水稻之父”袁隆平以三亚市荣誉市民称号。

9月20日，在全国创建文明风景旅游区示范点经验交流大会上，南山文化旅游区被授予“全国文明风景旅游区示范点”光荣称号。这是海南省第一家获此殊荣的风景区。

10月12~15日，中国回族学会年会在三亚市召开。

10月26日，三亚市聘请世界小姐组织机构主席莫利夫人为三亚旅游产业发展顾问，并向她颁发三亚旅游特别贡献奖。

11月9日，三亚传统国际铁人三项赛举行。

12月30日，三亚市与海航集团有限公司正式签订协议，联合兴办三亚航空旅游职业学院。

本年度三亚全市生产总值为46亿元，人均9319元，5年内年均增长率分别为11.3%、9%；三次产业比例为33：19：48；全市在岗职工平均工资、农民人均纯收入分别为11043元和2781元，5年内年均增长率分别为11.3%和9.6%；地方财政收入3.35亿元，

5 年内年均增长 8.8%；1998～2002 年全社会固定资产投资总额累计 79 亿元。

2003 年

1 月 3～5 日，中共中央政治局常委、国务院副总理吴邦国在三亚市考察。

1 月 28 日，三亚市第三届人大常委会第三十五次会议任命陈辞为市政府副市长、代理市长。

2 月 26～27 日，摩尔多瓦共和国总统费拉迪米尔·沃罗宁及其夫人抵三亚访问。

3 月 18～20 日，中共三亚市第四次代表大会举行。会议选举产生中共三亚市第四届委员会、中共三亚市纪律检查委员会。市委四届一次全会选举产生中共三亚市委常委会，于迅当选为市委书记。新的三亚市委领导班子提出建设“一市二都三中心”（国际性热带滨海风景旅游城市，休闲、健康之都，会展、购物、时尚中心）的战略目标。

3 月 25～28 日，政协三亚市第四届委员会第一次会议召开，选举产生政协三亚市第四届委员会常委会，苏庆兴当选为市政协主席。

3 月 26～29 日，三亚市第四届人民代表大会第一次会议召开。会议选举产生了三亚市第四届人大常委会，林宏茂当选为市人大常委会主任；陈辞当选为市长，刘诚当选为市中级人民法院院长，李铭当选为市人民检察院检察长。

4 月 18 日，三亚召开全市非典型肺炎防治工作会议。

6 月 5 日，在全国重点城市环境空气质量评比中，三亚的空气质量排名全国第一。

7 月 23 日，三亚市在北京举行旅游推介会。世界小姐组织机构主席莫利夫人及第 52 届世界小姐大赛冠军阿金兹拉·阿金小姐专程前来出席推介会。

8 月 4 日，台湾少数民族海南参访团抵达三亚参观访问。

8 月 8 日，世界华人商会联谊会港澳投资考察团一行到三亚考察。

9月14日，2003年新丝路中国模特大赛总决赛在天涯海角风景区举行。

9月25日，以越南贸易部副部长、越中经贸合作委员会越方主席梅文瑜为团长的越南政府经贸代表团在三亚市访问。

10月5日，中共中央政治局常委、国务院总理温家宝在前往印度尼西亚出席东盟与日韩（10+3）领导人会议途中路经三亚。

10月9日，三亚市建造百艘百吨渔船项目的首艘渔船造成下水。

10月13日，21世纪韩中交流协会会长金汉圭率领代表团抵三亚访问。

10月22日，中国人居环境和国家园林城市颁奖仪式在北京举行。三亚市荣获“中国人居环境奖”，同时还获得国家园林城市、全国园林绿化先进城市称号。

11月11日，来自106个国家和地区、参加第53届世界小姐总决赛的佳丽抵达三亚凤凰国际机场。三亚市政府在机场举行欢迎仪式，晚间举行欢迎酒会。

12月1日，三亚市在潮见桥举行“两河三岸四桥六路”建设工程竣工通车典礼。典礼结束后，举行“世界为三亚喝彩，美丽的眼睛看三亚”巡游活动。参加第53届世界小姐总决赛的佳丽乘车在市区巡游，而后参加三亚“美丽之冠”文化会展中心竣工典礼暨开馆仪式。

12月6日，第53届世界小姐总决赛晚会在“美丽之冠”文化会展中心举行。

2004年

1月29日，全国政协副主席陈奎元在三亚市视察。

2月23日，三亚市与乌克兰克里米亚自治共和国雅尔塔市发展友好城市关系意向书签字仪式在珠江花园酒店举行。

3月20日，印度尼西亚驻华大使库斯蒂亚抵三亚访问。

4月15日，中共中央政治局常委、中央纪律检查委员会书记吴官正视察三亚市。

4月28日，连通三亚河东路和凤凰路的丰兴隆大桥动工建设。

5月13日，位于海南省三亚市田独镇新村田洋的中国超级杂交水稻百亩片试种示范田通过海南省级验收。经由全国多位农业专家共同检测，这片超级杂交稻亩产高达833.23公斤。

5月18日，三亚凤凰国际机场二期改扩建工程奠基。

6月28日，三亚市在北京市北京饭店举办题为“美丽、健康、时尚”的旅游推介会和第54届世界小姐总决赛新闻发布会。

6月30日，蒙古国总统那楚克·巴嘎班迪率领的访华团一行38人到三亚访问。

9月19日，中国电影家协会与三亚市政府签署合作协议，中国电影百年诞辰暨第14届中国金鸡、百花电影节将于2005年年底在三亚举行。

10月12日，在中央电视台举办的2004年度魅力城市评选活动中，三亚由全国600多个地级市中脱颖而出，荣获“最佳中国魅力城市”称号。

11月3日，三亚市常务副市长张琦会见芬兰奥鲁省暨库萨莫市政府代表团。

11月9日，首届青年欢乐节、第5届海南岛欢乐节闭幕式暨第54届世界小姐总决赛欢迎仪式在三亚市举行。仪式结束后，举行“欢乐大巡游”。

12月4日，第54届世界小姐总决赛晚会在三亚“美丽之冠”文化会展中心举行。

12月4日，2004年世界家庭峰会在三亚亚太国际会议中心开幕。全国人大常委会副委员长、中华全国妇女联合会主席顾秀莲出席开幕式并发表讲话。联合国秘书长办公室高级区域顾问卡拉伯尼博士宣读联合国秘书长安南的致辞。

12月13日，大隆水利枢纽工程开工。

12 月 29 日，西瑁洲岛暨烧旗港码头开业营运。

2005 年

1 月 10 日，中共三亚市委党校新校园落成，三亚市行政学院同时揭牌。

1 月 18 日，由中央电视台国际频道摄制的大型电视文化节目《走遍中国》“魅力三亚”在三亚开拍。

1 月 20 日，三亚市渔民协会正式成立。全市共有 4 万多名渔民，海上作业登记在册的渔船共有 500 多艘。

1 月 25 日，全国人大常委会副委员长司马义·艾买提在三亚市视察调研。

2 月 9~10 日，中共中央政治局委员、国务院副总理吴仪在三亚市视察。

2 月 18 日，三亚市第四届人大常委会第十二次会议任命陆志远为三亚市副市长、代理市长。

3 月 24 日，中共中央政治局委员、国务院副总理回良玉在三亚市视察南繁育制种基地。

4 月 24 日，中共中央政治局常委、全国政协主席贾庆林在三亚亲切会见海峡两岸暨港澳佛教圆桌会议代表。

同日，南山海上观音圣像开光大典隆重举行。来自海峡两岸和港澳地区的 108 位佛教界高僧共同为南山海上观音圣像开光。

4 月 26 日，三亚与上海同济科技园有限公司在三亚签署三亚同济科技园项目投资协议书，标志着三亚软件产业正式启动。

5 月 6~7 日，由中共中央政治局委员、广东省委书记张德江率领的广东省党政代表团在三亚市考察。

5 月 18 日，三亚市博物馆开馆。

8 月 30 日，三亚市实验中学正式挂牌成立。原三亚市第一中学实行高中、初中分离办学。高中部迁至新校区，仍名为一中；初中部留在原校区，新命名为三亚市实验中学。

9 月 17 日，三亚航空旅游职业学院招生开学。

10 月 25 日，在上海举行的 2005 年海南省介绍会暨项目签约仪式上，三亚市市长陆志远分别与中国保利集团副总经理王小朝、上海家化集团董事长葛文耀、香港电讯盈科主席李泽楷签订《海棠湾合作开发意向协议》。

11 月 5 日，上海合作组织成员国国际防范打击“三股势力”研讨会在三亚闭幕。

11 月 12 日，以庆祝中国电影百年诞辰为主题的第 14 届中国金鸡、百花电影节闭幕颁奖晚会在三亚“美丽之冠”文化会展中心举行。

11 月 12~14 日，第 6 届中国海南岛欢乐节在三亚开幕。

11 月 24 日，非洲 24 国驻华使节及夫人一行 33 人抵三亚参观访问。

11 月 26 日，首届中国三亚凤凰岛国际沙雕节暨“环球大观”三亚国际沙雕展举行开雕仪式。本届沙雕展邀请的艺术大师分别来自 18 个国家。12 月 27 日，三亚沙雕园开园迎宾。

12 月 2 日，由韩国马山市庆南海外农业开发投资营组合法人投资建设的三亚出口花卉基地竣工庆典在田独镇九龙坡举行。

12 月 10 日，第 55 届世界小姐总决赛在三亚“美丽之冠”文化会展中心举行。

12 月 25 日，首届中国（三亚）国际电视广告艺术“金椰子周”颁奖晚会在三亚“美丽之冠”文化会展中心举行。众多影视明星加盟这场盛大的颁奖晚会。

12 月 26 日，三亚市首支按照“企业+渔民”模式组建的捕捞船队，在三亚渔政码头举行赴西沙、中沙群岛远洋首航仪式。

2006 年

1 月 21 日，中共海南省委决定，江泽林任中共三亚市委委员、常委、书记。

2 月 11 日，中共中央政治局委员、中央书记处书记、中央宣传部部长刘云山在三亚市视察。

3 月 15 日，三亚市最后一幢“烂尾楼”——京燕大厦移交新业主深圳鸿洲集团。

4 月 3 日，崖城革命烈士纪念园开园。

4 月 22 日，澳门特别行政区长官何厚铧率领的特区政府代表团抵三亚参观考察。

5 月 1 日，正式启动六道岭顶峰气象雷达站建设。

5 月 27 日，最高人民法院院长肖扬在三亚市视察。

6 月 6~7 日，三亚市民用天然气输配管网工程通过竣工验收。

7 月 24 日，三亚市优化投资环境暨“城市名片”征集评选活动动员大会召开。

9 月 11 日，“红树林之夜”2006 年世界第一大力士冠军赛开幕式举行。来自中国、俄罗斯、美国、波兰等 15 个国家的 27 名大力士，身着中国古代战袍登台亮相，展现力量之美。

9 月 12 日，2006 年新丝路中国模特大赛总决赛在三亚“美丽之冠”文化会展中心落幕。

10 月 17 日，中共中央政治局常委、全国政协主席贾庆林在三亚市视察。

11 月 9 日，意大利歌诗达邮轮集团公司的“阿兰格拉”号邮轮成功泊靠凤凰岛国际邮轮港，标志着海南省结束了没有专业国际邮轮码头的历史。

12 月 2 日，海南全省首座城市湿地公园——三亚月川新城湿地公园通过修建性详细规划方案。

12 月 9 日，首届中国（三亚）国际热带兰花博览会在三亚鹿回头广场开幕。世界兰花大会理事会主席皮特出席开幕式。来自 11 个国家和地区的近百家参展商参加本届兰博会。

12 月 14 日，在多哈亚运会健美 60 公斤级比赛中夺得冠军的中国选手钱吉成凯旋三亚。

据统计，本年度三亚全市生产总值 108.9 亿元，人均 2 万元，4

年间年均增长 13.4%；三次产业比例为 23.8∶25.9∶50.3，产业结构进一步优化；地方财政收入达到 10.09 亿元，4 年间年均增长 31.7%；固定资产投资总额 4 年累计 180 亿元，年均增长 36.6%；全市城镇居民年均收入 9416 元，农民人均纯收入 3850 元；城乡居民储蓄存款余额 80.2 亿元。

2007 年

1 月 1 日，“三亚城市名片”征集活动在三亚“美丽之冠”文化会展中心揭晓，中文名片是“美丽三亚，浪漫天涯”，英文名片是“Forever Tropical Paradise-Sanya”（永远的热带天堂——三亚）。

1 月 9 日，在第三届中国（海南）生态文化论坛上，三亚荣获“全球人居环境表彰城市”，并被授予“全球绿色生态城市奖”。该奖项是由联合国友好理事会认可并颁发的。

1 月 10 日，崖城学宫修复竣工。

1 月 16 日，中共三亚市第五次代表大会开幕。在接着举行的中共三亚市委五届一次全会上，选举产生中共三亚市委常委会，江泽林为书记。新一届三亚市委领导班子提出，要注意把握经济社会发展的阶段性特征和规律，紧扣国际热带滨海旅游城市的定位和目标，切实落实城乡统筹发展的科学发展观。

1 月 25~28 日，政协三亚市五届一次会议召开。会议选举产生了政协三亚市第五届委员会常委会，苏庆兴当选为市政协主席。

1 月 26~29 日，三亚市第五届人民代表大会第一次会议召开。会议选举产生三亚市第五届人大常委会，周玉华当选为市人大常委会主任；陆志远当选为市长；曾繁森当选为市中级人民法院院长；李铭当选为市人民检察院检察长。

3 月 28 日，三亚技工学校举行开工建设典礼。该校于同年 9 月 20 日完成第一期工程并招生开学。

3 月 31 日，历时近一个月的 2007 年三亚首届世界先生总决赛落幕。

5 月 8 日，亚龙湾热带天堂森林公园动工建设。

8 月 8 日，三亚在鹿回头广场举办以“全民健身与奥运同行”为主题的大型群体活动，迎接 2008 年北京奥运会倒计时一周年。

10 月 29 日，澳门特别行政区行政长官何厚铧率领特区政府代表团和澳门房地产企业家代表团到三亚访问。

11 月 10 日，环海南岛国际公路自行车赛在三亚举行闭幕式。

11 月 30 日，以经济部部长若泽布里托先生为团长的佛得角共和国萨尔岛市访华团访问三亚。

12 月 30 日，华盛天涯水泥公司的 7 座大型水泥储料仓库被同时彻底爆破拆除，排除了影响三亚空气质量的隐患。

12 月 3 日，俄罗斯矿产资源署代表团访问三亚市。

12 月 28~31 日，韩国西归浦市政府代表团访问三亚市。

2008 年

1 月 1 日，俄罗斯联邦旅游署副署长申盖莉娅女士访问三亚市。

1 月 4 日，三亚荣获“全国双拥模范城”称号。

1 月 10 日，琼州学院三亚校区项目举行开工庆典。

1 月 26 日，俄罗斯联邦委员会副议长、上海合作组织实业家委员会主席梅津采夫率领的上海合作组织实业家委员会代表团访问三亚市。

2 月 1 日，国家天文台与三亚市政府在天涯海角风景区举行“天涯海角星”命名仪式，同时为“天涯海角星”纪念雕塑揭幕。

2 月 20 日，超大型豪华邮轮“海洋迎风”号驶进三亚凤凰岛国际邮轮港码头，标志着该邮轮的香港—越南—三亚—香港定期航线正式开通。

4 月初，博鳌亚洲论坛年会举办期间，中国国家主席胡锦涛在三亚市亚龙湾为来华访问和出席论坛的 4 位外国元首举行隆重欢迎仪式，并与外国元首和政府首脑会谈。

4 月 9 日，中共中央总书记、国家主席、中央军委主席胡锦涛在三亚视察。

4月14日，丽星邮轮旗下最豪华旗舰“处女星”号载着来自20多个国家和地区的近3000名游客抵达三亚，正式开通香港—三亚—越南—香港定期航线。

4月26日，中共中央政治局常委、国务院副总理李克强在三亚市视察工作。

5月4日，北京奥运会火炬接力海南三亚首传起跑仪式在三亚凤凰岛奥林匹克广场隆重举行。

5月27日，俄罗斯24家媒体组成的采访团一行73人前来三亚市采风。

6月14日，海南省“中国文化遗产日”系列活动在三亚大小洞天自然博物馆启动。

6月26日，意大利新闻代表团访问三亚。

9月27日，三亚市第五届人大常委会第十一次会议决定任命王勇为三亚市副市长、代市长。

10月26日，由市长格雷戈里·桑弋斯·马丁内斯率领的墨西哥坎昆市代表团访问三亚。

11月1日，中共三亚市委副书记、三亚市代市长王勇与西班牙卡萨雷斯市市长胡安·桑斯共同签署建立国际友好交流关系协议书。

同日，世界精英模特大赛总决赛在三亚“美丽之冠”文化会展中心举行，来自全球67个国家和地区的80名佳丽参加。

12月29日，哈萨克斯坦航空公司执飞阿拉木图—三亚的直航包机首航成功。

2009年

1月1日，由国家旅游局、海南省政府主办，三亚市政府承办的“2009中国生态旅游年”启动仪式在亚龙湾举行。

1月4日，第3届中国（三亚）国际热带兰花博览会在三亚鹿回头广场开幕，来自国内外的3万盆兰花精品争相竞艳。

2月18日，三亚市政府和中国人民解放军总医院签订中国人民解放军总医院海南分院项目合作协议。

3月4~6日，三亚旅游促销团抵达奥地利首都维也纳，举办旅游推介会，拉开“2009美丽三亚欧洲行”促销活动序幕。

3月30日，三亚市体育中心开工建设。

7月31日，新建海南东环铁路三亚站站房及相关工程奠基。

8月1日，中国人民解放军总医院海南分院在国家海岸海棠湾开工建设。

9月18日，亚龙湾热带天堂森林公园一期工程建成开业，成为三亚市又一处大型旅游景区。

9月19日，2009年中国（三亚）国际雨林汽车越野挑战赛在三亚举行。

9月20日，2009年新丝路中国模特大赛总决赛在三亚“美丽之冠”文化会展中心举行。

10月9日，全国爱国卫生运动委员会决定，命名三亚市为“国家卫生城市”。

10月18日，三亚市政府、法国Elite公司主办的第26届Elite世界精英模特大赛总决赛在三亚“美丽之冠”文化会展中心举行，来自全球54个国家和地区的67名佳丽参加。

10月17日，2009年世界沙滩排球巡回赛“奥林匹克湾”三亚排球赛在国家沙滩排球训练基地开赛。国内外165对选手参加。

11月5日，2009年中国邮轮产业发展大会在三亚凤凰岛码头“歌诗达·经典”号邮轮上举行。

11月10日，美国夏威夷州州长琳达·林格尔访问三亚。

11月11日，2009年环海南岛国际公路自行车赛在三亚鹿回头广场开赛。

2010年

1月9日，世界旅游业理事会总裁兼首席执行官让·克劳德·鲍姆加藤访问三亚。

1月10日，第4届中国（三亚）国际热带兰花博览会在三亚鹿回头广场开幕。

1月11日，中美商贸联委会旅游工作组第3次会议在亚龙湾举行。

2月22日，俄罗斯联邦驻华特命全权大使谢尔盖·谢尔盖耶维奇·拉佐夫夫妇访问三亚。

3月21日，参加2010年博鳌国际旅游论坛的美国夏威夷州毛伊县、佛得角共和国萨尔市等三亚国际友好城市代表团访问三亚。

3月22日，出席2010年博鳌国际旅游论坛的印度驻广州总领事潘迪访问三亚。

8月24日，以副知事吉本知之为团长的日本兵库县政府代表团在三亚市进行为期两天的访问。

10月27日，2010年世界沙滩排球巡回赛"奥林匹克杯"三亚女子公开赛正式开幕，来自美洲、亚洲、欧洲20多个国家的女运动员参加。

10月30日，第60届世界小姐总决赛在三亚"美丽之冠"文化会展中心举行。

10月31日，三亚奥林匹克火炬广场在国家海岸海棠湾落成。

11月29日，应中国政府邀请，吉尔吉斯斯坦的50名儿童及8名陪同人员抵达三亚市，开始为期13天的疗养活动。

12月30日，"欧罗巴"号邮轮首次到访三亚。

2011年

1月8日，第5届中国（三亚）国际热带兰花博览会开幕式在三亚鹿回头广场举行。

2月18日，中共海南省委决定，姜斯宪任中共三亚市委委员、常委、书记。

3月26日，三亚市体育中心竣工并投入使用。

4 月 13 日，2011 年金砖国家工商论坛在三亚举行，来自金砖国家政界、工商界的 500 余名代表出席，全国政协副主席厉无畏在开幕式上发表主旨演讲。

4 月 13 日，中国国家主席胡锦涛在三亚市亚龙湾举办国事活动，欢迎来华出席金砖国家领导人第三次会晤和博鳌亚洲论坛 2011 年年会的巴西总统迪尔玛·罗塞夫、俄罗斯总统德米特里·阿纳托利耶维奇·梅德韦杰夫、印度总理曼莫汉·辛格、南非总统雅各布·祖马。

4 月 14 日，金砖国家领导人第三次会晤在三亚举行。这次会晤的主题是“展望未来，共享繁荣”，形成了《三亚宣言》。

7 月 24 日，由文莱、缅甸、印度尼西亚、老挝等 7 个国家的 22 名新闻部门官员和主流媒体经贸记者组成的东盟博览会合作媒体考察团，前来三亚市观光考察。

9 月 25 日，历时 4 天的全国大学生四项锦标赛在三亚市体育中心举行。

10 月 11 日，第 7 届中国纪录片国际选片会、首届国际海洋纪录片展映暨高峰论坛在三亚举行。

11 月 1 日，首届世界华人运动大会南端圣火采集仪式在三亚天涯海角景区举行。

11 月 3 日，亚太区领导船队丽星邮轮旗下“宝瓶星”号进驻三亚凤凰岛国际邮轮港，这是首艘以三亚为母港的国际邮轮。

11 月 12 日，乌克兰克里米亚自治共和国政府代表团抵三亚进行友好访问。

12 月 2 日，首届金砖国家友好城市暨地方政府合作论坛在三亚开幕。

12 月 10 日，2011 年第 19 届新丝路中国模特大赛总决赛在亚龙湾上演。

12 月 16 日，为期 4 天的 2011 年第 5 届三亚国际游艇博览会在三亚鹿回头半山半岛帆船港开幕。

本年度三亚全市地区生产总值达到 286 亿元（不含农垦），5 年内年均增长 17.9%；全市人均生产总值达到 56500 元，5 年内年均增长 15.2%；全社会固定资产投资 5 年累计完成 1136 亿元，年均增长 41.2%，本年度达到 355 亿元；社会消费服务品零售总额达到 80 亿元，5 年内年均增长 25.8%；地方财政收入达到 50 亿元，5 年内年均增长 38.6%；全市金融机构本外币各项存款余额 582.6 亿元，贷款余额 263.2 亿元，分别达到 2006 年的 3.6 倍和 3.5 倍。

2012 年

1 月 4 日，中共三亚市第六次代表大会召开。随后召开的市委六届一次会议选举产生中共三亚市委常委会，姜斯宪当选为市委书记，任笑竹当选为市纪委书记。新一届三亚市委领导班子提出，要紧紧围绕国际旅游岛建设，加快优化产业结构，着力转变发展方式，积极打造生态文明，不断深化改革开放，统筹城乡建设发展，加强和创新社会管理，全力改善人民生活，努力建设更加卓越、更加和谐的三亚，在海南全省率先实现全面小康。

1 月 12~15 日，召开政协三亚市第六届委员会第一次会议。大会选举产生政协三亚市第六届委员会常委会，赵普选当选为市政协主席。

1 月 13~16 日，三亚市第六届人民代表大会第一次会议召开。会议选举产生三亚市第六届人大常委会。王鸿建当选为市人大常委会主任，王勇当选为市长，张一敏当选为市中级人民法院院长，鲍剑当选为市人民检察院检察长。

2 月 4 日，2011~2012 沃尔沃环球帆船赛三亚站赛事村开村仪式在三亚鹿回头半山半岛帆船港举行。

3 月 29 日，首届“司南杯”帆船赛在三亚亚龙湾开赛。来自全国各地的 25 艘帆船在西沙群岛海域进行场地赛和拉力赛。

5 月 25 日，俄罗斯国家芭蕾舞团在三亚“美丽之冠”文化会展中心演出经典芭蕾舞剧《天鹅湖》。

9 月 10 日，三亚崖州中心渔港项目主体工程正式开建。

10 月 22 日，由三亚艺术团创作的鹦哥岭青春纪实剧《执着》在北京中国剧院上演。

11 月 16 日，马来西亚砂拉越州元首敦色拉胡沙率领的穆斯林访琼考察团到访三亚。

11 月 24 日，克罗地亚共和国驻华大使司马安及该国杜布罗夫尼克市市长弗拉胡希奇访问三亚。

12 月 5 日，三亚汽车客运总站开工奠基。

12 月 12 日，第 5 届中国月季花展暨首届三亚国际玫瑰节在三亚亚龙湾玫瑰谷开幕。

12 月 15 日，以“全球变化格局中的中国”为主题的三亚・财经国际论坛在三亚亚龙湾开幕。

12 月 16 日，三亚财经国际论坛永久会址落户国家海岸海棠湾。美国前总统吉米・卡特及夫人受邀参加奠基仪式。

2013 年

1 月 1 日，“中国海洋旅游年”在三亚正式启动。这是中国首次将海洋作为国家年度旅游主题。

1 月 4 日，中国国家交响乐团在亚龙湾畔盛大开演，揭开了“LuHo 三亚”2013 新春嘉年华的序幕。

1 月 5 日，第 3 届清华三亚国际数学论坛开幕。

1 月 10 日，第 7 届中国（三亚）国际热带兰花博览会在三亚兰花世界文化旅游区开幕。来自 21 个国家和地区的 4 万多株兰花争相竞艳。

2 月 19 日，海南省全国人大代表视察组到三亚，集中视察“项目建设年”实施情况。

4 月 6 日，三亚市政府与微软（中国）有限公司举行股东签字仪式，双方共同出资在三亚组建国内第一家微软创新中心。

4 月 30 日，三亚旅游促销团在哈萨克斯坦阿拉木图市举行多场 2013 年三亚旅游推介会。

5 月 29 日，三亚群众艺术馆奠基。

6 月 15 日，三亚市生活垃圾焚烧发电和餐厨废弃物处理项目奠基。

6 月 17 日，国家开发银行三亚分行成立。

6 月 25 日，三亚农村商业银行股份有限公司开业。

7 月 24 日，第 14 届世界桥牌大赛筹备事宜正式启动，三亚将成为亚洲地区首个举办桥牌世锦赛的城市。

7 月 25 日，日本驻广州总领事伊藤康一访问三亚。

8 月 2 日，以“美丽中国·度假三亚”为主题的三亚旅游推介会在瑞典首都斯德哥尔摩中心酒店举行。

8 月 5 日，三亚旅游促销代表团在丹麦首都哥本哈根举办三亚旅游图片展以及专场旅游推介会。

8 月 7 日，以“美丽中国·度假三亚”为主题的三亚旅游推介会暨 2013~2014 年阿斯塔纳/阿拉木图—三亚旅游包机复航签约仪式，在哈萨克斯坦首都阿斯塔纳举行。

8 月 16 日，世界第一大力士冠军赛在三亚开幕。

8 月 30 日，《三亚晨报》正式更名为《三亚日报》。

9 月 18 日，瓦努阿图国总理莫阿纳·卡凯塞斯率领代表团访问三亚。

9 月 25 日，三亚千古情景区开业，《三亚千古情》正式公演。

10 月 12 日，全国政协副主席卢展工率部分全国政协委员就文化发展主题到三亚开展视察活动。

10 月 15 日，为期 7 天的凤凰镇回民第 32 届古尔邦节运动会拉开帷幕，来自三亚市及全国各地的回民同胞欢聚一堂。

10 月 24 日，新西兰海洋帆船游艇代表团访问三亚。

11 月 12 日，全国人大常委会委员、中华全国台湾同胞联谊会会长汪毅夫率台湾省全国人大代表到三亚调查研究。

11 月 20 日，中国国际广播电台专栏节目《全景中国·三亚周》全球首播。

11 月 27 日，第 16 次中韩日佛教友好交流会议在三亚举行，通过了中韩日佛教友好交流《共同宣言》。

12 月 2 日，中国民生银行三亚分行开业。

12 月 13 日，“三亚舰”交舰暨入列命名仪式在三亚举行。

12 月 14 日，三亚·财经国际论坛在海棠湾喜来登度假酒店举行开幕式。来自全球各地的 1000 多名政府决策者、企业家和思想领袖会聚三亚，围绕“变革：寻求新动力”这一主题展开研讨交流。

12 月 18 日，第 4 届清华三亚国际数学论坛开幕式暨会址落成典礼在三亚举行。

同日，“大三亚旅游圈”旅游合作联盟正式成立，签约仪式在三亚举行。琼南 7 市县，包括三亚、保亭、陵水、五指山、万宁、乐东、东方，正式结成“大三亚旅游圈”。

12 月 27 日，奥地利驻华大使艾琳娜女士访问三亚。

12 月 29 日，第 14 届中国海南岛欢乐节在三亚千古情景区开幕。

同日，法属波利尼西亚自治政府主席加斯东·弗罗斯访问三亚。

本年度三亚全市实现生产总值 373.21 亿元（含农垦），同比增长 10.1%（按可比价格计算）；完成地方公共财政收入 67.5 亿元，同比增长 16.6%；全年累计完成固定资产投资 523.29 亿元，同比增长 21.6%。城镇居民人均可支配收入 25460 元，增长 9.3%；农村居民人均纯收入 9795 元，增长 11%。三次产业结构为 13.3∶19.8∶66.9。全市全年接待过夜游客 1228.4 万人次，实现旅游总收入 233.3 亿元，约占全市生产总值的 2/3，占到海南全省旅游收入的 59.5%。全市社会消费品零售总额 123.5 亿元，增长 17.8%。三亚的城镇化率达到 68.89%，高出全国平均水平。

附录一

三亚历代建置沿革

唐虞三代

唐虞为南交地，三代为扬越之南裔。

春秋战国

为扬越地。

秦

为象郡之外境。

汉

汉初属南越。

元封元年（前110），汉平南越，在海南岛上置珠崖、儋耳二郡，属交州。三亚地区时为临振县，属儋耳郡所辖。

始元五年（前82），儋耳郡被废置，并入珠崖郡，临振县属珠崖郡统辖。

初元三年（前46），“罢弃”珠崖郡，临振县也随废。另置朱卢县统领海南，属合浦郡，督于交州。

建武十九年（43），马援平交趾，抚定珠崖，复于徐闻县境改置珠崖县遥领海南，属合浦郡，仍督于交州。三亚地区属珠崖县地。

三国·吴

赤乌五年（242），聂友、陆凯讨平儋耳、珠崖，复置珠崖郡，治所在徐闻，领徐闻、朱卢、珠官三县，属交州。

晋

太康元年（280），省珠崖郡，并入合浦郡，仍属交州。合浦郡领六县：合浦、南平、荡昌、徐闻、瑇瑁、珠官。

宋

元嘉八年（431），复置珠崖郡，治所在徐闻。寻复省入合浦郡，属越州。

南朝、齐

仍依宋制。

梁

大同（535~546）年间，就废汉儋耳郡地置崖州，辖海南全境。当时海南、儋耳归附冯冼氏千余峒，请命于朝，故置州。

陈

仍依梁制。

隋

开皇（581~600）初年，重置临振县。

大业三年（607），改崖州为珠崖郡，属扬州司隶刺史。珠崖郡统十县：义伦、感恩、颜卢、毗善、昌化、吉安、延德、宁远、澄迈、武德。其中，延德、宁远二县即宋代以后的崖州境，今三亚市属宁远县地。

大业

六年（610），析珠崖郡之西南地置临振郡，延德、宁远二县属临振郡所辖。宁远县为临振郡治所在，治所在今崖城。

唐

武德五年（622），改临振郡为振州，郡治仍在宁远县（今崖城）；又增置临川县、陵水县。振州领四县：宁远、延德、临川、陵水。

贞观二年（628），析宁远置吉阳县。振州领五县：宁远、延德、临川、陵水、吉阳；属岭南道。

按：此据唐代《元和郡县志》。新、旧《唐书》均载吉阳自延德析出。

龙朔二年（662）至开元九年（721），陵水往属万安州。振州领四县：宁远、延德、临川、吉阳。

天宝元年（742），改振州为延德郡，增置落屯县以属。延德郡领五县：宁远、延德、临川、吉阳、落屯。

至德元年（756），改延德郡为宁远郡。

乾元元年（758），复改宁远郡为振州，属岭南东道。

贞元五年（789），振州隶琼州都督府。

南汉

省延德、临川、落屯三县。振州领二县：宁远、吉阳。

宋

开宝五年（972），改振州为崖州，领宁远、吉阳二县，隶琼州。

按：此前，崖州治所或在儋州义伦，或在琼山颜村；至此，以振州为崖州，崖州乃在琼南，郡治在宁远县（今崖城）。

至道三年（997），崖州属广南西路。

熙宁六年（1073），降崖州为珠崖军，隶琼管安抚司；废吉阳县为藤桥镇、宁远县为临川镇。

崇宁五年（1106），于黄流、白沙、侧浪间复置延德县。

大观元年（1107），改延德县为延德军；增置通远县，为延德军治所所在。

政和元年（1111），废延德军入感恩县，隶昌化军；废通远县为通远镇，隶珠崖军。

政和七年（1117），改珠崖军为吉阳军。

绍兴六年（1136），废吉阳军，复置吉阳、宁远二县，属琼管安抚都监。

绍兴十三年（1143），复置吉阳军，吉阳、宁远二县仍还属。

元

元初仍为吉阳军，领吉阳、宁远二县，军治在宁远县（今崖城）。

至元十五年（1278），吉阳军属琼州路安抚司，隶湖广中书行省。

至元二十八年（1291），省吉阳县。吉阳军属琼州路军民安抚司，隶湖广中书行省，领一县：宁远。

至正（1341~1368）末期，吉阳军属海北海南道宣慰司，隶广西中书行省。

明

洪武二年（1369），废吉阳军，复为崖州，仍领宁远一县，属琼州，隶广西行省。

洪武三年（1370），随琼州府改隶广东行省（洪武七年〔1374〕改为布政司）。

洪武十九年（1386），以儋州之感恩县来属。崖州又领两县：宁远、感恩。

正统五年（1440）六月，裁撤崖州州治所在的宁远县，由州直辖。崖州领一县：感恩。

清

仍依明制。

光绪三十二年（1906）十一月，升崖州为直隶州，属广东省。领四县：万县、陵水、昌化、感恩。

中华民国

民国元年（1912），废崖州直隶州为崖县，辖于琼崖道，属广东。原所辖四县亦各归琼崖道直辖。

后海南行政设置名称屡有变更，或称琼崖绥靖处、琼崖镇守府、琼崖善后处、琼崖行政委员会、广东南区善后委员公署、琼崖行政专员公署、琼崖绥靖委员会公署、广东第九区行政督察专员公署、海南特别行政区长官公署，崖县均为其所辖，属广东省。

民国八年（1919），广东省政府宣布把西沙群岛划归崖县管辖。

民国二十四年（1935）三月，经广东省政府咨民国政府内政部转呈行政院核准，于崖县西部、北部设置白沙、保亭、乐安（后改称乐东）三县。崖县原所辖红毛上峒、红毛下峒、道裁、红茂等村峒划归白沙县，首弓、三弓、不打、六罗、抱龙、同甲、水翁等村峒划归保亭县，乐安、多涧、抱善、抱扛、龙鼻、潭寨、多港、头塘、万冲、番阳等村峒划出成立乐安县。

中华人民共和国

1950 年 5 月，崖县隶属海南军政委员会。

1951 年 4 月，崖县隶海南行政公署，属广东省。

1954 年 1 月，崖县划属海南黎族苗族自治区（州）管辖。10 月，中共崖县县委、崖县政府及县直一级机关从崖城搬到三亚。

1958 年 12 月，崖县、保亭、陵水三县及万宁县的兴隆、南桥、牛漏地区合并为榆林县，后仍称崖县。原崖县所属九所、黄流地区则划归乐东县管辖。

1959 年 11 月，恢复保亭县建制，按原辖区从崖县划出；兴隆、南桥、牛漏地区则仍归万宁县管辖。

1959 年 3 月，崖县管辖的西沙群岛划归广东省政府派出机构（委托海南行政区管理）西沙、南沙、中沙群岛办事处管辖。

1961 年 3 月，恢复陵水县建制，按原辖区从崖县划出；同时，将乐东县所属的雅亮、育才地区划归崖县管辖。

1984 年 5 月 19 日，国务院批复广东省政府请示，同意撤销崖县，设立三亚市（县级），以原崖县行政区域为三亚市行政区域。

1987 年 11 月，国务院批准三亚市升格为地级市。

1988 年 4 月，第七届全国人民代表大会第一次会议决定，海南建省，三亚市直属海南省管辖。

附录二

三亚历史文物

中华人民共和国成立以来，三亚市（崖县）组织过几次文物普查。1957年，第一次在崖县发现亚龙湾、卡巴岭、河头村、大茅村等12处新石器时代遗址，采集到一些磨制石器和夹砂粗褐陶片。1982年，开展第二次全国文物普查，在崖县发现了落笔洞洞穴古人类活动遗存和部分古文化遗址，采集到少量石器、陶器、瓷器等文物，之后公布了第一批县级文物保护单位。

1990年，为配合编辑《中国文物地图集·海南分册》，已升为地级市的三亚又进行了一次文物普查，共调查登录不可移动文物67处，其中古遗址20处、古墓葬10处、古建筑14处、古石刻8处、近现代重要史迹15处。1994年，落笔洞遗址、藤桥墓群、崖城学宫、日军侵琼时期田独死难矿工遗址4处不可移动文物被公布为第一批海南省文物保护单位。2001年6月、2006年5月和2013年3月，落笔洞遗址、藤桥墓群、崖城学宫先后被国务院公布为全国重点文物保护单位。

2008年至2010年，三亚市实施第三次全国文物普查，新发现和复查文物点300余处，取得了丰硕成果。后经国家文物局审定核准，全市共登记各类不可移动文物301处，其中古遗址22处、古墓葬14处、古建筑209处、石刻5处、近现代重要史迹及代表性建筑51处。

2009 年，崖州故城、迎旺塔、官沟与广济桥、天涯海角石刻、小洞天石刻 5 处文物被公布为第二批海南省文物保护单位。保平村古民居建筑群于 2010 年被公布为中国历史文化名村。另有 19 处不可移动文物被三亚市政府公布为市级文物保护单位。三亚市至目前共有全国重点文物保护单位 3 处、海南省文物保护单位 6 处、市级文物保护单位 20 处。

这些文物是历史留给三亚市的宝贵文化遗产，现遴选出 100 多处比较重要的文物作简要介绍。

一、古 遗 址

三亚古遗址按其文物类别的不同，可分为古文化遗址、古城址、古窑址和军事设施、水利设施等。其中，古遗址较多，除落笔洞遗址属中石器时代遗存外，其余均为海南新石器时代遗址，它们都是史前人类活动的文化遗存。

三亚古遗址多属于海南新石器时代中、晚期文化阶段，大都为岗坡或沙丘遗址。其分布范围有所不同，一般遗址面积仅几百平方米，较大的约为 2000 至 6000 多平方米，从中采集到一些磨制石器、夹砂粗褐陶片及泥质陶片等。这些古文化遗址为认识海南史前文化的分布、内涵特征和发展时序提供了较丰富的考古资料，有一定的历史文物价值。

其他古遗址，对认识和探讨三亚市古代社会经济文化发展有较重要的历史价值。崖州故城是地处海南岛最南部的古代州县城址，也是琼南地区政治、经济、文化的古镇，对研究崖州历史文化具有很高的学术价值。儒学塘、高山窑址是三亚仅有的古窑址，对了解当地制陶业发展有一定的参考作用。官沟是海南岛历史上人工兴建的一项很重要的古代水利工程，为探讨海南水利发展史提供了较有科学价值的实物资料。大疍港遗址和连珠寨遗址，也对了解三亚市古代海上交通贸易和军事设施有一定的文物价值。

落笔洞遗址

位于吉阳区荔枝沟落笔村东约1公里处，坐落在落笔峰南侧的洞穴内。落笔洞为石灰岩溶洞，洞宽9米、高13米、深16米，洞穴面积约145平方米。遗址发现于1983年，采集到少量古脊椎动物化石，初步认为是一处人类活动的文化遗存。1992年进行考古复查时，又采集到5枚人牙化石和部分古脊椎动物化石。1992年和1993年，由海南省博物馆、中国科学院古脊椎动物与古人类研究所、三亚市博物馆三方业务人员组成考古工作队，对遗址进行了两次科学发掘，出土了比较丰富的文化遗物。

洞穴内的灰色沙质胶结层堆积厚达4米多，出土8枚人牙化石、30余件打制石器、90多件骨角器及丰富的动物化石和大量螺蚌壳等遗物，还发现了用火遗迹。打制石器主要有砍砸器、敲砸器、刮削器、石片等，骨角器有铲、锥、矛形器、镞、尖状器等。人牙化石代表了晚期智人老年、中年、青年各个阶段的个体。哺乳类动物化石主要有亚洲象、华南虎、长臂猿、貘等。它们显示，居住在这里的人类的经济生活是以捕捞、狩猎和采集为主。经碳14年代测定，遗址距今一万年左右，属岭南旧石器时代晚期至新石器时代早期过渡阶段的人类洞穴文化遗址，其文化内涵与岭南两广地区洞穴遗存有相似之处，反映了当时两地有文化上的交往联系。这是迄今已知海南岛上较早的人类活动居住遗址，也是中国晚期智人分布最南的一处文化遗存，为研究海南岛古地理、古气候、古动物的历史变迁提供了十分重要的考古资料。落笔洞遗址于1994年被公布为第一批海南省文物保护单位，2001年被公布为第五批全国重点文物保护单位。

沟口遗址

位于崖州区沟口村，坐落在宁远河左岸岗坡上，属海南新石器时代早期遗址。遗址分布面积约1.2万平方米，采集到磨制和打制石器，器形有梯形石锛、梯形石斧、圆柱形石锛、梯形石凿等。陶器仅见夹砂红褐粗陶釜残片，手制，火候较低，素面。遗址居民的经济生活以渔猎和采集为主。沟口遗址为了解三亚新石器时代早期遗存的文化面貌提供了实物资料。

亚龙湾遗址

位于吉阳区海坡村东约 4 公里处，坐落在亚龙湾海边沙丘上，属海南新石器时代中、晚期遗址。遗址分布范围约 4 万平方米，地表散布有夹砂红褐粗陶和泥质灰陶、红陶等遗物。其中，夹砂粗褐陶多为素面，也有少量绳纹；泥质陶一般饰十字戳印网格纹、方格纹、水波纹等。器形有夹砂粗陶双耳罐、泥质红陶圈足碗、泥质灰陶瓮等生活器皿。遗址是一处分布面积很大的史前沙丘遗存，为认识海南新石器时代的文化面貌提供了考古资料，1990 年被公布为第一批三亚市文物保护单位。

大茅遗址

位于崖州区大茅村，坐落在宁远河与其支流雅七河汇合处的西北台地上，属海南新石器时代中、晚期遗址。遗址分布面积近 3.75 万平方米，散存有大量夹砂粗褐陶片，以红褐粗陶居多，另有少量灰褐陶片。手制，火候较低，器形仅见釜、罐等，纹饰以素面为主。采集到双肩石锛、双肩石斧等生产工具，为磨制加工而成。遗址居民主要从事渔猎和采集经济生产。

长忱遗址

位于海棠区长忱下村南 50 米处，坐落在藤桥河左岸岗坡上，属海南新石器时代遗址。遗址分布面积仅约 1200 平方米，地表上散布有部分陶片，采集到的有夹砂粗红陶、夹砂灰褐陶和少量泥质红陶。另有一些几何形印纹陶，纹饰仅见水波纹、菱形纹、方格纹等。器形只有釜、罐等。还采集到磨制的残石器。

高村遗址

位于崖州区高村二村东南 50 米处，坐落在宁远河左岸岗坡上，属海南新石器时代中、晚期遗址。遗址分布面积约 7500 平方米，地表散布的遗物较丰富，采集到的陶器以夹砂粗褐陶为多，手制，火候较低，器形有罐、瓮、豆等。较流行桥状耳、乳钉耳。纹饰除素面外，仅有篮纹、划纹等。采集到的石器工具有双肩石锛、双肩石斧等，经磨制加工而成。遗址居民主要过着渔猎和采集经济生活。

河头遗址

位于崖州区河头村东北 250 米处，坐落在宁远河左岸台地上，属海南新石器时代中、晚期遗址。遗址分布范围约 7500 平方米，地表散布有不少遗物，采集到一些磨制和琢制的石器工具，器形有双肩石斧、双肩石锛、砺石等。陶器主要为夹砂红褐粗陶片，器形仅见陶罐、陶釜、网坠等生活用品和捕鱼工具。遗址居民从事以渔猎和采集为主的经济活动。

卡巴岭遗址

位于崖州区卡巴村西北 100 米处，坐落在宁远河左岸卡巴岭坡地上，属海南新石器时代中、晚期遗址。遗址分布面积近 3500 平方米，采集到的陶片以夹砂粗褐陶居多，手制，火候较低，器形仅为罐一种，多为素面；另有少量泥质灰褐陶片，饰方格纹。采集到的石器主要有磨制梯形石锛及砺石、残石器等工具。当时，人们主要从事渔猎和采集生产活动。

番岭坡遗址

位于海棠区东溪村东约 1 公里处，坐落在番岭坡较高山坡上，属海南新石器时代中、晚期遗址。遗址分布面积仅约 200 平方米，地表散布有较多遗物，采集到砍砸器、双肩石锛、鼓形石器及夹砂红褐粗陶罐残片等。番岭坡遗址是三亚市东北部仅有的一处近海古文化遗址，其东北约 500 米处为全国重点文物保护单位藤桥墓群。

走马园遗址

位于海棠区走马园村北 50 米处，坐落在藤桥河右岸岗坡上，属海南新石器时代中、晚期遗址。遗址分布面积仅约 2800 平方米，在地表上采集到夹砂粗红陶、夹砂灰褐陶等，手制，火候较低，器形仅有釜、罐、碗及矮圈足残片等。

大兵坡遗址

位于天涯区大兵村北 200 米处，坐落在烧旗河北岸台地上，属海南新石器时代中、晚期遗址。遗址分布范围较大，面积近 5000 平方米。在地表采集到磨光双肩石锛、双肩石斧、残石器多件，另有夹砂粗红陶罐残片等。

三间坡遗址

位于崖州区梅东村北约 8 公里处，坐落在落岭水库南侧的坡地上，属海南新石器时代中、晚期遗址。遗址分布范围不大，面积约 1500 平方米。采集到几件双肩石斧、长条形石凿等生产工具，为磨制加工而成。其中，有一件双肩石斧被鉴定为国家三级文物。

从毛村遗址

位于崖城东北约 14.5 公里处，地处宁远河左岸台地上，属海南新石器时代中、晚期遗址。采集到 3 件长方形石斧和梯形石锛，均为砾石材料，通身磨光，呈弧形刃。有少量夹红褐粗陶和黄褐陶片，胎质较粗劣，手制，器形仅有圆唇敞口罐。另有泥质灰陶平底罐残片，器物表饰多道弦纹。遗址上还发现少量青釉圈足碗底和青花瓷片。

三毛村遗址

位于崖州区三毛村东北约 4.5 公里处，地处宁远河左岸台地上，属海南新石器时代中、晚期遗址。采集到一件磨制梯形石锛，较完整，呈单面弧刃。采集到的夹砂红褐粗陶片较多，质地疏松，器壁较厚，均为手制；器形仅有直口罐，其内壁上饰一道弦纹。另有青釉碗和青花圈足碗底残片，青花碗饰有花卉纹、水草纹等纹饰，表明清代有人在此活动。

东方红遗址

位于海棠区东方红村北约 1 公里处，坐落在藤桥河右岸台地上，属海南新石器时代中、晚期遗址。遗址分布范围较小，面积仅约 600 平方米，在地表采集到磨制双肩石斧、双肩石锛等遗物。

宁远河出海口遗物点

位于崖州区龙港村南，坐落在宁远河右侧出海口的沙渚中，属清代水下遗物点。1986 年，于龙港村海边沙滩上发现两门清代铁炮。2009 年，在海南岛沿海地区进行水下文物普查时，于龙港村入海口水深约 2 米处的海底淤泥中发现了部分遗物，主要有夹砂粗陶片、青花碗瓷片、方形陶网坠及残石槽等。

儒学塘窑址

位于崖州区城西村南 20 米处，坐落在儒学塘北侧，属宋至明时期窑址。占地面积约 400 平方米，共有 3 座窑炉，均为马蹄窑，直径约 18 米，残高 2.5 米。一些砖瓦散布在窑址地表，曾采集到“吉”字款长方形青灰城砖。窑址以东临近崖州故城护城河。该窑被废弃后，清末被儒学塘水所淹没。这是为修建崖州城，因砌筑城墙需用大量青砖，而专门修建的一座砖窑。

高山窑址

位于崖州区高山村东 500 米处，坐落在临近宁远河的高台地上，属清代陶窑遗址。窑址形制为马蹄窑，底径约 18 米，残高近 2.3 米，分布面积约 150 平方米。窑炉由窑口、窑台、排烟口等组成。窑台用长方形条砖砌筑而成，长 3.5 米，宽 1.2 米，是烧造时摆放器物的地方。窑址周边散布一些陶器残片，以泥质灰褐硬陶多见，另有少量酱褐釉陶片，火候较高，器形有钵、罐、盆、瓮、坛等。2006 年，被公布为第二批三亚市文物保护单位。

连珠寨遗址

位于吉阳区鹿回头村南 1.5 公里处，坐落在南水尾岭上，属宋代军事设施遗址。水尾岭为鹿回头岭的余脉，地势较为平缓。其周边地形十分险峻，东 60 米邻一处陡峭的高山岭，临海的两面为断壁悬崖，南边斜向山脚。遗址分布面积约 5000 平方米。北面是用石块砌筑的圆形瞭望台。东面为习武操练场，面积约 600 平方米。西面向海的半山腰处挖有一道壕沟，长约 160 米，宽 1~1.5 米，深 0.8~1.2 米，用以进行防卫。南面海湾是出海口，可停泊战船。

据明、清《琼州府志》和清代《崖州志》记载，南宋咸淳年间（1265~1274），吉阳军（今三亚市）的陈明甫、陈公发兄弟为反抗当时的统治者，在鹿回头岭上修建连珠寨，与官府对抗。

崖州故城

位于崖州区，坐落在崖城内一处高坡上，属宋至清代城址。据明代正德《琼台志》、清光绪《崖州志》等府州志记载，崖州城原系土城，至南宋庆元四年（1198）修筑时改用砖砌女墙；绍定六年（1233），拓址修筑，以陶砖砌城墙，开东、西、南三门。元代元统元年（1333），建谯楼。明代洪武九年（1376），用石筑城；洪武十七年（1384），扩建城址；次年，三门各建敌楼，在城外修筑南、北护城壕。建文元年（1399），添筑月城。正统元年（1436），立吊桥。弘治二年（1489），在东、西城门上各镶嵌“阳春”和“镇海”两块石匾。清道光二十一年（1841），改南门为“文明门”。此后，又多次增、扩建或重修。城内形成“三通、四漏、七转、八角”的建筑格局，城墙周长约2270米，高约8米，分布面积近128万平方米。民国年间，为兴建道路，曾先后拆除东、西两城门及北城墙等，现仅存文明门及部分西北段城墙和护城壕等遗迹。采集到的青灰色城砖，长39厘米，宽19厘米，厚10厘米，侧面压印“吉”字。2009年，被公布为第二批海南省文物保护单位。

保平港炮台遗址

位于崖州区保港村西南800米处，属清代军事设施遗址。遗址南约150米临大海，占地面积近300平方米。炮台为砖石结构，架设三门铁炮，中为主炮，左、右为副炮。今炮台已毁，仅存铁炮两门。一炮长215厘米，口径16厘米；另一炮长190厘米，口径12厘米。炮身铸铭文。据清代道光《琼州府志》、光绪《崖州志》记载，保平港是清代崖州海门要隘，为防海寇和巩固地方治安，在此修建炮台。

大疍港遗址

位于崖州区大疍村南约1.4公里处，坐落在宁远河入海口，属元、明时期码头遗址。大疍港是元、明时期崖州对外进行商业贸易的重要港口，也是当时琼南地区最大的商贸集散地。自汉代开通海上丝绸之路以后，历经唐、宋、元、明各个时期，大疍港都是南海丝绸之路交通往来的必经之地，是一个十分重要的中转站。三亚沿海地区分布有唐、宋、元时期的穆斯林公共墓群，其中应有航海经商之殁者。后因宁远河上游不断带来大量泥沙，到明代时，大疍港出海口被流沙阻塞，商船无法进入港湾，遂渐被废弃。

官沟

位于崖州区崖城西约2公里处，属明代水利设施遗址。官沟全长约8000米，引宁远河水入水渠，以灌溉周围万余亩农田。官沟分南、北两段，南沟渠流经水南村，现残长约2310米，宽、深也各近10米。北沟渠流经马丹村，现残长约363米，宽、深各近10米。官沟始建于明正德十四年（1519），由崖州知州陈尧恩组织开浚兴建；明嘉靖四十三年（1564），崖州知州林资深又重修。这是明代崖州官府主持兴建的一项水利设施，引水灌田，安抚汉黎民众，促进了当地农业生产的发展。官沟是海南历史上比较重要的一项古代水利工程，为研究海南水利发展史提供了实物例证，现仍在使用。2009年，官沟与广济桥并列被公布为第二批海南省文物保护单位。

二、古墓葬

三亚市发现的古墓葬不多，从其时代来看，有汉、唐、宋、元、明、清等各个朝代；其中，清代墓葬稍多，其他时代的墓葬较少。在古墓葬的分布上，以崖州区发现的较多，其他乡镇仅有少量分布。

藤桥、羊栏、三亚湾等处穆斯林公共墓群，其年代多为唐、宋、元，与阿拉伯人沿海上丝绸之路从事通商贸易活动有一定的关系。在孟村墓群发现的宋代瓷器，反映三亚与南海丝绸之路商贸往来相关联。明、清时期的墓葬，体现出海南明、清丧葬礼仪的地域特色。这些古墓葬所反映的埋葬方式和丧葬习俗，丰富了三亚古墓葬的历史文化内涵，为认识海南古墓葬的类型及其葬制特点提供了比较重要的实物资料。

藤桥墓群

位于海棠区东溪村番岭坡，坐落在临近南海边的沙坡上，属唐、宋伊斯兰教徒墓葬。墓群分布范围很广，东西长约200米，南北宽近80米，散布有40余座墓葬。试掘过7座墓葬，其形制皆为长方形竖穴土坑，一般长 1.8～2 米，宽 0.8～1 米。死者均为侧身屈肢葬，头朝西北，面向西。墓内无葬具和随葬品。在墓前后各立一块珊瑚石墓碑，呈长方形或方形；碑首呈圭形、双峰形、山字形等不同形式。碑上刻阿拉伯文或波斯文《古兰经》及墓主姓名、死亡日期等，在其周围刻圆月、卷云、花朵、树枝和双鸟朝阳等图案。这些墓葬，为探讨南海丝绸之路的历史发展、中外文化交流以及海南伊斯兰教的传播提供了有价值的实物资料。2006 年，被国务院公布为第六批全国重点文物保护单位。

梅山八人轿坡古墓群遗址

位于崖州区梅东村南，坐落在临海的八人轿坡沙丘上，属唐、宋穆斯林公共墓地。墓群分布范围很广。1982 年，文物普查时，在墓群遗址上，有一轮明月和神鸟图案，中间刻阿拉伯文，意为“万物非主，唯有真主，穆罕默德是真主的使者”。1990 年，该墓群遗址被公布为第一批三亚市文物保护单位。

羊栏墓群

位于天涯区回新村西南 200 米处，坐落在三亚湾近海边的沙坡上，属宋、元穆斯林墓葬。墓群保存较完好，共发现 35 座墓葬。墓前后皆立一珊瑚石碑，高 40～57 厘米，宽 33～56 厘米。碑略呈方形，碑首呈圭形、双峰形、山字形等不同形制，其上刻有阿拉伯文《古兰经》经文及墓主姓名、死亡日期等，周边刻花草鸟形等图案。2006 年，该墓群被公布为第二批三亚市文物保护单位。

孟村墓群

位于吉阳区孟村东，坐落在六道港临海湾的珊瑚石沙地上，属南宋墓葬。墓群分布面积约 5000 平方米，挖掘时发现一些珊瑚石及人骨和棺板等，周边散布有陶瓷器随葬品，经推测是珊瑚石墓。发现的瓷器有白釉碗、“吉”字款刻划纹碗、青釉碗、青釉小碟等，陶器仅有酱褐釉盆。据对瓷器釉色、形制、纹饰等特征的初步分析，当与西沙群岛“华光礁 1 号”沉船出水瓷器的特征较相近，属南宋福建民窑所烧制的产品。六道港曾是古代崖州海上丝绸之路通商贸易港口之一，墓群发现的南宋陶瓷器，为探讨三亚在南海丝绸之路上的历史地位提供了实物资料。

驸马坟

位于崖州区城西村东北，坐落在马鞍岭上，属南宋名人墓。墓葬坐北朝南，占地面积约171平方米，由墓围（罗堂）、墓冢、墓碑、门洞式牌坊等组成。其中，罗堂高约1.95米，宽4.2米；墓冢平面呈长方形，长3.7米，宽1.3米，高1.05米；牌坊高3.1米，宽5.85米。该墓为宋亡后的元初时所修建，清代咸丰八年（1858）八月重修，立“宋代迁崖开宗始祖五福驸马陈老二太公坟”碑一通，落款为“大清咸丰八年岁次戊午八月”，由“众后裔子孙修立”。现驸马坟为1998年重修。该坟为南宋驸马陈福仔（号梦龙）进士之墓。陈福仔可能随南宋末代皇帝漂泊海上而落籍吉阳，成为迁崖始祖。驸马坟对研究三亚地区陈氏迁崖历史具有一定的文物价值。

三亚湾珊瑚石墓群

位于天涯区回辉村南300米处，坐落在临三亚湾海边的沙坡地上，属元代墓葬。墓群分布面积约360亩，墓葬一般采用珊瑚石和青砖为葬具。形制分三种类型：第一种为长方形珊瑚石棺墓，棺四壁用珊瑚石板搭筑，采用半榫铆连接，顶铺石板为棺盖，板厚11~13厘米。第二种为长方形砖石混筑墓，棺四壁立珊瑚石板，半榫铆连接，顶部平放石板，在四壁及顶盖石板外平铺青砖。第三种为长方形砖室墓，墓室四壁铺青砖，上端置珊瑚石板顶盖。该珊瑚石墓群的形制结构较有地域文化特色，对认识海南古墓葬的类型、特点有一定历史价值。

王信卿墓

位于崖州区大蛋村东南400米处，坐落在近水尾田较高的坡丘上，属明代墓葬。墓建于明万历九年（1581），坐东向北，占地面积80平方米。墓冢平面呈长方形，用青砖砌筑，长3米，宽1.5米，高0.5米。墓前原立有一通石碑。1987年，墓主后裔又重立一通墓碑，高1.5米，上刻墓主姓名及其生平。据清代光绪《崖州志》记载：

王信卿，明代崖州水南村人，岁贡生，曾任桂林通判，有贤能称，祀崖城学宫忠孝祠。

裴崇礼墓

位于崖州区大疍村东约1.5公里处，属明代墓葬。墓向西南，占地面积140平方米。墓丘为砖砌，平面呈长方形，长2.83米，宽0.7米，高0.6米。墓前立一石碑，顶呈圭首，高1.36米，宽0.48米，上刻“文林郎庸庵裴公碑”，明成化十九年（1483）立。裴崇礼，明代崖州水南村人，明景泰元年（1450）科举人，历任广西贵县训导、瓯宁县训导。

彭氏墓

位于崖州区郎吉村北300米处，坐落在半山坡上，属明代墓葬。墓冢坐东北、朝西南，平面呈长方形，由砖垒砌，长3米，宽1.2米，高0.8米。墓前立一通石碑，呈梯形，高1.66米、宽0.63米。碑中正文阴刻楷书“明诰赠宜人累赠淑人彭氏之墓”13个字，右刻“嘉靖丙申仲春之吉”，左刻“孝子侍郎锺芳立”，明嘉靖十五年（1536）立。此墓乃明代崖州先贤锺芳为其母彭氏所修建，并亲立石碑。

何焕墓

位于崖州区保港村西北，坐落在三枝碑岭岗坡上，属清代地方名人墓。共有何焕父子两座墓冢，占地面积84平方米，由牌坊、石碑、墓冢、罗堂等组成。墓前立有两座牌坊。前牌坊高2.6米，宽3.18米，其左右两侧各开一拱门，牌坊上嵌有时任崖州知州赵以濂所撰写的一通墓碑，坊柱上各有一副对联，字迹已漫漶不清；后牌坊高1.9米，宽3.52米，中开一小拱门，门两侧分别嵌有两通墓碑。墓前还置一青石雕刻的香炉。何焕为保平村人。据清代光绪《崖州志》记载：“何焕，字海珊，保平岁贡。为人严毅，有干济。居乡，严约弟子，禁赌博，缉盗贼。岁饥，请官开仓赈济不足，又贩自商船。地方有事，率心身先。时倚以为重。”何焕是清代崖州的一位乡绅名人，较受当地民众爱戴。

孙德秀墓

位于崖州区梅东村西100米处，坐落在西边园坡地上，属清代墓葬。它为梅山孙姓迁崖始祖孙德秀夫妇合葬墓，建于清康熙五十四年（1715），嘉庆八年（1803）重修，民国二十四年（1935）再修，1986年又进行修缮。墓坐北朝南，现占地面积约690平方米，由牌坊、墓碑、墓冢、罗堂、石刻烛台、香案等组成。墓冢为圆丘形封土，高1.7米。墓前并立三通石碑，主墓碑为1935年重立，高1.8米，碑文记述了孙氏始祖因明末避兵燹迁居于梅山的经过及兴家开田和建祠的功业。两门侧柱上刻有“继往开来言本求源当溯祖”“慎终追远修身为国应相规”对联。该墓葬对了解明代移民迁徙崖州的情况具有一定的历史价值。

孙宗哲墓

位于崖州区梅东村西130米处，属清代地方名人墓。墓建于清道光六年（1826），坐北朝南，占地面积60平方米，由祭台、墓冢、石碑和后堂等组成。墓冢呈圆丘形封土，高0.9米。墓前竖立碑五通，为1986年其后人重立。孙宗哲是梅山孙姓迁琼始祖孙德秀的孙辈，据清代光绪《崖州志》记载：“孙宗哲，字希十，梅东岁贡。为文瑰奇伟丽，尤精理解。与同郡张翰山、黄云章肄业羊城，声名相颉颃，称莫逆交。翰山官为方伯，旋里，宗哲寓郡城，每徒步过访。其相契如此。所著有《爱竹轩诗稿》，藏于家”。清代崖州举人林缵统和郑绍材都为其“受业门生”。

何秉礼墓

位于崖州区落窗村东南50米处，坐落在一处丘陵坡地上，属清代地方名人墓。占地面积126平方米，由望柱、牌楼、墓冢等组成（现已毁）。墓丘为砖砌，呈圆形，直径2.4米，高1.4米。墓前有五通墓碑，其中一碑上阴刻楷书“皇清敕授修职郎尽先教谕、拔贡生、乡谥文正、显考何三太公之墓”。有三碑为福建候补道吉大文、崖州知州陈嵩甲、崖州学正冯毓熊等人所立，各高1.35米，碑上刻墓主生平事迹，清光绪二十一年（1895）立。另一碑为其子所立，高1.5

米，晕首，碑额上阴刻卷云托日图案。何秉礼（1832~1892），崖州起晨坊人，清同治十二年（1873）拔贡生。

青田墓群

位于海棠区青田村东200米处，坐落在一处高坡地上，属清代黎族墓葬。墓群坐西朝东，面积约为4000平方米，分布有18座墓。墓冢平面呈长方形，均为砖砌筑，长2.49~2.8米，宽0.5~0.7米，高0.8~1.05米。个别墓前立有青石碑，碑文阴刻有“皇清显祖□□高二婆韩周氏之墓，光绪十年二月初六立”和“大清显考首祖蓝大公五旬谥讳阿川之坟”等。青田墓群，为黎族于清代出现的砖墓立碑墓葬，在三亚地区较为少见，为研究黎族早期受到汉族葬俗文化的影响所出现的墓葬形制，具有一定的研究价值。

三、古 建 筑

三亚市现存的古建筑很多，约百余处。在文物的地域分布上，主要集中在崖州区境内，当与崖州区所处的历史地理环境有着一定关联。崖州区是古代州治、县治所在地，千余年来一直为琼南地区政治、经济、文化的重镇，也是唐、宋时期官员贬谪流放之地，在当时社会经济文化的发展中占有十分重要的地位。其他乡镇也有少量发现。

按其文物类别的不同，古建筑可分为庙宇、古塔、祠堂、学堂、民居、牌坊和桥涵、井泉等，其中以古民居建筑稍多，其他则甚少。就其年代而言，属宋、明者少，以清代居多。在这些古建筑中，崖城学宫、广济桥、“三姓义学”学堂、迎旺塔、文峰塔和崖城古民居建筑群、保平村古民居建筑群等，都具有较重要的历史价值和文物价值。崖城古民居建筑群和保平村古民居建筑群反映了崖州地区传统民居的建筑特色，部分民居采用接檐（插亭）的结构，丰富了中国传统建筑的形制。在建筑艺术装饰上，主要采用彩绘、浮雕、镂雕等技法，其内容大都为花鸟瑞兽图案，工艺十分娴熟精美。

崖城学宫

位于崖州区遵道村崖城小学右侧，坐落在崖州故城中南部，属清代坛庙祠堂建筑。崖城学宫又称孔庙，始建于北宋庆历四年(1044)，历经宋、元、明、清四代，曾多次迁建、扩建和重修。清道光三年（1823）迁今址重建，同治十一年（1872）又重修。学宫坐北朝南，砖木结构，现占地面积约5498平方米。其建筑布局严整，规模宏大，沿南北中轴线依次排列，主要为崇圣祠、大成门、泮桥、棂星门、大成殿等；左右建筑对称，分别为东西庑、名宦祠、乡贤祠、忠孝祠、节孝祠等。装饰艺术颇具琼崖地区建筑风格。

大成门面阔五间22.53米，进深7米，风火山墙，硬山顶。大成门后即为大成殿，为学宫的核心建筑，面积约189平方米。该殿建于月台之上，前为大门，左右为东西两庑，组成一封闭院落。大成殿面阔五间18.2米，进深三间9.53米，七架抬梁式木构架，重檐歇山顶。十二面格扇门，殿内置俯莲花石雕柱础，支撑十八根圆形木柱，瓜柱雕蹲伏状麒麟，墙壁、梁架彩绘花纹图案。东西两庑为硬山顶。棂星门为四柱三间冲天式雕花石坊，柱的前后置抱鼓石。现存学宫建筑木构件大都是清代遗存。学宫内存有清光绪元年（1875）“重修学宫碑记”石碑一通。

崖城学宫是中国最南的孔庙建筑群，其布局完整严谨，建筑宏伟，装饰艺术颇为精湛。同时，它也是明、清两代海南岛南部最高的学府，在琼崖历史上为传承弘扬中原文化和儒学思想发挥过重要的作用，具有较高的科学、艺术、文物价值。1994年，它被公布为第一批海南省文物保护单位，2013年被国务院公布为第一批全国重点文物保护单位。

迎旺塔

位于崖州区城西小学南30米处，坐落在宁远河北岸，属清代寺观塔幢建筑。塔建于清咸丰元年（1851），坐西朝东，为空筒楼阁式密檐风水砖塔，呈八角七层仿木结构，青砖砌筑，通高约12米。首层设有拱门。二层拱门额上刻“迎旺塔”三字，左刻“知崖州南昌徐咏韶”，右刻“道光三十年岁次庚戌”。二层以上各层八面均开一小券门，每层之间均为叠涩外挑砖檐。塔身中空，直望塔顶，顶部置一宝刹。

据清代光绪《崖州志》记载：“迎旺塔，在城西门外广度寺左，咸丰元年知州徐咏韶同州人捐建”。迎旺塔是三亚仅存的一座清代砖塔，造型优美稳重，气势雄伟壮观，对探讨海南古塔的历史具有一定的文物价值。2009 年，它被公布为第二批海南省文物保护单位。

文峰塔

位于天涯区嘉赛村南，坐落在深沟营岭（塔岭）峰顶上，属清代寺观塔幢建筑。塔建于清乾隆四十三年（1778），为风水砖塔，呈六角三层结构，青砖砌筑，中空。首层开一拱门，二三层也开小拱门。塔岭与南山遥遥相望，仅相距数公里，是南山余脉的南面。清乾隆年间，崖州知州陈新槐在迁建崖州学宫时，为祈求崖州文运昌盛，在塔岭峰顶上修建这座文峰塔。这是崖州境内建造年代较早的一座风水砖塔，后来又作为行船航海的标志，为海上交通往来指明航路和方向。1980 年，塔遭炸毁，现仅存东侧塔身残段（高 1.5 米），以及塔基遗物，塔基四周散落被炸塌的青砖。

崖城古民居建筑群

位于崖州区崖城内，属清代宅第民居建筑。主要分布在以崖城学宫为中心的城东区、城西区和水南村一带，现存 130 多栋，总建筑面积 2 万多平方米。民居为南北向或东西向，一般呈三合院式布局，主要由门楼、照壁、正屋、厢房、侧房、围墙等组成。每栋占地面积一般约 150 平方米，大者近 1300 平方米。正屋大都为三间，面阔 10~12 米，进深两间 6.5~7 米，呈五架或七架抬梁式木构架，皆为硬山顶。部分民居有接檐形式，这是清代崖州传统民居所具有的地域建筑特色。在门楼、屋脊、窗棂、瓜柱等建筑艺术形式上，其表现手法为浮雕、镂雕、刻划等，主要图案有祥云旭日、祥禽瑞兽、四海腾龙、花草树木、松竹梅菊、田园诗赋等。崖城古民居建筑群对于研究海南传统民居的历史发展有较重要的科学、艺术价值，2006 年被公布为第二批三亚市文物保护单位。

保平村古民居建筑群

位于崖州区保平村内，现存民居42处，都是清代宅第民居建筑。一般是由门楼、照壁、正屋、厢房、书房和围墙等组成，在建筑格局、结构和装饰上均大同小异。民居为砖木结构，硬山顶，多为抬梁式木构架，以五架梁为主。正屋一般面阔三间12米，进深7米至8米，屋顶部分有“接檐”。蜀柱呈方形、瓜形、灯笼形、扁壶形等。正屋分明间与次间，均采用木隔板或置假清水墙。墙楣上彩绘花纹图案，内容以吉祥如意、福、寿、喜等为主，寓意多子多孙。图案惟妙惟肖，栩栩如生。这是目前海南保护完好、较为集中和规模很大的传统民居建筑群，从其院落朝向、布局和建筑结构等特征来看，体现了清代崖州沿海民居的地方文化特色。保平村于2010年被住房和城乡建设部与国家文物局公布为中国历史文化名村。

盛德堂

位于崖州区水南二村东南50米处，属清代宅第民居建筑。盛德堂又名裴晋公宗祠，始建于宋代，原为昌化军守裴闻义的故居。南宋绍兴十四年（1144），两度为相的赵鼎被诬遭贬，远徙吉阳军安置，居此3年而逝；绍兴十八年（1148），朝臣胡铨力主抗金而遭贬吉阳军，于此居住达8年之久。后胡铨北归时题书“盛德堂”木匾留赠，故而得名。主体建筑为清代重修，坐东朝西，占地面积约928平方米，砖木结构，硬山顶。正屋面阔三间11.5米，进深5.3米，呈抬梁与穿斗式混合木构架。现古建筑大部分已坍塌，仅存正屋明间及增建的一间右侧房。明间内墙上遗有墨书对联。盛德堂是崖州较具独特人文历史特色的遗迹，有着较重要的历史文物价值。1990年，它被公布为第一批三亚市文物保护单位，近年已重修。

何秉礼故居

位于崖州区起元村内，属清代宅第民居建筑，始建于清代早期。它坐南朝北，呈三合院式布局，砖木结构，硬山顶，占地面积约436平方米。故居由门楼、正屋、厢房和侧屋等组成，现保存较完整。其中，正屋面阔三间，抬梁式木构架，顶脊饰灰塑，木门扇上浮雕花纹图案。屋西次间开门，通向侧房。东、西厢房面阔两间，抬梁式木构架。前有廊，硬山顶。

该故居属清代崖州传统民居建筑之一，也是保存较好的古建筑，具有一定的历史价值。2006 年，它被公布为第二批三亚市文物保护单位。

儒林第

位于崖州区大疍村内，属清代宅第民居建筑。该宅第坐西朝东，呈三合院式布局，砖木结构，占地面积约 320 平方米，由门楼、照壁、正屋及厢房、侧室等组成。门楼坐南朝北，面阔 2.1 米，高 3.5 米，硬山顶，门额上有楷书墨迹“儒林第”三字。照壁呈正方形，高 2.5 米，宽 2.3 米，顶脊灰塑龙首形纹，上书“吉星正照”和“福”等字，其两边对联已漫患。正屋面阔三间 4 米，进深 4.8 米，分明间和两次间，五架抬梁式木构架，硬山顶，门当刻有篆书“福”和“寿”字，墙楣彩绘龙纹、芭蕉、葵花、菊花及其他瓜果图案。厢房、侧室均为硬山顶。

据正屋明间内所立牌位可知，该宅第为“王氏移崖开宗始祖儒学正堂王三太公”的故居，大约建于明末清初，现已传至第 26 代。“儒林第”是泛指清代儒生的宅居，在三亚现存清代传统民居建筑中较有代表性，为探讨当时崖州古民居的建筑布局和形制特点提供了一定的实物资料。

明经第

位于崖州区保平村内，属清代宅第民居建筑。正屋坐西朝东，为四合院布局，砖木结构，硬山顶，由门楼、照壁、前庭、正屋、厢房等组成。门楼坐南朝北，宽 2.38 米，进深 2.9 米，额上有楷书墨迹“明经第”三字。照壁近呈正方形，其上彩绘花纹图案和墨书篆体“寿”字，两侧有对联。正屋面阔三间 12.1 米，进深 7 米，分明间和两次间，五架抬梁式木构架。屋内梁上有题写的修建时间与吉祥祝辞等文字，墙楣彩绘龙纹、芭蕉、葵花、菊花及瓜果等图案。“明经”

为明清时对贡生的敬称。

封侯第

位于海棠区番园村内，属清代宅第民居建筑。符氏先祖曾任福建莆田县令，被封为户侯，后迁徙崖州，于此筑居“封侯第”。宅第坐西向东，砖木结构，硬山顶，占地面积近400平方米，由门楼、正房、厢房和后院等组成。檐壁及室内墙上彩绘山水花鸟图案，前檐上端雕饰莲花盛开状穿枋。

林缵统故居

位于崖州区拱北村北，属清代宅第民居建筑。该故居又名“贤书第”，坐北朝南，呈四合院式布局，为三进，砖木结构，硬山顶，占地面积约1321平方米，由华表、门楼、正屋、厢房、围墙等组成。门口立一对华表，门楼额上有题刻楷书“贤书第”三字的木匾。三进正屋的建筑格局大体相同，面阔三间11.25米，进深10.3米，为抬梁木架结构，分明间和两次间，前后均置有走廊。厢房面阔三间，滴水上模印篆书“寿”字，正脊灰塑花草、云纹等图案。

林缵统（1852~1922），字承先，号天民，崖州北厢官塘村（今崖州区拱北村）人。他是清同治十二年（1873）拔贡，保举五品衔，授职教谕，致力于崖州文化教育；光绪二十年（1894），乡试中举，次年进京会试，参加康有为、梁启超等人发起的“公车上书”活动，鼎力变法维新；光绪二十四年（1898），再次赴京廷试，又参加康有为、梁启超等人组织的保国会，成为戊戌变法的骨干成员，是海南唯一参加戊戌变法的仁人志士；晚年回到崖州，又发动和策划对西沙群岛的开发建设。其故居“贤书第”在2006年被公布为第二批三亚市文物保护单位。旧时称乡试中举为“登贤书”。

廖家宅

位于崖州区西关村内，属清代宅第民居建筑。抬梁式木构架。廖家宅建于清代中、晚期，坐南朝北，呈三合院式布局，砖木结构，硬山顶，屋坡接檐，建筑面积约1100平方米，由门楼、照壁、正屋、厢房、书房等组成。现存房屋6幢。门楼面阔一间，照壁位于前院墙的正中。正屋是整个院落的主体建筑，面阔三间 12 米，进深 8 米，分明间和次间。前有廊，卷栅顶，上刻浮雕花纹图案。东、西厢房皆面阔三间，墙上彩绘花草纹。书房与正屋明间有门相通，并单独形成一小院。廖家宅的建筑格局、规模不同于普通的传统民居，是清代崖州大户人家宅居较具代表性的一处范例。

张家宅

位于崖州区保平村内，属清代宅第民居建筑。张家宅坐西朝东，三进式布局，砖木结构，硬山顶，占地面积约 1100 平方米，由门楼、正屋、侧屋、后堂等组成。门楼额上塑卷册，其旁彩绘蝙蝠、梅花、荷花、仙鹤等装饰图案，色彩鲜艳，栩栩如生。正屋面阔三间 15.4 米，分明间和次间，呈抬梁式木构架，有接檐、假清水墙。明间为厅堂，采用屏风板间隔，上为神龛，左右为两侧门，各设一回廊。左右两侧房均面阔三间，格局基本相同，宽 8.8 米。后堂面阔三间 11 米，进深 12 米。张家宅具有清代崖州传统民居建筑的文化特色。

陈家宅

位于崖州区保平村内，属清代宅第民居建筑。陈家宅坐北向南，呈三合院式格局，砖木结构，硬山顶，由门楼、照壁、正屋、厢房等组成。正屋面阔三间 11.6 米，进深 6 米，呈抬梁式木构架，分为明间和次间。屋内地墁砖多见一顺一丁或二顺一丁铺设，梁架及建筑木构件上均有雕刻和彩绘，工艺技巧较为精美，内容多见双凤朝阳、龙凤麒麟、鹤松梅竹、喜鹊登枝、石榴荷花、松鹤延年等花纹图案。陈家宅具有清代崖州传统民居建筑风格。

陈家宅

位于崖州区乾隆村内，属清代宅第民居建筑。陈家民宅坐西朝东，为三合院式布局，砖木结构，硬山顶，建筑面积约 114 平方米，由门楼、照壁、正屋及厢房等组成。现仅存正屋一座，为一进式建筑，面阔三间 11.9 米，进深 6.7 米，呈抬梁式木构架，门额上有镇宅木，屋面为接檐形式，檐下彩绘花草和龙纹等图案，屋外砌假清水墙。正屋后设神龛一座。陈家民宅是崖城地区清代传统民居之一，反映了当时民居建筑的风格特色。

麦家宅

位于崖州区乾隆村内，属清代宅第民居建筑。麦家宅坐西朝东，砖木结构，硬山顶，由门楼、庭院、正屋、侧屋等组成。正屋为一进式建筑，面阔三间 11 米，进深 5.8 米，抬梁式木架结构，地面由三合土夯筑。其屋面呈接檐形式，檐柱底座为圆形石墩。两侧设走廊，各有一个拱门。正屋分明间和两次间，明间后设一神龛，檩上彩绘云雷纹图案。侧屋为民国二十年（1931）所建，面阔四间，每间宽 3.04 米，进深 4.7 米。

林家宅

位于崖州区遵道村内，属清代宅第民居建筑。林家宅坐北朝南，砖木结构，硬山顶，由门楼、照壁、庭院、正屋、侧屋等组成。主照壁面宽 6.1 米，高 3.5 米，中间有一“福”字；左右两侧照壁面宽 3.54 米，高 2.8 米，中间各有一“寿”字。正屋为一进式建筑，面阔五间 12.1 米，进深 7.5 米，为五架抬梁式木结构，屋面呈接檐形式。屋内分为明间和两次间，明间内花雕挂柱，后部为一神龛，左右设一走廊。

黎家宅

位于崖州区水南村内，属清代宅第民居建筑。黎家宅坐西朝东，砖木结构，抬梁式木架构，硬山顶，由门楼、小花池、照壁、正屋等组成。门楼宽 3 米，进深 4.1 米，近似阁楼式，上有三组花窗。照壁高 3.7 米，宽 5 米，起马头墙，中间以竖式柱隔成花窗。照壁前有一小花池。正屋面阔三间 11.75 米，进深 7.5 米，屋面呈接檐形式。

侯王庙

位于海棠区风塘村西，坐落在较低缓的丘坡上，属明代坛庙建筑。侯王庙始建于明崇祯元年（1628），后历经多次修缮，现存建筑为清光绪二十五年（1899）重建，2002 年又再次重修。庙坐北朝南，占地面积约 368 平方米，呈三进式布局，砖木结构，由门楼、中庭、正殿等组成。门楼面阔一间，门额上题楷书“侯王庙”三字。门柱上联为“寰揽南海千里景”，下联为“门集旧国万户侯”。正殿面阔三间9.12米，进深6.7米，七架抬梁式木构架，歇山顶，起封火山墙。正殿明间梁上墨书“龙飞大清光绪岁次已亥年乙亥月庚子日丙子时阖村市民重建”题记。其门两侧阴刻楷书对联，上联为“南土荷安全历观朝野臣民都是侯恩深保障”，下联为“龙门昭显应为问乡坊士庶畴非爷德大帡幪”。殿内悬挂一口明崇祯元年（1628）铸铭铁钟。侯王庙是祭祀三国时期蜀汉大将关羽的一座古代建筑。

孙氏宗祠

位于崖州区梅东村内，属清代祠堂建筑。始建于清代乾隆十九年（1752年），该宗祠为清代梅山地区孙氏族人捐资所建，民国九年（1920）扩建重修。祠堂坐北朝南，占地面积约985平方米，建筑布局呈“凸”字形，砖木结构，由前厅、正屋、厢房等组成。前厅面阔三间，进深三间，五架抬梁式木构架，重檐歇山顶，厅内壁上彩绘田园风光图案。正屋面阔三间11.65米，进深两间6.3米，五架抬梁式木构架，悬山顶，起封火山墙。屋内所立方柱穿枋、瓜柱上浮雕花木图案，墙上彩绘龙纹图案，后壁彩绘田园风光并有赋辞墨迹。孙氏宗祠的建筑格局和形制结构较为独特，木构件雕刻十分精美，彩绘图案内容丰富，具有较浓厚的地方文化特色和建筑风格。它是三亚现存建筑规模较大的家族祠堂之一，也为了解清代孙氏族人迁徙崖州的历史提供了实物资料，具有一定的历史和艺术价值。2006年，孙氏宗祠被公布为第二批三亚市文物保护单位。

福德祠

位于崖州区拱北村内，属清代祠堂建筑。福德祠原名土地庙，始建于清道光年间，后于清光绪十年（1884）十一月廿三日重修。祠堂坐西向东，砖木结构，硬山顶，宽4.22米，进深6.84米。门额上刻“福德祠”三个大字，门两侧有一副对联，上联为“镇基重修福泽万代”，下联为“乡土著衍德耀千秋”。祠堂内额的匾上篆书题写“安民荫福”四字，且供奉有一神像。祠堂左前处立一石碑，上面楷书阴刻“过渡免钱”四字，左上刻“光绪十八年秋月吉旦”，右下为

“东河渡船会众立”。碑高100厘米，宽40厘米。

龙王庙

位于崖州区保港村内，属清代庙宇建筑。清康熙六十年(1721)，当地村民为祈求风调雨顺而建。庙坐西向东，呈三进四合院式布局，占地面积约2418平方米，由门楼、六角攒尖顶亭、前厅、中殿、后殿等组成。其中，前厅、中殿、后殿为勾连搭的建筑形式。后殿为主体建筑，面阔三间10.3米，进深三间10.8米，抬梁式木构架，砖木结构，硬山顶。前厅现存清康熙六十年（1721）铸铭铁钟一口。

神山古庙

位于崖州区城西村内，属清代庙宇建筑。庙宇坐北向南，正殿为一进格局，面阔三间9.3米，进深7.8米，砖木结构，抬梁式木架构，硬山顶。庙门额上有“神山古庙”木匾。门两侧各有对联，上联为“堂构重光添秀色”，下联为“庙修再丽显英灵”。殿内设一神台，高1.33米，宽2.25米。

“三姓义学”学堂

位于崖州区起元村内，属清代学堂书院建筑。学堂由该村尹、卢、林三姓族人为子弟授学，于清光绪十二年（1886）集资共建，故得名“三姓义学”。学堂坐西朝东，占地面积约153平方米，砖木结构，硬山顶，由门楼、天庭、中厅、正屋等组成。门楼额上楷体横书“三姓义学”四字，门左右两侧为楷书对联：“义集同人上溯本源彰积累，学宗先哲永联枝派荐馨香”。中厅面阔4.7米，进深7.4米。厅内梁上楷书墨题“大清光绪拾贰年岁次丙戌仲秋吉旦、东厢四甲三姓合众鼎建”，墙上彩绘卷册和花卉纹等。此墙壁上有“二斗会棋”“雁塔扬名”“春牛图”“蕉鸿桥”“松间遇”“鹿鸣河畔”“钓鱼图”等绘画，当为崖州古代壁画中的珍品。正屋面阔三间11.2米，进深5.1米，为五架抬梁式木构架，雕花高脊，硬山顶，明间脊檩上墨书“大清光绪十二年岁次丙戌仲秋谷旦”字样。“三姓义学”学堂是海南现存唯一的一座私家学堂，对了解清代海南私塾教育的创办和发展有一定的历史价值。2006 年，它被公布为第二批三亚市文物保护单位。

少司徒牌坊

位于崖州区遵道村内，坐落在崖州故城文明门北 30 米处，属清代牌坊建筑。该牌坊为崖州知州侔洪龄携同州人为纪念明代崖州人锺芳及其子锺允谦、锺允直，于清道光二十九年（1849）所捐建。牌坊坐北朝南，呈四柱三门三楼式石结构形制，用玄武岩石建造，东西长 13.73 米，南北宽 4.23 米，通高 7.5 米。四根方形石柱立于圆形柱础石上，柱两侧置有戗柱加固。中间坊板正面阴刻楷书“少司徒”三字，故称“少司徒坊”。背面刻楷书“世科”二字，其上又刻一“旨”字。西侧阴刻楷书“为弘治辛酉亚元正德戊辰进士”，以及建坊人的姓名和建坊时间。“文化大革命”期间，牌坊曾遭拆毁，残存部分石条、石柱础、坊板等建筑构件。2007 年，三亚市政府拨出专款，在原址上按少司徒牌坊原貌复建。

锺芳，字仲实，今三亚市崖州区高山村人，明弘治十四年（1501）乡试中举，正德三年（1508）登进士二甲第二名；初授翰林院庶吉士，历任翰林院编修、浙江提学副使、江西布政使、南京太常侍卿、兵部右侍郎、户部右侍郎等职。

广济桥

位于崖城西约 2 公里处，修建在官沟南沟渠之上，属清代桥涵建筑。清康熙九年（1670），崖州广度寺的性俊和尚募集资金，自行设计、建造该桥。广济桥呈南北走向，横跨于官沟上，为单孔砖石混筑拱桥，全长 15 米，宽 4.5 米，高近 8 米。拱形桥孔两侧的金刚墙为条石垒砌，拱券用长方形小砖砌面，券顶用三层护拱砖平铺，拱孔高 4.76 米。桥面平坦，仅其西侧有部分损毁，至今仍有行人、车辆通行。桥南原立有清康熙九年（1670）“广济桥碑记”石碑一通。广济桥是三亚现存的古代单孔石桥，对研究海南古代桥梁建筑史具有一定的文物价值。2009 年，广济桥与官沟同被公布为第二批海南省文物保护单位。

遵道五孔砖桥

位于崖州区遵道村北 30 米，坐落在崖州故城北侧护城河之上，属古代桥涵建筑。始建年代不详。该桥呈南北走向，用砖石垒砌而成，长约 40 米，宽 1.2 米，设 5 个拱孔。桥上原平铺有石板。拱形孔顶部用小砖砌筑，直径 1.9 米（含金刚墙）。桥墩两端呈菱形，以减缓水流的冲击力，起到保护桥梁的作用。因崖州故城修建时未置北门，该桥是当地由北侧进入城内的唯一通道。它为探讨海南古代桥梁建筑史提供了较为重要的实物资料。

既济亭热水池

位于崖州区南繁蔬菜基地大楼东 30 米处，属清代池塘井泉建筑。热水池始建于明正德年间（1506～1521），用石砌池，分为半圆、长方形两池。清光绪十五年（1889），崖州知州唐镜沅重修，并在热水池旁建“既济亭”和“热水神”庙堂，勒刻“既济亭热水池碑记”一通。既济亭热水池是古代“崖州八景”之一，为当时最早开发利用的天然温泉资源。当年崖州知州唐镜沅撰文的碑刻，于 2005 年在原址出土。温泉热水经年不竭，直至今日仍在使用。2006 年，既济亭热水池被公布为第二批三亚市文物保护单位。

四、石刻及碑碣

三亚市现存的摩崖石刻和碑刻文物仅有几处，分布在崖州、吉阳、天涯等区，保存状况都很好。其中，尤以落笔洞、大小洞天和天涯海角石刻遐迩闻名。这些石刻与碑刻文物为了解古代三亚的历史文化和民风民俗提供了一定的实物资料，同时，所题刻文字的特色对探讨当时的书法艺术具有较重要的研究价值。

落笔洞石刻

落笔洞位于吉阳区落笔村东约 1 公里处，坐落在良坎坡落笔峰南侧。洞内石壁上有题刻 8 处，属宋、元、明、清时期的摩崖石刻。时代较早的，是洞口右壁上宋代倭倭才题写的“峭壁凌空望杳微”诗和许源题书的“袖拂山风上翠微”诗各一首。左壁上有元代至元二十年（1283）海北海南道宣慰使云从龙横书的“落笔洞”三字，为楷书阴刻，每字直径 50 厘米，字体苍劲有力、潇洒大方。另有明成化年间（1465～1487）崖州千户洪爵题书“仗剑登临石径微”七律诗一首、明广东按察司佥事晋江赵瑶的“盘石凌空列翠屏”七律诗一首、明万历年间（1573～1619）庠生纪纲正的“化工造笔是何年”七律诗一首。时代较晚的石刻，是清代乾隆年间（1736～1795）吴成和的“五指挥毫百万年”七律诗一首及崖州人梅仙氏的“奇甸文明辟几年”等。洞内石壁上宋、元、明、清各时期的诗词题刻，都赞美落笔洞奇异壮丽的景象。这些石刻集中在中国最南的一处全国重点文物保护单位——落笔洞遗址内，这在海南省众多的文物保护单位中并不多见，具有十分重要的历史和艺术价值。

小洞天石刻

位于崖州区南山村东南，坐落在大小洞天旅游景区内，属宋代及现代摩崖石刻。宋代石刻有 5 处：在海边一块高 7 米、宽 15 米的巨石上，题刻“小洞天”三个大字，每字长近 105 厘米，楷书横排阴刻，遒劲自如，为海南字体最大的古代摩崖石刻；侧题款“南宋淳祐七年丁未富川毛奎”。其左侧 4 米处题刻“钓台”二字，每字长近 75 厘米，与“小洞天”石刻同在一块巨石上。在南山临海的一处石室岩壁上，题刻“海山奇观”四字，为楷书横刻，每字大 60 厘米，其下刻有描写吉阳军山水风情的诗文。石室右侧，刻“仙梯”二字，每字大 65 厘米。石室南壁刻有毛奎赞美大小洞天的诗与王渚和韵诗以及有关的题词叙记，每字大近 10 厘米。这些诗文与“海山奇观”“仙梯”都题刻在同一块巨石上。

大小洞天旅游景区位于南山滨海处。南山即鳌山，海拔 476.7 米。它南枕大海，北障崖城，拔地撑天，雄伟磅礴，云雾缭绕，气势不凡，景色秀丽壮观。毛奎，字子文，南宋昭州富川（今广西富川）人，南宋淳祐年间（1241～1252）知吉阳军，淳祐丁未年（1247）正式开辟大小洞天为风景胜地，携友人泛登山峰游览，并作诗题记，刻于诸岩石壁上。

1962年，中国著名历史学家、文学家郭沫若在游览大小洞天时，写下了五言排律《游崖县鳌山》，并镌碑嵌于“钓台”石刻的左侧。1993年4月，江泽民视察海南，游览大小洞天景区时，挥毫题词“碧海连天远，琼崖尽是春”，现镌刻在海边的一块巨石上。

大小洞天是古崖州的八景之一，其宋代石刻距今已有近800年历史，是海南现存年代最早的石刻之一，对探讨三亚古代历史文化和书法艺术史具有很重要的文物价值。2009年，小洞天石刻被公布为第二批海南省文物保护单位。

天涯海角石刻

位于天涯区马岭村南约1公里处，坐落在天涯海角旅游风景区内，属清代和民国时期摩崖石刻。共有5处石刻，其中清代3处、民国2处，都分布在下马岭近海滨的巨大岩石上。

“天涯”石刻，刻于一块高10米、宽13米的巨石上，面朝东南。清雍正十一年（1733），崖州知州程哲题刻，楷书横排阴刻，每字大56厘米。

“海判南天”石刻，刻于“南天一柱”石刻前一块高7米、宽10米的巨石上。清康熙五十三年（1714），为绘制《皇舆全览图》，钦差苗正（钦天监五品官员）、绰尔代（理藩院郎中）、汤尚贤（外国传教士）三人巡边至崖州下马岭观测点，题刻于巨石上，楷书横排阴刻，每字大54厘米。

“南天一柱”石刻，刻在一块高7米、宽3.4米的突起巨石上，面山（东）背海（西）。刻字大40厘米，楷书竖排阴刻。其右刻“宣统元年”，左刻“永安范云梯”。范云梯为清末崖州直隶州知州。

“海角”石刻，位于“天涯”石刻东北30米处一块高11米、宽19.3米的海中巨石顶上。刻字大57厘米，行书横排阴刻，为民国年间王毅所题。

“海阔天空”石刻，位于“天涯”石刻的左下方。刻字大38厘米，隶书横排阴刻。题刻者佚名。

此外，1961年和1962年，郭沫若先后在天涯海角旅游风景区内的巨石上题有“天涯海角旅游区”“游天涯海角诗三首”等石刻。

天涯海角石刻遐迩闻名，是三亚市历史文化遗产的重要载体，具有较高的文物价值和书法艺术价值。2009年被，它公布为第二批海南省文物保护单位。

兴沟安黎碑

此碑现存于崖城学宫内，属明代碑刻。碑为青石质，高120厘米，宽96厘米，厚21厘米。碑额篆书阴刻“兴沟安黎碑记”6字，碑文楷书阴刻1600余字。明嘉靖四十三年（1564），南京户部员外郎、万安州人胡文路撰写碑文，记载明代崖州知州林资深开浚河渠、引宁远河南北水灌田及安抚黎族等事略。

慈禧“寿”字碑

位于三亚市大小洞天旅游风景区内，属清代碑刻。清光绪二十九年（1903），崖州知州王亘于城南同善堂御书亭内立慈禧“寿”字碑，后因亭遭毁，碑被埋入地下。1986年，该碑在同善堂旧址出土，又被迁立于崖城学宫右侧，1996年迁到大小洞天旅游风景区内。碑为花岗岩石质。通高276厘米，宽110厘米。碑正中阴刻草书一大“寿”字，字高145厘米，宽70厘米。“寿”字上方镌刻篆书印一方，印文为“慈禧皇太后御笔之宝”。“寿”字下方以楷书阴刻碑文16行111字，记述清光绪二十一年（1895）慈禧太后六十大寿时，清宫内侍王亘绘寿屏进祝，得慈禧嘉许，故赐御笔“寿”字及金缕蟒衣、如意、笔墨等物之事。

王亘，湖南湘乡人，曾任清宫内侍，清光绪二十七年（1901）升任崖州知州。为感激慈禧的恩赐，王亘将“寿”字勒石刻碑，建祠供奉，昭示皇恩荣宠。慈禧“寿”字碑是三亚市较为珍贵的碑碣文物，具有较高的艺术价值，1990年被公布为第一批三亚市文物保护单位。

“鼎建锺公还金寮序”碑

位于崖州区崖城学宫内，属清代碑刻。明代“岭海巨儒”锺芳之父锺明曾在路边搭寮卖浆，拾遗银300两不昧，后人称此寮为“还金寮”。清代时立有一碑。后因寮遭毁，仅存石碑。石料为玄武岩，碑呈圆首，通高165厘米，宽82厘米，厚10厘米。碑额上以篆书阴刻“鼎建锺公还金寮序”。碑文为楷书阴刻，共21行1050字，内容记述锺明拾金不昧一事。清光绪十六年（1890），崖州知州唐镜沅撰写碑文。“鼎建锺公还金寮序”碑是三亚市较有历史价值的碑碣文物，对了解当时崖州的民风习俗提供了实物资料。1990年，它被公布为第一批三亚市文物保护单位。

奉官勒碑

位于吉阳区港门村内，属清代碑刻。石碑高95厘米，宽38厘米，厚13厘米，方首。碑额题正书阴刻“奉官勒碑”四字，下为楷书阴刻碑文16行650字。碑文记述了清代崖州补县正堂王为，批准陈登藩、洪士英等人所请，给予执照，在确定范围之内耕种并免纳粮米之事。清光绪二十九年（1903）立此碑。

五、近现代重要史迹及代表性建筑

在三亚已登记的不可移动文物中，近现代重要史迹及代表性建筑数量最多，达200余处。这类文物的类别繁多，依其文化内涵的不同，可分为近现代重要史迹、名人故居、传统民居、烈士墓及纪念设施、名人墓、近现代代表性建筑、宗教建筑等，另有少量工业建筑及水利设施、商贸建筑等文物。

这类不可移动文物在三亚大部分村镇都有所分布，其中在崖州区发现得最多，其他区村分布得相对较少些。

中共崖县东南支部成立旧址

位于崖州区崖城小学内，属近现代重要历史事件纪念地。1926年秋，中共崖县东南支部在崖县第一高等小学成立，郑望曾任支部书记。这是崖县第一个共产党基层组织。成立旧址为一座砖木结构的两层小楼，坐北向南，进深9.2米，宽7米，高8米。二楼为当时开展革命活动的场所。

崖县农民协会旧址

位于崖州区城东村东关圩内，属近现代重要历史事件纪念地。1926 年春，在中共崖县东南支部的领导下，崖县第一个农民协会在四邑会馆成立，并积极组织当地民众开展反苛捐杂税、反高利贷和减租减息的斗争。会馆坐南朝北，呈两进式建筑布局，砖木结构，七架抬梁式木构架，歇山顶，占地面积约 1191 平方米。第一进客堂面阔三间 17.9 米，进深 8.53 米。第二进大厅面阔三间 12.3 米，进深 22.19 米。会馆立面窗造型近同于南洋骑楼的建筑风格。四邑会馆始建于清同治八年（1869），由广东 4 个县到崖县经商的商人合建。馆内曾立有新建四邑会馆列花名碑一通，现存于崖城学宫。

仲田岭革命根据地旧址

位于海棠区凤塘村北约 3 公里处，坐落在仲田岭近旁的丘陵地带，属近现代重要历史事件纪念地。1927 年年底，曾参加藤桥起义的农民武装改编成琼崖工农革命军补充连，翌年改称工农红军，在中共琼崖三区区委书记张开泰等人的领导下，以仲田岭为革命根据地，在陵水、崖县、保亭一带开展土地革命运动，并一直坚持斗争，直至抗日战争和解放战争时期。仲田岭方圆约有 8 公里，主峰呈东西向横亘绵延。仲田岭革命根据地旧址地势险要，易守难攻。原有当年工农红军训练用的操场，分布面积近 900 平方米；有战壕，长约 1.5 公里。旧址建有仲田岭革命烈士纪念碑。

崖县青年抗敌同志会成立旧址

位于崖州区遵道二村内，属近现代重要历史事件纪念地。1937 年 10 月，在全国人民奋起进行抗日战争的形势下，由崖城一高小学和遵道小学的师生联合发起，崖城地区中小学师生和城区青年约 100 多人参加，在遵道小学内成立了崖县青年抗敌同志会，积极开展抗日斗争宣传活动。该会址所在的小学校有两排教室，每排两间，北边为操场，占地面积约 2500 平方米。

田独“万人坑”

位于吉阳区田独铁矿东北 50 米处，坐落在黄泥岭西北岭坡上，属近现代重要史迹。1940~1944 年，侵华日军占领崖县时期，在田独开采铁矿，大肆掠夺资源，以维持其侵略战争。日军征调大批中国及东南亚劳工挖掘铁矿，残暴奴役矿工，致使近万名劳工罹难。在黄泥岭铁矿区西北坡上，一个长约 100 米、宽近 50 米的大坑内，埋葬着大量死难劳工遗骨，是为“万人坑”。坑内白骨累累，触目惊心，惨不忍睹。这是侵华日军在中国进行侵略战争的重要历史罪证之一。

1950 年 5 月海南岛解放后，海南铁矿在“万人坑”西北 500 米处修建了日寇时期受迫害死亡工友纪念碑，碑高 2. 6 米。碑前还建有一座死难工友余骨水泥墓冢。2001 年，三亚市政府又在原纪念碑旁再建一座田独“万人坑”死难矿工纪念碑，碑高约 8 米，1994 年被公布为第一批海南省文物保护单位。

田独“千人坑”

位于吉阳区三罗村，属近现代重要史迹。1942 年，侵琼日军在海南岛西部及南部修筑公路、铁路、桥梁和机场，从朝鲜半岛强征青壮年到此，以“朝鲜报国队”命名，从事高强度苦役，部分劳工被折磨致死后就埋葬在这里。日本投降前夕，侵琼日军为掩盖其罪行，又将海南全岛各地的朝鲜劳工集中到三罗村进行杀害。在“千人坑”内挖出的劳工遗骸上，还能看到尸骨手腕处戴着铁手铐，头骨上被钉入粗铁钉。

1999 年，在“千人坑”旧址处竖立了两通汉文和韩文日寇时期受迫害朝鲜同胞死亡追慕碑。为了纪念朝鲜劳工遭受侵琼日军残酷奴役的悲惨历史，当地曾将此村称为“朝鲜村”，并一直沿用到 1975 年，后才改为“三罗村”。“千人坑”旧址是揭露日本侵略者暴行的一处重要史迹。

回新村侵华日军机场旧址

位于天涯区回新村南约 3 公里处，属近现代重要史迹。机场原是侵华日军占领海南岛后，为配合在东南亚地区扩大侵略战争，于

1940~1943年修建的航空基地。机场跑道呈东西方向，全长约2000米，宽近200米，直通海边。跑道西侧建导航指挥台、兵营、碉堡等，南有机场仓库。今存部分跑道、营房等。该机场旧址是侵琼日军进行侵略战争的历史罪证之一。

中华人民共和国成立后，中国人民解放军海军航空兵在旧址上重新修建为三亚机场，跑道全长约1552米，宽近45米，属三级军用机场。1986年，曾一度改建为民用机场。

回辉村侵华日军“慰灵碑”

位于天涯区回辉村南300米处，属近现代重要史迹。该碑质地为石灰岩，下为不规则形底座，碑高3.1米，宽0.8米。碑身正面阴刻行书“慰灵碑”三字，碑身背面阴刻碑文，上为“昭和十八年十二月”“南海海军施设部”，落款“九基地事务所建立”，下为“昭和十八年五月四日战死”，以下刻侵琼日军死亡士兵的名字。这是日军侵略海南岛的历史罪证之一，也正好说明日军的侵略行为遭到海南人民的坚决抗击。

万代桥旧址

位于崖州区城东村崖城大桥东100米处，属近现代重要史迹。1940~1945年，侵崖日军为扩大侵略战争修通道路，征调崖县劳工修建了这座公路桥。桥为钢筋混凝土结构，呈南北走向，横跨在宁远河上。桥长约145米，宽5.8米，有14座桥墩，墩高近10米。万代桥是日军侵略海南岛的一个历史铁证，1990年被公布为第一批三亚市文物保护单位。

崖城民国骑楼建筑群

位于崖城东关解放街，属近现代代表性建筑。骑楼建筑群建于民国十二年（1913），是崖县最早的老商号店铺。骑楼沿街市的中心呈东西走向分布，于街道两旁拼墙而建，众多骑楼鳞次栉比。骑楼建筑主要为钢筋水泥结构，也有砖木石结构，少量为钢筋水泥与砖木石混合结构。每栋骑楼的建筑布局大同小异，一般为两至三层不等，其门前置有走廊和廊柱，形成骑楼式建筑特色。每座楼间一般面阔3.5~4

米，进深15~25米，通高约13~15米，硬山顶。骑楼首层大都作为铺面使用，其内均设一天井，有长方形、正方形、六角形、八角形等不同形式。二三层一般为居住之所，在楼上临街处还置阳台、拱券门窗等。沿街骑楼建筑的立面、柱体、外墙装饰图案显得典雅庄重，颇具中西文化合璧的建筑特色。

骑楼作为商贸活动与居住结合为一体的建筑，为海南民国早期楼房较有代表性的一种建筑形式。崖城骑楼建筑群，对探讨三亚中华民国时期的民居建筑历史文化具有一定的艺术、科学价值，2006年被公布为第二批三亚市文物保护单位。

顺德会馆

位于崖州区城东村内，属近现代金融商贸建筑。该会馆是民国年间广东顺德商人到崖州从事商业贸易活动时兴建。会馆坐南朝北，为两进式布局，砖木结构，平顶房，占地面积约240平方米。每进面阔两间12米，进深20米。会馆庭院内还保存有建筑构件石柱础两个，质地为花岗岩，直径50厘米。20世纪80年代，曾对顺德会馆建筑进行改建，现为三亚市崖城地区药品供应站药品库房及办公室、居住场所。

黎茂萱故居

位于崖州区遵道二村内，属近现代名人故居。黎茂萱故居始建于清末，坐南朝北，三合院式布局，砖木结构，硬山顶，占地面积约542平方米，由门楼、照壁、正屋、厢房等组成。门楼原面阔3.3米，进深4.8米，今已不存。照壁位于东厢房南侧，墙上塑一“囍”字，其两边原有对联，现已模糊不清。正屋面阔三间，进深九檩，抬梁木架结构。前有廊，屋顶有接檐，屋脊灰塑花枝云朵纹，墙楣上彩绘祥云、山水图案。东、西厢房面阔两间6.7米，前有廊，房内墙上彩绘花纹图案。

黎茂萱（1898~1942），崖县遵道村人，1924年7月加入中国共产党，1938年任中共崖县县委宣传部部长，是梅山抗日根据地的创建人之一，1941年在与侵琼日军的战斗中壮烈牺牲。

孙维青故居

位于崖州区梅东村内，属近现代名人故居。孙维青（1917～1943），崖县梅东村人，1936年加入中国共产党，任中共崖县县委委员等职，是梅山抗日根据地创始人之一，1943年6月梅山被侵琼日军包围时壮烈牺牲。孙维青故居为清末民居建筑，坐北向南，呈四合院式布局，砖木结构，硬山顶，占地面积114平方米。

月川楼

位于吉阳区月川村北300米处，属近现代代表性建筑。月川楼坐北朝南，两层，为钢筋混凝土建筑结构，占地面积约2000平方米。月川楼平面呈“凹”字形布局，主要由门楼和两座楼房组成。门楼额上装饰三排乳钉，两边各置长方形射击孔。楼顶灰塑同心结纹及回形纹、三角纹等几何纹饰组成的图案。主楼平面呈“工”字形，楼顶灰塑同心结纹，房外设有回廊，楼内置有楼梯及梅花形窗和长方形窗。

月川楼于1937年兴建。主人林瑞川，是崖县本地的大盐商，后移居台湾。2008年，林氏后人又重新进行装修。月川楼具有崖县传统民居与南洋建筑相融合的风格，对认识三亚民国早期公寓式建筑具有一定的文物价值。

善余轩

位于海棠区洪李村内，属近现代传统民居。善余轩坐西向东，为一进建筑格局，砖木结构，硬山顶，由门楼、庭院、正屋、厢房等构成。门楼额上墨书楷体“善余轩”三字。庭院平面近长方形，宽16.8米，进深8.2米。正屋面阔三间19.4米，进深8.7米，分明间、次间、梢间等。砌清水墙，地砖为一顺一丁砌法。竹节瓦垅。左厢房面阔三间，右厢房面阔四间。善余轩是洪李村中较具地方建筑特色的一处民居，门楼装饰有彩绘图案，正屋有梢间建筑，对了解三亚近现代传统民居的建筑形制有一定的价值。

林家宅

位于崖州区保港一村内，属近现代代表性建筑。林家宅为骑楼建筑形式，两层，是钢筋混凝土与砖木建筑结构，硬山顶。面阔三间，进深一间。现存门楼、正屋、饭堂和厨房等。一楼地面铺设木板，前设一走廊，置有拱券窗户。内建有木楼梯，楼顶装饰灰塑雕像。林家宅建于20世纪二三十年代，在保港村民居建筑群中以骑楼的建筑形式而显得格外醒目。

“林裕兴”饭馆

位于崖州区城东村内，属近现代中华老字号商铺。“林裕兴”饭馆为骑楼建筑形式，两层楼面，是钢筋混凝土与砖木建筑结构，硬山顶，高约15米。面阔两间，进深两间。现存牌楼、厅屋、走廊、厨房等。正立面是常见的骑楼灰雕风格，顶端呈牌楼式建筑形式。该饭馆建于民国初年，当时来往城区经商的小贩及附近居民都慕名前往用餐，生意十分兴隆，成为崖城地区远近闻名的饭馆之一。“林裕兴”饭馆是崖城地区保留下来的中华老字号商铺之一，具有一定的历史价值。

回辉清真寺

位于天涯区回辉村内，属近现代宗教建筑。回辉清真寺始建于清乾隆年间（1736~1795），是羊栏地区伊斯兰教徒诵经礼拜的宗教活动场所。该清真寺原为砖木结构，1962年被毁坏，1980年由当地伊斯兰教徒捐款重建。现清真寺为钢筋混凝土建筑结构，坐西朝东，建筑面积约900平方米。主体建筑为一大殿，面阔三间16.5米，进深约20.5米，面积约500平方米。屋顶仿阿拉伯清真寺建筑式样，呈穹隆顶，左右出廊。另有诵经室、沐浴室及其他附属建筑物。寺院右侧尚存乾隆十八年（1753）所立正堂禁碑一通，碑高200厘米，宽58厘米，碑文内容记载了官府规定番民捕鱼、从事农牧生产的范围及违犯处罚等事项。回辉清真寺是当地穆斯林做礼拜活动的重要场所，对研究三亚回族宗教文化有一定的历史价值，1990年被公布为第一批三亚市文物保护单位。

三亚基督教堂

位于吉阳区内员村东330米处，属近现代宗教建筑。三亚基督教堂始建于民国时期，原为砖瓦建筑结构，后于1985年由三亚市政府拨款及信徒捐款重建。现教堂建筑规模已有所扩大，面积为200平方米，可容纳教徒400多人。教堂建筑主要由围墙、庭院和大堂等组成。

清末，基督教由美国长老会美籍丹麦牧师冶基善传入海南，并于20世纪30年代传到崖县地区。1950年外籍神职人员离开海南后，基督教活动由华籍神职人员主持。该教堂为三亚仅有的一座基督教堂，是三亚及周边地区基督教信徒的活动场所，也是前来三亚旅游的外籍基督教徒参与宗教活动的地方。

林缵统（夫妇）墓

位于崖州区郎吉村南约1公里处，属近现代名人墓。该墓坐北朝南，原墓前有牌楼、石望柱、墓碑、石五供等，后遭到破坏，许多石构件已无存，现仅存墓碑一通。石碑高161厘米，宽67厘米，正文楷书阴刻“中华民国显考妣清举人拣选知县乡谥文干、慈淑林二公婆墓”。碑文记述了林缵统师从康有为参加“公车上书”及被罢入狱等事，落款为“世侄孙黄润婉敬书，继孙开泰，曾孙茂辉、茂松、茂文立”。

郑绍材墓

位于崖州区大疍村东约1公里处，属近现代名人墓。它修建于1922年，坐东朝西，有石碑、墓室、石祭台、石香炉等，占地面积38平方米。墓室为砖砌，墓前立碑一通，高1.9米，宽1.21米，正中楷书阴刻“前崖县知事清举人举孝廉方正乡谥文正郑太公之墓”。碑文主要记述郑绍材的生平事迹及刊行《崖州志》的功绩。

郑绍材（1877~1921），崖县保港镇临高村人，清光绪二十七年（1901）科举人，为崖州最后一位中科举人。民国元年（1912），他曾任崖县议会议长，后又曾代理崖县知事。郑绍材在掌管崖县县政期间，革除积弊，规复学款，受到当地民众爱戴。

三亚港码头

位于天涯区三亚河西出海渡口西侧，属近现代交通道路设施。宋元时期，这里便是海南岛南部较重要的通商港口。明万历四十五年（1617），崖州守军在三亚村设三亚分营，驻兵防海盗，此时的码头仅为木桩铺板泊埠。日军侵琼后，于1942年在此建军港，修建了一座长约113米的浅水码头。1953年三亚港改为商港后，对三亚港及码头进行了修建和扩建，1975年兴建了一座5000吨级泊位码头；1986年又建2座码头、7个泊位及2条铁路专用线，港口装卸实现机械化和半机械化。港口航道长1250米，宽45米，水深7.5米。该码头主要担负海南岛南部海上客、货运输任务。当地的矿产、石沙和海盐资源都经三亚港码头装卸运出。

三亚港古井

位于天涯区三亚河西建港路，与三亚港近在咫尺，属近现代井泉。古井始建于清末，原为一口土井，水源丰沛，水质清纯，是当时集居在三亚港一带渔民、居民日常生活用水的主要来源。侵琼日军占据三亚时期，水井侥幸未遭毁坏。1945年日本投降后，原被迫迁居榆林红沙的民众又迁回三亚港居住，自愿捐款整修水井，一直沿用至20世纪70年代。2010年，河西区工委、管委会重视对这处史迹的保护，拨款50万元修缮。现水井保存完好，有石井台、石亭、石船等建筑，在石亭左右两侧立柱上书刻对联："海河泉众水兼和涌琼液，天地人多泽协惠滋港民"。

白排灯塔

位于天涯区凤凰岛南，坐落在白排的一处海礁上，属近现代交通设施。白排灯塔始建于民国时期，20世纪90年代又进行重建。灯塔由塔身和基座组成，塔身呈圆柱形，为两层，直径2.85米，上砌筑扇形平台，环绕塔身四周，北面设一门。基座呈两级台阶，台面高2.4米。灯塔平台东侧立有刻"白排"两字的标志，落款为"海南省人民政府立"。白排灯塔地处三亚港出海口，对进出三亚港的航船进行导向引航。

三亚海防碉堡旧址

共两处，分别位于海棠区东溪村东约2公里处和天涯区回辉村南近350米处，坐落在临近南海岸边的沙丘上，属近现代军事建筑设施。1959年，为加强三亚沿海地区军事防卫，修建海防碉堡军事设施，其中藤桥湾有三座、三亚湾有21座。两处碉堡群根据地形的不同分布，均面向大海。碉堡形制分为不规则梯形、方形和圆形等，是钢筋混凝土建筑。其面对大海方向设3个漏斗形射击孔，背面建一较长的封闭式出入口。碉堡露出地表高约1~1.5米，出入口宽0.6米，高约2米，墙厚约0.6米。这两处碉堡群是中华人民共和国成立初期所建的军事设施，对了解当时的国防建设发展史具有一定的参考价值。

鹿回头雕像

位于吉阳区鹿回头村东北，耸立在鹿回头岭山顶上，属近现代文化建筑物。该雕像由时任海南黎族苗族自治州州长王越丰主持，根据民间流传的鹿回头传说构思，聘请广州美术学院海南籍著名雕塑家林毓豪创作。雕像通高12米，长9米，宽4.9米，由200块花岗岩石雕刻组装而成。鹿雕身旁是头扎顶结、身穿绣花筒裙的黎族少女，背面是手持弓箭的黎族青年猎手。整个雕塑构图活泼轻快，精美生动，引人入胜。这是一座闻名于世的巨型雕像，成为三亚市区的标志。鹿回头雕像坐落在鹿回头岭顶峰，这里已建成鹿回头公园，周边有大小五座小山峰，三面环海，占地总面积约82.88公顷。该园于1982年选址、设计，1984年开工，1987年建成。以后又经过多次扩建，现已成为三亚著名的旅游景区。

第11届亚运会火炬南端点火台

位于天涯区天涯海角风景区东100米处，坐落在平安岭山峰顶上，属近现代代表性建筑。1990年，北京举办第11届亚运会，这是中国第一次举办大型国际体育运动会。国家体委将第11届亚运会火炬南端点火仪式定在三亚举行，1990年年初即兴工建设了这座点火台。点火台由主楼、阶梯及附楼三部分组成，钢筋混凝土结构，建筑面积1500平方米，高14.3米，由首任中共海南省委书记许士杰题字。当年8月23日，第11届亚运会火炬南端点火仪式在这里隆重举行。点火台是一处标志性建筑，见证了中国体育事业的发展强大，具有重要的历史意义。

水钟滴漏观日台

位于海棠区藤海村西200米海湾边，属近现代代表性建筑。水钟滴漏观日台由台基、台身两部分组成。台身为主体建筑，呈圆状形，设8级台阶，其上三面又增筑小台阶。底径8.8米，高3.2米，为混凝土建筑。台基平面呈圆形，直径13.3米，高0.8米，由毛石砌筑。

根据天文学家提供的研究数据和有关科学资料，近几十年来，三亚每年1月1日的日出概率为100%，日出海面的准确时间是早晨7时12分56秒。为了在2000年元旦举行新千年日出科学观察活动，有关部门专门在这里的沙滩上建造了一座水钟滴漏观日台，作为2000年元旦中国最南的一处太阳日出观察点，也是新千年中国日出全球电视直播现场之一。经科学观察，三亚新千年太阳日出的角度为114度。该观日台具有一定的天文研究价值，也是对青少年进行科学知识普及教育的一处场所。

崖城糖厂旧址

位于崖州区水南村东850米处，属近现代工业建筑。1958年筹建崖城糖厂时，厂址原选在临高新村，1960年才决定迁到水南村东，并从广东省顺德县引进一部日本投降时没收的榨蔗机进行生产，日榨甘蔗100吨。1971年，糖厂生产机械设备进行配套改造，日榨甘蔗产量提高到200吨。崖城糖厂在1973年被评为“广东省工业学大庆”先进单位，1974年荣获“广东省糖业先进单位”。1990年，又将羊栏糖厂并入崖城糖厂，扩大了生产规模，日榨甘蔗产量高达500吨。崖城糖厂曾是崖县规模最大的国营企业之一，从一个侧面见证了三亚在计划经济时期工业发展的历史。

藤桥机械厂

位于海棠区东溪村南200米处，属近现代工业建筑。该机械厂是海南农垦总局所属工业企业，兴建于1960年，厂区占地总面积约10.5万平方米，主要为垦区及民营胶厂提供制胶生产机械设备和零部件，是当时崖县规模最大的一处农垦生产机械厂。藤桥机械厂是三亚现存较好的一处工业建筑遗址，从一个侧面见证了海南农垦机械生产发展的历史。

赤田渡槽

位于海棠区旧市村西北约1公里处，属近现代水利设施。赤田水库的兴建，是为了解决三亚城市供水和农业灌溉用水，以及改善西沙、南沙群岛军民供水，是一项重要的水利工程。水库引入藤桥河水。与水库配套的供水渡槽长近19公里，日输水量约15万立方米。渡槽以混凝土修筑，主要由防渗明渠、渡槽和暗涵等组成，设计流量2.2万立方米，可灌溉三亚藤桥、林旺等地农田，同时也为三亚市民提供日常用水。赤田渡槽是三亚目前引渡距离最长的一项水利设施，建成以来一直在为市内供水及市东部地区农田灌溉发挥着重要作用。

福万水库

位于天涯区六罗村西南约1.2公里处，属近现代水利设施。福万水库全称“福万水库水源林自然保护区”，坐落在天涯区北面的崇山峻岭中，其周边是延绵的崇山峻岭及几处黎苗村寨。20世纪70年代，为了保证部队供水和战备的需要，在叶剑英元帅亲自关怀和过问下，根据当时国家计委及广东省计委的有关批示，决定兴建福万水库。水库始建于1975年，1980年建成竣工。水库大坝高程137.3米，坝长146米，总库容1034万立方米。这是结合供水、灌溉、防洪与发电综合开发的中型水利工程，年供水量约700万吨，灌溉农田1万多亩，年发电量近132万度。1979年，叶剑英元帅来到崖县（今三亚市）视察时，亲笔题写“福万水库”4个大字。

2007年，海南省政府批准设立三亚市福万水库水源林自然保护区。保护区总面积约63.3平方公里。它重点保证南新农场、海坡开发区、水源池水库、西线高速公路及西环铁路一带的防洪安全。2009年，中央及地方政府又投入专项资金1806万元对福万水库进行除险加固修建工程。福万水库（福万山湖）既是为三亚驻军及西沙军民供水的一座战备水库，同时也是崖州新八景之一。

崖县“五七”大学旧址

位于崖州区高地村西北，属近现代文化教育建筑。“五七”大学是“文化大革命”的产物。崖县“五七”大学创办于1976年，校舍主要由教学楼、办公楼和宿舍等组成，建筑面积700多平方米。教学楼、办公楼各一幢，为混凝土结构两层平顶楼。宿舍楼两幢，为一层平顶房，砖瓦结构。这是当时对干部进行思想改造，干部学农、学军、学工的锻炼场所，为了解三亚“文化大革命”时期干部教育的状况提供了实物资料。

袁隆平杂交水稻研究基地

位于吉阳区荔枝沟村抱坡岭驻军师部农场南30米，属其他近现代重要史迹。袁隆平杂交水稻研究基地占地面积约136亩，基地内的试验田被划分成每块2至3亩。每年10月下旬，袁隆平带领有关农业、育种专家从湖南前来三亚，进行稻种的科研成果转换和育种工作。袁隆平培育出5000多个农作物品种，绝大多数是出自三亚南繁基地。

1968年冬，袁隆平来到海南岛崖县南繁基地，开展水稻育种工作；1970年秋，又带领他的学生李必湖、尹华奇等人来到崖县南新农场进行水稻育种研究试验。当年11月，在袁隆平科研思路的指导下，湖南安江农校科研人员李必湖和海南黎族苗族自治州南红良种场技术员冯克珊在崖县南红农场附近的一处水沟中，发现了一株花粉败育型野生稻（简称“野败”），从而为杂交水稻的“三系”配套打开了突破口。经过几年的不断研究培育，实现了“三系”配套并育成第一个杂交水稻强优组合——南优2号。1975年，研制成功杂交水稻种植技术，从而为大面积推广杂交水稻奠定了基础。袁隆平杂交水稻研究基地是中国最具有世界领先地位的科研基地，其杰出贡献拥有世界影响。

梅山老区革命烈士陵园

位于崖州区梅东村东500米处，属近现代烈士墓及纪念设施。陵园坐南向北，由正门、八角亭、纪念碑和烈士公墓等组成，占地面积约 3 万平方米。陵园门额上题书“梅山老区烈士陵园”。陵园内埋葬有梅山地区在抗日战争、解放战争中牺牲的部分烈士遗骸。墓前立一钢筋混凝土纪念碑，呈长方柱形，通高 7 米，正面题刻“革命烈士永垂不朽”八字。2009 年重修。

崖城革命烈士纪念园

位于崖州区独村东南约 1.4 公里处，属近现代烈士墓及纪念设施。为纪念崖城地区在抗日战争、解放战争中牺牲的 32 位革命烈士，1967 年兴建烈士纪念园，2005 年迁址重建，占地面积 2000 平方米。园内立有一座纪念碑，坐西向东，为钢筋混凝土结构。碑身为长方柱形，通高 6 米，上面题刻“革命烈士永垂不朽”八字。两层底座上刻“革命烈士浩气长存”及 32 名烈士名录。

西沙海战烈士陵园

位于吉阳区欧家园村西南 100 米处，属近现代烈士墓及纪念设施。为纪念在 1974 年西沙自卫反击战中牺牲的海军烈士，1975 年兴建了烈士陵园。陵园坐南向北，由大门、纪念碑和烈士墓等组成，占地面积约 3000 平方米。纪念碑呈长方柱形，为钢筋混凝土结构，通高 4.95 米，上刻“西沙永乐岛自卫反击战光荣牺牲的烈士永垂不朽”，碑顶塑一红五星。

仲田岭革命根据地烈士纪念碑

位于海棠区凤塘村北约 3 公里处，属近现代烈士纪念设施。1927 年藤桥工农武装暴动后，在中共琼崖三区区委书记张开泰等人领导下，在这里建立了仲田岭革命根据地，坚持开展革命活动。为了缅怀革命先烈的不朽业绩，1993 年，三亚市政府在这里建立仲田岭革命根据地烈士纪念碑，以纪念 1927 年在藤桥工农武装暴动中英勇牺牲的 232 名烈士。纪念碑坐北向南，呈长方柱形，为钢筋混凝土结构，通高 9 米。碑身正面雕刻“革命烈士永垂不朽”八字。碑身上刻“仲田岭革命根据地烈士碑志”。

保平革命烈士纪念碑

位于崖州区保港村内，属近现代烈士纪念设施。为缅怀港门地区在抗日战争、解放战争中牺牲的53位革命烈士，1996年，三亚市政府兴建了这座纪念碑。纪念碑为混凝土结构，碑身呈长方柱形，高8.85米，上刻“革命烈士永垂不朽”八字。

海警革命烈士纪念碑

位于吉阳区红花村西南200米处，属近现代烈士纪念设施。纪念碑通高7.9米，碑身呈长方柱形，上刻“革命烈士永垂不朽”八字，碑座上刻牺牲烈士名录。1999年11月9日，海南省公安边防总队海警第二支队46051艇奉命出海执行缉私任务，在三亚西南方约70海里海域不幸发生沉船事故，26位同志光荣牺牲，被授予革命烈士称号。为缅怀英烈的光荣业绩，2005年，三亚市政府修建这座纪念碑。

麦宏恩烈士墓

位于崖州区沙埋村北，属近现代烈士墓。烈士墓冢呈圆丘形封土，周长3.64米。墓前立一通石碑，高0.82米，正文楷书阴刻“广东省立琼崖中学国民大学毕业生麦大公之坟”，旁阴刻“公讳宏恩，字□佩，启哲公之长男也。为品学兼优，德性温良。生于一九零零年六月初七日子时，卒于一九二八年六月三日申时，葬在山埋坐子向午以垂不朽，胞弟宏辉，堂弟宏旺，胞妹福姬、爱姬敬立”。

麦宏恩（1900~1927），崖县保平村人，早年在广州国民大学读书时加入中国共产党；1925年返崖县，负责成立中共崖县东南支部，领导当地农民运动；1927年广州“4·15”反革命事变后在广州被捕牺牲，遗体被秘密运回家乡安葬。

何绍尧烈士墓

位于崖州区沙埋村北200米处，属近现代烈士墓。烈士墓坐北朝南，由碑楼、墓碑、墓冢、围墙等组成。碑楼呈四柱三门冲天式，墓碑立在牌楼中间，高1.25米。碑上竖刻“烈士何绍尧暨妻张氏之坟”。碑文记述烈士生平，旁署“崖县人民委员会谨识　一九六四年四月二十七日立”。碑首额上刻“浩气长存”四字，碑左右两侧柱上阴刻一副对联。何绍尧墓冢平面呈长方形，长2.35米，宽0.85米，为砖砌筑。其妻墓与之并列。

何绍尧（1908～1941），又名何强，崖县保平村人，1926 年任保平村农民协会主席；1927 年加入中国共产党，任保平村党支部书记；抗日战争期间，任中共崖县县委组织部部长；1943 年 2 月在水南村执行侦察任务时被侵琼日军包围，因掩护战友撤离壮烈牺牲。1964 年，由崖县人民政府修建何绍尧烈士墓，以纪念先烈的英勇业绩。

附录三

三亚非物质文化遗产

在长期的社会生产和生活实践中，三亚各族人民创造和传承了多姿多彩的非物质文化遗产，成为海南历史文化的重要组成部分，是中华民族优秀传统文化宝库中的一朵奇葩，为了解和研究三亚社会的历史发展及民风习俗演变提供了十分珍贵的资料。目前，三亚全市已有10项非物质文化遗产。其中，崖州民歌、黎族打柴舞被列入第一批国家级非物质文化遗产名录，黎族传统纺染织绣技艺、海螺姑娘传说、疍歌、苗族盘皇舞、回族传统婚礼等7项被列入海南省级非物质文化遗产名录，黎族钻木取火技艺被列入三亚市级非物质文化遗产。这些项目的保护单位为三亚市群众艺术馆。

一、国家级非物质文化遗产名录

崖州民歌

崖州民歌是古代崖州流传的民间歌曲，主要流行于三亚、乐东等地，使用崖乐方言演唱。崖州民歌于2006年入选第一批国家级非物质文化遗产名录。

崖州民歌起源于明代以前，流行于古代崖州的西南部沿海地区，即今三亚市崖州区至乐东黎族自治县黄流镇一带，并广泛流传于海南岛南部地区。崖州民歌俗称“客歌”、“崖歌”。它的形成受中原以至东南沿海移民文化的影响。如南北朝流行于长江下游的《子夜歌》《吴歌》，唐代宣扬佛教教义的《宝卷歌》，宋代江南的《竹枝词》，以及明代广东流行的粤歌、潮汕民歌、客家山歌等。随着历代迁徙来崖州的移民与当地百姓的交流融合，逐渐演化形成崖州民歌。起初，崖州民歌仅在文人墨客间吟唱，随着其不断生发、演变和丰富，逐渐传入民间，得到民众的喜爱，于是便自由吟唱流行起来。

崖州民歌的显著特点是即兴演唱，并以口传心授的方式传承。演唱场合不限，田间地头、屋前院后都可尽情放歌。内容题材十分丰富，主要讲述古老传说、生产劳动、爱情婚姻、社会生活和乡风民俗等，表达对真善美的追求。

崖州民歌分为长篇叙事歌、生活长歌、短歌和对歌四种类型。

长篇叙事歌俗称“歌封”或“大朝歌”，属于叙事长诗类型。每一部都唱述历史或现代故事，如《梁生歌》《孟姜女歌》《昭君出塞歌》《抗日救亡歌》等。目前已收录的长篇叙事歌有 70 多部，每部长几百句，有的达上千句。

生活长歌俗称“歌牌”，主要用以叙述和抒发个人生活中的经历与情感，如《贫家织女怨》《十送情郎》等。

短歌俗称“歌仔”，常以七言四句或八句为一首，多为即兴吟唱，其中精品不少，传唱范围也广。如《下马岭》：“做乜号名下马岭，只见树木生岭上。天涯山海路途远，何处见人马上骑。唐相号名下马岭，待我说明给你听：只因海坦山路狭，只好下土牵马行。”

对歌俗称“答歌”。歌唱艺人要有很强的口头即兴创作和应变能力。对歌时随着情感变化，即兴唱答。

崖州民歌的曲调，分为节奏强烈的号子、流畅通达的小调（如童谣、儿歌）、引长夸张的叫卖调、优美抒情的柔情调、靡丽凄清的嗟叹调和悠扬奔放的拉大调六种。韵律严格，歌词朴素，形象生动，节奏灵活，主要采用赋、比、兴等多种艺术表现手法。

崖州民歌由于其历史源远流长，承载着当地的政治、经济、文化、民俗等诸多方面的历史信息，是了解和研究古崖州社会历史发展的“活化石”；在人际交流、感情表达、陶冶情操及活跃民间文化生活等诸多方面，也起到很好的作用。

黎族打柴舞

打柴舞原是黎族人民在丧葬仪式中所表演的一种祭祀活动舞蹈，称“护尸舞”。用数根长木棍为主要道具，由数人在地上进行有节奏的摆放和敲打，并在不断的变化中构成交叉的网格形式，舞者即在这种网格间隙中跳跃表演。打柴舞主要流行于海南岛中南部黎族聚居区，三亚是重要分布地，2006 年入选第一批国家级非物质文化遗产名录。

打柴舞是黎族最古老的舞蹈之一，黎语称之为“转刹”。清代光绪《崖州志》卷十三《黎防志一·黎情》记载了古代黎族的丧葬仪礼：“贫曰吃茶，富曰作八”，“作八必分花木，跳击杵”。跳击杵实即打柴舞。

黎族社会十分敬重老人。老人谢世，被看作大事。全村人要停止一切活动，来到死者家中悼念，并带上米、酒、鸡等食物，与死者家人共同操办葬礼。停棺期间，村民一起为死者“守灵”，时间短则两三天，长则半个月。每天通宵达旦唱悼歌，追述死者的功德，寄托对死者的哀思。除唱悼歌外，还跳击杵。所以，打柴舞是古代黎族先民在老人离世时用于护尸、驱赶野兽及祭祖的一种祭祀舞蹈，是神灵崇拜、自然崇拜和祖先崇拜的产物。经过较长时期的演变，这种丧葬舞蹈不断改良，逐渐形成黎族社会的一种民间文化活动和习俗，相沿至今。

打柴舞通过多对木棍的上下、左右、交叉分合敲击，人在其中来回跳跃起舞。打柴舞中的磨石步、筛米步、砍柴步、爬山步等，都与日常生产、生活中的动作有关。青蛙步、鹿步、黄猄步、猴子步、乌鸦步等动作，则是模仿动物的一些动作特征。

打柴舞在长期的流传过程中，舞蹈动作逐渐丰富，歌、舞、乐三者的结合形式日趋完善。除主要以击木作为舞蹈节奏外，有时也配以唎咧、口弓、铜锣、独木鼓等黎族乐器一起演奏。

经过文艺工作者的努力，打柴舞在保持原有民间舞蹈特色的基础上，不断加工改进、推陈出新，受到黎族民众的认可和赞赏。道具由木棍变为竹竿，故而又称为“竹竿舞”。竹竿舞很快传遍海南岛黎族民众聚居地，并多次参加全国大型文艺汇演和全国民族运动会，曾获得金奖。

打柴舞将打击乐与歌唱、舞蹈的节奏结合在一起，具有鲜明的歌、舞、乐三者相结合的艺术特征，已成为黎族文化精品、海南文化精品，受到海内外各方面人士欢迎，适合在各种场合表演。打柴舞对研究海南以至中国民族舞蹈的历史渊源和发展脉络，具有重要的历史、艺术价值。

二、海南省级非物质文化遗产名录

黎族传统纺染织绣技艺

黎族传统纺染织绣技艺，是古代黎族先民在制作衣被时创造的一种手工织染技艺，主要流传于海南岛中南部黎族聚居区，已有约3000年历史，是中国乃至世界上最为古老的棉纺技艺之一。它在2006年入选第一批国家级非物质文化遗产名录，2009年入选联合国教科文组织急需保护的非物质文化遗产名录。其中，“三亚黎族传统纺染织绣技艺”于2012年入选第四批海南省级非物质文化遗产名录。

黎族传统纺染织绣技艺历史悠久。春秋战国时期，黎族先民开始用木棉纤维和苎麻纤维纺织衣被，史书记载“岛夷卉服，厥篚织贝”。西汉时期，黎族先民纺织的“广幅布”，为中央封建王朝所征调。三国时期，黎族先民已会用吉贝棉（海岛棉）制作精美的“五色斑布”。宋代，黎族的纺织技艺已达到很高水平。宋末元初，黄道婆学习崖州纺织技艺，后来回到故乡乌泥泾（今上海），将海南的纺织技艺传播到松江一带，对发展中国的棉纺织业作出重大贡献。到明清时期，黎族织锦已是棉织品中的珍品，被誉为“机杼精工，百卉千华”。

黎族纺织所用的原料主要有植物麻、木棉和吉贝棉。其制作过程分为四道工序，即纺、染、织、绣。纺是指纺纱，工具主要有手捻纺轮和脚踏纺车。染是指将纱线染成多种颜色，染的原料有野生植物汁、动物血液和矿物等。织是指将已染色的纱线织成布料，织机主要有腰机和脚踏机两种，其中的重要工艺是织花和提花，故常用的工具是踞腰织机。绣是指在已加工好的织物上，用针刺绣出各种彩色花纹图案，针法多样。其中，“反面绣”在三亚黎锦中具鲜明特色，针法两面穿插且细密，刺绣图案生动丰富，工艺奇美。

黎族的纺织品主要有黎锦和服饰等，图案多样，内涵丰富，工艺精细。其中，黎锦之一的龙被最为驰名，工艺难度最大，文化品位最高，是明清崖州进贡朝廷的珍品。

黎族纺染织绣技艺一直延续至今，为研究中国棉纺史提供了宝贵的实物资料。织品的纹饰图案，包含古代黎族的生产、生活、社会习俗和审美观念等诸多信息，从一个侧面反映了黎族历史、社会、文化的发展，具有很高的价值。黎族人民发明和创造的纺染织绣技艺，对中国古代纺织技术及工具的进步起到了一定的推动作用。

海螺姑娘传说

海螺姑娘传说是流传于三亚疍民中的一个美好民间故事。疍家人在水上生活、劳动，创作出一系列具有浓郁海洋文化特色的民间叙事文学作品，并世代口头相传。海螺姑娘传说是其中之一，于 2009 年入选第三批海南省级非物质文化遗产名录。

海螺姑娘传说大约发端于唐宋时期。地处海南岛南的振州（崖州）有多处商贸港湾，生活在这里的疍家人主要从事海上捕鱼和近海运输。为了生存，他们企盼借助神灵来保佑疍家人的生产和生活。正是迎合了这种社会心理和美好愿望，海螺姑娘传说随之产生。

海螺姑娘传说融入了中国古代神话的某些文化元素，内容有螺女庙、白水素女、白螺天女、田螺姑娘及妈祖、南海观音等中国古代神话传说。海螺姑娘传说主题突出，故事曲折，情节完整，结构紧密，具有故事来源的多源性以及本土文化与外来文化的融合性，体现出神奇幻想与现实生活紧密结合的文化特色。它所包含的海洋文化元素，具有海南本土文化的特色，反映了疍家人对传统文化的认同和追求，民俗色彩十分浓郁，对探讨和研究大陆文化与海南文化的交流、融合有着重要的价值。

海螺姑娘作为南海女神，是美神、爱神、保护神的象征，集中体现了劳动人民的崇高精神、优秀品质和伟大力量，是人们理想中完美人物的化身。海螺姑娘被列入三亚民间神灵系统，为农民、渔民四时八节所祭祀。

黎族民间故事

黎族民间故事是海南黎族人民世代相传的文学作品，主要流传于海南岛中南部黎族聚居地，三亚是其分布地之一，2010 年入选第三批海南省级非物质文化遗产名录。

黎族是海南岛的原住民，约在 3000~4000 年前从岭南迁徙而来。经过长期的社会历史发展变化，黎族现主要聚居于海南岛中南部地区。因黎族没有文字，仅靠口头相传民族历史、生产生活知识，表达思想感情，进行自我教育，于是产生了内容十分丰富的黎族民间故事。其题材主要有神话、传说和故事等。其特征是地域的原生性、内容的历史性、超自然力的神秘性、情节的神奇性和传承的家族性。

黎族神话：主要讲述古代人类的起源和改造自然的故事。如《大力神》，讲述黎族先祖大力神（袍隆扣）为民造福，射落天上六个太阳和月亮，仅剩下一个太阳和月亮，使人类免遭灾难。大力神还开天辟地，挑沙造山，用毛造林，流汗成河，在完成创世大业后，欣然长逝。

黎族传说：主要讲述历史人物、地方风物、动植物和社会风俗等。如人物传说，讲述马伏波开琼、冼夫人维护国家统一和民族团结、鉴真和尚在天涯传经、黄道婆向黎人学习纺织，还有民族英雄符南蛇、王国兴等人物故事。地方传说是对山水、古迹作浪漫动人的解释，表达对乡土的热爱和情感。如《鹿回头的传说》，讲述黎族青年与鹿姑娘相互爱慕并结为伴侣的故事。而动植物传说则表达人们对惩恶扬善、追求美好生活的愿望。如《槟榔树的传说》，讲述“槟榔”为民除恶而献身、为民治病等高尚精神。

黎族故事：主要记述有特色的民风习俗。如黎族传统节日“三月三”的故事、黎族文脸的故事等，通过传播历史知识和生产、生活经验，表达对大自然的崇拜、对历史人物的敬仰、对国家民族兴盛和各族人民大团结的愿望。

黎族民间故事带有鲜明的历史印记，大都产生于原始社会，是古代黎族先民社会生活和思想观念的一种体现。它表现了黎族先民的自然崇拜、祖先崇拜、神灵崇拜等信仰习俗，反映他们在与大自然的斗争中如何艰苦创业和顽强生存，是研究黎族社会发展史、乡土文化史及民俗民风演变的鲜活材料。

疍歌

疍歌是三亚疍家人使用白话方言演唱的一种民歌，主要流行于三亚、陵水等地，三亚河西一带是重要的分布地，2010 年入选第三批海南省级非物质文化遗产名录。

三亚的疍家人主要分布在天涯区南边海村、榆港村等 4 个港口渔村，人口近 1.5 万人。他们主要从事海洋捕捞、海上运输和造船等生产活动，历史上过着“以渔为生”和“舟楫为家”的生活。

一般认为，疍歌产生于唐宋年间海南岛西南部沿海疍民聚居地，由历代民间艺人加工、改造，成形于明清，传唱至今。歌词题材广泛，内容丰富，主要有时政歌、劳动歌、仪式歌、情歌、生活歌、儿歌等。疍歌的结构为一首一节或一首多节，每节多为四句，以七言句式为主，也有八言、九言句式。歌词中的偶句一般要押韵，节与节之间可以换韵。演唱时，在句中和句尾加“啰”“咯”“啊”“都”等衬字和“啰哎”“啰咧”“啰啊”等衬音。

疍歌的曲体结构为单乐段。以四句为一个乐段，旋律以六声音阶为主，时而出现小跳音和大跳音，有多变的节奏和复杂的混合拍子。曲调的开头高亢嘹亮，渐渐舒缓、悠扬。演唱中常用徵调式，具有同宫系统的调式转换和较远关系转调的特点。这种巧妙而完整的转调方式，在中国许多民族民歌中并不多见。疍歌的演唱形式有独唱、对唱、领唱和齐唱等，演唱语言都用粤语。代表性曲目有《咸水歌》《水仙花》《家姐》《咕哩美》《练红》《八拜红》《八全合》《十二月排来》等。

疍歌独特的曲调和演唱特征，形成了疍歌豪放不拘的风格和柔美悠扬的韵味。歌曲的旋律好似与波浪起落、潮汐消长的大海律动相吻合，随着歌声的张扬、内敛和情绪的起伏跌宕，释放出很强的艺术感染力，表现出疍民群体的性格特征和生活特色。

疍歌的内容主要记录古往今来的历史事件和时政风云，从一个侧面反映疍民的社会生活和历史文化，表达疍民的思想情感和美好理想，同时也传授生产、生活、历史、文化等方面的知识。寓教于歌，是疍民社会和家庭教育的极好形式，成为维系疍民群体之间和谐团结的重要纽带。

苗族盘皇舞

盘皇舞是海南苗族人民纪念祖先盘皇的祭祀舞蹈，主要流传于五指山区及三亚苗族聚居区，三亚育才地区（属天涯区）是盘皇舞的重要分布地，2010 年入选第三批海南省级非物质文化遗产名录。

在苗族的历史传说中，祖先盘皇为了开天辟地，把自己的双眼变成了太阳和月亮，头发化成了森林，双拳变成了山岭，血液化成了河流，剩下的一颗心升到了天外，变成了主宰天地的神。盘皇生育了 5 个仙女，分别嫁人，形成了 5 个姓氏的苗族人。因此，苗族一直流传是祖先盘皇开创了宇宙天地。相传，盘皇活了 560 岁，死后葬在南山。苗族人民为了表达对盘皇的敬仰和崇拜，逢年过节都要祭祀祖先盘皇，跳盘皇舞，祈求他的神灵保佑平安。

盘皇舞又称三元舞，据说与苗族先后分三批渡海来琼有关。苗族民间相传，苗族的先人是在明代从贵州、福建、广西等地先后迁入琼崖的，时间分别是农历正月十五、七月十五、十月十五。其中，苗族先人的一支从广西渡海来琼时，船在海中遇到狂风巨浪。忽然，祖先盘皇派来八歌神鸟（苗族称之为“令公神”）拯救了众人，船到崖州南山小洞天平安靠岸。为了感谢盘皇的救命之恩，众人就在沙滩上跳起了盘皇舞，祭拜祖先。从此，苗族在每年的农历正月十五、七月十五和十月十五，都要举行仪式，跳三元舞（盘皇舞），祈求祖先盘皇保佑苗家人的平安幸福。

盘皇舞（三元舞）由上元舞、中元舞、下元舞组成。伴奏乐器主要是长鼓、铜锣、小镲、摇铃等。

农历正月十五跳上元舞。舞者右肩挂一条绣花白布带，两端有五色布条（意为五色龙），带子中间表示为通天桥；舞者手握三元棍，意为渡海的船桨。舞蹈表现出苗族先人渡海时的艰难，以及安全登上崖州后感谢神灵的情景。同时，又朝东、南、西、北、中 5 个方向（即表示五色龙的方向）祭拜起舞，表达对 5 个姓氏苗族先人的纪念之情。

农历七月十五跳中元舞。舞者甩动脖子上所挂绣花白布带，表现苗家人欢乐和开朗的情景。

农历十月十五跳下元舞。舞者把绣花白布带束于胸前呈交叉状，双手交叉并拢，手指相握，表示抱住“盘皇牒”（即盘古印）。双手和双腿按一定形态舞动，表示苗家人寻宝（盘古印）和得宝时的欢乐心情。

盘皇舞（三元舞）是海南苗族先人创造的舞蹈，民族特色鲜明，反映了苗族先人迁徙到崖州的历史传说。苗族民众集体跳盘皇舞，已成为三亚苗族祭拜祖先的社会习俗，有固定的祭祀日期。平时，苗族分散居住在高山密林，难以聚会。只有在祭祀祖先时，男女老少才欢聚在一起跳盘皇舞娱乐。

回族传统婚礼

回族传统婚礼是三亚回族人民传统的婚礼礼俗，于 2009 年入选第二批海南省级非物质文化遗产名录。

三亚回族主要分布在天涯区回新村和回辉村。有些是唐宋元时期栖居于振州（崖州）的波斯、阿拉伯等地的穆斯林后裔，有些是宋元之际由占城（今越南中南部）渡海而来的穆斯林后代。因三亚回族先人来源的多元化，其语言与中国内地回族相比有明显的不同。经长期历史发展，形成了具有地域特点的回辉话，反映了三亚回族独特的历史渊源关系和民族文化特色。

历史上，三亚回族主要从事海洋捕鱼，是古代崖州滨海经济的开发者。回新和回辉两个村的回族村民都信奉伊斯兰教，遵守严格的教规戒律，在民居建筑、穿戴服饰、饮食习惯和民俗节日等方面都保持着自己民族的特色和风格。回族婚礼是三亚回族鲜明的社会习俗之一。

三亚回族传统婚礼由阿訇主持。婚礼一般分为订婚、结婚、婚后礼节三段仪式。

订婚仪式：回族男女青年自由恋爱，情投意合，由男方告知父母，并取得父母同意后，托家族中德高望重的长辈做媒，向女方提亲。取得女方父母允亲后，便可举行订婚仪式。其仪式一般选择在“主麻日”（星期五）的前夜，男方家带着槟榔及礼品到女方家，由女孩亲自接待众人并收下礼品。这就意味着男女双方愿结为夫妻，双方家长可商议结婚事宜。

婚礼仪式：仪式一般定在“主麻日”举行。婚礼办得非常隆重、热闹，宗教气氛十分浓厚。婚礼前，男女双方需沐浴，换新装，以示洁净无秽。婚礼日凌晨，新郎和新娘各在自己家中设“餐会”，宴请亲朋好友。举行婚礼时，新郎穿盛服，戴圆形白帽，在出门前给亲友、贵宾发槟榔，表示即将去接亲。新郎到女方家后，新娘穿着传统的黑色婚装，戴红盖头，由姐妹交给新郎，然后由迎亲人员迎接牵手出门。此时，新娘哭着与亲人依依惜别，表达对父母养育之恩的依恋。来到男方家后，新郎与新娘并排而坐，由阿訇主持婚礼。阿訇按宗教礼仪向新婚夫妇祝福，祈愿新郎、新娘百年好合、白头偕老。然后，新娘亲自给参加婚礼的亲友送槟榔。当晚，新郎家设宴款待亲朋乡邻。

婚后礼节：次日清晨，新娘勤快地打扫房前屋后及邻里要道，把从娘家带来的礼品送给新郎的亲人，表示以后是婆家人了，愿与婆家人和睦相处。

回族传统婚礼具有鲜明的民族习俗和宗教特色。它紧紧依附于开斋节和古尔邦节。尊重回族传统婚礼，对于维护民族团结有着十分重要的意义。

黎族原始制陶技艺

原始制陶技艺，是三亚黎族人民使用古老的泥条盘筑方法制陶的一种手工技艺，主要流传于天涯区黑土村委会布曲、布带、道德 3 个自然村，2010 年入选第三批海南省级非物质文化遗产名录。

原始制陶技艺起源于新石器时代，历史十分悠久，目前还流传于海南中南部黎族聚居地。一般由妇女承担，分以下几道工序：先是选用黏土为制陶的主要原料，陶土经晒干、捣碎、筛土，加水和泥，成为坯料。然后采用泥条盘筑方法，手工塑制器物成形，用贝壳、竹片、小木棍等制陶工具加固、抛光、修整、加工，经晾晒自然干燥。再后，选择一块平地，堆放干树枝、软木柴、稻草等，把干燥好的陶坯倒置其上。点火前由妇女围着木柴堆举行简单的赶鬼祈祷仪式，然后点火进行露天堆烧。为了增加陶器的硬度，在烧成的陶器上又洒一种名叫“紫涯”的植物树皮汁。烧造的陶器种类，主要有盆、碗、甑、罐、钵、缸、蒸酒器、蒸饭器等日常生活器皿。

黎族原始制陶技艺具有明显的古代文化特征。因为露天堆烧，火候很低，属低温陶，温度约在 700～800 摄氏度。烧制的陶器种类比较单一，都为生活用具，造型简单粗放，以素面陶为多。烧成的陶器上洒“紫涯”这种植物树皮汁，能起到加固作用，又有一定的装饰效果。这种古代制陶技艺在中原地区早已失传。经历几千年，黎族原始制陶工艺还能在三亚长期沿袭下来，这本身就是一种历史文化奇迹。

三、三亚市级非物质文化遗产名录

黎族钻木取火技艺

钻木取火技艺是黎族先民取火的一种古老方法。该技艺主要流传于海南岛中南部黎族聚居区，2006 年入选第一批国家级非物质文化遗产名录。三亚黎族钻木取火技艺主要流传于今吉阳区亮坎村，2010 年入选三亚市级非物质文化遗产名录。

远古时代，人类在保存自然火种的同时，逐渐发明了人工取火的方法。据《韩非子·五蠹》记载："上古之世……燧人氏，钻木取火，以化腥臊。"《庄子·外物篇》载："木与木相摩则然（燃）。"新石器时期，生活于三亚地区的先民也会用石头摩擦取火。

亮坎村的黎族钻木取火有两种方法。

第一种方法：取火工具，一是长约 35 厘米的山麻木钻火板，在其一侧挖若干小穴，穴底为流灰槽；二是长约 60 厘米的硬杂木钻火杆，下端略尖。取火时，一般由一人操作，先用脚踩住钻火板，竖槽下放艾绒或芭蕉根纤维，然后把钻火杆插在小穴内，以双手搓动钻火杆，速度要快。小穴附近因不断摩擦而产生火星，火星沿槽而落，将干燥的艾绒或芭蕉根纤维引燃。

第二种方法：取火工具是竹筒、弓木、弓弦等。取火时，用两手分别握紧竹筒，并抓紧弓木的一头，然后快速来回拉动弓弦，使弓木钻头在小穴内快速转动，因不断摩擦而产生火星。火星顺小穴下落，点燃芒草或木棉絮等易燃物。

钻木取火是三亚黎族先民在原始社会的重要发明。钻木取火使古代居民掌握了一种强大的自然力，促进了生产力的发展。恩格斯曾经指出，摩擦取火的发明，是"人类对自然界的第一个伟大胜利"，"甚至可以把这种发现看作人类历史的开端"。钻木取火在三亚部分黎族村寨得以延续和保留，为探讨黎族社会经济发展提供了重要的实证材料。

附录四

历代名人歌咏三亚诗词选

自唐代以来，名人纷沓而至三亚地区，他们中有朝廷贬放官宦、征戍边将、流寓名士、任崖职官以及海南历代名贤；中华人民共和国成立后，又有多位中国共产党和国家领导人、在国内外享有盛誉的政要名人，以及作家、艺术家踏上这块热土。古今名人触景生情，留下了诸多灿若星辰的诗篇，字里行间蕴含着岁月的沧桑，也透露时代的音符，成为三亚历史文化中极为宝贵的珍品。现从中选择一些具有代表性的诗词，一人一首或数首，按创作年代归编，并配上作者简介，以飨读者。

唐朝时期

思托、法进

思托、法进是唐代鉴真大和尚的弟子。鉴真第五次东渡日本，遇台风漂流至海南岛南端的振州。思托、法进和鉴真一起在振州生活了一年多，尔后又与鉴真第六次东渡日本成功，写有《东征记》一书。

思托伤大和上

上德乘杯渡，金人道已东。

戒香余散馥，慧炬复流风。
月隐归灵鹫，珠逃入梵宫。
神飞生死表，遗教法门中。

法进伤大和上

大师慈育契圆空，远迈传灯照海东。
度物草筹盈石室，散流佛戒绍遗踪。①
化毕分身归净国，娑婆谁复为验龙？

宋朝时期

卢多逊（北宋）

卢多逊（934～985），怀州河内（今河南泌阳）人，北宋开宝四年（971）翰林学士，后迁中书舍人、参知政事，加吏部侍郎；太平兴国（976～984）初年拜中书侍郎、平章事，加兵部尚书，宋太祖、宋太宗两朝均任宰职，是北宋知名政治家、军事家；太平兴国七年（982）受皇室争斗牵连被配流崖州，雍熙二年（985）病死。卢多逊居水南村 3 年，留下赞美崖州风物民情的《水南村》诗两首。

水南村为黎伯淳题

珠崖风景水南村，山下人家林下门。
鹦鹉巢时椰结子，鹧鸪啼处竹生孙。
鱼盐家给无墟市，禾黍年登有酒樽。
远客杖藜来往熟，却疑身世在桃源。

一簇晴岚接海霞，水南风景最堪夸。
上篱薯蓣春添蔓，绕屋槟榔夏放花。

① 下疑缺颈联两句。

狞犬入山多豕鹿，小舟横港足鱼虾。
谁知绝岛穷荒地，犹有幽人学士家。

丁　谓（北宋）

丁谓（966~1037），字公言，苏州长洲（今江苏吴县）人，淳化三年（992）进士，宋真宗天禧三年（1019）六月，以吏部尚书参知政事。寇准被罢相后，丁谓取而代之为宰相。乾兴元年（1022），他受封晋国公；仁宗时与宦官雷允恭交通、与巫师出入事露，被贬为崖州司户参军。丁谓在崖州3年，后北移，撰有《知命集》。

到　崖　州

今到崖州事可嗟，梦中常得到京华。
程途何啻一万里，户口都无二百家。
夜听孤猿啼远树，晓看潮浪瘴烟斜。
吏人不见中朝礼，麋鹿时时到县衙。

惠　洪（北宋）

惠洪（1071~1128），号觉范，又号寂音，俗姓喻，后改名惠洪，筠州新昌（今江西宜丰）人，北宋著名诗僧、文学家，中国禅宗史上的代表人物之一。其著作集禅、教、史、诗、文为一身，有《石门子禅》《冷斋夜话》等集传世。政和（1111~1118）初年，惠洪受朝廷党争株连，被削籍刺配崖州，3年后赦还。

初到崖州吃荔枝

口腹平生厌事治，上林珍果亦尝之。
天公见我流涎甚，遣向崖州吃荔枝。

渡　　海

万里来偿债，三年坠瘴乡。
逃禅解羊负，破律醉槟榔。
瘦尽声音在，病残须鬓荒。

余生实天幸，今日上归艎。

赵 鼎（南宋）

赵鼎（1085~1147），字元镇，自号德全居士，解州闻喜（今山西闻喜）人，徽宗崇宁五年（1106）进士，曾任河南县令、开封士曹等职，宋高宗时两度为相，南宋著名政治家、军事家和词人，有《忠正德文集》《德全居士词》等著作传世。赵鼎因力主抗金遭秦桧所害，被贬为清远军节度使，潮州安置；绍兴十二年（1142）九月，再贬吉阳军安置，居水南村裴闻义家宅；绍兴十七年（1147）八月，绝食而死。宋孝宗时为其平反，追封丰国公，赠太傅，谥“忠简”。

行 香 子

草色芊绵，雨点阑斑。糁飞花，还是春残。天涯万里，海上三年。试倚危楼，将远恨，卷帘看。

举头见日，不见长安。漫凝眸，老泪凄然。山禽飞去，榕叶生寒。到黄昏也，独自个，尚凭栏。

贺圣朝·道中闻子规

征鞍南去天涯路，青山无数。更堪月下子规啼，向深山深处。

凄然推枕，难寻新梦，忍听伊言语！更阑人静一声声，道“不如归去”。

自 书 铭 旌

身骑箕尾归天上，气作山河壮本朝。

胡 铨（南宋）

胡铨（1102~1180），字邦衡，号澹庵，南宋庐陵（今江西吉安）人，政治家、文学家，爱国名臣，官至枢密院编修。绍兴十八年（1148），他因抨击秦桧一味主和被谪贬吉阳军，居裴闻义家宅。胡铨在崖8年，兴学课士，题诗建亭，为崖州的文化教育作出贡献。

绍兴二十六年（1156）夏离崖前，胡铨题裴闻义家宅为“盛德堂”。他有《澹庵文集》等著作传世。

哭赵公鼎

以身去国故求死，抗疏犯颜今独难。
阁下特书三姓在，海南惟见两翁还。
一坵孤冢留穷岛，千古高名屹太山。
天地祇因悭一老，中原何日复三关。

寄参政李光

海风飘荡水云飞，黎婺山高日上迟。
千里孤身一壶酒，此情惟有故人知。

送　菊

归去来兮虽得归，念归政自莫轻违。
他日采英林下酌，谁向清霜望翠微。

盛德堂铭

猗欤休耶，儋守裴公。
震风凌雨，大厦帡幪。
迁客所庐，丞相赵公。
后来云谁，庐陵胡铨。
三宿衔恩，刻此八年。

毛　奎（南宋）

毛奎，字子文，昭州富川（今广西富川）人，淳祐年间（1241～1252）进士，吉阳军知军。他能文章，通术数，移学养士，弘扬道教文化。毛奎继周鄘之后经营大小洞天，作记题词。毛奎任满，至南山铺，不知所终，后人于铺前山中立祠祀之。

大小洞天

丰登少公事，时得访林泉。
凿破蓬丘岛，潜通小有天。
岩瞻横北面，钓隐近西偏。
缥缈云藏阁，依稀石似船。
崖平好磨刻，洞窈足回旋。
路贯层巅上，人随曲巷穿。
海光常潋滟，山色更清妍。
真可消尘俗，何妨中圣贤。
烟雾无尽藏，风月不论钱。
胜概时收拾，凭谁秉笔椽？

毛奎题刻的《大小洞天》诗，历代步韵唱和者不绝。继毛奎之后的南宋吉阳军知军王潜的《和知军毛奎大小洞天诗》，是最早的一首和诗。

和知军毛奎大小洞天诗

史君赋佳什，笔谁遇飞泉。
索远寻幽地，求深访洞天。
山巍云脚领，海报日头偏。
景喜岩瞻石，台虚钓隐船。
高人贪胜迹，山海赖无旋。
拟把张槎泛，何妨谢履穿。
心闲尘无染，客好景成妍。
去去近三岛，看看会七贤。
醉眠思日枕，缓步惜苔藓。
再约通宵饮，相邀秉烛椽。

元朝时期

云从龙

云从龙（？～1296），字无心，号维山道人，陇西（今甘肃陇西）人，南宋理宗朝景定三年（1262）进士，南宋末年，云从龙任钤辖官，入元后历任海北海南道宣慰使、湖广邕州安抚使、广东按察使，功授征南大将军，升至中书行省参知政事。云从龙在吉阳军期间，曾于政事之暇寻访山水，题《落笔洞》诗。

落笔洞

地极南溟阔，洞天琳宇奇。
好山如绣画，野路自逶迤。
不见飞仙蜕，空留谪客诗。
清风驾归羽，乘此访安期。

王仕熙

王仕熙，字继学，北海东平（今属山东）人，元代著名诗人，元泰定帝朝参知政事。元武宗次子图贴睦尔称帝后，清理泰定时期的大臣。天历二年（1329），王仕熙被流放吉阳军。王仕熙在吉阳一年多，踏访山水，歌咏吉阳境内景物。后人将他的八首风景诗命名为《崖州八景》诗，开创了"崖州八景诗"的先河。

鳌山白云

青山宛在海之东，赑屃浮云逐晓风。
直上有如香吐兽，横围还似带垂虹。
寻仙武帝身难到，断足娲皇迹已空。
绕谷穿岩飞不定，沧波无际雨濛濛。

鲸海西风

等闲流水竟清泠，谁识长鲸掠地青？
万古战酣风动岸，一航来急客扬舲。
占城日出鱼龙静，儋耳人来草树腥。
不向神仙觅梨枣，乘槎直访女牛星。

边城斜照

炎州此去更无城，薄暮天涯倦客程。
残日尚浮高岭树，悲笳先起土军营。
沉沉碧汉归山鹘，灿灿晴霞射海鲸。
明月照人茅屋上，与谁藜杖听江声？

水南暮雨

千树槟榔养素封，城南篱落暮云重。
稻田流水鸦濡翅，石峒浮烟鹿养茸。
明日买山栽薯蓣，早春荷锸剪芙蓉。
客来疍浦寻蓑笠，黄蔑穿鱼酒正浓。

稻陇眠鸥

北江春暖两声残，稏稏凌风露未干。
水鸟不惊人语寂，夕阳无限野云寒。
闲依翡翠眠芳草，静看鹪鹩下远滩。
万里客来机事息，买田还把钓鱼竿。

竹篱啼鸟

长栅连城护落晖，多情幽鸟韵依依。
风清树杪鸣相应，雨过沙头立未归。
鹦鹉乍随人共语，伯劳还与燕同飞。

天边不识填河鹊，依旧秋横织女机。

南山秋蟾

千林重叠岭陂陀，放出秋天月色多。
海送潮声摇老桂，云随蟾影度明河。
有时画角吹梅落，无处清樽下酒歌。
天末晴光连绝岛，帝城曾识旧嫦娥。

牧原芳草

曾识沙陀放马群，雨晴喜见满川云。
四时芳草平如剪，一气中原远不分。
水际带沙青苒苒，山中和露碧氤氲。
乘黄天上多靰策，款段从教卧夕曛。

范　梈

范梈（1272~1330），字亨父，又字德机，江西樟树人。他曾任翰林院编修，后擢任海北海南道廉访司照磨，掌管核实案卷之事，足迹遍布海南。在《范德机诗集》中，有描写崖州诗多首。

封　州　作

魏阙迢迢隔彩霞，别来几岁客天涯。
春风二月崖州道，时见棠梨一树花。

赠　裴　瑞

曲径闲门时碧岑，杏坛春雨落花深。
青衿满座连书屋，百世流芳继自今。
有后深知晋国贤，伤心不为海南边。
相逢莫笑无多赠，犹是祠垣旧俸钱。

王　逢

王逢（1319~1388），字原吉，号最闲园丁、最贤园丁，又称梧溪子、席帽山人，原籍江阴（今江苏江阴），元明之际诗人，有《河清颂》传世。元至正二十六年（1366），王逢移居乌泥泾滨贤里，曾到崖州水南村寻访黄道婆的遗迹。所著《梧溪集》7卷（录诗1100余首），其中《黄道婆祠》一诗为最早歌咏黄道婆业绩的诗作。

黄道婆祠

崖州布被五色缫，组雾纠云粲花草。
片帆鲸海得风归，千轴乌泾夺天造。

明朝时期

丘　濬

丘濬（1420~1495），琼山西厢（今海南海口府城下田村）人，曾任礼部尚书、户部尚书，官至文渊阁大学士、少保兼武英殿大学士。明宪宗成化八年（1472）五月，丘濬应裴崇礼之邀，为裴氏族谱作序。

访盛德堂

盛德堂巍海南边，门阑四序蔼祥烟。
先朝宰相多勋望，后代儿孙总俊贤。
赵鼎谪居心似铁，胡诠题匾笔如椽。
来游济济皆儒彦，为文春容几大篇。

锺　芳

锺芳（1476~1544），字仲实，号筠溪，崖州高山所（今海南三亚市崖州区水南村）人。他官至户部侍郎，赠都察院右都御史；明代文学家、史学家、哲学家，被尊为“岭海巨儒”，平生著述极丰。锺芳有《筠溪家藏集》30卷及《春秋集要》等著作，《四库全书存目》有载。

珠　崖

前代珠崖郡，于今少窜臣。
山横天有障，地尽海无垠。
异种三生谷，殊言五等人。
淳风传古昔，力作自相亲。

珠崖杂兴

汗漫波涛限一州，隆冬天气似清秋。
岛云尽扫月平槛，羌笛一声风满楼。
山下小园收吉贝，屋边深处叫鞠䩙。
青青草木终年秀，刚触愁人早白头。

抱郭名峰面面奇，海风吹水碧参差。
千树并育方偶静，四季长春草木知。
地尽波涛分造化，俗殊言语杂侏离。
钓鳌谁似唐迁客？同赋登高望阙诗。

王　佐

王佐（1420~1505），字汝学，号桐乡，临高县透滩村人。明宪宗成化（1465~1487）初年，王佐任高州府同知，后改任邹武、临江等地。他平生淡雅，唯耽书史，到过崖州。王佐著有《鸡肋集》10卷、《琼台外记》2卷。

大洞天

大洞天连小洞天，洞天今在海南边。
游人剩有摩崖什，闲佛苍苔看几篇。

小洞天

丁相沉吟叹夙缘，卫公精爽亦凄然。

古今唯有毛知郡，偏爱崖州小洞天。

石　船

老我来游看石船，洞门别是一风烟。
昔日已去无回辙，犹记淳熙甲午年。

王弘诲

王弘诲（1541~1617），字绍传，号忠铭，琼州府定安县人，嘉靖四十年（1561）进士，选翰林院庶吉士，历任翰林检讨、国子监祭酒、南京吏部左侍郎、太子少保、南京礼部尚书等职；致仕后重视乡梓教育，建尚友书院；曾到过崖州；在任时，奏请改海南兵备道兼提学道，免去海南学子渡海赴考的风险。王弘诲支持意大利神父利玛窦在中国传播西方文化，开创汉、唐、元之后中西文化交流的新局面。

谯国冼夫人庙

夫人自昔起隋梁，锦伞铁骑拥牙幢。
削平僭乱报天子，策勋启镇威炎方。
谯国褒封几千载，英风烈烈常不改。
桂糈椒浆奠四时，香火高凉达琼海。
年年诞节启仲春，考钟伐鼓声渊阗。
军麾俨从开府日，杀气直扫蛮荒尘。
李家墟市龙梅里，一区新筑神之宇。
岁时伏腊走村氓，祝厘到处歌且舞。
迩来豺虎日纵横，青云魑魅群妖精。
愿伏神威一驱逐，阖境耕凿康哉宁。

赵　瑶

赵瑶，晋江（今福建晋江）人，官至大理寺卿，明宪宗成化年间（1465~1487）任钦差提督学政、广东按察司佥事。明成化十六年（1480）正月，赵瑶巡视崖州，写下激扬清风正气的诗篇。

题落笔洞

盘石凌空列翠屏，呀然一洞野云扃。
乳悬自结乾坤液，形恠犹疑蛟蜃精。
天马高蹲岭树碧，玉泉细溜石苔青。
山海奇观神仙宅，落笔应知亦浪名。

赠盛德堂

四朝忧国鬓成霜，绿野堂更盛德堂。
茂绩已知封晋国，元勋应得此汾阳。
名垂汗简千秋远，济及云礽百世芳。
又有青云天上客，要将功业绍前光。

汤显祖

汤显祖（1550~1616），明代伟大的戏剧家、文学家。其代表作《牡丹亭》为世界公认的文学名著。汤显祖字义仍，号若士，又号清远道人，江西临川（今江西抚州）人，历任南京太常寺博士、詹事府主簿、礼部祠祭司主事。万历十九年（1591），他因抨击朝政被贬为广东徐闻县典史，其间来过海南，到过崖州。题写的《海上杂咏》组诗中，第十二首便写到崖州的临川港，盛赞临川港所产的海味“江珧”和“海月”。

海上杂咏

见说临川港，江珧海月佳。
故乡无此物，名县古珠崖。

洪　爵

洪爵，明代崖州守御所千户。

落笔洞

仗剑登临石径微，仙风阵阵袭征衣。

日筛峰顶金千缕，云锁山腰玉一围。
啗果玄猿惊客啸，啣花青鸟傍谁飞？
欲传彩笔无缘梦，强步前题载咏归。

范　雯

范雯，吴中（今江苏吴县）人，成化年间（1465~1487）曾到崖州水南村瞻仰盛德堂。

赠盛德堂

绿野堂更盛德堂，场墙啼鸟落花香。
清风入座醒人梦，明月凝晖照柳塘。
万古功勋曾秉笔，千秋德泽尚流芳。
天涯我得逢华裔，奕世源流一脉长。

清朝时期

王　焜

王焜，字日宣，明末崖州北厢（今属海南三亚市崖州区城东）人；明末清初抗清义士，因投南明桂王抗清护驾有功，授总兵职，后降为副总兵；抗清失败后归乡里，隐居黎区，筑室水北，自号“水北渔人”；写有《中秋玩月二首》等诗，清光绪《崖州志》有载。

回崖弃家入山隐居作

寻幽学懒结山庵，得避红尘那怕岚。
满目云山青带白，一湾溪水绿拖蓝。
林花香细堪供领，野鸟声奇好赠谈。
寒谷阳春应有脚，操觞自酌又何惭。

卢　韶

卢韶，广东顺德人，贡生；清康熙年间（1662~1722），任崖州训导。

游大洞天

岧岧大洞天，疑是神仙宅。
习习岩下风，磊磊岩里石。
石上扫莓苔，岩间容布席。
坐久不知还，赏心随所适。
悬崖登渐穷，天路与尘隔。
遥指大海东，奇峰当树隙。
青青乍有无，可望不可即。
悔逐中区缘，羁思日委积。
愿假双芒鞋，远逐凌风翮。

张擢士

张擢士，字异资，通州（今江苏南通）人，贡生；顺治十六年（1659）授孝感知县，康熙七年（1668）任崖州知州；在崖州10年，力争减轻民众不合理税负，拓建桥梁，捐修州城，创建城隍庙、关帝庙、五贤祠，倡修《崖州志》，惠政颇多，为清代淳吏；著有《崖州路》《麒麟梦》《黄金盆》《鸳鸯榜》等诗文。

游大洞天

访入南山深又深，果然幽异足登临。
钓台一望几千里，仙蹬频升数千寻。
奥折共疑天有穴，澹忘浑似海无音。
当年公事犹多暇，探得桃源静里心。

咏《五指山》次丘文庄公韵

山势依稀似指连，擎将玉露润南天。
诸峰伏地资提挈，一手摩空扫雾烟。
浮海巨公身未到，惊人佳句景犹悬。
珠崖何幸留仙掌？境内名山握化原。

李如柏

李如柏，辽东人，镶白旗监生，康熙二十七年（1688）任崖州知州，曾纂刻康熙版《崖州志》。

游小洞天和石壁原韵

寻春不爽约，迤逦到林泉。
蕞尔州中岛，奇哉世外天。
梯盘危磴滑，洞转断崖偏。
花雨寒丹灶，松涛稳石船。
旷观如有得，徙倚遂忘旋。
海阔澄波静，林深翠霭穿。
卧云明变化，坐树爱幽妍。
良会皆时彦，高风尚古贤。
诗余尊底句，酒尽杖头钱。
幸续毛公后，方知应梦椽。

陶元淳

陶元淳（1646~1698），字子师，号南崖，江苏常熟（今江苏常州）人，康熙二十七年（1688）进士；康熙三十三年（1694）授广东昌化（今海南昌江）知县，次年署崖州知州，多有善政，列崖州名宦。《清史稿》有传。

志　感

一官万里尹蒿莱，几个生前归去来。
况复劳心阳子拙，敢云流涕贾生才。
曜消瘴雾千山净，春到蛮花满地开。
从此不愁风土异，生还终望我公哀。

程　哲

程哲，江南歙县人，监生，雍正二年（1724），任崖州知州；雍正五年（1727），在下马岭滨海巨石上题刻“天涯”二字，是崖州天涯海角景区创建者；雍正六年（1728），升任广东盐运司运同，后又升任潮州府同知；任崖州知州期间，曾立藤桥市劝诫客民碑，今录其碑词。

碑　词

勿嗜酒而沉醉，勿见色而贪淫。
勿因风而晓坐，勿被露而宿行。
勿因饥而饱食，勿因渴而多饮。
勿因垢而晨沐，勿因倦而昼寝。

宋　锦

宋锦，河南武陟人，雍正十一年（1733）进士；乾隆十八年（1753）任崖州知州；修州志，设书院，立义学会，以育乡士；秩满，升琼州府同知。清光绪《崖州志》载，五贤祠始建于明代，在崖州城西门外，祀唐代李德裕，宋代赵鼎、胡铨，元代王仕熙，明代王倬；清康熙十一年（1672），知州张擢士重修；乾隆十九年（1754），知州宋锦重建。

重建五贤祠

得得西郊谒五贤，荆榛满目转怆然。
蛮烟瘴雾埋威凤，夜月春风泣杜鹃。
胜迹依稀思往昔，英灵仿佛在当前。
经营半载成堂奥，偕我同人荐豆笾。

张　霈

张霈，直隶拔贡，道光二十二年（1842）任崖州知州，任期内“曾立东西膏火分会”，筹集办学经费。

任满留别　四首选二

一

辞家为宦六经年，万里珠江寄客船。

俗俭民贫风近古，山灵水秀士多贤。
芊绵草色迷荒径，散漫沙痕接远天。
诸务未遑从治理，乐城一带起狼烟。

二

忙忙整顿旧山河，急救开仓唤奈何。
劝学已知崇礼教，训农遮莫芜田禾。
留心庶务余闲少，雅意诸贤指示多。
方幸太平长共语，不期瓜代唱骊歌。

高　溥

高溥，号城南，四川灌县人，道光乙未（1835）进士，授澄迈知县；咸丰三年（1853）任崖州知州；卸任时留下清官风范诗两首。

任满留别　其一

频年鹿鹿感风尘，小住珠崖亦夙因。
行李半肩仍故我，清廉两字愧斯民。
此来笑似唐人谪，往日空谈汉吏循。
莫道南交边地薄，四时花木总阳春。

任满留别　其二

放衙小坐对南山，拨眼岚光指顾间。
花嚼槟榔稀瘴染，伴偕琴鹤觉愁删。
膏苗甘雨从何润？出岫闲云应早还。
为语临歧诸父老，年华荏苒鬓毛斑。

唐镜沅

唐镜沅，字芷庵，由副贡举孝廉方正；光绪十四年（1888）任崖州知州，次年建锺公还金寮、造既济亭。

题热水池既济亭壁

亭开三面聚和风，敢冀浮名附醉翁？

缨濯欢腾文武试，禊修乐与士民同。
洋林山色烟烘碧，佛殿金光浪映红。
人海炎凉多少态，阴阳池水绘形工。

锺元棣

锺元棣，浙江海宁人；光绪二十五年（1899）任崖州知州；次年重修《崖州志》，作崖州新八景诗。

鳌山叠翠

一山横海镇中流，翡翠屏开护此州。
破晓烟痕飞岭岫，入秋岚影罩城楼。
云堆螺髻千层耸，雨洗娥眉半壁收。
如此佳名如此景，问谁拾级到峰头？

抱郭双流

五指源长两道横，天然回抱吉阳城。
地灵借得双龙护，水秀分来百雉迎。
夹岸常移楼塔影，流波时绕管弦声。
珠崖从此金汤固，洗尽干戈不用兵。

洞天幽胜

十万红尘未许参，此中天地好幽探。
诗情悟到云门辟，仙梦邀来石蹬酣。
峭壁高撑峰一一，深林斜转径三三。
行当寄语蓬莱客，胜境而今逊岭南。

落笔凌空

信是仙家逞妙才，洞遗石笔绝尘埃。
四围露液随时蘸，五色云笺任意裁。
秀气先看峰上草，篆痕犹逗石间苔。

琼南雁字书空少，端为灵区不敢来。

温泉漱玉

天宝移来一脉泉，终朝掬手暖如煎。
只宜细涤盘龙珮，未许轻投饮马钱。
壮志励清盟白水，化工夺巧笑蓝田。
卢仝当日寻游到，何止狂垂七碗涎？

镜湖秋月

一色湖光槛外铺，秋来好景未容辜。
瘴烟洗净开冰鉴，天水平分彻玉壶。
逸韵时闻吹笛管，闲情常觉付蒲菰。
崖西自有乘风子，不把扁舟系浅芦。

灵山腾云

指点云山改旧容，一层微露一层封。
眼前玳瑁成形幻，顶上芙蓉着色浓。
出岫无心原淡淡，冲霄有志竟重重。
此中定起从龙客，应羡名区气独钟。

峻岭回风

飞来峻岭矗崖东，独擅炎州造化工。
危耸应连群宿近，盘旋难逞大王雄。
松涛到耳声三折，石壁当头势半空。
一览众山齐失色，巍峨欲上太虚中。

尹之逵

尹之逵，广东东莞人，举人，康熙年间（1762～1722）任崖州学正。

路伏波将军

秦时辟地汉时因，赖有将军讨不臣。
此日名山留正气，当年猛将已为神。
三驱欲系南蛮长，百战犹飞赤汗骃。
海国功高推第一，如何身未画麒麟？

马伏波将军

大将威名出汉家，随山航海未云遐。
但期铜柱能铭鼎，不必珍珠始满车。
几度鸢飞将欲堕，一时马革岂轻夸？
功成自古多豪杰，握胜何曾恃莫邪？

谢仲沅

谢仲沅，广东阳春人，雍正元年（1723）恩科解元，雍正十一年（1733）任崖州学正；有诗文存世；乾隆四年（1739）升任常宁知县。

到　　崖

南天低尽一州雄，突兀孤城峙碧空。
海底倒长三丈日，岭头回暖四时风。
面椰屑作银丝白，酒树开成蜡炬红。
何处簪冠来隐者，相逢能说祝鸡翁。

谢方端

谢方端（1724~1813），字小楼，广东阳春人，崖州学正谢仲沅之女。雍正十一年（1733），谢仲沅任崖州学正，9岁的谢方端随父来到崖州，至乾隆四年（1739），在崖州生活6年。她写有《初到崖州》《崖州署中偶作》《含笑花》《木棉花》《自海口渡海至梅箓》等诗，收于《小楼吟稿》诗集。谢方端被誉为广东八大才女之一。

初到崖州

轻车遥驻洗兵亭，十里青烟郭外扃。
古迹半荒毛牧洞，遗闻空记赵公铭。
畲田米熟椰升小，亥市鱼归血网腥。
冷落衙斋悬海外，乡关遥隔五峰青。

崖州署中偶作

竹屋穿林古驿西，衙斋冷落似山栖。
晓看黎母山中树，夜听占城雨外鸡。
蕉叶大时堪避暑，榴花开处每分题。
故园姊妹无消息，杜宇柳阴日日啼。

王承烈

王承烈（1764~1827），字旅辅，号扬斋，海南琼山人，嘉庆六年（1801）举人；主讲琼台书院20余年，以气节、文章课士；曾到过崖州，瞻仰郡主冼夫人庙。

咏谯国冼夫人①

犀渠锦伞独南征，岭表妖氛次第平。
漫道吴宫曾教战，须知谯国亦能兵。
亲尝险阻经三世，屡策功勋表寸诚。
欲问荒祠何处是？惟从青史仰威名。

吉大文

吉大文（1828~1897），崖州（镜湖村〈今属海南乐东黎族自治县九所镇〉）人，咸丰元年（1851）举人；清政府例授内阁中书之职，1878年任职办税厘总局，1899年任职福建善后总局营务处；一生刻苦力学，为文雄深雅健。清光绪《崖州志》录其所作诗20首。

---

① 这是组诗《琼台怀古》中的一首，见王承烈:《扬斋集》。

湖中晚望

四面山临水，山青水亦青。
夕阳沽酒市，远火读书亭。
卷叶鸥眠草，拖泥獭上汀。
渔舟停棹唱，好共笛声听。

湖　村

住近湖滨地，烟村事事幽。
鱼惊祈社鼓，鸥狎曝书楼。
湿路悬桥板，低田泊钓舟。
谁家歌水调，明月荻花秋。

黎　村

岭半炊烟起，随牛远入村。
编茅安石灶，种稻爇山园。
祭鬼柴门肃，迎宾卉服尊。
新年婚嫁日，席地闹盘樽。

林缵统

林缵统（1852~1922），字承先，号天民，崖州北厢官塘村（今属海南三亚市崖州区）人，光绪二十年（1894）举人；两度入京，参加康有为、梁启超领导的“公车上书”和“百日维新”，是投身戊戌变法的天涯义士。

步文龙会《游大洲岛》韵和诗

偶驾琼州去国舟，独洲屹立柱中流。
诞登道岸祈神佑，恰似苏公后壁游。

何秉礼

何秉礼（1832~1892），字竹筠，号修崖，崖州起晨坊（今属海南三亚市崖州区起元村）人，同治十二年（1873）拔贡；授职教谕，但无心仕途，返乡讲学，掌鳌山书院主课，倡议并鼎力协助知州唐镜沅规划建造还金寮、既济亭、热水池，书写唐知川碑文。因倡导淳化民风，被州民尊为笃行之士。

题壁和韵

一官宜雅更宜风，《洞酌》遥追玉扃翁。
柱屹中流撑力苦，亭开春日赏心同。
号寒忍听来斑白，涤秽先教洗落红。
个里阴阳厘燮理，催科甘拙此专工。

环亭风叶战潇潇，浴罢骚人韵语娇。
面铁也知寒易却，心冰惟有暖难销。
早该离坎先天蕴，默应东南瀚海潮。
静鉴须眉仍故我，清修肯或染漓浇？

孙元度

孙元度，字玉臣，黄流廪生，肄业琼台书院；为文警辟，曾作《鳌山探胜记》及《黄孝子传并序》。

卧龙飞雨

群峰如涌卧龙盘，飞雨凌空望欲漫。
布泽不虚天下待，点睛谁向画中看？
千山鳞甲掀云动，万壑波涛卷地寒。
灵物即今欣得水，神功何止慰农欢？

孙如棠

孙如棠，字芾南，又字爱南，崖州梅东村（今属海南三亚市崖州区）人，岁贡生；博经通史，所至知名。

重九登芙蓉峰

南溟到此尽边头，独耸危峰瞰一州。
秋水直将天色混，遥山犹带暮烟浮。
田间绿绕千畦稻，云际青归数叶舟。
喜续龙山成盛会，参军岂足擅风流？

张凤羽

张凤羽，字鸣冈，崖州梅西村（今属海南三亚市崖州区）人，道光年恩贡。

仿杜少陵秋兴原韵

哲匠曾叨奖桂林，当年玉树正森森。
谈经翼夺凭重席，刻志先争侃寸阴。
诏待金门他日梦，磨穿铁砚此生心。
无端秋色频经眼，愁听虚窗夜月砧。

孙宗哲

孙宗哲，字希十，崖州梅东村（今属海南三亚市崖州区）人，岁贡，著有《爱竹轩诗稿》。

山斋寄怀友人

林间坐卧倦于游，小有羲皇午梦幽。
心迹欲邀名士鉴，话机难与俗人投。
花天对影风清榻，雪夜思君月满楼。
吾辈但知行乐在，任输江上淡情鸥。

邢定纶

邢定纶，崖州佛老（今属海南乐东黎族自治县佛罗镇）人，拔贡；与张巂、赵以濂于崖州知州锺元棣任内开局纂修《崖州志》；光绪三十四年（1908），撰写《重修〈崖州志〉序》。

步陈子云梅村原韵

龙栖东去访仙源，香雪重重护里门。
玉笛吹残杨柳岸，酒家严入杏花村。
黄昏月引深深路，白晓霜敲短短垣。
为忆结茅岩下客，名山著述萃群言。

杨　圻

杨圻（1875~1941），字云史，号野士，江苏常熟人，李鸿章的女婿；光绪二十八年（1902）中举，官至邮传部郎中；曾出使英国，并任驻新加坡领事；宣统二年（1910）游历广东，到崖州。

咏　天　涯

何人酌酒倚山楼，看尽沧州云水秋。
海上青峰千万点，夕阳红尽是崖州。

中华民国时期

王鸣亚

王鸣亚（1892~1940），原名大章，字赞生，号平夫，崖县羊栏妙山村（今属海南三亚市天涯区）人；早年追随孙中山，辛亥革命后，多次组织民军讨伐盘踞崖县和琼南的封建军阀余孳；1927~1933年任国民党崖县县长，1939~1940年再任；1940年病逝。

时事感怀　二首
（1939年12月）

一

外侮战火满神州，奋起戎机抗倭虏。
何当踏向东瀛去，痛饮扶桑一解愁。

二

生平立志为救国，也曾慷慨赋悲歌。
时艰民生凋敝甚，誓死收拾旧山河。

吉章简

吉章简（1900~1992），字夏迪，崖县老吉落村（今属海南乐东黎族自治县九所镇）人，黄埔军校第二期毕业；1937 年，任上海市保安总团少将总团长，参加淞沪会战，后任中将师长；痛恨日寇，坚持抗战，所写诗文直抒报国情怀。

挽第二师南天门抗日将士

倭奴平地起风波，夺我辽东又热河。
秣马厉兵鏖一击，同声反日共挥戈。
塞外风云别样急，空前大战古来稀。
义旗一举神威奋，十万横磨任意挥。
义胆忠肝泣鬼神，拼将血肉作干城。
尸还马革山河壮，为国捐躯死亦荣。
精灵依傍白云乡，留得英名万古香。
救国功高宜祀社，成仁取义允褒扬。

颜任明

颜任明（1898~1953），著名物理学家颜任光的胞弟，崖县第四区乐罗乡（今属海南乐东黎族自治县九所镇）人；1927 年毕业于北京大学物理系，获学士学位；历任琼山中学训导主任兼理化教员、国立中央研究院物理研究所助理研究员、上海真茹国际无线电台技术指导、崖县抗日游击队顾问、崖县中学校长、国民党崖县临时参议会参议长等职。

情　　怀

乌烟瘴气渐鸿蒙，作育英才在岭中。
陋巷箪瓢真乐道，欲悬木铎有青峰。

漱流枕石身期健，蘸墨和烟笔意浓。
学子莘莘图报国，卧薪尝胆心熊熊。

孙毓斌

孙毓斌（1865~1934），字景汤，清末岁贡生；1922 年为崖县第一任民选县长；崖县第二高级小学、崖县第五高级小学、崖县中学创建人。

梅村步陈子云原韵

灵根何处问芳源，古树槎枒古木门。
一种暗香清入座，数枝疏影瘦成村。
堂前玉蕊围晴雪，月下冰魂映短垣。
我爱梅花不忍折，回思庾岭渺难言。

陈垂斌

陈垂斌（1900~1933），崖县第四区乐罗村（今属海南乐东黎族自治县九所镇）人；上海大学毕业，1925 年加入中国共产党；1927 年任中共琼崖特委常委、宣传部部长等职，是中共琼崖地方组织最早的主要领导人之一；1933 年在崖西战斗中不幸被捕牺牲，英勇就义前写下绝笔诗。

绝　笔

生当为祖国，死亦斗恶魔。
望楼水不断，永唱《国际歌》。

入 党 感 怀

玉目金睛万里明，红心碧骨一身轻。
春风送我千钧力，直上青云主众星。

王德义

王德义（1906~1943），崖县一区港门村（今属海南三亚市崖州区）人；1927 年加入中国共产党，曾任港门初级小学教员、校长等职，后任中共港门支部宣传委员、支部书记等职；1943 年农历三月被捕，同年5月英勇就义。

菩萨蛮·牙龙感

牙龙湾外风云变，牙龙湾内浪平静。烟雾罩沙滩，群山护海湾。鱼游波澄底，鸟语林深处。信步夕阳时，心潮涌画诗。

次韵杜牧《山行》诗

步入牙龙日影斜，有朋接待到黎家。
惊疑重作桃源客，仰爱琼崖革命花。

张开泰

张开泰（1905~1978），崖县藤桥区风塘村（今属海南三亚市海棠区）人；1926年加入中国共产党，藤桥起义的组织者和指挥者之一，仲田岭革命根据地的创建者之一，中共陵崖县委主要负责人；曾任海南抗日独立总队第三支队支队长、政委，陵崖保乐边区办事处主任，崖乐县抗日民主政府县长；中华人民共和国成立后，曾任中共中央华南分局党校副教育长、广东省总工会副主席、中共琼山县委副书记、中共海口市委书记处书记等职；在“反地方主义”和“文化大革命”中受到迫害，后平反。

誓　言

（1942年）

一

十月革命炮声响，共产旗帜高飘扬。
热血青年紧跟党，出生入死为梦想。

二

黑眉岭战歼日寇，勇敢善战英名扬。
开泰壮年英姿爽，为党为国血一腔。

孙惠公

孙惠公（1911~2005），崖县梅东村（今属海南三亚市崖州区）

人；1939年加入中国共产党，梅山抗日根据地创建者之一；先后任中共崖县县委书记、乐东县县长、海南民族事务委员会副主任、海南黎族苗族自治州人民委员会秘书长等职；著有《梅山吟草》《梅山吟草续集》。

1937年有感

抗日吼声举国狂，尸山血海遍前方。
天涯遁迹非吾志，指日挥戈上战场。

中华人民共和国时期

朱　德

朱德（1886~1976），字玉阶，四川仪陇人，曾留学德国，任中国工农红军总司令、八路军总司令、中国人民解放军总司令；中华人民共和国成立后，历任中共中央副主席、中央人民政府副主席、中共中央军委副主席、全国人大常委会委员长等职，开国元帅；生前多次来崖县；著有《朱德诗词选》等。

榆　林

（1936年1月17日）

大寒时节到榆林，早稻插秧已转青。
海岛农忙三季熟，百花齐放尽皆春。

游海角天涯

（1936年1月18日）

西沙至南沙，万里属中华。
海角天涯处，红旗灿锦霞。

董必武

董必武（1886~1975），湖北红安人，中国共产党创始人之一；

中华人民共和国成立后，历任国家副主席、国家代理主席、全国人大常委会副委员长等职；著有《董必武诗选》等。

鹿回头椰庄招待所

（1964 年 2 月 8 日）

海闻龙摆尾，山见鹿回头。
椰树森森立，渔舟渺渺浮。

椰庄海边黎民村

（1964 年 2 月 8 日）

椰子林中住，幽村乐气清。
日升明向午，潮落静无声。
蚌蛤寻非远，鸡豚散不争。
社员理生事，集体业心萦。

谢觉哉

谢觉哉（1884～1971），湖南宁乡人，中华人民共和国成立后，历任内务部部长、最高人民法院院长、全国政协副主席等职；著有《谢觉哉诗选》等。

椰　庄　留　别

（1960 年 2 月）

路平草长树亭亭，椰子林中宿舍精。
几净窗明人自适，依山面水风来清。
采来野草含红豆，网得奇鱼耀赤鳞。
跃进益增景物美，不妨长作海隅民。

陈　毅

陈毅（1901～1972），四川乐至人，南昌起义后与毛泽东、朱德组建红四军，后历任新四军第一支队司令员、新四军代军长、华东野战军司令员兼政委等职；中华人民共和国成立后，历任上海市市长、国务院副总理兼外交部部长、中共中央军委副主席等职，开国元帅；生前多次来崖县；著有《陈毅诗稿》《陈毅诗词选集》等。

满江红 九首选四

游广东旋至海南岛度假一周，记沿途所见

（1936年1月）

记鹿回头庄休养所 其一

南岛名园，冬季好，让君暂歇。闲散步，椰林深处，赏花邀月。潮退沙平珍贝美，帆摇波晃琉璃碧。当卓午，破浪钻身游，真难得。

三亚市，人如织；榆林港，船来集。更归侨农圃，经营优越。北地冰封群陇麦，南天果结千山实。算神州气候得兼三，寒温热。

住鹿回头庄，夜恒不寐，每每南望 其二

渡海南巡，直飞到，天涯海角。再南望，芳洲仙岛，星罗云播。太平洋上不太平，联合国中欠联合。喜东风浩荡海天宽，西风落。

抗日事，犹如昨；老帝国，正瓯脱。新殖民主义，又施侵略。革命潮流方怒涌，神州跃进毋耽搁。应中宵起舞到鸡鸣，练腰脚。

鹿回头 其三

饮水长来，花鹿好，徘徊一角。惊追逐，回头一顾，迷离扑朔。转瞬化作仙女去，晴空为奏钧天乐。叹猎人失望怅空归，凭传说。

来游愿，平生约；今实现，真愉悦。既不同元亮，也非诸葛。调查农村些仔事，要凭力量争丰获。愿世间事事好安排，无贪乐。

访问椰庄公社 其五

公社椰庄，红旗竖，海之一角。全民制，人丁九百，汉黎合作。新屋幢幢间数百，重轻劳动凭公约。余暇时耕稼自留田，丰盈确。

我来访，事事学；问收入，问厚薄。有老人百岁，向余细说：官府前清多压榨，强横蒋党专为恶。只解放除尽害和灾，齐天乐。

叶剑英

叶剑英（1897~1986），广东梅县人；历任八路军参谋长、中共中央军委参谋长、中共中央副主席、中共中央军委副主席、全国人大常委会委员长等职，开国元帅；生前多次来崖县；著有《叶剑英诗词选集》等。

蝶恋花·榆林港

（1959年2月）

日逐寒流寻雁去，风雪关山，不碍云中路。飞到榆林天已暑，夏秋只隔三朝暮。到鹿回头滨海处，红豆离离，占断天涯路。浅水蓝鱼梭样去，教人疑是龙宫女。

朝中措·鹿回头

（1959年2月）

海滩拾贝趁朝霞，风卷浪堆沙。境到登山临水，伊人望断天涯。椰浆消渴，咖啡醒目，南岛韶华。撷得一枝红豆，思量寄与谁家？

张爱萍

张爱萍（1910~2003），四川达县人，曾任中国人民解放军副总参谋长、国务院副总理、中央军委副秘书长兼国防部部长等职。

如梦令·游琼崖牙龙湾

（1985年11月13日）

大海长天一色，椰岸银带莹洁。借问弄潮人，碧水冬暖心悦。澄澈，澄澈，牙湾好似新月。

陶　铸

陶铸（1908~1969），湖南祁阳人，曾任中共中央中南局第一书记、中共广东省委第一书记、中共中央政治局常委等职。

隆冬试航飞榆林

（1958年冬）

祖国河山多妩媚，银装绿裹各争妍。
五指横飞愿已遂，何必天涯勒燕然！

黄　镇

黄镇（1909~1989），安徽桐城人，曾任外交部副部长、驻法国大使、驻美国联络处主任、中共中央宣传部副部长、文化部部长等职。

游亚龙湾

一

天上银河称仙境，地下崖州亚龙湾。
山光水色无限好，劝君切莫等闲看。

二

平沙长带白玉绢，无线镶缝碧海边。
嫦娥若得新信息，一定下凡舞翩跹。

邓　拓

邓拓（1912~1966），福建闽侯人；1937年于晋察冀边区从事新闻工作，中华人民共和国成立后历任人民日报社总编辑、中共北京市委书记处书记等职；著有《邓拓诗选》等。

宿鹿回头

逐鹿回头见美姬，古今传说渐迷离。
潮来沧海鱼龙舞，风过椰林昼夜诗。
怕采后山红豆蔻，免教他日苦相思。

天南地北云游梦，眼底匆匆已觉迟。

李尔重

李尔重（1913~2012），河北丰润人，曾任中共广东省委常委兼海南区委书记、中共河北省委书记兼河北省省长等职；著有《李尔重文集》等。

椰 林 夜 静

（1962 年 2 月 15 日）

风定日沉椰欲睡，百花无语暗香飘。
轻波摇月金淋雨，疏影挂墙画几条。
宿鸟相依轻语暖，青山肃穆晚境遥。
水接天幕轻压地，自在微波断续嚣。

鹿回头之晨

（1988 年 1 月 25 日）

椰林旭日千峰艳，碧海流波万里晴。
戏水群鸿帘外画，生风谑语性中灵。
曾说鹿转化佳丽，谁见鬼哭不悖情？
风扫残云春日现，展眉瞬目看长虹。

许士杰

许士杰（1920~1991），广东澄海人，曾任中共海南区委副书记、中共肇庆地委书记、中共广州市委书记、海南建省筹备组组长、中共海南省委书记等职；著有诗集《风雨吟》《椰颂》，文集《葑菲集》等。

题天涯海角

（1989 年 11 月）

天涯海角不孤悬，十一亿心常牵连。
铁翼翱翔迎灿烂，电波荡漾说姣妍。

熏风笑拂嫩苗壮，细语静苏古木芊。
北国冰封宝岛暖，南来育种竞耕田。

郭沫若

郭沫若（1892~1978），四川乐山人；早年留学日本，曾参加北伐战争、抗日战争，是中国近代著名历史学家、诗人；中华人民共和国成立后，历任中国科学院院长、中国文联主席、全国人大常委会副委员长等职；生前多次来崖县；1962年曾点校《崖州志》。

鹿　回　头
（1961年1月18日）

离别方两日，始解鹿回头。
酸豆参天密，椰林映日稠。
地邻小东海，庄有大方楼。
陇畔相思子，迎风待客收。

游天涯海角　之一
（1961年2月20日）

海角尚非尖，天涯更有天。
波青湾面阔，沙白磊头圆。
劳力同群众，雄心藐大千。
南天一柱立，相与共盘旋。

游天涯海角　之二
（1962年1月12日）

海日曾相识，重逢已隔年。
字蒙刀作笔，诗累石为签。
红豆春前发，青山天际燃。
临风思往事，犹有打鱼船。

游天涯海角 之三

（1962年1月16日）

去年助曳网，今日来何迟。
访古字方显，得鱼人正归。
点头相向笑，举手不通辞。
有目甜逾蜜，惠予以此诗。

茅 盾

茅盾（1896~1981），浙江桐乡人，中国现代文学泰斗；中华人民共和国成立后，历任文化部部长、中国作家协会主席、中国文联副主席、全国政协副主席等职；著作有《茅盾全集》等。

兔尾岭远眺

榆林港外水连天，队队渔船出海还。
万顷碧波齐踊跃，东风吹遍五洲间。

椰园即兴

六鳌钓罢海无波，斜雨趁风几度过。
安不忘危长警觉，军歌声里跳秧歌。

田 汉

田汉（1898~1968），湖南长沙人，《中华人民共和国国歌》词作者、当代戏剧大师；中华人民共和国成立后，历任中国文联副主席、中国剧协主席兼党组书记等职；著有《田汉文集》等。

访榆林 四首选一

凤木成林簇绣球，榆林哪似古崖州？
风帆片片归三亚，战垒重重据两洲。
蔽日翠翎椰子海，连云碧叶荔枝沟。
难忘兔尾岭前望，铁舰冲波过虎头。

赵朴初

赵朴初（1907~2000），安徽太湖人，全国政协副主席、中国佛教协会会长、中国作家协会理事，著有《滴水集》《片石集》等。

诉衷情·夜游鹿回头

（1994年1月21日）

踏沙晨作亚龙游，鸿爪傥能留。登高夜望奇甸，美景不胜收。灯万点，相辉映，似川流。不须逐鹿，山也回头，海也回头。

七　绝

（1994年1月24日）

不知何处有天涯，四季和风四季花。
为爱晚霞餐海色，不辞坐占白鸥沙。

杨　朔

杨朔（1913~1968），山东蓬莱人，曾任中国亚非作家常设局联络委员会秘书长；著有小说集、散文集，尤以散文名世。

访天涯海角

（1962年）

何人海角天涯泪，洒到南天碧海边。
斜日渔帆飘海去，空溟更有海中天。

黎家少女

（1962年）

黎家少女紫榴裙，木薯肩挑半担春。
纹面颈圈不再爱，唱歌爱唱知心人。

题橡胶林

（1962 年）

南海珊瑚千万枝，枝枝波底斗奇姿。

自从琼岭生银橡，宝岛声华更一时。

关山月

关山月（1912~2001），广东阳江人，国画艺术大师、美术教育家，曾任中国美协副主席。

椰风石岛观日出

（1992 年 3 月 8 日，西沙群岛）

号声早起看朝霞，晨爽椰风岛上爬。

南海长城护国土，战壕堡垒固西沙。

开胸旭日乌云出，逐浪心潮激涌加。

画叟还童观妙景，抒情但愿笔生花。

蔡若虹

蔡若虹（1910~2002），江西九江人；1937 年，任延安鲁迅艺术学院美术教授；中华人民共和国成立后，任国家文化艺术事业管理局副局长、中国美术家协会副主席等职。

水调歌头・南天一柱

海上乌云合，长空响乱弦。又是寒流偷袭，风卷浪涛喧。莫道苍天多变，自有暖春丽日，相与周共璇。阴晴分久暂，揭晓待时间。

磐陀石，水中出，顽而坚。不管朝朝暮暮，月月复年年。任你疯狂浪恶，看你潮升潮落，其奈我依然。女娲千古志，一柱立南天！

潘天寿

潘天寿（1897~1971），浙江海宁人，著名美术家，著有《中国绘画史》《听天阁诗存》等。

抵榆林港

（1963 年）

海天无际水沄沄，沙岛星罗漾瑞云。
喜有南天新壁垒，初成十万水犀军。

钱伟长

钱伟长（1912～2010），江苏无锡人，近现代著名科学家、教育家、社会活动家，中国人民政治协商会议第六、七、八、九届全国委员会副主席，中国科学院资深院士，著述甚丰。

古风·无题

天涯海角处，巨石沙滩边。
浪激波送春，一柱镇南天。

林庆墀

林庆墀（1907～1989），崖县崖城（今属海南三亚市崖州区）人；1926 年加入中国共产党，先后担任中共崖县县委委员、宣传部部长，昌感崖联合县副县长，中共南区临委常委兼行政部部长，中共南区地委常委兼崖县县委书记、崖县县长等职。

忆梅山老区

梅山儿女志凌云，叱咤沙场扫敌军。
血洒琼崖正气在，丰碑高耸慰忠魂。

孙巳任

孙巳任（1918～2005），崖县梅西村（今属海南三亚市崖州区）人；1940 年参加中国共产党，曾任昌感崖联合县副县长、中共陵水县委书记、中共海南区委政策研究室主任等职；著有《微草诗稿》等。

登芙蓉峰

高临高海有奇峰，往日藏蛟又卧龙。
肝胆几人涂野草，旌旗一面舞长空。
前贤雅韵待谁续，胜迹抒情愧我庸。
嗟喜少年豪气在，披襟还不怕狂风。

董早冬

董早冬，湖南人，曾任中共海南黎族苗族自治州委副书记兼崖县县委书记。

无　题

（1988 年 3 月 23 日）

天涯海角多知音，青山碧水貌日新。
屠苏清香人陶醉，革命情谊根在心。

马万祺

马万祺（1919~2014），广东广州人，曾任中华文学基金会会长、澳门中华总商会会长、全国政协副主席等职。

南　山　寺

（1993 年 11 月 18 日）

汉代珠崖三亚市，灵光潜在壮山川。
天涯海角缘无限，一滴杨枝济万千。
普渡众生人向善，慈航护法悟参禅。
天心已照南山寺，世界和平展眼前。

陈香梅（美籍）

陈香梅（1925~　），女，生于北京，祖籍广东；抗日战争期间任战地记者，与率领“飞虎队”援华的美国人陈纳德将军结成伉俪；著名社会活动家，曾任美国国际合作委员会主席。

南来吟草

一

海角天涯疑无路，三亚花明又一村。
凤凰大地迎铁鸟，南来紫燕贺升平。

二

温泉太滑若神仙，琼州风物似故城。
无情最是江头浪，昨夜乡心胜去年。

孝 司（日本）

孝司，日本国高僧，精通汉学，工于诗词、书法。1991 年 12 月，孝司偕夫人专程到当年鉴真登岸的晒经坡凭吊，回日本后给三亚市政府来信，建议修鉴真纪念馆或重修大云寺并随信馈赠汉文草字条幅一帖。

七 绝

指船日本吹崖州，漂着鉴真上陆头。
滞在一年今留名，大云寺址哭遨鸥。

邢福义

邢福义（1935～ ），海南乐东人；教授、博士生导师、《汉语学报》主编，全国政协委员，中国对外汉语教学学会会长，中国语文现代化学会副会长，中国语言学会常务理事；著有《汉语语法三百句》等。

浪淘沙·海南探亲
（1984 年冬）

一路减衣衫，一路观瞻。岛南风暖椰林欢。更有南天擎一柱，装点江山。

仙子应开颜，春驻人间。天涯儿女赋新篇。三十二年惊巨变，挥笔如椽。

孙轶青

孙轶青（1922~ ），山东乐陵人，历任中国青年报社社长、北京日报总编辑、人民日报社副总编辑、全国政协副秘书长等职，现为中华诗词学会会长。

重游三亚

（2001年11月17日）

海角天涯寄远怀，无边沙岸任徘徊。
鹿雕山顶凝神望，新起楼群满海隈。

鹿 回 头

（2001年11月17日）

猎夫逐鹿鹿回头，化作村姑美带羞。
喜结鸾俦留倩影，迷人佳话足千秋。

秦萼生

秦萼生（1900~1990），广东惠州人，著名书法家，曾任广东省书法家协会主席，著有《秦萼生自书诗》等。

鹿 回 头

一

仙鹿回头事有无？嘉名久已此称呼。
且将故实成佳话，留与南天补丽图。

二

村女蛾眉淑且贞，海南三亚似其人。
鹿回头像传神望，今日凌风见洛神。

卢鸿基

卢鸿基（1910~1985），海南琼海博鳌人，中国美术学院雕塑大师、美术教育家，擅于诗、散文、文艺评论，著有《苦瓜棚诗集》等。

送有年表弟南归探亲（选一）
（1982 年 3 月 7 日）

故国清明好胜游，临风我每忆崖州。
髫年初驾梅东马，老迈时萦抱郭流。
落笔探奇悲弱弟，港门竞渡赏龙舟。
遥思番荔枝应熟，岁暮花开有石榴。

附录五

党和国家领导人在三亚

从 1955 年起，一代又一代中共中央、全国人大、国务院、全国政协领导人来到三亚，在这里视察地方和驻军。他们深入群众，调查研究，指导工作，关心民生，留下了足迹和佳话。老一辈领导人来三亚，多住在鹿回头招待所。这里依山傍海，椰树成林，环境幽静，被称为“椰庄”。

一、老一辈领导人多次前来三亚

1955 年至 1965 年，先后有何香凝、朱德、董必武、刘伯承、叶剑英、陶铸、聂荣臻、刘少奇、邓小平、贺龙、陈毅、周恩来、谢觉载、郭沫若、张爱萍（按到三亚的时间先后顺序排列）等领导人前来三亚，或是避寒过冬，或是边休息边处理国事，或是视察地方政情和军事建设。

刘少奇在鹿回头读书

1959 年 11 月 1 日，中共中央副主席、国家主席刘少奇和夫人王光美从北京前来三亚休假，住鹿回头招待所一号楼。名义上是休假，实际上是读书并思虑国事。当时，全国正处于人民公社化和“大跃进”运动之后的经济困难时期。为了总结经验教训，毛泽东建议高级干部“学点政治经济学”。于是，刘少奇携带苏联编写的《政治经济学教科书》，在鹿回头招待所潜心研读。为了使这次读书确有成效，刘少奇请来了著名的经济学家薛暮桥、王学文参加，还把身边的秘书、护士、警卫人员组织起来成为一个学习小组，一起读书、讨论。广东省的一些领导同志也前来参加。

11 月 8 日上午，刘少奇在广东省和海南行政区领导、驻军领导的陪同下，乘军舰到海南岛南面的东瑁洲岛视察和看望驻岛官兵。刘少奇不让举行登舰仪式，和陪同的人员一道健步登上了军舰。快到东瑁洲岛时，由于大吨位军舰不能直接靠岸，必须换乘舢板才能上岸。部队领导正要调汽艇送他上岛，他知道后制止了，指着正在乘舢板的同志说：“大家都乘舢板，我不能特殊嘛!”随即踏上舢板，登上了小岛。他视察了驻岛部队的设备，看望了守岛部队官兵，详细了解他们的生活、学习和战备情况。当年岛上各方面的条件还很差，生活艰苦，用的淡水、吃的蔬菜经常短缺，但官兵们克服各种困难，出色地完成了守备任务。刘少奇赞扬官兵们的吃苦精神，同时鼓励大家以岛为家，自己动手，搞好用水设施建设，植树造林，绿化海岛，发展副业生产，多养猪、种菜，改善战士生活，把海岛建设成为坚强的阵地和生活、学习的乐园。

刘少奇在鹿回头读书期间，还就近来到黎族聚居的鹿回头村视察。当时，人民公社实行食堂化。他来到食堂时，正遇上社员们午餐，吃的是番薯煮稀饭。刘少奇要求炊事员也给他来一碗。接过稀饭，他边吃边和群众交谈；餐后又召开座谈会，请大家谈生产、生活情况，谈存在的困难和问题。社员们踊跃发言，提到了村里小学规模太小，办学条件很差，小学生毕业后没有地方读初中；提到了饮水困难，水质差……刘少奇边听边把这些意见记在了本子上。

开完座谈会，刘少奇信步察看了群众的住房和生活情况。那时，鹿回头村群众居住分散，住的大多是又矮又小的茅草房，阴暗潮湿，饮水也不卫生。刘少奇看了这些情况后，对中共广东省委第一书记陶铸讲：“各级党委和政府对这些地方要给予特殊照顾，帮助他们发展生产，尽快改善他们的生活，改变生产、生活上的落后面貌。”广东省和海南行政区对刘少奇的指示很重视，不久便在政府的资助下，将鹿回头村各家各户的小茅草房拆除，按照规划建起了砖瓦房，还新打了符合卫生标准的饮水井。对原有的小学进行了扩建，办起初中，黎族子弟入学难的问题得到解决。有关部门还无偿拨给该村农用汽车、拖拉机，为该村发展生产提供技术支持。

11 月 10 日，刘少奇主持第一次读书讨论会。他讲：“对这次学习，我先谈几点建议。第一，我们的讨论会采取座谈方式，谁有话就讲，会上可以展开辩论；第二，在我们的学习会上，不分上下级，大家都是学员，不要有拘束；第三，这里学习所讲的话，不要到外面去讲，如果要讲，只能当作自己的意见讲，错了自己负责；第四，《政治经济学教科书》有些内容比较难懂，同志们有看不懂或不理解的地方，可以去请教老师（指薛暮桥、王学文）。我们的会议，大家可以讲话，也可以不讲话，不要搞得很拘束。”

一些同志起初总以为和国家主席一起学习并讨论问题，自己的职务、文化、理论水平和工作实践相差太远，会上不敢发言或发言不大胆，怕闹出笑话来。刘少奇耐心地启发，帮助大家去掉了顾虑。后来的讨论真正做到了无拘无束、畅所欲言，出现了生动活泼的学习局面。

刘少奇在鹿回头读书近一个月。他在几次学习、讨论中的发言被薛暮桥记录下来，经过整理，用以指导中共广东省委、上海市委召开的领导干部读书会。毛泽东知道后，特意把刘少奇的学习体会调去参阅。据薛暮桥后来回忆，刘少奇在海南三亚鹿回头读书，对当时中央决策层冷静下来吸取“大跃进”的教训，认识社会主义经济建设的客观规律，实行“调整、巩固、充实、提高”的八字方针，缓解全国范围内的三年经济困难，是起了作用的。刘少奇在鹿回头读书期间留下的人民公仆形象，永远铭记在三亚人民心中。

周恩来关心国营农场生产

1960 年 2 月，北京依然严寒，崖县却温暖如春。中共中央副主席、国务院总理周恩来和夫人邓颖超到崖县视察工作，其间看望住在鹿回头招待所避寒过冬的著名美国记者、作家、中国人民的老朋友安娜·路易斯·斯特朗。安娜·路易斯·斯特朗在延安时期就与毛泽东、周恩来等中共领导人结下友谊，支持中国共产党领导的革命斗争，受到中国人民的爱戴。她在延安采访毛泽东后写下的那篇关于一切反动派都是纸老虎的报道，闻名世界。

周恩来住在鹿回头招待所一号楼，照常忙碌着。他在听取广东省和海南行政区领导的工作汇报后，于2月6日视察南滨国营农场。南滨国营农场由于试种被称为“世界油王”的油棕而出名。周恩来先看油棕园，农场场长林特秀向他一一介绍。林特秀不会说普通话，只会说海南话。周恩来叫他慢慢讲，并请在一旁的农场供销科科长郑时聪当“翻译”。郑时聪上过大学，会说普通话，见周恩来和蔼可亲，在“翻译”的同时还主动向周恩来介绍林特秀打过游击，周恩来称林特秀是“建场元老”。

此时的油棕树正在开花、结果，一棵棵粗壮高大，生机勃勃。油棕树栽种得很整齐，像一列列整齐有序、威武雄壮的士兵，接受周恩来的检阅。在一棵结了橘红色果穗的油棕树下，周总理停了下来，小心翼翼地摘了一粒成熟的油棕果，高兴地对随行的广东省省长陈郁讲：“这就是‘世界油王’！”1960年，全国不仅粮食紧缺，食用油也紧缺。周恩来视察油棕园时讲这句话，可以想见他当时对油棕种植的期望。周恩来对林特秀讲：“你们一定要做好生产规划，看一年的产量到底有多少。我看，起码可以供应三个大城市用油。”周恩来把那颗橘红色的油棕果放进了中山装上衣口袋，据说还带回了北京，给其他中央领导人看，给毛泽东看。

临别时，周恩来主动提出：“大家一起在油棕树下合影。”林特秀和郑时聪自觉地站到最边的位置上。周恩来把他俩拉到身旁，一边一个，左手搂着林特秀的肩膀，右手搭在郑时聪肩上，拍下了一张黑白照片。这张照片被一直珍藏在南滨农场，看到的人，都会回想起这段难忘的岁月，回想起周恩来鞠躬尽瘁、忧国忧民的情怀。许多人讲：周总理搂着的不是两名普通农场干部，而是海南和三亚千千万万名艰辛开拓的农垦建设者。

朱德提倡热带经济作物种植

20世纪60年代，年事已高的中共中央副主席、中共中央军委副主席、全国人大常委会委员长朱德曾多次到鹿回头招待所过冬。1963年1月，朱德刚到招待所住地，便像往常一样，先视察驻榆林海军、陆军，1月21日又去看天涯海角。当年的天涯海角，虽是崖县一景，但还很荒凉。朱德看过天涯海角之后，与随行的崖县干部聊起来，问："你们这里种没种咖啡、胡椒、可可？"

随行的崖县干部告诉他，现在"以粮为纲"，不敢种。

朱德讲，崖县的气候、土壤适合种植这些热带经济作物，那就应该种。他向崖县干部讲起了他在万宁兴隆华侨农场看到的情景，说兴隆农场的咖啡、胡椒、可可长得可好了，经济价值很高，农场和职工的收入都有增加。朱德语重心长地对崖县干部讲："你们还是应该因地制宜，除了种粮食，还应该种热带经济作物。"

朱德回到鹿回头招待所后，为崖县书写了题词："在大力发展粮食作物的同时，并注意发展亚热带经济作物。"题词现藏海南省博物馆。

20世纪70年代末，中国实行改革开放，海南和三亚才大力发展热带经济作物种植。人们讲起以前的这段历史，都敬佩朱德的远见卓识，他早就建议三亚发展热带经济作物。

邓小平视察崖县

1960年1月29日（农历大年初二）上午，中共中央总书记、国务院副总理邓小平，和中共中央政治局委员彭真、李先念，各中共中央局书记，中共中央办公厅主任杨尚昆等人，在中共广东省委第一书记陶铸的陪同下，前来海南视察并开展调查研究。他们从广州分乘小型飞机，于午间抵达崖县三亚机场，随后住进鹿回头招待所。1月30日上午，邓小平一行视察榆林港海军，欣然登上猎潜艇，开赴外海巡视；当日下午，视察鹿回头农场，看望世代居住在鹿回头的黎族同胞，听他们讲述美丽的鹿回头神话故事；随后又参观游览了名闻遐迩的天涯海角风景区，在“南天一柱”巨石旁停步注目，凝思良久。邓小平对陪同的中共崖县县委书记胡辰祥讲：“崖县是个好地方，很有发展前途，你们一定要把它建设好！”

1月31日，经过一夜春雨，天气转晴，蓝天白云，空气更加清新。邓小平一行由崖县驱车前往万宁县，先到国营南林农场，视察农场的高隆橡胶园。邓小平兴致勃勃，观看工人示范割胶，详细询问橡胶的种植、生长情况，对地方陪同人员说道：“橡胶是大有可为的经济作物，要大力发展，支援国家的经济建设和国防建设。”告别橡胶园，他们又来到兴隆华侨农场，考察咖啡、胡椒等热带经济作物的种植，了解兴隆农场华侨的生活，对归国华侨的创业精神深表赞赏。邓小平指出：“兴隆是个地灵人杰的美丽地方，兴隆的发展前景十分远大。”下午，邓小平一行来到琼海县，当晚步行视察琼海县城嘉积镇，在华侨商店被群众认出围拥并热烈鼓掌。邓小平亲切地向大家招手回应：“同志们好！”随后挥手向群众告别，回县招待所听取中共海南区委书记林李明的工作汇报。2月1日，邓小平一行抵达海口，视察海口市容，在蒙蒙细雨中参观五公祠和海口人民公园，缓步走到海南解放纪念碑前凭吊先烈。2月2日清晨，邓小平一行离开海口飞赴湛江。

邓小平视察崖县和海南，正值“大跃进”之后全国处于经济困难时期。这是邓小平第一次来海南，也是他一生中唯一的一次来海南。这次海南之行，让他亲眼看到海南资源丰富、环境优美、民风淳朴，亲身感受了海南人民“23年红旗不倒”的光荣革命传统。海南给邓小平留下了深刻印象。他对陪同的中共万宁县委书记何如伟讲道：“海南真是个宝岛哇！”

邓小平在1960年春节期间对海南岛的这次视察活动，对日后海南的开发建设具有重大意义。中国实行改革开放之后，邓小平力主洋浦经济开发区的设立，决策海南建省、办经济特区，坚信“把海南岛的经济迅速发展起来，那就是很大的胜利”。邓小平的高瞻远瞩和谆谆教导，是不断前进中的海南人民的强大鼓舞力量。

叶剑英支持福万水库建设

叶剑英元帅特别喜欢三亚，曾多次前来三亚。1974 年 8 月，他在海军第一政委苏振华的陪同下，到榆林港慰问西沙作战部队。慰问期间，叶剑英听部队反映供水困难，而且水质欠佳。于是，他于 8 月 16 日召集中共崖县县委书记黄子桂等人，一起视察崖县的供水设施，了解供水情况。

当时，崖县只有一座半岭水库和多宗山塘水库，总容水量仅 2000 多万立方米，兼顾灌溉用水和生活用水。生活用水供水量只有 75 万吨，只能勉强保证部队训练和战备所用；市民生活用水则紧而又紧，很多市民只好到 10 多公里外的山区运水吃。

了解这些情况后，叶剑英召开干部座谈会，讨论如何解决供水问题。中共崖县县委、崖县政府如实报告了他们的想法：新建福万水库和水厂，第一期工程解决容水 1000 万立方米，日供水 2 万吨；第二期工程增加水库容量 1000 万立方米，达到日供水 4 万吨。这样，崖县军民用水难的问题便基本上可以解决。

驻榆林地区部队的首长听完汇报后对这个计划连声叫好，并表示："需要部队干什么，请县委、县政府尽管讲！"

叶剑英也显然受到座谈会热烈、务实气氛的感染，问道："第一期工程要多少钱？"崖县水电局工程股股长戴冠木早有准备，马上回答："需要 1500 万元。"叶剑英说："我回北京后马上找有关部门商量。"叶剑英要求中共崖县县委、崖县政府马上把兴建福万水库的设计上报。临散会时，叶剑英还再三叮嘱崖县的几位领导同志："一定要把这件事办好，有什么困难到北京找我！"

在叶剑英的关心下，中央很快给崖县政府拨款 90 万元，用于福万水库首期工程的启动，以后又陆续拨款 1400 万元，保证了福万水库第一期工程在 1975 年 3 月正式开工兴建。工程进展期间，由于当时购买运输汽车非常困难，中共崖县县委领导上北京求助。叶剑英帮助购买了 5 辆"解放"牌汽车，保证了福万水库第一期工程在 1978

年竣工。1979 年 1 月 15 日，叶剑英在中共广东省委第一书记习仲勋的陪同下再次来到崖县，视察了福万水库，为水库题写库名。这座水库至今仍在为三亚军民造福。

1980 年 5 月 8 日，叶剑英最后一次视察榆林港，会见当地驻军负责人，观看海军舰艇的编队训练，并为海军榆林基地部队题词："努力训练，巩固国防。"

郭沫若点校《崖州志》

1962 年 1 月，全国人大常委会副委员长郭沫若前来三亚度假，就住在鹿回头招待所一号楼。郭沫若是著名文学家、历史学家，中共崖县县委主动把仅存的一套光绪版《崖州志》送请郭沫若点校。郭沫若看后，认为此书在地方志书中尚属佳制，便答应了中共崖县县委的请求。

1900 年纂修的光绪版《崖州志》，由时任崖州知州的锺元棣发起，本土人士张嶲、邢定纶、赵以濂秉笔；1914 年，举人郑绍材、廪生孟继渊等人协力筹款刊印 100 套。寒来暑往，因气候潮湿、白蚁侵蚀，崖县仅存的一套光绪版《崖州志》已严重残缺。郭沫若又托好友、中共广州市委统战部部长、广州市副市长罗培元（后任广州市政协主席），从中山大学图书馆借来一套手抄本，从广东省立中山图书馆找到一套保存如新的原版本，开始认真点校。

为了匡正、考辨真伪，郭沫若冒烈日、攀巨石，对存疑的地方一一求证。为验证"天涯"二字的书写者，郭沫若两次爬上高 4 米的木架，亲自在巨石上用手触摸"天涯"二字右边的石刻，终于弄清"天涯"二字为清雍正五年（1727）崖州知州程哲所题刻，并非之前误传的宋代苏东坡所写。为了校正大小洞天景区的多篇诗文，郭沫若亲自登上"海山奇观"考察石刻，终于发现"本志文字有些窜改"，此后"悉以石刻改正"。《崖州志》记载的《大小洞天记》共 315 字，经郭沫若校正 11 处，共脱误 99 字。

37 万字的《崖州志》，郭沫若用 10 天时间点校完，每天处理近三四万字。中共崖县县委派两名工作人员做郭沫若助手。据他们回忆，郭沫若在这10天内是手批不停。郭沫若为《崖州志》重写了《序言》，还写了几十条按语，并写了《李德裕在海南岛上》一文附其后。

郭沫若学富五车，但十分严谨谦虚。他在致中共崖县县委各位书记的信中讲："写了一篇序文，请诸位审阅，看是否可用。"他为中共崖县县委改写《重印说明》后讲："我把文字改动了一下，请您们斟酌。"他写的《李德裕在海南岛上》，只说是"仅供参考"。

郭沫若在崖县点校《崖州志》，是三亚历史上的一项文化盛举。中共崖县县委、崖县政府将他在崖县期间所写的诗文篆刻在"天涯"石壁上，郭沫若听说后，马上写信致谢："谢谢你们，海南仿佛是故乡，我相信将来总有机会再看到你们。"

中国有8700余种、120多万卷地方志，经郭沫若点校的，仅《崖州志》这一部，因此受到各方面的重视。1963年4月，经中共广东省委宣传部批准，出版发行1000套，为仿古线装本，繁体字。1984年4月，广东人民出版社再版3840册，改为横排简体字合订本。三亚建市后，于1988年7月再次请广东人民出版社加印5000册发行，但仍满足不了需要。2010年8月，中共三亚市委、三亚市政府又请中国文史出版社再版1万册。郭沫若点校的《崖州志》，已成为中外人士了解、研究三亚历史所必读。

二、改革开放以来历任中共中央总书记视察三亚

中国实行改革开放以来，历任中共中央总书记都曾视察三亚，有的一次，有的多次。他们视察三亚，为三亚的改革开放谋划，为三亚的全面建设决策。三亚建市后30多年间，发展得比较顺利，其中的一个重要原因，就是有历任中共中央总书记的指导。

胡耀邦力主开放促开发、搞活三亚

1983年春节前夕，即2月12日，中共中央总书记胡耀邦视察三亚（当时仍称崖县），陪同视察的有中共广东省委第一书记任仲夷等

人。胡耀邦此次视察三亚，是为海南、三亚开放搞活而来。1979 年，中央已决定创办深圳、珠海、汕头、厦门等经济特区。紧接着，1980 年，国务院又下发《海南岛问题座谈会纪要》，拉开了海南开放、开发的序幕。但是由于建岛方针没有转变，海南改革开放的步子还是迈得不大。王震、谷牧等人来海南考察后，向邓小平做了汇报。邓小平建议胡耀邦到海南视察，打开海南开放、开发的局面。

到了三亚，胡耀邦召开座谈会，听取三亚干部的意见。大家发言踊跃，提出应把建岛方针转变过来。过去的建岛方针，是按照毛泽东给海南的题字“加强防卫，巩固海南”所确定的。在特定的历史时期，各级长期把海南作为国防前哨来建设。现在实行改革开放了，全国的工作重点已转移到以经济建设为中心，应当把海南、三亚既作为国防前哨来建设，又作为改革开放的前沿来建设。胡耀邦听了大家的发言，很高兴地讲道：“中国有 960 万平方公里，海南岛就占了 3 万多平方公里。你们要在这块宝地上多种橡胶、椰子、胡椒、咖啡、可可、菠萝、香蕉、芒果，不仅要大片种，屋前房后也要种。要以短养长，长短结合，放开手脚，大胆承包，尽快富裕起来。”胡耀邦还强调：“要大力搞好对外开放，以开放促进开发！”

任仲夷接着胡耀邦的话讲：“刚才耀邦同志的指示很重要，他讲的海南、三亚要大力对外开放，以开放促进开发，应当成为海南、三亚新的建岛方针。”胡耀邦听任仲夷这么讲，马上说：“以开放促开发，这个思想、这句话，不是我的发明，是任仲夷同志在广东省委常委扩大会议上讲的，我不过是重申他的讲话。”

随后的 1983 年 4 月 1 日，中共中央、国务院在下发的《加快海南岛开发建设问题讨论纪要》中，便把“以对外开放促进内部开发”作为海南新的建岛方针。

胡耀邦在三亚的讲话中作出的屋前房后都要种热带经济作物的指示，得到了很好的贯彻落实，这就是改革开放之初三亚大力发展的庭院经济：农村家家户户房前屋后都栽种果树、林木、花草，养鸡、养鸭、养鹅，增加收入、美化环境。后来在此基础上发展为创建文明生态村，一直坚持到现在。

胡耀邦来到三亚的当天，正好是农历除夕。当晚，他兴致勃勃地出席除夕军民迎春联欢晚会，并为三亚题字："五湖四海一齐来到天涯海角，男女老少同心干出天覆地翻"；又即兴题写春联："祖国宝岛连天春色，人间神州遍地风雷"。

江泽民先后5次视察三亚

江泽民第一次到三亚是在1988年1月10日至11日，海南建省前夕。他当时任中共中央政治局委员、上海市委书记兼上海市市长，应海南建省筹备组组长许士杰的邀请，前来帮助海南建设第一个应急工程——马村火力发电厂。海口的事情办完之后，江泽民来到三亚。站在鹿回头公园山顶，俯瞰三亚市区，江泽民对陪同的三亚市领导说："三亚真美呀！三亚有很好的发展前景！"

江泽民第二次视察三亚是在1990年5月13日至15日。这时，他已担任中共中央总书记。听说海南于1989年遭受严重风灾，而且又刚刚经历"洋浦风波"，江泽民在中共中央政治局委员、中宣部部长丁关根等人的陪同下前来海南视察。中共海南省委书记许士杰陪同江泽民一行来到三亚。在三亚，江泽民对三亚的干部讲："海南建省办经济特区是中央的决策，是邓小平的决策，坚持改革开放的决心要毫不动摇。"他重申中央给海南的优惠政策不会变，勉励海南、三亚人民继续发扬当年琼崖革命武装斗争23年红旗不倒的优良传统，恢复生产，搞好各项工作。江泽民郑重指出："海南省委、省政府开发洋浦的决策是正确的，中央支持海南开发洋浦！"讲到这里，江泽民说："我在上海工作时，中央工作会议讨论洋浦问题，我就曾经明确表态，认为海南开发洋浦的办法没有错，上海开发浦东也要用这种政策和方法。"

江泽民第三次视察三亚是在1993年4月17日至20日。当时，三亚上下正在认真学习贯彻邓小平1992年南方谈话精神。江泽民在海口参加庆祝海南建省办经济特区5周年纪念活动后来到三亚，陪同视察的有国务委员兼国防部部长迟浩田、广州军区司令员李希林、中共海南省委书记兼海南省省长阮崇武等人。江泽民察看了不少地方，赞叹三亚的历史文化悠久、丰富，三亚的自然环境优美、独特，要求中共三亚市委、三亚市政府一定要规划好、保护好、开发好。在大小洞天景区，他对陪同的各级领导说："这些宋代的石刻文字，至今800多年了，一定要保护好。"江泽民还强调，要在保护好的前提下，搞好开发，开发决不能破坏历史文物。江泽民的这次视察，也充分肯定了三亚以发展滨海旅游业为龙头、带动其他产业协调发展的思路，充分肯定了三亚建设国际热带滨海旅游城市的定位。在"海山奇观"椰林休息时，应三亚市领导之请，江泽民欣然命笔题词："碧海连天远，琼崖尽是春。"

4月17日，江泽民来到天涯镇文门村。这是一个黎族村庄，有300多户人家，因庭院经济搞得好，人均年收入已达2400多元。江泽民走进文门村党支部书记李德辉的家，亲切地和李德辉握手、拉家常。李德辉领着江泽民把院内外看了一遍，屋前屋后种满了椰子、槟榔，院内养鸡、养鸭，空中还养鸽子，水塘里养了鱼。江泽民看到谷仓里装满了稻谷，问李德辉："你这么多粮食吃得完吗？"李德辉说："吃不完的粮食卖给国家。"江泽民问李德辉一年收入多少钱，李德辉如实告诉江泽民，1992年一年的收入有71200元。江泽民笑呵呵地对李德辉讲："你这个党支部书记的收入比我这个总书记的还多。"引得在场的人哈哈大笑。

江泽民第四次视察三亚是在2000年12月21日至23日。陪同视察的有中共中央政治局委员、中央书记处书记、中央军委副主席张万年等人。1993年4月江泽民第三次视察三亚后，已经过去7年多。他看到三亚的发展变化，非常高兴，几次讲："变化实在太大了！"12月23日，他在省市领导的陪同下察看了亚龙湾，对亚龙湾国家旅游休闲度假区的建设非常满意。江泽民对三亚市领导同志讲："我几次来三亚，这次来三亚最高兴！"

江泽民第五次视察三亚是在2001年2月21日至24日。中共中央政治局委员、国务院副总理钱其琛和中共中央政治局候补委员、中央书记处书记、中组部部长曾庆红等人陪同前来。此时，全国正在学习贯彻“三个代表”重要思想，江泽民召开座谈会，听取情况汇报。2 月 24 日，江泽民到荔枝沟东岸村黎族农民林桂和家做客、聊家常。林桂和向江泽民请教如何理解“三个代表”重要思想，江泽民请林桂和先谈谈他自己的看法。林桂和用他的理解讲了“三个代表”重要思想，得到江泽民的赞许。江泽民讲：“你讲得很通俗嘛！‘三个代表’就是要把生产搞上去，把人民生活水平提高，把先进文化发展起来。你了不起呀！”随后，江泽民来到南田农场黎族职工董尊全的芒果园，询问他的生产、生活情况。江泽民还察看了新建的南山寺和南山佛教文化苑，在南山寺种下了一棵龙血树。如今，这棵龙血树已长得又高又壮。

胡锦涛首创在三亚举办国事活动

1996 年 3 月，胡锦涛在担任中共中央政治局常委、中央书记处书记时就曾来过三亚。当时，三亚经历房地产过热后的“低迷”，正在积极调整规划、恢复经济。胡锦涛这次到三亚，重点察看经济发展状况。他于 3 月 29 日到三亚，听取中共三亚市委书记钟文的汇报后，次日便到天涯镇文门村委会视察。这是一个黎族村寨。胡锦涛走进低矮的茅草屋，看望黎族同胞，问他们的生产、生活情况。随后，胡锦涛又到羊栏镇桶井村，看到不少黎族村民已盖上新瓦房，便问村党支部书记，村里还有没有贫困户。村党支部书记如实告诉他还有。胡锦涛又问准备怎么帮助他们脱贫致富，村党支部书记讲了扶贫工作。胡锦涛听后对陪同的省市领导讲：“各级领导要注意解决好人民群众的实际问题，把工作落到实处。”胡锦涛的这次三亚行，给三亚人民留下了他关心民生、关心经济发展的深刻印象。

2011 年 4 月中旬，胡锦涛再次来到三亚。他这次前来，一是参加金砖国家领导人会晤，一是参加博鳌亚洲论坛 2011 年年会。4 月 13 日，胡锦涛在亚龙湾举行仪式，欢迎参加金砖国家领导人会晤的南非总统祖马；4 月 14 日，又在亚龙湾行仪式，欢迎来中国访问并参加博鳌亚洲论坛的汤加国王图普五世。欢迎仪式在滨海的草坪上举行。草坪周围是高大挺拔的椰子树和色彩鲜艳的花丛，明媚的阳光照耀着大地，空气中弥漫着大海的气息，具有浓烈的热带海滨风情。两国元首检阅了三军仪仗队。仪仗队身后是浅黄色的沙滩、蔚蓝的大海、婆娑伟岸的椰树，在热带滨海风光的映衬下，三军仪仗队显得更加英姿挺拔。检阅结束，两国元首沿着绿色草坪上铺着的红地毯，穿过芭蕉林、小木桥，走进会议厅。

中外传媒都盛赞这两场国事活动富有特色。多个国家的电视台转播了实况，三亚国际热带滨海旅游城市的美好形象随之传遍全球。许多三亚人讲：这是国家主席为三亚做了影响最大、最美的宣传。许多中国人讲：这是国家主席首次在三亚举办国事活动，极大地提升了海南和三亚在国际上的知名度、美誉度，对海南建设国际旅游岛、对三亚建设国际热带滨海旅游城市，将产生重大影响。

习近平在三亚畅谈中国梦

2013 年 4 月 8 日至 10 日，中共中央总书记、国家主席、中央军委主席习近平出席在海南博鳌举办的博鳌亚洲论坛 2013 年年会，并在会上发表主旨讲话。会议之前，他在三亚亚龙湾国家旅游度假区举行了一系列国事活动，欢迎参加博鳌亚洲论坛的多国国家元首和政要，并与他们举行会谈。有关活动结束后，他在中共海南省委书记罗保铭、海南省省长蒋定之的陪同下视察了三亚。

4 月 9 日，习近平身着短袖军便装来到驻三亚某海军驱逐舰支队检阅，受阅的有 11 艘新型战舰。检阅结束后，习近平视察了“井冈山”舰和某新型潜艇。“井冈山”舰是中国自行设计、建造的两栖作战舰艇，也是中国海军第一批女兵上舰的试点单位。在舰上服役的 20 名女兵中，有 5 名来自新疆维吾尔族。习近平与正在执勤的上等兵阿依鲁尼亲切交谈，称赞少数民族女兵上舰服役，投身国防建设，对推动中国妇女事业的发展、促进各民族团结具有重要意义。

中午，习近平来到水兵餐厅，同水兵一起共进午餐。习近平边吃边同身边的水兵拉家常。水兵们争相汇报自己的人生追求，习近平听了十分高兴。他语重心长地对水兵们说，现在部队生活条件有了很大改善，条件好了，越要发扬艰苦奋斗精神，注重培养自己吃苦耐劳、以苦为乐的品质。

习近平还听取了驻地海军的工作汇报。他强调，当前和今后一个时期，部队思想政治建设的一项重要任务，就是要教育、引导广大官兵牢记强军目标，把个人的理想抱负融入强军梦、中国梦，强化使命担当，矢志扎根军营、建功军营。要把培育战斗精神、战斗作风突出出来，强化官兵当兵打仗、带兵打仗、练兵打仗的思想。要针对海军部队类型多、驻防分散，点多、线长、面广的特点，抓好基层党组织建设，配强基层党委、党支部班子，强化组织功能，把基层党组织建设成为坚强战斗壁垒。

当天，习近平来到亚龙湾兰德玫瑰风情产业园考察。他对产业园实行“公司+合作社+农户”的模式经营玫瑰花种植、带动农民增收致富的做法表示称赞，与正在田里种花的农民讲：“小康不小康，关键看老乡。”再次展示了他深切的民生情怀。他要求把中央制定的强农、惠农、富农政策贯彻落实好，使热带特色农业真正成为优势产业和海南经济的一张王牌，不断开创“三农”工作新局面。

亚龙湾国际玫瑰谷项目已建成 1000 亩热带反季节玫瑰花生产基地，玫瑰种植加工、婚庆、休闲度假融为一体，是 21 世纪三亚发展花卉产业的一部分。习近平听说这些情况后很高兴，再三叮嘱海南和三亚的领导，一定要把海南、三亚的生态环境保护好。习近平讲：保护生态环境就是保护生产力，改善环境就是发展生产力。良好生态环境是最公平的公共产品、最普惠的民生福祉。青山绿水、碧海蓝天是建设国际旅游岛、建设国际热带滨海旅游城市的最大本钱，必须倍加珍爱、精心呵护。他希望海南和三亚着力在“增绿”“护蓝”上下功夫，为全国生态文明建设当表率。

4 月 10 日上午，习近平来到三亚凤凰岛国际邮轮港。这是中国第一座可停靠 8 万吨邮轮的国际码头。习近平视察了海关、边检、检验检疫等岗位和出入境办证窗口，同旅客们亲切交谈。他指出，海南要加快形成以旅游业为龙头、现代服务业为主导的服务业产业体系，把中央支持海南发展旅游业的政策用足用好。发展高水平旅游业，要抓硬件，更要抓软件，特别要提高服务质量、推进精细化管理，以优质服务赢得旅客的笑脸和称赞，赢得持久的人气和效益。

习近平在海南、三亚的视察，不论是看望部队官兵还是看望田间劳作的农民，都在从不同角度和侧面诠释中国梦。他希望海南、三亚按已经确定的目标，一步一步地扎扎实实走下去，为实现中国梦作出更大贡献。

三、党和国家领导人关心三亚的建设与发展

1981 年至 2013 年，是党和国家领导人前来三亚人数最多的 32 年。据不完全统计，在这 32 年中，先后有 100 多位党和国家领导人来过三亚。他们前来视察、了解三亚的发展和变化，为三亚的改革开放和建设事业出谋划策，推动和见证了三亚国际热带滨海旅游城市的成长。

几位国务院总理在三亚视察工作

李鹏曾先后 3 次前来三亚。第一次是在 1986 年 12 月 16 日至 17 日，当时他担任副总理，到三亚后重点视察了几处旅游景点和黎村苗寨。他认为三亚发展旅游业很有前途，要求三亚市领导进一步解放思想，搞好规划，加强基础设施建设，争取三亚在五六年内有较大变化。又隔 10 年，1996 年 2 月 11 日至 13 日，李鹏再次来到三亚。他察看了三亚市田独镇大茅村，看望了黎族农民李亚明一家，仔细询问生产、生活情况，鼓励李亚明继续努力，不要满足脱贫，而要致富。李鹏还在三亚市领导的陪同下视察了羊栏镇，看了南繁育种基地、反季节瓜菜种植基地，对三亚升格为地级市以后的发展变化给予肯定和鼓励。李鹏第三次前来三亚是在 1999 年 2 月 18 日至 20 日，这时，他已担任全国人大常委会委员长。2 月 18 日，他对三亚市领导讲："三亚是个好地方，我经常惦记着三亚。今天是大年初三，请代我向全市各族人民表达我的新年祝贺！"2 月 19 日上午，李鹏一行参观南山佛

教文化苑，不断向周围欢迎他的游客招手："我向大家拜年！"

朱镕基也是 3 次前来三亚。第一次是在 1987 年年底，他当时受海南建省筹备组的邀请到海南来，在三亚待了一天。他站在鹿回头山顶上，俯瞰三亚，对三亚的自然环境留下了美好印象。朱镕基第二次来三亚是在 1992 年 4 月 17 日至 18 日，重点视察了正在兴建的凤凰国际机场、亚龙湾和一些基础设施建设项目。在听取中共三亚市委、三亚市政府领导汇报后，他特别强调要做好三亚的发展规划。朱镕基讲："当书记、市长的要把功夫下在做好规划和发展战略上，然后坚决按规划和发展战略执行。"朱镕基还讲："三亚是中国最南端的滨海旅游城市，是中国最好的旅游地之一。你们千万不要污染环境，不要以为工业最赚钱，其实第三产业最赚钱。我在上海工作的时候，想找一块有白沙的地方都找不到。你们这里到处都是，要好好规划，建成中国一流的滨海旅游城市。"朱镕基建议三亚的领导同志到国外去看看，开阔眼界，高标准地把三亚的发展规划制订好。朱镕基第三次来三亚是在 1998 年 12 月 18 日至 20 日。他这次前来三亚，群众自发地在沿途道路两旁驻足欢迎他乘坐的中巴车。朱镕基一再请三亚市领导不要这样，他感到不安。但这是群众的自发行为，朱镕基走到哪里，哪里都拥来欢迎的人群。这次前来三亚，朱镕基主要视察了热带高效农业，看了崖城的坡田洋，看了崖城镇文明生态村的庭院经济，详细询问种植的品种和农产品销售情况，要求三亚市政府要出面建设农产品集贸市场，在岛外设点，帮助农民解决运销困难。朱镕基语重心长地说："这都是政府应该办的实事！"

温家宝也来过三亚，那是在 1999 年 12 月 11 日，时任中共中央政治局委员、中央书记处书记、国务院副总理。温家宝在农业部副部长刘江等人的陪同下，前来考察三亚的热带农业生产。他来到崖城镇冬季瓜菜生产基地。当时，这里种植黑皮冬瓜、青瓜、尖椒、茄子、豆角等冬季瓜菜近 1.4 万亩。温家宝详细询问菜农经营瓜菜种植的情况和销售、收入情况，对陪同视察的省市领导讲："土地是农民的命根子，国家制定的土地政策一定要贯彻落实好。"行走田间，温家宝见到几位坐在田埂上的农民，一问是来自江西的椒农，便用江西话跟他们讲："老表，干得怎么样?"一下拉近了与椒农的距离。江西椒农告诉他，他们从当地农民手中租了13亩地种尖椒，每年干上几个月，每人能挣1万多元。温家宝用江西话点头称赞："蛮不错嘛!"他们告诉温家宝，通过参加各种培训、收看电视专题节目、向外地菜农学习等渠道，获得了不少有关瓜菜种植的技术和知识。温家宝勉励他们继续努力，不断掌握新的技术，开发新品种种植，在市场中争取更大的优势。这天下午，温家宝还考察了天涯镇龙坡村的鲍鱼养殖基地。该基地自1996年就开始鲍鱼吊养生产，已形成年产28吨、年产值500万元的规模。温家宝详细询问了有关鲍鱼养殖的气候条件、海水条件、养殖周期等情况，饶有兴趣地参观了鲍鱼育苗地、养成池。温家宝对三亚市领导讲："三亚就是要发展好这些适合三亚的优势产业、特色产业。"

李克强前来三亚，是在2008年4月26日，时任中共中央政治局常委、国务院副总理。他在参加庆祝海南建省办经济特区20周年大会后，从海口来到三亚，一下飞机，就前往三亚市中医院，看望医护人员和住院人员。在病房内，他俯身同躺在病床上的农民林道军握手，询问病情，了解医疗费用等情况，仔细询问农村合作医疗的缴费和报销。李克强对随行的省市领导讲："要切实保障和改善民生，从最关切的问题着手，创造新的体制机制，解决农民的医疗保险、养老保险等问题。"4月27日上午，李克强从三亚到陵水与黎族村民促膝谈心，从粮食够不够吃，饮水问题解决没有，到种子、化肥的政府补贴发放到手没有，一一询问。1988年海南建省后，李克强在团中央工作期间，就曾多次来海南，对海口、三亚、陵水等市县的情况很熟悉。他说，他这次来就是要看一看，经过这么多年了，这些地方到底有哪些变化、过去基层存在的一些问题解决了没有；中央多次强调以人为本、以民为本，切实解决广大人民群众最关心、最直接、最急需的实际问题，落实得怎么样。李克强视察三亚时一再强调，要让改革的红利惠及百姓。

李瑞环重视三亚的城市建设

曾任中共中央政治局常委、全国政协主席的李瑞环先后 4 次在三亚视察工作。第一次在 1991 年年初，第二次在 1997 年 1 月 13 日至 15 日。这两次视察，他主要是听取工作汇报，到基层察看。第三次前来三亚是在 2000 年 2 月 8 日至 10 日，第四次是在当年 12 月 16 日至 18 日。李瑞环着重就三亚城市建设发表讲话，提出了指导意见和建议，引起省市领导的高度重视。

在 2000 年 2 月 10 日的讲话中，李瑞环深情地说，海南是中国一个很特殊的地方。三亚则是特殊地方中的特殊地方，在中国独一无二，要把这块地方的规划、建设、管理工作切实搞好。把三亚建成一个什么样的城市？我觉得，把三亚定位为旅游度假区、生态示范区比较合适。三亚旅游度假是热带的，是国际性的，这没有什么争议。旅游度假理应有一个好的生态环境。把生态示范作为建设目标来强调，就是说，不只是一般地重视生态保护，而且要搞成样板、模范。任何有损环境的事情都不能干，这要成为最大的规矩。

李瑞环说，三亚的城市建设应该突出个性。三亚的环境、三亚的建设、三亚的绿化，都应在个性上做文章，体现热带风光、海岛景致。要重视风格和色调。

三亚的绿化是一篇大文章。最基本的一条是保持特点、发挥优势。必须力求采用热带树种、花草，许多品种应该在非热带地区看不到。乔木、灌木、花草要搭配有方，要有美感，不能只是一片森林。设计要多样、不单一。对行道树要下功夫，高、低、疏、密都要有讲究，尽可能把道路周围的景观拉近，而不能让两旁的树把道路同景观隔绝。三亚山多，这是城市美化的优势。

三亚的最大优势是有漂亮的海滩。这在国内绝无仅有，在国外也不多见。如何把海滩及沿海周围的土地充分利用好，这是三亚规划、建设、管理工作的重点。所谓三亚的个性化、特殊化，重要的就是突出热带滨海特色。归结起来说：第一，不要在靠近海滩边上建房子；第二，不能出让海滩；第三，海边要多种花草、灌木；第四，点缀的树种、树貌要突出热带滨海特色。

执行规划必须严格，不准有例外和特殊。城市主要领导必须支持有关部门按规划办事，反对、制止一切违反规划建设的行为，同时要通过法规加以保证。当然，城市规划也有个完善的过程，必须慎重。

一般说，在长远规划确立以后，区街规划、设计工作要超前。一条街、一个区建什么样，放什么东西，要统一筹划、一笔画完。对整体的建筑大小、格式、色调要确定基本原则，对具体的建筑要精心细致地研究、不厌其烦地修改。一块一块地弄，一条街一条街地弄，一个系统一个系统地弄，一个项目一个项目地弄，反反复复地弄，这是城市规划、设计工作的笨办法，又是最基本的办法，也是我们应有的工作作风。

城市主要领导干部必须重视城建工作，凡城建搞得好的城市都由于主要领导重视。领导懂城建对城建工作有利，但不懂也不要紧。大连、珠海等城市的市委书记、市长都不是搞城建出身的，但城市建设都搞得不错，重要的是思想方法和工作方法。一要重视，把城建工作摆在重要议事日程，经常抓、反复抓；二要不怕苦、不怕累、不厌其烦；三要多听内行、专家的意见，不懂不要装懂；四要借鉴国内外的经验，借鉴不是照搬，而是善于取诸家之长，走自己的路；五要多听社会各界特别是老百姓的意见。广泛听取意见，然后再进行综合，好的建筑都是综合出来的。

在 2000 年 12 月 17 日的讲话中，李瑞环再次就三亚的城市建设与城市绿化提出指导意见和建议。他说，三亚的城市建设抓得富有成效，眉目已经显现，许多地方未来的景象已见端倪。下一步工作的关键是讲究科学，提高水平。要统筹规划。规划就其大的原则说，一是讲总体，二是讲长远，三是讲区域，四是讲专项。城市和农村、道路和绿地、建筑和环境、今天和明天等等，都有机相连。不能单打一，不能顾此失彼，不能想了现在、忘了未来。三亚目前的规划，我认为还是想得太近、太小，用地过于大方、不够合理，对离海较远的地方没有重视。其实，许多建筑还可以后靠。海边的地如何使用，还缺少更丰富的设想。从长远看，三亚究竟能接待多少人、让人家看什么、在哪儿活动，这些在制订规划时都应该有科学的预测。

设计上如何突出海滩？横向上说，建筑与道路、绿地与海滩如何连接，标高如何确定，既不使人感觉绿地坡度很大，又能使人看到海滩，看到海滩与绿地的连接，感到宽阔。顺向上说，沿海岸方向，如何丰富、变化、有内涵而不单一，使人感到很长。若干景观各具特色、多姿多彩、连为一体，这才是设计的追求。横向切块、纵向分段，这是最一般的道理。建筑和海滩、绿地要互相借景，站在马路上，站在阳台上，既能看到沙滩、海水和沿海滩涂，又能看到绿地、花卉、树木。而要做到这样很不简单，需要反复测量，做多种方案，反复比较、论证；需要专家、群众和领导紧密结合；需要花费时间；需要工作过程。忽视过程、省略时间，不能叫高明，而应叫无知。

旅游的兴起，使美化绿化在一些城市成为招揽游客、发展经济的重要条件，三亚以及海南的若干地方就属于这种情况。有些城市如北京、西安、洛阳等，是旅游城市，但它们的特点是历史文化，它们也要搞好美化绿化，但游人的主要着眼点在文物古迹。有些城市像桂林、三亚等，其主要特点是自然风光，吸引游客的首先还靠城市的美化绿化。城市的美化绿化怎么样才算好？总的原则是因地制宜。三亚属于热带地区，一切都要在热带上做文章，包括花草、树木都要有热带特点。就绿化来讲，不同的地形环境要有不同的构想，有的追求大气魄、大线条，像自然；有的追求小巧、精致，像盆景。总之，不可一概而论。

三亚要有特色，每块绿地、每座建筑都要体现三亚特色。三亚的城市建设要下功夫研究特色，可以学习借鉴其他地方的经验。要有一个总体的设计，一块一块地弄，建筑、道路、绿地、海滩，从不同角度看都感到很舒服才行。马路两边和绿地中间要注意多种些三角梅、紫荆花等花卉，万绿丛中一点红。三亚乃至整个海南的城市，给我的印象是绿多花少、缺点缀。有花没绿成不了大气候，有绿没花不会是高水平。

现在，城市建设中有几个比较突出的问题。一是高楼过多，摆放又不合理。把现代化水平理解为高楼，这是个误区。如果没有高楼，城市里这么多人怎么容纳？但究竟盖多少高楼、放什么地方，需要认真规划。二是中心区密度太大，越集越密。应该按照规划使楼群合理地在全市范围摆开，这样，城市的交通问题也好解决。三是缺乏个性。应该是虚心学习别人的长处，努力保持自己的特色，或者叫取诸家之长，走自己的路。千篇一律“火柴盒”肯定不好，必须丰富多样、协调统一。

李瑞环鼓励说，三亚的发展势头很好，下一步工作主要是提高质量、提高水平、提高标准。三亚的城市面貌一定会越来越好，前来三亚的人一定会越来越多，说三亚好话的人也一定会越来越多。三亚大有希望！

赵朴初支持三亚南山佛教文化苑建设

三亚的佛教文化在历史上比较有名。唐代鉴真和尚第五次东渡日本时，被台风吹来三亚，在南山西北麓宁远河口登岸，受到当地官民的盛情接待，在此修建大云寺，弘扬佛法。海内外佛教信徒早有在三亚南山兴建寺庙的愿望。1991 年 12 月，日本国高僧孝司专程来鉴真大师当年登岸的遗址晒经坡凭吊，拾取几块残砖、包了一抔土带回日本，并来信建议三亚市政府修建鉴真纪念馆、重建大云寺。

中共三亚市委、三亚市政府慎重研究，支持在南山修建一座佛教寺庙的动议，经请示中共海南省委书记、海南省省长阮崇武同意后，遂开始前期准备工作。阮崇武利用上京开会的机会，就此事请教全国政协副主席、中国佛教协会会长赵朴初。1993 年 4 月 26 日，赵朴初致函阮崇武，表示支持在南山修建寺庙，并提出一些指导性意见。

1993 年 5 月 7 日，市长王永春和市委副书记陈人忠赴京晋见赵朴初，详细汇报了有关修建寺庙的设想。赵朴初讲：“我认为，在南山旅游风景区修建寺庙是可以的。海南是中国的南大门，在历史上佛教就有重要影响，鉴真东渡就曾被飓风吹到三亚南山附近。而今海南建省办经济特区，三亚市建设国际旅游城市，大批海内外投资者和旅游者不断进入，其中有不少是信奉佛教的，因此在三亚修建寺庙，对宣传党的宗教政策、满足国内外信众的朝拜愿望、推动三亚的改革开放和旅游业的发展都有重大意义。”随后，赵朴初委托中国佛教协会秘书长和有关部门的同志前来三亚，商讨有关修建南山寺庙的具体事宜。

1993 年 6 月 21 日起，省市联合工作组前往江苏、上海、浙江等地，先后参观了南京栖霞寺、扬州大明寺、金山江天禅寺、焦山定慧寺、苏州寒山寺、上海静安寺、杭州灵隐寺等佛教名刹，并经当地宗教部门的推荐，拟请南京栖霞寺都监圆湛法师作为南山寺住持。圆湛法师是中国佛教协会常务理事、中国佛学院栖霞分院副院长，但是他当年已 80 岁高龄，不愿云游远地。阮崇武写信请赵朴初劝请圆湛南来布法。在赵朴初的感召下，圆湛大师终于同意接受聘请，担任南山寺住持。

三亚随后成立了南山寺筹建小组，通过了《兴建南山寺规划大纲》，办理了各项行政审批手续，当年 8 月 20 日，赴南京恭迎圆湛大师前来三亚。南山寺的选址、勘测、规划、征地、修路等各项工作，进入实际操作阶段。

1994 年春，三亚各界人士为筹集建寺资金，成立了南山寺功德基金会，请赵朴初担任名誉会长。

1994 年 1 月 21 日，赵朴初和夫人从北京来到三亚，一是出席在三亚召开的全国宗教会议，二是实地考察南山寺的选址。1 月 24 日，赵朴初带领佛教界人士 60 余人前往南山，仔细观看山海形胜，一致认为此地山雄海阔，很有灵气，均表示满意。赵朴初现场题写了“南山寺”三字交给圆湛，成为南山寺的镇寺墨宝。当天下午，赵朴初来到南山大小洞天凭吊《鉴真登岸》雕塑。他一下车就站在公路边眺望，称赞这座雕塑真宏伟，靠山临海，是个好地方，说完开始登山。当时，他已是 87 岁高龄，但不顾随行人员的劝阻，坚持走完 163 级台阶，登上山顶。赵朴初绕雕塑转了一周，看了雕塑简介，用手抚摸群雕的石座，顶礼膜拜。他说了三句话：第一句话是“想不到”，第二句话是“了不起”，第三句话是“功德无量”。

赵朴初在三亚期间，白天忙于考察，晚上写诗题词。一首是《诉衷情·夜游鹿回头》：“踏沙晨作亚龙游，鸿爪傥能留。登高夜望奇甸，美景不胜收。灯万点，相辉映，似川流。不须逐鹿，山也回头，海也回头。”还有一首七绝：“不知何处有天涯，四季和风四季花。为爱晚霞餐海色，不辞坐占白鸥沙。”这两首诗词，一首被篆刻在鹿回头公园山顶，另一首被篆刻在天涯海角风景区。

还有一件值得称道的事：在开发“寿比南山”景点时，为了突出地方文化特色，左边已有清代慈禧太后的“寿”字碑，山上有著名画家关山月题写的“南山不老松”，中间写什么字呢？大家认为，还是请赵朴初题“南山”二字最好。赵朴初欣然命笔，书写了“南山”二字，被摩刻在石室右边的巨石上。这样，就形成了“寿比南山不老松”的人文景观。

由于赵朴初的支持，南山寺筹建工作进展顺利，影响越来越大。1995 年上半年，香港和邦集团投资公司与三亚市政府合作开发南山寺和南山文化旅游区，南山寺的建设翻开新的一页。当年 11 月 11 日，南山寺奠基暨南山佛教文化苑动工典礼隆重举行。赵朴初派代表从北京赶来参加，并发来贺电。赵朴初与南山寺的法缘善始善终。当今天人们虔诚祈福于那高耸 108 米的南海观音圣像时，了解这段历史的人都会深情怀念赵朴初支持兴建南山寺和南山佛教文化苑的功德。

后　记

《三亚史》的编写，策划于2012年上半年，历经编写原则的讨论、框架构想、资料搜集、大纲拟定、初稿起草，逐步形成讨论稿、送审稿、审定稿，经多次修改或局部重写，耗时三个春秋，方才交付出版。

《三亚史》是中国人民政治协商会议三亚市第六届委员会常务委员会决定组织编写的。编写工作在三亚市政协的领导下进行，中共三亚市委、三亚市政府自始至终予以大力支持。

本书编写的目的在于加强三亚自身的历史文化研究，让更多的人了解三亚的历史发展进程，为三亚建设国际性的热带滨海旅游城市增添历史文化魅力。

参与《三亚史》编写的人员，都是研究海南历史文化的专家学者和三亚历史文化的研究者。其中，序章由郑行顺撰写，第一章、第二章由郝思德撰写，第三章由周泉根撰写，第四章由曾庆江、黎雄峰撰写，第五章由张朔人、孙凯撰写，第六章、第七章由林日举撰写，第八章由张兴吉撰写，第九章由黎雄峰、蔡明康、孟允云、王隆伟撰写，第十章由王槐光撰写。《三亚历史大事年表》由各章撰写人提供资料统编。附录部分，《三亚历代建置沿革》由郑行顺编写；《三亚历史文物》由三亚市博物馆提供资料，《三亚非物质文化遗产》由三亚市群众艺术馆提供资料，郝思德编定；《历代名人歌咏三亚诗词选》由孟允云、孙凯编写；《党和国家领导人在三亚》由三亚市政协文史委提供资料，陈克勤、王槐光编写。陈克勤、郑行顺负责全书统稿和局部重编。

编务工作由陈传简负责，赵锡强、吴南奇、黄晓珍、符良光、陈豆豆等工作人员先后协同完成。

对于所有参与人员来说，编写《三亚史》的过程实际上是对海南、三亚历史认识的一次深化。大家共同坚守的原则是，发扬中国史学写作的优良传统，尊重史实，对存疑的问题不妄断；突出三亚地处边疆、滨海、多民族聚居的特点，同时又要站在中国和海南的大局中写三亚，体现三亚历史发展的大环境。至于文字则力求准确且可读易懂。

《三亚史》纪事止于2013年，个别地方延至2014年年初。

三亚历史上曾由官方主持编纂多部州志、市志，近年则出版了多种记述和研究三亚历史文化的个人或集体著作，这些都为《三亚史》的编写提供了难得的素材和参考；同时，对于诸多研究海南历史文化的论著，在《三亚史》编写过程中也多所取鉴。但是，以通史的形式编写《三亚史》，记述三亚从落笔洞人到今天的历史演进过程，还是第一次。参加编写的各位同人抱着既要严格遵从历史事实，又要在地方历史发展规律的认识上有所深化的愿望，采用通史体裁写作，力求有深度地再现历史上的三亚。这是一次探索，是否有所成就，尚待读者评价。尽管编写者谨慎从事，其中存在的缺点和不足在所难免，热忱欢迎研究者和读者提出批评指正。

在本书的写作过程中，中国第一历史档案馆、中国第二历史档案馆、广东省档案馆、广东中山图书馆、海南省档案馆、三亚市档案馆等单位均给予资料搜集上的大力协助，三亚市各部门也予以全力支持。书稿成形之后，王学萍、林安彬、李朱全、蓝文新、林国明、林志坚等多位省、市新老领导和专家学者细心审读，提出了许多进一步修改的宝贵意见和建议，对于提高书稿质量起了重要作用。人民出版社有关同志，承担《三亚史》的编辑工作，提出了具体修改建议，并为本书的出版、印刷做了大量协调工作。对来自所述各个方面的支持和帮助，谨在此一并诚挚致谢。

《三亚史》编纂委员会

2014 年 12 月